U0916117

中国石油天然气集团有限公司
CHINA NATIONAL PETROLEUM CORPORATION
年　鉴
YEARBOOK

2018

中国石油天然气集团有限公司 编

石油工業出版社

图书在版编目（CIP）数据

中国石油天然气集团有限公司年鉴 . 2018/ 中国石油天然气集团有限公司编 . —北京：石油工业出版社，2018.12
ISBN 978-7-5183-3075-1

Ⅰ . ①中… Ⅱ . ①中… Ⅲ . ①中国石油天然气集团有限公司 -2018- 年鉴 Ⅳ . ① F426.22-54

中国版本图书馆 CIP 数据核字（2018）第 277993 号

中国石油天然气集团有限公司年鉴 2018
ZHONGGUO SHIYOU TIANRANQI JITUAN YOUXIAN GONGSI NIANJIAN 2018

出版发行：石油工业出版社
（北京安定门外安华里 2 区 1 号 100011）
网　　址：www.petropub.com
图书营销中心：（010）64523731
编 辑 部：（010）64244178 64523591 64523586
电子邮箱：nianjian@cnpc.com.cn
经　　销：全国新华书店
印　　刷：北京中石油彩色印刷有限责任公司

2018 年 12 月第 1 版 2018 年 12 月第 1 次印刷
787×1092 毫米 开本：1/16 印张：46.25 插页：61
字数：1600 千字

定价：258.00 元
（如出现印装质量问题，请与图书营销中心联系）

《中国石油天然气集团有限公司年鉴》编委会

《中国石油天然气集团有限公司年鉴》主编、副主编

《中国石油天然气集团有限公司年鉴》
编　辑　部

编 辑 说 明

一、《中国石油天然气集团有限公司年鉴》（以下简称《年鉴》）是中国石油天然气集团有限公司组织编纂的企业年鉴，是全面、系统、准确记录上年度中国石油天然气集团有限公司主要发展情况的权威性大型资料性工具书。2017年12月，中国石油天然气集团公司完成公司制改制，更名为“中国石油天然气集团有限公司”（简称“集团公司”）。本卷《年鉴》记述中国石油天然气集团有限公司2017年生产经营、企业管理及改革创新等各方面的基本情况和重要事项，向广大读者展示集团公司为建设世界一流综合性国际能源公司所做出的努力和取得的成就。

二、《年鉴》采用“板块式”结构，分类编纂，点面结合，综合记述与条目记述相结合，力求全面反映所记事项。全书分为类目、分目、条目三个层次，以文字叙述为主，辅以图表。本卷共设16个类目：总述，油气勘探开发生产，炼油与化工，销售，天然气与管道，工程技术与工程建设，国际业务，科技与信息，安全环保与质量节能，企业管理与监督，党建、思想政治工作与企业文化建设，机构与人物，企事业单位概览，中国石油天然气集团有限公司大事纪要，统计数据，附录。为便于读者查阅和检索，文前附英文目录，文后附索引。

三、本卷《年鉴》所引用的各种数据和资料，截至2017年底，个别内容略有延伸。除注明外，一般指中国石油天然气集团有限公司统计数据。

四、本卷《年鉴》稿件、资料主要由中国石油天然气集团有限公司和中国石油天然气股份有限公司总部各部门、各专业公司以及各企事业单位提供。

五、为行文简洁，《年鉴》中机构名称一般在首次出现时用全称，随后出现时用简称。“中国石油天然气集团公司”“中国石油天然气集团有限公司”简称“集团公司”，“中国石油天然气股份有限公司”简称“股份公司”，两者统称“中国石油”。

六、遵照年鉴编纂规范要求，编辑部对撰稿人提供的稿件进行必要的编辑加工。主要是依据编写大纲与撰稿要求，统一全书体例，规范专业名词术语，删除明显重复，补充部分资料，修改语言文字，力求做到资料翔实、叙述简洁、数据准确。由于年鉴编辑出版时限性强，疏漏和欠妥之处在所难免，恳请读者批评指正。

七、在本卷《年鉴》编辑和出版过程中，得到集团公司和股份公司总部各部门、各专业公司及各企事业单位领导、专家以及撰稿人的大力支持与帮助，在此谨向为《年鉴》提供稿件和图片、审查稿件以及提供各种帮助的人士，致以诚挚的谢意。

《中国石油天然气集团有限公司年鉴》编辑部

2018 年 12 月

序

2017年，中国石油认真贯彻落实党中央国务院的决策部署，牢牢把握稳中求进的工作总基调，坚持稳健发展方针，大力实施资源、市场、国际化和创新战略，各项工作取得新成效新进步，稳中有进、稳中向好的态势更加明显。“稳”主要体现在生产运行平稳受控，各项改革稳准实施，企业大局和谐稳定，企业形象稳定好转，党的建设稳步加强。“进”主要体现在经营效益超预期目标，油气供应保障能力不断增强，国际化经营实现重要突破，服务业务市场开拓成效明显。“好”主要体现在发展理念更加统一，发展环境于我有利，舆论环境持续改善，员工精神面貌焕然一新。特别是通过广大干部员工共同努力，公司经营业绩和综合实力得到大幅提升，全年实现营业收入23403亿元、利润总额533亿元、税费3774亿元，在世界500强中排名第四位、50家大石油公司中排名第三位。

2018年是贯彻党的十九大精神的开局之年，是改革开放40周年，也是实施“十三五”规划承上启下的重要一年。公司上下要以习近平新时代中国特色社会主义思想为指导，深入贯彻落实党的十九大精神和新发展理念，牢牢把握高质量发展的根本要求和稳中求进的工作总基调，坚持稳健发展方针，统筹推进稳增长、促改革、补短板、防风险、提效益，着力推进业务发展高质量、发展动力高质量、发展基础高质量和运营水平高质量，着力加强党的建设和企业形象建设，全面完成各项任务目标，实现新发展、取得新突破，为促进我国经济社会持续健康发展做出新贡献。

2018 年 12 月

2017 年 1 月 15—17 日，中国石油天然气集团公司 2017 年工作会议在河北廊坊召开（金添　余海 摄）

2017 年 7 月 27—29 日，中国石油天然气集团公司 2017 年领导干部会议在吉林市召开（金添　余海 摄）

2017 年 4 月 6—7 日，中国共产党中国石油天然气集团公司直属第十一次代表大会在北京召开（《中国石油画报》 提供）

2017 年 6 月 7 日，“弘扬石油精神、重塑良好形象” 报告团首次在中国石油天然气集团公司总部开讲（常正乐 摄）

2017 年 9 月 22 日，国务院国资委主任肖亚庆到中国石油调研，中国石油天然气集团公司党组书记、董事长王宜林等陪同调研（常正乐 摄）

2017 年 7 月 5 日，中国石油天然气集团公司党组书记、董事长王宜林到俄罗斯亚马尔液化天然气项目调研（孟庆璐 摄）

2017 年 12 月 12 日，中国石油天然气集团公司党组书记、董事长王宜林到中石油新疆销售有限公司调研（中石油新疆销售有限公司 提供）

2017 年 6 月 2 日，中国石油天然气集团公司党组副书记、总经理章建华到塔里木油田公司勘探开发研究院调研（吕殿杰 摄）

2017 年，中国石油长庆油田公司生产原油 2372 万吨、天然气 369.43 亿立方米，连续 5 年保持油气当量产量 5000 万吨以上稳产。图为环境优美的集气站（长庆油田公司 提供）

2017 年 8 月 24 日，位于塔里木盆地库车坳陷北部构造带吐格尔明大背斜上的吐东 2 井，在侏罗系阳霞组测试获工业油气流，开辟库车北部山前勘探新领域（陈士兵　摄）

2017 年 11 月 30 日，中国石油新疆油田公司正式发布，在准噶尔盆地玛湖凹陷中心区发现 10 亿吨级砾岩大油区，是目前世界上发现的最大砾岩油田。图为玛 131 井区平台井钻井现场（岳琴 摄）

2017 年 11 月 2 日，中国石油西南油气田公司风险探井兴探 1 井在雷口坡组测试获日产天然气 5.16 万立方米，实现页岩气藏勘探新突破（汪晓星 摄）

2017 年，中国石油吉林石化公司做好生产优化，大乙烯装置实现优质高效运行，损失率降至 0.23% 以下（吉林石化公司 提供）

2017 年，中国石油辽阳石化公司改扩建工程及一批烷基化项目扎实推进。图为俄罗斯原油加工优化增效改造项目渣油加氢装置（郭睿 摄）

2017 年 8 月 12 日，中国石油云南石化公司国Ⅴ标准成品油专列正式首发出厂，第一批成品油运往云南市场（金添 摄）

2017 年 9 月 12 日，中国石油华北石化公司连续重整装置反应器吊装，以炼油质量升级与安全环保技术改造工程为重点的项目建设扎实推进（华北石化公司 提供）

2017 年 1 月 1 日，中国石油向社会全面供应符合国Ⅴ标准车用汽油、柴油。图为四川销售公司成都燕塘加油站，2017 年成品油销量超过 7 万吨，加油站单日最高销量达到 310 吨（四川销售公司 提供）

2017 年，中国石油新增便利店 1438 座，总数达到 19338 座，非油品业务收入 186 亿元。图为上海销售公司振兴加油站便利店，2017 年实现销售收入 2107 万元（上海销售公司 提供）

2017 年，世界上海拔最高（海拔 5200 米）的加油站——中国石油西藏销售公司双湖加油站，销售成品油 2860 吨，是双湖地区 12 万平方千米唯一的成品油供应点（西藏销售公司 提供）

2017 年，中国石油东北销售公司三江口油库实现油品周转 77.85 万吨，年周转次数 10.12 次（东北销售公司 提供）

2017 年 5 月 16 日，由中国石油主办的"一带一路"油气合作圆桌会议在北京石油大厦举行（金添 摄）

截至 2017 年 3 月 29 日，我国第一条陆路进口原油的跨国原油管道——中哈原油管道累计向中国输油 1 亿吨。中哈原油管道是中国石油建成的中国能源四大战略通道的重要组成部分（《中国石油画报》提供）

截至 2017 年 6 月 6 日，中国石油在哈萨克斯坦累计生产原油 2.9 亿吨。1997 年 6 月 4 日中国石油收购哈萨克斯坦阿克纠宾石油公司（《中国石油画报》 提供）

截至 2017 年 8 月 28 日，中国石油阿姆河天然气公司自 2009 年底投产以来累计向中国供气 627 亿立方米，生产凝析油 100 万吨。图为阿姆河天然气公司第一天然气处理厂（《中国石油画报》 提供）

2017 年 5 月 18 日，中国石油参与的我国首次海域天然气水合物（可燃冰）试采在南海神狐海域实现连续 7 天稳定产气，试采取得圆满成功，实现我国天然气水合物开发的历史性突破。图为南海神狐海域可燃冰试采现场（金添 摄）

2017 年 7 月 1 日，由中国石油长城钻探公司 70181 队承钻的浙江油田昭通页岩气示范区 YS113H1-7 井完钻井深 5112 米，水平段长 2512 米，优质页岩储层钻遇率 100%，刷新中国陆上页岩气水平井水平段最长纪录（长城钻探工程有限公司 提供）

2017 年 9 月 25 日，英国 BritishCommerce 号大型液化气冷冻船满载 4.4 万吨液化石油气 (LPG) 驶入深圳港东部港区，这是昆仑能源有限公司联合中国石油国际事业有限公司、深圳燃气集团华安公司共同采购的首船进口 LPG，也是中国石油首艘整船进口的 LPG（金添 摄）

2017 年 12 月 8 日，全球纬度最高、规模最大的 LNG 项目——俄罗斯亚马尔 LNG 项目一期工程正式建成投产。该项目是“一带一路”倡议提出后，中国石油参与规模最大的海外油气合作项目（海洋工程有限公司 提供）

2017年12月，中俄东线天然气管道黑河—长岭段正式开焊。黑河—长岭段包括黑河—长岭段干线、长岭—长春支线、明水—哈尔滨支线和大庆—哈尔滨支线，全长1059千米。截至2017年底，累计焊接51千米（李振江 摄）

2017年10月，陕京四线输气管道投产。陕京四线起自陕西省靖边首站，途经内蒙古、河北，止于北京市高丽营末站，干线全长1120千米。2014年3月控制性工程开工建设，2016年7月线路开焊（段乃成 摄）

2017 年 2 月 10 日，中国石油集团资本股份有限公司正式挂牌登陆深圳证券交易所 A 股市场（金添 摄）

2017 年 2 月 17 日，中国石油集团工程股份有限公司重组更名暨上市仪式在上海证券交易所举行（中国石油集团工程股份有限公司 提供）

2017 年，中国石油对口帮扶的福建长汀贫困老区已是绿水青山环绕，从全国水土流失重灾区跃居全国生态文明建设示范县（刘延治 摄）

2017 年 9 月 22—23 日，在喜迎党的十九大胜利召开、中华人民共和国成立 68 周年来临之际，中国石油在北京举行在京单位第一届职工运动会。图为集团公司领导为获奖单位颁奖（金添 摄）

中国石油天然气集团有限

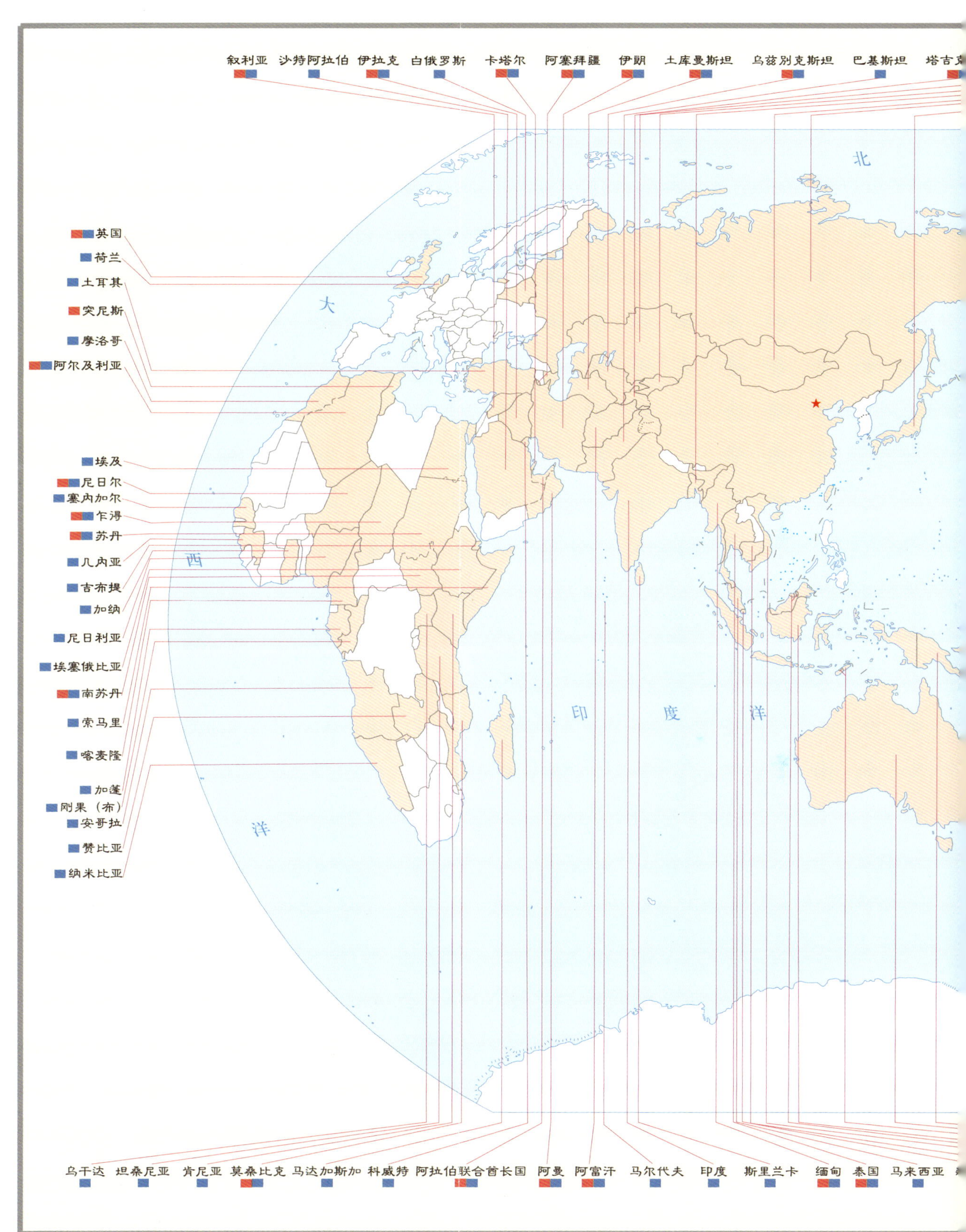

有限公司主要油气田
油气管网示意图

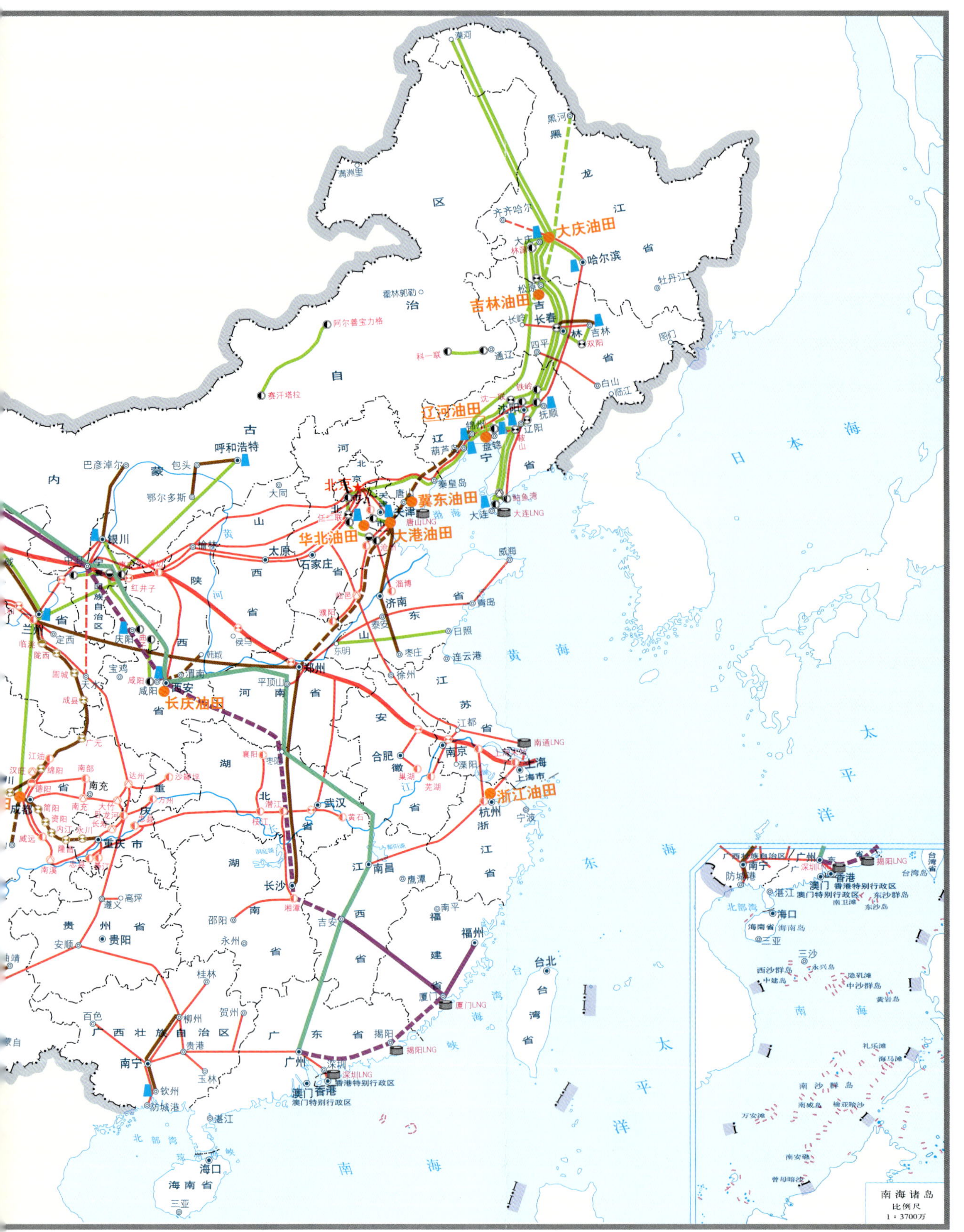

GS（2018）6505号

中国石油天然气集团
炼化企业分布与

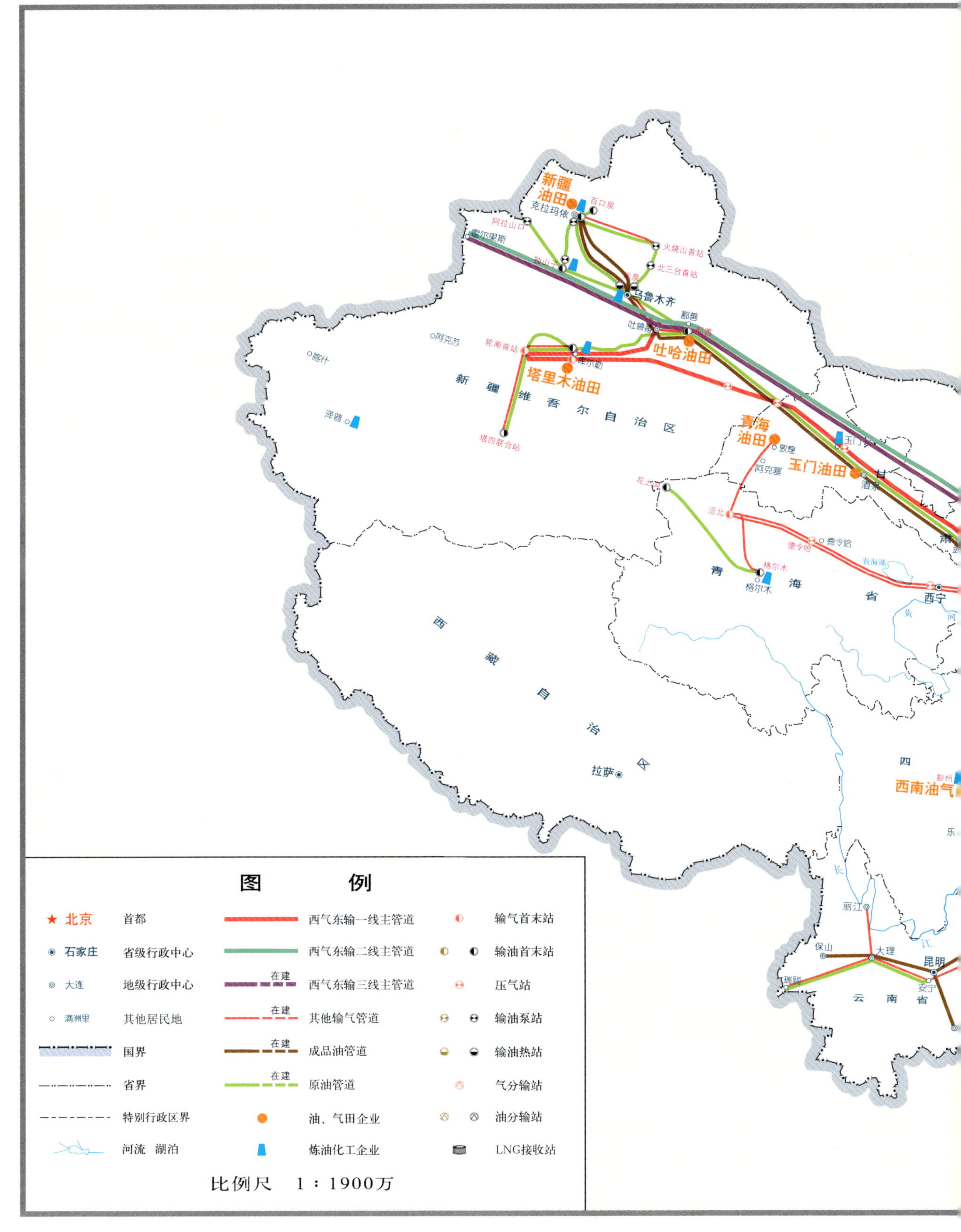

公司海外业务分布示意图

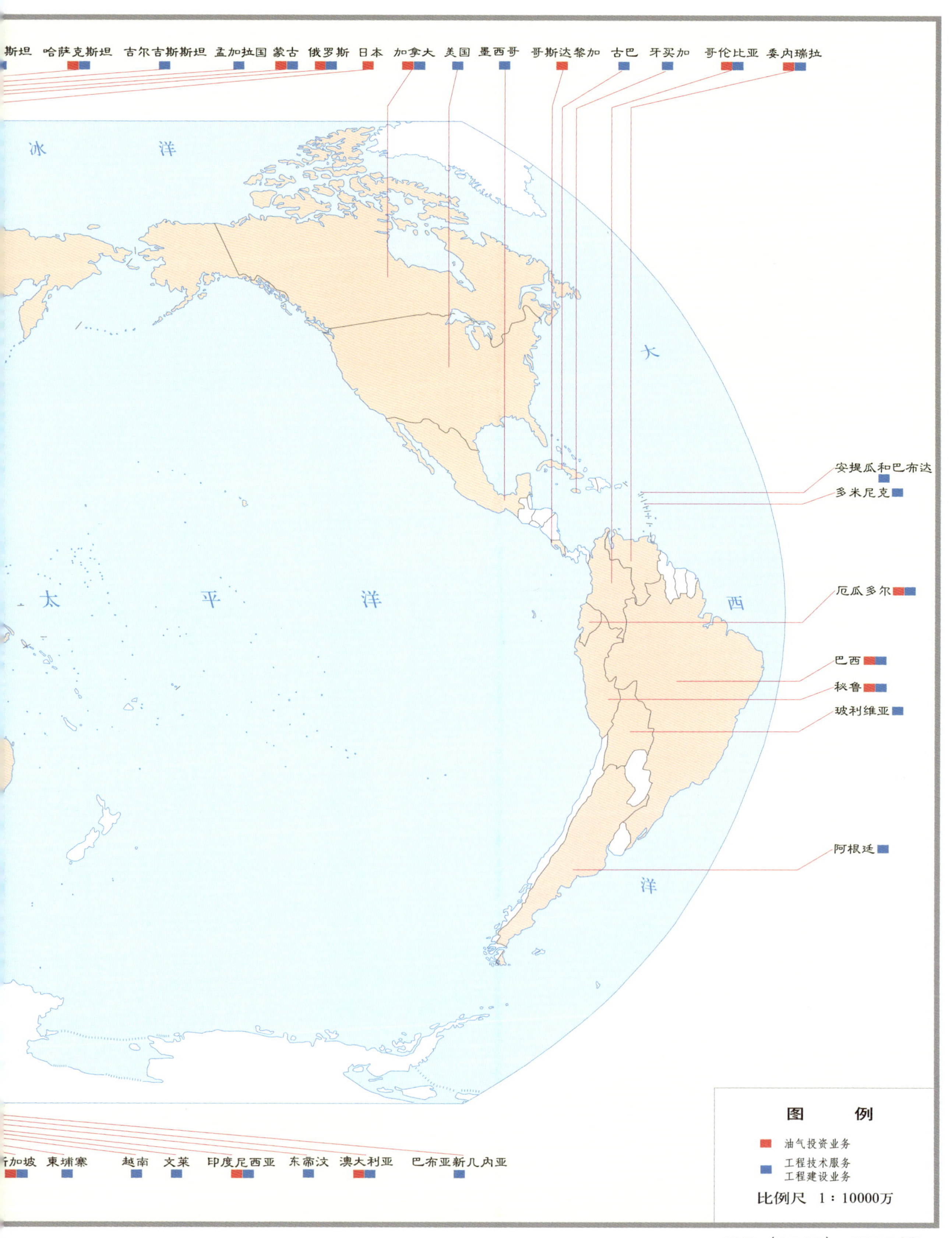

GS（2018）6505号

要　目

MAIN CONTENTS

目　　录

总　　述

综　述

特　载

专　稿

油气勘探开发生产

综　述

油气勘探

勘探工程技术

油田开发

天然气开发

矿权管理

油藏评价

采油工程

地面工程

海洋工程

新能源

储气库

技术项目

市场管理

炼油与化工

综　述

装置及产品

重点工程

化工产品销售

专业管理

销　　售

综述

成品油业务

非油品业务

加油卡业务

燃料油业务

润滑油业务

投资管理与网络建设

专业管理

天然气与管道

综　述

油气储运

天然气销售与利用

储运设施建设

储运设施管理

专业管理

工程技术与工程建设

工程技术

工程建设

国际业务

海外油气业务

国内油气勘探开发国际合作

国际贸易

国际业务与外事外联管理

科技与信息

综　述

科技发展

标准化工作

信息化工作

安全环保与质量节能

安全生产

环境保护

HSE 体系管理

节能节水

应急管理

职业健康

质量管理与监督

计量工作

企业管理与监督

集团公司法人治理

股份公司法人治理

品牌与社会责任

规划计划

财务资产管理

资金管理

财税价格

人事管理

生产经营

资本运营

石油金融管理

法律工作

物资装备管理

纪检监察

内部审计

改革与企业管理

矿区服务

维稳信访与综治保卫

离退休职工管理

保密管理

档案管理

党建、思想政治工作与企业文化建设

党建工作

思想政治工作

企业文化建设

基层建设

群团工作

光荣榜

机构与人物

中国石油天然气集团有限公司

中国石油天然气股份有限公司

专家队伍

企事业单位概览

油气田企业

炼化企业

销售企业

天然气销售企业

管道企业

海外企业

工程技术服务企业

工程建设企业

装备制造企业

金融企业

科研及其他单位

中国石油天然气集团有限公司大事纪要

中国石油天然气集团有限公司大事纪要

统计数据

附　　录

附表

附图

CONTENTS

Overview

Oil and Gas Exploration, Development and Production

Oil Refining and Chemicals

Marketing

Natural Gas and Pipelines

Engineering Technology and Engineering Construction

International Business

Technology and Information

Safety, Environmental Protection, Quality and Energy Saving

Corporate Management and Supervision

Development of the Communist Party, Political Work and Corporate Culture

Organizations and People

Overview of Enterprises and Institutions

Main Events of CNPC

Statistical Data

Appendixes

Tables

Figures

总　　述

综　述

中国石油天然气集团有限公司基本情况

中国石油天然气集团有限公司（英文缩写 CNPC）是国有独资公司，是实行上下游、国内外、产炼运销储贸一体化经营的国有特大型石油石化企业集团和综合性国际能源公司。主要业务包括国内外油气勘探开发、炼油化工、油气销售、管道运输，以及国际贸易、油田工程技术服务、工程建设、装备制造、金融服务、新能源开发等。

一、历史沿革

燃料工业部（1949 年 10 月—1955 年 7 月）

1949 年 10 月 1 日，中央人民政府第一次会议决定成立中央人民政府燃料工业部，专管全国煤炭、石油和电力工业的恢复及建设工作。10 月 19 日，中央人民政府任命陈郁为燃料工业部部长；11 月，中共中央批准燃料工业部成立党组，陈郁任书记。1949 年底，全国石油职工人数 1.1 万人（不包括台湾省）。

1950 年 4 月，燃料工业部决定，成立石油管理总局，使石油工业由分散管理逐步过渡到部、总局、厂矿三级管理，形成集中统一管理的体制格局。到 1954 年 12 月，燃料工业部所属企事业单位 32 个，职工人数 6.6 万人，为建国初期的 6 倍；工业总产值由 0.26 亿元提高到 3.17 亿元，原油生产能力由 18 万吨提高到 102 万吨，原油加工能力由 17 万吨提高到 175 万吨。

石油工业部（1955 年 7 月—1970 年 6 月）

1955 年 7 月 30 日，第一届全国人民代表大会第二次会议决定，以燃料工业部所属石油管理总局为基础，成立石油工业部，统揽全国石油企业和石油生产建设工作，并任命李聚奎为部长，经中共中央批准，兼任党组书记。1967 年 6 月，根据中央决定，中国人民解放军对石油工业部实行军事管制。

到 1969 年，职工人数达到 40.3 万人，比 1955 年增加了 5 倍。

石油工业部加强西部勘探开发，建成玉门、新疆、青海、四川 4 个油气生产基地。1958 年，勘探战略东移，用 3 年多时间探明年产 600 万吨原油生产能力的大庆油田，做到石油基本自给。1961—1970 年，组织华北、四川、江汉、辽河、吉林等石油会战，到 1969 年底，原油生产能力达到 2410 万吨，石油工业成为国民经济的重要支柱。1966—1970 年，石油工业部上缴财政 181.2 亿元，占国家财政收入的 7.2%。1970 年，总产值达 106 亿元，占全国工业总产值的 4.4%。

燃料化学工业部（1970 年 6 月—1975 年 1 月）

1970 年 6 月，中共中央将石油工业部、煤炭工业部、化学工业部合并，组建燃料化学工业部，并成立燃料化学工业部党的核心小组和革命委员会。主要负责包括煤炭、石油在内的燃料和化学工业的发展建设，业务上归口国家计划委员会管理。中共中央任命伊文为燃料化学工业部党的核心小组组长、革委会主任。1971 年 9 月伊文调出，由康世恩代理燃料化学工业部党的核心小组组长和革委会主任职务。

燃料化学工业部成立后，石油工业管理部门高速度高效率组织江汉石油会战、辽河石油会战、陕甘宁石油会战、吉林石油会战，加强对大庆、胜利等油田的开发调整，到 1975 年，已拥有大庆、胜利、大港、辽河、扶余、克拉玛依、江汉、长庆、川中、玉门、冷湖、延长 12 个油田。同时，原油加工能力大幅提升，管道建设和石油机械制造业快速发展，石油化工工业迅猛崛起，石油工业成为当时发展最快的行业。中华人民共和国成立以来，累计向国家上缴 580 亿元，石油产品换汇在全国出口总收入中的比重，也由“三五”时期的 0.6% 增加到 7.1%。

1975 年，职工总数已由 1969 年的 40.3 万人增至 81.4 万人。

石油化学工业部（1975 年 1 月—1978 年 3 月）

1975 年 1 月 17 日，第四届全国人民代表大会第一次会议决定，撤销燃料化学工业部，分别成立煤炭工业部和石油化学工业部，并任命康世恩为石油化学工业部部长、党的核心小组组长。

1978年底，全国累计探明石油地质储量68.13亿吨、天然气地质储量1578.13亿立方米，原油产量年均递增18.6%，实现原油产量上1亿吨台阶，成为世界第八产油大国。

到1978年3月，由石油化学工业部直属管理或以石油化学工业部为主双重管理的企事业单位达到28个，以地方为主双重管理或地方管理的企事业单位有57个，职工总数95.8万人。

石油工业部（1978年3月—1988年9月）

1978年3月，第五届全国人民代表大会第一次会议决定，撤销石油化学工业部，分别成立石油工业部和化学工业部。宋振明任石油工业部部长、党组书记。

石油工业部成立后，在上划大部分油气田勘探企业的同时，组建中国石油海洋石油总公司。1978年，石油工业企事业单位有93个，职工总数120万人。

1978—1988年，10年间全国探明石油地质储量和建成原油生产能力相当于过去30年探明油气总量的总和，1985年我国成为世界第六产油大国。

到1985年底，全国在21个省（自治区、直辖市）发现油田253个、气田78个，建成陆上油气生产勘探开发基地17个、海上油田生产基地4个。大庆油田实现第一个10年稳产5000万吨，胜利油田原油产量超过3000万吨，辽河油田建成第三个年产原油1000万吨的油气区，华北油田连续10年稳产1000万吨以上，东部地区成为中国的主要产油区。

中国石油天然气总公司（1988年9月—1998年7月）

1988年3月，国家决定将石油工业部的政府职能移交能源部，以石油工业部为基础组建中国石油天然气总公司。9月，中国石油天然气总公司挂牌成立，王涛任中国石油天然气总公司总经理、党组书记。中国石油天然气总公司成立初期有135.8万职工。

中国石油天然气总公司是具有法人资格的正部级全民所有制国家公司，负责规划、组织、管理和经营陆上石油、天然气资源勘探、开发、生产建设以及与油气共生或钻遇的其他矿藏的开采利用工作。

“八五”期间（1991—1995年），中国石油天然气总公司实现销售收入4520亿元，上缴税费526亿元，分别比“七五”时期（1986—1990）增加2997亿元和363亿元。

中国石油天然气集团公司（1998年7月—2017年12月）

1998年3月10日，第九届全国人民代表大会第一次会议审议通过《国务院机构改革方案》，决定将中国石油天然气总公司和中国石油化工总公司组建为两个特大型石油石化企业集团公司。

7月27日，两大集团公司成立；7月28日，两大集团公司正式挂牌。在中国石油天然气总公司基础上组建的中国石油天然气集团公司，马富才任总经理。12月，中共中央大型企业工作委员会决定成立中国石油天然气集团公司党组，马富才任集团公司党组书记。重组后，集团公司拥有职工158.2万人。主营业务从主要从事油气勘探开发扩展到上下游、内外贸、产运销一体化经营。

1999年11月5日，中国石油天然气集团公司重组，按照《中华人民共和国公司法》成立中国石油天然气股份有限公司（英文缩写PetroChina），它是中国石油集团最大的控股子公司，主要经营石油、天然气勘探、开发、生产、炼制、储运、销售等主营业务。

至2017年，集团公司在中国境内拥有大庆油田、长庆油田、新疆油田等16家油气田企业，大连石化、独山子石化、兰州石化等31家炼化企业，分布于各省（自治区、直辖市）的37家成品油销售企业、7家天然气销售企业，西气东输等6家管道储运企业，以及一批工程技术、金融等服务企业和科技研发等单位。在海外拥有一批从事油气田勘探开发、管道运输和国际贸易企业，基本形成中亚—俄罗斯、中东、非洲、美洲、亚太五大油气合作区和亚洲、欧洲、美洲三大国际油气运营中心。在“一带一路”沿线19个国家运作着49个油气合作项目。经过几十年来的发展建设和几代石油人的不懈奋斗，公司经营规模不断壮大，综合实力和国际竞争力持续提升，在《财富》杂志全球500家大公司和《石油情报周刊》世界50家大石油公司排名中稳居前列。

中国石油天然气集团有限公司

2017年12月，中国石油天然气集团公司完成公司制改制，更名为中国石油天然气集团有限公司，为国有独资公司。

截至2017年底，集团公司有员工135.5万人，大学本科及以上学历员工比例达到33.45%，女性员工占比33%。

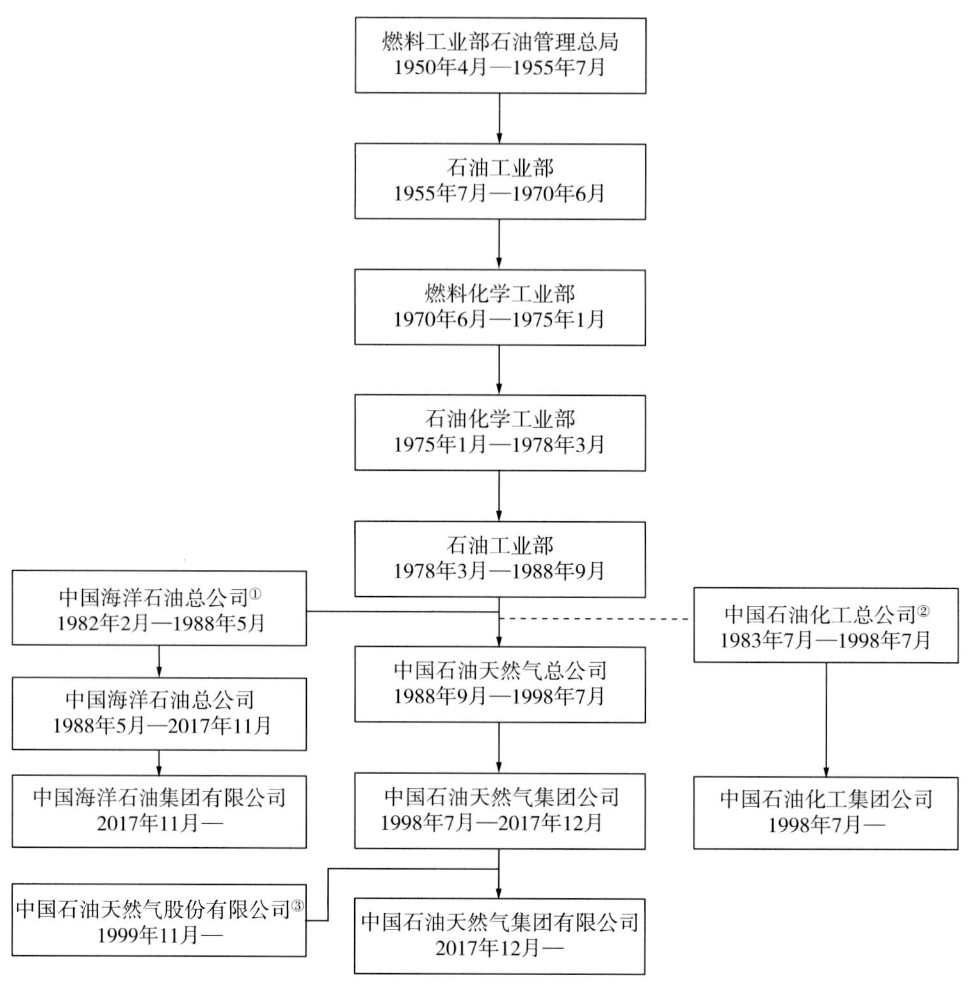

中国石油天然气集团有限公司历史沿革

注：① 1982 年 2 月，中国海洋石油总公司成立，归石油工业部管理。1988 年 4 月，石油工业部撤销，中国海洋石油总公司正式成立。

② 1983 年 2 月，中共中央、国务院发出通知，决定成立中国石油化工总公司，7 月，中国石油化工总公司正式成立。

③ 1999 年 10 月，中国石油天然气集团公司独家发起创立中国石油天然气股份有限公司，11 月，中国石油天然气股份有限公司完成工商注册登记。

二、发展现状

集团公司是国内主要的油气生产商和供应商之一。油气勘探开发业务居国内主导地位，拥有大庆、长庆、新疆、辽河、塔里木、四川等多个大型油气生产区，2017 年公司国内原油产量 10253.7 万吨，天然气产量 1032.7 亿立方米；炼油与化工业务在新疆、辽宁、黑龙江等省（自治区）拥有 8 个千万吨级炼油基地，2017 年原油加工量 1.52 亿吨；成品油销售业务形成了覆盖全国的营销网络，运营加油站 2.14 万座，2017 年成品油销量 1.14 亿吨；天然气与管道业务基本建成中亚、中哈、中俄、中缅等跨国油气管道和西气东输、陕京等国内油气骨干管网，2017 年运营油气管道 8.56 万千米，覆盖全国 30 个省（自治区、直辖市）和香港特别行政区，销售天然气 1518 亿立方米。

集团公司致力于综合一体化的业务发展定位。油服业务拥有物探、钻井、测井、井下作业等门类齐全的油气田工程技术服务队伍，所属东方地球物理公司（BGP）、长城钻探公司（GWDC）等企业是全球重要的石油工程技术服务商，不仅有力支撑保障公司油气业务的发展，还服务于全球70多个国家和地区油气市场；工程建设业务拥有油气田地面工程、管道、炼化等建设队伍，所属管道局（CPP）、工程建设公司（CPECC）、寰球工程公司（HQCEC）等企业在全球范围内为用户提供专业高效的工程建设服务；装备制造企业生产的勘探、钻采、炼化、动力等设备及石油专用管，出口到80多个国家和地区；金融业务采取集团公司—中油资本—金融企业的管理架构，重点加强对中油资本战略执行、投资回报、合规经营及主体责任的监督落实，资产收益结构持续优化，市场营销能力和价值创造能力进一步增强。

集团公司海外油气业务优质高效发展。坚持互利互惠、合作共赢的理念，加快“走出去”步伐，从1993年获得秘鲁北部塔拉拉油田七区作业权开始，就开启了国际化运营的新阶段。这些年来海外业务迅速成长，特别是近年来借力国家“一带一路”倡议，国际油气合作进一步向更大范围、更深层次、更广领域拓展，2017年海外原油权益产量6880万吨、天然气255亿立方米，并保持较强的盈利能力。同时，在油气投资业务的带动下，实现海外工程技术服务、工程建设、装备出口、油气贸易、炼化销售、管道储运等业务一体化发展，公司国际化经营能力和水平持续提升。

今后一个时期，集团公司将以习近平新时代中国特色社会主义思想为指导，深入贯彻落实党的十九大精神和新发展理念，始终秉承“奉献能源、创造和谐”的宗旨，紧紧围绕建设世界一流综合性国际能源公司目标，坚持党对国有企业的领导，坚持稳中求进工作总基调，坚持稳健发展方针，坚持资源、市场、国际化和创新战略，大力推动党的建设全面加强、主营业务稳健发展、企业形象持续提升、石油精神传承弘扬，把深化改革贯穿始终，加快质量变革、效率变革、动力变革，不断增强公司综合实力和全球竞争力，为决胜全面建成小康社会、全面建设社会主义现代化国家做出积极贡献。

（张　安）

中国石油天然气集团有限公司2017年工作情况概述

2017年，面对国际油价中低位震荡、成品油市场竞争加剧、天然气需求峰谷差加大，特别是冬季保供任务异常艰巨等复杂严峻形势，集团公司上下认真贯彻落实党中央、国务院的决策部署，坚持稳健发展方针，充分发挥整体优势，强化统筹协同，积极应对市场变化，全力优化生产运行，持续打好开源节流降本增效攻坚战，实现主要生产指标稳中有增、经营效益稳定向好。2017年公司国内外生产油气当量27391万吨，加工原油19822万吨，销售成品油18238万吨、天然气1591亿立方米，实现营业收入2.34万亿元，利润总额533亿元，税费33774亿元。

国内油气勘探开发盈利水平稳步回升。勘探业务以发现优质储量规模为重点，优化勘探部署，集中力量和投资，大力实施高效勘探，准噶尔、塔里木、四川等盆地先后获得多项重要油气勘探发现，鄂尔多斯、松辽、渤海湾等盆地落实一批优质规模可建产储量。全年国内新增探明石油地质储量65945万吨、新增探明天然气地质储量5698亿立方米，进一步夯实稳油增气的资源基础。开发业务坚持以效益开发为原则，不断优化老油田开发方案和产量结构，稳步实施新疆玛湖、塔里木哈拉哈塘等重点产能项目建设，全年生产原油10254万吨。抓住天然气需求快速增长时机，根据季节需求动态组织气田生产，最大限度挖掘产能潜力，保障天然气市场供应，全年国内天然气产量突破1000亿立方米，页岩气、煤层气等非常规气产量持续增长。通过改进储量管理方式，调减低效产能建设项目，推进丛式井平台节约土地、精细油藏描述增加可采储量、细分注水提高注采效率等措施，油气单位操作成本可比口径持续下降。

炼化与销售业务效益贡献再创新高。通过科学安排原油流向，生产向化工倾斜，优先保障炼化一体化企业和高效炼化装置高负荷长周期运行。公司全年国内加工原油15245万吨，生产成品油10351万吨，生产乙烯576万吨，同比分别增长3.6%、4.2%和3.1%。通过强化产品结构调整和油品质量升级，生产柴汽比降至1.28，炼油高效产品比例提高10.2个百分点，“2+26”城市国VI标准汽油、柴油供应任务按期完成。化工销售业务不断优化资源配置和产品物流，加大新产品推广，全年销售化工产品2798万吨。积极推动重点工程建设，云南石化炼油项目一次开车成功，华北石化、辽阳石化改扩建工程及一批烷基化项目稳步推进。炼化业务继续保持公司业务盈利主体地位，20项技术经济指标好于2016年。

成品油销售业务营销能力逐步增强。公司进一步优化产销衔接，积极化解阶段性区域性产销矛盾，扩大成品油出口，深化批发零售一体化营销，加强高标号汽油、航空煤油等高效产品销售，全年国内销售成品油11416万吨，同比增长1%。通过制定灵活的营销策略，推广第三方支付和零售APP业务，推进主题营销、联合促销和“油卡非润”一体化销售等有效措施，营销能力得到不断提升。采取新建、租赁、合资等途径加大网络建设力度，公司营销网络进一步拓展。

天然气与管道业务实现量增效稳。针对天然气需求大幅增长的市场形势，公司通过合理安排组织国产气、管道进口气和LNG资源，统筹平衡运输调配和市场销售，全力保障市场供应，全年国内销售天然气1518亿立方米，同比增长15.5%。加强对天然气购销合同的管理，首次线上竞拍交易10亿立方米，初步建立以购销合同为基础、以预付款制度为核心、线上线下交易并举的天然气销售体系。油气管网保持安全高效运行，集中调控优势得到充分发挥。重点工程建设有效推进，中俄天然气东线北段全面开工，中缅原油管道、中俄原油管道二线、陕京四线、西气东输三线中卫—靖边联络线、云南成品油管道按期投运。

海外油气业务经营效益大幅增长。充分利用“一带一路”倡议带来的战略机遇，在海外有效开展新项目开发，新增阿布扎比陆上、伊朗南帕斯、巴西盐下佩罗巴勘探区块等重要油气合作项目，与美国、俄罗斯、哈萨克斯坦等国油气公司新签订一批合作协议。通过强化对勘探项目整体研究和优选排队，巴西里贝拉、土库曼斯坦阿姆河、厄瓜多尔安第斯等项目勘探取得新突破，全年海外新增油气可采储量当量9093万吨，份额储量稳中有增。持续优化开发方案，加大高效项目开发力度，加快新井钻井和投产，提升措施增油水平，全年完成原油权益产量6880万吨，天然气权益产量255亿立方米，油气权益当量产量再创新高。2017年海外重点项目建设成果丰硕，俄罗斯亚马尔LNG一期、哈萨克斯坦奇姆肯特炼油厂升级改造一期、土库曼斯坦萨曼杰佩增压工程等一批重点项目顺利投产。国际贸易业务积极组织协调进口油气资源，扩大成品油出口，充分发挥公司国际油气运营中心作用，加强海外份额油的销售，公司全年实现贸易量4.7亿吨，贸易额1844亿美元。

服务业务经营状况持续好转。公司油田技术服务业务持续推广工程技术总承包和工厂化作业，深化提速提效工程，先后中标科威特、伊拉克、委内瑞拉等国家多个大型合同项目；首次总承包海域天然气水合物试采工程获历史性成功，创造采气时间最长和总量最高世界纪录。工程建设业务充分发挥专业化优势，全力保障公司重点工程建设，积极开拓外部市场，先后获得俄罗斯阿穆尔天然气处理厂、阿布扎比巴布油田综合设施、沙特阿美管道等工程项目合同。装备制造业务大力探索实践“制造＋服务”模式，加快向服务型制造企业转型。金融服务业务通过建立产融结合协调机制，推进产品和客户开发，深化渠道和服务创新，助力油气主营业务发展。

深化改革进一步激发企业活力。企业改革持续深入推进，公司及151家下属全民所有制企业完成公司制改制，海外油气业务体制机制改革有序实施，工程技术业务专业化重组基本完成，中油工程、中油资本成功上市，扩大企业经营自主权改革试点不断深化，内部油气产品和服务价格机制进一步理顺，首批矿权内部流转进展顺利，有效激发企业的动力活力。通过优化投资结构，严控非生产性支出，坚持生产经营计划刚性执行，持续实施开源节流降本增效等措施，公司整体运行效率明显提升。

安全环保形势总体稳定。持续深化HSE体系审核，推进基层站队标准化建设，加强关键风险领域和重要敏感时段的风险管控，深入开展隐患排查整治和放射源、危化品等专项检查，加快燃煤锅炉淘汰、燃气锅炉改造和挥发性有机物（VOCs）综合治理，强化海外安全风险防控和项目社会安全管理，安全环保形势总体稳定。全年实现节能量88万吨标准煤，节水量1241万立方米。

科技创新有效支撑业务发展。围绕生产经营开展的一批关键核心技术攻关应用取得重要成果。岩性地层油气藏勘探评价和开发技术、3500米以浅页岩气开采配套技术、高价值油品及高附加值合成材料新产品等开发应用技术及油气长输管网集中调控SCADA系统等为公司主营业务发展提供强有力的技术保障。ERP应用集成建设全面完成，云技术平台深化应用，数据共享及集成应用能力增强，数字化与智能化建设稳步实施，信息系统应用成效日益显著。

（张　安）

特　载

深化改革创新　推进稳健发展
以优异成绩迎接党的十九大胜利召开

——王宜林在集团公司2017年工作会议上的主题报告（摘要）

（2017年1月15日）

工作会议的主要任务是，深入学习贯彻党的十八大和十八届三中、四中、五中、六中全会精神，中央经济工作会议、全国国有企业党的建设工作会议及中央企业负责人会议精神，总结2016年工作，部署2017年重点任务，动员全体干部员工，更加紧密地团结在以习近平同志为核心的党中央周围，深化改革创新，推进稳健发展，加强党的建设，弘扬石油精神，重塑良好形象，持续推动世界一流综合性国际能源公司建设，为我国经济平稳健康发展和社会和谐稳定做出新贡献。

一、砥砺奋进赢得“十三五”良好开局

2016年，面对异常严峻的形势和前所未有的压力，我们以习近平总书记系列重要讲话精神为指导，认真贯彻落实党中央、国务院决策部署，坚持稳健发展方针，实施资源、市场、国际化和创新战略，突出发展油气主业，破解改革攻坚难题，维护和谐稳定大局，各项事业都取得了新进步。一年来，在协调推进各方面工作的同时，党组重点抓了“坚决清除政治雾霾、积极有效应对低油价挑战、专题研究部署企业党建工作、扎实组织开展‘两学一做’学习教育、首次召开集团公司科技与信息化创新大会、专项研究大庆油田及其地区可持续发展”六件大事，是党组发挥把方向、管大局、保落实的领导核发作用，对集团公司全面工作发挥了重要引领作用，取得了显著成效。

一年来，集团公司上下认真贯彻党组决策部署，主要做了以下重点工作。一是从严从实加强领导班子和队伍建设，坚持党管干部、党管人才原则，以正确用人导向选好干部配强班子，以解决突出问题为抓手强化干部监督管理，以完善制度机制为重点加强人才队伍建设。二是深化重点领域和关键环节改革，坚持问题导向，突出稳准原则，管理体制和业务重组整合等重点改革取得新突破，扩大企业经营自主权、三项制度改革等具有重大牵引作用的改革取得新进展。三是推进生产经营平稳优化运行，按照“优先、有效、加快、协调”定位，稳步有序推进主营业务发展，强化产炼运销储贸综合平衡，取得了好于预期的经营业绩。四是打好开源节流降本增效攻坚战，全力控投资降成本，抓好扭亏解困，推进科技创效。五是强化安全环保稳定工作，大力强化安全生产，加大环境保护和节能减排工作力度，构建平安和谐矿区。六是推动重塑形象迈向深入，聚焦“忠诚担当、风清气正、守法合规、稳健和谐”目标，全方位组织开展大讨论活动，大力弘扬石油精神，构建长效机制。七是深入推进党风廉政建设和反腐败工作，认真贯彻中央关于从严管党治党的要求，严格落实“两个责任”，正风肃纪、反腐倡廉工作取得新成效，反腐败斗争压倒性态势已经形成。

过去的一年极不寻常极不平凡！集团公司上下同心、干群合力、共克时艰，干得很难、干得很实、干得很值，经受住了复杂严峻形势考验，全面完成了任务目标，赢得了各方面广泛认可，成绩来之不易！

二、充分认真清面临的形势任务

当前和今后一个时期，集团公司发展面临的形势依然严峻复杂，在深刻认识挑战、风险和问题的同时，也要充分认识到我们面临的发展机遇和有利条件。一是党中央、国务院对国有企业改革发展的重视程度和支持力度前所未有。二是油气行业发展空间依然广阔。三是集团公司发展的基础和优势依然比较突出。

集团公司的发展是“形势依然严峻、压力依然很大，机遇大于挑战、希望大于困难”。我们作为国有重要骨干企业和国内最大的油气生产供应企业，必须肩负起重大责任使命，牢固树立底线思维，切实增强忧患意识和危机意识，做好应对风险挑战的各种准备，坚定发展信心，发挥自身优势，以改革创新精神推进公司稳健发展，在贯彻落实中央决策部署中当先锋、做表率，成为党和国家最可信赖的骨干力量。

2017 年总的工作要求是：全面贯彻党的十八届六中全会、中央经济工作会议和全国国有企业党的建设工作会议精神，深入学习贯彻习近平总书记系列重要讲话精神，坚持稳中求进工作总基调，坚持稳健发展方针，大力实施“四大战略”，精准发力内部改革和结构调整，着力强化创新驱动和提质增效，深入推进党的建设和形象重塑，大力弘扬石油精神，确保效益稳中向好，确保大局稳定和谐，为我国经济社会发展做出新贡献。

要紧紧抓住“效益稳中向好、大局稳定和谐”两条主线，努力实现“五个稳”的目标，即生产经营稳中有增、改革创新稳准推进、各类风险平稳可控、企业形象稳定好转、党的建设稳步加强。

三、戮力同心开创稳健发展新局面

新的一年，我们要树立和贯彻新发展理念，深入落实中央关于全面从严治党、推进供给侧结构性改革等部署要求，不断优化公司业务链价值链，继续稳增长、调结构、补短板、提效益、防风险，发挥政治文化优势，推动各项工作再上新台阶。

一是坚持全面从严，着力加强企业党的建设。要以贯彻《关于新形势下党内政治生活的若干准则》《中国共产党党内监督条例》，以及《中央企业党建工作责任制实施办法》为抓手，从严强化思想教育、从严规范组织生活、从严抓好监督执纪问责、从严加强班子建设和干部管理、从严加强基层党组织建设。

二是坚持提质增效，协同推进主营业务发展。要继续围绕业务发展“八字定位”，立足两种资源两个市场，抓好油气两条业务链优化运行，努力实现整体效益最大化，不断提高发展的平衡性、协调性和可持续性。一要切实增强原油业务链创效能力，全力增储稳产，推进炼化业务结构调整优化，着力弥补销售短板。二要努力打造天然气业务链战略性价值性工程，确保产量持续稳定增长，着力打好市场开发攻坚战，优化管道运营管理。三要着力推动国际油气合作实现新突破，继续大力实施国际化战略，完善海外五大油气合作区、四大战略通道、三大油气运营中心战略布局，推进国际产能和贸易合作，在国家“一带一路”等战略实施中当好主力军。四要着力提升服务业务市场竞争力和盈利能力。工程技术服务业务要坚持专业化、市场化、国际化、一体化方向，以深化改革为动力，创新服务方式和手段，不断提升市场开拓和增收创效能力。金融业务要大力推进产融结合、融融协同，加强市场开拓、渠道建设和产品创新，保持利润贡献稳定增长。

三是坚持稳准原则，抓好各项改革举措落地见效。要认真贯彻中央关于深化国有企业改革、石油天然气体制改革等决策部署，坚持问题导向、试点先行，坚持重点突破、协调推进，适时推出新的改革举措，充分激发和调动各方面积极性。一要稳步推进管理体制改革。二要持续推进业务整合重组和混合所有制改革。三要加快推进市场化机制改革。四要有序推进三项制度改革。五要扎实推进矿区业务改革。六要积极推进党建制度和监督机制改革。

四是坚持创新引领，加快培育发展新动能。继续大力实施创新战略，加快落实科技与信息化创新大会部署，以科技创新带动全面创新，打造发展新引擎。发挥科技创新龙头作用，加快数字化转型步伐，大力推进管理创新，加强创新人才队伍建设。

五是坚持依法治企，大力强化安全环保稳定。为党的十九大召开营造和谐稳定氛围是今年的重大政治任务。要增强法治观念，强化责任落实，注重抓早抓小抓预防，坚决杜绝重大及以上事故事件，确保企业和队伍大局稳定。全面提升安全环保水平，深入贯彻落实“两法”，牢固树立红线意识，坚决杜绝重大安全生产事故，坚决防范重大质量事故，坚决杜绝重大环境污染事件。全力做好维稳安保工作，落实维稳信访五级领导责任制，防恐，坚决防止涉油气暴恐事件；强化安保防恐工作，扎实推进民生工程建设，努力增加职工群众获得感。持续推进依法合规管理，强化依法决策、依法经营机制保障。

六是坚持守本开新，推动企业形象建设常态化长效化。要把形象建设作为一项长期战略任务，在巩固运用大讨论活动成果基础上，从内容、形式、载体和方法等方面不断改进和创新，持续深化、久久为功，推进企业形象迈向更好阶段。抓好《关于深入推进重塑公司良好形象工作的意见》的贯彻落实，要把弘扬石油精神与企业形象建设紧密结合，引导广大干部员工把“干”“实”“严”的要求落实到岗位实践中，传承弘扬大庆精神铁人精神等石油战线优良传统作风，自觉做石油精神的践行者、企业形象的建设者。深刻挖掘石油精神的时代内涵，与时俱进丰富完善石油精神体系。

同志们，集团公司今年发展思路目标已经明确，任务艰巨、使命光荣。让我们更加紧密地团结在以习近平同志为核心的党中央周围，坚定发展信心，汇集各方智慧，凝聚全员力量，以改革创新、稳健发展的优异成绩迎接党的十九大胜利召开！

狠抓优化运行　着力提质增效
全面完成生产经营任务目标

——章建华在集团公司2017年工作会议上的生产经营报告（摘要）

（2017年1月15日）

一、2016年生产经营主要成果

2016年，是集团公司生产经营形势极为严峻复杂的一年，我们坚持稳健发展方针，科学组织生产，狠抓调整优化，完善经营机制，全力以赴打好开源节流降本增效攻坚战，保持了公司生产经营平稳受控运行，守住了整体不亏损和自由现金流为正两条底线，超额完成了国资委下达的业绩考核指标，实现了“十三五”良好开局。

整体经营业绩好于预期。据快报统计，全年国内外生产油气2.6亿吨当量，加工原油1.92亿吨，销售成品油1.72亿吨、天然气1390.4亿立方米，开源节流降本增效实现增利288亿元。围绕整体业绩目标的实现，突出强化了四个方面：一是做好调整优化大文章。优先保证核心业务和消瓶颈业务投资，适应油价变化调减原油产能、产量，按照市场需求调整炼化产品结构、提高化工装置负荷，优化油气资源流向，提高了资源创效水平。二是强化经营管理提效益。采取有力措施全方位控本降费、控债降息，推进物资集中采购和统一招标，主要成本费用指标“硬下降”。三是完善经营机制增活力。调整完善内部原油、成品油定价机制，促进了资源配置和产品结构优化。调整完善炼销贸一体化运行、减亏扭亏降本增效等方面的考核激励政策，加大工效挂钩奖励力度，深化扩大企业经营自主权试点，实施装备制造企业“五自”经营，有效调动了各方面提质增效的积极性。四是狠抓安全环保稳运行。高标准开展HSE体系量化审核，全面完成长输管道重大隐患整改，深化重点单位、重点项目安全环保技术诊断和管理评估，确保了生产安全受控。强化环境风险实时监控，加强重点用能单位的能源管控建设，主要污染物实现达标排放，能源资源利用效率进一步提高。

国内勘探开发完成油气生产和控亏挖潜目标。突出重点盆地和有利区带强化预探、精细勘探，取得22项重要成果，落实6个亿吨级和5个千亿立方米整装规模储量区。勘探与生产业务在极其困难的情况下，实现投资、单位操作成本、桶油发现成本、员工总量“四个硬下降”。

炼油与化工创历史最好业绩。坚持大平稳出大效益，狠抓生产运行优化，将资源更多地向高效装置配置，提高炼化一体化企业加工负荷，16项技术经济指标好于2015年。炼化业务成为低油价下集团公司盈利主力军。

成品油销售盈利能力持续提升。实行直批零售一体化算账，全力扩销汽油、增销煤油、稳定柴油，销售业务很好地履行了保后路、创效益的双重责任。

天然气与管道实现量增效稳。根据市场需求和季节变化调整国产气生产节奏，增强调峰能力，有效缓解产销矛盾，保障安全平稳供气。采取灵活策略，保证资源优先向高效市场、高端用户配置。

海外勘探开发经营业绩逆势稳定增长。坚持油气勘探部署向重点项目倾斜，优化开发方案部署，强化产量动态调整，大力实施措施增油，推进重点产能建设，油气权益产量当量增长5.5%。与俄罗斯等国签署多项合作协议或合作备忘录。

服务业务市场开拓能力进一步增强。油田技术服务企业努力降本控费，全方位提升市场竞争力；工程建设企业大力开拓市场，国内传统市场持续巩固，海外高端市场取得新突破；装备制造企业积极推进国际产能合作，加强产品全生命周期管理，整体完成全年控亏目标；国际贸易业务加强油气进口组织，拓展海外高效高端市场。金融业务对内积极为油气主业提供优质融资服务，对外开拓市场、创新产品。矿区服务加快推进“三供一业”分离移交，医疗、托幼社会化取得实质性进展。

科技与信息化支撑作用有效发挥。继续组织推进国家油气重大专项，启动了“十三五”36个项目和16个示范工程。

二、2017年重点工作安排

一是狠抓责任落实和风险防控，创造良好QHSE业绩。要始终强化责任制不放松，层层明确责任界面和内容，依法依规从严责任追究。

安全环保方面，采取集中全面、专项滚动等方式，深化HSE体系量化审核；进一步完善风险分级防控机制；用好隐患治理资金，统筹安排部署；着力夯实基础管理；贯彻国家环保新标准和大气污染防控新要求，强化污染物排放管控和考核；强化能源计量和主要能耗在线监测。

质量方面，坚持质量至上，制订质量提升实施计划，开展质量提升专项行动，完善体系、提高标准，狠抓产品、工程和服务质量管理，着力打造中国石油品牌金名片。

二是立足稳油增气，加大国内勘探开发力度。油气勘探要坚定找油找气信心，突出大盆地和重点区带，努力寻找新的发现。油气开发要突出整体效益，根据产能建设实施进度、油气生产计划完成情况以及季节和油价变化，优化方案部署和生产运行组织，在努力提高效益产量的同时，牢牢守住1亿吨原油产量底线、完成1000亿立方米天然气产量。

三是坚持质量效益发展，保持海外业务稳定增长。国际油气合作要以效益为中心，深度参与“一带一路”建设，有进有退整合资源、有取有舍调整结构，增强规模实力和盈利贡献，提升国际化经营能力。油气投资业务要加强与资源国和国际大石油公司合作，有序有效推进项目开发。国际贸易要统筹优化原油进口、成品油出口，突出市场导向，科学把控天然气进口节奏，满足公司产炼销运行和平衡的需要。

四是加强调整优化和扩销增效，提高炼销整体创效能力。要统筹经济效益、资源配置和市场需求等因素，坚持以销定产、以产促销，合理安排原油加工量、成品油外采量和出口量，刚性执行炼销计划，实现整体效益最大化。炼油生产要按照边际效益贡献安排各企业原油资源和加工量，提高效益好的企业加工负荷，努力发挥资源最大价值。化工生产要优化资源互供，保障高附加值和厚利产品比重，推动产销研用紧密结合，实现增销增效。成品油销售要着眼产销平稳顺畅运行，以零售上量和高效产品销售为重点，巩固现有市场、争夺增量市场。

五是强化资源平衡和市场开发，保持天然气业务快速发展。要充分发挥公司资源和管网的比较优势，按照产进销平衡原则组织运行，结合市场需求调整生产节奏；优化储运设施运行，发挥好储气库、LNG、气田等综合调峰作用，保障安全平稳供气。各区域天然气销售公司要以管理体制调整为契机，优化业务流程、完善制度机制，开展差异化营销，加大市场开发力度，积极与直供大用户对接，培育市场需求，努力实现量效齐增。

六是突出转型升级和协同发展，提升服务业务创效能力。油田技术服务要继续牢固树立“市场是生命线”的理念，扩大总承包规模，开展一体化服务，依靠技术和管理创新提高内部市场保障能力和外部市场竞争力。工程建设要加快推动产业集聚和转型升级，科学规划市场布局，不断提升竞争能力、盈利能力。装备制造企业要转变发展理念，大力创新经营机制，推进“制造+服务”转型，依靠精细管理和优势产品拓市场、求生存、提效益。金融业务要建立健全适应资本市场监管要求的运作机制，发挥金控平台作用，统筹优化资源，拓展产业链金融和社会市场，保持稳定的利润贡献。矿区服务要提高服务质量，努力增收增效。

七是完善经营机制和政策措施，努力实现提质增效。继续打好开源节流降本增效攻坚战。“开源”方面，要坚持投资导向促进增产增收增效，确保有限的资金投入到效益好的领域和企业；抓好统筹优化改善经营状况，强化生产经营“一本账”管理，以效益为中心优化油气两条业务链。“节流”方面，严控投资、债务规模，压减低效无效产量和工作量，提高资产利用效率效益；深入开展三项专项工作，大力开展群众性挖潜增效活动。完善政策机制，着力为提质增效创造良好条件。

同志们，今年的生产经营任务十分艰巨繁重，我们要认真贯彻落实集团公司党组和董事会的决策部署，坚定信心、团结一致、埋头苦干，全面完成生产经营各项任务目标，为推进集团公司稳健发展、建设世界一流综合性国际能源公司做出新贡献。

持续深化改革　加强管理创新
坚定不移推进集团公司稳健发展

——王宜林在集团公司 2017 年领导干部会议上的讲话（摘要）

（2017 年 7 月 27 日）

这次领导干部会议的主要任务是，深入学习贯彻习近平总书记系列重要讲话精神和治国理政新理念新思想新战略，全面贯彻党中央、国务院关于深化国有企业改革和石油天然气体制改革的部署，认真落实全国国有企业改革经验交流会、中央企业负责人培训班的要求，总结近年来集团公司持续深化改革取得的进展和成效，部署下一步持续深化改革、加强管理创新的主要任务和重点举措，同时通报上半年生产经营情况，安排下半年重点工作，动员全体干部员工统一思想、坚定信心、开拓进取，以改革创新精神推进集团公司稳健发展。

一、持续深化改革取得重要阶段性成果

近年来，集团公司深入贯彻落实党中央、国务院各项决策部署，围绕健全完善现代企业制度、推进公司治理体系和管控能力现代化国际化的改革总目标，坚持问题导向，突出稳准原则，积极稳妥推进实施一系列深化改革举措，改革工作呈现出全面发力、多点突破、蹄疾步稳的良好态势。

一是集团层面改革基础框架基本搭建，建立健全集团公司改革领导机构和工作机制，出台集团公司全面深化改革实施意见和“十三五”改革专项规划。二是公司治理结构和管控模式持续优化，推进了集团公司规范的董事会建设，完成总部机关职能优化和机构改革。三是业务结构调整和重组改制深入推进，资源配置和生产运行得到优化。四是市场化改革和经营机制完善迈出重要步伐，各业务各环节协同配合、确保整体效益最大化的意识不断强化。五是从严管党治党制度机制更加健全，党组（党委）统一领导下的“大党建”格局基本形成。六是企业管理持续加强和创新，保持和发展具有中国石油特色的传统管理优势。

持续深化改革有力促进了集团公司稳健发展，近两年，公司超额完成国资委下达的业绩考核指标，综合实力和国际竞争力持续提升。在改革实践中形成了有益启示：一是必须牢牢把握改革的正确方向，坚持党对改革工作的领导，坚持社会主义市场经济改革方向，加快建设中国特色现代国有企业制度，不断增强企业的活力、影响力和抗风险能力。二是必须突出问题导向和业务主导，紧紧围绕制约稳健发展的重大瓶颈、影响质量效益的突出矛盾、基层和职工群众期盼解决的重点问题，强化各业务单元、企事业单位的改革主体责任，努力破解发展难题。三是必须坚持稳准推进原则，加强改革顶层设计、方案制定和评估论证，把握节奏精准发力。四是必须鼓励先行先试大胆实践，尊重职工群众首创精神和基层实践，保护和调动基层推进改革的积极性主动性创造性。五是必须以改革精神推进管理创新，不断提升管理科学化现代化水平。

二、持续深化改革是实现稳健发展的关键

当前，国有企业改革正在向纵深推进，集团公司进入稳健发展新阶段和深化改革攻坚期。

持续深化改革，是贯彻落实中央重大改革部署、发挥带动示范作用的必然要求，是适应新形势新挑战、提升企业竞争能力的必然要求，是着力破解公司深层次矛盾和问题、实现发展战略目标的必然要求，是实现攻坚突破、确保改革取得决定性成果的必然要求。

我们要以强烈的历史使命感和责任感，切实把中央重大改革部署落实好，把集团公司各项改革任务和措施实施好，以改革创新促发展、提效率、增效益，推进公司稳健发展。

三、持续深化改革需全力打好攻坚战持久战

按照全面深化改革实施意见和“十三五”改革专项规划部署，今后一个时期集团公司改革工作总的要求是：深入学习贯彻习近平总书记关于国有企业改革的重要讲话和批示指示精神，认真落实中央重大改革部署，坚持社会主义市场经济改革方向，坚持稳准原则，坚持问题导向，牢牢扭住“健全完善现代企业制度、推进公司治理体系和管控能力现代化国际化”的目标，紧紧围绕“突破瓶颈、激发活力、提质增效、加强党建”，持续深化管理体制、结构调整、市场化机制、人事劳动分配制度、矿区服务等方面改革和管理创新，加强党对改革工作的领导，坚定不移推进稳健发展，为集团公司建设世界一流综合性国际能源公司提供强大动力，为国家推动能源革命和全面建成小康社会做出积极贡献。

突破瓶颈是改革攻坚的重点所在，激发活力是贯穿改革的主线和灵魂，提质增效是检验改革成效的重要标准，加强党建是改革沿着正确方向推进的根本保证。重点要在六个方面下功夫、见实效：

一是持续深化管理体制改革。要围绕建设中国特色现代国有企业制度，优化完善公司治理结构，全面完成全民所有制企业公司制改革，以董事会建设为重点，健全集团公司及所属子公司两级法人治理结构；着力构建以差异化管控为主要内容的授权管理体系，推进实施差异化管控模式，优化完善三级管理架构，建立完善分级授权管理体系；加快建设集中统一的共享服务平台。

二是持续深化结构调整和重组整合。落实国家关于推进供给侧结构性改革的总体要求和重点任务，调整优化业务结构，按照优先、有效、加快、协调的主营业务发展定位，统筹两种资源两个市场，完善油气两条业务链价值链，形成规模适度、结构合理、竞争力和抗风险能力强的业务发展格局；深入推进专业化重组和资产优化，搭建资产管理处置和资本运营平台，依法合规开展产权股权交易，严防国有资产流失；积极稳妥推进混合所有制改革，以提高经济效益和创新商业模式为导向，把握节奏、分类推进。

三是持续深化市场化机制改革。扎实推进内部产品和服务价格市场化，完善内部市场化价格形成机制和传导机制，实现资源配置和生产运行最优化、整体效益最大化；加快实现经营机制市场化，引导鼓励内部油气主业与服务业务企业之间通过长期战略合作打造利益共同体，将终端市场压力传导到全产业链；主动参与油气管网运营市场化，吸纳多元投资参与油气管道等基础设施建设，推动更多气量挂牌交易，巩固提高市场竞争力和话语权；积极适应油气勘探开发领域市场化，强化油气矿权管理，完善内部矿权流转机制；不断完善科研管理机制，构建统一的科技管理平台。

四是持续深化人事劳动分配制度改革。加快建立管理人员能上能下机制，完善领导人员任期业绩考核制度；加快健全员工能进能出机制，推进劳动用工市场化机制建设，全面推行公开招聘制度，健全竞争择优的岗位动态运行机制，建立稳定一线、引导二三线人员向一线流动的机制；加快形成收入能增能减机制，深入推进全员绩效考核，加大对重点骨干人员精准激励力度。

五是持续深化矿区服务市场化社会化改革。全面剥离企业办社会职能等配套政策，2018 年底前基本完成“三供一业”剥离移交和医疗、教育机构的社会化改革；调整完善运行机制和业务结构，优化矿区业务管理和服务模式，提升增收创效能力。

六是持续深化管理创新。加快构建管理创新体系，制定出台管理创新制度、流程和标准规范，建设管理创新信息化工作平台；推进管理创新重点工作，持续推进基础管理建设工程，有序推进管理体系融合，推进生产经营全过程精细化管理，科学构建对标指标体系，深化企业发展能力评价，提升企业稳健发展质量。

2018 年是集团公司推进改革攻坚和创新发展的重要一年，下半年要集中力量全面完成公司制改革、持续推进专业化重组、优化管控模式和运行管理机制、积极稳妥推进混合所有制改革、加快三项制度改革试点、大力推进瘦身健体六项重点改革举措。

四、切实加强党对深化改革的领导

一是充分发挥党组织的政治核心作用，牢牢把握改革正确方向。一要强化党建、完善体系，进一步建立和完善党组织加强改革顶层设计、研究重大改革政策、督促改革举措落实的工作机制，强化对改革重大事项的决策权、监督权。在深化改革中坚持党的建设同步谋划、党的组织及工作机构同步设置、党组织负责人及党务工作人员同步配备、党的工作同步开展，实现实现“四个对接”，抓好党建责任专项督查发现问题的整改。二要严格标准、科学选人，坚持党管干部原则，按照好干部“五条标准”和企业家群体“十六字要求”，把那些想改革、谋改革、善改革的干部用起来，把那些优秀年轻干部交流提拔到改革任务艰巨的企业任职；建立容错纠错机制，形成允许改革有失误、但不允许不改革的鲜明导向。三要反腐倡廉、净化生态，严格落实“两个责任”，加强反腐败体制机制创新和制度保障，把握和运用好“四种形态”，深化内部巡视，从严查处违纪违规行为和隐形变异“四风”问题，全面彻底肃清周永康、蒋洁敏、廖永远、王永春等人恶劣影响，营造风清气正的良好政治生态。

二是切实提高各级党组织领导改革工作的能力，不断增强改革的针对性和实效性。一要把准精神、掌握规律，坚持用习近平总书记系列重要讲话精神和治国理政新理念新思想新战略武装头脑、指导改革，更加注重对面临形势和企业改革发展深层次问题的分析和预判，提高科学决策能力。二要明确定位、落实责任。各企事业单位是落实改革部署的责任主体，要建立健全改革领导机构，配强工作力量，完善工作机制；提高改革站位，在集团公司改革总体框架内、在法律法规允许范围内谋划和推进改革；注重发挥首创精神，加大改革宣传力度。总部机关和专业分公司要统筹谋划做好改革的顶层设计，及时支持和帮助企事业单位解决深化改革中遇到的重大问题。三要统筹协调、重点突破，加强不同时期、不同领域改革配套和衔接，注重改革措施整体效果；要牵住改革的“牛鼻子”，用重点突破带动全面深化改革。

三是党员领导干部要争当改革的促进派和实干家，始终保持锐意改革的良好精神状态。要勇于作为、敢于担当，站在公司事业发展全局的高度看待改革、推动改革，发扬敢为天下先的精神，看准了的改革，就要坚决推进实施。要厘清思路、稳准推进，要亲力亲为、善始善终，自觉承担领导责任，扎实抓好改革的方案制定、推进落实、跟踪调查和调整完善，对于关键性和攻坚难度大的改革，主要领导要认真落实“四个亲自”，全程跟进，确保每一项改革都取得实实在在效果。

同志们，持续深化改革事关国有企业改革大局和集团公司发展全局，公司上下必须更加努力工作，围绕年初工作会议确定的两条主线和“五个稳”工作目标，精心组织生产经营，从严从实加强党的建设，坚决维护和谐稳定大局，确保圆满完成全年各项任务。让我们更加紧密地团结在以习近平同志为核心的党中央周围，坚定信心、攻坚克难，瞄准建设世界一流综合性国际能源公司目标，持续深化改革，加强管理创新，坚定不移推进集团公司稳健发展，以良好精神状态和优异工作成绩迎接党的十九大胜利召开。

集团公司生产经营工作报告

——章建华在集团公司2017年领导干部会议上的生产经营工作报告（摘要）

（2017年7月29日）

根据党组安排，我主要通报集团公司2016年度业绩考核，以及2017年上半年生产经营情况，部署下半年重点工作任务。

一、2016年度业绩考核情况

7月11日，国资委公布了102家中央企业2016年度经营业绩考核结果。集团公司考核结果继续保持A级，排名比上年提升了7位。

二、上半年生产经营主要成果

今年以来，在党中央、国务院正确领导下，公司上下按照党组和董事会决策部署，坚持稳健发展方针，突出“效益稳中向好、大局稳定和谐”两条主线，全力增资源拓市场、调结构促优化、强管理防风险，统筹推进各项工作，实现了时间过半、主要生产指标完成过半，经营形势好于预期，油气生产均衡运行，经营效益大幅增长，财务状况保持稳健。

国内油气生产超计划运行；炼化生产平稳均衡，效益贡献保持领先；成品油销售扩销增效，营销成本进一步下降；天然气销量两位数增长，板块经营运行优化提升；海外油气投资和国际贸易稳步拓展，经营效益较快增长；服务业务市场份额持续提升，经营状况稳中向好；改革创新扎实推进，有力促进了提质增效；HSE量化审核持续深化，质量安全环保形势总体受控。

三、下半年重点工作部署

综合分析各方面情况，下半年集团公司面临的形势依然复杂严峻，生产经营压力依然较大，但也要看到积极因素和有利条件，特别是近年来我们在应对低油价挑战的实践中积累的经验，进一步增强战胜困难的信心和决心。

做好下半年生产经营管理各项工作，要以迎接党的十九大胜利召开为动力，深入落实党组的各项部署，围绕油气两条业务链，发挥一体化优势，统筹两种资源和两个市场，优化资源配置和产销衔接，强化综合平衡和运行协调，深化开源节流降本增效，抓好安全环保、开拓市场、维护稳定等措施落实，确保完成全年各项任务目标。

一要吸取教训落实责任，全力加强安全环保风险防控。要站在讲政治讲大局的高度，牢固树立红线意识，严格责任落实、严肃制度执行、严查风险节点，对重要时段实行安全环保升级管理，确保万无一失。

结合下半年HSE体系审核，全面开展安全生产大检查，强化重点领域风险防范，进一步加强承包商安全监管，提高本质安全水平，坚决杜较大及以上安全环保事故。

二要强化产销协同，提高原油业务链价值贡献。牢固树立“一盘棋”思想，完善以销定产、以产促销、量效兼顾的协调机制，根据市场需求统筹优化资源配置、生产组织衔接和产品结构调整，推进产炼销一体化协同，严格控制各项成本费用，实现整体效率和效益最优。各油气田企业要千方百计降低开发成本，确保完成年度效益目标；炼化生产要突出市场需求，提升长周期运行水平，优化生产路线和产品结构；成品油销售要强化精细营销，实现保障生产后路畅通和价值增值“双目标”，持续提升盈利水平。

三要统筹资源市场，增强天然气业务链创效能力。抓住天然气消费快速增长的有利时机，统筹优化国内外资源，强化产运销储贸各环节紧密衔接，推进高端高效市场开发，优化管网和储运设施运行，降低全业务链成本，不断提升价值创造能力，保障市场平稳供应，为国家优化能源结构、改善大气环境多做贡献。

四要突出优质高效，进一步提升国际化经营水平。借力“一带一路”建设，落实好新签署的各项油气合作协议，推进重点项目开发。优化海外油气勘探部署，切实抓好现有油气项目生产运行，确保稳产上产。加快重点战略项目和效益好的项目建设，继续实施海外业务资产优化。国际贸易要统筹优化原油进口，更好发挥国内资源调节作用；以完善海外油气运营中心为重点，持续提升经营效益和在全球优化配置资源的能力。

五要发挥专业化优势，着力提升服务业务市场竞争力。油田技术服务要着力打造技术利器，加大市场开发奖励力度，持续推进业务总包。中油工程要充分发挥重组后的专业化优势，深入推进“五化”建设，切实抓好重大工程项目组织实施。中油资本要有效发挥各金融企业专业优势和业务互补优势，深入推进产融结合、融融协同，提高服务质量和支持主业发展能力。装备制造企业要创新管理体制和运行机制，通过“技术营销”和“特色服务”持续提升竞争力和价值创造能力。

六要围绕提质增效，把改革创新各项举措落到实处。按照党组关于持续深化改革、加强管理创新的各项部署，深入推进管理体制、结构调整和重组整合、市场化机制完善、三项制度等重点领域改革，进一步激发调动各业务各企业生产经营积极性。特别要高度重视并抓好三项专项工作推进、工程建设项目竣工验收、理顺油气产业链内部结算价格、“三供一业”分离移交四项工作，各单位主要领导要发扬“钉钉子”精神，亲自抓落实，敢啃“硬骨头”，一个问题一个问题解决，促进增收增效。

同志们，完成全年任务目标、推进集团公司稳健发展，需要我们撸起袖子加油干、不折不扣抓落实。我们要在集团公司党组和董事会的正确领导下，再接再厉、乘势而上，全力以赴做好生产经营各项工作，以优异成绩迎接党的十九大胜利召开。

专　稿

中国石油天然气集团公司2017年工作会议在河北廊坊召开

2017年1月15—17日，中国石油天然气集团公司2017年工作会议在河北廊坊召开。会议的主要任务是，深入学习贯彻党的十八大和十八届三中、四中、五中、六中全会精神，中央经济工作会议、全国国有企业党的建设工作会议及中央企业负责人会议精神，总结2016年工作，部署2017年重点任务，动员全体干部员工更加紧密地团结在以习近平同志为核心的党中央周围，深化改革创新，推进稳健发展，加强党的建设，弘扬石油精神，重塑良好形象，持续推动世界一流综合性国际能源公司建设，为中国经济平稳健康发展和社会和谐稳定做出新贡献。

集团公司党组书记、董事长王宜林作《深化改革创新，推进稳健发展，以优异成绩迎接党的十九大胜利召开》主题报告，党组副书记、总经理章建华作《狠抓优化运行，着力提质增效，全面完成生产经营任务目标》生产经营报告，集团公司副总经理沈殿成通报安全环保情况，党组纪检组组长徐吉明通报党风廉政建设和反腐败工作情况。

在回顾集团公司2016年主要工作时，王宜林指出，2016年面对异常严峻的形势和前所未有的压力，集团公司以习近平总书记系列重要讲话精神为指导，认真贯彻落实党中央、国务院决策部署，坚持稳健发展方针，实施资源、市场、国际化和创新战略，突出发展油气主业，破解改革攻坚难题，维护和谐稳定大局，各项事业取得新进步，赢得“十三五”良好开局。在协调推进各方面工作的同时，集团公司党组发挥把方向、管大局、保落实的领导核心作用，重点抓好“坚决清除政治雾霾、积极有效应对低油价挑战、专题研究部署企业党建工作、扎实组织开展‘两学一做’学习教育、首次召开集团公司科技与信息化创新大会、专项研究大庆油田及其地区可持续发展”六件大事，对做好集团公司全面工作发挥重要引领作用，取得显著成效。

在总结2016年七项重点工作时，王宜林指出，集团公司上下认真贯彻党组决策部署，一是从严从实加强领导班子和队伍建设，坚持党管干部、党管人才原则，以正确用人导向选好干部配强班子，以解决突出问题为抓手强化干部监督管理，以完善制度机制为重点加强人才队伍建设。二是深化重点领域和关键环节改革，管理体制和业务重组整合等重点改革取得新突破，扩大企业经营自主权、“三项制度”改革等具有重大牵引作用的改革取得新进展。三是推进生产经营平稳优化运行，按照“优先、有效、加快、协调”定位，稳步有序推进主营业务发展，强化产炼运销储贸综合平衡，经营业绩好于预期。四是打好开源节流降本增效攻坚战，全力控投资降成本，抓好扭亏解困，推进科技创效。五是强化安全环保稳定工作，大力强化安全生产，加大环境保护和节能减排工作力度，构建平安和谐矿区。六是推动重塑形象迈向深入，聚焦“忠诚担当、风清气正、守法合规、稳健和谐”目标，全方位组织开展大讨论活动，大力弘扬石油精神，构建长效机制。七是深入推进党风廉政建设和反腐败工作，认真贯彻中央关于从严管党治党的要求，严格落实“两个责任”，正风肃纪、反腐倡廉工作取得新成效，反腐败斗争压倒性态势已经形成。

2017年集团公司总的工作要求是，全面贯彻党的十八届六中全会、中央经济工作会议和全国国有企业党的建设工作会议精神，深入学习贯彻习近平总书记系列重要讲话精神，坚持稳中求进工作总基调，坚持稳健发展方针，大力实施“四大战略”，精准发力内部改革和结构调整，着力强化创新驱动和提质增效，深入推进党的建设和形象重塑，大力弘扬石油精神，确保效益稳中向好，确保大局稳定和谐，为我国经济社会发展做出新贡献。要紧紧抓住“效益稳中向好、大局稳定和谐”两条主线，努力实现生产经营稳中有增、改革创新稳准推进、各类风险平稳可控、企业形象稳定好转、党的建设稳步加强的目标。

王宜林强调，要开创稳健发展新局面，树立和贯彻新发展理念，深入落实中央关于全面从严治党、推进供给侧结构性改革等部署要求，不断优化集团公司业务链价值链，继续稳增长、调结构、补短板、提效益、防风险，发挥政治文化优势，推动各项工作再上新台阶。

一是坚持全面从严，着力加强企业党的建设。以贯彻《关于新形势下党内政治生活的若干准则》《中国共产党党内监督条例》，以及《中央企业党建工作责任制实施办法》为抓手，从严强化思想教育、从严规范组织生活、从严抓好监督执纪问责、从严加强班子建设和干部管理、从严加强基层党组织建设，推进标本兼治，构建完善管党治党的制度体系和工作平台，强化责任落实，强化融入创新，强化考核评价，切实增强全面从严治党的系统性、创造性、实效性，不断提高党建工作科学化水平。

二是坚持提质增效，协同推进主营业务发展。继续围绕业务发展“八字定位”，立足两种资源两个市场，抓好油气两条业务链优化运行，努力实现整体效益最大化，不断提高发展的平衡性、协调性和可持续性。一要切实增强原油业务链创效能力，全力增储稳产，推进炼化业务结构调整优化，着力弥补销售短板。二要努力打造天然气业务链战略性价值性工程，确保产量持续稳定增长，着力打好市场开发攻坚战，优化管道运营管理。三要着力推动国际油气合作实现新突破，继续大力实施国际化战略，完善海外五大油气合作区、四大战略通道、三大油气运营中心战略布局，推进国际产能和贸易合作，在国家“一带一路”倡仪实施中当好主力军。四要着力提升服务业务市场竞争力和盈利能力。工程技术服务业务要以深化改革为动力，创新服务方式和手段，不断提升市场开拓和增收创效能力。金融业务要大力推进产融结合、融融协同，加强市场开拓、渠道建设和产品创新，保持利润贡献稳定增长。

三是坚持稳准原则，抓好各项改革举措落地见效。认真贯彻中央关于深化国有企业改革、石油天然气体制改革等决策部署，坚持问题导向、试点先行，坚持重点突破、协调推进，适时推出新的改革举措，充分激发和调动各方面积极性。一要稳步推进管理体制改革。二要持续推进业务整合重组和混合所有制改革。三要加快推进市场化机制改革。四要有序推进“三项制度”改革。五要扎实推进矿区业务改革。六要积极推进党建制度和监督机制改革。

四是坚持创新引领，加快培育发展新动能。继续大力实施创新战略，加快落实科技与信息化创新大会部署，发挥科技创新龙头作用，加快数字化转型步伐，大力推进管理创新，加强创新人才队伍建设，以科技创新带动全面创新，打造发展新引擎。

五是坚持依法治企，大力强化安全环保稳定。要增强法治观念，强化责任落实，注重抓早抓小抓预防，坚决杜绝重大及以上事故事件，确保企业和队伍大局稳定，为党的十九大召开营造和谐稳定氛围。全面提升安全环保水平，深入贯彻落实新《安全生产法》和《环境保护法》，牢固树立红线意识，坚决杜绝重大安全生产事故，坚决杜绝重大环境污染事件。全力做好维稳安保工作，落实维稳信访五级领导责任制，强化安保防恐工作，扎实推进民生工程建设，努力增加职工群众获得感。持续推进依法合规管理，强化依法决策、依法经营机制保障。

六是坚持守本开新，推动企业形象建设常态化长效化。要把形象建设作为一项长期战略任务，在巩固运用大讨论活动成果基础上，从内容、形式、载体和方法等方面不断改进和创新，持续深化、久久为功，推进企业形象迈向更好阶段。要重点抓好《关于深入推进重塑公司良好形象工作的意见》的贯彻落实，把弘扬石油精神与企业形象建设紧密结合，引导广大干部员工把“干”“实”“严”的要求落实到岗位实践中，传承弘扬大庆精神铁人精神等石油战线优良传统作风，自觉做石油精神的践行者、企业形象的建设者。深刻挖掘石油精神的时代内涵，与时俱进丰富完善石油精神体系。

章建华在生产经营报告中指出，2016 年，集团公司面对极为严峻复杂的生产经营形势，坚持稳健发展方针，科学组织生产，狠抓调整优化，完善经营机制，全力以赴打好开源节流降本增效攻坚战，保持公司生产经营平稳受控运行，守住整体不亏损和现金流为正两条底线，超额完成国务院国资委下达的业绩考核指标，实现“十三五”良好开局。据《快报》统计，全年国内外生产油气 2.6 亿吨当量，加工原油 1.92 亿吨，销售成品油 1.72 亿吨、天然气 1390 亿立方米，开源节流降本增效实现增利 288 亿元，整体经营业绩好于预期。

章建华从七个方面部署 2017 年重点生产经营任务。一是狠抓责任落实和风险防控，创造良好 QHSE 业绩。二是立足稳油增气，加大国内勘探开发力度。三是坚持质量效益发展，保持海外业务稳定增长。四是加强调整优化和扩销增效，提高炼销整体创效能力。五是强化资源平衡和市场开发，保持天然气业务快速发展。六是突出转型升级和协同发展，提升服务业务创效能力。七是完善经营机制和政策措施，努力实现提质增效。

国务院国有重点大型企业监事会主席杜渊泉，集团公司党组副书记、副总经理徐文荣，副总经理汪东进、喻宝才，总会计师刘跃珍，副总经理刘宏斌、赵政璋，外部董事路耀华、李毓华、金克宁出席会议。原石油工业部、中国石油天然气总公司和集团公司老领导王涛、马富才、陈耕、闫敦实、李敬、阎三忠、张永一、任传俊、史训知、蒋金楚、李克成、郑虎、贡华章、丁贵明、陈明应邀出席。集团公司总经理助理，股份公司管理层成员，集团公司副总师，各所属企事业单位和总部各部门、专业公司主要负责人，国有重点大型企业监事会 29 办事处负责同志等参加会议。

“一带一路”油气合作圆桌会议在北京召开

2017年5月16日，由中国石油主办的“一带一路”油气合作圆桌会议在北京石油大厦举行。来自国家能源局、国际能源组织、资源国国家石油公司、国内知名油气企业及金融机构的20余名官员和高管围绕构建“一带一路”油气合作新模式、新机制这一主题进行深入交流，分享深化“一带一路”油气合作的设想，并就坚持“共商、共建、共享”基本原则，开展互利共赢合作等达成广泛共识。

集团公司董事长王宜林作主旨演讲，国家能源局监管总监李冶致辞，集团公司总经理章建华作总结发言，集团公司副总经理、股份公司总裁汪东进主持会议，国际能源论坛秘书长孙贤胜主持专场讨论。

王宜林指出，深化国际油气合作是“一带一路”建设的重要组成部分。面对新的历史机遇，中国石油非常期待与国内外同行、合作伙伴更加紧密地携起手来，以“共商、共建、共享”的原则，进一步拓宽油气合作领域，共同应对能源行业重大变革，构建开放共赢、互利互惠的油气合作利益共同体，为世界提供更多优质清洁能源，为促进人类社会持续健康发展做出更大贡献。

王宜林就与“一带一路”沿线各国政府、合作伙伴、各界朋友一起，积极推动油气合作向更宽领域、更深层次、更高水平发展，努力打造油气合作利益共同体，建设“一带一路”的重要支点提出以下五点建议。

一是推动实现政策沟通，加强“一带一路”油气合作的政策、标准和机制对接。建立区域内合作伙伴定期交流沟通机制，加强油气合作政策及相关财税政策、工程服务与装备制造产业标准等方面的商讨，尽快实现在重大政策、重点技术和产业标准上协同对接。健全完善贸易和投资合作的法律基础，推动双边、多边投资保护协定签订，简化通关流程，畅通人员往来，推动投资贸易自由化、便利化，为油气合作创造良好环境。

二是推动实现设施连通，构建“一带一路”地区油气互连互通体系。继续保持中国—中亚、中国—俄罗斯、中国—缅甸等跨国油气输送管道的安全、高效、平稳运营，共同合作开发管道沿线及周边地区有潜力的勘探区块和成熟油气项目。着力推动和实现天然气产业快速发展，构筑区域天然气互连互通体系，惠及沿线各国。

三是推进实现贸易畅通，建设开放包容的交易平台和产能合作平台。不断扩大油气贸易规模，共同推进完善亚洲油气交易中心建设，提升“一带一路”地区在全球油气市场的话语权。优化完善中俄、中亚、中缅油气贸易定价与交易结算机制，确保各相关方之间实现利益平衡。共同参与中东、东南亚、中亚、南亚国家石化产业园区建设，发挥各自优势，拓展终端消费市场。通过合资合作的方式，进一步推动工程服务业务的国际化、专业化，建设若干个石油装备制造基地，完善服务支持网络。

四是推动实现资金融通，加快推进能源与金融一体化。构建大型油气合作项目不同国别投资主体共同参与的投资体系，建立服务于“一带一路”油气合作项目的多边金融支持平台，深化与国内外金融机构和各类资本的合作，推动区域各国在防范重大风险、货币价格稳定、投融资平台和信用评级等方面开展务实有效合作。

五是推动实现民心相通，促进“一带一路”油气合作的本地化和可持续发展。共同关注区域内本地化人才培养，不断提高本地化比例，促进当地就业。加强合作伙伴之间的人才交流、文化交流，共同推动实施“项目骨干人才千人培训计划”，培养一批高素质项目关键技术和管理人才。共同推动实施“项目操作人员万人培训计划”，培养一大批当地化的项目操作运行维护人员。设立专项资金用于社会公益事业，积极履行社会责任，造福当地社区和人民群众。

同时，要加强在安保防恐、市场动向、舆情舆论等方面的信息共享，构筑有效的区域风险管控体系，特别是要推动构建管道安全保障、应急协调等相关双边、多边合作机制，保障油气合作项目和跨境油气管道长期安全平稳运营。

与会嘉宾分别围绕“政策沟通或技术标准的对接、跨国油气通道运营与设施连通、油气项目建设与运营管理、能源与金融合作、油气作业安保防恐机制的构建、油气合作的数据与信息共享”等议题广泛深入交换意见，达成普遍共识。俄罗斯天然气工业股份公司董事长米勒表示，俄罗斯天然气工业股份公司确信天然气能够作为未来能源体系的基础，天然气管道是未来战略合作发展的象征，俄罗斯天然气工业股份公司愿意为中国实现燃气市场发展目标做出自己的贡献。哈萨克斯坦国家石油公司董事长门巴耶夫指出，“一带一路”倡议对于对接哈萨克斯坦“光明大道”新经济计划具有非常现实的意义，希望能够在“一带一路”框架内不断扩大哈中油气领域合作。乌兹别克斯坦国家油气公司管委会主席苏尔坦诺夫期望通过建设跨国油气管道干线满足沿线各国能源需求，进一步提高油气合作效率造福当地人民。中国石化董事长王玉普建议企业在走出去过程中进一步加强标准和规范的接轨，并研究有效措施规避潜在风险。中国海油副总经理兼股份公司首席执行官袁光宇倡议坚持诚实守信、协同联动、互学互鉴，与合作伙伴不断拓展合作领域，推动油气行业迈向更加美好的明天。

出席本次圆桌会议并发言的还有阿塞拜疆国家石油公司总裁阿卜杜拉耶夫、伊拉克米桑石油公司总经理阿德南·努西·萨齐特、苏丹国家石油公司总裁阿迪·哈桑、缅甸国家石油天然气公司总裁吴秒敏乌，中国国新控股有限责任公司董事长刘东生、丝路基金有限责任公司总经理王燕之、国家开发银行运营总监兼国际合作业务局局长王革凡、中信资源控股有限公司副董事长兼行政总裁索振刚、振华石油控股有限公司总经理原军、中国华信能源有限公司总裁陈秋途等。俄罗斯石油公司总裁谢钦专门派代表出席会议并提交书面发言材料。

中国南海神狐海域天然气水合物试采成功

2017 年 5 月 18 日，中国南海神狐海域进行的我国首次天然气水合物试采取得圆满成功，实现天然气水合物开发的历史性突破。可燃冰被命名为中国第 173 号新矿种，党中央、国务院发贺电祝贺可燃冰试采成功，要求参研参试单位依靠科技进步，保护海洋生态，促进天然气水合物勘查开采产业化进程，为推进绿色发展、保障国家能源安全做出新的更大贡献。

中国石油是此次试采工程的重要合作者，集团公司所属海洋工程公司作为项目的总承包商，充分发挥管理和技术优势，大力开展技术攻关，整合全球优质资源，集成先进工艺技术，成功解决粉砂质储层水合物试采、储层埋藏浅、深水低温、地层出砂、水合物二次生成等技术难题，保障工程的顺利实施。项目最终成功实现连续产气 60 天，总产气量 30.9 万立方米，创采气时间最长和总产量最高世界纪录。在项目实施过程中，海洋工程公司认真实施 HSE 管理，废弃物排放达标率 100%，生产安全、职业危害、环境污染事故为零，有效保护海洋生态环境。本次试采成功，标志着中国石油深海钻井迈出坚实的步伐，初步具备深海钻井、完井、试采能力。

2017 年 8 月 24 日，中国石油与国土资源部、广东省人民政府签署《推进南海神狐海域天然气水合物勘查开采先导试验区建设战略合作协议》，今后将进一步开展天然气水合物试采工业化现场试验，努力提高单井产量、降低试采成本、有效保护环境，尽早实现天然气水合物的产业化规模开发。

中国石油天然气集团公司 2017 年领导干部会议在吉林市召开

2017 年 7 月 27—29 日，中国石油天然气集团公司 2017 年领导干部会议在吉林市召开。会议的主要任务是，深入学习贯彻习近平总书记系列重要讲话精神和治国理政新理念新思想新战略，全面贯彻党中央、国务院关于深化国有企业改革和石油天然气体制改革的部署，认真落实全国国有企业改革经验交流会、中央企业负责人培训班的要求，总结近年来集团公司持续深化改革取得的进展和成效，部署下一步持续深化改革、加强管理创新的主要任务和重点举措，同时通报上半年生产经营情况，安排下半年重点工作，动员全体干部员工统一思想、坚定信心、开拓进取，以改革创新精神推进集团公司稳健发展。

集团公司董事长王宜林作题为《持续深化改革，加强管理创新，坚定不移推进集团公司稳健发展》的讲话。集团公司总经理章建华作生产经营工作报告。集团公司副总经理徐文荣就贯彻落实会议精神提出要求。国有重点大型企业监事会主席杜渊泉，集团公司副总经理、股份公司总裁汪东进，集团公司副总经理喻宝才、刘跃珍、刘宏斌，集团公司党组纪检组组长徐吉明，集团公司副总经理侯启军、段良伟、覃伟中出席会议。

王宜林在讲话中指出，集团公司深入贯彻落实党中央、国务院各项决策部署，围绕健全完善现代企业制度、推进公司治理体系和管控能力现代化国际化的改革总目标，坚持问题导向，突出稳准原则，积极稳妥推进实施一系列深化改革举措，改革工作呈现出全面发力、多点突破、蹄疾步稳的良好态势。一是集团公司层面改革基础框架基本搭建，建立健全集团公司改革领导机构和工作机制，出台集团公司全面深化改革实施意见和“十三五”改革专项规划。二是公司治理结构和管控模式持续优化，推进集团公司规范的董事会建设，完成总部机关职能优化和机构改革。三是业务结构调整和重组改制深入推进，资源配置和生产运行得到优化。四是市场化改革和经营机制完善迈出重要步伐，各业务各环节协同配合、确保整体效益最大化的意识不断强化。五是从严管党治党制度机制更加健全，“大党建”格局基本形成。六是企业管理持续加强和创新，保持和发展具有中国石油特色的传统管理优势。

王宜林着重指出，持续深化改革有力促进集团公司稳健发展，近两年集团公司超额完成国务院国资委下达的业绩考核指标，综合实力和国际竞争力持续提升，在改革实践中形成有益启示。一是必须牢牢把握改革的正确方向，坚持党对改革工作的领导，坚持社会主义市场经济改革方向，加快建设中国特色现代国有企业制度，不断增强企业的活力、影响力和抗风险能力。二是必须突出问题导向和业务主导，紧紧围绕制约稳健发展的重大瓶颈、影响质量效益的突出矛盾、基层和职工群众期盼解决的重点问题，强化各业务单元、企事业单位的改革主体责任，努力破解发展难题。三是必须坚持稳准推进原则，加强改革顶层设计、方案制订和评估论证，把握节奏精准发力。四是必须鼓励先行先试大胆实践，尊重职工群众首创精神和基层实践，保护和调动基层推进改革的积极性主动性创造性。五是必须以改革精神推进管理创新，不断提升管理科学化现代化水平。

按照全面深化改革实施意见和“十三五”改革专项规划部署，今后一个时期集团公司改革工作总的要求是，深入学习贯彻习近平总书记关于国有企业改革的重要讲话和批示指示精神，认真落实中央重大改革部署，坚持社会主义市场经济改革方向，坚持稳准原则，坚持问题导向，牢牢扭住“健全完善现代企业制度、推进公司治理体系和管控能力现代化国际化”的目标，紧紧围绕“突破瓶颈、激发活力、提质增效、加强党建”，持续深化管理体制、结构调整、市场化机制、人事劳动分配制度、矿区服务等方面改革和管理创新，加强党对改革工作的领导，坚定不移推进稳健发展，为集团公司建设世界一流综合性国际能源公司提供强大动力，为国家推动能源革命和全面建成小康社会做出积极贡献。

王宜林强调，持续深化改革，突破瓶颈是改革攻坚的重点所在，激发活力是贯穿改革的主线和灵魂，提质增效是检验改革成效的重要标准，加强党建是改革沿着正确方向推进的根本保证。重点要在以下六个方面下功夫、见实效。

一是持续深化管理体制改革。围绕建设中国特色现代国有企业制度，优化完善公司治理结构，全面完成全民所有制企业公司制改革，以董事会建设为重点，健全集团公司及所属子公司两级法人治理结构；着力构建以差异化管控为主要内容的授权管理体系，推进实施差异化管控模式，优化完善三级管理架构，建立完善分级授权管理体系；加快建设集中统一的共享服务平台。

二是持续深化结构调整和重组整合。落实国家关于推进供给侧结构性改革的总体要求和重点任务，调整优化业务结构，按照优先、有效、加快、协调的主营业务发展定位，统筹两种资源两个市场，完善油气两条业务链价值链，形成规模适度、结构合理、竞争力和抗风险能力强的业务发展格局；深入推进专业化重组和资产优化，搭建资产管理处置和资本运营平台，依法合规开展产权股权交易，严防国有资产流失；积极稳妥推进混合所有制改革，以提高经济效益和创新商业模式为导向，把握节奏、分类推进。

三是持续深化市场化机制改革。扎实推进内部产品和服务价格市场化，完善内部市场化价格形成机制和传导机制，实现资源配置和生产运行最优化、整体效益最大化；加快实现经营机制市场化，引导鼓励油气主业与服务业务企业之间通过长期战略合作打造利益共同体，将终端市场压力传导到全产业链；主动参与油气管网运营市场化，吸纳多元投资参与油气管道等基础设施建设和推进公平开放，巩固提高市场竞争力和话语权；积极适应油气勘探开发领域市场化，强化油气矿权管理，完善内部矿权流转机制；不断完善科研管理机制，构建统一的科技管理平台。

四是持续深化人事劳动分配制度改革。加快建立管理人员能上能下机制，形成竞争上岗、优胜劣汰的选人用人机制，建立职业经理人制度，完善领导人员任期业绩考核制度；加快健全员工能进能出机制，推进劳动用工市场化机制建设，全面推行公开招聘制度，健全竞争择优的岗位动态运行机制，建立稳定一线、引导二三线人员向一线流动的机制；加快形成收入能增能减机制，深入推进全员绩效考核，加大对重点骨干人员精准激励力度。

五是持续深化矿区服务市场化社会化改革。全面剥离企业办社会职能，进一步健全完善资产划转等相关配套政策，2018 年底前基本完成“三供一业”剥离移交和有关业务的社会化改革；调整完善运行机制和业务结构，优化矿区业务管理和服务模式，提升增收创效能力。

六是持续深化管理创新。加快构建管理创新体系，制定出台管理创新制度、流程和标准规范，建设管理创新信息化工作平台；推进管理创新重点工作，持续推进基础管理建设工程，有序推进管理体系融合，推进生产经营全过程精细化管理，科学构建对标指标体系，深化企业发展能力评价，提升企业稳健发展质量。

王宜林指出，2017 年是集团公司推进改革攻坚和创新发展的重要一年，下半年要集中力量做好全面完成公司制改革、持续推进专业化重组、优化管控模式和运行管理机制、积极稳妥推进混合所有制改革、加快“三项制度”改革试点、大力推进瘦身健体六项重点改革举措。

王宜林强调，要切实加强党对深化改革工作的领导。一是充分发挥党组织的政治核心作用，牢牢把握改革正确方向。二是切实提高各级党组织领导改革工作的能力，不断增强改革的针对性和实效性。三是党员领导干部要争当改革的促进派和实干家，始终保持锐意改革的良好精神状态。

章建华通报集团公司 2016 年度业绩考核情况。中国石油在 2016 年度 102 家中央企业经营业绩考核中获得 A 级，比上年提升 7 位。按照集团公司业绩考核办法，长庆油田、吉林石化、西气东输等 73 家企业为 A 级，占 48%；75 家企业为 B 级，占 49.4%；4 家企业为 C 级，占 2.6%。A 级单位数量比 2015 年增加 5 家，没有 D 级单位。集团公司 2016 年度业绩考核坚持效益导向差异化考核，实施关联业务联动考核和顾大局保整体奖励政策，调整充实业绩考核指标，推动重点工作落实。

吉林油田公司、吉林石化公司、湖北销售公司、西部管道公司、哈萨克斯坦公司、中油工程公司六家企业作大会发言，从不同侧面介绍深化改革、管理创新、转型发展的做法和经验。会议期间，与会代表还参观吉林石化分公司炼油厂、合成树脂厂、检测中心和机械实训基地等基层单位。

国有重点大型企业监事会 29 办事处负责人，集团公司总经理助理、股份公司管理层成员、集团公司副总师出席会议。集团公司所属企事业单位党政主要负责人，总部各部门、专业公司主要负责人参加会议。

新疆玛湖发现 10 亿吨级砾岩油田

2017 年 11 月 30 日，新疆油田公司在准噶尔盆地玛湖凹陷中心区发现 10 亿吨级玛湖砾岩大油区，成为世界上发现的最大砾岩油田。

克拉玛依油田是新中国成立后发现的第一个大油田，为共和国建设做出突出贡献。经过半个世纪开发，作为产能建设主体的断裂带已多年无重大突破。自 20 世纪 90 年代以来，该油田就一直坚持把寻找大场面、发现大油田作为重中之重，转变观念，提出“跳出断裂带，走向斜坡区”重大勘探新思路，虽三上三下，仍始终紧盯与之相邻的玛湖凹陷。然而凹陷区砾岩勘探面临资源潜力、有效储层、源上成藏和缺乏配套技术四大世界公认的难题，迄今国内外尚无凹陷区砾岩规模勘探的成功先例。

2005年以来，新疆油田公司依托国家与中国石油重大专项，针对资源潜力、沉积、成藏模式不清等勘探难题，集中优势科技资源，围绕砾岩成藏理论与勘探关键技术等难题展开“产学研用”协同攻关，通过创新地质认识，强化技术攻关，突出效益勘探，玛湖地区勘探随之连续获得重大突破，首次发现目前已知全球最古老的碱湖优质烃源岩，指导发现玛湖10亿吨储量规模大油区。

这一成果得到第三方权威评价机构美国休斯敦大学油气地球化学中心评价：首次发现全球迄今可能最古老的碱湖优质烃源岩，成功重建生烃演化过程，是目前该领域研究中最优秀的工作。该成果也先后获中国石油重大发现特等奖1项、一等奖3项，并获2016年度全国“十大地质找矿成果”。

玛湖大油田的原油含有稀缺的环烷基组分，是炼制国内独有的航空大功率煤油、超低温润滑油等高端石化产品不可替代的主要原料。该大油田的发现，对保障国家能源安全、促进新疆经济社会的发展和社会稳定长治久安以及加快“一带一路”建设，具有重大战略意义。

俄罗斯亚马尔LNG项目一期工程投产

2017年12月8日，全球纬度最高、规模最大的LNG项目——俄罗斯亚马尔LNG项目一期工程正式建成投产。该项目是“一带一路”倡议提出后，中国石油参与规模最大的海外油气合作项目。通过全产业链参与项目运作，中国石油正在成为国际LNG产业发展的重要参与者。

亚马尔LNG项目位于俄罗斯北极地区，是集天然气勘探开发、液化、运输、销售为一体的上下游一体化合作项目。项目依托的南坦姆贝凝析气田已探明天然气储量1.3万亿立方米，凝析油储量6018万吨。LNG工厂分三期建设，除已投产的一期工程外，二期和三期工程计划分别于2018年和2019年投产。项目完全建成后，将具备1650万吨/年LNG和100万吨/年凝析油的生产能力。

2013年，中国石油与俄罗斯诺瓦泰克公司签署协议，购买亚马尔LNG项目20%的股权，与诺瓦泰克公司及道达尔公司共同进行该项目的开发和建设。2014年，项目全面启动后遇到融资困难，中国石油积极推动中资银行参与项目融资，解决建设资金需求问题。2016年，中国丝路基金收购诺瓦泰克公司9.9%的股份成为该项目的第4个股东，中国石油拥有该项目20%的股权，俄罗斯诺瓦泰克公司、法国道达尔公司和中国丝路基金分别占股50.1%、20%和9.9%。

2016年，亚马尔LNG项目工程建设全面展开，中国石油所属俄罗斯公司、海洋工程公司、寰球工程公司、技术开发公司、中油锐思等十余家企业先后参与该项目建设和运营。其中，海洋工程公司和寰球工程公司共同承担FWP5、MWP4、MWP10 A和FWP1D四个工程包共16个模块的建造任务，全部高质量按期交付。

在项目建设过程中，中国石油还带动一批中国企业全方位参与亚马尔LNG项目建设，涉及地质研究、钻机制造、模块建造、工程监理、海运物流、物资供应、造船、LNG采购等各个环节。因现场施工条件限制，项目主要功能单元均采用模块化建造，整个项目共由147个模块组成，包括中国石油在内的中国企业承造其中120个模块，并供应和建造多艘冰级运输船和1台极地钻机。项目建设过程中，共有45家中国厂商为项目提供百余种产品。亚马尔LNG项目有力带动和促进众多产业的技术创新和转型升级，对中国制造业产生巨大的示范拉动效应。

亚马尔LNG项目同时开辟一条便捷的运输通道——北极东北航道，即“冰上丝绸之路”。2015年以来，亚马尔项目超过60%的模块经过白令海峡，通过北极东北航道运输，比传统通过苏伊士运河的航道缩短三分之一的航程，大幅降低物流成本。

亚马尔LNG项目成功推动中俄经贸合作，实现互利共赢，不仅带动俄罗斯能源产业和边疆地区发展，也拓展中国清洁能源供应的多元化渠道，加快国内能源结构的优化。2017年11月，中国石油和诺瓦泰克公司签署战略合作协议，双方将进一步拓宽在天然气上下游领域的合作。

亚马尔 LNG 项目已成为中俄经贸合作最大的平台以及“冰上丝绸之路”的重要支点，被称为“北极地区国际能源合作的典范”，中国石油也成为北极资源开发的先行者。

长庆油田连续 5 年实现油气当量产量超过 5000 万吨

2017 年，长庆油田年产油气当量 5316 万吨，其中原油产量 2372 万吨、天然气产量 369 亿立方米，自 2013 年油气当量产量突破 5000 万吨后，实现连续 5 年 5000 万吨以上规模高效稳产。5 年来，长庆油田累计生产原油 1.2 亿吨、天然气 1837 亿立方米，折合油气当量 2.68 亿吨。

长庆油田位于中国西部鄂尔多斯盆地，20 世纪 70 年代投入开发，属典型的“三低”（低渗、低压、低丰度）致密性油气藏，开发难度极大。多年来，通过不断探索，创新集成针对致密油气藏规模高效开发的主体技术和技术序列，使油田获得跨越式发展，成为中国近 10 年油气储量产量增长最快的油田。2007 年，长庆油田油气当量产量首次突破 2000 万吨，到 2013 年迅速攀升至 5000 万吨以上，已成为国内最大的油气田。

近年来，长庆油田遇到资源品位持续下降、低油价导致投资成本控制压力不断增强的不利局面。通过不断调整和改善勘探开发方式，解决生产中遇到的困难。在油气勘探上，围绕重点区域进行精细勘探和高效勘探，2017 年，油田新增探明石油地质储量占中国石油新增储量的 49%；在油田开发上，实施精细注采调控和层内分注，攻关三次采油技术，近年原油产量均保持在 2400 万吨左右；在气田开发上，通过优化间歇井生产制度、大规模开展排水采气作业对气井实施精细管理，提高主力气田采收率。

技术创新为长庆油田持续稳定高产提供重要的技术支持和保障。应用水平井体积压裂增产技术帮助致密油气实现效益开发；应用大井组工厂化钻井技术使水平井平均机械钻速提高 50%，平均钻井周期缩短 27 天；应用桥式同心分层注水等技术将水驱储量动用程度提高 2.8%，阶段自然递减下降 0.6%，阶段采收率提高 5%；应用老井侧钻水平井、查层补孔及桥塞气举排水采气等技术，油田年增产气量超过 17 亿立方米。长庆油田充分利用信息技术打造数字化油田，全面推广无人值守站，实施智能化生产和管理，数字化覆盖率 93% 以上。

（中国石油档案馆）

油气勘探开发生产

综 述

【概述】 中国石油国内油气勘探与生产业务、新能源业务及国内勘探开发合资合作业务由中国石油天然气股份有限公司勘探与生产分公司（简称勘探与生产分公司，也称勘探与生产板块，1999年12月组建成立）统筹负责。截至2017年底，国内油气勘探开发生产企业16个，分别是大庆油田有限责任公司、辽河油田分公司、长庆油田分公司、塔里木油田分公司、新疆油田分公司、西南油气田分公司、吉林油田分公司、大港油田分公司、青海油田分公司、华北油田分公司、吐哈油田分公司、冀东油田分公司、玉门油田分公司（玉门石油管理局）、浙江油田分公司、中石油煤层气有限责任公司和南方石油勘探开发有限责任公司。

2017年，国内油气勘探取得25项主要成果。新增石油探明地质储量6.59亿吨，连续12年超过6亿吨；新增探明天然气地质储量5698亿立方米（含煤层气105亿立方米），连续11年超过4000亿立方米；新增油气探明地质储量当量连续11年超过10亿吨。控制油气地质储量分别完成7.18亿吨、5679亿立方米，预测油气地质储量分别完成7.61亿吨、5085亿立方米，均超额完成计划任务。全年生产原油10253.7万吨（含液化气产量54.2万吨），同比减少291万吨，下降2.76%，但仍保持在1亿吨以上，其中自营区产油9491.41万吨、合作区产油762.29万吨；生产天然气1032.7亿立方米，同比增加51.6亿立方米，增长5.26%，天然气产量首次突破1000亿立方米。油气当量产量18482万吨，同比增加120万吨。

（张晓宁）

【生产经营指标】

1. 勘探开发工作量

2017年，油气勘探完成二维地震26813千米、三维地震7843平方千米，完成钻井1773口、进尺502.5万米；原油开发完成钻井12751口、进尺2343.4万米；天然气开发完成二维地震1104千米、三维地震1507平方千米，完成钻井2569口、进尺790.9万米；完钻水平井896口（以上数据均不含对外合作）。2017年勘探开发工作量与2016年对比见表1。

表1 2017年勘探开发工作量

项目			2017年	2016年	同比增减
勘探	二维地震（千米）		27917	25485	2432
	三维地震（平方千米）		9350	9064	286
	钻井（口）		1773	1651	122
	进尺（万米）		502.5	467.2	35.3
开发	原油	钻井（口）	12751	11317	1434
		进尺（万米）	2343.4	2066.6	276.8
	天然气	钻井（口）	2569	953	1616
		进尺（万米）	790.9	288.6	502.3
	完钻水平井（口）		896	601	295

注：（1）表中均为自营区数据；（2）勘探地震中含天然气开发地震工作量。

2. 油气储量

新增探明石油地质储量6.59亿吨、天然气地质储量5698亿立方米（含煤层气105亿立方米），探明油气地质储量当量超过10亿吨，油气储量当量接替率1.63（储量不含老区提高采收率和复算新增）。

3. 油气产量

生产原油10253.7万吨，同比减少291万吨，下降2.76%，保持在1亿吨以上；生产天然气1032.7亿立方米，同比增加51.6亿立方米，增长5.26%，再创历史新高。

4. 经济效益指标

实现销售收入3742亿元，税前利润43亿元，净现金流160亿元，投资资本回报率0.2%。

5. 安全环保

安全环保形势总体稳定，减排“四项指标”同比下降；节能、节水均完成计划指标。

【主要成果】 2017年，新区新领域油气预探和风险勘探取得多项新发现。塔里木盆地库车坳陷吐东2井开辟北部构造带侏罗系勘探新领域，发现和落实克深24、大北11、博孜3等3个新的含气构造；准噶尔盆地中拐北斜坡上乌尔禾组多口井获高产油气流，发现继百口泉组之后环玛湖地区又一新的规模接替层系；四川盆地川西南风险探井兴探1井雷口坡组获工业气流，展示川西南部雷口坡组勘探前景；鄂尔多斯盆地陕北老区长8油层落实5个含油富集区、长9油层发现2个高产区块，夯实老区稳产基础；柴达木盆地阿尔金山前尖北斜坡发现新的含气区带，二连盆地乌兰花凹陷取得重要发现；松辽盆地梨树断陷发现新的含气洼槽；银额盆地天草凹陷发现高压轻质油藏。

科学组织油田开发，原油生产受控运行。2017年，原油开发紧紧围绕全年生产任务，科学制定分月生产计划，突出重点油田生产管理，加强生产运行协调，全年完成原油产量10253.7万吨，超产8.7万吨。产能建设突出质量效益，强化源头控制，突出达标管理，严格立项程序和投资计划，强化目标优选、开发方案优化、技术进步、精细管理，自营区新钻原油开发井12751口，进尺2343.4万米，新建产能1108万吨。持续深入开展精细油藏描述，促进老油田开发调整精准挖潜，全年完成86个开发单元，覆盖地质储量16.7亿吨；推进落实精细注水长效机制，强化水系统管理，推进精细注水向有效注水转变，注水系统效率持续提升，注水量首次负增长；加大长停井治理力度，全年完成治理油水井3663口，增油67万吨，年恢复注水695万立方米；稳步推进二次开发工程，实施“二三结合”（二次开发水驱与三次采油结合）大幅提高采收率。

2017年，坚持多产多销，天然气产量首次突破1000亿立方米。本着多产多销的原则，加强与下游沟通，周密制定月度运行计划、提前制定冬季气田生产和储气库调峰计划，落实冬季天然气保供方案，全年天然气产量同比增加51.6亿立方米，冬季调峰气量41亿立方米，6座储气库采气49.2亿立方米，完成天然气生产和保供任务。天然气产能建设突出方案优化、效益建产，继续推广和完善“大井丛、多层位、多井型、工厂化、立体式”的产能建设和生产管理模式，自营区全年新钻井2569口，进尺790.9万米，新建产能119亿立方米（其中煤层气2.7亿立方米、页岩气15.8亿立方米）。页岩气开发落实集团公司页岩气专题会议精神，加快部署落实，成立川渝页岩气前线指挥部，“统一指挥、统一决策、统一协调、统一考核”，高效推进川南地区页岩气产能建设。煤层气老区调整初见成效，樊庄、郑庄和韩城等老区块综合调整治理稳步推进。6座商业储气库工程建设基本完成，累计注气211亿立方米，累计采气90亿立方米。

坚持管理创新，持续推进深化改革。贯彻落实国家油气体制改革精神，围绕盘活矿权区块和未动用储量资产，推进矿权和区块内部流转；油气预探首次在年度计划中设立“新区新领域项目”，通过健全市场化机制，大力推进预探发现。扩大经营自主权改革持续推进。完成《六家油气田扩大经营自主权改革试点建议方案》，并通过集团公司全面深化改革领导小组审查；与深化改革相匹配，研究提出打破“一对一”服务模式、扩大“一对N”服务模式。提前完成亏损企业三年治理任务，为全面完成专项工作奠定良好基础。推进信息化系统建设，A1、A2、A5、ERP系统建成并上线运行，A11投入试运行，生产管理及应急指挥效率大幅提升。

工程技术不断进步，保障作用日益加强。2017年，“两宽一高”地震采集和精细处理技术持续推广，地震资料品质和成果质量不断提高。复杂深井钻井提速技术水平持续提升，垂直钻井技术和油基钻井液逐步国产化。继续在新疆、长庆苏里格、松辽致密油气、川渝页岩气等产能建设区块推进大井丛工厂化作业，全年完成平台井数8213口，同比提高80%。高温高压含硫化氢储层和复杂岩性低渗透储层试油技术取得重要进展，水平井改造重大专项技术攻关取得新进展。带压作业技术水平进一步提高，施工范围涵盖油气水井完井、大修、小修及压裂等措施作业，全年完成带压作业井5500口，同比增加339口井。重大开发试验取得新进展，聚合物表面二元驱试验在表面活性剂研制、配方优化、乳化作用机理研究等方面取得重大进展，稠油火驱技术在辽河杜66块和新疆红浅试验区取得显著效果，注天然气重力混相驱试验在塔里木东河塘油田取得重大突破，二氧化碳驱技术基本实现二氧化碳捕集、驱油、埋存一体化目标。

落实绿色发展理念，安全环保形势保持稳定。2017年，持续提升HSE体系审核质量，以全要素量化审核和专项审核相结合的方式开展两次HSE审核。深入推进领导干部HSE履职能力评估、基层岗位绩效考核和基层HSE标准化建设，安全环保责任得到有效落实。狠抓安全环保风险防控和安全环保隐患治理，推进重大环境风险识别、评估及防控措施落实工作。持续推进管道和站场完整性管理，在9家油田开展“全生命周期、全流程和全区块”完整性管理试点。启动绿色矿山创建工作，推动国家建立含油污泥处置利用规范，推广应用无污染箱式清洁作业，资源化利用处理后的采出水。实施大庆油田热电厂和宏伟电厂脱硝改造工程、大港油田孔大站污水排放口关停。

（向书政）

油气勘探

【概述】 2017年，股份公司分层次设置油气预探项目（石油预探项目33个、天然气勘探项目28个）和风险勘探项目，其中重点勘探项目18个。油气勘探取得25项主要成果。

油气勘探立足大盆地，立足富油气凹陷，加强预探和风险勘探，努力寻找新的发现和突破，强化规模效益勘探，落实可升级可动用储量，强化综合地质研究和工程技术攻关，不断提高勘探效率，强化勘探管理，提质增效。突出重点区带和重点预探项目，设立鄂尔多斯盆地陇东、姬塬，松辽盆地大庆长垣扶余、吉林长岭，塔里木盆地塔北，准噶尔盆地玛湖、红车拐，柴达木盆地柴西，吐哈盆地台北，辽河东部凹陷，华北饶阳，大港板桥等12个石油预探重点项目，鄂尔多斯盆地苏里格、盆地东部，四川盆地川中、川西，塔里木盆地库车、柴达木阿尔金山前等6个天然气勘探重点项目。

【勘探任务完成情况】 2017年，获工业油气流井509口，综合探井成功率56.62%。全年新增探明石油技术可采储量1.12亿吨，新增探明天然气技术可采储量3184亿立方米。

新增储量具有以下特点：原油储量整装程度进一步降低，大型规模区块储量占比下降（大于2000万吨储量区块，2017年占45%，2016年占61%）；天然气探明储量整装程度高（大于300亿立方米区块占72%）；探明油气藏类型以岩性油气藏为主（岩性油藏占66%，岩性气藏占71%）。

【渤海湾盆地主要勘探成果】 辽河东部凹陷牛居和红星地区精细勘探取得新成果。勘探面积3300平方千米，凹陷构造、沉积变化快，地质条件复杂。2017年围绕富油气洼槽精细勘探，部署实施三维地震260平方千米，探井6口，获工业油流井4口。牛居地区新获工业油流井2口，勘探开发一体化新增探明石油地质储量262万吨，当年建原油产能5万吨；红星地区火山岩勘探新获工业油流井2口，其中于70井日产油12.1吨，进一步扩大该区含油面积。

华北二连乌兰花凹陷石油勘探取得新进展。勘探面积600平方千米；2016年勘探取得突破后，2017年预探评价相结合，落实储量规模，实现有效升级动用，整体部署探评井11口，完试8口，新获工业油气流井8口。其中：兰45x井、兰18x井在阿尔善组火山岩分获日产25.3吨和40.1吨工业油流，兰101x井在腾一段碎屑岩获日产37.82吨工业油流，为乌兰花凹陷石油整体探明和建产奠定基础。

华北廊固杨税务潜山整体勘探取得新进展。勘探面积410平方千米。2016年风险探井安探1x井突破后，整体部署三维地震339平方千米，探井5口。2017年完钻的安探3井获日产油28.8吨、气50.1万立方米工业油气流，并钻揭武清洼陷沙三段、沙四段厚层烃源岩；安探2x井钻遇厚气层，并获日产油11吨、气3.1万立方米工业油气流；安探4x井发现厚气层。进行试采的安探1x井产量、压力稳定，展现出杨税务潜山天然气规模勘探开发的良好潜力。

大港歧口斜坡区高效勘探取得重要进展。勘探面积5300平方千米，发育埕北、板桥、歧北等斜坡区，是岩性油藏勘探的重点领域。2017年突出中高斜坡区岩性油藏精细砂体和目标刻画，部署探评井25口，完钻24口，获工业油气流井20口。在埕北斜坡新获5口工业油流井，其中庄17101井和庄1618井在沙一段分别获日产242吨和129.6吨的高产油流，新增探明石油地质储量1456万吨；在板桥中高斜坡和歧北中低斜坡各有6口和7口井新获工业油流，歧口斜坡区精细勘探整体取得新进展。

【松辽盆地主要勘探成果】 北部龙西地区中浅层石油精细勘探取得重要成果。勘探面积2.2万平方千米。2017年持续开展“构造、沉积、储层、成藏”四个精细研究，一体化部署钻井27口，完试井20口，获工业油流井18口，12口井获高产，其中塔52井在葡萄花组油层日产油52.9吨、塔48井在萨尔图组油层日产油49.9吨，发现多个高产富集区块，新增探明石油地质储量1373万吨。

松北徐家围子断陷天然气勘探取得重要进展。勘探面积3900平方千米，发育沙河子组致密气藏和营城组火山岩气藏。2017年按照扩大勘探致密气、精细评价火山岩的思路，针对沙河子组部署探井12口，试气9口井，均获工业气流，沙河子含气范围进一步扩大；针对营城组部署探评井4口，试气2口均获得工业气流，在徐深1区块新增探明天然气地质储量125亿立方米。

南部乾安致密油一体化勘探取得新成果。2017年一体化攻关乾安致密油，实现“技术适用、经济可行”，持续增储建产，部署水平井51口，完钻33口井，试油25口井均获工业油流，投产水平井21口，累计动用地质储量3146万吨，建产能16万吨，在让70区块新增探明石油地质储量2011万吨。

南部梨树断陷苏家洼槽油气勘探获新发现。梨树断陷面积3300平方千米，中国石油矿权面积1000平方千米。2015年以来重新认识研究梨树断陷，锁定苏家、怀德、梨南3个有利区带，部署三维地震614平方千米，2017年利用三维地震新资料，精细刻画苏家洼槽整体构造，落实目标，部署探井9口，完钻7口井，完试4口井，获工业油气流井3口，其中苏家2井在火石岭组日产气19.3万立方米、日产油11.6吨。

【鄂尔多斯盆地主要勘探成果】 陕北志丹地区新层系勘探获重要发现。勘探面积1.5万平方千米，截至2016年底探明石油地质储量12.2亿吨，主要在长6油层等较浅层位。2017年坚持安塞下面找安塞的勘探思路，甩出去打下去，加强下组合勘探，完钻探井110口，65口井获工业油流。在长8油层有29口井新获工业油流，落实5个含油有利区，面积1000平方千米；顺116井在长9油层获日产111吨高产油流，发现2个长9油层高产区块。

南梁—华池地区石油勘探取得重大进展。勘探面积6000平方千米，截至2016年底，探明石油地质储量8.8亿吨。2017年加强延长组中下组合勘探力度，部署预探井30口，完钻24口井，38口井新获工业油流。在长6油层和侏罗系有6口井新获工业油流，累计工业油流井71口，新增探明石油地质储量1.1亿吨。

姬塬地区石油勘探取得重要进展。勘探面积1.6万平方千米，截至2016年底探明石油地质储量15.8亿吨。2017年以落实长6油层规模储量为主，部署探井、评价井215口，新获工业油流井124口，在长6油层有38口井新获工业油流，累计132口井获工业油流，落实探明含油面积397平方千米、地质储量1.26亿吨；甩开预探在盐池地区12口井日产大于20吨，发现多个高产富集区。

苏里格地区天然气勘探取得重要成果。勘探面积6万平方千米，截至2016年底探明天然气地质储量1.65万亿立方米，年产气170亿立方米。2017年在苏里格南部、西部完钻探井57口，获工业气流井27口，在南一区累计64口井获工业气流，盒8气层、山1气层、山2气层落实探明含气面积2363平方千米、天然气地质储量2150亿立方米；在苏里格西一区新获工业气流井5口，进一步落实含气富集区。

神木地区多层系立体勘探获新进展。勘探面积2万平方千米，截至2016年底探明天然气地质储量4844亿立方米，年产气30亿立方米，是盆地勘探开发的重要接替领域。2017年加大勘探力度，立体勘探，完钻探井45口，完试井25口，获工业气流井14口，其中盒8气层和山1气层分别获工业气流井6口和3口，新增含气面积超过1500平方千米；麒20井、桃67井在本溪组分别获日产31.4万立方米和17.1万立方米高产气流，发现桃67井新的高产富集区；米70井在太原组获日产54.2万立方米高产气流，神木气田含气范围向南、向北进一步扩大。

古隆起东侧下古生界碳酸盐岩勘探取得新进展。勘探面积4万平方千米，1989年陕参1井马五段1+2气藏获高产工业气流，发现靖边气田；截至2016年底累计探明天然气地质储量6547亿立方米。2017年围绕靖西中上组合、东侧马五段1+2气藏风化壳甩开勘探，完钻探井14口，获工业气流井7口，其中桃76井、莲113井在马五段4气藏分别获日产152.36万立方米和65.15万立方米高产气流，含气富集区进一步落实。

【四川盆地主要勘探成果】 川西地区雷口坡组天然气勘探取得新发现。川西地区雷口坡组探明中坝气田后未有大的突破，近几年加大该领域研究和勘探力度，部署实施二维地震670千米，发现大兴场雷四3大型地层构造复合圈闭，部署钻探风险探井兴探1井，完井测试在雷口坡获日产5.17万立方米工业气流。

川中古隆起高石梯构造南端灯四段勘探取得新成果。川中震旦系具备优越的成藏条件，勘探已证实灯四段大面积含气，台缘带为富气高产区。为进一步提高灯四段气藏单井产量和储量动用，在高石梯—磨溪台缘南带高石19井区部署钻探先导试验水平井高石110井，酸化后测试获日产65.77万立方米高产气流，新增探明天然气地质储量382.36亿立方米，并有望推动灯影组气藏的整体有效升级动用。

川西北部地区上古生界勘探取得新进展。2014年双探1井在下二叠统栖霞组、茅口组勘探取得突破后，近几年整体部署实施三维地震1243平方千米，在加强成藏条件研究基础上，立足栖霞组白云岩发育有利区，在构造高带部署探井4口，2017年双鱼石构造带完钻的双探8井栖霞组获日产36.88万立方米工业气流，九龙山构造龙探1井栖霞组获日产106万立方米高产气流。

【准噶尔盆地主要勘探成果】 中拐北斜坡上乌尔禾组勘探获重要发现。中拐地区上乌尔禾组前期勘探主要集中在南部，累计探明石油地质储量6083万吨，探明区内多井油水同出，制约勘探进一步展开。近两年开展系统研究，大面积成藏模式逐渐明朗，整体部署探井28口，新获工业油气流井25口，玛湖8井、玛湖013井日产油均超百吨，成为继百口泉组之后环玛湖地区又一新的规模接替层系。

滴南凸起南带天然气勘探取得重要进展。近年来开展高精度低频二维地震攻关，资料品质大幅提高，2016年在烃源岩分布预测和火山岩体精细刻画基础上，部署滴探1井、美6井获工业气流，南带实现突破。2017年甩开预探与成果拓展相结合，兼顾中浅层目标，实施三维地震312平方千米，完钻探井10口，3口井获工业气流，其中美8井在石炭系、二叠系分获日产10.3万立方米和4万立方米工业气流。

【塔里木盆地主要勘探成果】 库车克拉苏—大北构造带天然气勘探取得新发现。勘探面积2.8万平方千米。2017年重点深化构造地质建模，强化叠前深度偏移处理攻关，锁定构造转换带、逆掩叠置带作为预探评价重点区，完钻探井7口，获工业气流井4口，其中克深24井和大北11井在白垩系巴什基奇克组分获日产52万立方米和7.8万立方米工业气流，博孜3井在白垩系巴什基厅克组酸化测试获日产油49.34吨、日产气32.33万立方米工业油气流，发现3个新的含油气构造。

库车北部构造带侏罗系勘探取得新发现。勘探面积5900平方千米，勘探程度较低。近两年突出中浅层，注重多层系岩性目标，加强地震部署和老资料处理解释攻关，重新连片成图，发现一批钻探目标。2017年部署吐东2井在侏罗系阳霞组测试获日产油31.68吨、气12.75万立方米工业油气流，开辟北部构造带侏罗系勘探新领域。

塔北碳酸盐岩石油勘探取得新进展。有利勘探面积2.75万平方千米，2017年坚持勘探开发一体化，预探跃满西区块一间房组层间岩溶，拓展鹰二段，部署三维地震737平方千米，探井5口，评价井6口，完钻井6口，获工业油流井6口。跃满西区块4口井在一间房组获高产油流，含油面积进一步向西拓展。

【柴达木盆地主要勘探成果】 阿尔金山前尖北斜坡天然气勘探取得新进展。勘探面积5000平方千米，2016年风险探井尖探1井取得发现，证实尖北地区周缘存在侏罗系源岩。2017年，结合尖探1井钻探成果，实施三维地震500平方千米，部署探井5口，完钻的尖探2井测试新获日产5.4万立方米工业气流，投产后3毫米油嘴平均日产气7.47万立方米，累计产气134万立方米。

英西深层勘探开发一体化取得新成果。勘探面积2000平方千米。2017年，按照“预探谋突破，评价控规模，开发快建产”思路，部署实施预探井4口、评价井7口、开发井15口。完钻井11口，完试井15口，获工业油气流井9口。其中：北带狮38-2井日产油947吨，发现新高产油层；中带主体区狮平1井获高产，向西甩开实施狮53井获工业油流，实现平面及纵向扩展；南带甩开勘探狮55井、狮56井、210井获高产，发现新的含油区块。

【银额盆地主要勘探成果】 天草凹陷石油勘探取得新发现。主体面积600平方千米，2016年按照“断陷控源、断坡控砂、近源富集”的认识，在天草凹陷部署天6井获得发现。2017年按照“整体部署、整体评价”思路，部署实施三维地震345平方千米，实施探井天601井获日产24.2吨工业油流，发现高压轻质油藏。

【风险勘探目标落实】 坚持立足大盆地富油气凹陷和重大接替新领域，突出战略性、规模性、进攻性、前瞻性和可动用性的部署原则。按目标优选、区带准备、前期研究三个层次统一部署，2017年组织目标论证会14次，梳理重点区带24个，重点目标47个，落实和田2、家探1、岔东1、岔东2、楼探1、永探1、中秋1、驿探1、雁探1、伊探1、花探1、磨探1、龙探2、乌探1等14个风险钻探目标。

（金武弟）

勘探工程技术

【概述】 2017年，围绕集团公司高效勘探、低成本开发、加快天然气和绿色安全发展战略部署，物探技术突出“两宽一高”地震技术推广应用，完成二维地震采集项目71个，三维地震采集项目51个，物探攻关项目9个，科技项目12个。钻井工程方面完成水平井937口，主要应用在致密油气、页岩气、煤层气等非常规油气藏，以及碳酸盐岩、碎屑岩等油气藏；在裂缝性储层保护、研磨性地层的钻井提速、窄密度窗口的防漏治漏等领域应用欠平衡和气体钻井112井次；推广应用垂直钻井技术58井次；推广应用大井丛工厂化钻井技术，全年完成3口井以上平台井数8213口，同比提高80%，其中10口井以上大平台58个、634口井。测井技术方面在584口探井进行成像测井，应用覆盖率34.0%。

【地震资料采集】 2017年，勘探与生产分公司部署二维地震28323千米，完成26813千米；部署三维地震10761平方千米，完成7843平方千米。围绕提质增效，地震采集强化源头管理，优化技术方案，统筹考虑技术实用性与经济可行性，严格施工质量管理，加强过程质控；进一步加大Seis-Acq.Qc质量监控软件现场应用推广力度，地震生产项目100%实现现场实时量化质量监控，做到施工过程质量控制全覆盖，不仅节约人财物资源，确保地震采集施工实现科学、定量、高效、绿色质控，还提高地震野外采集质量监控效率。

“两宽一高”地震采集技术效果明显，在塔里木油田克深6井三维地震采集过程中，通过应用单点激发单点接收、小面元高覆盖、高密度地震采集技术，新采集的三维地震资料信噪比较高，深层信息丰富，复杂构造成像精度改善明显。

【地震目标精细处理解释】 地震资料处理解释技术迅速发展，高端技术的工业化应用已经取得良好效果。特别是层控层析静校正、高保真噪声衰减、高密度速度反演与建模、高精度的成像算法等标志性技术效果显著。另外，表层吸收补偿、Q偏移等一批新技术为解决复杂地质问题发挥重要作用。2017年各探区开展二维地震资料处理解释71833千米，三维地震资料处理解释34115平方千米，取得良好效果。

塔里木盆地克拉苏构造带通过真地表叠前深度偏移、各向异性速度建模等技术应用，浅层整体波组特征清晰，中深层成像质量明显提高，新发现一批优质圈闭，其中博孜3井、大北11井获得油气勘探突破；准噶尔盆地环玛湖地区通过地震处理解释一体化，地震资料的保幅性以及砂体和小断裂的识别能力明显提高，采用基于岩石物理分析的储层概率预测方法解决该区薄储层预测的难题，形成“一砂一藏”新认识，新落实圈闭16个，其中达10井、达17井、达002井相继获得成功；华北束鹿凹陷开展连片叠前深度偏移处理解释，潜山及内幕资料改善明显，斜坡带发现落实有利潜山圈闭28个，新钻探4口井均获高产或工业油流。

【物探技术攻关】 2017年，针对勘探生产过程中遇到的瓶颈难题，持续开展物探技术攻关。在高陡构造、碳酸盐岩、火山岩、复杂岩性四大领域完成9个物探攻关项目，完成二维地震攻关工作量610千米、三维地震攻关工作量1280平方千米；通过开展叠前深度偏移、TTI叠前深度偏移、Q偏移、叠前反演与储层预测等关键技术攻关，提高地震资料成像和储层描述精度。落实圈闭（含有利含油气区）56个、圈闭面积（含有利含油气面积）1055平方千米，新发现圈闭（含有利含油气区）4个、圈闭面积（含有利含油气面积）92平方千米，建议井位22个、采纳18个。

准噶尔盆地腹部美6井区石炭系火山岩优质储层预测取得突出效果。针对石炭系深层成像差以及落实石炭系地层分布、火山岩目标困难等难点，通过采用宽频可控震源高效激发、高密度宽方位接收，应用高精度静校正、叠前保幅逐级压噪、近地表Q补偿加VSP井控Q补偿处理等技术，石炭系火山岩体识别能力较老资料大幅提高，有利火山岩岩体边界更清楚；落实有利圈闭8个、圈闭面积165平方千米，建议井位9个、采纳9个。

【井中地震勘探】 2017年，股份公司实施零偏VSP 92口井、非零偏VSP 6口井，Walkaway-VSP 15口井，3D-VSP 4 口井，微地震监测项目 2 个，随钻 VSP 溶洞定位技术（中途 VSP 井驱三维地震重新处理、Walkaround 溶洞定位）在塔里木台盆区碳酸盐岩储层勘探中取得突破性进展。Walkaway-VSP 成像技术主要在塔里木油田、西南油气田、青海油田、辽河油田推广应用，在解决地面地震难以识别的目的层位、驱动地面地震资料处理等方面发挥重要作用；微地震监测技术应用覆盖中国石油大部分油气田，特别是在浙江油田通过实施 1 口井监测 6 口井的两支同步压裂，取得较好效果；分布式光纤声波传感技术完成现场采集试验。

【物探科研与应用】 2017 年，物探科研设立 12 个项目，分为基础软件研发与推广、重点领域技术攻关和前沿技术研究三个层次。课题研究取得五项突破：以密井网约束高分辨率处理和井震结合储层三维表征为核心的油藏地球物理技术在大庆长垣油区得到推广应用，新发现外扩储量区块 23 个，调整优化井 1665 口，支持三肇地区部署 14 口水平井，平均砂岩钻遇率 86%；在川中古隆起灯影组储层预测技术研究中，形成多次波压制处理的完整方案；具有跨平台并行计算能力的地震处理质控系统在集团公司全面推广，实现处理过程质控的定量化、可视化、高效化和网络化；创新研发深浅层速度模型融合技术，实现全深度速度建模，在前陆冲断带及东部潜山的应用中取得突出效果；基于深度学习的三维地震数据智能解释、智能化去噪等新技术研究取得进展。

【GeoEast 国产地震处理解释软件推广】 2017 年，应用 GeoEast 软件处理二维地震 6310 千米、应用率 71%，处理三维地震 9806 平方千米、应用率 33%；解释二维地震 165814 千米、应用率 38%，解释三维地震 93829 平方千米、应用率 51%，已成为国内物探处理解释的主力平台。截至 2017 年底，在股份公司国内陆上探区累计安装处理软件 3756CPU（中央处理器）、732GPU（图形处理器），特色功能包 135 个，解释软件许可 1094 个，覆盖率 100%。

为推动 GeoEast 软件的深化应用，展示推广应用效果，2017 年召开 GeoEast 软件应用技术交流会，以确保三年推广应用“157”（应用人员熟练率 100%、处理项目应用率 50%、解释项目应用率 70%）工作目标的实现。在油田及研究院等单位开展具有针对性的专题技术培训 176 期，累计培训学员 2281 人，股份公司处理培训覆盖率 93%，解释专题技术培训覆盖率 87%。

【水平井钻井技术】 2017 年，完成水平井 937 口，水平井主要应用在致密油气、页岩气、碳酸岩盐、煤层气等非常规油气藏。尽管油气藏地质条件日趋复杂，但通过强化油气藏精细刻画、强力推进先进适用工程技术应用，水平井总体效果依然十分突出。

新疆风城超稠油规模实施 SAGD 井组 173 对，年产油 101.4 万吨，重 32、重 37 井区单井产量 30 吨/日以上，油汽比 0.24，是常规水平井的 5 倍、直井的 10 倍，其中 FHW102 井最高日产油 146 吨，累计产油 7.7 万吨；环玛湖地区全面推进水平井整体开发，完成水平井 59 口，平均水平段长 1407 米，平均油层钻遇率 97%，已投产水平井同期产油是直井的 4.8—11 倍；吉木萨尔致密油通过持续工程技术攻关，实施的两口水平井 Ⅰ 类油层钻遇率 92% 以上，压裂后平均日产油 35.1—48.4 吨，截至 2017 年底累计产油均突破万吨，取得重大突破。

截至 2017 年底，长庆油田在西 233、庄 183、安 83 致密油开发试验区建水平井 413 口，建产能 137.84 万吨，单井初期日产油 9.6 吨，累计产油 261.7 万吨。其中：西平 238-77 井为国内致密油水平段最长、压裂段数最多、入地液量最大的井，生产 12 个月产油 1.3 万吨，预测 2 年可收回单井投资。

吐哈油田持续推进水平井规模应用，实现难动用储量有效动用，2017 年水平井开钻 142 口，完成 135 口，水平井井数占 42.7%。三塘湖非常规油气资源，自 2013 年以来通过“水平井＋体积压裂”配套技术，原油年产量持续上升，由 2011 年的 12.5 万吨提高到 2017 年的 43.1 万吨。

2017 年，塔里木油田在哈得薄层碎屑岩储层通过推广旋转地质导向技术实施水平井 5 口，平均完钻井深 5776 米，平均水平段长 518.2 米，平均储层钻遇率 95.34%，平均单井日产量比 2016 年提高 9.57%，解决直井无法动用难题。大港油田枣 55-10H 井喜获高产，日产油 50.3 吨，一个停产近 20 年的复杂断块特殊岩性油藏再次焕发新的活力。

水平井钻井技术日趋成熟，保障能力进一步提升。2017 年，平均水平段长 938 米，为体积改造和提高水平井应用效果奠定基础。浙江油田的 YS113H1-7 井完钻井深 5112 米、水平段长 2512 米，创国内页岩气井水平段最长纪录。西南油气田长宁 H24-8 井反向位移 635 米，实钻水平段长 1100 米，首次实现第一口“勺形”页岩气水平井。大港油田完成的官东 1701H 井完钻井深 5465 米，以水平段 1456 米、钻井周期 55.15 天、平均机械钻速

13.26 米 / 时，创大港油田 5000 米以上水平井水平段最长、钻井周期最短、机械钻速最高、钻机月速最高四项纪录。

【欠平衡钻井技术】 2017 年，完成欠平衡和气体钻井 112 井次，主要应用于西南油气田、塔里木油田、青海油田、大港油田、煤层气公司等，主要应用领域为裂缝性储层保护、研磨性地层钻井提速、窄密度窗口防漏治漏等方面。

精细控压钻井技术实现复杂地层安全钻进。2017 年，西南油气田在龙岗 70 等 5 口井开展精细控压钻井现场试验，复杂处理时间大幅降低，实现窄安全密度窗口地层溢漏同存的安全钻进，其中龙岗 70 井龙潭组—梁山组地层（7252.29—7793.00 米）钻井液密度 1.97—2.11 克 / 厘米^3，控压值 0.8—7.3 兆帕，钻进期间仅漏失钻井液 22.7 立方米，复杂损失时间 8 小时。

探索试验精细控压压力平衡法固井，超深井尾管固井质量显著提高。2017 年，在龙岗 70 井 114.3 毫米尾管固井作业中，创新性应用精细控压尾管固井工艺，固井优质率 86.6%，合格率 90.9%，为后期完井试油及投产奠定坚实基础。在龙探 1 井、双探 8 井、双探 7 井、五探 1 井开展试验推广，成功解决固井漏喷同存复杂难题，为窄安全密度窗口井优质固井开辟新的技术途径。

气体钻井大幅度提高页岩气等研磨性地层钻井速度。2017 年分别在九龙山、双鱼石、长宁等区块累计应用气体钻井 16 井、28 井次，进尺 15887.97 米，机械钻速 6.67 米 / 时，提速效果显著。双鱼石构造在双探 7 等 4 口井推广气体钻井提速，444.5 毫米井段平均机械钻速 8.23 米 / 时，比前期已钻井钻速提高 15.7%；333.4 毫米井段平均机械钻速 16.56 米 / 时，平均钻头单只进尺 2136 米，比前期已钻井分别提高 28.6%、10.4%。

2017 年，长宁区块山上平台表层应用气体、充气、雾化钻井，有效解决表层恶性井漏。青海油田在砂山Ⅳ－Ⅵ断块规模应用空气（充气）钻井 17 口，解决油砂山Ⅳ－Ⅵ断块井漏的难题，平均机械钻速 29.03 米 / 时，是同区域井钻速的 1.84 倍，平均完井周期 6.38 天，平均钻井时间 2.42 天，单井节约钻井时间 6.18 天。大港油田实施控压钻井 17 口井，保证“窄密度窗口”井的安全钻井和油气层保护，有效保护储层，及时发现培育港 17104 等高产井，实现港西复杂压力区块安全钻井，减少事故复杂，控压钻井成本比处理复杂情况下降 35%。

【垂直钻井技术】 2017 年，塔里木油区应用垂直钻井 58 井次，垂直钻井进尺 8.79 米，其中斯伦贝谢 Power-V 应用 51 井次、8.26 万米，占总工作量的 94%，平均单井应用进尺 2380.43 米，最大井斜基本控制在 1 度以内，成为山前钻井提速的重要利器之一。应用井深由以前的 4000 米左右增至 7000 米以上，特别是在克深区块盐膏层推广应用油基钻井液 + 垂直钻井技术提速效果显著，2013 年以来在克深区块应用 17 口井，与同区块邻井常规钻井相比，平均机械钻速提高 90%—120%，日进尺提高 120%—170%。

渤海钻探经过持续技术改进，进一步提升工具在复杂地层的稳定性，2017 年 BH-VDT 垂直钻井工具应用 7 口井，入井时间 2510 小时，累计进尺 8445 米。克深 1T 井井斜稳定控制在 0.2 度左右，第三趟钻单根服务进尺 380 米，刷新 BH-VDT5000 垂直钻井工具在塔里木地区自应用以来的单趟工作时间 251 小时、纯钻时间 241 小时的纪录。新疆南缘霍 11 井实钻地层倾角 30—70 度，最大倾角达 80 度，全井段使用 PowerV 垂直钻井系统，配合强攻击性 PDC 钻头 + 油基钻井液，全井井斜控制在 3 度以内，机械钻速提高 203%，霍 11 井钻至设计井深 4980 米设计工期 142 天，实际钻至 5150 米使用 136 天，与前期老井相比，深度加深 1000 米，工期缩短 200 天以上。

【大井丛工厂化钻井技术】 大井丛工厂化作业是北美在页岩油气开发中创新形成的管理模式，可有效提高作业效率、减少土地占用、降低工程成本。2017 年，川渝页岩气、新疆玛湖、长庆致密油致密气、松辽致密油气等产建区块推进大井丛工厂化作业，完成 3 口井以上平台井数 8213 口，同比提高 80%。其中，10 口井以上大平台 58 个、634 口井。通过大井丛工厂化作业，在实现开源节流降本增效、提高作业效率、清洁生产等方面发挥重要作用。

长庆油田继续全面推广多层位、多井型组合、大井丛工厂化开发模式，2017 年实施大井组 1010 个（5194 口井），与单井相比累计节约征地 22245 亩（1 亩≈ 666.67 平方米），节省钻机搬迁 4192 次，节约井场道路 4190 条，钻井工程成本得以有效控制，平均建井周期缩短 12.5%，为长庆油气当量稳产 5000 万吨提供可靠的技术保障。

大港油田践行地质工程一体化，按照“大井丛、多层位、多井型、工厂化、立体式”建井模式，地质工程同步优化轨迹，地面地下井筒联动推演，集成关键技术系列，2017 年完成井丛场 63 个、钻井 258

口，占产能井总数的67%，实现“三节约一清洁”，建设成本降低12102万元。其中，羊三木1号井丛场油水井23口（22口新井），建设效率提高25%，节约用地265亩，建设成本降低17%，劳动生产率提高3倍以上。

吉林油田2017年实施大平台井1021口，其中单个平台井数达10口井以上的16个大井丛225口井开展工厂化作业，通过持续技术攻关优化，新立地区大平台钻井效率进一步提高，整体钻井、完井、建井周期同比分别缩短27%、28%、29%，实现井眼轨迹精确控制，全部井一次完成，钻井液重复利用率30%，单井钻井工程成本下降10%以上。

2017年，辽河油田双229区块借鉴页岩气经验，利用老井场部署12口注气井（1平台）和17口生产井（3平台），采用工厂化作业方式，与常规钻井相比，该大平台节约征地费用7530万元，节约钻井公司费用2153万元，缩减全区块投产日期28天（15%），取得显著成效。

华北油田2017年在宁9断块设计3平台、24口井，在平均井深增加152米，机械钻速较一期提高9.6%，达到21.22米/时，钻井、建井周期分别缩短6.8%、3.3%，平均单井费用节约41万元，节省临赔征地12.5亩、减少高密度钻井液配备22.5立方米，取得良好经济效益。

【高精度成像测井技术】 2017年，中国石油探井中584口井进行成像测井，应用覆盖率34.0%。其中，电成像、阵列声波、核磁共振、MDT/CHDT、元素俘获/岩性扫描作业井次分别为371、350、290、72和78井次，分别占32.0%、30.1%、25.0%、6.2%和6.7%。

成像测井主要应用于：（1）准噶尔玛湖凹陷二叠系与三叠系和鄂尔多斯延长组等领域的复杂碎屑岩和致密油，开展核磁共振测井的储层孔隙结构评价与分类以及油层识别，以阵列声波测井评价成果支持压裂参数优选与方案设计。（2）塔里木、四川上古生界、鄂尔多斯奥陶系和渤海湾古潜山等领域的缝洞碳酸盐岩，以电成像测井精细刻画孔洞缝与评价储层有效性，以元素测井精细计算复杂矿物组分和沥青含量。塔里木油田应用远探测声波测井23井次，对比于试油结果，油气发现有效率81.8%，井旁储层发现率100%。（3）大庆和塔里木等油田开发区，以MDT快速评价出流体性质与类型，划分出水淹层级别、评价剩余油分布；快速准确地获取地层压力，有效支持油气水系统分析、注采平衡调整、水井关井时间精细确定和套损及时预警等，提质增效作用明显。

【油基钻井液电成像测井技术】 为了解决油基钻井液条件下孔洞缝评价和沉积信息提取等难题，2017年引进QuantaGeo电成像测井技术，并在新疆碎屑岩、四川碳酸盐岩和浙江页岩气等不同类型储层中成功试验4井次。试验表明，该技术的图像特征清晰，可有效识别出裂缝和缝洞，并可进一步评价孔洞缝的有效性。

【准噶尔玛湖凹陷砂砾岩储层评价和流体识别技术】 二叠系上乌尔禾组的“冲刷砾岩”产量高，是油气“甜点”段，但单层厚度薄、纵向发育规律复杂，测井识别难度大。2017年，以核磁共振T2谱、电成像的孔隙度谱与电阻率谱等“三谱”特征为基础，建立“冲刷砾岩”识别方法与标准，在玛湖8、玛湖013等10口井得到成功应用。

基于核磁测井波谱分布规律发现及其实验证实，建立百口泉组流体识别新图版，解释符合率由43%提高到89%。利用核磁测井识别油气特征并结合录井含油性特征，形成上乌尔禾组“冲刷砾岩”流体识别图版，解释符合率从47%提高至81%。大幅提高试油工业油层获得率，既降低无效试油投资，又发现难识别油层。该项技术应用于73口井的老井复查，提出16井17层试油建议，其中实施的11井11层有8井8层获得工业油流，试油获得率72.7%，生产应用效果好。

【老井油气层测井再评价】 2017年，各油气田公司立足于富油气凹陷，通过测井、油藏地质和试油等多专业的一体化组织，持续开展老井油气层再评价，推广应用近几年形成的低饱和度油层和低孔隙度低渗透率储层等测井攻关技术，取得良好效果。大庆、辽河、长庆、塔里木、新疆、华北和冀东等油田共复查37个区块、3300口井，提出重新试油井数276口，其中完成试油井185口、获工业油气流井129口，成功率69.7%，为辽河大洼地区新增石油控制储量和华北大王庄油田新增探明石油地质储量做出贡献。

（曾　忠　刘国强　叶新群）

油田开发

【概述】 截至2017年底，股份公司累计动用石油地质储量192.57亿吨，标定可采储量58.09亿吨，平均采收率30.17%；年末日产油水平27.92万吨，年产油10254万吨，累计产油44.29亿吨；地质储量采出程度22.97%，可采储量采出程度76.15%，地质储量采油速度0.53%，剩余可采储量采油速度6.86%；老井自然递减率10.1%，综合递减率4.96%；年产液量9.11亿吨，年末综合含水率89.35%；年末日注水311万立方米，年注水11.23亿立方米，月注采比1.11，累计注采比1.03；采油井总井数243294口，开井175212口，平均单井日产油1.6吨；注水井总井数95166口，开井70623口，平均单井日注水44.06立方米（表2）。

表2 2017年采油、注水情况

项　目	2017年	2016年	同比增减
采油井总井数（口）	243294	237500	5794
采油井开井数（口）	175212	169419	5793
平均单井日产量（吨）	1.6	1.7	-0.1
注水井总井数（口）	95166	92261	2905
注水井开井数（口）	70623	68833	1790
平均单井日注水（立方米）	44.06	45.91	-1.85

【原油生产】 2017年，生产原油10254万吨（包含液化气产量54.2万吨），其中自营区产油9491.41万吨、合作区产油762.29万吨（表3）。

表3 2017年原油产量、商品量

项　目	2017年	2016年	同比增减
原油产量（万吨）	10254	10545	-291
自营区（含风险作业）原油产量（万吨）	9491	9693	-202
合作区原油产量（万吨）	762	852	-90
原油商品量（万吨）	10144	10424	-280

大庆油田继续发挥“压舱石”作用，强化“双特高”阶段的水驱挖潜和化学驱提效，生产组织平稳有序，全年生产原油3400万吨，占股份公司总产量的33.16%，做出巨大贡献。长庆油田强化老油田控递减、新油田提效益，生产组织紧密结合季节特点，克服雨季持续时间长、敏感区关停井、外部环境复杂等困难和压力，原油生产基本受控运行，全年产油2372万吨，占股份公司总产量的23.14%。新疆油田重点抓好控制老井递减，加快恢复2016年限产生产能力，进一步优化产能产量结构，突出稀油，控制稠油，全年产油1137万吨，超计划16万吨。辽河油田深化老油田转变开发方式，控制稀油高凝油递减，加快新井投产节奏，全年生产原油1000万吨，同比增加26万吨。吉林油田下大力气提高低渗透油田注水和致密油开发效果，加大合资合作管理力度，全年生产原油390万吨，超计划20万吨。塔里木油田大力提升碳酸盐岩和碎屑岩油藏开发水平，努力提高液烃产量，全年生产原油520万吨。华北油田加强复杂断块油田精细调控和新区建产，全年生产原油403万吨。青海、冀东、玉门、西南、浙江等油（气）田及南方公司克服各种不利因素，完成原油生产任务。大港油田围绕“开发建五场”（渗流场、井丛场、试验场、新战场、数字场）的工作理念，不断夯实基础工作，自营区产量超计划3万吨，弥补合作区欠产。吐哈油田生产原油190万吨，比计划少15万吨（表4）。

【原油产能建设】 2017年，推广“大井丛、多层位、多井型、平台式、工厂化”建产新模式，推广水平井+体积压裂新技术，扩大地面一体化集成装置应用规模。科学部署大平台丛式井方案，节省征地，减少人员设置，降低建设投资和管理成本。全年新建原油产能1162.7万吨，其中自营区1108.4万吨、合资合作54.3万吨。自营区新钻井11144口，进尺2206万米。全年在2506个丛式井平台新钻井8404口，钻井数占原油产能建设总量的77.8%，建成产能673.1万吨。新建10口井以上的大平台71个，新钻井909口，建成产能55.2万吨。全年投产新井10415口，当年产油419.83万吨。

表 4　2017 年原油产量

万吨

油　区	2017 年	2016 年	同比增减	油　区	2017 年	2016 年	同比增减
股份公司总计	10254	10545	–291	吉林油田	390	405	–15
大庆油田	3400	3656	–256	青海油田	228	221	7
长庆油田	2372	2392	–20	吐哈油田	190	200	–10
新疆油田	1131	1113	18	冀东油田	136	135	1
辽河油田	1000	974	26	玉门油田	40	38	2
塔里木油田	520	550	–30	南方公司	30	29	1
华北油田	403	411	–8	西南油气田	7	10	–3
大港油田	403	408	–5	浙江油田	3	3	0

【精细注水工程】 2017 年，持续推进精细注水常态化，完善精细注水长效机制，巩固和发挥注水开发的主导地位，促进老油田注水工作的重点由“精细注水”向“有效注水”转变，油田注水量首次出现负增长，体现有效注水的效果。以控水提效技术攻关为契机，督促各油田建立水流优势通道和无效循环注水的识别标准，深化无效循环分布模式研究，制定针对性的调整对策，细化治理手段，形成控制无效注采的配套调整技术，改善区块开发效果。深化年度地下大调查，做到精细地质研究，精准开发调整。坚持注水专项治理工作，全年完成注水井更新、新增分注、大修、检管重配等工作量 3.6 万口，注水井分注率 61.7%、分注合格率 81.2%、水质合格率 89.9%。

大庆油田将电测曲线、水淹解释及多学科成果等资料应用到无效循环识别工作中，制定适合喇嘛甸油田的无效循环识别标准，建立无效循环识别方法，并研制开发无效循环识别平台。大港油田利用多资料定量研究优势通道发育情况，推算喉道半径，指导井网重建和深部调驱。吉林油田在分层认识基础上，依据动静态指标综合评价研究成果，按照“区—井—层—方向”四个层次实施无效注采的精确识别。新疆油田建立基于模糊综合评判的砾岩油藏优势通道识别技术，通过停注高耗水井、层，关停、间开高含水油井以及针对性调驱、调剖措施减少无效水循环。此外，组织专家对大庆、吉林、辽河、冀东、大港、华北、新疆、塔里木、吐哈和青海 10 家油田公司开展注水专项检查。

【二次开发工程】 2017 年，二次开发工程稳步推进，并与区块综合治理、三次采油等有效结合，不断改善老区开发效果。截至 2017 年底，累计在 12 个油田 117 个区块开展二次开发工程，新增可采地质储量 12381 万吨，区块年产量 1042 万吨。其中，2017 年完成产能建设井 864 口，进尺 91.2 万米，新建产能 52.7 万吨。为了更进一步挖掘老区剩余油潜力，2016 年开始开展针对中高渗透老油田为主要对象的“二三结合”潜力评价，截至 2017 年底，筛选出可实施区块 629 个，编制完成新疆七中区克拉玛依组“二三结合”及 530 井区八道湾组、七东 1 区克下组聚合物驱转二元驱方案、百 21 井区三叠系油藏“二三结合”试验部署方案、大港油田港西开发区“二三结合”工业化试验方案及尕斯库勒油田中浅层油藏Ⅳ上层系井网重组方案，实施地质储量 4691.1 万吨，新增可采储量 833 万吨，提高采收率 17.8 个百分点。

二次开发深部调驱经过持续探索与攻关实践，发展成为二次开发完善水驱的重要手段和主要配套技术，在改善开发效果和提高采收率方面的作用越来越突出。截至 2017 年底，二次开发深部调驱试验项目有 20 个项目进入现场实施，其中新疆六中区克下组、七中区克下组、沈 84—安 12 等 10 个项目完成注剂工作，年增油 6.2 万吨，预计提高采收率 3—5 个百分点。六中北试验区日产油由 60 吨上升到 76.5 吨，含水下降 5%；大庆葡 125 区块日产油由 37.3 吨上升到 67 吨，含水由 94.5% 下降到调驱后的 89%；辽河沈 84—安 12 块扩大区日产油由 44.1 吨最高上升到 57.4 吨，2017 年底仍有 46 吨。

【重大开发试验】 2017 年，重大开发试验紧密围绕

“四大任务”（高效勘探、低成本开发、加快天然气和绿色安全发展）和“四个转变”（从重产量向产量效益并重、从重地质储量向重经济可采储量、从靠投资拉动向靠创新驱动、从传统生产向精益生产），突出“双高”（综合含水≥ 80%、可采储量采出程度≥ 60% 的开发单元）、“双低”（采油速度≤ 0.5%、地质储量采出程度≤ 10% 的开发单元）和稠油油藏，突出“提高单井产量、提高采收率、降低开发成本”三大主题，深入开展技术攻关，试验成果对低油价下增储上产的推动作用进一步显现。

聚合物表面活性剂二元驱试验历经 10 年攻关，在表面活性剂研制、配方优化、乳化作用机理研究等方面取得重大进展，现场试验取得成功。辽河锦 16 试验区日产油从 61 吨增至 353 吨，日产油 300 吨以上持续稳产 4 年，阶段采出程度 15.6%，预计提高采收率 19%，最终采收率达到 70%，吨油操作成本 20.5 美元 / 桶（1 桶 =158.98 升），投资回报率 12.8%。新疆七中区试验区平均单井日产油从 1 吨增至 4.2 吨，综合含水由 95% 下降至 56.1%，二元驱阶段采出程度 14%，预计提高采收率 18%，税后内部收益率 12.7%。试验表明，二元驱技术具有高效、低成本、绿色的特点，是继大庆三元复合驱技术之后的新一代大幅度提高采收率战略接替技术，是低油价形势下实现“双高”油田效益开发的现实途径。

气驱技术日臻成熟，具有良好的发展前景和推广潜力。（1）稠油火驱技术效果显著。辽河杜 66 块转火驱井组 105 个，年产油 24.5 万吨，累计空气油比 885 米^3/ 吨，开发水平显著提高。新疆红浅火驱试验区取心井资料表明，已燃区残余含油饱和度小于 3%，阶段采出程度 22%，连续六年采油速度保持在 3% 以上。新疆油田创新形成移动式点火装备，集成点火、监控、动力等六大模块，体现“模块化、自动化、标准化、集成化”的设计理念，突破火驱工业化推广点火核心装备这一技术瓶颈。（2）塔里木东河塘油田注天然气重力混相驱试验取得重大突破。投注以来累计增油 12.8 万吨，气油比 1094 米^3/ 吨，含水上升率从 4.5% 下降到 –0.4%，连续三年实现负增长，区块产量实现止跌后的大幅回升。（3）二氧化碳驱技术基本实现二氧化碳捕集、驱油、埋存一体化目标。吉林在黑 46 块开展二氧化碳驱工业化推广，大庆在外围和海拉尔各开展 1 个年产油 10 万吨规模的二氧化碳驱工业性试验，长庆黄 3 井区正式投注二氧化碳。

以整体体积压裂和减氧空气泡沫驱为代表的开发技术攻关，探索“双低”油藏“提单产、转方式、增效益”新途径。长庆元 284 超低渗透油藏常规水驱采出程度 0.9%，采油速度 0.19%，属于典型的“双低”油藏，通过借鉴致密油开发理念，采取整体体积压裂 + 有效驱替 + 渗吸采油的方式。2017 年实施 4 口水平井体积压裂，单井入地液量 10000 立方米左右，措施后初期平均单井日增油 5.8 吨。长庆靖安油田空气泡沫驱扩大试验初步形成泡沫体系优化、注采工艺设计等配套技术体系，试验区地层压力提升，水驱动用程度明显改善，递减率由注入前的 23.2% 下降到 5%，累计增油 3.5 万吨，预计采收率提高 5% 以上。

【精细油藏描述】 2017 年，完成精细油藏描述区块 96 个，覆盖地质储量 19.41 亿吨。三维地质建模覆盖地质储量 12.53 亿吨，数值模拟历史拟合 16309 口井，预计采取相应的配套调整挖潜措施后可增加可采储量 2363 万吨，提高采收率 1.22 个百分点。精细油藏描述成果指导油田开发调整，在老区加密调整、滚动扩边、注采系统调整和老油田综合治理等方面发挥重要作用。加密调整预计增加可采储量 1060.1 万吨，建产能 145 万吨；滚动扩边预计增加地质储量 2306.2 万吨，增加可采储量 399.2 万吨，建产能 53.6 万吨；注采系统调整预计增加可采储量 544.3 万吨，提高采收率 0.34 个百分点。

2017 年在精细油藏描述技术取得创新性成果。大庆油田紧密结合井震资料对储层整体沉积特征进行再认识，细分沉积微相，提高单砂体刻画精度，分流河道预测精度可提高到 89.0%。大港油田复杂构造油藏通过“泥岩剥离法”，揭示砂体顶面的微细起伏变化所显示的局部构造特征，认识精度提升至 3—5 米，断层精细识别至 5 米以下（4 级或 5 级）。新疆油田利用同一构型单元内部连通砂体厚度、渗透率、井距参数，建立反映单砂体连通关系的定量指标，深入开展储层精细刻画，提高剩余油分布预测水平。塔里木油田利用非线性随机反演技术，实现石炭系薄砂体储层精细刻画，新井检验砂体预测吻合程度超过 80%。青海油田创新复杂储层测井精细解释技术，利用主成分分析法，优选参数，建立判别模型进行全井段岩性判别分析，提高解释精度，复杂岩性图版解释精度超过 90%。

【长停井治理】 长停井治理始终坚持与精细注水、开发方式转变、工程技术进步紧密结合，突出油藏整体治理，突出效益观念，不断提高治理效果。2017 年，股份公司计划安排治理恢复长停井 3290 口，实际完成 3663 口，其中采油井 2624 口、注水井 1039 口，年增油 67 万吨，年恢复注水 695 万立方米。大庆油田通过几年的持续治理，长停井总数 7 年来首次呈下降趋势；辽河小洼油田通过优化注汽方式及注汽参数，复产油井20口，恢复日产油能力44吨；大港油田通过油藏—工艺—效益联动优化，全年修复油水井100井次；新疆油田百21井区运用体积压裂技术，按不同储层分类设计，形成层内多次转向体积缝网，有效建立水压驱动系统，完成的10口井压裂试验，措施后均自喷，平均单井日产油超过5吨；长庆油田以深化油藏认识为基础，不断优化措施结构，提高措施针对性和有效性，全年治理恢复油水井524口，油井单井日增油0.76吨，恢复生产能力8.2万吨。长停井治理已经成为常态化、基础性的工作，为盘活闲置资产、挖掘老区潜力做出贡献。

【油藏动态监测】 2017年，完成各类动态监测工作量83013井（组）次。各分项完成情况如下：地层压力监测35317井次，其中采油井26312井次、注水井9005井次；油气水界面监测160井次；生产测井46940井次，其中产出剖面5302井次、注入剖面28195井次、工程测井12086井次；饱和度测井405井次，其他完成952井次；井间监测596个井组，其中干扰试井31个井组、井间示踪439个井组，其他完成126个井组。

为了提升动态监测管理，组织实施A2系统动态监测内容拓展。主要包括油气水井压力、产吸剖面、注水井分层测试、井况监测、油气水界面、饱和度测井及取心井分析等。可生成满足股份公司、油田公司和采油厂三级管理需求的报表，自动汇总油藏压力、注产剖面、注水井分层测试等解释结果，计算相关指标。

（曹　晨）

天然气开发

【概述】 2017年，天然气开发突出产量运行、产能建设和前期评价三大关键环节，加强工程与地质的结合，完成各项工作任务。气田总数187个，已开发气田164个；气井总数19713口，2017年12月开井15366口，平均单井日产气1.89万立方米。

【天然气产量】 2017年，生产天然气1032.7亿立方米，同比增加51.6亿立方米。其中，气层气产量980.5亿立方米，溶解气产量52.2亿立方米。完成天然气商品量931.5亿立方米，同比增加48.5亿立方米（表5）。

表5　2017年天然气产量及商品量

亿立方米

油气区	天然气工业产量			天然气商品量		
	2017年	2016年	同比增减	2017年	2016年	同比增减
总　计	1032.7	981.1	51.6	931.5	883.8	48.5
长庆气区	369.4	365.0	4.4	341.9	338.1	3.8
塔里木气区	253.3	235.6	17.7	242.7	223.4	19.3
西南气区	210.2	190.1	20.1	201.0	182.8	18.2
青海气区	64.0	60.8	3.2	57.4	54.5	2.9
大庆油区	40.1	37.7	2.4	25.7	23.6	2.1
新疆油区	28.4	28.5	–0.1	5.3	7.5	–2.2
吉林油区	10.2	11.4	–1.2	7.0	8.0	–1.0
吐哈油区	6.0	7.3	–1.3	5.1	6.0	–0.9
其他油气区	51.1	44.7	6.2	45.4	38.9	6.4

【天然气产能建设】 2017年，完钻井2426口，进尺841.3万米，新建产能133.7亿立方米（表6）。其中，苏里格气田新建产能56.0亿立方米，靖边气田新建产能8.6亿立方米，神木气田新建产能8.0亿立方米，磨溪区块高石梯震旦系气藏新建产能6.8亿立方米。

表6 2017年天然气产能建设

油气区	完钻井（口）			进尺（万米）			新建产能（亿立方米）		
	2017年	2016年	同比增减	2017年	2016年	同比增减	2017年	2016年	同比增减
总　计	2426	1132	1294	841.3	391.2	450.3	133.7	95.8	38.0
长庆气区	2149	859	1290	766.1	311.8	454.3	85.5	42.6	42.9
塔里木气区	39	50	−11	17.4	27.2	−9.8	21.5	12.2	9.3
西南气区	11	19	−8	12.5	8.3	4.2	10.4	27.2	−16.8
青海气区	115	91	24	15.3	12.1	3.2	5.0	4.9	0.1
大庆油区	8	13	−5	3.1	4.2	−1.1	3.9	1.7	2.2
新疆油区	13	14	−1	5.6	5.5	0.1	1.4	1.5	−0.1
吉林油区	16	16	0	4.7	4.7	0.0	1.0	0.8	0.2
吐哈油区	18	21	−3	4.0	5.1	−1.1	0.5	1.0	−0.5
其他油气区	57	49	8	12.6	12.3	0.5	4.5	3.9	0.6

【天然气开发前期评价】 2017年，完钻评价井28口，二维地震采集处理解释1014千米，三维地震采集处理解释300平方千米，二维地震老资料处理解释6700千米，三维地震老资料处理解释4435平方千米，试采井14口。以深化地质认识、落实可动用储量和配套主体开发技术为重点，评价落实可动用地质储量4000亿立方米以上，可新建产能80亿立方米左右。审查批复3个区块的开发方案，涉及产能规模60亿立方米。继续安排4个重点前期评价项目，整体部署、分年实施：苏里格稳产及提高采收率、克拉苏构造带和塔中地区天然气开发评价及井位优选、安岳龙王庙组气藏高效开发和安岳震旦系气藏试采评价、涩北整体控水治水方案。其中，“克拉苏构造带开发评价及井位优选”项目累计建成产能15亿立方米，“安岳震旦系气藏试采评价”项目累计建成产能15亿立方米。

【长庆气区天然气生产状况】 2017年，完成天然气工业产气量369.4亿立方米（其中气层气366.8亿立方米、溶解气2.6亿立方米），同比增加4.4亿立方米；完成天然气商品量341.9亿立方米，同比增加3.8亿立方米。完钻井2149口，进尺766.1万米，新建产能85.5亿立方米。气层气井口年产量369.3亿立方米、累计产量3431.0亿立方米，已开发气层气剩余可采储量采气速度3.8%、采出程度25.8%、储采比26.7。

【塔里木气区天然气生产状况】 2017年，完成天然气工业产量253.3亿立方米（其中气层气251.6亿立方米、溶解气1.7亿立方米），同比增加17.6亿立方米；完成天然气商品量242.7亿立方米，同比增加19.3亿立方米。完钻井39口，进尺17.4万米，新建产能21.5亿立方米。气层气井口年产量259.2亿立方米、累计产量2613.8亿立方米，已开发气层气剩余可采储量采气速度7.0%、采出程度41.2%、储采比14.4。

【西南气区天然气生产状况】 2017年，完成天然气工业产量210.2亿立方米（其中气层气209.5亿立方米、溶解气0.7亿立方米），同比增加20.2亿立方米；完成天然气商品量201.0亿立方米，同比增加18.2亿立方米。完钻井11口，进尺12.5万米，新建产能10.4亿立方米。气层气井口年产量215.7亿立方米、累计产量4259.4亿立方米，已开发气层气剩余可采储量采气速度4.5%、采出程度46.8%、储采比22.5。

【青海气区天然气生产状况】 2017年，完成天然气工业产量64.0亿立方米（其中气层气62.5亿立方米、溶解气1.5亿立方米），同比增加3.2亿立方米；完成天然气商品量57.4亿立方米，同比增加2.9亿立方米。完钻井115口，进尺15.3万米，新建产能5.0亿立方米。气层气井口年产量64.9亿立方米、累计产量719.3亿立方米，已开发气层气剩余可采储量采气速度 6.6%、采出程度 42.3%、储采比 15.1。

【大庆油区天然气生产状况】 2017 年，完成天然气工业产量 40.1 亿立方米（其中气层气 18.5 亿立方米、溶解气 21.6 亿立方米），同比增加 2.4 亿立方米；完成天然气商品量 25.7 亿立方米，同比增加 2.1 亿立方米。完钻井 8 口，进尺 3.1 万米，新建产能 3.9 亿立方米。气层气井口年产量 19.3 亿立方米、累计产量 180.1 亿立方米，已开发气层气剩余可采储量采气速度 6.7%、采出程度 38.5%、储采比 14.9。

【新疆油区天然气生产状况】 2017 年，完成天然气工业产量 28.4 亿立方米（其中气层气 19.9 亿立方米、溶解气 8.5 亿立方米），同比减少 0.1 亿立方米；完成天然气商品量 5.3 亿立方米，同比减少 2.2 亿立方米。完钻井 13 口，进尺 5.6 万米，新建产能 1.4 亿立方米。气层气井口年产量 19.7 亿立方米、累计产量 397.0 亿立方米，已开发气层气剩余可采储量采气速度 5.0%、采出程度 50.1%、储采比 20.1。

【吉林油区天然气生产状况】 2017 年，完成天然气工业产量 10.2 亿立方米（其中气层气 9.0 亿立方米，溶解气 1.2 亿立方米），同比减少 1.2 亿立方米；完成天然气商品量 7.0 亿立方米，同比减少 1.0 亿立方米。完钻井 16 口，进尺 4.7 万米，新建产能 1.0 亿立方米。气层气井口年产量 12.3 亿立方米、累计产量 166.3 亿立方米，已开发气层气剩余可采储量采气速度 7.6%、采出程度 50.8%、储采比 13.1。

【吐哈油区天然气生产状况】 2017 年，完成天然气工业产量 6.0 亿立方米（其中气层气 4.1 亿立方米、溶解气 1.9 亿立方米），同比减少 1.2 亿立方米；完成天然气商品量 5.1 亿立方米，同比减少 0.9 亿立方米。完钻井 18 口，进尺 4.0 万米，新建产能 0.5 亿立方米。气层气井口年产量 4.6 亿立方米、累计产量 125.6 亿立方米，已开发气层气剩余可采储量采气速度 2.5%、采出程度 40.5%、储采比 40.4。

（宋文宁）

矿权管理

【概述】 2017 年，伴随国家油气体制改革和退减自然保护区矿权的双重压力，油气矿权再度面临“取证难、保护更难”的严峻形势，矿权管理工作主动适应新形势新要求，推进矿权内部流转，强化日常管理，加强沟通协调，进一步夯实矿权登记、保护工作，继续保持中国石油在国内矿权的优势地位，为集团公司上游依法合规勘探开发及可持续健康发展奠定坚实的矿权资源基础。

【全国矿权登记状况】 2017 年全国石油天然气（含煤层气）矿权统计见表 7。

表 7 2017 年全国石油天然气（含煤层气）矿权统计

矿权人	探矿权		采矿权		合 计	
	数 量（个）	面 积（平方千米）	数 量（个）	面 积（平方千米）	数 量（个）	面 积（平方千米）
中国石油	332	1160550	434	120155	766	1280705
中国石化	211	621530	217	31499	428	653029
中海石油	241	1385089	93	7314	334	1392403
中联煤	29	16832	2	193	31	17025
延长油矿	43	63696	7	538	50	64234
其 他	85	36936	9	627	94	37563
总 计	941	3284633	762	160326	1703	3444959

注：数据来自原国土资源部地质勘查司，统计截止日期 2017 年 12 月 31 日。

【年检、缴费和矿权内部流转】 2017年，强化矿权登记管理，及时办理探矿权、采矿权许可证，申请办理新立、延续、变更和注销探矿权、采矿权及试采批准书等296个，获得探矿权、采矿权许可证及试采批准书233个，完成矿权申请登记工作，为集团公司上游业务持续稳定发展提供法律保障。

加强年检和缴费管理，履行矿权人法定义务。2017年度参检探矿权377个、面积99万平方千米，用于矿权区块勘探资金263亿元。其中，完成法定勘查投入面积90万平方千米，未完成法定勘查投入面积9万平方千米。2016年，集团公司应缴纳探矿权、采矿权使用费7.21亿元，实际缴纳6.09亿元，减免1.12亿元。

主动求变，推行集团公司首批矿权内部流转。为适应新形势新要求，保护有利矿权、盘活储量资产，根据集团公司矿权、储量情况及存在问题，启动集团公司矿权内部流转，旨在通过市场化运作、社会化服务、投资计划单列、单独考核等新机制，冲破“画地为牢”僵局，激活勘探开发市场，提高综合效益。

勘探区块和未动用储量区块采用“1+1捆绑式”内部流转，涉及7个油田，三个盆地11个探矿权、5个采矿权，16个矿权总面积5.38万平方千米 。先后通过推进会、对接会、协调会及流转方案批复等多种形式，落实流转区块，明确工作责任，完成首批矿权内部流转工作。

（王玉山）

油藏评价

【概述】 2017年，油藏评价及新区原油产能建设紧密围绕新增探明地质储量经济可动用和提升原油开发整体效益，油藏评价持续优化年度部署，深化勘探开发一体化，突出富油区带整体再评价，新区原油产能建设进一步完善管理制度，狠抓开发方案设计质量，探索低渗透储量效益开发，新增探明石油地质储量6.59亿吨，新建原油生产能力541.43万吨。

2017年，完成三维地震采集862.5平方千米，完钻评价井722口，进尺190.72万米，试油交井813口，新获工业油流井597口，评价井综合成功率69.3%。

【新增探明储量】 2017年，新增探明石油地质储量65900万吨，可采储量10126万吨，其中已开发储量为32462万吨，占年度新增探明石油地质储量的51%。新增探明石油地质储量仍以低渗透和低丰度油藏为主。

【油藏评价主要成果】 2017年，长庆镇北—马岭地区长8油藏规模储量和长3油藏及侏罗系浅层优质储量评价并重，新增探明石油地质储量10928万吨，其中马岭油田新增探明石油地质储量8738万吨、镇北油田新增探明石油地质储量2190万吨。长庆华庆油田攻关低渗透油藏水平井开发技术，采用水平井与定向井结合开发长63油藏取得成功，长63油藏新增探明石油地质储量10947万吨，其中已开发石油地质储量9253万吨。长庆姬塬油田持续推进立体评价，继整装探明长4+5、长8油藏之后，长6油藏评价取得新进展，新增探明石油地质储量10230万吨。

新疆西北缘红山嘴油田红153井区夏子街组砾岩油藏完钻评价井13口，11口井获得工业油流，完钻开发井26口，平均单井日产油25.0吨，新建产能27.8万吨，新增探明石油地质储量2415万吨。新疆北三台油田西泉103井区块石炭系油藏完钻评价井8口，7口井获得工业油流，完钻开发井43口，新建产能14.1万吨，新增探明石油地质储量2005万吨。新疆昌吉油田二叠系芦草沟组致密油开发先导试验取得成效，JHW023井3.5毫米油嘴日产油62吨，累计产油7216.5吨；JHW025井3毫米油嘴日产油32.2吨，累计产油7463.7吨，新增探明石油地质储量2546万吨。

塔里木塔中地区中古434区块完钻29口井，日产原油257吨、天然气29.62万立方米，新增探明石油地质储量2435万吨，溶解气90.23亿立方米，累计生产原油28.63万吨、天然气3.3亿立方米。

华北大王庄油田富油区带整体再评价成效显著，以新的认识为指导，构建岩性油藏模式，在大王庄背斜北翼、南翼、东翼整体评价，部署评价井15口，开发井157口，东营组、沙一上段新增探明石油地质储量2828万吨，新建产能41.28万吨，年产油量从

2011 年的 24 万吨上升到 2017 年的 33.8 万吨。

吉林勘探开发一体化推进扶余油层致密油开发试验，针对乾安地区Ⅰ、Ⅲ砂组河道砂体采用水平井 + 体积压裂开发技术，完钻水平井 41 口，平均单井日产油 6.4 吨，新增探明石油地质储量 2010 万吨。

吐哈台北稀油精细评价新增探明石油地质储量 862 万吨。温吉桑温 13 块西山窑组低饱和油藏，通过二次加砂体积压裂"提液提产"，实现低饱和油藏效益动用，完钻开发井 28 口，投产 24 口井，单井日产油 5—18 吨，新增探明石油地质储量 475 万吨。红台 2301 块西山窑组油藏攻关提产措施，按照水平井 + 直井井网衰竭式开发，投产井 33 口，平均单井日产油 3.6 吨，新增探明石油地质储量 387 万吨。

大庆龙西地区持续开展扶余油层提产增效试验，重新认识缝网压裂工艺能力，通过增加砂量提高扶余油层单井产量取得成功。6 口复查井新工艺试验后，渗透率由原来的 2.89 毫达西提升到 3.1 毫达西，初期产量由原来 5.6 吨 / 日提升到 11.52—24.25 吨 / 日，新增探明石油地质储量 1253 万吨。

大港埕北低断阶形成整装探明储量区。埕北低斜坡开展精细储层预测研究，精细刻画单砂体形态，落实岩性圈闭，钻探张海 17101 井取得成功，8 毫米油嘴试油，日产油 89.6 吨、日产气 15870 立方米，新增探明石油地质储量 941 万吨。

【油藏评价管理】 突出效益评价，严控成本，优化年度评价部署。2017 年，对 14 家油田公司"2017 年油藏评价项目部署方案"进行分阶段审查，以寻找效益储量为核心，明确探明储量目标区，落实长庆姬塬、镇北—合水、华庆、新疆玛湖凹陷、克百断裂带、塔里木哈拉哈塘、青海英西等七个重点评价项目。同时全面推进富油区带整体再评价，在富油老区不断落实优质高效建产目标。

创新勘探开发一体化工作模式，确保新增储量经济可动用。大港油田在埕北斜坡、板桥斜坡、滨海断鼻等地区实施增储建产一体化模式，减少评价井 3 口，减少产能井 6 口，新增动用探明地质储量 672 万吨，建成 3 个 5 万吨级高效新区，累计节约投资 9400 万元。吉林油田依托评价部成立致密油开发项目经理部，实行勘探开发一体化、地质工程一体化、科研生产一体化、设计监督一体化、生产经营一体化，加快资源转化节奏。长庆油田全面推进勘探开发一体化，淡化储量界限和业务界限，围绕重点规模开发目标，勘探、评价、开发一体化部署，一体化实施，落实 72 个建产目标，扩大 35 个油藏规模，落实建产规模 398 万吨。新疆油田油藏评价阶段充分论证井网、井型，部署评价井均纳入开发井网，确保成功评价井利用率 100%。

强化新技术、新工艺攻关，推进复杂油藏开发动用。2017 年，长庆油田针对致密储层攻关混合水体积压裂技术，持续优化形成混合水压裂模式，长 6、长 8 油藏应用 182 口井，试油平均日产 14.5 吨，相对常规压裂井单井日产提高 5.6 吨 / 日。针对致密厚层攻关形成以"定点射孔、多级压裂、脉冲加砂"为核心的定点多级压裂技术，完试井 73 口，试油日产量由 10.9 吨提高到 21.2 吨。持续规模应用水平井，成为提高单井产量的主要手段。新疆油田完钻水平井 196 口，投产 117 口井，平均单井日产油 18.8 吨，建产能 66 万吨。长庆油田完钻水平井 155 口，投产 86 井口，平均单井日产油 6.8 吨，建产能 18 万吨。吐哈油田完钻水平井 92 口，投产 91 口井，平均单井日产油 10.1 吨，建产能 28 万吨。

打造特色工程，稳步推进富油区带整体再评价。油藏评价通过推动和实施"富油气区带整体再评价""老井复查再评价"取得显著成效，形成一套成熟做法和丰富经验，成为效益增储的重要手段。2017 年，在 10 家油田 18 个区块开展富油区带整体再评价，新增及落实探明石油地质储量超过 1 亿吨，已建及预计建产能 100 万吨以上。通过老井复查再评价新增石油地质储量 8296 万吨，盘活难采储量 6031 万吨，新建原油产能 127 万吨，实现产量 35 万吨。2017 年 12 月组织召开"油藏评价老井复查工作研讨会"，组织各油田公司交流推广老井复查工作经验。

【新区原油产能建设工作量】 2017 年，动用石油地质储量 35524 万吨，可采储量 6175 万吨，完钻开发井 5337 口，进尺 1195.4 万米，投产油井 4032 口，投转注水井 1368 口，平均单井日产油 4.4 吨，建成产能 541.43 万吨。完钻水平井 691 口，平均单井水平段长度 760 米，平均油层钻遇率 88.2%，投产油井 412 口，平均单井日产油 11.8 吨。

【重点项目实施效果】 2017 年，长庆马岭油田加强低渗透油藏水平井规模应用，效果显著，完钻新井 167 口（含水平井 31 口），投产油井 99 口，平均单井日产油 6.1 吨，投转注水井 68 口，建成产能 11.25 万吨。长庆姬塬油田产能规模持续扩大，完钻新井 919 口（含水平井 9 口），投产油井 712 口，平均单井日产油 2.7 吨，投转注水井 207 口，建成产能 58.65 万吨。其中，安 83 井区长 7 致密油藏完钻井 25 口（含水平井 9 口），投产井 25 口，水平井平均单井日产油 11.5 吨，建成产能 3.99 万吨。长庆西峰—合水地区超低渗透油藏实现水平井效益开发，完钻井 338 口（含水平井 58 口），投产油井 255 口，平均单井日产油 3.8 吨，投转注水井 92 口，建成产能 29.84 万吨，当年产油 6.79 万吨。其中：庄 211 井区长 6 油藏完钻井 159 口（含水平井 40 口），投产油井 127 口（水平井 40 口），水平井平均单井日产油 7.6 吨，丛式井平均单井日产油 1.9 吨，投转注水井 41 口，建成产能 14.27 万吨；庄 183 井区长 7 致密油藏完钻水平井 18 口井，投产 18 口，平均单井日产油 10.8 吨，建成产能 5.83 万吨。长庆镇北地区超低渗透油藏实现规模建产，完钻井 331 口，投产油井 245 口，平均单井日产油 2.9 吨，投转注水井 86 口，建成产能 21.48 万吨。长庆华庆油田实施增储建产一体化，储量规模不断扩大，完钻井 313 口，投产油井 223 口，平均单井日产油 2.5 吨，投注水井 90 口，建成产能 16.67 万吨。

吐哈三塘湖油田复杂岩性油藏攻关试验进展顺利。2017 年，火山岩油藏利用地震多属性预测技术精细刻画各小层油层展布，实施水平井分层系开发，储量动用程度提高 40%。完钻新井 22 口，投产油井 19 口，平均单井日产油 8.5 吨，建产能 4.85 万吨。其中，水平井 20 口，平均水平段长 654 米，油层钻遇率 79.2%，新投井平均单井日产油 10.1 吨。条湖组致密油藏新区完钻水平井 8 口，平均水平段长 824 米，油层钻遇率 77.9%，新建产能 2.86 万吨，新投产井平均单井日产油 12.3 吨。

大庆油田推进致密油成形配套技术，加快难采储量动用。2017 年开展 12 个致密油现场试验区（投产 10 个），累计建产 18.86 万吨，累计产油 36.19 万吨。

吉林致密油扩大试验取得重要进展，推动资源效益动用。2015—2017 年致密油一体化实施，完钻水平井 99 口，投产 82 口，平均单井日产油 6.4—7.0 吨，高于方案设计日产油 6.0 吨水平。致密油累计建产能 17.8 万吨，提交探明地质储量 3147 万吨。

【新区原油产能建设管理】 做好原油产能建设开发前期准备，强化开发方案管理。2017 年，完成 130 个新区原油产能建设项目开发方案备案。3 月，组织召开原油产能建设项目开发方案管理研讨会，6 月，下发《关于做好 2018 年原油产能建设项目开发方案编制工作的通知》，持续推动开发方案管理工作深入、规范。完成 185 个 2018 年新区项目开发方案的备案。

推进大井丛建产新模式，控减投资效果显著。2017 年，在 2506 个丛式井平台新钻井 8404 口，钻井数占原油产能建设总量的 75.4%。其中，新建 10 口井以上的大平台 71 个，新钻井 909 口。初步统计，在建设钻井试油井场、道路、场站等方面减少临时和永久征地 3.5 万余亩，节约投资 13.8 亿元。

致密油开发效果大幅改善。2017 年，开展致密油小井距、长水平段、加大压裂规模等试验，取得突破性进展。全年完钻致密油水平井 160 口，投产 86 口井，平均单井日产油 14.2 吨。吉林乾安地区致密油投产水平井 82 口，平均单井日产油 6.4—7.0 吨，高于方案设计 6.0 吨水平。吐哈在马 56 区块开展致密油小井距水平井开发试验，在以往 400 米井距基础上，通过两次加密，缩小井距为 75—100 米，完钻水平井 8 口，投产初期平均单井日产油 21.6 吨。长庆油田继续在庄 183、西 233、塞 392 等区块开展超长水平井开发、小井距细分切割压裂等试验。完钻水平井 40 口，平均水平段长 1740 米，投产单井产量达到 20 吨 / 日。西平 238-77 井水平段长 2740 米，入地总液量 50197 立方米，加砂 4401 立方米，2017 年初投入试采，生产 320 天，日产油 34.3 吨，累计产油 8098 吨。

提升产建效益。2017 年，大庆油田利用高产井为“种子井”，滚动建产。编制 44 口高产井区开发方案，布井 503 口，设计建产能 36.6 万吨。建产 11 个井区，新钻井 174 口，建产能 16.8 万吨。长庆油田按照“六定”模式（定单井产量、新井贡献率、工期、工程质量、投资、安全环保及廉洁指标），开展总包升级试点，激发调动工程服务企业等各方积极性，实现提质增效、互利共赢、共同发展。吉林油田多专业联合进行投资优化，地质、工程、财务、造价、经济评价等各专业人员针对征地、平台、井深、套管、压裂工艺和规模进行多轮优化，减少无效投资 1.3 亿元，从方案源头控制投资。辽河油田多方位控制产能建设投资，钻井投资在 2016 年降幅 15% 的基础上再下降 6.5%；效益差区块及外围油田继续采取钻井招标；大型压裂对外招标，大幅减少投资。吐哈油田继续推进通过区块总包和招标调整市场结构，节约投资 3700 万元。青海油田充分发挥市场作用，针对建成区块特征，分别采取区块总包、单项大包、建井总包等方式，原油万吨产能投资同比下降 3%。

（邢厚松）

采油工程

【概述】 2017年，采油采气工程紧密围绕国内勘探开发与生产核心业务，以提质增效为目标，持续坚持走技术与管理并重之路，组织新技术攻关与试验，推进先进成熟技术的规模化应用，推广安全清洁生产技术，夯实基础管理，为集团公司上游业务的健康发展发挥重要作用。

【井下作业】 2017年，井下作业总工作量197285井次。其中，维护作业123077井次，增产增注措施56554井次，大修4531井次，其他13123井次（表8）。

表8　2017年井下作业主要指标

年　度	总工作量（井次）	单井作业次数（井次／口）	维护作业（井次）	维护次数（井次／口）	增产增注措施（井次）	大　修（井次）	其　他（井次）
2017年	197285	0.62	123077	0.39	56554	4531	13123
2016年	194420	0.63	124882	0.40	53674	3946	11918
同比增减	2865	−0.01	−1805	−0.01	2880	585	1205

在油水井总数逐年增长的情况下，井下作业总工作量基本稳定，维护性作业工作量、单井年作业次数和维护次数实现连续四年下降，为股份公司降本增效做出贡献。

带压作业技术。带压作业是近些年快速发展的一项新技术，各油气田公司技术上取得长足进步，工作量得到跨越式发展，获得显著的经济效益和社会效益，为集团公司节能减排和提高综合开发效益做出贡献，成为集团公司转变发展方式的重要抓手。自2010年开始规模推广带压作业技术以来，实施带压作业30431口，累计减排注水井返出水1676万立方米，提前恢复注水1379万立方米。2017年，带压作业技术水平进一步提高，施工范围涵盖油气水井完井、大修、小修及压裂等措施作业，年动用带压作业队伍205支，年施工能力5700口井以上。全年完成带压作业5500口井，同比增加339口井，其中注水井3888口、油井1504口、气井108口，减排注入水量214万立方米，提前恢复注水426万立方米，为油田稳产、节能减排做出贡献。

连续油管作业技术。国内连续油管装备、管材及配套工具取得长足的进步，已具备规模推广条件。“十二五”以来，完成各类连续油管作业9196井次，正逐步成为常规作业、水平井作业与油气层改造的利器。2017年，继续加大连续油管作业技术的应用力度，拓展应用领域，全年应用2660井次（含海外180井次），同比增加661井次，增长33.1%，应用工艺主要包括冲砂洗井、排液、速度管柱、测试、通洗井一体化、切割、分段／分层压裂、拖动酸化、射孔、钻磨、老井加深侧钻等。

清洁作业技术。国家新《环境保护法》和《安全生产法》发布实施以来，国家及各级地方政府对安全环保的政策要求越来越高，监管越来越严，集团公司也把建设绿色矿山、推动绿色安全发展作为上游业务的战略发展任务。2017年8月10—11日，勘探与生产分公司在吉林油田组织部分油田对清洁作业技术进行交流与研讨，梳理“两大类七个方面”的技术，股份公司清洁作业技术体系初步形成。其中：“两大类”是指井筒控制类技术、地面控制类技术，井筒控制类技术包括带压作业、连续油管作业、井筒防喷控制和杆管井筒清洗等四项技术，地面控制类技术包括井口集液、地面集液、废液回收处理等三项技术。9月15日，组织召开清洁作业技术推广视频会，在股份公司16家油气田全面推广清洁作业技术，会议确定清洁作业主体技术及工作目标，提出2019年清洁作业技术要基本实现全覆盖。大庆油田开展大量的清洁作业技术试验与推广工作，初步形成井筒内防喷、井筒杆管在线清洗、井口集液及地面回收等清洁作业技术系列。2017年完成清洁作业施工42219井次，减少油泥量3.08万吨，创效801万元，清洁作业覆盖率70%，敏感地区清洁作业基本实现全覆盖。吉林油田形成以移动作业平台、井筒杆管密闭清洗为主体的清洁作业技术系列。移动作业平台应用比例87%，井筒密闭回收应用比例3%。2017年完成清洁作业施工12850井次，减少油泥量7800吨，创效6500万元，清洁作业覆盖率100%。新疆油田推动清洁作业标准化井场建设，对井下作业材料、井口集液装置、井场铺设和清蜡接液装置等进行统一规范，208支作业队伍全部达到建设清洁作业井场的要求，累计完成清洁作业施工15600井次，减少污泥处理3750吨，增效145万元，清洁作业覆盖率100%。

油水井大修技术。“十二五”以来，油气水井大修技术稳步发展，以大庆油田为代表攻关研究，形成的小通径套损井打通道、膨胀管作业、顶驱修井、小井眼侧钻等主体技术，为油气水井修复利用提供技术保障。“十二五”以来，累计修复套损井32670口，累计恢复产油437.1万吨，恢复注水8072万立方米。在恢复生产能力的同时，有效完善开发井网，套损井上升趋势得到遏制。2017年，完成油水井大修侧钻井4531口，修复4382口，成功率96.7%，修复油井恢复产能51.44万吨，注水井恢复注水能力1393万立方米。长庆油田针对水淹长停井复产难题，攻克定向井斜井段套管开窗、窄间隙固井、$3^1/_2$英寸（1英寸=2.54厘米）小套管分段压裂等关键技术，形成侧钻定向井挖潜剩余油技术。实施94口井，单井日增油2.0吨以上，恢复产能10万吨以上。大庆油田至2017年配备13支顶驱修井队，2017年完成修井工作量445口，修复率89.2%。恢复产油3.8万吨，恢复注水129.2万立方米。从2013年开始试验以来，完成大修施工1162口井，累计恢复产油11.7万吨，恢复注水370.6万立方米，修井作业成本比常规大修施工井下降30%以上，平均单井节约费用25.7万元，累计节约费用2.98亿元以上。吐哈油田开展10口井现场试验，成功率100%，节约作业费用181.1万元，平均单井节约作业时间2.8天，搬迁配套时间油井平均缩短5天，水井1天。吉林油田应用简易液压转盘设备，配合大吨位作业机开展解卡作业（使用作业机动力液压驱动），丰富小修解卡手段。2017年实施140口井，节约大修费2660万元。

井下作业管理系统。勘探与生产分公司组织项目组与各油气田公司完善定型井下作业管理系统1.0版本，重点考虑井下作业主体、通用功能，个性化功能由各油气田自行考虑。同时开展与A5项目的融合工作，做到无缝衔接。截至2017年底，井下作业管理系统累计应用92.96万井次，其中2017年应用35.61万井次，设计效率提高40%以上，平均单井可节约5小时以上。

井下作业联产承包管理。井下作业承包有利于充分调动甲乙双方积极性，对控制井下作业工作量，降低作业成本具有重要意义。随着股份公司各油气田勘探开发程度加深，油气水井总数持续增长。特别是近几年以来国际油价持续走低，对上游业务的生产经营产生重大冲击。如何做到“少修井、快修井、修好井”，关系到油气田公司产量的完成与成本控制，同时对上游业务的生存与发展也将产生较大影响。勘探与生产分公司从2011年推动维护性作业承包工作以来，取得明显效果。

2017年，股份公司总井数317998口，井下作业总工作量197285井次，其中维护性作业工作量123077井次，井下作业维护性工作量连续四年下降。与2016年相比，在总井数增加8779口的基础上，井下作业维护性作业工作量减少1805井次。大港油田从2006年开始全面开展维护作业承包工作，在机械采油井数逐年上升的情况下，维护性作业井次逐年下降。与2006年水平相比，2007—2017年的11年里少修井1万口，节约修井费用4.6亿元以上。

【机械采油】 2017年，股份公司机械采油井占采油总井数的90%以上，提高机械采油井系统效率对节能降耗意义重大。从“十一五”以来，股份公司推进提升机械采油井系统效率工作，通过实施系统效率测试、优化调整等措施，机械采油指标持续向好，2017年平均系统效率24.5%，同比提升0.2个百分点。全年实施系统效率综合测试15.5万余井次，完成优化设计5.8万井次，实施调整3.85万井次，调整井系统效率平均提高1.56个百分点，年节电1.8亿千瓦·时。

华北油田抽油机井闭环柔性控制技术。针对油井供液频繁变化，严重供液不足抽油机井通过实时电流监测和智能变速控制，采取闭环与变速控制相结合的运行方式，有效降低悬点换向冲击和杆柱振动载荷，提高系统运行效率，实现产量稳定。可单井控制、也可以井组集群控制，适用于连续生产及间开井。截至2017年底，华北油田抽油机井闭环柔性控制技术在现场推广应用164口井，累计节电666.81万千瓦·时，累计增油14700吨。经华北油田相关节能监测部门检测，平均单井综合节电效率17.14%，系统效率平均提高3.7个百分点，延长检泵周期40%以上，总体投资回收期小于3年，节能、节支及增油效益显著。

长庆油田提高机械采油系统效率技术。长庆油田针对低产井（日产液小于3立方米）机械采油系统效率低下的问题，创新研发配套“低产井减载提效”技术：应用小直径（25毫米、28毫米）抽油泵降低泵上液柱载荷30%—45%，采用低冲次运行降低系统动载荷40%—80%，采取小直径抽油杆设计降低杆柱质量15%—30%。经过现场实验验证，平均降低抽油机悬点载荷16.9%，节电34.7%，提高系统效率7.7个百分点。依托数字化平台，开发“机构采油系统效率在线监测与分析系统”，实现系统效率在线监测与分析、单井系统效率优化等功能。该系统在长庆油田第三采油厂进行规模推广应用，系统接入油井5825口，分析成功4517口，分析成功率77.6%。提高数字化数据利用率，电量测试可替代人工抄表，减轻一线员工劳动强度，实现从数据监测向指导油井现场生产转变。

无杆泵采油技术日趋成熟。与抽油机相比，电动潜油柱塞泵和电动潜油螺杆泵等新型无杆泵采油技术具有地面设施简单、生产过程无污染无噪声、井下泵效高、节能效果明显、彻底避免杆管偏磨和断脱、自动化程度高和安全性高等优点，尤其适合于大平台丛式井和环境敏感区域井。电动潜油柱塞泵采油技术不断配套完善，应用井数不断增加，在大庆、吉林、新疆和长庆等油田试验应用360口井，最大下泵深度3508米，最长检泵周期2068天；与同排量抽油机相比节电率40%以上。电动潜油螺杆泵采油技术在大庆、长庆、吉林、新疆、大港和吐哈等油田试验应用60口井，泵效70%以上，最大下泵深度1642米，最长检泵周期1397天。大庆油田在宋芳屯油田建立78口电动潜油柱塞泵井的国内首个示范区，编制《电动潜油柱塞泵井检下泵作业操作规程》《电动潜油柱塞泵井日常管理办法》，技术管理的水平进一步提高，为生产应用奠定良好的基础。2017年，在地势低洼的台9区块投产76口井仅用4天，部分井采用高架设计，保证雨季正常生产，采用无线远程监控和调整，实现无人值守，投产5个月运行平稳。与抽油机相比，投资减少412.85万元；在芳36-57区块投产大斜度定向井17口井，运行稳定；海拉尔贝28区块试验2口井，其中希56-49井2017年10月20日投产，泵深2509米，液面2180米，运行正常。新疆油田建立国内最大的平台丛式井无杆泵示范区。部署丛式井大平台5个（单平台最大井数43口，井斜角小于30度），减少征地1360亩，采用多功能非金属连续管+无杆泵举升工艺，实现井站一体化智能控制。形成多功能非金属连续管+潜油往复泵、多功能非金属连续管+潜油螺杆泵2套技术，解决非金属连续管信号传输、修井等配套技术，应用50井次，同地面驱动螺杆泵对比，吨液耗电下降30%，井口温度提高40%。

【分层注水】 针对注水开发油田不同开发阶段的主要矛盾，发展形成系列分层注水工艺技术，支撑股份公司注水开发油田的高水平开发。

研发和推广高效测调技术，提高测调效率和精度。“十二五”期间，全面推广应用大庆油田研发的桥式偏心配水管柱和地面控制机电一体化电缆直读高效测调工艺，截至2017年底，应用井数近3万口，占分注井数的53%。提高分注井测调效率和精度，减轻工人测调劳动强度，较普通偏心分注工艺测调效率提高一倍以上，为“注好水、注够水、有效注水”提供技术支撑。近3年，为解决偏心分注工艺在深层、大斜度分注井上测调难的问题，研究和推广桥式同心分层注水技术。截至2017年底，桥式同心分层注水技术已在股份公司各油田推广应用，应用总井数超过4500口，进一步提升各油田的分注水平。

发展细分注水工艺，满足精细分注要求。大庆油田研发的以低负荷逐级安全解封封隔器和正反导向配水器为主的多级细分注水工艺，满足7段及以上分层配水要求。长庆、大港和华北等油田研发的桥式同心分注工艺也为深层和大斜度井细分注水提供技术支撑，截至2017年底，最小卡距已缩短到2米，最多分为6段。

推广电控投捞、测调和验封一体化技术，进一步提高测试效率。在直读高效测调工艺规模化应用基础上，发展电控直读验封工艺和电控投捞工艺，实现全测试过程的电缆控制操作，7层段井验封和投捞效率均提高1倍以上，进一步提高测试效率，简化地面测试设备，降低成本。

攻关第四代分层注水技术，实现分注自动化和智能化。通过研究攻关，第四代分注技术进一步完善配套，可靠性不断提高，成本逐步降低。实现分层流量自动测调、分层注水动态全过程远程监测，助推分注技术向自动化、智能化和网络化方向发展。截至2017年底，在大庆、长庆、吉林和华北等油田试验和应用井数超过240口，实现井下压力、流量等生产参数实时监测和配注量自动调配，分层注水合格率一直保持在90%以上。

【储层改造】 体积压裂改造成为致密油气开发的主体技术。中国石油自2006年启动攻关至2017年底，共实施水平井改造6252口井。2017年水平井分段改造689口井，其中5段以上566口井，5段以上井比例82.1%，多项指标创历史最好水平：最大水平井段长3056米，单井最多分压45段；分压段数逐年增加，2017年10段以上井比例46.1%；最大排量17.8米^3/分，液量8.8万立方米，砂量4402立方米；2017年自主技术应用90%以上。借鉴水平井改造理念，完成直井5层以上多层多段改造井完成1185口井，同比增加360口井，增长43.6%。增产是同区块2—3层分压井的1.5倍以上。

2017年，水平井改造重大专项技术攻关取得新进展。（1）初步建立“缝控储量”理念，将井控储量变为缝控可采储量。基于区块整体最短渗流原理，提出实现缝控储量改造的途径：增加水平井长度，缩小井间距；缩小簇间距，实现密切割；交错布缝；大规模注入液体、渗吸置换等。在吐哈油田三塘湖致密油进行技术试验，水平井长度由800米变为1500米，段长由80—100米降为50—60米，缝间距由20—30米降为10—12米，段内簇数由3—4簇增加到5—6簇；前置液之前注入1000—1500立方米清水补充地层能量；试验井初期产量是邻井1.5—1.7倍，最高日产油51吨，井组采收率增长0.92%。在新疆玛湖地区玛131井区提产效果显著，最高单井日产油117吨，平均单井日产油29.1吨，单井日产量大于30吨占67%，预计油藏采收率可提高2%以上。（2）体积改造技术不断完善，浅层页岩气增产效果显著，深层页岩气压裂获得突破。3500米以浅技术不断优化，长宁区块井均测试产量29.12万米^3/日，同比提高26%；3500米以深技术初步形成，大足、自贡深层页岩气新区块压裂后均获工业气流。（3）开展井组蓄能压裂攻关及现场试验，缓解环保压力，提高改造效果。针对油田压裂返排液处理成本高、环保压力大的问题，攻关不返排清洁压裂液技术，实现压裂酸化措施后“油井零外排、水井不返排”，保护环境的同时提高增产、增注效果。2017年，在大庆油田应用37口井，与措施前相比，水井平均单井注入压力降低3.4兆帕，注水量增加22.3米^3/日，油井平均日产油量提高1.9吨，累计用液2.21万立方米，与国外同类技术对比，节省成本2674.1万元；在吐哈油田三塘湖致密油成功开展马58-2H井13段65簇井组蓄能体积压裂试验，压裂后周边各井均受益。在马58H井开展全程滑溜水体积压裂试验成功，压裂后日产油11.7吨，累计增油超过1600吨。（4）持续完善体积改造配套工具技术，保障体积改造推广应用。固井滑套内径由100毫米增大至106.5毫米，外径由210毫米减少至206毫米，可实现全井105段312簇；压裂胶塞实现全部可溶（主体金属、胶伞、键销），施工24口井112层/段，成功率100%；套管启动滑套应用于页岩气水平井压裂第一段，开启成功率超过70%，相比国外同类产品成本降低10万元；优化桥塞泵送技术，相比2016年泵送速度提高25%—36%；连续油管火工延时分簇射孔与桥塞联作技术，创下一次下井完成8簇射孔国内纪录。（5）全面论证石英砂替代陶粒的可行性，已在页岩气和致密油中开展试验。面对低油价，为降低压裂成本，支撑剂使用呈现石英砂替代陶粒、70/140目小粒径石英砂用量增大、就近取砂3个变化；开展页岩气生产拟合研究，建立更为符合现场实际的页岩气井压裂石英砂实验评价方法，论证1达西·厘米的支撑剂长期导流就可以满足生产需求；开展试验页岩气井3口，长庆、新疆致密油开展试验，节省成本，初期产量未受影响。（6）水平井重复压裂技术攻关试验取得新进展。形成以产能预测和模糊聚类为核心的水平井重复压裂选井选层方法，形成基于“三场”分析（即含油饱和度场、孔隙压力场、应力场）的致密油水平井重复压裂优化设计方法；研发配套双封单卡拖动选层压裂管柱和专用带压作业井口，具备拖动选层压裂的能力，单趟管柱加砂能力可达300立方米；大庆、长庆、吐哈等油田开展现场试验见到初步成效，大庆葡34-平6井补压新缝16条，重复压裂后日产油由3吨增加到9吨；长庆油田试验6口井29段，措施有效率100%，井均日增油4.3吨；吐哈油田致密油及牛东区块实施37井次，见效25井次，累计增油15729吨，平均单井增油605吨。（7）扩大微地震裂缝监测应用范围，初步建立网络微地震监测平台及数据库。2017年在浙江、吉林、长庆、新疆等油田完成微地震监测93口井，其中34口页岩气井、59口致密砂岩油气井。通过磨206井废水回注微地震监测，磨206井周围存在裂隙带和小断层；注入的液体北东向范围大，约1700米，南西向范围较小，约300米；北西向700米和1000米两个断层已活化，已沟通700米处小断裂带。研发网络微地震监测平台，建立微地震监测数据库，用户及技术人员随时查询分析，大大提高各种数据综合分析能力，系统支持工作站、PC端、手机移动端、平板电脑等多种终端的登录。

页岩气压裂攻关取得新进展，为加快天然气发展提供技术保证。2017年完成压裂平台9个，压裂井完成数53口，压裂1172段；累计完成压裂平台38个，压裂井211口、4085段。

【试油】 2017年，试油交井1622口（评价井813口），获工业油气流井1071口（评价井590口），综合探井成功率53.1%，综合评价井成功率69.3%。勘探试油攻关取得突破性进展，为高效勘探提供强有力的技术支撑。

高温高压含硫化氢储层试油技术发展迅速。（1）高温高压试油完井投产一体化技术持续改进、生产时效进一步提高。现场试验16口井，封堵和回接均取得成功，有效克服高产气井试油测试后储层易漏、压井难、二次完井后复产难的难题。（2）配套形成以射孔测试联作和钢丝投捞式为主体的高温高压井试油资料录取技术在西南、塔里木、华北等油气田全面推广应用。2017年应用62层，工艺一次成功率93%，有效解放油气层，为库车前陆冲断带、川西海相和廊固凹陷潜山等重点勘探项目提供技术支撑。（3）建立地质工程一体化工作模式，超深高温高压储层改造见到良好效果。搭建涵盖压裂模拟、产能预测等模块“一体化”软件研究平台，实现地质、工程资料共享；组建涵盖地质、测井、岩石力学、油藏工程等多个专业的“一体化”综合研究团队，实现多学科立体攻关；建设具备模型展示、方案讨论功能的“一体化”协同工作环境；联建产研一体化联动工作模式，使科研与生产结合紧密，改造后单井平均日产量由8.6万立方米增加至30.7万立方米，提高技术攻关效率。（4）优化配套140兆帕超高压集中控制地面测试流程，确保地面施工安全，提高地面测试效率，现场应用17井次，确保重点风险高温高压含硫化氢储层试油顺利开展。

复杂岩性低渗透储层试油针对性措施和产能评价技术取得突破。在大庆、新疆等油田开展储层评价和产能预测技术研究，分区域、分层系建立产能预测模型，部分层系的试油结论预测符合率和采油指数预测符合率75%以上。采取针对性措施，提高复杂岩性储层改造效果。通过采用变排量液体胶塞、二次加砂、支撑剂有效铺置、储层细分压裂、酸性疏水缔合物压裂液等技术，有效解决控制裂缝高度避免沟通下部水层、储层纵向动用程度低和传统碱性瓜尔胶压裂液发生反胶的问题，提高储层改造效果，在准噶尔盆地西北缘二叠系乌尔禾组、三叠系百口泉组砂砾岩储层现场应用67井次，较常规压裂提产1.4倍。

射孔器材性能大幅提升。常规射孔穿深和质量合格率稳步提高。形成175兆帕/210℃/170小时高温高压射孔技术，射孔系列技术达到国际先进水平，基本满足中国石油需求。

高温高压及高含硫井完整性管理持续推进、安全可控。持续加强高温高压及高含硫井全生命周期的井完整性管理，组织塔里木油田、西南油气田完成井完整性规范的编制工作。2015—2017年完成《高温高压及高含硫井完整性指南》《高温高压及高含硫井完整性设计准则》和《高温高压及高含硫井完整性管理规范》的编制和下发，为高温高压及高含硫井的设计、建井和生产管理提供技术指导；同时对塔里木油田、西南油气田的环空带压情况进行月跟踪，发现问题及时与油气田沟通，同时督办异常情况的处理，确保高温高压及高含硫井的安全可控。

【A5建设试点工作全面推进】 打造系统管理工作平台。2017年，采油与地面工程运行管理系统（A5）计划目标有序推进，截至11月底完成16家油气田的上线验收工作。系统管理各类井33万余口，井口以上主要设备110万余台，油气水井日常生产数据及工作量占实际工作量90%以上，采油采气工程各类生产运行数据量240吉字节（GB），近15亿条。系统应用效果明显，应用“潜力井筛查分析”功能及时发现问题、快速采取措施、缩短产量恢复周期、增加正常生产时间，16家油气田2017年增油14万余吨。应用“长停井分析”功能有效指导长停井恢复工作，华北油田有长停油井1540口，停产前日产油累计853吨。初步分析潜力分为两大类：217口停产前大于1吨的井日产油592吨，平均采出程度10.8%，年影响产能16万吨；682口井有剩余油层2819层8483米，通过补孔和压裂等措施恢复生产，提高生产能力29万吨。

（赵捍军）

地面工程

【概述】 2017年，原油产能地面建设1350万吨，天然气产能地面建设100亿立方米，地面建设投资251亿元。建成一批重点工程，塔里木凝析气轻烃深度回收工程、大庆徐深净化厂二期工程等经济效益显著，西南长宁页岩气田集输气干线工程、华北阿赛线安全改造工程满足原油、天然气输送的需要。截至2017年底，各油气田累计建成各类站场、管线等数量见表9。

表9　各油气田累计建成各类站场、管线数量

时间	油田				
	计量站（座）	接转站（座）	注水站（座）	污水处理站（座）	集中处理站（原油联合站）（座）
截至2017年底	9493	1440	1337	554	232
截至2016年底	9310	1432	1387	548	252
增减	183	8	–50	6	–20

时间	油田	气田			
	各类管线（千米）	集（输）气站（座）	清管站（座）	增压站（座）	污水处理站（座）
截至2017年底	238572	1554	352	234	39
截至2016年底	227085	1595	350	225	39
增减	11487	–41	2	9	0

时间	气田	
	天然气净化厂（处理厂）（座）	各类管线（千米）
截至2017年底	82	75963
截至2016年底	81	73165
增减	1	2798

【地面建设管理】 2017年，突出抓好重点项目建设，不断完善基础管理工作，地面建设各项任务顺利完成，工程质量稳步提高，建设投资得到有效控制，基础工作进一步加强。为进一步推进油气田地面工程质量管理工作，8—10月，组织开展2017年油气田地面建设检查活动。各油气田公司成立以主管领导为组长的自检自查领导小组，对435项在建工程进行自检自查，查出各类问题3213项，发现的问题全部整改完毕。9—10月，组织两个检查组开展年度工程质量检查，对大庆油田等15家油气田公司的17项在建工程项目进行重点抽查，下发《建设工程整改通知单》15份，提出建议60条，检查发现各类问题554项，所有检查出的问题都进行核对，到2017年底全部整改完毕。

2017年，计划项目2893项，实施项目2503项，未实施项目392项；正点运行项目2305项，总体项目正点运行率80%；实施项目管理率100%，施工图审查率95.3%，焊口检查一次合格率96.8%，电气专业检查合格率96.4%，土建专业检查合格率96.6%。

2017年，油气田新建、改建、扩建工程建设通过落实建设项目监理制、工程质量监督制和第三方检测制，强化行为质量和实体质量控制，现场实测点合格率97.6%，工程建设质量逐步提高并稳定在较高的水平，所有工程一次投产成功，生产运行正常。

【重点工程】 2017年，股份公司重点项目48项，总投资193.44亿元（表10）。重点地面项目有序推进，按期投产。

表10　2017年股份公司重点项目

项目分类	项目名称
油田产能建设重点项目（21项）	大庆油田北一区断东东块二类油层上返产能建设工程（三次采油）、大庆油田南六区弱碱三元复合驱产能建设工程（三次采油）、大庆油田新站油田敖18-2区块产能建设、大庆油田北一区断东西块二次上返三元驱产能建设、大庆油田南六区西部弱碱三元复合驱产能建设、大庆油田杏七区东部Ⅳ块三元复合驱产能建设、长庆胡尖山郝41等井区产能建设工程、长庆南梁西及午86等产能建设工程、长庆镇北浅层产能建设工程、长庆环江长6产能建设工程、长庆安塞老区加密产能建设工程、新疆玛18井区产能建设工程、新疆红浅1区火驱工业化开发工程、塔里木哈拉哈塘外围区块地面骨架工程、辽河曙光油田杜66断块杜家台油层常规火驱地面工程、大港港中产能建设工程、吐哈三塘湖牛圈湖新区产能建设工程、青海尕斯库勒老区产能建设工程、冀东NP2-3产能建设地面配套工程、玉门鸭儿峡新区产能建设工程、福山油田莲4凝析气藏与莲21高含二氧化碳气藏协同开发先导试验项目等
天然气产能建设项目（8项）	长庆神木气田产能建设工程、长庆苏里格气田产能建设工程、塔里木克深5试采工程、塔里木克深气田产能建设工程、塔里木塔中Ⅰ号气田产能建设工程、西南安岳气田高石梯—磨溪区块灯四气藏开发工程、煤层气公司大吉气田大吉12井组地面集输工程、煤层气公司大吉气田大吉19井组地面集输工程等
联合站工程（1项）	新疆风城油田2号稠油联合站二期工程
油气管道工程（7项）	华北阿赛线安全扩能改造工程、西南长宁页岩气集输气干线工程、西南泸州市江北片区供气工程、西南巴中地区供气管道工程、西南北外环至达州经济开发区集输管道工程、塔里木大北至南疆利民3号阀室输气管道工程、塔里木英买力处理厂至英轮2号阀室输气管道工程等
天然气处理厂建设工程（7项）	塔里木凝析气轻烃深度回收工程、大庆萨南深冷装置调整改造工程、大庆徐深9天然气净化厂二期工程、新疆采油二厂81号天然气处理站改扩建工程、吐哈神泉天然气轻烃深度回收提效工程、长庆上古气藏天然气深冷工程、新疆克拉美丽气田深冷提效工程等
页岩气项目（2项）	西南长宁页岩气田一期工程、浙江紫金坝页岩气产能建设工程
老油气田调整改造（1项）	新疆红山嘴油田红48断块火驱烟道气提高采收率重大开发试验地面工程
其他（1项）	吉林长岭气田营城组增压及湿法脱汞工程

【项目前期管理】 2017年，在方案编制与项目审查中落实"开源节流、降本增效"20项措施，坚持辽河油田、吉林油田下放自主经营权，从源头抓好投资控制，优化建设方案、合理选择建设标准、严格控制建设投资和工程量，重点工程前期审查工作取得显著效果。

完成项目审查和批复38项（其中可行性研究14项、初步设计24项），提出审查修改意见959条。38个项目上报投资67.5亿元，批准投资52.1亿元，核减投资15.4亿元，核减比例22.8%。项目审查减少占地951亩，减少临时用地1041亩，生产运行总能耗指标降低7716吨标准煤/年。

【标准化设计】 2017年，标准化设计工作继续向更深层次、更高水平发展，基础工作进一步完善，模块化建设取得新突破，数字化建设与管理水平取得新提升。油气田地面建设大、中、小型站场标准化设计覆盖率分别达到61.3%、90.7%、96.6%，规模化采购率86.0%，预制化率76.6%。与常规相比，设计工期缩短33.8%，施工工期缩短19.7%。

实施标准化设计节约投资11.2亿元、节省土地3120亩，减少用工5929人，节能11.6万吨标准煤。2009—2017年，通过开展标准化设计，节约投资124.5亿元，节约土地1.5万亩，减少新增生产定员60920人，多生产原油427.4万吨、天然气95.7亿立方米。

推广应用一体化集成装置834套，替代常规中小型站场381座。设计工期和建设工期分别缩短47%和50%，减少用地949亩，减少用工1903人，节约投资3.46亿元。2010—2017年推广应用7819套，节约投资23.75亿元，减少用工18734人，减少占地面积6021亩。

组织制订《三维设计导则　第2部分：油气田地面工程》《油气田地面建设数字化工程信息移交规范》《油气田大型厂站模块化建设导则》等企业标准及勘探与生产分公司《油气田厂站模块化定型设计指导意见（试行）》《油气田地面工程提质增效指导意见（试行）》，各油气田公司新增标准化设计有关规定64项、定型图469套。

【数字化建设】 2017年，结合油气生产物联网（A11）等统建信息系统，开展油气田地面工程数字化建设。全年新增各类数字化井9711口、站场969座，累计建成各类数字化井144810口、数字化站场6168座，约占井、站场总数的41%和46%。长庆、大港、冀东、南方、浙江等油田企业初步实现全油田地面生产数字化管理，通过实施A11项目累计产生直接经济效益13.2亿元。

截至2017年底，A5系统覆盖各类油气水井33万余口，间、站、库3.6万余座，各类管道25万余千米，主要设备39万余台（套），A5系统管理各类井、间、站、库、主要管道、关键设备等90%以上基础数据。

【企业标准与规定制定并发布】 2017年，按照"多干打基础，利长远的事"的工作原则，组织制定并发布《油气田污水污泥处理》《油田采出水处理及地面注水技术》《油气田地面工程竣工验收手册》《煤层气集输设计规范》《油气集输系统用热技术导则》《数字化移交设计规范》《老油气田改造及油气储运工程项目管理规定》《油气田管道和站场完整性管理规定》《油田集输管道检测评价及修复技术导则》《气田集输管道检测评价及修复技术导则》《油气集输站场检测评价及维护技术导则》《油气田地面建设项目管理规定》《油气田地面建设开工报告管理规定》《油气田站场目视化设计规范》等企业标准与规定。

【工程建设承包商管理】 根据集团公司统一部署，2017年2—5月，组织16家油气田公司开展勘探与生产分公司所属683家一、二类承包商的年度考核评价工作，考核评价内容包括基本条件、年度业绩、违规违纪、安全质量事故、诚信事项等。经16家油气田公司初审、勘探与生产分公司复审并报集团公司承包商领导小组办公室审定，2017年淘汰96家不合格承包商，组织26家新增准入承包商的初审、审核、公示等工作。截至2017年底，勘探与生产分公司一、二类承包商合计613家（一类承包商66家、二类547家）。组织各油气田369家三类及检维修类承包商准入备案，特别是加强油罐清洗承包商的准入管理等工作。

【地面建设竣工验收管理】 按照"2016年9月底投产未验收项目，竣工验收2017年完成70%—80%、2018年底前全面完成"的工作要求，组织开展上游业务地面工程竣工验收工作。截至2017年底，累计完成436个，其中一类项目4个、二类项目22个、三类项目108个、四类项目302个，累计完成率92.8%，超额完成2017年的工作目标。组织验收塔里木大北气田、长庆原油储备库等一批集团公司重点工程，推动油气田地面业务快速发展。

（苗新康）

海洋工程

【概述】 2017年，辽河、大港、冀东三个滩海油田生产原油208.98万吨、天然气4.776亿立方米。自营油田生产原油115.73万吨、天然气4.63亿立方米（表11）。海上对外合作区块油田生产原油93.25万吨、天然气1460万立方米（表12）。

表11 2017年滩海自营油田原油、天然气产量

时间	辽河滩海		大港滩海		冀东滩海		合计	
	原油（万吨）	天然气（亿立方米）	原油（万吨）	天然气（亿立方米）	原油（万吨）	天然气（亿立方米）	原油（万吨）	天然气（亿立方米）
2017年	10.6	0.1822	24.63	1.25	80.5	3.2	115.73	4.63
2016年	11.36	0.2168	25.7	1.42	79.3	4.25	116.36	5.89
同比增减	−0.76	−0.0346	−1.07	−0.17	1.2	−1.05	−0.63	−1.26

表12 2017年海上对外合作区块油田原油、天然气产量

时间	月东区块	赵东区块		合计	
	原油（万吨）	原油（万吨）	天然气（万立方米）	原油（万吨）	天然气（万立方米）
2017年	44.95	48.3	1460	93.25	1460
2016年	50.57	56.22	1463	106.79	1463
同比增减	−5.62	−7.92	−3	−13.54	−3

截至2017年底，中国石油环渤海滩浅海矿区内建人工岛（井场）18座、固定钢平台10座、海底管道92.1千米、海底电（光）缆120.06千米。

【海上油气生产设施弃置】 2017年，冀东油田NP1–5平台整体弃置实施。组织对方案进行审查和批复，完成平台上部组块拆除；单井弃置10口井，2017年完成3口井。

组织编制完成大港赵东项目“赵东C/D和C–4合作区海上生产设施弃置预备方案（2016年更新版）”，完成向国家能源局申请备案相关工作。组织辽河油田完成海南—月东合作区月东一块海上油气生产设施废弃处置预备方案编制。

【人工岛分级管理】 2017年，开展人工岛分级管理工作，按照《滩海人工岛构筑物管理规范》（Q/SY 18003—2017），对人工岛和进海路分级管理。路岛设施基本为一、二级状态。从运行情况看，海上油气生产设施（人工岛、钢平台、海管、海缆）在役状态稳定、可控。

【海底管道完整性管理】 2017年，大港油田埕海1–1岛至埕海联合站段的管道完成通球5次，为内检测做好相关准备工作。大港油田和冀东油田对海底管道的水深、地貌、管道实际位置及管道埋深进行检测。通过与以往的检测数据对比分析表明：没有裸露、位移，水深基本没有变化，管道状态稳定。

【海洋工程标准体系建设】 2017年，完善海洋工程标准体系，完成制订2项集团公司企业标准《海底管道内检测操作规程》《海底管道工程勘察技术规范》。

【专题技术研究】 依靠科技进步，提高海上设施本质安全管理水平。2017年，针对中国石油滩海油田实际生产中出现的技术难题和安全隐患，以“为生产服务、为油田服务、保障安全”为目标，组织“滩海海底管道机械性能评价关键技术研究”专题技术研究，对指导实际和保障设施安全平稳运行具有指导保障作用。

【冬季冰情预报和监测】 掌握冰情动态信息，通过国家海洋环境预报中心动态发布及传真、邮件和短信等方式获取渤海湾冰情信息，指导冬季油田海上安全生产。2016—2017年冬季为轻冰年（1.5级），海上油气生产运行正常。

（沙 秋）

新能源

【概述】 2017年，新能源业务围绕“十三五”发展规划，以质量效益为中心，按照勘探开发一体化的工作思路，加快发展非常规天然气。狠抓部署落实，强化组织协调，推进页岩气规模上产，完成产能建设23亿立方米，生产页岩气30亿立方米；坚持稳中求进，抓好煤层气精细排采，开展老气田措施挖潜，年产量稳步上升，实现商品量28亿立方米的工作目标；推动地热利用示范工程，落实绿色发展理念。

【煤层气】 2017年，新建产能5.77亿立方米。其中：沁水煤层气田的樊庄郑庄区块稳产综合调整钻井171口（45口水平井），马必东区块产能建设钻井209口，建成井口产能5.01亿立方米。鄂东煤层气田的韩城、保德、临汾区块钻完50口井（4口水平井），建成井口产能0.76亿立方米。

全年完成商品气量29.49亿立方米。沁水煤层气田有排采井2920口，产气井2122口，井口日产气243万立方米；年产气量9.42亿立方米，年商品气量10.24亿立方米（外购1.24亿立方米）。鄂东煤层气田有排采井2627口，产气井1508口，井口日产气650万立方米（含致密气420万立方米）；年产量19.23亿立方米，完成商品气量18.3亿立方米（致密气10.92亿立方米）。蜀南地区筠连区块排采井357口，产气井324口，井口日产气31万立方米，年产气量1亿立方米，实现商品气量0.95亿立方米（表13）。

煤层气勘探开发成果。（1）老区综合治理初见成效，整体盘活思路和主体技术基本明确。华北郑庄按照180—200米井距部署，有4口井日产2000立方米以上。煤层气公司的韩城区块通过加密井网实现面积降压，区块产量下降趋势由之前的月递减率3.9%减缓到1.5%。（2）开展勘探评价，不断夯实资源基础。华北油田立足马必东区块，实施滚动勘探评价，投产15口井中2口井日产气超过1000立方米，9口井超过2000立方米，证实区域具有较好的开发潜力，基本探明含气面积150平方千米，计算储量212亿立方米。吉尔嘎朗图实施预探评价一体化，完成预探井6口、评价井2口、试采井组4口，控制“甜点”区面积30平方千米，计算地质储量57亿立方米。

【页岩气】 抓好页岩气产能部署。2017年，组织完成长宁、威远年产100亿立方米开发方案的编制和审查，为“十三五”后三年开发部署提供技术指导。加大评价力度、夯实发展基础。威远区块新增探明地质储量1565亿立方米，示范区累计探明地质储量突破3200亿立方米。新建产能17亿立方米。长宁、威远新建产能15亿立方米，昭通新建产能2亿立方米。新开钻井102口，完钻井76口，完成压裂井59口。实现30.16亿立方米的商业气量，其中长宁13.1亿立方米、威远11.6亿立方米、昭通5.2亿立方米、其他0.26亿立方米。新投产井53口，累计投产井208口，开井生产186口，日产气982万立方米。地面配套建设如期完成。长宁集输气干线、宁201井区150万立方米脱水装置、紫金坝300万立方米脱水装置等地面重点工程按期投运，标志着页岩气进入快速发展新阶段。

【地热】 2017年，贯彻集团公司推动地热能开发利用的要求，组织召开中国石油地热能开发利用的专题讨论会议，明确建立 2—3 个地热利用示范工程的工作目标。完成华北、辽河、大庆等油田地热资源摸底工作；组织辽河沈四联合站地热利用示范工程、华北石油新城地热供暖工程等 7 个项目的可研究初审。

表 13　2017 年煤层气产量及商品气量

煤层气田 / 区块	时　间	2017 年	2016 年	同比增减
沁水煤层气田	累计排采井（口）	2920	2894	26
	井口日产气量（万立方米）	243	243	0
	年产气量（亿立方米）	9.42	9.5	–0.08
	年商品气量（亿立方米）	10.24	10.2	0.04
鄂东煤层气田	累计排采井（口）	2627	2532	95
	井口日产气量（万立方米）	650	560	90
	年产气量（亿立方米）	19.23	13.6	5.63
	年商品气量（亿立方米）	18.3	12	6.3
蜀南筠连区块	累计排采井（口）	357	342	15
	井口日产气量（万立方米）	31	24	7
	年产气量（亿立方米）	1	0.76	0.24
	年商品气量（亿立方米）	0.95	0.73	0.22
合　计	年商品气量（亿立方米）	29.49	22.93	6.56

（崔光珍）

储气库

【概述】 2017 年，储气库建设工作围绕工程建设、生产运行、动态跟踪等关键环节开展大量工作，6 座储气库（群）全部注采运行，实现储气库高效建设和安全平稳运行。

【工程建设】 截至 2017 年底，累计完钻注采井 84 口，待实施井 4 口，完钻监测井及回注井 17 口，完成老井处理 127 口。6 座储气库（群）注采气系统全部建成投运，地面建设完成总体形象进度 95% 以上。

【生产运行】 2017 年，注气期内累计开井 74 口，注气 49.30 亿立方米。其中，新疆呼图壁储气库注气 14.48 亿立方米，西南相国寺储气库注气 15.25 亿立方米，辽河双 6 储气库注气 9.64 亿立方米，华北苏桥储气库注气 5.61 亿立方米，大港板南储气库注气 2.02 亿立方米，长庆陕 224 储气库注气 2.30 亿立方米。采气期内累计开井 86 口，采气 44.14 亿立方米。其中，新疆呼图壁储气库采气 14.55 亿立方米，西南相国寺储气库采气 15.19 亿立方米，辽河双 6 储气库采气 7.56 亿立方米，华北苏桥储气库采气 3.17 亿立方米，大港板南储气库采气 2.34 亿立方米，长庆陕 224 储气库采气 1.33 亿立方米（表 14）。

表 14　2017 年中国石油储气库注气量和采气量

亿立方米

时　间	新疆呼图壁		华北苏桥		西南相国寺		辽河双 6		大港板南		长庆陕 224		合　计	
	注气量	采气量	注气量	采气量	注气量	采气量	注气量	采气量	注气量	采气量	注气量	采气量	注气量	采气量
2017 年	14.48	14.55	5.61	3.17	15.25	15.19	9.64	7.56	2.02	2.34	2.30	1.33	49.30	44.14
2016 年	17.15	12.84	5.62	0.72	11.97	11.46	8.41	0.44	2.2	1.45	3.12	0.46	48.47	27.37
同比增减	–2.67	1.71	–0.01	2.45	3.28	3.73	1.23	7.12	–0.18	0.89	–0.82	0.87	0.83	16.77

（何　刚）

技术项目

【概述】 2017 年，贯彻落实上游业务立足长期低油价、打赢生存与发展攻坚战、突出“四大任务”、推进“四个转变”、抓实“三个保障”的总体工作部署。需求驱动，突出重点，聚焦难点；统一立项，减少重复；产研结合，加速转化。着力攻关制约勘探开发的重大地质问题和关键技术难题，务求在生产应用中见到实效。全面完成科技立项、任务落实、成果应用及信息化建设等各项工作，为风险勘探与预探新领域新区带新目标优选落实、提高单井产量、降低操作成本、安全生产等方面提供有力支撑。

【油气勘探研究有形化成果】 编制一批工业化图件，直接服务于生产。2017 年，加强基础地质综合研究工作和基础图件编制，注重研究成果有形化，编制 1300 多幅工业化图件，大部分图件可直接应用于勘探部署和风险目标准备。

【油气盆地地质研究新认识】 2017 年，立足七大盆地，强化综合研究，注重目标性地质综合研究，取得一批创新性认识，有效指导风险领域新发现和勘探新突破。

四川盆地突出震旦系—下古生界、二叠系（火山岩、岩溶缝洞型储层）和雷口坡组三大风险领域研究，有效支撑楼探 1 井、磨探 1 井、永探 1 井、龙探 2 井等风险目标的落实和井位部署。塔里木盆地突出秋里塔格构造带、巴楚—柯坪古隆起、昆仑山前复杂褶皱带下盘三大风险勘探领域研究，有效支撑中秋 1 井、和田 2 井等风险目标的落实和井位部署。准噶尔盆地突出盆 1 井西凹陷北环带石炭系、二叠系下乌尔禾组、三叠系百口泉组，克拉美丽山前石炭系，博格达山前掩伏带石炭系，四棵树凹陷侏罗系四大风险领域研究，有效指导盆东 1 井、家探 1 井等风险目标的落实和井位部署。鄂尔多斯盆地突出西部台缘带、南部寒武系、渭河盆地固市凹陷三大风险领域研究，有效支撑驿探 1 井等风险目标的落实和井位部署。柴达木盆地突出阿尔金山前带、柴西南斜坡区构造岩性油藏、一里坪地区新近系三大风险领域研究，有效支撑伊探 1 井、雁探 1 井等风险目标的落实和井位部署。

【油气勘探研究成果应用成效】 2017 年，突出四川、准噶尔、塔里木等重点盆地，着眼富油气凹陷及新区新领域，提出一批有利风险领域、区带和目标。支撑 9 个风险和预探井位部署，风险目标 2017 年采纳 5 个，为 2018 年准备的区带和勘探目标 25 个，为 2017 年油气发现和储量目标完成及 2018 年风险勘探部署准备提供有力支撑。

【高含水油田开发技术】 2017 年，基本形成“二三结合”的理论技术体系，应用到 12 家油田公司。可实施“二三结合”的储量 52.1 亿吨，预计采收率提高 14.5%。批复方案 5 个，预计提高采收率 17.8 个百分点，内部收益率 12.5%—20.2%。

【老区直井 / 定向井体积改造技术】 老区直井 / 定

向井体积改造技术研究与试验显著提高单井产量。2017年，基本形成不同油藏类型、不同开发阶段的侧向宽带压裂、缝控砂体压裂、重构流场的集团压裂等技术系列，现场试验251口井，单井增油3—15倍。

【低渗透油藏开发技术】 2017年，低渗透油藏提高水驱采收率和低品位油藏规模有效动用技术取得明显进展。建立井网加密调整模式，形成控制动态裂缝的注采优化技术，发展“体积压裂+渗吸吞吐+异步注采驱替”转变开发方式新技术，试验区采收率提高3—8个百分点。

【第四代精细分层注水技术】 第四代精细分层有效注水技术，形成6项有形化产品，能实现7段、实时按需配注。可有效控制无效水循环，提高动用程度，且无需测试车组和队伍，节约成本，推进技术升级换代和降本提效。2017年现场试验150口井，大庆高台子试验区实现连续10个月含水率不升。

【致密气藏提高采收率技术】 致密气藏提高采收率技术可支撑苏里格气田230亿立方米稳产20年以上。创建经济有效性的储量分级动用序列，创新致密气井网调整技术。2017年，编制苏里格气田230亿立方米长期稳产方案，采收率由32%提高到48%。

【大型深层复杂气藏长期稳产技术】 2017年，研发裂缝性气藏水侵评价和动态储量评价方法，指导大北—克深方案编制，支撑塔里木250亿立方米上产。建立深层碳酸盐岩气藏高产井模式与控水开发技术，高磨地区灯影组I+II类井比例提高到90%以上。

【科技项目顶层设计与计划编制】 2017年，科技项目顶层设计和计划编制工作呈现以下特点：（1）突出重点和难点。油气勘探突出四川、塔里木、鄂尔多斯、松辽、渤海湾、准噶尔、柴达木等七大盆地，为油气重大发现和突破提供技术支撑。油田开发突出主体战略接替技术，为提单产、降成本、追求效益产量提供技术支撑。天然气开发着重研究复杂气藏稳产、高产、控水等开发技术，为长期稳健、平稳安全生产提供有效支撑。（2）统一立项，整合资源。生产需求导向，由主管生产的领导牵头，业务处室参与，梳理生产难题，整合各类攻关项目和前期项目，勘探与生产分公司层面统一立项，促进科研与生产一体化部署。（3）坚持产研结合，加速成果转化。围绕共性的重大地质问题和关键技术问题，组织跨院所、跨专业的联合攻关。直属研究院重点研究应用基础和关键技术，油气田具体负责关键技术的现场试验，发挥各自优势，加速成果转化。

【科技项目任务落实与生产对接】 2017年，年度科技计划经勘探与生产分公司科委会审议通过后，业务主导部门组织开题论证。做到“六落实”，即落实总体目标和阶段目标、落实技术路线、落实实物工作量、落实依托工程、落实技术经济考核指标、落实有形化成果和知识产权。做到可操作，求实效。（1）勘探类项目必须通过目标性地质综合研究，编制必要的工业化图件，优选和评价新领域、新区带和新目标，最终为风险勘探提供可供钻探的目标。（2）开发类项目必须攻关制约生产的技术难题，要形成有形化核心技术——技术方案、软件、产品、装备、专利、规范、标准等，着重现场应用效果，突出先进实用，要有明确的可操作的关键技术经济指标。（3）开源节流，迎接低油价挑战，按集团公司统一要求，削减非生产性支出，实际下拨科研经费2亿元。及时下达研究任务，签订计划任务书，实现合规管理。

【勘探生产信息化建设】 2017年，全面建成勘探与生产技术数据管理系统（A1）（2.0版）和采油与地面工程运行管理系统（A5），并通过上线验收。油气生产物联网系统（A11）、ERP系统建设按计划进行。运行维护工作确保所有系统安全平稳运行。践行集团公司“共享中国石油”发展战略，聚焦“集成、共享、应用”，提出建设中国石油上游业务信息与应用共享平台的宏伟蓝图，重点开展“勘探开发一体化协同研究及应用平台（一期）”（A6）系统建设。

强化项目管理，确保质量进度。加强过程管理，规范实施、提高质量，狠抓油气田公司级上线验收、总体上线验收等关键环节，采用现场检查、在线抽查等方式，实时发现并解决问题。2017年A1（2.0版）和A5系统按期建成并正式上线运行，通过总体上线验收，对生产发挥有效的支撑作用。

坚持业务主导，统一标准规范。组织项目有关方面研讨制定数据采集、业务流程、运行维护管理等规定和标准规范5项。依靠统一的标准提升数据质量、规范业务流程、完善业务功能，实现信息系统和业务、生产的紧密结合。

注重技术培训，提高管理水平。针对信息化业务技术更新换代快、管理要求高的特点，组织开展有针对性的技术和管理培训。组织内外部知名专家编制培训课件并授课，内容既涵盖上游相关各统建系统，又包括信息安全专题讲座、前沿最新信息技术等，确保培训质量和效果。

【勘探生产信息化建设成效显著】 勘探与生产技术数据管理系统（A1）管理48万余口井、7000余个地震工区的数据资源，实现对上游全覆盖和数据资产统一管理，用户数超过1.2万人，为业务应用提供有力支撑。2017年为16家油气田的695个项目提供数据支撑。据大庆油田应用案例，勘探开发研究项目工作效率提高8%—10%，按集团公司统一标准测算，节省研究人力成本约8000万元。

油气水井生产数据管理系统（A2）覆盖勘探与生产分公司和16个油气田、2226个采油气队的原油开发生产运行数据情况，分析低产井现状及变化趋势、老井递减率、新井到位率、新井贡献率等信息，支撑年度产量计划调整和“十三五”原油产量1亿吨滚动规划研究，为原油生产运行受控、优化、精益油藏管理提供信息支撑。

采油与地面工程运行管理系统（A5）建立统一标准的采油与地面工程数据库和开放、包容的油气田开发生产运行管理平台，实现相关业务在线设计、审批和各个环节的信息互动。用户达3.6万人。助力长停井治理，统计分析长停井产量、长停原因，结合油藏信息、优选措施，使潜力筛查、恢复产能工作更便捷、高效。以华北油田为例，有长停油井1540口，快速锁定两类潜力井899口，恢复产能45万吨。精细管理机械采油井提高时率。应用机械采油井运行状况分布图、系统参数优化设计、故障预判、井下作业及压裂酸化快速设计与实施等，显著提高采油井生产时率。根据16家油气田不完全统计，2017年增油58.4万吨。地面工程建设运行提速降耗。实现单井三项设计在线流转、基建项目开工竣工全程在线办理、生产报表自动生成，三类工作提高工作效率约70%，累计年可节省47万多人·天，折合人工成本2.8亿元。

油气生产物联网系统（A11）开发建设统一的油气田油气生产物联网平台，实现16家油气田46509口油气水井、2474座中小站场、63座大型站厂数字化管理。长庆、西南、大港、青海、吐哈等9个油气田初步实现油气生产数字化管理。实现由分散管理向集中管控的模式转变；由劳动密集型向知识密集型的转变；促进油田生产管理组织机构转型升级，按“纵向扁平，横向压缩”的方式优化；井场、中小型站场基本实现无人值守，精简合并部分基层班组和作业区，为优化用工结构奠定基础。同时，最大限度减轻员工劳动强度，提高工作效率和安全生产水平。新疆风城油田构建新型两级管理架构，比传统方式控减用工30%；回撤基地近500人。同时，提高生产系统稳定性效果显著，综合经济效益保守估计5000万元/年。青海油田利用远程管理，将行政管理重心后移至敦煌基地，机关搬迁694人，一线转岗822人。大庆油田实现对传统意义上515个岗位的合并，减少一线用工1779人；大港油田功图量油技术，全面取消计量站，单井地面投资降低20万元。吐哈油田三塘湖采油厂每年减少巡检里程19.6万千米，降低安全风险和劳动强度60%以上。

（丁建宇）

市场管理

【概述】 2017年，重新编制市场管理工作规划，并修订《勘探与生产工程技术服务市场管理办法》（修订后的市场管理办法下放工程技术服务市场准入管理权限，管理权限下放后，工程技术服务市场准入由油气田公司负责审查）。同年10月，组织勘探与生产分公司对工程技术服务承包商情况进行检查。

【工程技术服务队伍市场准入】 2017年，各油气田公司审批准入队伍6611支。其中：集团公司内部队伍3016支，占45.62%；非集团公司队伍3595，占54.38%（表15）。

表 15　2017 年工程技术服务队伍准入汇总

专　业	总量（支）	集团公司内部		集团公司外部		
		数量（支）	所占比例（%）	中国石化数量（支）	社会数量（支）	所占比例（%）
物探	230	168	73.0	0	62	27.0
钻井	1320	622	47.1	35	663	52.9
测井	197	156	79.2	10	31	20.8
录井	1460	1048	71.8	9	403	28.2
固井	74	31	41.9	2	41	58.1
测试	123	78	63.4	0	45	36.6
酸化压裂	237	66	27.8	1	170	72.2
带压作业	131	55	42.0	0	76	58.0
井下作业	2831	784	27.7	7	2040	72.3
连续油管	1	1	100.0	0	0	0
定向井	7	7	100.0	0	0	0
合　计	6611	3016	45.6	64	3531	54.4

【工程技术服务队伍动用】 2017 年，各油气田公司动用工程服务队伍 9546 支。其中：集团公司内部队伍 6498 支，占 68.07%；集团公司外部队伍（中国石化和社会化）3048 支，占 31.93%（表 16）。

表 16　2017 年工程技术服务动用情况

专　业	总量（支）	集团公司内部		集团公司外部		
		数量（支）	所占比例（%）	中国石化数量（支）	社会数量（支）	所占比例（%）
物探	210	209	99.5	0	1	0.5
钻井	1957	933	47.7	64	960	52.3
定向井	407	407	100.0	0	0	0.0
测井	933	824	88.3	12	97	11.7
固井	140	101	72.1	5	34	27.9
试油	338	203	60.1	6	129	39.9
录井	1730	1436	83.0	40	254	17.0
测试	316	253	80.1	7	56	19.9
酸化压裂	320	135	42.2	11	174	57.8
带压作业	289	147	50.9	0	142	49.1
井下作业	2457	1401	57.0	11	1045	43.0
钻井液	449	449	100.0	0	0	0.0
合　计	9546	6498	68.1	156	2892	31.9

注：为便于统计，外包队伍和中国海油队伍都计入社会队伍。

（由　杰）

炼油与化工

综 述

【概述】 炼油与化工业务是中国石油产业链承上启下、增值创效的重要环节，为上游生产后路畅通和下游产品市场供给提供保障，是提高中国石油竞争力的重要领域。中国石油天然气股份有限公司炼油与化工分公司（简称炼油与化工分公司或炼化板块）主要负责中国石油的炼油、化工生产和化工产品销售业务的管理，负责保障上游原油后路、下游成品油市场供应和化工产品供应，是国内第二大成品油生产商和石油化工产品供应商。炼化板块机关设 12 个处室，归口管理 26 家炼化生产企业（含 3 家油田炼油厂）、6 家化工销售企业、10 家炼化托管企业。

2007 年以前，炼油与化工业务分立运行，其间，完成兰州、大庆地区炼油业务的整合，庆阳石化、宁夏石化划归中国石油；2007 年，炼化和销售业务重组整合，形成炼化一体化发展格局；2008 年，11 家炼化上市企业、未上市企业重组整合，上市和未上市业务实现统一管理；2009 年，收购未上市炼化企业与主业关联度高的资产，突出主营业务，减少重复建设，降低管理成本。同年，大庆油田化工有限公司等油田所属炼化业务纳入炼油与化工分公司统一管理，炼化业务实现在同一管理模式下的集中发展和专业化管理。

2007 年以来，中国石油统筹国内外两种资源，建立与国内资源和四大战略通道相匹配的炼油化工体系，北方重点是调整结构、优化升级、消除隐患，南方是加快布局、规模发展，相继关停 9 座小炼油厂，关停炼油能力 1105 万吨 / 年，形成大连石化、抚顺石化、兰州石化、独山子石化、四川石化、广西石化、大连西太平洋石化、吉林石化、辽阳石化、云南石化 10 家千万吨级炼油基地，大庆石化、吉林石化、抚顺石化、辽阳石化、独山子石化、兰州石化、四川石化 7 家乙烯生产基地，辽阳石化、乌鲁木齐石化 2 家芳香烃（简称芳烃）生产基地等一批特色炼化企业。2017 年，中国石油炼油能力处于国内第二、世界第三的地位，乙烯生产能力处于国内第二、世界第六的地位，上下游一体化优势突出，炼化产品结构逐年优化，炼油能耗、轻油收率等主要技术经济指标持续改善，具有较完整的科研、设计、建设体系，在激烈市场竞争中具有一定优势。

2017 年，中国石油国内原油加工量 15245 万吨，占国内原油加工总量的 27.1%；乙烯产量 576 万吨，占国内乙烯总产量的 31.6%；生产成品油 10351 万吨，销售化工产品 2798 万吨，炼化板块资产总额 3197 亿元，营业额 7078 亿元，用工总量 21.45 万人。

【经营业绩】 2017 年，炼化板块围绕“效益稳中向好、大局稳定和谐”两条主线，坚持安全环保、提质增效、合规管理中心，突出市场导向和效益原则，优化资源配置和产品结构，深化开源节流降本增效，生产经营平稳受控，成本费用稳中受控，效益再创新高，继续保持集团公司盈利支柱地位。

利润创历史最好水平。2017 年，炼化板块实现经营利润 399.61 亿元，比 2016 年的 390.26 亿元增长 2.4%。其中：炼油业务受益于优化产品结构，毛利上升，实现经营利润 325.73 亿元，比 2016 年的 275.65 亿元增长 18.2%；化工业务抓住化工市场景气周期的有利时机，增加厚利产品产销量，但受对部分生产运行成本较高的化工装置计提减值准备影响，实现经营利润 73.88 亿元，比 2016 年的 114.61 亿元下降 35.5%。除云南石化新投运、塔里木石化受化肥影响外，其他生产及销售企业全面盈利，21 家企业盈利额超过 10 亿元，吉林石化、独山子石化、四川石化盈利位列前三名。辽阳石化在优化生产、从严管理、深化改革等方面采取系列措施，结束持续 12 年的亏损局面。

原油加工量、产品产量。2017 年，国内原油加工量 15245 万吨，同比增长 3.6%。汽油、煤油、柴油产量 10351 万吨，其中汽油 4098 万吨，同比增长 20.6%，煤油 1018 万吨，同比增长 9.2%，柴油 5235 万吨，同比增长 0.6%。乙烯产量 576 万吨，同比增长 3.1%；尿素产量 143.9 万吨，同比下降 24.3%。合成树脂 940.4 万吨，同比增长 2.2%，合成纤维 5.8 万吨，同比下降 4.9%，合成橡胶 80.9 万吨，同比增长 6.4%（表 1）。

表 1　2017 年原油加工量、产品产量

万吨

项　目	2017 年	2016 年	同比增减
原油加工量	15244.6	14709.2	535.4
汽油、煤油、柴油	10351.0	9532.4	818.6
其中，汽油	4098.1	3397.4	700.7
煤油	1017.7	931.8	85.9
柴油	5235.2	5203.2	32
乙烯	576.4	558.9	17.5
合成树脂	940.4	919.9	20.5
合成纤维	5.8	6.1	−0.3
合成橡胶	80.9	76.0	4.9
尿素	143.9	190	−46.1
合成氨	136.3	152.9	−16.6

主要经济技术指标持续改善。装置运行平稳率同比提高 0.18 个百分点。10 家企业，78 套炼油装置，13 套化工装置达标。28 项主要技术经济指标中 20 项同比进步，其中炼油综合能耗同比下降 1.72 千克标准油 / 吨，四川石化、大连西太平洋石化、辽阳石化综合能耗降幅明显；炼油单因耗能同比降低 0.18 千克标准油 /（吨·因数），宁夏石化、抚顺石化、辽河石化排名前三；乙烯双烯收率同比增长 0.06 个百分点。

产品结构持续优化，高效产品产量稳定增长。按期完成京津冀“2+26”城市国Ⅵ标准质量升级以及全国国Ⅴ标准普柴转产。柴汽比同比下降 0.09 个单位，炼油高效产品同比增长 10 个百分点，高标号汽油接近 900 万吨，煤油突破 1000 万吨，重油商品量减少 22.5 万吨。销售化工产品 2798 万吨，厚利产品销量同比增长 18%。合成树脂同比增产 20.5 万吨，合成橡胶增产 4.9 万吨，减产化肥 46.1 万吨。成功推广 30 个新产品，独山子石化茂金属线性聚乙烯、四川石化低熔抗冲聚丙烯、大庆石化 PERT 管材料打开销路，见到效益。

【云南石化一次开车成功】 云南石化 1300 万吨 / 年炼油工程是集团公司落实“一带一路”倡议、深化中缅合作的重要组成部分，对保障西南地区油品供应、促进边疆少数民族地区经济社会发展具有重大意义。该项目 2013 年 4 月动工，经过 4 年多工程建设和生产准备，2017 年 6 月 7 日接收中缅管道原油，6 月 28 日常减压首次引原油备料试车，8 月 2 日正式投料开车，8 月 20 日打通低硫油加工流程，8 月 25 日切换含硫原油，各类产品质量合格出厂，经过 72 小时连续稳定运行考核，8 月 28 日全面实现安全平稳绿色一次开车成功。截至 2017 年底，稳定运行 4 个月，产品达标上产，航空煤油认证创最短纪录，年内取得排污许可证。整个开车工作，创造炼化项目高标准、高水平、手续齐全开车、100% 合规运营的典范。

【中国石油炼化业务转型升级方案编制】 2017 年 5 月，按照集团公司全面深化改革领导小组关于《落实油气体制改革意见开展相关专题研究工作方案》部署，落实集团公司董事长王宜林关于炼化业务要“保自产、控增量、调结构、降成本、保安全、有效发展”及总经理章建华“保上游、保市场、提效益、降成本”的指示，炼化板块会同规划计划部、规划总院，在征求集团公司专家意见、与地区公司对接基础上，研究编制《中国石油炼化业务转型升级方案》。7 月 18—19 日，集团公司领导集中两天时间研究方案，将炼化转型升级确定为集团公司战略，确立“老企业坚持整体统筹、新项目突出结构优化”的炼化业务转型升级总体原则，以此为基础形成集团公司炼化业务转型升级规划。11 月 15 日，集团公司董事长办公会批准通过，成为指导炼化业务未来 5—8 年发展的纲领性文件。

（汪晓东）

装置及产品

【炼油装置与产品】 2017 年，中国石油 26 家国内炼油厂合计原油加工量 15245 万吨，占国内原油加工总产量的 27.1%。千万吨级以上炼油厂 10 家，500 万吨 / 年炼油厂 13 家，大连石化加工能力超过 2000 万吨 / 年。加工原油类别主要是大庆原油、长庆原油、新疆原油、俄罗斯原油、哈萨克斯坦原油和海上进口原油等。随着原料劣质化和国内市场对油品质量要求的不断提高，炼油装置深加工、精加工能力继续加强。2017

年底，在运行常减压装置36套，催化裂化装置37套，加氢裂化装置19套，延迟焦化装置15套，连续重整装置22套。

炼油产品主要有汽油、柴油、煤油、润滑油、石蜡、沥青、石油焦、液化气等。2017年生产汽油4098万吨，其中国Ⅳ标准汽油1828万吨，国Ⅴ标准汽油1518万吨，95号及以上汽油比例19.83%，同比增长1.68%。生产柴油5235万吨，同比减少685万吨。其中：普通柴油2261万吨，车用柴油2474万吨；国Ⅳ标准柴油1457万吨，国Ⅴ标准柴油1014万吨。生产航空煤油1018万吨，润滑油基础油108.4万吨，石蜡109万吨。克拉玛依石化、辽河石化生产的沥青具有优良的热稳定性、低温延伸度、黏结性，较低的蜡含量，良好的高低温特性，产品质量优于行业内同类产品。抚顺石化加工的大庆原油和沈北原油是高含蜡原油，具有资源性优势，可生产食品级石蜡和高熔点石蜡产品。

（焦丽菲）

【有机原料】 2017年，股份公司有13套乙烯裂解装置、5套甲醇生产装置、3套丁醇/辛醇生产装置、1套采用异丙苯法生产苯酚/丙酮装置、9套苯乙烯生产装置。

生产有机原料品种有乙烯、丙烯、1-丁烯、丁二烯、苯、甲苯、二甲苯（混合二甲苯、邻二甲苯、对二甲苯）、甲醇、丁醇、辛醇、环氧乙烷、乙醛、醋酸、醋酐、苯乙烯、苯酚、丙酮等。其中，“三烯”（乙烯、丙烯、丁二烯）和“三苯”（苯、甲苯、二甲苯）为基础有机原料，其余为主要中间原料。主要有机原料产量见表2。

表2 主要有机原料产量

万吨

产　品	2017年	2016	同比增减
乙烯	576.43	558.87	17.56
丙烯	544.57	524.53	20.04
苯	228.06	198.25	29.81
甲醇	16.99	19.65	-2.66
丁醇	37.17	33.90	3.27
辛醇	17.83	12.50	5.33
环氧乙烷	49.29	40.10	9.19
苯酚	8.02	8.26	-0.24
丙酮	5.05	5.16	-0.11
苯乙烯	109.94	102.93	7.01

【合成树脂】 2017年，股份公司合成树脂产量940.41万吨。涉及聚乙烯（PE）、聚丙烯（PP）、ABS树脂、SAN树脂五大类、聚苯乙烯（PS）（表3）。

表3 合成树脂主要品种产量

万吨

产　品	2017年	2016年	同比增减
合成树脂	940.41	919.86	20.55
低密度聚乙烯	45.00	45.18	-0.18
高密度聚乙烯	215.22	212.11	3.11
线性聚乙烯	220.42	214.23	6.19
聚丙烯	363.59	355.65	7.94
ABS树脂	71.76	71.21	0.55
SAN树脂	11.93	9.67	2.26
聚苯乙烯	10.21	9.90	0.31

聚乙烯（PE）。股份公司有聚乙烯装置21套。按可生产的聚乙烯产品类型分，聚乙烯生产装置可分为高压低密度聚乙烯（HP-LDPE）装置、低压高密度聚乙烯（LP-HDPE）装置、线性低密度聚乙烯（LLDPE）装置和全密度聚乙烯（FDPE）装置。其中，FDPE装置的产品范围可覆盖从低密度的LLDPE到高密度的HDPE整个密度范围的产品。2017年，聚乙烯（PE）产量480.64万吨。股份公司有HP-LDPE装置3套，产量45.00万吨；LP-HDPE装置9套，产量215.22万吨；LLDPE装置6套，产量220.42万吨。

聚丙烯（PP）。股份公司有聚丙烯装置29套，2017年聚丙烯产量363.59万吨。

ABS树脂。股份公司有ABS树脂装置5套，2017年ABS树脂产量71.76万吨。

聚苯乙烯（PS）。股份公司有聚苯乙烯装置1套，2017年聚苯乙烯产量10.21万吨。

SAN树脂。股份公司有SAN树脂装置3套，2017年SAN树脂产量11.93万吨。

【合成橡胶】 股份公司可生产顺丁橡胶、丁苯橡胶、丁腈橡胶、乙丙橡胶和氯磺化聚乙烯五大类橡胶产品。2017年总产量为80.94万吨（表4）。

【合成纤维】 股份公司合成纤维业务包括合成纤维单体、合成纤维聚合物和合成纤维。

合成纤维单体。股份公司生产的合成纤维单体有精对苯二甲酸（PTA）、丙烯腈（AN）和乙二醇（EG）等。2017年，PTA产量5.50万吨，AN产量

64.26 万吨、EG 产量 46.76 万吨。

表 4　合成橡胶主要品种产量

万吨

产　品	2017 年	2016 年	同比增减
顺丁橡胶	28.36	28.22	0.14
丁苯橡胶	30.13	26.04	4.09
丁腈橡胶	6.51	5.08	1.43
乙丙橡胶	5.03	3.95	1.08
氯磺化聚乙烯	0.15	0.17	-0.02

合成纤维聚合物。股份公司生产的合成纤维聚合物产品主要有聚对苯二甲酸乙二酯（PET）。有 1 套 PET 生产装置，2017 年 PET 产量 6.20 万吨。

合成纤维。股份公司 2017 年合成纤维产量 5.76 万吨，其中腈纶纤维 5.76 万吨。

【化肥】　股份公司化肥产品包括合成氨、尿素、复合肥及丙烯腈装置副产的硫铵。

合成氨。股份公司合成氨装置 9 套，2017 年生产尿素合成氨 136.28 万吨，同比减少 16.62 万吨。

尿素。股份公司尿素装置 8 套，2017 年生产尿素 143.9 万吨，同比减少 46.1 万吨。

【精细化工】　股份公司精细化工品主要集中在催化剂（包括助催化剂）、石油添加剂、油田化学品、橡胶助剂、表面活性剂等方面，最主要的是催化剂和表面活性剂。

催化剂。催化剂技术是石油化工的核心技术之一。兰州石化催化剂厂是国内主要的炼油催化剂生产基地，2017 年生产催化裂化催化剂 3.91 万吨，同比减少 0.19 万吨。

表面活性剂。烷基苯是洗涤剂和农药乳化剂的重要中间体，重烷基苯还是重要的油田助剂。2017 年生产烷基苯 19.85 万吨，重烷基苯 4.43 万吨。

（董　政）

重点工程

【概述】　2017 年，炼化工程建设管理以依法合规为指引，践行“环保优先、安全第一、质量至上、以人为本”理念，精心组织、科学管理，加快油品质量升级和环保减排项目建设，有序推进重点工程，推进投产项目竣工验收，确保炼化项目建设安全有序、高效合规。云南石化 1300 万吨 / 年炼油项目建成投产，辽阳石化俄罗斯原油加工优化增效改造项目和华北石化炼油质量升级与安全环保技术改造项目进入全面施工阶段，广东石化炼化一体化项目前期工作全面展开。

【工程项目】　2017 年，股份公司油品质量升级及增效项目 30 项，涉及 19 家炼化企业，主要为烷基化、异构化、轻汽油醚化等，其中续建 2 项，锦州石化轻汽油醚化项目和辽河石化催化轻汽油醚化装置建成投产；新开 28 项，基础设计审查完成 20 项，大部分进入详细设计阶段，部分项目现场开始施工。

环保减排项目 56 项，涉及 19 家炼化企业，主要为烟气脱硫脱硝、废气综合治理、VOCs 减排和治理、电厂超低排放、污水提标改造等，基础设计均批复，实施完成 37 项。

增产航空煤油项目 6 项，青海格尔木炼油厂航空煤油项目工程中交，庆阳石化、大港石化、四川石化等 3 家炼化企业 4 个航空煤油项目完成基础设计；华北石化航空煤油项目可行性研究批复。

云南石化 1300 万吨 / 年炼油项目全面建成，2017 年 6 月 7 日接收中缅管道原油，6 月 28 日常减压装置引原油备料试车，8 月 2 日正式投料开车，实现安全平稳绿色开车一次成功目标。

辽阳石化俄罗斯原油加工优化增效改造项目设计进度完成 99.9%，采购进度完成 89.5%，施工进度完成 70.9%，土建基础、地管施工完成，钢结构安装收尾，设备、工艺管道安装全面展开。

华北石化炼油质量升级与安全环保技术改造项目设计进度完成 98%，采购进度完成 82%，施工进度完成 65%，土建基础、地管施工基本完成，钢结构安装收尾，设备、工艺管道安装全面展开。

广东石化炼化一体化项目 2017 年 12 月集团公司通过项目可行性研究报告，由 2000 万吨 / 年炼油方案调整为2000万吨/年炼油+260万吨/年芳烃+120万吨/年乙烯方案，项目前期工作全面展开。

【项目管理】 加强承包商管理。继续坚持建设单位与承包商签订HSE合同，明确各自HSE责任与义务；建立质量与HSE管理体系评审制度，从组织机构、制度建设、人员资质能力、机具设备性能等方面评估，不合格的限期整改、更换、清退出场；建立奖罚清退机制，对违章人员予以处罚，对守规创优人员予以奖励，对严重违规作业人员坚决清退出场，对质量与安全绩效差且无改观的作业班组坚决清退出场，对不称职管理人员坚决更换，营造保安全、争优质的良好氛围。

加强质量管理。加强施工质量管理，施工作业全面推行工艺配管“无土化施工”、易燃易爆高温高压有毒等环境螺栓紧固使用定力矩扳手、不使用临时垫片等做法，确保工程质量；提倡“样板工程”先行，用“样板工程”带动全部工程，引导质量安全管理水平不断提升；提升工作质量，管理人员管理到位，技术人员方案完善，监管人员严格监管，施工人员严格执行标准规范及技术方案，确保建设过程质量安全受控。

加强HSE管理。加强项目建设HSE管理，业主与监理共同做好施工过程安全监管，提倡聘请第三方安全监管；进一步严把人员入场关，承包商人员经HSE考试合格后方可入场，不仅包括施工场地的HSE条件，还要包括施工作业风险和应对措施等；加强落实安全属地管理责任，新建项目施工现场由承包商负责属地管理，边施工边生产的改造项目施工现场由生产单位负责属地管理，开工前建设单位要向承包商进行场地安全交底，并签字确认；加强节假日、特殊时期和边缘施工区域的安全管理，节假日、周末升级管理并禁止高危施工作业。

加强监理管理。明确监理单位的质量与HSE监管主体责任；推行监理人员面试制度，所有人员经建设单位面试合格后方可上岗；加强人员动态管理，不称职的及时更换。

坚持组织工程质量安全检查。结合项目进展情况适时组织工程质量安全检查，重点检查承包商质量安全保证体系的建立与运行情况，通报承包商管理体系运行情况和现场施工作业管理情况，督促承包商加强自主管理。

【竣工验收】 坚决贯彻依法治企方针，落实相关法律法规要求，以消防、环境保护、安全设施、职业病防护设施、档案验收和竣工决算审计等专项验收为核心，扎实推进竣工验收。召开炼化企业竣工验收座谈会，明确三、四类项目竣工验收简化程序和标准，定期跟踪竣工验收进度，按月汇总分析完成情况并发布炼化企业竣工验收排名，及时协调存在问题。2017年组织并完成31个项目（总投资1亿元以上）竣工验收，其中总投资10亿元以上项目4个，分别是抚顺石化扩建80万吨/年乙烯工程及热电厂“以大代小”扩能改造工程、抚顺石化原油集中加工及炼油结构调整技术改造工程、宁夏石化500万吨/年炼油改扩建项目、广西石化含硫原油加工配套工程。

【工程创优】 2017年，大庆石化乙烯改扩建工程、吉林石化40万吨/年ABS装置二期工程、抚顺石化扩建80万吨/年乙烯工程、兰州国家石油储备基地工程获国家优质工程奖。大庆石化乙烯并线改造到120万吨/年配套工程、大庆石化炼油厂新建柴油加氢脱硫装置获石油优质工程金奖。

（张　璞）

化工产品销售

【概述】 2017年，化工产品销售工作以提升营销能力为目标，抓好均衡销售、低库存运行、直销率提升和新产品开发推广等重点工作，强化安全环保管理、客户管理和产销计划管理，做好云南石化项目投产后路畅通保障工作，全面完成年度各项关键业绩（KPI）指标。销售各类化工产品2798万吨，其中统销化工产品1888万吨，购销率100%，直销率69%（表5）。发运各类化工产品677万吨。

【统销业务】 2017年，坚持顺应市场、均衡销售、低库存运行营销策略，均衡销售能力及量价配合水平持续提升。通过周销售视频例会及时发现问题，调整销售策略，抓好均衡销售。以周、月为单位进行购销

表 5　2017 年各类化工产品销量

万吨

化工销售企业	2017 年	2016 年	同比增减
东北化工销售分公司	518.5	594.4	–75.9
西北化工销售分公司	314.4	340.8	–26.4
华东化工销售分公司	264.8	267.4	–2.6
西南化工销售分公司	299.5	256.3	43.2
华北化工销售分公司	247.0	250.5	–3.5
华南化工销售分公司	244.3	237.5	6.8

率、销售价格等重点内容对标，加大市场下滑期间快速反应力度，提高量价配合与均衡销售能力，提升价格到位率。

加强化工销售储、运、销业务安全环保法律法规学习宣贯，确保销售业务合法合规。梳理仓储、运输合同条款，明确各方安全环保责任主体。完善化工销售 HSE 量化审核标准，抓住危化品仓储、运输、销售等关键环节，对审核中发现的 100 项问题进行整改，当年整改完成率 80%。

完善合成树脂客户管理办法，实行客户激励机制，确保用户均衡执行计划。优化合成橡胶产品销售模式与用户管理，提高橡胶产品均衡销售能力。建立让业务人员走出去及公司领导、中层干部、业务人员分层次定期客户访问机制，与客户建立便捷、顺畅、有效沟通渠道，及时解决困难，提供增值服务。持续推进 CRM 系统深化应用，推广客户评级功能，完成与 MES 系统质检单对接。

密切产销衔接，提高计划准确性，维护计划严肃性。化工销售单位细化计划管理，加强与客户衔接，提高需求计划准确性，炼化板块组织年度产销现场对接，确定各装置主导牌号、连续供应牌号，进行全年连续供应预排产，为稳定销售渠道奠定基础。

密切产销衔接，确保产品质量稳定性。各销售单位及时将用户对质量等问题反馈到生产企业，督促生产企业严格产品质量控制指标，稳定中心值，减少产品批次间质量波动，提高产品质量稳定性，增强用户连续使用信心与依赖度，提升产品竞争力。

落实集团公司党组指示精神，抓好化工产品直销率。4 月和 9 月分别召开提高化工产品直销率专题会议，确定“补短板、挤水分、立目标、定措施”工作思路，明确合成树脂、合成橡胶、有机三大类产品年度及三年直销率提升目标。2017 年全口径产品直销率同比上升 6.1 个百分点。

推进化工产品电子商务工作。2017 年，电商交易用户总数 997 家，新增加交易用户 644 家。全年交易各类化工产品 31.66 万吨。

根据炼化业务结构调整转型升级，做好区域化工销售增量总体规划，为未来增量产品顺利进入市场提前做准备。

【化工物流】 研判运输形势，加强与铁路、海运有关单位沟通衔接，严格控制公路运输量，降低运输成本。按照点对点全口径做好费用对比分析工作，持续优化运输方式、运输结构、运输区域权重。加大断卖力度，降低运输成本。开展开源节流降本增效活动，扩大运输、仓储、商检等招标范围，强化依法合规管理。科学运用现代化信息手段，提高物流调运专业化管理水平，实现提高运输效率、压缩在途时间、降低运输费用目标，为产品销售和生产后路畅通提供保障和优质服务。2017 年，发运各类化工产品 677 万吨。公路费用同比下降 1 个百分点，单位运杂费比预算降低 44.9 元 / 吨，同比降低 25.3 元 / 吨。加大产品断卖力度，降低入库费和仓储费 4100 万元。优化铁路自备车运行效率，合理安排自备车检维修，实现降费 1300 万元。

5 家化工销售单位（除华东化工销售公司）制定或完善《有机产品高库存预警级应急响应机制》，11 月 1 日起正式运行，库存得到有效控制。

制定云南石化产品销售、运输方案及应急响应预案，确保云南石化投产后产品顺利销售。调运和销售云南石化化工产品 23.67 万吨，确保云南石化开车后路畅通。

组织召开华北石化千万吨改造项目化工产品和炼油小产品运销准备工作衔接会及启动会，明确产、运、销三方职责，产销各方对大项目投产后新增产量的仓储运销能力、销售能力做好准备。

【资源配置】 坚持区内优先原则，加大区内市场开拓力度，提高区内市场占有率；坚持直销优先原则，努力保障直供用户资源稳定，保障直供用户产品配置到位。坚持高效优先原则，动态监控市场价格，根据各单位效益对比，对高效市场进行资源增配，持续进行区域资源优化，稳定并完善资源向高效市场动态流动的运行机制。2017 年，向战略市场或高效市场增配合成树脂产品资源 33.63 万吨，其中向东北地区增配 2.69 万吨、向西北地区增配 20.24 万吨、向西南地区增配 10.7 万吨。

【产品提档升级】 2017 年，以开发新产品、增销高效产品和改进产品包装为重点，全面推进产品提档升级。确定34个牌号新产品推广任务。其中：常规推广新产品18个，实际完成14个，实现销量14.6万吨；专项推广新产品16个，实际完成14个，实现销量8.9万吨。明确界定33个牌号高效产品，分解制定181万吨高效产品销量目标，实际完成192.6万吨，同比增加31.3万吨，增长16.25%，完成年度目标的106.4%。

产品包装改进项目进展顺利，按照“企业为主、板块督导、突出重点、积极有序”的推进原则，指令性包装改进项目基本提前一年完成，建议性包装改进项目完成35%。包装改进后，市场反响较好，客户认可度较高。

【ERP升级，CRM和ODR上线运行】 2017年，6家化工销售公司ERP系统统一升级到ERP2.0系统，物流费用、销售计划、数据标准化等新功能上线应用。CRM系统（中国石油化工销售用户服务系统）完成第二批推广单位（吉林石化、抚顺石化、兰州石化）和第三批23家炼化生产企业及石化院系统配置、用户培训及上线工作；按用户意见对系统功能进行完善，开展多种形式用户培训工作。化工产品配置优化系统（ODR）2017年1月试运行，6月全面上线运行。

（范学民）

【市场分析】（1）原油市场。2017年，国际原油市场整体呈前低后高“V”形走势，总体较2016年同期上涨；地缘政治风险和突发事件频发，年内油价短期波动频繁。年初在欧佩克（OPEC）宣布延长减产至2017年6月的背景下，市场普遍看好OPEC的减产执行率及以中国、印度为首的新兴国家需求快速增长。进入2月以后，美国基本面走弱，商业原油库存由4.79亿桶快速上涨至5.36亿桶，市场对OPEC减产效果持怀疑态度，油价一路下行，从年初56.7美元/桶跌至47.7美元/桶。5月25日，OPEC决定将减产协议延长至2018年3月，市场对此早有预期，基本面数据没有显著改善，油价再度大幅下挫，油价创年内底点，美国西德克萨斯轻质原油（WTI）跌至42.53美元/桶。

下半年，伴随美国消费旺季来临，炼油厂开工率提升，原油及成品油库存持续下降，OPEC减产力度加强，尼日利亚、利比亚等减产豁免国由于国内局势动荡产量始终不稳定，供需再平衡取得有效进展，经合组织（OECD）原油库存持续下降趋势，原油价格震荡走高。进入10月，OPEC各成员国对延长减产表态使市场多头仓位进一步增加，油价持续上涨，美国西德克萨斯轻质原油（WTI）与布伦特原油（Brent）纷纷创出2015年以来新高。11月，OPEC如期延长减产协议至2018年底，油价重回基本面主导，市场无新利好刺激，油价高位震荡。从全年走势来看，供给依然是影响2017年油价关键因素，OPEC减产的高履约率是下半年油价上涨基础。2017年是OPEC与非OPEC产油国联盟执行减产协议元年，减产目标是将经合组织石油库存降至5年均值水平，这也是市场公认的“再平衡点”，就2017年的结果来看，限产效果显著（图1、表6）。

图1　2017年国际原油期货价格走势

表 6　2017 年主要油种价格变化

美元 / 桶

油　种	平均价格	最高价格	最低价格	价格变化
WTI	50.85	60.42	42.53	17.89
布伦特	54.38	67.02	44.82	22.2
迪拜	53.13	64.34	43.5	20.84
米纳斯	52.63	62.27	41.2	21.07

（2）化工市场。2017 年，国内化工产品市场整体表现良好。上半年，国内化工产品需求表现疲软，原油价格震荡下行，化工产品价格从高点处连续下降 4 个月，跌落至谷底；下半年，化工需求稳步增加，国家供给侧改革的持续推进与环保政策的实施，行业供给有所收缩，原油价格上涨推升化工市场交易量，受上述因素影响，化工产品价格震荡上行，除合成橡胶外，多数品种价格涨至年内高位，尤其是 ABS 树脂价格涨至近 5 年来新高。2017 年国内出口形势良好，全年同比增长 14.2%，带动基础化工需求，尤其是家电出口较好，带动 ABS 树脂价格大幅上涨（表 7）。

表 7　2017 年主要化工产品价格变化

元 / 吨（含税）

产　品	平均价格	最高价格	最低价格	价格变化	产　品	平均价格	最高价格	最低价格	价格变化
LDPE	10449	12755	9734	3021	对二甲苯	6952	7725	6500	1225
HDPE（拉丝）	10275	11886	10032	1854	丙烯腈	12756	16368	10872	5496
HDPE（注塑）	9892	11168	9087	2081	醋酸	3115	4312	2652	1660
LLDPE	9540	10442	8991	1451	苯酚	7717	10456	6798	3658
PP（拉丝）	8430	10410	7628	2782	乙二醇	7058	7850	5977	1873
ABS 树脂	15303	16329	14051	2278	辛醇	8031	9975	7195	2780
腈纶短纤（3D）	15322	18090	13149	4941	丁醇	6767	8520	5978	2542
顺丁橡胶	14371	23071	10813	12258	苯	6708	8668	6015	2653
丁苯橡胶	14883	24624	10875	13749	苯乙烯	10158	11653	8989	2664
精已二酸	10141	11842	7909	3933	环氧乙烷	9695	10653	8600	2053
甲苯	5508	6365	5126	1239	尿素	1623	1866	1329	537
溶剂级二甲苯	5544	6319	5101	1218					

合成树脂。2017 年上半年，国内塑料市场总体表现低迷，价格重心不断下移，库存高涨，4 月、5 月价格加速下滑后有所企稳，6 月底，多数品种价格处在年内低位。下半年，随着库存消化、期货走高，国内禁止废塑料进口消息持续发酵，市场在 7 月、8 月需求淡季走出一波大幅反弹行情，8 月底多数品种价格又涨到年内高位，四季度市场进入加工旺季，品种间因供需差异走势分化，其中高密度聚乙烯受结构性短缺影响，管材、膜、中空等价格创近几年新高，ABS 树脂也屡破年内高点（图 2）。

合成橡胶。2017 年市场总体表现疲软，价格呈冲高回落走势。1—2 月，橡胶市场价格延续 2016 年四季度大涨趋势，2 月初价格达到峰值，主要原因是原料丁二烯货源偏紧导致价格暴涨，市场对春节后看涨预期，推动价格一路攀升。春节后，下游轮胎企业开工率明显降低，高成本库存消化困难，远洋货陆续到港加重库存压力，丁二烯价格跌幅 71%，橡胶失去成本支撑，加快价格下跌速度。下半年，抚顺、齐鲁、兰化、申华等国内多套橡胶装置检修，导致供应面偏紧，市场价格止跌上涨，交易活跃，行情走高（图 3）。

有机化工。2017 年，国际原油价格大幅上涨，有机行业新增产能及产量继续释放、国家安全环保检查力度空前、部分终端下游遭遇寒冬、进口苯乙烯反倾销调查，多种因素使得有机化工市场跌宕起伏。一季度市场价格大幅上涨、二季度大幅回落，下半年震荡整理局面，市场平均价格高于 2016 年平均水平 20% 左右。国内丁二烯产能继续增加，供应格局变化不大，总产能年增加近 6%，丁二烯价格从年初 26500 元 / 吨下降到年底 9500 元 / 吨。苯乙烯因反倾销调查，价格震荡为主。

2017 年国内对二甲苯开工率维持在 60%—70%，月均进口量百万吨以上，创 10 年内新高（图 4）。

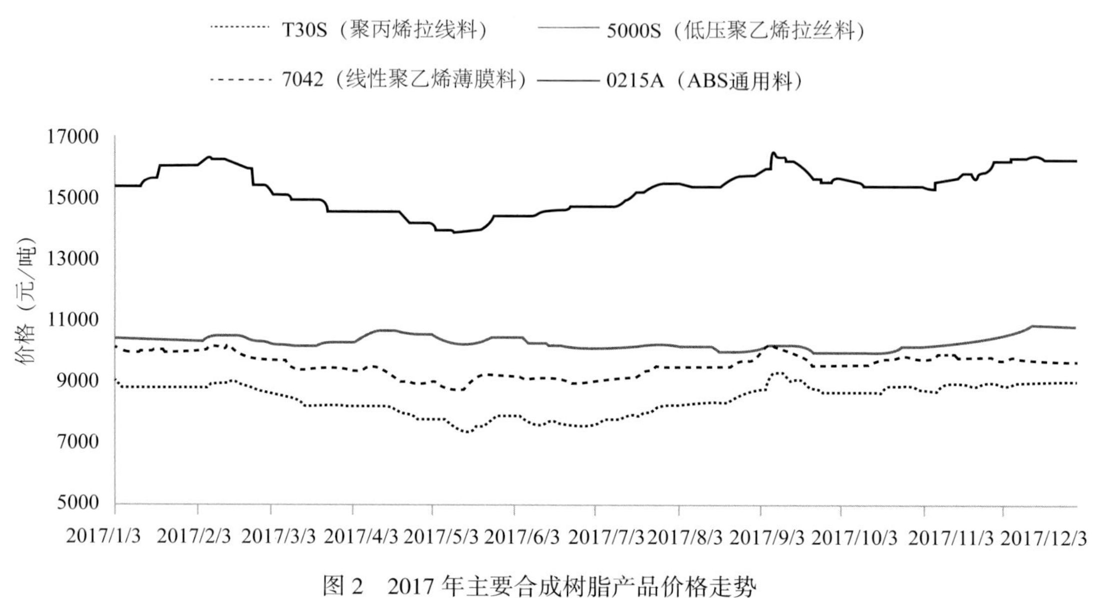

图 2　2017 年主要合成树脂产品价格走势

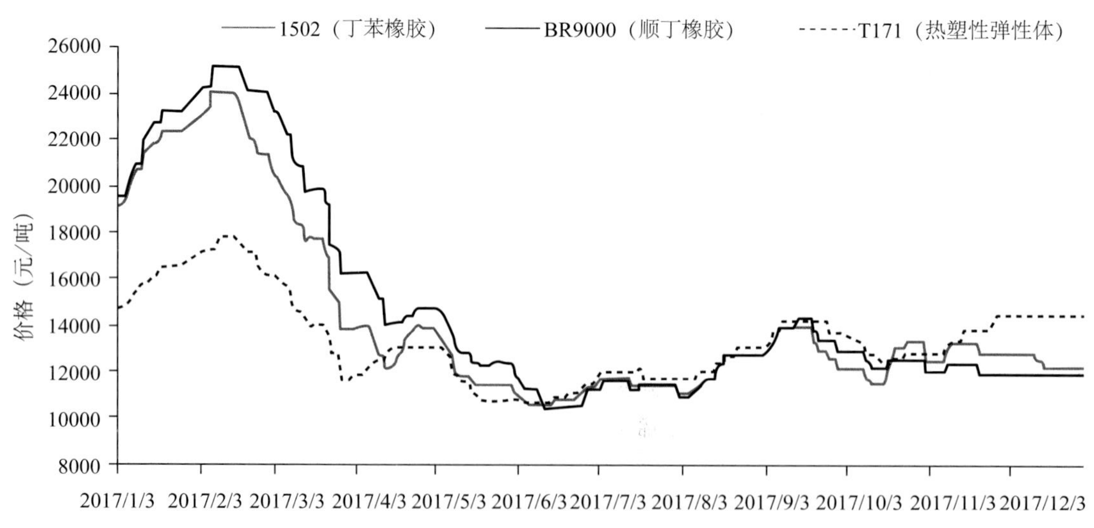

图 3　2017 年主要合成橡胶产品价格走势

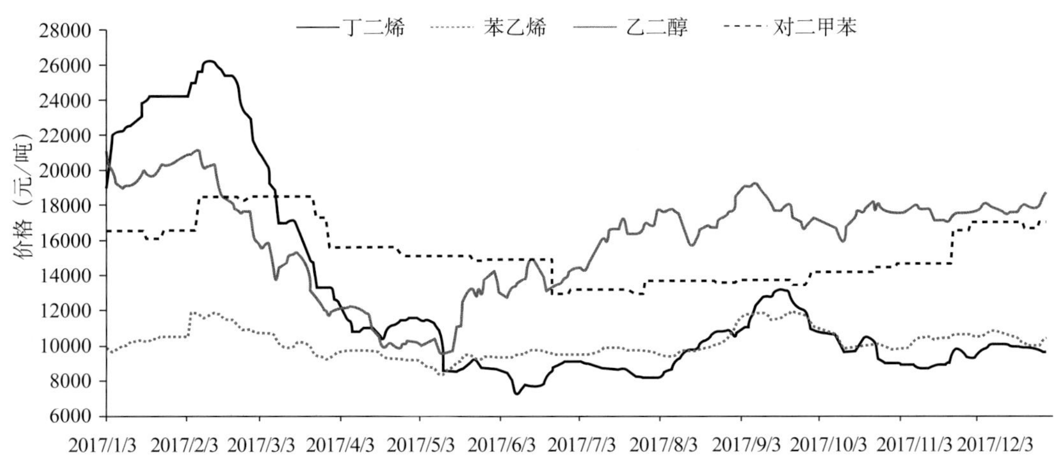

图4　2017年主要有机化工产品价格走势

尿素。2017年，国内尿素行情呈现“W”形走势。春季供应充足，春节后价格回落，4—5月用肥淡季，多数企业安排在此期间检修，行业开工率降至六成以下，推动上涨行情。11月下旬至12月上旬气头装置大面积停车，行业开工率一度降至45%左右，日产仅11万吨左右，加大对下年春季缺货预期，引发行情急速上涨，仅12月每吨涨幅500—600元，价格也重返2000元/吨水平，元旦临近，涨势放缓。

（王　梅）

专业管理

【规划计划】 2017年，按照“突出质量效益，注重结构调整，向内涵集约式发展转变”的定位要求，围绕安全环保、优化、效益中心工作，履行发展规划、项目前期、投资计划等职责，开展简政放权、管理提升、合规办理，推进重大项目、安全隐患治理、环保减排达标、油品质量升级、结构调整、节能降耗等类别项目可行性研究报告阶段工作。编制完成《中国石油炼油化工业务结构调整转型升级方案》。

重大项目方案研究及前期工作。组织完成塔里木油田和长庆油田乙烷轻烃利用方案研究、航空煤油增产潜力研究、乙醇汽油影响及对策研究、加工中东份额油方案研究等专题研究。组织研究并上报30个一类、二类项目初审意见，主要包括加快广东石化炼化一体化项目可行性研究报告审核报批、大庆石化结构调整转型升级项目可行性研究报告、国家石油储备三期工程广东揭阳项目可行性研究报告等。重点推进汽油、柴油质量升级项目前期工作。截至2017年底，国Ⅵ标准车用汽油柴油质量升级项目前期工作基本完成，23个项目获股份公司对项目可行性研究报告的批复。推进润滑油专项、航空煤油专项和催化剂专项前期工作；6个项目获股份公司对项目可行性研究报告的批复，同时完成4个项目可行性研究报告的评估审查工作。

项目前期管理。为深化改革，调动各企业优化创新积极性，炼化板块对炼化三类、四类限下结构调整和节能项目管理实施简政放权。即将年度结构调整和节能项目投资总额分配给各炼化企业，各企业在分配投资额度内自主决策立项，组织完成项目前期工作和备案工作，负责项目实施全过程管理，炼化板块重点进行方向指导、总量控制、备案管理、下达计划和监督考核。

对于炼化板块负责的第三类项目前期工作，做到优化项目方案，提高投资效益，2017年批复可行性研究报告4项，批复投资比上报投资节约0.6亿元，投资核减率22.1%。按照股份公司简政放权工作要求，2017年授权地区公司评估审查批复各类别项目（包括安全、环保、结构调整、节能等）可行性研究报告48项。

投资计划管理。严格执行集团公司加强投资控制有关规定，加强超前预知管理，科学合理安排各批次项目建议投资计划，及时转发下达各批次投资计划，优先保证重点工程及安全、环保、油品质量升级、结构调整、节能等专项项目按计划实施，及时提供项目建设资金保障。2017年转发下达6批股份公司投资计划，包括安全、环保、重点工程、油品质量升级、结构调整、节能、物流仓储等各类别项目投资。

（高长锋）

【资源和产品优化】 原油资源优化方面，坚持以效益为中心、以市场为导向，统筹原油资源，合理安排加工量，降低生产柴汽比。2017年，根据大庆原油资源紧张、低硫石油焦效益较好的情况，协调相关部门采取措施，增加大庆石化、抚顺石化资源供给，增产石油焦、石蜡产品。资源向效益好的企业和炼化一体化企业倾斜，增加大庆石化、抚顺石化、吉林石化、克拉玛依石化资源，保持高负荷运行。筹集资源，协调增加兰成线长庆原油掺输比例，增加四川原油资源量，保障独山子石化、四川石化加工负荷。

炼油产品结构优化方面，协调销售分公司增加高效产品市场份额，增加95号汽油、航空煤油、低凝点柴油等厚利产品产量，减少黑色产品和高燃油税的副产品产量。落实措施，增产汽油，降低柴汽比，缓解柴油产销矛盾，提升效益。做好油品质量升级工作，2017年1月1日起，全面供应符合国Ⅴ标准的车用汽油、柴油；9月按期供应京津冀“2+26”城市国Ⅵ标准质量油品。

化工原料互供方面，抓住市场较好时机，资源向炼化一体化企业倾斜，从企业内外部优化组织优质裂解原料，保持乙烯等化工装置满负荷运行，增产高附加值产品。出台《炼化产品原料互供管理办法》并纳入KPI考核指标，督促企业完成原料互供及原料优化。协调宁夏石化、庆阳石化、长庆石化丙烷互供兰州石化，将炼油厂优质乙烯原料资源向乙烯企业集中，降低乙烯原料加工成本；独山子石化增加油田轻烃和液化气，减少进口液化气；优化冀东油田轻烃流向。

化工产品结构优化方面，继续推行产销研用管“五位一体”的新产品研发模式，以市场需求为导向，以效益为根本，以市场化、系列化、一体化、产业化、特色化为指导原则，持续开发适销对路的高附加值产品，提升产品档次和质量，扩大市场份额。

【生产运行管理】 2017年，重新修订《中国石油天然气股份有限公司炼油与化工分公司生产运行管理办法（试行）》，细化装置非计划停工管理规则，分类、分级进行非计划停工统计、分析，制定相应考核细则；加强生产计划完成率考核，强化计划严肃性，每月考核通报；核实MES系统（制造企业生产过程执行系统）中装置监控范围，对主要装置开停工、关键工艺指标24小时不间断监控，变被动接受为主动发现，提前预警，防范风险，确保生产装置长周期运行，炼化装置平稳率99.58%。

坚持跟踪生产热点难点，细化新、改、修装置投料试（开）车管理，严把检维修开停工各个环节，全过程跟踪装置检修、改造进度。组织《云南石化总体试车方案》审查及开工条件确认，协调安排开工指导专家和开工队，科学统筹试车进度，协调完成外部条件，为试车创造良好环境，对投料条件严格审查确认，确保安全环保一次开车成功。

（楼　森）

【工艺技术管理】 2017年，编制11项技术导则，规范现场工艺管理，促进生产受控。其中，《轻质油储罐技术导则》完成终稿，《液化烃储罐技术导则》完成征求意见稿，《延迟焦化长周期优化运行技术导则》和《火炬系统技术导则》完成初稿。两项储罐技术导则已在实际工作中发挥作用。组织石化院编制完成208种危化品和各主要化工产品安全技术说明书（SDS）。

按照HSE体系审核安排，组织工艺技术专业、工艺防腐和循环水系统运行等3个专题审核。工艺技术专业重点审核操作规程与操作卡、工艺纪律检查和装置开停工等内容，发现问题875项。循环水专题检查专业管理、水质监测和设施应急等10项内容，发现问题75项。督促企业整改问题，提高运行水平。

对《炼油装置工艺防腐运行管理规定》全面征求意见，组织加氢装置防腐全系统讲座。在工艺防腐专题审核中，从管理体系建设、风险分析（RBI）、原油腐蚀性分析及优化等方面提出问题149项。提出工艺防腐标准化管理，推广先进企业经验，推动此项工作常态化和标准化。

开展乙烯业务提质增效专项工作。2月召开启动会，组织各企业上报工作方案，到辽阳石化、抚顺石化现场调研，形成《中国石油乙烯业务提质增效专项工作实施方案》。10月召开工作交流会，总结工作进展，结合长周期运行及节能降耗，剖析装置非计划停工原因，提出加强运行和技术管理的措施，明确重点攻关方向和目标及今后几年技改技措实施计划。对辽阳石化乙烯装置进行现场诊断和指导，解决问题，取得良好效果。

召开聚烯烃装置达标攻关推进会。以聚乙烯、聚丙烯装置技术进步和新产品开发为主题，两次邀请国外公司介绍聚乙烯和聚丙烯工艺优化、产品开发和催化剂技术等方面新进展；针对地区公司相关装置运行中存在的技术问题组织专家指导。

组织大庆炼化聚丙烯装置长周期攻关。带领专家到现场调研，通过对工艺、设备、培训等存在问题系统交流和讨论，提出改进要求和建议22项。大庆炼化多次组织专题会，落实整改措施，保证装置运行平稳，攻关见到成效。

【装置达标】 2017年，各炼化企业按照达标方案推进专业和装置分级达标，逐项落实达标措施，稳定装置运行。全年参与专业达标考核炼油厂25家，其中四川石化、独山子石化、长庆石化、锦州石化、大港石化、克拉玛依石化、兰州石化、哈尔滨石化、锦西石化、庆阳石化等10家企业实现炼油专业达标，达标率40%，同比下降16个百分点。124套炼油装置参与达标，77套实现达标，达标率62%，其中常减压27套、催化裂化21套、加氢裂化8套、连续重整13套、延迟焦化8套。55套化工装置参与达标，13套（其中乙烯3套、聚乙烯3套、聚丙烯4套、合成橡胶3套）实现达标，达标率24%。独山子石化被评为炼化板块“炼化达标优胜企业”，大港石化、长庆石化被评为“炼油专业达标优胜单位”，大连西太平洋石化1000万吨/年常减压装置、兰州石化46万吨/年乙烯等10套装置被评为“达标优胜装置”。达标工作促进指标提升，28项主要经济技术指标中有22项好于2016年，炼油高效产品和化工品牌化产品比例、炼油能耗及加工损失率、聚烯烃单体消耗等关键指标进步明显，达标工作综合增效32亿元以上。

【质量与标准】 2017年，落实国务院国资委全面排查治理重大质量隐患要求，统一部署，组织34家炼化企业从完善体系管理到加强产品质量检查全面排查，总体较好。加强质量监督检查，抽检17家企业79批次油品，合格率100%。

持续推进化工产品质量提升攻关活动，完成吉林石化ABS树脂专用料和兰州石化聚烯烃产品颗粒外观问题、宁夏石化和广西石化聚丙烯纤维料气味问题、大庆炼化聚丙烯管材料质量稳定性问题等质量攻关工作。2017年化工产品客户投诉产品批次数和产品数量同比分别下降35%和40%。推进化工产品包装改进工作，完成20条包装线技术改造。

加强品牌建设。独山子石化被PE100+协会列为会员单位，其生产的TUB121N3000B被列入PE100+协会产品名录。27家企业649项产品获“昆仑”品牌授权。兰州石化120项产品申报使用“昆仑”品牌。完成198个产品829项次第三方认证，为客户提供质量保证。云南石化、长庆石化、大连石化、玉门炼油厂通过航空煤油认证，其中长庆石化是中国石油首次应用液相加氢工艺的企业。

持续开展标准实施监督抽查工作，对GB 17930—2016《车用汽油》、GB 19147—2016《车用柴油（Ⅴ）》和Q/SY 03200.1—2016《化工产品包装规范 第1部分：固体产品》等3项重点标准实施情况进行现场综合检查，大庆石化、长庆石化、庆阳石化等3家企业标准化管理到位，综合评分达到A级。

各炼化企业参加国家、行业和集团公司标准化工作，2017年牵头完成国家、行业标准19项，其中9项正式发布。推进国际标准化工作，新承担国际标准（ISO）9项，完成发布1项。首次获得国际标准化工作组（ISO/TC61/SC9/WG7）召集人职位，国际标准化工作取得历史性飞跃。修订《聚丙烯树脂SP179》和《乙腈》等2项中国石油企业标准，复审Q/SY 26—2009《石脑油》等15项标准。

【节能节水】 2017年，完成节能量41万吨标准煤，节水量623万立方米，分别完成年度目标的132%、113%（表8）。

表8 炼化企业节能节水情况

指 标	2017年	2016年	同比增减
节能量（万吨标准煤）	41	44	−3
节水量（万立方米）	623	726	−103

克服油品升级和减排项目实施对能耗指标的影响。炼油综合能耗61.48千克标准油/吨，同比降低2.03个单位；单因耗能7.88千克标准油/（吨·因数），降低0.20个单位；新鲜水单耗0.47吨/吨，降低0.01个单位。出于效益考量，重启抚顺石化小乙烯装置和大庆石化E2单元，乙烯燃动能耗583.97千

克标准油/吨，同比增加 7.6 个单位（表 9）。

表 9 炼化企业能耗情况

项 目	2017 年	2016 年	同比增减
炼油单因耗能 [千克标准油/（吨·因数）]	7.88	8.08	−0.20
炼油综合能耗 （千克标准油/吨）	61.48	63.51	−2.03
炼油新水单耗 （吨/吨）	0.47	0.48	−0.01
乙烯燃动能耗 （千克标准油/吨）	583.97	576.41	7.56

组织完成国务院国资委、中国石油和化学工业联合会 2016 年度能效对标及领跑者评选的数据上报与核实。在国务院国资委组织的"央企能效对标"活动中，宁夏石化、广西石化被评为炼油业务最佳实践企业，独山子石化、大庆石化被评为乙烯业务最佳实践企业，乌鲁木齐石化被评为合成氨业务最佳实践企业；在石化行业能效领跑者标杆企业中，独山子石化在乙烯类排名第一，宁夏石化在原油加工类排名第三。

安排节能专项投资 57 个，下达 6.27 亿元资金，主要投资方向为工艺加热炉和乙烯裂解炉改造、富氢气体回收、蒸汽动力系统优化和低温热利用等。实施能量系统优化，在抚顺石化、辽阳石化和大港石化等开展能量系统优化，实施装置间直供料、低温热利用、换热网络优化、蒸汽动力系统优化和操作参数优化等优化方案 17 项。

（章龙江）

【科技创新管理】 2017 年，科技管理围绕服务炼化业务安全环保、降本增效和合规管理中心工作，做好"四新"（新技术、新工艺、新材料、新设备）技术推广应用、乙烯系统优化、化工产品开发及化工产品资源、物流优化、电子销售等技术支持。下达炼油与化工分公司 2017 年科技计划，下拨经费 6400 万元，其中石化院科研立项 57 项。编制印发《炼化科技方向指导意见》。

经过地区公司、石化院等单位密切协作，实施 44 项"四新"技术推广应用，其中 24 项新技术年创效 82659 万元、20 个新产品累计年创效 4180 万元。经济效益较为显著的"四新"技术有辽阳石化应用粗白油生产技术、兰州石化应用延迟焦化掺炼沉降油浆新技术及华北石化生产京 VI 标准汽油工艺技术。

结合集团公司科技创新总体部署，完善炼化科技规范管理程序；组织炼化业务转型升级、直馏柴油生产航空煤油、乙烯系统优化攻关；推进重大专项、重大现场试验、重大应用推广等项目；完成炼化科技计划项目 298 项清理工作，制定验收方案，完成 2011—2013 年科技项目验收清理工作，实现资料归档。

按照合成橡胶产品性能高端化、低成本、产品标准化、牌号定制化及绿色循环经济技术发展方向，开发 7 套工艺包，配套开发 3 套技术，将推广应用"碳八前脱苯乙烯"、完成富炔废液选择性加氢回收丁二烯工业试验等纳入 2018 年 KPI 指标考核。

2017 年，炼化领域"乙烯工业系列高效除炔催化剂的开发与应用"和"低焦炭高轻收重油催化裂化催化剂制备技术"获国家技术发明奖，"普利司通轮胎专用丁苯橡胶 SBR1778E 的开发与生产""加工高残炭劣质原料油的催化裂化催化剂的开发与应用""炼油装置全面腐蚀控制技术开发与应用"和"乙烯裂解炉模拟优化技术应用"等 4 项技术获国家科学技术进步奖。"茂金属聚乙烯催化剂的开发"等 5 项技术获集团公司技术发明奖，"ABS 喷涂料 PT151 工业化及市场开发"等 37 项科技成果获集团公司科学技术进步奖。申请专利 463 项，授权专利 167 项。

（王桂轮）

【新产品开发】 2017 年，计划开发新牌号 60 个，实际完成 70 个牌号，实现产量 113.8 万吨。其中：聚乙烯 30 个牌号，57.4 万吨；聚丙烯 23 个牌号，27.5 万吨；合成橡胶 9 个牌号，6.6 万吨。计划首次工业化试产 15 个牌号，实际完成 23 个牌号。

大庆石化 IBC 桶专用料 DGDB-4506 通过华东客户批量试用。

抚顺石化冷灌装聚乙烯瓶盖料 FHP5050 经过改进后在东北市场试用，达到同类产品水平；中熔指抗冲聚丙烯 FC709M 通过美的公司为期 6 个月的耐久性测试。

兰州石化汽车用高流动聚丙烯 EP531N 和 EP533N 产品切换时间缩短 50% 以上，同时产品气味取得较大改善。

广西石化高清晰 BOPP 专用料 L5D98D 产品，经客户试用，制品雾度低，膜厚均匀，晶点指标达到国内领先水平。

吉林石化生产类似于 SK552 的牌号产品 J-0050，完成 J-0050 破碎及外加隔离剂，开展室温条件下静置和重负载条件试验；不断优化 ABS 电镀专用料 EP161 配方，样品经华南客户试用，电镀合格率超过90%，达到客户要求；完成东南亚TDAE油性能评价，生产的充油胶产品全部合格，优级品比例高。

辽阳石化光学聚酯薄膜专用料BG60经过改进，羧基、二甘醇含量降低，抗老化强度达到60小时。

大庆石化采用国产催化剂实现耐热聚乙烯（PE-RT）专用料DQDN-3711的稳定生产，产品加工性能获得客户认可。

兰州石化解决母液输送系统易堵塞等影响稳定运行问题，提高L5050产品质量，高强度聚乙烯薄膜专用料DGDX-6095/6097经过改进，产品刚性优于国内同类产品，白度也不断提高。

大庆炼化PP-R管材专用料PA14D-2关键控制指标不断收窄，生产波动小，在维持原有产品熔流比宽、加工性能良好优势的同时，制品静液压数据也进一步提高。

呼和浩特石化成功开发高熔指纤维专用料HT40S，产品经客户试用，各项性能满足需求。广西石化建立高清晰高洁净BOPP产品的微米级晶点专用表征方法，有利于进一步开拓高端市场。

独山子石化采用汉圣TDAE油试生产SSBR RC2557TH，轮胎试制及室内检测结果良好，进入车辆路跑测试工作。完成连续聚合试验，考察两种均相催化体系，产品门尼黏度45和60；分子量分布2.4—2.7，胶液黏度较低，易输送。自研的均相催化剂顺式含量达到96%，与国外同类产品相当。成功开发高性能茂金属牌号HPR1018HA和HPR3518CB，产品质量达到国外同类产品水平，获得客户认可。开发的锂电池隔膜用聚丙烯T98F产品性能达到客户要求。

（朱光宇）

【信息化管理】 2017年是炼化业务实现“数字化工厂、信息化企业”的关键年，信息化工作的重点是高质量建设示范企业，深化信息技术应用，深化业务管理与信息化融合，支持炼化业务安全环保、提质增效和合规管理。炼油与化工应用集成、炼油与化工运行系统和炼化物联网系统试点应用完成本期全部建设任务，客户关系管理系统和工程项目管理系统上线运行。先进控制与优化应用系统开展第一批企业上线试投用工作和第二批企业系统建设工作。

炼化应用集成项目2016年1月大庆石化试点上线，至2017年10月在炼化28家单位全面上线应用，进入运维阶段。系统产生订单、工单、凭证等各类业务单据1300万余笔，应用情况良好，有效支撑炼化单位生产、销售、采购、项目、设备、财务、资产等核心业务运行。

炼油与化工运行系统（MES）2.0全部建成。MES2.0项目建设按照“实施与运维并重、成熟软件和自主开发并重、内部队伍和外部咨询并重”的实施策略，实现数出一源，增强用户体验，拓展系统覆盖范围，实施成果显著。集团公司MES应用云平台，搭建集成生产信息平台，全新设计并自主研发8个应用模块，集成800套主要生产装置运行数据。

炼化物联网完成项目整体实施。项目按照批复可行性研究在独山子石化和广西石化2家试点企业完成4G无线网络、基础服务平台建设，以及智能巡检、人员安全管理等7个专业示范应用建设；在其余20家炼化企业完成人员安全管理模块建设，同时在乌鲁木齐石化完成周界防范系统建设；完成集团公司总部系统功能开发和数据集成工作。

为了推进中国石油炼化信息化建设与应用，保证统建信息系统在各炼化企业的全面长效应用，实现信息化与工业化的融合，2017年12月制定炼化信息化专业系统深化应用指导意见。包括炼油与化工运行系统（MES）、炼化物料优化与排产系统（APS）、先进控制与优化应用系统（APC）、流程模拟与仿真培训系统、炼化物联网系统、炼油与化工ERP应用集成系统和客户关系管理系统（简称CRM）等。

（李志良）

【设备管理】 2017年，持续加强炼化设备合规化管理工作，在现场标准化建设、隐患治理、压力容器取证等方面均取得较好效果。

现场标准化建设工作。主体装置现场标准化总数15286项，达标13960项，达标率91.33%；辅助装置现场标准化总数10995项，达标7231项，达标率65.77%。主体装置815个，达标605个，达标率74.23%；机泵房2860个，达标2419个，达标率84.58%；罐区588个，达标461个，达标率78.40%；设备8706台，达标8182台，达标率93.98%；变电所（配电室）1430个，达标1317个，达标率92.1%；仪表控制室908个，达标854个，达标率94.05%。

集团公司督办化学品罐区重点事故隐患治理297项，完成241项，占81.1%；开展工作55项，占18.5%；未开展工作1项，占0.34%。其中集团公司重大项目督办55项，完成45项，开展工作10项。

压力容器全部取证，235216根压力管道完成办证数量211565根，完成比例94.45%；安全阀校验完毕。

炼化板块督办电气隐患治理项目，高危泵及液下泵整改完毕。

抓好设备故障管理。坚持问题导向，研究装置运行过程中发生的各类问题。针对呼和浩特石化循环氢压缩机、塔里木石化二氧化碳压缩机运行中出现的异常问题，组织专家现场考察、分析、逐项排查，寻求解决措施，及时将经验教训向其他企业分享。收集各企业近5年泵和压缩机故障情况，归纳整理，对典型问题深度分析，为机组平稳运行提供指导借鉴。

加强设备腐蚀管理。2017年，5家大检修炼化企业完成41套炼化生产装置腐蚀检查，检查塔器、容器、换热器、空冷器、反应器、加热炉等主要设备2409台，重点管线546条；发现各类设备重点腐蚀问题211项。对本次大检修暴露出的重点腐蚀问题，各企业采取调整工艺防腐措施，对高风险设备、管线重点部位加强定点测厚、腐蚀监控等相应的措施，消除和减缓腐蚀风险。

增进行业交流，提升管理水平。借助检维修技术交流、压缩机组节能改造技术推广等机会，与系统内外同行加强沟通，学习借鉴行业设备及检维修管理中的先进经验，促进设备管理水平的提升。

【年度检修】 2017年，大连石化、抚顺石化、大港石化、华北石化和宁夏石化5家地区公司大检修，涉及185套装置，总检修项目34179项，股份公司级重点项目120项。企业按《中国石油炼化装置大检修规范化管理100条》管理要求，强化“停、检、开”三个过程及两个界面交接管理，坚持质量至上、安全第一，停工、检修及开工基本受控，均未发生上报人身伤害事件。除大连石化三催化开工出现返工问题，其他企业均一次开车成功。

2017年企业大检修通过以下措施有效实施，确保检修质量和安全基本受控。提前进行检修计划编制，提高检修计划准确率。各企业提前两年开展检修计划编制，提前一年完成大检修计划编制审核，按照检修计划逐项编制施工方案，尤其是股份公司级重点项目，组织施工单位、基层车间和相关部门评审，修改方案可行性，优化方案科学性，为项目实施奠定技术基础。

加强检修材料和承包商管理。严把材料入厂验收关，建立材料质量验收体系，明确“谁采购谁负责、谁签收谁负责、谁使用谁负责”的原材料及备件质量验收职责，杜绝不合格品进入现场。严格按集团公司招投标管理相关规定，使用业绩优良、体系健全且管理严格、员工素质高、机具标准符合要求的大型检维修团队。通过采用项目招标，以装置整体为单元，优选施工队伍。在特种设备检验、储罐机械清洗、耐火隔热衬里、装置停工腐蚀检查等专项检修方面，严格选用专业施工队伍，保证检修队伍资质和能力过硬，有效降低承包商风险。

强化停工交检修和检修交开工两个界面交接。执行《炼化板块加强停工处理和界面交接的要求》《炼化装置开工界面管理要求》《装置检修界面交接管理办法》等要求，落实两个界面交接标准，对界面交接程序执行情况全程监督。企业按照“油不落地、气不上天、声不扰民、绿色清洁、高质高效”要求，逐套装置编制停工方案，把控停工网络进度，统筹物料平衡，优化水汽风氮使用，管控关键节点，加强检查确认，停工处置实现绿色受控。

加强质量和安全管理。各企业建立检修质量管理体系，明确质量验收内容、标准、步骤和方法，落实项目质量检查人和责任人。检修过程紧密跟踪落实，材料领用、预制安装、试验验收等环节步步把关，项目结束由参与验收各方签字确认，确保检修质量全面受控。针对大检修项目多、难度高、人员集中、高度交叉作业，构建施工单位、基层车间、公司和第三方安全监督四个安全管理体系。

全面加强静密封禁锢管理。重点推广应用静密封定力矩紧固管理。大检修期间实施定力矩紧固48491处，其中大连石化35085处、大港石化2269处、抚顺石化7177处、华北石化980处、宁夏石化2980处。通过定力矩紧固保证关键部位螺栓紧固质量，缩短装置投用前气密消漏时间，为装置一次开车成功创造条件。

（高俊峰）

【安全环保】 2017年，立足炼化企业监管阶段性特征，坚持问题导向，抓大抓早，坚守红线，不触底线，狠抓安全环保责任落实，强化风险评估隐患治理，全面推进HSE管理体系建设，炼化系统安全环保工作稳中推进。全面完成主要污染物排放总量控制目标，石油类排放198吨，同比减少17吨，下降8%；COD排放7787吨，减少1382吨，下降15%；二氧化硫排放31610吨，减少6493吨，下降17%（表10）。

表10 炼化企业主要污染物减排情况

吨

项　目	2017年	2016年	同比增减
石油类	198	215	-17
COD	7787	9169	-1382
二氧化硫	31610	38103	-6493

安全监管。坚持组织一年两次HSE体系审核。上半年HSE审核分7个组，抽调审核专家157人次，对36家炼化企业开展审核，发现问题5705项，严重不符合项27项，量化审核19家企业，融入管理诊断评估。在“一带一路”峰会期间，组织对部分企业审核问题“回头看”，突出敏感时段重点内容审核要求。下半年审核分8个组，抽调审核专家160人次，其中由昆仑工程有限公司吉林分公司12名专业人员对VOCs进行专项审核。本次审核前坚持问题导向，由各专业确定审核重点内容，结合量化审核标准和“四不两直”要求，直奔主题，从严审核，从严讲评，切中要害，确保审核质量。审核企业36家，量化审核企业12家，其中广西石化由集团公司诊断评估，云南石化由现场开工专家审核。此次审核发现问题5740项，严重不符合项57项。

强化隐患治理和专业技能提升。督促企业完成3107处管道隐患治理工作。梳理2017年计划治理176项安全隐患项目，重点治理储罐、设备老化腐蚀更新及改造、电气、仪表控制、装卸设施及铁路、危险化学品仓储、厂外烃类管道、消防安全等方面安全隐患。组织危险化学品和罐区安全培训班，将2016年炼化企业典型事故事件汇编成册发送炼化企业，供员工学习，吸取事故教训。

环保监管。完成宁夏石化炼油项目、兰州石化乙烯改造项目、抚顺石化乙烯改造项目环保验收，四川石化和呼和浩特石化开展自主验收工作。18家企业自备电厂全部取得排污许可。落实京津冀炼化企业大气污染治理要求，对大港石化、华北石化大气污染强化督查。加快中央环保督查问题整改，对抚顺石化腈纶废水超标、催化烟气超标和锦州石化填埋场影响地下水问题整改情况督办检查。完成所有炼化企业在线监测核查工作，对涉及中央环保督查的企业开展环保检查，克拉玛依石化、辽河石化、塔里木石化、塔西南石化等企业做到零投诉和举报，锦西石化、吉林石化等企业被中央环保督察组肯定。加快VOCs治理项目实施进度，对锦西石化、锦州石化、哈尔滨石化、大庆石化、大庆炼化、辽阳石化、吉林石化、抚顺石化、大港石化、华北石化VOCs项目实施情况现场检查督办，完成90项，52项处于施工阶段，48项处于可行性研究、初步设计、施工图阶段。

全面推进泄漏检测与修复（LDAR）项目实施。25家炼化企业完成LDAR项目，检测1028.7万个密封点，修复4.9万个泄漏点。247项环保治理项目中，涉及新标准达标项目182项，完成80项，43项处于施工阶段，59项处于可行性研究、设计和招标阶段。对2016年9月以前投产的建设项目安全、环保、消防和职业病卫生四个专项验收工作列表督办。完成炼化企业46个在线监控点联网工作，确保炼化企业全部在线数据受控；对系统进行6次更新，新增排放口限值报表、超标及故障、异常汇总、通报考核中月报等功能。完善申报备案中申报类别功能，监控中心管理人员可以对申报备案的内容进行审核，不符合要求的驳回，大幅提升期间报表性能；完成锦西石化、华北石化10个站点数据采集仪防爆箱安装工作，其他8家企业34个站点数据采集仪防爆箱安装工作尚未完成。

（宁绪成）

【专业技术培训】 2017年，按照集团公司人才建设总体要求和炼化板块“安全环保、提质增效、合规管理”中心工作，推进培训体系建设，规范培训要求，搭建人才成长平台，组织专业技术骨干培训和专业技术交流，开展炼化企业冬季培训，不断提升员工队伍综合素质和一线操作人员技能水平，为炼化装置安全平稳运行提供人才保障。

组织专业技术骨干培训。以企业为主体，以专业技术人员和操作技能人员为重点，以抓好岗位应知应会、操作规程、HSE知识技能培训为指导思想，高质量完成集团公司炼化培训项目计划。2017年组织化工高效产品生产技术专家培训班、炼化企业设备专业处级干部培训班、炼化电气工程师培训班、炼化设备状态监测培训班、炼化检维修操作骨干培训班、储罐区安全操作技术及管理培训班、危险化学品安全生产及储运管理培训班、炼化企业生产平稳优化培训班、炼化企业成本预算管理培训班等11期专业培训，培训人员865人次。

开展企业冬季培训。重点加强四方面人员培训：对生产一线操作人员，加强基本操作技能培训，提高异常情况处置能力；对班组长，强化系统操作和班组管理培训，提升操作监控和应急指挥能力；对基层专业技术人员，加强装置运行重点、难点问题培训，提升装置长周期运行管理能力；对施工作业和承包商人员，加强施工作业安全风险分析和控制培训，提高施工安全保障能力。

各炼化企业按照培训直线责任，落实培训时间、培训内容、培训师资、培训教材、责任人和考核办法，组织多种形式的全员培训和岗位练兵活动。在做好基础理论知识培训基础上，加强操作规程、检维修规程、操作卡、HSE基本技能等培训，加强装置仿真培训、现场模拟操作和实际操作技能考核，加强岗位应急演练和紧急状态处理训练，切实提高一线岗位实际操作技能，真正练好“看家”本领。

各企业在冬季培训中涌现出好经验好做法。炼化板块评选出冬季培训先进单位52个、冬季培训先进工作者50人、冬季培训优秀兼职教师75人和冬季培训优秀课件55个。《中国石油报》以“炼化企业冬季密布‘充电桩’，培训工作夯实‘三基’，助力装置安稳长满优运行”为题，报道炼化板块冬季培训工作。组织印发冬季培训辅导资料《炼油核心装置典型问题案例分析》一册和《炼化核心装置生产技术报告论文集》之催化裂化、重整、加氢、化工装置四册。

落实炼化教材《炼油化工专业英语培训教材》《炼化企业典型机械设备检维修技术》编写工作。

组织技术骨干参加与中国石化合作举办的催化、加氢、重整装置专家培训班。18位技术干部顺利结业。加强与中国石化交流合作，为培养集团公司技术干部提供高级培训平台，完成2018年参加炼油核心装置专家培训班学员选拔工作。

做好新开工企业人员培训和上岗考核工作。组织对云南石化开工组织机构、人员配备和员工培训情况严格审查，详细查看培训现场和培训文件、计划、教材、试卷、考核记录、培训总结等资料，确保岗位操作人员和业务外包人员100%进行培训、100%持证上岗。

（钟艳阳）

销　售

综　述

【概述】 中国石油成品油、润滑油、燃料油、沥青以及其他炼油小产品的销售和成品油进出口业务由中国石油天然气股份有限公司销售分公司（简称销售分公司，也称销售板块）负责组织管理。销售分公司是中国石油天然气集团有限公司下属专业分公司，业务归口管理31家省级销售分公司、2家大区销售分公司，以及昆仑好客有限公司、润滑油公司、燃料油公司和大连海运4家专业公司。

2017年，销售分公司围绕提质增效、稳健发展主线，坚持面向市场、面向未来、面向基层、面向客户，统筹抓好精细营销、外采集采、网络开发、零售提质、拓展非油品、油气互促、信息集成、降本控费、规范管控、建强队伍“十件大事”，保上游后路责任有效履行，精细营销运作不断深入，零售运行质量持续提升，非油品、燃料油、润滑油业务成为效益提升的动力源和稳定器，投资与网络建设取得新突破，改革创新发展扎实深入，企业基础管理总体平稳受控，安全环保工作保持良好态势，党建引领与队伍支撑作用更加突出，企业形象进一步提升，整体工作呈现出欣欣向荣的良好局面。2017年开发加油站623座，建成投运463座，新增零售能力379万吨。截至2017年底，集团公司国内运营的加油站总数达到21399座。

【经营业绩】 2017年，国内成品油销量11413亿吨，同比增加93万吨；非油品业务实现收入186亿元、利润20.6亿元，同比分别增加42亿元、3.6亿元；加油卡售卡总量1.23亿张，沉淀资金超过300亿元；燃料油业务实现销量3390万吨、同比增加55万吨，润滑油业务实现销量142万吨、同比增加26万吨（表1）。

表1　2017年销售分公司主要经营业绩

指　标	2017年	2016年	同比增减
炼油产品总销量（万吨）	14874	14637	237
国内成品油销量（万吨）	11321	11220	101
其中，纯枪	7486	7544	–58
批发	3835	3675	160
燃料油销量（万吨）	3390	3335	55
润滑油销量（万吨）	142	116	26
税前利润（亿元）	36.3	55.1	–18.8
营业收入（亿元）	7928	6892	1036
其中，非油品收入	186	144	42
资产总额（亿元）	2552	2637	–85

注：不含大连西太平洋石油化工有限公司自销。

【中石油昆仑好客有限公司挂牌运营】 销售分公司把握油气零售行业发展大趋势，挖掘零售网点资产价值，坚持市场化运作、专业化运营，推动设立中国石油非油品专业公司——中石油昆仑好客有限公司。2017年7月，中国石油天然气股份有限公司正式发文，批准设立中石油昆仑好客有限公司，机构规格为局级，纳入股份公司直属企业序列，由销售分公司归口管理，作为销售分公司非油品业务的运营管理与合资合作平台，实行独立运作。销售分公司非油品业务处并入中石油昆仑好客有限公司，开展非油品业务一体化运营管理。中石油昆仑好客有限公司兼具非油品业务管理与经营职能。2017年7月19日，销售分公司召开中石油昆仑好客有限公司成立大会，同年12月7日，中石油昆仑好客有限公司在北京正式揭牌运营。

成品油业务

【概述】 2017年，成品油销售坚持以效益为核心、以市场为导向，强化市场研判，优化营销策略，统筹量价关系，重点抓好外采运作、产销协同、出口拓展、机制优化等工作，成品油销售量继续保持稳定增长。全年销售成品油11413万吨，同比增长1%。

【市场特点】 2017年，国际油价总体呈现先抑后扬态势，均价水平同比增长明显。布伦特原油（Brent）期货2017年均价54.7美元/桶，同比增加9.6美元/桶、增长21.3%；美国西德克萨斯轻质原油（WTI）均价50.9美元/桶，同比增加7.4美元/桶、增长17%。2017年，国内成品油经历25轮调价周期，其中因调幅不足50元/吨搁浅8次、调价窗口正常开启17次（11次上调、6次下调）；汽油累计上调435元/吨，柴油累计上调420元/吨。

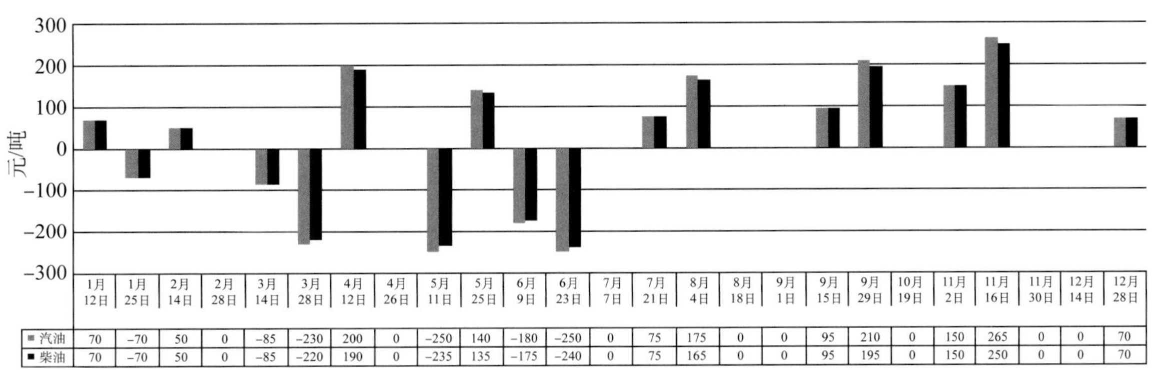

	1月12日	1月25日	2月14日	2月28日	3月14日	3月28日	4月12日	4月26日	5月11日	5月25日	6月9日	6月23日	7月7日	7月21日	8月4日	8月18日	9月1日	9月15日	9月29日	10月19日	11月2日	11月16日	11月30日	12月14日	12月28日
汽油	70	-70	50	0	-85	-230	200	0	-250	140	-180	-250	0	75	175	0	0	95	210	0	150	265	0	0	70
柴油	70	-70	50	0	-85	-220	190	0	-235	135	-175	-240	0	75	165	0	0	95	195	0	150	250	0	0	70

2017年国内成品油调价情况

中国国内石油消费增速回升，原油产量连续两年下降，石油对外依存度进一步上升。国内原油加工量增幅继续扩大，成品油市场供应较为宽松。受国家出口配额调控影响，成品油净出口增速呈现断崖式回落，但总量仍略高于2016年。国内成品油消费小幅反弹，汽油、柴油、煤油增势各异，汽油消费增速连续3年走低，柴油消费增速由负转正，煤油消费仍然快速增长，主要油品净出口增速大幅放缓。地炼市场份额实现五连增，市场竞争加剧。

国内原油加工量、成品油产量继续增加、增速提高。云南石化、惠州炼化（二期）建成投产，获得“两权”的地炼企业增加进口原油，导致国内原油加工量持续增加，地炼加工份额持续提升。2017年，原油加工量同比增长5%，成品油产量3.61亿吨，同比增长3.5%，增速较2016年高0.4个百分点。全年成品油消费量3.25亿吨，同比增长3.2%，回升3.7个百分点。成品油产需差约3600万吨，同比略有扩大，再创历史新高。

汽油消费连续两年处于中低速区间，2017年表观消费量12341万吨，增速仅为3%，较前5年9.2%的平均增幅下降6.2个百分点；柴油消费超预期回升，增速达2012年以来的最高水平，全年表观消费量16794万吨，同比增长2%，较2016年回升7个百分点；煤油消费仍然快速增长，全年表观消费量3345万吨，同比增长10.5%，较2016年回升1.3个百分点，同时由于国内需求强劲，煤油净出口有所减少。

2017年，国家收紧成品油出口配额，全年净出口3644万吨，同比增长8.6%，增速迅速回落。其中：汽油净出口1054万吨，同比增加106万吨、增长11.2%；柴油净出口1652万吨，同比增加204万吨、增长14.1%；煤油净出口938万吨，同比减少20万吨、下降2.1%。

【市场营销】 强化市场研判，深化灵活运用直批营销策略，合理把握销售节奏；突出“批零”一体化营销，细分区域市场策略，坚持“以我为主”，理性应对主要对手大范围零售降价促销；实施对省区销售分公司的资源基础量、额外量政策，完善扩销奖励机制，千方百计增销汽油、稳定柴油；坚持低库存策略不动摇，销售企业账面库存创近5年来新低。开拓航空煤油市场，2017年销售航空煤油675万吨，同比增长12%。实施外采及直炼资源统采统配，实施大区公司外采集采，规范采购渠道，累计完成实物外采1611万吨。

落实国家关于扩大成品油互供规模的要求，结合2017年直属炼油厂检修及市场变化，组织好与中国石化等其他经营主体的成品油资源串换，通过有效发挥双方在仓储设施等方面的互补作用，优化物流、节约运输成本。同时，有效缓解局部资源产地与消费需求区域不匹配的矛盾，避免出现个别区域因生产不稳定、调运不及时等造成的供应紧张局面，保证市场稳定供应及国内成品油市场的平稳有序运行。

打造汽油高端品牌，抢占市场高地。借助油品连续升级契机，注册中国石油 CN98 超级汽油商标，打造 98 号汽油高端品牌，并在全国推广，2017 年销售 98 号汽油 77 万吨，同比增加 40 万吨。

【零售运营】 强化零售核心作用，围绕零售运作和零售营销，以加油站为平台，以“提量增效”为核心，以数据分析为基础，以精准营销和精益运营为抓手，以持续构建“人 · 车 · 生活”生态圈为方向，坚持深化“油卡非润”一体化营销，打造强大现场，零售质量不断提升。截至 2017 年底，加油站总数 21392 座，实现纯枪销量 7486 万吨，其中汽油同比增加 104 万吨。

持续推进“10 惠”品牌促销，组织开展电子券营销。完成“10 惠”品牌商标注册，全年开展“10 惠”品牌促销 12 次，在客户中的知名度和美誉度大幅提升。从 2017 年下半年开始启动零售电子券营销业务，全年核销电子券 7472 万张、18 亿元，丰富营销手段，增强客户黏性。

抓好跨省物流客户开发维护。建立工作体系，完善客户开发审核备案、多层联动清分清算、月度分析通报办法，开展专题调研研讨，解决开发维护中遇到的难点和问题，累计开发跨省客户近千家，带动纯枪柴油的增销上量。

加大“双高（高销量、高效益）站”培育。持续开展全流程诊断与优化，组织现场工作交流，加强业务培训，根据诊断报告实施改造，“双高站”现场运行效率明显提升，全年新增 5000 吨级以上加油站 95 座，其中万吨级加油站 34 座。

强化“双低（低销量、低效益）站”治理。全面推广“3+1”（目标责任制、委托管理、出租经营、品牌输出）治理模式，5000 吨级以下加油站累计实施目标责任制 6100 座，委托管理模式 1190 座，出租经营模式 157 座，品牌输出模式 93 座。结合“双低站”位置多处国道省道、社会和中国石化加油站密集的特点，在价格竞争上主动博弈，压制和牵制竞争对手市场拓展的空间。加快与供销石油等内部单位的治理合作。深化“挂包帮”治理。2017 年纳入治理范围加油站“摘帽”1454 座、“摘帽”率 27%，单站日销量同比增加 0.34 吨，利润同比增加 3.97 亿元。

狠抓运营天数管理，提升加油站运行效率。按月下达运营天数管理目标，并纳入地市公司班子绩效考核；不断强化系统管理，常态化分析 43 种停业因素，建成 7 种功能模块及 5 类报表，加强跟踪分析，确保加油站有效运营时间。

抓好神秘顾客访问工作。2017 年完成 13 次月度访问和 7 次节假日访问，以及“一带一路”“十九大”期间的专项访问，访问 31 家成品油销售企业加油站 10500 站次。坚持每期进行视频通报，开展问题梳理和整改经验分享，加油站服务和现场管理持续改善。利用第三方平台，开展“10 惠”日活动督查、节假日现场运营安全督查、高速与景区加油站等专项远程检查，检查加油站 5553 座，保证促销活动有序开展和加油站安全平稳运行。

举办“中油伴 YOU”CN98 超级汽油体验自驾游。“中油伴 YOU—聚美新疆”自驾游活动人数 49 人，车辆 18 辆，行程 2200 千米，历时 10 天 9 晚。“中油伴 YOU—武夷山”自驾游活动历时 8 天 7 晚，招募 74 名昆仑加油卡用户，驾驶 20 台车辆，全程 1000 千米。两次活动在外部媒体发布相关报道 175 篇，内部媒体发稿 99 篇，进一步提升中国石油品牌形象。

【资源调运】 2017 年，以全面保障直属炼油厂后路畅通、所属加油站资源稳定供应为目标，着力“打造智慧物流，实现精准调运”，突出物流信息化建设，不断提高产业链整体运营水平（表 2）。

表 2　2017 年直属炼油厂资源接卸情况

万吨

项　目	2017 年	2016 年	同比增减
合计	8985	8755	230
汽油	3667	3379	288
柴油	4643	4773	−150
炼油	675	603	72

化解产销阶段性、区域性、结构性矛盾，全年产调率维持在 100% 以上。炼油厂合理控制加工量，多产适销对路产品；适时开展大区收储、省区代储，调节炼油厂库存；强化日间调运管理，优化运输组织，提高车船效率；协调铁路、管道等多种运输方式，增加运力和流向倾斜；坚持实施“一厂一策”，对部分后路保障困难企业实行重点跟踪。为保云南石化顺利投运，推动储运设施建设，制定炼油厂后路保障和资源运行方案，实现一次性顺利开车。

保障各地区资源稳定供应。克服春运期间铁路、公路、水运等方面不利影响，利用假期中段集中抢装抢发，保障各地市场稳定供应。针对广西石化开工推迟、西南资源严重短缺的情况，调整调运安排，增加西北进川铁路运力。针对三峡船闸停航检修，重庆成品油市场面临断供情况，协调交通运输部，将成品油作为战略物资正常离港、优先过闸。针对基建和物资进藏增加，西藏自治区油品保供压力增大的情况，研究保供措施，青藏线日均发车创历史新高。加强组织协调，完成四川茂县山体滑坡等受灾地区及“一带一路”国际合作高峰论坛、党的十九大期间等重点时段相关地区的资源保障任务。

优化物流运行。推进大区公司补货制，在吉林、辽宁、黑龙江、甘肃、宁夏推行的基础上，新增青海、新疆及内蒙古中西部地区，同时打破行政区划，利用统管优势开展跨省跨区配送。优化运输方案编制与执行，一次地付进站量同比增加213万吨，连续两年未发生低凝点柴油回流运输。提升运输工具效率，自备车周转次数同比提升3%，路车使用比例同比提高4个百分点，自有及控股船舶比例提高2个百分点，管输汽油比例同比提高7个百分点。2017年一次、二次运费总额同比减少10.03亿元，比预算节省18.44亿元，连续4年实现运费总额下降。

非油品业务

【概述】 2017年，坚持发展非油品业务，打造新的效益增长极。实现非油品业务销售收入185.6亿元、利润20.6亿元，同比分别增加42.0亿元、3.6亿元，便利店数量增至19338座，开店率95%，50万元以上店数量同比增长25%，便利店收入同比增长30%（表3）。

表3　2017年非油品业务主要经营指标

指标	2017年	2016年	同比增减
销售收入（亿元）	185.6	143.6	42.0
利润（亿元）	20.6	17.0	3.6
便利店数量（座）	19338	17900	1438

【业务拓展】 2017年，便利店业务实现稳定增长。加强示范引领，持续推进店面和产品优化，加大水果、生鲜等客户引流，推进与中粮集团等第三方的渠道合作，紧盯客户群开展精细营销，借力昆仑好客10周年系列活动，提升品牌知名度。以主推畅销品、创意堆头、氛围营造、空间利用、海报宣传、开口营销为重点，整合促销资源，开展昆仑之星、润滑油、包装饮料、家庭食品等六大核心商品促销，丰富顾客选择，细化营销方案，提升顾客体验，推动“油卡非润”共同增收。

专项工作取得进展。拓展内购业务，与积分商城、电商平台开展合作对接，丰富商品选择，搭建内购平台，以特惠价格和品质保证，提升内购规模。自有商品销售规模超过10亿元，其中昆仑之星车辅产品同比增长146%、米面油等厨房工程销售收入同比增加5亿元。

汽车服务业务快速推进。加快汽车服务网络建设，深化与上汽、北汽、澳德巴克斯等公司业务合作，优化发展模式和结构，自营、合作类门店数量占80%以上；加大汽车服务投资支持力度，“一站一策”指导成品油销售企业发展汽车服务业务；在无法建设汽服店的加油站，推动以“1+X”方式打造汽车服务业务平台；推广河南销售、广东销售经验，开拓整车、二手车销售业务，配件业务实现突破。

化肥、广告、快餐等各类新业务快速成长。

加油卡业务

【概述】 2017年，坚持从服务营销、服务客户、服务基层出发，以零售会员体系优化为切入，以互联网营销平台为抓手，开展“油卡非润”一体化营销传播，推进跨界合作和联合营销，加油卡业务有效推进。

【卡产品业务】 围绕品牌推进卡产品化进程，推出变形金刚系列及生肖卡等10款产品卡，以及变形金刚和小马宝莉珍藏版套册；完善产品卡营销宣传和推广渠道，基本实现线上线下协同、内外电销平台互补的销售模式；首次成功与建设银行发行集“加油、金融、ETC”功能于一体的“中油龙卡”一芯多应用联名卡。2017年发售产品卡35.2万张，实现收入4607万元、毛利1608万元（表4）。截至2017年底，累计发售产品卡137万张，实现收入1.68亿元、毛利7614万元。

表4 2017年产品卡发售情况

项　目	2017年	2016年	同比增减
产品卡发售数量（万张）	35.2	43.3	-8.1
收入（万元）	4607	4215.7	391.3
毛利（万元）	1608	1978.5	-370.5

【卡营销管理】 发挥加油卡聚拢客户效应，推行加油卡阶梯优惠政策，引导加油卡积分优惠促销，优化月末返利流程，增强车队卡营销功能，提高充值卡发行效率；修订《加油卡业务运作手册》，完善资金对账机制，加强卡异常交易监控，保障加油卡业务健康运行。截至2017年底，昆仑加油卡售卡总量1.23亿张，沉淀资金超过300亿元，同比增长10.1%，记名卡比例76%，同比增长1.7%，卡销比44%，同比增加1.4个百分点。

【互联网业务】 2017年，持续深化互联网营销，整合优化客服电话95504、微信公众号、APP等平台入口，新增30项功能，优化11项功能，实现平台客户的统一管理；23家成品油销售企业使用中油好客e站微信公众号，18家成品油销售企业全面推广APP，31家成品油销售企业使用加油卡充值赠送电子券业务；扩大互联网支付应用范围，持续提升线上营销能力，上线加油卡充值电子券促销功能，推出“昆仑好客优选+”销售频道，优化大客户管理，深化与蚂蚁金服、京东集团等互联网企业跨界合作。加大促销宣传力度，通过发布信息公告和群发微信，触达客户超过6亿人次；互联网平台客户量、加油卡充值同比分别增长96.3%、600%。

【营销传播】 2017年，在加油站和线上自媒体的基础上，拓展影响力较大的传播渠道，丰富宣传形式。中央人民广播电台投放策略由单频道升级为“经济之声+中国之声”双频道，重要节点投放频次提高到18次/日；新增国航《中国之翼》杂志营销渠道，累计覆盖受众超过6000万人次。

【会员体系建设】 2017年，围绕会员规模扩大和质量提升的双重目标，加大记名卡客户开发维护力度，实名加油卡发售量同比增长16.4%，持卡客户汽油销量同比增长6.5%。上线CRM系统，与卡系统、加油站管理系统和微信公众号集成互动，扩大会员范围、丰富会员权益。完善积分体系，开展积分营销，积分总价值同比增长27.8%，兑换积分价值增长35.6%。

燃料油业务

【概述】 2017年，燃料油业务坚持“低库存、以销定产、资源价值和整体效益最大化”原则，把创新贯穿始终，突出降本增效，实现量效双增，关键业绩指标达到历史最好水平。

2017 年，燃料油总销量 3390 万吨、利润 20.2 亿元，同比分别增加 55 万吨和 10.1 亿元；沥青销量增长 18%，国内市场占有率提升 3 个百分点，达到 28%，居国内第一位；原油中转量增长 4.8%；委内瑞拉原油、重交沥青、防水卷材、改性沥青、石脑油销量均创历史新高（表 5）。

表 5　2017 年燃料油业务主要经营指标

指　标	2017 年	2016 年	同比增减
燃料油销量（万吨）	3390	3335	55
其中，沥青	853.2	714	139.2
石脑油	35.6	30.1	5.5
利润（亿元）	20.2	10.8	9.4

【业务拓展】 2017 年，原油业务市场控制力显著增强。原油配额比计划增加 215 万吨，实现对国内委内瑞拉原油资源的市场控制。多渠道增加委内瑞拉原油资源，首次通过国际贸易进口委内瑞拉原油 209 万吨，原油进口量、销量分别同比增长 3.5%、4.7%。优选 12 家独立炼油厂开展回购业务，合作量占原油总销量的 94%。推行整船直达、拼船销售，开展联租联运、原油配送、净油交接，优化资源布局，实现低库存高效率运行。扩大原油公式化和点价销售，提高代理费标准，原油平均毛利提高 32.6 元 / 吨。灵活运用套保工具对冲跌价风险，通过期货运作降低进口原油采购成本 2.19 亿元。

沥青业务市场占有率大幅提升。加强沥青拌合站、项目施工方等终端市场开发，推行联合投标、授权投标，沥青终端销量占到总销量的 59%，同比上升 10 个百分点。突破沥青资源不足的瓶颈，借助一体化平台优势，深入开展委托加工回购，加大资源外采力度，回购资源、外采资源分别同比增长 353%、1488%。紧跟需求多样化、产品个性化发展趋势，开发防水卷材和机场特种沥青市场，与西北民航机场建设集团沥青合作取得重大进展，与全国前 10 名的防水卷材生产商开展合作。开展沥青期货转现货、期货点价等业务，结合原油采购及沥青期货进行加工业务套利操作，沥青期货盈利能力显著提升。

馏分油业务利润空间进一步扩展。坚持“集中管理、统一销售”，创新销售模式，统一开发直销客户、统一制定合作模式、统一对接直销计划、统一组织资源外采、统一优化产品调运，合作向战略客户集中，推进资源整体优化和价值提升。全面推行馏分油公式化销售，创新建立与同期原油正向传导的价格模型，以直供方式优先保障直属炼油厂需求，蜡油全部实现直销，馏分油吨油利润大幅提升，在 WTI 涨幅 17.61% 的情况下，石脑油、蜡油、柴油组分价格分别上涨 32%、28.9%、23.5%。以石脑油免税直供为核心，细化石脑油产品线，开展重质宽馏分石脑油、贸易型石脑油销售业务，挖掘石脑油效益潜力，见到明显成效。

原油加工业务盈利能力明显改善。完善生产加工测算模型，形成“日核算、周测算、月分析”的综合预测分析体系，保证委内瑞拉原油资源流向效益更优的业务链条，波斯坎原油加工量同比增加 25.35 万吨。采取 52 项节能降耗措施，超额完成集团公司下达的节能、节水目标。

紧贴市场需求开展科技攻关，推广应用高模量沥青、海绵城市彩色透水沥青等 6 项新特产品及技术，参与的“劣质重油改质、加工成套技术研究开发及工业应用”、主导的“催化裂化油浆综合利用技术研究项目”“国产优质道路石油沥青制备技术研究与应用项目”分别获集团公司科学技术进步奖特等奖、三等奖和技术发明奖三等奖，全年申请专利 22 项。

润滑油业务

【概述】 2017 年，润滑油业务坚持创新引领、市场导向，加大科技攻关，开发高端产品，深化渠道合作，拓展业务规模，八条产品线销量均实现较大增长，特别是车用油、车辅产品、工业油等产品的增长幅度均超主要竞争对手。

2017 年，实现润滑油总销量 143 万吨、利润 5.1 亿元，分别同比增长 22% 和 227%。其中：车用油增长 7%，车辅产品增长 133%，加油站渠道增长

205%；工业油增长 17%；船用油增长 22%；特种油增长 22%；OEM 增长 8.5%；润滑脂增长 26%；金属加工液增长 77%。市场占有率 16%，提高 2 个百分点。省区销售分公司车用油销量同比增长 24%，车辅产品（含冷却液）销量同比增长 205%（表 6）。

表 6　2017 年润滑油（脂）业务主要经营指标

指　标	2017 年	2016 年	同比增减
润滑油（脂）销量（万吨）	143.0	116.6	26.4
其中，车用油	21.2	19.7	1.5
工业油	29.3	24.9	4.4
特种油	52	42.4	9.6
船用油	2.6	2.1	0.5
营业收入（亿元）	109.6	91.0	18.6
利润（亿元）	5.1	1.6	3.5

【业务拓展】 内部运行持续优化提升。2017 年，坚持市场化方向，从技术方面着手解决存量和增量问题，优化现有产品性价比，有 17 个新产品入市。成立产品设计中心和润滑油互联网科技公司，初步建成微信商城营销推广平台，加快线上营销和终端管控，添加剂业务首次实现外销 3600 吨。

精细精准营销扎实推进。2017 年，与中国石油内部企业建立点对点定期服务机制，系统内订单销售额同比增长 42%。开展“我是中油人，我用昆仑油”活动，以内部市场带动外部市场。加快整合省区销售企业营销渠道，建成自有终端 1161 家，成品油销售企业渠道车用油、车辅产品销量分别同比增长 24% 和 205%。

技术成果转化率提高。2017 年，高铁齿轮油替代日本产品，填补国内空白，并成功应用于“复兴号”动车组；12 万千米长寿命重负荷柴机油全面上市；工业机器人专用油达到国际先进水平；变压器油成为世界首条 ±1100 千伏输电工程唯一指定用油。销售分公司获润滑油行业唯一国家重点研发项目承担单位。

品牌影响力不断扩大。2017 年，昆仑润滑油品牌百度指数、微信指数分别同比提升 1700%、5123%。昆仑润滑油品牌在世界品牌实验室公布的《中国 500 最具价值品牌》排行榜中升至第 249 名，品牌价值 156.65 亿元。参与组织“CCPC 中国量产车性能大赛”，打造“军工品质，大国重器”的昆仑品牌。

投资管理与网络建设

【概述】 2017 年，落实网络强企发展思路，坚持外拓规模与内挖潜力统筹兼顾，灵活应用新建、租赁、合资等多种途径，抢夺增量加油站、稳定存量加油站，推进网络开发建设，打响攻坚战、保卫战、阵地战、挖潜战“四大战役”，新开发加油站 623 座、投运 463 座，投运加油站新增年零售能力 266 万吨，各项主要指标均创近年来最好水平。

【投资管理】 推进中长期发展规划研究。2017 年，围绕“转型”“创新”“升级”发展主题，编制《销售业务 2017—2019 年滚动规划》《车用加气业务发展方案》，推进车船用燃料终端销售业务整合，加大替代能源研究，重点跟进氢能源发展，与广东省、北京市政府协调，参与当地加氢站投资建设。

加强投资管理。2017 年，优化投资结构，优先保障加油站投资，统筹安排埋地储罐防渗改造和“油卡非润气”一体化改造，严控非生产性投入。全面清理往年节余结转项目，有效缓解年度投资规模不足矛盾。规范投资管理，突出关键环节，开展专项检查，狠抓问题跟踪整改。加大历史遗留项目清理，累计清理项目 108 个。

加快推进终端网络开发。优化开发政策，将开发和投运加油站数量及新增零售能力纳入成品油销售企业主要领导 KPI 指标，调整全资及股权项目开发权限，差异化设置收益率标准。紧盯开发投运进度，2017 年新开发加油站数量同比增长 33.4%，新增零售能力 379 万吨，新投运加油站数同比增长 10.3%，新增零售能力 95.6 万吨。狠抓存量站维护，全年续租加油站 87 座。

【工程建设】 全力推进工程实施，抓紧库站建设，助力主营业务发展。2017 年，新建加油站 814 座，完工 471 座；开工油库 10 座，完工 6 座，投运 6 座；

兰郑长管道驻马店支线投用；完成加油站防渗改造4816座，完成率23.6%。

强化工程项目规范化管理，升级建设标准，提高加油站建设水平，新标准更加突出商业分析和科学决策，更加聚焦安全环保和智慧化功能设置。强化制度建设，修订《工程管理手册》，融入集团公司、股份公司新的管理制度和销售板块各项要求，重点强化项目合规化管理、承包商管理和黑名单制度；编制《HSE审核工作手册》，着重补充施工安全和工程质量审核评价内容，动态掌握工程建设项目综合管理、施工安全、工程质量等关键要素。

推进投产未验收项目整治，截至2017年底，完成竣工验收978个，累计完成率93%。黑龙江销售、河南销售、润滑油公司、浙江销售等13家单位提前完成全部验收任务，燃料油公司、湖南销售、西北销售工作进展显著。

全面强化承包商管理，严格承包商准入与考核评价，新增准入二类承包商82家，对291家承包商进行年度考核，评价工程建设项目2284个；加大施工现场作业人员三级教育，对项目经理、安全员、技术员等关键岗位进行“锁证管理”，有效管控“违法转包、违法分包、违规选商”。

不断强化物资采购管理，强化集中采购招标，完成“油卡非润”营销广告宣传、CN98超级汽油营销宣传等7个服务项目统一招标及单一来源谈判，节约资金427万元；成品油销售企业通过外委招标、竞争性谈判等多种方式实施集中采购，节约资金7.06亿元，降本率7.1%。

专业管理

【HSE建设与管理】 2017年，坚持以推进HSE体系高质量运行为主线，完善工作机制，落实直线责任。健全月度例会制度，完善HSE分委会专业管理机制，用好应急预警平台，完善监管手段，安全生产和环境保护考核事故为“零”，安全环保形势总体受控。

启动量化评估审核。全年两次组织对36个成品油销售企业全覆盖审核，涉及处室683个、二级公司124个和生产经营作业现场385个。下半年，第一次采用“量化评估”方式，通过“评分定级”，推动企业内审动力，包括西藏销售在内的成品油销售企业年底组织的内审都普遍采用量化评估方式。

加大重点领域监管。以系统外事故为戒，排查生产厂硫化氢风险、管道运行等隐患。盯住“短板”和重大风险不放。持续抓好施工、承包商管理和油库运行管理。首次抽调企业工程管理人员组成审核组，补强施工管理专业力量。组织开展“杜绝油库油品冒顶事故”专项整治活动。修订完成《加气站风险管理手册》，加强加气站风险管控，推进隐患风险专项治理。

推动库站HSE标准化站队建设达标验收。销售企业达标站队19418个，占集团公司的52%。按照销售板块《HSE标准化创建达标考评表》，成品油销售企业加大组织、考核、验收力度，验收12427个，达标率64%。

夯实安全环保基础工作。落实“2+26”城市大气污染综合防治要求，编制《京津冀晋鲁豫“2+26”城市油库、加油站大气污染防治工作方案》，推动相关地区企业落实治理举措。统筹安排加油站防渗治理工程实施，确立加油站防渗改造分级改造实施意见，建立防渗改造项目在线进度督办平台。及时跟进中央环境督查组对部分省（自治区）环境巡视督查进展，督办有关问题解决。

落实党的十九大、“一带一路”以及“金砖峰会”各项保障措施。召开万人安全会议，落实安保防恐举措，抓实散装汽油销售管控措施、严肃值班值守和突发事件信息报送等要求。按照“升级管理期”和“升级严控期”，升级管理安全管控措施，提出值班值守、散装油品、日常作业、非常规作业、关键作业、监督检查、定点联系、责任追究等八个方面要求。加大“四不两直”检查力度，狠抓督导落实，确保特殊重点阶段的安全平稳运行。

【计量管理】 2017年，持续巩固推广诚信计量体系建设，加强装、运、卸三个环节计量管理，装车船环节严格执行集团公司企业标准《成品油计量交接规范》，持续提高装车船计量准确性，通过GPS、电子铅封、视频监控等技术措施，强化运输过程监管，保证运输过程油品安全，精细卸车船环节管理，做到卸净油品、计量准确，海运、公路、铁路损耗率分别降至0.98‰、0.30‰、0.38‰，比2016年同期分别下降22%、43%、38%，创历史新低。

【质量与标准化管理】 强化油品储运销全过程质量控制，加强分析化验，强化对租赁、参控股以及不参与管理的油库的存货质量控制，采取有效措施加大运输过程监控，杜绝超时、偏离线路、中途无故停车等现象，确保运输过程油品不被替换和丢失。推动实现公路配送“专车（仓）专用”，防止运输过程发生混油现象。突出抓好加油站油品质量管理，重点加强油品来源、接卸油和回罐油管理。2017年，国家质检总局成品油质量监督抽查合格率100%，集团公司油品质量监督抽查计划完成率100%。

做好油品升级期间的质量保障工作。按照“1月1日起全国实施国V标准车用汽油、柴油标准，北京实施京VI标准车用汽油、柴油标准；10月1日起 北京、天津、河北、河南、山东、山西“2+26”城市实施国VI标准车用汽油、柴油标准；7月1日和11月1日起全面供应硫含量不大于50毫克/升、10毫克/升的普通柴油”的时间进度，加强置换过程质量管理，增加抽样化验频次，保证按时供应符合标准要求的油品。

落实集采油品质量监管要求。针对成品油外采统一由东北销售、西北销售集中统一外采的新情况，坚持外部资源集采质量关口前移，由东北销售、西北销售负责出厂环节的全项目（含汽油增加项目）分析化验，成品油销售企业化验必检项目，减少化验环节和次数，降低成本，提高效率。出台外采油质量计量管理规定，制定质量计量交接协议模板，保证集采工作的顺利开展。

参与和主导国家标准、行业标准、企业标准制修订工作。2017年承担1项国家军用产品标准、2项石化行业标准、3项中国汽车工程学会团体标准、7项集团公司企业标准的制修订任务。在集团公司第三届优秀标准奖评选中，润滑油公司、辽宁销售等4家单位牵头起草的4项标准分获一、二、三等奖。做好标准制修订和申报，申报13项集团公司企业标准。

【油库管理】 开展油库运行全流程诊断与优化。2017年，编制下发《销售企业成品油库全流程诊断与优化工作实施指导意见》，制定全流程诊断方案，确定5类21个指标。通过诊断与优化、分析与对比，规范油库收、发、存各作业环节流程标准化，推动下装定量发油、大罐自动计量、罐下取样、运行参数在线监测等安全、高效技术应用，推动管理方式转变，提高油库本质安全生产能力。

提升油库运行效率。建立油库运行效率分析制度，定期进行油库运行效率分析，包括关停退租进程、周转次数、吨位油运行成本、人均作业量等。推动沿海沿江油库统一优化，按照“打破资产和运营界限、实现内部仓储设施共享、提高资产油库运行效率、降低整体运行成本”的思路，对各成品油销售企业、燃料油公司、国际事业公司在沿海沿江地区油库的统筹优化使用进行研究，编制优化方案。特别针对南沙油库后续使用问题，制定整合优化、消除隐患、提高效率的有关措施。

开展油库隐患排查治理。开展新一轮危险化学品罐区隐患排查，汇总150座油库的隐患排查清单，落实整改方案，跟踪整改效果。根据CN98汽油销售部署，针对增加的作业风险，制定油库加剂安全生产作业指南。编制《成品油库事故隐患排查治理管理规范》，规范和指导油库隐患排查内容。

【财务管理】 2017年，以提升质量效益为中心，改革创新预算管控模式，推进开源节流降本增效，深化财务“三集中”（结算、核算、支付三个集中）管理，强化合规管理和资金资产管理，为销售业务的平稳有序有效开展提供坚强支撑。

突出发挥预算引领作用。完善预算运行机制，突出批零一体化运作，兼顾疏通后路与增销创效，出台相应激励政策。坚持协同编制预算，上下充分沟通，以效益最大化为原则设定预算参数，油气销量突出有效增长、结构改善和市场份额提升，成本费用突出降本增效、量入为出，利润指标突出企业可持续发展。加强预算执行情况跟踪分析，深挖指标偏差背后的内在原因，督促欠进度单位追赶年度目标。

推进开源节流降本增效。持续拓宽、深化方案内容，逐步建立覆盖全业务、各重点环节的开源节流降本增效实施方案。以年度预算为基础，科学制定控制目标和措施，增强指导性和引领性。加强成本费用控制，按专业线加强挂钩考核，明确控费目标、落实工作责任。建立增效增费奖励机制，引导成品油销售企业从“要费用”向“挣费用”转变。在2015年、2016年连续两年实现商流费总额和吨油营销成本“双下降”的基础上，2017年以绝对值形式压减费用，商流费总额、吨油营销成本分别同比减少10.8亿元和9.3元。

强化分析对标，服务精细营销。持续优化以问题为导向、效益为目标的经营活动分析体系，深入研究产销结构、批零结构、产品结构、客户结构、市场结构，深化对销售、网络、费用、效益、资产等方面规模与质量分析，增强经营活动分析的针对性、时效性和操作性。强化专题分析，在做好经营销售、价格执行、外采业务、库存运作、成本控制等专题分析的基础上，将分析“关口”前移，围绕企业价值开展营销策略、运行机制、基础管理等方面的专题分析，不断提高经营分析的深度和广度，增强决策支持能力。积极开展各层面、多维度的对标，针对短板，提出改进建议。

防范资金安全风险。巩固扩大财务“三集中”成果，梳理优化资金管理制度流程，连续4年开展资金安全专项检查，对检查发现的问题，逐项研究完善制度流程，明确责任，加强整改、销项管理。加大风险案例研究分析，解决个别单位存在的加油卡虚开套现、非油品业务账实不符、法律纠纷等问题。

加强价税管理。伴随直属炼油厂出厂价调整，同步顺调大区公司对省市公司调拨价。结合上海电子发票试点、广西电子发票及发票管理系统试点经验，制定电子发票及发票管理系统实施方案，积极推进。

规范存续企业管理。集中对离退休人员、费用项目种类、政策依据进行信息化管控，强化审批过程公开、透明，形成预算、决算管理一体化、系统化、精细化的管理体系。统筹安排离退休人员安置资金，全年实际支出控制在预算以内；落实离退休人员政治、生活待遇，确保离退休人员队伍稳定。

【信息化管理】 2017年，信息化工作在确保各建成系统稳定运行的基础上，推进新建系统立项，组织信息技术跟踪和新技术应用研究，支持互联网应用，销售应用集成系统、加油站管理系统2.0完成上线验收，物流管理系统2.0具备验收条件，销售应用集成系统配套项目实现主要功能上线，为创新开展线上线下营销奠定基础。

加强系统应用，销售应用集成系统辅助销售企业优化资源配置，提高工作效率，降低维修成本，促进效益提升，并持续加强系统对业务的管控。提高客户服务质量，聚拢优质客户，推广应用第三方支付，简化办卡、用卡流程，增加银行联名卡支持，提升客户用卡品质。增强系统支持营销能力。拓展天然气、非油品等新业务，增加利润增长点。通过增加室外收银管理、辅助现场管理、集成加气机数据、增强营销分析等功能，提高工作效率、降低劳动强度。加强业务管控和风险防控。通过物流管理系统2.0，优化DPO（配送流向规则）应用，实现对整体运输方式、运输路径的统筹优化，降低物流成本、提高运行效率。依托电子销售平台、CRM（客户关系管理）系统、中油好客e站APP等系统实现对客户的360度画像，推动营销模式从普惠营销向精准营销变革，从单一渠道向全渠道会员体系变革。

抓好信息系统运维，2017年接入电话121万个，在电话总量增长20%情况下接听率上涨10%；处理运维事件63.8万个，同比增长38%；运维中心事件周解决率97%，平均解决时长缩减接近2小时。各系统执行巡检58817次，检查范围涵盖加油站管理系统、销售ERP系统和物流管理系统的基础架构、数据库、中间件、应用系统及互联网业务。数据备份和检查43800次，及时处理备份失败问题180余次。

夯实销售信息系统安全基础建设，落实信息系统安全机制，提升信息安全理念。强化信息技术的安全管理和保障，加强对设备安全、系统安全、网络安全、应用安全、工控安全等信息化建设的全方位安全管理。成功应对“5·12”勒索病毒。加强自检自查并及时落实安全整改。借助外部专家团队加强安全保障，助力销售信息系统安全稳定运行。

【股权管理】 加强股权企业基础管理。2017年，研究制定《销售企业股权管理工作指导意见》；强化监事履职工作，建立检查、督导或审计机制，在直管股权企业管理层考核方案中增加风险事件约束类指标，强化直管股权企业风险管控能力；建立、完善直管股权企业管理层考核方案和员工工资总额方案。借鉴集团公司总部年度效益类、营运类和约束类指标体系对直管股权企业管理层薪酬方案进行调整，同时借鉴集团公司总部工效挂钩方案，对直管股权企业员工工资总额机制进行完善，直管股权企业整体平稳有序运行。总结推广中石油铁工油品销售有限公司在集采专供、服务保障能力等方面的经验，深挖大型终端消费市场，巩固和扩大中国石油品牌影响力，提升各专项领域市场份额，推动合资公司更好发展。

【培训管理】 2017年，列入集团公司、股份公司B类培训4项，销售板块培训21项，培训3896人次。

直接专业培训。第21—23期经理人培训班，重点针对投资计划和工程建设，提升专业线各级领导人员的管理理念和管理水平；销售业务骨干到中油碧辟现场对口培训，销售业务到中油碧辟对口8个（资产、财务、运作、非油品、人力资源、供应、安全、内控）岗位对口培训，通过交流、培训、跟班作业等形式学习各业务运作、现场管理、一体化营销等专业的管理；销售业务骨干英语培训班，在各销售企业内选拔择优录选48名业务骨干参加为期6个月的英语培训，为开发海外销售业务储备人才。

挂职交流培训。分两批组织云南销售与宁夏销售、湖北销售与贵州销售、内蒙古销售与安徽销售、吉林销售与西藏销售、青海销售与河南销售 10 家单位 90 名加油站经理对口挂职。组织上海销售与天津销售、四川销售与贵州销售、宁夏销售与江西销售、湖南销售与海南销售 8 家单位 29 名处级干部对口挂职锻炼。组织开展第六批西藏销售与内地干部挂职交流，来自西北销售、贵州销售、天津销售、重庆销售、江西销售、安徽销售和黑龙江销售 7 家公司的 7 名干部与西藏销售 7 名干部实施对口挂职。组织 31 家销售企业 104 名业务骨干分 4 期到中油碧辟，分别挂任运作、市场、安全、资产、财务、内控、人力资源和供应配送 8 个专业线的经理助理。

【技能鉴定】 2017 年，组织开展技能鉴定教材和题库修编。增加新的国家标准行业标准内容、管控一体化建设标准、油气回收环境治理等新工艺新技术，为提高油库储运调和工基本素质和技能奠定基础。33 家鉴定站具体承担初级、中级、高级 3 个等级的鉴定工作，总体鉴定合格率 50%。全年组织初级、中级、高等级鉴定 18000 人次。

【劳动竞赛】 2017 年，制定下发《2017年“保后路、增份额、增纯枪、增效益”劳动竞赛方案》。在办公协同平台建立“劳动竞赛”模块，提高信息采集效率；加大评比频次，由季度通报改为月度、季度通报，年末通报表彰。表彰 2016 年度 29 家单位的 90 个“先进单位”、686 个“先进集体”和 1215 个“先进个人”称号。

（李　军）

天然气与管道

综 述

【概述】 在股份公司授权范围内，中国石油的油气调运、天然气销售、项目建设、资产完整性管理四大核心及其他相关业务由中国石油天然气股份有限公司天然气与管道分公司（简称天然气与管道分公司）负责管理。

2016 年 9 月，集团公司第十二次深改组会议通过《中国石油天然气集团公司天然气销售管理体制改革方案》，11 月印发《关于天然气销售与管道业务体制调整的通知》，决定做实天然气销售分公司与中石油管道有限责任公司（简称中油管道），天然气销售与管输业务分立运行。

天然气销售分公司按直属企业管理，与天然气与管道分公司“一个机构、两块牌子”，代表集团公司履行中石油管道有限责任公司、昆仑能源有限公司出资人管理职责，主要承担集团公司天然气销售业务的发展规划、市场研究、价格、资源统筹平衡，负责天然气业务市场开发和营销管理，以及集团公司天然气的统购、统配、平价、分销等。天然气销售分公司下设天然气销售北方公司、天然气销售东部公司、天然气销售西部公司、天然气销售西南公司、天然气销售南方公司等 5 家区域天然气销售分公司。根据福建销售分公司开展油气大销售试点情况，设立天然气销售福建分公司。其中，天然气销售北方公司、天然气销售东部公司、天然气销售西部公司、天然气销售南方公司受天然气销售分公司全面管理，天然气销售西南公司、福建天然气销售分公司业务上接受天然气销售分公司管理、考核。

中油管道为股份公司控股子公司，作为股份公司管道资产管理、运营及投融资平台，对股份公司境内所属天然气干线、支线以及原油、成品油管道业务进行管理。中油管道下设西气东输分公司、西部分公司、北方分公司三家区域分公司及全资子公司中石油西北联合管道有限公司。同时受托管理股份公司所属北京油气调控中心、管道分公司、西南管道分公司及中石油北京天然气管道有限公司。

在集团公司党组和股份公司管理层领导下，历经十余年发展，天然气与管道业务快速发展，资产规模快速增长，相继建成西气东输一线、二线、三线，陕京二线、三线、四线，中俄原油管道一线、二线，中缅油气管道等主干管道，形成四大油气战略通道和国内骨干管网；经营效益大幅攀升，天然气营销、市场开发能力、管网运营管理水平持续提高，为保障上下游业务协调发展、实现天然气产业链价值最大化，为集团公司战略目标的顺利完成、整体实力和国际竞争力的显著提升做出积极贡献。

截至 2017 年底，所辖在役油气管道总里程 57735.6 千米。其中：天然气管道 37129.9 千米，原油管道 10615.3 千米，成品油管道 9990.3 千米；天然气、原油、成品油管网一次管输能力分别 1785 亿米^{3}/ 年、1.56 亿吨 / 年和 5200 万吨 / 年。

2017 年，天然气年销售量 1522.2 亿立方米，同比增长 15.7%，市场范围从以油气田周边为主拓展到 31 个省（自治区、直辖市）及香港特别行政区，覆盖中国 7 成以上地级市主城区，市场占有率 64.7%。

（黄献智　董　正）

【经营业绩】 2017 年，实现营业收入 2886.2 亿元，同比增加 580.5 亿元。账面资产总额 4941.6 亿元，比期初 4834.2 亿元增加 107.3 亿元。资产负债率 19%，比期初 22.0% 降低 3%。账面利润总额 228.1 亿元，比全年预算增加 8.1 亿元，同比增利 16.9 亿元。全年实现天然气销售 1522.2 亿立方米，同比增加 207.1 亿立方米；完成原油管输量 8893.4 万吨，同比增加 563.4 万吨；完成成品油管输量 2585.7 万吨，同比减少 50.4 万吨；完成天然气长输管道管输量 1070.2 亿立方米，同比增加 122.5 亿立方米。单位现金成本实现有效管控，其中原油、成品油管输单位现金成本控制在预算范围内，天然气管输单位现金成本超年初预算 5.87 元 / 千米^{3}，主要原因是管道耗电及安全投入增加。

（邱子睿）

【油气调运】 以突出天然气发展，打造绿色、国际、可持续的中国石油为目标，以强化基础管理工作为抓手，坚持以市场为导向、以效益为中心、以安全环保为基础原则，转变思想观念，转变运行机制，转变管

天然气与管道主要经营（运营）指标

指　标	2017 年	2016 年	同比增减
原油管网输量（万吨）	8893.4	8330.0	563.4
成品油管网输量（万吨）	2585.7	2636.1	-50.4
天然气管输量（亿立方米）	1070.2	947.7	122.5
天然气销售量（亿立方米）	1522.2	1315.1	207.1
资产总额（亿元）	4941.6	4834.2	107.4
收入（亿元）	2886.2	2305.7	580.5
利润（亿元）	228.1	211.2	16.9

理方法，群策群力、共克时艰，使业务发展保持持续快速增长态势。2017 年完成原油管输量 8893.4 万吨，同比增加 563.4 万吨。成品油管输量 2585.7 万吨，同比减少 50.4 万吨；天然气长输管道管输量 1070.2 亿立方米，同比增加 122.5 亿立方米，单位现金成本实现有效管控。全年完成节能量 4.0 万吨标准煤，完成节能考核指标。

（管维均　刘家乐　金　硕　杨景丽）

【重点项目建设】 2017 年，中俄东线天然气管道北段加快建设，陕京四线、中靖联络线、中俄原油管道二线、锦郑线、抚锦线等 14 个项目续建，管道焊接里程约 2100 千米。陕京四线、中靖联络线、中俄原油管道二线、中缅原油管道（国内段）、云南成品油管道等 11 个项目投产，投产里程 4806 千米。组织完成西二线西段、山东天然气管网、呼包鄂等 154 个项目竣工验收。

（谢贤龙）

【天然气销售】 2017 年，股份公司天然气商品量 1527.4 亿立方米，同比增加 171.1 亿立方米，增长 12.6%。储气库注气 77.1 亿立方米，采气 74.3 亿立方米。天然气销售量 1522.2 亿立方米（含北京燃气集团有限责任公司代输），同比增加 203 亿立方米，增长 15.4%。增量原因包括：政策导向，煤改气政策推行，环境污染治理力度加大；宏观经济形势回暖，城市燃气及工业用户恢复性增长；发电行业用气量增加，新增用户自然性增长。

（周　斓）

油气储运

【概述】 2017 年，管网管输运行持续平稳向好增长，结合自身优势，加强产运销储贸各环节沟通衔接。通过集中调控手段，优化管道资源流向配置，确保油气管网安全、平稳、高效运行。保障国家能源供应需求，促进社会经济建设增长，为实现国家能源可持续发展奠定基础。

【天然气管输】 2017 年，面对天然气管输需求持续旺盛、资源紧张的局面，加强天然气管输计划管理，优化管网运行及合理调节天然气管网流向，降低管网能耗，提高管道运行效率。加强互通互联工作，实现管网合理调配，在应急互保时发挥管网灵活调控的优势。合理控制管存，在冬季保供期间为寒流的到来准备好合理的库存，提前为元旦、春节等重要节日期间预留出合理的管存空间。保证重点工程入冬前投产，化解管输瓶颈。通过陕京四线、中靖联络线、安平站增压工程、西三线西部机组、中贵线压缩机组等重点工程、重点项目投资，提高天然气管网供气能力。

（金　硕）

【原油管输】 2017 年，强化原油管网优化运行，超前谋划，提前编制运行方案，采取津华线返输、惠银线检修输送、庆铁线低负荷运行、兰成线高比例掺混输送长庆油田原油、石兰线和铁锦线加剂增输等多种方式，保障华北石化、宁夏石化、抚顺石化等炼油厂检修期间管道安全运行和油田后路畅通；周密部署、精心组织，顺利完成庆铁三线、四线对调以及铁大线安全改造工程，中俄原油管道二线按期建成并投入试运行，为 2018 年 3000 万吨俄罗斯原油进口奠定基础；克服点多面广、落差大等自然环境，投产中缅原油管道，打通西南原油进口战略通道。2017 年原油管输量 8893.4 万吨，同比增加 563.4 万吨，原油管输量创历史最高。

（管维均）

【成品油管输】 2017 年，成品油运行工作以管道增输上量为主，根据市场需求合理安排成品油输行批次，优化运行方案。对于管道末站混油处理相关问题提出解决措施，疏通瓶颈，化解矛盾，保证市场供应及管道运行平稳畅通。2017 年 9 月开始投产安保线及安蒙线，同年 12 月投产安曲线，保障云南石化开工后路，为成品油管道增输打好基础。

（刘家乐）

【节能】 2017 年，中油管道贯彻落实节能降耗的各项方针政策和重要精神，推动节能降耗、能源管控工作的开展，结合“开源节流、降本增效”活动主旨，多渠道控制能耗成本，实现节能增效。发挥集中调控优势，优化管道运行方案，保持输油气管道高效经济运行。研究电力体制改革政策，合理利用价格优惠政策，通过申请大用户直购电、调整基本电费计费方式、增设 SVG（静止无功发生器）、合理安排设备匹配等方式，优化电费支出。推动变频调速、余热发电、加热炉节能涂料等节能技改项目的实施，合理用能，高效用能。在油气管输量和周转量均增加、天然气需求淡季不淡、冬季保供的情况下，2017 年实现节能量 4.01 万吨标准煤，完成集团公司下达的节能量指标。

（杨景丽）

【油气管网设施公平开放】 2017 年，在保障用户、服务的前提下，利用管道剩余能力，有序向第三方提供油气管网设施开放服务。向北京燃气集团有限责任公司开放唐山 LNG 接收站和永唐秦管道提供 LNG 进口接卸、存储和代输服务，为北京燃气集团有限责任公司代输 LNG3.56 亿立方米。利用陕京管网系统为中国石化代输天然气 1044 万立方米。利用乌鲁木齐—鄯善原油管道代输新疆美汇特石化产品有限公司用户原油 44.29 万吨。

（王　勐）

天然气销售与利用

【概述】 受宏观经济向好、环境保护政策实施力度加大、替代能源价格上涨等因素影响，2017 年全国天然气消费量 2352 亿立方米，同比增长 17%，全国天然气消费增速重回两位数。国内天然气产量 1476 亿立方米，同比增长 9.8%，国内天然气产量快速增长。天然气进口量 926 亿立方米，同比增长 24.4%，其中：管道气 427 亿立方米，同比增长 10.9%；LNG 499 亿立方米，同比增长 39.0%。国内天然气进口量快速增长，LNG 进口量超过管道气。

【天然气销售量】 2017 年，股份公司天然气销售 1522.2 亿立方米（含北京燃气集团有限责任公司代输），同比增加 207.1 亿立方米，增长 15.7%。其中，天然气销售北方公司销售 403.3 亿立方米，天然气销售东部公司销售 401.6 亿立方米，天然气销售西部公司销售 304 亿立方米，天然气销售西南公司销售 252.5 亿立方米，天然气销售南方公司销售 122.4 亿立方米，福建销售分公司销售 3.8 亿立方米。

为加强天然气销量管理，2017 年天然销售分公司重点做了以下几方面工作。

提前制定冬季方案，指导冬季运行。精细冬季运销安排，分月、分省、分用户制定 2017 年冬季和 2018 年春季运销方案，多次向国家发改委等有关部门汇报，反映资源缺口及供应风险等问题。努力增加资源供应，尽最大可能筹措资源。优化储运设施布局，集中力量解决制约重点工程进度的难点问题。提前制定应急预案，分Ⅰ级、Ⅱ级、Ⅲ级安排紧急情况下的减限顺序和减限气量，明确产业链各环节的应急处置职责。签署协议保证民生需求，9 月起组织与用户签订冬季供用气补充协议，按照冬季用气基量部分阶梯上浮、增量部分上线交易的原则制定价格策略，通过与各地市政府、用气企业多轮谈判，在保证冬季民生需求的同时，有效平抑市场不合理需求。

采取有效措施，开源节流。增加资源供应，发挥中国石油的天然气全产业链整体力量，多措并举、协调配合。想方设法增加自产，协调油气田企业增加资源供应，国内主力气田在冬季资源方案基础上增加供应 1000 万米^3/ 日，12 月 10 日起在确保安全的情况下发挥最大生产能力，又增加供应 370 万米^3/ 日。增加进口资源供应，进一步优化船期和接卸窗口期，增加高价 LNG 现货资源采购。采购兄弟企业资源，在天津及广东、福建、湖北、陕西等地，采购中国海油、中国石化资源 1500 万米^3/ 日。安排地下储气库增加采气。同时，加强需求侧管理，落实国家发改委关于“无条件保民生用气、无条件压非保民”的要求。主动退出天津及浙江高端供气市场350万米³/日，由中国石化、中国海油代为供应，在总体资源量不增加的情况下，腾出资源保障河北等地计划外民生需求；率先将集团公司内部炼油厂、油田热采等用气降至低负荷运行，关停塔里木石化、宁夏石化等内部化肥用气，减少用气2500万米³/日；12月10日实施天然气销售Ⅲ级应急减限预案，减限直供工业用气1500万米³/日，12月16日基本减限到位；12月16日实施天然气销售Ⅱ级应急减限预案，按照“压南控北、先南后北”的原则，减限城市燃气企业转供化工、发电、工业用气2500万米³/日，基本执行到位。

采取灵活价格策略，推进线上竞价交易。实施灵活价格策略，建立价格浮动机制。按照淡季下调、旺季上浮的原则，初步建立起符合市场规律的价格浮动机制。密切关注市场变化，根据市场变化及时调整价格策略。完善冬季价格策略，存量气价格在门站价基础上上浮，上浮比例与客户协商；增量气放到交易中心交易平台，通过竞争确定价格。

响应市场化号召，推进线上竞价交易。首次在上海石油天然气交易中心实现管道气线上竞价交易，引领天然气价格市场化改革。2017年，股东协议交易气量120亿立方米，实际完成137亿立方米，其中竞价交易10亿立方米。

创新模式统筹资源，推动互联互通和LNG一体化。与中国海油、中国石化加强互联互通、互供互保。分别在天津及广东、浙江、福建等地实现互供，冬季用气高峰期间互供气量超过1500万米³/日。合理利用其他LNG接收站富余能力供应市场，一方面增加资源总量，另一方面释放集团公司接收站窗口期，为下一步增加LNG采购量创造机会。创新合作模式，采购中国石化LNG资源，天然气销售分公司与中国石化天然气分公司对接，采用合作方式采购中国石化4船LNG。

强化合同管理，一体化优化运行。全面签订冬季供气补充协议，加强合同管理，规范销售行为，确保冬季天然气销售计划和生产安排有章可循、有据可依。完成2000多家冬季补充合同的签订，签订气量750亿立方米。

增强客户服务意识，开展满意度调查。2017年，首次从天然气销售分公司层面开展客户满意度调查工作。问卷回收率100%，收到相关的建议与意见800余份，客户总体满意率达到96%。

【天然气销售流向及结构】 2017年，中国石油天然气销至全国31个省（自治区、直辖市）及香港特别行政区，覆盖中国7成以上地级市主城区。截至2017年底，已供合同用户2045家。其中，在华北、西南、西部、华中、东北地区继续保持供气主导地位，在华东、华南等区域的市场规模不断扩大。2017年，中国石油在环渤海五省市天然气销售量超过400亿立方米，在长三角、西南地区天然气销售量均超过200亿立方米，是重要的销售市场；特别是环渤海五省市，受宏观经济形势稳中向好、大规模“煤改气”工程带动等因素影响，天然气销售量快速增长。

2017年，天然气销售结构为：城市燃气占71%、发电占9%、工业燃料占6%、化肥占4%、化工占4%、其他占6%。

【天然气利用】 天然气销售分公司利用昆仑能源平台，拓展终端利用市场，截至2017年底，终端利用业务范围扩展到全国31个省（自治区、直辖市），整体进入哈尔滨、昆明、兰州等省会城市，开发运营城镇燃气项目200多个，建设城镇燃气管网3.7万千米、天然气管道8400多千米，50%以上的项目集中在经济发达地区和重点地区的高效市场；投资建设LNG/CNG等站点1200余座；收购运营LNG接收站（储配站）4座，占到国内接卸能力的36%；建设LNG工厂25座，占国内产能的28%；开发终端利用各类用户890万余户。2017年，终端利用完成天然气销售量230亿立方米，占总销售量的15.2%。

紧跟国家能源政策调整和国内天然气终端利用行业发展趋势，完善业务结构，提升终端利用业务发展的质量和效益。利用LNG接收站优势，结合自有LNG工厂，拓展LNG终端业务，实现LNG业务一体化发展。布局天然气发电和分布式能源市场，在长三角地区参股3座天然气发电厂，年发电能力72.5亿千瓦·时、供热能力1752.2万吉焦，在珠三角、川渝等地区在建2座天然气发电厂、2个分布式能源项目。与大庆油田合作成立气电公司，与国内五大发电集团、两大电网企业及地方能源企业开展战略合作，签署25项合作协议，跟踪推进30个项目。

（周 斓）

储运设施建设

【概述】 2017年，重点工程建设顺利推进，中俄东线北段全面加快建设。陕京四线和中靖联络线克服工期短、外协难等诸多困难，2017年10月底全线贯通投产。中俄原油管道二线正式投入商业运营，东北油气战略通道进口俄罗斯原油能力从1500万吨/年增加到3000万吨/年。完成铁大线安全改造，历时7年的东部原油管网升级改造全面收官。中缅原油管道、云南成品油管道成功进油投产。2017年建成投产11个项目，投产里程4806千米。

（董　正）

【项目前期工作】 天然气管道项目。2017年3月，天然气与管道分公司批复西气东输二线广州压气站、西二线樟树—湘潭支干线增输两个工程可行性研究。4月，国家发改委核准中俄东线北段（黑河—长岭）；股份公司批复西气东输三线闽粤支干线（广州—潮州段）工程可行性研究；中油管道批复西三线中段中卫联络压气站工程可行性研究。11月，股份公司批复中俄东线天然气管道工程（长岭—永清）可行性研究。12月，股份公司批复中俄东线天然气管道工程（黑河—长岭）最终投资决策报告。

原油管道项目。2017年11月，股份公司批复武汉输油站搬迁工程可行性研究。

其他项目。2017年1月，中油管道公司批复中油管道公司恒毅大厦信息化基础设施建设项目可行性研究。

（刘春扬）

【天然气管道工程】

1. 中俄东线黑河—长岭段（新建）

中俄东线黑河—长岭段包括黑河—长岭段干线、长岭—长春支线、明水—哈尔滨支线和大庆—哈尔滨支线，全长1059千米。2017年12月正式开焊，截至2017年底，累计焊接51千米。

2. 西气东输三线西段管道工程（续建投产）

管道起自新疆霍尔果斯，止于宁夏中卫，全长2400千米。西气东输三线已于2014年9月全线投产。西气东输三线西段设14座压气站，2016年投运12座，2017年投运2座。

3. 陕京四线（续建投产）

干线全长1120千米，2014年3月控制性工程开工建设，2016年7月线路开焊，2017年10月投产。

4. 西三线中卫—靖边联络线（续建投产）

管道全长376千米，2016年5月开工，2017年10月投产。

5. 兰州—定西输气管道工程（续建投产）

管道起自兰州市西固区柳泉乡兰州首站，与涩宁兰输气管道相接，止于定西市安定区定西末站。管道全长139.8千米，2013年8月开工，2017年7月投产。

6. 如东—海门—崇明岛输气管道工程（续建投产）

管道起于如东首站，止于上海市崇明燃气门站。管道全长88.8千米，2017年9月投产。

7. 大连—沈阳天然气管道工程（续建完工）

大连—沈阳天然气管道包括1条干线和大连、抚顺、辽阳、鞍山等4条支线。其中，干线于2011年11月投产，抚顺和鞍山支线2013年投产。大连支线全长21千米，2010年开工，截至2017年底，工程建成待投产。

8. 山东天然气管网工程（续建完工）

山东天然气管网包括泰安—青岛—威海干线和淄博、莱钢、招远、寿光、乳山、日照6条供气支线。干线长584千米，其中泰安—青岛干线长355千米，青岛—威海干线长229千米。2009年9月开工，2011年4月泰安—青岛段干线投产。2013年淄博支线投产，青岛—威海段于2015年9月投产。截至2017年底，日照支线已完工待投产。

【原油管道工程】

1. 中缅原油管道工程（国内段）（续建投产）

瑞丽—禄丰段起自云南省瑞丽市，止于云南省昆明市，管道全长606千米。2012年4月开工，2017年5月投产。

2. 中俄原油管道二线（续建投产）

管道起自漠河首站，止于林源末站，全长942千米。2016年7月开工，2017年12月进油联合调试。

3. 铁大线安全改造工程鞍山—大连段（续建投产）

管道起自东北原油管网辽阳分输泵站，止于小松岚输油站，全长351千米。2015年1月开工，2017年9月投产。

【成品油管道工程】

1. 云南成品油管道工程（续建投产）

云南成品油管道工程包括安宁—保山、安宁—蒙自、安宁—曲靖成品油管道等3条干线和昆明支线，全长950千米。2012年3月开工，2017年12月投产。

2. 锦州—郑州成品油管道（续建）

锦州—郑州成品油管道包括1条干线，锦西和华北2条输入支线，唐山、武清、大厂、石楼、邢台和邯郸6条分输支线。全长1668千米，其中干线1365千米、支线303千米。2012年8月开工，截至2017年底，累计焊接1409千米。

3. 抚锦线（续建）

抚锦成品油管道全长432千米，其中干线240千米、支线192千米。2013年10月开工，2013年底因资源和管径可能调整，工程缓建（管材停产及投资停拨），2014年11月重新安排投资后复工。截至2017年底，累计焊接386千米。

4. 钦州—南宁—柳州成品油管道（续建完工）

钦州—南宁段管道全长170千米，原由广西石化负责建设，2008年3月开工，2010年10月主体完工。根据集团公司总体规划，2010年11月移交西气东输管道公司，2012年10月移交西南管道公司。南宁—柳州段管道全长193千米，由西气东输管道公司建设，2011年1月开工，2013年7月主体完工。截至2017年底，钦州—南宁—柳州成品油管道完工待投产。

【储气库工程】

金坛地下储气库二期一阶段（续建）

西气东输金坛地下储气库工程主要包括：改造若干口老腔，新建若干口溶腔、部分输气干线、部分注采气站、集输系统等。金坛地下储气库二期一阶段主要包括新增若干口造腔井钻井工程，设计造腔580万立方米。截至2017年底，二期一阶段累计完成82.7%。

（谢贤龙）

【中石油深圳LNG应急调峰站项目】 中石油深圳LNG应急调峰站为国家重点工程——西气东输二线的重要配套项目，该项目将统筹解决西气东输二线东段的应急和调峰问题，满足广东省及香港特别行政区的用气要求，提高供气安全。中石油深圳LNG应急调峰站选址于深圳市大鹏新区葵涌镇迭福片区北侧海域，占用面积26公顷，需通过填海造陆实现。项目建设规模为一期300万吨/年，建设内容包括2座20万立方米LNG储罐及配套设施、可接卸8.0—26.7万立方米LNG运输船的专用码头1座（含工作船码头1座）。

中石油深圳LNG应急调峰站项目2015年5月14日获得国家能源局的项目核准批复文件。2017年4月27日取得《关于同意深圳液化天然气应急调峰站项目延期开工的函》（国能综〔2017〕245号），延期至2018年5月14日。

2017年10月31日，中石油深圳LNG应急调峰站项目举行码头工程开工仪式，标志着该项目正式开工建设。

（刘　峰）

储运设施管理

【概述】 2017年，天然气与管道分公司管理运营的主要油气长输管道57735.6千米，其中原油管道10615.3千米、天然气管道37129.9千米、成品油管道9990.3千米。各类油气管道工艺站场990座、线路截断阀室1990座，500立方米以上原油、成品油储油罐370座，LNG接收站储气罐11具。2017年，经全面推行完整性管理和专项隐患排查整治，油气管道风险得到有效控制，处于安全、可靠、经济运行状态。

（王东鹏　谷思宇）

【管道完整性管理】 2017年，按照GB 32167—2015《油气输送管道完整性管理规范》要求，5家管道地区公司的58个分公司（管理处）编制完整性管理方案145个，完整性管理覆盖率100%。组织地区公司完成对所辖油气管道进行高后果区再次识别和风险评价，高后果区识别率100%，识别出高后果区6557

段，累计长度7453.6千米。其中：Ⅲ级高后果区1899段，累计长度1341千米；Ⅱ级高后果区3389段，累计长度4250千米；Ⅰ级高后果区1827段，累计长度1304千米。全年累计组织完成漏磁内检测5445千米，完成管道外检测作业5119千米。依据检测评价结果，组织修复各类缺陷2600余处，有效控制管道本体风险。针对自检机构取得DD1资格证书对压力管道检验师的注册人数要求，在国家质量监督检验检疫总局支持下，加快中油管道公司自检队伍建设速度，于3月、7月组织压力管道检验员和检验师培训，114名学员参加培训，103人取得检验员资格证书，90人取得检验师资格证书。

（戴联双）

【维抢修管理】 截至2017年底，天然气与管道分公司建成18个维抢修中心、37个维抢修队、23个维修队，保驾管道近6万千米。2017年所属油气管道发生抢修事件15起。其中：因打孔盗油5起，自然与地质灾害5起，管道本体缺陷2起，施工质量、产品质量3起。经及时、有效应急处置，未对管道运行造成较大影响。

【管道保护管理】 2017年，委托专业机构对所辖在役油气管道地质灾害风险进行全面调查，基本查明管道沿线地质灾害的类型、数量、分布和发育趋势，排查出的3989处风险点均按照等级高低采取管控措施。按照“重点活动重点保障、特殊时期特殊措施”原则，油气长输管道全面升级安全防范、风险管控和应急准备等各项措施，保障党的十九大等时期油气管道安全平稳运行。

（罗　鹏）

【设备管理】 2017年，长输天然气管道在运行压气站73座、压缩机组275套，在运行储气库8座、压缩机组33套，总装机功率6068兆瓦，同比增长19%。2017年机组可用率97.77%，同比提高0.3个百分点，可靠性稳定在99.86%，实际利用率33.2%，主要管控指标稳定向好。

（谷思宇）

专业管理

【规划管理】 2017年，天然气销售业务工作重点是突出规划引领，以“服务销售”为宗旨，以“系统最优”为目标，以“目标管理”为核心，适应天然气与管道业务体制机制调整要求，加快实现业务转型。

完善规划体系，统一工作流程。天然气与管道分公司在2016年发布的规划管理体系文件基础上，结合销售与管道体制调整的实际情况，优化规划内容、目标和工作流程，规范各项规划工作。2017年安排规划68项，结合管理体制调整的实际情况，相应调整其中9项规划，实际完成规划59项。

突出核心规划，优化工作目标。组织完成天然气销售分公司业务发展及管理架构报告，结合国外天然气行业的整体发展趋势和现有组织架构及业务现状，明确天然气销售分公司的工作思路是围绕管理客户、管理资源两条主线，通过夯实市场开发、客户服务、资源整合、合资合作、成本控制、金融策略等六项关键能力，建设管控体系、决策体系、人才与激励三大支撑体系，完成市场、商务、盈利等三大模式转型，实现天然气销售分公司战略目标；梳理天然气销售分公司各项业务管控要素，并对管理体系架构和绩效考核等提出优化调整建议。此外，结合宏观经济形势变化和2017年上半年销售超计划完成的实际情况，组织完成《2018—2025年天然气销售业务发展报告》，在“十三五”规划基础上，滚动调整销售工作目标和工作部署，加强储运设施配套，保障销售目标实现。

加强规划评估，提升规划质量。2017年重点对6家区域销售公司31项分省规划进行评估。各区域销售公司业务人员深度参与规划编制，按照内容完整性、内容深度两方面评估要求细化规划方案、完善规划部署，规划的针对性、系统性和指导性明显增强，整体质量显著提高。通过评估过程的交流和学习，各区域销售公司取长补短、共同进步，成效显著。

（赵　俊）

管道业务方面，按照中油管道《规划管理办法》《规划及专题研究管理程序》，启动规划滚动编制工作。结合国内外资源获取情况、市场需求变化和储运设施建设情况，中油管道“十三五”业务发展规划执行情况，以及集团公司总体规划的重点是天然气、原油、成品油管道建设和保障措施、面临形势、风险分析以及应对措施，滚动编制中油管道业务发展总体规划。天然气管道规划重点是预测远期天然气需求峰值和可能接入资源，提出天然气管道中长期布局，滚动编制天然气管道业务发展规划；原油、成品油管道规划重点是根据国内外原油资源获取情况、炼油厂建设安排、成品油市场需求变化及原油、成品油管道建设情况，调整、编制原油和成品油管道规划。组织各管道成员企业做好各公司总体规划和业务专项规划编制工作，提出各公司细化的油气管道建设安排。

（顾灵伟）

【投资管理】 2017年，根据股份公司对天然气与管道分公司“统筹协调管道规划布局、预算及投资、天然气输销衔接业务”的管理定位，天然气与管道业务规划着眼资源市场发展趋势和对政策形势的研判，统筹规划油气主干管网和储运调峰设施布局，突出规划对计划工作的引领指导。在整体规划部署下，确定各项业务分年投资安排，细化当年年度投资计划。天然气销售分公司独立运行第一年，打造天然气销售分省规划，规范经济评价方法并严格评议，分省规划特别是天然气支线规划，突出扩销增量业务特点，统筹支线布局，安排建设节奏，使年度投资计划和分批计划更加靠实。根据项目特点，细化投资对标分析，合理控制项目可研估算\初设概算投资，从源头把控投资。

投资体系建设方面。加快投资管理建章立制步伐，从投资管理、项目管理等方面制定并发布一系列程序、作业文件，特别是天然气销售分公司做实后亟待补充完善的管理文件。为理顺工作流程，明晰工作界面，制定发布《天然气与管道分公司适用于中石油管道有限责任公司投资管理细则》《天然气与管道分公司适用于昆仑能源有限公司投资管理细则》《天然气销售分公司投资管理细则》等；截至2017年底，投资管理体系基本建成并根据业务发展需要滚动更新。

投资计划管控方面。加强投资计划管理，投资安排加强与项目计划联动，坚持效益标准，按要求分阶段开展经济评价工作，特别对新建天然气支线，须在初步设计、开工前分析资源市场、价格、外部环境等因素对项目经济效益影响，确保新建支线投资收益。2017年完成投资183亿元（股份公司投资133亿元），完成框架计划的94%，完成下达计划的99%。

项目投资审批方面。加强项目投资管控，完善长输管道、储备气等投资估算指标，2017年审查项目8个（186亿元），批复项目9个（46亿元）、核减9亿元、审减比例16%。

（张媛媛　李战宏）

【预算管理】 2017年，细化月度预算，提升预算价值导向作用。（1）完善月度经营活动分析模板，初步实现“四统一”（统一分析要素、统一分析口径、统一分析方法、统一分析模板）。按照中油管道管理范围，全口径分析经营成果和财务状况，新增资产、负债、现金流、应收账款、存货、折旧折耗、财务费用、人工成本及管理费用等分析项目。首次将“两金”压控、资产负债等纳入分析范围，拓展月度预算分析的内涵和外延，满足集团公司、股份公司、天然气与管道分公司和中油管道等各方管理层的需求。（2）开展全年利润滚动预计工作。为确保完成年度预算目标，提前预警，从8月起逐月开展全年利润滚动预计工作；按照月度生产计划、管输能耗预计，考虑地质灾害及管道环焊缝排查及修复等重大影响因素，结合天然气管道运价率改革，编制全年利润预计；与年度预算进行对比分析，发现完成预算目标存在的风险并提出相关措施，确保完成业绩指标。

组织2018年财务预算编制。根据集团公司财务预算编制的总体部署，结合天然气管输价格改革，提前筹划，制定2018年财务预算编制方案，同时结合开源节流降本增效和“六个一”管理思路制定具体措施，开展7家管道地区公司预算分解，经逐家对接确认，预算分解工作完成。

（程海龙）

【财务管理】 2017年，财务管理夯实会计核算，适应实体运行要求。编制财务运行方案，夯实会计核算基础。及时开展“子变分”重组，提升管理效率。落实财务运行方案“建立统一账套”要求，完成ERP融合系统正式上线。推进财务信息系统运维建设。

（姜长丰）

推进开源节流降本增效，确保完成奋斗目标。按照开源与节流并重的原则，在“优投资、广开源、抓能耗、防风险”等关键环节上下功夫，根据年初制定的开源节流降本增效8个方面15项具体措施，做好各项措施年终收尾，实现成本硬下降、效益稳提升，完成年度7.5亿元奋斗目标。

（沈　彤）

落实新管输运价率实施。按时发布管道运距表及管道运输价格。组织开展管道运价率模式下结算课题研究，确定节点法结算模式。搭建ERP管道运价率结算系统，实现单轨上线运行。编写结算管理办法，建立日报及问题清单销项制度，提高结算效率。开展管道运价率改革影响分析，确保业绩指标顺利完成。按时完成新运价率模式下管道业务效益测算。按时发布管道运距表及管道运输价格。

（程海龙）

推进资金集中管理，提高资金运营效率和效益。（1）按照“做实中油管道”的总体要求，推行中油管道资金及债务的集中管理，实现由重组前各单位分散集中到重组后统一集中的重大转变，资金集中度接近100%。（2）统筹平衡资金及债务。中油管道对管道联合、西北联合、东部管道等企业法人的重组整合和实施“子变分”后，实现所属单位之间资金和债务的统筹平衡，解除原内部子公司间资金拆借的6份委托贷款协议，涉及金额376.5亿元，每年可节约银行手续费0.45亿元，减少无法抵扣的进项税0.83亿元。（3）统筹管控资金安全风险。通过资金集中管控，优化统一资金管理流程，完善资金安全控制规则，最大限度降低资金沉淀，组织各单位开展融资性贸易业务、货币资金等资金业务监督检查，落实资金安全防控责任，确保资金安全。（4）统筹推进“两金”压控。重组后，中油管道统筹管控各管道成员企业的“两金”压控，统一制定考核实施细则，集中精力解决重点企业的应收账款清收，合理控制备品备件、应急物资等存货水平，不断提高应收账款、存货的周转效率。2017年各管输企业均按照上限完成“两金”压控指标。

（考青鹏　李狄楠）

完善成本分析数据库，深化成本管理，提升成本分析信息化水平。2017年4月18日下发《关于继续填报成本分析数据库的通知》，组织地区公司进行数据填报工作。填报2016年相关财务、生产、人事数据等报表134张，首次将西南有限公司数据纳入对标范围，上报该公司2013—2016年相关报表32张。组织地区公司进行数据校核，形成2006—2016年成本分析数据库数据分析报表，编制2016年长输管道内部对标分析报告及管线手册。

完成报表管理平台的开发，运用BI工具完成可视化分析PC端模板开发，在平台发布，实现分公司、分年、分介质、分维度的各项指标实时查询、分析。

（董亚兰）

统筹部署2017年财务决算。落实股份公司财务决算会议部署，结合管道企业实际情况，制定财务决算方案，明确时间、分工及编制要求，确保会计信息质量。对各管道企业所涉及的资产减值、费用核销、资金往来及其他所涉及的重要问题进行全面梳理，提前筹划、统一研究。制定财务决算报告审核方案，采用“分业务审核＋现场审核”相结合的方式，提高决算效率和报告质量。按照国务院国资委、集团公司要求，组织开展企业年度报告编制。

（姜长丰）

强化财务管理基础工作，提升规范合规管理水平。按照中油管道QHSE体系整体工作部署，从制度建设着力，确立“全面覆盖、重点管控、有序推进、逐步完善”的建设原则。梳理集团公司及股份公司有关制度要求，结合管道业务实际，听取其他部门及管道成员企业的意见及建议，反复斟酌修改，注重体系文件内容的规范性及实操性，完成10项体系文件编制（4项程序文件、6项作业文件）。

（沈　彤）

推动开展专项研究，为后续工作奠定基础。强化税收价格管理，开展增值税分省纳税研究及临时耕地占用税研究。启动天然气两部制管输价格研究，配合进行中油管道实体运营研究，配合开展中油管道持续重组研究。提早研究谋划长输管道弃置费用处理问题。

（周旭宇）

【资产管理】 2017年，研究确定资产管理模式，规范审批流程，提升资产管控水平。细化资产管理，研究确定资产管理模式，规范审批流程；配合项目经理部移交事宜；配合完成中沧线等一系列资产报废、划转事宜；参与股份公司资产目录和资产指南的编写工作。根据股份公司加快管道项目经理部结算进度的相关要求，梳理管道项目经理部撤销、锦郑线资产划转存在的土地权属、权证变更、税收、会计核算等方面问题，制定财务应对方案，做好管道项目经理部有关撤销及移交事宜。

（毕晓峰）

【合资公司管理】 推进重组整合。2017年，中油管道完成对东部管道和管道联合两家全资子公司吸收合并，原有业务注入西气东输和西部公司开始运营，加快推进东部管道和管道联合公司注销；启动研究西气东输三线东段资产重组实施方案。

深化细化股权管理。强化股权投资收益预算编制与审核，督导亏损股权企业扭亏增效，落实绩效考核责任。细化规范股权企业行权管理，组织落实治理结构人员变更和治理不规范事项整改，规范行权管理。完成国有产权管理系统分立运行，组织实施江投公司股权管理权划转，理顺股权管理界面。

按照股份公司加强党建工作要求，通过年度股东会修订中油管道公司章程，完善增加党建内容。按照中油管道公司章程组织召开年度股东会、董事会和监事会会议，推动中油管道依法合规经营运转。

（卢　洋）

【专业技术培训】 天然气销售业务方面，2017 年为提高天然气销售分公司下属各单位和油气田企业业务骨干的市场开发与销售业务水平，天然气销售分公司举办 2 期天然气市场开发与营销培训班，为区域销售公司培训员工 150 多人次，有效缓解培训需求缺口，广大员工营销理念得到进一步加强。为解决天然气销售组建初期队伍急剧扩大而造成的大量新入职员工专业知识欠缺等实际问题，天然气销售分公司发挥各区域分公司在员工培训方面的直接优势，立足内部挖潜，有针对性地组织开展内部培训，所属区域分公司 2017 年举办企业 C 类讲座培训 29 期，培训员工 1082 人次。全年参加集团公司 A、B 类培训 31 期，培训 147 人次。注重培训教材开发，主持完成集团公司统编教材《天然气市场营销》编制工作。

（王彦文）

管道业务方面，做好专业技术员工培训。按照股份公司人事部培训工作要求，结合重点业务推进需求，编制中油管道 C 类培训计划，分类分级组织各管道成员企业选派人员参训。完善员工培训台账，深入调研分析不同层级、不同岗位、不同年龄员工的培训需求，详细规划专业技术员工短期和中长期培训方案，不断激发专业技术员工的工作积极性。探索开展专业技能人员上岗取证、岗位鉴定培训教材的优化整合，促进培训教育更加切合生产任务需要，推进考核鉴定更加切合基层操作实际。

推进管道业务职业技能竞赛。落实集团公司职业技能竞赛总体安排，推进油气管道专业职能技能竞赛预赛和决赛筹备工作。突出技术创新交流和技能人才成长，组织编制输油大工种、输气大工种、油气管道保护、压缩机组运维作业和管道维抢修作业技术方案，征集遴选基层一线创新成果，统筹推进各专业岗位练兵和职业技能竞赛活动，促进油气管道业务操作技能员工整体技能水平和创新能力的提升。

（郭艳清）

【管道安全】 2017 年，中油管道根据集团公司总体工作部署，贯彻“安全第一、服务至上、专业专注、以人为本”理念，围绕 HSE 工作要点和中油管道安委会议定事项，以夯实基础和提升管控水平为主线，推进 QHSE 管理体系建设，严控安全环保合规管理，狠抓事前预防，严肃事中事后问责，安全生产保持良好态势。

完成 QHSE 管理体系建设及文件发布。中油管道将贯彻 QHSE 管理体系建设作为实施实体化战略的重要抓手，推进管理体系建设。（1）完善中油管道管理要素，实现业务全覆盖。围绕中油管道实体化建设和安全环保管控新形势，通过要素对标、流程梳理、节点提炼、功能整合、合规审核五个步骤，建立包括 12 个一级要素、47 个二级要素的管理体系，实现要素全覆盖、机构职责全覆盖，夯实体系建设基础。（2）延续“金字塔”形管理体系，全力推进管理体系文件发布。2017 年 7 月 1 日正式印发《中石油管道有限责任公司质量、健康、安全、环境管理体系（2017 版）管理手册》，发布 136 项体系文件、31 项操作规程、2 项目视化标准，编制《体系审核量化考核评估标准》《基层站队考核总标准》以及 2 项站队巡检标准。各层级制度文件支撑中油管道日常各项业务开展。（3）加强质量安全环保体系文件编制。发布 18 项质量安全环保体系文件。统一编制、发布操作规程、目视化标准、基层站队考核标准。发布《问责管理程序》《质量事故管理办法》《安全环保事故管理办法》，编制《质量飞检管理办法》。按照国家安全环保验收新要求，编制《建设项目安全环保职业健康“三同时”管理程序》。（4）成立 QHSE 技术支持机构。为进一步夯实安全环保管控基础、提升管理水平，2017 年 9 月 6 日设立中油管道 QHSE 工作站，支持中油管道依法合规、风险管控、基础建设。（5）稳步推进国际安全评级。完成各地区公司 2017 年国际安全评级工作。管道分公司和西部管道分公司评级达到 7 级，西气东输管道分公司和北京天然气管道有限公司为 6 级，西南管道首次参评获 4 级。（6）推动体系认证工作。围绕中油管道实体化建设需求，按照中油管道取主证、5 家地区公司取子证方式，开展管理体系认证工作。取得质量管理体系证书、职业健康安全管理体系证书、环境管理体系证书、中国石油健康安全环境管理体系证书，促进体系持续改进。

严守红线，管道安全环保合规管理稳步提升（1）建立油气管道环保基础数据库。中油管道控制、跟踪统计各项排放指标，每月组织各管道成员企业填报站场污染物排放数据、碳排放数据。2017 年实现达标排放。（2）跟踪梳理国家法律法规。持续统计分析国家新发布新修订法律法规，编制《2017 年度安全相关法律法规汇编》《2017 年度环保相关法律法规汇编》。（3）清理安全环保验收欠账。多次督办，建立日推进、周协调、月督办工作机制，精研法律新要求，编制《环保验收工作手册》，破解环境保护自主验收新难点，完成19个安全项目现场验收、22个环境保护项目现场验收。（4）推进安全环保项目审查。取得中俄东线北段安全评价、安全设施设计和闽粤支干线安全评价批复，保障重点工程开工建设。（5）天津港—华北石化原油管道通过国家安全验收监督核查。通过国家安全生产监督管理总局牵头、四部委联合对天津港—华北石化原油管道安全设施竣工验收监督核查和现场检查，结论为符合国家有关要求，通过验收。

强化风险排查隐患治理，管道本质安全不断改善。（1）持续强化风险管控。深化排查结果应用，形成一系列风险管控措施亮点。统计分析2010年、2012年、2014年、2016年、2017年5次管道环境风险排查数据，兰成渝管道、兰郑长管道完成泄漏隐患问题集中治理，长沙站完成事故应急设施建设，包括监测井、应急池、污油井、消防车道。2017年7月，针对管道穿越或毗邻江河湖海、水源地等水环境污染风险，毗邻或穿越自然保护区、风景名胜区、森林公园等生态保护红线区域的自然生态环境破坏风险开展排查，获取1072项环境风险数据。开展数据归类分析，形成重大风险96项、较大风险642项、一般风险334项。开展环境风险评估方法、高风险区和高后果区分级标准研究，完成《兰郑长管道环境风险诊断评估方案》，建立兰郑长管道12条河流环境风险防范及应急措施。（2）持续强化隐患治理。督办隐患治理项目整改，持续组织新隐患治理项目申报。2017年推进兰州站出站3千米管道等12个隐患治理项目整改。重点开展25座油库/站场隐患专项排查，形成1704项排查数据，对比研究国内外标准，函联管道工程有限公司开展油库隐患整改方案初步设计，夯实隐患治理基础。

开展体系审核和安全大检查，督办问题整改销项。（1）开展覆盖各管道成员企业的体系审核。完成2017年上半年和下半年2次覆盖各管道成员企业的体系审核，发现问题367项并在中油管道通报，落实视频会要求在HSE系统挂牌销项，整改完成率100%。体系量化审核全覆盖，5家地区公司均在优秀级A2档。（2）按照集团公司“大学习、大检查、大反思”要求组织开展冬季安全大检查。12月18—22日对西气东输三线东段、北京天然气管道陕京输气系统、西南管道分公司中贵联络线进行检查，发现问题80项，印发通报要求各地区公司整改、举一反三，针对重复发生问题进行问责，编制安全差异分析报告上报集团公司。

建立清退机制，安全环保事故事件管控力度加强。（1）开展事故调查和责任单位清退。封闭办公开展“7·28”事故调查，形成调查记录，编制事故调查报告，提出责任认定意见，请示集团公司后下发《关于清退事故责任单位的通知》，立即清退相关责任单位。（2）建立事故教训传递通道。建立传递平台，利用管道生产系统（PPS系统）短信平台，构建覆盖各管道成员企业的事故信息传递群组，确保事故教训24小时内全员传达。收集国外典型事故案例28起，编制《国外油气管道事故案例汇编》，发放各地区公司，落实全员学习受教。

完善应急预案，安全环保应急能力不断加强。（1）发布专项应急预案。编制完成《集团公司油气长输管道事故灾难突发事件专项应急预案》并发布，按照集团公司、中油管道和管道地区公司三个层级应急流程的要求，形成“1+3+6”应急体系框架。同步修订应急办公室工作手册和现场工作手册。（2）组织应急演练。2017年6月21日，在集团公司应急大厅组织开展以中缅原油管道山区段泄漏污染事件为假想的桌面演练，验证新施行的中油管道事故灾难专项预案，西南管道分公司现场同步开展实战演练，两地视频实时同传。（3）启动两次应急预案。“7·28”事故发生后，启动《集团公司油气长输管道事故灾难突发事件专项应急预案》，组织事故应急处置工作，保障事故抢险工作开展。按照集团公司天然气保供要求，为确保油气管网安全平稳运行，中油管道启动应急响应，制定《中油管道公司天然气保供安全风险管控方案》，2017年12月19日下发各地区公司执行。

开展质量监督，质量管控成效显著。质量飞检迈出重要步伐。2017年9月12—22日，集团公司质量安全环保部组织专家组对中靖联络线、中俄东线、中俄原油二线、陕京四线进行质量飞检，发现各类问题79项，9月30日通报各相关地区公司并督办整改，10月30日全部整改完成。编制中油管道《质量飞检管理办法》，迈出中油管道工程质量监督管控的重要步伐。

（丁俊刚）

【标准化管理工作】 2017年，天然气与管道标准化工作秉承服务生产、提升管理、注重实效等发展理念，在标准体系建设、标准管理质量提升、标准信息化、标准国际化等方面协同发展，对集团公司主营业务的保障作用日益凸显。

标准体系建设理论和方法逐步完善。开展标准一体化理论与方法研究，集成天然气与管道标准一体化技术研究成果，顺应天然气与管道业务发展需求，探索出一套覆盖管道全生命周期的一体化标准研制思路和方法，优化并形成由12个专业、81项标准组成的一体化标准架构，为天然气与管道业务发展提供全方位支撑。

标准化管理质量与效率持续提升。持续改进标准管理工作模式，加强与起草单位标准化管理部门的联系，增进标准起草过程中的协调。完善由资深专家、生产人员、科研人员和标准管理人员等共同参与的标准化协同工作机制，严格标准制修订过程管理程序，提高标准质量。2017年完成2项国家标准、5项行业标准、20项集团公司企业标准的制修订工作。

标准信息化服务能力持续提高。完成标准揭示系统与产品信息系统（PIS）的整合开发，实现标准揭示检索与完整性管理的功能集成和数据库融合，数据覆盖范围扩大至油气管道领域相关法律法规和国外标准，天然气与管道标准内容揭示系统微信公众平台关注人数突破1900人，天然气与管道标准信息管理系统收录标准4000余项；开展标准信息化顶层设计，促进各标准信息化功能模块的有机结合和数据的互联互通，为实现标准研究、管理、应用的全过程管控和全生命周期信息管理奠定基础。

标准国际化工作取得新突破。牵头开展国家重点研发计划质量技术基础项目（NQI）专项“重大装备标准走出去适用性技术研究”和集团公司软科学课题“油气管道合资企业标准化合作对策研究”，依托跨国油气管道工程，推动中国油气管道标准在中亚地区和缅甸的转化应用；主导制定国际及国外标准数量持续增长，截至2017年底，主导制定的ISO和NACE标准8项，推动油气管道完整性管理、地质灾害防护、管道腐蚀防护以及防腐层测试等技术在国际的推广应用，提升中国石油实质性参与油气管道专业国际标准化工作能力和话语权。

（姚学军）

【管道科技】 2017年，“管道全尺寸爆破试验场建设及试验关键技术”获集团公司科学技术进步奖一等奖。

（1）国产燃驱压缩机组关键设备国产化。西气东输衢州站1号机组4000小时工业性试验，截至2017年底，累计运行1300小时，运行良好；2号机组返厂维修后处于工厂试验阶段。

西部管道烟墩站1号机组4000小时工业性试验，截至2017年底，累计运行2700小时，运行良好；2号故障机组返厂维修，修好投产；3号机组压气机叶片损伤，返厂维修。

（2）阀门、执行机构、流量计等国产化设备。管道分公司垂杨站开关型电液执行机构和林源站电液执行机构完成工业性试验；完成大口径调压装置技术条件及设计方案审查。

西气东输管道4台超声流量计和4台涡轮流量计通过工业性试验验收；完成压缩机防喘阀技术条件审查。

西部管道烟墩站56英寸球阀及配套执行机构通过现场工业性试验验收；完成56英寸四阀座全焊接球阀技术条件及试验大纲审查。

（3）第三代大输量天然气管道工程关键技术研究。股份公司重大科技专项“第三代大输量天然气管道工程关键技术研究”通过验收。经过近5年攻关，科技专项完成全部研究任务，取得7项理论成果、12项技术成果、7大标准体系、九大系列产品，建成261千米0.8设计系数示范工程和7千米外径1422毫米X80钢级示范段，X90钢级试验段具备施工条件，并据此专项培养国家级设计大师1人，集团公司级专家13人。

该科技专项形成6项标志性创新成果，分别为天然气管道可靠性设计和校核技术、高强度管道断裂控制技术、X90钢级管道建设技术、0.8设计系数X80钢级管道建设技术、外径1422毫米X80钢级管道建设技术和高强度天然气管道全尺寸气体爆破试验技术。

通过该科技专项研究，在国内首次开展天然气管道全尺寸气体爆破、首次批量生产并敷设0.8设计系数管道和外径1422毫米X80钢级管道，在国际上首次批量生产X90钢级管道、首次开展X90钢级管道的全爆试验。专项研究在管道基于可靠性设计方法、管材技术指标、高强度管件、管材强韧性匹配、断裂控制预测模型及爆破试验技术方面取得的成果获得国际同行的高度关注和认可，特别是关于X90钢级钢管的相关研究成果填补行业空白。

专项研究成果实现第三代大输量管道技术的突破，形成管道工程建设成套技术，推动中国天然气管道技术进步。

（4）国产油气管道SCADA系统软件工业试验。2017年，股份公司重大科技专项“国产油气管道SCADA系统软件工业试验”通过验收。2015年6月项目启动，完成基础方法研究、现场工业化验证、软件优化定型等工作，形成 PCS 软件。PCS 软件应用后，可降低软硬件购置成本 10%。通过自主建设和运维，可降低系统维护成本 20% 以上。项目在冀宁天然气管道和港枣成品油管道成功实施工业试验，国产 PCS 软件满足当前油气管道生产监控需要，能够完全替代在役国外油气管道 SCADA 系统软件。

（5）中俄东线站场低温管件研究。中俄东线站场低温环境（–45℃）用外径 1422 毫米 X80 钢级钢管、感应加热弯管研制及现场焊接技术研究。完成站场低温环境（–45℃）用直缝埋弧焊管、直缝埋弧焊管用钢板、感应加热弯管、感应加热弯管母管和环焊缝焊接工艺评定输入条件 5 项试制技术条件编写，并发布。完成两轮外径 1422 毫米 ×30.8 毫米 X80 钢级钢管、外径 1422 毫米 ×33.8 毫米 X80 钢级弯管的单根试制，自检结果满足试制技术条件的要求。完成 X70 钢级及以下等级钢管、弯管的试制并送管研院检验，检验结果满足中俄东线技术指标要求。完成线路用外径 1422 毫米 X80 钢级钢管现场焊接工艺优化研究。

中俄东线站场低温环境（–45℃）用外径 1422 毫米 ×1219 毫米 X80 钢级三通研制。完成站场低温环境（–45℃）用钢制对焊管件、管件专用钢板 2 项试制技术条件的编写，并发布。完成 X80 钢级三通单件试制并制造 2 件成品，自检结果满足试制技术条件的要求。确定三通应力测试方案，完成三通激光扫描和测试元件加工。完成 X70 钢级及以下等级三通试制并送管研院检验，检验结果满足中俄东线技术指标要求。

（孙云峰）

【管道信息】 2017 年，持续推进信息化建设工作，支持中油管道实体化运营工作。

推进“智慧管网”顶层设计工作。围绕“全数字化移交、全生命周期管理、全智能化运营”的目标，开展智慧管网顶层设计工作。梳理形成“1 个总体设计 +5 大业务领域 +49 个子任务（课题）”的总体框架设计，研究提出总体发展蓝图和信息化架构，形成项目部署和实施路线，为深化设计工作指明方向。

完成 ERP 应用集成项目实施阶段实施工作。推进 ERP 应用集成项目实施工作，实现中油管道、管道分公司、西南管道分公司、西气东输管道分公司的推广上线工作。启动中油管道 ERP 应用集成项目实施工作，在中油管道以及东部分公司、西部分公司成功上线运行。实现中油管道地区公司财务“一本账”管理和统一的财务核算体系。支持“一企一率”模式下管输费结算，固化结算流程，推动管输转供数据填报，实现管输费自动计算，减轻业务人员工作量，支持管输费分公司、分省、分管线核算。实现各区域管道公司物资采购计划的统一提报，强化中油管道总部对各区域公司采购计划的集中管控。实现跨区域管道公司的物资信息共享与调剂调拨，增加库存周转率，减少库存占用。

完成中油管道信息化总体规划编制工作。在中油管道实体化运营大背景下，紧跟业务发展趋势开展 2018—2022 年信息化总体规划编制。针对主营业务和职能管理的需求分析结果制定对应解决方案，调研 85 人次、收集问题及需求 180 条，部署开展 7 个信息系统建设项目、4 个信息化基础及配套项目。为未来的信息化工作指明方向。

编制完成中油管道信息化体系文件。为了进一步理顺各项业务工作，明确各部门的职责和工作界面，明晰各项业务的工作方法和管理程序，完成信息化规划计划管理细则、项目立项管理细则、项目实施管理细则、项目验收管理细则、数据管理细则、信息系统日常维护管理细则等 6 个作业文件编制，并发布执行。

（魏　政）

工程技术与工程建设

工程技术

【概述】 集团公司2017年12月组建成立中国石油集团油田技术服务有限公司（简称中油油服），管理中国石油集团西部钻探工程有限公司、中国石油集团长城钻探工程有限公司、中国石油集团渤海钻探工程有限公司、中国石油集团川庆钻探工程有限公司、中国石油集团东方地球物理勘探有限责任公司、中国石油集团测井有限公司、中国石油集团海洋工程有限公司7家子公司，同时负责集团公司所属其他工程技术服务企业以及科研机构的业务管理、指导与协调。中油油服作为重组后的油田服务业务管理主体，主要承担决策、协调、监督、党建和服务五类职能，是利润中心和经营管理中心，对7家成员企业以“战略管控+部分运营管控”模式进行分级授权管理。

截至2017年底，主要专业施工队伍6418支。按专业分物探队195支，钻井队1183支，测井（射孔）队813支，井下作业队1774支，录井队1436支，固井、定向井、钻井液等各类技术服务队伍1017支。按市场分国内5044支，国外1374支。在册员工17.98万人，其中合同化员工13.31万人、市场化员工3.63万人、劳务及其他用工1.04万人。资产总额1695亿元，其中流动资产、固定资产、油气资产、长期待摊费用和其他资产分别占60%、20%、13%、4%和3%，资产负债率43.8%。

2017年，完成钻井进尺2579万米，同比增长32%；二维地震和三维地震采集分别完成15.5万千米和5.7万平方千米，分别同比下降4.8%和1.6%；测井10.2万井次，录井1.3万口，井下作业11.08万井次，分别同比增长28%、66%和33%，为保障集团公司国内外油气生产发挥重要作用。7家企业实现收入同比增长14%，完成利润同比增长23%，完成集团公司下达的考核指标。

【中国石油集团油田技术服务有限公司成立】 2017年11月15日，集团公司全面深化改革领导小组第二十一次会议审议通过《工程技术业务改革重组框架方案》，2017年12月29日，集团公司下发《关于工程技术业务实施重组的通知》（中油人事〔2017〕635号），组建中国石油集团油田技术服务有限公司，列集团公司专业公司序列，暂保留工程技术分公司牌子。中油油服机关设总经理办公室（党委办公室）、党群工作部、人力资源部（党委组织部）、规划计划部、财务资产部、企管法规部、监察审计部（纪委办公室）、市场与生产协调部（资质管理办公室）、油藏技术部、钻井技术部、井下作业技术部、质量安全环保部（井控管理办公室）、物资装备部、科技信息部14个部门。中油油服设国际事业部，作为直属机构管理，主要承担海外业务市场开发与协调、安全防恐等任务。国际事业部设市场协调处、合同条法处、经营管理处、技术与安全防恐处4个处。

中油油服主要职责：负责统筹集团公司油田服务系统资源配置，研究油田服务业务发展战略，研究制订中长期发展规划和年度计划；负责集团公司授权范围内投资管理以及资金、预算和税收筹划等财务工作，承担资产保值增值责任；负责市场营销功能和体系建设，加强市场营销计划、组织与协调；负责企业制度建设，推进内部体制机制调整和完善；负责建立考核机制和业绩评价体系，在集团公司授权下自主进行人力资源管理，建立科学有效的激励约束机制；负责中油油服生产运营管理，组织实施国内外市场资源配置与协调，建立以信息化为主要手段的共享运营平台；负责集团公司井控、资质管理和所属企业安全、环保、质量、节能等业务的监督管理；负责勘探开发工程技术管理及标准、规范制定；负责重大技术攻关、现场试验、集成配套与推广项目的科研立项、研发过程、验收评价等管理，推进技术、装备与工具研发及支撑体系建设；负责企业风险管理，以及审计、纪检监察等管理工作；负责中油油服机关人事劳资、党建等工作；负责法人实体的其他管理工作。

【改革重组相关业务】 集团公司成立以主管领导为组长，人事部和中油油服主要领导为副组长，集团公司总部机关相关部门负责人为成员的工程技术业务改革重组领导小组，领导工程技术业务改革重组工作。中油油服成立改革实施小组，明确分工，制定测井、物探、油建业务改革重组与交接方案，排出进度大表，针对资产划转等一些难点问题，明确相关政策；同时加强过程协调，先后组织召开10余次协调会，及时解决改革过程中的矛盾和问题，用时40天完成除大庆物探业务以外的人员和管理权交接。2017年12月26日，中油油服组织测井公司与西部钻探、长城钻探、渤海钻探、川庆钻探、大庆钻探签订《测井业务重组交接协议》《国内测井业务服务保障框架协议》《海外测井业务支持与保障框架协议》。同日，工程建设分公司与川庆钻探签订《工程建设业务重组交接协议》，完成川庆钻探物探业务管理权移交。按照集团公司党组关于工程技术业务改革重组的指示精神，结合《工程技术业务改革重组方案》实施计划，推进科研机构改革，中油油服组织召开3次改革协调推进座谈会，明确改革方向和重点任务。改革重组过程中，员工队伍保持稳定，生产经营有序衔接，安全环保平稳受控。

（宿永鹏　李　晓　吴际达）

【市场开发】 国内市场开发。开拓国内市场，关联交易和非关联交易市场齐头并进。2017年，关联交易市场坚持强化服务保障，同勘探与生产板块各层次沟通，组织企业对所有油气田进行多轮回访，发挥综合比较优势，为甲方提供超值服务，提升甲方满意度，稳固市场占有率；非关联交易市场坚持强化服务竞争，增强市场意识，持续开展“四比”（比安全、比质量、比速度、比价格）活动，与外部企业比拼竞争。出台《工程技术服务业务市场开发奖励办法》，对油田技术服务企业设置市场开发奖，对油气田企业设置一体化协作奖，激励各企业市场开发积极性和集团公司一体化优势发挥。集团公司国内市场占有率71%，同比提升5个百分点。

国际市场开发。2017年，工程技术业务海外新签合同额同比增长16%，外部市场新签合同额占75.7%。集团公司海外投资项目市场新签合同额增长8%，钻机和技术服务市场队伍占有率均实现60%目标，国际业务保持盈利。相继中标一批标志性重点项目，西部钻探获阿克套MMG 65口井大包钻井工作量，长城钻探获伊拉克格拉芙二期钻井总包项目，渤海钻探新签伊拉克米桑13口水平井钻井和完井总包项目合同，川庆钻探与厄瓜多尔国家石油公司签订油田钻完井一体化服务合同，大庆钻探取得沙特钻井分包合同，东方物探中标科威特西三维采集处理一体化项目，海洋工程公司获伊朗国家石油公司一座平台2年期钻井合同。探索市场开发新模式，西部钻探和长城钻探在阿联酋项目中，实践资产联营管理模式，取得优异生产经营业绩，赢得甲方认可。长城钻探推进合资方式，签署肯尼亚地热开发一体化项目框架协议，被列入“一带一路”国际合作高峰论坛成果清单，是政府、企业和金融机构优势互补、互利共赢和创新商务模式的一次重要实践。渤海钻探针对委内瑞拉国家石油公司市场特点，走出一条以管理甲方钻机为手段、引入自身技术服务业务、开展一体化总包的新路。

（张　卉　卢发掌）

【经营管控】 将开源节流降本增效作为提质增效、实现稳健发展的重要抓手，2017年出台《经营考核政策及实施细则》，增加提升市场占有率等考核指标，制定5个方面25条开源节流降本增效工作措施，重点围绕市场开拓、成本压控、海外治亏等环节推进开源节流降本增效，在大宗物资大幅涨价的情况下，成本上涨态势得到有效遏制。狠抓重点环节成本管控，严把人员入口关，持续优化人员结构，实现员工总量和人工成本总量硬下降。综合运用业绩考核、督导协调、优化重组等方式，抓海外亏损项目治理，2017年海外亏损项目亏损额同比下降30%。加强“三项”（处僵治困、压缩法人层级减少法人户数、降杠杆减负债）治理和“两金”（应收账款、存货）压控，应收账款、存货和贷款同比分别下降10%、19%和15%，自由现金流创历史新高，货币资金存量大幅增长，资产负债率保持低位，财务状况稳健。中油油服在异常复杂的外部环境下保持盈利和现金流为正，完成集团公司下达的各项经营指标，取得好于国内外同行公司的业绩。

（李俊东）

【生产组织运行】 面对西南、新疆、长庆和吉林等油气田产能建设工作量急增的情况，派人到现场调研，与油气田公司紧密配合，科学测算，及时调增钻机和压裂资源，保障油田勘探开发任务完成。落实集团公司市场开放要求，拟定6家油气田企业与5家钻探企业“1+N”（1个油田N个服务主体）钻机部署方案。突出抓好川渝页岩气钻机保障，制定80部钻机上钻方案，派2人常驻页岩气前线指挥部值班，与西南油气田配合，加快钻机上钻、钻井提速等各项工作。

总包外包服务模式推广。完善规章制度，规范管理行为，要求各钻探企业实行专业化管理；强化监督培训，加大监管力度，累计输送钻井外包监督1200多名。长庆地区2017年完成总包进尺350万米，同比增长210%，外包队单队进尺1.1万米，同比增长151%，实现甲乙丙三方共赢和集团公司整体利益最大化。

物探提速成效明显，国内三维地震井炮日效 461 炮，提速 4.3%。

深井钻井提速效果显著。2017 年，集团公司完成 4000 米以上深井 648 口，同比增长 22.96%；平均井深 4922 米，同比增加 32 米，增长 0.65%；平均建井周期 112.79 天，同比缩短 8.38%；平均钻井周期 92.6 天，同比缩短 7.34%；平均机械钻速 5.7 米 / 时，同比持平；平均钻机月速 1449 米 /（台・月），同比提高 9.94%。长城钻探在塔里木油田完成 3 口深井，平均机械钻速 7.03 米 / 时，同比提高 26.61%；钻井周期 73.31 天，同比缩短 17.13%；平均建井周期 88.33 天，同比缩短 21.2%。渤海钻探完成塔里木油田山前井 4 口，平均井深 6913 米，平均钻井周期 254.85 天，同比缩短 19.1%。川庆钻探完成 4000 米以上深井 260 口，进尺 128.45 万米，同比分别提高 10.2%、8.2%；平均钻机月速 1519 米 /（台・月），平均机械钻速 6.62 米 / 时，同比分别提高 20.92% 和 18.63%；完成井平均井深 4941 米，平均钻井周期 85.56 天，同比缩短 18.5 天。大庆钻探完成深井 25 口，平均井深 4151 米，平均钻井周期 120.75 天，同比缩短 15.3%，建井周期 152.35 天，同比缩短 13.7%。

钻井提速工具应用效果突出。西部钻探在新疆油田车排子和环玛湖部分水平井使用水力振荡器 + 螺杆钻具组合，机械钻速提高 30% 以上。长城钻探在辽河油区应用水力振荡器、轴向振动器等工具 43 井次，进尺 1.86 万米；在双 229-36-30 井定向阶段和双 229-36-28 井稳斜井段，使用 PDC+ 水力振荡器组合，机械钻速分别达到 4.12 米 / 时和 7.29 米 / 时，提速 20% 以上。渤海钻探 2017 年应用 6 种自主提速工具完成 126 口井 164 井次，进尺 8.45 万米，其中水力振荡器应用 69 口井 92 井次；在塔里木油田台盆区二叠系以下地层应用旋扭冲击器 17 口井，进尺 1.52 万米，使用井段平均机械钻速提高 60%。大庆钻探在 21 口井使用 97 只液动旋冲工具，实现规模化应用，累计进尺 18273 米，平均机械钻速 2.82 米 / 时，应用井数同比增长 75%，工具用量增长 111%，累计进尺提高 113%，机械钻速提高 132%，缩短施工周期 152 天。其中，深 3- 平 2 井应用 279 型液动旋冲工具取得突破，实现技套井段施工一趟钻，节约钻井时间 11.5 天。

井下作业。试油 25.1 天 / 井次，小修 3.6 天 / 井次，大修 15.4 天 / 井次，侧钻 26 天 / 井次。试油平均生产时效 85.9%。交井一次合格率 99.23%，优质井率 98.23%，执行设计符合率 99.95%，资料全准率 99.82%。

（张　卉）

【地球物理勘探】 人员、队伍状况。2017 年，物探专业用工总量为 3.14 万人。集团公司在册物探队伍 195 支，其中地震作业队 163 支、非地震作业队 22 支、VSP 队 10 支（表 1）。

表 1　2017 年物探队伍及动用情况

项　目	2017 年	2016 年	同比增减
在册作业队伍（支）	195	197	-2
其中，地震队	163	165	-2
非地震队	22	22	0
VSP 队	10	10	0
动用各类作业队伍（队次）	333	335	-2
国内，地震队	182	162	20
非地震队	23	45	-22
VSP 队	8	8	0
国外，地震队	107	93	14
非地震队	1	1	0
VSP 队	12	26	-14

装备状况。2017 年，有地震仪器 184 台（套），非地震仪器 356 台，资料处理计算机 1.93 万个 CPU（13.19 万核），资料解释计算机 1765 个 CPU（13738 核），可控震源 20 种型号、607 台，车装钻机 23 种型号、1043 台，人抬钻机 11 种型号、1449 台，推土机 12 种型号、232 台，各类物探测量仪器 3899 台（套）（表 2）。

表 2　2017 年地球物理勘探装备情况

项　目	2017 年	2016 年	同比增减
地震仪器(台 / 套)	184	180	4
主机控制单元（个）	184	180	4
总道数（万道）	118.75	113.18	5.57
平均每台仪器（道）	6453	6288	165

续表

项　目	2017 年	2016 年	同比增减
采集站（万个）	84.73	82.58	2.15
非地震仪器（台）	404	356	48
其中，重力仪	42	41	1
磁力仪	79	77	2
电法仪	280	234	46
磁化率仪	2	2	0
化探仪	1	1	0
资料处理计算机	1.93 万个 CPU （13.19 万核）	1.72 万个 CPU （10.79 万核）	增加 0.21 万个 CPU （增加 2.4 万核）
资料解释计算机	1765 个 CPU （13738 核）	1576 个 CPU （11588 核）	增加 189 个 CPU （增加 2150 核）
可控震源（台）	607（20 种型号）	582（15 种型号）	25（型号增加 5 种）
车装钻机（台）	1043（23 种型号）	1067（24 种型号）	-24（型号减少 1 种）
人抬钻机（台）	1449（11 种型号）	1447（12 种型号）	2（型号减少 1 种）
推土机（台）	232（12 种型号）	234（11 种型号）	-2（型号增加 1 种）
物探测量仪器（台）	3899	4243	-344
其中，卫星定位仪	3031	2965	66
卫星导航仪	238	599	-361
全站仪	630	679	-49

地震采集工程。2017 年，完成二维地震采集 15.49 万千米，三维地震采集 5.72 万平方千米（表 3、表 4）。

表 3　2017 年集团公司二维地震、三维地震采集情况

项　目	2017 年	2016 年	同比增减
二维地震采集（万千米）	15.49	16.26	-0.77
其中，国内	3.06	3.59	-0.53
三维地震采集（万平方千米）	5.72	5.81	-0.09
其中，国内	1.03	1.08	-0.05

地震资料处理。2017 年，处理二维剖面 19.82 万千米，同比增加 4 万千米，增长 25.3%；处理三维资料 6.22 万平方千米，同比减少 1.22 万平方千米，下降 16.5%。

资料解释及综合研究。2017 年，完成二维地震解释剖面 12629 条，长度 47.42 万千米；完成三维解释区块 1832 个，面积 39.69 万平方千米，发现圈闭 7167 个，面积 5.49 万平方千米；复查圈闭 6051 个，面积 6.15 万平方千米。

表 4　2017 年中国石油国内外物探野外采集工作量

项　目		2017 年	2016 年	同比增减
国内勘探	二维地震施工（队次）	102	99	3
	生产记录（万张）	121.13	142.25	-21.12
	地震剖面（万千米）	3.06	3.59	-0.53
	三维地震施工（队次）	80	63	17
	生产记录（万张）	287.79	295.29	-7.5
	采集工作量（万平方千米）	1.03	1.08	-0.05
	VSP 工作（队）	8	8	0
	VSP 测井（口）	186	107	79
国外勘探	二维地震施工（队次）	46	40	6
	生产记录（万张）	483.70	493.85	-10.15
	地震剖面（万千米）	12.43	12.67	-0.24
	三维地震施工（队次）	61	53	8
	生产记录（万张）	1928.04	1814.63	113.41
	采集工作量（万平方千米）	4.69	4.72	-0.03

核心软件与装备研发。（1）GeoEast 软件常规功能完善与性能提升以及处理解释高端应用功能研发与集成等方面取得丰硕成果，形成 V3.2 版本。开展处理技术研究，形成海洋资料处理配套技术系列、Q 建模与成像软件等关键技术，新增和完善处理模块 83 个。基于三分量重定向等 5 项技术的 OBN 处理技术和流程，支撑过渡带和深海勘探业务的开展。研发形成完整的 Q 建模及偏移技术系列。Diva 软件新增 VTI/TTI 各向异性参数反演和偏移功能，支持 OBN 采集数据速度建模，满足陆上、水陆过渡带、海上区域速度建模需求。Lightning 波动方程叠前深度偏移软件新增 Q 叠前深度偏移、最小二乘偏移、全波形反演功能。GeoEast 解释系统新增水平井设计与导向技术系列等 5 个解释子系统，完善解释功能 61 项。全新研发井震联合解释、层序地层解释、地震导向水平井设计和三维地质建模四个子系统，移植五维解释系统，形成集构造解释、储层预测、油气检测及井震联合地质分析为一体的综合地震地质解释系统。（2）多学科一体化开放式软件平台研发进展顺利。云计算管理系统完成研发，可高效管理海量异构资源，同时提供新的云计算业务运营模式。（3）KLSeis Ⅱ 新增节点采集质量控制、气枪激发实时质量控制、模型静校正、近地表面波反演、三维波动方程正演（声波）等 5 套特色软件，适用范围拓展到深海 OBN 地震采集生产。（4）eSeis 节点地震仪器研制取得新进展，批量制造 2000 道，在野外进行二维生产性应用，达到工业化生产与推广应用的基础条件。（5）EV56 高精度可控震源投入工业化生产，累计制造 39 台（套），在国内外 20 多个项目得到应用。与 LFV3 低频震源相比，EV56 尤其适合火成岩、天然气水合物等特殊地质目标探测成像。

物探技术集成配套。（1）具有自主知识产权技术产品支撑的“两宽一高”地震勘探技术继续在国内外规模化推广应用。可控震源超高效混叠采集技术（UHP）研发取得重大突破，集地震记录仪器、KLRTQC 软件、DSS 系统于一体，实现高效野外作业管理和实时质量控制；自主研发混采数据稀疏反演分离技术。可控震源动态扫描技术在国内大规模推广，实现平均日效 5972 炮，是应用该技术前的 2 倍；比常规滑动扫描施工效率提高 30%。有线、节点无缝联合采集技术进入工业化生产，有效解决复杂环境下有线或节点单类型仪器施工极难提速的瓶颈问题。（2）持续推进“井—震—藏—开发动态”一体化油藏地球物理技术应用。在井—震—藏结合的多属性微小断裂识别和验证、三级约束空变速度成图技术、地质统计学反演储层预测、多层合采产量劈分、小层生产动态特征分析、单砂体注采连通关系分析等技术取得显著进步。持续研发 GeoEast-RE 软件新模块，充实地质分析与图件编制功能；完善多学科信息融合功能和储层圈闭储量计算、产量递减分析等多个模块；完成软件英文版开发，首次在国外石油公司安装试用。开展高保真波场分离技术研究，形成 Walkaway-VSP 采集处理解释一体化技术并初步形成规模化生产能力。DAS-VSP 主机完成室内测试，结果显示微结构光纤采集资料信噪高于普通光纤。（3）研发形成海洋节点地震勘探配套技术和装备系列。自主研发海洋节点质量控制软件（每天 6—7 太字节数据）。开展基于立体震源的海洋拖缆宽频地震数据采集相关技术理论研究，掌握关键技术和实现方法，开创宽频立体震源商用先例。连续采集技术在多个海洋地震勘探项目中应用，首次运用 4D 激发技术实现双源作业，提高沙特阿拉伯红海 S78 节点项目生产效率；形成多套气枪震源联合采集综合导航技术，提高复杂滩涂等项目生产效率；研发适用于 Z100 节点仪器的收放系统，满足水深 50—300 米水域节点收放。特大过渡带节点三维采集一体化设计、气枪震源高效采集、节点数据质量控制、特大过渡带节点资料配套处理等新技术研发与应用支撑沙特阿拉伯红海 S78 等重大项目高效生产。（4）综合物化探技术研究与应用不断深入。开发基于井震约束的重磁与电磁联合反演技术，为提升重磁电处理解释精度提供支撑；开展渤海湾盆地超深层中新元古界地质地球物理模型构建及重磁电正演工作，获得中新元古界模型重磁电响应数据 12 套；井筒电磁技术在国内首次研发井中三分量磁场接收阵列；完成深水可控震源电磁勘探系统样机试制，首次在我国南海北部实施深海电磁勘探；工业化定型海底发射系统实现 1200 安大电流输出，完成 10 台海洋电磁采集站的工业化定型及性能测试。（5）非常规油气勘探技术研究与应用取得新进展。研究形成基于非高斯反演的 TOC 及脆性预测技术，形成震源机制反演技术流程并进行生产测试。微地震监测在页岩气开发中得到规模化应用，在储气库监测和油气田废水回注项目中对安全性评估起到较好作用。初步形成非常规采集处理解释一体化操作流程及非常规地震地质工程一体化平台及软件。

（王悦军）

【钻井】 人员、队伍状况。2017 年，钻井专业用工总量 8.26 万人，同比减少 2085 人。集团有钻井队伍 1183 支，其中陆上钻井队 1171 支，海洋钻井平台 12 座。

钻机装备。2017 年，在用钻机 1183 部，其中国内 921 部、国外 262 部；陆上 1171 部、海上钻井平台 12 座。顶驱 423 台，同比增加 2 套。主要相关技术服务装备有地质导向仪器 124.5 套（262 串），各类水泥车 632 台，旋转防喷器 / 旋转控制头 179 台，制氮装备 29 套，压缩机 168 套。

井控装备。集团公司有各类防喷器 5462 台，其中单闸板防喷器 1593 台、双闸板防喷器 2114 台、环形防喷器 1669 台、其他防喷器 86 台。控制系统 2032 套，节流压井管汇 2929 套。

2017 年，集团公司钻井队伍在国内外市场开钻 11916 口，完井 11687 口，钻井进尺 2579 万米（表 5）。其中：在集团公司内部市场开钻 10926 口，完井 10743 口，钻井进尺 2333 万米；在国内集团公司外部市场开钻 63 口，完井 64 口，钻井进尺 22 万米；在国外市场开钻 927 口，完井 880 口，钻井进尺 224 万米。

表 5　2017 年集团公司钻井工作量

项　目	2017 年	2016 年	同比增减
开钻总井数（口）	11916	9232	2684
完钻总井数（口）	11687	9328	2359
其中，国内完钻	10807	8687	2120
国外完钻	880	641	239
钻井进尺（万米）	2579	1950	629
其中，国内进尺	2355	1796	559
国外进尺	224	154	70

工厂化钻井技术。长城钻探在页岩气项目应用 $5^1/_2$ 英寸钻杆，配备大功率长寿命螺杆和高造斜率旋转导向工具，优选攻击性强的 PDC 钻头，优化油基钻井液性能，采用“三大两高”（大钻压、大排量、大扭矩，高泵压、高转速）钻井参数，不断创新指标。渤海钻探在大港油田羊三木丛式井项目完井 22 口，平均钻完井周期 8.27 天，比同区域井缩短 19.24%。川庆钻探在长宁、威远以及昭通页岩气开展工厂化施工，三个区块开钻 69 口，完钻 49 口。其中：昭通区块完钻 21 口，在平均井深增加 156 米情况下，完成进尺 10.62 万米、同比增长 54.6%，钻机月速 1312 米 /（台・月）、同比提高 37%，钻井周期 81 天，同比缩短 26.6%；威远区块完钻 13 口，钻机月速 1670 米 /（台・月）、同比提高 28.28%，钻井周期 66.63 天、同比缩短 45.41%。

自动垂直钻井。渤海钻探 BH-VDT 垂直钻井工具应用 7 口井，入井时间 2510 小时，累计进尺 8445 米。在克深 1T 井井斜稳定控制在 0.2 度左右，第三趟钻单根服务进尺 380 米，刷新 BH-VDT5000 垂直钻井工具在塔里木地区自应用以来的单趟工作时间 251 小时、纯钻时间 241 小时的纪录。

控压钻井技术。渤海钻探在大港油田、塔里木油田应用精细控压钻井 7 口，对于溢流漏失同存的井，能够实现“零漏失”“零复杂”，在发现和保护油气层、提速、降低钻井事故复杂、保障井控安全等方面效果显著。精细控压钻井成为川庆钻探在磨溪—高石梯区块灯影组钻井的必选技术。磨溪 022-X3 等井实现钻井零漏失；高石 001-X7 采用微过平衡钻进、微漏钻进和井下微欠平衡钻进等方式，精确控制井底压力，有效减少钻井液漏失量，控压钻进中漏失 412 立方米，仅占漏失总量的 6.7%。在龙岗 70 井等 4 口井的固井作业应用控压技术获得成功，为窄密度窗口溢漏地层固井提出新的解决思路。

气体钻井技术。渤海钻探在青海油田试验充气钻井技术，完成充气钻 18 口、进尺 8035 米，平均钻完井周期 3.97 天，比常规钻井缩短 1.67 天。中 535 井采用全井空气钻井完钻，首次实现“一口气吹出一口井”的绿色钻井目标。川庆钻探针对长宁和昭通区块表层井漏频繁、常规钻井液钻井井漏有进无出的问题，在长宁 H24、宁 215、宁 216、YS108H13、YS108H23、YS112H7 等平台的表层井眼采用气体钻井，平均钻井周期缩短到 5—7 天。

海域天然气水合物钻井技术。南海海域天然气水合物试采工程是国家重大工程项目。海洋工程公司整合利用资源，创新技术整合，加强施工过程控制，实现理论、技术和工程的重大创新和突破，受到党中央国务院贺电嘉奖和集团公司贺信表彰。基本掌握深水井口稳定、深水水合物地层井筒完整性分析与对策、深水水合物试采井井身结构设计方法、深水水合物地层送入管柱安全与设计方法、深水水合物储层钻井液和完井液体系、PAD 钻井液工艺、水合物钻井井控技术等多项深水综合配套钻井工程技术，初步形成深水浅部地层安全钻井技术体系。

固井技术。海洋工程公司自主研发形成适合天然气水合物开采的水泥浆体系，可有效控制混配水泥浆的低温水化反应速率，激活水泥石低温强度发展速度，增强水泥石膨胀性，解决水泥浆在低温环境下与界面快速胶结难题，保证水泥石候凝后有足够强度支撑水下井口，并具有良好的环空密封。钻井工程技术研究院创新形成以控压固井、预应力固井等为主体的10 项关键技术，形成固井密封完整性控制技术。该技术 2017 年在四川复杂高压气井应用 12 井次，钻完井期间环空带压率降至零，获 2017 年中国石油十大科技进展成果奖。

钻井液技术。渤海钻探有机盐钻井液技术在青海油田英东、英西应用取得很好的效果；川庆钻探在页岩气井应用自主研发的一代、二代高性能水基钻井液，现场应用 30 余口，实现水基钻井液钻页岩气的突破；钻井工程技术研究院成功研发替代磺化处理剂的环境友好型钻井液关键处理剂和配套技术，现场应用 3 口井。钻井废弃物无害化处理工作持续推进，渤海钻探在水基钻井液无害化处理方面形成自有的专业化处理装备和技术，2017 年工作量同比增长 140%；川庆钻探累计完成 3.8 万余吨油基岩屑的甩干处理，回收油基钻井液 2100 立方米。

施工指标纪录。西部钻探优化 HHW2013 井控压钻井方案，三开精细控压钻井进尺 814 米，周期 9.17 天，进尺较邻井增加 100 米的情况下，施工周期缩短 13 天；机械钻速达 6.44 米 / 时，较常规钻井提高 124%，钻井周期及机械钻速均创区块纪录。长城钻探在页岩气项目施工的威 202H9–8 井钻井周期 44.78 天，创该区块施工最快纪录；威 202H9–6 井实现“1+3+2”（一开一趟钻、二开三趟钻、三开两趟钻）工作目标，该井三开单只钻头进尺 1691 米，纯钻进时间 267.5 小时，机械钻速 6.32 米 / 时，创该区块单只钻头进尺最多、纯钻进时间最长纪录。渤海钻探在华北油田杨税务完成 2 口潜山深井，其中安探 4X 井完钻井深 6455 米，创华北油田最深井纪录。川庆钻探龙岗 70 井完钻井深 7793 米，创川渝最深井纪录；泸 202 井完钻井深 6095 米，创国内最深页岩气井纪录；139.7 毫米套管下深 6095 米，创国内页岩气下入套管最深纪录。

（贾平军）

【测井】 人员、队伍状况。2017 年，测井业务用工总量为 13679 人，同比减少 408 人。测井专业队伍总量 813 支，同比增加 16 支。其中：国内 677 支，同比增加 14 支；国外 136 支，同比增加 2 支，分布在 17 个国家和地区。

设备状况。测井行业主要专业设备 916 套，同比增加 15 套。其中：裸眼井测井设备 594 套，同比增加 6 套；生产测井设备 114 套，同比增加 4 套；射孔取心设备 170 套，与 2016 年持平；LWD 设备 38 套，同比增加 5 套。

2017 年，测井工作总量 101531 井次，其中国内工作量 96588 井次、国外工作量 4943 井次。因井况、路况测井未成功 6764 井次，占总工作量的 6.2%。测井解释工作量探井 14 万层，开发井 91 万层，解释成果油层 13 万层，气层 2.7 万层。老井复查 3043 井次，发现油气层 2084 层。探井解释符合率 86.08%，开发井解释符合率 95.56%（表 6）。

表 6　2017 年集团公司测井工作量

井次

项　目	2017 年	2016 年	同比增减
工作总量	101531	79142	22389
其中，裸眼测井	27083	19971	7112
生产测井	18318	16684	1634
工程测井	26432	19394	7038
射孔	29698	23093	6605
国内工作量	96588	75591	20997
国外工作量	4943	3640	1303
因故测井未成功	6764	6424	340

电缆测井技术。测井公司 EILog 成套装备在塔里木油田多个不同区块完成声感、声侧、固井质量、放射性串及成像全套测井；微电阻率成像仪器实现产品技术系列化；地层元素测井仪器解决复杂岩性和非常规储层岩性剖面扫描及储层参数精细分析等难题。地层测试器、地层水电阻率测井仪等仪器基本定型；完成电频谱测井技术室内电路实验；一体化电驱智能测井绞车现场推广应用。西部钻探研制的小直径遥测伽马仪器、八扇区声幅仪器、水泥密度测井仪器通过验收，准备投入生产。长城钻探完成集团公司“小井眼水平井电缆测井配套工具及工艺研究与应用”课题，形成牵引器、连续油管输送工艺施工规范，在长水平井段及大位移井中，测井时效提高 50% 以上。渤海钻探研制的全井况存储式测井仪器进行现场试验，仪器工作稳定。川庆钻探研制的 230℃高温高压小直径存储式补偿扇区水泥胶结测井仪器和自然伽马能谱测井仪器，开展现场试验 7 井次。大庆钻探研制的 175℃高分辨率（0.2 米）水淹层测井仪器，全面提升厚度划分、储层参数计算及水淹级别解释精度；完成两串 200℃小井眼常规测井仪器的研发制造。

随钻测井技术。测井公司“方位侧向电阻率成像随钻测井系统研发与应用”项目获2017年度集团公司科学技术进步奖一等奖；方位伽马随钻成像测井仪器完成8口井作业施工，随钻测录导一体化作业完成11口井作业施工。

生产测井及测试技术。测井公司成功研制电磁波持水率（分辨率3.6%）、涡轮流量测井仪（启动排量降低至2.5米³/日）。

射孔技术。（1）川庆钻探射孔技术研究实验室建设有序推进，通过2千克TNT当量爆炸容器技术方案评审，开展射孔枪复合加载及射孔动态力学试验，设计射孔作业动态载荷测试系统。（2）射孔器材与装备研制。渤海钻探研制的全自动数控射孔仪器（BH-ACP），可用于射孔作业、桥塞施工、工程测井、取心作业、爆炸切割等作业。川庆钻探成功研制89型、102型、127型三种超深穿透射孔弹，其中127型超深穿透射孔器API注册认证打靶的穿孔深度为1986毫米（78.21英寸），超越此前API公布的最高同项数据1814毫米；自主研发的等孔径射孔器在页岩气平台井进行现场试验，获得更好加砂压裂效果；成功研制外径103毫米全可溶桥塞，通过第三方实验室检验。（3）射孔新工艺、新技术研发及推广。测井公司“桥塞射孔联作+体积压裂”工艺技术规模应用225井次，完成国内首口3.5英寸小井眼水平井水力泵送桥塞射孔联作施工作业，完成国内首次油管传输水力割缝施工。西部钻探完成水平井多级射孔桥塞联作64井次，下桥塞1062个，多级分段射孔桥塞联作一次成功率99%。长城钻探浅孔弹气井解堵射孔技术在苏里格应用3口井；分簇射孔工艺技术创造国内泵送水平段最长，施工段数、簇数最多新纪录。渤海钻探研发的一趟管柱分层射孔测试技术应用成功，在试油过程中能够分层隔离测试，准确获取单层地质信息。川庆钻探初步形成非常规油气藏分簇射孔技术，开发国内首套分簇射孔智能泵送软件，创下分簇射孔页岩气井深最深和垂深最深两项国内射孔纪录。大庆钻探研发的电缆定方位射孔工艺技术实现电缆一次下井即完成校深、定方位、射孔等全部工序。（4）射孔软件技术。川庆钻探初步形成国内首套射孔智能专家系统，提高射孔智能化程度。大庆钻探建立射孔应用数据管理平台，实现射孔施工前资料的全数字化处理及核心校深、排炮业务自动化处理。

测井解释评价技术。（1）非常规油气测井评价技术。测井公司远探测阵列声波在碳酸盐岩储层评价效果显著。西部钻探研究形成储层品质评价方法和流体性质判别新方法，为获得环玛湖第一口百吨井提供技术支持。渤海钻探形成一套页岩气储层测井综合评价技术，在页岩气井精细测井评价中取得良好效果。川庆钻探建立起一套适合长宁—威远地区页岩气水平井的评价标准，完善页岩气处理软件，完成页岩气、煤层气、复杂碳酸盐岩处理模块集成。大庆钻探形成一套有效的水平井测井解释评价技术，建立交叉偶极子声波（XMAC）与核磁共振测井（NMR）相结合的致密砂岩水平井测井孔隙度解释（模型）方法。（2）开展复杂储层精细解释评价技术研究与应用。测井公司形成“一量三谱”解释评价体系，解决华北油田裂缝性非均质储层油气饱和度计算难题，形成油气含量计算新方法。西部钻探将“新疆油田勘探测井一体化服务平台构建与应用”成果应用在克拉美丽石炭系天然气储量任务的重点探井，试油获得高产油气流，推动克拉美丽山前天然气整体勘探部署。长城钻探成功获得乍得“Bongor盆地基岩裂缝识别和储层流体综合评价”研究项目。大庆钻探形成“长垣0.2米高分辨率测井系列水淹层精细解释技术”，建立钙质含量计算及校正方法。（3）开发应用特色解释评价技术。测井公司形成低渗透油藏加密井原始电阻率反演水淹层识别、偶极声波测井孔隙空间模量气层定量评价和页岩气储层三品质属性综合选层等特色技术，经过长庆油田王窑地区200多口井生产验证，低渗透淡水水淹解释符合率87.5%，在非水淹区用评价油水层22层，解释符合率95%。应用阵列感应+核磁共振测井联合、侧向+电成像测井联合计算油气含量等技术，先后在7个油田266口井应用，解释符合率平均提高7个百分点。大庆钻探形成塔东碳酸盐岩储层测井评价技术，能够提供岩性剖面，储层基质孔隙度，储层类别，气、水层解释结果。（4）测井解释软件。测井公司数据资源LEAD4.0平台进入试用阶段；随钻LogXD软件远程数据传输稳定，应用推广10套。长城钻探Ciflog-GeoMatrix解释处理软件在海外项目推广应用1688井次，占海外项目测井资料解释总工作量的94.4%。川庆钻探智能化测井解释取得阶段成果，层位自动划分技术取得进展，实现测井数字处理模块、参数与不同地层地质特征的智能化匹配。大庆钻探推广应用CIFLog解释系统121井次。

（邹　辉）

【录井】 人员状况。2017年，录井专业用工总量8899人，同比减少46人，下降0.51%。

装备状况。2017年，主要录井装备3215台，设备新度系数0.34。纳入资产管理的综合录井仪953台，同比增加76台（统计口径调整），增长8.66%，其中国产综合录井仪892台、进口综合录井仪61台。主要分布在全国16个油区及国外17个国家和地区，其中国内774台、国外179台（在集团公司内部133台、在集团公司外部46台）。

2017年，完成录井13187口。录井仪器（综合录井和气测录井）施工总天数410735天（表7）。

表7 2017年集团公司录井工作量

项　目	2017年	2016年	同比增减
录井数（口）	13187	7929	5258
其中，国内录井	12633	7557	5076
国外录井	554	372	182
综合录井	4871	2864	2007
气测录井	3058	2203	855
地质录井	5258	2862	2396
录井仪器施工总天数（天）	410735	310077	100658

录井技术进展。2017年，开展科技项目145项，其中集团公司级项目11项、局级项目42项，获得成果78项，获得专利63项，发表论文116篇。

各钻探企业发挥常规录井技术优势，综合利用各种特色录井技术，在加强单井评价的同时，强化不同区块地质综合研究，探索致密油、页岩气等非常规油气藏评价方法研究，2017年在692口探井发现并评价油气显示75756米/12477层，在4508口开发井发现并评价油气层548695米/83616层，油气显示发现率100%。

在录井生产管理过程中，开展工程复杂原因分析，制定技术对策，发挥综合录井实时监测分析技术优势，对工程复杂及井控风险及时预警，利用特色录井技术实现对不同钻井条件下油气层和岩性的识别，提前预告复杂层位和井控风险，提高工程时效，实现钻井施工安全提速。2017年监测到工程异常8765次，异常预报符合率99.95%，实现早发现、早报告、早处理。

（刘应忠）

【井下作业】 人员、队伍状况。2017年，井下作业用工总量6.71万人。井下作业队伍1774支。其中：大修队216支、侧钻队68支、试油队192支、小修队809支、测试队239支、压裂酸化队125支、带压作业队125支；国内1521支，国外253支。

装备状况。2017年，井下作业系统有修（通、钻）井机2387台，其中车载修井机1580台，占总量66.19%。1000型以上压裂泵车755台，共计156.1万水马力，2000型及以上压裂泵车607台。连续油管车72台，制氮车51台，液氮泵车60台，带压作业设备139套。

2017年，井下作业工作量11.08万井次（含油田公司工作量）、试油9235层。其中：国内井下作业工作量10.9万井次、试油6227层；国外井下作业工作量1838井次、试油3008层（表8）。

表8 2017年集团公司井下作业工作量

项　目	2017年	2016年	同比增减
井下作业工作量（万井次）	11.08	11.26	−0.18
其中，国内井下作业（万井次）	10.9	11.08	−0.18
国外井下作业（井次）	1838	1825	13
压裂（井次）	13186	9711	3475
酸化（井次）	4687	4303	384
小修（井次）	88330	94174	−5844
大修（井次）	4384	4255	129
侧钻（井次）	257	200	57
试油（层）	9235	8515	720
其中，国内试油	6227	5555	672
国外试油	3008	2960	48

试油测试技术。西部钻探配套集成传统钢丝试井和地面直读试井的优点，研发形成一套光面电缆直读试井工艺，有效降低施工作业成本。长城钻探自主研发斜井气举阀投捞器、钢丝回收锁、水平井弹射器、水平井滚轮组合等工具，在厄瓜多尔北区利用钢丝作业成功从79度井斜角打捞出定位阀，实现大斜度井钢丝作业技术能力的突破。渤海钻探研制230℃的封隔器胶筒，配套超高温高压电子压力计，形成超高温高压井下系列测试工具系列。研制井下光纤温度、压力测试仪及信号解调仪，制造钢丝铠装井下光缆、碳纤维复合材料光缆、光纤分布式温度、声波解调仪器，解决井下高温、井口高压密封等测试难题，实现油气水井连续、实时剖面监测。川庆钻探开展超高压地面流程远程控制技术研究，实现远程操作、自动控制、精确控制、快速操作、紧急关断等功能，在超高压井龙岗70井等现场应用成功，实现试油流程现场自动化操作。70兆帕/177℃完井工具（包括完井封隔器、井下安全阀和开关阀）基本实现国产化。

压裂酸化技术。长城钻探自主研发滑溜水体系得到应用，具有低分子量、低伤害、高减阻率、高抗剪切、适应高矿化度环境、污染小的特点，现场检测最高矿化度 33000 毫克 / 升，平均矿化度 14512 毫克 / 升，平均降阻率 79%，液体性能稳定。川庆钻探通过技术攻关，实现二氧化碳干法压裂由重点设备研发、室内工艺技术试验，到作业现场验证的关键性“三步走”，将施工排量由最初的 2 米^3/ 分提高到 6 米^3/ 分，实现二氧化碳干法加砂压裂由单井单层到单井多层、油管注入油套同注 + 环空加砂压裂等施工工艺升级。大庆油田利用压裂方式将驱油剂快速送至储层深部，由孔隙径向驱转为裂缝面积驱，大幅度提高波及体积，提高采收率。

修井技术。渤海钻探应用带压开孔、井口修复、连续油管钻塞、锻铣套管、射孔挤注水泥、切割降套处理等技术，解决井口带压、井内有异物填充、封堵井筒内无固井水泥等施工难题。大庆油田针对套管断口大幅错位、多点错断、通道丢失的套损井，攻关形成通道预判、断口稳固、示踪打通道等大位移、多点错断井打通道技术。创新应用 6 种打通道工艺，打通道成功率由以往的 10.5% 提高到 81.3%。研发配套自动送管装置、快速上卸扣、高空排管、司钻集成控制等系统，工人劳动强度降低 60% 以上。

施工纪录。西部钻探在新疆油田 MaHW1283 井，可钻桥塞分段 30 段，创可钻桥塞最多分段数纪录。长城钻探在浙江油田 YS113H1–7 井，可溶桥塞分段 45 段，创可溶桥塞最多分段数纪录。川庆钻探在西南油气田龙探 1 井测试，创井底压力最高纪录；在浙江油田 YS108H19 平台，一天施工 8 段，创平台双机组单日最多施工段数纪录；在苏里格气田 SDJ1–7 井二氧化碳干法压裂，加砂 25 立方米，创二氧化碳压裂最大加砂量纪录。

（胡守林）

【资质与井控管理】 严格队伍资质审核，继续实施优胜劣汰。坚持“两级审查”（集团公司各油气田企业或油田技术服务企业为初审单位、集团公司资质管理办公室为终审单位）和“五不批”（技术不达标不批、内部可保障不批、工作量不新增不批、高风险作业不批、特殊业务不批）原则，控制增量，压减存量，实施“内部队伍通过资质管理逐年压减、外部队伍通过业绩考核和招投标优胜劣汰”的措施，2017 年压减内外部队伍 421 支。开展连续油管资质认证，认证队伍扩大到 15 类。

调整井控领导小组，明确井控管理职责。2017 年，制修订《井喷失控应急处置程序》《钻井井控技术规范》《井下作业井控技术规范》等企业标准。建立井控分级定点培训制度，发布分专业、分岗位井控培训试题库。强化应急能力建设，初步建成东西部井控应急分中心。加强企业井控专家队伍建设，专家数量 152 名。突出抓好高风险地区井控管理，开展年度井控检查、西南油气田专项巡视、长庆油田外部队伍专项检查，召开青海油田井控工作座谈会。持续深化井控“三联”（联责、联管、联动）和风险分级管理机制，开展井控工作先进单位和个人评选，4 家钻探企业和 4 家油气田企业获集团公司“井控工作先进企业”称号，127 人获集团公司“井控工作先进个人”称号。2017 年正确处置溢流险情 139 井次，特别是成功处置青海油田狮 58 井控险情，得到集团公司高度肯定。

（李德鸿）

【“四化”建设】 2017 年，在中油油服和成员企业两个层面成立领导小组、专项工作组和研发推广组，制定井口自动化设备推广计划，在大庆油田召开现场推广会，与装备制造企业开展多次供需对接。配置系列自动化钻机，发挥标杆和示范队作用。配置 13 部自动化钻机，包括 3 部液压全自动钻机、2 套全自动海洋平台钻井包、8 部配置管柱处理系统的钻机；自动化钻机机械化程度高，安全性能好，自动化操作功能丰富，能代替人工开展大部分风险大、强度高的井口操作，深受井队欢迎。推广和试验井口自动化装备，改善一线员工作业环境，配置自动卡瓦 561 支井队，自动卡瓦推广率超过 60%，川庆钻探在国内 4000 米深井钻机实现全覆盖；气动重粉罐配置 318 支井队，大庆油区实现全覆盖；新型电动二层台机械手在现场试用 3 台，修井自动化猫道投入应用 17 套；液压吊卡、铁钻工、钻台机械手等井口自动化装备陆续在各钻探企业多部钻机上开展试验，现场逐步从“不敢用”到“离不开”。按照计划有序组织推进二层台机械手、铁钻工、电驱动压裂车（橇）等 20 个研发和试验项目，其中 2500 型电动压裂车、3000 型电动压裂橇、长寿命压裂泵阀箱、压裂管汇快速连接装置、泥浆罐清理车均研制出样机。修订钻井队、大修队等 7 类队伍装备配套标准，推广第二批连续油管作业装备；实施《页岩气开发钻机配套改造规范》和《连续油管作业机配套规范》，为实现标准化配套、集中采购和备品备件共享打下基础。推动开展钻井队集中住宿、餐饮、润滑油等现场专业化服务工作，大庆钻探在大庆油区实现润滑油专业化服务全覆盖，基本实现餐饮专业化，探索应用场所固定式和营房集中式两种公寓化模式，超过 40 支井队入驻；西部钻探在环玛湖区块基本实现井队员工住宿公寓化；渤海钻探在伊拉克、委内瑞拉、印度尼西亚及塔里木地区的81部钻修井机上，全部实现集中公寓和餐饮专业化服务；各钻探企业在现场超过30个井队试用5套新型生物降解型环保卫生间、25套其他类型环保卫生间。重建中油油服门户网站，搭建起上下沟通、相互交流、信息共享的平台；制定井场数据一体化采集方案，初步制定50D和70D钻机搬迁安装、钻具优化组合、常规压裂和工厂化压裂等施工流程模板；改进工程技术生产运行管理系统（A7）、工程技术物联网系统系统（A12），科学性和指导性得到增强。

（杨　晖）

工程建设

【概述】 2017年，集团公司工程建设业务成功重组改制上市，上市部分组建中国石油集团工程股份有限公司（简称中油工程，股票代码600339），未上市部分成立中国石油集团工程建设服务中心（后改制更名为中国石油集团工程服务有限公司，简称工程服务公司）。中油工程拥有中国石油管道局工程有限公司、中国石油工程建设有限公司、中国寰球工程有限公司、中国昆仑工程有限公司和中油工程项目管理分公司5家所属企业，主要面向国内外石油化工工程市场提供全产业链的“一站式”综合服务，业务范围覆盖油气田地面工程、炼油化工工程、油气储运工程、LNG工程、非常规油气地面工程、煤化工工程、海洋石油工程等上中下游工程全产业链；服务能力涵盖项目咨询、FEED、项目管理、设计、采购、施工、开车、试运、生产服务、培训及保运、投融资服务等全价值链。工程服务公司由参与重组改制上市企业的辅业剥离组建而成，拥有管道局、斯派克商务服务中心、寰球和创、中纺院、四川油建、科宏工程和佳诚检测等7家所属企业。

2017年2月，中油工程在上海证券交易所举行重大资产重组暨上市更名仪式，以综合性、一体化工程公司的崭新姿态正式登陆资本市场，按照“依法合规”“稳中求进”两条主线，围绕世界一流油气工程综合服务商的愿景目标，持续优化生产经营组织，落实提质增效措施，取得良好经营业绩，各项指标较2016年稳中有增。

2017年，工程建设上市和未上市业务合计实现新签合同额1135亿元、营业收入609.1亿元、利润总额10.6亿元，分别同比增长27%、9.6%、4.3%。其中，上市部分新签合同额1106亿元、营业收入554亿元、利润总额15.0亿元，海外和国内社会市场份额占81%，完成对资本市场的业绩承诺。

2017年底，中油工程股份收盘5.76元，总市值321.56亿元。

【公司治理】 2017年，融入资本市场，中油工程上市公司品牌形象正式确立；建立完善法人治理结构，完成董事会、监事会换届改选，聘任新一届经营管理层，“三会一层”按照上市公司治理准则规范履职，确保重大事项决策依法合规，年度股东大会各项议案均以99%以上的赞成率通过；做好信息披露和投资者关系管理，完成中油工程年报、季报等定期报告以及关联交易、对外担保、合同中标等72份重大事项临时公告，开展投资者交流和区域路演，参与新疆辖区上市公司投资者接待，树立资本市场良好形象。开展制度体系建设，包含内控手册、管理制度和操作规范3个层级在内的268项文件发布实施，30项法人治理类和46项职能管理类制度出台运行；初步构建内控风险管理体系，研究制定“三重一大”实施细则、管理授权和内控权限指引，企业管理步入制度化、规范化轨道。

【深化改革】 2017年，贯彻落实国家油气体制改革意见和集团公司改革部署，开展工程建设业务持续重组政策研究，四川油建、科宏工程和佳诚检测3家单位管理权由中国石油集团川庆钻探工程有限公司划转至工程服务有限公司。协调推动环境工程和项目管理业务内部划转，工程服务公司及其所属管道局、斯派克、中纺院等4家单位如期完成公司制改制。“三供一业”分离移交完成率78%，管道局总医院引入宝石花医疗完成混合所有制改革，实现矿区社会化改革的重大突破。所属企业推进组织机构和业务结构优化整合，中国石油管道局工程有限公司筹划总部机关职能优化和机构改革；中国石油工程建设有限公司整合完成总部机关部门、组建中东和海湾地区公司、整合优化设计业务；中国寰球工程有限公司“机关 + 实体运营”模式平稳推进，打造“9+2”发展新格局；中国昆仑工程有限公司成立吉林分公司，为环境业务发展注入新活力；中油工程项目管理分公司加快理顺公司组建运行各项工作，探索实施在京单位两级机关部分业务一体化运作和资源共享管理的新模式。

【市场开发】 2017 年，制定市场中长期发展规划以及海外投融资项目和海外机构管理办法等制度，市场管理信息系统上线运行，市场管理基础不断夯实。国内与中国石油天然气勘探开发公司（CNODC）、炼化板块、国投集团等业主单位签署战略合作协议，优先承揽其工程项目；国外与福陆、沃利帕森斯等国际工程公司联合合作，共同参与乌干达油田地面工程等项目的投标执行。所属企业创新思路抓抢机遇，签署俄罗斯阿穆尔天然气处理厂非专利装置、阿布扎比巴布油田综合设施、尼日利亚 AKK 天然气管道、孟加拉国东方炼油厂单点系泊和管线安装等海外大型项目以及 13 项集团公司烷基化、宁夏石化污水改造、中俄东线北段 IPMT 等国内项目，巩固埃克森·美孚和壳牌市场，高端合作实现里程碑式跨越。中国石油管道局工程有限公司新商业模式研究应用取得突破；中国石油工程建设有限公司成为国内首家与壳牌在工程服务领域战略合作的企业；中国寰球工程有限公司构建智能炼油厂生态圈和智慧能源综合补给站概念，市场开发向新业务领域延伸。

【重点工程建设】 2017 年，对在建工程实施分级分类管理，跟踪服务重点项目建设，协调解决辽阳石化和中俄东线项目招标、印度聚丙烯项目进度滞后等问题，项目建设全过程管理持续加强。分专业推广“五化”建设，成立各级领导机构，设立专项奖推动“五化”研究和成果应用。油气田地面工程方面，国内参与长庆、西南、塔里木等主力气田产能建设，为天然气增产保供发挥重要作用；海外土库曼斯坦萨曼杰佩增压工程一期、乌兹别克斯坦卡拉库利气田一期等保供项目按期建成，俄罗斯阿穆尔天然气处理厂、阿布扎比巴布油田综合设施、伊拉克哈法亚三期等项目稳步推进，为集团公司海外战略实施提供支撑。管道工程方面，中俄原油二线、庆铁三四线对调、鞍大线改造、陕京四线、中缅原油管道、中靖联络线、云南成品油管道等工程按期投产，东北、西北和西南陆上三大油气战略通道进一步完善提升，助力华北地区蓝天保卫战。炼化工程方面，紧跟集团公司炼化业务转型升级步伐，云南石化千万吨炼油等项目一次开车成功，华北石化、辽阳石化改造工程及一批烷基化项目有序推进，广东石化产品方案和工艺路线不断优化。环境工程方面，宁夏石化污水处理、辽阳石化和抚顺石化超低排放改造、兰州石化 VOCs 等项目进展顺利，为集团公司污染防治和绿色发展贡献力量。

【科技信息】 2017 年，组织完善“十三五”及长远科技信息发展规划，发挥科技信息对业务发展的支撑引领作用。与中国石油大学（北京）、华为公司、沈鼓集团、浙江中控等产业链相关知名企业和高校签署战略合作协议，在离子液法烷基化、数字化工厂等领域开展合作，智力资源整合能力不断加强。科技创新方面，开展技术攻关，全年承担国家和集团公司重大科技专项 24 项，大型芳烃生产及综合利用成套技术研究与工业应用列入集团公司重大专项，大型乙烯基地设计技术升级与优化增效技术开发应用等 4 个项目顺利开题，低碳与清洁发展关键技术研究应用等项目持续推进，第三代大输量天然气管道工程关键技术研究等 4 个项目完成技术攻关；开展中油工程统筹科研项目 90 项，其中新开题 19 项、验收 12 项；全年申请专利 258 件，授权专利 284 件，认定技术秘密 45 件，登记软件著作权 33 项。信息化建设方面，与生产经营和业务管理深度融合，ERP 应用集成等系统在所属企业上线应用，工程项目管理和承包商管理系统持续优化，工程设计云启动建设，工程建设材料编码系统完成 14 大类、180 中类和 1548 小类的编码规则；重视信息安全，强化网络信息安全防护措施，保障信息系统和数据资产安全；围绕业务执行、业主交付和基础设施“三大平台”建设，不断夯实信息化基础，工程设计能力得到持续提升。

【降本增效】 2017 年，坚持以效益为中心，持续推进开源节流降本增效，明确 7 个方面 24 条举措、21 个量化考核指标，选取中俄原油管道二线等 5 个在建项目推广试点经验，全年增效近 5 亿元。组织召开扭亏解困专题会议，“四项专项”工作扎实开展，“8+1”处僵治困按照年度目标有序推进，综合运用集团公司注资补贴、企业内部挖潜等方式，控亏效果明显；全年压减法人 22 户，完成阶段性压减任务。加大工程结算和应收账款清理力度，协调解决管道项目结算争议，“两金”增长势头得到遏制。做好预算编制、分解下达和过程监控，强化会计规范核算，不断夯实利润基础，财务与业务结合更加紧密。加强投资计划管理，坚持投资方向和回报，用有限投资保障国内外重点项目建设运行。协调指导未上市业务健康发展，争取政策支持，未上市业务成本费用刚性增长得到有效控制。

【基础管理】 2017年，围绕中油工程战略目标和企业发展定位，调整完善“十三五”业务发展规划，开展“争创世界一流、打造核心竞争力”等4个专项课题及国际业务管控模式、发展战略和企业文化等3个体系研究工作，提出“建设世界一流油气工程综合服务商”的发展愿景，“奉献清洁能源、呵护碧水蓝天”的新时代历史使命以及“追求卓越、精细管理、担当实干、勇创一流”的16字企业精神。加强投资计划和物资采购管理，做好预算分解、执行和监控，提高财务核算分析水平。分专业推广“五化”建设，开展机械化作业专项调研，成立各级领导机构，设立“五化”专项奖，开展“五化”优秀成果和论文评选。履行特种设备设计许可鉴定评审和资质管理职能，对集团公司企业资质进行全面摸底，做好重组整合期间企业资质的承继维护。

【质量安全环保】 2017年，完善QHSE管理体系，以项目管理公司为依托成立质量安全环保监督中心，完善监督管理信息平台，促进企业主体责任有效落实。质量管理方面，所属企业参建工程获38项国家级质量奖励，其中中缅天然气管道工程（缅甸段）获中国建设工程鲁班奖（境外工程），伊朗北阿扎德甘油田地面设施开发等2项工程获得国家优质工程金质奖，坦桑尼亚天然气管道、抚顺石化扩建80万吨/年乙烯等16项工程获得国家优质工程奖。不断增强质量管控和风险防控能力，及时更新管道质量风险数据库；加强在建工程设计施工等各环节的质量监督检查，开展“质量月”活动，辽阳石化、华北石化等在建重点工程质量全面达标。安全环保管理方面，2017年实现362.9百万工时未发生较大及以上安全环保事故。成立中油工程HSE委员会，梳理各级HSE职责，逐级推行HSE述职，关键时期升级管理，确保党的十九大等敏感时期安全环保整体平稳受控；坚持“全覆盖”量化审核与“四不两直”突击检查相结合，对重点领域、重大隐患和突出问题进行跟踪诊断，全年查改问题1709项；严格承包商监管，开展承包商评价和HSE业绩考核，取消205家承包商准入资格，对发生的事故进行调查和追责。落实京津冀及周边地区大气污染综合治理攻坚行动，配合中央环保督察问题整治，相关企业环境治理措施取得实效。海外安保和员工健康管理方面，应对南苏丹武装冲突、苏丹霍乱等突发事件，确保人员生命及财产安全；重视员工身心健康和野外现场HSE设施配备，员工职业健康体检率100%。

（吴晓利）

国际业务

海外油气业务

【概述】 集团公司海外石油天然气勘探开发生产、炼油化工、管道运营业务由中国石油天然气勘探开发公司/中国石油天然气股份有限公司海外勘探开发分公司归口管理。2017年12月20日，中国石油天然气勘探开发公司/中国石油天然气股份有限公司海外勘探开发分公司变更为中国石油国际勘探开发有限公司（简称中油国际公司）。为了有效应对持续低迷的国际油价带来的不利影响和动荡的国际形势，中油国际公司把握稳健发展的工作思路，推进全面深化改革部署，强化提质增效创新升级措施，狠抓精细管理和生产组织。

2017年实现海外油气作业当量产量16274万吨，其中原油作业产量13618万吨、天然气作业产量333.32亿立方米；油气权益当量产量8908万吨，同比增长17.2%，其中原油权益产量6880万吨、天然气权益产量254.54亿立方米；新增油气可采储量当量9093万吨，其中新增原油可采储量6280万吨、天然气可采储量353亿立方米；实现利润总额27.53亿美元。

2017年，中油国际公司响应国家重大对外战略部署，参与“一带一路”建设，巩固扩大海外规模化油气生产基地和油气战略通道，构建油气合作利益共同体，取得俄罗斯亚马尔液化天然气项目第一条生产线竣工投产、土库曼斯坦阿姆河天然气项目A区萨曼杰佩气田增压工程一期4台压缩机组建成投入运营、中缅原油管道一次投产成功等多项国际油气合作成果。

截至2017年底，中油国际公司在海外经营运作92个油气投资项目，建成中东、中亚—俄罗斯、非洲、美洲和亚太五大海外油气合作区，业务范围涵盖油气勘探、开发、生产、工程建设、管道运输、炼油化工、销售等领域，形成石油行业上下游一体化完整产业链。

【中国石油国际勘探开发有限公司成立】 2017年12月20日，经集团公司批准，中国石油天然气勘探开发公司由全民所有制企业改制为有限责任公司，改制后名称变更为“中国石油国际勘探开发有限公司”，英文名称调整为“China National Oil and Gas Exploration and Development Company Ltd.”。中油国际公司设董事会、监事会和管理层，董事长为法定代表人；公司原有业务、资产、债权、债务等均由改制后公司承继，股东、公司住所、经营范围等均保持不变。中国石油国际勘探开发有限公司营业执照于2017年12月20日生效。

这次公司制改制是贯彻落实党中央、国务院和集团公司决策部署的重大举措，有助于完善公司法人治理结构，形成有效制衡和灵活高效的市场化经营机制，实现企业治理体系和管控能力的现代化，推动中国特色现代国有企业制度建立，真正实现加强党的领导和完善公司治理的有机统一。公司制改制后出资人所有权和企业法人财产权分离，企业拥有独立的法人财产权，成为真正的依法经营、自负盈亏、自担风险、自我约束、自我发展的市场主体。公司制改制激发企业内生活力，切实转换经营机制，实现企业更好更快发展。

为了适应海外油气业务发展需要，中油国际公司系统组建中油国际中亚公司、中油国际西非公司和中油国际管道公司；优化调整中油国际尼罗河公司、中油国际拉美公司和中油国际俄罗斯公司的组织机构；设立中油国际专家中心、中油国际后勤保障中心和中油国际技术支持中心；撤销原海外地区公司驻京办事处，相关业务纳入中油国际后勤保障中心管理。

【海外油气勘探】 2017年，在国际油价持续低迷的形势下，中油国际公司在海外油气勘探工作中贯彻落实集团公司整体部署和要求，克服投资规模收紧、探索空间缩小、发现难度增大等困难，坚持效益勘探，以规模优质可快速动用储量为首要目标，追求低成本和成功率，通过优化部署和高效组织实施，在油气勘探发现和SEC稳储增储等方面取得一系列重要成果，为海外质量效益可持续发展夯实资源基础。

2017年，中油国际公司海外重点地区油气勘探取得重大发现。巴西里贝拉项目深水勘探落实世界级整装大油田，西北区油藏整体落实石油地质储量15.6亿吨、可采储量5亿吨，11月26日通过延长测试井组成功实现首油。土库曼斯坦阿姆河右岸甩开勘探明确规模接替区，东部山前带西召拉麦尔根及中部莫拉珠玛多个构造获得突破，中亚天然气管线气源得到夯实。滚动勘探发现一批可快速动用优质储量区。乍得 Bongor 盆地基岩潜山探井获高产油流、P 组勘探取得发现；尼日尔 Agadem 项目发现 3 个新油藏；阿曼 Daleel 油田西部斜坡区滚动探井扩大储量规模；苏丹 6 区 Sufyan 凹陷发现高产富集油藏；伊拉克哈法亚深层勘探取得重要进展。2017 年，海外新增油气可采储量当量 9093 万吨，其中新增原油可采储量 6280 万吨、天然气可采储量 353 亿立方米。

【海外油气开发生产】 2017 年，中油国际公司海外项目面对老油田稳产难度大、部分地区社会动荡造成安保形势严峻及资源国诉求增加等一系列困难，深化油藏地质研究，优化开发投资，落实新井钻井和投产，持续开展注水优化调整，加强精细管理和生产组织，强化油井动态跟踪管理，保障海外油气增产增效。

2017 年，中油国际公司海外投产新井 855 口，年产原油 663.6 万吨，达到经济极限产量井 661 口，占 77.3%；完成措施工作量 1419 井次，其中有效 1153 井次，有效率 81.3%，增油 662 万吨，完成增油指标 132.4%。实现油气作业当量产量 16274 万吨，其中原油作业产量 13618 万吨、天然气作业产量 333.32 亿立方米；实现油气权益当量产量 8908 万吨，其中原油权益产量 6880 万吨、天然气权益产量 254.54 亿立方米。

【海外重点工程建设】 2017 年，国际油价稳中有升，工程服务费用与材料价格随之大幅上涨，降本增效工作面临极大挑战。中油国际公司海外工程建设工作坚持低成本发展战略，海外油气田地面工程、LNG 工程和海洋工程投资总体受控，产能建设有序推进，重点工程顺利投产。

2017 年 11 月 17 日，澳大利亚箭牌项目 Tipton PTL 站内改造工程完工投产，增加天然气销售量 1.65 亿—2.3 亿米^3/ 年，增加收入 4000 万—6000 万澳元 / 年，该工程充分发挥设施潜力，对整合小工程高效管理、提高整体效益具有指导作用。伊朗 MIS 项目克服签证困难、施工人员紧缺等不利因素，狠抓 825 复合管材供货和焊接质量关键点，成功实现复产，日产油 10000 桶，生产平稳，原油技术指标合格，为启动回收 2.3 亿美元前期投资打下基础。土库曼斯坦阿姆河萨曼杰佩气田增压项目总体进度 89.3%，集气站和集气总站改造安全平稳，一次性复产成功；11 月 30 日 4 台压缩机成功投运，初期日增产最高 360 万立方米，对缓解国内天然气短缺问题起到重要作用。乌兹别克斯坦卡拉库里新丝路项目总体进度 87.1%，11 月 28 日实现系统进气，12 月 2 日西莎主力气田顺利投产，取得“一带一路”建设硕果。俄罗斯亚马尔 LNG 项目总体进度 91%，11 月 6 日第一条生产线开始产液，12 月 8 日，实现第一船 LNG 外运，塑造北极圈内极寒条件下施工和大型模块化、橇装化工程典范。乍得项目 2.2 期地面工程建设总体进度 76%，12 月 20 日 Daniela CPF（油田中心处理站）第一列装置投产，外输管道输送能力有所提高，在一定程度上缓解面临的外输瓶颈问题。

2017 年，中油国际公司组织工程设计审查，夯实“降本增效”基础，完成 18 项 40 次方案审查，主要包括复合热载体发生器设计文件及概算、乌兹别克斯坦卡拉库里区块基础设计、澳大利亚箭牌苏拉特区块可行性研究报告、委内瑞拉 MPE3 项目 16.5 万桶 / 日改扩建方案和 23 万桶 / 日可行性研究报告等，优化审减投资 8.32 亿美元，审减率 5.8%，实现经济效益最大化。

【海外炼油化工及管道运营】 2017 年，海外炼油化工及管道运营工作围绕中油国际公司“十三五”发展战略，坚持安全、质量、效益优先的理念，以实现整体效益最大化为目标，持续开展开源节流降本增效工作，采取措施，提高各炼化、管道项目的经济效益，推动炼化管道项目建设，有效控制质量、进度和投资，取得一批重大成果。哈萨克斯坦奇姆肯特炼油厂升级改造一期工程竣工投产；中缅原油管道顺利投产；加拿大激流管道实现投油，月输油量近 10 万吨；中亚天然气管道哈南线巴佐伊压气站投产，全线具备 100 亿米^3/ 年输气能力。

2017 年，中油国际公司加强统筹协调长输管道项目，强化安全运行，输送原油 2650.6 万吨、天然气 435.6 亿立方米。其中：中油国际管道公司中哈、中缅原油管道分别安全输送原油 1230.1 万吨和 479.4 万吨，中亚、中缅天然气管道分别输送天然气 396.9 亿立方米和 38.6 亿立方米。以中国石油利益最大化为目标，开拓成品油销售市场，实现海外炼化项目生产经营利益平衡，加工原油 1026 万吨。

【海外项目开发及转让】 2017 年，中油国际公司新项目开发及合资合作工作取得进展，完成阿拉伯联合酋长国阿布扎比陆上项目交割；签署伊朗南帕斯 11 区合同；在巴西盐下第三轮招标中获取佩罗巴区块 20% 权益；中标哈萨克斯坦阿克纠宾 T1 和 T2 勘探区块；签约收购昆仑能源阿塞拜疆 KK 项目股权。

中油国际公司抓住有利时机，优化调整业务布局，转让缅甸海上项目 50% 权益，减少义务工作量投资 2500 万美元；完成赛宁公司、中亚时代公司、澳大利亚 Don Juan 和哈科特项目股权转让，累计引入资金超过 6000 万美元，增加利润约 1 亿美元。

【海外所属项目及公司运行】

1. 印度尼西亚公司

2017 年，印度尼西亚公司强化生产经营精细管理，推进勘探开发工作，有效控减投资和成本，为优质高效和可持续发展打下坚实基础。开发生产方面，印度尼西亚公司提升管理水平，精选开发井位和生产措施，不断优化地面设施流程，重点保障并优化主力区块开发工作量，在保证效益的前提下，挖潜生产，实现原油作业产量 239 万吨，原油权益产量 79 万吨；天然气作业产量 18.48 亿立方米，天然气权益产量 7 亿立方米；油气作业当量产量 387 万吨，油气权益当量产量 135 万吨。

印度尼西亚公司落实中油国际公司关于应对低油价的工作要求，合理优化开发部署，在计划总产量保持不变的前提下，合计调减中方投资 7900 万美元。坚持以经济效益为中心，以油气发现和上产为目标，采取有效技术措施，控减工程费用，压缩作业成本，经营业绩突出，实现中方销售收入 29532 万美元，其中原油（包括凝析油）销售收入 8355 万美元、LPG 销售收入 8002 万美元、天然气销售收入 13175 万美元，溢价收入超过 400 万美元。实现利润总额 1.7 亿美元，净现金流 1.3 亿美元。

印度尼西亚公司落实健康安全环保与安保主体责任，抓安全保生产，主动升级环境标准，持续加强社会安全工作，承担企业社会责任，做好社区关系，降低风险，创建新的安全里程碑。2017 年 9 月 28 日，在印度尼西亚能矿部举行的 2017 年度“苏布罗托奖”颁奖大会上，印度尼西亚公司获油气安全生产奖。

2. 中油国投加拿大公司

2017 年，中油国投加拿大公司麦凯河油砂一期和激流管道一期投产，标志着中国石油海外自主建设的第一个 SAGD 生产项目投入生产运营，11 月底原油产量突破 11000 桶 / 日。油砂产量稳步上升，操作成本和投资支出实现较大幅度下降；激流管道项目加强对投资审查和管控，控减投资 3525 万美元，节约投资 1306 万美元。四方 LNG 项目 EPC 招标工作有序推进，引入战略投资者稀释现有股东股份工作取得实质性进展，上游原料气供应和下游 LNG 产品销售达成初步意向。

2017 年，中油国投加拿大公司原油作业产量 123 万吨，原油权益产量 73 万吨，天然气作业产量 38.63 亿立方米，天然气权益产量 12.07 亿立方米，完成二维地震采集和处理 30.8 千米，三维地震采集和处理 10 平方千米，钻开发井 33 口，钻评价井 19 口，完井 39 口。

3. 中油国投澳大利亚公司

2017 年，中油国投澳大利亚公司在提质增产、降本增效、业务发展、资产转让等方面取得优异成绩。箭牌项目减亏效果明显，首次实现收购以来经营性现金流由负转正的突破；哈科特项目股权顺利转让，回收部分投资资金，成功规避安全环保风险；西澳布劳斯项目推进陆上 LNG 方案研究和筛选，保证中方利益最大化；国际化管理水平有较大提升，实现从跟随者逐步向起主导作用的角色转变。

2017 年，中油国投澳大利亚公司箭牌项目天然气作业产量 13.60 亿立方米，天然气权益产量 5.76 亿立方米；新增天然气可采储量 33 亿立方米，销售天然气 12.6 亿立方米，实现销售收入 2.12 亿美元。

4. 缅甸项目

2017 年，缅甸项目深化地质研究、加强合资合作、转变发展方式、完善制度和内控体系、突出质量效益、推进合规合法管理，完成各项工作任务。

2017 年，缅甸项目无现场作业，主要承包商为保安、油料、车辆、房屋租赁等服务商。截至 2017 年底，项目完成投资 418 万美元，其中勘探投资 131 万美元、管理投资 287 万美元。

5. 新加坡公司

新加坡公司在中国、印度尼西亚和越南三个国家拥有五个产品分成合同项目，分别是中国渤海 04/36 项目和 Unit 项目、印度尼西亚 Kakap 项目和 Sampang 项目、越南 102/106 项目，均为浅海油气田生产项目。新加坡公司作为非作业者在五个区块的权益分别为 8.91%、10.82%、15%、40% 和 22.86%。

2017 年，新加坡公司落实以开源节流降本增效为核心的低成本发展战略，以国内技术支持单位为依托，利用技术研讨和石油合同设立的项目治理平台和机制，主动向各项目的作业者和伙伴提出相应的老井挖潜、开发调整和滚动勘探三个层次的工作建议；帮助支持作业者利用油价上涨和服务成本较低的有利时机，实施补孔、更换管柱、酸化等措施增产增效；协助作业者优化油井、修井作业方案和探井井身结构，提高作业效率；推动作业公司精简机构、削减费用，降低成本，提高效益。

2017年，新加坡公司原油作业产量158.85万吨，原油权益产量16.73万吨；天然气作业产量8.56亿立方米，天然气权益产量2.58亿立方米；实现利润4754万美元，现金流3236万美元。

6. 赛宁公司

2017年6月20日，海外勘探开发分公司与中国华腾工业有限公司在北京举行赛宁公司股权转让交割签字仪式。在股权结构发生重大调整的情况下，赛宁公司管理层狠抓组织建设和公司治理，推进原油销售模式切换和业务发展，实现平稳过渡。

2017年，赛宁公司与国际事业公司伦敦公司就亚马尔项目的合同、付款方式和开证事宜进行持续半年的谈判，在背靠背销售协议以及具体销售执行机制上基本达成一致。艾哈代布项目销售业务推进，完成10月装第一船艾哈代布原油过单销售，购销款于12月1日收付。完成阿曼原油销售模式切换，2017年下半年阿曼原油长期合同顺利执行，赛宁公司实现0.13美元/桶的销售利润。为应对转制和业务模式切换，赛宁公司完善公司治理、业务流程和风险控制管理等各项规章管理制度，清理整顿财务账户，关闭HSBC和新加坡花旗沉睡账户，建立中国银行伦敦新账户。

赛宁公司份额油销售推价工作上新台阶。10月装乍得多巴油销售价格达到布伦特平，4月装达尔油贴水1.63美元/桶，10月装尼罗油销售价格升水3.53美元/桶，实现历史最高销售价格。11月装乍得多巴油临时增加一船份额油销售，在11月装西非油交易接近尾声，销售形势对货主不利的情况下，赛宁公司抓准市场时机，积极推动，全力配合，妥善完成该船油的销售工作，实现增收42.75万美元。

7. 泰国项目

泰国项目在泰国拥有邦亚区块和L21/43区块。邦亚区块生产区面积11.15平方千米；L21/43区块面积3000余平方千米，有效勘探面积400平方千米。2017年，泰国项目坚持小油田低成本策略，探索甲乙方钻井、测井、固井一体化管理模式，精打细算，完成7口生产井钻探任务，平均单井成本110万美元左右，单井成本比泰国其他油公司节约30%以上，成本控制效果显著。

2017年，邦亚区块和L21/43区块生产原油43.87万桶（5.86万吨）；实现净利润和净现金流双正目标，开启小油田、低成本、高效益发展模式。

8. 莫桑比克项目

莫桑比克海上4区项目是集团公司参与的第一个超深水大型天然气勘探开发及LNG一体化项目，是未来重要的海外天然气接替项目，对中国石油进入这一全球新兴和热点地区具有十分重要的战略意义。

2017年是莫桑比克项目进入实质性开发的第一年，投资决策、融资贷款、政府审批、技术攻关和中方维权等面临一系列挑战，对未来的平稳经营和经济效益影响深远。莫桑比克项目根据海外油气业务“十三五”发展战略，遵循海外LNG业务整体部署和稳中求进的工作方针，探索小股东管理之道，行使中方话语权，抓住机遇、拼搏进取，取得多项成果。完成海上4区项目科洛尔一期46.8亿美元项目融资协议签署并开始获得贷款；在埃克森美孚购股上通过放弃优先购买权获得更大的中方权益；赢得4个中方工作订单并使之成为中方发挥话语权、影响开发策略的重要渠道。经过一年努力，集团公司的第一个超深海天然气项目在东非印度洋上开始建设，标志着中国石油涉足深海天然气开发、FLNG（浮式液化天然气）生产等先进领域，为海外能源接替打下坚实基础。

9. 欧信公司

2017年，欧信公司执行业绩合同和工作部署，完成哈萨克斯坦北布扎奇项目移民后续事项、哈萨克斯坦曼格什套项目和叙利亚幼发拉底项目架构优化后续工作、BEPS应对方案的建议和实施、拉美公司所属项目移交欧信公司管理等工作，同时确保公司的实质性管理满足所在国的要求，有效规避税务风险。

2017年，欧信公司做好项目分红和税务筹划两项基本工作，完成哈萨克斯坦曼格什套、PK、北布扎奇等项目分红，累计“零税负”分红资金3.57亿美元，其他各项财税、法律、合规工作有序推进。

【海外经营管理】 2017年，中油国际公司开展“稳步扩大增收创效能力、严格控制投资规模、大力降低要素成本、切实防止各类风险”四项提质增效举措，海外效益整体实现稳中有进。

强化扩销推价取得成效。中东公司实现提油销售1.1亿桶，累计回收投资57.2亿美元，同时优化提油回收策略，应收款减少3.3亿美元；南苏丹37区项目完成伙伴提油2285万桶，实现销售收入11.67亿美元，平均贴水3.3美元/桶，创历史最好水平。加强股权投资收益管理，推动曼格什套、MPE3、PK、CIK、北布扎奇、阿克纠宾、安第斯等10个项目加快分红，实现分红近12亿美元。以效益为中心加强投资动态管理，严控年度投资总量，项目层面核减投资近8亿美元。

持续推进减员增效，优化组织机构及人员结构，

2017 年人工成本上升幅度 5% 以下，低于同期国际油价上涨率。加强纠纷管理，应对乍得上游项目 Carlton 净利润请求权纠纷、厄瓜多尔安第斯项目 15 区仲裁、哥斯达黎加项目股东争议等法律纠纷；在秘鲁 1AB 环保国际仲裁等三起案件中胜诉，避免损失 9000 万美元。加强税务筹划，妥善处理转让广西东油沥青投资损失，节省所得税 300 万元；尼日尔项目经过多年努力，涉税争议金额从 8000 多万美元大幅降低至 200 多万美元。转让中亚时代 48% 股权，实现创效 2100 万美元及 1.4 亿元现金流入。

【海外 HSE 与风险防控】 2017 年，中油国际公司以 HSE 和社会安全体系建设为主线，以绩效管理为准绳，以体系审核为推手，强化 HSE 和社会安全风险动态管理，落实各项防护措施，成功应对委内瑞拉动乱、南苏丹冲突、伊拉克和尼日尔频发的恐怖袭击等重大事件，无因社会安全管理原因造成中方员工被绑架或致死事件发生。

健全 HSE 管理体系，开发海外 HSE 控制框架和关键程序，推进海外项目 HSE 体系全要素和专项审核。组织高风险国家社会安全形势分析和对策研究，编写委内瑞拉、缅甸、伊拉克和南苏丹等国家政治安全形势分析报告 14 期，发布社会安全预警、安全提醒等 29 次，组织各类安全培训 75 期次，参加 1139 人次。海外项目总经理及 HSE 总监 HSE 资格取证率从 2016 年 25% 提升至 56%，中油国际公司机关部门负责人取证率从 2016 年 8% 提升至 68%。哈法亚、PK 等 19 个项目 HSE 管理体系获国际认证证书。伊朗北阿扎德干项目获伊朗劳工部颁发安全资质证书。印度尼西亚项目获印度尼西亚政府颁发 2017 年绿色环保等级证书。中油国际公司和承包商总百万工时可记录伤害率 0.255，误工伤害率 0.107，达到国际同行业先进水平。全年一般 A 级及以上工业生产安全事件和较大及以上环境污染和生态破坏事件发生率为零。

重视员工身心健康，编制《海外项目疟疾防控技术指南》，推广实施疟疾防治技术和管理经验，增加员工健康风险筛查体检项目，员工健康体检率 96.59%，疟疾发病率从 8% 下降至 3%，无群发性疾病及因传染病、流行性疾病及由心理问题引发意外亡人事件发生。

（刘　贤）

国内油气勘探开发国际合作

【概述】 2017 年是国内勘探开发对外合作业务有史以来油气产量最高、对国内上游业务利润贡献率最大的一年。对外合作战线上的广大干部员工克服复杂内外部挑战，落实集团公司总体战略部署，各项工作按照年度计划推进，超额完成年度生产经营任务，为国内上游业务坚决打赢生存与发展攻坚战和集团公司稳健发展做出重要贡献。

截至 2017 年底，在执行对外合作项目 35 个（不包括 2017 年签署产品分成合同终止协议的 2 个项目），全部是产品分成合同。

2017 年，对外合作油气产量连续第四年保持 900 万吨油当量以上高峰水平，生产油气 986.60 万吨油当量，其中原油 248.42 万吨、天然气（含煤层气）92.64 亿立方米。中方账面完成销售收入 84.74 亿元，实现税前利润 41.17 亿元。全年完钻勘探（评价）井、开发井 230 口，钻井进尺 57.48 万米。

【原油项目运作】 截至 2017 年底，在执行原油项目 14 个，其中赵东、孔南、冷家堡、海月、州 13（1–2）、州 13（3–6）、肇 413、大安、莫里青、庙 3、民 114 和两井等 12 个项目处于生产期，扶余 1 号项目处于开发期，高升项目正在进行产品分成合同终止谈判。

1. 大港赵东项目

2017 年，赵东项目生产原油 48.25 万吨、天然气 0.19 亿立方米。批准 3 口生产井的钻井预算，四季度全部完钻，投产 2 口，新建产能 2.6 万吨。项目继续补充修改完善赵东合作区 2016—2020 年开发调整规划方案（IDP18）。为在低油价新常态下生存和发展，赵东项目采取一系列的“控投资、降成本、求效益、深挖潜”措施，确保接管作业权以后生产经营的持续稳定。

2. 大港孔南项目

2017 年，孔南项目原油产量 6.47 万吨；完钻并投产新井 2 口，新建产能 0.6 万吨；完成老井增产措施 9 井次、有效 7 井次，增油 5003 吨。孔南项目通过采取降本增效、投资控制措施，持续优化改进，强化管理创新创效，注重投资回报和投资效益，不断适应低油价新常态。

3. 辽河冷家堡项目

2017年，冷家堡项目生产原油53.33万吨，原油商品量47.73万吨。实施各类措施419井次，日增油653吨，累计增油14.14万吨；完成注汽量215.6万立方米，其中吞吐注汽365井次，吞吐汽量129.5万吨，平均周期11.9天。

冷家堡项目借鉴以往措施成功经验，坚持三级措施论证制度，优化常规区块重点措施方案设计，推广化学堵水、二氧化碳及氮气辅助吞吐、化学防砂及水平井分段注汽等成熟技术，累计实施72井次，阶段增油7965吨。

4. 辽河海月项目

2017年，海月项目月东油田在没有新井产能接替的情况下，通过加大蒸汽吞吐热采试验、高含水井综合治理以及老井调补层工作力度，实现产量持续稳定。全年生产原油45.30万吨，原油商品量45.02万吨。

海月项目通过加强地质油藏综合研究，不断加深地质认识，提升油田开发管理水平。继续开展蒸汽吞吐试验增油效果明显；高含水井综合治理工作进一步扩大，治理效果达到预期；在深化地质认识基础上，编制完成开发调整方案；完成月东油田油气生产设施弃置预备方案编制；加强岛体、海管海缆检测以及隐患治理工作，确保海上生产设施安全；继续实施低成本战略，开源节流降本增效，向管理要效益。

5. 大庆州13项目［包括州13（1-2）区块、州13（3-6）区块和肇413区块］

2017年，通过加强地质研究，提早完成注采系统调整、细分注水，产量形势比较主动，年底完成原油产量17.20万吨。未安排新钻井、投产工作量；考虑油田平稳生产，原计划安排8口转注井，10口老井压裂，后期调整为9口转注井，4口老井压裂。

6. 吉林大安项目

2017年，大安项目原油产量55.84万吨。钻井完成15口，新井投产完成16口，转投注井完成11口。大安项目通过风险合作模式开展先进技术应用，包括DHB调剖工作、油井解堵15口井、氮气泡沫驱增产措施、微差井温产液剖面测试技术和黄原胶压裂，针对老井增产措施方面开展小规模缝网压裂试验和老井堵水压裂试验措施。

7. 吉林莫里青项目

2017年，莫里青项目原油产量8.83万吨，未实施钻井、投产工作量。

8. 吉林庙3项目

2017年，庙3项目原油产量2.28万吨。完钻井7口、投产7井口。

9. 吉林民114项目

2017年，民114项目原油产量4.06万吨。未安排新井产能建设和老井措施工作量。

10. 吉林两井项目

2017年，两井项目未组织实施地面建设、老井措施、油藏检测，地面辅助工作量大幅度调减。生产原油0.84万吨，全部为老井自然产量。

11. 吉林扶余1号项目

扶余1号项目结合近几年先导试验研究成果及区块开发实际情况，制定2017年热采实施方案，2017年12口井热采，生产原油934吨。该区块油井采取氮气加蒸汽两段塞的注入方式吞吐，延长油井的热采周期，增加油井产量。

12. 辽河高升项目

2017年，中国石油与联合石油天然气投资有限公司就高升产品分成合同终止涉及的有关事宜开展多轮谈判，未达成最终一致意见。

【天然气项目运作】 2017年，富顺—永川、梓潼项目签署产品分成合同终止协议。截至2017年底，在执行天然气项目11个，其中长北、苏里格南、川东北、川中、迪那1和吐孜项目处于生产期，喀什北、内江—大足、荣昌北处于勘探期，金秋和西昌项目开展产品分成合同终止相关工作。

1. 长庆长北项目

2017年，长北项目年产天然气37.33亿立方米，商品量35.50亿立方米。在冬季保供的关键时期，日产突破1250万立方米，发挥冬季保供生力军的作用。截至2017年底，长北项目年产气量连续9年突破33亿立方米，累计销售商品气372亿立方米。

2. 长庆苏里格南项目

2017年，苏里格南项目钻井77口，压裂81口，累计投产气井489口，生产天然气20.13亿立方米，商品量19.19亿立方米，首次实现年产20亿立方米；冬季保供期间日产保持在640万立方米水平，为冬季保供做出贡献。

3. 西南川东北项目

2017年，川东北项目设备稳定性大大提高，特别是12月底三列装置满负荷运行，为保障冬季供气做出重要贡献。生产原料气22.01亿立方米、商品气18.02亿立方米，分别同比增加7.64亿立方米、

6.75 亿立方米。

在合规合法、尊重历史的原则下，与雪佛龙公司加强协调，研究确定并推进包括前期争议解决、提高经济效益等一揽子解决方案的实施；开展中国石油提前接管作业权准备工作；由中国石油牵头开展罗家寨（含滚子坪）气田（ODP1）第二次调整方案修改稿的编制。

4. 西南内江—大足及荣昌北页岩气项目

内江—大足、荣昌北页岩气项目是首次由中国石油在勘探期担任作业者，并成立联合技术委员会，发挥 BP 公司全球专家资源优势。2017 年开钻两口井，并完成 100 平方千米三维地震处理及解释工作。2017 年 12 月 28 日第一口水平井完钻，优质储层钻遇率 100%，页岩气勘探深度突破 3500 米。

5. 西南川中项目

2017 年，川中项目生产天然气 2.34 亿立方米。“水平井分段加砂压裂”取得突破，天然气日产量由年初的 50 万立方米大幅上升至 100 万立方米，并提前三个月完成全年产量计划，对国内同类气田的开发具有重要启示和借鉴意义。通过优化管理，控制钻井投资和操作费用等措施，项目实现低成本开发。2017 年 9 月 26 日和 11 月 9 日《中国石油报》两次宣传报道川中项目，川中项目成为中美陆上油气合作典范。

6. 塔里木迪那 1 项目

2017 年，迪那 1 项目生产运行平稳，生产天然气 4.11 亿立方米、凝析油 2.09 万吨。2017 年 12 月 20 日，替代井 DN1-3 井侧钻后试气。

7. 塔里木吐孜项目

2017 年，吐孜项目生产运行平稳，生产天然气 7.55 亿立方米、凝析油 0.16 万吨。

8. 塔里木喀什北项目

2017 年 12 月 6 日，中国石油与年代能源投资有限公司签订产品分成合同补充和修改协议，项目重新启动。

2017 年 1 月 12 日和 3 月 23 日，中国石油与壳牌中国勘探与生产有限公司分别签署《中华人民共和国四川盆地梓潼区块勘探、开发与生产合同终止协议》和《中华人民共和国四川盆地富顺—永川区块天然气勘探、开发和生产合同终止协议》，梓潼项目与富顺—永川项目于各自协议签署日终止。

【煤层气项目运作】 截至 2017 年底，有煤层气项目 10 个，其中 6 个处于勘探期、1 个处于开发期、1 个处于生产期。

1. 华北马必项目

2017 年，马必项目完成商品气量 0.44 亿立方米，完成勘探井 67 口。

2. 华北成庄项目

2017 年，成庄项目完成商品气量 0.83 亿立方米。

3. 煤层气公司三交项目

2017 年，三交项目完成钻井 12 口，其中多分支水平井 9 口、丛式井 2 口、评价井 1 口；产气 0.81 亿立方米，销售气量 0.72 亿立方米。9 月 19 日，中国石油与奥瑞安能源国际有限公司签署三交项目产品分成合同第五次修改协议。

4. 煤层气公司韩城项目

2017 年，韩城项目完成钻井 4 口，产气 666.5 万立方米，销售气量 444.5 万立方米。

5. 煤层气公司三交北项目

2017 年，三交北项目完成钻井 14 口，其中先导试验井 12 口、评价井 2 口；压裂 21 井次 51 井层；接入乔家山集气站的生产井 16 口，日产气量 20 万立方米；生产天然气 0.26 亿立方米，销售气量 0.25 亿立方米。

2017 年 11 月 14 日，三交北区块西区探明天然气地质储量报告通过国土资源部油气储量评审办公室组织的专家审查，叠合含气面积 206.49 平方千米，新增探明天然气地质储量 171.47 亿立方米。

6. 煤层气公司保田青山项目

2017 年，保田青山项目借鉴中国石油自营区块排采经验，完善排采制度，区块煤层气排采井初见成效，6 口井煤层气产量稳定在 1000 米^3/日左右，经过多年勘探终见曙光。

7. 煤层气公司石楼南项目

2017 年，石楼南项目完成钻井 4 口。石楼南项目深化区块地质综合研究，加深对区块主力煤层，煤层上覆、下伏地层中致密砂岩储层分布特点及其含气性的认识，优化井位部署，力争获得勘探突破。

8. 煤层气公司紫金山项目

2017 年，紫金山项目完成钻井 5 口，压裂试气 4 口 9 层。

煤层气公司硫磺沟项目进行国际仲裁工作。华北沁南项目无对外合作实物工作量。

【联合研究】 无在执行的联合研究协议。2017 年 11 月 7 日，中国石油与壳牌公司在新疆签署二氧化碳驱提高采收率选区保密补充协议。双方完成联合研究选区工作，壳牌公司提交《二氧化碳驱提高采收率联合研究油田优选报告》，选定石南和百口泉两个油田作为二氧化碳驱提高采收率联合研究的油田。

【人员培训】 2017 年，利用对外合作项目提供的培训费和培训资源，组织国内培训 192 批、国外培训 21 批，参加人数 3100 余人次。

（朱玉新）

国际贸易

【概述】 中国石油的原油、成品油、天然气、石化产品的进出口及国际贸易业务，中国石油海外份额油气的销售及原油、成品油、天然气境外期货业务，海外集贸易、加工、运输、仓储于一体的油气运营中心建设和运营管理由中国石油国际事业有限公司（中国联合石油有限责任公司，简称国际事业公司）统一管理和组织实施。国际事业公司是中国石油对外贸易专业公司，承担着调节保供、优化资源、做强做大国际贸易职责。

2017 年，国际事业公司境内外分支机构 43 家，在国内 73 个口岸开展通关服务，贸易范围遍及全球 80 多个国家和地区，基本覆盖全球主要油气资源地和市场地，经营油气种类上百种，已成为集贸易、加工、仓储、运输于一体的综合性能源贸易公司。

2017 年实现贸易量 4.7 亿吨，实现对外销售收入 8772 亿元。

【原油进出口及国际贸易业务】 2017 年，原油业务调节保供和优化资源能力不断提升。协调推进哈萨克斯坦西部原油东输、俄罗斯原油西线增供，促进国内原油资源平衡。组织集团公司海外上游权益油销售，海外权益油销售 1921 万吨，为海外上游项目改善现金流、提升投资回报发挥重要作用。研究地炼原油进口规律，加大用户协调，配合销售分公司、燃料油公司分别与 11 家地炼签署一体化合作协议，成为国内地炼重要供应商。

【成品油进出口及国际贸易业务】 2017 年，发挥“两个市场、两种资源”优势，履行调节保供职能。关注成品油出口配额调增变化，与炼化和销售企业做好沟通，组织成品油出口，超额完成年度计划。巩固缅甸、斯里兰卡、菲律宾、越南等传统市场，开发澳大利亚、拉美等高端、区外市场，扩张船加油、机场加油、加油站等终端零售业务。

【化工品进出口及国际贸易业务】 2017 年，集中单元优势力量，深化化纤原料和醇醚芳烃两大产品运营模式改革创新，实现量效齐增。提升 PTA 业务运作质量，通过加强基差和跨品种套利运作，实现盈利提升。利用期货工具加大对化工销售公司的服务，为化工销售增效做出贡献。

【天然气进口及国际贸易业务】 2017 年，参与中哈、中乌、中俄、中缅及 LNG 等项目商务谈判，为平衡中亚各路气源，保证中亚气进口计划的实施提供支持。配合集团公司签署中俄东线技术协议、远东供气协议和美国 LNG 购销谅解备忘录，保障海外进口资源落实。优质服务集团公司上游，配合赛宁公司将亚马尔份额 LNG 销售至欧洲市场，开启 LNG 船运业务。截至 2017 年底，LNG 转口覆盖印度、埃及、日本、韩国、中东等国家和地区。

【海运业务】 2017 年，坚持“安全第一”原则，组建船队管理技术团队，深化船队 HSE 管理，确保航运安全。组织中远海运公司承担中东—缅甸航线运输，LR 型号油轮为锦州石化、锦西石化、大连石化及广西石化等炼化企业组织成品油拼装运输，提高出口物流效率和出口效益。发挥货方优势和协同协应，成功向招商局集团及中远海运公司推广使用昆仑船用润滑油，取得良好效果。

【全球油气运营中心建设】 2017 年，以开拓“一带一路”市场为重点，加快市场营销网络开发利用，推进亚洲、欧洲、美洲三大油气运营中心在贸易、加工、仓储和运输“四位一体”中的作用继续提升。新加坡公司为海外上游做好服务，完成伊朗、伊拉克海外份额油销售及国内炼油厂成品油出口至澳洲、菲律宾、泰国等高端市场，确保集团公司整体效益最大化。通过开拓终端用户和大船拼装等方式，扩大在澳洲、菲律宾、巴基斯坦、斯里兰卡、越南等区域的成品油销售。发挥市场前沿优势，加强和卡塔尔燃气、雪佛龙、埃克森美孚等 LNG 生产商合作，获取更多资源，成为亚洲重要 LNG 贸易商之一。伦敦公司原油、成品油及天然气业务在服务上游、市场开拓、资源获取上取得新突破，与 CNPCK 公司（中油国际卡莎干有限责任公司）直接签订卡莎干份额油 FOB 购销协议，实现卡莎干份额油自主提运销售。与赛宁公司和亚马尔贸易公司协商，实现首船 LNG 销往欧洲市场。成功中标波罗的海、立陶宛、爱尔兰等国家和地区成品油销售业务，在西北欧成品油市场影响力和话语权不断提升。香港公司发挥“结算、融资、降本、增效、监控”的金融平台职能，开展贸融创效。在继续巩固芬兰航空、国泰航空、港龙航空等航油供应的同时，新开发印度、法国等 9 个机场供油业务。哈萨克大区公司为海外上游企业提供服务，落实卡莎干份额油销售和阿克纠宾液化气出口销售。严控气质、气量，完成管道天然气进口任务。日本大区公司首次实现向日本昭和壳牌公司和终端市场销售伊朗重质原油、汽油，油气业务实现转型增效。大阪合资公司深化管理，通过拼装和引进新油种，降低原油采购成本。美洲大区公司为上游项目做好服务，将巴西里贝拉项目和中国石油天然气勘探开发公司加拿大公司份额油销往北美市场，配合拉美公司进行委内瑞拉 MPE-3 融资融油贸易第三方销售，完成国际销售和融资还款任务。

【经营管理】 2017 年，加强战略引领，推进“十三五”规划实施与调整，完成三年滚动规划，调增“十三五”规划利润目标，逐项分解指标、落实责任，确保各项任务全面落实。推进全球营销网络和油气运营中心建设，持续跟进缅甸油库、巴西 TT WORK 项目、吉布提油库、澳大利亚营销网络、唐山 LNG 储罐等项目研究工作，为加强全球油气运营奠定基础。

提升财务管理水平。通过加强对单吨经营费用、人均利润、百元利润费用比等营运效率指标分析和滞期费清算，百元利润费用比整体下降 2.4%，降本增效取得显著效果。优化银行授信额度结构，压缩单笔贷款周期，确保融资成本始终处于低位。

【HSE 管理与风险防控】 2017 年，牢固树立安全意识，持续加强安全管理。聘请第三方专业机构对境内控股运营油库开展安全专项诊断评估，督促各运营单位落实 HSE 主体责任。

加强风险管理体系建设，完善风险管理制度与流程，修订国际事业公司《交易与市场风险管理规定》《客户管理办法》和内控手册，制定《境内期货公司准入标准》。对合同管理、期货业务和交易风险等开展专题管理研究，提升重点领域的风险监控。加强风险防控数据与财务数据差异分析和国际事业公司自营贸易风险分析，通过做好客户资信评估与动态监控，提升风险管理水平。

防范法律风险，解决法律纠纷。发挥法律专业优势，全程介入重要油气业务及投资项目谈判、合同签署等工作，提供全方位法律支持，高质量完成合同审核工作。

（中国石油国际事业有限公司）

国际业务与外事外联管理

【概述】 2017 年，集团公司贯彻党和国家能源发展战略方针，严格执行中央外事工作管理要求，强化全球政治、经济、安全形势分析研判，突出国际业务协调管理与决策支持、外事外联统一合规管理和海外业务全面风险控防，以“一带一路”国际高峰合作论坛为契机，首次成功主办“一带一路”油气合作圆桌会议，阐述中国石油主张，打造国际高端交流与合作平台，国际化经营实现重要突破，集团公司国际影响力、话语权和品牌形象进一步提升。

截至 2017 年底，中国石油在全球 38 个国家进行 95 个油气投资项目合作，在 76 个国家和地区开展工程技术服务、工程建设和装备制造业务，海外工程服务队伍 1300 多支。依托亚洲、欧洲、美洲三大油气运营中心和贸易网络，在 80 多个国家和地区开展贸易，规模和质量进一步提升。2017 年，海外中方员工 1.95 万人，当地和国际化雇员 9.62 万人，本土化率 83%。

【“一带一路”油气合作】 能源合作是“一带一路”建设的先行产业和重要引擎，20 世纪 90 年代，集团公司开始在中亚、俄罗斯、中东、东南亚等国家和地区开展油气合作，依托 20 余年国际经营经验，集团公司推动自身成为“一带一路”沿线国家油气开发的优选合作伙伴及主要投资者和建设者。集团公司五大海外油气合作区中，中亚—俄罗斯、中东、亚太 3 个合作区均位于“一带一路”沿线重要区域。集团公司建设的 4 条国际油气运输通道中，中亚、中俄、中缅油气管道分别架起西北、东北和西南方向的油气桥梁。集团公司建立的三大国际油气运营中心中，亚洲油气运营中心已经成为亚太地区具有较强影响力的资源供应商和交易商。

自2013年国家主席习近平提出“一带一路”倡议以来，集团公司参与“一带一路”建设，并取得丰硕成果。在中亚—俄罗斯地区，俄罗斯亚马尔LNG项目一期、乌兹别克斯坦卡拉库利气田一期、土库曼斯坦阿姆河天然气项目、萨曼杰佩借力“一带一路”倡议深化国际油气合作气田增压工程一期、中亚天然气管道C线、中俄原油管道二线工程、中哈天然气管道二期（哈南线）等一批重点工程建成投产；中俄东线天然气管道、哈萨克斯坦亚洲钢管有限责任公司、乌兹别克斯坦中乌天然气管道新布哈拉调控中心先后开工建设；哈萨克斯坦和土库曼斯坦项目分别迎来中哈、中土油气合作20周年和10周年。在中东地区，伊朗北阿扎德甘项目和伊拉克哈法亚项目二期顺利投产；集团公司与法国道达尔公司、伊朗国家石油公司等共同签署伊朗南帕斯11期天然气开发合同；与阿布扎比国家石油公司签署购股协议，获得阿布扎比ADCO陆上油田开发项目8%的权益。在亚太地区，中缅油气管道工程相继开工建设并投运。

2017年，在北京“一带一路”国际合作高峰论坛期间，集团公司深化“一带一路”油气合作，与俄罗斯天然气工业股份公司、俄罗斯国家石油公司、乌兹别克斯坦国家石油天然气控股公司、哈萨克斯坦国家石油天然气公司、阿塞拜疆国家石油公司等多家油气企业签署协议，深化和扩大在项目融资、管道运输、储气库建设、油气供应及天然气发电等多领域的合作。

截至2017年底，集团公司在“一带一路”沿线20个国家参与运作管理52个油气合作项目，2017年油气权益当量产量7353万吨，占海外权益总产量的80%以上；海外9个千万吨级大型油气项目有7个位于“一带一路”地区；区内累计投入802亿美元，累计回收615亿美元。2017年，“一带一路”地区油气贸易量约2.3亿吨油当量，占贸易总量的49.7%；跨境油气管道原油输送能力6300万吨/年、天然气输送能力602亿米^3/年，分别占海外油气输送能力的53%和86%；“一带一路”地区工程服务和装备制造业务新签合同额101亿美元、完成合同额58.8亿美元，同比均有两位数以上的增长，新签和完成合同额均占海外工程服务新签和完成合同总额的70%。“一带一路”已成为集团公司海外核心油气合作区，海外油气产量和经济效益的主要来源地，也是跨国油气战略通道的资源保障区和优势产能合作的主要市场。

【配合国家能源外交活动】 2017年，依托国家能源外交推动国际油气合作，集团公司参与政府主导的双边多边合作和对话机制，推动资源国政要及合作伙伴高层来访及集团公司领导出访活动，协调解决影响海外重点合作区项目发展的重大问题，推动国际油气合作实现新突破、取得新成果，海外油气合作持续深化和拓展。

在中亚—俄罗斯地区，组织召开与俄罗斯天然气工业股份公司联合协调委员会第十二次和第十三次会议，协调推进中土天然气贸易、在哈萨克斯坦油气项目石油合同延期、中乌天然气贸易和上游领域合作项目等谈判，推动中亚D线塔吉克斯坦和吉尔吉斯斯坦政府间协议修改，分别和俄罗斯、哈萨克斯坦、乌兹别克斯坦、阿塞拜疆、莫桑比克、阿布扎比等国家政府和能源公司签署多项合作协议。与俄罗斯天然气工业股份公司陆续签署《中俄东线购销合同的补充协议》《中国石油、中国交建、俄气公司、俄公路公司关于使用液化天然气作为干线公路运输车辆燃料的战略合作谅解备忘录》《中国石油、俄气公司与华能公司在天然气发电领域三方合作谅解备忘录》等多个合作协议；与俄罗斯国家石油公司签署《成立联合协调委员会协议》；与俄罗斯诺瓦泰克公司签署战略合作协议。与哈萨克斯坦国家石油天然气公司签署《关于共同推进奇姆肯特炼油厂现代化改造的协议》《关于向中国出口哈萨克斯坦天然气的谅解备忘录》；与哈萨克斯坦能源部签订《关于石油合同延期的谅解备忘录》。与乌兹别克斯坦国家石油天然气控股公司签署《中国石油和乌兹别克国家石油公司购销合同的补充协议》《关于加兹里储气库合作的谅解备忘录》《中国石油、中国银行、乌兹别克国家石油公司关于新丝绸之路项目融资贷款的协议》。与阿塞拜疆国家石油公司签署《中国石油、国家开发银行、阿塞拜疆国家石油公司关于阿塞拜疆天然气化工项目的投融资合作谅解备忘录》《中国石油与阿塞拜疆国家石油公司关于石油和天然气合作的谅解备忘录》《阿塞拜疆天然气化工项目FEED/OBCE合同》。

在中东地区，协调完成政府审批重要前置环节，取得国家发改委信息报告确认函，确保2月19日如期与阿布扎比国家石油公司签署阿布扎比ADCO陆上油田开发项目相关购股协议。根据协议，中国石油获取该项目8%的权益，合同期40年，同时获得项目联合作业公司阿布扎比陆上作业公司8%的股份。此外，双方还签署合作谅解备忘录，以加强在油气区块合作、气田开发、储油设施建设等方面的合作力度。集团公司同法国道达尔公司及伊朗当地合作伙伴组成的联合体，与伊朗国家石油公司签署南帕斯11期天然气开发合同。协调与沙特阿美公司建立战略合作沟通机制，推进云南石化销售一体化合资合作项目协议谈判。

在非洲地区，配合完成国家领导人赴乍得、阿尔及利亚、肯尼亚、尼日尔、苏丹等国访问有关工作，推动双边油气合作。协调组织中莫油气合作联合工作组第二次会议，双方签署多项合作协议，范围涵盖油气勘探开发、工程技术、工程建设、炼化及后勤支持等多个领域，与莫桑比克国家石油公司的油气战略合作深化。推动签署《肯尼亚地热开发一体化项目框架协议》，该协议被列为国家“一带一路”国际合作高峰论坛成果和肯尼亚总统访华成果。推进与阿尔及利亚国家石油公司战略一体化合作。

在亚太地区，在中缅两国元首见证下，与缅甸签署《中缅原油管道运输协议》，对原油管道运输所涉及过境税费和适用法律达成一致意见，中缅原油管道正式投运。在中美两国元首见证下，与美国切尼尔能源公司签署《LNG长约购销合作谅解备忘录》，双方将加强在墨西哥湾地区的LNG项目合作，并推动中美两国LNG采购业务长期合作发展。与印度尼西亚国家石油公司签署谅解备忘录，深化双方在中国和印度尼西亚两国以外地区的油气合作。协调签署中委合资广东揭阳炼油厂项目合资协议、公司章程和供油协议。与意大利埃尼集团签署合作协议，开展在上游勘探开发、天然气及LNG、贸易与物流、炼油与化工等方面的合作。

【外事外联与对外合作交流】 2017年，集团公司贯彻落实党中央、国务院、国家有关部委外事管理规定和工作要求，严肃外事纪律，强化外事外联统一集中管理，做好一系列重大外事活动安排，积极推动国际合作与交流，开展对外宣传和公共外交，集团公司国际话语权、影响力和品牌形象稳步提升。

规范外事活动工作流程，细化外事活动安排，严格落实《2017年集团公司领导出访计划》，集团公司领导国内外事活动129场，集团公司领导出访43次，配合国家领导人出访6次，接待苏丹总统助理、委内瑞拉部长会议副主席、乌兹别克副总理等贵宾访问5次。接待南苏丹石油部长代表团，刚果（布）经济、工业发展和私营企业促进国务部长代表团，尼日尔能矿部长代表团，莫桑比克能矿部长代表团等重要来访团组4个。

借助各领域交流平台，加强与世界石油理事会（WPC）、国际石油工程师学会（SPE）等国际组织和学术团体的联系。统一组织集团公司代表团参加2017剑桥能源周（CERAWEEK）、海洋技术大会（OTC）、第二十二届世界石油大会（WPC）、阿布扎比国际石油展览（ADIPEC）等国际会议展览团组6个、160人次。审批出国境参加各类国际会议、展览和技术交流团组440个、2000人次。开展与国际（家）石油公司、油服公司和国际组织的各项交流活动，组织召开指委会、专题交流会9次、130人次。审批人才引进项目6个。推动与壳牌（Shell）、道达尔（Total）、BP等公司战略合作协议项下各领域合作工作落实，深化与各战略合作伙伴关系。与挪威国家石油公司恢复双边交流与合作机制，与俄罗斯天然气工业股份公司举办第十一届文化交流活动，丰富双方战略合作内涵，开展国际合作与交流。

集团公司作为金牌赞助商参与阿斯塔纳世博会中国馆展示活动，在中国馆“全球使命与伙伴”展区，以三维全息投影模型的高科技展示手段，展示“二氧化碳捕集埋存与提高石油采收率（CCS-EOR）”技术，受到中哈两国元首及哈萨克斯坦能源部高度评价和赞赏。为苏丹、南苏丹石油部分别举办5期专题技术培训班。编制5个语种集团公司2016年年报，完成集团公司英文网站页面改版、西文网站的上线发布。按照“三个平台”定位，发挥中加中心桥梁纽带作用，出版6期中英文双语《桥》杂志，发布12期《加拿大油气市场月度报告》，实施培训和技术交流项目10个，培训423人。

【国际业务管理】 2017年，集团公司加强总部统筹规划，发挥专业板块业务管理功能，强化海外地区协调组和办事处统筹协调作用，抓好国际业务和海外工程服务项目市场协调、项目备案与机构管理工作。

集团公司贯彻落实国家领导人关于采取有效措施、遏制恶性竞争的重要批示和国务院国资委关于规范中央企业境外经营行为专题会议精神，下发专门通知，加强境外项目分包商管理，开展境外用工问题自查自纠和规范境外劳务市场秩序专项行动，组织做好对外投资合作“双随机一公开”监管，规范境外项目经营行为。按照集团公司海外市场协调管理原则和规定，加大对竞争较集中的专业和市场的直接协调和事前协调力度，有效避免内部恶性竞争。按照商务部境外机构设立（境外投资管理）审批的新要求，针对集团公司工程建设业务重组整合实际，加快办理商务部机构设立备案和核准手续，完成机构（公司）设立、划转、变更手续80个。2017年，审核完成项目备案1209个，处理延期、核准、变更600余个。

联系外交部、商务部、国家发改委等国家有关部委，坚持问题导向，及时报送集团公司海外重大合作项目材料和建议口径，利用国家领导出访、政府高层互访、双边多边合作和协调工作组等对话机制，多渠道、多层面协调推动解决集团公司海外重点地区、重点项目发展运作瓶颈问题：苏丹政府高额欠款问题、南苏丹124区中长期合作问题和油气投资环境问题、委内瑞拉拖欠工程技术服务企业合同款、厄瓜多尔安第斯项目税务纠纷、中美“百日计划”落实等。落实集团公司党组关于支持大庆油田海外市场开发的决策部署，多次向商务部做好汇报澄清工作，争取政府主管部门支持。2017年，向国家有关部委报送集团公司境外相关合作项目情况汇报、存在问题及建议口径等材料200多份，参加部委各类会议近100次。

持续跟踪苏丹、南苏丹、伊拉克、叙利亚、委内瑞拉等重点资源国地缘政治形势变化，监测资源国油气政策动向，强化集团公司国际油气合作发展战略专题研究。组织研究建立中国—海合会自贸区有关影响及建议，开展特朗普总统执政以来美国能源政策、美国对委内瑞拉经济制裁、加拿大及美国商业环境的研究，多渠道关注伊朗新合同调整及发布等。组织开展“‘一带一路’与‘新丝绸之路’框架下的能源合作与竞争”“中国石油非洲油气合作商业模式总结”“哈萨克国家石油公司管理体制和国际化经营战略”等软课题研究以及“一带一路”油气合作各项战略和重大策略的研究及制定工作，为海外重大决策部署和经营策略的优化调整提供必要支撑。

统筹协调内外油气合作，主动做好与中央、国家部委的工作沟通与政策建议反馈，为深度参与“一带一路”建设争取全方位的政策支持。按照集团公司党组参与“一带一路”国际合作高峰论坛的指示，与论坛和分论坛主办单位保持工作沟通，组织参加高峰论坛以及各平行主题会议，发出合作倡议，展示中国石油“一带一路”油气合作成果。组织参加国家部委、协会、智库“一带一路”相关会议，按计划开展“一带一路”油气合作重大政策及相关专题研究、学术研讨、经验交流，举办集团公司2017年“一带一路”油气合作培训班，75人参加。

【海外防恐安全和HSE管理】 2017年，集团公司密切关注重点资源国形势变化，强化风险分析与预警，及时启动应急响应机制，有效应对伊拉克库尔德区独立公投、委内瑞拉局势动荡、缅甸南坎武装冲突等重大突发危机，海外项目全面开展风险分析，国际业务实现五个“杜绝”（杜绝较大及以上工业生产安全事故和火灾事故，杜绝因社会安全管理原因造成中方员工致死事件，杜绝环境污染和生态破坏事件，杜绝群体性职业病、恶性传染病危害事故及由心理问题引发意外伤害事件，杜绝交通亡人事故），确保海外项目生产经营安全平稳和员工人身财产安全，HSSE绩效接近国际大石油公司平均水平。

2017年组织完成11家主要涉外单位本部社会安全管理体系飞行审核，对27家涉外单位以及64个海外项目的社会安全管理体系完成备案审查。开发“国别（地区）社会安全风险等级评估办法”“国际业务社会安全管理五维绩效考核暂行办法”等10项管理办法。发布《2017年海外安全风险年度报告》，完成南苏丹、委内瑞拉等国家安全形势分析及应对措施报告，组织“2017全球政治安全局势与风险展望发布会”“重点关注国家形势分析会”等交流培训。对莫桑比克、尼日尔等国风险等级重新进行评估，调整相应安全风险等级。监控海外安全局势变化，发布海外社会安全风险周报50期，安全警示5次和安全提示146次。对安全环境持续动荡的尼日利亚、尼日尔等资源国，划定中方人员禁区。把关新项目投标，全年审核安保方案430多个。审批和控制高风险国家团组，因安全原因取消或暂停团组80多个。推广“海外风险APP”应用，利用新技术提高安全信息传递效率。开展第三轮海外项目人员防恐安全培训，组织培训班281期，培训中方人员17436人次。组织“送教海外”活动，培训1386人。持续加强防恐安全培训基地师资培养和场地建设，开发e-learning培训课件，试点启动e-learning培训。

以海外钻修井业务为试点，启动海外HSE管理体系统一建设，组织发布27个海外钻修井通用HSE标准规范。对伊朗、印度尼西亚项目开展HSE管理体系全要素审核。抓好环保管理，开展伊朗、乍得项目环境保护合规性评价，完成哈萨克斯坦PK项目、奇姆肯特炼油厂和南苏丹项目环境风险调查。首次开展海外温室气体排放核算，对2015年投产的43个海外项目、2016年投产的45个海外项目开展年度温室气体排放核算。发布集团公司《出国人员健康体检及评估管理规定（试行）》，建立出国人员健康体检、评估、监测和监护全过程评估平台。完成哈萨克斯坦项目、苏丹诊所远程会诊平台功能测试，建立远程支持系统。全年完成4次跨国医疗转运，挽救4名员工生命。开展鼠疫疫情防控和人员动态信息监控，对全球主要国家传染病风险进行分析研究，建立健全不同国家疫苗接种策略。与俄罗斯天然气工业股份公司健康工作组开展交流，建立双方医疗机构间的合作联系。举办3期EAP大使培训，开展“送阳光到海外”活动，推广举办12场家庭幸福营活动。组织危机应对、压力管理、家庭建设等专题培训和讲座71场。推进EAP网络服务平台应用，2017年EAP咨询个案数量341个，咨询总时长652小时，服务总时长1018小时。

2017年，针对委内瑞拉在低油价背景下经济形势恶化、政治动荡、社会治安失控的严峻形势，组织更新并审核专项应急预案，完成线路实地踏勘，落实应急资源。跟踪南苏丹、缅北、伊拉克库尔德地区安全形势，组织做好风险预判，研究落实应对措施，完善专项应急预案。总结有效应对重大突发事件的实战案例，进行应急响应情境构建，发布情景构建成果。监督协调各涉外单位和海外项目公司完善应急预案，落实主体责任和分级决策，开展Ⅰ级社会安全突发事件应急响应功能演练。8月1日，依靠国家在云南省德宏州试点的“军警民合力强边固防协同机制”，军警民联合，参与国家安全部十七局组织的紧急撤离演练，为紧急情况下保证集团公司缅北员工安全提供保障。

【出国（境）管理与服务】 2017年，集团公司坚持“统一领导、归口管理、分级负责、协调配合”，强化出国（境）合规管理，严格因公出国（境）管理制度执行与费用控制，提高出访计划性，推广因公出国（境）管理系统移动端办公，持续健全完善出国（境）管理体系。

按照《关于外交部全国因公护照工作巡视督查小组阶段性工作情况和有关工作要求》，下发专门通知，完善因公护照管理。根据商务部《关于全面排查外派劳务管理情况的通知》文件，组织对涉外工程承包业务的19家单位，开展对外派出人员排查。编制集团公司《2017年度领导班子成员因公出国（境）计划》，实施出国团组公示，审核取消无实质性任务的出访团组211个，对306个团组在外时间、派出人数进行压缩调整，推动提升领导人员出访计划性。

2017年受理出国项目申请8846个，办理护照10314本、赴港澳通行证103本、签证13611人次、出境证明9018人次。派出11922批45218人次。其中：境外项目类派出39091人次，占86.45%；经济贸易类、国际会议类、培训留学类及考察访问类派出6127人次，占13.55%。年度国际会议、经济贸易、考察访问三类出国项目费用控制目标为12970万元，累计支出10921.03万元，占集团公司全年控制目标的84.20%。

持续实施“因公出国（境）管理持续改进计划”，发布调查问卷，针对271份反馈意见制定改进措施。组织赴经济技术研究院、长庆油田公司等6家单位出国管理工作培训，推动提升各涉外企事业单位外事业务工作水平。编写集团公司《因公教育行前培训大纲》《因公出国教育考试题库》，加强行前教育与保密培训。与法国航空公司等34家航空公司续签大客户协议，降低国际机票成本。持续升级、完善中国石油因公出国管理服务平台模块功能。

【外事队伍建设】 2017年，组织和利用各类培训资源，加大集团公司外事系统干部员工的素质和能力培养。举办2017年度因公出国（境）管理培训，加强外事专办员队伍建设，提高队伍整体业务素质。组织第九届俄语翻译提高班，18人参加培训。派出集团公司24名业务骨干赴俄罗斯天然气工业股份公司进行为期8周的业务交流，推动加强中俄国际业务人员培训和交流。

（陆如泉）

科技与信息

综　述

【概述】 2017年，集团公司科技工作贯彻落实创新发展战略，坚持业务主导、自主创新、强化激励、开放共享，聚焦低油价挑战，突破重大核心技术瓶颈，支撑集团公司主营业务稳健发展，开创科技工作新局面。集团公司完善以“研发组织、科技攻关、条件平台、科技保障”为核心的“一个整体、两个层次”科技创新体系。关键核心技术攻关取得重大进展，基础超前和颠覆性技术进展显著，支撑产业升级和重大工程取得新成效，逐步形成行业领先主导优势和特色优势。科技改革重点领域取得实质性突破，创新活力极大释放。

【重要成果】 推进国家专项、集团公司专项、重大试验、基础超前共性和集成配套推广等重大科技项目攻关。获“三元复合驱大幅度提高原油采收率技术及工业化应用”等国家科学技术进步奖二等奖4项、“深层油气藏靶向暂堵高导流多缝改造增产技术与应用”技术发明奖二等奖1项。制定并发布《天然气—硫化合物的测定—用紫外荧光法测定总硫含量》国际标准1项。获中国专利优秀奖7项。评出“驱油用甜菜碱表面活性剂分子设计与合成”等集团公司基础研究一等奖2项，“中国石油第四次油气资源评价”等科学技术进步奖特等奖3项，“随钻方位电磁波电阻率测井仪”等技术发明奖一等奖3项。评出“古老油气系统源灶多途径成烃理论突破有效指导深层勘探”等中国石油2016年十大科技进展。

科技发展

【概述】 2017年，科技创新工作贯彻落实国家创新驱动发展战略和集团公司创新战略，深化科技体制机制改革，激发创新活力动力，完善科技创新体系，加快培育集聚创新人才，突破制约集团公司发展的重大核心技术瓶颈，提升集团公司科技创新能力和核心竞争力，支撑引领集团公司主营业务稳健发展。集团公司拥有84家科研院所，其中总部直属院所7家、企业院所77家。拥有科研人员32444人，硕博士占35.6%。拥有中国科学院和中国工程院院士21名。

【年度科技计划】 2017年，落实“十三五”科技发展规划，围绕制约集团公司发展的重大瓶颈技术难题，按照“基础超前与颠覆性、技术攻关与试验、配套推广与产业化”三个层次，组织实施50项重大科技项目。

【国家级科技项目】 2017年，发挥国家科技资源优势，提升自主创新能力。完成国家科技重大专项“大型油气田及煤层气开发”2017年项目部署、任务合同书签订，保证中央财政资金及时到位。创新管理方式，瞄准2020年专项目标，组织凝练预期形成的7大标志性成果及细分二级成果。定期更新专项推进工作路线图，实现“挂图推进”。完成三部委2017年度监督评估，配合科学技术部及时发布专项成果。完成21项其他国家级科技计划项目配套经费课题立项，原973计划、工业和信息化部海洋装备项目、国家重点研发计划、国家自然基金项目均有序开展。

【集团公司重大科技项目】 2017年，集中优势资源推进集团公司23个重大科技专项、实施32个重大现场试验，形成一批标志性成果，为集团公司重大工程建设和生产经营提供技术支撑。

重大科技专项方面。（1）创新形成前陆冲断带复杂构造圈闭评价技术，新发现落实构造圈闭20余个，支撑塔里木油田山前勘探获重大突破。（2）攻克低渗透—特低渗透油藏水驱剩余油模拟、侧向宽带压裂等核心技术，形成基于缝网匹配的井网加密调整提高采收率技术，在长庆安塞油田、靖安油田成功应用。（3）成功开发高汽油收率低碳排放系列催化剂并实现大规模推广应用，成为应对油品消费结构重大变化的有效手段，为集团公司降低柴汽比提供有力技术支撑。（4）成功开发出锂电池用等20个牌号聚烯烃新产品，燃气管、医用等聚烯烃新产品开发具备从催化剂、共聚单体到聚合物一体化设计开发能力，支撑产品结构调整和装置增效。（5）创新研制宽频高精度可控震源，实现更稳定低频并向更宽频率跨越，深部与特殊地质目标成像质量更加清晰。（6）自主研制140兆帕/200℃试油测试成套装备，形成8000米含硫天然气井测试能力，完成多井次应用，进口装备购置费用大幅节约、服务日费显著降低。（7）集成创新钻井废弃物与压裂返排液处理回收利用技术，在长庆油田及川渝、渤海湾等地区累计应用1100余口井，节能减排成效显著。

重大现场试验方面。（1）形成3500米以浅页岩气全业务链开采配套技术系列，钻井周期缩短44%，水平段长度提高33%以上，单井综合成本大幅降低，单井产量大幅提高，为110亿立方米产能建设提供支撑。（2）首次在国内形成超高温超高压超深井射孔技术与装备，推进国内射孔能力达到8000米超深井，完全替代国外技术，施工费用下降50%以上。（3）发展形成$5^1/_2$英寸套管侧钻水平井钻完井技术系列，平均建井周期下降60%，水平段长度增长50%，单井日产量提高10倍以上，为苏里格气田老区挖潜稳产提供低成本新技术。（4）国Ⅵ标准清洁汽油生产技术工业试验取得成功，国Ⅵ标准清洁柴油生产技术试验攻关取得重大进展，部分指标达到国际先进水平。（5）成功开发国内首创丁苯橡胶无磷聚合新工艺，溶聚丁苯、乙丙、稀土顺丁等9个牌号的合成橡胶新产品实现量产。（6）自主研制油气长输管网集中调控系统软件工业试验成功，总体达到国际先进水平。

【科技成果推广转化】 2017年，多层次进行成果转化与新技术推广，降本增效作用显著。（1）实施4项重大推广专项。其中，软件专项推广地震沉积学软件系统500余套、地震综合裂缝预测软件系统推广近300套；连续管作业技术专项推广持续扩大连续管作业机、连续管、作业工具等产品应用，培训操作员工150余人，完成30多种连续管工艺2600余井次作业。（2）推广增产高标号汽油及降低柴汽比技术，开发生产新型变压器油等润滑油、高等级硬质沥青等新产品100多万吨，开发生产燃气管料、电缆料、乙丙橡胶、稀土顺丁橡胶等60多个牌号新产品110多万吨。（3）在乍得作业区块推广工厂化钻井作业配套技术，多个平台实现“零排放”“零污染”，作业时效提高30%。（4）强化科技成果推广应用指标在企业领导人员业绩考核中的落实，100余项技术产品得到推广应用。（5）滚动更新集团公司限制类、禁止类引进技术目录和自主创新重要产品目录，基本形成油气行业技术价值评估规范体系。（6）完成22项标志性重大技术成果、技术利器及6项重大科技专项有形化集成，形成一批有形化技术群。（7）针对海外项目需求搭建技术沟通桥梁，在与阿布扎比国家石油公司成功签订合作项目中，有形化技术在项目投标、技术宣传、技术估价等环节做出贡献。

【科技改革】 2017年，科技改革关键领域取得突破。搭建科技平台，科技管理系统3.0正式运行，新开项目计划任务书签订和经费拨付全部上线管理，平台推广至有关部门和专业公司，解决低水平重复问题。成立专业技术专家委员会，把业务主导、需求导向落到实处，实现“需求统一评价、资源统一配置、信息与成果有效共享”。设立集团公司基础研究和战略储备技术研究基金，改革创新科研项目和经费管理方式，允许“项目自主立项、过程自主管理、经费自主支配”，激发科研人员创新热情。完善科技奖励等激励政策，研究制定集团公司科技成果转化创效奖励办法，使《中华人民共和国促进科技成果转化法》在集团公司真正落地。修订科技奖励办法，大幅提高单项奖励的奖金金额，增加获奖人员数量，增设杰出成就奖、基础研究奖、国家级奖励配套奖金，发挥科技奖励的激励导向作用。推进完全项目制全过程试点，实现项目经理招标上岗。将石油化工研究院等单位纳入完全项目制试点范围，试点项目从3项扩大到12项。

【重点实验室和试验基地建设】 2017年，推动石油石化行业合成橡胶工程研究中心、油气管道应急救援基地成为集团公司新的国家级平台。完善低渗透油气田勘探开发国家工程实验室等47个在役平台功能。启动信息技术和软科学研究等5个集团公司平台建设。开展平台管理系统建设和实验室评估指标体系研究，启动重点实验室和试验基地第二轮评估。修订重点实验室和试验基地管理办法，完善仪器开放共享、平台运行管理等内容。新增实验/试验功能144项，开发实验/试验新技术、新方法240项，有效支撑426项国家和集团公司重大项目和课题的研究。

【国际科技交流与合作】 2017年，深化与国际石油公司、国家石油公司、高端制造公司及国际学术组织、国内科研院所的科技交流与合作，推动集团公司高端联盟建设与发展。截至2017年底，集团公司与国内外17家公司或机构建立合作伙伴关系。国际科技合作研发取得重要进展，其中含油污泥高效处理与资源化利用新技术研究部分成果将逐步转化应用；研制高温高压随钻方位电磁波成像测井仪器样机，成像能力、探测深度、温度、压力等指标达到国际先进水平。集团公司国家级油气勘探开发国际合作基地作用不断发挥，支撑集团公司在中东及北非地区油气区块的勘探开发，服务国家“一带一路”建设。成功推荐7名高端人才在国际学术组织和学术会议上任职，推动集团公司科技人员国际化队伍建设。

【知识产权管理】 2017年，加强组织国家科技奖励、中国专利奖的推荐、评审和申报。获7项中国专利优秀奖。规范知识产权基础管理，2017年专利申请5050件，其中发明专利2850件；授权专利4879件，其中发明专利1225件；计算机软件著作权登记460项，认定技术秘密321项，知识产权质量持续提升。

【科技奖励】 2017年，获国家科技奖5项（表1）。评选出集团公司杰出成就奖2人（表2），基础研究奖10项（表3），科学技术进步奖110项（表4），技术发明奖20项（表5）。评出中国石油2016年十大科技进展（表6）。

表1 2017年度获国家科技奖励

序 号	项目名称	主要完成人	完成单位	获奖类别
1	深层油气藏靶向暂堵高导流多缝改造增产技术与应用	周福建 李根生 熊春明 刘雄飞 杨向同 石 阳	中国石油大学（北京）、中国石油天然气股份有限公司勘探开发研究院、中国石油天然气股份有限公司塔里木油田分公司	技术发明奖二等奖
2	三元复合驱大幅度提高原油采收率技术及工业化应用	程杰成 伍晓林 吴军政 王德民 王玉普 周万富 李学军 李杰训 隋新光 宋吉水	大庆油田有限责任公司、中国石油天然气股份有限公司勘探开发研究院、东北石油大学、中国石油大学（北京）	科学技术进步奖二等奖
3	高汽油收率低碳排放系列催化裂化催化剂工业应用	高雄厚 申宝剑 魏昭成 张忠东 田文君 刘 涛 郭 健 汪 毅 杨 健 段宏昌	中国石油天然气股份有限公司石油化工研究院、中国石油天然气股份有限公司兰州石化分公司、中国石油大学（北京）、中国石油天然气股份有限公司广西石化分公司、中国石油天然气股份有限公司大港油田分公司、中国石油天然气股份有限公司哈尔滨石化分公司、中国石油天然气股份有限公司玉门油田分公司	科学技术进步奖二等奖
4	重型压力容器轻量化设计制造关键技术及工程应用	郑津洋 范志超 寿比南 刘玉力 陈永东 周伟明 陈崇刚 惠 虎 施才兴 刘农基	合肥通用机械研究院、浙江大学、中国特种设备检测研究院、中国石油天然气股份有限公司广西石化分公司、中国国际海运集装箱（集团）股份有限公司、华东理工大学、中国第一重型机械集团大连加氢反应器制造有限公司	科学技术进步奖二等奖
5	煤层气储层开发地质动态评价关键技术与探测装备	秦 勇 汤达祯 李国富 朱庆忠 刘大锰 韦重韬 王生维 张遂安 吴财芳 许 江	中国矿业大学、中国地质大学（北京）、山西晋城无烟煤矿业集团有限责任公司、中国石油大学（北京）、中国石油天然气股份有限公司华北油田分公司、中国地质大学（武汉）、重庆大学	科学技术进步奖二等奖

表 2 2017 年集团公司杰出成就奖

序　号	姓　名	工作单位
1	高雄厚	中国石油天然气股份有限公司石油化工研究院
2	程杰成	大庆油田有限责任公司

表 3 2017 年集团公司基础研究奖

序　号	项目名称	主要完成单位	主要完成人	获奖等级
1	驱油用甜菜碱表面活性剂分子设计与合成	中国石油天然气股份有限公司勘探开发研究院（提高石油采收率国家重点实验室）	张　群　周朝辉　马德胜　王红庄　蔡红岩　张　帆　田茂章　朱友益　王　强　罗文利	一等奖
2	基于提高介孔分子筛稳定性和酸量的结构构造与新合成体系创建	中国石油天然气股份有限公司石油化工研究院、北京化工大学	刘宏海　刘洪涛　赵晓争　胡清勋　王久江　赵红娟　熊晓云　张　莉　王宝杰	一等奖
3	泥页岩孔隙演化与油气聚集机理研究	中国石油天然气股份有限公司勘探开发研究院（提高石油采收率国家重点实验室）	朱如凯　吴松涛　崔景伟　金　旭　崔京钢　王晓琦　白　斌　孙　亮	二等奖
4	稠油油藏高温火驱技术基础研究	中国石油天然气股份有限公司勘探开发研究院（提高石油采收率国家重点实验室）、中国石油天然气股份有限公司辽河油田分公司（国家能源稠（重）油开采研发中心）	关文龙　刘其成　席长丰　蒋有伟　唐君实　赵庆辉　王伟伟　李金有	二等奖
5	共轭二烯烃高顺式定向聚合机理研究及稀土催化剂设计合成	中国石油天然气股份有限公司石油化工研究院、中国科学院长春应用化学研究所	龚光碧　张学全　张华强　董　静　胡雁鸣　宋同江　梁　滔　汤海鲲	二等奖
6	高演化烃源岩生排滞聚全过程理论研究与应用	中国石油天然气股份有限公司勘探开发研究院	李　剑　李志生　王义凤　马　卫　王东良　谢增业	三等奖
7	乙烯与长链烯烃高效共聚催化体系结构设计	中国石油天然气股份有限公司石油化工研究院、北京化工大学	义建军　黄启谷　李红明　张明革　崔伟松　袁　苑	三等奖
8	裂缝性致密储层保护评价试验方法和装置	中国石油集团钻井工程技术研究院（油气钻井技术国家工程实验室）、西南石油大学	徐显广　罗平亚　张　洁　康毅力　李　龙　游利军	三等奖
9	高钢级管道环焊缝质量性能及失效控制研究	中国石油集团石油管工程技术研究院、中国石油天然气股份有限公司管道建设项目经理部	齐丽华　胡美娟　李为卫　郭志梅　张继明　张淑慧	三等奖
10	炼化换热器管束腐蚀机理及完整性评价理论研究	中国石油集团石油管工程技术研究院	徐秀清　赵雪会　白真权　张娟涛　苗　健　姚　欢	三等奖

表 4　2017 年集团公司科学技术进步奖

序　号	项目名称	主要完成单位	主要完成人	获奖等级
1	中国石油第四次油气资源评价	中国石油天然气股份有限公司勘探开发研究院、大庆油田有限责任公司、中国石油天然气股份有限公司长庆油田分公司、中国石油天然气股份有限公司西南油气田分公司、中国石油天然气股份有限公司塔里木油田分公司、中国石油天然气股份有限公司青海油田分公司、中国石油天然气股份有限公司新疆油田分公司、中国石油天然气股份有限公司华北油田分公司、中国石油天然气股份有限公司吉林油田分公司、中国石油天然气股份有限公司辽河油田分公司、中国石油天然气股份有限公司吐哈油田分公司、中国石油天然气股份有限公司大港油田分公司、中国石油天然气股份有限公司玉门油田分公司（玉门石油管理局）、中国石油天然气股份有限公司冀东油田分公司、中国石油天然气股份有限公司浙江油田分公司	贾承造　李建忠　郭秋麟　赵文智　邹才能　郑　民　金成志　姚泾利　吴晓智　王社教　杨　光　黄少英　陈　琰　杨海波　王　建　邓守伟　蔡国刚　苟红光　肖敦清　陈晓明　李　涛　郑　曼　刘　晓　谢红兵　周松源　时　阳　董大忠　陈宁生　梁江平　王　颖　黄旭楠　郭庆新　王延山　滑双君　张润合　王　权　王建伟　李贵中　杨占龙　张宝收　贾希玉　金　颖　朱　华　雷　涛　王玉满　黄金亮　李　欣　高日丽　胡俊文	特等奖
2	100 亿立方米调峰能力储气库重大关键技术及应用	中国石油天然气股份有限公司勘探开发研究院（油气地下储库工程重点实验室）、中国石油天然气股份有限公司新疆油田分公司、中国石油天然气股份有限公司西南油气田分公司、中国石油天然气股份有限公司辽河油田分公司、中国石油天然气股份有限公司华北油田分公司、中国石油天然气股份有限公司大港油田分公司、中国石油天然气股份有限公司长庆油田分公司、中国石油集团钻井工程技术研究院、中国石油天然气股份有限公司规划总院、中国石油集团石油管工程技术研究院	何　刚　郑得文　班兴安　毛蕴才　张学鲁　党录瑞　陈显学　张　辉　刘明发　何光怀　申瑞臣　王春燕　罗金恒　刘科慧　丁国生　张建军　冉蜀勇　方　进　丰先艳　孟庆春　李东平　罗长斌　袁光杰　孙春芬　王皆明　戴　勇　杨　健　闵忠顺　雷　鸣　刘存林　兰义飞　齐奉忠　胥洪成　东静波　毛川勤　魏学斌　丁建东　马小明　刘双全　薛承文　马辉运　李国韬　王　彬　杨学锋　李　彬　张刚雄　夏　焱　李　隽　金根泰　李　春	特等奖
3	劣质重油改质、加工成套技术研究开发及工业应用	中国石油天然气股份有限公司石油化工研究院、中国石油天然气股份有限公司辽河石化分公司、中国寰球工程有限公司、中石油克拉玛依石化有限责任公司、中国石油大学（华东）、中石油燃料油有限责任公司	张艳梅　曾　海　甄新平　蔺爱国　王宗贤　谢崇亮　徐　剑　张东明　颜　峰　练庆全　郭爱军　刘银东　牛文俊　王　磊　范海玲　于志敏　侯经纬　卢竟蔓　胡长禄　熊春珠　许　倩　郭立森　王丽涛　王路海　李　辉　陈　坤　汪太龙　尹恩杰　刘　贺　董　罡　沐宝泉　于凤宝　张秀玲	特等奖

续表

序　号	项目名称	主要完成单位	主要完成人	获奖等级
4	陇东规模储量区主控因素及勘探新突破	中国石油天然气股份有限公司长庆油田分公司（低渗透油气田勘探开发国家工程实验室）	徐黎明　邵东波　罗安湘　席胜利　高占武　张志国　梁晓伟　孙　勃　辛红刚　李继宏　周新平　郑庆华　刘　鑫　宋　波　史立川　邓秀芹　祁　越	一等奖
5	特低渗透油藏水驱特征及提高采收率技术	中国石油天然气股份有限公司长庆油田分公司（低渗透油气田勘探开发国家工程实验室）	李兆国　史成恩　吴志宇　朱圣举　赵继勇　靳文奇　刘新菊　杨承伟　郑自刚　熊维亮　陈　雷　孟　浩　杨金龙　余光明　杜朝锋　谭习群　范　伟　张宏强	一等奖
6	塔里木凝析油气年产 1000 万吨关键技术及应用	中国石油天然气股份有限公司塔里木油田分公司、中国石油天然气股份有限公司勘探开发研究院	江同文　王振彪　李汝勇　李保柱　滕学清　朱忠谦　昌伦杰　陈文龙　成荣红　夏　静　肖香姣　阳建平　邓兴梁　杨向同　施　英　焦玉卫　曹国娟　王　勇	一等奖
7	含硫酸性气处理用系列催化剂及无害化处理技术研发与工业应用	中国石油天然气股份有限公司西南油气田分公司（国家能源高含硫气藏开采研发中心）	何金龙　温崇荣　朱荣海　赵国星　陈昌介　李小云　廖小东　岑兆海　李　洋　涂陈媛　叶茂昌　李法璋　刘宗社　涂　彦　黄韵弘　谭雪琴　张素娟　黄　灵	一等奖
8	大港油田地面工艺重组技术研究与规模应用	中国石油天然气股份有限公司大港油田分公司、中国石油大学（北京）	项　勇　檀朝东　赵昕铭　马先平　韩国庆　陈倩岚　夏敏敏　邹晓燕　周　松　王树好　陈　忻　霍夙彦　梁晓亮　麻建军　许明飞　翟明轩　高　蕊　高丽洁	一等奖
9	ABS 白色家电料 0215H 开发及应用	中国石油天然气股份有限公司吉林石化分公司、中国石油天然气股份有限公司华南化工销售分公司	赵文卓　宋振彪　刘　引　陆书来　陈　权　刘文辉　刘晓侠　林修江　孙春福　李　睿　谢洪涛　林长松　陈　明　唐仲赟　李洪权　张子龙　刘　姜　胡慧林	一等奖
10	特种煤油研制与应用	中石油克拉玛依石化有限责任公司	柯友胜　罗来龙　杨建湘　李　荣　黄绍忠　范惠明　白生军　熊良铨　何　军　花　卉　尹　宏　胡庆德　周　勇　丁　平　胡志军　姚徽疆　魏大雄　唐琼英	一等奖
11	乍得 H 区块 300 万吨高效开发关键技术研究与应用	中国石油天然气勘探开发公司（中油勘探开发有限公司）、中国石油天然气股份有限公司勘探开发研究院、中国石油集团长城钻探工程有限公司	文光耀　马明福　吴向红　王修朝　苗国政　李贤兵　卢学瀛　董金木　李香玲　刘世良　马全华　李栋明　张军涛　晋剑利　刘　洋　窦世杰　雷从众　徐　锋	一等奖

续表

序　号	项目名称	主要完成单位	主要完成人	获奖等级
12	管道全尺寸爆破试验场建设及试验关键技术	中国石油天然气股份有限公司西部管道分公司、中国石油集团石油管工程技术研究院、中国石油天然气股份有限公司规划总院、北京理工大学	闵希华　许春江　霍春勇　王国丽　刘　剑　宋　磊　谢　萍　李　鹤　庞艳凤　黄忠胜　杨　明　张伟卫　荣　军　王付京　冯义军　刘振翼　王　齐　尚　臣	一等奖
13	云技术平台的建设与应用	中国石油集团东方地球物理勘探有限责任公司	付长春　杜广源　余伦文　王　茜　娄宏骏　赵全庆　杨志贤　张　靓　李　萍　徐冠雄　邢　磊　马彦楷　丛占龙　赵　明　蒋　靖　胡宇轩　王立福　范　龙	一等奖
14	方位侧向电阻率成像随钻测井系统研发与应用	中国石油集团测井有限公司（集团公司测井技术试验基地）、中国石油天然气集团公司休斯敦技术研究中心	李安宗　张国珍　李传伟　朱　军　陈思嘉　杨国华　闫麦奎　耿尊博　孙　衍　王永红　杨　亮　陈　刚　王　珺　祝介福　潘　静　柏爱川　赵占钊　杨　皓	一等奖
15	深水工程钻机设计和建造技术研究与应用	宝鸡石油机械有限责任公司（国家油气钻井装备工程技术研究中心）	王维旭　樊春明　陈思祥　赵　鹏　廖丽华　李慧莹　冯　伟　于兴军　张　益　王峰林　梁春平　王　玲　南树歧　郑立伟　李淑芳　王安义　杨秀菊　刘　静	一等奖
16	天然气全业务链系统优化关键技术研发及应用	中国石油天然气股份有限公司规划总院	刘定智　陈进殿　洪　波　韩景宽　赵忠德　赵连增　杨建红　周淑慧　郝迎鹏　刘　勇　沈　鑫　付定华　孙春良　部　婕　高永刚　魏传博　武　松　杨　义	一等奖
17	西部油田非金属管关键技术研究与应用	中国石油集团石油管工程技术研究院、中国石油天然气股份有限公司塔里木油田分公司	李厚补　齐国权　魏　斌　邵晓东　常泽亮　张冬娜　蔡雪华　毛学强　李先明　李　萍	一等奖
18	难钻地层个性化 PDC 钻头提速研究与应用	中国石油天然气集团公司休斯敦技术研究中心、中国石油天然气股份有限公司塔里木油田分公司、大庆油田有限责任公司、中国石油天然气股份有限公司玉门油田分公司（玉门石油管理局）	王　旭　白登相　韩福彬　程晓敏　周　波　赵　亮　刘　宇　杨雄文　周　健　陶思才　陈德民　侯维琪　赵　力　王　攀　马　驰　邢小行　韩卫海　王汉潇	一等奖
19	大庆长垣外围低渗透油田持续稳产关键技术	大庆油田有限责任公司	刘洪涛　郭殿军　刘性全　徐　启　胡广斌　刘春林　李士江　孙宝刚　孙　涛　刘　兰　郑　羽　夏泽成	二等奖
20	喇萨杏油田特高含水期水驱开发规律及高效开发对策研究与应用	大庆油田有限责任公司	杜庆龙　方艳君　朱丽红　郭军辉　张继风　魏丽影　朱丽莉　穆文志　冯程程　邓庆军　曹春光　白军辉	二等奖

续表

序号	项目名称	主要完成单位	主要完成人	获奖等级
21	提高在用射孔器产品性能及质量检测技术研究与应用	大庆油田有限责任公司	姜彦东 蔡 山 杨淑珍 张 云 方 俊 曹瑞国 姜伟华 徐永胜 盛 军 刘 桥 张伟民 于开勋	二等奖
22	苏里格气田 230 亿米³/年地面工程关键技术研究与应用	中国石油天然气股份有限公司长庆油田分公司（低渗透油气田勘探开发国家工程实验室）	刘银春 薛 岗 刘 袆 李时宣 王登海 郑 欣 杨 光 郭 和 苏海平 孙子杰 刘子兵 常志波	二等奖
23	盆地东部致密气储层控制因素与整装规模储量发现	中国石油天然气股份有限公司长庆油田分公司（低渗透油气田勘探开发国家工程实验室）	蔺宏斌 赵会涛 王怀厂 左智峰 刘新社 张 辉 漆亚玲 刘 燕 陈娟萍 李程善 刘晓鹏 康 锐	二等奖
24	神木气田多层系致密气藏压裂改造技术及工业化应用	中国石油天然气股份有限公司长庆油田分公司（低渗透油气田勘探开发国家工程实验室）	郑明科 肖元相 沈 磊 刘帮华 问晓勇 夏勇辉 张军祥 史 华 马占国 胡阳明 张雄涛 赵倩云	二等奖
25	库车山前“三超”气井测试技术研究与应用	中国石油天然气股份有限公司塔里木油田分公司、中国石油集团川庆钻探工程有限公司、中国石油集团西部钻探工程有限公司	刘军严 刘兴华 宋周成 彭建新 刘洪涛 牛占山 黎丽丽 谢 宇 刘会锋 张 浩 张 伟 戴 强	二等奖
26	新疆吉 7 井区钻采一体化配套技术研究与应用	中国石油天然气股份有限公司新疆油田分公司、中国石油集团西部钻探工程有限公司	许江文 路宗羽 刘颖彪 李 刚 毛德森 罗 增 邢林庄 胡开利 党文辉 陈继坤 武兴勇 邓 平	二等奖
27	大港成熟区中浅层高效勘探地质认识创新与实践	中国石油天然气股份有限公司大港油田分公司、中国石油集团东方地球物理勘探有限责任公司	周立宏 韩国猛 周建生 王文革 袁淑琴 李洪香 付立新 李玉海 马建英 刘子藏 高 勇 牟连刚	二等奖
28	复杂断块油藏高含水期注水开发深度治理技术研究	中国石油天然气股份有限公司大港油田分公司、中国石油大学（华东）	赵 明 倪天禄 盖旭波 罗 波 张家良 姜瑞忠 黄 芳 宋祖厂 程 琦 冯金义	二等奖
29	柴达木冲断带油气富集规律、勘探技术和目标优选	中国石油天然气股份有限公司青海油田分公司、中国石油天然气股份有限公司勘探开发研究院西北分院、西北大学	汪立群 张永庶 吴武军 冯 乔 王传武 曹正林 周 飞 马 峰 邹开真 石亚军 马新民 王 波	二等奖
30	鄂尔多斯盆地东缘煤层气规模开发与技术应用	中石油煤层气有限责任公司、中联煤层气国家工程研究中心有限责任公司	李景明 韩 军 任文军 赵培华 侯 伟 熊先钺 董彦喜 刘川庆 周 科 陈彩红 杨秀春 张 伟	二等奖
31	小中空专用高密度聚乙烯树脂 DMDA6200/DMDB6200 开发	中国石油天然气股份有限公司大庆石化分公司、中国石油天然气股份有限公司华东化工销售分公司、中国石油天然气股份有限公司华北化工销售分公司、中国石油天然气股份有限公司华南化工销售分公司	王景良 刘松岩 姜兴财 宫向英 邢士轩 张 勇 周围围 王多鹏 王立业 丰之江 蔡滨鸿 杨家靖	二等奖

续表

序 号	项目名称	主要完成单位	主要完成人	获奖等级
32	丁腈橡胶环保化技术及系列新产品开发与应用	中国石油天然气股份有限公司兰州石化分公司、中国石油天然气股份有限公司石油化工研究院、中国石油天然气股份有限公司西北化工销售分公司	孙延军 钟启林 袁继耀 李 晶 李文娟 徐 斌 陈东平 郑彩琴 肖 晔 吴 宇 王小为 张新平	二等奖
33	无规共聚聚丙烯管材专用料T4401的开发	中国石油天然气股份有限公司独山子石化分公司、中国石油天然气股份有限公司华北化工销售分公司、中国石油天然气股份有限公司西北化工销售分公司、中国石油天然气股份有限公司西南化工销售分公司、中国石油天然气股份有限公司华南化工销售分公司	李 冀 冯 凯 许传路 宫 健 秦 军 吴利平 胡廷芳 刘继新 李志峰 孙玉梅 赵新亮 王健舟	二等奖
34	PSA和膜分离耦合分离技术回收炼厂富氢气体	中国石油天然气股份有限公司大连石化分公司	张志宏 广家旭 方新刚 赵宏国 张 维 王永长 王国彤 王 强	二等奖
35	重负荷动力传动通用润滑油	中国石油天然气股份有限公司润滑油分公司	汤仲平 金 鹏 徐小红 赵丹平 赵正华 张 勤 荆海东 李丽霞 郭玉琴	二等奖
36	油气站场完整性管理体系及关键技术研究与应用	中国石油天然气股份有限公司管道分公司（油气管道输送安全国家工程实验室）、中国石油天然气股份有限公司西气东输管道分公司、中国石油天然气股份有限公司西南管道分公司、中国石油天然气股份有限公司西部管道分公司	郑洪龙 程万洲 刘 硕 王 新 魏然然 张华兵 周利剑 侯大立 王 靖 耿 欢 贾韶辉 张 强	二等奖
37	高压天然气流量量值传递方法研究	中国石油天然气股份有限公司西气东输管道分公司、中国石油大学（北京）、中国计量科学研究院	国明昌 杨 博 李振林 李春辉 杨 蒙 周 雷 张熙然 侯庆强 郭 哲 常 凯 牛锦皓 伍开成	二等奖
38	阿姆河右岸山前盐下缝洞型气藏勘探技术突破及千亿方气田群发现	中石油阿姆河天然气勘探开发（北京）有限公司、中国石油天然气股份有限公司勘探开发研究院、中国石油集团川庆钻探工程有限公司、中国石油集团东方地球物理勘探有限责任公司、中国石油天然气勘探开发公司（中油勘探开发有限公司）	王红军 龚幸林 郭同翠 张培军 曹来勇 马文辛 张良杰 董建雄 张 婷 孙维昭 徐 洪 李洪玺	二等奖
39	乍得裂缝性基岩潜山油藏高效勘探开发钻完井技术研究与应用	中国石油天然气勘探开发公司（中油勘探开发有限公司）、中国石油天然气股份有限公司勘探开发研究院、中国石油集团钻井工程技术研究院（油气钻井技术国家工程实验室）	罗淮东 石李保 刘新云 段德祥 张小宁 王文广 景 宁 王治中 张顺元 魏 俊 曲兆峰 周作坤	二等奖
40	GW-AH1500自动化钻机研制与应用	中国石油集团长城钻探工程有限公司、中国石油渤海石油装备制造有限公司	吕德贵 王文勇 扈道明 刘 情 张 耿 朱桥飞 尹伟涛 武金祥 韩 敏 刘学彬 李清刚 张建良	二等奖

续表

序 号	项目名称	主要完成单位	主要完成人	获奖等级
41	连续管水平井作业技术与核心装备	中国石油集团川庆钻探工程有限公司（国家能源页岩气研发（实验）中心）	黎宗琪 卢秀德 邹先雄 潘 勇 石孝志 朱炬辉 宋 丹 方泽本 潘正富 李剑秋 孙兆岩 陈明忠	二等奖
42	威远—长宁地区页岩气地球物理技术及工业化应用	中国石油集团川庆钻探工程有限公司、中国石油天然气股份有限公司西南油气田分公司	李亚林 杨 晓 杨跃明 邓小江 王小兰 杨 容 周 祺 周晓冀 程莉莉 杨小兵 黄 诚 黄花香	二等奖
43	基于野外网络环境的高密度高效地震采集软件系统（KLSeis）研发与应用	中国石油集团东方地球物理勘探有限责任公司	李培明 蒋先艺 冯泽元 魏 铁 王梅生 王汉钧 李伟波 罗开云 王井富 睢永平 张少华 何永清	二等奖
44	亚马尔 LNG 模块化建造关键技术研究与应用	中国石油集团海洋工程有限公司	张志鹏 高兆鑫 吴达华 马连山 李春润 李 绂 曹振平 钱洪飞 关幼耕 赵 海 牛虎理 巩皓华	二等奖
45	大型储罐结构设计技术及优化研究	中国石油管道局工程有限公司	傅伟庆 吴龙平 朱俊岩 张文伟 王 成 程 晖 黄 丽 王 彦 唐颖浩 顾宗昂 孟庆鹏 杜亮坡	二等奖
46	丙烯酸及酯第三代成套技术	中国寰球工程有限公司	巩传志 刘 利 刘学线 李欣平 张凤涛 周江沛 王宝杰 王秋红 王 巍 王德生 杨 森 杨 莉	二等奖
47	薄层稠油和超稠油水平井蒸汽驱开发关键技术	中国石油天然气股份有限公司勘探开发研究院（提高石油采收率国家重点实验室）、中国石油天然气股份有限公司新疆油田分公司、中国石油天然气股份有限公司辽河油田分公司	张忠义 李秀峦 孙新革 周 游 尚 策 马 鸿 沈德煌 麦 欣 邱树立 赵长虹 张运军 刘 彤	二等奖
48	油气田地面工程“十二五”重大科技攻关关键技术研究及应用	中国石油天然气股份有限公司规划总院、中国石油天然气股份有限公司新疆油田分公司、中国石油集团石油管工程技术研究院、中国石油工程建设有限公司、中国寰球工程有限公司	白晓东 韩方勇 陈 龙 巴玺立 戚东涛 黄晓丽 施岱艳 赵文学 边云燕 张雪峰 刘 烨 丁 楠	二等奖
49	中国石油炼化物料优化与排产系统（2.0 版）建设项目	中国石油天然气股份有限公司规划总院	杨 磊 赵宝生 王 华 刘华林 汪洪涛 李志良 孙华宁 李 霞 王 喆 赵宝国 马季收 范晓彬	二等奖
50	“一带一路”油气合作战略研究	中国石油天然气集团公司咨询中心（中国石油集团工程咨询有限责任公司）、中国石油集团经济技术研究院、中国石油天然气股份有限公司规划总院、中国石油天然气股份有限公司勘探开发研究院	李 丰 徐建山 沈珏新 何文渊 赵 喆 吴谋远 廖群山 任重远 王玉生 王作乾 朱颖超 吴 浩	二等奖
51	高辛烷值和低碳烯烃选择性催化裂化催化剂的研发与应用	中国石油天然气股份有限公司石油化工研究院、中国石油天然气股份有限公司兰州石化分公司、中国石油天然气股份有限公司哈尔滨石化分公司	汪 毅 张君屹 张宝权 樊红超 史晓杰 候凯军 杜晓辉 王辰晨 杨周侠 魏晓明 刘明霞 侯继兵	二等奖

续表

序　号	项目名称	主要完成单位	主要完成人	获奖等级
52	VAH Ⅱ型高活性低成本气相醛加氢催化剂的攻关及推广应用	中国石油天然气股份有限公司石油化工研究院、中国石油天然气股份有限公司大庆石化分公司	王　刚　张志华　吴显军　刘殿中　于春梅　王爱忠　孙发民　葛冬梅　赵　檀　宋瑞冬　董春明　王　楠	二等奖
53	气相聚乙烯浆液型催化剂（PGE-101）的开发与工业应用	中国石油天然气股份有限公司石油化工研究院、中国石油天然气股份有限公司大庆石化分公司、天津科技大学	何书艳　王斯晗　高宇新　姜　涛　王登飞　王立娟　郭常辉　任　鹤　付　义　宋　磊　姜进宪　杨国兴	二等奖
54	集团公司技术发展战略及“十三五”科技发展规划编制研究	中国石油集团经济技术研究院、中国石油天然气股份有限公司勘探开发研究院、中国石油天然气股份有限公司石油化工研究院、中国石油集团钻井工程技术研究院、中国石油集团东方地球物理勘探有限责任公司	牛立全　韩永科　杨宝莹　窦宏恩　蔚远江　王红秋　吴　培　宋建军　王灵碧　林茂山　黎　民　张玉志	二等奖
55	中国石油低碳关键技术研究与应用	中国石油集团安全环保技术研究院（石油石化污染物控制与处理国家重点实验室）、中国石油天然气股份有限公司长庆油田分公司、中国石油天然气股份有限公司辽河油田分公司、大庆油田有限责任公司、中石油克拉玛依石化有限责任公司	邓　皓　李兴春　王嘉麟　刘光全　陈昌照　王林平　王宝峰　李　诚　魏立军　李鸿莉　崔翔宇　袁　波	二等奖
56	徐家围子断陷天然气富集规律、勘探方向及关键技术	大庆油田有限责任公司	崔宝文　蒙启安　黄　薇　张晓东　孙国庆　印长海　赵　杰　杨步增	三等奖
57	三元复合驱分质分压注入技术	大庆油田有限责任公司	刘崇江　徐德奎　祝绍功　蔡　萌　胡俊卿　周万富　杨志刚　韩　宇	三等奖
58	低渗砂泥薄互储层水平井可控穿层压裂技术	大庆油田有限责任公司	张书进　张洪涛　刘　宇　张永平　张玉广　唐鹏飞　张　浩　顾明勇	三等奖
59	大庆油田水平缝单砂体对应压裂改造工艺技术	大庆油田有限责任公司	马吉宝　吴　涛　岳太振　汪玉梅　王秀臣　崔　晨　陈延祯　宋金生	三等奖
60	数据泄露安全审查产品开发	大庆油田有限责任公司	王春伟　袁鹏达　曹树仁　刘　建　张永久　高　奔　张　鹏　王庆生	三等奖
61	中国石油职业教育现状调查及对策研究	大庆油田有限责任公司、中国石油天然气股份有限公司华北油田分公司、中国石油天然气股份有限公司独山子石化分公司	王志恒　吴德民　张　荣　李继鹏　金海龙　王纪安　赵爱民	三等奖
62	油田开发项目全生命周期经济评价方法研究与应用	中国石油天然气股份有限公司辽河油田分公司	刘　斌　易维容　陈　镝　宫海军　梁生朗　黄　鹤　王禹心　刘晶洁	三等奖

续表

序　号	项目名称	主要完成单位	主要完成人	获奖等级
63	大洼—海外河陡坡带岩性油气藏评价技术及规模储量发现	中国石油天然气股份有限公司辽河油田分公司	单俊峰　刘宝鸿　鞠俊成　李晓光　陈　昌　曹宇森　郭军敏　康武江	三等奖
64	环形可调式分层注汽工艺技术研究与应用	中国石油天然气股份有限公司辽河油田分公司	张洪宝　何传兴　魏　凯　孙守国　蒋生健　刘祖合　冷　冰　王　巍	三等奖
65	落地油泥微生物处理关键工艺技术与应用	中国石油天然气股份有限公司长庆油田分公司（低渗透油气田勘探开发国家工程实验室）	毛怀新　慕立俊　薛建强　李向阳　赵　敏　杨　琴　任　鹏　马玉峰	三等奖
66	油气水井问题诊断和预测系统研究及应用	中国石油天然气股份有限公司新疆油田分公司	曾　颖　支志英　马　骥　滕卫卫　王　君　段泽英　宿建春　王　龙	三等奖
67	油田加热炉提效集成技术及应用	中国石油天然气股份有限公司新疆油田分公司	曲江涛　夏　玮　宋　佳　葛苏鞍　葛永广　祝玉松　沈　娜　肖　浪	三等奖
68	陆9井区呼图壁河组油藏水平井注采参数优化及治理研究	中国石油天然气股份有限公司新疆油田分公司	石国新　路建国　李彬文　谭建华　党思思　贾洪亮　谢　辉　杨　洁	三等奖
69	天然气战略管理创新驱动提质增效研究与实践	中国石油天然气股份有限公司西南油气田分公司	李　仲　任丽梅　邹晓琴　杨　涛　陈水银　杨再勇　冯　勐　代　军	三等奖
70	我国多气源天然气质量要求及检测关键技术研发和标准应用	中国石油天然气股份有限公司西南油气田分公司（天然气质量控制与能量计量重点实验室）	周　理　罗　勤　蔡　黎　朱华东　潘春锋　段继芹　王伟杰　鲁　春	三等奖
71	体积压裂蓄能置换与缝网形成机理研究与应用	中国石油天然气股份有限公司吉林油田分公司	郝春成　贾振甲　于雪盟　李边生　段永伟　刘　琴　李振连　赵秋实	三等奖
72	多层疏松砂岩气藏开发关键技术	中国石油天然气股份有限公司青海油田分公司、中国石油天然气股份有限公司勘探开发研究院、中国地质大学（北京）	李江涛　万玉金　钟世敏　王小鲁　贾锁刚　连运晓　柴小颖　张立会	三等奖
73	老油田地面工程系统区域功能优化关键技术研究与应用	中国石油天然气股份有限公司华北油田分公司	王树义　刘书军　刘松群　刘福贵　葛东文　付国庆　任铁成　武玉双	三等奖
74	蠡县斜坡高效评价建产关键技术研究与应用	中国石油天然气股份有限公司华北油田分公司	梁星如　谢世建　于仁江　吕传炳　单保东　黄　杰　高翠欣　张　峰	三等奖
75	三塘湖盆地立体勘探及配套技术攻关成效	中国石油天然气股份有限公司吐哈油田分公司	梁　浩　陈　旋　钱　峰　范谭广　张代生　李新宁　刘书强　敬章龙	三等奖
76	南堡凹陷中深层构造岩性油气藏成藏理论与勘探实践	中国石油天然气股份有限公司冀东油田分公司	董月霞　王晓文　马　乾　李文华　赵忠新　司兆伟　石文武　陈　蕾	三等奖
77	冀东滩海复杂断块低渗透油藏有效开发关键技术及应用	中国石油天然气股份有限公司冀东油田分公司	王志坤　吴　均　吴远坤　李良川　颜　菲　项琳娜　刘　彝　高文中	三等奖
78	复杂火山岩及海陆过渡区综合地球物理勘探关键技术	南方石油勘探开发有限责任公司、中国石油集团东方地球物理勘探有限责任公司	闫玉魁　张宇生　雷　栋　马庆林　杨战军　任桂媛　李廷辉　卢政环	三等奖

续表

序　号	项目名称	主要完成单位	主要完成人	获奖等级
79	裂解焦油制合成气关键技术及应用	中国石油天然气股份有限公司大庆石化分公司	朱连勋　凌人志　陈树相　林　洋　方文章　王福生　高晓宇　郭立国	三等奖
80	大庆石化国产化 60 万吨 / 年乙烯装置全工况智能控制技术及应用	中国石油天然气股份有限公司大庆石化分公司	李秀伟　魏　哕　魏铁锋　赵玉龙　白天相　孟照海　刘全夫　王焱鹏	三等奖
81	70 万吨 / 年乙烯装置裂解炉裂解深度先进控制技术研究及应用	中国石油天然气股份有限公司吉林石化分公司、华东理工大学	池　亮　王剑虹　赵　亮　李江利　姜丽巍　李红梅　袁　欣　王明成	三等奖
82	乳液型 ABS 复合抗氧剂技术开发及工业化应用	中国石油天然气股份有限公司吉林石化分公司	张正春　吴　辉　苑　冰　李　正　王小毛　刘乃青　王万君　孙宏岩	三等奖
83	120 万吨 / 年柴油加氢装置质量升级改造新技术应用	中国石油天然气股份有限公司兰州石化分公司	姜　鹏　杨玉明　田　堃　邱彦林　李兰生　赵　洋　王得红　韩　勇	三等奖
84	炼化装置废水点源治理及处理单元效能提升综合工艺技术研究与应用	中国石油天然气股份有限公司独山子石化分公司	康强利　王星明　孔朝辉　司建辉　王　伟　吕　慧　魏银桥　吕　倩	三等奖
85	独山子石化 48 套炼化装置提高自控率研究与应用	中国石油天然气股份有限公司独山子石化分公司	朱　斌　高智泉　涂丽容　许小林　于洪波　张春秀　马新文　巨　涛	三等奖
86	创新流程和优化工艺，确保持续向炼厂供氢	中国石油天然气股份有限公司乌鲁木齐石化分公司	马　炜　孙　健　韩广明　王　涛　孔晨晖　陈　刚　周海鹏　高　升	三等奖
87	IsoTherming 液相柴油加氢技术与 FDS–1 型柴油加氢催化剂在长庆石化的组合工业应用	中国石油天然气股份有限公司长庆石化分公司	陈　洪　李　航　王正魁　高　威　索　涛　黄建利　韩振强　李振华	三等奖
88	冷却液复合剂的研制与应用	中国石油天然气股份有限公司润滑油分公司	包华辉　程　亮　朱　江　朱天一　刘晓磊　蒋云胜　康志强　庞智勇	三等奖
89	催化裂化油浆综合利用技术研究	中石油燃料油有限责任公司	汪长军　马庆丰　段永生　李剑新　黄小侨　钱　军　蒋福山　时敬涛	三等奖
90	金坛储气库腔体几何设计参数优化研究	中国石油天然气股份有限公司西气东输管道分公司	李　龙　巴金红　汪会盟　刘　春　陈加松　赵　岩　王立东　王元刚	三等奖
91	基于物联网技术的黄土地区油气管道洪水灾害预警技术研究	中石油北京天然气管道有限公司、清华大学	葛艾天　李铁键　尹文柱　陆　忠　张贵赞　肖华平　吴　夏　刘　权	三等奖
92	压裂液连续混配技术研究与应用	中国石油集团西部钻探工程有限公司	陈效领　欧清银　李帅帅　申　强　潘　瀛　刘　勇　鱼文军　刘新力	三等奖
93	准噶尔盆地复杂储层流体识别技术研究及工业化应用	中国石油集团西部钻探工程有限公司	高秋涛　曹志锋　蔺敬旗　李　梅　王先虎　张　浩　蒋　勇　柴新辉	三等奖
94	高效环保可循环的滑溜水压裂液体系开发与应用	中国石油集团长城钻探工程有限公司	李建申　胥向明　刘福建　黄生松　刘志良　王　成　王立祥　董德忠	三等奖

续表

序　号	项目名称	主要完成单位	主要完成人	获奖等级
95	古巴大位移水平井钻井技术及规模化应用	中国石油集团长城钻探工程有限公司	孔祥忠　王学俭　曾宪宏　胡祖光　张振华　白冬青　戴有福　孟凡继	三等奖
96	华北油田赵兰庄地区高含硫井弃井技术研究与应用	中国石油集团渤海钻探工程有限公司	王合林　孙海林　吕选鹏　白田增　王国亮　仪忠建　吴　德　贾二虎	三等奖
97	长庆致密气定向井“两趟钻”钻井提速技术与规模化应用	中国石油集团川庆钻探工程有限公司	薛让平　李录科　刘兆利　王俊海　谌建祁　张红新　王向延　杨　光	三等奖
98	宽方位高密度地震数据各向异性处理技术	中国石油集团东方地球物理勘探有限责任公司	钱忠平　王文闯　耿伟峰　罗国安　李　虹　王宝彬　王狮虎　孙鹏远	三等奖
99	高原咸化湖盆油气藏测井评价技术攻关	中国石油集团测井有限公司、中国石油天然气股份有限公司青海油田分公司	令狐松　马建海　杨洪明　张审琴　段朝伟　徐永发　张凤生　梁晓宇	三等奖
100	塔里木老区碎屑岩油藏固井技术研究与应用	中国石油集团海洋工程有限公司（油气钻井技术国家工程实验室）、中国石油天然气股份有限公司塔里木油田分公司	刘爱萍　盛　勇　艾正青　曾建国　余　纲　孙晓杰　李　宁　瞿志浩	三等奖
101	高水压复杂地层纵向曲线隧道构筑技术研究	中国石油管道局工程有限公司	刘广仁　常喜平　李胜新　赵雪峰　王新建　王　乐　张华芬　张培康	三等奖
102	无线监测技术在员工健康管理中的应用研究	中国石油管道局工程有限公司	李尔曼　孟令权　张彩虹　胡安梅　王世新　柴兰英　王文红　杨晓静	三等奖
103	天然气液化成套技术国产化研究	中国石油工程建设有限公司	刘家洪　蒲黎明　陈运强　秦兴述　王　科　于　庆　雒定明　李莹珂	三等奖
104	海外特大型高硫高盐油田年产 1000 万吨地面工程关键技术研究及应用	中国石油工程建设有限公司、中国石油天然气勘探开发公司（中油勘探开发有限公司）	张　红　刘中民　王　杰　王元春　房　昆　王海峰　徐　屹　马　坤	三等奖
105	炼厂全流程烟气净化技术及关键设备开发与工业应用	中国寰球工程有限公司、中国石油天然气股份有限公司锦西石化分公司	吴　涛　杜云散　杨　彬　张锦威　刘　威　丁大一　何盛宝　于艳林	三等奖
106	H16V190ZLT-2 燃气发动机	中国石油集团济柴动力总厂	许传国　王令金　杨加成　李全武　孙成香　刘　东　李治朋　王君萍	三等奖
107	深层碳酸盐岩储层相控性、继承性、规模性及对储层预测的意义	杭州地质研究院、中国石油天然气股份有限公司塔里木油田分公司、中国石油天然气股份有限公司西南油气田分公司	姚根顺　杨　雨　胡安平　潘立银　乔占峰　郑剑锋　倪　超　李保华	三等奖
108	复杂地区储层专打钻完井液技术	中国石油集团钻井工程技术研究院（油气钻井技术国家工程实验室）、中国石油天然气股份有限公司大港油田分公司、中国石油集团渤海钻探工程有限公司	李　爽　田增艳　尤秋彦　饶开波　张　蝶　杨贺卫　樊松林　刘永贵	三等奖
109	深化科技体制改革完善创新体系整体方案及配套政策研究	中国石油集团石油管工程技术研究院、中国石油集团钻井工程技术研究院	刘亚旭　佘伟军　张程光　陈娟利　党小松　高文凯　严长亮　彭烈新	三等奖

续表

序　号	项目名称	主要完成单位	主要完成人	获奖等级
110	集团公司海洋油气开发装备材料的现状及发展策略研究	中国石油集团石油管工程技术研究院、中国石油天然气集团公司咨询中心（中国石油集团工程咨询有限责任公司）	李鹤林　李炎华　于　杨　杜　伟　池　强　娄　琦　袁　旭　宫少涛	三等奖

表 5　2017 年集团公司技术发明奖

序　号	项目名称	主要发明人	推荐单位	获奖等级
1	随钻方位电磁波电阻率测井仪	刘乃震　赵齐辉　卢毓周　李永和　白　锐　乔建国　任崇光　刘冰洁　黄　轲　刘　潇	中国石油集团长城钻探工程有限公司	一等奖
2	特低渗—致密砂岩气藏开发动态物理模拟系统	李熙喆　胡　勇　徐　轩　焦春艳　孙佃庆　孙贺东　高树生　朱华银　罗瑞兰	中国石油天然气股份有限公司勘探开发研究院	一等奖
3	制备高纯度聚合级乙烯系列加氢催化剂的开发及工业应用	谭都平　车春霞　常晓昕　韩　伟　梁玉龙　吴　伟　张　峰　景喜林　王书峰　胡晓丽	中国石油天然气股份有限公司石油化工研究院	一等奖
4	火烧油层移动式高温电点火关键技术	张洪君　于晓聪　杨显志　刘　利　闫　峰　张福兴　曲绍刚　赵树杰	中国石油天然气股份有限公司辽河油田分公司	二等奖
5	热收缩带机械化补口技术与装备	徐昌学　白树彬　曾惠林　朱　琳　王长江　尹　铁　马志锋　张　毅	中国石油管道局工程有限公司	二等奖
6	复杂孔隙储层含气性地震预测新技术	曹　宏　杨志芳　晏信飞　卢明辉　李红兵　孙卫涛　唐　刚	中国石油天然气股份有限公司勘探开发研究院	二等奖
7	油气井生产移动智能优化决策技术创新及应用	师俊峰　熊春明　张建军　赵瑞东　张　鑫　陶　珍	中国石油天然气股份有限公司勘探开发研究院	二等奖
8	新型气密封特殊螺纹套管研发及应用	王建东　王　鹏　聂明虎　冯耀荣　韩礼红　王建军　潘志勇　田志华	中国石油集团石油管工程技术研究院	二等奖
9	气田水平井井下节流技术	杨旭东　肖述琴　卫亚明　汪雄雄　韩强辉　白晓弘	中国石油天然气股份有限公司长庆油田分公司	三等奖
10	塔里木超深复杂井筒碳酸盐岩储层测井关键技术与应用	肖承文　祁新忠　张承森　杨海军　吴大成　吴兴能	中国石油天然气股份有限公司塔里木油田分公司	三等奖
11	超稠油多功能系列热采井口装置研制及应用	邱福寿　胡承军　谢　斌　郭文德　芦志伟　童镜树	中国石油天然气股份有限公司新疆油田分公司	三等奖
12	耐温抗盐聚合物的研制、生产及规模应用	刘存辉　李　靖　胡玉国　王志宏　肖劲松　李雷振	中国石油天然气股份有限公司大港油田分公司	三等奖
13	乙丙橡胶工业化技术研究及新产品开发	王勋章　王　刚　孙聚华　王笑海　金春玉　东升魁	中国石油天然气股份有限公司吉林石化分公司	三等奖
14	高丙烯腈微凝胶含量可控的高强度丁腈橡胶聚合技术开发与应用	李彤霞　李冬红　范永将　张守汉　赵继忠　高卫光	中国石油天然气股份有限公司兰州石化分公司	三等奖

续表

序 号	项目名称	主要发明人	推荐单位	获奖等级
15	国产优质道路石油沥青制备技术研究与应用	高国发 豆方杰 吴国彬 刘仪凤	中石油燃料油有限责任公司	三等奖
16	油气管道山洪灾害防护关键技术研究	李亮亮 谭东杰 马云宾 白路遥 施 宁 荆宏远	中国石油天然气股份有限公司管道分公司	三等奖
17	XZ-VDS 自动垂直钻井系统	陈若铭 李晓军 艾才云 罗 维 郑克祥 段文广	中国石油集团西部钻探工程有限公司	三等奖
18	致密油水平井清洁化水力喷射体积压裂技术	王祖文 隆世明 苏敏文 张 文 张 冕 高 燕	中国石油集团川庆钻探工程有限公司	三等奖
19	高压力稳排量五缸钻井泵	蒲容春 曾兴昌 周小明 郝建旭 田占川 王军伟	宝鸡石油机械有限责任公司（国家油气钻井装备工程技术研究中心）	三等奖
20	新型的 SEW 高性能膨胀管关键技术及产品产业化	毕宗岳 李远征 韦 奉 周新义 何石磊 李周波	宝鸡石油钢管有限责任公司	三等奖

表 6 中国石油 2016 年十大科技进展

序 号	名 称	简 介
1	古老油气系统源灶多途径成烃理论突破有效指导深层勘探	依托国家和集团公司重点项目，在深层古老烃源岩发育机制、高—过成熟阶段生气潜力、有机—无机复合生烃以及天然气成因判识方法等方面取得原创性研究进展
2	深层碳酸盐岩气藏开发技术突破有力支撑安岳大气田规模开发	通过攻关研究试验，创新形成大型碳酸盐岩气藏开发核心技术，支撑国内单体规模最大的整装碳酸盐岩气藏高效开发
3	全可溶桥塞水平井分段压裂技术工业试验取得重大突破	传统可钻式桥塞存在钻塞费用高、风险大、投产慢等难题，第四代桥塞即全可溶桥塞在国内多个油气田成功开展工业试验，效果显著
4	PHR 系列渣油加氢催化剂工业应用试验获得成功	自主研发的 PHR 系列渣油加氢催化剂通过验收，该系列催化剂在加氢脱硫、脱氮、脱残炭和床层压降的性能方面优于进口剂，脱金属性能优异，总体达到国际先进水平
5	满足国Ⅴ标准汽油生产系列成套技术有效支撑汽油质量升级	自主创新研制催化裂化汽油选择性加氢脱硫等 9 个牌号系列催化剂，开发分段加氢脱硫等 5 项核心技术，形成选择性加氢脱硫和加氢脱硫—改质组合两大技术系列，成功破解催化裂化汽油同步实现深度脱硫、降烯烃和保持辛烷值这一制约汽油清洁化的难题
6	医用聚烯烃树脂产业化技术开发及安全性评价取得重大突破	建成中国首个医用聚烯烃树脂产业化基地，研发生产的两个牌号聚烯烃树脂通过国家药监局评审，发布产品企业标准；药监局颁发注册号，使中国医药树脂包装材料摆脱对国外技术、原料和评价标准的依赖，率先在国内医用聚烯烃行业拥有话语权
7	微地震监测技术规模化应用取得重大进展	经过多年攻关，开发出自主知识产权的微地震实时监测软件，实现微地震井中和地面监测的采集、处理、解释一体化，对非常规资源经济开采具有重要指导作用
8	三品质测井评价技术突破有力支撑非常规油气勘探开发	非常规油气的测井评价难以沿用常规油气评价思路与技术。经过多年攻关，形成以烃源岩品质、储层品质和工程品质为核心的三品质测井评价技术，开发配套测井处理评价软件

续表

序 号	名 称	简 介
9	膨胀管裸眼封堵技术治理恶性井漏取得重大进展	经过多年攻关，成功开发出膨胀管裸眼封堵技术，在不改变原有井身结构的情况下，有效封堵复杂地层、治理恶性井漏，为安全钻达设计目的层，实现勘探开发目标，提供经济有效的技术手段
10	天然气管道全尺寸爆破试验技术取得重大突破	自主建设一座可以开展最大直径 1422 毫米、最大压力 20 兆帕的管道全尺寸实物爆破试验场，成功开展三次高钢级、大口径天然气管线爆破试验，实现在亚洲首次开展此类试验的突破

（张程光）

标准化工作

【概述】 2017 年，集团公司标准化工作围绕国家标准化改革总体要求和集团公司年度工作部署，以“统一、先进、国际同行认可”为目标，推进标准的制定、实施和监督工作。全年完成制修订国际标准 2 项，国家标准、行业标准 159 项，新提出国际标准提案 9 项，为集团公司建设世界水平的综合性国际能源公司提供重要支撑。

【标准制修订】 2017 年，集团公司牵头完成制修订国家标准、行业标准 159 项，新牵头承担制修订国家标准、行业标准 108 项；下达集团公司企业标准制修订计划及增补计划 170 项。发布企业标准 130 项、企业标准修改单 4 项。《CN98 车用汽油》等一批生产经营急需标准的制定发布，为提升主导产品的市场占有率和竞争能力提供技术支撑。公布 207 项企业标准复审结论，其中继续有效 129 项、修订 68 项、废止 10 项。

【标准实施监督】 2017 年，按照国家对企业产品和服务标准自我声明公开的要求和集团公司制定的实施方案，组织开展自我声明公开工作。发布 91 项企业标准的自我声明公开内容，所属企业公开相关产品和服务标准，推进各级标准的依法合规使用。强化重点标准实施工作。集团公司标委会确定 8 个专业共 29 项重点实施标准任务。各相关业务部门多渠道加强标准配备，组织宣贯讲解，并采取监督、检验、抽查等多种方式，对标准的实施情况进行检查。完成第三届优秀标准奖的评选并发布，最终评选出一等奖 10 项、二等奖 23 项、三等奖 37 项。

【标准化工作研究】 2017 年，启动标准化体制机制改革研究。为适应深化标准化工作改革要求，跟进集团公司管理体制改革步伐，通过研究提出在财务、战略和运营多种不同管控模式下，企业标准体系架构、专标委组织架构等优化完善方案，理顺集团公司各个层级的标准化职责界面。开展科技成果转化为技术标准机制研究，通过对相关理论和典型实践研究剖析，探索建立科技成果快速转化为技术标准的模式、方法。开展石油尾矿判定标准的研制工作，为集团公司对边际资源利用争取有利政策提供技术依据。

【国际标准化工作】 2017 年，集团公司主持制定 ISO 20729《天然气含硫化合物的测定 用紫外荧光光度法测定总硫含量》国际标准，主持修订 ISO 7781《苯乙烯—丁二烯生橡胶 皂和有机酸含量的测定》国际标准，均正式发布。提出提案并正式立项的国际标准 9 项，截至 2017 年底，承担国际标准制修订项目 22 项。提出“十三五”后三年国际标准制定项目培育计划，对于列入计划的 29 项目重点开展标准化研究攻关，适时提出新的国际标准提案。深化与俄罗斯天然气工业股份公司的标准化合作，按照签订的《标准与合格评定结果互认合作协议》，开展液化天然气厂用特种泵企业间标准的编制工作，形成标准草案。

（汪 威）

信息化工作

【概述】 2017年，集团公司信息化工作贯彻“化是过程、统是原则、建是重点、用是目的”的指导方针，落实“业务主导、统筹推进”的工作机制，坚持“六统一”原则，推进“共享中国石油”建设，完成ERP应用集成、油气生产物联网、客户关系管理系统等20个项目建设，推进先进控制与优化应用系统等9个项目实施，新启动电子销售系统等14个项目，各业务领域信息系统应用持续深入，信息化对集团公司改革创新、稳健发展的支撑作用日益显著。

【信息系统建设】 2017年，ERP应用集成建设全面完成。ERP应用集成建设历时5年，在总部相关部门和140家企事业单位上线运行。搭建ERP2.0、系统集成、决策支持和用户访问四大平台，实现与65个集团公司统建信息系统、126个企事业单位自建信息系统集成应用。以6条管控主线和3条业务主线为统领，形成支持集团公司战略、计划、执行控制及考核的闭环管理环境，促进从总部、专业公司、企事业单位三层业务“横向联动、纵向贯通”，推进跨专业、跨部门数据共享，提升管理水平。

物联网系统扩展实施。油气生产物联网系统在各油气田企业搭建统一平台，在6家油气田企业示范应用，实现生产数据自动采集、远程监控和生产预警，优化生产流程和组织机构，帮助油气田企业控减用工总量、降本增效。工程技术物联网系统成为钻探企业生产工具，在钻井过程监控、事故预防和技术支持等方面应用。炼油与化工物联网系统完成试点实施，实现人员定位、智能巡检、联动报警以及危化品库房统一管理，促进现场巡检执行和管理模式变革，提高企业生产安全监管能力。装备制造物联网系统在试点单位上线运行，实现对柴油机、压缩机远程监测和故障诊断。

云技术平台应用持续完善。扩展云计算资源池，形成3200台服务器、11拍字节（PB）存储云服务能力，供给2.3万个虚机，54个信息系统部署在云平台上运行。云技术平台实现基础架构资源灵活共享、统一管控、按需分配，推动信息系统建设模式变革。新建项目不再单独购置服务器、存储、网络等硬件，统一由云技术平台按需提供云资源服务，节省基础软硬件成本超过6亿元。项目建设新模式提升系统部署效率和业务响应速度，单个项目软硬件部署周期由原来平均3个月缩短至1.5天。大庆油田云数据中心落户昌平数据中心，节省单独建设数据中心的投资和运行费用，对总部数据中心为企事业单位集中提供共享应用起到示范引领作用，集团公司云资源共享中心运行模式初步形成。

【信息系统应用】 2017年，各部门、各专业公司、各地区公司推进信息系统深化应用，提高企业管理水平和效率效益。

勘探与生产领域，信息系统为勘探开发研究项目提供数据支持，实现油气水井全生命周期的生产数据管理，规范、优化采油与地面工程业务流程，实现在线设计、在线审批，通过潜力井筛查、长停井分析促进增油降耗。

炼油与化工领域，信息系统管理炼化企业生产装置能耗、计量、质检等业务，提升装置平稳运行水平；支持生产优化和效益测算，各炼化企业通过系统优化全年增效显著。

油品销售领域，实现信息化从业务支撑到业务增值的转变，提升从加油站、地市公司、省公司到总部各层级业务管理和资金管控能力，丰富互联网营销手段和支付方式，支持从普惠营销向精准营销、从被动坐商向主动行商的变革，实现一、二次物流紧密衔接和整体优化。

天然气销售领域，支持天然气销售模式变革，新增支付宝、微信等线上缴费渠道，促进天然气零售业务数字化转型。

管道领域，实现信息系统与陕京四线、中缅原油管道等新投产管线同步上线，以全数字化移交、全智能化运营、全生命周期管理为目标，推动管道业务向智能化发展。

海外勘探开发领域，实现勘探开发生产作业和地面工程等业务的统一平台管理，打通专业壁垒，提高信息共享水平。

工程技术领域，支持物探、钻井、录井、测井等业务管理，增强跨专业协作能力，集中管理各类工程技术作业，提高工作效率。

工程建设领域，支持工程建设项目从前期准备、项目启动、执行监控到竣工验收的全过程管理，提高业务协同能力，降低项目成本。

贸易领域，统一管理原油、成品油、天然气、化工品贸易及海运业务，提高市场研判及业务开拓能力。

金融领域，实现直销银行、网上银行、手机银行、微信银行、远程银行等电子渠道，丰富金融产品，提升客户服务能力。

办公管理方面，推进电子公文、信息门户、视频会议、电子邮件和移动平台等系统的深化应用，提升日常办公和信息传递效率。

【信息系统维护】 信息系统运行维护水平不断提高，东方物探、规划总院等15家内部支持单位2017年解决系统运维事件85万个，提升系统功能7000余个，实现从信息系统业务受理到服务质量监控全过程管理。有关部门、各专业公司及运行维护队伍定期组织信息系统应急演练，参与人数5300人次，启用369个系统应急预案，保障信息系统连续稳定运行。

【信息技术基础设施建设】 2017年，集团公司网络带宽达到315吉字节每秒（Gbps），运行稳定，形成有线无线相结合、多种接入方式互补的立体网络系统。昌平、勘探院、吉林和克拉玛依4个集团公司级数据中心部署机柜4361个，硬件设备1.2万台套。

【信息安全建设】 2017年，重视党的十九大、全国人大和政协会议、金砖峰会等重大时间节点的网络安全保障工作，确保会议期间无网络安全事件发生。完成中央网信办、国家安全部、工业和信息化部、公安部组织的网络安全检查及通报事件的处置工作。采取果断措施，及时应急处置全球范围爆发的“5·12”勒索病毒，遏制病毒蔓延，快速恢复系统应用，为后期预防病毒爆发积累经验。信息安全运行中心有效检测信息安全威胁和攻击，快速规范处理安全事件。集团公司网络安全防护工作在合规性、安全性、效率等方面均得到有效提升。

【信息标准化建设】 依据信息技术标准规划，持续完善技术标准体系，2017年制定企业信息标准6项、行业标准1项，修订企业信息标准16项，复审企业信息标准22项。公共数据编码平台涵盖人力资源、投资项目、物资供应链等主题域的数据治理与共享服务，统一管理15类、68项公共数据，数据总量1429万条。

【信息化管理】 形成“一体化管理、民主化决策、制度化依据、流程化操作”的管理模式，提升信息化管理水平。形成与信息化建设内部支持单位对接机制，组织建设、运维项目内部合同集中签约会，提高管理效率。发挥集团公司信息技术专家的作用，在项目规划设计、方案论证、科技评奖、职称评审等方面发挥作用。

在信息化建设过程中，与电信运营商、国家信息安全机构、清华大学等外部机构开展战略合作，提升信息化建设水平。同时，软件正版化推广平台云化部署，加强正版软件应用培训，支持地区公司正版软件推广。

【信息技术培训】 2017年，集团公司组织800余人次参加信息化管理、信息安全、信息技术应用等集中培训，各项目组织专项培训，提升信息技术人员专业技能。组织技术骨干到国外学习大数据分析、物联网、信息安全等先进技术。

（杨　桦）

安全环保与质量节能

安全生产

【概述】 2017年，集团公司贯彻落实党中央、国务院关于安全生产工作的要求部署，面对改革、发展、调整带来的新变化，主动适应、紧密服务改革发展和生产经营大局，强化依法合规，注重标本兼治，采取一系列重大举措促使安全生产责任制进一步落实，基层基础工作进一步夯实，安全监管从严从紧的力度进一步加大，有效遏制重特大生产安全事故，安全生产形势继续保持总体稳定态势。

【安全生产责任制】 2017年，集团公司连续第11年与各专业公司、企事业单位党政主要领导签订安全环保责任书，层层分解责任指标，做到安全生产党政同责、齐抓共管。在关键风险领域设置安全生产“四条红线”，严格落实风险管控措施，严肃追究事故责任人员责任，进一步强化高危和风险作业以及敏感时段安全责任落实。建立承包商施工作业安全准入制度，规范承包商施工作业前能力准入评估、施工作业过程中监督检查和竣工后安全绩效评价，推进直线责任部门承包商安全监管责任落实。分片区组织开展承包商安全监管调研，持续推进承包商施工作业安全准入管理措施落实。

【安全监管】 2017年，集团公司持续加强重点领域、重点时段和重点项目的安全监管，深入开展“大学习、大检查、大反思”活动。紧盯“两会”、党的十九大召开等敏感时期，以及中秋节、国庆节、汛期、冬季等重点时段开展安全督查和消防检查；针对放射源、井控、危险化学品仓库、液化气装卸设施、船舶码头等重点领域开展专项安全检查；对重点销售企业油库开展消防保障能力专项审核。结合HSE体系审核发现的倾向性和系统性问题，以及企业改革调整、员工流失给安全生产工作带来的风险和影响，有针对性地对青海油田、辽阳石化、广西石化、管道公司、乍得公司等5家企业开展技术诊断与管理评估，对浙江油田、西南油气田页岩气开发开展专项评估。进一步完善生产安全风险分级防控机制建设，将吉林油田、渤海钻探2家企业纳入全国双重预防机制建设试点单位，对驻兰州、大连地区所属6家企业双重预防机制建设工作进行督促和指导，持续推广实施钻井、炼化等11个专业风险防控工具模板在基层的落实。启动危险化学品安全综合治理和电气火灾综合治理工作，开发完成危险化学品综合监管信息平台并按时上线运行，完成17000多条危险化学品基本情况、重点监管工艺、重大危险源等信息收录，组织开展危险化学品企业主要负责人集中培训。2017年对大检修炼化企业现场督查实现全覆盖，对炼化企业危险化学品库房安全检查实现全覆盖。对东北销售大连港油库和重庆销售伏牛溪油库进行气体浓度监测、腐蚀测厚、静电检测，针对发现问题制订防范措施。全面完成排查出的10015处油气田集输管道隐患和792处危险化学品罐区隐患整治工作。

【事故管理】 2017年，集团公司杜绝重大及以上生产安全事故，发生工业生产安全亡人事故16起，死亡23人，百万工时死亡率（FAR）为0.0048，小于目标值0.01。道路交通安全万台车事故死亡率0.69，同比下降18.8%。与2016年相比，生产安全事故起数和死亡人数均有所上升，呈现出生产安全事故的重复性、周期性、严峻性特点。集团公司对每起生产安全事故坚持召开事故单位进京检查和事故分析会制度，强化事故教训汲取，加强防范整改措施落实，并对防范措施和责任追究落实情况现场核查。持续开展季度事故案例教育和警示活动，制作并播放事故案例警示教育视频，不断强化利用事故资源教训。深刻汲取国家部委通报的有关生产安全事故教训，切实做到“一厂出事故、万厂受教育”。

【消防安全】 2017年，集团公司组织对云南石化专职消防队灭火救援能力评估考核，推进建设项目地企消防审查验收工作。对内蒙古销售等8家销售企业和西部管道等2家管道企业所属的47个油库，组织开展消防安全专项检查，促进企业消防安全管理水平提升。

【海洋安全监管】 2017年，集团公司继续加强海洋安全合规性管理，9家涉海石油企业取得海洋石油安全生产许可证；组织“蓝鲸1号”半潜式深水钻井平台开钻前备案安全检查和冀东油田公司南堡1-2人工岛建设项目“安全三同时”审查。举办企业主要负责人和安全管理人员安全资格培训班5期，培训505

人；组织安全救生培训11期，培训883人。加强现场隐患排查，开展春季开工、海上防台风防风暴潮、冬季安全和码头、船舶专项检查，督促整改问题隐患。开展国际交流，参加美国石油组织（API）举办的2017年国际海上安全标准会议，调研海域天然气水合物开采相关安全环保标准和海上工程抢险技术。组织参加河北、天津、辽宁海事局组织的“海上突发事件综合应急演习”，提高区域海上应急救援能力。

【2017年度集团公司安全生产先进企业】 2017年度集团公司安全生产先进企业名单见表1。

表1　2017年度集团公司安全生产先进企业名单

企业类别	公司名称
油气田企业（9家）	塔里木油田分公司、新疆油田分公司、西南油气田分公司、吉林油田分公司、华北油田分公司、吐哈油田分公司、玉门油田分公司、浙江油田分公司、中石油煤层气有限责任公司
炼化企业（10家）	吉林石化分公司、独山子石化分公司、宁夏石化分公司、锦州石化分公司、锦西石化分公司、中国石油四川石化有限责任公司、大港石化分公司、华北石化分公司、中石油克拉玛依石化有限责任公司、华南化工销售分公司
销售企业（9家）	润滑油分公司、四川销售分公司、中石油新疆销售有限公司、甘肃销售分公司、江苏销售分公司、北京销售分公司、云南销售分公司、重庆销售分公司、青海销售分公司
管道企业（3家）	管道分公司、西气东输管道分公司、中石油北京天然气管道有限公司
海外企业（4家）	中国石油国际勘探开发有限公司、中国石油国际勘探开发有限公司中东公司、中国石油国际勘探开发有限公司中亚公司、中国石油国际勘探开发有限公司尼罗河公司
国际贸易企业（1家）	中国石油国际事业有限公司
油田服务企业（4家）	中国石油集团西部钻探工程有限公司、中国石油集团东方地球物理勘探有限责任公司、中国石油集团测井有限公司、中国石油集团海洋工程有限公司
工程建设企业（1家）	中国石油集团工程有限公司北京项目管理分公司
装备制造企业（1家）	宝鸡石油钢管有限责任公司
科研及其他单位（2家）	中国石油集团安全环保技术研究院有限公司、中国华油集团有限公司

注：资料来源于中国石油天然气集团公司文件（中油质安〔2018〕46号）。

（常宇清　李　勇）

环境保护

【概述】 2017年，集团公司贯彻落实党中央、国务院生态文明建设工作部署，按照党的十九大对生态文明工作的新要求，深入开展环境保护工作，严格控制环境风险，加大信息公开力度，环保管理水平进一步提升。化学需氧量、氨氮、二氧化硫、氮氧化物4项主要污染物排放量分别同比下降0.76%、5.42%、3.03%、9.57%，全面完成年初制定的主要污染物总量目标；对251个废气、90个废水重点排放口进行自动在线监测管控。首次发布《低碳发展路线图》《污染达标升级计划》《生态保护行动纲要》，完成厦门金砖国家峰会、“一带一路”高峰合作论坛等大型活动期间空气质量保障任务，连续七次当选《中国新闻周刊》评选的“中国低碳榜样”企业，展现集团公司良好的企业形象。

【污染防控】 集团公司继续落实污染物排放总量控制目标责任制，制订2017年主要污染物排放总量控制计划，将4项主要污染物排放总量控制目标纳入各专业公司、各地区公司主要负责人业绩合同，推动污染物排放达标升级改造和污染治理设施运行管理。制订《落实京津冀大气污染防治强化措施工作方案（2016—2017年）》《落实京津冀及周边地区大气污染防治工作实施方案》《京津冀及周边地区2017—2018年秋冬季大气污染综合治理攻坚行动强化措施》。开展两轮京津冀及周边地区现场督查，督促企业按期完成治理任务。其中，285台燃煤锅炉按期完成淘汰或清洁燃料替代，68台燃气锅炉完成低氮改造，集团公司在京津冀“2+26”城市企业全部实现“零燃煤”。落实国家关于自备电厂排污许可新要求，所属企业24家自备电厂全部实现持证排污。

【环境风险控制】 2017年，集团公司实施企业环境风险分级评估，推进环境风险“分层管理、分级管控”。41家主要生产排污型企业完成首轮环境风险分级评估，覆盖全部炼化、油气田企业，筛选出重大风险源403项，实现精准管控。修订《水体污染事故风险预防与控制措施管理要求》《事故状态下水体污染的预防与控制技术要求》。

【建设项目环境管理】 2017年，集团公司贯彻国家建设项目环境保护管理法律法规，加强建设项目环境保护管理，修订《建设项目环境保护管理办法》，规范建设项目竣工环境保护验收管理。

【环境保护宣传与培训】 2017年“6·5”世界环境日期间，集团公司发布《2016年度环境保护公报》，并首次配套颁布《污染物排放达标升级计划》《低碳发展路线图》《生态保护行动纲要》。举办环境管理人员培训班，共培训勘探、炼化、销售、管道、工程技术、工程建设、物资装备等企业的环境管理人员160余人，提升专业人员素质和能力。

【应对气候变化】 2017年，集团公司依据国家控制温室气体排放相关规划和工作方案，制定集团公司低碳发展路线图，明确低碳发展目标和主要任务。依照国家相关技术规范，开展集团公司温室气体排放核算，完成国内企事业单位、海外企业温室气体排放量核算。集团公司参与油气行业气候倡议组织（OGCI）各项合作，与其他成员企业、社会各界共享低碳发展实践和经验。

【2017年度集团公司环境保护先进企业】 2017年度集团公司环境保护先进企业名单见表2。

表2 2017年度集团公司环境保护先进企业名单

企业类别	公司名称
油气田企业（11家）	大庆油田有限责任公司、大港油田分公司、西南油气田分公司、塔里木油田分公司、冀东油田分公司、南方石油勘探开发有限责任公司、吉林油田分公司、新疆油田分公司、浙江油田分公司、华北油田分公司、长庆油田分公司
炼化企业（14家）	独山子石化分公司、吉林石化分公司、锦西石化分公司、辽河石化分公司、长庆石化分公司、大庆炼化分公司、中石油克拉玛依石化有限责任公司、兰州石化分公司、大连石化分公司、中国石油四川石化有限责任公司、大庆石化分公司、中石油云南石化有限公司、辽阳石化分公司、呼和浩特石化分公司
销售企业（7家）	吉林销售分公司、河北销售分公司、福建销售分公司、内蒙古销售分公司、湖南销售分公司、天津销售分公司、山西销售分公司
管道企业（4家）	管道分公司、中石油北京天然气管道有限公司、西气东输管道分公司、西部管道分公司
海外企业（4家）	中国石油国际勘探开发有限公司、中国石油国际勘探开发有限公司拉美公司、中国石油国际勘探开发有限公司管道公司、中国石油国际勘探开发有限公司中亚公司

续表

企业类别	公司名称
油田服务企业（5家）	中国石油集团渤海钻探工程有限公司、中国石油集团川庆钻探工程有限公司、中国石油集团长城钻探工程有限公司、中国石油集团西部钻探工程有限公司、中国石油集团东方地球物理勘探有限责任公司
工程建设企业（3家）	中国石油工程建设有限公司、中国石油管道局工程有限公司、中国昆仑工程有限公司
科研及其他单位（1家）	中国石油集团安全环保技术研究院有限公司

注：资料来源于中国石油天然气集团公司文件（中油质安〔2018〕46号）。

（李　勇　史　方）

HSE体系管理

【概述】 2017年，集团公司坚持以风险管控为核心，以责任落实为关键，以能力提升为保障，持续深入推进HSE体系审核，强化基层站队标准化建设。

【HSE制度标准】 2017年，集团公司修订《HSE管理体系审核管理规定》，进一步规范各层级审核管理流程，强化审核人员管理。完成16项HSE企业标准制修订和36项标准复审任务。

【HSE宣传培训】 2017年，集团公司组织完成安全处长、安全管理干部、体系审核员、安全师资、HSE咨询师、HSE管理体系管理者代表、HAZOP分析师及注册安全工程师继续教育培训班。编制完成采气、天然气净化、常减压装置、油库等专业的HSE培训矩阵编制与应用手册，制修订集团公司承包商关键人员、安全处级干部等8个HSE培训大纲，促进规范和强化相关人员HSE培训管理。

【HSE体系审核】 2017年，集团公司继续坚持组织一年两次HSE管理体系审核。抽调专家2132人次，对119家主要生产经营单位开展HSE管理体系审核，审核作业现场2233个，发现问题35360个，提出改进建议7667项。坚持召开审核通报视频会，点名通报突出问题，深刻剖析管理原因。强化审核发现问题闭环管理，跟踪整改，销项督办。按照国家安全生产大检查要求，集团公司领导全部参加下半年体系审核工作。编制完成长输管道和炼化工程建设项目QHSE管理体系量化审核标准。

【HSE标准化建设】 2017年，集团公司进一步规范加强基层站队HSE标准化建设和安全环保履职能力评估工作，强化组织领导和工作考核要求。截至2017年底，主要生产经营企业的32831个基层站队已达标23438个，达标率71.4%，完成年度工作目标；积极推进安全环保履职能力评估，2017年新调整处科级干部履职能力评估率96%。

【HSE信息管理】 2017年，继续优化应用HSE信息系统，新增事故报告与资源共享APP、环保检查督办、突发环境事件管理、集团安全监督和应急资源普查等6个功能模块。编制事故事件百万工时、体系审核等8个方面业务数据分析报告128份。实现集团国控排放口全面实时监控，2017年发布4000余次超标预警信息，有效避免环境超标排放事故。

（王　戎）

节能节水

【概述】 2017年，集团公司推进能源管控建设，努力减少化石能源的消耗，降低能源消耗强度，持续提升能源利用效率。注重节能源头管控，对新建、改（扩）建工程项目依据有关标准规范开展节能审查，推广应用油气田加热炉提效、炼油化工能量系统优化等节能技术和设备。加强生产过程中的用能管理，对主要耗能用水装置、设备和系统进行节能监测和评价。2017年实现节能量88万吨标准煤、节水量1241万立方米。

【能源管控】 2017年，集团公司先后在长庆油田、四川石化召开油气田企业、炼油化工企业能源管控工作推进会，学习交流示范、试点单位的典型经验和做法。编制《能源管控 第1部分：管理指南》《能源管控 第3部分：油气田技术规范》《能源管控 第4部分：炼油化工技术规范》3项集团公司标准。推进长庆油田、锦州石化、川庆钻探3个能源管控示范建设。

【节能节水重点工程】 2017年，集团公司安排80617万元节能专项资金，重点实施油田加热炉提效节能改造、炼化装置间物料热直供节能改造等57项节能技改项目。

【节能节水型企业建设】 2017年，集团公司积极推进节能节水型企业建设，评选表彰节能节水先进企业、基层单位和个人，调动广大企业和员工开展节能节水工作的积极性。7月10日，中国石油和化学工业联合会发文公布2016年度石油和化工行业重点耗能产品能效“领跑者”标杆企业名单和指标，其中宁夏石化位列原油加工企业第三名、独山子石化（100万吨/年乙烯）位列乙烯生产企业第一名。

【节能节水统计监测】 2017年，集团公司实施节能节水定期统计制度，对能源利用状况和节能节水量逐月进行统计分析；对油气田、炼化、管道运输、工程技术等企业1417台（套）加热炉、锅炉、输油泵、抽油机井、压缩机组、柴油机或柴油发电机组、钻井泵等耗能设备的能源利用状况，以及26340米蒸汽管线的保温效果、1944个蒸汽疏水阀的完好情况等进行监测评价。

【节能节水标准化建设】 2017年，集团公司发布Q/SY 09003—2017《油气田用加热炉能效分级测试与评价》、Q/SY 09101—2017《抽油机及辅助配套设备节能测试与评价方法》、Q/SY 09120—2017《蒸汽疏水阀节能监测方法》、Q/SY 09372—2017《油气管道固定资产投资项目初步设计节能篇（章）编写规范》、Q/SY 09373—2017《炼油化工固定资产投资项目初步设计节能篇（章）编写规范》、Q/SY 09578—2017《节能监测报告编写规范》6项集团公司节能节水标准。修订完成石油天然气行业标准《天然气输送管道系统能耗测试和计算方法》。

【2017年度集团公司节能节水先进企业】 2017年度集团公司节能节水先进企业名单见表3。

表3 2017年度集团公司节能节水先进企业名单

企业类别	企业名称
油气田企业（13家）	大庆油田有限责任公司、新疆油田分公司、辽河油田分公司、长庆油田分公司、塔里木油田分公司、吉林油田分公司、青海油田分公司、西南油气田分公司、华北油田分公司、大港油田分公司、玉门油田分公司、吐哈油田分公司、冀东油田分公司
炼化企业（19家）	辽阳石化分公司、锦州石化分公司、独山子石化分公司、中国石油四川石化有限责任公司、吉林石化分公司、兰州石化分公司、哈尔滨石化分公司、呼和浩特石化分公司、乌鲁木齐石化分公司、辽河石化分公司、抚顺石化分公司、广西石化分公司、大庆石化分公司、锦西石化分公司、大连石化分公司、庆阳石化分公司、大港石化分公司、长庆石化分公司、中石油克拉玛依石化有限责任公司

续表

企业类别	企业名称
成品油销售企业（4家）	中石油燃料油有限责任公司、宁夏销售分公司、西北销售分公司、辽宁销售分公司
天然气销售企业（1家）	昆仑能源有限公司
管道企业（4家）	西部管道分公司、西气东输管道分公司、管道分公司、中石油北京天然气管道有限公司
油田服务企业（5家）	中国石油集团川庆钻探工程有限公司、中国石油集团西部钻探工程有限公司、中国石油集团渤海钻探工程有限公司、中国石油集团长城钻探工程有限公司、中国石油集团东方地球物理勘探有限责任公司
工程建设企业（1家）	中国石油工程建设有限公司
装备制造企业（2家）	宝鸡石油机械有限责任公司、中国石油集团渤海石油装备制造有限公司
其他单位（1家）	中国石油运输有限公司

注：资料来源于中国石油天然气集团有限公司文件（中油质安〔2018〕217号）。

（李武斌）

应急管理

【概述】 2017年，集团公司按照“夯实基础、突出重点、稳步推进”的原则，继续以应急管理体系建设为主线、风险管理为核心、基层建设为重点，全面提升应急响应救援能力，持续加强应急管理体系建设。

【应急预案】 2017年，集团公司全面推进新版《突发事件应急预案》和《安全生产应急管理办法》的贯彻落实，继续推行“一案一卡”，持续增强基层应急预案和岗位应急处置卡的针对性、实用性和可操作性。

【应急培训演练】 2017年，集团公司举办应急管理业务处级干部培训班1期，培训学员115人；与公安部消防局联合举办大型石油化工企业专职消防队长培训班1期，培训学员70余人。开展各层级应急演练84500多次，开展实战演练59800多次，桌面推演24600多次。6月21日，针对管道业务快速发展面临的风险，举行西南地区大落差山区原油管道泄漏应急演练，有效检验集团公司《油气长输管道事故灾难突发事件专项应急预案》，验证长输管道突发事件应对流程，提升企业应急协调联动能力。

【应急保障能力建设】 2017年，集团公司落实国家安监总局关于国家级应急救援基地和实训基地建设的工作要求，组织对2016年度国家危险化学品和油气管道应急救援基地建设项目以及国家危险化学品应急救援实训基地建设项目，开展主要装备技术规格书的编制和评审工作，有序推进集中招标采购工作。继续积极争取国家政策资金支持，广西石化、四川石化获得2017年度国家危险化学品应急救援基地建设项目，管道局维抢修分公司、管道局东北石油管道有限公司、西部管道、西南管道获得2017年度国家油气管道应急救援基地建设项目。开展集团公司生产安全事故应急资源普查工作，调查专业救援队伍、应急物资装备配备与分布情况，收录集团公司井控、管道、海上应急救援响应中心应急物资装备信息220余条。完成44家销售、管道企业未纳入专职消防队专业管理消防业务调查工作，进一步掌握消防力量分布和队伍管理现状。

（张作庆）

职业健康

【概述】 2017年，集团公司进一步加强职业健康基础管理，持续改善员工生产作业环境，重点强化首次出国员工健康评估，推进海外员工帮助计划（EAP）网络服务平台应用，开展心理健康专题培训和家庭幸福营活动，有效降低海外员工心理压力。

【职业健康管理】 组织开展国家第15个职业卫生宣传周活动，对93个企业存在职业病危害的化验室和粉尘工作场所的职业病防护设施情况进行摸底调查，提出整改要求并跟踪落实。调查各企业在晒图工作中使用及接触高毒物品氨的情况，以及化验室员工接触剧毒职业病危害情况，督促企业整改问题。作业场所职业病危害因素检测率和职业健康体检率超过99%。

（王 戎）

质量管理与监督

【概述】 2017年，集团公司坚持“诚实守信，精益求精”的质量方针，推动供给质量提升，切实发挥质量工作基础性和支撑性作用，着力提升质量管理水平，以产品、工程和服务质量的提高有效提升支撑公司可持续发展。

【质量管理体系建设】 2017年，根据质量管理体系要求，集团公司推进企业质量管理体系换版升级，促进质量管理体系内审质量提升，强化管理评审和外审整改实效性，不断提高质量管理体系运行有效性。组织研究质量管理体系量化审核标准，明确审核方式、审核方法、重点审核内容。

【油品质量控制】 2017年，集团公司针对京Ⅵ、京津冀“2+26”城市国Ⅵ标准、国Ⅳ标准和国Ⅴ标准普通柴油等油品质量升级以及“3·15”“质量月”等特殊油源和特殊时期，组织开展多轮次、全覆盖的油品质量专项抽查。抽查采取抽检分离、盲样检验、数质量结合等措施，确保抽查结果科学、公正，防止不合格油品流入市场、损害公司形象事件的发生。对媒体曝光存在质量问题的2家油品销售企业进行调查，查找事件发生原因，督促其制订整改措施，增强质量意识，加强实验室管理，严格油品置换风险识别及质量管控，防止类似事件再次发生。

【品牌培育】 2017年，集团公司积极组织培育名牌产品，提升产品品牌知名度。组织对2017年申请使用“昆仑”商标和“中国石油装备”背书品牌的产品审查，确定准予使用产品名录。对不符合规定的申报产品，严禁使用“宝石花”商标。兰州石化分公司、中国寰球工程有限公司北京分公司荣获中国石油和化工行业“质量标杆”称号。在第三届石油和化工企业品牌故事征文比赛活动中，集团公司所属企业12篇征文获奖，占获奖征文总数的26.7%，集团公司获活动组织奖。

【产品质量认可】 2017年，集团公司将认可工作由一年两次调整为一年一次。设计开发油化剂产品质量认可信息系统并投入使用，提交申报材料、开展材料和标准审查均线上进行，提高认可工作的规范性和透明度。组织对332家油化剂生产企业进行产品质量认可审查，经过评审，共有277家生产企业生产的2976项产品获集团公司产品质量认可证书，企业淘汰率16.57%。继续推行油化剂产品质量认可黑名单制度，提升认可工作效率。组织开展重点地区油化剂生产企业质量保证能力监督审核，审核100家油化剂生产厂家，发现检验报告造假、拒绝审核、企业已不在注册地等问题企业14家，予以严肃处理。

【产品驻厂监造】 为保证油气输送管道工程、油田产能建设工程、炼化工程项目质量，2017年集团公司相关企业对项目中采购的大型设备、长输管线及防腐等继续开展驻厂监造。各企业实施监造项目224个，提高重大采购产品的质量。严把产品驻厂监造机构资质审核关，对到期复查的6家机构进行现场审核，淘汰不符合要求机构4家，淘汰率67%。截至2017年底，取得集团公司产品驻厂监造机构资质的单位由27家减少到23家。

【产品质量监督抽查】 2017年，集团公司围绕重点工程建设项目，以发现产品质量问题、防止不合格产品流入内外部市场为重点，努力提高问题发现率，促进公司产品质量效益提升。针对炼化检维修、中俄原油管道二线、西南及西部油气田用物资，开展“四不两直”专项质量抽查7次。2017年抽查各类产品2767批次，发布采购物资质量监督抽查通报7期，对63家供应商采取退换货、停止采购等措施，暂停41家供应商52项产品的交易权限，各企业也对监督抽查不合格供应商进行处理。组织所属4家质检机构参加3类产品的国家质量监督抽查。

【军工配套产品管理】 2017年，集团公司配合军用油料转厂生产改革要求，组织润滑油公司和克拉玛依石化制订详细的转厂方案，完成军工用品转产协议签订，提高企业创效能力。协调组织完成大连石化和玉门炼厂军用航空煤油复产和云南石化航空煤油认证工作，优化企业产品结构，提高质量效益。克拉玛依石化获长征五号运载火箭首次飞行任务突出贡献单位。

【工程质量管理】 2017年，集团公司组织开展工程质量验收标准梳理工作，发布《工程建设项目工程质量验收标准目录清单》，进一步规范工程质量验收行为。针对2007年后投产的约3.9万千米管道、335万道焊口，启动长输管道环焊缝质量风险排查工作。组织对西气东输二线“7·28”天然气管道泄漏事故调查，对30名失职人员追究责任。

【工程项目质量监管】 2017年，集团公司工程质量监督机构对1417项在建工程实施监督。不断加强总部层面工程质量监管，组织专家分别对中俄二线、陕京四线、华北石化千万吨炼油改造、辽阳石化俄罗斯原油加工改造等重点项目开展QHSE量化审核，实现标段、责任主体和审核标准的全覆盖。云南石化、陕京四线、中俄二线等一批重点工程建成投运，实现投料试车试运一次成功。

【质量管理培训】 2017年，集团公司举办质量管理培训班，讲授公司发展战略、2015版质量管理体系换版实操、过程方法应用、群众性质量活动、质量信得过班组、华为质量管理经验、高效沟通、创造价值的质量管理等内容，各所属企事业单位质量管理部门185人参加培训。举办工程质量监督人员取证培训班，培训135人。

【群众性质量活动】 2017年9月，集团公司组织开展“质量月”活动。组织实验室开放日活动，向社会展示中国石油质量管理工作成就，加强社会公众对中国石油油品质量管理工作的了解。组织召开集团公司群众性质量活动成果发表会，推进群众性质量活动深入开展。14万名员工参与国务院国资委组织的全面质量管理知识竞赛，获竞赛“最佳企业”称号。2017年，集团公司注册质量管理小组1.3万个，取得成果8819项，获全国优秀质量管理小组40个、质量信得过班组20个、质量管理小组活动优秀企业4家；表彰集团公司QC小组活动成果奖147项、质量信得过班组92个，全员质量意识明显提升。

（祁国栋　卓文滨）

计量工作

【概述】 2017年，集团公司计量工作以优化计量发展部署、完善量值溯源体系、加快检定能力建设、推进计量技术交流为重点，进一步强化计量基础支持保障能力。

【计量基础管理】 2017年，集团公司组织天然气计量检定站点建设、油气计量实验室建设、油气计量检定、石油专用计量校准、计量标准管理、实验室资质管理等专项调研，形成“管住原级、放开次级、统一比对、规范管理”的天然气计量发展思路和“分类指导、分级管理、规范校准、保证溯源”的石油专用计量发展思路，进一步优化和完善计量发展部署。完成石油行业和集团公司企业计量专业标准化技术委员会的调整和换届，完善计量专业领域的标准制修订体系。举办计量管理培训班，培训160人，进一步提高计量管理人员的业务素质和水平。

【交接计量管理】 2017 年，集团公司结合油品质量升级行动，对北京地区 85 座加油站进行计量抽查，督促整改发现问题，促进加油站的合法依规管理。组织原油交接计量检查，促进原油交接计量水平提升。

【油气计量检定能力建设】 2017 年，国家石油天然气大流量计量站成都分站自主研发的国家中低压原级标准装置通过建标考核，不确定度 0.5%—0.7%，达到国际领先水平；国家授权筹建的国家石油天然气大流量计量站乌鲁木齐分站完成建站考核，获得建站授权并开展检定工作。集团公司天然气计量检定能力进一步提升。

【计量技术交流】 2017 年，集团公司承办并参加中俄总理定期会晤委员会经贸合作分委会标准、计量、认证和检验监管常设工作组能源计量分组第六次会议，展示中国石油油气计量检验技术实力，促进中俄两国油气企业合作。集团公司会同国家计量院与俄罗斯国家计量院就天然气能量计量问题进行交流，推进集团公司天然气能量计量试点工作。提出与俄罗气天然气工业股份公司开展合格评定结果互认的协议草案。

（焦学锋）

企业管理与监督

集团公司法人治理

【概述】 集团公司由国家单独出资，不设股东会。国务院国资委依照《中华人民共和国公司法》《中华人民共和国企业国有资产法》《企业国有资产监督管理条例》等法律和行政法规，以及国务院国资委有关规范性文件的规定，代表国务院履行出资人职责。董事会是集团公司经营决策机构，对国务院国资委负责，下设战略发展委员会、提名委员会、薪酬与考核委员会、审计与风险管理委员会等4个专门委员会。

集团公司实行外派监事会制度，由国务院国资委代表国务院向集团公司派驻监事会。监事会主席由国务院任命，监事会中的职工代表经集团公司职工代表大会民主选举产生。监事会依照《中华人民共和国公司法》《中华人民共和国企业国有资产法》《企业国有资产监督管理条例》等法律、行政法规履行监督职责，检查集团公司财务，监督集团公司重大决策和关键环节以及董事会、经理层履职情况。监事会不参与、不干预集团公司经营管理活动。

2017年11月7日国务院国资委批复同意集团公司改制方案，将中国石油天然气集团公司由全民所有制企业改制为国有独资公司，改制后公司名称为中国石油天然气集团有限公司，由国务院国资委代表国务院履行出资人职责。改制基准日为2016年12月31日，以经审计的净资产出资，注册资本为4869亿元。董事长为公司法定代表人，同意《中国石油天然气集团有限公司章程》。

【集团公司董事会运作】 2017年，集团公司第二届董事会贯彻落实中央和国务院国资委各项工作部署，按照公司章程履行职责，坚持规范有效运作，面对国际油价中低位震荡、成品油市场竞争加剧、天然气需求峰谷差加大、冬季保供任务异常艰巨等复杂严峻形势，准确预判形势，坚持稳健发展，推进深化改革，加强统筹协调，持续打好开源节流降本增效攻坚战，集团公司主要生产指标稳中有增、经营效益稳定向好，超额完成国务院国资委下达的业绩考核指标。

董事会建设。根据国务院国资委安排，2017年4月，聘任王久玲、刘国胜任集团公司外部董事，路耀华、李庆言、金克宁不再担任集团公司外部董事。集团公司董事会由7人组成：董事长王宜林，董事章建华，外部董事王久玲、刘国胜、李毓华、黄龙，职工董事汪世宏。董事会对各专门委员会组成做了相应调整，保证各项工作平稳有序运行。

制度建设。贯彻落实中央《关于在深化国有企业改革中坚持党的领导加强党的建设的若干意见》，按照国务院国资委关于将中央企业党建工作纳入公司章程、中央企业公司制改制的要求，对公司章程进行全面修订，2017年11月7日，国务院国资委批复同意《中国石油天然气集团有限公司章程》，新的公司章程明确党组、董事会等治理主体在公司法人治理结构中的法定地位，健全党组织与董事会、经理层的协调运行机制，为公司建设中国特色现代国有企业制度奠定坚实基础。依据公司章程，对《董事会工作规则》《战略发展委员会工作规则》《提名委员会工作规则》《薪酬与考核委员会工作规则》《审计与风险管理委员会工作规则》《总经理工作规则》《董事会秘书工作制度》《董事会授权管理办法》等制度文件同步进行调整，进一步提升董事会规范运作制度体系的完整性和有效性。

董事会和专门委员会会议。2017年共召开董事会会议9次，审议并通过议案34项，听取集团公司生产经营报告3次、董事会授权行权情况报告1次，召开董事会战略发展委员会会议7次、审计与风险管理委员会会议2次。各专门委员会分别就各自职责范围内拟提交董事会审议的事项进行研究并向董事会提交审阅意见和建议报告。

董事履职尽责。公司7名董事发挥自身专业优势，履行忠实、勤勉义务，全部出席或以委托方式出席各次董事会会议和专门委员会会议，履职时间达到国务院国资委规定要求。

独立审慎审议议案。全体董事每次会前审阅议案材料，结合实际提出专业见解和质询意见，听取集团公司相关部门的汇报和解释，在会上结合各自专长，分析可能面临的风险和挑战，发表独立、明确、具体的意见，审慎决策。

深入基层调查研究。外部董事到集团公司所属企事业单位集中调研3次，调研石油石化企业13家。每次集中调研结束后都形成调研报告，由董事长批转经理层审阅研究，在管理过程中予以关注。

多渠道了解公司信息。通过每周两期《外部董事专供信息》，每月一份《生产经营完成情况报告》，每天一份《中国石油报》，随时掌握集团公司各项业务的生产经营动态。每次董事会会前阅读近期上级有关改革发展、行业政策和生产经营管理方面的文件，并通过中国石油移动办公终端，随时登录中国石油内部网站了解公司大事。

参加董事培训。董事会注重董事履职能力的提升，随时按董事需求提供各类资料，并组织董事参加国务院国资委开展的履职培训，提升董事决策水平和履职能力。

【集团公司董事会会议】 集团公司第二届董事会第十一次会议（书面）于2017年1月9—11日召开，审议通过关于海外项目收购的议案。

集团公司第二届董事会第十二次会议于2017年4月27日召开，审议通过9项议案：

（1）关于调整集团公司第二届董事会专门委员会组成的议案；

（2）关于聘任侯启军、段良伟、覃伟中为集团公司副总经理的议案；

（3）集团公司2016年度财务报告；

（4）集团公司2016年度审计工作报告；

（5）集团公司2017年度风险管理报告；

（6）集团公司董事会2016年度工作报告；

（7）《中国石油天然气集团公司董事会授权管理办法（修订稿）》；

（8）关于中国石油集团东南亚管道有限公司股权集团内部划转的议案；

（9）关于吐哈石油勘探开发指挥部10宗土地移交地方政府的议案。

集团公司第二届董事会第十三次会议（书面）于2017年6月29日—7月4日召开，审议通过关于参与海外项目的议案。

集团公司第二届董事会第十四次会议于2017年7月25日召开，审议通过8项议案：

（1）关于长宁页岩气开发方案的议案；

（2）关于海外项目后续投资的议案；

（3）关于中亚管道有限公司重组泛欧亚管道（北京）有限公司的议案；

（4）关于聘任王亮为集团公司审计部总经理的议案；

（5）集团公司2017年中期审计工作报告；

（6）关于大庆石油管理局、长庆石油勘探局、大庆炼化分公司等3家单位土地处置事项的议案；

（7）关于塔里木油田分公司阿克苏大化肥项目部分资产对外捐赠的议案；

（8）关于青海油田分公司玉树州结古镇LNG接收（气化）站对外捐赠的议案。

集团公司第二届董事会第十五次会议于2017年9月27日召开，审议通过5项议案：

（1）关于海外油气项目可行性研究报告及项目三期工程最终投资决策的议案；

（2）关于海外油气项目调整可行性研究报告的议案；

（3）中国石油天然气集团公司子企业功能界定与分类工作方案及分类结果；

（4）关于中国石油天然气集团公司公司制改制方案；

（5）《中国石油天然气集团公司章程》修订说明意见。

集团公司第二届董事会第十六次会议于2017年10月26日召开，审议通过3项议案：

（1）关于中俄东线天然气管道工程（长岭—永清段）可行性研究报告的议案；

（2）关于新疆石油管理局向地方政府无偿移交7宗土地的议案；

（3）关于核准使用外汇衍生品套期保值及实行授权管理的议案。

集团公司第二届董事会第十七次会议（书面）于2017年11月20—24日召开，审议通过关于中俄东线天然气管道工程（黑河—长岭段）最终投资决策的议案。

集团公司第二届董事会第十八次会议于2017年12月8日召开，审议通过5项议案：

（1）2018年业务发展与投资计划；

（2）2018年度预算报告；

（3）2018年生产经营计划；

（4）关于广东石化炼化一体化项目的议案；

（5）关于2018年度发行债务融资工具一般性授权的议案。

集团公司第二届董事会第十九次会议（书面）2017年12月29日召开，审议通过有关项目处置方案的议案。

（王　郁）

股份公司法人治理

【概述】 2017年，股份公司按照境内外监管规定，规范运作。依据《中国石油天然气股份有限公司章程》(以下简称《公司章程》)及相关法律、法规和各上市地证券监管规则等规定并结合股份公司实际情况，不断制订、完善和有效执行股东大会、董事会及所属各专业委员会的各项工作制度和相关工作流程。

2017年，股份公司根据监管要求，对《公司章程》《中国石油天然气股份有限公司股东大会议事规则》(以下简称《股东大会议事规则》)、《中国石油天然气股份有限公司董事会议事规则》(以下简称《董事会议事规则》)及《中国石油天然气股份有限公司监事会组织和议事规则》(以下简称《监事会组织和议事规则》)进行修订，主要修订内容已经股份公司2017年第一次临时股东大会审议批准。股份公司推进董事会多元化建设，基于董事的专业知识、从业经验，形成专业知识、国籍、性别等方面的多元化董事会团队，重新调整董事会专门委员会的成员。

股份公司治理的实际情况符合各上市地监管机构及证券交易所发布的有关上市公司治理的规范性文件要求。通过股东大会、董事会以及相应的专门委员会、监事会和总裁负责的管理层协调运转、有效制衡，实施有效的内部控制管理体系，使股份公司内部管理运作进一步规范，管理水平不断提升。

【股东大会运作】

1. 股份公司股东大会职责

股东大会是股份公司最高权力机构。股东大会行使下列职权：

(1)决定公司的经营方针和投资计划；

(2)选举和更换董事，决定有关董事的报酬事项；

(3)选举和更换由股东代表出任的监事，决定有关监事的报酬事项；

(4)审议批准董事会报告；

(5)审议批准监事会报告；

(6)审议批准公司的年度财务预算方案、决算方案；

(7)审议批准公司的年度利润分配方案和弥补亏损方案；

(8)对公司增加或者减少注册资本做出决议；

(9)对公司合并、分立、解散、清算或者变更公司形式等事项做出决议；

(10)对公司发行债券做出决议；

(11)对公司聘用、解聘或者不再续聘会计师事务所做出决议；

(12)修改公司章程；

(13)审议代表公司有表决权的股份百分之三以上(含百分之三)的股东的提案；

(14)审议批准法律、法规和《公司章程》规定需要股东大会审批的担保事项；

(15)审议公司在一年内购买、出售重大资产超过公司最近一期经审计总资产30%的事项；

(16)审议批准变更募集资金用途事项；

(17)审议股权激励计划；

(18)法律、行政法规及《公司章程》规定应当由股东大会做出决议的其他事项。

2. 股份公司股东大会会议召开情况

2017年，股份公司召开两次股东大会：

(1)2017年6月8日，股份公司在北京汉华国际饭店召开2016年度股东大会。股东以投票方式表决，以同意票数超过二分之一通过并批准8项普通决议案，包括《公司2016年度董事会报告》《公司2016年度监事会报告》《公司2016年度财务报告》《公司2016年度利润分配方案》《关于授权董事会决定公司2017年中期利润分配方案的议案》《关于聘用公司2017年度境内外会计师事务所并授权董事会决定其酬金的议案》《关于选举公司董事的议案》和《关于选举公司监事的议案》，选举王宜林、汪东进、喻宝才、刘跃珍、刘宏斌、侯启军、段良伟、覃伟中为股份公司董事，选举林伯强、张必贻、梁爱诗、德地立人、西蒙·亨利为股份公司独立非执行董事；选举徐文荣、张凤山、姜力孚和卢耀忠为股份公司股东代表监事；以同意票数超过三分之二通过并批准2项特别决议案：《关于提请股东大会给予董事会发行公司股票一般授权事宜的议案》和《关于提请股东大会给予董事会发行债务融资工具一般性授权事宜的议案》。

(2)2017年10月26日，股份公司在北京汉华国际饭店召开2017年第一次临时股东大会。会上股东以投票方式表决，以同意票数超过二分之一通过并批准2项普通决议案：《关于订立持续性关联交易协议及申请更新公司与中国石油集团及共同持股公司持续性关联交易上限相关事项的议案》和《关于选举公司监事的议案》，选举王亮为股份公司股东代表监事；以同意票数超过三分之二通过并批准1项特别决议案：《关于修订〈公司章程〉及相关议事规则的议案》。

【董事会运作】

1. 股份公司董事会职责

根据《公司章程》，股份公司设董事会，董事会由11至15名董事组成，设董事长1人，副董事长1至2人。董事由股东大会选举产生，并向股东大会负责，任期3年。董事任职期满，可以连选连任，但独立董事连任时间不得超过6年。董事任期自股东大会决议通过之日起计算。董事长、副董事长由全体董事会成员的过半数选举和罢免。

根据《公司章程》或股东大会授权，股份公司董事会行使下列职权：

（1）负责召集股东大会，并向股东大会报告工作；

（2）执行股东大会的决议；

（3）决定公司经营计划和投资方案；

（4）制订公司的年度财务预算方案、决算方案；

（5）制订公司的利润分配方案和弥补亏损方案；

（6）制订公司增加或者减少注册资本方案以及发行公司债券或其他证券及上市的方案；

（7）拟订公司收购本公司股票或者合并、分立、解散及变更公司形式的方案；

（8）决定公司内部管理机构的设置；

（9）聘任或者解聘公司总裁，根据总裁的提名，聘任或者解聘公司高级副总裁、副总裁、财务总监及其他高级管理人员，决定其报酬事项；

（10）制定公司的基本管理制度；

（11）制订公司章程修改方案；

（12）管理公司信息披露事项；

（13）股东大会授予的其他职权。

2. 股份公司董事会组成情况

根据《香港联交所上市规则》对董事会构成的相关规定，股份公司董事会中至少三分之一董事会成员为独立非执行董事，其中至少一名独立非执行董事必须具备适当的专业资格，或具备适当的会计或财务管理专长。截至2017年底，股份公司董事会由14名成员组成。

3. 股份公司董事会专门委员会

股份公司董事会下设5个专门委员会：提名委员会、审计委员会、投资与发展委员会、考核与薪酬委员会和健康、安全与环保委员会，专门委员会的主要职责是为董事会决策提供支持。参加专门委员会的董事按分工侧重研究某一方面的问题，为股份公司管理水平的改善和提高提出建议。

提名委员会由3名董事组成，其中2名为独立非执行董事，主任委员由董事长王宜林担任，委员由独立非执行董事林伯强、张必贻担任。

审计委员会由两位独立非执行董事及一位非执行董事组成，主任委员林伯强，委员张必贻和非执行董事刘跃珍。

考核与薪酬委员会由3名董事组成，其中2名为独立非执行董事，主任委员梁爱诗，委员德地立人和非执行董事喻宝才。

投资与发展委员由3名董事组成，其中1名独立非执行董事，主任委员汪东进，委员西蒙·亨利和非执行董事刘宏斌。

健康安全与环保委员会由3名非执行董事和1名执行董事组成，主任委员章建华，委员侯启军（执行董事）、段良伟、覃伟中。

4. 股份公司独立董事履职情况

2017年，股份公司独立董事严格按照境内外有关法律、法规及《公司章程》规定履行职责。独立董事认真审阅各项议案及相关文件，参加股东大会、董事会会议及专业委员会会议，独立及客观地发表意见，维护全体股东，尤其是广大中小股东的合法权益，在董事会进行决策时起着制衡作用。独立董事审阅定期报告，在年度审计师进场审计前后、董事会召开前与审计师进行沟通，保证股份公司信息披露的真实、准确、完整。股份公司独立董事学习相关法律法规和各项监管规定，根据监管机构对独立董事现场考察调研和培训工作要求，林伯强和张必贻赴兰州石化就下游石化企业生产运营、环境保护、风险控制、市场开发等进行现场调研；西蒙·亨利赴华北油田就油田生产运营和天然气利用等进行现场考察调研；林伯强到西气东输管道公司，就天然气市场趋势与天然气价格改革等问题与有关企业座谈交流；西蒙·亨利就股份公司成本管控、资本运营、市值管理、收购兼并等内容与相关部门沟通交流。德地立人和梁爱诗参加上海证券交易所组织的专门培训，取得独立董事任职资格；张必贻参加监管部门组织的董事会运作实务培训调研系列活动。

5. 股份公司董事会会议及形成的决议

按照《公司章程》及《董事会议事规则》的规定，股份公司董事会2017年召开董事会会议8次，其中5次为董事会现场会议、3次为以书面传签方式召开临时董事会会议，形成30项董事会决议。

股份公司董事会2017年第1次会议（临时）于2017年1月25日以传签方式召开。会议审议通过《关于聘任柴守平先生为公司财务总监的决议》。

股份公司董事会2017年第2次会议于2017年3月29—30日召开。会议由股份公司董事长王宜林主持，审议通过关于《公司2016年度总裁工作报告》《公司2016年度财务报告》《公司2016年度利润分配预案》《公司2016年度报告及业绩公告》《总裁2016年度经营业绩考核及2017年度业绩合同制订情况报告》《提请股东大会授权董事会决定公司2017年度中期利润分配方案》《提请股东大会给予董事会发行股票一般授权事宜》《提请股东大会给予董事会发行债务融资工具一般性授权事宜》《公司2016年度内部控制工作报告》《公司2016年度可持续发展报告》和《召开2016年年度股东大会》等11项决议。

股份公司董事会2017年第3次会议于2017年4月27日召开。会议由股份公司董事长王宜林主持，审议通过了关于《公司2017年第一季度报告》《公司2016年度20-F年报》《公司董事到任选举》等3项决议。

股份公司董事会2017年第4次会议于2017年6月8日召开。会议由股份公司副董事长章建华主持，审议通过关于《选举公司董事长、副董事长》《董事会专门委员会组成人员调整》《聘任公司副总裁》等3项决议。

股份公司董事会2017年第5次会议于2017年8月23—24日召开。会议由股份公司董事长王宜林主持，审议通过关于《公司2017年中期财务报告》《公司2017年中期利润分配方案》《公司2017年半年度报告及中期业绩报告》《订立持续性关联交易协议及申请更新持续性关联交易上限成立独立董事委员会和聘用独立财务顾问》《就订立持续性关联交易协议及申请更新公司与中国石油集团及共同持股公司持续性关联交易上限相关事项》《就订立持续性关联交易协议及申请更新公司与北京燃气集团有限责任公司持续性关联交易上限相关事项》《修改〈公司章程〉及相关议事规则》《关于召开2017年第一次临时股东大会》等8项决议。

股份公司董事会2017年第6次会议（临时）于2017年10月30日以传签方式召开。会议审议通过《关于公司2017年第三季度报告的决议》。

股份公司董事会2017年第7次会议于2017年11月29日召开。会议由股份公司董事长王宜林主持，审议通过关于《公司2018年度业务发展与投资计划的决议》和《公司2018年度预算报告的决议》等2项决议。

股份公司董事会2017年第8次会议（临时）于2017年12月28日以传签方式召开。会议审议通过《关于聘任公司副总裁的决议》。聘任凌霄、杨继钢和王仲才为股份公司副总裁；黄维和、徐福贵和吕功训因年龄原因不再担任股份公司副总裁。

（张希熠）

【监事会运作】

1. 股份公司监事会职责

股份公司监事会有成员9名，其中股东代表监事5名（包含监事会主席1名）、职工代表监事4名。监事会向股东大会负责，并依法行使下列职权：对董事会编制的股份公司定期报告进行审核并提出书面审核意见；检查股份公司的财务；对股份公司董事、总裁、高级副总裁、副总裁、财务总监及其他高级管理人员执行股份公司职务的行为进行监督，对违反法律、行政法规、《公司章程》或者股东大会决议的前述人员提出罢免的建议；当股份公司董事、总裁、高级副总裁、副总裁、财务总监及其他高级管理人员的行为损害股份公司的利益时，要求前述人员予以纠正；核对董事会拟提交股东大会的财务报告、营业报告和利润分配方案等财务资料，发现疑问的，可以股份公司名义委托注册会计师、执业审计师帮助复审；提议召开临时股东大会，在董事会不履行《中华人民共和国公司法》（以下简称《公司法》）规定的召集和主持股东大会职责时召集和主持股东大会；向股东大会提出提案；代表股份公司与董事交涉或者依照《公司法》第一百五十二条的规定，对董事、总裁、高级副总裁、副总裁、财务总监及其他高级管理人员提起诉讼；发现股份公司经营情况异常，可以进行调查；会同董事会审计委员会对外部审计师执业表现进行年度审核，向股东大会提出聘用、续聘、解聘外部审计师及其审计服务费用的建议以及对关联交易的合规性进行监督等12项职权。

2017年，股份公司监事会严格执行资本市场监管规定，按照《公司法》《公司章程》和《监事会组织和议事规则》赋予的职责，坚持勤勉尽职、客观公正的原则，扎实有效地开展工作，较好地完成年度各项工作计划。

2. 股份公司监事会会议召开情况

2017 年，股份公司先后召开 5 次监事会会议。

2017 年 3 月 28 日，股份公司监事会 2017 年第 1 次会议在北京召开。会议由监事会主席郭进平主持。会议审议通过关于《公司 2016 年度财务报告》《公司 2016 年度利润分配预案》《公司总裁 2016 年度经营业绩考核及 2017 年度业绩合同制订情况报告》《关于聘用公司 2017 年度境内外会计师事务所的议案》《公司 2016 年度监事会报告》《监事会 2016 年度工作总结和 2017 年工作计划》《公司 2016 年度可持续发展报告》和《公司 2016 年度报告及摘要》等 8 项议案。

2017 年 4 月 27 日，股份公司以书面传签的方式召开监事会 2017 年第 2 次会议，审议通过《公司 2017 年第一季度报告》。

2017 年 6 月 8 日，股份公司监事会 2017 年第 3 次会议在北京召开。会议由监事徐文荣主持，审议通过《关于选举公司监事会主席的议案》。经与会监事选举，徐文荣当选股份公司监事会主席。

2017 年 8 月 23 日，股份公司监事会 2017 年第 4 次会议在北京召开。会议由监事会主席徐文荣主持，审议通过关于《提请临时股东大会审议选举公司监事的议案》《公司 2017 年度中期财务报告》《公司 2017 年度中期利润分配方案》《公司 2017 年半年度报告及摘要》等 4 项议案。

2017 年 10 月 29 日，股份公司以书面传签方式召开监事会 2017 年第 5 次会议，审阅通过《公司 2017 年第三季度报告》。

3. 股份公司监事会参加其他会议及其他工作开展情况

2017 年监事会参加股东大会两次。6 月 8 日参加股份公司 2016 年度股东年会，向大会提交《公司 2016 年度监事会报告》和关于《聘用公司 2017 年度境内外会计师事务所并授权董事会决定其酬金的议案》《选举公司监事的议案》等 3 项议案；10 月 26 日参加股份公司 2017 年第一次临时股东大会，向大会提交《关于选举公司监事的议案》。上述议案均获股东大会审议通过。

列席股份公司董事会会议 5 次，听取董事会审议股份公司 2016 年度和 2017 年度中期的报告及摘要、利润分配，以及 2018 年度预算、投资计划等有关议案。监事会在会上发表关于审查股份公司财务报告、利润分配方案（预案）、总裁经营业绩考核等意见书 5 份。

召开听证会 2 次，先后听取财务总监、财务部、改革与企业管理部、审计部、毕马威、监察部、人事部等有关报告 16 份，对股份公司财务、利润分配、关联交易、总裁经营业绩考核等情况进行审查，并发表相关意见。

2017 年，组织监事巡视 1 次，巡视 3 个单位，重点关注生产经营、财务管理、制度建设与执行、合规管理等方面情况，并围绕建立完善规范管理长效机制、履行监事会监督职能等进行探讨交流。巡视结束后，完成巡视报告。

股份公司监事会还开展以下工作：

（1）修订完善监事会组织和议事规则。由于外部监管形势和监管要求的变化，结合《公司章程》的修订，对《监事会组织和议事规则》相关内容进行同步修订、完善。

（2）顺利完成监事到任选举工作。2017 年监事会有监事 7 人任期届满，其中股东代表监事 5 人、职工代表监事 2 人。按照选举程序，完成监事到任选举工作，并及时进行信息披露。

（3）听取内部监督部门专题汇报。先后 3 次听取监事会办公室、审计部、改革与企业管理部、监察部有关监督工作汇报，研究监督资源共享、发挥监督合力。

（4）参与上市公司协会工作。股份公司获“上市公司监事会最佳实践 20 强”并入选“最佳实践优秀案例”后，对宣传监事会工作、提升监督影响力产生积极作用。为进一步加强与上市公司协会的联系，股份公司监事会主席应邀出任该协会第二届监事会专业委员会副主任委员职务；按照上市公司协会关于《上市公司监事会对董事会、高级管理层及成员履职监督评价指引》和《上市公司监事会财务监督工作指引》征求意见要求，组织监事提出修改建议并反馈；组织参加上市公司协会论文征集活动，探索监事会监督工作改进方法。

（5）参加培训。先后组织监事及办事机构人员参加北京证监局举办的培训、考察交流活动等。

（佟魁杰）

【管理层运作】 股份公司管理层在总裁的领导下，负责执行董事会做出的各项决议，组织股份公司的日常经营管理。总裁的主要职责是：主持股份公司的生产经营管理工作，组织实施董事会决议；组织实施股份公司年度经营计划和投资方案；拟订股份公司内部管理机构设置方案；拟订股份公司的基本管理制度；制定股份公司的具体规章；提请董事会聘任或者解聘股份公司高级副总裁、副总裁、财务总监及其他高级管理人员；聘任或者解聘除应由董事会聘任或者解聘以外的管理人员；《公司章程》和董事会授予的其他职权。

董事会和管理层的职权在《公司章程》中进行明确规定，以确保为良好的公司管治和内部控制提供充分的平衡和制约机制。

（张希熠）

【信息披露】 股份公司一贯重视信息披露工作，遵守上市地各项证券监管规定，从体系架构和制度层面不断梳理及完善信息披露管理事务的操作细则。建立信息披露管理制度，按照上市地监管规则的要求和规定程序，及时合规披露信息。明确内幕消息披露工作的负责部门，禁止员工利用内幕消息进行交易或建议他人交易。及时、真实、准确、完整、公平地进行各项信息披露，确保所有股东享有平等的机会获取股份公司相关信息，提升公司治理的透明度。

2017 年，股份公司信息披露工作按照境内外监管规定，落实《中国石油天然气股份有限公司信息披露管理规定》和《中国石油天然气股份有限公司内幕信息知情人登记管理办法》等制度，并修订股份公司内幕信息知情人登记管理办法，以增强相关工作的可操作性。上述制度得到股份公司管理层的有效执行，未发现内幕信息知情人违规买卖股份公司股票的情况。股份公司信息披露工作遵守各上市地监管机构及证券交易所发布的有关上市公司治理的规范性文件要求，信息披露质量和水平不断提升。2017 年编制发布股份公司年度报告、20–F 报告、中期报告、一季度报告、三季度报告、可持续发展报告；根据上市地监管规定和股份公司业务情况，在境内外披露临时报告共计 160 余份。

（辛　达　周云鹏）

【业绩路演】 股份公司 2016 年度业绩发布路演。2017 年 3 月 30—31 日，股份公司在香港特别行政区进行 2016 年度业绩路演。董事长王宜林、副董事长兼总裁汪东进、副总裁黄维和、董事会秘书吴恩来、集团公司董事会秘书王志刚、财务总监柴守平以及相关部门人员参加业绩发布会和路演活动。

股份公司 2017 年度中期业绩发布路演。2017 年 8 月 24—25 日，股份公司在香港特别行政区进行 2017 年中期业绩路演。副董事长兼总裁汪东进、董事会秘书吴恩来、财务总监柴守平以及相关部门人员参加业绩发布会和路演活动。

反向路演工作。7 月中旬，股份公司组织股东和机构投资者在西南油气田页岩气项目和四川石化开展反向路演。通过反向路演活动，使股东增强对股份公司储量基础的信心，同时向股东展示股份公司非常规能源开发的技术实力、产能建设现状，使股东深入了解现阶段股份公司掌控常规能源与非常规能源的开发节奏和股份公司在西南地区布局下游业务的必要性，向股东展示股份公司在炼化业务上的技术实力和西南地区炼化产品的市场潜力。9 月下旬，股份公司有针对性地组织股东和机构投资者在塔里木油田开展反向路演，直观地展示股份公司在低油价时期大力实施开源节流降本增效的成果，向机构投资者详细解述股份公司与集团公司进行关联交易的必要性并得到理解与支持。反向路演工作对股东大会新一期三年关联交易议案的高票通过起到重要作用。

（张　磊）

【中国石油 A 股股价月度表现】 1 月，中国石油股价走势强于大市。月初，中国铁路总公司提出要开展混合所有制改革，混改概念股上涨。月中，市场传言四大行债转股全面暂停，引发投资者担忧，A 股市场承压。但 2016 年末欧佩克组织达成减产协议使国际油价加速反弹，油价利好因素使中国石油股价震荡上扬。下旬，中国石油发布 2016 年度业绩预告，披露的数据令市场确认 2016 年第四季度中国石油业绩复苏，对特派股息的预期也吸引投资者的关注。中国石油 A 股报收于 8.65 元，月涨幅 8.81%。全月最高为 1 月 24 日的 8.76 元，最低为 1 月 3 日的 7.97 元，日均股价为 8.42 元，平均日成交量为 5288 万股（图 1）。

2 月，中国石油股价逆市震荡回调。本月 A 股整体表现强势，月初在经济数据、金融数据均向好的推动下启动了一轮反弹行情，月中再融资新规出台赢得市场的回应，月末地方养老金加紧入市、股指期货松绑、全国“两会”即将召开等消息相继传出。但非欧佩克国家减产协议执行力度远未达到约定水平等多重因素致使国际油价本月一直维持弱势震荡，原油价格表现疲弱不利于中国石油股价表现。同时，中国石油股价受石油石化板块和央企混改板块利好因素影响连续上涨三个月，2 月开始回调。中国石油 A 股报收于 8.23 元，月跌幅为 4.86%。全月最高为 2 月 3 日的 8.58 元，最低为 2 月 27 日的 8.21 元，日均股价为 8.38 元，平均日成交量为 5476 万股。

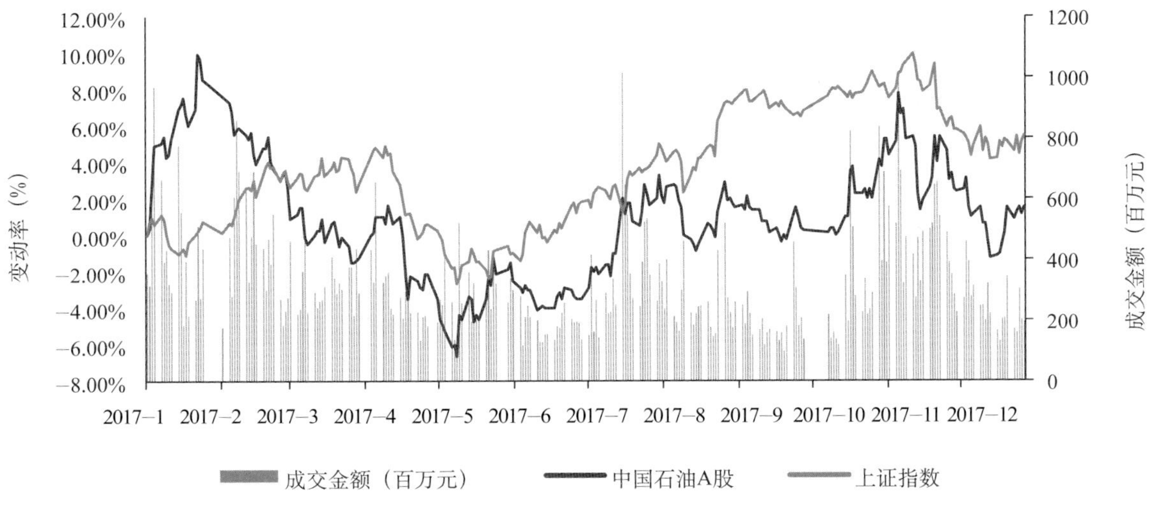

图 1　2017 年中国石油 A 股与上证指数走势图

3 月，中国石油股价继续回调。本月，欧佩克组织减产执行顺利，但美国原油库存持续上升，市场态势不明多空交织，国际油价震荡下跌，一度跌破 50 美元大关。国际油价下跌叠加 A 股市场对美联储加息预期的担忧，使中国石油股价下跌。月底，国内成品油价格年内第三次下调，地产新一轮调控发酵，临近月底和季末广义信贷考核，资金面趋紧，市场人气下降，大盘和中国石油 A 股均回调。中国石油 A 股报收于 7.87 元，月跌幅为 4.37%。全月最高为 3 月 1 日的 8.25 元，最低为 3 月 28 日的 7.85 元，日均股价为 7.99 元，平均日成交量为 3926 万股。

4 月，中国石油股价先扬后抑。月初，雄安新区概念利好带动 A 股普涨。随后，监管趋严，加之银监会频出去杠杆新政，引发市场猜测，中国石油股价随大盘陷入调整。月末，中央提出高度重视防控金融风险、维护金融安全，中国石油股价下跌态势减弱，开始企稳。中国石油 A 股报收于 7.80 元，月跌幅为 0.89%。全月最高为 4 月 12 日的 8.10 元，最低为 4 月 20 日的 7.69 元，日均股价为 7.91 元，平均日成交量为 3637 万股。

5 月，中国石油股价先抑后扬。月初，监管层去杠杆力度不减且加强监管，市场避险情绪较强，中国石油股价随大市连续下挫。月中，宏观经济数据密集发布、“一带一路”全球高峰论坛召开、央行向市场投放资金注入流动性等因素使市场企稳。同时，市场资金面的紧张使个股表现分化加剧，投资者偏好上证 50 等高分红蓝筹股，带动中国石油股价逐渐回升。中国石油 A 股报收于 7.82 元，月涨幅为 0.64%。全月最高为 5 月 25 日的 7.87 元，最低为 5 月 10 日的 7.44 元，日均股价为 7.65 元，平均日成交量为 3694 万股。

6 月，中国石油股价缩量盘整。一方面，减持新规出台、新股发行节奏放缓、央行释放流动性、A 股终于纳入 MSCI（美国指数编制公司）新兴市场指数等多项利好缓解市场紧张情绪。另一方面，6 月国际油价持续波动，月初受美国退出“巴黎协定”、美国原油库存连续上升影响，国际油价大幅下跌，临近月末美国原油库存意外下降，国际油价回升，但依然维持低位态势。综合多项因素，中国石油股价横盘震荡。中国石油 A 股报收于 7.69 元，月跌幅为 1.15%。全月最高为 6 月 1 日的 7.81 元，最低为 6 月 12 日的 7.60 元，日均股价为 7.71 元，平均日成交量为 2561 万股。

7 月，中国石油股价震荡上行。国际原油价格在多重利好影响下持续震荡上行，对中国石油业绩形成利好支撑。另外，债券通的正式启动、投资者保护管理办法的正式实施及平稳利好的宏观经济数据出炉，为市场带来上行动能。月末，石油、煤炭、钢铁板块走强，中国石油业绩预告发布、上半年净利润同比大幅上涨，带动中国石油股价震荡上涨。中国石油 A 股报收于 8.13 元，月涨幅为 5.72%。全月最高为 7 月 26 日的 8.19 元，最低为 7 月 3 日的 7.74 元，日均股价为 7.99 元，平均日成交量为 4527 万股。

8 月，中国石油股价先抑后扬。月初，美朝关系紧张、特朗普施政遇阻等外围市场利空因素促使市场避险情绪升温，中国石油股价随大盘指数震荡下行。月中，受计算机、通信板块的强势拉升，深市放量上涨，沪市表现略为逊色。月末，中国石油半年报高额分红、中国联通混改方案落地，以及国内油气改革持续推进促使混改概念及油气板块指数大幅上涨，中国石油股价有所攀升，以微跌报收。中国石油 A 股报收于 8.11 元，月跌幅为 0.25%。全月最高为 8 月 1 日的 8.23 元，最低为 8 月 16 日的 7.90 元，日均股价为 8.07 元，平均日成交量为 3316 万股。

9 月，中国石油股价窄幅震荡。8 月末各上市公司年报发布结束，各机构持仓情况浮出水面，创业板上涨。此前一直表现优异的银行、石油等权重板块在连续上涨后归于平静，致使沪指窄幅震荡，沪市振幅创 15 年来新低。中国石油 A 股报收于 7.99 元，月跌幅为 0.61%。全月最高为 9 月 26 日的 8.09 元，最低为 9 月 20 日的 7.94 元，日均股价为 8.04 元，平均日成交量为 2485 万股。

10 月，中国石油股价企稳微升。“十一”长假后，国际油价进入快速上升通道，纽约油价连续刷新 8 个月新高，至 54 美元 / 桶以上，布伦特油价刷新两年多新高，至 60 美元 / 桶以上。沙特王储发表公开言论支持减产，国际油价具备向上预期，油价上升刺激中国石油股价上涨。中国石油 A 股报收于 8.27 元，月涨幅为 3.50%。全月最高为 10 月 30 日的 8.30 元，最低为 10 月 12 日的 7.97 元，日均股价为 8.12 元，平均日成交量为 3943 万股。

11 月，中国石油股价冲高回落后再度反弹。A 股市场上半月整体偏暖，监管放宽投资比例限制、特朗普访华、中美签订创纪录大单等事件都对短期行情起到提振作用，中国石油股价随 A 股股指上行。中旬，资管新规等金融监管政策持续推进、未来 2 月面临解禁潮使资金面偏紧，中国石油股价随 A 股股指下挫。下旬，在减产协议持续发酵、中国石油控股股东发行可交换债券等消息刺激下，中国石油股价小幅回升。中国石油 A 股报收于 8.17 元，月跌幅为 1.21%。全月最高为 11 月 7 日的 8.59 元，最低为 11 月 16 日的 8.08 元，日均股价为 8.34 元，平均日成交量为 5993 万股。

12 月，中国石油股价震荡下跌后小幅回升。年末资金面偏紧格局继续以及美联储加息预期强烈等利空因素叠加，促使大盘指数整体承压并震荡下行。美国成品油库存增幅再创 2016 年以来新高以及美国原油产量增加等利空因素刺激国际原油价格大幅下挫，中国石油股价也随之下行。下半月，中央经济工作会议的召开以及相关经济决议的出台促使大盘反弹，委内瑞拉政治动荡、利比亚输油管道爆炸等因素也助力油价大幅反弹，中国石油股价小幅回升。中国石油 A 股报收于 8.09 元，月跌幅为 0.98%。全月最高为 12 月 5 日的 8.22 元，最低为 12 月 15 日的 7.87 元，日均股价为 8.04 元，平均日成交量为 5993 万股。

（朱彤楠　孙　博）

【中国石油 H 股股价月度表现】 1 月，中国石油 H 股和大市均呈上行趋势，H 股涨幅高于大市。主要由于中国石油首家区域天然气销售公司于 1 月初正式运行，市场憧憬国企改革加速释放更多红利，并且对于 2017 年原油价格有较高预期。1 月 20 日，美国总统特朗普正式就职，投资者期待其上任后将推出减税等经济刺激措施，恒生指数跟随环球股市上涨，带动中国石油股价上升。中国石油 H 股股价开盘 5.75 港元，报收于 6.22 港元，月涨幅为 7.61%。全月最高为 1 月 18 日的 6.38 港元，最低为 1 月 4 日的 5.67 港元（图 2）。

2 月，中国石油股价震荡下挫，香港股市上扬，中国石油股价开始背离大市。香港股市上升受南下资金持续流入驱动，市场预期内地楼市调控会持续收紧，加上美元升值，加剧资金流入港股。中国石油股价下跌主要因为 1 月发布的业绩预警公告，预计 2016 年归属于中国石油股东的净利润同比将减少 70%—80%，导致投资者看淡全年盈利表现。中国石油 H 股股价开盘 6.15 港元，报收于 5.91 港元，月跌幅为 4.98%。全月最高为 2 月 22 日的 6.21 港元，最低为 2 月 28 日的 5.89 港元。

3 月，中国石油股价持续震荡下行。上半月，港股呈持续调整态势，主要由于美联储加息概率增加，香港地产股普遍受压，拖累大市表现继续走弱。下半月，虽然美联储上调基准利率 0.25 个基点，但没有进一步加快收紧其财政政策出台，令市场对美国加快升息步伐的忧虑减缓。在香港特别行政区上市的科网板块则因相关中国石油业绩维持强劲增长而表现强势，带动港股急升。由于低油价下中国石油 3 月底公布的 2016 年全年业绩疲弱，且股息回报率不及同业，中国石油股价下行。受美国页岩油增产、国际与地区地缘政治紧张等因素影响，国际油价频繁大幅波动，回升前景不明，造成石化行业股价整体下挫。中国石油 H 股股价开盘 5.93 港元，报收于 5.69 港元，月跌幅为 3.72%。全月最高为 3 月 7 日的 5.94 港元，最低为 3 月 10 日的 5.61 港元。

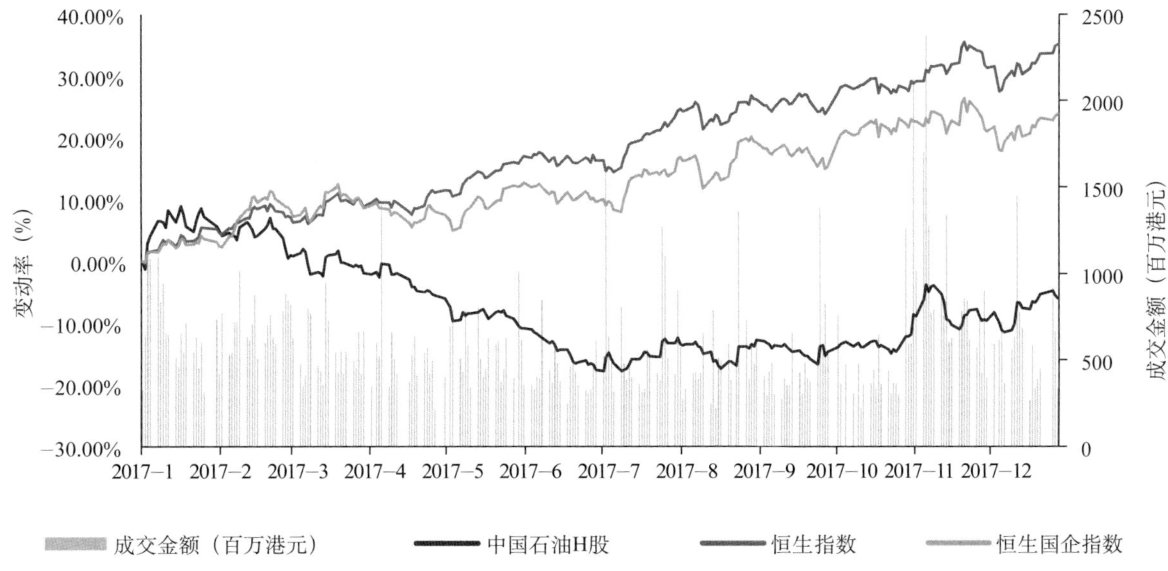

图 2　2017 年中国石油 H 股与恒生指数、恒生国企指数走势图

4 月，中国石油股价先升后跌，而香港股市整体升势强劲。受惠内地批准公募基金参与沪港通、上交所允许投资者开纳多个证券户口资金南下的消息，香港股市强劲上升。除成交增幅大幅增长外，“港股通”额度曾出现用尽的情况。4 月下旬，央行大幅降准 1 个百分点，远超市场预期，推动恒生指数上行。由于中国石油公布的 2017 年一季度业绩疲弱，导致投资者看淡基本面，股价持续下行。中国石油 H 股股价开盘 5.68 港元，报收于 5.48 港元，月跌幅为 3.69%。全月最高为 4 月 7 日的 5.82 港元，最低为 4 月 24 日的 5.44 港元。

5 月，中国石油股价持续震荡下行，港股小幅整理后强劲拉升。月初，市场观望法国总统选举第二轮投票结果，恒生指数因此持续出现调整。下半月，恒生指数跟随美股上行，创近 22 个月高位，沽空比率持续下降，反映市场对后市看法偏向乐观。中国石油股价由于市场担忧管道国有化风险临近而承压。5 月 21 日中央下发《关于深化石油天然气体制改革的若干意见》，市场普遍认为改革油气管网运营机制、实现管输销售分离将对中国石油形成一定程度冲击，利好民营炼油厂。中国石油 H 股股价开盘 5.48 港元，报收于 5.19 港元，月跌幅为 5.29%。全月最高为 5 月 2 日的 5.5 港元，最低为 5 月 31 日的 5.16 港元。

6 月，中国石油股价延续跌势。当月，A 股纳入 MSCI 指数、“债券通”将开通等重大利好消息加持，大市持续向好，港股主要板块继续攀升。由于低油价下业绩基本面疲弱及管道分拆政策的不确定性等因素影响，中国石油股价持续下行。中国石油 H 股股价开盘 5.22 港元，报收于 4.78 港元，月跌幅为 7.90%。全月最高为 6 月 1 日的 5.22 港元，最低为 6 月 30 日的 4.76 港元。

7 月，中国石油股价止跌回稳。上半月，中资金融股、汽车股等热点板块轮番领涨，中资地产股、科网股等为港股成交活跃，刺激恒生指数进一步往上升至 26000 点。下半月，南下资金流入权重蓝筹股和行业龙头股，且权重股份业绩亮丽，刺激港股主要板块继续攀升。中国石油发布上半年业绩正面盈利预告，重振市场对业务基本面的信心，分析预期随着上半年全国天然气消费量显著回升，中国石油天然气销售板块经营利润有望上涨，且管道业务出售有助于释放相关资产价值。中国石油 H 股股价开盘 4.81 港元，报收于 5.03 港元，月涨幅为 5.23%。全月最高为 7 月 27 日的 5.16 港元，最低为 7 月 10 日的 4.72 港元。

8 月，中国石油股价先跌后升。月初，地产股于业绩公布前受到追捧，股市成交活跃，带动整体大市上升。月中，朝鲜领导人金正恩警告会向关岛发射导弹，令美朝关系再度紧张，拖累港股表现。月末，多家企业业绩强劲、制造业数据向好以及政府进行更多经济改革的憧憬，对市场构成支持，带动恒生指数上升。8 月底，中国石油公布的中期业绩显示勘探与生产板块扭亏为盈，天然气利润好于市场预期，提振市场信心。国际油价从 7 月以来开始回升也是推动股价上涨的另一大因素。中国石油 H 股股价开盘 5.17 港元，报收于 5 港元，月跌幅为 0.06%。全月最高为 8 月 1 日的 5.18 港元，最低为 8 月 18 日的 4.79 港元。

9 月，中国石油股价下行后反弹。月初，受到朝鲜再次核试验、地缘政治风险升温和美债务上限危机等因素影响，恒生指数不断下跌。月中，港股跟随外围造好，恒生指数开始回升。月末，随着美朝关系转差，恒生指数受拖累回落。月末，中国石油股价受油价回升带动，加上中国石油在上海石油天然气交易中心开展管道气网上竞价交易，市场认为有利于天然气价格市场化。中国石油 H 股股价开盘 5.02 港元，报收于 4.95 港元，月跌幅为 -1.0%。全月最高为 5 月 4 日的 5.11 港元，最低为 9 月 25 日的 4.80 港元。

10 月，中国石油股价震荡调整后回升。上半月，行政长官林郑月娥公布任内首份施政报告前夕，党的十九大会议胜利召开，市场反应正面，资金流入香港股市，港股保持强劲走势。月末，受到西班牙局势转趋紧张等因素拖累，恒生指数走低。中国石油于 10 月下旬公布的三季度业绩获市场积极解读，认为中国石油勘探与生产业务的经营利润远高于预期且成本控制得当。中国石油 H 股股价开盘 5.0 港元，报收于 5.09 港元，月涨幅为 2.83%。全月最高为 10 月 30 日及 31 日的 5.15 港元，最低为 10 月 23 日的 4.91 港元。

11 月，中国石油股价跟随大盘先升后跌。月初，市场传言规模达 1800 亿元人民币的养老金准备入市，加上全球股市气氛向好，带动港股上升。月中，美国总统特朗普访问中国，中美贸易合作迈上新台阶，港股保持强劲升势，恒生指数更一度创十年高位。月末，市场传出中证监拟暂停审批投资港股共同基金的消息令港股回落。中国石油 H 股股价开盘 5.10 港元，报收于 5.25 港元，月涨幅为 3.14%。全月最高为 11 月 10 日的 5.63 港元，最低为 11 月 1 日的 5.10 港元。

12 月，中国石油股价跟随大盘和油价震荡上行。月初，受惠于国内资金南下、美股上涨、全球经济复苏等正面刺激，恒生指数在轻微下跌后快速反弹。月中，科技和内地房地产等多个板块表现理想，多只蓝筹股表现良好，带动港股上涨。月末，A 股造好、强势股表现理想且市场看好美国税改法案有利经济，恒生指数跟随美股稳步上扬。行业层面也出现多个利好因素，进一步推升中国石油股价。英国北海最大输油管道 Forties 意外关闭，布伦特原油价格创 30 个月以来最高。此外，入冬以来天然气供不应求局面加剧，天然气需求增速高于预期，多地上调气价，整体有利于公司业绩提升。中国石油 H 股股价开盘 5.28 港元，报收于 5.45 港元，月涨幅为 3.81%。全月最高为 12 月 27 日的 5.60 港元，最低为 12 月 8 日的 5.08 港元。

（朱彤楠　孙　博）

【“公司日”活动首次举办】 中国石油于 4 月 6 日、7 日在深圳举办境内路演与“石油讲堂”即“公司日”活动，普及行业知识，交流中国石油业绩。活动吸引超过 40 家境内外投资机构参加，重点就油气行业展望、中国石油油气生产情况和业绩等资本市场关注问题进行沟通交流。这是中国石油首次举办“公司日”活动，受到资本市场的关注和欢迎。

（张　磊　孙　博）

【中国石油在资本市场获奖情况】 中国石油被评为 BrandZ 最具价值中国品牌 100 强第 15 位，福布斯全球 2000 强企业排行榜第 102 位，《亚洲企业管治》杂志评选的最佳投资者关系企业，中国石油总裁汪东进被评为亚洲最佳 CEO；《财富》（中文版）中国 500 强排行榜第 2 位，香港大公文汇传媒集团、北京上市公司协会、香港特许秘书公会、香港中国企业协会举办的中国证券“金紫荆奖”最佳投资者关系管理上市公司，吴恩来被评为最佳上市公司董事会秘书；在智通财经和同花顺财经举办的“金港股”上市公司评选中获最具价值能源与资源股公司及最佳投资者关系管理上市公司；腾讯网及财华社评选的港股 100 强——综合实力 100 强第 51 名、港股 100 强——市值 10 强第 3 名、港股 100 强——营业额 10 强第 2 名（表 1）。

表 1　2017 年度中国石油在资本市场获奖情况

奖　项	评选机构	评选结果
全球企业 2000 强	福布斯	第 102 名
最具价值中国品牌 100 强	BrandZ	第 15 位
全球企业 500 强	Brand Finance	第 33 位
中国品牌 100 强	新华网	第 11 位

续表

奖　项	评选机构	评选结果
中国 500 强	《财富》(中文版)	第 2 位
上市公司信息披露工作评价	上海证券交易所	A
中国证券“金紫荆奖”	香港大公文汇传媒集团、北京上市公司协会、香港特许秘书公会、香港中国企业协会	最佳投资者关系管理上市公司

（张　磊　朱彤楠）

品牌与社会责任

【概述】 中国石油自 2004 年统一标识以来，以建设“诚信、创新、安全、卓越”的国际知名品牌为目标，把加强品牌建设作为企业战略层面的重要部署加以推进，品牌架构基本形成，工作机制不断完善，形象识别系统对外发布，企业知名度、美誉度得到提升。

2017 年，中国石油在增强品牌建设合力、提升品牌影响力、履行企业社会责任等方面取得进展，中国石油品牌价值在国际权威排行榜中的排名上升。在英国品牌评估机构 Brand Finance 2018 年全球品牌价值 500 强中排名第 35 位，行业排名升至第 2 位。

【品牌管理】 通过组织召开集团公司品牌管理委员会工作会、编发年度工作要点、按季度督办落实等系列举措，将公司品牌战略渗透到研发、生产、销售、服务等生产经营管理各环节，细化到部门业务中。2017 年完成 7840 座站场、14.4 万口油气水井、2 万余座加油站视觉形象规范统一；中国石油加油站“顾客满意度指数”“顾客推荐度指数”继续保持国内同行业第一；推出“CN98”品牌高品质汽油，满足消费升级“高端化”市场需求；在环保部、能源局组织开展的车用油品、燃油、尿素质量系列检查中，中国石油全部合格达标；所属单位 112 项产品获得使用“昆仑”品牌和“中国石油装备”背书品牌标识授权。中国石油商标获国家工商总局和世界知识产权组织授予的 2017 年度“中国商标创新金奖”。

【品牌传播】 搭建传播交流平台。组织举办中国石油品牌故事大赛，聚焦“创新引领发展，品牌塑造形象”主题，通过“开放海选”+“定向创作”方式，面向所属企业和全体员工征集中国石油产品和服务品牌故事，通过不同视角展示广大石油人在企业发展进程中，以创新保障国家能源安全、服务公众社会需求、破解企业发展瓶颈、为企业品牌增光添彩的形象。2 个多月大赛收到 70 多家部门单位 369 件文学、图画、音视频类作品，经过专家多轮次评议，48 件优秀作品获奖，并将通过内外媒体传播展示；6 件最优作品推荐到国务院国资委参加中央企业品牌故事大赛，其中“我的中国心”获文学类二等奖，“‘蓝金’进乡村”获文学类三等奖，“上天入地新石油”获图画类二等奖。

提升展览展示效果。完成渝洽会、青洽会、中国国际化工展等 2017 年 6 个展会参展工作，将虚拟现实、混合现实、3D 等前沿展示技术手段与集团公司科技成果和勘探、炼化、销售、管道等主营业务有机融合，在增强互动体验、增进了解认同、生动展示中国石油技术实力和良好形象方面，获得积极评价。

注重新媒体传播。与媒体合作运营的能源话题微信号成为中国石油官方微信的有效补充。截至 2017 年底，公众号有固定订阅用户 1.4 万人，累计编发文章 510 篇，累计阅读量达 75 万次，外部平台推送量超过 90 万次，较好地发挥增进与公众的理解和认同作用。

【自主公益品牌项目】 “益路同行”是中国石油基于移动互联网客户端（APP）为主要载体设计开发和运营的创新型公益平台，2016 年 1 月 1 日上线运行以来，秉承“用户中心”“流量为王”互联网理念，帮助公众实现公益梦想，传播“人人公益”理念，打造平台型、参与型企业社会责任生态体系。截至 2017 年底，平台累计征集各类公益项目 2101 个，参与上线投票 455 个。其中，395 个获得资助，分别来自北京、内蒙古、甘肃、四川、贵州、广东、福建、云南等30个省（自治区、直辖市），涉及高等院校、中小学、社区居民、行业协会等多种群体，涵盖青少年教育、老年人服务、环境保护、社区发展等领域，逐步成为公众展示创想、交流心得、分享信息、实现梦想、传播正能量的舞台。具有影响力的创新型项目资助的“太阳语小课堂”公益创想作为中央电视台“公益寻梦”节目的一部分，在中央电视台12套播出，受到广泛关注。

“旭航”助学是中国石油专注于教育领域的公益项目，通过奖学金及助学金帮助贫困学生完成学业。2015年5月启动以来，“旭航”助学项目为2000多名特困高中生提供资金支持。2017年，“旭航”助学公益项目的实施规模由2省4校扩大到四川、河南、贵州、江西4省10县10所学校，全年为1500名特困高中生提供资助。持续开展“一升油、一生情”加油站公益营销、高考服务、勤工俭学等系列主题活动，暑期200余座万吨级加油站、数百名员工志愿者和近百万社会公众参与助学。首次入驻蚂蚁金服线上公益平台，9月6日开通募捐通道以来，“旭航”收到37.4万名社会公众爱心捐款101万元，日均获得2100多名公众支持。以“旭航助学、为爱加油”为主题，组织参加“善行者”社会徒步公益活动，中国石油“善行者”队伍与3000多名社会公众共同为爱行走，徒步竞技包揽50千米前三名、100千米第二名；公益募款额度团体第一，号召带动近万石油员工及社会公众捐款60万元支持“旭航”助学。人民网、新华网、搜狐等国内多家主流媒体和新浪微博等自媒体对活动进行报道或转载，传播范围超过420万人次。2017年，“旭航”助学项目获评“搜索中国正能量点赞2016”优秀精准扶贫项目。

【社会责任】 坚持将企业发展与业务所在地可持续发展结合起来，关注民生和社会进步，与当地分享发展机遇和资源价值，积极参与社会公益，促进经济和社会和谐发展，做优秀企业公民。2017年，中国石油在全球主要公益总投入超过10亿元，惠及数亿人。

带动地方发展。中国石油在持续为国家经济发展提供稳定能源供应的同时，坚持开放合作，互利共赢，扩大与当地资本的合资合作，培养本地供应商和承包商，带动关联产业发展，回馈当地民众。2017年，中国石油昆仑信托与昆仑天玺携手合作，达成期限10年、总规模5亿元的“昆仑天玺财产权1号信托计划”，支持克拉玛依市社会经济和地方企业发展。

关注教育领域。中国石油连续多年设立石油奖学金、互助金，开展教育公益项目。2017年，中国石油奖学金表彰优秀学生1270人，发放奖学金798万元。连续第七年支持“昆仑润滑油”杯中国大学生方程式汽车大赛，帮助培养汽车产业人才。与中国扶贫基金会、北京史家教育集团、腾讯公益等机构合作，开展“益师计划”及“乡村·中国梦”等公益项目，帮助更多贫困地区的学子实现求学梦想。

倡导文明风尚。中国石油弘扬和倡导志愿精神，鼓励和支持员工参与服务社区和服务社会的志愿者活动。2017年，中国石油的青年志愿者队伍5903支16.33万人，累计志愿服务时长39.46万小时，开展捐助困难群体、无偿献血、植树造林、救助野生动植物、保护自然和文化遗产等活动。

海外社区建设。中国石油尊重业务所在地的文化习俗，致力于与东道国建立长期稳定的合作关系，将公司发展融入当地经济社会发展中，共同促进当地社区的繁荣发展。在厄瓜多尔，十多年来在当地年均投资4亿美元，每年直接或间接创造就业机会3000多个。在秘鲁，专门成立公共关系部重点协调、发展与地方的合作关系，采用灵活有效的沟通方式，赢得多方支持。中缅管道在用气高峰期每天可为当地发电厂与沿线工业用户提供天然气270万立方米，缓解缅甸电力紧张的局面。2017年，凭借在海外社区建设中的卓越表现，获哈萨克斯坦“2017年度企业社会贡献特等奖”。

社会责任报告发布。2017年，中国石油连续第11年发布集团公司社会责任报告，发布第5份国别报告。首次在境外缅甸仰光举办报告发布活动，大使馆、领事馆、合作伙伴、缅籍员工、社会团体等利益相关方出席发布会，国内外主流媒体和网站进行报道和转载。发行《中国石油优秀社会责任实践案例集》，多渠道沟通、多角度展示中国石油履责业绩（表2）。

表2　2013—2017年集团公司社会公益投入

万元

业绩指标	2013年	2014年	2015年	2016年	2017年
主要公益总投入	85089	100759.27	136603.62	62140.6	108572
扶贫帮困	22744	20686.75	34109.93	19767.4	21817
赈灾捐赠	7487	16865.78	588.45	191.9	7975
支持教育	25365	12816.86	23803.41	8955.9	10091.9
公益捐赠	16340	39525.73	63202.74	23984.5	46611.8
环保公益	13153	10864.15	14899.09	9240.9	22076.3

【定点扶贫与对口支援】 中国石油聚焦民生、产业、智力、医疗四大领域，结合集团公司业务和受援地资源、市场优势，创新模式、精准扶助，帮助当地获得经济自我发展能力。2017 年，集团公司在新疆、西藏、青海、重庆、河南、江西、贵州等 7 个省（自治区、直辖市）13 个县（区）投入 7785 万元开展基础设施改造、教育培训、健康医疗和产业合作等扶贫项目 45 个，惠及贫困人口超过 2 万人。在新疆定点扶贫县中的巴里坤哈萨克自治县、察布查尔锡伯自治县、托里县和青河县通过国家专项评估检查，实现脱贫。在 2017 年度国务院国资委对中央企业定点扶贫工作试考核中，等次为好。

【获奖情况】 2017 年中国石油品牌及社会责任工作获奖情况见表 3。

表 3　2017 年中国石油品牌及社会责任工作获奖情况

序号	奖项	颁发机构
1	中国商标创新金奖	国家工商总局和世界知识产权组织
2	2017 大国品牌奖	中央电视台
3	2017 全面品牌价值管理大奖	Chnbrand
4	2017 年度责任企业奖	中国新闻社
5	2017 中国低碳榜样	中国新闻社
6	第八批中央和国家机关、中央企业援疆工作先进集体	新疆维吾尔自治区

（张　超）

规划计划

【概述】 2017 年，集团公司规划计划工作坚持稳中求进总基调，坚持稳健发展方针，围绕“效益稳中向好、大局和谐稳定”，推进“十三五”规划实施，优化落实业务发展和投资计划，推进重点项目建设，深化规划计划改革创新，打好提质增效攻坚战，发挥服务监督职能，不断提升队伍素质和工作水平，为集团公司完成全年生产经营目标和实现稳中有进、稳中向好的发展态势做出贡献。

（储培麟）

【战略研究和中长期规划】 着眼长远、深化论证，取得一批重大专项规划研究成果。紧扣国家推进能源生产和消费革命战略思想和高质量发展要求，开展新疆油气业务加快发展、炼化业务转型升级、2018—2030 年天然气业务发展、海外油气业务优质高效发展等 4 项专题研究，参与雄安新区建设、天然气水合物发展等规划研究，深化调研论证，突出关键问题，以改革创新举措，提出针对性、操作性强的政策建议，其中新疆油气业务加快发展和炼化业务转型升级发展规划成为集团公司党组 2017 年完成的七件大事之一。

结合形势政策和发展需要，在总结已有研究成果的基础上，突出长远性、战略性的原则，精选课题把准方向，按照跟踪研究、重大问题研究、新业务发展、经济评价研究等 4 个方面设立公司发展宏观环境跟踪研究、国内规模有效一亿吨原油产量对策研究、中国石油地热利用方向研究等 7 个规划研究专题，持续深化形势研判，着眼油气行业中长期发展趋势，应对能源转型，为公司生产经营决策和稳健发展提供支撑。

制定发布《集团公司战略规划管理办法》，业务管理体系进一步完善提升。落实国务院国资委关于加强规划管理要求，在借鉴国际大公司先进经验和系统总结公司规划管理成效基础上，制定发布《集团公司战略规划管理办法》，明晰公司战略规划总体构架和各层级管理职责，明确战略规划的制定、审批、实施、调整及考核等流程，在中央企业战略规划管理中具有创新性。开展战略规划工具和方法研究，基本形成一套适应公司战略规划管理的工具和方法，提升规划管理工作制度化、规范化水平，为编制好、实施好规划提供制度保障。

（丁世强）

【项目管理】

1. 勘探开发项目管理

项目核准备案。16 家油气田 386 个产能建设项目获国家能源局备案，其中原油项目 305 个、产能 1529 万吨 / 年；天然气项目 71 个、产能 114 亿米^3/ 年；页岩气项目 7 个、产能 61 亿米^3/ 年；煤层气项目 3 个、产能8亿米^3/年。1个对外合作项目弃置预备方案（赵东CD和C-4合作区海上生产设施弃置预备方案）获国家能源局备案，为产能建设创造良好的外部条件。

项目管理。完成5个重大项目审批。其中：自营区项目3个，分别是长宁、威远各年产50亿立方米页岩气开发方案，克拉美丽增压及深冷提效工程可行性研究方案；对外合作开发方案2个，分别是马必南区10亿米^3/年煤层气产能开发方案、长北区块天然气补充开发项目（长北二期）一阶段开发方案和二阶段概念设计。

重点问题研究。针对上游热点、难点、新业务拓展等重大问题，开展9项重大专题研究。为实现国内原油产量保持一亿吨持续有效稳产、有效化解资源不均衡问题，完成新疆油气田企业可持续发展研究、国内规模有效一亿吨原油产量对策研究、矿业权流转体制机制研究、难动用储量开发新体制机制研究、非常规油气资源开发新体制机制研究、2017年国内原油产能建设项目优化研究、已开发页岩气田效益评价研究等项目；超前谋划与油气有关新业务发展，完成中国石油地热开发利用方向研究，开展集团公司海域天然气水合物中长期发展规划研究。

（徐　婷）

2. 炼油化工项目管理

推进重点项目。组织开展广东石化方案优化，综合比选确定2000万吨/年炼油、120万吨/年乙烯、260万吨/年芳烃炼化一体化建设方案，调整方案通过集团公司党组和董事会审议，与广东省联合上报国家发改委。落实习近平总书记在黑龙江省考察调研时提出的“油头化尾”指示精神，组织开展大庆石化炼油结构调整转型升级项目可行性研究，完成内部审批。组织开展独山子石化加工轻烃炼油乙烯优化调整项目前期研究，项目可行性研究报告获批复；开展长庆和塔里木油田乙烷和轻烃利用前期研究，明确建设方案，推进项目选址和可行性研究工作。推进大港石化、华北石化、四川石化等企业航空煤油扩能项目，抢占华北和西南地区航空煤油市场，继续实施辽阳石化、华北石化千万吨炼油项目建设。

加快推进成品油质量升级。2017年1月1日按期完成国Ⅴ标准汽油、柴油升级，按照集团公司国Ⅵ标准汽油、柴油质量升级实施方案总体安排，2017年全面推进国Ⅵ标准成品油质量升级项目前期和建设工作。按照《京津冀及周边地区2017年大气污染防治工作方案》要求，按期完成保供企业成品油质量升级项目和销售系统成品油置换。2017年批复国Ⅵ标准成品油质量升级项目12项，集团公司重点督办的10项烷基化项目可行性研究报告全部批复。

（雒士军）

3. 销售项目管理

专题研究。针对成品油管道沿线部分油库存在库容不足、库容结构不合理、管输时“一输就满、一拉就空”等制约管道增输上量问题，组织开展成品油管道沿线销售油库改进方案研究，推动集团公司管道资产有效利用。

项目管理。履行项目前期管理程序，燃料油公司青岛董家口油库项目可行性研究报告已批复，开展贵州铜仁和六盘水、西藏日喀则、湖北宜昌和随孝油库项目前期研究工作。

在国内成品油资源过剩、低价地方炼油厂资源持续冲击市场、替代能源发展迅速的形势下，销售业务面临巨大经营压力。2017年围绕“加强终端网络开发、扩销增效”开展各项工作，及时了解地区销售企业业务发展和战略合作协议落实情况以及遇到的瓶颈问题，推动企地双方高层领导进行协调解决。

（徐克琪）

4. 油气储运项目管理

项目管理。重点工程项目建设有序推进，油气骨干管网不断完善。陕京四线、西气东输三线中卫—靖边联络线、中俄原油管道二线、铁大线安全改造（鞍山—大连）、中缅原油管道、云南成品油管道等一批重大项目顺利建成投产。中俄东线天然气管道工程（黑河—长岭）、抚顺—锦州成品油管道、锦州—郑州成品油管道、华北石化—北京新机场航空煤油管道、唐山LNG项目三期工程等项目有序建设。开展一系列油气管道项目前期工作，完成中俄东线天然气管道工程（黑河—长岭）项目最终投资决策报告的批复，中俄东线天然气管道工程（长岭—永清）、华北石化—北京新机场航空煤油管道（调整版）、秧田冲油库—昆明长水机场航空煤油储运工程等3个项目可行性研究报告的批复，以及升平、雷61、驴驹河3个储气库和唐山、江苏LNG项目扩建及唐山LNG外输管道复线等项目预可行性研究报告的批复。开展西气东输三线闽粤支干线、中俄东线天然气管道工程（永清—上海）、深圳液化天然气应急调峰站及配套管道、平顶山盐穴储气库、淮安盐穴储气库、相国寺储气库配套管道工程及国家石油储备三期3个项目等11个项目的前期论证。

核准管理。发挥集团公司整体优势，强化立体式攻关协调机制，保证油气管道项目核准进度，项目核准工作取得新进展。按照国家发改委要求，组织上报集团公司油气资源保障及油气网络重大工程项目建设月度报告 12 期，及时反映项目核准及建设存在问题，为项目建设创造有利的外部条件。继续加大国家部委协调力度，促成国家发改委稽察办牵头组织协调陕京四线、中卫—靖边联络线项目建设存在问题，确保项目按期建成投产。2017 年，西气东输三线闽粤支干线、中俄东线天然气管道工程（黑河—长岭）、深圳液化天然气应急调峰站工程等 3 个油气管道项目获国家发改委核准。

（段宝成）

5. 海外勘探开发项目管理

战略研究和规划编制。按照集团公司党组要求，组织开展“海外油气业务优质高效发展，全面提升创效能力和国际化经营水平，切实肩负起‘一带一路’建设主力军的责任使命”专题研究，形成《海外油气业务优质高效发展研究报告》，经多轮讨论完善，具备向集团公司党组汇报条件。组织海外板块统筹推进已有项目建设和新项目开发，重点针对中东地区发展目标和策略，完成中东地区发展战略及规划调整方案研究工作。

项目前期管理。组织开展阿布扎比陆上油田开发、伊拉克哈法亚、伊朗南帕斯 11 区气田等 9 个项目前期审查工作，其中 5 个完成评估审查并提请集团公司董事会审议通过。

项目核准备案。组织上报国务院国资委申请审核项目 6 个，其中阿布扎比陆上油田开发、莫桑比克 4 区科洛尔气田一期开发、乍得阳光国际工业园、加拿大都沃内 4 个项目获得批复；上报国家发改委申请核准（备案）项目 16 个，其中阿布扎比陆上油田开发、莫桑比克 4 区科洛尔气田一期开发等 10 个项目获得备案，巴西海上佩罗巴区块勘探、巴西盐下里贝拉、秘鲁 57 区、加拿大都沃内等 4 个项目取得国家发改委关于项目无须备案的审核结果告知单。

管理制度。根据国务院国资委有关规定，研究制定并下发《中国石油天然气集团公司境外投资项目负面清单（2017 年版）》。

重大事项研究。组织完成 8 个海外重大项目重点事项研究工作，相关建议均获得集团公司领导批准同意，包括阿布扎比 2014 项目专家咨询情况、大庆塔木察格项目向搜科公司支付后续款项事宜、中东地区业务发展调研报告等。

海外项目图册编制。编制和更新集团公司海外油气业务的全球、五大合作区、31 个重点国家的油气合作项目形势图，形成图件 40 张、文字 4 万余字。编制集团公司海外油气业务发展情况，总结分析项目发展存在的问题并编成报告，涵盖五大合作区、31 个国家和 81 个项目，并根据项目最新进展实时滚动更新。

（刘瑞杰）

6. 工程技术服务项目管理

专项规划。按照统一部署，结合“十三五”规划，开展页岩气开发成本分析预测与对策、发展世界一流工程技术服务业务的战略与策略以及工程技术内部市场化 3 个课题研究，为集团公司页岩气降本增效、效益开发和工程技术业务提升竞争力和国际化水平提供支持。以集团公司“十三五”规划为统领，按照规划发展目标和重点部署要求，做好与专业公司和地区公司深入宣贯和对接，推进“十三五”规划落地，做好工程技术业务的分解落实。

项目管理。坚持控制总量、优化结构、效益最大化原则，制订项目前期工作计划，提前介入重点项目前期工作，把控关键环节，严格履行项目论证审批程序，抓好项目向国家备案，论证审批东方物探二号船 OBN 改造、科威特西陆上三维地震采集设备购置项目，批复川庆钻探自贡生产基地还建项目可行性研究报告，报国家发改委备案项目 1 个。

（王　琪）

7. 装备制造项目管理

专项规划。按照集团公司对装备制造业务的发展定位，结合装备制造业务“十三五”规划前两年的实施情况和当前市场形势变化，对集团公司装备制造业务“十三五”规划进行滚动优化调整，进一步明确 2020 年发展目标，持续优化投资总量和规划项目，为推动装备制造业务稳健发展奠定基础。

项目管理。围绕集团公司油气业务发展需要，坚持专业化、市场化、国际化发展方向，严控投资规模，支持重点企业和主导产品发展，加快推动装备制造业务转型升级和结构优化调整。按照突出战略、突出高端、突出效益的原则，提前介入重点项目前期工作，把控关键环节，推进重大项目研究论证，组织开展宝鸡石油钢管公司西安石油专用管二期合资建设项目论证、勘探开发公司哈萨克大口径焊管制造项目的最终投资决策审查、中油技开美国仓储销售服务中心项目备案等工作。

（王　琪）

8. 信息项目管理

专项规划。编制完善规划计划“十三五”信息化建设行动计划方案，按方案实施计划组织开展投资项目一体化管理系统、统计管理系统功能扩展与提升项目可行性研究报告编制工作。

继续组织集团公司投资项目一体化管理系统建设与应用完善。在初步建成投资项目一体化管理应用平台的基础上，完成系统功能正式上线运行对接确认，逐家单位落实投资管理主线总体设计和详细设计方案在各专业 ERP 应用集成项目中的实现情况确认，确保实现项目建设阶段相关数据可跟踪。随各专业 ERP2.0 系统上线，累计在 130 家（其中 2017 年 65 家）地区公司完成投资项目数据切换和投资计划集成接口部署。组织按新修订的经济评价方法进行油气产能建设、炼化、油气管道和 LNG 接收站、油库和加油（气）站等项目新建、改扩建评价模型调整和用户测试。分别组织北京、西安、成都、大庆等地的试点地区公司及相关设计单位共 30 家用户开展集中培训。增加其他类型简化后评价、详细自评价、独立后评价 3 类通用业务模板，扩展系统适用性。

组织落实“十三五”信息化建设规划实施。贯彻集团公司科技与信息化创新大会精神，落实“共享中国石油”建设方案，协调处理、优化论证集团公司云计算资源池建设软硬件统一购置、财务共享服务平台、加油站管理系统 3.0 等 3 个项目可行性研究报告，开展利用社会公共资源与自我发展相结合方式开展集团公司云计算资源池建设等方案研究。协助审查勘探开发一体化协同研究与应用平台等 12 个项目可行性研究报告。协调研究处理勘探与生产技术数据管理系统 2.0 项目建设内容调整、采油与地面工程运行管理系统项目投资调整、数字盆地系统试点建设项目终止、统计管理系统与油气水井生产数据管理系统和加油站管理系统数据集成等问题。

（栾向阳）

【竣工验收专项工作】 在对集团公司国内项目竣工验收情况进行全面摸底基础上，明确竣工验收工作目标并制订年度、季度、月度工作计划。进一步强化组织实施，逐步建立起竣工验收月报和季度汇报制度，持续加大竣工验收推进力度，超额完成 2017 年目标任务。通过建立重点项目台账，形成重点项目专项督办机制，逐个项目落实责任主体、明确时间节点、制订工作方案，重点项目取得实质性突破。进一步完善竣工验收规章制度、工作流程，初步建立起规范化、制度化的竣工验收长效机制。

（王　琪）

【年度业务发展计划】 年度业务发展和投资计划。坚持“稳增长、调结构、补短板、提效益、防风险”的投资安排原则，重视投资对公司现金流、经营效益的联动影响，贯彻落实集团公司开源节流降本增效措施，及时对投资计划进行优化调整，2017 年在消化年初规模外海外收购 120 亿元投资的情况下，总投资规模控制在 2162.4 亿元，比年初董事会确定的控制目标计划少 207.6 亿元，减幅 8.8%。在确保实现年度经营目标的同时，实现投资可控，为集团公司现金流持续为正做出贡献。

继续深化投资管理改革。（1）按照国务院国资委的相关要求，制定下发集团公司投资项目管理负面清单（2017 版），提高对重大投资项目风险管理能力和约束力。（2）四类项目投资计划管理权限下放工作在 2016 年试点的基础上，2017 年在集团公司推广应用，国内勘探开发、销售、管道、工程技术、工程建设等所属企业和华油集团、运输公司、昆仑银行等直管企业，根据授权自主下达四类项目投资计划，较好地满足企业提升效率加快项目建设的需求。（3）开展分级授权管理清单编制工作，以集团公司投资管理办法和历次改革下放项目审批权限为基础，按照总部、板块、地区公司三个层次明确分级授权管理清单，突出差异化管理，明确基本授权和特殊授权的界限和内容，便于地区公司理解和操作。（4）推进工程技术服务价格市场化改革。编制完成《工程技术服务价格市场化改革方案》，提交集团公司深化改革领导小组二十二次会议审议通过后正式下发实施，走出工程技术服务价格市场化改革的关键一步。

（李建卫）

【概算管理】 严格建设项目估算概算审核。坚持“有质量、有效益、可持续”的发展方针，以“投资对标”为抓手，强化信息化技术运用能力，推进工程量清单计价应用，严把估算概算投资审核关，确保项目投资做到“三个一致”。2017 年，审查和复核项目估算、概算 68 项，综合核减率 15%。

深化工程造价全过程精细化管理。（1）提高计价依据编制的科学性和时效性。编制《石油建设安装工程施工机械台班费用定额》和《定额计价材料预算价格数据库》，包括 812 项机械设备、3338 项计价材料；新编《长输管道检修维修工程预算定额》，填补工程计价依据体系的空白。（2）提升专项课题研究的针对性和有效性。根据规范和标准，现场实测，编制《双金属复合管施工费用研究报告》和《双金属复合管施工临时计价依据》，规范工程计价行为，解决甲乙双方的矛盾。

推进工程量清单计价体系建设和推广应用。完善工程量清单计算规则，编制液化天然气接收站工程量计算规则；创新技术手段，编制 11 套重点炼化装置工程量清单模板。加强培训指导和系统推进工作，组织工程量清单编制规则交底，对辽阳石化等单位应用工程量清单计价工作提供现场技术支持和专家服务。

创新工作方法，发挥专业优势，开展内部单位工程造价争议协调仲裁。发挥协调服务职能，2017 年协调解决工程结算争议 52 项，调解、仲裁争议金额约 28 亿元。起草《集团公司工程造价争议裁决规则》，从制度层面保障工程造价争议调解、仲裁工作依法合规运行。组建工程造价争议鉴定专家组，发挥工程造价专业技术专家的作用，保证鉴定和仲裁工作的公正性。首次组织专业仲裁，在依法合规、公平公正、客观公道和调解优先的基础上，解决旷日持久的结算争议问题，兼顾甲乙方的共同利益，保障工程建设项目竣工验收工作。

夯实基础管理工作。发布 4 期《设备材料综合参考价格》（2965 条价格信息）和 5 期《钢材价格分析及预测简报》；完成 2 期石油工程造价专业培训。

（张建斌）

【后评价管理】 强化实际效果，提升后评价价值。（1）强化闭环管理成效。在地区公司项目自评价报告、咨询单位独立后评价报告、地区公司整改落实报告的基础上，2017 年完成 29 个典型项目独立后评价意见反馈工作，业务涵盖勘探、开发、炼化、储运、销售和环保等多类项目。全部项目涉及总投资 1684 亿元，总结经验 45 项、发现问题 126 项、提出意见和建议 73 项，落实整改措施 65 项，提高集团公司投资建设项目的管理水平。（2）推进后评价年报制度化。在总结 10 年来后评价年报编制经验的基础上，组织起草完成 2017 年投资项目后评价情况通报。（3）及时对最佳实践和重大问题开展专题研究。针对东部老油田可持续发展等重点、热点问题，组织开展专题调查研究，形成渤海湾探区“十二五”勘探项目专项后评价报告等 10 个专题报告，提出 30 余项建议，对相关业务领域的发展起到较好的指导作用，进一步提升后评价工作价值。

加强管理，不断完善后评价工作体系。（1）“两中心、一平台”后评价工作体系逐步发挥实效。依托地区公司成立的西北后评价中心、规划总院成立的中石油项目后评价中心及后评价信息系统这一信息化平台，经过两年来的运行，专业作用不断显现，在集团公司后评价理论研究、制度建设、标准设定、项目评价、信息化系统应用维护升级中发挥重要作用，推进相关工作的实施。（2）加大后评价管理信息系统优化应用工作。在推进 2006—2017 年后评价存量项目录入工作的基础上，组织勘探、炼化、管道、销售等各业务板块地区公司后评价人员与咨询机构专家、信息化项目组共同研讨系统存在的问题，制定优化解决方案。已优化 400 余条问题，全面更新标准化数据采集表，实现系统功能的快速优化提升。2017 年项目评价过程中，通过应用信息系统，提升工作效率和质量，应用效果良好。

（邵　阳）

【综合统计】 与时俱进，健全统计工作体系。（1）在方法制度上，建立健全以统计工作管理办法为纲、具体统计报表制度和核算规定为操作手册的制度体系。（2）在管理架构上，指导中油管道、天然气销售、新上市的中油工程及下属企业进行统计系统建设，协助南方天然气销售等新成立企业纳入地方统计系统。（3）在指标体系上，修订下发《集团公司统计核算指标解释》，涵盖集团公司生产经营的 39 个主要专业、3000 余个指标。（4）在统计调查上，已涵盖 195 家报表单位，建立完整规范的月报、年报采集表，形成各类输出报表 249 张、基础台账 259 张，满足集团公司持续重组和各项业务发展的需要。

务实创新，不断夯实统计工作基础。统计队伍建设持续推进，完成中国石油学会石油统计专业委员会换届工作，联合主办第十六次石油统计学术研讨会。着力推进统计信息化建设，探索实施与相关统建系统的数据信息集成和共享，不断深化统计信息化应用和完善。

（罗大勇）

财务资产管理

【概述】 2017 年，集团公司财务工作坚持稳中求进工作总基调和稳健发展方针，围绕“效益稳中向好、大局稳定和谐”两条主线，推进开源节流降本增效，实施财务管理体制机制创新，发挥财务战略服务、绩效引领、价值导向、决策支持和风险管控作用，各项工作取得预期成效。

（鞠慧敏　周小顺）

【开源节流降本增效】 2017年，集团公司深入贯彻落实国务院国资委打好瘦身健体提质增效攻坚战部署，连续4年推进开源节流降本增效活动。成立以集团公司董事长王宜林为组长，集团公司总经理章建华为常务副组长，股份公司总裁汪东进和集团公司总会计师刘跃珍为副组长的工作领导小组。聚焦强改革、调结构、促瘦身、优投资、重开源、降成本、去产能、去库存、去杠杆、谋创新、健机制、防风险等12个方面，制定38条具体措施，逐级分解目标任务，层层抓好责任落实。（1）坚持深化改革，激发各层级活力动力。抓好各项改革部署落实，实施中油资本、中油工程专业化重组上市，深化市场化经营机制，健全分类考核、以丰补歉、一体化考核等预算机制，给予开源节流降本增效1—5分考核加分。（2）大力瘦身健体，突出抓好重点专项工作。把亏损企业专项治理、处置“僵尸企业”及特困企业专项治理、压缩管理层级减少法人户数等专项工作融入开源节流降本增效全过程。（3）强化投资源头管控，推进业务结构和生产运行优化。（4）突出开源增收创效，实现整体价值最大化。集团公司抓住油价回升态势，千方百计开拓内外部市场，2017年实现收入同比增长25%，扭转连续27个月收入同比下降的不利局面。（5）坚持低成本战略不动摇，实施精益管理降成本。（6）确保财务状况稳健，控“两金”减负债降杠杆。坚持资金紧平衡管理，严控有息债务规模，将自由现金流作为约束类指标纳入业绩合同，严格“两金”压减考核。

集团公司2017年实现利润533.4亿元，超额完成国务院国资委下达的业绩考核目标，各业务板块全部实现盈利。通过开源节流降本增效，2017年为集团公司增利217亿元。主要成本费用指标得到控制，单位油气操作成本同比下降1.2%、连续三年下降；吨油营销成本同比下降3%、连续两年下降。2017年资产负债率41.4%、连续四年下降，有息债务连续两年下降；自由现金流1263.2亿元，创历史最好水平。

【预算管理】 2017年，按照“战略导向、价值引领”的要求，围绕油气两条价值链，持续健全完善全面预算管理，发挥预算管理对促进集团公司价值提升、推动稳健发展的作用。

完成2017年预算编制上报和分解下达工作。根据2016年11月8日集团公司常务会议和2016年12月2日集团公司董事会第二届第十次会议审议通过的集团公司2017年预算方案，按照国务院国资委通知要求，按时上报2017年预算方案并一次性审查通过。结合开源节流降本增效奋斗目标，分解下达2017年度预算指标，强化年度预算与开源节流降本增效“双目标”指引，促进各业务和各级企业主动加压、提质增效。

组织完成2016年度预算考核工作。（1）健全预算考核机制。制定下发集团公司2016年度预算考核政策，完善封顶保底、递延抵扣、油价风险共担机制，实施考核事项清单制管理，促进透明、公正考核。明确开源节流降本增效等考核加分政策，调动各方面挖潜增效积极性。（2）研究落实预算考核调整事项，反映各业务经营创效水平。审核确定各专业分公司以及直属企业预算考核完成数据，完成2016年度考核建议方案，为集团公司绩效考核和工效挂钩兑现提供数据支持。

亏损企业专项治理和三项专项工作办公室工作。履行集团公司三项专项工作办公室职能，健全日常工作机制，履行沟通联络和协调推动职责，组织三次领导小组专题汇报会议。每月将三项专项工作进展及目标完成情况纳入财务部月度分析汇报，定期编报工作动态。结合开源节流降本增效工作，通过强化关键环节管控、加强配套政策研究实施、盘活低效无效资产等，多措并举，推进亏损企业专项治理工作。

深化未上市业务预算管理。根据实际油价变化对预算指标进行动态调整，确定未上市业务低油价下预算目标。推进矿区“三供一业”分离移交和医疗机构社会化市场化改革；医疗机构补贴在2016年预算的基础上压减20%。“三供一业”分离移交2017年底完成70%，市政设施、社区管理移交2017年底基本完成。

强化价值链分析，突出预算的决策支持作用。完成天然气全产业价值链分析，区分国产气、进口气等不同气源，搭建完成天然气业务价值链分析模型，对集团公司天然气全产业价值贡献进行分析评价，形成专题报告。完成油气区块经济效益评价，按照单位完全成本、操作成本、运行成本与油价的关系，利用评价模型对2016年372个油气区块进行分析评价。开展页岩气全产业价值评估研究。结合长宁、威远双50亿立方米页岩气开发方案，对页岩气全产业和不同商务模式下的效益进行评价分析。

开展预算管理机制的探索和总结。完成集团公司全面预算管理工作总结报告，全面梳理2014—2016年集团公司预算管理工作，分析存在的问题和面临的形势，研究提出持续推进深化预算管理体制机制改革创新的工作思路。

严格审批流程，组织集团公司对外捐赠工作。按照国务院国资委和集团公司有关规定，处理集团公司总部有关部门及所属企业共22项捐赠申请。按季度上报国务院国资委捐赠支出季报表，掌握集团公司对外捐赠情况。完成《关于集团公司对外捐赠分级授权管理的报告》，明确集团公司总部、专业公司和地区公司对外捐赠管理的相应权限。

科学组织集团公司、股份公司2018年预算编制工作。会同相关部门，结合对国内外宏观经济形势、国际市场原油价格变化情况、汇率变动及未来汇率走势预测，研究制订2018年预算启动工作方案，下发《关于启动2018年预算编制有关事项的通知》，明确预算编制原则和编制要求。根据10月30日集团公司董事长办公会原则同意的2018年预算安排和上报国务院国资委预算建议，按时完成向国务院国资委预报工作。《股份公司2018年度预算报告》于2017年11月29日提交股份公司董事会第7次会议并审议通过。

（王爱华　杨惠明）

【会计报表及核算】 2017年，集团公司平稳高效完成财务决算。编写下发《2017年度中国石油财务决算指导手册》，优化决算审核模式，简化审核流程，提高工作效率；全面采用网上审阅方式，提高效率，节约成本；发挥预审作用，安排中介机构在年度中期进驻被审核单位进行预审，提前发现和解决问题，确保决算工作顺利完成。按时保质保量编制完成集团公司财务报告，顺利通过董事长办公会、审计与风险管理委员会、董事会的审议。以立信会计师事务所为主审所的7家会计师事务所对集团公司和所有二级子企业均出具标准无保留意见的审计报告。2017年决算共上报1008户子企业决算报表，通过国务院国资委、财政部决算现场审核。

持续提升财务决策支持。跟踪外部环境和集团公司生产经营变化，深化财务分析，发挥决策支持作用。每月出具财务会计报告、生产运行及经营效益分析，实时监控公司各项业绩指标完成情况，关注开源节流降本增效结果，及时预警，提出政策、管理等方面的应对措施；每季度出具集团公司生产经营分析汇报材料，深刻挖掘数据背后的生产经营状况，重点加强“两金”管控、四项专项工作进展情况、海外项目投资回报以及上游业务加强成本管控、炼化业务优化产品结构、天然气业务优化资源配置、国内外对标等重点环节分析，为集团公司优化生产经营、合理配置资源、开源节流降本增效等提供切实可行的对策建议。跟踪宏观经济环境和国内外油气价格变化，持续加强月度、季度、年度效益预测工作，提高盈利预测工作的科学性、准确性和预见性。

（杨晓红　范　暄）

【会计准则体系建设】 2017年，集团公司贯彻执行《企业会计准则》。根据财政部印发修订《企业会计准则第42号——持有待售的非流动资产、处置组和终止经营》《企业会计准则第16号——政府补助》的通知，结合集团公司实际情况，研究讨论准则变化对公司的影响，针对涉及的重要政策变化、会计处理、科目设置、报表变化等事项，形成准则实施方案，做好新旧准则的衔接工作。修订后的《企业会计准则第42号——持有待售的非流动资产、处置组和终止经营》于2017年5月28日起施行，《企业会计准则第16号——政府补助》于2017年6月12日起施行。

积极组织编写《管理会计应用指引》。受财政部委托，集团公司参与起草《管理会计应用指引》，负责编写绩效管理相关应用指引。其中绩效管理、关键业绩指标法、经济增加值法、平衡计分卡四项指引被采纳，财政部于2017年9月印发《管理会计应用指引第600号——绩效管理》等首批22项管理会计应用指引。2017年继续开展股权激励、360度考核、绩效棱柱模型3项应用指引制订工作，在《管理会计应用指引》的编写过程中，征求部分地区公司、高等院校和咨询公司的意见，系统梳理并总结国内外大量研究资料和实务经验，确定相关管理会计应用指引的主要范围和内容，完成三项指引初稿并报送财政部。

（杨晓红　姜　艳）

【资本市场信息披露】 组织完成股份公司2017年度法定披露报告。按照三地上市监管要求，完成年度报告及业绩公告、美国版20-F年报、季度报告、半年度报告及业绩公告的编写及披露工作，并就2017年度报告和2017年半年度及季度报告填写上交所XBRL报送系统，此外还按照SEC要求就20-F年报中财务报告首次编报XBRL格式报告。跟进市场关注点，编写完成2017年度及中期路演数据本、业绩发布幻灯片及路演相关问题等路演资料，配合完成2017年度及半年度业绩发布及路演工作。为更好地回报股东，2017年股份公司派发中期和末期特别股息，维护广大股东的利益。配合中国证券登记结算有限公司上海分公司和香港证券登记有限公司，完成2016年度末期及2017年度中期股息派发工作。股份公司年度财务报告连续第19年获得外部审计师出具的标准无保留意见审计报告。

（王开升　马燕南）

【资产管理】 2017年，推进集团公司资产结构优化调整，完善资产管理体系建设，加强和改进国有资产监督管理，加大低效无效资产清理处置力度，提高资产运营效率效益。（1）持续推进资产结构优化调整，通过压缩投资、处置低效无效资产、盘活运营土地资产、闲置资产调剂、“三供一业”资产移交、优化物资采购管理等措施2017年实现轻资产1107亿元。（2）完善资产管理体系建设，修订下发《集团（股份）公司固定资产管理办法》，制定下发《集团（股份）资产转让进场交易管理办法》；推进集团公司固定资产目录及转资指南修编工作，统一资产确认标准及折旧（摊销）政策，促进资产信息化建设；统一明确页岩气资产核算科目、折旧方法、储量确定规则，以及煤层气资产过渡期间折旧方法等，规范非常规天然气核算和折耗提取。（3）建设闲置资产调剂平台，为促进集团公司闲置及低效无效资产流动及资源共享，组织开发集团公司闲置资产调剂平台，该平台的建设为集团公司开展资产结构优化，开源节流降本增效工作奠定坚实的基础。（4）完善资产管理平台建设，从多维度查询、管理报表、综合查询和固定格式查询等方面完善资产平台集团公司机关总部集中查询功能；明确平台开发和运行中有关问题解决方案；梳理资产系统ERP2.0存在的问题并提出改进建议。（5）参与集团公司改革及重大资产重组、合资合作，研究建立国家管道公司可能采取的模式及对集团公司的影响、应对措施；参与医疗改革涉及相关政策研究；参与沙特阿美合资合作项目关于交易框架论证、合同协议修订、资产评估协调等各项工作，中远海运合资合作项目相关资产评估、评估报告备案以及项目涉及的财务、审计、债权债务重组等相关工作；参与未动用储量回购、昆仑能源216项目及集团公司收购黄冈、泰山LNG等重大项目重组工作。（6）贯彻执行国务院国资委资产评估管理要求，加大资产评估项目监督审查力度，严防国有资产流失，实现资产评估管理制度化、流程化、规范化。2017年共审核资产评估报告544份，完成资产评估备案项目455项，评估前净资产165.11亿元，评估增值287.85亿元，增值率174.34%。（7）深化集团公司保险集中管理，提升内部保险机构保险参与集中度。赴中国石化、中国海油及内部保险机构开展保险业务交流调研，借鉴经验，为持续优化提升集团公司保险管理水平提供支持；组织完成集团公司2018—2020年保险机构准入资质评审核定，研究优化炼化企业保险方案并落实销售企业安保基金转商业保险投保安排；组织落实2017年商业保险集中管理工作，制定和实施集团公司2018年商业保险总体方案；推进重点保险赔案的协调处理，截至2017年底，集团公司指导和协调赔付金额过100万元以上赔案19笔，保险公司实际赔付金额8430万元。

（王秀华）

【关联交易】 完成2018—2020年度持续性关联交易上限申请工作。2017年4月，关联交易上限申请工作正式启动。经过关联交易上限申请的测算、汇总、审核、分析、中介机构尽职调查、关联交易协议修订、关联交易上限申请额度确定、董事会材料准备、独立董事沟通、答复香港联交所质询、发布股东通函、关联交易专项路演（包括反向路演）、答复机构投资者和股东服务机构提问、准备股东大会材料等一系列工作，10月26日股份公司第一次临时股东大会以72.29%赞成票（有史以来最高）批准2018—2020年持续性关联交易上限申请议案，标志着申请工作的完成，为股份公司和集团公司未来三年生产经营的正常开展提供法律保障。

BEPS相关工作。在财务部BEPS专项工作领导小组组织领导下，分别报出《关于BEPS相关工作的报告（1）——转让定价政策》和《关于BEPS相关工作的报告（2）——总部费用分摊政策》。

（辛　欣）

【财务管理信息系统建设】 加快推进财务共享服务建设，成立领导小组和工作小组，依法合规完成管理咨询商的公开招标，完成财务共享服务框架方案和详细方案设计。组织25家地区公司开展现状调研，梳理研究188条财务业务流程，形成框架方案上报集团公司党组通过审议，形成设计文档报告50余篇。开展西安共享中心办公场所准备工作并入驻。组织财务共享服务试点验证工作，选取3家试点单位进行验证，累计培训用户1.2万人，测试业务9450单，初始化数据30余万项。

开展ERP与FMIS融合。按照集团公司2017年度信息化工作安排，结合ERP应用集成项目进度计划，与信息管理部和专业分公司制定ERP与FMIS融合2.0项目推广计划，2017年分两批启动30家单位的推广实施工作，完成68家单位的并行验证和切换工作，累计切换123家单位，基本完成项目整体实施计划。

会计档案电子化成功实施。以ERP与FMIS融合2.0项目建设为契机，拓展FMIS会计档案管理模块，实现电子会计资料形成、办理、归档的全过程管理，与集团公司档案系统集成，实现在线归档。2017年8月23日，通过国家档案局、财政部、发改委组织的电子会计档案管理验收。组织开展2期会计电子档案集中实施推广，合计推广单位119家。

有序实施司库系统2.0。编制完成详细设计方案并通过专家评审。完成硬件环境部署，结合集团公司云平台策略，完成司库系统2.0服务器云架构、防火墙策略、负载均衡虚策略和安全策略部署等。完成系统压力测试及安全测评，结果符合系统稳定运行要求和等级保护三级要求。完成未上市36家及上市6家单位司库系统2.0升级。建立应急制度，编制业务及系统应急方案。组织阶段性验收工作。

做好灾备实施和系统运维、系统培训。落实系统灾备资源，制订异地灾备方案，组织异地灾备建设与实施，定期开展应急演练。开展财务信息系统运行维护，解决问题3.29万个。支持矿区和托管企业合并、中油管道重组、中油工程重组建账，进行财务系统初始化。配合开展2015版国务院国资委XBRL系统上报，完成XBRL系统运行环境统一部署、软件开发及优化，建立久其报表与XBRL报表映射关系，完成四大类3640个元素的对应。根据会计准则、会计手册变化及监管披露要求，开展信息系统年度标准化、报表调整。组织三期财务信息系统培训班，培训财务信息系统管理员及业务骨干550人次。

（王　亚）

【审计监督检查】 组织配合审计署专项检查。2017年2月，审计署对集团公司2016年度涉企收费情况进行专项审计，抽查集团公司、股份公司本部和31家地区公司，稽查处会同相关部门、专业公司，对报送的审计资料联合会审、完善，按时保质完成上报。3月，按国务院国资委通知，通过FMIS组织对所属189家企业的中央企业涉企收费情况进行填报统计，其中总部机关2家、未上市企业81家、股份公司企业106家。

强化财务中介机构备选库管理及中介机构聘用工作，发挥好中介机构的服务支持功能及第三方的监督作用。在总部层面，按规定修订与立信会计师事务所签订的财务决算审计业务约定书的单位范围。组织所属单位对6家年审会计师事务所进行考核，并将考核结果与审计费用挂钩。调整并发布2017年“财务中介机构备选库”，建立中介机构备选库的电子档案，有专人负责定期跟踪中介机构情况变化并及时更新、发布信息；在所属单位层面，强化财务中介机构备选库管理工作，规范集团公司所属企业依法开展鉴证、咨询及资产评估类工作，维护集团公司合法权益。

重视国有重点大型企业监事会对企业监督检查发现问题的整改，抓好整改工作。2017年国有重点大型企业监事会第29办事处检查调研广西石化等24家单位，监督检查情况通报反映集团公司问题7项。集团公司组织整改，分析问题原因，建立问题清单和整改清单，制订51项整改措施，完成制修订制度5项，推动整改工作。

加强财务监督制度建设，研究财经法规及内部规章制度，重新梳理稽查处岗位职责。对总部财务凭证进行稽核，优化有关主审所对总部会计核算、资金管理的现场审计方案，强化过程监督，提升会计信息质量。

（吕　敏）

【机关财务管理】（1）经费、薪酬与投资管理。持续加强总部机关经费管控，拓展集中报销平台投资管理功能；完善费用标准和审核流程，持续强化合规管理，确保按照公司合同管理、招标管理及工程审计管理等要求规范核算，管理费用及“五项”费用同比持续下降。（2）预算控制分析。强化总部机关预算管理与服务，贯彻落实集团公司开源节流降本增效工程部署，依据从严、从紧、据实和专款专用的原则完成总部机关经费预算审核、建议方案编制、上报和下达工作，实现经费预算持续下降，为实现低成本发展战略和走出困境打好坚实的财务基础。（3）外事财务管理。进一步提供优质高效的财务服务，做实、做细出国费用购汇、报销工作；加快内部结算，提高资金周转，2017年累计办理出国费用同比上升37.9%，出国费用结算同比上升27.6%，收回出国费用垫款同比提高21.4%；强化驻外机构财务管理，提升财务服务质量。（4）总部税务管理。深入宣贯和执行营改增等税收政策，协调完成北京、广州两地税款缴纳，完成相关责任中心年度所得税汇算清缴纳税申报鉴证，保证税务管理依法合规。（5）严格执行专项费用年度预算，继续推进广州石油大厦运行管理，研究推动餐厅补贴规范化、制度化管理，完成华昌公司财务管理权限初步移交。（6）经费制度建设。根据《中央和国家机关差旅费管理办法》及后续文件规定精神，结合公司实际和各单位反馈意见，按照部务会审核决定，报批后形成《集团公司差旅费管理办法》（中油财务

〔2017〕331 号），升级集中报销系统。（7）党组巡视检查。按照集团公司党组 2017 年第二轮巡视的部署，配合经费审计组完成总部 34 个部门和专业公司 2014—2017 年上半年日常和专项经费预算审计及执行情况统计、会计档案查阅、账务分析和相关问题整改工作。

（机关财务处）

【财务队伍建设】 高度重视财务系统培训工作，继续抓好企事业单位总会计师、财务处长、业务骨干、信息管理人员培训，支持会计领军人才培养和国际财务管理人才培训，不提升财务队伍整体素质。明确集团公司所属单位财务机构负责人任免流程，强化过程管控，严把选人用人关。

（周小顺）

资金管理

【概述】 2017 年，集团公司资金管理工作围绕“效益稳中向好、大局稳定和谐”两条主线，坚持“集中、共享、授权”管理理念，坚持资金紧平衡管理，推进开源节流降本增效，开展降杠杆减负债工作，以保证自由现金流为正、保障资金平稳运行、精细化资金管理增效为己任，持续优化升级司库管理体系，抓改革创新，抓“两金”压控，抓风险防控，抓监督检查，完成各项重点工作任务，保障生产经营资金平稳运行，增强资金服务保障和价值引领能力。2017 年各项资金管控类指标好于预期，资金配置效率得到提升，财务状况健康稳健，现金流管理和资金运营成果丰硕。

（程小舟）

【资金计划管理】 坚持“以收定支、量入为出”，加强财务预算、投资计划与资金计划的统筹衔接，强化“年预算、月计划、周控制、日安排”运行管理，按照集团公司的投资计划完成进度安排资金计划支出，对各种超进度、限制性、非必要支出严格扣减，将资金紧平衡政策贯彻落实到位，确保生产经营与投资资金平稳运行。

结合“开源节流、降本增效”总体要求，强化宣贯自由现金流为正理念，敦促地区公司努力实践，继续对各专业公司测算下达自由现金流考核指标，并纳入专业分公司领导班子业绩考核。对自由现金流为负的企业，建立监控机制，多举措引导提高资金流入，减少资金沉淀，扭转负现金流状况；特别是年底对关键管控指标进行日滚动检测，与重点单位实时对接，确保资金平稳受控运行。

2017 年，集团公司原油结算价格 50.64 美元 / 桶，同比上升 12.62 美元 / 桶。2017 年利润总额 533 亿元、净利润 176 亿元，同比减少 92 亿元，实现自由现金流 1263 亿元，同比增加 1116 亿元；剔除金融业务后实现自由现金流 1661 亿元，同比增加 1048 亿元。股份公司净利润 368 亿元，同比增加 74 亿元；自由现金流 1297 亿元，同比增加 539 亿元，守住集团公司整体不亏损和自由现金流为正两条底线。

（张　旭）

【货币资金管理】 统筹协调上市和未上市、境内和境外资金池，灵活利用循环委贷、法人透支等措施合理调配资金，优化货币资金存量，增强流动性保障能力。继续精简银行账户数量，加大银行账户监管力度，分析企业资金沉淀原因，做到可集中资金应收尽收。加强银行关系管理，推进银企合作广度和深度，建立面向集团内部的业务需求和资源共享资料库，实现“总对总”一站式对接和全方位服务。

下发《关于重新清理未上市企业限额户的通知》，重新明确规范限额户的使用范围和使用要求，将基本户等限额户变更为分账户，资金实时归集，按照日计划管理模式进行支付控制；对于仍需保留的限额户，原先不做资金归集或实行周归集的，全部按照日归集模式重新签约。

组织中联油（国际事业公司）、昆仑能源、勘探开发公司、中油工程、东南亚管道、东方物探、长城钻探等部分外部存款较大的单位，召开资金集中管理座谈会，了解境内外资金集中管理现状，分析存在的难点问题，探讨进一步提高资金集中度、特别是境外资金集中度的可行性办法和政策，使集团公司境内外资金集中度趋于一致，整体达到 90% 以上。

截至 2017 年底，集团公司货币资金余额 4028 亿元，比年初增加 184 亿元。其中：人民币 1957 亿元，占货币资金总量的48.6%；外币折合人民币2071亿元，占货币资金总量的51.4%。股份公司货币资金余额1361亿元，比年初增加375亿元。

（洪海军）

【内部结算管理】 持续跟进结算方案制订，核定及拨付中缅原油管道境内外段、云南管网、银巴管道铺底资金26.83亿元，保证云南管网、中缅原油管道顺利运行。结合票据池集中、“僵尸企业”和特困企业人员分流安置补助、国储油租库费等新业务特点，研究制订财务核算流程，提出相关账务处理方案；审核完成公司制改制债权债务处理方案。

（王洪军）

【“两金”压控】 完善“两金”业绩考核指标实施细则，指导地区公司“两金”管控与考核工作；重点关注大额项目大额单位，兼顾板块特点，差异化分类设置考核指标，既注重年末时点考核，又关注季末均值考核；制定并下发2017年地区公司清欠指标及存货管控指标，切实突出年中管控和强化年底硬性约束。建立按照“前5后3”分板块“两金”管控目标完成情况月度通报制度，督促地区公司分析应收账款、存货情况，及时进行科学管控。

多次组织内部清欠协调会、内部欠款集中清理及联合清欠工作，协助地区公司收回欠款7.7亿元。重点关注历史陈欠和海外应收款，对大额应收账款特别是一年以上大额外部欠款进行统计摸底，会同海外板块分析各资源国欠款情况，研究海外清欠措施，加大清欠力度。

下发并执行《关于对存货实施差别化负息资金政策的通知》，对地区公司每季度末存货平均余额同比超过管控目标的部分，按季度加收超额存货资金占用利息；对油气贸易产品库存进行周控制管理，实现2017年油气产品库存比年初下降1.5%。压控存货“三挂钩”建议获集团公司优秀金点子奖励。

截至2017年底，集团公司应收账款余额1382亿元，比年初增加55亿元，增长4.1%。集团公司存货余额2486亿元，比年初减少8亿元，下降0.3%；股份公司存货1458亿元，比年初减少44亿元，下降2.9%。集团公司存量应收账款下降66.9%、存量存货下降82.4%；非正常存货下降25.7%；应收账款余额增幅4.1%、存货余额下降0.3%，均不高于营业收入增幅（25%），完成国务院国资委下达的管控目标。

（牛庆超　杜　阳）

【境内融资管理】 按照境内外债务统筹部署、消化存量资金、优化债务结构的指导原则，编制完成2017年度债务融资方案与融资规模，将有息债务规模控制在6800亿元之内，2017年融资规模不超过1100亿元。

在外部金融市场资金趋紧、利率高企、债券融资成本高于银行借款成本的背景下，紧密结合日常经营资金需求及大额购汇叠加等情况，及时跟进金融市场和债券市场的发展变化，利用外部资金，拓宽融资渠道、降低融资成本，应对资金紧张局面，缓解集团公司、股份公司到期债务较为集中的还款压力。

紧盯债券市场行情，随时捕捉债券发行窗口，8月16日成功发行股份公司2017年第一期20亿元公司债券，期限3年，票面利率4.3%，创央企同期利率低水平，8月18日募集资金全额到账。与同期限优惠贷款利率相比，存续期内节约财务费用1275万元。推动签署建设银行、中国银行、农业银行、工商银行、国家开发银行5家银行250亿元额度优惠利率借款合同，并跟踪和协调推动银行放款规模。2017年，集团公司累计办理商业银行贷款255亿元。综合债券市场及发行时的权利设置情况，在维持原票面利率不变的前提下，对集团公司100亿元含权企业债券顺利完成投资者行权处理，行权回售4059万元。

截至2017年底，集团公司有息负债余额6500亿元，比年初6640亿元减少140亿元，完成集团公司有息负债规模控制在6800亿元以内的管控目标。股份公司有息负债余额4653亿元，比年初5163亿元减少510亿元，完成股份公司有息负债规模控制在5000亿元以内的管控目标。集团公司资产负债率41.4%，比年初上升1.5个百分点；资本负债率21.3%，比年初下降0.1个百分点。股份公司资产负债率42.6%，比年初的下降0.1个百分点；资本负债率25.2%，比年初下降2.1个百分点。

（陈　忠　纪伟钰）

【境外资金管理】 加强境内外汇、境外外汇、跨境人民币、跨境外汇四大外汇资金池的运营管控，定期对资金池运行情况、资金头寸、有息负债、定期存款、自营贷款、结售汇等情况进行分析。截至12月底，外汇资金池有息负债169.16亿美元，较2016年增加3.45亿美元，2017年外汇资金池实现综合效益6.75亿美元。

加强国际结算管理，梳理国际结算过程中出现的问题及风险，分析原因，从业财融合、制度执行、加强培训、风险意识及对外沟通等多方面提出合理化建议，下发《关于进一步加强国际结算管理的通知》，要求企业制订并完善本企业国际结算业务操作流程，强化合法合规业务办理，加强敏感地区结算管理，切实防范国际结算风险。对因历史遗留、商务安排、境外投资管理不规范等方面引起的账户撤销、冻结、回款入账困难等问题，督导所属企业做好前期商务安排，强化结算制度执行到位。

针对美国对委内瑞拉进行制裁、原有结算路径中断的紧急情况，及时成立集团公司委内瑞拉结算工作小组，收集并动态跟踪委内瑞拉被美国制裁对集团公司驻委内瑞拉企业的影响，设计应对委内瑞拉制裁的结算方案并组织实施；排查所属企业与敏感地区国家业务结算情况，研究相关制裁条款，分析金融制裁影响，出具应对措施，规避经营财务风险，确保敏感地区业务风险可控。

针对伊朗 MIS 项目外方财务人员涉嫌金融诈骗、携款潜逃案件，紧急启动资金风险管控应急机制，立即组成包括资金部、中国石油国际勘探开发有限公司、中东公司的资金安全检查小组赴伊朗实地检查，制定止损方案，建立案件进展周报制度，密切跟踪推进。根据当前国际局势纷繁复杂、低油价下海外业务经营管理面临较大挑战、境外资金风险不断加剧的形势，为确保境外资金安全，紧急下发《关于进一步加强境外资金安全管理的通知》，明确严格资金管理制度、严格资金支出管理、严格货币资金管控、严格资金监督检查、严格资金岗位人员选聘、严格劳动纪律，对所属海外业务单元开展境外资金安全管理风险排查和自查。

完成穆迪、标普、惠誉三家国际评级机构对集团公司评级年度审议，三大国际评级机构对集团公司的年度复评结果与国家主权级保持一致，即标普为 AA-（负面）、穆迪为 A1（稳定）、惠誉为 A+（稳定）。外汇衍生品套期保值授权管理通过集团公司董事会批准。

（乔　宁　王文井　唐　臻）

【境外融资管理】 研判内外部形势，坚持发挥集团公司整体优势，拓展多元化融资渠道，以“一带一路”倡议为契机，提升海外业务支持能力。2017 年集团公司为俄罗斯、哈萨克斯坦、莫桑比克等国家和地区海外业务融资 203 亿美元，其中项目融资 54 亿美元、项目借款 14.63 亿美元、流动资金贷款 119.37 亿美元、并购融资 15 亿美元。

（吴立群）

【授信管理】 截至 2017 年底，集团公司获综合授信额度 17353 亿元，其中与 75 家中资银行签署授信协议 14305 亿元、与 25 家外资银行签署授信备忘录及安慰函 3048 亿元。2017 年办理综合授信业务 6526 笔、金额 8162 亿元；为所属企业办理授信业务平均减少保证金占用约 555 亿元，节约财务费用及手续费约 22.65 亿元；预切分授信额度 1648.69 亿元，所属企业累计使用预切分额度办理授信业务 5865 亿元。集团公司担保余额 6605.42 亿元，其中授信业务担保余额 537.82 亿元、母公司履约担保余额 4101.40 亿元、融资担保余额 1966.20 亿元；集团公司及所属企业提供担保 5994.29 亿元，股份公司及所属企业提供担保 593.81 亿元，托管企业提供担保 17.32 亿元。

（韩　宇）

【降杠杆减负债】 根据国务院第 183 次常务会议专门研究部署的中央企业深化改革降低杠杆工作会议精神以及国务院国资委《中央企业降杠杆减负债指导意见》要求，分析 2007 年以来集团公司资产负债率变化影响情况，牵头组织制定集团公司降杠杆减负债工作方案及具体实施意见，经与国务院国资委相关部门沟通并经集团公司领导审阅同意，按时向国务院国资委上报《中国石油天然气集团公司“降杠杆减负债”工作方案》和《中央企业资产负债率年度压降目标统计表》。方案的主要目标是通过深化内部改革、控制投资规模、盘活存量资产、优化业务结构、推进债转股、拓展股权融资等综合施策，使集团公司资本结构明显优化，直接融资比例稳步提高，偿债能力不断增强，风险识别与防范机制更加完善，并明确提出具体的管控目标。

（陈　忠）

【汇率风险管理】 跟踪主要币种汇率走势与美联储、欧洲央行议息结果，年内先后三次发布卢布、坚戈、玻利瓦尔、美元汇率贬值风险提示，提示相关单位提前做好汇率风险防范与应对工作。梳理哈萨克斯坦及委内瑞拉地区汇率风险管理现状，对比分析中亚、南美地区甲乙方企业汇率风险防控措施，总结先进做法与成功经验，在集团公司内部推广交流。针对中国石油国际勘探开发有限公司欧元资产汇率敞口较大的问题，研究对比欧元债务融资与交叉货币掉期交易两种方案，最终明确借入欧元债务置换美元借款的解决方案，在对冲欧元资产控制汇率风险敞口的同时进一步降低集团公司总体融资成本。

2017 年集团公司实现汇兑收益 196.9 亿元，汇兑损失 348.6 亿元，净损失 151.7 亿元，与 2016 年同期汇兑净收益 252.7 亿元相比减少 404.4 亿元；股份公司实现汇兑收益 81.6 亿元，汇兑损失 92.2 亿元，净损失 10.6 亿元，与 2016 年同期汇兑净收益 12.6 亿元相比减少 23.2 亿元。

（张　昕）

【资金政策研究】 印发《中国石油天然气股份有限公司资金配置政策优化调整工作方案》，自 2017 年 1 月起在炼化、销售企业全面实行资金配置新政策，同时在部分油气田企业、天然气与管道企业试点实行。实行新政策的企业 66 家，累计上交资金 540 亿元，有助于缓解总部资金负担。新政策还原企业真实的经营成果，减轻债务负担，降低财务费用，提升集团公司整体经济效益。

“集团公司资金配置策略研究”课题通过评审，并获 2017 年度集团公司软科学研究优秀课题。专家组一致认为，课题研究全面、翔实、丰富，科学性和可操作性强，达到研究预定目标，具有很强的实践价值。

推进三项专项治理工作，提出“一企一策、综合施策、重点推进”的工作原则，分企业提出债务处理方案，并建立为债务沉重企业注资减债、扭亏解困长效机制。2017 年为“僵尸企业”、特困企业和亏损企业注资减债及补充现金流 593.2 亿元，为相关企业挂账停息 162.6 亿元。

研究设定地区公司有息负债上限，推进建立内部负息资金分类管理和利率差异化，逐步培育和增强地区公司资金成本意识，引导地区公司科学合理配置资金。

（张　旭　钟玉兰）

【票据管理】 4 月 11 日，集团公司在贵阳召开 2017 年商信通票据业务座谈会，53 家所属企业及昆仑银行相关部门共 159 人参加会议。会议主要学习贯彻中国人民银行相关文件，并就加大电子商票推广力度、加强票据安全风险防范提出具体要求；青海油田等 4 家单位做经验交流发言。

根据集团公司票据业务规模状况和管理现状，结合央行推广商业汇票的政策要求和集团公司改革发展提升管理的经营需求，启动集团公司票据池研究搭建工作，提出依托中油财务公司和昆仑银行，借助司库平台，建立“安全受控、集中统一、效益优先”的票据池，实现集团公司票据资源共享、计划配票、中国石油内部顺转、效益共享的目标。12 月 22 日，组织协调中油财务公司、昆仑银行、吉林石化、天然气销售西部分公司等单位进行票据池功能测试，入池、出池、贴现等流程全部平稳可靠，为下一步扩大上线范围奠定基础。

下发《关于加强集团公司商业汇票管理的通知》，要求各企事业单位进一步加强商业汇票管理，强化防范纸票风险，全面推行电票，规范商票相关业务。

（史孝成）

【资金稽查】 结合国务院国资委融资性贸易风险排查工作和所属企业出现的担保违规问题，以及落实集团公司巡视督导工作发现问题的整改，在企业全面自查的基础上，成立由资金部、企业以及中介机构组成的 3 个现场检查小组，分别开展 2017 年资金重点专项检查及例行检查工作。各组根据检查业务特点，制定专项检查实施方案，选取辽宁销售、中油技开开展融资性贸易检查，选取昆仑能源、运输公司及华油集团等 7 家单位开展担保业务检查，选取华北化工销售、呼和浩特石化和大港石化开展资金业务例行检查。通过检查发现融资性贸易仍然存在且已产生损失、担保管理不规范且认识不到位、资金基础管理薄弱且不合规等问题，分别形成现场检查报告，分析产生问题的原因，结合具体情况出整改建议。

（孙　森　刁红怡）

【年金管理】 截至 2017 年底，企业年金基金规模 901 亿元，累计建立个人账户 148 万个，是国内规模最大、参加员工最多、影响力最强的单一企业年金计划，成为企业年金行业标杆，得到人力资源社会保障部的肯定。十年来，年金理事会始终以“安全至上、稳健增值”为原则，累计投资收益 256 亿元，平均年化收益率 5.42%，远高于同期 CPI，高于全国平均水平，达到企业年金基金的保值增值目标，成为增强员工获得感、幸福感和集团公司党组深切关怀百万石油人的民生工程和民心工程，对深化企业改革发展，增强企业吸引力、凝聚力具有重要意义。

完成集团公司第四届企业年金理事会换届，并组织召开企业年金理事会第四届第一次、第二次会议，总结 2014—2016 年合同期年金投资运营情况，表彰合同期企业年金优秀管理机构及投资经理，审议通过修订企业年金理事会章程，成立第三届企业年金基金投资管理委员会，审议 2017 年企业年金投资政策及风险控制指引、企业年金委托资金分配调整规则以及年金基金资产配置方案等 17 项议案。

（李红娜）

【司库建设】 推进司库优化升级，加大顶层设计，完善司库管理职能，突出和强化司库管理集约化、专业化、一体化特点，发挥集团公司上市未上市、本外币、境内外三个“一体化”优势。举办未上市企业司库系统 2.0 培训班，36 家未上市企业约 150 人参加培训，分四批完成 36 家未上市企业司库 2.0 系统上线运行切换工作，均顺利运行；同时在西南油气田和辽河石化试点基础上，组织长庆油田、长庆石化、陕西销售开展上市企业司库系统 2.0 第二批试点工作，进一步扩大上市企业试点范围，为 2018 年完成司库系统 2.0 在集团公司全面推广奠定基础。督促完善加油站管理系统与司库系统接口，协调组织销售分公司、加油站管理系统项目组、陕西销售等有关方面，有序开展非现金对账功能试点工作。

2017 年 6 月 27 日，国务院国资委财务监督局到集团公司调研中央企业大额资金流动监测工作开展情况，资金部做专题汇报。9 月 13 日，集团公司党组成员听取司库系统 2.0 项目工作情况汇报，并对下一步工作进行研究部署。

（黄　海）

【金融工作会议首次召开】 2017 年 9 月 5—6 日，集团公司召开首次金融工作会议。集团公司党组书记、董事长王宜林做出重要批示，集团公司党组副书记、总经理章建华出席会议并讲话，集团公司党组成员、总会计师、中油资本董事长刘跃珍作主题报告；股份公司财务总监柴守平、总部机关有关部门负责人、专业公司和各地区公司总会计师、中油资本及所属各金融企业有关负责人等 182 人参加会议。

集团公司金融工作会议是集团公司金融业务完成重组上市后，站在历史新起点上召开的一次重要会议。会议的主要任务是贯彻落实全国金融工作会议和集团公司领导干部会议精神，总结金融业务改革发展和产融结合工作取得的成绩，分析研判形势，安排部署今后重要任务和重点举措。

集团公司党组书记、董事长王宜林做出批示：要认真贯彻全国金融工作会议精神，紧紧围绕中国石油建设世界一流综合性国际能源公司的目标和坚持稳健发展方针的实际，牢记为油气主业服务主题，全面深化产融结合，坚决防范业务风险，持续推进改革创新，为把金融业务建成集团公司主题鲜明、特色突出、稳健高效的服务保障业务做出积极贡献。

（程小舟）

【产融结合】 为落实集团公司金融工作会议精神，强化资金金融一盘棋思想，服务实体经济、防控金融风险、深化金融改革，规范产融结合业务发展，制定下发《中国石油天然气集团公司产融结合指导意见》，增强产融协同效应，发挥好资金的价值引领和创造作用，推动和保障金融业务做强做优，提高集团公司整体价值；指导意见征求总部各部门、专业公司及地区公司意见和建议，具有科学引领性和现实可操作性。

组织建立集团公司所属企业与金融机构分区域协调机制，确保产融结合工作有效落地、联系渠道便捷高效，将金融工作会议精神落实到日常的工作中，做强做优中国石油的金融业务。11 月 9 日，在沈阳召开辽宁地区产融结合协调会，成立辽宁地区产融结合协调小组；12 月 7 日，在广州组织召开华南地区产融结合协调会议，成立华南地区产融结合协调小组。

结合中油资本管控模式和职责，考虑中油资本作为上市公司和内部金融机构控股母公司角色，满足其资本市场的监管需要，研究建立集团公司总部与中油资本市场化协同运行机制，深化产融协同发展增效，减少不计成本、低效益、低回报的资金支持，与其他股东实现利益共享、风险共担，推动其市场化、专业化，健康可持续发展。

（陈　忠）

财税价格

【概述】 集团公司财税价格工作主要包括财政、税收、价格和土地业务管理，是落实国家财税法规政策，维护企业合法权益，为国家和企业创造价值的重要环节。2013 年底，集团公司成立财税价格部，归口管理财税价格各项工作。所属企业设立财税价格管理机构或岗位，配备专职或兼职人员，负责本企业财税价格工作。集团公司在国内外设立税收区域协调组，加强区域统筹协调，截至 2017 年底，国内成立 36 个、海外成立 45 个税收区域协调组。集团公司财税价格工作形成统一管理、分级负责、区域协调的管理模式。

2017 年，面对低油价冲击、经济下行压力和财政紧张形势，集团公司争取国家财税政策支持，落实天然气增值税税率下调等政策，应对反税基侵蚀和利润转移（BEPS）行动计划，加强依法纳税筹划和税收风险管理，推动天然气价格市场化和集团公司内部价格改革，开展土地资产盘活处置，为企业增加现金流入，减轻税费负担，促进集团公司稳健发展和提质增效。2017年，集团公司国内上缴税费3147亿元，同比增长3.9%。

（路云鹏）

【财政政策与管理】 落实国有资本经营预算政策，推动集团公司解决“三供一业”分离移交、“僵尸企业”治理人员安置、棚户区改造等历史遗留问题。落实进口天然气增值税先征后返政策，部分弥补进口天然气业务亏损。落实油气田企业生产自用成品油消费税返还政策，降低企业税费负担。落实页岩气、煤层气补贴政策，促进集团公司页岩气、煤层气开发利用。落实成品油质量升级项目贷款贴息补助政策。落实首台（套）重大技术装备保险补偿政策，组织所属企业上报首台（套）重大技术装备保险补偿申报资料和2017年装备目录更新资料，规范申领补偿资金。

做好油气科技重大专项财政管理工作。组织19个项目（示范工程）和7个课题开展“十三五”预算编制工作；与财政部科教司、国库司沟通调整预算下达层级，保证项目管理顺利运行与资金下达；做好项目承担单位特设账户开立和清理工作，保证2017年中央财政资金的拨付，确保专项资金使用的合规性和安全性。

（李中华）

【税收政策与管理】 天然气增值税税率下调。2017年4月28日，财政部、国家税务总局印发《关于简并增值税税率有关政策的通知》（财税〔2017〕37号），自2017年7月1日起，简并增值税税率结构，取消13%的增值税税率，其中天然气增值税税率由13%调整至11%。该项政策的争取落实，有利于天然气作为清洁能源的推广使用，统一税率设计方便税收征管，对集团公司天然气业务发展发挥积极作用。

矿产资源税费制度改革。2017年4月13日，国务院印发《矿产资源权益金制度改革方案》（国发〔2017〕29号），国土资源部会同财政部据此开展相关制度研究制定工作。2017年11月6日，财政部、国土资源部、环境保护部印发《关于取消矿山地质环境治理恢复保证金 建立矿山地质环境治理恢复基金的指导意见》（财建〔2017〕638号），明确取消保证金制度，以基金的方式筹集治理恢复资金，要求企业将矿山地质环境治理恢复费用按照企业会计准则相关规定预计弃置费用，计入资产成本并摊销，同时在银行账户中设立基金账户单独反映提取情况。

落实石脑油免征消费税政策。向国家税务总局上报2017年度石脑油定点直供计划及调整计划，落实石脑油连续加工乙烯、芳烃免征消费税政策。

落实陆上特定地区开采石油（天然气）进口物资减免税政策。自2016年1月1日至2020年12月31日，对在中国陆上特定地区的石油、天然气勘探开发项目进口符合规定的设备物资免征进口关税和进口环节增值税（国家批准的中外合作项目）。2017年，集团公司在财政部批准的额度内办理免税进口设备物资，降低企业税收负担，促进国内油气勘探开发。

参与国家税收立法研究工作。与北京大学成立税收立法研究课题组，吸纳有研究能力的企业参与，在税收法案立法前提出相关建议，在税法征求意见阶段提出税法修改建议，反映企业的意见和诉求。2017年参与资源税、增值税立法研究，部分意见和建议得以采纳。

（李　柯）

加强税收筹划。完善中油工程、天然气销售、中油管道等重大项目税收筹划，对中油油服重组提出专业税收筹划建议。指导所属企业在生产经营和重组中开展纳税筹划，参与海外勘探开发业务重组、储气库资产划转至集团公司等重大内部资产重组项目的税收筹划方案设计。参与十余项混合所有制改革项目，提出税收意见。

开展“中国石油全球税收管理体系研究”专项课题研究。从世界税收环境变化、中国石油全球发展面临的挑战、全球税务管理最佳实践等方面进行深入研究，提出构建中国石油全球税收管理体系的建议。

（韩保庆）

推动完善企业境外所得税收抵免政策。组织集团公司所属27家涉外经营企业召开境外所得税收抵免业务交流会，研究税收抵免规定，了解执行情况和存在问题。参加财政部和国家税务总局召开的研讨会，反映企业有关政策诉求，包括扩大抵免层级、降低抵免持股比例、允许所得税性质税款抵免以及解决完税凭证等执行中的问题。2017年12月28日，财政部、国家税务总局印发《关于完善企业境外所得税收抵免政策问题的通知》（财税〔2017〕84号），将综合抵免法在全国范围内推广，解决国际事业公司、寰球工程公司、昆仑工程公司、技术开发公司、华油集团等5家企业境外所得税收不能进行综合抵免的问题。推动企业境外所得免税法试行，在开展课题研究、与财政部和国家税务总局进行沟通交流的基础上，通过经济技术研究院智库办、中国国际商会等多个渠道向国家部委反映企业境外所得免税法政策建议。

（尹月芹）

【BEPS行动计划应对】 主体文档编报。按照国家税务总局公告2016年第42号要求，以集团公司2016年数据为基础开展同期资料编制工作。收集集团公司运营和价值链管理资料编制主体文档，多次征求总部机关相关部门、专业公司的意见，形成2016年度主体文档，并报送主管税务机关。做好与有关国家税务机关的协调，推动实现一个国家报送一份主体文档，避免税务机关多头要求报送。

国别报告风险分析和对外报送。开展2016年国别报告编制，根据国家税务总局公告2017年第26号要求，协调国别报告关联方收入填报口径；组织开展国别报告复核分析，形成风险分析报告；组织协调完成向中国、卢森堡、荷兰、澳大利亚、加拿大等5个国家的税务机关报送国别报告。

本地文档相关工作。梳理本地文档各国立法情况，截至2017年底，集团公司业务所在国有11个国家立法，满足编制条件的集团公司下属成员实体38个，涉及3个国家、13家二级单位。

（韩保庆　尹月芹）

【价格政策与管理】 2017年8月29日，国家发改委印发《关于降低非居民用天然气基准门站价格的通知》（发改价格规〔2017〕1582号），明确非居民用气基准门站价格每千立方米降低100元，自2017年9月1日起实施。

2017年8月29日，国家发改委印发《关于核定天然气跨省管道运输价格的通知》（发改价格规〔2017〕1581号），明确跨省天然气管道运输企业管道运输价格，自2017年9月1日起执行。

理顺内部价格机制。（1）2017年9月29日，集团公司全面深化改革领导小组审议通过股份公司内部油气产品及服务定价机制调整方案，该方案自2018年1月1日起开始实施。（2）为理顺集团公司原油、成品油管输价格，下发《关于规范和完善公司原油、成品油管输价格管理的暂行办法》，明确管输价格的定价权限、价格申报程序、申报内容、价格执行程序，以及针对使用效率较低的管线拟采取的内部干预措施。（3）落实汽油、柴油出口激励政策，利用国内国外两个市场，调动炼油厂出口积极性，实现集团公司整体效益最优。

（杜　波）

【土地政策与管理】 与国土资源部协调，推进重点管道项目先行用地审批，为陕京四线按时投运提供保障。结合工程建设进度，提前启动中俄天然气管道东线工程、闽粤支干线用地报批工作。配合国土资源部组织黑龙江省和吉林省国土部门及县区人民政府召开中俄东线北段用地报批会议。

推动油气产能建设用地报批工作，完成2017年钻井及配套设施用地保障和重大问题协调工作。下发《中国石油天然气集团公司临时用地指导意见》（中油土地〔2017〕83号），为油气项目临时用地使用、恢复与退出等明确政策和操作要求。落实节约集约用地降本增效要求，下发《关于推进节约集约用地提高土地利用效率工作的通知》（中油税价〔2017〕398号），有序组织废弃土地、低效无效土地退出。

采取多种方式盘活处置土地，完成年度存量土地处置任务。完成集团公司公司制改制土地处置阶段性工作。完成2018—2020年度持续性关联交易土地房屋租金上限测算工作。

（李　丽）

【财税制度建设】 制定印发《中国石油天然气集团公司关联交易转让定价政策》（中油税价〔2017〕276号）和《中国石油天然气集团公司关联交易转让定价管理办法》（中油税价〔2017〕277号），明确集团公司关联交易转让定价政策，规范所属企业转让定价行为，加强转让定价管理，促进集团公司转让定价管理工作依法合规。

编制《分国别纳税筹划指引》。组织编制荷兰、英国和香港特别行政区等3个国家和地区纳税筹划指引，为海外企业纳税筹划提供框架性制度指导。

编制国别税制报告。完成哈萨克斯坦、土库曼斯坦、伊拉克、印度尼西亚、美国、俄罗斯、澳大利亚、加拿大、秘鲁、厄瓜多尔等10个国别税制报告。

（韩保庆　尹月芹）

人事管理

【概述】 2017年，集团公司组织人事工作面对严峻复杂的生产经营形势和改革任务，贯彻落实集团公司党组决策部署，坚持稳中求进总基调，以改革创新为统领，以推进改革政策落地、激发创新创效活力、落实党建工作责任、强化依法合规管理为主线，大力推进领导班子和人才队伍建设，深化人事劳动分配制度改革，提高企业党建工作质量，较好地发挥服务保障作用。

【人事制度改革】 2017年，集团公司组织实施总部机关职能优化与机构改革，机关部门内设机构减少34个，人员编制减少184名，处级职数减少45名，机关部门内设机构和人员编制两个20%压减任务全面完成。推进业务整合和管理体制调整，先后对华油集团和华服总、钻井院和休斯敦研究中心、中亚管道和东南亚管道实施重组整合，协同推进海外油气业务管理体制调整和工程技术业务重组整合，优化调整海外研究中心，组建昆仑好客有限公司，研究提出组建综合型共享服务中心框架方案。推动人事劳动分配制度改革，围绕改革重点任务，组成督查调研组分赴东北、西北、西南等片区企业，开展督导检查和工作调研，推动改革向纵深发展。完善领导人员退出政策，印发职业经理人试点工作指导意见，在管研院开展任期制改革试点。从严管控人员“入口”，依法疏通到期终止合同、违法违纪处置等六种情形退出“通道”，2017年分流安置员工4.7万人。印发《工资总额预算管理暂行办法》，22家单位纳入试点范围，初步建立企业自主择标联动机制和自我激励约束机制。推进“双序列”改革，集团公司直属和企业所属35家科研单位全部完成岗位设置和岗位选聘工作，136名处、科级干部放弃行政职务加入专业技术队伍中来。推动党建工作要求写入公司章程，具备条件的1249家法人企业全部完成章程修订工作。

【领导班子建设】 坚持好干部标准，执行选人用人制度和规矩，印发《关于防止领导人员带病提拔的意见》，完善企业领导人员选拔任用中人选提名制度、推荐和廉洁签字背书操作细则，提高选人用人质量，防止干部“带病提拔”。调整任免干部342人次，一批年富力强、干事创业、担当作为的干部走上领导岗位。推进优秀年轻干部培养选拔工作，组织召开集团公司优秀年轻干部培养选拔工作座谈会，下发《关于加强和改进优秀年轻干部培养选拔工作的实施意见》，强化顶层设计，制订推进计划，协调指导各单位加大培养锻炼力度，逐级建立后备干部库，打牢选人用人基础。坚持从严管理监督干部，有针对性地对15家单位选人用人情况开展专项检查，及时跟踪整改落实情况，形成监督检查闭环管理。认真落实领导干部报告个人有关事项“两项”法规，对查核的500多名领导干部审慎提出认定及处理意见。注重抓早抓小抓日常，对在个人有关事项报告、信访举报、任前公示等工作中发现的问题，及时提醒函询诫勉。

【人才队伍建设】 调整设立集团公司“人才工作领导小组”，整合政策制度，规范议事规则和工作程序，发挥整体协同作用。出台《专业技术专家委员会管理办法》，整合资源成立专家委员会，参与公司战略咨询、科技决策、规划论证、立项评估等活动，促进专家人才更好地发挥作用。启动石油科学家培育计划、石油科技英才培养工程，以重大科技专项和重大工程项目为依托，采取建立专家工作室、开展定制培养等措施，培育高端领军人才和后备骨干队伍，3人当选两院院士，60人获准享受国务院政府特殊津贴。组织高校毕业生招聘工作，93个单位在招聘平台发布信息，石油石化主体专业占新入职毕业生比例83%。突出素质能力建设和紧缺人才培养，有计划地组织开展领导干部培训、技术技能专家培训和国际化人才培训，总部机关实施培训项目165个，培训人数达2万余人。落实技能人才开发计划，下发《高技能人才管理办法》，在主要生产工种中开展高技能人才选聘，优选63名专家作为“石油名匠”重点培养对象，畅通操作员工职业发展通道。组织采油等4个工种技能竞赛，承办行业大赛，组队参加国际竞赛。在5个国际和行业工种赛事中夺得4个团体第一名。持续优化远程培训系统功能，完成远程培训网升级建设，开设党建学习培训专栏，为党的十九大和党的十八届六中全会精神学习提供培训支持。

【劳动用工管理】 强化计划管控，保持从紧态势不变、工作力度不减，按照130万人控制目标，梳理分析企业员工队伍结构状况，寻找压缩空间，确定压缩重点，开展定向调控，强化目标考核，员工总量由134.3万人降至129.6万人。从严控制新增用工，完善“进出两条线”管理机制，新增员工核定计划以自然减员“出五进一”为基数，与效率效益挂钩从紧控制，实现自然减员适度接续、流动人员合理补充，保证企业主营业务用工需求。推进落实人员分流安置指导意见，以“僵尸企业”、特困企业为重点，指导企业采取退出低端低效业务、关停长期亏损装置、深化“五定”等措施，驱动倒逼富余人员显性化。推进人力资源优化配置，鼓励和支持人员富余的老企业到上产油田、新建企业承揽业务，先后为四川石化、广西石化、云南石化、华北石化等企业调剂用工450余人。

【薪酬绩效管理】 针对集团公司生产经营形势异常严峻的复杂情况，会同有关部门分析影响集团公司经营业绩的重大客观因素，调整优化业绩考核指标体系，推行一体化联动考核，促进集团公司产业链协调顺畅运行和整体效益最大化。坚持效益导向，持续完善工效挂钩政策，适度调整挂钩分成比例，分档确定利润贡献系数，薪酬分配向贡献大、创效好的单位和基层一线倾斜，有效调动广大干部员工的积极性。针对生产经营业务链条中的关键环节和短板弱项，研究设立10项专项奖励，覆盖安全环保、生产经营衔接、外部市场开发等重点工作。员工收入实现稳定增长，工资总额增长5.7%，员工人均收入增长9.7%，人工成本增长2%，企业年金、补充医疗等保障能力和待遇水平不断提高，企业发展成果更好地惠及广大员工。

（于维海）

生产经营

【概述】 2017年，国际油气价格低位震荡，国内成品油供过于求加剧、市场竞争日趋激烈，天然气市场需求旺盛、峰谷差和冬季保供压力加大，集团公司生产经营面临严峻挑战。集团公司发挥一体化优势，优化资源配置，优化产品结构，优化生产运行，落实开源节流降本增效各项措施，实现生产经营平稳受控运行，经营业绩持续向好。

【生产经营计划】 2017年，加强形势研判，深化市场分析，提高生产经营计划编制的前瞻性；以原油资源整体优化模型为抓手，突出集团公司整体效益最大化，提高生产经营计划编制的科学性；强化生产经营计划“一本账”管理，刚性执行计划，形成“科学合理制定计划、不折不扣执行计划”的氛围。2017年，推动炼销贸计划“一本账”管理和刚性执行，炼化企业加工量计划执行率99.8%、成品油产量计划执行率99.5%、销售企业交货计划执行率99.8%。油气田企业抓住油价震荡回升时机，坚持效益原则，优化产能建设方案，组织生产运行，原油产量超计划7万吨，实现1亿吨有效稳产。统筹天然气市场需求、成本效益等因素，优化生产经营计划，提高天然气业务的创效能力，天然气产量、销售量均超额完成年度任务目标，天然气产量首次突破千亿立方米，实现“换字头”、同比增长5.3%，天然气销售量同比增长15.5%、重回两位数增长。推进油品储罐机械化、专业化清洗，进一步强化合同管理，合理匹配清罐队伍能力和工作量，2017年清罐718.1万立方米，同比增长6.4%；回收原油7万吨，成品油3万吨；机械清罐率96.6%，同比提高1.6个百分点，创历史新高。

【资源优化配置】 突出资源配置优化，增加直属炼油厂资源供应。持续推进减供地方炼油厂原油，2017年外供地方炼油厂和托管炼油厂同比下降28%；推动油田轻烃液化气增供直属炼油厂，全年供应直属炼油厂油田轻烃液化气同比增长5.8%，将上游业务的资源优势转化为炼化企业的效益优势。超前谋划俄罗斯原油长期贸易合同资源平衡方案，为战略资源引进打下基础。捕捉市场机遇，加大商储油资源的运作，提高商储油创效和保障能力，保障油田生产后路，提升炼化企业经济效益。统筹资源、市场和效益，利用原油资源整体优化模型，将资源向炼化一体化和效益好的企业倾斜，合理安排加工量，2017年加工原油、生产成品油分别同比增长4%和4.5%。优化运行方案和产品结构，突出高效产品增产增效，高标号汽油产量同比增长18.5%，航空煤油产量同比增长9.3%，生产柴汽比1.29，同比下降0.09个单位。加强化工原料互供，优先保障高效化工装置高负荷运行，增产增销高附加值产品，2017年乙烯产量同比增长3.1%，化工产品商品量同比增长4.9%，化工产品品牌化比率同比提高3个百分点。针对国内天然气需求快速增长的现状，按照保市场供应和效益最大化原则优化资源配置，国产气满负荷生产，增加进口中亚天然气资源，及时将长期贸易合同进口的LNG转为国内销售，优化采购LNG现货资源，保障市场稳定供应。积极推动地下储气库扩容达容，6座商业储气库达容率接近90%，不断优化注采方案，注气同比增长1.2%。2017年入冬后天然气市场需求增幅超预期，国内气田挖掘生产潜力，最大限度安排储气库采气，加大LNG现货资源采购，与中国石化、中国海油互供互保，并按照国家有关“压非保民”总体要求，强化需求侧管理，先后压减内部企业、直供工业和城市燃气非居民用气，保障民生用气安全平稳供应。

【生产运行协调】 紧盯中缅原油管道管输协议签署进程，安排云南石化进口原油采购，为中缅原油管道和云南石化投产创造条件。密切产运销协调，刚性执行交货计划，合理安排外采，保障炼油厂后路畅通，2017年成品油产调率100.7%；按照效益原则优化成品油出口结构，持续加大出口力度，开拓高效市场，2017年出口成品油同比增长23.2%。不断完善储罐、装船泵等出口设施，缩短装船时间，滞期费同比降低22%；推动大船拼装，锦西石化、锦州石化2017年实施大船拼装28船、145.6万吨，降低运费437万美元；专题研究炼油厂检修期间成品油资源优化配置，合理调整调运流向，保障市场资源供应；提前安排黑龙江、新疆等地区收储航空煤油，解决冬季航空煤油与低凝点柴油供应矛盾问题，保障冬季航空煤油供应。优化物流运输组织，多措并举降低物流成本；针对云南石化投产，优化调整配置流向，加大调运组织力度，公路日地付量最高突破6340吨，铁路日均装车347车，保障云南石化后路畅通。实现汽柴油质量升级，7月和11月两次完成普通柴油国Ⅳ、国Ⅴ标准质量升级，9月底完成“2+26”城市提前实施国Ⅵ标准汽油、柴油的升级工作，履行央企社会责任。推进成品油管道增输上量，组成总部、专业公司、地区公司共同参加的工作组，开展成品油管道增输上量专项研究；有序推进云南管网顺利投产，协调解决成品油长输管道混油处理问题，研究混油处理长效机制。推动航空煤油业务发展，与中航油建立定期沟通协调机制，开展包括新疆航空煤油富余产能利用方案、沈阳机场航空煤油以出顶进业务、推动航空煤油管线建设等工作。协调推进销售增销增效，及时调整营销策略，千方百计扩销增销，突出纯枪上量和高效产品销售，汽油纯枪销量同比增长3.3%，其中高标号汽油纯枪销量同比增长13.2%。积极衔接协调，用足用好配额，加大成品油出口，特别是柴油出口同比增长41.9%，缓解国内柴油过剩矛盾。强化天然气生产运行协调，实现平稳高效运行。重点协调西部地区油气田周边天然气产销矛盾、山西省煤层气统购统销等问题；协调大连石化和抚顺石化检修期间、云南石化投产期间的天然气稳定供应问题；协调西南油气田龙王庙气田停产检修期间增加川渝市场资源供应问题；加强向国家发改委、能源局及地方政府沟通协调，推进陕京四线、中卫—靖边联络线等重点天然气管道建设和投产，提高主干管网输配能力，为冬季市场保供发挥重要作用。围绕华北石化和大港石化连续检修，优化调整检修时间、实施津华线反输、合理组织冀东原油船运方案、打通华北冀中原油供应大港石化通道、追踪冀东原油运输动态，确保两个炼油厂检修期间华北冀中油田及冀东油田和大港油田后路畅通。服务业务发挥公司一体化优势，推动技术创新，提高服务质量，发挥重组整合后总承包和设计互补的优势，提高服务保障能力。

【对外沟通协调】 争取增加成品油出口配额规模，获批增加年度出口总量500万吨；分批做好出口配额申请工作，2017年分5批申请配额，尤其是第5批出口配额有效缓解四季度成品油产销矛盾，减少冬季成品油涨库幅度，为销售企业外采增效创造条件，实现集团公司整体增效。协调铁路总公司争取铁路运力，优化铁路运输，确保长庆油田、青海油田、华北二连油田、大庆塔木察格油田等炼油厂检修期间及冬季后路畅通；开通兰州至呼和浩特石化原油铁路运输路径，拉运新疆混合原油供呼和浩特石化，为呼和浩特石化提高加工量创造条件。协调交通运输部，做好国内船运原油工作，船运量同比基本持平。针对大庆塔木察格原油因海关监管原因暂停进口问题，多次到海关总署进行协调，同时到内蒙古呼和浩特海关和东乌海关落实原油进口监管场所，实现原油及时恢复通关，减少塔木察格油田停产损失，消除油田内部管线停输风险，保证呼和浩特石化加工资源。

【管理机制运行】 推动成品油出口买断政策落地，配合财税价格部出台汽柴油出口激励政策，基础量出口价与炼油厂出厂价的差额由销售企业承担，额外量出口价与炼油厂出厂价差额全部由炼油厂共担，从根本上化解炼销企业间的出口矛盾。建立集团公司计划执行与预算考核相结合的长效调整机制，对运行中因保障集团公司整体效益和产业链顺畅运行导致的实际完成与年计划有差异的指标，在年底考核中予以还原，为生产经营计划刚性执行创造条件。制定下发“顾大局保整体”业绩配套考核细则以及油气生产经营优化奖管理办法，对执行集团公司生产经营计划、牺牲自身利益影响业绩考核结果的，予以加分奖励；对在优化生产经营计划、增加效益产量、优化资源配置、优化产品结构、扩大油气和化工产品销量、优化油气储运、优化进出口等方面做出突出贡献的团队给予奖励。建立生产经营周例会制度，打造沟通协调的高效平台，2017 年召开周例会 43 次，协调解决生产运行重点、难点问题 90 余项，主要包括塔木察格油田进口原油恢复通关、中缅原油管道投运、云南石化开工和后路保障、广西石化码头和东油沥青码头通过对外开放资质验收、四川石化航空煤油悬浮絮状物问题、错峰错时优化炼油厂检修、油品质量升级、成品油扩销降库、推动获得第三批成品油出口配额、缅气停供后资源调配、今冬明春供气补充协议签订和 LNG 资源进口调整等问题，确保国庆节、党的十九大等重点时段集团公司生产经营各项工作安全平稳开展，保障集团公司油气两条业务链顺畅运行。建立云南石化产炼运销协调机制，重点关注云南石化投产准备工作及投产后的产销平衡，炼油厂投产前及时跟踪原油采购到货、中缅管道投产等关键时间节点，投产后每周定期编制云南石化产炼运销协调机制报表，及时掌握炼油厂生产运行动态、成品油库存变化、成品油管道投产、铁路和公路外运等重点事项，为生产经营决策提供准确依据。

（张东波　王庆生　李石大　乔　跃）

资本运营

【概述】 2017 年，集团公司资本运营工作坚持稳中求进、稳健发展，配合“四大战略”实施、内部改革与结构优化调整，统筹做好股权投资、管理与处置工作；盘活存量，变资产为资本，促进质量效益提升；用好增量，增强主业的持续盈利能力；落实压减工作，发挥市场在资源配置中的决定性作用，通过进场交易、拍卖、关闭撤销等多种方式，清理退出低效无效股权项目；加强合资合作，稳步推进混合所有制改革，将优质资源逐步集中到主业和优势业务领域，提高业务集中度，促进产业结构优化升级。

（岳松伟）

【股权投资】 发挥股权投资在整合社会资源、促进业务发展、扩大融资渠道、改善经营环境、平衡地方关系等方面优势，促进集团公司业务与资产结构的优化。推进昆仑能源持续整合，完成京唐 LNG 股权转让、内蒙古西部天然气管道股权等项目；完成设立大庆电能公司、宝石机械与斯伦贝谢合资新设钻头公司、引入 13 家地方国企向新疆销售增资、天津排放权交易所引进战略投资者等项目。落实简政放权要求，逐步完善以差异化管控为主要内容的股权投资授权管理体系。2017 年下发批复天然气与管道分公司、海外勘探开发公司、国际事业公司、中油工程、昆仑能源、西南油气田、辽河油田、昆仑信托、东方物探、中油技术、渤海装备等单位股权投资。

（晁建东）

【股权处置】 贯彻落实国务院国资委关于压缩管理层级减少法人户数的工作部署，将低效无效股权列为重点清理对象，推进存量股权处置与优化，取得阶段性成果。截至 2017 年底，累计压减法人 306 个，完成进度目标。集团公司组织督导组两次对东北、西北、东南、华南、华东、华北六大片区 20 余家重点单位现场督导，完成昆仑能源公司所属华港燃气、西安庆港、吉林吉港、滨海新能 4 家单位共计 101 个法人的压减方案的批复。推进昆仑能源股东层级压缩工作，将股份公司投资昆仑能源的链条由三级压缩为两级。将中石油香港公司与昆仑能源变更为中国税务居民身份，解决相关税收架构问题。

（胡晓云　李文涛）

【中油资本和中油工程成功上市】 2017 年 2 月 10 日、2 月 17 日，中油资本和中油工程分别在深圳证券交易所、上海证券交易所举行更名及上市仪式。2017 年初，两家公司共计完成配套融资 250 亿元。

这是落实集团公司“十三五”改革创新的重要战略任务，标志着金融和工程建设业务进入新的发展阶段。(1)从根本上完成上市公司亏损治理，实现国有资产保值增值，增强国有经济活力，放大国有资本功能。(2)再次在资本市场树立优质蓝筹股上市公司标杆。重组上市后的中油资本是A股持有金融牌照数量最多的上市公司，也是国务院国资委监管的央企中金融牌照最齐全、规模最大、竞争力最强的金融管理公司。重组上市后的中油工程，业务分部在国内28个省、直辖市及海外29个国家和地区，营业收入超过500亿元，一跃成为亚洲最大、全球前10的石油工程建设公司。(3)构建市场化运营机制，规范上市公司治理，提高市场应对能力和创效水平，提升经营水平。(4)打造上市平台，拓展融资渠道，提升融资效率，为上市公司未来可持续健康发展打下坚实基础。

（岳松伟）

【中油资本迁址】 中油资本于2017年2月10日在深圳证券交易所成功上市后，为落实中油资本迁址新疆维吾尔自治区的承诺，集团公司成立迁址工作小组，谋划方案，加强沟通协调，经过3个月努力，中油资本于5月9日在新疆克拉玛依市完成工商注册登记，5月19日完成税务迁移，标志着迁址工作完成。中油资本能够顺利迁址，是新疆、山东、集团公司三方共同努力的结果。为使迁址工作顺利完成，新疆维吾尔自治区政府分别致函中国证监会、山东省政府，说明迁址新疆的重要意义；克拉玛依市委、市政府对迁址过程中出现的问题，积极研究、快速解决，对中油资本工商注册和税务登记开辟“绿色通道”，两级政府卓有成效的工作对完成迁址起到关键作用；山东省政府、济南市政府从支持新疆、帮助新疆角度出发，协调工商、国税、地税等相关部门，对迁址工作给予最大力度的支持和配合。

（岳松伟）

【股权融资】 2017年7月13日，集团公司首单100亿元可交换公司债券完成发行。本次网下发行规模70亿元，网上发行规模30亿元，票面利率1.00%，大幅低于同期同资质普通公司债的利率水平，在融资成本不断攀升的市场环境下，实现低成本融资。本次发行，投资者认购踊跃，网下投资者申购额接近1.3万亿元，收到投资者保证金约260亿元，网下发行中签率约0.54%，认购倍数超过185倍。

（张　尧）

【规范资本运营项目招标程序】 资本运营项目中介机构选聘制度创新。学习世界500强公司招投标制度，借鉴海外业务国际招投标经验，研究制定资本运营等服务类项目适用的招标办法，形成《资本运营项目中介机构选聘实施细则（试行）》。基本方案是“两步走”，第一步进行年度短名单的筛选，即通过公开招标的方式选聘各类中介机构的短名单；第二步是对具体项目，从短名单中选择适合的中介机构。该方案在满足集团公司《招标管理办法》基本原则的前提下，节约项目中介机构的选聘时间，便于项目的运作。2017年，完成第一期中介机构短名单公开招标。

（胡晓云　张　尧）

【收购兼并】 2017年，完成中国与委内瑞拉合资炼油厂谈判，并正式签署相关协议；中亚管道公司吸收合并泛欧亚公司；东南亚管道公司从集团公司无偿划转至国际勘探开发公司。批准海外勘探开发公司秘鲁1AB/8区块注资、中亚钢管公司增资、保留北京中油锐思、缅甸AD区块权益转让、参股莫桑比克4区块CORAL一期中游公司及项目融资公司立项、哈萨克斯坦雪豹公司处置立项、哈科特公司100%股权转让、箭牌公司所属EIM公司50%股权转让、赛宁BVI公司50%股权转让。

（李　致　徐贝妮　张舒婷）

【股权管理】 产权管理不断完善，服务公司改革发展大局的能力加强。办理企业的初始、变更和注销产权登记，为公司业务重组、结构调整、企业改制、法人压减、亏损治理、“僵尸企业”处置等工作提供支持。按照国务院国资委要求，完成产权登记整改报告，落实整改要求，在年度分析的基础上实现产权登记季度分析；股权管理信息系统开发产权登记模块，与股权投资、处置流程相关联。加强股权投资收益和利润分配考核，强化价值管理，首次将独资公司纳入股利分配管理，当年实际完成股利分配404.48亿元，分配比例54%。优化股权管理信息系统，完成升级版股权系统上线运行，全面优化股权系统应用，建立综合统计分析平台，为企业未来发展方向及管理决策提供支持；开发境外股权投资、管理及处置流程；新增压减工作和厂办大集体改革模块，提高工作效率，减轻企业负担。

（苇成江）

【专职董监事履职】 2017年集团公司委派的3位专职董监事参加所任职26家公司“三会”（董事会、监事会、股东会）及专业委员会84次，处理会议议案324件。(1)行权履职、勤勉尽责，贯彻股东意志，维护股东权益，发挥专职董监事在公司治理中的独特作用。(2)夯实基础工作，规范项目运作。对直管项目的合资协议、最新公司章程、股东基本信息、公司基本情况、“三会”及下设专业委员会的设置及议事规则进行系统梳理，形成文字材料并更新动态。（3）完善所任职公司的行权履职工作。优化工作流程，优化股东会决议盖章流程，提高工作效率；完善工作程序，规避法律风险；建立所任职公司文件流转台账，规范与所任职公司的文件流转；针对部分公司“三会”会议纪要不规范问题，完善“三会”会议记录签字存档制度，强化过程控制。（4）梳理相关规章制度并形成手册年度更新。系统梳理董监事相关的法律法规，完成《专职董监事业务相关法律法规汇编》，包括国家部委、国务院国资委、证监会及地方国资委共147个文件。完成《中石油董监事文件汇编》梳理整理工作。开展“专职董监事制度的探索与实践”课题研究。

（丁　泉）

石油金融管理

【概述】 集团公司于2016年12月成立中国石油集团资本有限责任公司，作为金融业务管理的专业化公司，2017年2月对济南柴油机股份有限公司资产重组后更名为中国石油集团资本股份有限公司，成为国内A股上市公司，简称中油资本，证券代码：000617。中油资本作为集团公司金融业务管理的专业化公司，是中国石油金融业务整合、金融股权投资、金融资产监管、金融风险管控的平台。业务范围涵盖财务公司、银行、金融租赁、信托、保险、保险经纪、证券等多项金融业务，是央企中金融牌照较齐全、规模较大、竞争力较强的全方位综合性金融业务上市公司。截至2017年底，中油资本参股和控股金融企业在全国18个省（自治区、直辖市）设立200多家分支机构，海外3家分支机构，从业人员2万余人。

中油资本控参股企业普遍处于充分竞争行业，市场化程度高，来自石油系统员工占比较低。截至2017年12月底，中油资本控股企业共有员工4020人（不含中意人寿），约占集团公司员工总量的0.3%。中油资本本部设有办公室（党群工作部）、人力资源部（党委组织部）、财务部、发展研究部、风险合规部、证券事务部6个职能部门，集团党组纪检组派驻中油资本纪检组（负责除昆仑银行外的金融企业纪检业务）。本部在册职工42人，其中领导班子5人，全部具有本科以上学历。

中油资本重组完成后，集团公司持有股份77.35%，募集资金认购方持有股份19.46%，济柴总厂持有股份1.91%，其他股东持有股份1.27%。中油资本控管中油财务、昆仑银行、昆仑金融租赁、昆仑信托、中意财险、中石油专属保险、昆仑保险经纪等7家金融企业，另参股中意人寿、中银证券、中债信增3家公司。

集团公司对中油资本实施战略管控，业务上采取集团公司—中油资本—金融企业的管理架构，根据金融行业监管特点和运行规律，重点加强对中油资本战略执行、投资回报、合规经营及主体责任的监督落实。中油资本作为利润中心和资本运营中心，对控股金融企业实施战略管控，保持所属各企业经营自主权，通过规范完善的法人治理结构，强化对所属金融企业战略管理、资本运营、业绩考核、薪酬管理和风险控制等职能管控，推动产融协同、融融合作，实现资源共享。各金融企业作为利润中心和市场开发经营主体，按照各自经营范围和监管要求，依照章程规范运作，实现自主经营、自负盈亏、自我约束、自担风险、自我发展。中油资本不干预其具体业务运行。

截至2017年底，中油资本管理总资产14287.2亿元，表内资产8622.3亿元，分别同比增长21.7%和11.2%。2017年实现合并收入292.5亿元，利润总额161.3亿元，分别同比增长5.5%和11.2%；实现利润在集团公司十大业务板块中排名第3位，占集团公司的30.3%；实现净利润135亿元，同比增长10.7%。资产收益结构持续优化，金融板块市场营销能力和价值创造能力增强。

【金融企业股权运营】 中油资本上市后，明确股权管控模式，探索股权投资并购。制定成员单位董事会、监事会高级管理人员委派原则和人选方案，通过委派董事、监事参与成员单位管理。完善成员单位“三会”议案审核流程，明确会前审核制度，强调议案管理。推进分红政策调整，制定中油资本2017年和今后年度分红政策，调整成员单位分红计算基数、频率和分红比例，为后续资本运作创造良好条件。股权投资方面，中油资本先后参与九州证券、蚂蚁金服、中油瑞飞等多个股权投资项目可行性研究。

【金融业务管理】 中油资本主要通过其控管、参股昆仑银行、中油财务、昆仑金融租赁、中油资产、专属保险、中意财险、昆仑保险经纪、中意人寿、中银国际与中债信增，分别经营银行业务、财务公司业务、金融租赁业务、信托业务、保险业务、保险经纪业务、证券业务与信用增进业务，是一家全方位综合性金融业务公司。

2017年，各金融企业工作亮点纷呈，逐步彰显特色优势。昆仑银行资产规模首次突破3000亿元，利润总额创历史新高，实现不良“双降”，“合规文化建设年”活动成效显著，信用卡业务成功上线投产，转型创新发展取得新进展，市场竞争力和价值创造力不断提升。中油财务成功推进集团公司司库系统2.0二期试点上线运行，启动产业链金融业务，强化外汇风险管理，服务保障能力明显提升。昆仑金融租赁持续开展低风险长周期飞机租赁营销，年度中标份额名列国内前茅，成功发行首笔30亿元低利率金融债券，打开中长期市场化融资渠道。昆仑信托实施“人才强企、创新驱动、区域布局、规模提升”四大发展战略，深耕资产证券化，扩大同业领域合作，信托规模和利润均创历史新高，2017年规模净增2000亿元，实现翻番。中意财险开拓市场商险、燃气险业务，海外工程险业务取得长足发展，提高石油员工“人车住行”一揽子专享保险服务，客户服务体验和满意度提升。专属保险海外业务拓展至18国28个项目，团车险、炼化与销售企业财产险、首个海外地区统括保单先后实施，已拥有覆盖石油天然气全产业链、国内外全球一体化的全险种服务能力。昆仑保险经纪围绕“股权链”“产业链”和“资金链”，以保险各环节为抓手，拓展社会市场，各项指标均创历史新高，行业地位进一步提升。中意人寿研究养老、健康及高端医疗产业，推动产品、投资政策本地化市场化，代理人管理能力不断提升，连续三年保持百亿元以上保费规模。

【产融结合、融融协同】 中油资本成立后，按照“以产促融，以融助产，协同发展”理念，推动产融结合、融融协同，取得初步成效。

搭建产融合作平台，助力主业发展。承办集团公司首次金融工作会议，推动出台集团公司产融结合指导意见，推进建立分区域、分条线的产融结合协调机制。先后承办辽宁、广州2场产融结合区域协调会，建立产融结合区域协调小组及运行机制。紧盯主业金融需求，通过质优价廉的服务，把原本由外部金融机构获取的利润留在集团公司内部。2017年通过存款加息、贷款降息、结算免费、手续费减免等让利政策，为成员企业让利35亿元，通过封闭结算等为集团公司节约流动资金125亿元，为保证集团用款需求2017年融资6694亿元，金融助力主业成效显著。

搭建业务协同平台，发挥拳头优势。学习借鉴同业先进经验，启动信息共享平台建设工作，推进金融企业产品、渠道、客户、服务等资源共享。制定印发融融协同指导意见，推进金融企业全面深度协同发展。2017年5月，在中油资本相关金融企业大力支持下，昆仑租赁成功发行首笔30亿元3年期低票面利率金融债券，缓解筹融资压力，金融全牌照优势初步显现。

搭建与外部合作平台，开拓外部市场。与工商银行等8家大型商业银行签署战略合作协议，独立取得超过3000亿元授信额度，在拓宽融资渠道同时，隔离金融与主业风险。与外部同业及战略客户开展业务对接，开拓外部市场。2017年，机构和个人客户数量分别同比增长54%和37%，集团公司外部业务收入占比71%、同比提高4个百分点，外部业务创效占比同比增长14.5%。金融板块市场营销和价值创造能力持续增强。

【金融风险管控】 2017年，各金融企业风险管控水平持续提升，资产质量总体良好。中油资本构建“三道防线、两级管理”风险管控架构，加强重大风险项目全过程管理，按照“四不放过”原则（对风险事件原因查不清楚不放过、责任者得不到处理不放过、防范措施没有落实不放过、员工受不到教育不放过）强化风险事件问责，防范经营损失。建立风险信息定期报告和沟通机制，跟踪金融企业关键风险指标变动以及重大风险事件发生和处置情况，加强合规和风险问题问责督办，完善金融安全防线和风险应急处理机制。推动健全中油资本及各金融企业内部控制体系，确立内控缺陷认定等统一标准，完成内部控制评价和内控审计及其披露事宜、内控体系设计及运行有效。根据上市监管要求和中油资本经营管理需要，推进整章建制，搭建上市公司治理制度、基本管理制度和业务管理制度3个层级的规章制度体系框架。各金融企业拨备计提充足，风险监管指标优于监管标准，不良资产率保持在行业较低水平，2017年未发生重大风险事件。

【金融人力资源市场化改革】 2017年，中油资本大力推进人力资源管理市场化改革，遵循金融行业发展规律，坚持市场化改革方向不动摇，制定出台《深化金融企业人力资源管理市场化改革的指导意见》（资本股份公司〔2017〕4号），初步构建符合金融企业特点的市场化选人用人、人力资源配置和收入分配机制。

建立金融企业薪酬激励机制，按照淡化身份、业绩导向、岗位管理原则，制定《金融企业人事管理市场化改革指导意见与工效挂钩暂行办法》（资本股份公司〔2017〕5号），对各金融细分行业进行效能、薪酬双对标。效益升薪酬升、效益降薪酬降。根据企业情况实行两类不同挂钩办法，第一类按利润的一定比例提取工资总额，第二类按利润目标分档确定工资增长，同时参考财务、运营及风险控制相关指标进行考核。

发挥薪酬分配业绩导向作用，下发《工资分配指导意见》（资本股份公司〔2017〕6号）。实行工资分配精准激励，打破平均分配，优先向前台和贡献大的岗位以及在价值创造中发挥关键作用的人员倾斜；金融企业中层以上人员和项目重要骨干建立薪酬延期支付办法，确保薪酬增量用在刀刃上。2017年，金融企业同职级前台员工收入差距接近7倍，干部员工创新创效的积极性有效激发。

【金融企业对标】 2017年，针对各金融企业具体经营情况，中油资本分析并起草各金融企业业绩对标分析报告，组织召开业绩指标对接会，分解中油资本2017年业绩指标。金融企业通过对标分析，了解企业的行业地位和自身优劣势，有针对性、创造性地进行整改，不断提升企业的综合竞争力。通过对标，2018年预算实现由谈指标到算指标和选指标、由对标内部到对标行业、由消极预算到积极预算的转变，金融企业自我加压意识全面增强。2018年利润预算目标比2017年预算目标提高19.4%。

（陈六亿　陈若莲）

法律工作

【概述】 2017年，集团公司法律工作围绕稳健发展、重塑形象，适应法律环境变化，各项工作取得积极成效，在支持改革、规范管理、保障发展、维护权益中发挥应有作用。

【依法合规管理】 贯彻集团公司推进依法治企决策部署，聚焦守法合规目标，推进依法合规管理各项工作开展。制定印发《领导人员履行推进法治建设职责实施办法》，进一步明确各级领导人员法治建设职责。各企事业单位按照要求制定具体细则，推进抓“关键少数”法治建设迈入制度化轨道。开展合规管理专题研究，对合规管理的认识不断深化。牵头起草中央企业合规管理指引，修订集团公司合规管理办法，从制度层面确立全面合规定位，构建分工协作机制，优化管理措施。突出合规重点，编制印发主要业务领域禁止性、强制性法律规定指引，帮助干部员工明规定、知底线。从培育理念入手，加强合规培训，干部员工合规意识普遍增强。积极推动合规融入业务管理全过程，管业务管合规责任制落实。坚持把“依法合规经营”纳入绩效考核，不断完善考核标准。各企事业单位把考核内容延伸到基层，逐级传递压力，层层落实责任，守法合规价值导向强化。通过持续努力，集团公司讲法治、讲合规的氛围更加浓厚，依法合规经营格局不断完善，守法合规的价值引领作用日益凸显。

【制度建设】 结合巡视审计意见和深化改革要求，普遍将建章立制作为问题整改、管理创新的根本举措，有序开展管理体系融合，创新体系管理模式，集团公司制度建设和体系融合得到持续深入。开展现有制度梳理，制订落实制度制修订计划，强化制度起草论证，完善制度形成机制，保证制度质量。2017年集团公司总部制修订制度58项，废止42项；各企事业单位制修订制度3510余项，废止850余项。一些法律法规新规定、深化改革新要求、提升管理新举措固化进制度，制度覆盖面、科学性和可操作性稳步提升。建立完善制度培训、实施、检查考评机制，落实领导干部和业务部门制度宣贯责任，推动制度落实到位。部分企事业单位坚持领导干部定期“讲制度”，一级抓一级，推动岗位员工对制度从“应知应会”到“已知已会”；将制度落实纳入岗位考核，激励员工自觉养成学规守规的行为。总结部分企事业单位管理体系融合工作中的经验和做法，学习借鉴国际公司先进经验，制定管理体系融合的指导意见，明确工作目标和思路方法。确定14家单位继续试点，召开部署会全面启动。各试点单位结合实际制订实施方案，积极组织推进。

【重大事项法律参与】 坚持事前预防和全过程参与，加大法律论证把关力度，强化风险管控，法律工作对改革发展、战略实施和经营管理的支撑保障能力进一步增强。2017年，集团公司法律事务部参与重大项目法律论证52项，出具法律意见279份；各企事业单位法律部门参与各类涉法事项4000余项，出具法律意见6000余份。各级法律人员在参与项目运作中，以促进目标实现为出发点，加强与业务部门协作配合，参与的广度和深度、法律论证质量和效率都有新的提升。推进国内油气资源合资合作项目清理规范，守法合规要求得到落实，一些后续法律问题解决逐步取得进展。部分企事业单位制定重大事项法律论证制度，明确范围、程序和要求，推进法律论证把关制度化。将依法合规作为各项改革推进的重要原则，加强改革事项法律论证，将防范可能引发的法律风险摆在重要位置。法律部门参与公司制改制、业务重组、压减法人等重大改革事项，系统研究改革涉及的法律实体与程序问题，坚持解决遗留问题与预防新发风险并重，及时提示风险，提出预防措施，规范办理改革中涉及的章程和工商等事项，支持改革工作的推进。集团公司法律事务部组织开展海外业务法律风险专项调查，各海外业务企业通过系统排查各环节风险源点，分析风险分布情况、主要成因和趋势特点，完善防控措施。组织完成《“一带一路”法律风险防控指引（伊朗分册）》编写，为有针对性编制主要资源国防控指引积累经验。

【合同管理】 针对内外部经营环境变化和交易风险增大的实际，加强合同订立和履行管理，强化问题治理，推进标准化信息化建设，合同管理在提高交易水平、维护交易安全方面发挥重要作用。2017年，各级法律人员审查合同51.6万份，严格落实法律、技术、商务三项审查制度，把住合同订立关，减少因合同签订问题带来的交易风险。优化合同审查流程，压减审查层级，明确审查时限，合同审查效率明显提高。持续组织合同示范文本制修订工作，截至2017年底各类在用文本134份，基本实现主要交易领域全覆盖，对提升合同订立质量和效率发挥积极作用。推进合同信息系统应用和集成，绝大部分企事业单位系统覆盖面和功能应用质量提升，合同系统与ERP、FMIS、资金、审计、联合监督等系统集成工作不断深化，有力地促进合同订立履行全过程闭环管理，保障交易水平整体提升。建立合同定期分析报告制度，加强信息分析应用，合同信息对经营管理的基础支持作用强化。集团公司组织开展合同专项检查，各企事业单位按照要求自查自改，在对24家单位抽检过程中，现场查阅合同文本1741份、记录表单499份，提出整改意见600余条。结合自查和抽检情况，系统梳理并建立问题清单，逐一明确整改要求。结合整改问题，部分企事业单位加强对重大合同履约情况的监督检查，及时发现并解决异常问题，提升合同履约质量和效率。

【案件管理】 强化上下联动、横向协同、内外法律资源互补，坚持预防与处理、集中与分级、处理案件与改进管理有机结合，案件管理水平和处理质量进一步提升。在案件管理过程中，不断完善案件申报、重大案件协同处理、案件总结分析、典型案例资源分享等工作机制。集团公司建立纠纷案件季度、年度分析报告制度，定期汇总分析企事业单位案件管理和处理情况，提示重大案件和法律风险并向集团公司主管领导报告。各企事业单位组织开展“一案一分析”和以案说法活动，总结发案原因，查找管理问题。启动集团公司典型案例库编制建设工作，更好地发挥案件资源对改进和提升经营管理的作用。开展集团公司律师资源库建设准备工作，加强外聘律师管理，优化内外部法律资源在案件处理中的互补作用，取得阶段性成果。

【商事与行政法律事务】 按照国务院国资委和国家工商总局通知要求，牵头申报并获2017年度中国商标金奖“商标创新奖”，提高商标知名度和美誉度。根据业务发展需要，组织对近300件商标提出注册申请，完善商标布局。针对外部恶意注册商标等行为，提出商标异议、无效宣告等申请上百件。采取行政、司法多种措施打击各类商标侵权及不正当竞争行为，维护集团公司合法权益。受国家能源局委托，开展天然气立法项目研究。按照课题进度要求，制订工作方案，成立专门小组，从细化课题大纲入手，研究国内外资料，多次组织研讨，取得阶段性成果。所形成的中期研究报告和法律草案既符合国家油气体制改革方向，又充分体现集团公司合理诉求，受到多方认可和肯定。组织开展《石油天然气管道保护法》修订相关问题课题研究，为下一步提出有价值的立法建议做准备。按照全国人大法工委、国务院法制办等上级机关要求，对能源法、土地管理法、招标投标法等30余件法律草案进行研究，提出意见建议 120 余条，大部分得到采纳，为集团公司营造良好法律制度环境。

【法律队伍建设】 各级法律部门贯彻党的十九大精神，加强对全面依法治国基本方略的学习，加深对法治建设重大理论问题的理解和把握，为法律人员干事创业筑牢思想根基。结合法律工作特点和实际，培育忠诚敬业、严细认真、务实担当的职业精神。坚持企业总法律顾问和法律处长年度培训制度，以“改革创新”为主题，对 124 名法律工作领导骨干开展集中培训，取得较好效果。举办法律专业强化培训班提高专业素质，对提高法律人员职业资格持证率发挥重要作用。部分企事业单位制定目标计划，通过集中培训、模拟考试、定期沟通情况等方式，督促法律人员参加资格考试，取得较好成绩。2017 年各单位有 110 余人考取法律职业资格。

（黄珍涛）

物资装备管理

【概述】 2017 年，围绕“效益稳中向好、大局稳定和谐”两条主线，树立依法合规、共享服务和全生命周期综合成本最低理念，推进集中采购和统一招标管理，研究装备统一归口管理，提升物资、装备与招标管理水平和能力。2017 年集团公司物资采购总额 1517.46 亿元，两级集中采购度 98.59%，物资招标率 87.22%，物资、工程和服务总招标率 70%，节约采购资金 97.27 亿元，采购资金节约率 6.41%，物资库存下降 11.1%。

【授权集中采购】 完成 2017 年度 58 个项目授权集中采购工作，平均采购资金节约率 7.28%，节约采购资金 27.54 亿元。修订一级采购物资目录，扩大一级采购物资管理范围，推进二级物资区域化集中采购，及时跟踪市场行情，同步调整网上目录价格，增强应对市场变化能力。推行全流程电子化招标，提升集中采购管理效率和效益，49 个库内公开招标项目实现全流程电子化开评标。推进物资采购标准化，发布 23 项技术规格书。编制完成采购共享服务中心建设前期研究报告，整合集团公司采购资源，实行专业化运作、集中化服务，协调做好重点工程项目建设物资供应保障，完成陕京四线、中俄原油二线、凝析气轻烃深度回收、俄罗斯原油改造、油品升级烷基化等集团公司重点工程项目物资保供工作，项目物资计划完成率 100%。

【装备管理】 调研集团公司装备管理基本情况、工作界面、重点工作、典型经验和做法，研究确定装备管理职能定位、思路、目标和重点任务，提出“一个理念、三个结合、五项原则、五项任务”（一个理念即装备全生命周期管理理念。三个结合指顶层设计与管理实践相结合、职能管理与业务管理相结合、继承传统与开拓创新相结合。五项原则：坚持安全第一原则，保证装备长周期平稳可靠运行；坚持科学规范原则，实现全生命周期综合效能最高；坚持创新驱动原则，推广使用新技术新工艺新材料；坚持“两化”融合原则，提升装备管理信息化应用水平；坚持节能环保原则，促进绿色清洁高效可持续发展。五项任务：加强装备管理顶层设计，构建一套完整的管理体系；加强装备管理制度建设，形成一套完善的管理制度；加强装备标准化管理，建立一套标准的管理规范；加强装备信息化建设，搭建一个数字化管理平台；加强装备管理交流培训，打造一支高素质管理队伍）的集团公司装备管理工作思路。研究起草《集团公司装备管理办法（试行）》，并经 2017 年 12 月 27 日集团公司董事长办公会议讨论通过。抓实装备管理工作，突出精细管理，强化服务意识，召开视频会、现场会，交流先进经验，安排部署管理工作。

2017 年 7 月 25 日召开视频会，学习推广大庆油田“六精”（精心选油、精确滤油、精细换油、精准用油、精密监测、精专回收）润滑管理经验，安排部署装备润滑精细管理工作。按照精益生产管理“五年三步走”（用五年左右的时间，分三个阶段打造装备制造精益企业，装备制造精益生产管理达到国内领先水平）工作规划，9 月 27—28 日在天津召开精益管理工作现场会，学习卡特彼勒公司精益管理经验、渤海装备精益管理实践。11 月 16—17 日在成都召开服务型制造座谈会，学习济柴动力成都压缩机公司“制造 + 服务”经验，交流研讨装备服务型制造发展。有序推进自主创新重大技术装备推广应用工作，2017

年完成推广应用计划 16 项，包括设备产品 140 台（套），管类产品 26860 吨。

【招标管理】 加强制度标准体系建设，组织编制《招标项目后评价工作规范》和《招标统计工作规范》企业标准，跟踪国家《招标投标法》修法动态，开展“公开招标相关问题研究”等专题研究与实践总结，为下一步招标管理办法修订做好准备。开展招标工作专项治理，组织 123 家单位自查自纠、18 家现场检查及“回头看”，积极督促整改，促进各单位建立依法合规、阳光高效的招标管理长效机制，最大限度减少不规范行为发生。坚持招标专业化核心价值，强化共享服务，完成区域招标中心建设方案，推进建成集团公司首个区域中心——西北区域招标中心。推进电子招标投标交易平台应用，内部 34 家招标专业机构全面上线运行。加强信用体系建设，组织开展投标人失信行为管理暂行规定与信息共享机制研究，净化招投标市场环境。按照商务部部署，组织完成对集团公司国际招标机构所实施的国际招标项目的“双随机一公开”监督检查，取得良好效果。

【物资采购管理信息平台】 继续完善提升物资采购管理信息系统功能与性能，优化系统运行效率，2017 年共实现网上采购交易 1397 亿元，解答内外部用户各类问题 8000 多人次，保障物资采购各项业务的在线操作。推进与国家公共服务平台数据对接和检测认证，2017 年向国家公共服务平台推送数据达 3 万项。与信息管理部密切配合，全面启动电子采购 2.0 项目一期建设。

【供应商管理】 加强供应商资源优化与动态管理。通过公开招标资格审查方式新增准入一级采购物资供应商 345 家、新增境外项目总部管理物资供应商 174 家，实现物资供应商境内外一体化管理。开展一级采购物资供应商梳理，取消 41 家资质不达标供应商的交易权限，代理商和贸易商总量削减 15%。实现一级采购物资供应商现场考察全覆盖，并在集团公司范围内共享信息。开展供应商年度考评分级，对不合格供应商进行处理。与质量管理部门联动，对出现质量问题的 44 家供应商暂停交易。

【石油物资分类与代码】 推动物料分类与代码专业化管理，配合采购中心编制物料分类与代码专业化管理工作方案，组织开展油田化学剂物料数据标准梳理工作，涉及 2 个中类、54 个小类、193 个品名，编制调整方案和加强代码审核方法。修改防喷器控制装置属性规范，将描述属性由 1 个扩充至 10 个，固化各属性值书写方式和取值范围。

【机电产品进口管理】 依法履行机电产品国际招标监督管理职责，加强机电产品国际招标机构和招标活动的监督管理。2017 年共监督管理国际招标项目 534 项，项目金额 6.72 亿美元，中标金额 4.99 亿美元，采购资金节约率 25.74%，节约采购成本 1.73 亿美元。审批不招标事项 47 项，审核签发自动许可机电证 41 份、涉及进口设备 295 台（套）、用汇 5624 万美元。用好用足国家各项进出口鼓励优惠政策，为集团公司节约大量进口采购成本，其中申请特定地区进口物资免税额度 5589 万美元、重大技术装备进口物资免税额度 1436 万美元；商务部外经贸发展进口贴息专项资金补贴 287 万元人民币；共计节约 1.19 亿元人民币进口采购成本。

【境外项目物资采购管理】 迈出境外项目物资采购共享服务第一步，2017 年 10 月 20 日在迪拜召开中东区域采购中心启动会，正式挂牌成立中国石油天然气集团公司中东区域采购中心。研究建立符合区域实际业务需要和集团公司整体发展、可复制的管理运行机制，推进境外项目共享服务建设，尽快形成多方协作、共同促进的良性互动局面。境外供应商库内有供应商 173 家分 3 个批次准入，与境内外 66 家供应商签署框架协议，初步满足境外项目采购共享服务需求。

【市场管理】 从 21 个单位上报的 123 项产品中评审出 28 项（其中新增 27 项、扩充生产单位 1 项）产品纳入集团公司第四批优势产品目录；11 月发布第四批内部优势产品目录并签署框架采购协议，完善内部优势产品集中采购政策，不断提高市场占有率，通过战略采购协议拓展内部优势产品市场渠道。组织相关授权组长单位与装备制造企业对石油钻机、钢丝绳等第一批 16 种内部优势产品框架采购协议进行续签。

【物资仓储管理】 启动编制集团化仓储物流布局规划整体方案，围绕“合规、共享、全生命周期成本最低”理念，探索构建一套与集团公司集团化采购相匹配的仓储物流统一管理机制，提升采购供应链整体效率和服务水平。研究制定集团公司库存物资管理办法，对控制存货规模、规范物资管理、建立积压物资处置奖惩机制提出明确要求。协调企业间积压物资调剂，在部门门户物资调剂信息专栏及时公布企业库存积压物资调剂信息，协助企业开展积压物资调剂工作。共发布 11 家企业近 25000 条调剂信息公告。开展庆阳石化、大港石化、大连石化、广西石化、川庆钻探等 14 家单位条码系统部署实施工作，提升物资仓储现代化水平。

【集中储备与代储代销】 挖掘集中储备工作效益，对已开展的物资储备工作进行总结、分析，积极筹备策划区域集中储备和代储代销工作，并以东北区域为试点开展区域内所属企业协同采购。下发扩充东北、新疆等区域一般无缝管、普通中板集中储备物资目录规格品种的通知，集中储备实施单位作为储备物资全品种、全系列生产保供单位，发挥支撑保障作用。继续开展储气库压缩机组、烟气轮机备品配件集中储备，为企业提供专业化保修维修服务，实现集团公司整体利益最大化。

【采购管理对标】 根据国务院国资委《关于开展2017年采购管理对标评估工作的通知》（改革函〔2017〕38号）要求，分集团公司总部和地区公司两个层面组织开展采购管理对标评估工作，制定年度采购管理提升目标、编制提升计划。代表国务院国资委组织13家中央企业，完成央企第二小组的采购管理对标评估工作。在集团公司组织开展采购管理提升对标评估工作，采取“企业参与、分组评估”的方式对企业自评结果进行评估、交流和打分，在集团公司2017年采购、装备与招标管理工作现场会上发布对标评估排名，在集团公司内部反响强烈，产生积极影响。

（左　莹）

纪检监察

【概述】 2017年，集团公司党风廉政建设和反腐败工作围绕全面从严治党，净化政治生态、重塑企业形象，聚焦监督执纪问责，强力正风肃纪反腐；各级纪检监察机构和纪检监察干部忠诚履职、敢于担当，党风廉政建设和反腐败工作取得成效。

【全面肃清流毒影响】 把全面彻底肃清周永康、蒋洁敏等人流毒影响作为重大政治任务，对中央专案涉案人员做出严肃处理，“七一”前夕在集团公司集中开展专题警示教育，通报中央专案处理人员、涉及人员情况，要求传达到基层每个支部、每名党员，用身边事教育身边人。严把选人用人政治关、廉洁关、形象关，对党的十九大代表拟推荐人选、地方党代表、人大代表、政协委员候选人，严格进行政治审查和廉洁把关，加强分类研判，对政治上有硬伤、廉洁上有问题的坚决不予推荐。

【持之以恒纠正“四风”】 坚守年节假期，持续开展监督检查，每逢节日假期、敏感时段向全员下发节日禁令、重申纪律要求；紧盯公款吃喝、公款送礼、公车私用等问题，采取党组纪检组直接突击检查、委派纪检监察中心对区域内企业开展检查、督促企事业单位纪委自查、派出基层党风监督员明察暗访等方式，开展常态化监督检查。组织开展违规公款购买消费高档白酒问题集中排查整治暨落实中央八项规定精神情况专项检查。从快优先查处“四风”问题线索，分四批点名道姓通报曝光“四风”典型问题，切实做到警钟长鸣、震慑常在，释放越往后执纪越严的强烈信号。

【深化政治巡视】 把巡视工作作为党内监督的战略性制度安排和全面从严治党的重要举措，及时跟进中央部署，以“四个意识”为政治标杆，以党章党规党纪为尺子，把维护党中央权威和集中统一领导作为根本政治任务，聚焦政治巡视，严肃党内政治生活，净化企业政治生态。优化巡视工作组织，采取“一对一”“一托二”“一托三”以及“回头看”等方式，派出10个巡视组，分两轮对28家企事业单位、24个总部机关部门和6个专业公司开展专项巡视，实现三年机关基层、国内国外巡视全覆盖。加强顶层设计，制修订党组巡视工作规定等4个制度，以及党组巡视工作领导小组等3个工作规则，充实调整党组巡视工作领导小组，设立党组巡视办，着力构建“党组直接领导、部门协调配合、上下协调联动”的领导体制和工作机制。集团公司党组先后在中央巡视办、国务院国资委有关会议上交流经验。

【保持反腐败高压态势】 各级纪检监察机构2017年立案929件、处分1777人，通过执纪审查挽回经济损失7715.85万元。紧紧盯住“关键少数”，率先在中央企业建立党组管理干部廉政档案，做到一人一档、动态管理、精准“画像”，准确把握“树木”“森林”状况。紧盯党的十八大后、中央八项规定出台和开展教育实践活动后三个时间节点，严肃监督执纪问责，持续形成强大震慑。有效运用监督执纪“四种形态”，出台加强和规范党组管理干部谈话工作实施办法，推动谈话函询制度化、常态化、规范化；向党组管理干部反馈谈话函询采信了结结果，在正向激励中保护干部干事创业积极性。

【强化权力制约监督】 研究制定、建立健全“不敢腐、不能腐、不想腐”有效机制的意见，围绕规范人财物事权力运行，积极推进12项机制建设，推动反腐败工作从重点治标转入标本兼治。紧盯重点领域和关键环节，在油气田、炼化、销售、管道、工程技术服务5个主营业务领域，点线面相结合梳理廉洁风险，制订防控措施；指导督促企事业单位围绕投资并购、改制重组、招标投标、产权交易、海外资产经营等方面，排查廉洁风险，制订防控措施。深入推进电子监察三级应用，在9个业务领域开展电子监察，利用信息技术提高监督效率。全面加强纪律教育，编发典型案例《警示录》，印发《党的十八大以来违纪违法问题处理情况的通报》，架起纪律“高压线”；开发“石油清风”微信公众号，关注人数突破37万，点击量超过600万人次，在全国省部级纪检类微信公众号中名列前茅，通过运用新媒体增强纪律教育的实效性。

【抓改革强队伍】 深入落实“三个为主”，坚持查办案件以上级纪委领导为主，建立健全向上级纪委请示报告制度；坚持纪委书记、副书记提名考察以上级纪委会同组织部门为主，持续配齐、配强纪委书记，纪委书记专职化率84%；坚持纪委书记考核以上级纪委为主，对88名纪委书记进行履职情况专项考核，对69名纪委书记进行“一对一”约谈，督促责任落实。突出“内抓规范、外树形象”，严格贯彻落实监督执纪工作规则，结合集团公司实际制定实施细则并深入宣贯，对40家企业纪委监督执纪情况开展专项检查；编制纪检工作规范汇编，切实强化对监督执纪权力的约束和规范。推进纪检组织建设和派驻工作，向总部机关部门、专业分公司和22个企事业单位派驻6个纪检组，强化对关键业务领域和监督力量薄弱单位的监督；结合海外业务体制改革，向海外企业派出纪工委，按照“纪检＋审计”的模式设立机构，持续提升海外企业风险管控水平。

【荣誉奖励】 2017年8月4日，《中共中央纪委关于对李振等同志予以嘉奖的决定》（中纪发〔2017〕4号）对集团公司第二纪检监察中心副主任孙德君予以嘉奖。

（党组纪检组、监察部）

内部审计

【概述】 2017年，集团公司各级审计部门以促改革、促管理、促效益为主线，强化重点业务、重要事项、重大经营风险的审计监督，落实整改责任，注重成果应用，推进各项工作。

2017年底，集团公司设置审计机构293个，其中一级审计机构3个、二级审计机构143个、三级及以下审计机构147个。从业人员1923人，其中一级机构149人、二级机构1258人、三级及以下机构516人。

【重要审计项目】 2017年，各级审计部门组织开展审计项目2082项，审计资金1.36万亿元，发现和揭示各类问题8503个，通过调整账目、清理债权债务、内部收缴等手段纠正问题6973个，形成直接经济成果25亿元。出具审计要情及简报328份，被采纳审计建议8702条，促进企业完善规章制度211个。

夯实离任必审，推进任中审计。对725名领导干部开展经济责任审计，其中任中审计176个，加强对“一把手”履职行权的监督约束，客观、公正、求实评价其经营业绩和经济责任履行情况。注重审前准备，纪委监察、巡视、组织人事等部门加强沟通，掌握有关信访举报、巡视结论等资料，多渠道掌握被审计人信息。重点关注“三重一大”决策程序、考核指标、国家专项资金使用、招投标、重大政策措施落实及廉洁从业等情况，推动国家及集团公司党组政策落地并有效发挥作用。制定下发经济责任审计报告编制指导意见，规范审计内容、审计评价、报告格式，经济责任审计能力和水平进一步增强。

加强全过程跟踪审计，保障竣工验收顺利推进。对607个工程项目开展结算、竣工决算或跟踪审计，审计资金928亿元，为集团公司降本增效做出突出贡献。加大工程招投标、转分包、安全环保、工程质量等关键控制环节的审计力度，推进建设项目审计向绩效审计和事中、事前延伸。克服基建审计人员少、任务重的困难，积极统筹协调资源，加大前期审核力度，顺利完成21个一类建设项目竣工决算审计，为集团公司竣工验收工作顺利推进创造条件。

加大国际业务审计力度，维护中方权益。以经济责任审计和跟踪审计为抓手，加强对海外地区公司审计，海外投资项目审计首次实现三年全覆盖，促进海外业务持续健康发展。国内对外合作项目联合账簿坚持两年内至少审计一次，在维护中方合同权益同时，揭示中方管理、运行体制等问题，共同促进合作项目管理提升、合规运行。

围绕提质增效，做深做实专项审计。采取自查上报、远程审核和重点抽查相结合的方式组织开展应收账款、冗余存货重大专项审计，促进实现"两金"压控目标。借助信息技术，持续开展"五项"费用审计，对113家单位进行集中式数据分析，发现疑点196个，使现场审计更具针对性。

【审计管理】 审计管理体制机制持续创新，审计资源统筹、审计质量管控、审计信息化、审计整改等不断加强。

审计资源统筹利用和项目组织方式不断改善。上收二类建设项目竣工决算审计、对外合作项目联合账簿审计两项监督权，统筹协调资源，加大项目推进和监督力度。建设30家审计中介备选库，丰富和弥补审计资源不足。及时调整审计项目计划，减少重复进点，减轻企业负担。

审计质量管控不断加强。加强审计项目审理，明确现场审计十三条要求，严格八条退回红线。上收审计服务中心审理权，重点项目在管理处室审理基础上进行集中审理，确保定性准确。

审计信息化持续推进。重新构建审计管理系统开发平台，大幅提高系统稳定性。积极探索审计数据中心建设，推进数据采集工作，开展应招标未招标、承包商管理、招标率等专题分析模型研究和搭建工作。按照审计统计减存量、压增量的思路，认真梳理定性词典、完善统计口径，成果利用和统计信息更加科学规范。

审计整改和审计结果运用深入展开。严格审计整改对账销号管理，对当年未完成整改的220个问题认真研究、分析原因、明确目标、设定时限，按照"谁管业务谁负责"的原则分解督促任务。通过落实责任、上下联动、部门协作，审计发现问题一次整改率提高到94%。

【优秀审计项目和论文】 组织开展优秀审计项目评审，经各单位推荐、网上初评、专家集中评审，评选出集团公司2017年优秀审计项目60个，其中中国船舶燃料有限责任公司管理效益审计、辽河油田分公司部分上市单位投资及成本列支工程项目管理情况审计、大庆油田有限责任公司原油4000万吨持续稳产关键技术研究验收前审计等10个项目获一等奖，20个项目获二等奖，30个项目获三等奖。

组织开展优秀审计论文评审，经片组初评和专家现场评审，评选出集团公司2017年审计优秀论文67篇，其中《风险管理审计评价指标体系研究》《浅谈内部审计大数据监督工作模式在企业防范风险、提高效益中发挥作用的方式及途径》《集团公司内部审计质量控制操作层面存在问题探析》等15篇论文获一等奖，20篇论文获二等奖，32篇论文获三等奖。组织推荐优秀审计论文参加中国内部审计协会内部审计理论研讨论文评选，《风险管理审计评价指标体系研究》获二等奖，《试论企业外雇劳务管理存在的问题及审计策略》等5篇论文获三等奖，集团公司审计部获组织奖。

【审计队伍建设】 各级审计部门加强思想建设、能力建设和作风建设，落实全面从严治党要求，执行新形势下党内政治生活若干准则，牢固树立"四个意识"，开展"两学一做"学习教育，学习宣传党的十九大精神，审计人员政治意识和大局意识增强。大庆油田审计部、辽河油田审计处、长庆油田审计处、青海油田审计部、西部管道审计监察处等5个集体获中国内部审计协会授予的"全国内部审计先进集体"称号，王进库、邹毓虎、龚春银、王媇、孙家秀等5人获"全国内部审计先进个人"称号。

2017年举办各类审计培训班116个，培训2325人次，其中审计部直接举办培训班2期（5月在广州举办审计数据分析技术培训班、11月在广州举办审计处长培训班），培训审计人员263人次。加强学习交流和经验推广，编辑出版4期《中国石油审计》，每周推出1期"中国石油审计"微信精选内容。

2017年底，审计队伍中大学及以上学历1629人，占总人数84.71%；中高级职称1583人，占总人数82.32%；具有注册会计师、国际注册内部审计师、注册造价师等职业资格950人，占总人数49.40%。

（白雪莲）

改革与企业管理

【概述】 2017年，改革与企业管理工作贯彻集团公司党组部署，统筹推进全面深化改革，抓好各项改革举措的落实，加快构建集团公司管理创新体系，加大力度推进“处僵治困”（即“僵尸企业”处置和特困企业专项治理），开展企业发展能力评价，推动企业开源节流降本增效，突出重大风险防控，不断优化业务流程，持续提升内控与风险管理水平。

【深化改革】 推进全面深化改革工作，将年度改革工作要点细化分解为3类52项具体任务，建立任务台账，明确工作目标、进度安排和责任部门，52项任务全部按计划推进。组织召开7次全面深化改革领导小组会议，研究审议14项议题。向国家部委报送35期工作动态及简报。组织开展分级授权管理实施路径、应对管道网运分开策略等18项改革重点难点问题研究，为制订专项改革方案提供有力支撑。

完成集团公司及所属全民所有制子企业公司制改制工作。按照“谁出资、谁审批”原则，建立集团公司批复二级法人企业、授权二级法人企业批复下属企业的方案审批机制，确保改制工作依法合规。建立完善改革与企业管理部全面督导、机关部门专业把关、所属企业主导实施的工作推进机制，实施挂账督办。集团公司超前完成整体改制，更名为中国石油天然气集团有限公司；完成151家所属各级全民所有制子企业改制工作；关闭注销全民所有制子企业70家。

推进分级授权管理工作。搭建纵向授权和横向授权相结合的授权管理体系，出台《集团公司授权管理办法（试行）》《股份公司授权管理办法（试行）》。制订集团公司授权管理清单、股份公司授权管理清单及对中国石油集团工程股份有限公司和中国石油集团资本股份有限公司授权管理意见等制度文件，组织梳理确定14类业务授权管理清单，明确集团（股份）公司对不同类型专业公司及其地区公司差异化授权事项。

推进扩大经营自主权改革试点。在辽河油田、吉林油田试点基础上，增加新疆油田、大港油田、华北油田、吐哈油田开展扩大经营自主权改革。通过改革创新，激发活力动力，破解发展瓶颈，增强应对低油价风险挑战能力。

推进多种经营业务深化改革。制定《集团公司关于多种经营业务深化改革的指导意见》，按照加快退出、审慎整合、控制发展三种方式分类实施改革，致力于将多种经营企业打造成自主经营、自负盈亏、自担风险、自我约束、自我发展的“五自”市场主体。截至2017年底，24家企事业单位共有多种经营企业155户（其中国有独资企业77户、国有控股企业26户、国有参股企业52户），员工20131人。121户企业处于持续经营状态（国有独资及控股企业78户），34户企业处于停产歇业退出状态（国有独资及控股企业25户）。103户国有独资及控股企业资产总额142.57亿元，负债总额113.15亿元，平均资产负债率为79%，资不抵债企业共有19户；累计营业收入108.8亿元，利润总额1.65亿元，有25户企业处于亏损状态。

截至2017年底，基本完成47家企业、174家宾馆酒店专项整改工作，其中：关停退出8家，转型自用29家，出售9家，对外租赁经营45家，26家关停注销并择机盘活资产，5家边经营边择机处置，保留经营52家，总体减亏增效9.20亿元，资产出售增值5.07亿元，资产租赁年收入2.45亿元，累计分流安置6085人。

【管理创新】 构建完善管理创新体系。制定《集团公司管理创新指引》，为各层级管理人员开展管理创新工作提供指导。出台《集团公司管理创新管理办法》，推动管理创新工作科学化、规范化与标准化。

组织开展管理创新研究与实践。设立管理创新专项经费，支持总部各部门、各专业公司和各企事业单位开展管理创新研究与实践。2017年立项31项，为各单位管理创新创效提供支撑和指导。

开展管理创新成果评审。83家单位推荐275项管理创新成果，评选出集团公司2017年度管理创新成果奖86项，其中一等奖12项、二等奖20项、三等奖54项，将一等奖成果推荐至中国企业联合会参加全国管理现代化成果评审，促进管理创新成果有形化，营造良好创新氛围，调动各级管理人员的创新积极性。

加强先进经验交流推广。分别以“对标管理”和“企业管理数字化”为主题，组织召开两次管理创新经验交流会，共有114家单位230名代表参会。挖掘并总结提炼一系列创新经验，2017年印发7期《企业管理工作简报》，将西南油气田、华北油田、福建销售和湖北销售等单位的管理创新经验推荐至国务院国资委。完善管理创新专栏，开通“班组园地”栏目，加大信息发布力度，2017年共发布企业管理创新工作动态402篇，累计点击率突破3.6万人次。

【经营管理】 加大“僵尸企业”和特困企业专项治理力度。2017年是三年“处僵治困”工作承上启下关键一年，集团公司整体统筹谋划，强化督导检查，攻克重点难点问题，加大政策支持力度，分类推进落实，超额完成年度目标。79户“僵尸特困”企业同比减亏208亿元，其中特困企业比2015年减亏222亿元，超额完成国务院国资委“两年减亏40%（减亏66亿元）”目标。2017年处置41户企业（“僵尸企业”13户、特困企业28户），超额完成国务院国资委“处置25户”年度考核目标，2016—2017年累计处置56户企业，超过国务院国资委“两年任务过半”目标。2017年分流安置2.9万人，2016—2017年累计分流安置6.1万人，完成三年总体分流安置目标72%。

推进未上市托管业务深化改革。完善工作机制，推进业务产业调整，严控用工总量，促进未上市托管业务效益改善和提升。优化管理幅度、压缩管理层级、实施扁平化改革，整合企业所属二级单位52个、三级单位440个。逐步萎缩低端业务，对部分持续亏损、处于停产状态业务实施清理淘汰。按照“统筹规划、分类实施、一企一策”原则，加大资金支持力度，推动托管业务控债降息。强化员工培训，推动员工对外劳务输出，实施内部人员岗位调整，开展员工分流安置。2017年，剔除减值因素，未上市托管业务同比增利9.6亿元，完成扭亏解困阶段目标。

持续推进企业发展能力评价。开展2016年度企业发展能力评价测算，形成集团公司总体评价报告和分企业评价报告，得到国务院国资委监事会、集团公司党组及地区公司认可和关注。将企业发展能力评价结果纳入2016年扩大经营自主权改革试点企业业绩合同，作为企业改革成效单项评价指标考核，权重5%—10%，帮助企业找到关键差距、行动难点、环境阻力和薄弱环节，明确改进重点，提出管理建议，为规避内部改革风险提供有力保障。

组织开展中央企业功能界定与分类。123家企事业单位上报2086户子企业，按照国务院国资委“推进分类改革发展、分类定责考核、分类薪酬分配、分类实施监管”目标和要求，将24户从事勘探开发、管道及科研的子企业界定为商业二类，保持国有资本控股地位；将其余2062户子企业划为商业一类，由国有资本控股或参股。

【内控体系建设】 持续优化业务流程。组织开展企事业单位层面合同管理及二级物资采购管理流程优化工作，促进流程优化工作成果落地执行。各企事业单位流程优化工作贯彻集团公司“简政放权”指导思想，缩短业务环节，简化工作程序，降低运行成本，提升流程效率。

强化管理层测试。坚持“问题导向、风险导向”，加强重点领域风险识别分析，评估合同管理、采购管理、存货管理、资金管理、资产管理、项目管理、销售管理、投资管理等重要风险领域。改进测试方法，在管理层测试基础上，开展专项测试，揭示深层次管理问题，持续提升测试质量和效果，确保内控体系有效运行。

落实例外事项整改。针对测试发现问题，逐家下达改进意见书，落实责任主体，明确整改期限。测试组深入剖析例外事项发生原因，追根溯源，找准病灶，为整改工作奠定基础；企事业单位持续完善整改进度定期上报制度，按时反馈整改落实情况；总部机关继续加强部门联动，加强顶层制度设计，促进建立长效机制。通过不同层面完善整改机制，测试发现重要例外事项得到有效整改。

内控体系运行持续有效。股份公司董事会按照监管要求对内部控制进行评价，认为截至2017年12月31日内控有效。外部审计师毕马威华振会计师事务所（特殊普通合伙）对股份公司财务报告相关内部控制出具标准无保留审计意见。股份公司内控连续12年通过外部审计。集团公司内控连续6年有效运行。

【风险管理】 完善风险评估机制。开展重大项目专项风险评估，并纳入投资项目可行性研究，对集团公司47项重大投资项目资源、市场、技术、工程、资金、政策、社会等方面风险因素进行识别，评估风险影响程度，制定风险管理解决方案，从源头控制投资项目风险。建立集团公司重大改革稳定风险评估机制，科学识别、评价、应对、控制改革稳定风险，促进重大改革事项依法决策、科学决策、民主决策，从源头预防和减少不稳定因素，确保在稳定风险可防、可控前提下推进各项改革 。

创新风险管理方法。2017 年收集内部风险事件942 起，按季度定性分析事件发生过程和原因，定量分析经济损失、人员伤亡、形象损失、环境污染、运营中断等影响，提出风险应对管理建议，为防控重大风险提供决策支持。整理分析历年风险事件发生趋势，研究事件类型间衍化过程，建立风险事件类型趋势分析及预判模型，为预判未来重大风险提供依据。总结近十年集团公司重大风险管理情况，分析未来国内外经济形势，掌握风险变化动态，预判重大风险，为提前配置风险防控资源奠定基础。

筑牢风险管理基础。宣贯集团公司风险管理办法，明确风险管理直接责任、主管责任和领导责任，确保管控责任落到实处。制定内控与风险管理相关标准，夯实风险管理基础。加快建设风险管理信息系统，推进试点应用和完善，组织部分企业开展应用培训，初步实现风险管理信息化，提升风险管理工作效率和大数据分析能力。

【培训及队伍建设】 2017 年，集团公司举办改革与企业管理处长培训班，133 名各单位改革企管部门负责人参加培训。举办改革业务处长培训班，80 名各单位改革业务部门负责人参加培训。举办企业管理创新培训班，111 名各单位企业管理业务骨干参加培训。举办风险管理及经营管理培训班，299 名各单位风险管理及经营管理业务骨干参加培训。举办两期流程与测试培训班，335 人参加并全部通过考试，取得资格证书。集团公司深化改革、企业管理、内控与风险管理工作得到进一步加强和推进。

（刘　影　李　娟）

矿区服务

【概述】 2017 年，集团公司矿区服务系统履行保障生产、服务生活、维护稳定三项职责，推进矿区业务改革发展，各项工作取得新成绩。截至 2017 年底，矿区服务系统从业人员 12.29 万人，其中合同化职工 8.79 万人。矿区服务居民总户数 131 万户，物业服务面积 1.42 亿平方米，供暖面积 1.26 亿平方米。2017 年供水 1.84 亿立方米，供电 27.47 亿千瓦・时，医疗诊疗 1769 万人次，服务离退休人员 64.6 万人。

【“三供一业”分离移交】 集团公司将剥离企业办社会职能列为与相关省、市合作议题，《集团公司矿区物业分离移交方案》经集团公司全面深化改革领导小组召开第二十次会议审议通过，强化顶层推动。分管领导抓落实，通过视频对接、现场督查，加大推进力度。加强组织，搭建宝石花平台，推进大庆油田独立工矿区综合改革试点，协调昆仑能源接收居民燃气业务。强化考核，建立定期通报、纳入年度业绩考核等激励机制，激发和调动各单位的积极性。完善配套政策，研究下发物业和采暖收费制度改革指导意见。严格项目审核，完成分离移交项目立项 200 个。抚顺石化、乌鲁木齐石化、独山子石化、宝鸡钢管和渤海装备 5 家单位完成“三供一业”分离移交任务。截至 2017 年底，矿区服务系统累计完成供暖 113.1 万户、供水 103.5 万户、供电 103.7 万户、供气 73.7 万户、物业 103.1 万户分离移交和协议签订，按照国务院国资委统计口径，“三供一业”分离移交完成率 82%。累计获中央财政补助资金 26.7 亿元。

【医疗托幼及公共服务社会化】 按照国家政策明确的四种模式，分类指导、因地制宜、因企施策，推进医疗业务改革。强化顶层设计，《中心医院社会化改革试点方案》经集团公司全面深化改革领导小组第十六次会议审议通过。在中国石油中心医院改革试点的基础上，辽河油田、华北油田、兰州石化、西南油气田、辽阳石化、东方物探 7 家单位医院完成社会化改革。渤海装备、运输公司、新疆油田与地方政府达成医院移交协议。2017 年完成 4 家三级医院、3 家二级医院和 93 个社区医疗机构的改制、移交或关闭。加强与地方政府的沟通协调，主动向政府发函，提前做好业务和资产清点工作，推进市政设施和社区管理移交。2017 年完成 41 个社区居委会、24 个一站式服务大厅移交地方政府；17 所幼儿园实现社会化，幼儿园总体社会化率 48%。

【矿区管理体制和业务结构】 随着矿区改革的推进和业务分离移交的深入，及时调整优化矿区管理体制。塔里木油田、大港油田、玉门油田、独山子石化撤销矿区服务事业部，在机关设立部门或成立直属单位归口管理矿区服务业务。青海油田、吉林油田、辽阳石化压缩事业部规模，精简机构和人员。西南油气田有序实施机构调整和人员分流安置，压减 136 个基层机构，转岗分流 6117 人。长庆油田、华北油田成立专业物业公司，实施内部机构和业务整合，为物业分离移交奠定基础。大港油田完成内部供水、供电、供气业务专业化重组。吐哈油田对鄯善基地实行生产生活一体化管理。管道公司推动矿区传统业务向工业物业转型升级。矿区服务系统压减事业部机关及所属单位处级机构 46 个，从业人员净减少 1.57 万人，其中合同化员工净减少 1.04 万人，压减率 10%。同时，矿区服务系统牢固树立经营矿区理念，研究下发矿区服务系统推进开源节流降本增效工作方案，明确 5 项重点措施狠抓落实，2017 年成本费用总支出减少 31.1 亿元，连续四年下降，超额完成既定目标。

【矿区安全环保和谐稳定】 矿区服务系统 15 家单位开展内部体系审核，接受地区公司审核 33 次。开展安全生产大检查，矿区服务工作部抽查重点场所 55 个，发现问题和隐患 43 项，现场落实整改 24 项，下发隐患整改通知单 6 份。开展“安全生产月”活动，推进风险防控和隐患排查，增强风险防范能力。加强对燃气、冬季供暖及人员密集场所的重点监管，确保平稳运行。推进京津冀及周边地区大气污染综合治理攻坚行动，完成 52 台燃煤锅炉改造清零任务。突出加强应急管理，不断优化完善应急预案，定期组织应急演练，提升应急处置能力。中国石油中心医院快速响应，第一时间组织专家参加贵州天然气泄漏事故应急救援获好评。强化业务移交过程中的运行监管，明确监管责任，确保安全风险有效受控。组织居民开展文化体育活动，弘扬主旋律，传播正能量。协助地方政府推进矿区社会治理，深化扶贫帮困，强化社会治安和维稳防恐，确保矿区大局和谐稳定。特别是在党的十九大和“一带一路”高峰论坛会议期间，矿区服务系统加强流动人员和重点部位监控，强化安全稳定工作，营造和谐稳定环境。

【服务保障】 矿区服务系统坚持以服务为己任，围绕职工群众期盼、生产建设所需，提升服务保障能力与水平。大庆油田矿区服务系统开展示范窗口创建活动，树立 64 个典型服务窗口和 50 个服务明星，发挥典型示范引领作用，不断提高服务质量。独山子石化持续实施服务精品创建，每季度开展量化考评、分类排序，190 个服务项目实现提升，“660”服务热线满意率 100%，实现“服务万事通，满意进万家”。长庆油田矿区精心服务一线，管理 28 个公寓、1.66 万张床位、10 个员工食堂，设立 35 个前线医疗站点和医疗团队，为一线员工安心踏实工作创造良好条件。矿区服务系统围绕职工住房建设、配套设施改造、环境整治等职工群众关心的问题，强化组织协调，推进实施民生工程。协调落实棚户区改造国有资本金预算 1.1 亿元，支持青海油田、兰州石化、吉林石化、辽阳石化 4 家单位解决职工住房 7400 套。响应美丽中国建设倡议，组织发动 64.9 万人次参加义务植树活动，植树 217.85 万株。矿区绿化美化取得新成果，新增绿地面积 646.2 万平方米，生活基地绿化覆盖率 43.97%。

（陈成才）

维稳信访与综治保卫

【概述】 2017 年，集团公司维稳信访、综合治理与保卫工作始终以为集团公司改革发展营造平安和谐稳定的环境为目标，以维护各个重点时期的大局平安稳定为己任，提升政治意识、大局意识、核心意识、看齐意识，推进各项工作的序开展，完成维稳信访、综合治理与保卫各项工作任务。

（黄晓雯）

【维稳信访】 2017 年，维稳信访工作贯彻集团公司党组决策部署，提升“四个意识”，认识“稳定”事关政治、事关大局、事关形象，担当负责、迎难而上，工作取得成效。集团公司党组坚持把保障职工群众合法权益、维护国家能源安全作为首要政治任务，推动集团公司维稳信访工作取得新成效、呈现新气象。突出顶层设计，一批对全局有重要意义、对长久发展有重要影响的制度、办法、规范、标准相继出台实施，在体系机制建设上取得长足进展；突出队伍建设，从维稳信访干部的教育、培训、培养、选拔、交流挂职等各个方面，给予前所未有的关心、关爱和支持，广大干部队伍被激发出空前干劲；突出严谨务实，把维稳信访工作同集团公司的中心工作同安排、同部署、同推进，定期听取工作汇报，及时研究解决工作中遇到的重要问题；突出强力部署，以强有力的组织领导，为完成 2017 年重点阶段任务提供支持和保障。

企业各级组织落实集团公司党组部署，开展一系列措施：政治坚定、目标明确，统筹谋划、超前部署，企地联动、群策群力，以最硬的措施和标准确保党的十九大特别重点阶段万无一失；坚持畅通渠道疏导情绪，不断畅通拓宽信访渠道，不断在消除矛盾“增量”上下功夫，确保矛盾纠纷控制在当地、稳定在基层、化解在萌芽；狠抓积案攻坚治理，狠抓“存量”消除，推进积案攻坚化解，实现清仓见底；超前应对情报信息，发挥基层多源头信息网络作用，健全立体情报信息网络，及时搜集、获取各类维稳情报信息，掌控风险消除隐患；企地配合整体联动，主动与当地党委、政府建立日常汇报沟通机制，与当地公安、信访和综合治理等部门建立信息通报机制，巩固了覆盖广泛、反应灵敏、及时畅通的情报信息网络，确保大局平安稳定。

2017 年，维稳信访工作以法治信访为总纲，从顶层设计、政策指导、工作协调、责任落实、督办跟进等方面，坚决把集团公司党组决策部署落到实处，在“政治大年”实现“政治稳定”。突出贯彻执行、强化指导督办，根据不同重点阶段任务目标实施“四级分类管理”，有层次、有重点、有侧重、有针对性地开展工作，率先在央企系统建立起“五级责任体系”，形成各负其责、齐抓共管、稳控化解的三位一体基层责任承包网络，形成集团公司一级抓一级、层层抓落实局面，压低稳定工作重心；突出全年重点、狠抓落实，注重把握责任分解落实、强化工作部署，注重把握渠道畅通有序、规范信访秩序，注重把握协调指导督办、强化执行管控，注重把握应急配合联动、提升处置能力，推动维稳工作开展；突出秩序规范、把握依法处置，“点”“面”并进，狠抓“门前清”治理，专项治理取得成效，解决访情向总部上交、矛盾向北京上行的问题，突出目标导向、站位法治“总纲”，在央企中率先启动律师参与企业来访接待工作，提高企业接访工作法治化水平；突出群体利益、解决疑难问题，2017 年，建立完善“一个指导思想、两个基本方法、三项综合措施”的稳定工作政策底线长效机制，利益惠及、覆盖 11 个重点不稳定群体 205 万人，启动解决特殊疑难信访问题管理办法研究工作，突出解决“特殊”“疑难”“紧急”三类问题；突出顶层设计、夯实基础工作，着眼于“稳”主基调，紧盯集团公司全面深化改革主线，围绕“保障改革发展”中心任务，将改革、发展、稳定作为一个不可分割的整体工作，统筹研究、系统实施，把“稳定风险评估”同时引入集团公司的改革决策、企业的执行落实两大环节，使稳定风险评估成为集团公司各项改革方案出台、推进前的必经程序和刚性门槛，前移维稳关口，实现由“事后处置”向“事前防范”转变，由“末端治理”向“源头治理”转变，由被动“保稳定”向主动“创稳定”转变，面向全系统启动“基础业务规范建设年活动”，以维护大局稳定为主线，以推进法治信访、依法维稳为目标，推进 6 个方面工作，夯实 5 项基础保障；突出信息升级、提升队伍能力，充实完善 1 个中心、3 个保障支撑、43 家地区监测责任企业的维稳网情监测网络，夯实 2100 余名专、兼职网情监测队伍基础培训，推进“集团公司信访信息化平台管理系统”改造升级，实现对全系统企业工作的信息流、业务流、管理流“三结合”，启动“千人培训”计划，做实精细化培训，打造敢于甘于善于履职尽责的干部队伍。

2017 年，集团公司没有发生大规模群体访和进京访，没有发生因信访问题引发的重大事件，没有发生因工作不当引起的网上负面炒作，维护了企业社会大局稳定。

（王　越）

【综合治理与保卫】 2017 年，集团公司保卫工作树立“四个意识”，始终将油气安保防恐工作作为一项政治任务，坚持问题导向，落实责任，协同配合，夯实工作基础，深化完善地企联合、警企联防、四防齐下、群防群治的工作机制，组织开展长输管道、油区治安综合整治、新疆地区反恐怖防范和总部机关治安保卫战，圆满完成党的十九大、全国“两会”、金砖峰会、“一带一路”峰会论坛等重大活动期间安保防恐任务，保障重点时期油气平稳供应，维护国家油气能源安全和社会大局稳定。

2017 年，集团公司安保防恐形势总体向好。全年各油气田和管道企业内部发生涉油类刑事案件 347 起，其中打孔盗油案件 30 起、开井盗油案件 182 起，较 2016 年分别下降 28.6%、2.6%。企业配合各地公安机关查破地方涉油类治安案件 578 起，查扣非法贩运车辆 2142 台，现场累计收缴被盗原油 11042 吨，防范重大涉油刑事案件和涉油气暴力恐怖事件发生。总部机关两个办公区 2017 年投入安保、维稳、交通和消防力量 91520 人次，开展治安巡逻查控 2100 余次，劝阻处置各类上访事件 632 起 874 人，快速处理过激上访 148 起 155 人，出动队员 340 人次，有力保障总部机关和谐稳定。

【重点工作】 贯彻集团公司党组决策部署，确保党的十九大等重大活动和重点阶段期间油气设施安全运行。围绕全国“两会”“一带一路”高峰论坛、金砖峰会、党的十九大等重大政治活动，将特别重点阶段安保防恐工作作为重大政治任务，制定特别重点阶段安保防恐工作方案，全面实施升级管理，严密重要目标防范。督促各重点企业成立特别重点阶段安保防恐工作领导小组，制订工作方案，强化人防物防技防，加强安保防恐隐患排查整改，密切企地联防、企警联动，强化反恐防范应急演练，特别加强重大活动举办地及周边重要油气设施安防措施，完善油气安保防恐措施，强化内部防范管理，夯实安保防恐根基。在党的十九大特别重点阶段期间，专门召开集团公司维稳信访安保防恐工作视频会议，向 96 家重点企业党政主要负责人下达特别重点阶段责任令，加强组织领导，强化责任落实。组织召开环京“护城河”企业党的十九大维稳信访安保防恐视频会议，对 20 家环京重点企业特别重点阶段安保防恐工作再动员、再部署。为确保特别重点阶段防范措施有效落实，先后对北京、天津、河北、辽宁、吉林、黑龙江、陕西、新疆、云南、福建等 10 个省（自治区、直辖市）27 家企业安保防恐工作进行实地检查，组织开展督导检查 14 次，以督查促落实、抓整改、求实效，确保特别重点阶段万无一失。

加强顶层设计，推进安保防恐工作长效机制建设。2017 年初确定发布 5 个标准、开展 1 个课题研究“5+1”长效机制建设计划。6 月 28 日，集团公司正式发布《石油石化企业安保防恐风险等级及防范规范》（以下简称《安防规范》），并于 9 月 15 日实施。《安防规范》发布后，集团公司组织 5 次油气田、炼油化工、成品油销售、工程技术服务和运输业务领域企业专题培训宣贯，培训 96 家企业保卫部门主要负责人和业务骨干 594 人；各企业层层组织宣贯培训 5414 次，培训企业人员 302547 名。12 月 6 日召开的反恐怖防范标准建设及落实工作全国视频部署会议上，国家反恐办专门指定集团公司作为先进做典型经验专题发言。为做好油气治安防控体系建设课题研究，召开 6 次课题研究座谈会议，深入大庆油田、辽河油田、长庆油田、华北油田、管道公司实地调研，在借鉴成熟经验做法基础上，确定油气治安防控体系建设基本框架路线。针对新疆地区企业安保防恐工作的严峻性、复杂性和特殊性，指导塔里木油田制定安保风险部位评估分级和防范标准，以此为依据开展克拉 2、轮南作业区反恐怖防范重要目标试点建设。按照公安部治安局部署，探索推进管道专业化巡护试点工作，召开 2 次专题会议座谈研究，对选定试点管道进行实地调研，研究专业巡护管道运行模式，总结试点工作经验，为促进管道巡护工作专业化、规范化奠定基础。

坚持问题导向，贯彻落实安保防恐标准，强化安防基础建设。《石油石化企业安保防恐风险等级及防范规范》发布后，集团公司将贯彻落实安保防恐标准作为夯实反恐怖防范基础和提升内部防范能力的重要抓手，督促企业迅速成立对标建设工作领导小组，召开专门会议部署安排，推进落实。加大资金投入，充实人防力量，加强物防技防基础建设，组织对标准贯彻落实情况进行督导检查，以督查促落实、抓整改、求实效。2017 年集团公司油气田、炼化、成品油销售、工程技术服务、运输企业开展《石油石化企业安保防恐风险等级及防范规范》培训宣贯活动 5370 次，累计宣贯 300926 人次。依据标准并结合地方政府安保隐患整改要求，各企业投入安保防恐经费 19.37 亿元，新增专兼职安保人员 11622 人；整改未达标项风险目标 6907 个，其中一级 161 个、二级 5922 个、三级 824 个；达标率由首次对标的 23% 上升至 49%，一级由 32% 上升至 55%、二级由 22% 上升至 55%、三级由 38% 上升至 50%。

强化重点防范力度，提升反恐怖防范能力。按照国家反恐办和部际联席会议部署，将“抓重点、补短板、强弱项”作为油气安保防恐工作的发力点，持续加强重大工程项目防范、油气涉恐要素管控力度。2017 年，管道企业加强长输油气管道反恐怖防范，对标《石油天然气管道系统治安风险等级和安全防范要求》，在人防、物防、技防建设上狠下功夫，加强管道重点部位、高后果地区管段巡逻防范，强化检查、监督和考核，确保供油供气安全平稳。31 家成品油销售企业严格执行散装汽油销售管控规定，按照地方公安机关要求，推进散装汽油实名销售系统建设，全国 20148 座加油站中有 5792 座加油站安装应用，同时强化自助加油环节全过程监管，加强加油站、油库反恐怖防范工作，确保安保风险受控。

加强协作，配合推进油气田及输油气管道治安秩序综合整治工作开展。根据部际联席会议全国油气田及输油气管道治安秩序综合整治工作部署，集团公司专门研究制定综合整治工作方案，分别召开黑吉辽蒙、津冀鲁豫、陕甘宁新 3 大片区 52 家企业综合整治工作现场推进会，与属地公安机关通力协作、联手攻坚，梳理摸排涉油重点信息线索，配合打击涉油违法犯罪，自 2016 年专项行动开始以来累计梳理未侦破打孔盗油案件 29 起、开井盗油案件 12 起，摸排非法涉油厂点 14 个、涉油问题重点县市区 31 个、非法贩运通道 82 条，提供查控涉油违法活动卡点 171 处，为公安机关深挖涉油案件根源和案件侦破提供信息线索。

为强化警企联防联控工作机制，解决企业治安隐患问题，专赴大庆油田、长庆油田、辽河油田、华北油田、大港油田和管道公司等企业生产一线，调研了解油区治安状况，研究影响油区生产治安突出问题的办法。与辽宁、河北、陕西等地公安机关细致核对企业摸排的涉油信息线索，绘制被盗原油贩运的信息标示图，为各级公安机关打击整治涉油违法犯罪活动提供精准目标。在中缅原油管道投产之际，协调公安部治安局召开中缅油气管道国内段安保工作推进会，分别与云南省、贵州省、广西壮族自治区治安总队就依托部际联席会议平台，加强 3 个省、自治区各级联席会议机制和推进中缅油气管道纳入沿线各地社会治安防控体系建设等事宜沟通对接。与辽宁省公安厅治安总队座谈研讨完善联席会议制度、健全治安联勤机制和斩断贩运通道、取缔非法厂点、联合应急演练、管道保护宣传等工作，共同推动综合整治工作深入发展。配合国家反恐办工作，金砖峰会前夕到福建地区对重要油气设施进行督导检查。围绕散装汽油销售管控工作，到江苏、云南、贵州、四川等地实地调研，研讨散装汽油销售和自助加油严管严控举措并提出意见建议。与新疆维吾尔自治区公安厅治安总队共同举办新疆警企油气安保培训班，警企双方面对面交流、点对点沟通，就油气安保工作重点难点问题、反恐怖防范措施手段等充分研商，深化警企协作长效机制建设。2017 年，与河北、黑龙江、吉林、甘肃、陕西、宁夏、内蒙古、广东等省（自治区）公安机关沟通对接，研讨加强油气安保工作、提升重要油气设施防范能力的措施办法，推动实现工作联议、问题联治、防范联动的工作格局。

突出驻疆企业强化防恐实战能力建设，配合打好反恐维稳组合拳。督促指导各驻疆企业按照新疆维吾尔自治区实施反恐维稳一级响应常态化部署，围绕社会稳定和长治久安总目标，坚持高标准、落实严要求、强化硬作风，统筹安排油气生产经营和安保防恐工作，狠抓主体责任落实，查找存在的薄弱环节和问题短板，治理安保防恐隐患，严格整改、严堵漏洞，防控安全风险。密切企地企警联防、联建、联治，深化应急管理，狠抓源头治理，加强反恐怖防范宣传教育，夯实重要油气设施防范根基，提升员工防范应对能力，配合打好反恐维稳组合拳，确保油气生产经营安全、企业内部和谐稳定。

突出重点防范，维护集团公司总部机关安全平稳。在全国“两会”、党的十九大、“一带一路”高峰论坛等特别重点阶段，对北京石油大厦和六铺炕办公区实施升级管理，强化管控措施。依托视频监控与应急指挥平台，全覆盖、无死角、全天候监控，每日保卫大队治安巡逻人员 24 小时不间断巡护，协调配合北新桥、德外地区派出所等公安机关，在两个办公区构筑起内部查控、周边巡护、外围警戒的“三道防线”。党的十九大特别重点阶段，发挥保卫大队 300 余名队员、冀中公安局和华北油田 20 名公安民警和保卫干部、武警北京总队十七支队“三支力量”作用，扎牢周边道路、办公区外围、大厦出入口“三层屏障”，完成治安防范、维稳处置、企地联防“三项任务”。

在集团公司重要会议、重大活动期间，制订治安保卫专项工作方案，逐人逐项落实防范措施，确保治安保卫各项任务完成。两次股东大会期间，提前动员部署，严细落实措施，累计抽调 112 人次参与安保任务，确保会场秩序平稳。中央企业党代会期间，制订安保防恐、维稳处置、消防巡查、交通疏导 4 个方面 32 项措施的全程保障实施方案，细化分解任务，强化责任落实，抽调保卫大队 80 名精干力量筑牢防线，确保会场秩序和谐稳定。办公厅档案馆搬迁期间，全力协助档案馆档案资料搬迁的现场警戒、车位保障、安保押运等工作。在京单位第一届职工运动会期间，专门制订安保交通工作方案，安排 40 名队员做好赛场内外的安保巡查、车位预留、主运动场及主席台警戒等执勤工作。针对不明身份人员聚集北京石油大厦周边购买“指标油”事件，及时增加安保力量，加强各出入口管控，加密巡逻频次，每日安排 15 个班次、25 名队员向现场聚集人员累计发放 80 余份《重要通告》，确保事件稳妥有效处置。根据北京市东城区构建党的十九大东北二环防护屏障部署，组织保卫大队参与北新桥区域群防群治工作，先后选派 140 人次协助看守北新桥地区重点人员，确保区域治安秩序平稳。

突出预防为主，坚决保障总部机关消防安全。围绕总部机关办公区电气、燃气、可燃物、地下空间、汽车库、违规吸烟“六大风险”识别与防控，加强总部机关办公区特别是地下空间的日常检查巡查力量和频次。按照《中华人民共和国消防法》和公安部 61 号令要求，专门聘请有专业资质的第三方单位对办公区开展年度消防和电气防火专业检测，确保消防隐患问题始终可见、可控。按照总部机关改革要求，在协调推进消防职能职责移交工作的同时，加强防范，确保总部机关消防安全工作不挂空挡，平稳有序过渡。北京石油大厦消防督导组累计出勤 506 人次、巡查里程约 2600 千米，检查发现并跟踪整改消防隐患问题 1169 项，审批施工动火作业 19 次，安排 19 人次 44 小时对动火作业实施全程监护；六铺炕办公区累计出动消防督导组 1302 人次、开展防火专项检查 8 次、整改隐患 15 处，处置消防中控室疑似火警信息 205 次，确保总部机关两个办公区消防安全。按照北京石油大厦管委会要求，做好智能卡管理工作，加强后勤服务管理系统有关信息和权限维护，严格智能卡授权审批，及时清理过期智能卡，确保出入人员信息翔实，进出范围权限随时受控。

（乔旭烁）

离退休职工管理

【概述】 截至 2017 年底，集团公司所属企事业单位离退休职工 524128 人。其中：离休干部 3079 人，占 0.59%；退休干部 177691 人，占 33.9%；退休工人 343358 人，占 65.51 %。离退休管理工作人员 7207 人，其中专职 6101 人、兼职 1106 人。集团公司离退休系统设党委 144 个、党总支 312 个、党支部 3805 个，离退休职工党员总数为 218725 人；有离退休职工活动中心（站、室）1356 个，老年大学总校 63 所、分校 110 所。

【离退休职工政治建设、思想建设和党组织建设】 2017 年，集团公司贯彻落实中央关于推进“两学一做”学习教育常态化制度化的工作要求，强化离退休职工政治建设、思想建设，印发《关于集团公司离退休系统学习宣传贯彻党的十九大精神的通知》。各级离退休职工党委、党总支、党支部通过组织离退休职工收看党的十九大开幕会电视直播，聆听习近平总书记作报告，召开支部党员大会座谈交流、上党课，举办学习贯彻党的十九大精神专题报告会和培训班，开展主题征文、学习答卷活动，发放党的十九大精神学习资料等形式，组织离退休职工学习领会习近平新时代中国特色社会主义思想和党的十九大精神，树立“四个意识”，坚定“四个自信”，引导离退休职工在思想上、政治上、行动上同以习近平同志为核心的党中央保持高度一致，共举办报告会 899 场、培训班 500 多场，发放学习资料 16 万册，23 万名离退休职工参加党的十九大精神学习教育活动。召开集团公司离退休系统思想政治宣传工作研讨会，表彰离退休职工思想政治宣传工作先进单位 37 家、先进个人 190 名。强化离退休职工党组织建设，落实“三会一课”、组织生活会、民主生活会、民主评议党员、党费收缴等制度，用制度规范党支部工作和党内政治生活。持续改进优化离退休职工党支部组织设置，选派素质过硬、威望较高、身体较好的老党员担任支部班子成员，按照程序定期开展支部委员会换届选举，截至2017年底共有7790名离退休职工担任党支部职务。

【离退休职工待遇落实】 2017年，集团公司坚持政治上尊重关心老同志，生活上关怀照顾老同志，落实党和国家一系列优老惠老政策，将企业改革发展成果惠及广大离退休职工。集团公司党组邀请原石油工业部、总公司和集团公司老领导参加集团公司2018年工作会议，召开老领导座谈会和机关老同志通报会，传达集团公司改革发展部署和生产经营情况。总部机关和各企事业单位执行离退休干部阅读文件、参加重要活动、通报情况等制度，2017年共召开离退休职工座谈会、报告会、情况通报会等1951场，参会9.6万人次；举办各类离退休职工培训班922场，培训3.5万人次；组织离退休干部参观工农业生产92次；免费为全体离退休职工订阅《中国石油报·金秋周刊》。集团公司领导春节前夕分组看望慰问老领导及遗孀，总部机关和各企事业单位在元旦、春节、“五一”“七一”、国庆、重阳等节日期间，开展走访慰问离退休职工活动，向广大离退休职工传递集团公司党组和各级党委的关怀与祝福，2017年慰问老干部3998人、老党员4025人、患病住院和生活困难的离退休职工6.7万人次。为生活长期完全不能自理的离休干部提高护理费发放标准。依照标准为离退休职工发放3次节日慰问金。

【离退休职工活动中心和老年大学建设】 2017年，集团公司以“打造老有所学、老有所乐、老有所为的精神家园”为目标，加强离退休职工活动中心和老年大学建设，丰富和充实广大离退休职工精神文化生活。在西南油气田公司（四川省成都市）举办集团公司离退休职工乒乓球交流活动，大庆油田等企事业单位和总部机关共13支代表队、94名离退休职工参加比赛。在北京举办离退休职工“喜迎十九大”桥牌邀请赛，勘探开发研究院等企事业单位和集团公司总部机关共9支代表队、57名离退休职工参加活动。组织大庆油田等12家单位120名离退休职工参加第三届全国老年人体育健身大会11个项目交流活动，获8个优胜奖、6个优秀奖、11个体育道德风尚奖和最佳组织奖。各离退休协作区以“喜迎党的十九大胜利召开”为主题，举办门球、台球、乒乓球等多项交流活动，310名离退休职工参加活动。印发通知表彰集团公司老年人体育工作先进集体37家、老年人体育活动先进个人227人。召开集团公司老年大学工作研讨会，总结交流老年大学办学经验和工作成果。开展庆祝集团公司机关老年大学成立15周年活动，表彰优秀教务委员、优秀教师、优秀学员等先进个人共161人。全系统2017年举办各类离退休职工文化体育活动1万多场，13万名离退休职工参加，离退休职工活动中心和老年大学日均活动人数达5.5万人次。

【离退休职工“正能量”活动】 2017年，集团公司以“喜迎党的十九大胜利召开”为主题，开展离退休职工“为党的事业和集团公司改革发展增添正能量”活动。结合离退休工作实际，印发《关于开展“畅谈十八大以来变化、展望十九大胜利召开”主题活动的通知》。举办“畅谈十八大以来变化、展望十九大胜利召开”“重家教、传家风”两个主题征文和“孝亲敬老好儿女”评选活动，评选表彰优秀征文作品261篇、优秀组织单位81个、孝亲敬老先进典型106人。组织大庆油田等20家企事业单位开展“建言十九大”调研工作，座谈、访谈离退休职工9400多人，总结形成调研成果并向中央组织部专题汇报。先后到7个离退休协作区24家企事业单位开展调研督查，督促并了解“畅谈十八大以来变化、展望十九大胜利召开”和“建言十九大”主题活动开展情况，总结提炼活动成果。集团公司离退休系统2017年举办书画摄影展、文艺演出、体育比赛等“正能量”主题活动2009场，创作书法、绘画、摄影作品10000多件，发表“正能量”文章5120篇，30多万名离退休职工通过各种形式参加“正能量”活动。青海油田退休干部高虎子被全国老龄工作委员会办公室评为“全国老有所为楷模”，吉林油田离休干部蒋奎一、华北油田退休干部杨理衡、吉林石化退休干部杨希哲、管道局退休干部李振虎被评为“全国老有所为先进典型人物”。

【加强和改进离退休工作实施意见出台】 2017年，贯彻落实中央组织部《关于进一步加强和改进离退休干部工作的意见》（以下简称《意见》），到10多家重点企事业单位调研，掌握基层离退休服务管理工作现状及存在的问题，起草集团公司贯彻落实《意见》的实施意见，分别向13家企事业单位和5个总部机关有关部门征求意见。经集团公司党组批准，2017年7月20日集团公司党组办公厅印发《关于进一步加强和改进集团公司离退休职工服务管理工作的实施意见》（以下简称《实施意见》）。按照中央组织部通知安排，分别组织东北、西北、新疆、华北、北京等5个离退休协作区20多家企事业单位召开专题会议，调研督查贯彻落实《意见》和《实施意见》，督促制定贯彻落实细则，推动两个文件在集团公司落地落实。

【离退休职工管理队伍建设】 2017年，集团公司按照党的十九大报告关于“认真做好离退休干部工作”的总要求，以“政治素质好、工作能力强、作风过得硬、对老同志有感情”为标准，持续加强离退休职工管理队伍建设。严格落实《意见》和《实施意见》，推动中央精神及集团公司党组决策部署贯彻到位、执行到位。开展“践行四合格四诠释，弘扬石油精神，喜迎党的十九大”岗位实践活动，动员离退休工作人员突出为离退休职工服务的岗位特色，一言一行亮身份，苦干实干做模范。开展“弘扬石油精神，重塑良好形象”活动周，教育引导离退休工作人员树立精准服务理念，增强主动服务意识，强化热情服务态度，改进服务作风。举办集团公司第23期离退休业务培训班和离退休职工管理信息系统操作与统计培训班，培训离退休工作人员350人。开展2016年度离退休工作优秀论文评选工作，表彰优秀论文64篇，出版《中国石油离退休工作优秀论文集》。启动离退休职工管理信息系统办公平台建设，设计方案通过集团公司专家组评审。

【关心下一代工作】 2017年，关心下一代工作结合集团公司实际，发挥石油石化“五老”（老干部、老战士、老专家、老教师、老模范）优势，深化社会主义核心价值观教育，弘扬“石油精神”，倡导文明风尚，帮扶困难群体，帮助青年员工和少年儿童成长成才。贯彻全国关心下一代工作会议精神，制订印发《集团公司2017年关心下一代工作要点》，组织关心下一代工作系统以学习贯彻党的十九大精神为主线，贯彻落实习近平总书记对关心下一代工作的重要指示。深化党史国史教育，通过主题教育、传统报告、现场参观、专题讲座等多种形式，帮助青少年以史树德、以史增智、以史育美。实施青年员工教育工程，组织石油石化“五老”开展石油工业光荣传统宣讲教育，利用企业文化教育基地开展厂史教育，引导青年员工践行和弘扬“石油精神”。组织老劳模、老专家、老技师向青年员工传授技艺和经验，帮助青年员工成长成才。改善青少年教育和生活条件，集团公司“旭航”项目扩展为在四川、河南、贵州、江西4省国家级贫困县和革命老区9所学校同步实施，为2000多名特困高中生提供每人每年2000元助学金，为考上大学的毕业生提供每人5000元奖学金。举行“2017北京善行者”徒步公益活动，为“旭航”项目募集善款40多万元。开展迎“六一”关爱助学活动，向华北油田一处小学捐赠图书1000册、体育用品120件，向集团公司机关服务中心幼儿园捐赠教学用品。

【离退休职工先进典型】 青海油田退休干部高虎子，退休后坚持做好事不间断，义务为社区居民服务，被誉为油田“活雷锋”，曾获集团公司“五好标兵”、青海省“最美老干部”等称号。2017年，全国老龄工作委员会办公室授予高虎子“全国老有所为楷模”称号。

（王冀新）

保密管理

【概述】 2017年，集团公司保密工作始终坚持党管理保密，始终坚持依法治密，始终坚持管业务必须管保密、坚决打赢网络保密攻坚战的指示精神，着力构建大保密工作格局，强化全员保密意识，加快防控能力建设，工作取得新进展。3月15日，组织召开集团公司保密委员会（密码工作领导小组）扩大会议，传达学习全国保密工作会议精神，总结2016年保密工作，研究部署26项年度重点任务，集团公司党组成员、副总经理、保密委员会主任喻宝才出席会议并讲话。

【制度建设】 2017年，制定《涉密人员保密管理办法》《网络保密管理办法》《科技保密管理办法》，完善保密管理制度体系。Q/SY 10008—2017《信息系统商业秘密安全保护技术规范》以企业标准印发执行；“信息系统商业秘密安全保护检查规范”“定密管理原则方法与关联机制研究”有序推进；“保密管理体系顶层设计与审核机制研究”列入集团公司管理创新项目。建立规章制度联合审查机制，2017年就30余项制度提出审查意见。落实密码安全保密责任，执行红机使用管理办法，676台（套）普密密码设备日常运维，保证安全平稳运行。

【宣传教育】 2017年，抓好保密意识和保密常识教育，利用宣传和检查手段，着力提升全员保密意识。组织第二批保密教育实训平台轮训，30个总部机关部门和45家在京单位共计1242人分39批次参加，通过率99.9%，优秀率47.15%。组织编写《保密管理规定条文导读》并出版，丰富培训资源库。保密办2017年基层授课10场次，受众1000余人次。国际部利用现有资源，开展出国人员保密培训，强化出国人员保密意识。

【监督检查】 发挥保密检查的拳头作用，推动保密制度落实。党的十九大召开前夕，到9家企业，对安全保密重点单位、要害部门、关键环节开展专项督导，及时整改消除隐患。分片区组织开展保密专项检查、密码设备管理检查等，实现保密检查全覆盖和常态化，及时清除泄密隐患和风险，2017年无重大失泄密案件发生。发挥保密区域协作组作用，区内检查、跨区互查实现全覆盖，2017年开展课题研究6个、区域内研讨12次。强化“红线”意识，发挥惩戒追责的威慑作用，2017年处理失泄密事件3起，处分4人。

【保密技术】 2017年，建设“2个平台+3个小组”的支撑体系，承担办公专网日常运行维护、硬盘数据恢复和销毁，保障集团公司普密密码传真、加密电话安全运行，加强违规存储涉密信息的经常性检查、违规外发涉密信息的全天候监测，违规存储事件从2015年9月的12438件下降到2017年12月的587件，违规外发事件从2014年6月的1265件下降到2017年12月的35件，起到关口前移和及时提醒作用。启动内网桌面云和内容审计平台2.0可行性研究立项，力求实现数据集中存储、安全集中管控、检查集中部署，最大程度减少失泄密风险。完成保密检查能力规划、边界终端输入输出管控、基于密级标志的涉密电子文件安全管理等课题研究并通过专家评审。

【集团公司保密工作现场会召开】 2017年11月3日，集团公司保密工作现场会在兰州石化召开，通报集团公司近三年来的保密工作情况，兰州石化等单位分别做交流发言，介绍保密工作经验。来自集团公司保密协作组组长单位、保密重点单位以及技术支持单位相关负责人100余人参加会议。

（管志伟　黄照富）

档案管理

【概述】 2017年，集团公司档案工作贯彻落实国家档案局和集团公司工作部署，围绕改革发展中心工作，把握服务企业发展宗旨，持续推进资源体系、利用体系和安全体系建设，创新体制机制，提升管理和服务水平，完善基础设施和工作规范。截至2017年底，集团公司有157家企事业单位，专职档案人员3146人，兼职档案人员3309人，馆藏纸质档案排架长度近140万米，为集团公司各项事业稳健发展提供支撑。

【管理体制】 集团公司党组高度重视档案工作，贯彻落实中办、国办《关于加强和改进新形势下档案工作的意见》，2017年4月决定成立中国石油档案馆。中国石油档案馆的设立，实现从1950年燃料工业部石油管理总局秘书处档案组开始，到后来的档案科、档案处、档案馆的管理体制转变。2017年，根据集团公司批准的档案馆管理运行方式，制定档案馆运行管理办法和档案进馆标准，明确组织管理方式和运行流程，档案馆正式投入运行。

【馆库建设】 在国际油价持续低位运行和企业盈利艰难且大幅压缩投资的背景下，2014年7月集团公司决定投资3.7亿元，在中国石油科技园建设中国石油档案馆。档案馆建筑面积3.5万平方米，其中地上建筑面积为2.85万平方米，包括档案库房11层共2万平方米，服务、技术及办公用房4层共0.85万平方米。档案馆库房面积占57%，占比接近省级档案馆的2倍，设计馆藏量约为9万延长米、570万卷，为省级一类馆规模。档案馆于2014年12月开工，2016年12月竣工，2017年9月完成7375箱、59602盒历史档案搬迁任务，11月工作人员进馆办公。

【基础业务】 2017年，按照集团公司关于加快推进项目竣工验收工作部署，通过印发工作通知、组织召开推进会、制定验收工作细则、定期业务指导与督办等多种方式，加快建设项目档案专项验收步伐，完成498个项目档案专项验收，超额完成年度计划目标。召开集团公司2017年档案工作视频会议，制定印发《集团公司2017年档案工作要点》，做好新成立单位和体制调整单位的档案业务指导，开展档案工作评价和档案资源优秀案例评选活动。做好总部机关档案管理与服务，归档各类档案19255件、2044卷，提供电子档案利用4700人次，纸质档案1000余件（卷），复制3500余页。完成《企业年度工作报告（2016）》编纂任务，开展《中国石油天然气集团公司年鉴》《中国国有资产监督管理年鉴》《中国海洋年鉴》等通用性年鉴编写。完成北京石油大厦北展厅调改工作。协助国家档案局开展境外投资企业和项目档案管理专题课题研究，制定《境外投资企业和项目档案管理办法》。

【信息化建设】 坚持档案业务与信息化建设有机融合，深化应用集中统一的档案管理系统，日均归档量60吉字节（GB）、访问量超过6000人，成为各层级单位、各业务领域开展档案工作的重要平台。探索创新增量档案电子化工作，2017年开展电子会计档案管理试点，作为国家发改委、国家档案局企业电子文件归档和电子档案管理第一批试点单位，首家通过国家验收。编制完成档案管理系统2.0项目可行性研究报告，8月获集团公司批复，12月启动档案管理系统2.0项目建设工作。

【中国石油档案馆成立】 为适应公司档案馆投用后运行管理需要，提升档案业务专业服务保障能力，2017年4月20日集团公司决定成立中国石油档案馆，主要为总部机关、在京单位、入驻北京昌平科技园单位、海外企业提供档案管理服务，作为档案综合利用服务中心、档案信息化中心、石油历史研究展示中心以及服务范围内单位的档案永久保管中心，同时赋予其集团公司档案业务管理和日常运行指导监督职能。

中国石油档案馆主要职责：集团公司档案业务指导与监督管理，档案信息化建设；总部机关档案收集、整理、保管、利用，建设项目档案专项验收；在京单位、入驻北京昌平科技园单位、海外企业进馆档案资源的接收、整理、保管、数字化和提供利用服务；史志资料收集、整理、保管和史志编修；档案（史志）业务交流、研究和培训；档案馆展厅建设运行和石油大厦展厅管理。

中国石油档案馆列集团公司机关部门附属机构，业务由办公厅归口管理，档案馆对下行文、业务指导由办公厅统一组织运行。档案馆馆长由办公厅副主任兼任。档案馆人员编制8人，其中处级职数4人。人员纳入机关附属管理，人事管理及党工团管理由办公厅负责。档案馆运行服务依托重组后的中国华油集团公司。

（中国石油档案馆）

党建、思想政治工作与企业文化建设

党 建 工 作

【概述】 2017年，集团公司各级党组织认真学习贯彻习近平新时代中国特色社会主义思想和党的十九大精神，贯彻落实国务院国资委党委“中央企业党建工作落实年”部署，着力从战略上推进、制度上完善、工作上创新，积极构建“大党建”工作格局。深化党建工作制度改革，加强系统党建指导力度和基层党建工作，推进“两学一做”学习教育常态化制度化，开展“践行四合格四诠释，弘扬石油精神，喜迎党的十九大”岗位实践活动，构建完善管党治党的制度体系、责任体系和保障体系，打造党建工作研究平台、交流平台和信息平台，推动企业党建工作取得明显提升和实质性加强，集团公司党建工作逐步由“围绕型”向“融入型”转变，由“被动抓”向“主动抓”转变，由“传统型”向“创新型”转变，由“经验型”向“制度型”转变，由“条块化”向“系统化”转变，由“重部署”向“重实效”转变，呈现出有序开展、积极向好、创新求变的新气象。

截至2017年底，集团公司各级党委2432个、党总支2704个、党支部34589个、党员总数709022人，其中女党员171253人、在岗党员508605人、离退休党员190136人。

【学习贯彻党的十九大精神】 集团公司党组把学习贯彻党的十九大精神作为首要政治任务，召开党组会、党组扩大会和党的十九大代表座谈会，迅速传达学习党的十九大精神；及时下发通知，就贯彻落实党的十九大精神做出部署；组织广大党员干部以视频形式收看学习中央宣讲团成员、国务院国资委主任肖亚庆宣讲报告；专门邀请中央宣讲团成员、中央纪委驻国务院国资委纪检组组长江金权为集团公司做辅导报告，7600多人参会；党组书记、董事长王宜林和总经理章建华等党组领导到所在支部、培训班、国内外企事业单位，结合工作调研和会议等，带头宣讲党的十九大精神。组织企业领导人员学习贯彻党的十九大精神专题研讨班，集团公司领导、各部门各单位主要领导共260余人集中学习研讨。组建党的十九大精神宣讲团，分12组完成对所属各单位集中宣讲全覆盖，集团公司12名党的十九大代表走进基层站队、车间、班组开展宣讲，各级党组织层层宣讲，累计3000余场，受众80多万人次。集团公司党校和各级培训机构把党的十九大精神作为干部教育培训的必修课，以处级以上干部为重点，制订专项学习培训计划，采取集中轮训、专题研讨等方式，促进党的十九大精神入脑入心入行。中国石油远程培训学院开设21门课程的网络专题辅导班，切实推进党的十九大精神进课堂、进教材、进头脑。

【党建工作要求写入公司章程】 集团公司党组认真贯彻落实习近平总书记提出的两个“一以贯之”要求，按照中共中央组织部、国务院国资委党委部署，着眼于把加强党的领导和完善公司治理统一起来，建设中国特色现代国有企业制度，明确和落实党组织在公司法人治理结构中的法定地位，推进党建工作要求写入公司章程工作，对2200余家企业的股权性质、经营管理类型、党组织设立等20项具体情况进行调查摸底，理清重点难点问题，研究制定推进方案。结合全民所有制企业公司制改革工作同步部署，分三类指导推进所属企业党建要求写入公司章程。截至2017年底，具备推进条件的1249家企业全面完成章程修订，明确党组织职责权限、机构设置、运行机制、基础保障。

【“两学一做”学习教育常态化制度化】 根据中央精神，结合集团公司实际印发《关于推进“两学一做”学习教育常态化制度化的实施意见》。在抓好“规定动作”同时，集团公司党组在全体党员中组织开展“践行四合格四诠释，弘扬石油精神，喜迎党的十九大”岗位实践活动，作为“两学一做”学习教育常态化制度化的深化拓展和特色抓手，引领和带动百万石油员工听党话跟党走，立足岗位建功立业。党组书记王宜林向集团公司讲《深入学习贯彻习近平总书记系列重要讲话精神，坚决做党和国家最可信赖的骨干力量》专题党课，各级党组织书记讲党课3.77万场次，覆盖听众70万人次，让广大党员普遍受到教育。在全体党员中部署开展岗位讲述，讲清岗位职责、典型事例、差距不足和改进措施，不断增强党员党性观念，提升能力素质，改进工作方法，进一步发挥党员领导干部的示范引领作用和党员的先锋模范作用。各企事业单位党委坚持贴近实际抓落实，结合自身发展战略、发展目标、生产经营、党员队伍等情况，通过党员工程、党员责任区、党员先锋岗等载体，让岗位实践活动融入生产经营管理全过程，用实际效果检验活动质量。

（王德伟）

【直属党组织建设】 截至2017年底，党的组织关系隶属于直属党委管理的机关部门、专业公司和直属单位共85家，有党委（工委）250个，党总支219个，党支部2942个，党员44491人，其中在岗党员39382人。2017年，直属各级党组织以迎接和学习宣传贯彻党的十九大为主线，以落实全面从严治党责任为重点，坚决落实中央及集团党组加强党的建设各项要求，直属党建工作取得新的进步。按照中央及国务院国资委党委要求，坚持标准、严格程序，圆满完成集团公司出席党的十九大代表候选人推荐工作。认真开展学习宣传贯彻党的十九大精神活动，总部机关邀请专家做专题辅导，并通过视频形式组织全系统143个分会场、7600多人同步收看，连续举办3期学习党的十九大精神培训班，1011名处级以上干部参加；组成党的十九大宣讲团深入基层一线开展宣讲，实现学习宣讲全覆盖。各直属单位通过中心组学习、专题辅导、集中培训等方式，组织党员干部深入学习党的十九大精神，举办培训班778个，培训2.5万多人次。根据改革发展实际，成立5家境外地区党工委，新建206个党组织，党组织健全率100%。规范召开直属第十一次党代会，14家直属党支部（总支）、18家直属单位党委完成换届。严格党员发展计划管理，按计划发展党员774名。分层次举办发展对象、新党员和支部书记培训班，集中培训4700多人次。部分直属单位结合实际制定《落实党建“一岗双责”责任清单》《星级标准化党支部管理办法》《党支部工作制度》等制度，有效推进全面从严治党向基层延伸。

（王玉杰）

【基层党组织建设】 充分发挥石油工业“三基”工作优良传统和独特优势，始终保持基层党组织健全率和党员受教育率“两个100%”。建立健全基层党组织按期换届提醒督促机制，努力做到党组织换届“应换尽换”。探索创新海外党组织设置方式，根据单位、项目、地域、行业、托管机构等不同情况，采取“六种模式”设置党组织，确保海外党组织全面覆盖。注重从一线工人中发展党员，近年来发展工人党员比例始终保持在44%以上，工人党员总量逐年递增，年均增长1.8%。完善工作载体，严格“三会一课”等组织生活制度，深化“六个一”党支部创建和党员先锋岗、党员责任区等活动，搭建党组织和党员发挥作用平台。推行党支部达标晋级管理，细化考评定级标准和动态管理措施，建立分级管理台账，着力扩大先进支部增量、提升中间支部水平、整顿后进支部。出台进一步加强党支部书记队伍建设、加强基层党支部书记集中轮训工作等制度。各单位通过专题辅导、情景教学和现代化信息手段等方式，灵活多样、务实有效开展党支部书记轮训，2017年轮训3.53万人次。组织召开基层党组织组织生活会、开展党员民主评议，3.4万个党支部召开组织生活会，平均查找问题7.1个；67.1万名党员参加民主评议，16.6万名党员被评为“优秀”，49.3万名党员被评为“合格”，对不合格党员按程序做出组织处置。

【党建责任体系建设】 出台中国石油天然气集团公司党建工作责任制实施办法，制定《关于构建“大党建”格局的指导意见》，探索建立全面责任清单，在抓好党委主体责任、书记“第一责任”的同时，细化明确兼任党委副书记的行政正职和党委班子成员的党建责任，突出“管业务必须管党建”理念，强化行政干部“一岗双责”，构建“大党建”工作格局。开展为期3个月、覆盖集团公司的落实党建责任专项督查，召开21场片区汇报会，深入64家单位实地督查，集中座谈、个别访谈1322人，总结挖掘出281篇创新案例，梳理出5个方面12项问题，汇总形成10个方面18项意见建议，对党建履责不到位的单位进行诫勉约谈。聚焦党建“一岗双责”主题，连续举办企事业单位行政领导干部党建“一岗双责”示范培训班、党建部门负责人培训班和基层党支部书记示范培训班培训厂处级行政领导干部136人、党建部门负责人132人、优秀基层党支部书记136人，进一步强化各级党员领导干部抓党建工作的意识，提高抓党建工作的能力。

【制度体系建设】 落实集团公司党组《深化党的建设制度改革实施方案》，2017年调减常规工作9项、新增重点任务10项，制修订34项制度，推动建立系统完备、科学规范、运行有效的党建工作制度体系。出台进一步贯彻落实中央八项规定精神实施细则等制度，加强和改进优秀年轻干部培养选拔工作、党员领导干部民主生活会若干规定等制度。各级党组织将建章立制作为加强企业党建的重要内容，用制度落实责任、用制度推动工作、用制度保证成效。各企事业单位党委按照规范性、实用性、时效性原则，新建制度2553项、修订制度1062项。

【保障体系建设】 注重加强系统党建指导，成立集团公司党的建设工作领导小组，在总部机关设置党组办公厅、党组组织部、党组宣传部，健全党务机构，完善优化职能。加强对党建工作的整体统筹，首次制订下发集团公司党建工作要点，明确年度党建工作总体要求和重点任务。科学合理设置党务工作机构，配强党务人员，在总部机关处室和人员编制整体压减20%的情况下，党建部门机构和人员编制总体保持不减，人员力量配备进一步增强，党务工作人员和经营管理人员均按照岗位和绩效确定薪酬，做到同级同酬。根据《中共中央组织部、财政部、国务院国资委党委、国家税务局关于国有企业党组织工作经费问题的通知》有关精神，印发《关于企业党组织工作经费有关问题的通知》，明确党组织工作经费纳入企业管理费用，按照上年度职工工资总额1%的比例安排，据实在企业所得税前扣除，确保党组织经费有渠道、有保障、有管理。

【党建研究平台】 确立"党建智库"目标、"351"组织架构和建设思路，召开党建工作研究平台建设推进会，成立党建研究分会、党建工作研究所、"互联网＋国企党建"研究中心，聘任52名特邀研究员，"351"架构雏形基本形成，即工作上接受中央党的建设工作领导小组秘书组、全国党建研究会、国务院国资委党建局的指导；研究上发挥好党建工作研究所、经济技术研究院、"互联网＋国企党建"研究中心、集团公司党校、中国石油报社5家单位和机构的作用；日常工作开展上发挥党建研究分会沟通上下、联系内外、组织落实的作用，真正做到研究力量专兼结合、研究层级上下结合、研究交流内外结合。承担国务院国资委党委"加强国有企业境外单位党的建设研究"和全国党建研究会"工人党员数量与质量问题研究"2项重大课题，组织开展"党内政治文化建设""大党建工作格局建设"等8项课题研究。各单位结合实际开展399项自选课题研究，集团公司党建研究分会评选表彰辽河油田"关于运用网络信息技术加强基层党建工作的研究"等一批优秀成果。

【党建工作交流】 加强对外交流力度，在中组部部分领导班子成员有中组部管理的中央企业贯彻落实全国国有企业党建工作会议精神推进会、全国国企改革经验交流会、党的十九大精神中央企业学习交流会暨《习近平关于国有企业改革发展和党建论述摘编》学习部署会上，集团公司党组做经验交流。在《求是》杂志上发表党组署名文章，传递中国石油加强党的建设的决心信心。新疆油田党员意识提升工程被评为第四届全国基层党建百个创新典型案例；大庆油田星火一次变电所党支部被命名为"中央企业基层示范党支部"；吉林石化染料厂苯酚车间党支部书记刘卓在中央企业基层党委书记示范培训班上做党建经验介绍。组织编辑出版《奋进的坐标》《探索的足迹》《行动的标尺》《高扬的旗帜》《前行的声音》5本计170万字的党建系列丛书，交流推广110个基层党建创新实践案例、31项企业党建研究成果、30项基层党建工作制度、80个基层党支部优秀党课、120篇党建新闻稿件，成为各级党务工作者提升能力、推进工作的参考书。

（王德伟）

【党建信息化平台】 着眼于提升集团公司党建工作信息化、规范化、科学化水平，根据集团公司党建工作领导小组部署，3月2日正式启动集团公司党建信息化平台建设。按照"总体规划、分步开发、急用先行、快速迭代"的建设思路，经过参建人员7个月零7天的艰苦奋战，完成需求调研、架构论证、总体设计、详细设计、数据采集、测试联调等工作。10月9日，平台1.0版在PC内网端、外网端和手机移动端同时上线运行，大庆油田等13家参与首批试点运行。截至2017年底，试点从最初的13家单位企事业单位部分党组织和党员，扩大到总部机关、专业公司机关等1416个党支部、21725名党员，累计登录超84万人次、转移组织关系2655次、组织"三会一课"5474次、缴纳党费34535笔、总额305万元，"集团建网、党委靠网、支部用网、党员上网"，线上线下相互融合、相互促进的党建工作新模式逐步推进。中央党校将“中国石油：党建信息化平台给基层党建插上腾飞翅膀”纳入“互联网＋国企党建”案例。

（王玉杰）

【企事业单位党委书记基层党建述职评议】 制定《集团公司企事业单位党委书记基层党建述职评议考核实施办法》，在企事业单位层面全面开展党委书记述职评议工作，所有企事业单位党委书记全面提交书面述职报告。结合领导班子及领导人员年度综合考核，选取15家单位开展党建专项调研，确定大庆油田、兰州石化等10家单位进行党委书记现场述职。2017年3月1日，集团公司召开所属企业单位党委书记抓党建述职评议会议，会议严格按照设置的“述职、提问、测评、总结”4个环节有序进行，党组书记、党的建设工作领导小组组长王宜林出席，对述职书记和各单位的党建工作逐一进行点评并做总结讲话。

（王德伟）

思想政治工作

【概述】 坚持抓生产从思想入手、抓思想从生产出发，坚持融入中心、服务大局、以人为本、继承创新、务求实效，坚持贴近实际、贴近基层、贴近员工，着眼团结、稳定、鼓劲，紧紧围绕学习宣传贯彻党的十九大精神主线，认真贯彻落实党中央、国务院国资委党委和集团公司党组决策部署，积极有效开展思想政治、新闻宣传、企业文化、基层建设、统战群团等工作，大力弘扬石油精神，深入推进形象重塑，持续加强党的建设，做到知员工情、答员工疑、解员工难、聚员工心，不断提高员工的思想、政治、道德素质和科学文化水平，巩固员工团结奋斗的共同思想基础，充分调动员工的积极性、创造性，凝聚干事创业的强大正能量，进一步打造有理想、有道德、有文化、有纪律的铁人式员工队伍，为建设世界一流综合性国际能源公司提供坚强的思想政治保证、精神动力、文化支撑和舆论支持。

【集团公司宣传思想文化工作会议】 2017年3月28—29日，集团公司首次宣传思想文化工作会议在北京昌平石油科技交流中心召开。集团公司党组分管领导、各企事业单位主管领导和宣传思想文化部门主要负责同志、总部机关各部门及专业公司负责同志以及集团公司新闻宣传工作领导小组成员近300人参加会议。会议主要任务是学习贯彻习近平总书记关于宣传思想文化工作系列重要讲话精神，落实全国国有企业党的建设工作会议、全国宣传部长会议和中央企业宣传思想工作会议精神，总结工作，交流经验，分析形势，研究安排新时期宣传思想文化工作和2017年重点任务，内聚合力、外树形象，为集团公司稳健发展提供坚强的思想保证、舆论支持、精神动力和文化条件。思想政治工作部总经理做题为《融入中心，服务大局，努力开创宣传思想文化工作新局面》的工作报告，国务院国资委宣传局局长夏庆丰和集团公司党组副书记、副总经理徐文荣出席会议并讲话。会议期间播放《新起点 新亮点——中国石油2016重点工作回顾》电视片和石油题材系列微电影，大庆油田等20家单位做经验交流。

【宣传思想文化工作机构与职能改革调整】 2017年4月11日，根据集团公司总部机关职能优化与机构改革方案，集团公司印发《关于调整总部机关部门机构编制的通知》，对思想政治工作部（企业文化部、新闻办公室）机构编制进行调整。思想政治工作部加挂党组宣传部、企业文化部、新闻办公室牌子，人员编制24人，内设7个处。12月28日，为进一步明晰管理界面和职责分工，集团公司印发《关于印发总部机关部门职责的通知》，对思想政治工作部职责进行调整，调整后除承担总部机关部门通用职责外，同时承担10项专业职责。

【第十五次“形势、目标、任务、责任”主题教育】 紧紧围绕生产经营管理工作，采取宣传、宣讲、座谈、研讨等形式，聚焦集团公司改革发展重大问题和职工群众反映的突出问题，连续15年开展“形势、目标、任务、责任”主题教育，引导全体干部员工看到企业改革发展稳定的显著成效，准确把握当前面临的形势，认清努力的方向和肩负的责任，明确工作任务和目标要求，统一思想和行动，凝聚干事创业的强大合力。

【“弘扬石油精神、重塑良好形象”活动周】 2017 年，根据集团公司党组《关于深入推进重塑公司良好形象工作的意见》，制定下发《关于组织开展“弘扬石油精神、重塑良好形象”活动周的通知》，组织首个活动周系列活动。举办“弘扬石油精神，重塑良好形象”巡回报告会，为国家部委、石油高校、100 多家所属单位巡回报告 40 多场。培育选树“央企楷模”王杰、“中央企业青年先锋”王尚典、“大国工匠”杨海波等先进典型。集团公司 2017 年有 10 人获全国五一劳动奖章、大庆油田钻探工程公司获全国五一劳动奖状、17 个单位获得“工人先锋号”称号，进一步壮大了石油英模群体。组织召开绿色发展新闻发布会，筹备组织人民网“中国石油在一带一路”大型网络展览、“一带一路”官网上线仪式和“丝绸之路上的新驼铃”采访活动，扩大了中国石油的社会影响，“忠诚担当、风清气正、守法合规、稳健和谐”良好形象进一步树立。

【意识形态工作责任制】 制定《党组（党委）意识形态工作责任制实施办法》并狠抓贯彻落实，实现责任划分、阵地管理有章可循，监督考核、责任追究有据可依。抓好意识形态工作责任制落实情况的总结、报告，加强检查监督。积极做好深化改革中思想政治工作，引导广大员工理解改革、支持改革、参与改革。规范网络信息发布审核程序，进一步加强网络意识形态工作。开展意识形态工作课题研究，课题报告被评为集团公司优秀软科学课题。抓好各类意识形态阵地建设和管理，强化对各类媒体平台和从业人员管理，做到负责尽责、责任落实。

【企业宣传】 大力加强正面引导，召开新闻宣传工作领导小组例会，分析研判舆论形势，总结部署新闻宣传工作；坚持主动发布、权威发声，2017 年组织召开“国Ⅵ油品升级”“陕京四线投产”等重点新闻发布会 4 场，组织媒体吹风会、答记者问、发布新闻通稿等 200 余次；建立新闻宣传选题策划沟通机制，2017 年召开内部媒体通气会 8 次，统筹重大采访活动，统一发声更趋规范、更具影响力。2017 年中央主流媒体对中国石油正面报道 2200 余篇、网络转载 6000 余篇，在国内重点媒体和各大网络媒体的发稿量和影响力位居中央企业前列，被国务院国资委评为“央企品牌传播力十强”。

策划抓好重大主题宣传，围绕重点时机、重要节点、重大任务，策划开展学习宣贯党的十九大精神、中国石油在“一带一路”等主题宣传，组织中哈油气合作 20 周年、南海可燃冰试采成功、集团公司工作会议、三夏油品保供、冬季天然气保供等专题宣传，推出科技创新、绿色发展、扶贫帮困等主题传播 50 余个、专题专栏近 70 个，得到各大媒体争相报道和社会公众广泛关注。中俄亚马尔 LNG、中缅原油管道等多个项目被中共中央宣传部列入重点宣传序列，中俄原油管道二线、南海可燃冰试采成功等重大工程宣传实现权威中央媒体全覆盖。在《人民日报》《经济日报》相继刊发头版头条消息，在中央电视台新闻联播播报 20 余条，通过《人民日报》、新华社、《求是》杂志报送有分量、有深度、有价值的内参稿件 9 篇，协调主流媒体推出新闻报道近 1000 篇，报道数量创历史新高。

精心组织重大宣传活动。策划组织集团公司党组书记王宜林接受人民网党建工作系列访谈、总经理章建华接受《人民日报》专访、集团公司党组副书记徐文荣接受新华社采访等高端访谈，持续组织开展“感知中国石油”“加油体验”“全国大学生记者新闻实践营”等媒体活动，举办第 18 个记者节座谈交流活动，利用《求是》新媒体等平台刊发《百家央企走进石油》等系列报道，提升企业知名度。组织“温暖回家路·铁骑返乡”公益活动宣传，在中央电视台、新浪、腾讯等媒体进行直播，观看人数超过 1 亿人。

【舆情应对】 抓好舆论引导基础工作，加强新闻发言人队伍建设，构建由新闻发言人和新闻宣传联络员组成的新闻支持机构，建立责权明确的新闻发布队伍；制定《新闻发布管理办法》等制度，明确新闻发布、舆情管理、新闻宣传考核等工作规范；将舆情管理纳入集团公司应急管理，做好舆情应对预案编制，建立季度舆情分析、重大舆情会商机制、领导约谈、应急演练等制度，形成监测研判、分类处置、声誉修复三阶段舆情管理体系。加强舆情风险预防，做好与地方舆情管控体系的工作对接，注重与宣传、网信等部门及时汇报协调，加强与中央主流媒体实时沟通、保持同重点媒体的有效联络；强化内部横向联络、纵向联动，建立舆情全天候监测和重点时段专题监测机制，加强舆情监测和研判应对，保证重点时段舆情平稳；有效应对勒索病毒等重大舆情危机，负面影响降到最低。加强同重点媒体沟通联络，及时通报改革发展成绩，超前防范舆论风险；统筹协调集团公司总部有关部门和相关企事业单位，对涉及油气体制改革、总部机关改革、产品质量、销售服务等方面问题进行引导，及时澄清不实谣言，有效回应社会关切。2017年敏感负面新闻总量同比下降50%，占比由2016年的11%下降到8%，敏感负面舆情实现2015年以来“三连降”、降幅超过80%。

【媒体和网站建设管理】 推进“一报一网三微一端”（中国石油报、中国石油网、微博、微信、微视、中国石油APP客户端）传播体系建设，加强日常信息发布审核，充分运用内部媒体开展宣传工作。《中国石油报》完成重要时政报道50余次，推出“基层党建大调研”“深化改革纵深行”“天南地北石油人”等深度专题报道；影视中心2017年制作《中国石油报道》52期，推出新闻、专题、资讯类节目1700多件，发布石油新闻快讯7200余条，传输石油企业新闻1万余条；中国石油网策划制作专题专栏279个，日均发布信息2.7万篇、访问量350万人次；官方微信公众号订阅用户超过85万，累计阅读超5000万人次，在全国企业中排名第22位、中央企业中排名第7位、能源行业继续排名第1位，连同官方微博获得2017年度“央企最具影响力新媒体账号”称号；微门户移动客户端上线运行，下载用户超过5万户、绑定用户近3万户，建成石油人自己的“掌上家园”。所属企事业单位有128家开通微博、微信，同比增加40%，粉丝超过560万，新媒体矩阵累计阅读量超过6700万。加强多媒体内容资源建设，开展中国石油图片资源管理系统建设，实现信息资源有效管理；举办“重塑形象，从心出发”第二届新媒体内容创作大赛，挖掘培养新媒体创作人才，普及新媒体传播规律。编导制作《砥砺奋进更向前》《脊梁赞歌》等10部有影响力的专题片，开设《空中看石油》新栏目，从不同视角展示中国石油新发展、新成就、新气象。参加第五届亚洲微电影节和中国国际微电影展，获“金海棠”评委会组织奖，选编的微电影《第一书记》《谁来拯救》分别获组委会特别大奖和优秀作品奖。

【中国石油党建思想政治工作研究会】 加强党建思想政治工作研究，向中国思想政治工作研究会报送5个研究课题，获年度优秀研究成果二等奖1个、三等奖2个、优秀奖2个，是唯一一个申报成果全部获奖的单位，获优秀组织奖。6项政研成果在中央企业党建政研会获奖。

（程心能）

企业文化建设

【概述】 贯彻执行《中国石油企业文化建设工作条例》和《企业文化建设“十三五”规划》，大力弘扬以“苦干实干”“三老四严”为核心的石油精神，传承和创新特色企业文化，建设符合企业发展方向、具有鲜明时代特征和石油特色的企业文化，进一步完善石油文化体系。持续实施文化强企战略，内强素质、外塑形象，不断增强企业凝聚力，提高企业竞争力，努力实现企业文化与企业战略的统一，企业发展与员工发展的统一，企业文化优势与竞争优势的统一，充分发挥文化优势，提升企业管理水平和核心竞争力。

【社会主义核心价值观培育和践行】 深入贯彻落实集团公司《关于进一步培育和践行社会主义核心价值观的实施意见》，通过宣传教育、选树典型、实践养成，在工作内容、领域、载体、对象等方面，进一步把社会主义核心价值观建设任务落细落小落实；深化石油精神再学习再教育，举办弘扬石油精神论坛，深入开展石油精神研究、探索、宣传，深挖蕴含的时代内涵；推进《企业文化辞典》编撰出版工作，开展第六批企业精神教育基地初核验收工作，实施企业精神教育基地上网工程，石油精神体系逐步完善，不断夯实石油员工的共同思想基础。

【精神文明建设】 深化道德讲堂建设和诚信央企建设，广泛开展群众性精神文明创建工作，提升企业文明程度。持续组织“学雷锋树新风，学铁人立新功”

青年志愿服务，6800余支“宝石花”志愿服务队、18.4万名青年志愿者积极参与，弘扬青春正能量，传递石油奉献精神，具有石油特色的青年志愿服务体系得到进一步完善。积极开展文化艺术工作，持续组织“送欢乐下基层”活动，慰问演出20余场；参加俄罗斯索契“火炬杯”艺术节，连续10年与俄罗斯天然气公司进行文化交流；举办第四届铁人文学奖评选；参加全国“庆祝十九大”书法美术展，52幅（部）作品获展，获展成果居参赛单位首位；布贴画《宫廷补绣》申遗成功，创石油文化首例；承担中央企业文学专业委员会工作，组织“国企好故事”征文活动，集团公司4部作品获奖。组织全国石油职工围棋、象棋总决赛，举办协作区羽毛球赛、篮球赛、健步走网络公开赛等体育赛事，组织参加国家体育总局、中国企业体育协会等国家级赛事，丰富石油职工业余生活。积极组织第五届全国文明单位、第六届全国道德模范推荐工作，吉林石化炼油厂等7家基层单位获第五届“全国文明单位”称号，乌鲁木齐石化分公司退休高级工程师王震云（女）获第六届全国道德模范提名奖。

【中国石油英模群体】 持续开展“中国石油榜样”选树宣传，英模群体进一步壮大。四川销售公司泸州分公司龙马连片加油站党支部书记陈小玲被授予“全国三八红旗手”称号。辽河油田曙光采油厂采油作业一区新9号站站长柳转阳等10人获“全国五一劳动奖章”，大庆油田钻探工程公司获“全国五一劳动奖状”，大庆油田有限责任公司海拉尔石油勘探开发指挥部塔21作业区等17个单位获“全国工人先锋号”称号。辽河油田公司锦州采油厂采油作业一区54号站站长于水乐被授予“全国优秀共青团员”称号，大港油田公司团委书记王平被授予“全国优秀共青团干部”称号，渤海钻探工程有限公司团委等4个基层团组织被授予“全国五四红旗团委（团支部）”称号，中国石油天然气第六建设有限公司电焊技师农华科被授予“全国向上向善好青年”称号。西南油气田公司李爽、塔里木油田公司韩剑发被评为第二届全国“最美地质队员”，李爽同时被评为全国“十佳最美地质队员”。尼罗河公司副总工程师兼苏丹6区项目副总经理王杰被选树为“央企楷模”。锦西石化公司机械厂车工高级技师王尚典获“中央企业青年先锋”称号。大庆油田有限责任公司工程建设有限公司管道公司第二工程部刘新海机组等7个青年集体被命名为“2015—2016年度中央企业青年文明号”，西南油气田公司重庆天然气净化总厂引进分厂副班长汪年斌等6人被授予“2015—2016年度中央企业青年岗位能手”称号。长城钻探工程有限公司团委等5个团委被授予“中央企业五四红旗团委”称号，中国华油集团公司中油阳光物业管理有限公司北京分公司第三团支部等6个团（总）支部被授予“中央企业五四红旗团支部”称号，安全环保技术研究院HSE海外中心助理工程师闫可等7人被授予“中央企业优秀共青团员”称号，兰州石化公司团委书记王笑世等7人被授予“中央企业优秀共青团干部”称号。大庆油田有限责任公司第一采油厂第三油矿中四采油队队长侯涛等10人被授予集团公司铁人奖章，长庆油田公司勘探开发研究院区域地质勘探室等10个单位被授予集团公司铁人奖状，大庆油田有限责任公司杨海波劳模创新工作室等82个单位被授予集团公司铁人先锋号。

（程心能）

基层建设

【概述】 贯彻落实《集团公司基层建设纲要》，把基层建设放在企业改革发展的大环境下统筹谋划，以加强党支部建设为核心，以夯实基础管理为重点，以提高员工基本素质为根本，以促进企业与员工的共同发展为目标，深入推进“三基”工作。持续抓好“六个一”党支部创建、标准化“五型”班组建设和队伍建设，深化以“五新五小”为主要内容的群众性经济技术创新活动；发挥“百面红旗”“百个标杆单位”示范引领作用，深入挖掘“千队示范”好经验好做法；对西北片区31家企业开展基层党建责任专项督查，对基层建设有关情况进行全面统计分析，编发基层建设案例、开展经验交流，促进基层建设提档升级。

【群众性经济技术创新活动】 进一步深化以“五新五小”为主要内容的群众性经济技术创新活动，持续开展全员、全过程、全方位开源节流降本增效工作；印发《集团公司铁人奖章、铁人奖状、铁人先锋号评选表彰管理办法》，召开铁人奖章表彰暨“五新五小”群众性经济技术创新成果展示大会，进一步弘扬劳模精神、工匠精神、石油精神，激发和调动干部员工的积极性、主动性、创造性。

【送书工程】 2009 年 8 月开展送书工程，2017 年进一步规范送书工作流程，完善送书工程长效机制，继续优选配送纸质书籍，创新开发电子送书形式，精心组织 2017 年度送书工作，深化送图书下基层活动，送书工程实现提档升级。为保质保量完成好送书任务，按照要求严格审定书目，年初排定 2017 年送书工作内容和时间节点。在图书配送前下发工作通知，确保图书安全及时送达基层。2017 年为基层队站（车间）配送图书 43474 套，顺利完成配送任务。进一步完善移动阅读服务，不断优化数字化移动阅读平台，基层员工通过微信公众号和手机 APP 客户端阅读所送书目。

【职业道德规范确认书签订】 加强职业道德建设，组织 124 名新晋领导班子成员签订高级管理人员职业道德规范确认书，毕马威华振会计师事务所对集团公司职业道德建设情况进行了审计。

（程心能）

群团工作

【概述】 认真贯彻中央关于加强党的群团工作的意见，坚持全心全意依靠职工群众办企业的根本方针，加强对工会、共青团等组织的领导，增强群团组织、群团工作的政治性、先进性、群众性，支持群团组织按照法律和章程创造性地开展工作，充分发挥组织群众、引导群众、服务群众、维护群众合法权益的作用，实现群团组织和群团工作全覆盖，动员广大职工群众积极投身建设世界一流综合性国际能源公司的实践。

【厂务公开民主管理】 印发《集团公司厂务公开实施办法》，进一步规范厂务公开内容，推进厂务公开民主管理规范化，切实维护职工合法权益。尊重职工群众主体地位，认真落实职工代表大会制度，依法保障职工权益，帮助员工建立和谐劳动关系。

【开展劳动竞赛】 持续深化劳动竞赛活动，在华北石化千万吨升级改造项目、中俄原油二线管道工程建设项目、成品油保后路增份额增效益工作等重大项目、重要领域，开展主题劳动竞赛活动，引导广大职工发挥主力军作用。承办上合组织国家职工技能大赛和全国石油石化系统焊工职业技能竞赛，展示中国产业工人和中国石油职工良好形象，推进经济技术合作和人文交流。

【扶贫帮困送温暖活动】 持续推进《集团公司帮扶工作管理办法》落实，抓好帮扶资金管理，开展生活救助、医疗互助、“金秋助学”等精准帮扶，实施分类帮扶，推动帮扶工作提档升级。发挥“员工同心互助金”的作用，组织为困难职工献爱心。做好 2017 年元旦、春节、中秋节和国庆节期间扶贫帮困送温暖活动，做到每个困难家庭生活有保障、每个困难员工看得起病、每个困难家庭子女上得起学。

【青年岗位建功活动】 开展青年岗位建功活动，组织以“青年建功十三五·青春献礼十九大”为主题的“青年文明号”开放周活动，组织石油青年大讲堂系列活动，举办集团公司第四届青年学术交流会，持续推进青年创新创效、青年安全生产示范岗创建工作，搭建青年学习平台，展示青年风采，服务青年成长成才，引导广大团员青年立足岗位、建功立业。开展“杰出青年”“优秀青年”评选，大庆油田有限责任公司钻探工程公司物探一公司 2288 地震队队长项宇等 10 人被评为集团公司“十大杰出青年”。

（程心能）

【直属工会工作】 组织召开直属工会第三次会员代表大会，制定《直属工会委员会工作规则（试行）》，工会组织自身建设得到有力加强。组织工会主席联席会审议《集团公司公司制改制方案》，努力维护员工合法权益。开展 2015—2017 年职工经济技术创新成果和合理化建议征集工作，收到20家单位推荐的优秀成果356项。探索精准帮扶机制，成立帮扶工作理事会，发放送温暖资金1453万元。举办“弘扬石油精神，重塑良好形象”在京单位第一届职工运动会。持续推进职工健康管理，举办健步走、乒乓球比赛等文体活动和书法、声乐等培训班，组织劳动模范及家属疗养。举办大龄青年联谊，建立职工家长微信群，开展微信授课、线上活动，努力打造服务职工新品牌。

【直属共青团与青年工作】 持续开展“读书·实践·发展”青年读书和“直接联系青年，提升服务青年水平”主题活动，引导青年进一步坚定理想信念。召开集团公司直属第一次团代会，为基层团组织开展换届工作做出示范。分组开展青年文明号检查验收，评选表彰75个青年文明号、222名青年岗位能手。以“青年建功‘十三五’、青春献礼十九大”为主题，举办青工技能比武、劳动竞赛、青年讲堂、青年公益等系列活动，为青年立足岗位、成长成才搭建舞台。

（王玉杰）

光荣榜

【2017年全国五一劳动奖章】 10人：

柳转阳　中国石油辽河油田公司曙光采油厂采油作业一区新9号站站长

卡德尔·托乎提（维吾尔族）　中国石油塔里木油田公司勘探事业部新区勘探项目组地质勘探副主任工程师

何金龙　中国石油西南油气田公司

苏国庆　中国石油华北油田公司第五采油厂作业大队X00710队作业工

徐志民　中国石油吐哈油田公司鄯善采油厂采油工

王伟国　中国石油大庆石化公司炼油厂调度长

张立喆　中国石油辽阳石化公司炼油厂常减压车间主任

徐　凯　中国石油锦州石化公司钳工车间技术质量组组长

孙　强　中油吉林化建工程有限公司安装四公司铆工班班长

井云杰　中国石油天然气第一建设有限公司电焊工

【2017年全国五一劳动奖状】 1个：

大庆油田钻探工程公司

【2017年全国工人先锋号】 17个：

中国石油大庆油田有限责任公司海拉尔石油勘探开发指挥部塔21作业区

中国石油辽河油田公司辽兴油气开发公司采油作业四区奈一联合站

中国石油长庆油田公司第五采油厂麻黄山北作业区沙106井区

中国石油大港油田公司第三采油厂第三采油作业区第三采油管理站

中国石油玉门油田公司勘探开发研究院油藏评价室测井储量项目组

中国石油辽阳石化公司热电厂汽机车间运行四班

中国石油独山子石化公司炼油厂加氢联合车间

中国石油乌鲁木齐石化公司化纤厂氧化车间运行四班

中国石油锦西石化公司重油催化车间生产五班

中国石油庆阳石化公司动力运行乙班

中国石油黑龙江销售公司仓储分公司中心化验室

中国石油黑龙江销售公司齐齐哈尔销售分公司永青加油站

中国石油内蒙古销售公司阿拉善销售分公司中港加油站

中国石油四川销售公司元华加油站

中国石油集团川庆钻探工程有限公司四川石油射孔器材有限责任公司射孔弹厂压装班

中国石油集团东方地球物理勘探有限责任公司新

注：光荣榜引用单位名称均依据获奖文件。

疆物探处273队

中国石油云南销售公司非油品经营管理分公司中央仓

【2016年度全国优秀共青团员】 1人：

于水乐　中国石油辽河油田公司锦州采油厂采油作业一区54号站站长

【2016年度全国优秀共青团干部】 1人：

王　平　中国石油大港油田公司团委书记

【2016年度全国五四红旗团委（团支部）】 4个：

中国石油渤海钻探工程有限公司团委

中国石油辽河油田公司沈阳采油厂团委

中国石油大庆油田有限责任公司电力集团团委

中国石油新疆油田公司采气一厂玛河采气作业区团支部

【2017年全国向上向善好青年】 1人：

农华科　中国石油天然气第六建设有限公司电焊技师

【2017年度全国三八红旗手】 1人：

陈小玲　中国石油四川销售公司泸州分公司龙马连片加油站党支部书记

【第二届全国“最美地质队员”】 2人：

李　爽　中国石油西南油气田公司

韩剑发　中国石油塔里木油田公司

【全国“十佳最美地质队员”】 1人：

李　爽　中国石油西南油气田公司

【第五届“全国文明单位”】 7个：

中国石油大庆油田有限责任公司钻探工程公司钻井二公司1205钻井队

中国石油新疆油田公司采气一厂

中国石油大港油田公司采油工艺研究院

中国石油华北油田公司第三采油厂

中国石油吉林石化公司炼油厂

中国石油内蒙古销售公司

中国石油西气东输管道公司

【第六届全国道德模范提名奖】 1人：

王震云（女）　中国石油乌鲁木齐石化公司退休高级工程师

【中央企业第二届“央企楷模”】 1人：

王　杰　中国石油尼罗河公司副总工程师兼苏丹6区项目副总经理

【2017年中央企业青年先锋】 1人：

王尚典　中国石油锦西石化公司机械厂车工高级技师

【2015—2016年度中央企业青年文明号】 7个：

中国石油大庆油田有限责任公司工程建设有限公司管道公司第二工程部刘新海机组

中国石油长庆油田公司第一采气厂第二净化厂

中国石油吉林油田公司油气工程研究院采气工程研究所

中国石油兰州石化公司炼油厂300万吨/年柴油加氢装置

中国石油内蒙古呼和浩特销售分公司海东路第一加油站

中国石油北京销售公司亦庄加油站

中国石油昆仑能源有限公司黑龙江分公司红岗母站

【2015—2016年度中央企业青年岗位能手】 6人：

汪年斌　中国石油西南油气田公司重庆天然气净化总厂引进分厂副班长

张学佳　中国石油大庆石化公司炼油厂加氢二车间党支部书记

孙　畅　中国石油渤海钻探工程有限公司第一固井分公司固井工

温亮亮　中国石油天然气管道局第四工程分公司职员

邓琪昌　中国石油四川销售甘孜分公司副科长

黄珂珂　中国石油工程建设公司第一建设公司第一工程处111工程队电焊工

【2015—2016年度中央企业五四红旗团委】 5个：

中国石油长城钻探工程有限公司团委

中国石油海洋工程有限公司团委

中国石油河北销售公司团委

中国石油北京华油服务总公司团委

中国石油煤层气有限责任公司忻州分公司团委

【2015—2016年度中央企业五四红旗团支部】 6个：

中国石油中国华油集团公司中油阳光物业管理有限公司北京分公司第三团支部

中国石油中国寰球工程公司采购部团总支

中国石油技术开发公司石化分公司团支部

石油工业出版社有限公司编辑第一团支部

中国石油天津销售公司仓储分公司团总支

中国石油工程设计公司新疆石油工程建设有限责任公司油田事业部施工一处团支部

【2015—2016年度中央企业优秀共青团员】 7人：

闫　可　中国石油安全环保技术研究院HSE海

外中心助理工程师
向奕帆　中国石油中亚管道公司调度长
段　睿　中国石油北京石油管理干部学院主办
刘　宽　中国石油天然气勘探开发公司职员
张　璐　中国石油昆仑银行股份有限公司乌鲁木齐分行客户管理岗
万子岸　中国石油石油化工研究院工程放大与过程研究室工程师
王　歌　中国石油报社编辑

【2015—2016 年度中央企业优秀共青团干部】 7 人：

王笑世　中国石油兰州石化公司团委书记
常永红　中国石油工程建设公司群众工作处副处长兼 4 公司团委书记
文　江　中国石油海洋工程有限公司团委书记
王　斌　中国石油济柴动力总厂党群工作处处长、团委书记
韦东洋　中国石油勘探开发研究院团委高级主管
张志成　中国石油物资公司团委副书记
王先国　中国石油钻井工程技术研究院团委书记

【2017 年集团公司铁人奖章】 10 人：

侯　涛　大庆油田有限责任公司第一采油厂第三油矿中四采油队队长
徐志民　吐哈油田公司鄯善采油厂温五采油工区采油班采油工
陆书来　吉林石化公司合成树脂厂总工程师
刘文知　陕西销售公司西安销售分公司劳动南路加油站经理
其　布（女）　西藏销售公司拉萨分公司功德林加油站经理
杜富祥　西部管道公司乌鲁木齐输油气分公司乌鲁木齐维抢修队队长
赵新军　拉美公司厄瓜多尔安第斯公司副总经理
孙连和　中国石油集团长城钻探工程有限公司西部钻井公司青海项目部经理
唐　云　中国寰球工程有限公司第六建设公司吊车司机
曹　宏　勘探开发研究院一级专家

【2017 年集团公司铁人奖状】 10 个：

长庆油田公司勘探开发研究院区域地质勘探室
西南油气田公司重庆气矿大竹采输气作业区
华北油田公司第一采油厂雁翎采油作业区
抚顺石化公司烯烃厂乙烯车间
兰州石化公司炼油厂润滑油精制联合车间
内蒙古销售公司巴彦淖尔销售分公司临河油库
西南管道公司兰成渝输油分公司
哈萨克斯坦公司阿克纠宾公司现场作业部
中东公司伊朗北阿扎德甘项目
川庆钻探工程有限公司川西钻探公司 80002 钻井队

【2017 年集团公司铁人先锋号】 82 个：

大庆油田有限责任公司杨海波劳模创新工作室
辽河油田公司建设工程公司金属结构分公司施工四队一班
长庆油田公司第二采油厂西峰采油三区西二转井区
塔里木油田公司勘探开发研究院勘探所
新疆油田公司百口泉采油厂稠油作业区运行四班
西南油气田公司蜀南气矿泸州采气作业区阳 42 井中心站
吉林油田公司长春采油厂采油三队 4 号井组
大港油田公司第五采油厂第二采油作业区油水井管理二组
青海油田公司管道输油处甘森站
吐哈油田公司工程技术研究院钻井工艺研究所
冀东油田公司井下作业公司作业一队
玉门油田公司水电厂销售服务中心外线电工班
南方石油勘探开发有限责任公司海南福山油田花场油气处理中心
大庆石化公司化肥厂合成氨车间运行四班
吉林石化公司炼油厂催化裂化三车间化工一班
抚顺石化公司烯烃厂低密聚乙烯车间工艺甲班
辽阳石化公司矿区事业部公用事务部客服中心林海臣班
兰州石化公司合成橡胶厂丁腈二车间聚合戊班
独山子石化公司乙烯厂烯烃一联合车间工艺二值班
乌鲁木齐石化公司炼油厂炼油一车间 600 万吨 / 年常减压装置运行一班
宁夏石化公司炼油厂一联合车间横一班
锦州石化公司重整车间连续重整装置生产五班
锦西石化公司焦化车间工艺一班
大庆炼化公司聚合物一厂丙烯腈车间生产操作二班
哈尔滨石化公司第一联合车间常减压装置生产五班
广西石化公司生产二部九联合
大港石化公司第三联合车间王峰班

辽河石化公司第一联合运行部南蒸馏操作一班

东北化工销售公司辽西分公司销售科橡胶塑料销售组

西北化工销售公司化工原料处业务二科

华北化工销售公司技术服务处新产品开发及推广小组

华东化工销售公司上海仓储分公司仓储物流服务小组

西北销售公司兰州分公司西固油库

润滑油公司大连分公司调合装置东罐区一班

四川销售公司雅安销售分公司乌斯河油库

辽宁销售公司锦州销售分公司王屯油库

广东销售公司广州分公司赤沙加油加气站

新疆销售有限公司乌鲁木齐销售分公司宝山路加油站

陕西销售公司西安销售分公司西门加油站

江苏销售公司南京销售分公司城东加油站

河北销售公司邯郸销售分公司环球第一加油站

上海销售公司浦东分公司振兴加油站

黑龙江销售公司哈尔滨销售分公司友谊加油站

河南销售公司郑州销售分公司第1加油站

云南销售公司楚雄销售分公司太阳女加油站

湖北销售公司武汉销售分公司盘龙大道加油站

广西销售公司南宁分公司金凤加油站

湖南销售公司长沙分公司岳麓大道加油站

宁夏销售公司中卫分公司兴仁东加油站

贵州销售公司毕节销售分公司环东加油站

青海销售公司玉树分公司清水河加油站

江西销售公司吉安销售分公司吉州大道第一加油站

天津销售公司市区分公司富民路加油站

西藏销售公司日喀则分公司中心加油站

西气东输管道公司银川管理处中卫压气站

西部管道公司酒泉输油气分公司红柳作业区

中东公司伊拉克哈法亚项目油田作业区

中东公司伊拉克艾哈代布项目勘探开发部

中东公司阿曼项目勘探开发部

尼罗河公司苏丹炼油项目催化裂化车间

拉美公司 MPE3 项目

中国石油国际事业（美洲）有限公司委内瑞拉办事处

西部钻探工程有限公司克拉玛依钻井公司 40534 钻井队

长城钻探工程有限公司测井公司危险品管理中心女子装炮队

渤海钻探工程有限公司第一钻井分公司 50620 钻井队

东方地球物理勘探有限责任公司国际部沙特项目部 8647 队

测井有限公司长庆事业部靖边项目部 C1635 作业队

中国石油天然气管道局龙慧自动化工程有限公司仪表安装工程处仪表安装机组

工程建设有限公司第一建设公司第一工程处 101 队段延军班

中国寰球工程有限公司吉林化建工程公司培训中心焊接教练班

中国昆仑工程有限公司工艺设计部环境化工组

宝鸡石油钢管有限责任公司输送管公司制管三分厂精焊二班

勘探开发研究院采油工程研究所机械采油研究室

石油化工研究院大庆化工研究中心炼油研究所 PHF 柴油加氢技术团队

钻井工程技术研究院精细控压钻井创新团队

石油管工程技术研究院工程技术服务公司检测评价项目组

昆仑银行股份有限公司昆仑运营服务中心

中国石油天然气运输公司塔里木运输公司特车运输大队吊车三分队

中国华油集团公司上海浦东华油实业有限责任公司中油阳光大酒店客房部

北京华油服务总公司（机关服务中心）通信处

中国石油物资公司招标二处西安工作组

信息技术服务中心门户网站部内容组

【集团公司第九届“十大杰出青年”】 10 人：

项　宇　大庆油田有限责任公司钻探工程公司物探一公司 2288 地震队队长

王国栋　辽河油田公司特种油开发公司地质研究所副所长

顾　燕（女）　长庆油田公司第三采油厂吴起采油作业区采油工

王顺利　大港油田公司第四采油厂地质研究所方案室副主任

孙士昌　大庆石化公司化工三厂合成树脂研究室

研发技术员
李 航 长庆石化公司运行四部副主任
刘慧慧（女） 河北销售公司石家庄分公司大地加油站经理
庄 芳（女） 昆仑能源有限公司江苏液化天然气公司接收站运行技术主管
赵 杰 东方地球物理勘探有限责任公司国际勘探事业部阿曼项目部技术总监
钟海军 石油化工研究院汽柴油加氢研究室组长

【集团公司优秀青年名单】 97 人：

周 健 塔里木油田公司勘探事业部库车勘探项目组项目长
瞿建华 新疆油田公司勘探开发研究院勘探研究所副总地质师
郑纯桃 西南油气田公司蜀南气矿长宁页岩气作业区生产技术室主任
魏志刚 吉林油田公司新木采油厂采油测试队测试工
朱启耀 青海油田公司涩北作业公司井下作业大队副大队长
郭 简 华北油田公司山西煤层气勘探开发分公司工程技术研究所所长
杨 勇 吐哈油田公司井下技术作业公司压裂一队队长
高广亮 冀东油田公司勘探开发研究院主任
王 瑞（女） 玉门油田公司老君庙采油厂 603 岗位长
王维旭 浙江油田公司外围勘探项目部经理
张 雷 中石油煤层气有限责任公司山西分公司经理助理，三交联合项目部常务副经理、党总支书记
王晓东 吉林石化公司丙烯腈厂第二丙烯腈车间化工一班值班长
李家乐 抚顺石化公司烯烃厂生产运行部副主任
王 坤 辽阳石化公司芳烃厂生产技术科科长
蒋浩伟 兰州石化公司石油化工厂中间产品车间黄河北罐区班长
乔亮杰 独山子石化公司乙烯厂聚烯烃一联合车间副主任
张 超 乌鲁木齐石化公司炼油厂炼油二车间设备技术员
马素林 宁夏石化公司安检公司副主任
韩 政 大连石化公司供排水车间主任
杨 兴 大连西太平洋石油化工有限公司运行四部生产主任
季 伟 锦州石化公司钳工车间加氢二班班长
郭历伟 锦西石化公司重整车间设备主任
李 成 大庆炼化公司炼油二厂二套 ARGG 车间副主任
林雪飞 广西石化公司生产一部运行工程师
齐宏宇（女） 四川石化公司财务处副处长
赵小红 中石油云南石化有限公司生产二部制氢装置操作工
高志杰 大港石化公司机动设备处工程师
赵志飞 华北石化公司科技信息部工程师
徐 卿（女） 呼和浩特石化公司科技信息部工程师
时丕斌（蒙古族） 辽河石化公司第三联合运行部设备技术员
罗贯纬 庆阳石化公司生产技术处副处长
张益源 西北化工销售公司储运处调度中心主任
闫 哲 华东化工销售公司业务五处业务员
林智敬 华南化工销售公司钦州调运分公司副经理
边琮盛 东北销售公司调度运输处陆运调度
薛国星 西北销售公司调度运输处副处长
金 鹏（回族） 润滑油公司兰州润滑油研究开发中心内燃机油所副所长
葛鸿珊（女） 四川销售公司德阳销售分公司龙泉加油站经理
徐义龙 辽宁销售公司营口分公司营顺加油站核算员
王胜杰 广东销售公司广州销售分公司业务运作部副经理
李 玲（女） 内蒙古销售公司乌海销售分公司第一加油站经理
韩国鑫 新疆销售公司巴州分公司众合加油站经理
鲍海军 陕西销售公司西安销售分公司朱宏路加油站经理
李美玉（女） 甘肃销售公司白银分公司加油站经理
高 才（女） 山东销售公司潍坊分公司坊子潍

胶加油站经理

张可珍（女） 江苏销售公司南京销售分公司龙蟠团队经理

王　慧（女） 北京销售公司右安门加油站便利店主管

刘国超　上海销售公司振兴加油站经理

孟祥天　黑龙江销售公司绥化分公司海伦第一加油站加油员

赵　海　河南销售公司调运处处长

何德能（彝族） 云南销售公司昆明分公司织布营加油站经理

周　萍（女） 重庆销售公司江北分公司吉乐加油站经理

蒋雪晴（女） 湖北销售公司宜昌分公司大公桥加油站经理

徐桂芳（女） 浙江销售公司衢州分公司振华加油站加油员

陈　梅（女） 安徽销售公司合肥分公司锦绣大道加油站经理

曾　刚　福建销售公司零售管理处处长

张香艳（女，苗族） 湖南销售公司湘西分公司香艳加油站经理

马　泽（回族） 宁夏销售公司高速公路销售分公司小洪沟服务区经理

李光梅（女） 贵州销售公司贵阳分公司观山加油站经理

曹　旭（女） 山西销售公司晋中开发区汇通路东加油站经理

薛林娜（女） 青海销售公司西宁分公司加油站管理科副科长

胡　明　江西销售公司赣州分公司经理兼党支部副书记

李立然（女） 天津销售公司市区分公司富民路加油站经理

伍九林　西藏销售公司林芝分公司副总经理

冯　毅　管道公司北京（呼和浩特）输油气分公司土默特右旗输油站站长、支部书记

常大伟　西气东输管道公司甘陕管理处高陵站站长

聂万鹏　中石油北京天然气管道有限公司石家庄输气管理处自控工程师

刘晓凯　西部管道公司独山子分公司乌苏作业区主任

王　庆　西南管道公司重庆输油气分公司广元分输压气站站长

刘海疆　哈萨克斯坦公司生产运行部副经理

朱文晋　中国石油国际事业公司巴西分公司总经理

许少华　西部钻探工程有限公司克拉玛依钻井公司 40552 钻井队队长

杜兴隆　长城钻探工程有限公司钻井三公司伊拉克项目 GW311 钻井队平台经理

康　辉　渤海钻探工程有限公司第三钻井公司 70152 钻井队队长

尹　陈（女） 川庆钻探工程有限公司地球物理勘探公司井中物探事业部井中物探研究所党支部书记兼副所长

张凤生　测井有限公司油气评价中心西部项目部柴达木评价项目组组长

王　童　海洋工程有限公司海工事业部电焊工

李　敬（女） 中国石油天然气管道局中东地区公司总经理助理、伊拉克公司副经理、伊拉克西古尔纳一期外输管道项目经理

蒲黎明　工程建设公司西南分公司油气加工二室主任、液化天然气研发中心主任

孙长庚　中国寰球工程有限公司北京分公司工艺经理

张　磊　中国石油技术开发公司阿布扎比分公司总经理

聂永坤　渤海石油装备制造有限公司石油机械厂钻井装备分厂厂长

商　杰　宝鸡石油机械有限责任公司钢结构厂西电项目组班长

柯星星　宝鸡石油钢管有限责任公司秦皇岛宝世顺公司技术员

杨明月　中国石油集团济柴动力总厂武汉发动机厂售后服务员

李　勇　勘探开发研究院油气田开发研究所副总工程师兼室主任

刘　伟　钻井工程技术研究院钻井工艺研究所研究室主任

李春晓（女） 安全环保技术研究院 HSE 新技术推广中心安全环保事业部副主任

蔡　克　石油管工程技术研究院工程师

李岩岭　中油财务有限责任公司香港子公司金融

市场部副经理
杨　锋　昆仑银行股份有限公司乌鲁木齐分行公司业务部副总经理
林建楠　昆仑金融租赁有限责任公司国际业务部总经理
张　新　中国石油天然气运输公司塔里木运输公司特车运输大队驾驶员
缪春晖　中国华油集团公司大庆分公司副经理
许南希　华油北京服务总公司通信处运行科科长
崔　茉（女）中国石油报社记者
陈　佳　物资公司设备采购一处高级主管

（程心能）

机构与人物

中国石油天然气集团有限公司

组织机构

（机关职能部门 23 个，控股子公司、专业子公司 6 个，直属企事业单位 40 个）

单　位		地　址
一、机关职能部门（23 个）		
1	办公厅（党组办公厅、董事会办公室）	北京市
2	政策研究室	北京市
3	规划计划部	北京市
4	财务部	北京市
5	资金部	北京市
6	财税价格部	北京市
7	人事部（党组组织部）	北京市
8	生产经营管理部	北京市
9	资本运营部	北京市
10	法律事务部	北京市
11	质量安全环保部	北京市
12	科技管理部	北京市
13	信息管理部	北京市
14	物资装备部	北京市
15	国际部	北京市
16	党组纪检组、监察部	北京市
17	审计部	北京市
18	改革与企业管理部	北京市
19	矿区服务工作部	北京市

注：本篇资料截至 2017 年 12 月 31 日。

续表

单 位		地 址
20	思想政治工作部（党组宣传部）	北京市
21	维稳信访工作办公室	北京市
22	直属党委	北京市
23	离退休职工管理局	北京市
二、控股子公司、专业子公司（6个）		
1	中国石油天然气股份有限公司	北京市
2	中国石油集团工程股份有限公司（工程建设分公司）	新疆维吾尔自治区克拉玛依市
3	中国石油集团资本股份有限公司	新疆维吾尔自治区克拉玛依市
4	中国联合石油有限责任公司	北京市
5	中国石油国际勘探开发有限公司	北京市
6	中国石油集团油田技术服务有限公司（工程技术分公司）	北京市
三、直属企事业单位（40个）		
（一）油气田企业（9个）		
1	大庆石油管理局有限公司	黑龙江省大庆市
2	辽河石油勘探局有限公司	辽宁省盘锦市
3	长庆石油勘探局有限公司	陕西省西安市
4	新疆石油管理局有限公司	新疆维吾尔自治区克拉玛依市
5	四川石油管理局有限公司	四川省成都市
6	吉林石油集团有限责任公司	吉林省松原市
7	大港油田集团有限责任公司	天津市滨海新区
8	华北石油管理局有限公司	河北省任丘市
9	新疆吐哈石油勘探开发有限公司	新疆维吾尔自治区哈密市
（二）炼化企业（10个）		
1	中国石油大庆石油化工有限公司	黑龙江省大庆市
2	吉化集团有限公司	吉林省吉林市
3	中国石油抚顺石油化工有限公司	辽宁省抚顺市
4	中国石油辽阳石油化纤有限公司	辽宁省辽阳市
5	中国石油兰州石油化工有限公司	甘肃省兰州市

续表

单　位		地　址
6	新疆独山子石油化工有限公司	新疆维吾尔自治区克拉玛依市独山子区
7	中国石油乌鲁木齐石油化工有限公司	新疆维吾尔自治区乌鲁木齐市
8	中国石油大连石油化工有限公司	辽宁省大连市
9	中国石油锦州石油化工有限公司	辽宁省锦州市
10	中国石油锦西石油化工有限公司	辽宁省葫芦岛市
（三）装备制造企业（5 个）		
1	中国石油技术开发有限公司	北京市
2	宝鸡石油机械有限责任公司	陕西省宝鸡市
3	宝鸡石油钢管有限责任公司	陕西省宝鸡市
4	中国石油集团济柴动力有限公司	山东省济南市
5	中国石油集团渤海石油装备制造有限公司	天津市
（四）科研及其他单位（16 个）		
1	中国石油集团经济技术研究院	北京市
2	中国石油集团钻井工程技术研究院有限公司	北京市
3	中国石油集团安全环保技术研究院有限公司	北京市
4	中国石油集团石油管工程技术研究院	陕西省西安市
5	北京石油管理干部学院	北京市
6	石油工业出版社有限公司	北京市
7	中国石油报社	河北省涿州市
8	中国石油审计服务中心	河北省廊坊市
9	中国石油天然气集团有限公司广州培训中心	广东省广州市
10	中国石油天然气集团有限公司咨询中心 （中国石油集团工程咨询有限责任公司）	北京市
11	中国石油物资采购中心（中国石油物资有限公司）	北京市
12	中国石油运输有限公司	新疆维吾尔自治区乌鲁木齐市
13	中国华油集团有限公司	北京市
14	中国石油天然气香港有限公司	香港特别行政区
15	中国石油学会	北京市
16	中国石油企业协会	北京市

（孔庆利）

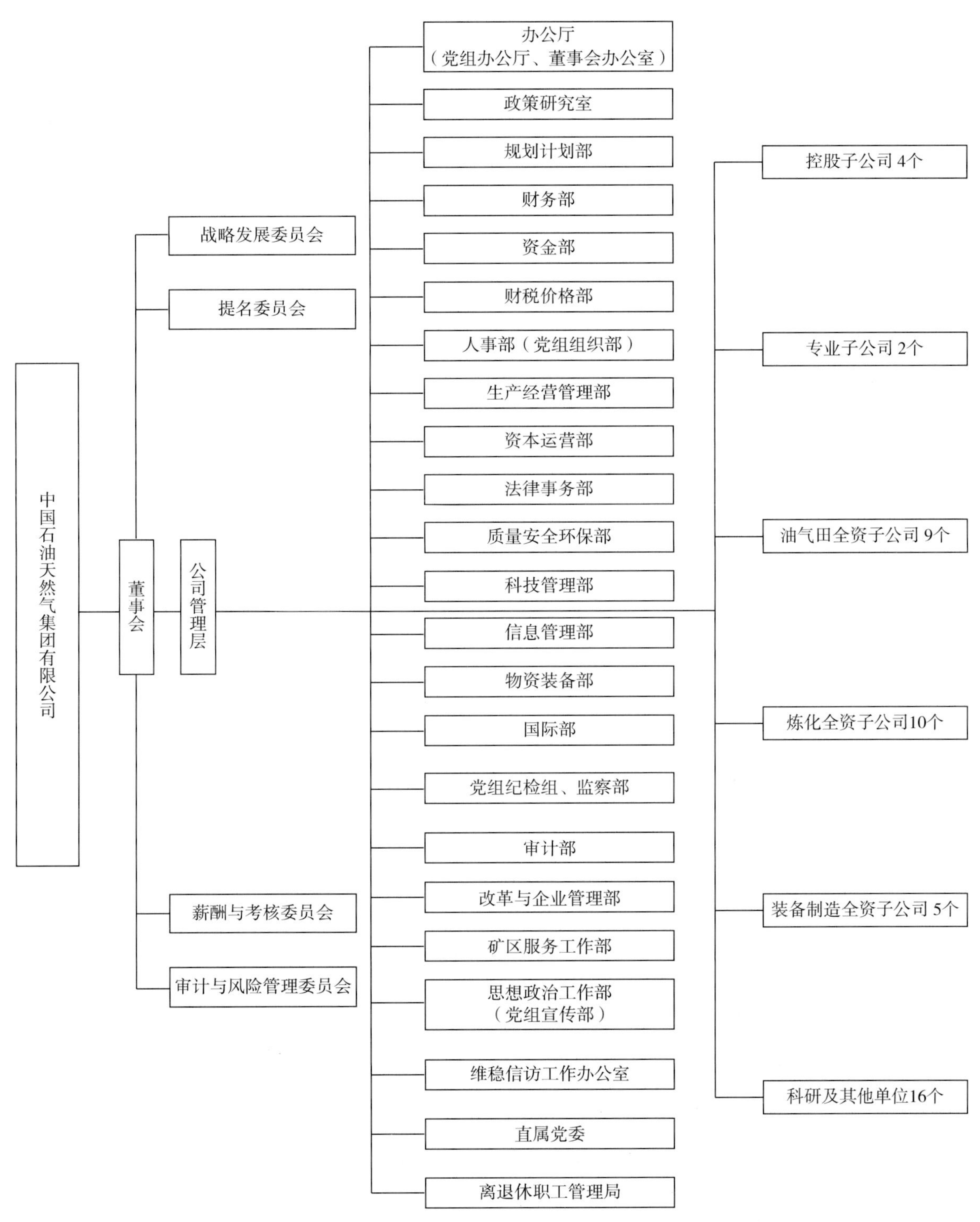

中国石油天然气集团有限公司组织机构图

董事会成员

序　号	姓　名	职　务
1	王宜林	中国石油天然气集团有限公司董事长
2	章建华	中国石油天然气集团有限公司董事
3	王久玲	中国石油天然气集团有限公司外部董事
4	刘国胜	中国石油天然气集团有限公司外部董事
5	李毓华	中国石油天然气集团有限公司外部董事
6	黄　龙	中国石油天然气集团有限公司外部董事
7	汪世宏	中国石油天然气集团有限公司职工代表董事

董事会秘书

序　号	姓　名	职　务
1	王志刚	中国石油天然气集团有限公司董事会秘书

监事会成员

序　号	姓　名	职　务
1	杜渊泉	中国石油天然气集团有限公司监事会主席（国务院国资委派出）
2	李迎珠	中国石油天然气集团有限公司监事会监事（国务院国资委派出）
3	周正良	中国石油天然气集团有限公司监事会监事（国务院国资委派出）
4	邢胜强	中国石油天然气集团有限公司监事会监事（国务院国资委派出）
5	仇　凯	中国石油天然气集团有限公司监事会监事（国务院国资委派出）
6	陈必磊	中国石油天然气集团有限公司监事会监事（国务院国资委派出）
7	任一村	中国石油天然气集团有限公司职工代表监事
8	钟显明	中国石油天然气集团有限公司职工代表监事
9	于广纯	中国石油天然气集团有限公司职工代表监事

集团公司领导

序　号	姓　名	职　务
1	王宜林	中国石油天然气集团有限公司党组书记、董事长
2	章建华	中国石油天然气集团有限公司董事、总经理、党组副书记
3	徐文荣	中国石油天然气集团有限公司党组副书记、副总经理
4	汪东进	中国石油天然气集团有限公司党组成员、副总经理
5	喻宝才	中国石油天然气集团有限公司党组成员、副总经理
6	刘跃珍	中国石油天然气集团有限公司党组成员、总会计师
7	刘宏斌	中国石油天然气集团有限公司党组成员、副总经理
8	徐吉明	中国石油天然气集团有限公司党组成员、党组纪检组组长
9	侯启军	中国石油天然气集团有限公司副总经理
10	段良伟	中国石油天然气集团有限公司副总经理、安全总监
11	覃伟中	中国石油天然气集团有限公司副总经理

总经理助理、副总师

序　号	姓　名	职　务
1	汪世宏	中国石油天然气集团有限公司总经理助理
2	李鹭光	中国石油天然气集团有限公司总经理助理
3	陈新发	中国石油天然气集团有限公司总经理助理
4	刘志华	中国石油天然气集团有限公司总经理助理
5	李正光	中国石油天然气集团有限公司副总经济师
6	张凤山	中国石油天然气集团有限公司安全副总监
7	周永强	中国石油天然气集团有限公司总法律顾问

集团公司总部职能部门主要领导

序 号	单 位	总经理（主任、局长、书记、组长）
1	办公厅（党组办公厅、董事会办公室）	王志刚（兼）
2	政策研究室	张华林
3	规划计划部	杨 华
4	财务部	张少峰
5	资金部	刘 德（副总经理，主持全面工作）
6	财税价格部	刘 戬
7	人事部（党组组织部）	刘志华（兼）
8	生产经营管理部	苏 俊
9	资本运营部	卢耀忠
10	法律事务部	周永强（兼）
11	质量安全环保部	张凤山（兼）
12	科技管理部	隋 军
13	信息管理部	古学进
14	物资装备部	于洪金
15	国际部	李越强
16	党组纪检组、监察部	马自勤
17	审计部	王 亮
18	改革与企业管理部	姜力孚
19	矿区服务工作部	刘自强
20	思想政治工作部（党组宣传部）	曲广学
21	维稳信访工作办公室	李若平
22	直属党委	李正光（兼）
23	离退休职工管理局	张亚成

所属企事业单位主要领导

序　号	单位名称	总经理（主任、院长、社长、会长）	党委书记
一、控股子公司、专业子公司（6个）			
1	中国石油天然气股份有限公司	汪东进	
2	中国石油集团工程股份有限公司（工程建设分公司）	白玉光	赵玉建
	（1）中国石油管道局工程有限公司	孙全军	孙全军
	（2）中国石油工程建设有限公司	刘海军	宋德琦
	（3）中国寰球工程有限公司	王新革	李利民
	（4）中国昆仑工程有限公司	王德义	沈　钢
	（5）中国石油集团工程有限公司北京项目管理分公司	孔繁瑾	孔繁瑾
3	中国石油集团资本股份有限公司	蒋尚军	蒋尚军
	（1）中油财务有限责任公司	兰云升	
	（2）昆仑银行股份有限公司	佐　卫	闫　宏
	（3）昆仑信托有限责任公司（中油资产管理有限公司）	吴　妍	肖　华
	（4）昆仑金融租赁有限责任公司	贺金霞	桂王来
	（5）中石油专属财产保险股份有限公司	潘国潮	魏国良
4	中国联合石油有限责任公司	赵　勇	田景惠（兼）
5	中国石油国际勘探开发有限公司	叶先灯	王仲才（兼）
	（1）中油国际中东公司	祝俊峰	祝俊峰
	（2）中油国际中亚公司	卞德智	赵　颖
	（3）中油国际尼罗河公司	刘英才	刘英才
	（4）中油国际拉美公司	贾　勇	贾　勇
	（5）中油国际西非公司	陈曙东	陈曙东
	（6）中油国际管道公司	孟繁春	孟向东
	（7）中油国际俄罗斯公司	蒋　奇	蒋　奇
6	中国石油集团油田技术服务有限公司（工程技术分公司）	秦永和	茅启平

续表

序　号	单位名称	总经理（主任、院长、社长、会长）	党委书记
6	（1）中国石油集团西部钻探工程有限公司	张宝增	张宝增
	（2）中国石油集团长城钻探工程有限公司	马永峰	胡欣峰
	（3）中国石油集团渤海钻探工程有限公司	周宗强	
	（4）中国石油集团川庆钻探工程有限公司	李爱民	李爱民
	（5）中国石油集团东方地球物理勘探有限责任公司	苟　量	苟　量
	（6）中国石油集团测井有限公司	李剑浩	金明权
	（7）中国石油集团海洋工程有限公司	彭　飞	彭　飞
二、油气田企业（9个）			
1	大庆石油管理局有限公司	孙龙德（兼）	
2	辽河石油勘探局有限公司	张志东	
3	长庆石油勘探局有限公司	付锁堂	
4	新疆石油管理局有限公司	杨学文	
5	四川石油管理局有限公司	马新华	
6	吉林石油集团有限责任公司	张德有	
7	大港油田集团有限责任公司	赵贤正	
8	华北石油管理局有限公司	袁明生	
9	新疆吐哈石油勘探开发有限公司	娄铁强	
三、炼化企业（10个）			
1	中国石油大庆石油化工有限公司	康志军	
2	吉化集团有限公司	孙树祯	
3	中国石油抚顺石油化工有限公司	李天书	
4	中国石油辽阳石油化纤有限公司	白雪峰	
5	中国石油兰州石油化工有限公司	李家民	
6	新疆独山子石油化工有限公司	陈俊豪	
7	中国石油乌鲁木齐石油化工有限公司	王红晨	
8	中国石油集团大连石油化工有限公司	庞晓东	

续表

序　号	单位名称	总经理（主任、院长、社长、会长）	党委书记
9	中国石油锦州石油化工有限公司	陈　志	
10	中国石油锦西石油化工有限公司	吕文军	
四、装备制造企业（5个）			
1	中国石油技术开发有限公司	赵　国	赵　国
2	宝鸡石油机械有限责任公司	郭孟齐	忽宝民
3	宝鸡石油钢管有限责任公司	舒高新	惠　龙
4	中国石油集团济柴动力有限公司	孙宝福	吴根柱
5	中国石油集团渤海石油装备制造有限公司	周荣学	杨跃东
五、科研及其他单位（16个）			
1	中国石油集团经济技术研究院	李建青	钱兴坤
2	中国石油集团钻井工程技术研究院有限公司	冯艳成	冯艳成
3	中国石油集团安全环保技术研究院有限公司	闫伦江	闫伦江
4	中国石油集团石油管工程技术研究院	刘亚旭	刘亚旭
5	北京石油管理干部学院	谢文虎	肖建军
6	石油工业出版社有限公司	张卫国	张卫国
7	中国石油报社	邱宝林	高栋平
8	中国石油审计服务中心	王　亮	刘　毅
9	中国石油天然气集团有限公司广州培训中心	李光华	李光华
10	中国石油天然气集团有限公司咨询中心（中国石油集团工程咨询有限责任公司）	刘宏斌（兼）	
11	中国石油物资采购中心（中国石油物资有限公司）	徐新福	刘文成
12	中国石油运输有限公司	孙晓岗	魏国庆
13	中国华油集团有限公司	石清俊	秦文贵
14	中国石油天然气香港有限公司	赵永起	
15	中国石油学会	赵政璋	
16	中国石油企业协会	沈殿成	

（徐　晓　王洪伟）

中国石油天然气股份有限公司

组织机构

（总部机构和职能部门 20 个、专业公司 7 个、企事业单位 102 个）

单 位		地 址
一、股份公司总部		
（一）董事会、监事会机构（2 个）		
1	董事会秘书局	北京市
2	监事会办公室	北京市
（二）职能部门（18 个）		
1	总裁办公室	北京市
2	规划计划部	北京市
3	财务部	北京市
4	资金部	北京市
5	财税价格部	北京市
6	人事部	北京市
7	生产经营管理部	北京市
8	资本运营部	北京市
9	法律事务部	北京市
10	质量安全环保部	北京市
11	科技管理部	北京市
12	信息管理部	北京市
13	物资装备部	北京市
14	国际部	北京市

续表

单　位		地　址
15	监察部	北京市
16	审计部	北京市
17	改革与企业管理部	北京市
18	企业文化部	北京市
二、专业公司 (7 个)		
1	中国石油天然气股份有限公司勘探与生产分公司	北京市
2	中国石油天然气股份有限公司炼油与化工分公司	北京市
3	中国石油天然气股份有限公司销售分公司	北京市
4	中国石油天然气股份有限公司天然气销售分公司（天然气与管道分公司）	北京市
5	中石油管道有限责任公司	北京市
6	中国石油天然气股份有限公司海外勘探开发分公司	北京市
7	中国石油天然气股份有限公司国际贸易分公司	北京市
三、油气田企业（17 个）		
1	大庆油田有限责任公司	黑龙江省大庆市
2	中国石油天然气股份有限公司辽河油田分公司	辽宁省盘锦市
3	中国石油天然气股份有限公司长庆油田分公司	陕西省西安市
4	中国石油天然气股份有限公司塔里木油田分公司	新疆维吾尔自治区库尔勒市
5	中国石油天然气股份有限公司新疆油田分公司	新疆维吾尔自治区克拉玛依市
6	中国石油天然气股份有限公司西南油气田分公司	四川省成都市
7	中国石油天然气股份有限公司吉林油田分公司	吉林省松原市
8	中国石油天然气股份有限公司大港油田分公司	天津市
9	中国石油天然气股份有限公司青海油田分公司	青海省海西州
10	中国石油天然气股份有限公司华北油田分公司	河北省任丘市
11	中国石油天然气股份有限公司吐哈油田分公司	新疆维吾尔自治区哈密市

续表

单　位		地　址
12	中国石油天然气股份有限公司冀东油田分公司	河北省唐山市
13	中国石油天然气股份有限公司玉门油田分公司	甘肃省酒泉市
14	中国石油天然气股份有限公司浙江油田分公司	浙江省杭州市
15	中石油煤层气有限责任公司	北京市
16	南方石油勘探开发有限责任公司	广东省广州市
17	中国石油天然气股份有限公司对外合作经理部	北京市
四、炼化企业（30 个）		
1	中国石油天然气股份有限公司大庆石化分公司	黑龙江省大庆市
2	中国石油天然气股份有限公司吉林石化分公司	吉林省吉林市
3	中国石油天然气股份有限公司抚顺石化分公司	辽宁省抚顺市
4	中国石油天然气股份有限公司辽阳石化分公司	辽宁省辽阳市
5	中国石油天然气股份有限公司兰州石化分公司	甘肃省兰州市
6	中国石油天然气股份有限公司独山子石化分公司	新疆维吾尔自治区克拉玛依市独山子区
7	中国石油天然气股份有限公司乌鲁木齐石化分公司	新疆维吾尔自治区乌鲁木齐市
8	中国石油天然气股份有限公司宁夏石化分公司	宁夏回族自治区银川市
9	中国石油天然气股份有限公司大连石化分公司	辽宁省大连市
10	中国石油天然气股份有限公司锦州石化分公司	辽宁省锦州市
11	中国石油天然气股份有限公司锦西石化分公司	辽宁省葫芦岛市
12	中国石油天然气股份有限公司大庆炼化分公司	黑龙江省大庆市
13	中国石油天然气股份有限公司哈尔滨石化分公司	黑龙江省哈尔滨市
14	中国石油天然气股份有限公司广西石化分公司	广西壮族自治区钦州市
15	中国石油四川石化有限责任公司	四川省成都市
16	中国石油天然气股份有限公司大港石化分公司	天津市
17	中国石油天然气股份有限公司广东石化分公司	广东省揭阳市
18	中石油云南石化有限公司	云南省昆明市

续表

单位		地址
19	中国石油天然气股份有限公司华北石化分公司	河北省任丘市
20	中国石油天然气股份有限公司呼和浩特石化分公司	内蒙古自治区呼和浩特市
21	中国石油天然气股份有限公司辽河石化分公司	辽宁省盘锦市
22	中国石油天然气股份有限公司长庆石化分公司	陕西省咸阳市
23	中石油克拉玛依石化有限责任公司	新疆维吾尔自治区克拉玛依市
24	中国石油天然气股份有限公司庆阳石化分公司	甘肃省庆阳市
25	中国石油天然气股份有限公司东北化工销售分公司	辽宁省沈阳市
26	中国石油天然气股份有限公司西北化工销售分公司	甘肃省兰州市
27	中国石油天然气股份有限公司华东化工销售分公司	上海市
28	中国石油天然气股份有限公司华北化工销售分公司	北京市
29	中国石油天然气股份有限公司华南化工销售分公司	广东省广州市
30	中国石油天然气股份有限公司西南化工销售分公司	四川省成都市
五、成品油销售企业（37 个）		
1	中国石油天然气股份有限公司东北销售分公司	辽宁省沈阳市
2	中国石油天然气股份有限公司西北销售分公司	甘肃省兰州市
3	中石油昆仑好客有限公司	北京市
4	中石油燃料油有限责任公司	北京市
5	中国石油天然气股份有限公司润滑油分公司	北京市
6	中国石油天然气股份有限公司北京销售分公司	北京市
7	中国石油天然气股份有限公司上海销售分公司	上海市
8	中国石油天然气股份有限公司湖北销售分公司	湖北省武汉市
9	中国石油天然气股份有限公司广东销售分公司	广东省广州市
10	中国石油天然气股份有限公司云南销售分公司	云南省昆明市
11	中国石油天然气股份有限公司辽宁销售分公司	辽宁省沈阳市
12	中国石油天然气股份有限公司吉林销售分公司	吉林省长春市

续表

单位		地址
13	中国石油天然气股份有限公司黑龙江销售分公司	黑龙江省哈尔滨市
14	中国石油天然气股份有限公司天津销售分公司	天津市
15	中国石油天然气股份有限公司河北销售分公司	河北省石家庄市
16	中国石油天然气股份有限公司山西销售分公司	山西省太原市
17	中国石油天然气股份有限公司内蒙古销售分公司	内蒙古自治区呼和浩特市
18	中国石油天然气股份有限公司陕西销售分公司	陕西省西安市
19	中国石油天然气股份有限公司甘肃销售分公司	甘肃省兰州市
20	中国石油天然气股份有限公司青海销售分公司	青海省西宁市
21	中国石油天然气股份有限公司宁夏销售分公司	宁夏回族自治区银川市
22	中石油新疆销售有限公司	新疆维吾尔自治区乌鲁木齐市
23	中国石油天然气股份有限公司重庆销售分公司	重庆市
24	中国石油天然气股份有限公司四川销售分公司	四川省成都市
25	中国石油天然气股份有限公司贵州销售分公司	贵州省贵阳市
26	中国石油天然气股份有限公司西藏销售分公司	西藏自治区拉萨市
27	中国石油天然气股份有限公司江苏销售分公司	江苏省南京市
28	中国石油天然气股份有限公司浙江销售分公司	浙江省杭州市
29	中国石油天然气股份有限公司安徽销售分公司	安徽省合肥市
30	中国石油天然气股份有限公司福建销售分公司	福建省福州市
31	中国石油天然气股份有限公司江西销售分公司	江西省南昌市
32	中国石油天然气股份有限公司山东销售分公司	山东省青岛市
33	中国石油天然气股份有限公司河南销售分公司	河南省郑州市
34	中国石油天然气股份有限公司湖南销售分公司	湖南省长沙市
35	中国石油天然气股份有限公司广西销售分公司	广西壮族自治区南宁市
36	中石油海南销售有限公司	海南省海口市
37	中国石油天然气股份有限公司大连海运分公司	辽宁省大连市

续表

单位		地址
六、天然气销售企业（6个）		
1	中国石油天然气股份有限公司天然气销售北方分公司	北京市
2	中国石油天然气股份有限公司天然气销售东部分公司	上海市
3	中国石油天然气股份有限公司天然气销售西部分公司	新疆维吾尔自治区乌鲁木齐市
4	中国石油天然气股份有限公司天然气销售西南分公司	四川省成都市
5	中国石油天然气股份有限公司天然气销售南方分公司	广东省广州市
6	中国石油天然气股份有限公司天然气销售储备气分公司	北京市
七、管道储运企业（5个）		
1	中国石油天然气股份有限公司管道分公司	河北省廊坊市
2	中国石油天然气股份有限公司西气东输管道分公司	上海市
3	中国石油天然气股份有限公司西部管道分公司	新疆维吾尔自治区乌鲁木齐市
4	中国石油天然气股份有限公司西南管道分公司	四川省成都市
5	中国石油天然气股份有限公司北京油气调控中心	北京市
八、海外企业（1个）		
1	中石油国际投资有限公司	北京市
九、国际贸易企业（1个）		
1	中国石油国际事业有限公司	北京市
十、科研及其他单位（5个）		
1	中国石油天然气股份有限公司勘探开发研究院	北京市
2	中国石油天然气股份有限公司规划总院	北京市
3	中国石油天然气股份有限公司石油化工研究院	北京市
4	中国石油天然气股份有限公司信息技术服务中心	北京市
5	中石油香港有限公司	香港特别行政区

（孔庆利）

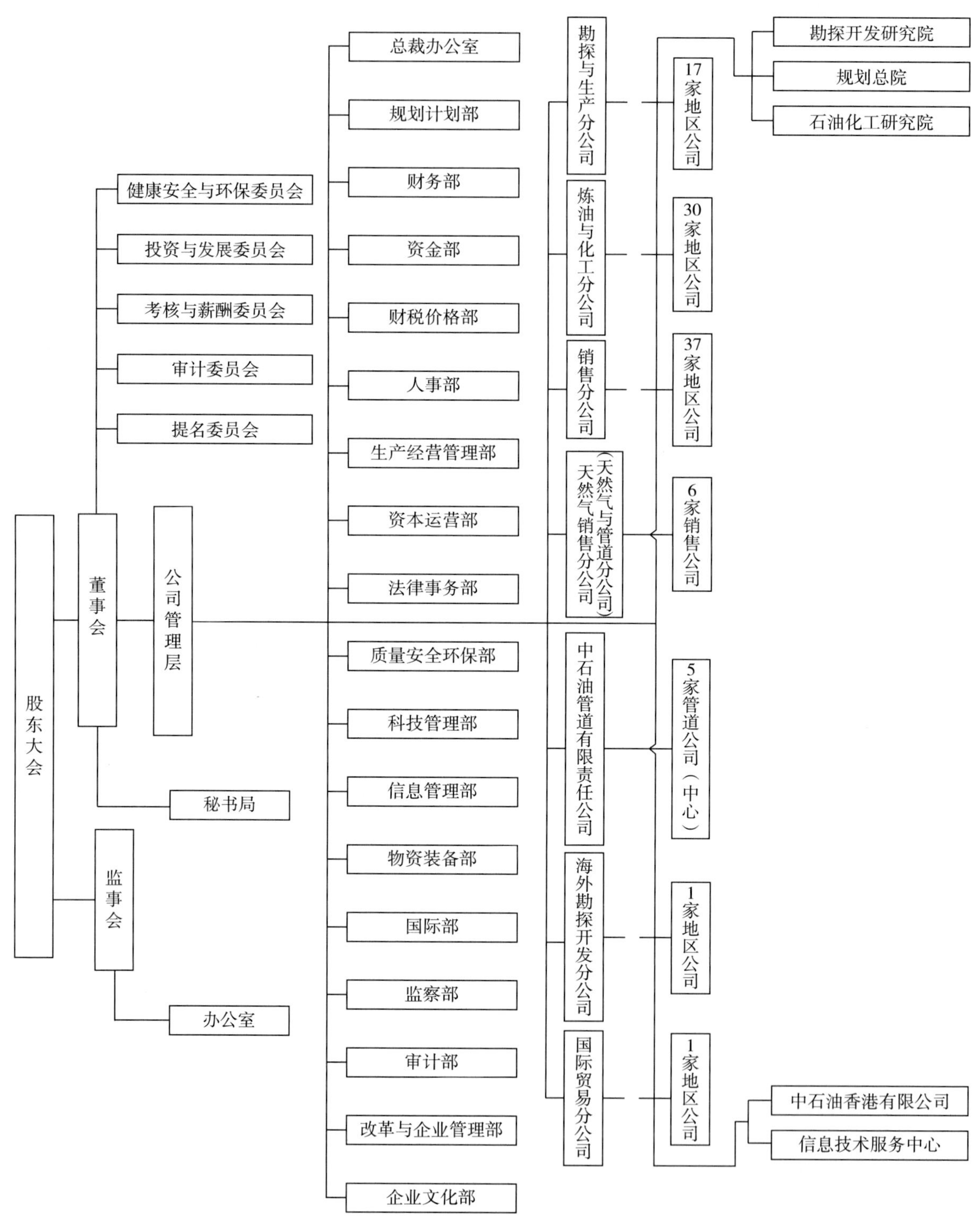

中国石油天然气股份有限公司组织机构图

董事会成员

序　号	姓　名	职　务
1	王宜林	中国石油天然气股份有限公司董事长
2	章建华	中国石油天然气股份有限公司副董事长
3	汪东进	中国石油天然气股份有限公司副董事长
4	喻宝才	中国石油天然气股份有限公司非执行董事
5	刘跃珍	中国石油天然气股份有限公司非执行董事
6	刘宏斌	中国石油天然气股份有限公司非执行董事
7	侯启军	中国石油天然气股份有限公司执行董事
8	段良伟	中国石油天然气股份有限公司非执行董事
9	覃伟中	中国石油天然气股份有限公司非执行董事
10	林伯强	中国石油天然气股份有限公司独立非执行董事
11	张必贻	中国石油天然气股份有限公司独立非执行董事
12	梁爱诗	中国石油天然气股份有限公司独立非执行董事
13	德地立人	中国石油天然气股份有限公司独立非执行董事
14	西蒙·亨利	中国石油天然气股份有限公司独立非执行董事

董事会秘书

姓　名	职　务
吴恩来	中国石油天然气股份有限公司董事会秘书

监事会成员

序　号	姓　名	职　务
1	徐文荣	中国石油天然气股份有限公司监事会主席
2	张凤山	中国石油天然气股份有限公司股东代表监事
3	姜力孚	中国石油天然气股份有限公司股东代表监事
4	卢耀忠	中国石油天然气股份有限公司股东代表监事

续表

序　号	姓　名	职　务
5	王　亮	中国石油天然气股份有限公司股东代表监事
6	付锁堂	中国石油天然气股份有限公司职工代表监事
7	李家民	中国石油天然气股份有限公司职工代表监事
8	刘宪华	中国石油天然气股份有限公司职工代表监事
9	李文东	中国石油天然气股份有限公司职工代表监事

总裁班子成员

序　号	姓　名	职　务
1	汪东进	中国石油天然气股份有限公司总裁
2	侯启军	中国石油天然气股份有限公司副总裁
3	孙龙德	中国石油天然气股份有限公司副总裁
4	蔺爱国	中国石油天然气股份有限公司总工程师
5	田景惠	中国石油天然气股份有限公司副总裁
6	柴守平	中国石油天然气股份有限公司财务总监
7	凌　霄	中国石油天然气股份有限公司副总裁
8	杨继钢	中国石油天然气股份有限公司副总裁
9	王仲才	中国石油天然气股份有限公司副总裁

股份公司总部职能部门主要领导

序　号	单　位	总经理（主任）
1	总裁办公室	宋泓明
2	规划计划部	杨　华
3	财务部	张少峰
4	资金部	刘　德（副总经理，主持全面工作）
5	财税价格部	刘　戬

续表

序　号	单　位	总经理（主任）
6	人事部	刘志华（兼）
7	生产经营管理部	苏　俊
8	资本运营部	卢耀忠
9	法律事务部	周永强（兼）
10	质量安全环保部	张凤山
11	科技管理部	隋　军
12	信息管理部	古学进
13	物资装备部	于洪金
14	国际部	李越强
15	监察部	马自勤
16	审计部	王　亮
17	改革与企业管理部	姜力孚
18	企业文化部	曲广学
19	董事会秘书局（监事会办公室）	吴恩来（兼）

专业公司主要领导

序　号	单　位	总经理	党委书记
1	中国石油天然气股份有限公司勘探与生产分公司	侯启军（兼）	吴　奇
2	中国石油天然气股份有限公司炼油与化工分公司	杨继钢	杨继钢
3	中国石油天然气股份有限公司销售分公司	田景惠（兼）	廖国勤
4	中国石油天然气股份有限公司天然气销售分公司（天然气与管道分公司）	凌　霄（兼）	丁建林
5	中石油管道有限责任公司	丁建林	凌　霄（兼）
6	中国石油天然气股份有限公司海外勘探开发分公司	叶先灯	
7	中国石油天然气股份有限公司国际贸易分公司	赵　勇	

所属企事业单位主要领导

序　号	单位名称	总经理（主任、院长）	党委书记
一、油气田企业（17个）			
1	大庆油田有限责任公司	孙龙德（兼）	王广昀
2	中国石油天然气股份有限公司辽河油田分公司	张志东	任芳祥
3	中国石油天然气股份有限公司长庆油田分公司	付锁堂	冯尚存
4	中国石油天然气股份有限公司塔里木油田分公司	李鹭光（兼）	李鹭光
5	中国石油天然气股份有限公司新疆油田分公司	杨学文	陈新发（兼）
6	中国石油天然气股份有限公司西南油气田分公司	马新华	马新华
7	中国石油天然气股份有限公司吉林油田分公司	张德有	张德有
8	中国石油天然气股份有限公司大港油田分公司	赵贤正	张晓东
9	中国石油天然气股份有限公司青海油田分公司	张维申	张维申
10	中国石油天然气股份有限公司华北油田分公司	袁明生	袁明生
11	中国石油天然气股份有限公司吐哈油田分公司	娄铁强	娄铁强
12	中国石油天然气股份有限公司冀东油田分公司	齐振林	杨盛杰
13	中国石油天然气股份有限公司玉门油田分公司	陈建军	陈建军
14	中国石油天然气股份有限公司浙江油田分公司	修景涛	汪鉴定
15	中石油煤层气有限责任公司	匡立春	匡立春
16	南方石油勘探开发有限责任公司	夏义平	夏义平
17	中国石油天然气股份有限公司对外合作经理部	邓民敏	
二、炼化企业（30个）			
1	中国石油天然气股份有限公司大庆石化分公司	康志军	杨大明
2	中国石油天然气股份有限公司吉林石化分公司	孙树祯	邱　克
3	中国石油天然气股份有限公司抚顺石化分公司	李天书	钱新华
4	中国石油天然气股份有限公司辽阳石化分公司	白雪峰	白雪峰
5	中国石油天然气股份有限公司兰州石化分公司	李家民	李家民
6	中国石油天然气股份有限公司独山子石化分公司	陈俊豪	任军革
7	中国石油天然气股份有限公司乌鲁木齐石化分公司	王红晨	张　剑
8	中国石油天然气股份有限公司宁夏石化分公司	陈　坚	陈　坚

续表

序　号	单位名称	总经理（主任、院长）	党委书记
9	中国石油天然气股份有限公司大连石化分公司	庞晓东	李善春
10	中国石油天然气股份有限公司锦州石化分公司	陈　志	陈　志
11	中国石油天然气股份有限公司锦西石化分公司	吕文军	吕文军
12	中国石油天然气股份有限公司大庆炼化分公司	姜国骅	姜国骅
13	中国石油天然气股份有限公司哈尔滨石化分公司	李　纯	李　纯
14	中国石油天然气股份有限公司广西石化分公司	雍瑞生	方栋良
15	中国石油四川石化有限责任公司	王　彬	陈位强
16	中国石油天然气股份有限公司大港石化分公司	杨　健	杨　健
17	中国石油天然气股份有限公司广东石化分公司	魏　强	魏　强
18	中石油云南石化有限公司	金彦江	于明祥
19	中国石油天然气股份有限公司华北石化分公司	张栋杰	张栋杰
20	中国石油天然气股份有限公司呼和浩特石化分公司	姜　文	刘至祥
21	中国石油天然气股份有限公司辽河石化分公司	李京辉	刘德佳
22	中国石油天然气股份有限公司长庆石化分公司	李汝新	李汝新
23	中石油克拉玛依石化有限责任公司	许立甲	默新社
24	中国石油天然气股份有限公司庆阳石化分公司	赵玉军	张豫锋
25	中国石油天然气股份有限公司东北化工销售分公司	裴宏斌	裴宏斌
26	中国石油天然气股份有限公司西北化工销售分公司	陈　磊	高志文
27	中国石油天然气股份有限公司华东化工销售分公司	崔柳凡	崔柳凡
28	中国石油天然气股份有限公司华北化工销售分公司	刘　杰	阎智才
29	中国石油天然气股份有限公司华南化工销售分公司	马宗立	马宗立
30	中国石油天然气股份有限公司西南化工销售分公司	孙克栋	孙克栋
三、成品油销售企业（37个）			
1	中国石油天然气股份有限公司东北销售分公司	吴　汉	于　力
2	中国石油天然气股份有限公司西北销售分公司	刘守德	刘守德
3	中石油昆仑好客有限公司	刘　刚	刘　刚
4	中石油燃料油有限责任公司	火金三	刘合合
5	中国石油天然气股份有限公司润滑油分公司	肖宏伟	肖宏伟

续表

序　号	单位名称	总经理（主任、院长）	党委书记
6	中国石油天然气股份有限公司北京销售分公司	朱圣珍	王力国
7	中国石油天然气股份有限公司上海销售分公司	杨昌陶	杨昌陶
8	中国石油天然气股份有限公司湖北销售分公司	王建国	王建国
9	中国石油天然气股份有限公司广东销售分公司	李占宁	朱荣生
10	中国石油天然气股份有限公司云南销售分公司	兰建彬	赵剑春
11	中国石油天然气股份有限公司辽宁销售分公司	刘宪华	冀玉军
12	中国石油天然气股份有限公司吉林销售分公司	徐金良	刘兴忠
13	中国石油天然气股份有限公司黑龙江销售分公司	陈望远	陈望远
14	中国石油天然气股份有限公司天津销售分公司	朱喜龙	张安平
15	中国石油天然气股份有限公司河北销售分公司	杜丽学	杜丽学
16	中国石油天然气股份有限公司山西销售分公司	张国宏	张国宏
17	中国石油天然气股份有限公司内蒙古销售分公司	高殿龙	金安耀
18	中国石油天然气股份有限公司陕西销售分公司	李长安	杨子清
19	中国石油天然气股份有限公司甘肃销售分公司	刘建明	刘建明
20	中国石油天然气股份有限公司青海销售分公司	刘星国	虎仁山
21	中国石油天然气股份有限公司宁夏销售分公司	蒋杨贵	蒋杨贵
22	中石油新疆销售有限公司	悦仲林	王智利
23	中国石油天然气股份有限公司重庆销售分公司	刘　杰	蔡向阳
24	中国石油天然气股份有限公司四川销售分公司	付　斌	付　斌
25	中国石油天然气股份有限公司贵州销售分公司	曹景军	曹景军
26	中国石油天然气股份有限公司西藏销售分公司	梁生光	梁生光
27	中国石油天然气股份有限公司江苏销售分公司	佟福财	张　永
28	中国石油天然气股份有限公司浙江销售分公司	李　多	李　多
29	中国石油天然气股份有限公司安徽销售分公司	张用军	李向宇
30	中国石油天然气股份有限公司福建销售分公司	王明富	王明富
31	中国石油天然气股份有限公司江西销售分公司	郭　春	郭　春
32	中国石油天然气股份有限公司山东销售分公司	刘德祥	刘德祥
33	中国石油天然气股份有限公司河南销售分公司	马生荣	张海云

续表

序　号	单位名称	总经理（主任、院长）	党委书记
34	中国石油天然气股份有限公司湖南销售分公司	王长根	王长根
35	中国石油天然气股份有限公司广西销售分公司	高贤才	栾永江
36	中石油海南销售有限公司	赵尔全	赵尔全
37	中国石油天然气股份有限公司大连海运分公司	李俊海	员广瑞
四、天然气销售企业（6个）			
1	中国石油天然气股份有限公司天然气销售北方分公司	刘　志	宋文杰
2	中国石油天然气股份有限公司天然气销售东部分公司	侯创业	侯创业
3	中国石油天然气股份有限公司天然气销售西部分公司	吴双全	吴双全
4	中国石油天然气股份有限公司天然气销售西南分公司	马新华	马新华
5	中国石油天然气股份有限公司天然气销售南方分公司	陈正惠	陈正惠
6	中国石油天然气股份有限公司天然气销售储备气分公司	林长海	白　玉
五、管道储运企业（5个）			
1	中国石油天然气股份有限公司管道分公司	姜昌亮	姜昌亮
2	中国石油天然气股份有限公司西气东输管道分公司	李文东	李文东
3	中国石油天然气股份有限公司西部管道分公司	闵希华	闵希华
4	中国石油天然气股份有限公司西南管道分公司	伍志明	伍志明
5	中国石油天然气股份有限公司北京油气调控中心	黄泽俊	黄泽俊
六、海外企业（1个）			
1	中石油国际投资有限公司	王仲才（兼）	
七、国际贸易企业（1个）			
1	中国石油国际事业有限公司	赵　勇	田景惠（兼）
八、科研及其他单位（5个）			
1	中国石油天然气股份有限公司勘探开发研究院	赵文智	赵文智
2	中国石油天然气股份有限公司规划总院	韩景宽	韩景宽
3	中国石油天然气股份有限公司石油化工研究院	蔺爱国	何盛宝
4	中国石油天然气股份有限公司信息技术服务中心		
5	中石油香港有限公司		赵永起

（徐　晓　王洪伟）

专家队伍

中国石油天然气集团有限公司两院院士

序　号	姓　名	院士类别	单　位
1	李德生	中国科学院院士	中国石油天然气股份有限公司勘探开发研究院
2	王德民	中国工程院院士	大庆油田有限责任公司
3	翟光明	中国工程院院士	中国石油集团工程咨询有限责任公司
4	郭尚平	中国科学院院士	中国石油天然气股份有限公司勘探开发研究院
5	李庆忠	中国工程院院士	中国石油集团东方地球物理勘探有限责任公司
6	戴金星	中国科学院院士	中国石油天然气股份有限公司勘探开发研究院
7	胡见义	中国工程院院士	中国石油天然气股份有限公司勘探开发研究院
8	李鹤林	中国工程院院士	中国石油集团石油管工程技术研究院
9	邱中建	中国工程院院士	中国石油天然气集团有限公司
10	韩大匡	中国工程院院士	中国石油天然气股份有限公司勘探开发研究院
11	贾承造	中国科学院院士	中国石油天然气集团有限公司
12	苏义脑	中国工程院院士	中国石油集团工程技术研究院有限公司
13	袁士义	中国工程院院士	中国石油集团工程咨询有限责任公司
14	童晓光	中国工程院院士	中国石油国际勘探开发有限公司
15	孙龙德	中国工程院院士	中国石油天然气股份有限公司
16	胡文瑞	中国工程院院士	中国石油天然气股份有限公司
17	黄维和	中国工程院院士	中国石油天然气股份有限公司
18	赵文智	中国工程院院士	中国石油天然气股份有限公司勘探开发研究院
19	邹才能	中国科学院院士	中国石油天然气股份有限公司勘探开发研究院
20	刘　合	中国工程院院士	中国石油天然气股份有限公司勘探开发研究院
21	孙金声	中国工程院院士	中国石油集团钻井工程技术研究院有限公司

注：按当选时间先后排序。

（曹　月）

中国石油天然气集团有限公司高级技术专家

序 号	工作单位	姓 名	专 业
1	大庆油田有限责任公司	门广田	地质勘探
2	大庆油田有限责任公司	牛丽娟	地质勘探
3	大庆油田有限责任公司	印长海	地质勘探
4	大庆油田有限责任公司	金成志	地质勘探
5	大庆油田有限责任公司	黄 薇	地质勘探
6	大庆油田有限责任公司	蒙启安	地质勘探
7	大庆油田有限责任公司	张晓东	地质勘探
8	中国石油天然气股份有限公司辽河油田分公司	李晓光	地质勘探
9	中国石油天然气股份有限公司辽河油田分公司	陈振岩	地质勘探
10	中国石油天然气股份有限公司辽河油田分公司	单俊峰	地质勘探
11	中国石油天然气股份有限公司长庆油田分公司	张文正	地质勘探
12	中国石油天然气股份有限公司长庆油田分公司	姚泾利	地质勘探
13	中国石油天然气股份有限公司长庆油田分公司	包洪平	地质勘探
14	中国石油天然气股份有限公司长庆油田分公司	刘新社	地质勘探
15	中国石油天然气股份有限公司长庆油田分公司	魏新善	地质勘探
16	中国石油天然气股份有限公司新疆油田分公司	唐 勇	地质勘探
17	中国石油天然气股份有限公司新疆油田分公司	阿布力米提·依明	地质勘探
18	中国石油天然气股份有限公司塔里木油田分公司	杨海军	地质勘探
19	中国石油天然气股份有限公司塔里木油田分公司	潘文庆	地质勘探
20	中国石油天然气股份有限公司塔里木油田分公司	张丽娟	地质勘探
21	中国石油天然气股份有限公司塔里木油田分公司	谢会文	地质勘探
22	中国石油天然气股份有限公司塔里木油田分公司	韩剑发	地质勘探
23	中国石油天然气股份有限公司西南油气田分公司	洪海涛	地质勘探
24	中国石油天然气股份有限公司西南油气田分公司	杨跃明	地质勘探

续表

序号	工作单位	姓名	专业
25	中国石油天然气股份有限公司华北油田分公司	金凤鸣	地质勘探
26	中国石油天然气股份有限公司华北油田分公司	王　权	地质勘探
27	中国石油天然气股份有限公司华北油田分公司	肖　阳	地质勘探
28	中国石油天然气股份有限公司大港油田分公司	周立宏	地质勘探
29	中国石油天然气股份有限公司大港油田分公司	肖敦清	地质勘探
30	中国石油天然气股份有限公司大港油田分公司	李洪香	地质勘探
31	中国石油天然气股份有限公司大港油田分公司	周建生	地质勘探
32	中国石油天然气股份有限公司大港油田分公司	王振升	地质勘探
33	中国石油天然气股份有限公司青海油田分公司	马达德	地质勘探
34	中国石油天然气股份有限公司青海油田分公司	汪立群	地质勘探
35	中国石油天然气股份有限公司青海油田分公司	陈　琰	地质勘探
36	中国石油天然气股份有限公司冀东油田分公司	王晓文	地质勘探
37	中石油煤层气有限责任公司	温声明	地质勘探
38	中国石油国际勘探开发有限公司	史卜庆	地质勘探
39	中油国际拉美公司	林金逞	地质勘探
40	中油国际尼罗河公司	王国林	地质勘探
41	中国石油国际勘探开发有限公司	牛嘉玉	地质勘探
42	中国石油集团东方地球物理勘探有限责任公司	康南昌	地质勘探
43	中国石油集团东方地球物理勘探有限责任公司	王学军	地质勘探
44	中国石油天然气股份有限公司勘探开发研究院	张水昌	地质勘探
45	中国石油天然气股份有限公司勘探开发研究院	魏国齐	地质勘探
46	中国石油天然气股份有限公司勘探开发研究院	张光亚	地质勘探
47	中国石油天然气股份有限公司勘探开发研究院	袁选俊	地质勘探
48	中国石油天然气股份有限公司勘探开发研究院	潘校华	地质勘探
49	中国石油天然气股份有限公司勘探开发研究院	李建忠	地质勘探
50	中国石油天然气股份有限公司勘探开发研究院	王红军	地质勘探
51	中国石油天然气股份有限公司勘探开发研究院	张义杰	地质勘探

续表

序 号	工作单位	姓 名	专 业
52	中国石油天然气股份有限公司勘探开发研究院	汪泽成	地质勘探
53	中国石油天然气股份有限公司勘探开发研究院	沈安江	地质勘探
54	中国石油天然气股份有限公司勘探开发研究院	王兆云	地质勘探
55	中国石油天然气股份有限公司勘探开发研究院	陶士振	地质勘探
56	中国石油天然气股份有限公司勘探开发研究院	姚根顺	地质勘探
57	中国石油天然气股份有限公司勘探开发研究院	朱如凯	地质勘探
58	中国石油天然气股份有限公司勘探开发研究院	卫平生	地质勘探
59	中国石油天然气股份有限公司勘探开发研究院	张志伟	地质勘探
60	中国石油天然气股份有限公司勘探开发研究院	郭秋麟	地质勘探
61	中国石油天然气股份有限公司勘探开发研究院	张兴阳	地质勘探
62	中国石油天然气股份有限公司勘探开发研究院	陈启林	地质勘探
63	大庆油田有限责任公司	杨 野	油气田开发
64	大庆油田有限责任公司	程杰成	油气田开发
65	大庆油田有限责任公司	伍晓林	油气田开发
66	大庆油田有限责任公司	周万富	油气田开发
67	大庆油田有限责任公司	王渝明	油气田开发
68	大庆油田有限责任公司	李杰训	油气田开发
69	大庆油田有限责任公司	王凤山	油气田开发
70	大庆油田有限责任公司	黄有泉	油气田开发
71	大庆油田有限责任公司	赵国忠	油气田开发
72	大庆油田有限责任公司	方 庆	油气田开发
73	大庆油田有限责任公司	朱 焱	油气田开发
74	大庆油田有限责任公司	姜洪福	油气田开发
75	大庆油田有限责任公司	杜庆龙	油气田开发
76	大庆油田有限责任公司	庞彦明	油气田开发
77	大庆油田有限责任公司	叶 鹏	油气田开发
78	大庆油田有限责任公司	张书进	油气田开发

续表

序　号	工作单位	姓　名	专　业
79	大庆油田有限责任公司	韩培慧	油气田开发
80	大庆油田有限责任公司	张玉广	油气田开发
81	中国石油天然气股份有限公司辽河油田分公司	张洪君	油气田开发
82	中国石油天然气股份有限公司辽河油田分公司	孙厚利	油气田开发
83	中国石油天然气股份有限公司辽河油田分公司	龚姚进	油气田开发
84	中国石油天然气股份有限公司辽河油田分公司	王立军	油气田开发
85	中国石油天然气股份有限公司辽河油田分公司	张守军	油气田开发
86	中国石油天然气股份有限公司辽河油田分公司	张吉昌	油气田开发
87	中国石油天然气股份有限公司长庆油田分公司	赵振峰	油气田开发
88	中国石油天然气股份有限公司长庆油田分公司	李宪文	油气田开发
89	中国石油天然气股份有限公司长庆油田分公司	赵继勇	油气田开发
90	中国石油天然气股份有限公司长庆油田分公司	郑明科	油气田开发
91	中国石油天然气股份有限公司长庆油田分公司	屈雪峰	油气田开发
92	中国石油天然气股份有限公司新疆油田分公司	许长福	油气田开发
93	中国石油天然气股份有限公司新疆油田分公司	钱根葆	油气田开发
94	中国石油天然气股份有限公司新疆油田分公司	潘竟军	油气田开发
95	中国石油天然气股份有限公司新疆油田分公司	章　敬	油气田开发
96	中国石油天然气股份有限公司新疆油田分公司	覃建华	油气田开发
97	中国石油天然气股份有限公司新疆油田分公司	孙新革	油气田开发
98	中国石油天然气股份有限公司新疆油田分公司	王延杰	油气田开发
99	中国石油天然气股份有限公司塔里木油田分公司	肖香姣	油气田开发
100	中国石油天然气股份有限公司西南油气田分公司	冯　曦	油气田开发
101	中国石油天然气股份有限公司华北油田分公司	胡书宝	油气田开发
102	中国石油天然气股份有限公司华北油田分公司	吕传炳	油气田开发
103	中国石油天然气股份有限公司华北油田分公司	梁星如	油气田开发
104	中国石油天然气股份有限公司华北油田分公司	杜玉洪	油气田开发
105	中国石油天然气股份有限公司大港油田分公司	蔡明俊	油气田开发

续表

序　号	工作单位	姓　名	专　业
106	中国石油天然气股份有限公司大港油田分公司	刘延平	油气田开发
107	中国石油天然气股份有限公司大港油田分公司	任宝生	油气田开发
108	中国石油天然气股份有限公司大港油田分公司	马先平	油气田开发
109	中国石油天然气股份有限公司大港油田分公司	葛红江	油气田开发
110	中国石油天然气股份有限公司青海油田分公司	贾锁刚	油气田开发
111	中国石油天然气股份有限公司青海油田分公司	屈信忠	油气田开发
112	中国石油天然气股份有限公司吐哈油田分公司	刘德基	油气田开发
113	中国石油天然气股份有限公司吉林油田分公司	张应安	油气田开发
114	中国石油天然气股份有限公司吉林油田分公司	王毓才	油气田开发
115	中国石油天然气股份有限公司冀东油田分公司	陈仁保	油气田开发
116	中国石油天然气股份有限公司冀东油田分公司	刘泉海	油气田开发
117	中国石油天然气股份有限公司冀东油田分公司	李良川	油气田开发
118	中国石油国际勘探开发有限公司	高兴军	油气田开发
119	中国石油国际勘探开发有限公司	张培军	油气田开发
120	中国石油集团川庆钻探工程有限公司	宋振云	油气田开发
121	中国石油天然气股份有限公司勘探开发研究院	刘　合	油气田开发
122	中国石油天然气股份有限公司勘探开发研究院	贾爱林	油气田开发
123	中国石油天然气股份有限公司勘探开发研究院	冉启全	油气田开发
124	中国石油天然气股份有限公司勘探开发研究院	秦积舜	油气田开发
125	中国石油天然气股份有限公司勘探开发研究院	胥　云	油气田开发
126	中国石油天然气股份有限公司勘探开发研究院	吴向红	油气田开发
127	中国石油天然气股份有限公司勘探开发研究院	陈和平	油气田开发
128	中国石油天然气股份有限公司勘探开发研究院	卢拥军	油气田开发
129	中国石油天然气股份有限公司勘探开发研究院	何东博	油气田开发
130	中国石油天然气股份有限公司勘探开发研究院	裴晓含	油气田开发
131	中国石油天然气股份有限公司勘探开发研究院	杨贤友	油气田开发
132	中国石油天然气股份有限公司勘探开发研究院	李秀峦	油气田开发

续表

序　号	工作单位	姓　名	专　业
133	中国石油天然气股份有限公司勘探开发研究院	常毓文	油气田开发
134	中国石油天然气股份有限公司勘探开发研究院	胡永乐	油气田开发
135	中国石油天然气股份有限公司勘探开发研究院	熊春明	油气田开发
136	中国石油天然气股份有限公司勘探开发研究院	丁云宏	油气田开发
137	中国石油天然气股份有限公司勘探开发研究院	马德胜	油气田开发
138	中国石油天然气股份有限公司勘探开发研究院	郭　睿	油气田开发
139	中国石油天然气股份有限公司勘探开发研究院	李熙喆	油气田开发
140	中国石油天然气股份有限公司勘探开发研究院	叶继根	油气田开发
141	中国石油天然气股份有限公司勘探开发研究院	朱友益	油气田开发
142	中国石油天然气股份有限公司勘探开发研究院	吴淑红	油气田开发
143	中国石油天然气股份有限公司勘探开发研究院	田昌炳	油气田开发
144	中国石油天然气股份有限公司勘探开发研究院	王红岩	油气田开发
145	中国石油天然气股份有限公司勘探开发研究院	王红庄	油气田开发
146	中国石油天然气股份有限公司西南油气田分公司	温崇荣	石油炼制
147	中国石油天然气股份有限公司大庆石化分公司	王　震	石油炼制
148	中国石油天然气股份有限公司大庆石化分公司	张春刚	石油炼制
149	中国石油天然气股份有限公司抚顺石化分公司	杨青松	石油炼制
150	中国石油天然气股份有限公司兰州石化分公司	张君屹	石油炼制
151	中国石油天然气股份有限公司乌鲁木齐石化分公司	蔡海军	石油炼制
152	中国石油天然气股份有限公司乌鲁木齐石化分公司	李卫东	石油炼制
153	中国石油天然气股份有限公司独山子石化分公司	赵　敏	石油炼制
154	中国石油天然气股份有限公司独山子石化分公司	何　军	石油炼制
155	中国石油天然气股份有限公司大连石化分公司	吴　宇	石油炼制
156	中国石油天然气股份有限公司大连石化分公司	夏佳兴	石油炼制
157	中国石油天然气股份有限公司克拉玛依石化分公司	熊春珠	石油炼制
158	中国石油天然气股份有限公司克拉玛依石化分公司	熊良铨	石油炼制
159	中国石油天然气股份有限公司克拉玛依石化分公司	甄新平	石油炼制

续表

序　号	工作单位	姓　名	专　业
160	中国石油天然气股份有限公司哈尔滨石化分公司	张典元	石油炼制
161	中国石油天然气股份有限公司大港石化分公司	季德伟	石油炼制
162	中国石油天然气股份有限公司华北石化分公司	齐建勋	石油炼制
163	中国石油天然气股份有限公司辽河石化分公司	黄　鹤	石油炼制
164	中国石油天然气股份有限公司润滑油分公司	糜莉萍	石油炼制
165	中国石油天然气股份有限公司润滑油分公司	刘功德	石油炼制
166	中国石油天然气股份有限公司润滑油分公司	金　鹏	石油炼制
167	中油国际尼罗河公司	朱焕军	石油炼制
168	中国石油工程建设有限公司	韩　冰	石油炼制
169	中国石油工程建设有限公司	谢恪谦	石油炼制
170	中国石油工程建设有限公司	谢崇亮	石油炼制
171	中国石油工程建设有限公司	任建生	石油炼制
172	中国石油工程建设有限公司	张香玲	石油炼制
173	中国石油工程建设有限公司	徐　俊	石油炼制
174	中国石油工程建设有限公司	谢育辉	石油炼制
175	中国寰球工程有限公司	鞠林青	石油炼制
176	中国石油天然气股份有限公司规划总院	杨维军	石油炼制
177	中国石油天然气股份有限公司规划总院	张福琴	石油炼制
178	中国石油天然气股份有限公司石油化工研究院	刘宏海	石油炼制
179	中国石油天然气股份有限公司石油化工研究院	李文乐	石油炼制
180	中国石油天然气股份有限公司石油化工研究院	胡　胜	石油炼制
181	中国石油天然气股份有限公司石油化工研究院	张学军	石油炼制
182	中国石油天然气股份有限公司石油化工研究院	张艳梅	石油炼制
183	中国石油天然气股份有限公司石油化工研究院	李雪静	石油炼制
184	中国石油天然气股份有限公司石油化工研究院	兰　玲	石油炼制
185	中国石油天然气股份有限公司石油化工研究院	张志华	石油炼制
186	中国石油天然气股份有限公司石油化工研究院	庞新梅	石油炼制

续表

序 号	工作单位	姓 名	专 业
187	中国石油天然气股份有限公司石油化工研究院	李建忠	石油炼制
188	中国石油天然气股份有限公司大庆石化分公司	王景良	石油化工
189	中国石油天然气股份有限公司大庆石化分公司	朱连勋	石油化工
190	中国石油天然气股份有限公司吉林石化分公司	王 硕	石油化工
191	中国石油天然气股份有限公司吉林石化分公司	陈光岩	石油化工
192	中国石油天然气股份有限公司吉林石化分公司	肖建文	石油化工
193	中国石油天然气股份有限公司吉林石化分公司	陆书来	石油化工
194	中国石油天然气股份有限公司吉林石化分公司	杨雨富	石油化工
195	中国石油天然气股份有限公司抚顺石化分公司	李宏冰	石油化工
196	中国石油天然气股份有限公司兰州石化分公司	齐永新	石油化工
197	中国石油天然气股份有限公司兰州石化分公司	张守汉	石油化工
198	中国石油天然气股份有限公司兰州石化分公司	王福善	石油化工
199	中国石油天然气股份有限公司兰州石化分公司	赵东波	石油化工
200	中国石油天然气股份有限公司兰州石化分公司	张 霖	石油化工
201	中国石油天然气股份有限公司兰州石化分公司	刘海生	石油化工
202	中国石油天然气股份有限公司辽阳石化分公司	王 健	石油化工
203	中国石油天然气股份有限公司辽阳石化分公司	张元礼	石油化工
204	中国石油天然气股份有限公司辽阳石化分公司	赵建国	石油化工
205	中国石油天然气股份有限公司辽阳石化分公司	陈 颖	石油化工
206	中国石油天然气股份有限公司乌鲁木齐石化分公司	徐亚荣	石油化工
207	中国石油天然气股份有限公司乌鲁木齐石化分公司	展江宏	石油化工
208	中国石油天然气股份有限公司独山子石化分公司	宋玉萍	石油化工
209	中国石油天然气股份有限公司锦州石化分公司	张玉东	石油化工
210	中国石油天然气股份有限公司锦西石化分公司	荆军航	石油化工
211	中国石油天然气股份有限公司润滑油分公司	伏喜胜	石油化工
212	中国石油管道局工程有限公司	徐昌学	石油化工
213	中国寰球工程有限公司	郭俊玲	石油化工

续表

序　号	工作单位	姓　名	专　业
214	中国寰球工程有限公司	周江沛	石油化工
215	中国寰球工程有限公司	刘灿刚	石油化工
216	中国寰球工程有限公司	李锦辉	石油化工
217	中国昆仑工程有限公司	王新兰	石油化工
218	中国石油天然气股份有限公司石油化工研究院	朱博超	石油化工
219	中国石油天然气股份有限公司石油化工研究院	龚光碧	石油化工
220	中国石油天然气股份有限公司石油化工研究院	谭都平	石油化工
221	中国石油天然气股份有限公司石油化工研究院	李振宇	石油化工
222	中国石油天然气股份有限公司石油化工研究院	王斯晗	石油化工
223	中国石油天然气股份有限公司石油化工研究院	梁顺琴	石油化工
224	中国石油天然气股份有限公司石油化工研究院	钱　颖	石油化工
225	中国石油天然气股份有限公司石油化工研究院	邹恩广	石油化工
226	大庆油田有限责任公司	陈忠喜	工程建设与储运
227	大庆油田有限责任公司	李玉春	工程建设与储运
228	大庆油田有限责任公司	吴　迪	工程建设与储运
229	大庆油田有限责任公司	李铁军	工程建设与储运
230	大庆油田有限责任公司	赵雪峰	工程建设与储运
231	大庆油田有限责任公司	李学军	工程建设与储运
232	大庆油田有限责任公司	戴　仲	工程建设与储运
233	中国石油天然气股份有限公司华北油田分公司	梅永贵	工程建设与储运
234	中国石油天然气股份有限公司吉林油田分公司	孙锐艳	工程建设与储运
235	中国石油天然气股份有限公司管道分公司	冯庆善	工程建设与储运
236	中国石油天然气股份有限公司管道分公司	艾慕阳	工程建设与储运
237	中国石油天然气股份有限公司管道分公司	陈朋超	工程建设与储运
238	中国石油天然气股份有限公司管道分公司	谭东杰	工程建设与储运
239	中国石油天然气股份有限公司西部管道分公司	伍　奕	工程建设与储运
240	中油国际中东公司	李海荣	工程建设与储运

续表

序 号	工作单位	姓 名	专 业
241	中国石油管道局工程有限公司	隋永莉	工程建设与储运
242	中国石油管道局工程有限公司	张文伟	工程建设与储运
243	中国石油管道局工程有限公司	孟凡彬	工程建设与储运
244	中国石油管道局工程有限公司	白世武	工程建设与储运
245	中国石油管道局工程有限公司	余志峰	工程建设与储运
246	中国石油管道局工程有限公司	郭书太	工程建设与储运
247	中国石油管道局工程有限公司	朱坤锋	工程建设与储运
248	中国石油管道局工程有限公司	史 航	工程建设与储运
249	中国石油管道局工程有限公司	廖宇平	工程建设与储运
250	中国石油工程建设有限公司	陈运强	工程建设与储运
251	中国石油工程建设有限公司	谌贵宇	工程建设与储运
252	中国石油集团工程设计有限责任公司	姜 放	工程建设与储运
253	中国石油集团工程设计有限责任公司	汤晓勇	工程建设与储运
254	中国寰球工程有限公司	郑建华	工程建设与储运
255	中国寰球工程有限公司	林洪俊	工程建设与储运
256	中国石油集团川庆钻探工程有限公司	王学军	工程建设与储运
257	中国石油集团海洋工程有限公司	韩文礼	工程建设与储运
258	中国石油集团海洋工程有限公司	李春润	工程建设与储运
259	中国石油天然气股份有限公司勘探开发研究院	王皆明	工程建设与储运
260	中国石油天然气股份有限公司勘探开发研究院	丁国生	工程建设与储运
261	中国石油天然气股份有限公司规划总院	孙春良	工程建设与储运
262	中国石油天然气股份有限公司规划总院	吴 浩	工程建设与储运
263	大庆油田有限责任公司	陈树民	物 探
264	大庆油田有限责任公司	王建民	物 探
265	中国石油天然气股份有限公司长庆油田分公司	王大兴	物 探
266	中国石油天然气股份有限公司新疆油田分公司	娄 兵	物 探
267	中国石油天然气股份有限公司塔里木油田分公司	彭更新	物 探

续表

序　号	工作单位	姓　名	专　业
268	中国石油天然气股份有限公司塔里木油田分公司	段文胜	物　探
269	中国石油天然气股份有限公司青海油田分公司	胡　杰	物　探
270	中国石油国际勘探开发有限公司	苏永地	物　探
271	中国石油集团川庆钻探工程有限公司	何光明	物　探
272	中国石油集团川庆钻探工程有限公司	巫芙蓉	物　探
273	中国石油集团川庆钻探工程有限公司	张晓斌	物　探
274	中国石油集团川庆钻探工程有限公司	杨　晓	物　探
275	中国石油集团东方地球物理勘探有限责任公司	邓志文	物　探
276	中国石油集团东方地球物理勘探有限责任公司	李培明	物　探
277	中国石油集团东方地球物理勘探有限责任公司	全海燕	物　探
278	中国石油集团东方地球物理勘探有限责任公司	冯许魁	物　探
279	中国石油集团东方地球物理勘探有限责任公司	王成祥	物　探
280	中国石油集团东方地球物理勘探有限责任公司	柯本喜	物　探
281	中国石油集团东方地球物理勘探有限责任公司	戴晓云	物　探
282	中国石油集团东方地球物理勘探有限责任公司	赵　波	物　探
283	中国石油集团东方地球物理勘探有限责任公司	罗国安	物　探
284	中国石油集团东方地球物理勘探有限责任公司	陶知非	物　探
285	中国石油集团东方地球物理勘探有限责任公司	刘云祥	物　探
286	中国石油集团东方地球物理勘探有限责任公司	倪宇东	物　探
287	中国石油集团东方地球物理勘探有限责任公司	何永清	物　探
288	中国石油集团东方地球物理勘探有限责任公司	钱忠平	物　探
289	中国石油集团东方地球物理勘探有限责任公司	何展翔	物　探
290	中国石油集团东方地球物理勘探有限责任公司	詹仕凡	物　探
291	中国石油集团东方地球物理勘探有限责任公司	李彦鹏	物　探
292	中国石油集团东方地球物理勘探有限责任公司	张慕刚	物　探
293	中国石油集团东方地球物理勘探有限责任公司	孙卫斌	物　探
294	中国石油集团东方地球物理勘探有限责任公司	高少武	物　探

续表

序　号	工作单位	姓　名	专　业
295	中国石油集团东方地球物理勘探有限责任公司	张宇生	物　探
296	中国石油天然气股份有限公司勘探开发研究院	杨午阳	物　探
297	中国石油天然气股份有限公司勘探开发研究院	胡　英	物　探
298	中国石油天然气股份有限公司勘探开发研究院	雍学善	物　探
299	中国石油天然气股份有限公司勘探开发研究院	张　研	物　探
300	中国石油天然气股份有限公司勘探开发研究院	曹　宏	物　探
301	中国石油天然气股份有限公司勘探开发研究院	高建虎	物　探
302	中国石油天然气股份有限公司勘探开发研究院	李劲松	物　探
303	中国石油天然气股份有限公司勘探开发研究院	石玉梅	物　探
304	大庆油田有限责任公司	刘兴斌	测　井
305	大庆油田有限责任公司	王宏建	测　井
306	大庆油田有限责任公司	谢荣华	测　井
307	大庆油田有限责任公司	杨景海	测　井
308	大庆油田有限责任公司	刘传平	测　井
309	中国石油天然气股份有限公司长庆油田分公司	石玉江	测　井
310	中国石油天然气股份有限公司新疆油田分公司	孙中春	测　井
311	中国石油天然气股份有限公司塔里木油田分公司	肖承文	测　井
312	中国石油集团西部钻探工程有限公司	陈　斌	测　井
313	中国石油集团川庆钻探工程有限公司	罗宏伟	测　井
314	中国石油集团川庆钻探工程有限公司	齐宝权	测　井
315	中国石油集团川庆钻探工程有限公司	陈　锋	测　井
316	中国石油集团川庆钻探工程有限公司	唐　凯	测　井
317	中国石油集团川庆钻探工程有限公司	张树东	测　井
318	中国石油集团川庆钻探工程有限公司	罗　利	测　井
319	中国石油集团长城钻探工程有限公司	伍　东	测　井
320	中国石油集团渤海钻探工程有限公司	柴细元	测　井
321	中国石油集团测井有限公司	朱　军	测　井

续表

序 号	工作单位	姓 名	专 业
322	中国石油集团测井有限公司	包德洲	测 井
323	中国石油集团测井有限公司	孙宝佃	测 井
324	中国石油集团测井有限公司	李安宗	测 井
325	中国石油集团测井有限公司	章海宁	测 井
326	中国石油集团测井有限公司	陈 鹏	测 井
327	中国石油集团测井有限公司	李传伟	测 井
328	中国石油集团测井有限公司	万金彬	测 井
329	中国石油集团测井有限公司	余春昊	测 井
330	中国石油集团测井有限公司	陈 宝	测 井
331	中国石油集团测井有限公司	陈 涛	测 井
332	中国石油集团测井有限公司	周 军	测 井
333	中国石油天然气股份有限公司勘探开发研究院	周灿灿	测 井
334	中国石油天然气股份有限公司勘探开发研究院	李 宁	测 井
335	中国石油天然气股份有限公司勘探开发研究院	王克文	测 井
336	中国石油天然气股份有限公司勘探开发研究院	冯庆付	测 井
337	中国石油集团经济技术研究院	杨 虹	测 井
338	大庆油田有限责任公司	杨智光	钻 井
339	中国石油天然气股份有限公司辽河油田分公司	陈 勋	钻 井
340	中国石油天然气股份有限公司塔里木油田分公司	滕学清	钻 井
341	中国石油天然气股份有限公司塔里木油田分公司	杨向同	钻 井
342	中国石油天然气股份有限公司塔里木油田分公司	李 宁	钻 井
343	中国石油天然气股份有限公司吉林油田分公司	何 军	钻 井
344	中国石油天然气股份有限公司冀东油田分公司	冯京海	钻 井
345	中国石油国际勘探开发有限公司	吴先忠	钻 井
346	中国石油集团西部钻探工程有限公司	宋朝晖	钻 井
347	中国石油集团西部钻探工程有限公司	陈若铭	钻 井
348	中国石油集团西部钻探工程有限公司	李晓军	钻 井

续表

序 号	工作单位	姓 名	专 业
349	中国石油集团川庆钻探工程有限公司	王长宁	钻 井
350	中国石油集团川庆钻探工程有限公司	孙海芳	钻 井
351	中国石油集团川庆钻探工程有限公司	邓 虎	钻 井
352	中国石油集团川庆钻探工程有限公司	白 璟	钻 井
353	中国石油集团川庆钻探工程有限公司	贺秋云	钻 井
354	中国石油集团川庆钻探工程有限公司	韩烈祥	钻 井
355	中国石油集团长城钻探工程有限公司	张振华	钻 井
356	中国石油集团长城钻探工程有限公司	余 雷	钻 井
357	中国石油集团长城钻探工程有限公司	喻 晨	钻 井
358	中国石油集团长城钻探工程有限公司	李建成	钻 井
359	中国石油集团长城钻探工程有限公司	李连江	钻 井
360	中国石油集团渤海钻探工程有限公司	王益山	钻 井
361	中国石油集团渤海钻探工程有限公司	宋元洪	钻 井
362	中国石油集团渤海钻探工程有限公司	陈世春	钻 井
363	中国石油集团渤海钻探工程有限公司	魏春明	钻 井
364	中国石油集团渤海钻探工程有限公司	陶瑞东	钻 井
365	中国石油集团渤海钻探工程有限公司	黄达全	钻 井
366	中国石油集团渤海钻探工程有限公司	朱礼斌	钻 井
367	中国石油集团渤海钻探工程有限公司	马金山	钻 井
368	中国石油集团渤海钻探工程有限公司	张民立	钻 井
369	中国石油集团海洋工程有限公司	刘爱萍	钻 井
370	中国石油集团钻井工程技术研究院有限公司	孙金声	钻 井
371	中国石油集团钻井工程技术研究院有限公司	周英操	钻 井
372	中国石油集团钻井工程技术研究院有限公司	贺会群	钻 井
373	中国石油集团钻井工程技术研究院有限公司	葛云华	钻 井
374	中国石油集团钻井工程技术研究院有限公司	盛利民	钻 井
375	中国石油集团钻井工程技术研究院有限公司	汪海阁	钻 井

续表

序号	工作单位	姓名	专业
376	中国石油集团钻井工程技术研究院有限公司	申瑞臣	钻井
377	中国石油集团钻井工程技术研究院有限公司	刘硕琼	钻井
378	中国石油集团钻井工程技术研究院有限公司	王玺	钻井
379	中国石油集团钻井工程技术研究院有限公司	赵庆	钻井
380	大庆油田有限责任公司	师国臣	机械
381	中国石油天然气股份有限公司新疆油田分公司	周建平	机械
382	中国石油天然气股份有限公司塔里木油田分公司	李循迹	机械
383	中国石油天然气股份有限公司大庆石化分公司	戴建军	机械
384	中国石油管道局工程有限公司	张锋	机械
385	中国石油管道局工程有限公司	李玉卓	机械
386	宝鸡石油机械有限责任公司	黄悦华	机械
387	宝鸡石油机械有限责任公司	刘宏亮	机械
388	宝鸡石油机械有限责任公司	王定亚	机械
389	宝鸡石油机械有限责任公司	王世军	机械
390	宝鸡石油机械有限责任公司	王维旭	机械
391	宝鸡石油钢管有限责任公司	牛辉	机械
392	宝鸡石油钢管有限责任公司	温宏伟	机械
393	宝鸡石油钢管有限责任公司	余晗	机械
394	宝鸡石油钢管有限责任公司	刘海璋	机械
395	宝鸡石油钢管有限责任公司	毕宗岳	机械
396	中国石油集团渤海石油装备制造有限公司	王旭	机械
397	中国石油集团渤海石油装备制造有限公司	付彦宏	机械
398	中国石油集团渤海石油装备制造有限公司	王树龙	机械
399	中国石油集团渤海石油装备制造有限公司	张玉峰	机械
400	中国石油集团渤海石油装备制造有限公司	田鹏	机械
401	中国石油集团渤海石油装备制造有限公司	陈小伟	机械
402	中国石油集团渤海石油装备制造有限公司	陈长青	机械

续表

序号	工作单位	姓名	专业
403	中国石油集团济柴动力有限公司	王令金	机械
404	中国石油集团钻井工程技术研究院有限公司	马青芳	机械
405	中国石油集团石油管工程技术研究院	赵新伟	机械
406	中国石油集团石油管工程技术研究院	戚东涛	机械
407	中国石油集团石油管工程技术研究院	白真权	机械
408	中国石油集团石油管工程技术研究院	池强	机械
409	中国石油集团石油管工程技术研究院	王新虎	机械
410	中国石油集团石油管工程技术研究院	韩礼红	机械
411	中国石油集团石油管工程技术研究院	吉玲康	机械
412	中国石油集团石油管工程技术研究院	马秋荣	机械
413	中国石油集团石油管工程技术研究院	熊庆人	机械
414	大庆油田有限责任公司	熊华平	信息工程
415	大庆油田有限责任公司	许代红	信息工程
416	中国石油天然气股份有限公司长庆油田分公司	高玉龙	信息工程
417	中国石油天然气股份有限公司新疆油田分公司	石国伟	信息工程
418	中国石油天然气股份有限公司华北油田分公司	冯玉敏	信息工程
419	中国石油天然气股份有限公司大庆石化分公司	张弘旻	信息工程
420	中国石油天然气股份有限公司吉林石化分公司	王建民	信息工程
421	中国石油天然气股份有限公司管道分公司	安绍旺	信息工程
422	中国石油管道局工程有限公司	聂中文	信息工程
423	中国石油管道局工程有限公司	张金权	信息工程
424	中国石油集团东方地球物理勘探有限责任公司	张志伟	信息工程
425	中国石油集团东方地球物理勘探有限责任公司	王学军	信息工程
426	中国石油集团东方地球物理勘探有限责任公司	李阳明	信息工程
427	中国石油集团东方地球物理勘探有限责任公司	文佳敏	信息工程
428	中国石油集团东方地球物理勘探有限责任公司	杜广源	信息工程

续表

序　号	工作单位	姓　名	专　业
429	中国石油天然气股份有限公司勘探开发研究院	冯　梅	信息工程
430	中国石油天然气股份有限公司勘探开发研究院	龚仁彬	信息工程
431	中国石油天然气股份有限公司勘探开发研究院	时付更	信息工程
432	中国石油天然气股份有限公司规划总院	袁维宁	信息工程
433	中国石油天然气股份有限公司规划总院	王　华	信息工程
434	中国石油天然气股份有限公司规划总院	骆科东	信息工程
435	中国石油天然气股份有限公司规划总院	杨文军	信息工程
436	中国石油集团安全环保技术研究院有限公司	冒亚明	信息工程
437	中国石油集团安全环保技术研究院有限公司	卢　明	信息工程
438	大庆油田有限责任公司	郭慧彬	安全环保及质量标准
439	中国石油天然气股份有限公司辽河油田分公司	宋启辉	安全环保及质量标准
440	中国石油天然气股份有限公司西南油气田分公司	向启贵	安全环保及质量标准
441	中国石油天然气股份有限公司西南油气田分公司	罗　勤	安全环保及质量标准
442	中国石油天然气股份有限公司西南油气田分公司	常宏岗	安全环保及质量标准
443	中国石油管道局工程有限公司	王　彦	安全环保及质量标准
444	中国昆仑工程有限公司	陶卫克	安全环保及质量标准
445	中国石油天然气股份有限公司勘探开发研究院	高圣平	安全环保及质量标准
446	中国石油天然气股份有限公司规划总院	余绩庆	安全环保及质量标准
447	中国石油天然气股份有限公司规划总院	于景琦	安全环保及质量标准
448	中国石油集团安全环保技术研究院有限公司	杜卫东	安全环保及质量标准
449	中国石油集团安全环保技术研究院有限公司	王嘉麟	安全环保及质量标准
450	中国石油集团安全环保技术研究院有限公司	刘光全	安全环保及质量标准
451	中国石油集团安全环保技术研究院有限公司	王占生	安全环保及质量标准
452	中国石油集团安全环保技术研究院有限公司	裴玉起	安全环保及质量标准
453	中国石油集团安全环保技术研究院有限公司	熊运实	安全环保及质量标准
454	中国石油集团安全环保技术研究院有限公司	雷文章	安全环保及质量标准

续表

序　号	工作单位	姓　名	专　业
455	中国石油集团安全环保技术研究院有限公司	杜　民	安全环保及质量标准
456	中国石油集团安全环保技术研究院有限公司	李兴春	安全环保及质量标准

注：表中所列为截至 2017 年底集团公司在聘高级技术专家。

（曹　月）

中国石油天然气集团有限公司新增享受政府特殊津贴人员名单

序　号	姓　名	工作单位	备　注
1	李玉春	大庆油田有限责任公司	专业技术人员
2	刘兴斌	大庆油田有限责任公司	专业技术人员
3	庞彦明	大庆油田有限责任公司	专业技术人员
4	龚姚进	中国石油天然气股份有限公司辽河油田分公司	专业技术人员
5	王大兴	中国石油天然气股份有限公司长庆油田分公司	专业技术人员
6	李时宜	中国石油天然气股份有限公司长庆油田分公司	专业技术人员
7	李循迹	中国石油天然气股份有限公司塔里木油田分公司	专业技术人员
8	张丽娟	中国石油天然气股份有限公司塔里木油田分公司	专业技术人员
9	阿布力米提·依明	中国石油天然气股份有限公司新疆油田分公司	专业技术人员
10	向启贵	中国石油天然气股份有限公司西南油气田分公司	专业技术人员
11	杨　光	中国石油天然气股份有限公司西南油气田分公司	专业技术人员
12	张应安	中国石油天然气股份有限公司吉林油田分公司	专业技术人员
13	李正科	中国石油天然气股份有限公司吐哈油田分公司	专业技术人员
14	蔡明俊	中国石油天然气股份有限公司大港油田分公司	专业技术人员
15	胡　杰	中国石油天然气股份有限公司青海油田分公司	专业技术人员
16	朱庆忠	中国石油天然气股份有限公司华北油田分公司	专业技术人员
17	王晓文	中国石油天然气股份有限公司冀东油田分公司	专业技术人员
18	吴先忠	中国石油天然气股份有限公司海外勘探开发分公司	专业技术人员
19	戴建军	中国石油天然气股份有限公司大庆石化分公司	专业技术人员
20	赵　胤	中国石油天然气股份有限公司吉林石化分公司	专业技术人员

续表

序　号	姓　名	工作单位	备　注
21	张元礼	中国石油天然气股份有限公司辽阳石化分公司	专业技术人员
22	周　豪	中国石油天然气股份有限公司独山子石化分公司	专业技术人员
23	徐亚荣	中国石油天然气股份有限公司乌鲁木齐石化分公司	专业技术人员
24	苏战国	中国石油天然气股份有限公司大连石化分公司	专业技术人员
25	熊良铨	中国石油天然气股份有限公司克拉玛依石化分公司	专业技术人员
26	李景昌	中国石油天然气股份有限公司管道分公司	专业技术人员
27	冯庆善	中国石油天然气股份有限公司管道分公司	专业技术人员
28	李晓军	中国石油集团西部钻探工程有限公司	专业技术人员
29	伍　东	中国石油集团长城钻探工程有限公司	专业技术人员
30	张振华	中国石油集团长城钻探工程有限公司	专业技术人员
31	张民立	中国石油集团渤海钻探工程有限公司	专业技术人员
32	齐宝权	中国石油集团川庆钻探工程有限公司	专业技术人员
33	康南昌	中国石油集团东方地球物理勘探有限责任公司	专业技术人员
34	周　军	中国石油集团测井有限公司	专业技术人员
35	张文伟	中国石油管道局工程有限公司	专业技术人员
36	任林昌	中国石油工程建设有限公司	专业技术人员
37	汤晓勇	中国石油工程建设有限公司	专业技术人员
38	韩文礼	中国石油集团海洋工程建设有限公司	专业技术人员
39	郭俊玲	中国寰球工程有限公司	专业技术人员
40	刘　博	中国寰球工程有限公司	专业技术人员
41	王定亚	宝鸡石油机械有限责任公司	专业技术人员
42	田　鹏	中国石油集团渤海石油装备制造有限公司	专业技术人员
43	马书杰	中国石油天然气股份有限公司润滑油分公司	专业技术人员
44	魏国齐	中国石油天然气股份有限公司勘探开发研究院	专业技术人员
45	张义杰	中国石油天然气股份有限公司勘探开发研究院	专业技术人员
46	李　剑	中国石油天然气股份有限公司勘探开发研究院	专业技术人员
47	张福琴	中国石油天然气股份有限公司规划总院	专业技术人员
48	李文乐	中国石油天然气股份有限公司石油化工研究院	专业技术人员

续表

序　号	姓　名	工作单位	备　注
49	葛云华	中国石油集团钻井工程技术研究院有限公司	专业技术人员
50	王嘉麟	中国石油集团安全环保技术研究院有限公司	专业技术人员
51	龚金双	中国石油集团经济技术研究院	专业技术人员
52	罗金恒	中国石油集团石油管工程技术研究院	专业技术人员
53	刘　丽	大庆油田有限责任公司	高技能人员
54	孟亚莉	中国石油天然气股份有限公司长庆油田分公司	高技能人员
55	肖　刚	中国石油天然气股份有限公司新疆油田分公司	高技能人员
56	张凤光	中国石油天然气股份有限公司抚顺石化分公司	高技能人员
57	谷　刚	中国石油天然气股份有限公司独山子石化分公司	高技能人员
58	徐　凯	中国石油天然气股份有限公司锦州石化分公司	高技能人员
59	楚建设	中国石油集团东方地球物理勘探有限责任公司	高技能人员
60	牛连山	中国石油管道局工程有限公司	高技能人员

说明：以上人员为 2016 年申报，2017 年批复的新增享受政府特殊津贴人员名单。

（曹　月）

奉献能源 创造和谐

Caring for Energy Caring for You

中国石油

大庆油田有限责任公司

大庆油田1959年发现、1960年开发，是世界上为数不多的特大型陆相砂岩油田，含油面积6000多平方千米。国内勘探范围包括松辽盆地北部、塔里木盆地塔东区块、海拉尔盆地、依舒等外围盆地、四川矿权流转区块等领域；海外业务覆盖中东、中亚、亚太、非洲和美洲等五大区域。业务范围主要包括勘探开发、工程技术、工程建设、装备制造、油田化工、生产保障、矿区服务等，具有石油工业较为完整的业务体系和综合一体化优势。

在党和国家的亲切关怀下，大庆油田创造了举世瞩目的历史成就，建成了中国大型的石油生产基地。孕育形成了大庆精神铁人精神，同井冈山精神、长征精神、延安精神、“两弹一星”精神、雷锋精神、改革开放精神等七大精神，构成了中国共产党的伟大精神，也是中华民族伟大精神的重要组成部分。创造了领先世界的陆相油田开发水平，实现年产原油5000万吨以上27年高产稳产，4000万吨以上12年持续稳产，三元复合驱产量突破400万吨。油田勘探开发与“两弹一星”等共同载入共和国科技发展的史册。打造了过硬的铁人式职工队伍，涌现出铁人王进喜、新时期铁人王启民、大庆新铁人李新民为代表的一大批先进模范人物，锤炼了一支“三老四严”、永创一流的英雄队伍。

2017年，是大庆油田贯彻集团公司党组意见、谋求振兴发展的开局之年。大庆油田上下坚持当好标杆旗帜这一根本遵循，锐意进取、攻坚克难，生产经营及改革发展取得一系列新进展、新突破、新成效。大力推进业务结构优化调整，天然气产量已接近10%，海外权益产量已超过10%，外部市场收入已接近10%，开创了油田振兴发展新局面。致力于解决资源接替不足的突出矛盾，立足松辽、加快塔东、发展川渝，油气勘探多点突破、喜报频传，特别是长垣外围、两江之间扇形区正在形成一个极为重要的勘探开发一体化领域，资源基础进一步夯实。顶住老油田持续稳产的巨大压力，直面油价挑战，深化提质增效，不仅全面完成油气生产任务，而且实现操作成本硬下降、主要能耗指标负增长，一举扭转亏损被动局面，上市、未上市业务全部整体盈利。顺应改革开放大势，实施一批扩大经营自主权试点，推进企业办社会职能及测井、物探等业务分离移交，狠抓亏损企业治理和“僵尸企业”处置，挂牌成立中国石油集团电能有限公司，发展的内生动力与活力得到有效释放。立足构建新产业新业态，探索“大庆精神 +”发展模式，油田新媒体业务市场份额呈几何增长，“网安天目”系统为 G20 峰会、金砖国家峰会提供安全可靠优质服务，铁人学院已初步具备办学条件，展示了新时代业务发展的新气象。全年完成油气当量产量 4271 万吨，其中，国内原油产量 3400 万吨、海外权益产量 552 万吨、天然气产量 40 亿立方米。

国家科学技术进步奖

证　书

为表彰国家科学技术进步奖获得者，特颁发此证书。

项目名称：三元复合驱大幅度提高原油采收率技术及工业化应用

奖励等级：二等

获 奖 者：大庆油田有限责任公司

中华人民共和国国务院

2017年12月6日

证书号：2017-J-210-2-01-D01

大庆油田“三元复合驱大幅度提高原油采收率技术及工业化应用”创建了成熟完备的三元复合驱技术体系，使大庆油田成为世界上水平高、规模较大的三元复合驱油生产基地，取得了巨大的经济和社会效益，开创了特高含水老油田低成本、高效益持续发展之路。截至 2017 年底，三元复合驱累计创产值 788 亿元，上缴利税 315 亿元。该技术带动化工、机械、材料等相关行业发展，地方新增税收 70.5 亿元，形成新的经济增长点，促进了东北老工业基地的振兴。

大庆油田钻探工程公司推行精益钻井管理，1205 钻井队、1202 钻井队年进尺双双再次突破十万米。图为祝捷仪式现场

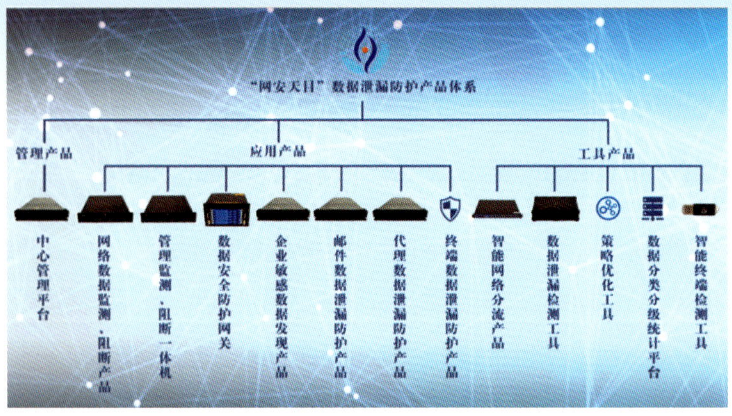

“网安天目”数据泄漏防护系列产品

“网安天目”系列产品是大庆油田信息技术公司自主研发的，国内首个同时获得销售许可证、EAL3+、ISCCC证书的数据泄漏防护产品，已入选国家政府采购目录。“网安天目”通过在网络、终端、存储等环节部署系列产品和工具，为企业数据信息提供集监控与保护于一体的安全防护。该产品曾先后为杭州G20峰会、金砖国家峰会和中国共产党第十九次全国代表大会提供数据安全服务，目前已应用于军工、能源、金融等多个行业，受到用户赞誉。

大庆油田研发的潜油电泵专用变频器，是针对电泵机组变频驱动而开发的专用产品，技术性能达到国内先进水平。该产品分为1300V和2600V两种型号，能够满足潜油电泵变频驱动，适合长电缆传输，6脉及12脉整流，液晶触摸屏，并增加了历史数据与故障信息存储及电泵应用所需的特殊控制功能，产品价格较原来降低约15%。目前已在大庆、吉林、新疆等国内市场和伊拉克、乍得等海外市场应用166台，未出现批量故障，稳定可靠的产品性能得到了用户的广泛认可。

2017年11月7日，中国石油集团电能有限公司在大庆油田成立。中国石油集团电能有限公司所属的广西电力交易中心11月成交电量2900万千瓦·时，成交电价41.01分/千瓦·时，为股份公司广西石化分公司降低用电成本58.087万元，是中国石油天然气集团公司统一购售电平台建成后完成的第一笔交易。

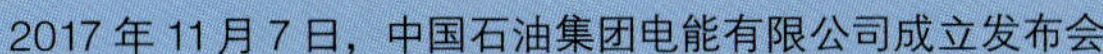

2017年11月7日，中国石油集团电能有限公司成立发布会

中国石油集团电能有限公司所属广西电力交易中心

大庆油田自主研发“智慧计量检验检定综合信息管理系统”。该系统能够实现现场数据实时回传、送检样品信息化传递、电子证书出具、移动设备终端操作等上百项智能化功能，减轻了一线员工的工作强度，提高了工作效率和准确性，方便了客户，促进了服务质量、服务满意度的提升。原本1小时要完成的器具设备整理工作，现在只需要10分钟即可完成，每年可节约硒鼓和纸张费用20万元以上。

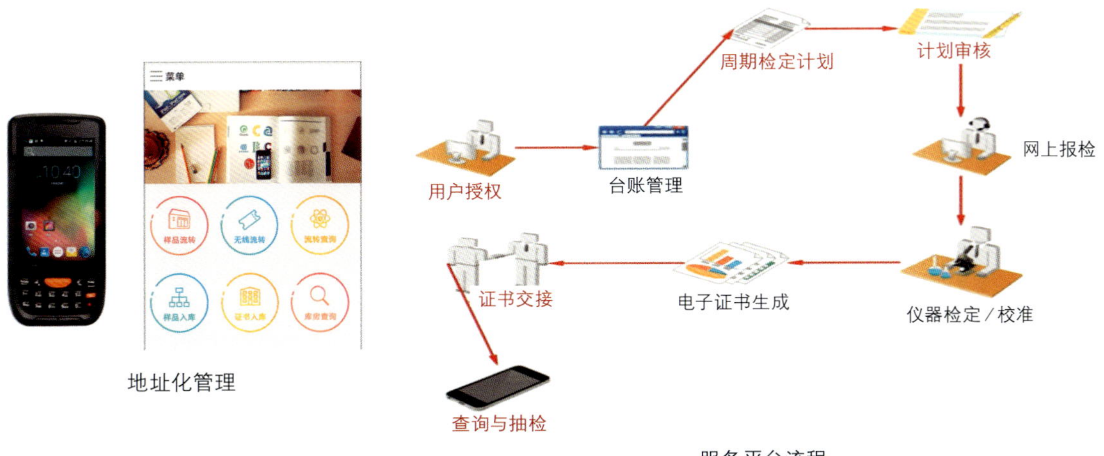

地址化管理

服务平台流程

地址：黑龙江省大庆市让胡路区　　邮编：163002
电话：0459-5936660　　传真：0459-5973125

中国石油辽河油田公司

公司领导班子成员

中国石油辽河油田公司是中国石油天然气股份有限公司下属的地区公司，总部机关坐落在辽宁省盘锦市。勘探开发 47 年来，辽河油田攻克了一道道勘探开发技术难题，建成了国内较大的稠油、高凝油生产基地，稠油开发技术达到国际先进水平，高凝油开发技术居世界领先地位，形成了油气生产、工程技术、工程建设、燃气利用、矿区服务、多种经营等业务协调发展的格局。

勘探开发建设以来，累计在辽河盆地陆上、滩海和外围地区发现油气田 40 个，投入开发建设油田 35 个、可采储量 5.26 亿吨；累计生产原油 45.13 亿吨、井口天然气 869.16 亿立方米；累计上缴利税 2850 多亿元，

2017 年，用工总量 8.78 万人。拥有设备 23 万台（套），固定资产原值 1686 亿元、净值 361 亿元。生产原油 1000.1 万吨、生产天然气 6.11 亿立方米

2017 年，实现营业收入 409.29 亿元（未含多种经营收入 126.5 亿元），同比增加 90.92 亿元；实现税费 46.55 亿元，同比增加 15.7 亿元

集团公司领导到辽河油田调研，为油田发展建设指明方向

始终位于辽宁省纳税企业前列，为保障国家能源安全和促进地方经济社会发展做出积极贡献。先后荣获“全国五一劳动奖状”“全国先进基层党组织”“中国企业管理杰出贡献奖”“全国精神文明建设先进单位”“中央企业先进集体”“中国管理竞争力百强企业”“全国职业安全健康先进单位”等荣誉称号。

2017 年，辽河油田认真贯彻集团公司党组工作部署，抵御国际低油价形势和前所未有的经营压力，攻坚克难，砥砺奋进，适时调整生产经营策略，创新实施“稳增减改转”措施，各项工作在克服困难中取得新业绩、实现新进展，改革、发展和稳定工作迈出坚实的步伐。

面对新形势、新任务，辽河油田将以党的十九大精神和习近平新时代中国特色社会主义思想为指导，置身集团公司保障国家能源安全和建设世界一流综合性国际能源公司的战略目标，突出原油千万吨稳产和提质增效工作主线，坚持推动质量变革、效率变革、动力变革，实现业务发展高质量、发展动力高质量、发展基础高质量、运营水平高质量。坚定信心，真抓实干，深化改革，细化管理，强化创新，维护和谐稳定，加强党的建设、弘扬石油精神，用不懈奋斗赢得新的荣光，为国家建设现代化经济体系和清洁低碳、安全高效的能源体系做出新贡献。

规模应用成熟开采技术，实现油气生产低成本开发

坚持科技和管理创新，激发企业发展动力

地址：辽宁省盘锦市兴隆台区石油大街98号　邮编：124010
电话：0427-7298001　传真：0427-7822545

中国石油长庆油田公司

中国石油长庆油田公司总部位于陕西省西安市，是中国石油的地区分公司，主营鄂尔多斯盆地油气及伴生资源的勘探、开发、生产、储运和销售等业务。2013 年建成西部大庆以来，长庆油田公司紧紧围绕持续稳产和提质增效两大目标，突出油气勘探，着力夯实稳产资源基础；突出质量效益，着力提升油气开发水平、技术创新能力和经营管控水平；突出固本强基，着力抓好安全环保、党的建设、队伍建设、文化建设和反腐倡廉建设；突出和谐稳定，着力营造良好发展环境，努力推动新常态下企业发展转型升级，为集团公司有质量有效益可持续发展做出新贡献。

长庆油田开发的鄂尔多斯盆地，是典型的“三低”(低渗、低压、低丰度)致密性油气藏，被称作“磨刀石”，开发属于世界难题。40 多年来，长庆油田广大干部职工以“我为祖国献石油”的高度责任感和使命感、“敢为人先、挑战极限”的发展意识和“攻坚啃硬、拼搏进取”的实干精神，解放思想、挑战极限，克服重重困难推进技术创新、管理创新，形成具有长庆特色、代表低渗透油田先进水平的开发

1 月 12 日，长庆油田公司 2017 年工作会议暨三届(三次)职工(会员)代表大会在西安召开

1 月 19 日，集团公司党组副书记、总经理章建华一行来长庆油田调研

地址：陕西省西安市未央路151号　　邮编：710018

电话：029－86596666　　传真：029－86599999

技术和管理模式，实现了长庆油田发展的历史性跨越，2013 年油气当量突破 5000 万吨，建成西部大庆。西部大庆的如期建成，是继 20 世纪 60 年代大庆油田开发建设以来，我国石油工业发展史上又一座具有标志性意义的里程碑，对保障国家能源安全、优化能源结构、促进国民经济快速发展具有重要意义。

2013 年以来，长庆油田在建成西部大庆新起点上，认真贯彻落实集团公司决策部署，牢记使命与责任，努力推进油田可持续发展。按照“总结、完善、优化、提升”的工作方针，积极推进油气开发由规模建产向精细管理、由新区快速上产向老区长期稳产、由注重规模速度向突出质量效益的“三个转变”，打牢稳产基础，凝聚发展力量；全力抓好油气生产，全面深化改革创新，大力加强合规管理，扎实做好安全环保、反腐倡廉、维护稳定三大基础性工程，着力推进民生改善，注重协调外部关系，各项工作取得了新成果、新业绩、新突破。

苏里格大型丛式井组 G07 — 6

采气一厂平稳供气 20 年

中国石油大港油田公司

公司领导班子成员

中国石油大港油田公司（大港油田集团有限责任公司）是中国石油所属的以油气勘探开发为主营业务的地区分公司。大港油田勘探开发建设始于 1964 年 1 月，矿权面积 18717 平方千米（滩海 2030 平方千米），地跨津、冀、鲁 25 个区、市、县。截至 2017 年底，有员工 2.5 万余人，设 16 个机关部门、6 个直属单位、40 个所属单位，资产总额 595 亿元。

人工岛

2017 年，大港油田始终坚持稳中求进工作总基调，深入实施“资源、创新、市场、一体化”战略，圆满完成年度生产经营任务。全年钻获百吨井 9 口，创近 10 年新高，新增三级石油地质储量 8654 万吨、SEC 储量 225 万吨，分别完成计划的 108% 和 112%；生产原油 402.78 万吨，完成计划的 100.2%；生产天然气 5.09 亿立方米，超产 1.89 亿立方米，所有采油生产单位均实现既产油又产气，稳油增气成效显著。实现收入 198.25 亿元，预算同口径减亏 11 亿元，全面超额完成奋斗目标。投入 2.08 亿元实施重点安全环保隐患治理项目 75 个，全面完成国家燃煤锅炉“清零”任务和集团公司油气管道隐患整治三年工作目标；获省部级科技奖 26 项、国家知识产权授权 184 件；信息化工作连续 3 年在集团公司 16 家油气田企业中名列前茅。

塔式皮带抽油机井丛场

全民健身活动

拔地而起的“港西新城”

地址：天津市滨海新区大港油田三号院　　邮编：300280
电话：022-25971708　　传真：022-25915115

中国石油青海油田公司

集团公司党组书记、董事长王宜林一行到青海油田考察调研

集团公司党的十九大精神宣讲团走进青海油田

中央第七环保督察组到青海油田格尔木炼油厂进行环保督察

2017，中国石油青海油田公司经营范围涵盖石油天然气勘探开发、工程技术、工程建设、装备制备、炼油化工、生产保障、矿区服务和多种经营等业务。青海油田已建敦煌教育生活科研基地、格尔木炼油化工基地、花土沟原油生产基地。张维申任公司总经理、党委书记。

主力油田：尕斯库勒、英西、昆北、英东等；主力气田：涩北一号、涩北二号、台南、东坪等。年原油生产能力 235 万吨、天然气生产能力 77 亿立方米、原油加工能力 150 万吨；建成 9 条输油气管线，年输油能力 300 万吨、输气能力 107 亿立方米，天然气输送到西宁、兰州、银川等地。

青海油田主要勘探开发领域在素有“聚宝盆”之称的柴达木盆地，它是我国七大内陆含油气盆地之一，地理面积约 25 万平方千米，沉积岩面积 12 万平方千米。油气总资源量 70.3 亿吨，其中石油 38.17 亿吨（包含致密油 8.58 亿吨），天然气 3.21 万亿立方米。工作区域平均海拔 3000 米以上，空气中的含氧量是内地的 70%，气候干燥、风沙肆虐、高寒缺氧，自然条件十分艰苦。

青海油田召开创业 62 周年座谈会

地址：甘肃省敦煌市七里镇　　邮编：736202
电话：0937-8932530　　传真：0937-8932530

近年来，青海油田解放思想、大胆探索，在油气地质认识和勘探技术方面取得突破，攻克了山地地震世界难题，打破了柴达木盆地 30 多年勘探沉闷局面，相继发现了昆北、英东、东坪 3 个大型油（气）田和扎哈泉、英西两个亿吨级储量区。油气三级地质储量实现“八年连增”，连续七年保持在 2 亿吨以上，并连续七年获得股份公司“油气勘探重大发现一等奖”。

青海油田在敦煌、花土沟、格尔木三个基地同步开展学雷锋志愿活动

青海油田先后获“全国 520 家‘重合同，守信用’企业”“全国五一劳动奖状”“全国企业文化建设先进单位”等荣誉称号。

2017 年，青海油田实施“13544”工作措施，有针对性地解决各层面各环节的矛盾和问题，强化基础支撑，完善工作机制，做到相互促进、齐头并进，坚定不移建成千万吨规模高原油气田。

现场技能竞赛

“13544”工作措施：弘扬“一种精神”，厚植“三项基础”，构建“五个体系”，全面推动“四转”，努力打造“四地”。

弘扬“一种精神”：大力弘扬以“爱国、创业、奉献、实干”为核心的柴达木石油精神。

厚植“三项基础”：“加深基础研究”“加强基础管理”“加快基础建设”。

构建“五个体系”：建立完善坚强有力的党建工作体系、促进成长的人才培养体系、支撑发展的经营管理体系、导向明确的业绩考核体系、职责明晰的监督约束体系。

全面推动“四转”：推动观念转变，推动发展转型，推动方式转换，推动成果转化。

努力打造“四地”：打造创新创效的阵地，打造思想文化的高地，打造安全环保的属地，打造生态文明的园地。

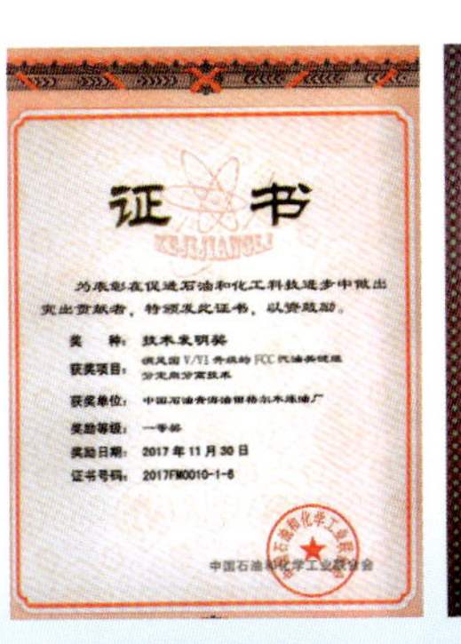
证书

为表彰在促进石油和化工科技进步中做出突出贡献者，特颁发此证书，以资鼓励。

奖种：技术发明奖

获奖单位：中国石油青海油田格尔木炼油厂

奖励等级：一等奖

奖励日期：2017 年 11 月 30 日

证书号码：2017FM0010-1-6

中国石油和化学工业联合会

2017 年格尔木炼油厂获中国石油和化学工业联合会一等奖

中国石油天然气集团公司科学技术进步奖

CNPC Science and Technology Progress Award Certificate

证书

为表彰中国石油天然气集团公司科学技术进步奖获得者，特颁发此证书。

获奖项目：中国石油第四次油气资源评价

获奖单位：青海油田分公司

奖励等级：特等奖

证书号：2017-KJ-0-01-D06

中国石油第四次油气资源评价获集团公司科学技术进步奖特等奖

第二届丝绸之路（敦煌）国际文化博览会

The 2nd Silk Road (Dunhuang) International Cultural Expo

致谢书

第二届丝绸之路（敦煌）国际文化博览会致谢书

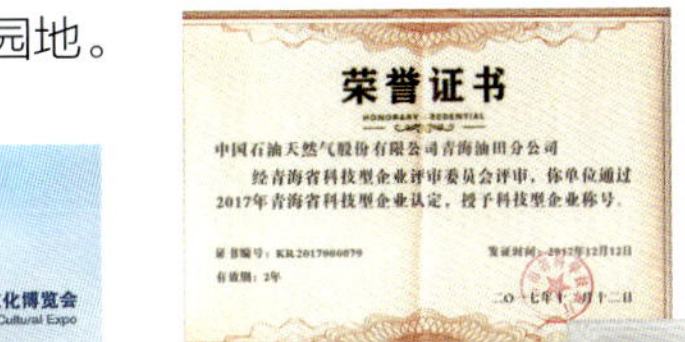
荣誉证书

中国石油天然气股份有限公司青海油田分公司

经青海省科技型企业评审委员会评审，你单位通过2017年青海省科技型企业认定，授予科技型企业称号。

有效期：2年

青海省科技型企业

2014—2016 年全国内部审计先进集体

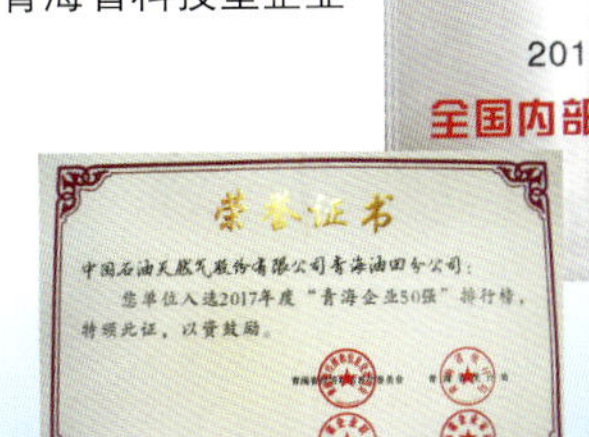
荣誉证书

中国石油天然气股份有限公司青海油田分公司：

您单位入选2017年度“青海企业50强”排行榜，特颁此证，以资鼓励。

青海企业 50 强

中国石油吐哈油田公司

中国石油吐哈油田公司隶属于中国石油天然气股份有限公司，是在 20 世纪 80 年代末国家提出“稳定东部、发展西部”石油发展战略的大背景下，按照“新体制、新技术，高水平、高效益”体制开发建设起来的现代化油田。油田主要生产生活区域横跨丝绸古道重镇吐鲁番、哈密两地，北依北天山，南抵觉罗塔格山，东临文化艺术圣地敦煌，西接新疆首府乌鲁木齐，交通便利，地域特色鲜明。

吐哈油田探区包括吐哈、三塘湖、银额等 5 个中小盆地，探矿权面积 4.13 万平方千米。油田自 1991 年 2 月正式开发建设，27 年来在吐哈和三塘湖盆地落实 7 个亿吨级油气富集带，探明油气田 23 个；累计生产油气当量 7754 万吨，实现销售收入 1486 亿元、利润 313 亿元，上缴各项税费 266.5 亿元，已发展成集油气勘探与生产、工程技术服务于一体的现代化油田。先后荣获“全国五一劳动奖状”“全国文明单位”“全国模范劳动关系和谐企业”等 60 多项荣誉。油田现有员工 13085 人，资产总额 214 亿元。

2017 年，吐哈油田认真贯彻落实集团公司工作部署，加强党的建设，突出油气主业，推进改革创新，狠抓降本增效，取得了好于预期的经营成果。油田储量任务超额完成，产量任务顺利完成调整计划，油气单位操作成

火焰山上平台钻井开发深层稠油

推进扩大经营自主权改革

实施储层改造

开展区块承包试点

本和完全成本分别较预算下降 1.7% 和 0.6%，税前利润同比减亏 9.58 亿元，连续 14 年实现安全生产。党的建设、队伍建设、和谐油田建设取得新进展。

当前，国家深化国企改革和实施“一带一路”倡议为吐哈油田发展带来良好机遇。吐哈油田将深入贯彻落实集团公司工作部署，坚定稳健发展目标，加强党的建设，大力推进国企改革“双百行动”和扩大经营自主权改革，坚决完成全年各项生产经营任务，全面推动油田高质量发展，认真履行三大责任，为新疆维吾尔自治区经济社会繁荣稳定发展做出新贡献。

未上市业务大力开拓外部市场

党建工作与生产经营充分融合

地址：新疆维吾尔自治区鄯善县火车站镇　　邮编：838202
电话：0995-8371354

中国石油冀东油田公司

中国石油冀东油田公司是中国石油天然气股份有限公司所属地区公司，主营业务包括油气勘探、开发、科研、油气集输、油气销售，以及油田工程技术、机械制造、物资供应、电力通信、油田化学、矿区服务等为油田配套、保障、支持和服务业务。冀东油田成立于1988年4月，设16个机关处室、4个直属部门、23个二级单位（分公司）。

冀东油田总部机关坐落于渤海之滨、燕山南麓的京津唐“金三角”地带——河北省唐山市。冀东油田矿权位于唐山、秦皇岛及秦皇岛东南部渤海海域。自成立以来，已发现并投入开发了高尚堡、柳赞、老爷庙、唐海、南堡5个油田，先后荣获“全国五一劳动奖状”“全国模范职工之家”“全国企业文化建设优秀单位”“河北省百强企业”“河北省先进基层党组织”“河北省文明单位”“河北省劳动关系和谐企业”“中国石油基层建设百个标杆单位”“中国石油安全生产先进企业”“中国石油环境保护先进企业”“中国石油节能节水先进企业”等荣誉。

冀东油田公司领导班子

全国劳动模范乔孟占创新工作室

党员活动日

劳动竞赛见成效

地址：河北省唐山市新华西道51甲区　　邮编：063004
电话：0315-8766065

新时代开启油田发展新征程。在承前启后与继往开来新的历史起点上，冀东油田将深入学习贯彻党的十九大精神，以习近平新时代中国特色社会主义思想为指导，认真落实集团公司党组的战略部署，加强党的全面领导，弘扬“石油精神”，坚持稳健发展方针，坚持“十三五”任务目标，坚持“硬增储、稳上产、低成本、强党建”战略定位，深化改革创新，推动油田向高质量、可持续、科学发展迈进的稳健发展，谱写新时代新征程油田发展新篇章。

集团公司党组副书记、总经理章建华看望慰问油田干部员工

机械公司加热炉冲出国门

东纯水生产线

1 号人工岛

提高天然气处理能力，推进资源再利用

中石油煤层气有限责任公司

煤层气公司第一口页岩气井——大吉 51 井钻井生产现场，有望实现海陆交互相页岩气的重要突破

煤层气公司目前井数最多的丛式井井场（吉 2-14 井场）

中石油煤层气有限责任公司（以下简称煤层气公司）是中国石油天然气股份有限公司独资设立的从事煤层气业务的专业化公司，成立于 2008 年 9 月，总部位于北京市，主要从事煤层气和浅层气勘探、开发、生产、储运、销售、国内对外合作以及与煤层气相关的工程施工、技术服务、技术咨询、信息咨询、技术培训等业务，工作区域横跨山西、陕西、新疆、内蒙古、宁夏、湖南、贵州、黑龙江等省、自治区。

煤层气公司立足鄂尔多斯盆地东缘，建成了鄂尔多斯盆地东缘国家煤层气产业基地，形成了勘探、开发、生产、销售一体化的产业格局；高效建成我国规模较大的中低阶煤煤层气田（山西保德气田）、中高阶煤煤层气规模开发气田（陕西韩城气田）、山西省超千亿立方米煤系地层天然气田（大宁—吉县和石楼西气田）；新疆接替区煤层气勘探取得重要进展。特别是进入“十三五”以来，煤层气公司按照“立足鄂东、突破新疆、发展内蒙古、探索新区”的发展思路，坚持气田生产与产能建设并重、合作与自营并重、致密气与煤层气并重，把页岩气作为发展新潜力，大力实施增储上产、提质增效，产销量以年均 50 万吨油当量增幅快速增长，2017 年产销量双破 18 亿立方米，具备 20 亿立方米以上年生产能力，成功跃升为 150 万吨油当量煤层气企业；税前利润实现翻番增长，经营效益持续稳步向好，连续 4 年获集团公司业绩考核 A 级，稳健发展的步伐更加坚实有力。

建成国内首座全橇装无人值守煤层气集气站——保 4 站，开启智慧气田新模式

新时代赋予新使命，新征程呼唤新作为。煤层气公司坚持以质量效益为中心，坚持稳健发展方针不动摇，深入实施掌控资源、效益开发、创新驱动、深化改革、素质提升等五大战略举措，努力成为煤层气产业发展的领导者、非常规油气行业发展的领先者、创新和谐稳健发展的示范者，不断增强企业综合实力，为集团公司建设世界一流综合性国际能源公司做出新贡献。

高度重视采出水治理，修建水处理池 13 座，采出水经多级净化处理，实现达标排放

地址：北京市朝阳区太阳宫南街中油丰和大厦　邮编：100028
电话：010-63591288　传真：010-63591188

中国石油大庆石化公司

中国石油大庆石化公司是中国石油天然气股份有限公司的地区分公司，是以大庆油田原油、轻烃、天然气为主要原料，从事炼油化工生产，并具备工程技术服务、机械制造加工、生产技术服务、矿区综合服务能力的大型石油化工联合企业。

大庆石化始建于 1962 年，现有员工 2.6 万人，各类装置设施 155 套，固定资产原值 447 亿元。可生产 54 个品种、438 个牌号的产品。炼油一次加工能力 1000 万吨 / 年，生产能力为乙烯 120 万吨 / 年、合成氨 45 万吨 / 年、尿素 80 万吨 / 年、聚乙烯 111 万吨 / 年 、ABS 10.5 万吨 / 年、顺丁橡胶 16 万吨 / 年、腈纶丝 6.5 万吨 / 年。50 多年来累计加工原油近 3 亿吨，生产乙烯 1500 多万吨，尿素 2200 多万吨，营业收入 8000 多亿元，上缴税费近千亿元。先后获得“全国文明单位”“全国五一劳动奖状”“国家守合同重信用企业”等荣誉称号。2017 年实现营业收入 476.63 亿元、利润 39.38 亿元、税费 99.29 亿元。

展望未来，大庆石化将深入贯彻习近平总书记关于“油头化尾”重要指示精神，大力推进炼油结构调整优化转型升级项目，抢抓机遇、乘势而上，为公司努力建成国内一流炼化一体化企业而奋斗，为集团公司建设世界一流综合性国际能源公司做出更大贡献！

炼油结构调整转型升级项目正式启动

落实全面从严治党向基层延伸要求，加强基层党建工作

2017 年 12 月 6 日，百灵合唱团代表中国石油喜获国际合唱节金奖

2017 年 12 月 13 日，乙烯改扩建工程获国家优质工程奖

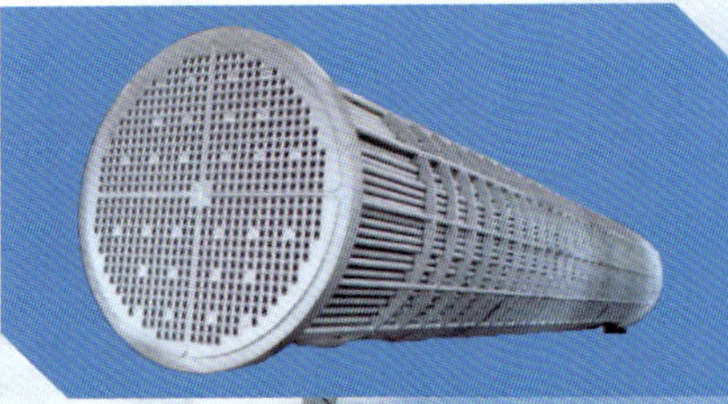

2017 年 12 月 7 日，长效耐蚀阻垢换热器通过集团公司应用效果评估，在集团公司内部全面推广应用

地址：黑龙江省大庆市龙凤区　　邮编：163714
电话：(0459) 6763987　　传真：(0459) 6767025

中国石油抚顺石化公司

乙烯装置夜景

中国石油抚顺石化公司是中国炼油工业的摇篮，有 90 年的发展历史，是集“油化塑洗蜡剂”为一体的大型石油化工联合企业，下辖 23 家基层单位。现有员工 2.14 万人，集体企业员工 5778 人。总占地面积 1270 万平方米，资产总额 311 亿元，年销售收入 500 亿元以上。公司主要生产装置 76 套，辅助及配套装置、设施 100 余套，原油一、二次加工能力 1150 万吨 / 年，化工产品生产能力 360 万吨 / 年。生产 300 多个牌号的石油化工产品，产品远销世界 50 多个国家和地区，是独具特色的石蜡、烷基苯、贵金属催化剂生产基地。

2017 年，抚顺石化超额完成各项业绩指标，成为中国石油创效骨干，盈利 30.26 亿元，检修后连续三个月在中国石油炼化企业排名前茅，并在中国石油炼化企业中率先实现了“四年一大修”。

近年来，抚顺石化获“全国五一劳动奖状”“中央企业先进集体”“国家重合同守信用企业”“全国基层先进党组织”“全国精神文明建设单位”“中国 AAA 级信用企业”“全国企业文化示范单位”等荣誉称号；涌现出党的十四、十六、十七、十八、十九大代表和全国人大代表、全国总工会十五大代表、全国劳动模范、全国学习型十大标杆班组、全国职业道德建设百佳班组、中央企业“巾帼文明岗”、全国五一劳动奖章等一大批先进集体和个人；涌现出“王海班”、中转站、赵林源等一大批全国基层建设先进典型。

抚顺石化今后一个时期的工作目标：深入学习贯彻党的十九大精神和集团公司工作要求，坚持质量第一、效益优先，以提质增效升级为主线，以安全环保稳定为前提，以生产优化为抓手，以全球化的视野抓好经营管理，持续对标追赶先进，在“管理创新、结构调整、体制机制改革、企业文化建设、产品研发、人力资源优化”方面着重发力，全面加强党建工作，保持正确的政治发展方向，强化各项专业管理、基础管理，打牢发展基础，促进各项业务协同发展，在抚顺石化公司成立 90 周年之际建成国内一流的现代化炼化企业，在抚顺石化公司成立 100 周年之际建成世界一流的现代化炼化企业。

大检修吊装现场

2016-2017年度国家优质工程奖。
特发此证。

80 万吨 / 年乙烯扩建工程获国家优质工程奖

举办“祖国颂·石化赞”歌咏比赛

地址：辽宁省抚顺市新抚区凤翔路45号　　邮编：113008
电话：（024）52420988　　传真：（024）52421988

中国石油乌鲁木齐石化公司

中国石油乌鲁木齐石化公司地处乌鲁木齐市米东区。其前身筹建于1971年1月，始建于1975年4月，是集炼油、化肥、芳烃、化工于一体的综合性石油化工生产基地，为中国石油天然气集团有限公司一类企业。

至2017年底，乌鲁木齐石化拥有炼油生产装置34套，可生产30余种石油化工产品。原油一次加工能力为850万吨/年，对二甲苯生产能力为100万吨/年。化肥厂可年产75万吨合成氨、130万吨尿素。化纤厂可年产精对苯二甲酸9.6万吨、塑料编织袋3240万条。聚丙烯年产能10万吨。热电厂产汽能力1670吨/时，发电能力185兆瓦。净化水厂工业污水处理能力3258米^3/时。具有石油化工工程设备制造安装维修、科研开发、工程监理、分析测试、计量检定、设备检验、公路运输、铁路运输、物资供应等生产保障业务职能，以及幼教医疗、离退休管理、社区服务等社会职能。员工总数9999人，有固定资产原值232亿元。2002年正式通过ISO 9001、ISO 14001、OHSAS 18001三项体系认证。

2017年，乌鲁木齐石化加工原油634.57万吨，整体实现营业收入311.64亿元，盈利11.03亿元，上缴税费107.4亿元。

全面落实集团公司扶贫工作部署，对口扶贫县——青河县摘掉“国家贫困县”的帽子

2017年9月20日，自主研发的碳五烯烃异构化催化剂成功进行了工业应用试验

2017年8月，经过近一年的不懈努力，顺利通过中央第八环境保护督察组的现场督察

2017年12月28日，新增220千伏联络变一次送电成功，有效缓解了公司汽、电负荷压力

安保维稳警钟长鸣，内保人员整装待发

地址：新疆维吾尔自治区乌鲁木齐市米东区　邮编：830019
电话：0991-6901522　传真：0991-6908888

中国石油兰州石化公司

中国石油兰州石化公司是集炼油、化工、装备制造、工程建设、检维修及矿区服务为一体的大型综合炼化企业，是中国西部重要的炼化生产基地，能源战略地位非常突出。

兰州石化的前身——兰州炼油化工总厂、兰州化学工业公司均是国家“一五”期间 156 项重点工程项目，是新中国第一个现代化炼化生产企业，历来以出产品、出技术、出人才、出经验著称。自 1958 年建成投产以来，为国民经济发展和国防建设做出了重要贡献。截至 2017 年底，累计加工原油 2.6 亿吨、生产乙烯 1055 万吨，累计上缴税费 1259 亿元，2009 年以来连续成为甘肃省纳税超百亿元企业，先后诞生了多个国内炼油化工生产装置，多项炼油化工先进技术及开发生产的一系列石油化工产品填补了国内空白，被誉为中华人民共和国石化工业的“摇篮”和“共和国长子”。通过新建、改扩建一批装置，兰州石化原油一次加工能力达到 1050 万吨 / 年，乙烯产能 70 万吨 / 年、化肥产能 52 万吨 / 年、合成树脂产能 122 万吨 / 年、合成橡胶产能 22 万吨 / 年、

炼油生产装置区一隅

化工生产装置区一隅

花园式工厂一角

荒山绿化治理

地址：甘肃省兰州市西固区玉门街10号　邮编：730060
电话：0931-7933707　传真：0931-7561499

大型装置整体平移

学习宣传贯彻党的十九大精神进基层

炼油催化剂产能 5 万吨 / 年。现有主要炼化生产装置 90 余套，加工 7 种原油，能生产汽油、煤油、柴油、润滑油基础油、化肥、合成树脂、合成橡胶、炼油催化剂、精细化工、有机助剂等多品种、多牌号、多系列石化产品。拥有汽油加氢、丁二烯抽提、丁苯橡胶、丁腈橡胶、碳五加氢石油树脂成套技术，炼化主要工艺技术和炼油催化裂化催化剂领域达到国内领先水平。拥有石油化工工程施工总承包一级资质、大型炼油化工施工能力，以及完备的矿区配套系统和综合服务业务。

展望未来，兰州石化将按照中国石油的总体部署，坚持稳健发展的要求，坚持“问题思维、缺陷管理、持续改进”的管理理念，运用“定标准、建机制、抓考核”的管理方法，实施技术进步、人才强企、企业文化、可持续发展四大战略，努力实现“做特做精，做优做强，加快建成一流综合性炼化生产企业”的总体目标。

年度表彰大会

职工文化活动

中国石油锦西石化公司

公司生产装置区

中国石油锦西石化公司的前身始建于1939年，中华人民共和国成立后先后更名为锦西化工厂和石油工业部石油五厂等，1953年恢复生产，1960年6月大庆油田第一列原油就是在这里炼制的，1975年7月又成为全国第一家炼制辽河原油企业。经过近80年的发展，公司现有员工8210人，直属单位62个，固定资产原值134亿元，厂区占地面积640万平方米，主要炼油化工装置20套，原油一次加工能力650万吨/年；以加工大庆原油、辽河原油为主，直接管输进厂，另有部分海洋原油与进口油，由锦州港上岸；主要产品有汽油、航空煤油、柴油、石油焦、苯乙烯等；汽、柴油达到国Ⅴ标准，部分产品达到京Ⅵ标准。2017年加工原油551万吨，实现营业收入246亿元，上市部分盈利13.8亿元、同比增加8.87亿元，未上市部分盈利405万元、同比增加1.7亿元。锦西石化曾先后获“全国文明单位”“全国先进基层党组织”等20多项荣誉称号。

2018年4月集团公司调整锦西石化领导班子，新领导班子组建以来深入贯彻落实党的十九大精神，从严各项管理工作，强化规矩意识，注重提高标准，优化生产操作力争装置平稳运行，开源节流努力降本增效，严守红线全力维护安全环保可控局面，着眼长远奋力推进转型升级大项目。锦西石化生产经营建设取得新进步，努力迈向高质量发展的轨道。

生产装置运行平稳，完善会议管理机制，建立、完善生产受控碰头会、价格会、生产调度会、月经济活动分析暨工作例会等制度，充分发挥基层单位自主管理、专业处室协调指挥、公司领导统筹全局的作用，企业协调处理链条运行更加顺畅。严抓生产受控，推行操作和作业计划性管理，逐步实施日申报、月计划、临时变动升级管理制度，操作变动逐步下降。坚持“波动按照事故管”理念，生产、设备、安全环保三方联动，制定考

优化生产操作确保京Ⅵ标准汽油品质

新建废氢回收装置

核制度，严格奖惩兑现，深挖问题根源，强化系统整改。完善生产信息系统，智能炼油厂信息化建设逐步推进。

盈利能力不断提升。锦西石化通过加强精细化管理，强化对标，努力挖潜增效，经营业绩创历史新高。优化原油采购，与兄弟单位合作运输，降低采购成本。优化产品结构，生产高标号汽油等高附加值产品，增产增销航空煤油，利用LTAG专利技术，有效降低柴汽比，达到历史较好水平，跻身中国石油炼化板块前列。优化产品销售，全面加强市场信息收集与分析，为生产经营决策提供有效的信息支持及预警预报。实施低成本战略，降低完全加工费，降低能耗物耗，提高吨油利润。2018年1月至8月实现利润18.47亿元，创历史新高。

安全环保持续受控。牢固树立“红线”意识、“底线”思维，逐级分解落实安全环保责任，压力逐级传递，严肃追究责任，加大员工发现隐患奖励力度。扎实开展HSE量化审核，积极推进企业内审，加大隐患查找和问题整改落实力度。严格执行集团公司关键风险领域“四条红线”管控要求，节假日、双休日等敏感时期安全生产实施升级管理。强化属地、直线部门、安全监管部门和外聘第三方的四方监督机制，对施工作业、工艺变更、生产异常波动、设备维护维修等实施全方位监督。从严落实环保达标管理。加强运行管理和在线监测，实现废水、废气达标排放，危险废物规范处置，无环境污染事件。

重点项目有序推进。面对大庆原油减产、管道俄罗斯原油增供和中国石油中东份额油增产以及乙醇汽油推广的大形势，锦西石化把握炼化业务结构调整和转型升级发展时机，提早谋划结构调整和转型升级发展工程，2020年建成渣油加氢等相关装置，增强企业加工含硫劣质原油能力，提升企业生存能力和可持续发展空间。

党建工作全面加强。锦西石化始终把坚持党的领导、加强党的建设贯穿到工作全过程，积极构建大党建的工作格局，为公司发展提供坚强的政治和组织保障。坚持围绕生产经营建设开展党群工作，推动党建工作与生产经营有效融合，班子成员带头建立工作联系点，将党建写入公司章程，健全党建制度体系。推进“两学一做”学习教育常态化制度化，深入开展“践行四合格四诠释”岗位实践、讲党课评党课、党员岗位讲述等活动，党组织的政治核心作用和党员的先锋模范作用得到充分发挥。全面从严治党向纵深推进，强化内部巡察、严肃监督执纪，净化干事创业环境。

集团公司领导参加锦西石化领导干部大会

召开巡视工作动员大会

工人王尚典当选全国人大代表，介绍大会盛况

地址：辽宁省葫芦岛市连山区新华大街42号
邮编：125001
电话：0429-2178015
传真：0429-2175888

中国石油辽河石化公司

“三严”管理，强基固本

转型提升，稳健发展

中国石油辽河石化公司坐落在素有“鹤乡”之称的辽宁省盘锦市，经过 1970 年始建以来的起步成长、成长壮大、发展成熟、转型提升四个阶段的不断发展建设，已成为原油加工能力 520 万吨 / 年、固定资产 58 亿元的炼化企业，拥有常减压蒸馏、催化裂化、连续重整、汽柴油加氢、润滑油加氢、延迟焦化、润滑油糠醛白土联合精制、气体分馏、聚丙烯、制氢、硫黄回收、酸性水汽提、干气及液化气脱硫等 28 套生产装置，以及完善的公用工程系统和辅助生产设施。2017 年，加工原料（油）478 万吨，其中原油 457.6 万吨；营业收入 182 亿元；实现利润 2.26 亿元；上缴税费 49 亿元。在册员工 2700 余人，下设机关处室 11 个、附属机构 6 个 、直属部门 5 个、二级机构 15 个。

辽河石化主要加工低凝环烷基原油、混合稠油、超稠油、石蜡基原油和进口稠油，是以加工稠油为主的炼化企业。经过几代人的技术攻关，形成了资源、产品、技术三大特色。从轻质油到超稠油，从国内原油到进口原油，实现了原油分输、分储、分炼，使稠油资源得到合理应用。开发出具有特色的重交道路沥青、机场沥青、水工沥青、改性沥青等产品。沥青产能已达到 200 万吨 / 年，是中国较大的沥青生产基地。在稠油加工上形成了独特的工

精细操控，平稳运行

优化流程，提质增效

艺技术，成功地生产出市场前景广阔的产品。在重油加工工艺、设备防腐、环保等方面都有创新技术，承担了中国石油“劣质重油轻质化关键技术研究”重大科技专项 60% 的科研项目，填补了国内委内瑞拉超重油渣油延迟焦化加工的空白，提升了中国石油劣质重油加工的技术水平，是中国石油较具特色的炼化企业之一。

辽河石化以“建设稠油加工基地，打造现代化特色精品企业”为目标，遵循“特色化、差异化、高端化”的发展定位，以建设素质好、贡献大、受尊重、可信赖的优秀企业为具体标准，实施“重油轻质化、沥青特色系列化、润滑油高端化”的转型提升目标。大力弘扬石油精神，形成以“聚合光热、播撒欢喜”为核心内容的特色精品文化。2017 年，荣获沥青行业“民族品牌贡献奖”，石油和化工企业“绿色工厂”，集团公司“统计工作先进单位”“节能节水先进单位”“环境保护先进企业”，辽宁省“平安建设示范单位”等荣誉称号，“劣质超重油改质、加工成套技术研究开发及工业应用”成果荣获集团公司科学技术进步奖特等奖。

安全第一，预防为主

特色精品，远销国外

地址：辽宁省盘锦市兴隆台区新工街　邮编：124022　电话：0427-7658699　传真：0427-7823962

美化亮化，节能环保

文化引领，和谐稳定

中国石油宁夏石化公司

中国石油宁夏石化公司位于美丽的“塞上湖城”——宁夏回族自治区银川市，是集石油炼制、化工及化肥生产为一体的大型石化企业，具备年加工原油 500 万吨、生产尿素 130 万吨、复合肥 40 万吨、聚丙烯 10 万吨的生产能力。

2017 年，宁夏石化面对油价持续低位、市场需求不振、改革发展任务艰巨等多重挑战和考验，坚决贯彻集团公司决策部署和炼化板块工作要求，坚持稳健发展总基调，持续强化安全环保，稳准推进改革创新，严格管控各类风险，全面优化生产运行，不断深化开源节流、降本增效，圆满完成全年各项目标任务，取得了改革发展新成就。全年加工原油 375.2 万吨，生产汽油 156.5 万吨、柴油 135.8 万吨、合成氨 23.7 万吨、尿素 41.5 万吨、聚丙烯 9.1 万吨。实现营业收入 201.3 亿元，账面利润 14.1 亿元；上缴税费 77.8 亿元。顺利通过安全生产标准化一级企业复评，荣获宁夏十佳企业、集团公司安全生产先进单位、全国厂务公开民主管理示范单位等称号，炼油装置再次获得全国重点耗能产品能效“领跑者”标杆称号。

面对新使命、新要求，宁夏石化将抓住国家加快建设“一带一路”及新一轮西部大开发战略机遇，坚持稳中求进、稳中提质，推动高质量发展，不断增强企业综合实力，为集团公司全面建成世界一流综合性国际能源公司做出新的贡献。

年产 500 万吨炼油装置获得全国石油和化工行业原油加工节能先进单位，继续蝉联全国重点耗能产品能效“领跑者”标杆称号，催化裂化长周期运行等指标达到催化裂化装置国际水平

顺利通过宁夏回族自治区挥发性有机污染物排查试点审查

全力以赴推进年产 45 万吨合成氨 80 万吨尿素国产大化肥项目生产准备工作，力争项目一次开车成功

积极履行企业社会责任，携手张家港后塍中学向西夏区回校捐赠图书

厂区夜景

地址：宁夏回族自治区银川市西夏区北京西路1338号　邮编：750026
电话：0951-2972361　传真：0951-2021379

中国石油大连石化公司

中国石油大连石化公司是中国石油所属的大型骨干炼化企业，前身为1933年成立的“满洲石油株式会社大连制油所”，中华人民共和国成立后先后更名为“大连石油厂”和“石油工业部大连石油七厂”等，1983年划归中国石油化工总公司，1998年划归中国石油天然气集团公司。长期以来，公司为国家炼油工业培养输送了大量的管理和技术人才，被誉为中国炼油工业的“人才摇篮”。

大连石化现有炼油化工主体装置37套，占地318万平方米，具备2050万吨/年的原油加工能力和27万吨/年的聚丙烯生产能力，主要生产汽油、航空煤油、柴油、润滑油基础油和石蜡、芳烃、聚丙烯等4大类129种石化产品。拥有油品装卸码头5座，5000吨至10万吨级泊位15个，年吞吐能力超过2300万吨，85%的产品通过船运销往华东、华中、华南等南方市场和海外市场。现设13个机关处室、5个直属单位、21个二级单位，在册员工6149人（上市公司4551人、未上市公司1598人）。2017年加工原油1309万吨，实现营业收入506亿元，盈利27亿元，上缴税费135亿元。

面对新形势新任务新挑战，大连石化全体干部员工团结一心，攻坚克难，夯基垒台，苦干实干，全力谱写本质安全型企业建设新篇章，以更加坚定昂扬的精神面貌踏上新征程，为集团公司建设世界一流综合性国际能源公司做出新贡献！

绿色海岸

炼塔同辉

罐区晨曦

七星广场

动脉贯通

蓝色交响

地址：辽宁省大连市甘井子区山中街1号
电话：0411-86670557　　传真：0411-86672517

中国石油大庆炼化公司

2017 年，中国石油大庆炼化公司认真学习贯彻党的十九大精神，努力做好“降成本、提质量、重创新、强党建、谋发展”五篇文章，持续推进优秀炼化企业建设。

始终坚持从严管理不动摇，规范人的安全行为，保证物的良好状态，实现安全绿色生产；始终坚持平稳优化不动摇，依托大平稳大优化创造大效益大价值；始终坚持优质发展不动摇，增强前瞻性、预见性，保持先进性、独特性，不断优化加工手段、推进项目建设、增强接续能力；始终坚持改革创新不动摇，积极用改革的办法破解发展难题，实施管理创新和技术创新双轮驱动；始终坚持队伍建设不动摇，提高员工能力，提升员工素质，改善队伍作风；始终坚持党的领导不动摇，坚定党对国有企业领导的政治定位，加强党的建设，筑牢企业的“根”与“魂”。

2017 年，大庆炼化加工原油 503.6 万吨，实现营业收入 305.3 亿元，税费 96.5 亿元，考核利润 29.02 亿元。

做好每一项技术改造

管理提升，筑牢发展根基

加强油品调合质量，保证产品出厂合格

240 万吨 / 年 ARGG 装置

聚丙烯库房

地址：黑龙江省大庆市让胡路区马鞍山　邮编：163411
电话：0459-5689275　传真：0459-5616111

中国石油呼和浩特石化公司

中国石油呼和浩特石化公司位于草原明珠——内蒙古自治区首府呼和浩特市，占地200万平方米，是国家"八五"重点工程之一，于1992年9月29日一次投产成功。2000年7月1日划归中国石油天然气股份有限公司直接管理。

呼和浩特石化原有原油加工能力150万吨/年，2012年10月28日500万吨/年炼油扩能改造全面建成并一次开车成功。现有500万吨/年常压蒸馏、280万吨/年催化裂化、15万吨/年聚丙烯等15套炼油化工装置及配套系统。主要生产车用汽油、车用柴油、3号喷气燃料、液化石油气、聚丙烯树脂、石油苯、工业硫黄等6大类13种产品，主要满足内蒙古、山西及周边地区市场需求，并出口蒙古国。

50万吨/年气体分馏装置

60万吨/年连续重整装置

500万吨/年常压蒸馏装置

和谐矿区住宅楼

呼和浩特石化现有在册员工1982人，大专以上学历1192人。公司设有11个机关处室、6个直属单位、8个二级单位。

2017年，呼和浩特石化加工原油447万吨，实现销售收入225.1亿元，上缴税费88.35亿元，实现盈利19.2亿元。

30年来，公司围绕"打造受人尊重的一流企业"发展愿景，不断深化改革，细化经营管理，优化生产组织，各方面工作都取得了一定的成绩。先后荣获“全国安康杯安全生产劳动竞赛优胜企业”“全国模范职工之家”“中国企业文化示范单位”“全国企业文化建设优秀单位”“全国五一劳动奖状”“全国守合同重信用企业”人民网“第十二届人民企业社会责任奖——年度环保奖”，内蒙古“安全生产先进单位”“社会治安综合治理‘长安杯’先进单位”，集团公司“安全生产先进单位”“节能节水先进企业”，呼和浩特市“十佳纳税企业”“经济快速发展突出贡献奖”等荣誉。

呼和浩特石化全景图

地址：内蒙古呼和浩特市金桥开发区呼和浩特石化公司　　邮编：010070
电话：0471-3351041　　传真：0471-3310881

 中国石油长庆石化公司

领导班子成员

中国石油长庆石化公司始建于 1990 年，位于陕西省咸阳市渭城区，毗邻西咸新区，原油加工能力 500 万吨 / 年，固定资产原值 48 亿元，主要生产装置 16 套，辅助设施 13 套，在册员工 1130 人，平均年龄 38 岁，大专以上学历占 76%。

长庆石化为燃料型炼油厂，产品以国 VI 标准车用汽油、柴油、航空煤油、液化石油气为主，有少量的丙烯、工业硫黄、石油苯、道路沥青等化工产品。

经营业绩持续向好，经济规模和纳税连续多年位居咸阳市首位、陕西省工业企业十强。2017 年，加工原油 470 万吨，实现销售收入 240 亿元，税费 92 亿元，账面利润 21.2 亿元，首次突破 20 亿元大关，盈利水平创历史新高。

新时代新作为，长庆石化将按照示范型城市炼油厂顶层设计总体框架，以“奉献清洁石化能源，助力美好城市生活”为使命，突出“卓越绩效”和“生态炼厂”两个特色，深入对标管理，推进精细化管理，提升风险管控能力，提升发展质量效率，着力打造百万吨航空煤油生产基地和城市工业旅游名片，推动公司内涵式、精益化高质量发展，为集团公司全面建设世界一流综合性国际能源公司贡献力量。

中心控制室

南厂区

含烃废气处理设施

地址：陕西省咸阳市金旭璐　　邮编：712000

电话：029-86509125　　传真：029-86509123

中国石油庆阳石化公司

中国石油庆阳石化公司的前身是随着长庆油田开发于 1971 年 9 月成立，隶属原庆阳地区管理。1984 年 5 月划归甘肃省石化厅管理。2001 年 8 月整体划转中国石油天然气集团公司。2004 年 12 月划转中国石油天然气股份有限公司。2010 年 10 月原 150 万吨老厂关停，300 万吨新厂建成开工，生产及生活区整体从庆城县三十里铺镇搬迁至庆阳市西峰区。2016 年 5 月 25 日，原油加工能力经甘肃省和集团公司核定为 370 万吨 / 年。

消防应急演练

国Ⅵ标准质量升级项目建设现场

庆阳石化为炼化一体化企业，主、辅装置 16 套，主要产品为汽油、柴油、航空煤油、聚丙烯等 9 大类 16 种。共设机关管理部门 10 个、直属部门 4 个、二级单位 10 个，现有在册员工 1258 人。

庆阳石化是庆阳革命老区生产规模较大、实现利税较多的工业企业。在实现企业持续发展的同时，认真履行经济、政治、生态、社会“四大责任”，积极参与“精准扶贫”工作，被评为国家“支持老区建设先进单位”，公司 3 次荣获“全国五一劳动奖状”，荣获“第十届全国职工职业道德建设十佳单位”和“全国文明单位”荣誉称号。

2017 年，庆阳石化深入学习贯彻党的十九大精神，认真落实集团公司党组和炼化板块决策部署，紧紧围绕“效益稳中有升”“大局稳健和谐”两条主线，坚持抓实“安全环保、平稳运行”“提质增效、稳健发展”工作重点，在安全环保、生产运行、提质增效、改革创新和党的建设各方面取得实质性突破，QHSE 业绩全面完成，实现了零事故、零污染、零伤害、零投诉。全年加工原油 355.02 万吨，同比增加 11.66 万吨；营业收入 185.32 亿元，同比增加 26.79 亿元；税费 73.79 亿元，同比增加 1.68 亿元；利润总额 22.11 亿元，同比增加 2.11 亿元；吨油利润 618.29 元 / 吨，同比增加 38.67 元 / 吨，吨油盈利能力居中国石油炼化一体化企业前列。

志愿者服务活动

女工安全技能竞赛

践行“四个诠释”，争做形象大使主题演讲比赛

庆阳石化将继续深入贯彻党的十九大精神，大力弘扬石油工业传统，继续发扬艰苦奋斗的精神、昂扬向上的斗志、苦干实干的作风，坚定信心，扎实工作，开拓进取，全面落实集团公司“十三五”及今后一个时期的指导思想、发展方针、发展战略和目标任务，坚持一张蓝图绘到底，坚决打赢四大攻坚战，优质高效完成业绩指标，奋力开启庆阳石化高质量发展新征程，建设效益突出的精品炼厂，为中国石油全面建成世界一流综合性国际能源公司做出新的更大贡献。

地址：甘肃省庆阳市西峰区董志镇　邮编：745002
电话：0934-8368106　传真：0934-8368582

中国石油江苏销售公司

2017 年 2 月 27 日，公司召开第二次党员代表大会

中国石油江苏销售公司成立于 2003 年 9 月，前身系中油销售江苏有限公司成品油分公司。2008 年 12 月，由中国石油华东销售公司管理上划集团公司直接管理。2009 年 9 月，中国石油上海销售苏州分公司划入公司，标志着公司在江苏地区成品油销售业务实现了统一管理。

截至 2017 年底，机关设 12 个处室、3 个附属中心（采购中心、培训中心、核算中心），下辖 13 个地市分公司、2 个专业分公司（仓储分公司、非油分公司）、30 多家股权企业。员工 6000 多人，有 13 个基层党委、4 个党总支、75 个党支部，党员近 1000 人。

江苏销售拥有加油站 774 座，万吨级加油站 36 座。拥有便利店 661 座，其中百万元便利店 251 座。在用油库 13 座，库容 69.5 万立方米，其中资产型油库 5 座，库容 23.4 万立方米；租赁油库 8 座，库容 46.1 万立方米。

进入“十三五”，重新确立了发展定位和目标，明确了“强大质优，争创一流”的发展定位。预计 2020 年底，公司加油站将达 900 座，年销量将达 500 万吨以上，年纯枪销量将达 350 万吨，零售比例将达 70%，市场份额将达 28%。

自 2016 年以来，新一届领导班子带领广大干部员工在两年多的时间里实现了企业新的发展、质的飞跃，各项业绩指标由区外企业倒数上升到前列。2016 年，公司销售油品 433 万吨，利润总额 5 亿元。2017 年，销售油品 423.5 万吨，利润总额 3.7 亿元。公司良好的业绩得到了集团公司的认可，企业规模类别由原来的二类 A 调整为一类。

站在新的发展起点上，全体干部员工以实际行动将思想和行动统一到党的十九大精神和集团公司总体部署上来，以锐意进取的精神、求真务实的态度、顽强拼搏的作风，全力推动公司高质量发展，为集团公司建设世界一流综合性国际能源公司做出应有的贡献。

2017 年 5 月 4 日，集团公司党组副书记、总经理章建华到南京恒友加油站调研

2017 年 11 月 10 日，举行第三届羽毛球比赛

2017 年 12 月 22 日，公司开展宣贯党的十九大精神活动

地址：江苏省南京市鼓楼区集慧路18号联创科技大厦A座

邮编：210036　　电话：025-83628101

中国石油西藏销售公司

中国石油西藏销售公司成立于 1962 年 1 月 27 日，1998 年重组上划。公司总部设在西藏自治区拉萨市，主要从事西藏地区成品油及石油液化气、润滑油的批发、零售、运输、储存等业务，下辖 7 个地市公司（拉萨、日喀则、山南、昌都、那曲、阿里、林芝）、3 个专业公司（非油品分公司、仓储分公司、液化气分公司），2 个驻外机构（成都采调处、格尔木公司）。拥有成品油储配库 8 座、液化气储配库 1 座、加油站 126 座（万吨级加油站 11 座），现有员工总数 1334 人，其中合同化用工 580 人、市场化用工 754 人；劳务派遣用工 190 人；少数民族 858 人。

西藏销售立足西藏实际，突出问题导向，紧紧围绕“安全、稳定、发展”三大主题，大力推进“强基固本、和谐稳定、1115”三项工程。近 3 年，成品油销量从 83.79 万吨增至 2017 年的 110.8 万吨，年均增长 10%，占区内成品油市场份额的 80%。销售收入从 55.4 亿元增至 78 亿元，年均增长 13.7%；占西藏自治区 GDP 总量的 6%。

西藏销售先后被西藏自治区授予“平安单位”“民族团结进步模范集体”“纳税大户”，连续 2 年获得“西藏自治区文明单位”，连续 6 年获得“西藏自治区强基础惠民生优秀组织单位”，连续 8 年保持“西藏自治区安全生产先进单位”，1 名员工获得“全国劳动模范”、1 名员工获得“集团公司铁人奖章”、2 名员工获得销售公司“十大感动人物”荣誉称号。

2017 年 9 月 14 日，国务院安委会第二十一督导组到铁路接卸油库检查指导工作

2017 年 3 月 8 日，功德林加油站经理其布获西藏自治区“最美格桑花”荣誉称号

2017 年 6 月 13 日，集团公司党组副书记、总经理章建华到西藏销售调研

2017 年 11 月 18 日，西藏自治区林芝米林县发生 6.9 级地震，公司党员干部冲锋在前，抗震救灾

地址：西藏自治区拉萨市北京中路71号　　邮编：850000
电话：0891—6955442　　传真：0891—6955561

昆仑能源有限公司

公司领导到一线场站调研

昆仑能源有限公司是中国石油控股，在香港联交所主板上市的国际性能源公司（股票代码 00135.HK），是中国石油天然气业务的融资平台和投资主体、天然气终端利用业务的管理平台。2008 年开始，昆仑能源实施战略转型，实施一系列重组，将国内天然气终端销售与综合利用作为新的业务发展方向，重点发展城市燃气、天然气支线、LNG/CNG 终端、天然气发电和分布式能源、LNG 加工与储运、LPG 销售六大业务，业务遍布全国 31 个省、自治区和直辖市。中石油昆仑燃气有限公司是昆仑能源在国内天然气终端投资和运营管理的平台企业。

2018 年是中国石油全面进军天然气终端领域十周年，也是公司业务转型十周年。十年来，昆仑能源始终践行“奉献清洁能源、服务和谐社会”的企业使命和“低碳经济、绿色发展”的理念，累计销售天然气 1100 多亿立方米，替代煤炭 1.32 亿吨，减少碳排放 1.3 亿吨，为中国能源结构调整和国家生态文明建设做出了积极贡献。

亚马尔首船 LNG 运抵江苏如东 LNG 接收站

昆仑能源获资本市场肯定

昆仑能源获中国证券“金紫荆”奖

十年来，昆仑能源城镇燃气业务从零起步，不断开拓市场，各类用户达 920 多万户；全力打造天然气海上通道，江苏、大连、唐山 3 座 LNG 接收站成为国内天然气冬供气源的重要来源；致力支线建设带动终端发展，拥有陕京及延伸干支线管道 8400 多千米；布局建设 LNG、CNG 终端加气站近 1300 座，加气终端数量位居国内前列。

昆仑能源自 2009 年 6 月起承担起中国石油 LPG 统购统销任务，年销售规模达到 650 万吨以上，成为国内第二大 LPG 销售企业，累计为中国石油增效 100 余亿元。2017 年，昆仑能源 LPG 经营效益又创新高。

昆仑能源 LNG 加气站

气化湖南暨湘娄邵管道开工

昆仑能源液化气储配库

江苏 LNG 接收站

中俄东线天然气管道工程施工现场图 1

中俄东线天然气管道工程施工现场图 2

中俄原油管道二线施工现场

应急演练

中国石油管道可提供两型燃压机组运行维护、大中修理和现场排除故障等技术服务，具备管道压缩机组远程监测与故障诊断能力。在管道腐蚀控制、技术咨询、运行维护及工程施工、管道内检测、无损检测、能源监测、防雷检测等领域，拥有高级检测技术人才近百人，拥有先进的检测技术装备。自主研发的光纤预警、重点地段声波预警、站场周界安全防护及阀室监视预警技术荣获集团公司科学技术进步奖二等奖，整体处于国际领先水平。自主研发的压力趋势及流量特征复合泄漏识别算法，结合工艺操作信号形成了基于多信息融合的新一代管道泄漏监测技术，可用于原油、成品油长输管道瞬时流量大于 0.5% 突发泄漏报警并定位，以及流量大于 1% 的缓慢泄漏报警；该技术荣获国家科学技术进步奖二等奖，获得集团公司“自主创新重要产品”称号，整体性能达到国际先进水平。有培训基地 7 个，具备实训功能的培训基地 4 个，可满足输气运行、电气、仪表、通信、自控、管道保护等专业和岗位的实训需要，实现了理论、实操一体化教学。中国石油管道公司是中国油气管道领域具有国际、国内行业标准制定权的唯一企业，连续两年获得“全球管道奖”，主导制定国际、国家、行业标准 200 多项。拥有总量较多、技术过硬、素质优良的三支人才队伍，具备在全球范围内提供油气管道规划建设、投产保驾、运营管理、自动化运维、科技信息服务的能力。

中国石油管道公司累计输送原油 5.5 亿吨、成品油 6135 万吨、天然气 968 亿立方米；荣获“全国五一劳动奖状”“中央企业先进基层党组织”“全国模范职工之家”“河北省文明单位”等多项荣誉。

中国石油西气东输管道公司

中国石油西气东输管道公司成立于 2000 年 3 月，是中国石油天然气股份有限公司直属的地区公司，负责所辖范围内管道生产运行和工程建设。

机关位于上海市浦东新区，设有 14 个职能部门和 3 个附属机构，下设 13 个地区管理处、2 个工程项目部、1 个科技信息中心、1 个计量测试中心、3 个股权管理单位，共有员工 2800 余人，公司资产总额近千亿元。

运营管道总长 12281 千米，途经 16 个省（自治区、直辖市）和香港特别行政区。供气范围覆盖我国西北东部、中原、华东、华中、华南地区，并向华北、西南地区转供天然气，形成了塔里木、柴达木、长庆、川渝四大气区以及中亚、中缅、进口 LNG 联网供气格局，管网年管输能力达 1236 亿立方米。

管道抢修团队获集团公司职业技能竞赛金奖

应急演练

地址：上海市浦东新区世纪大道1200号中国石油上海大厦　　邮编：200122
电话：021-50958815　　传真：021-50958800
管道安全报警电话：800-820-0375

西气东输管道公司在集团公司党组的正确领导和亲切关怀下，紧紧围绕确保管道安全平稳高效运行这一核心任务，坚持稳健发展方针，坚守安全环保底线，实施“人才兴企、创新强企”战略，突出“提质增效、深化改革、从严治党”三大抓手，全面夯实世界先进水平管道公司建设基础。累计实现天然气管输商品量超过3700亿立方米，使天然气在我国一次能源消费结构中的比例提高近2个百分点，160多个城市、3000多个大中型企业近4亿人口从中受益，较好地履行了企业经济责任、政治责任和社会责任。先后荣获“全国五一劳动奖状”，首届“国家环境友好工程”“国家开发建设项目水土保持示范工程”“新中国成立六十周年百项经典暨精品工程”以及“全国文明单位”等称号。

设备检修

岗位练兵

线路巡护

中国石油西南管道公司

中国石油西南管道公司是中国石油天然气股份有限公司直属的管道运营地区分公司，主要负责中国四大能源通道之一的西南通道的运营管理。公司于 2011 年 11 月 25 日成立，担负着川、渝、滇、黔、桂及陕甘宁部分地区的油气骨干管网运营业务。

西南管道机关位于四川省成都市，下设 12 个处室、3 个直附属单位和 10 个基层单位。成立以来，原油、成品油、天然气管输量累计分别达到 4300 万吨、5500 万吨和 420 亿立方米，资产总额达到 674 亿元，成功跨入集团公司 A 级企业行列，综合实力快速发展壮大。

目前，西南管道管理运营中缅天然气管道、中贵天然气管道、西气东输二线广南天然气支干线、兰成渝成品油管道、兰郑长成品油管道甘肃段、云南成品油管道、中缅原油管道、兰成原油管道，管道里程累计 9589 千米，形成了纵贯西南、联通全国的西南油气骨干管网。

西南管道所辖管道 70% 以上是典型的“V”字形、大落差山地管道，管道跨越黄土高原、秦巴山区、云贵高原、横断山脉，沿线地理环境复杂，山多、河多、地质灾害多、途经少数民族地区多和社会依托少的“四多一少”特点显著，设计、建设、运行、维抢修难度均为世界罕见。

自成立以来，西南管道积极探索山地管道特色管理模式，并通过推动管理创新、科技信息化创新，全力构建“智慧管道企业”，不断提升管道本质安全和风险管控能力，形成一系列针对山地管道管控的特色技术和经验。

西南管道油气管道技术研究院揭牌仪式

西南管道国门站——瑞丽输气站

中缅原油入境国门瑞丽输气站进油仪式

企地联防共同保护管道安全

管道泄漏应急演练

员工在云南成品油管道投产沿线巡检

中缅油气管道澜沧江跨越

在管理创新上，结合山地管道地质灾害频繁、高风险点多等特点，西南管道大力推进一流山地管道企业建设，探索形成了“三色预警”“治早治小”“管廊文化”等管理方法和模式，瞄准智慧管道，积极将无人机、大数据、互联网等技术应用于管道管理，提高管道科学管理能力和水平。

在安全上加强安全风险分级防控体系建设，推进区域化管理，持续加强应急抢险能力建设，强化联防联动，与管道沿线地方政府建立联合响应机制，构建完善的应急救援网络。

在技术创新上，可移动式压缩机干气密封气源预处理系统技术应用、水体全流域防控与管道应急技术、中缅油气在役管道数字化恢复、成品油管道内腐蚀控制技术、无人机巡检应用探索等一批技术成果得到发展和应用。

西南管道提出了“建设一流山地管道企业”的奋斗目标，建立一流业绩、一流管理、一流技术、一流服务、一流队伍、一流文化，确立了“创新驱动、联通发展、人才强企、精细管控”发展战略，全面开启了公司在新时代的新征程。

西南管道公司坚持高质量发展总要求，科学构建高质量发展的指标体系，全面建立质量安全环保管理的长效机制，坚持党的建设，切实发挥党组织建设在高质量发展中的引领作用，持之以恒锤炼山地管道铁军作风，大力弘扬“苦干实干、三老四严”的石油精神，切实履行国有企业经济、政治、社会责任，为集团公司建设世界一流综合性国际能源公司做出更大贡献。

兰成渝管道营盘梁阀室

云南成品油管道安宁—曲靖段投产

云南成品油管道安宁首站

中贵天然气管道遵义南输气站

地址：四川省成都市高新区升华路6号、18号
电话：028-62721276

螺旋钢管

油套管

抽油机

永磁电动机直驱注水泵

车载钻修机

烟气轮机

澳等 40 多个国家和地区，在保障中国石油油气主营业务和国家重点工程项目中发挥了重要作用。

渤海装备具有雄厚的研发实力、制造实力和实验检测实力。现有国家科学技术进步奖 7 项、省部级科学技术进步奖 35 项，拥有专利 578 项，其中国际专利 6 项、发明专利 117 项，拥有十余条先进生产线，拥有一万多台（套）大型先进制造设备，拥有国家钢管研发实验平台、金属材料及制品检验中心等十个重点实验室和若干中试基地。

渤海装备制订了中长期发展思路：瞄准一个发展愿景，坚持“三步走”，推进实施四项战略举措，重点打造七大名牌支柱产品，全面提升七种竞争实力，努力把公司建设成为“国内领先、国际一流”的综合性石油装备制造企业，为中国石油建设世界一流综合性国际能源公司做出积极贡献。

大信有成　广智天下
信誉无价　托付有道

信仰——源远流长，薪火传承

作为金融街上的石油人，昆仑信托有限责任公司（中油资产管理有限公司）始终坚持“我为祖国献石油”的热血情怀，坚持“与时俱进，勇立潮头”的时代精神，以诚树人，以实立业，以信兴企，不断锻造“诚信稳健，分享共赢，服务社会，造福民生”的企业品格，倡导“信誉无价，托付有道”的品牌理念，初步形成了以“信”为核心的企业文化。

信任——分享共赢，携手同进

中国石油作为昆仑信托控股股东，不仅拥有雄厚的资金实力，更有众多高端人才储备和广阔的产业链客户支持。昆仑信托坚持“低风险偏好”的风控理念，建立健全了“三纵三横”的风险控制体系，不断创新业务模式，扩大业务领域，优化战略布局，通过“信托 + 基金”“信托 + 资产支持证券的双 SPV”“互联网 + 信托”等创新业务模式，在能源、基建、资产管理、智慧交通、新媒体、旅游开发等项目上的投资均获得稳健收益。昆仑信托还入股华能投资管理有限公司、山东信托、中国信托业保障基金、中国信托登记有限责任公司等诸多资产管理及金融机构。随着昆仑信托投资布局的日益扩大、业务领域的不断延伸，在投资市场、客户市场、营销渠道上的金融合作更加紧密，公司行业地位、信托规模显著提升。

信誉——大信有成，广播天下

多年以来，昆仑信托坚持以“信”为本，恪守商业价值，信守契约，风格稳健，一诺千金，通过高水平、高质量、高标准的金融服务，为企事业单位、社会大众带来稳固的财富回报。同时，作为国有企业，勇于承担社会责任，服务社会需求，改善民众生活，积极参与社会公益事业，培养员工感恩之心。在组织员工开展“慈善一日捐”、抗旱救灾、爱心捐赠、扶贫帮困、无偿献血等慈善公益活动外，发挥信托优势，推出了“仁爱”系列慈善信托计划，与宁波市慈善总会联合设立了“昆仑信托慈善基金”，广泛用于安老、扶孤、助残、助医、助学、济困等慈善公益活动，让慈善的阳光温暖更多的心灵。

信念——不忘初心，谱写新篇

不忘初心，方得始终。2017 年，昆仑信托踏上了增资上市的新征程，昆仑信托借中油资本上市东风，注册资本已超百亿元，跃居行业前列。昆仑信托制定创新驱动、人才强企、区域发展和提升规模四大战略，推进两地六大中心建设，逐步形成了辐射全国的业务网络。站在新起点，昆仑信托撸起袖子描绘新蓝图、激发新活力，干部员工为开创新局面加油干！正如陈毅元帅赞誉昆仑山的诗句——驱遣江河东入海，控制五岳断山横！曾经，中国石油人“头顶天山鹅毛雪，面对戈壁大风沙。嘉陵江边迎朝阳，昆仑山下送晚霞”，终于把“贫油的帽子甩到了太平洋”！而今，金融街上的石油人闻鸡起舞、栉风沐雨、砥砺前行、再创辉煌！

网址：www.kunluntrust.com

企事业单位概览

油气田企业

大庆油田有限责任公司（大庆石油管理局有限公司）

【概况】 大庆油田有限责任公司（大庆石油管理局有限公司）简称大庆油田，是集团公司所属骨干企业，业务范围主要包括勘探开发、工程技术、工程建设、装备制造、油田化工、生产保障、矿区服务等，具有石油工业较为完整的业务体系和综合一体化优势。大庆油田1959年发现、1960年开发，是中国最大的石油生产基地，也是世界上为数不多的特大型陆相砂岩油田之一，由萨尔图、杏树岗、喇嘛甸等52个油气田组成，含油面积6000多平方千米。国内勘探范围包括松辽盆地北部、塔里木盆地塔东区块、海拉尔盆地、依舒等外围盆地、四川矿权流转区块等领域。海外业务覆盖中东、中亚、亚太、非洲和美洲等五大区域。

大庆油田创造了举世瞩目的历史成就，孕育形成了大庆精神铁人精神，创造了领先世界的陆相油田开发水平。实现年产原油5000万吨以上27年高产稳产，4000万吨以上12年持续稳产。油田勘探开发与“两弹一星”等，共同载入共和国科技发展的史册。打造了过硬的铁人式职工队伍。涌现出铁人王进喜、新时期铁人王启民、大庆新铁人李新民为代表的一大批先进模范人物，锤炼了一支“三老四严”、永创一流的英雄队伍。

2017年，大庆油田坚持当好标杆旗帜，锐意进取、攻坚克难，生产经营及改革发展取得一系列新进展、新突破、新成效。推进业务结构优化调整，开创油田振兴发展新局面。致力于解决资源接替不足的突出矛盾，立足松辽、加快塔东、发展川渝，油气勘探多点突破、喜报频传，特别是长垣外围、两江之间扇形区正在形成一个极为重要、最为现实的勘探开发一体化领域，资源基础进一步夯实。顶住老油田持续稳产的巨大压力，直面油价挑战，深化提质增效，不仅全面完成油气生产任务，而且实现操作成本硬下降、主要能耗指标负增长，一举扭转亏损被动局面，上市、未上市业务全部整体盈利。顺应改革开放大势，实施一批扩大经营自主权试点，推进企业办社会职能及测井、物探等业务分离移交，狠抓亏损企业治理和“僵尸企业”处置，挂牌成立中国石油集团电能有限公司，发展的内生动力与活力得到有效释放。立足构建新产业新业态，探索“大庆精神+”发展模式，油田新媒体业务市场份额呈几何增长，“网安天目”系统为G20杭州峰会、金砖五国会议提供安全可靠优质服务，铁人学院初步具备办学条件，展示新时代业务发展的新气象。2017年油气当量产量4271万吨，其中国内原油产量3400万吨、海外权益产量552万吨、天然气产量40亿立方米。

大庆油田主要生产经营指标

指　标	2017年	2016年
原油产量（万吨）	3400.03	3656.03
天然气产量（亿立方米）	40.13	37.70
新增原油产能（万吨）	242.23	318.66
新增天然气产能（亿立方米）	3	1.71
二维地震（千米）	2681.10	3394.60
三维地震（平方千米）	1424.70	1889.80
探井（口）	201	153
开发井（口）	3718	3458
钻井进尺（万米）	584.17	489.78
勘探投资（亿元）	29.59	27.25
开发投资（亿元）	180.54	162.35
资产总额（亿元）	3727.13	3738.34
收入（亿元）	1622.05	1367.23
利润（亿元）	55.57	−138.98
税费（亿元）	225.66	158.04

【油气勘探】 2017年，大庆油田坚持资源为王，油气勘探喜获新成果。油气并举、常非兼顾，突出重点领域，大打油气勘探进攻仗。松辽中浅层取得新突破。探评井高产井比例创历史新高，长垣以西28口井获日产10立方米以上高产工业油流，长垣以东通过“内连、东扩、北进、西上”滚动评价，18口井获日产10立方米以上高产工业油流，原来的“空白区”变成含油区。龙西地区已成连片之势，勘探成果获股份公司2017年油气勘探重大发现一等奖。海拉尔盆地见到新苗头。通过实施新工艺、新技术，进一步落实6个有利区带。深层气勘探实现新发展。安达地区沙河子组致密气整体展现千亿立方米规模，预探徐西、探索徐南、精细火山岩，进一步拓展增储空间。2017年新增探明石油地质储量5095万吨、控制地质储量6090万吨、预测地质储量7219万吨，新增探明天然气地质储量124亿立方米、控制地质储量107亿立方米，三级储量任务全面超额完成，探明储量采收率预计达21.25%，为5年来最好水平。

【油气开发】 2017年，大庆油田实施精准开发，稳油增气再上新水平。面对开采对象变差、稳产难度增大及油价低位运行等现实挑战，把“精准”贯穿油田开发全过程，从方案、设计到实施，从区块、层系到井网，进一步加大优化调整力度，取得一系列突破性进展，在“双特高”开采阶段，探索老油田持续有效开发的新途径。水驱开发再攀新高。自然递减率、综合递减率、年均含水率分别比计划低1.10个、0.37个和0.05个百分点，未措施产量超产13.9万吨。三次采油效果持续改善。吨聚合物增油连续5年保持在45吨以上，产量连续16年保持在1000万吨以上，节省干粉3.97万吨。开发管理总体向好。年注水量同比下降1.46%，年用电量同比下降1.1%，10年来首次实现负增长，产液量年增长0.68%，创10年来新低。天然气产量迈上新台阶。年产天然气40.13亿立方米，平均日销量首次突破800万立方米，巩固发展稳油增气的新格局。

【未上市业务】 2017年，大庆油田统筹协调各项业务，未上市发展开创新局面。围绕扭亏解困目标，多措并举、整体联动、合力推进，总体经营状况进一步改善。工程技术收入大幅增长。全力保障勘探开发，探索总包模式，加大市场开发力度，提高创效水平，收支总体平衡。工程建设市场空间不断扩大。全面提升EPC全业务链服务价值，加快业务提档升级，中标英买力输气管道EPC总承包、丹东大东港高速公路项目等重点工程，参与完成中俄原油管道二线工程。电力及其他保障业务有效提升。加强精细管理，深化内部挖潜，水、电、信、物资等服务保障、市场拓展能力不断增强。装备制造实现控亏减亏。推进市场开发、技术创新和精益管理，增收创效。油田化工持续提质增效。做大氢气目标市场，增加高附加值产品，抓好表面活性剂生产，加快培育新的业务增长点。多种经营向质量效益发展迈进。坚持市场导向，强化服务意识，产品质量、服务效率不断提高，经营形势持续向好。

【科技进步】 2017年，大庆油田着力加快科技创新，关键技术实现新发展。突出关键技术、重大技术、颠覆技术三个层次，工业化、配套、攻关、储备四种类别，制定油田核心技术发展路线图，明确方向，锁定目标，加快攻关，充分发挥第一动力的作用。研发模式进一步创新。完善《勘探开发课题制项目管理办法》，对核心主导技术实行市场化、开放式管理，首次对承担“十三五”重大专项的课题长实施竞聘上岗，有效调动科研人员的积极性、主动性和创造性。攻关力度进一步加大。油气勘探叠后薄层阻抗直接反演、复杂地区精细构造解释及圈闭识别、深层钻井提速等技术持续配套完善，为资源发现评价提供有力指导。油田开发长垣井震结合构造及储层描述、二类油层化学驱提质提效、三类油层压驱、直井缝网压裂、水平井能量补充和重复压裂等技术获得重要进展，为精准高效开发提供新的支撑。2017年获省部级以上科技奖励23项，其中“三元复合驱大幅度提高原油采收率技术及工业化应用”获国家科学技术进步奖二等奖。

【企业管理】 2017年，大庆油田持续推进提质增效，经营管理得到新提升。深入实施开源节流降本增效，在精细、规范、集约、高效上持续发力，提升企业素质和经济效益。投资成本管控有力。突出源头控制，超前方案编制，优化设计施工，把有限的资金用到保勘探开发、保发展基础、保效益提升上；坚持以收定支、量入为出，抓住预算、核算、风险管控等关键环节，开展全过程综合挖潜，油气操作成本同比降低。信息化步伐进一步加快。召开油田油气业务数字化工程现场会，总结推广典型经验，探索创新管理模式，有序推进场站集中监控、无人值守，施工作业自动化、智能化改造，以及数据远程传输、信息集中共享、劳动组织优化，五个试点场站减少用工41%。推进A4、A5、A11、ERP、油气专业软件等重点项目及深化应用，促进信息化与工业化、传统管理与现代管理的有机融合。日常管理规范高效。狠抓设备安全经济高效运行，持续拓宽资产处置渠道，开展修旧利废工作，全年盘活、处置各类资产；推进集中采购，强化物资服务保障，集中采购度达96.94%，招标采购率92.61%；优化生产组织运行，实现统筹协调、均衡生产，全年产能贡献率40.7%，同比提高7.1%。监督职能有效发挥。突出规范管理、降本增效，加强重点风险领域、重要资金活动和关键控制环节审计，推进经济责任审计和基建投资审计。治安环境持续改善。破获侵害油田刑事案件440起，打掉犯罪团伙49个，维护企业正常生产生活秩序。

【海外市场】 2017年，大庆油田加快拓展海外市场，“走出去”迈出新步伐。坚持“两种资源、两个市场”谋发展，全面落实市场开发成效与薪酬挂钩的激励政策，进一步加大“走出去”力度，各项业务相互依托带动“走出去”的格局初步形成。海外收入创近年来最好水平。重点项目取得新的进展。哈法亚项目高效运营，三期工程全面启动，实现权益产量552万吨。成功签订艾哈代布钻井一体化和沙特阿拉伯钻井服务项目，中标印度尼西亚市场地震采集合同，潜油电泵、射孔枪等产品进入乍得、印度尼西亚市场，电力运维一体化技术服务打入中东市场，国内签约中俄原油管道东线天然气管道、长宁页岩气田集输干线等一批重点工程，进一步拓展生存发展空间。市场优势逐步构筑形成。通过调整完善海外管理架构，统一优化资源配置，形成以特色开发技术为引领，一体化服务为主导，做实做强海外分公司的体制机制，为以后发展奠定坚实基础。

【企业改革】 2017年，大庆油田积极稳妥深化改革，重点领域获得新突破。制定实施《大庆油田全面深化改革指导意见》，坚持问题导向，强化顶层设计，持续加大深化改革的力度。扩大经营自主权成效显著。先期试点的报捷公司、技术监督中心、华谊电气公司等5家经营性企业，收入、利润增幅均在20%以上，油田总医院和龙南医院2家单位费用补贴大幅下降。电力业务改革取得标志性成果。立足做大购售电业务，做强配电网业务，做精发电业务，做专电力技术服务业务，精心打造“中国石油电能”品牌，为未上市业务转型发展探索新的途径。专业化重组扎实有序推进。推动工程技术业务改革重组，按照集团公司统一部署，完成测井业务的整体划转，物探业务的改革重组按计划有序推进。稳步实施“三供一业”及企业办社会职能剥离移交，与大庆市政府联合办公、协同推进，编制形成大型独立工矿区剥离办社会职能综合改革方案，签订“三供一业”分离移交框架协议，相关业务剥离移交迈出实质性步伐。整体完成大庆石油管理局及所属11家企业的公司制改制，清理注销装备制造集团长春分厂。持续深化人员机构精简调整。强化效益贡献导向，完善绩效考核政策，加大激励约束力度，发展内生动力不断增强。

【安全环保与质量节能】 2017，大庆油田加强安全环保节能，基础管理迈上新台阶。继承发扬“三基”工作优良传统，全面加强安全环保、质量计量标准化和节能等各项基础管理工作。安全环保创佳绩。坚持“以人为本、质量至上、安全第一、环保优先”，落实有感领导、属地管理和直线责任，全覆盖、零容忍、铁腕抓，层层传递压力，真抓细查严管，加强全过程风险防控，狠抓作业许可、承包商监管和危险化学品管理，实施特殊重要时期升级管理，扎实开展“大学习、大检查、大反思”活动，历时3年的管道占压隐患全部治理销项，全年生产安全事故大幅下降，百万工时死亡率为零，万台车死亡率为零，超额完成上级下达减排指标，未发生较大以上安全环保责任事故。重特大质量、计量事故实现“零”纪录。完善质量监督管理体系，严格产品质量监督抽查制度，加强重要产品质量专项检查检验工作，全年质量监督综合合格率99.11%。立体化节能取得新成效。坚持能源开发与节约并重，在生产规模不断扩大、能耗控制难度持续加大的情况下，通过加强节能精细管理，依靠节能技术进步，2017年节能11.6万吨标准煤，节约清水250万立方米，节能型站队达标率95.43%。

【民生工程】 2017年，大庆油田扎实推进民生工程，矿区环境有新改善。坚持以人民为中心的发展思想，在集团公司的大力支持下，统一规划、分步实施，进一步加大和谐矿区建设力度。矿区居住环境不断改善。完成东湖三区、奔二小区专项治理、龙南医院医疗服务楼改造工程，维修矿区公共设施3671处、路面铺装5万平方米，并启动实施龙北一区、东湖四区、明湖水体及景园公园专项整治。油区生态建设扎实推进。加强绿色矿山建设，启动马鞍山等地区环境综合治理工作，探索拆迁整治绿化一体化生态治理模式，油田生态建设绿化面积373.34万平方米、养护面积871.03万平方米，义务植树74万株，进一步清理违建、美化环境。员工幸福指数持续提升。关心员工生活，维护员工利益，推进专业化、个性化体检，规范节假日慰问品发放，开展各项文化活动，员工群众的幸福感、获得感不断增强。

【党群工作】 2017年，大庆油田坚持全面从严治党，企业党建取得新成效。学习宣传贯彻党的十九大精神，切实将其作为首要的政治任务来抓，编制实施方案，坚持领导带头，组织巡回宣讲，搞好专题辅导，着力在学懂、弄通、做实上下功夫。扎实推进“两学一做”学习教育常态化制度化，健全完善党建工作责任体系，组织党委书记抓党建述职评议考核，召开大庆油田第七次党代会，组建成立油田党委党校，深入开展“当好标杆旗帜，做振兴发展先锋”岗位实践活动，进一步提升党的建设整体水平。坚持正确选人用人导向，注重选拔高素质、专业化干部，加大年轻干部培养使用力度，选优配强所属单位领导班子。贯彻全面从严治党要求，加大纪律审查力度，保持反腐败高压态势，严肃查处各类违纪违规问题，“减存量、遏增量”成效明显，实现由“惩治极少数”向“管住大多数”拓展；党内巡视巡察所属单位三年全覆盖，纠正“四风”一刻不停、半步不让，合规管理监察长短线结合，送廉洁教育下基层重实际、接地气，履行“两个责任”格局逐步形成，油田风清气正的政治生态巩固发展。加强大庆精神铁人精神教育，持续开展“石油魂”宣讲，打造特色文化品牌，凝聚弘扬优良传统、矢志开拓进取的强大力量。充分发挥工会、共青团作用，以“传统立身、勤俭立业、百年立功”为主题，以技能大师工作室、劳模创新工作室、青工技能创新基地等为载体，选树“油田工匠”，深化青工“五小”活动，开展“金点子”征集，营造全员行动、创新创效的浓厚氛围。全力做好维护稳定工作，强化舆情监测与矛盾化解，关心离退休老同志，帮扶困难群体，加强重点防控，巩固安定团结、和谐稳定的良好局面。

（陈立民　李淑杰）

中国石油天然气股份有限公司辽河油田分公司（辽河石油勘探局有限公司）

【概况】 中国石油天然气股份有限公司辽河油田分公司（辽河石油勘探局有限公司）简称辽河油田，成立于1970年3月，是全国大型的稠油、高凝油生产基地。总部在辽宁省盘锦市，业务地跨辽宁省、内蒙古自治区的12个市（地）、32个县（旗）。主要从事油气勘探开发、工程技术、工程建设、燃气利用、多种经营和矿区服务等业务。2017年，辽河油田完钻井1080口，进尺171.08万米，完成注水2967万立方米，注汽2260.91万吨，新增探明含油面积9.93平方千米，新增探明石油地质储量2203.55万吨、控制石油地质储量4989万吨、预测石油地质储量4711万吨，超额完成增储任务。用工总量87796人，其中上市单位43174人、未上市单位44622人。有固定资产原值1686亿元，净值361亿元，有设备23万台（套）。2017年生产原油1000.1万吨，同比增加25.99万吨；生产天然气4.6亿立方米。全年营业收入409.29亿元（未含多种经营收入126.5亿元）；税费46.55亿元，同比增加15.7亿元。坚持稳中求进，突出“稳、增、减、改、转”的工作措施，深化开源节流降本增效，提前完成未上市系统扭亏任务，全面超额完成年度业绩目标。

辽河油田主要生产经营指标

指　标	2017年	2016年
原油产量（万吨）	1000.1	974.11
天然气产量（亿立方米）	4.6	4.64
新增探明石油地质储量（万吨）	2203.55	1692
新增控制石油地质储量（亿立方米）	4989	4855
二维地震（千米）	—	499.6
三维地震（平方千米）	420	200
探井（口）	89	85
开发井（口）	991	562
钻井进尺（万米）	171.08	109.03
勘探投资（亿元）	15.69	14.2
开发投资（亿元）	61.68	37.2
资产总额（亿元）	522.74	606.96
收入（亿元）	409.29	417
利润（亿元）	−115.32	−225.46
税费（亿元）	46.55	30.85

【油气勘探】 2017年，辽河油田优化调整油气勘探思路和开发生产布局，实施勘探开发一体化管理和纵向立体勘探，挖掘盆地潜力。将投资和研究力量集中转向区带相对整装、勘探潜力大、效益好的稀油、高凝油、中浅层领域，实施整体部署、集中勘探。建立重点项目地质—工程一体化组织，建立重点领域一体化研究团队，打破研究区域限制、实现数据资源共享。加快新矿权区块研究，制定合理勘探方案，确保新区投入见到实效，实现辽河探区资源和产量长远接替，储量与产量同步增长。全年新增三级石油地质储量1.19亿吨，节约勘探投资4650万元，压缩勘探费用2.7亿元。东部凹陷勘探取得重大进展，牛居中浅层、红星火山岩多口探井获工业油流，新增控制石油地质储量3114万吨。曙光—雷家碳酸盐岩勘探成效显著，落实有利勘探面积91.5平方千米，新增预测石油地质储量4711万吨。大洼—海外河断裂带勘探获得新发现，5口探井获工业油流，新增控制石油地质储量1875万吨。外围陆家堡坳陷勘探展现良好前景，10口井获工业油流，成为勘探重点潜力区。滚动、评价勘探取得良好效果，强化预探升级评价、新增探明石油地质储量1589.45万吨，加快老区滚动扩边、新增探明石油地质储量614.1万吨，稀油、高凝油占98.6%。扩大勘探开发领域，获得柴达木矿权流转4个区块1.9万平方千米探矿权、2个区块161平方千米采矿权，为油田发展打下坚实的资源基础。

【油气开发】 2017年，辽河油田按照效益优先的原则，生产决策向效益决策转变，实现油气生产低成本开发。全年产能建设完钻原油新井834口、投产622口，新建产能110万吨，新井日产能力2230吨。完钻天然气新井3口、投产2口，折算建成天然气生产能力0.2亿立方米。开展注水方式、注水关系、注水时机、注入介质、调控方法等多元化注水，注水油田日产油重上万吨水平，自然递减率同比下降1.7个百分点。开展三元复合吞吐、集团注汽、保压开采等方式注汽，稠油吞吐年产油331万吨，油汽比0.28。坚持老油田转换方式开发，新转井组53个，累计达612个，年产油278.3万吨。组织长停井复产，全年恢复油井914口、水井87口，年增油27.9万吨。合作开发实现超产，月东油田、冷家油田、难采合作区年产油108.6万吨。加强潜力井优选排查，详细论证增产措施，由单一类型措施增产转为复合类型措施增产，实现一井多策的个性化方式实施。提高产能建设投资强度，多安排新井234口；加大侧钻井、水平井等综合治理措施投资，保障稳产上产运行。规模组织工艺流程改造，实施采油、集输、热注、作业、注水、污水、油泥资源化利用等提质提效工程，降低成本2.32亿元。推进生产组织体系，畅通产、运、储、销渠道，形成大运行、大联动生产保障格局。推动工程技术服务市场放开，协调经济评价、作业施工、水电信保障、物资采购、车辆服务等工作，重点工作到位率100%、运行符合率83%，交井一次成功率100%。

【科技创新】 2017年，辽河油田坚持科技创新，推进科研基础平台建设，助力勘探开发和提质增效。全年承担国家科技重大专项3项，集团公司重大科技专项3项，集团公司科技项目10项，组织实施油田公司科技项目28项，获省部级科技奖励16项，国家授权专利483件，提升自主创新能力和核心竞争力。开展勘探开发领域技术研究，陡坡带砂砾岩体精细勘探、水淹油藏火驱、化学驱、多元热流体等技术研究取得新进展；实施千万吨稳产重大专项，助推原油稳产。举办国际稠（重）油勘探开发技术论坛，集团公司“辽河油田原油千万吨持续稳产关键技术研究”重大科技专项通过一期验收、二期顺利开题，推进国家能源稠（重）油开采研发中心建设，初步建成稠油复合蒸汽驱、超稠油SAGD、稠油火驱3个国家技术示范区。工程施工技术攻关形成疑难井大修、大修提速提效等4项配套技术，研制完成集成式带压作业修井机等装置17台（套），修井作业周期缩短3—5天；形成长输管道水土保持设计、管道自动化测量、大管径全自动焊接等5项配套技术，提高生产能力。

【经营管理】 2017年，辽河油田组织推动开源节流、提质、降本增效工作，完成年度经营业绩目标。严格执行预算管理，落实5项31条措施，加强特困企业治理，促进完成全年目标。加强投资管控，优化投资结构，勘探开发投资比例达90%以上；坚持效益驱动，实施钻井标准化和地面标准化管理，强化项目前期论证，盘活利旧设施设备，核减投资4.6亿元，提升投资管理水平，企业内部市场工作量占有率88.8%。加大原油分质分销、动态销售力度，增销稀油、高凝油96.1万吨。争取集团公司注资减债政策、综合利用金融工具、创新支付方式等措施，节约财务费用。落实消费税返还、增值税即征即退等政策。推动资产轻量化，开展“两省一增”活动。成立土地开发公司，盘活土地资源。优化资本运营，清理企业法人9个。严格执行压减成本措施，突出基数大、比重大的动力费、作业费、材料费等重点费用管控，通过优化用电、改进工艺、“关停并转减”等综合措施，降低桶油完全成本、降低非生产性支出，基本运行费同比压缩10%。

【外部市场开发】 2017年，辽河油田坚持实施走出去战略，优化国内外市场布局，国内油气田市场推进基建工程项目建设与人员技术输出，拓展青海、长庆、吐哈、浙江、吉林等油气田市场。中标中俄东线天然气管道试验段第3标段和黑河—长岭干线第6、7标段，合同额3.5亿元；上虞—新昌天然气管道工程等4项工程，合同额突破1亿元；承担江苏LNG运行维护项目，中标日照港—京博输油管道4标段。全年外部市场中标170项，合同额15.63亿元。海外市场完成泰国、缅甸、乌兹别克斯坦等国家10个海外项目投标及5个项目资格预审；筑路工程中标6项，工程量6.34亿元，其中南宁项目2.5亿元、新疆G580项目1.6亿元、霍尔果斯市标准化厂房建设项目1.1亿元；获塔里木油区市场开发额4400万元，长庆项目设计收入500万元。锦郑、大沈、西三等EPC项目新增变更合同额3.9亿元，中标壳牌（SHELL）长北Ⅱ期EPC项目，标的额3.6亿元；拓展外部疗养、培训市场和煅烧焦市场，均见到新成效。整合燃气集团与能源管理公司资源，提升管理优势，放大竞争优势，全面完成朝阳、海城、鞍山天然气支线建设，取得大连、曹妃甸LNG一级代理权，新开发贸易用户53个。2017年输销天然气16.9亿立方米，其中：气代油业务12.01亿立方米，替换燃料油95.75万吨；管道销售0.58亿立方米，管道代输3.53亿立方米，CNG销售0.53亿立方米，LNG销售0.25亿立方米。实现收入25.5亿元，利润952万元。

【企业改革】 2017年，辽河油田坚持顶层设计与强化执行并重，总结三年改革试点经验，把改革向矛盾集中、问题集聚的重点难点领域和深层次推进，优化组织结构和业务结构，推进业务重组整合，重点领域改革取得实质性突破。重组安全环保与质量节能、采油工艺与钻井工程、离退休与再就业等管理部门，整合油气开发与相关项目管理部、成立开发事业部，优化矿区机关和物业单位建制。根据新增矿权区块发展需要，成立青海油田分公司、新领域勘探项目部、未动用储量开发项目部3个单位。全年撤并处级机构20个、科级机构308个。转变机关管理职能、优化工作流程，推进两级机关改革，公司机关内设机构、编制定员、科级干部职数均压缩20%。深化“五定”工作，科级机构、编制定员、科级干部职数分别压缩12.5%、15.6%、13.1%。优化人力资源结构，建立人力资源调剂市场，严格落实集团公司“出十进一”的要求，坚持控制总量、盘活存量，推行“十一项”分流政策，发挥人力资源管理平台作用，采取外闯市场、内部调剂、内养歇业等措施，分流员工5554人；向地方政府分离移交“三供一业”系统，供暖业务实现社会化服务；供水业务维修改造方案和分离移交协议通过集团公司审核，燃气社会化改造基本完成，供电业务签订移交框架协议，物业移交工作按照集团公司统一部署积极推进，市政业务进行移交；与中国石油宝石花医疗开展合作，医疗社会化改革取得实质性进展。加大企业激励约束力度。深化工效挂钩政策，提高勘探增储、油气超产、扭亏创效、分流人员和外闯市场的考核权重，实行月考核季兑现、严考核硬兑现。出台外部市场项目经理激励办法，实施专业技术岗位序列改革，制定容错纠错办法，全方位激发全员干事创业的活力。

【安全管理】 2017年，辽河油田强化安全清洁生产管理。贯彻集团公司安全环保工作部署，强化“四条红线”管控，开展“大学习、大检查、大反思”活动，深化安全环保大检查，推进风险识别和隐患治理，排查高风险及高后果区域管道10074条，查改问题821个。加强HSE体系建设、标准化站队建设，严肃追责问责，全面提高安全环保管理水平。强化重点敏感时段升级管理，全力整治存量油泥、违章占压、污水处理、SAGD漏气等敏感度高、关注度高的风险隐患，加快自然保护区退出步伐，严格落实减排措施，切实展现负责任企业形象。突出特种设备、交通、消防、井控、海上、承包商、油库、炼化轻烃、高危作业等重点监管，确保可控受控。全年争取股份公司专项资金2917万元，治理重大环境隐患12项，购置含泥砂原油处理设备7套，进行源头减量处理。投入安全生产隐患治理费用2.4亿元，治理注汽管道、硫化氢、油气井场等隐患247项；氨氮、氮氧化物、二氧化硫排放量大幅下降；健康、安全与环境管理体系建设从良好B2级提升至B1级，实现稳定的安全环保形势。

【党建工作】 2017年，辽河油田党委发挥政治文化优势，深化党的建设、干部队伍建设，为油田攻坚克难、改革发展提供保障。全面部署学习、宣传、贯彻党的十九大精神，推进“两学一做”学习教育常态化制度化建设，开展践行“四合格四诠释”岗位实践活动，增强党员干部的“四个意识”。规范基层党组织建设、党内组织生活、党员教育管理，提高企业党建科学化水平。加强领导班子中心组学习，举办3期领导干部专题培训、第一届年轻干部培训，提升干部政治素质和业务能力。深化主题劳动竞赛、“双千双亿”群众性挖潜、青年油水井分析等活动，搭建员工岗位建功平台。强化“基本素质达标工程”，推进“创新工作室”建设，提升员工技能素质，100余人评为“石油名匠”“辽宁工匠”和“油田工匠”，“全国企业班组长职务能力实践基地”落户辽河油田。健全完善巡察工作制度，分3轮巡察21个二级单位，实现3年巡察全覆盖。开展落实中央八项规定精神专项检查，纠“四风”，转变党员干部的作风形象。

【和谐矿区建设】 2017年，辽河油田深化和谐企业建设。注重在深化改革过程中保障员工利益，统筹研究“三供一业”移交、医疗机构合作中涉及员工利益的问题。加大民用气保供力度，全面实施燃气业务社会化改造，接通天然气用户近9万户，助力盘锦燃气“村村通”工程；与盘锦市政府、接收企业协调对接，推进供暖业务分离移交，移交矿区1270万平方米供暖业务，实现社会化运营。推进兴隆新城搬迁收尾工作，完成缴税补贴1000户，完成买断产权退款583户；推进新村小区危房改造项目，签订安置协议462户。履行企业社会责任，配合盘锦市创建全国文明城市活动，加强城区主次街路和小区环境改造，投入改造资金9249万元，改造小区44个、道路32条，改善矿区环境秩序，完成“创城”任务。抓好物业服务、离退休与社保管理，提升医疗服务水平。加大员工困难帮扶力度，实施创业帮扶，为30户困难家庭分别提供2—7万元创业项目帮扶资金，投入资金120万元。大病专项援助4026名职工和家庭，投入援助资金4047.5万元。全年支出帮扶资金7015.26万元，帮扶1.6万余人次。加强矛盾纠纷排查化解，畅通群众诉求和办理渠道，构建和谐、平安的矿区环境。

（田　英　刘凤英）

中国石油天然气股份有限公司长庆油田分公司（长庆石油勘探局有限公司）

【概况】 中国石油天然气股份有限公司长庆油田分公司（长庆石油勘探局有限公司）简称长庆油田，成立于1970年，主营鄂尔多斯盆地油气及伴生资源的勘探、开发、生产、储运和销售等业务，工作区域横跨陕西、甘肃、宁夏、内蒙古、山西5省（自治区），矿权面积20万平方千米，2013年油气当量产量突破5000万吨，并连续5年保持5000万吨以上稳产。有采油单位13个、采气单位10个、输油单位3个以及其他科研、生产辅助单位，用工总量7万余人。

2017年，生产原油2372万吨、天然气369.43亿立方米，油气当量产量5315.68万吨，较2016年多产油气15.11万吨。营业收入1117亿元、利润183亿元、税费193亿元、净现金流88亿元，完成业绩考核指标。

【油气勘探】 新增探明石油地质储量3.54亿吨，连续7年超3亿吨，新增探明天然气地质储量2407亿立方米。新增石油SEC储量2831万吨、天然气SEC储量292亿立方米。勘探成功率和评价成功率分别达58%和80%，创造历史新高。

【油田开发】 2017年，长庆油田立足精细注水，实施降递减工程，强化重点油藏综合治理，持续开展低产低效井挖潜，全年措施增油70万吨，稳产形势持续好转。产能建设推进勘探开发一体化，推行“大井丛工厂化”作业模式，创新项目管理模式，实施“六定”管理，单井产能保持稳定，新井贡献率28.6%。

【气田开发】 2017年，长庆油田集中力量打好神木—绥德新区、宜川—黄龙开发试验区和陇东天然气试采三个攻坚战，不断优化开发模式，推广多层系、大井组开发，实现快速建产，产能建设到位率提高3.3个百分点，综合投资成本下降5%。

【经营管理】 2017年，长庆油田制定实施28项92条降本增效措施，持续压缩非生产性支出，消化新增成本12.5亿元，实现运行成本总额稳中有降。未上市业务整体盈利4.6亿元，特困企业专项治理超前完成国务院国资委挂牌督办目标。提效放权调整下放51项管理审批权限，机构改革公司机关层面压缩编制20.7%。加大审计监督力度，整改发现问题377个，企业运行风险得到有效管控。

【科技创新】 2017年，长庆油田水平井钻完井压裂技术、长水平段水平井快速钻井技术、高效压裂工具研发取得重要进步，有效提高单井产量，降低致密油气开发成本。强化气田稳产技术攻关，创新应用水平井、大斜度积液气井柱塞气举技术，排水采气年增产天然气超过19亿立方米。推进油田信息化建设，建成无人值守站176座，数字化覆盖率93.5%。

【安全环保】 2017年，长庆油田完善HSE管理体系，开展安全生产大检查，强化岗位安全培训，全员岗位行为能力显著提升，安全环保指标全面受控。重点管线占压隐患治理全面完成，集输管道泄漏频次同比下降37%。集团公司督办的85个重点建设项目验收工作全部完成。企地联动加快环保督查问题整改，完成水源地、自然保护区再核查与揭盖井回收封堵。加快重点区域环境影响评价工作，缓解合规性风险。

【队伍建设】 2017年，长庆油田加强领导班子建设，严肃两级班子组织生活，加快优秀年轻干部培养选拔，提职到处级岗位的“70后”干部占到58%，班子力量得到加强，结构更加优化。扎实推进“千队示范”和“五型”班组建设，着力提升全员综合素质，关键操作岗位培训率达100%。

【党建工作】 2017年，长庆油田深入学习贯彻党的十九大精神，以“四合格四诠释”岗位实践为载体，扎实推进“两学一做”学习教育常态化制度化。着力加强党组织制度体系、责任体系、考评体系建设，修订完善79项党建制度，制定党建工作责任制实施细则，健全党建“四级”责任体系和“三联”责任制度，开展党委书记述职评议考核，有效提升党建工作水平。

【反腐倡廉】 2017年，长庆油田深入推进党风廉政建设和反腐败工作，积极践行“四种形态”，受理信访举报129件，处分违纪人员60人。强化监督执纪问责，严肃查纠违反中央八项规定精神行为。不断深化内部巡察，坚定不移正风肃纪，对16个重点工程项目组和2个机关部门专项巡察，发现问题382个，党政纪处分12人，政治生态持续向好。

【文化宣传】 2017年，长庆油田组织油田首届理念实践案例大赛和“石油精神·工匠品质”故事讲述大赛，出版发行《中国石油企业文化辞典·长庆油田卷》，2部微电影获中宣部社会主义核心价值观主题大赛三等奖，长庆油田获“全国品牌文化建设十大典范组织”称号，600余篇稿件被省部级以上主流媒体刊播转载，重点报道长庆油田5000万吨持续稳产成果。

【惠民工程】 2017年，长庆油田全面推进七大类43项惠民项目，三年规划目标基本完成。多方面保障职工利益，员工收入实现稳中有增。持续改善一线员工生活条件，如厕难、洗澡难、饮水难等问题基本解决。着力解决员工住房问题，湖滨花园二期和陇东生活基地二期共计4349套住房交付使用。

【矿区建设】 2017年，长庆油田新建员工餐厅3个、社区便民餐厅17个，矿区居民综合服务满意度达94.61分。不断优化“一老一少”服务，社区日间照料中心实现全覆盖，2000多名留守儿童得到专业化帮扶管教。持续建设服务型住房公积金，为员工提供低息贷款13.14亿元。

【信访稳定】 2017年，长庆油田强化维稳重任，全年接待来信来访264起429人次，进京访、集体访数量同比下降40%和42%，完成“两个绝不允许”政治任务，确保党的十九大、全国“两会”等重点时期的大局稳定。

【平安建设】 2017年，长庆油田侦破涉油刑事案件475起，协助公安机关抓获涉油违法人员835人，收缴原油7185吨。突出生产要害及矿区人员密集场所的安保防恐、消防和民兵武装工作，强化内部治安管理，持续推进“反内盗”专项行动，依法依规做好矿权维护工作，营造油气区良好治安环境。

（沈　洋　柴君旺）

中国石油天然气股份有限公司塔里木油田分公司

【概况】 中国石油天然气股份有限公司塔里木油田分公司（简称塔里木油田）前身是1989年4月成立的塔里木石油勘探开发指挥部，主营业务包括油气勘探开发、炼油化工、油气销售、科技研发，是中国石油的地区分公司。总部位于新疆维吾尔自治区巴音郭楞蒙古自治州库尔勒市，作业区域遍及塔里木盆地周边20多个县市，探矿权面积15.1万平方千米、采矿权面积8824平方千米。截至2017年底，塔里木油田设机关职能处室15个，直属机构3个，附属机构6个，二级单位29个；员工总数11164人，其中女员工 3524 人，少数民族员工 2492 人。

2017 年，塔里木油田深入学习贯彻党的十九大精神，落实党中央、集团公司党组和自治区党委各项决策部署，围绕建设 3000 万吨大油气田目标，实施资源、创新、市场、低成本战略，突出稳油增气、突出改革创新、突出安全环保，全面推进从严治党，完成年度主要生产经营任务指标。全年油气储量继续保持高峰增长，生产原油 520.21 万吨、天然气 253.27 亿立方米，油气当量产量 2538 万吨，首次突破 2500 万吨。工业总产值 367.53 亿元，收入 397.52 亿元，上缴税费 71.74 亿元，投资资本回报率 16.07%，经济效益保持集团公司国内上游业务前列。

塔里木油田主要生产经营指标

指 标	2017 年	2016 年
原油产量（万吨）	520.21	550.01
天然气产量（亿立方米）	253.27	235.62
新增原油产能（万吨）	59.89	44.31
新增天然气产能（亿立方米）	21.47	14.01
二维地震（千米）	3184	3274
三维地震（平方千米）	1534	1125
作业探井（口）	86	74
作业开发井（口）	158	136
钻井进尺（万米）	97.55	67.97
勘探投资（亿元）	45.66	32.61
开发投资（亿元）	73.61	64.36
原油加工量（万吨）	0	12.66
尿素产量（万吨）	66.64	62.20
资产总额（亿元）	855.77	903.62
工业总产值（亿元）	367.53	323.64
投资资本回报率（%）	16.1	9.87
收入（亿元）	397.52	343.85
税费（亿元）	71.74	63.15

【油气勘探】 2017 年，塔里木油田坚持把资源勘探放在首位，注重寻找大目标和大发现，加强目标性地质研究，突出中浅层、突出规模效益、突出开发可动用，集中力量打好三大阵地战，稳步推进新区新领域勘探，完成二维地震 3184 千米、三维地震 1534 平方千米，完成探井 51 口、进尺 31.50 万米，26 口井获工业油气流，油气勘探取得“一个重大突破、四个重要发现、四个重要进展”，继续保持储量高峰增长。其中“一个重大突破”是位于北部构造带吐格尔明大背斜东翼局部构造的吐东 2 井，在侏罗系阳霞组测试获工业油气流，新突破一个碎屑岩浅层接替领域。“四个重要发现”包括：克深逆掩带的克深 24 井、克深 242 井在白垩系巴什基奇克组完井常规测试，均获高产气流；克拉苏构造带大北—博孜构造转换带上的大北 11 井在白垩系巴什基奇克组进行完井酸化测试，获工业油气流；克拉苏构造带博孜段、阿瓦特段交接部位的博孜 3 井对白垩系巴西改组进行完井酸化压裂测试，获高产气流；跃满西区块完钻的跃满 20C 井、21 井、22 井、23 井、25 井等 5 口井均获高产油气流，塔北南缘一间房组区带潜力基本明确。“四个重要进展”包括：克拉苏构造带克深 11、克深 13 两个重点气藏评价，哈拉哈塘南部跃满 802 井、富源 104 井、果勒 1 井三口井鹰 2 段评价，塔中碳酸盐岩中古 434 区块良里塔格组、中古 7– 中古 10 鹰山组评价，塔北西部碎屑岩滚动评价均进展顺利，上交储量。

【油气开发】 2017 年，塔里木油田立足稳油增气目标，精细组织油气生产，高效推进产能建设，着力提高低成本油气资源供给能力，原油生产按计划运行、天然气生产保持高位平稳运行，完成油气当量产量 2538 万吨，首次突破 2500 万吨。其中：生产原油 520.21 万吨，销售原油 519.58 万吨；生产天然气 253.27 亿立方米，销售天然气 245.58 亿立方米（通过西气东输管网销售 211.73 亿立方米）。加快井位研究和产能建设，5 月底前完成全部开发井位部署，全年投产新井 129 口，平均日产油 1685 吨、日产气 440 万立方米，新增原油生产能力 59.89 万吨、天然气配套能力 21.47 亿立方米。加强措施挖潜和长停井治理，实施措施井 161 次，措施有效率 86.96%，增油 18.92 万吨、增气 2.58 亿立方米。强化注水注气，碎屑岩油藏、碳酸盐岩油藏分别注水 486.96 万立方米、172.56 万立方米，注气开发油气田注气 7.6 亿立方米。实施开发专项治理，稳步推进开发提采工程，原油综合递减率 10.3%，自然递减率 13.9%，综合含水率 70.4%。截至 12 月 29 日，塔里木油田累计向西气东输管网供气突破 2000 亿立方米，达到 2000.01 亿立方米。

【石油钻井】 2017 年，塔里木油田加强钻井生产组织和安全管理，开展提速技术攻关，作业井合计 244 口（含跨年度顺延井 40 口），总进尺 97.55 万米，与 2016 年相比，作业井数量增加 34 口、总进尺增加

29.58 万米。作业井中，探井 42 口、评价井 44 口、开发井 158 口；直井 106 口、定向井 104 口、水平井 34 口；开钻 204 口、完钻 171 口、完井 163 口。全年动用钻机 797.12 台·月，平均钻机月速 1223.80 米/（台·月），平均机械钻速 5.62 米/时；生产时效 92.78%，进尺工作时效 49.65%，纯钻时效 30.26%，事故时效 4.16%，复杂时效 2.55%；完成井平均钻井周期 106.73 天，平均完井井深 5509.52 米，平均完井周期 124.69 天。

【炼油化工】 2017 年，塔里木油田围绕控亏减亏和内部挖潜，加快推进炼化业务转型升级，优化产品结构，控制生产节奏，比 2016 年减亏近 6 亿元。炼油系统全年停工并实施技术改造，完成柴油加氢装置空气预热器管板密封结构等改造项目；化肥系统持续加强生产全过程监控，狠抓产品质量攻关，生产尿素 66.64 万吨。其中：塔石化分公司结合市场情况制定产销策略，生产合成氨 35.1 万吨、尿素 59.05 万吨，实现销售收入 6.76 亿元，连续 7 个月保持盈利；合成氨综合能耗 32.20 吉焦/吨、原料和燃料天然气消耗 1110.58 米^3/吨氨，尿素氨耗 569.89 千克/吨、优级品率 99.81%。塔西南公司稳步推进安全环保隐患治理，精心做好装置设备运维和保养工作，生产合成氨 4.52 万吨、尿素 7.59 万吨；合成氨综合能耗 41 吉焦/吨、原料和燃料天然气消耗 1265.04 米^3/吨氨，尿素氨耗 573.91 千克/吨、优级品率 98.73%。12 月 7 日，集团公司规划计划部下发《关于由塔里木油田公司组织建设运营乙烷制乙烯项目的通知》（油计〔2017〕388 号），明确由塔里木油田主导乙烷制乙烯项目的建设和运营，并要求加快推进前期工作。

【科技创新】 2017 年，塔里木油田实施创新战略，创新科技管理体制，加强核心技术攻关，推进工业化与信息化深度融合，提升油田核心竞争力和自主创新能力。勘探技术方面，加强重点勘探领域与区带基础地质研究，深化山前复杂构造建模，强化叠前深度偏移处理攻关，地震资料品质和圈闭落实程度提高。开发技术方面，继续推进东河油田注气辅助重力驱开发试验，扩大塔北碳酸盐岩注气吞吐试验规模，完善库车山前裂缝性致密砂岩气藏井网优化与治水防砂技术。工程技术方面，应用动力钻具组合、可旋转复合片钻头、高温高密度油基钻井液、尾管悬挂器、EILog 测井、储层改造等新技术，促进钻井提速、提产、提质、降本。信息化建设方面，推动国家油气供应物联网建设，深化信息系统集成应用，实施网络提速工程，加强信息和门户系统安全管理，油田信息网络系统更加安全便捷。10 月 25 日，塔里木油田召开科技与信息化创新大会，部署科技与信息化创新“五大工程”，即核心技术攻关工程、数字油田建设工程、基础平台建设工程、创新人才培养工程和体制机制保障工程。2017 年，塔里木油田牵头承担国家科技重大专项示范工程 1 个，联合承担国家科技项目课题（专题）15 个，承担集团公司科技项目（课题）7 个、股份公司生产支持性研究课题 12 个，实施油田级科技项目 20 个；获国家技术发明奖二等奖 1 项、省部级科技成果奖励 14 项，获专利授权 363 项、软件著作权 69 项。

【“11456”总体部署】 2017 年 1 月 20 日，塔里木油田召开五届三次职代会暨 2017 年工作会议，做出“11456”总体部署。即沿着“不忘初心，继续前行，矢志不渝寻找大场面建设大油气田”这 1 条主线，围绕“高质量高水平高效益建成 3000 万吨世界一流大油气田”这 1 个目标，实施“资源、创新、市场、低成本”4 大战略，做到“始终坚持突出发展油气主业不偏离，始终坚持‘两新两高’工作方针不动摇，始终坚持改革创新不停步，始终坚持安全绿色和谐发展不松懈，始终坚持党的领导、加强党的建设不松懈”5 个始终坚持，到 2020 年实现“油气产量国内前列、质量效益不断提升、创新驱动成效显著、体制机制更富活力、发展成果共创共享、党的建设全面加强”6 个具体目标。按照“11456”总体部署，塔里木油田先后组织召开勘探技术座谈会、开发技术座谈会、工程技术座谈会、科技与信息化创新大会，组织各路领导、专家开展座谈，总结会战以来工作成果和经验，分析当前面临的机遇与挑战，研究部署今后一个时期重点任务。

【深化企业改革】 2017 年，塔里木油田以管理职能优化为主线，以机构改革为切入点，纵深推进企业内部改革。在调整优化管理职能方面，推进管办分离，将基层单位物资、信息、矿区、综治保卫 4 项职能上划机关，将机关安全环保研究、QHSE 监督、进口物资采办 3 项业务下划基层单位，同时进一步明确 18 个机关部门职责分工。在调整优化组织机构方面，撤销对外合作部并将其职能划入相关业务部门，整合通信信息、新闻文化、维稳综治、炼油化工 4 项同类业务，推进工程监督、审计资源共享。在完善科技管理体制方面，在勘探开发研究院、油气工程研究院分别设“五所两中心”“三所两中心”，规范推行项目制和科室制管理，加快推进专业技术岗位序列改革。在推进矿区业务改革方面，整体撤销矿区服务事业部，将原 5 个正处级单位、10 个副处级单位整合成矿区管理部、物业管理公司、公共事务部和新闻文化中心 4 个正处级单位，有序推进“三供一业”分离移交。在指挥部公司制改制方面，制订改制方案和公司章程，建立公司法人治理结构，指挥部和乌鲁木齐、北京塔里木石油酒店分别更名并完成工商登记。此次改革涉及整个油田机关、7 家基层单位、2600 余名干部员工，共核减副局级机构 1 个、处级机构 14 个、处级职数 14 人、人员编制 171 人。

【塔里木油田凝析气轻烃深度回收工程建成投产】 塔里木油田凝析气轻烃深度回收工程由股份公司和新疆巴州国融投资有限公司共同投资建设，其中股份公司投资占比 90%。批复总投资 17.5 亿元，设计年处理天然气 100 亿立方米，转化天然气 2.16 亿立方米，生产液化气 38.19 万吨、稳定轻烃 7.11 万吨。工程分为场站、管道、电力 3 个部分。其中：场站工程主要建设两列脱汞脱水、两列轻烃回收、天然气增压、外输等主体工艺装置，罐区及装车设施，火炬、空氮站、分析化验室、给排水及消防等辅助生产设施，以及总建筑面积 4750 平方米的综合公寓；管道工程包括新建（改造）10 条管线、13 座阀室，新建 96 千米轮牙液化气管道，扩建牙哈装车站等；电力工程主要在轻烃回收厂建设 110 千伏变电站。工程于 2016 年 5 月 10 日开工，2017 年 8 月 20 日中交验收，8 月 25 日装置开始进气，8 月 30 日投产试车，9 月 2 日产出合格产品，10 月 10 日两列膨胀机全部投运，装置保持平稳运行。截至 2017 年底，装置高效运行 106 天，生产石油液体产品 9.08 万吨。

【塔中凝析油稳定及储运工程主体部分投产】 塔中凝析油稳定及储运工程是为解决塔中凝析油硫化氢含量较高和原油混输混销问题而实施的工程，分稳定和储运 2 个部分。稳定工程概算投资 1.5 亿元，主要新建塔二联凝析油稳定装置和塔中首站、改扩建塔三联原油预脱水装置，于 2017 年 3 月 20 日开工，9 月 30 日工程主体塔二联凝析油稳定装置进油试运行。储运部分概算投资 1.68 亿元，主要新建轮南至牙哈装车站的 85.9 千米管线、改扩建牙哈装车站，于 2015 年 8 月 23 日开工建设，2016 年 5 月 30 日竣工，2017 年 11 月 10 日投产。该工程投产后，塔中地区生产凝析油通过管道单独输送至牙哈装车站进行铁路外销。

【维稳工作】 2017 年，塔里木油田落实上级维稳防恐部署，强化 24 小时维稳值班值守，加强油地联防联保，建设便民警务站，制定《塔里木油田安全防范标准》，启动安防设施达标建设。开展“结对认亲”帮扶、民族团结进步创建、民族团结“结亲周”、发声亮剑宣誓、“去极端化”宣讲教育等活动，强化敏感节点、重点群体稳控工作。履行政治责任和社会责任，实施扶贫帮困和对口支援，建成南疆天然气利民工程两条联络线和阿瓦提支线，推动乌什支线立项建设，投入 4000 多万元用于改善当地教育、医疗、公共基础设施条件，接收安置和田地区 200 名城乡富余劳动力。开展“访惠聚”驻村工作，首批入驻的库车县牙哈镇博斯坦托格拉克村历时 3 年完成脱贫，新委派 33 名干部员工到库车县牙哈镇阿克布亚村和喀让古三村、泽普县古勒巴格乡吐格曼贝希村和尤库日喀拉尤勒滚村驻村。

（张　露）

中国石油天然气股份有限公司新疆油田分公司（新疆石油管理局有限公司）

【概况】 中国石油天然气股份有限公司新疆油田分公司（新疆石油管理局有限公司）简称新疆油田，前身是 1950 年成立的中苏石油股份公司，主要从事准噶尔盆地及其外围盆地油气资源的勘探、开发、集输、销售及生产服务、矿区服务和其他辅助业务，总部位于新疆维吾尔自治区克拉玛依市。截至 2017 年底，累计探明石油地质储量 27.38 亿吨、天然气地质储量 1735.88 亿立方米，油气资源探明率分别为 31.5% 和 6.9%；累计生产原油 3.7 亿吨、天然气 816.4 亿立方米。形成环准噶尔盆地油气输送环网，原油输送管道 46 条，总长 2374 千米，年输送能力 2060 万吨；天然气输送管道 54 条，总长 1655 千米，年输送能力 120 亿立方米。设置机关处室 17 个，直（附）属单位 12 个，基层单位 36 个；用工总量 39874 人，其中管理和专业技术人员 15053 人、女员工 15693 人。

2017 年，新疆油田以经济效益为中心，围绕“掌控资源、配套技术、控制成本、维护稳定”四项核心任务，加快落实建产资源，夯实开发基础，狠抓安全环保责任落实，强化技术和管理创新，实施低成本发展，打赢提质增效、隐患治理、维稳防恐三个攻坚战，完成各项工作任务。2017年生产原油1131万吨、生产天然气28.4亿立方米。

新疆油田主要生产经营指标

指 标	2017年	2016年
原油产量（万吨）	1131	1113
天然气产量（亿立方米）	28.42	28.55
新增原油产能（万吨）	202.78	111.87
新增天然气产能（亿立方米）	1.4	2.84
新增探明石油地质储量（万吨）	10017	8089
二维地震（千米）	2550	2282
三维地震（平方千米）	1568	1980
探井（口）	132	134
开发井（口）	1539	793
钻井进尺（万米）	259.96	198.67
勘探投资（亿元）	38.88	36.95
开发投资（亿元）	104.43	66.9
资产总额（亿元）	1198.95	1161.36
收入（亿元）	395.89	326.35
利润（亿元）	3.75	−123.77
税费（亿元）	55.39	30.89

【油气勘探】 2017年，新疆油田坚持高效勘探，推进勘探开发、地质工程、技术经济一体化融合，完成二维地震2550千米、三维地震1568平方千米，完成探井132口。玛湖二叠系上乌尔禾组新获工业油气流25井27层，其中，玛湖8井、玛湖11井、玛湖013井日产原油超过100吨。玛中4井在玛中平台三叠系百口泉组获工业油流，继东西斜坡两大百里油区后，展现又一个勘探领域。发现形成玛湖10亿吨级大油区。在吉木萨尔致密油地区应用大液量、大排量、密切割储层改造技术，JHW023井、JHW025井两口开发试验水平井平均日产原油41.6吨。滴南凸起南带美8井、美001井、滴西121井多井获工业气流，展现千亿立方米气田规模。克拉美丽气田滚动勘探新增探明天然气地质储量331亿立方米。

【油气田开发】 2017年，新疆油田优化产能结构和方案部署，新建原油产能202.78万吨、天然气产能1.4亿立方米，新井产油61.3万吨。推广应用“水平井+体积压裂”“大井丛、平台式、工厂化”建产模式，实施158个平台433口井，减少征地面积2027亩，节约投资成本7162万元。优化注水注汽，减少低效无效注水115万立方米，节约蒸汽294万吨，稀油自然递减率由9%下降到8.9%，稠油油汽比保持在0.125；推进化学驱、超稠油SAGD、火驱等重大开发试验，SAGD年产量超过100万吨、FHW102井单井组产量突破100吨。七中区二元复合驱试验工业化扩大试验现场实施。呼图壁储气库平稳高效运行，注气14.5亿立方米、采气14.7亿立方米。

【科技创新】 2017年，新疆油田持续推进“大科技工程”，投入科研经费5.8亿元，科技项目攻关31项。玛湖致密油开发示范工程、新疆大庆（二期）重大科技项目顺利开题。构建地层背景下退积砂体纵向叠置、横向连片大面积成藏新模式，推动玛湖西南斜坡上乌尔禾组勘探。集成配套“水平井+体积压裂”技术，玛18等重点区块稳产期大幅延长。推进智能油田建设，构建中国石油数据中心（克拉玛依）云计算资源池，探索形成红山油田“两低”（低成本、低功耗）物联网建设模式。全年获省部级成果30项。

【企业管理】 2017年，新疆油田加强开源节流降本增效，推进技术、管理创新与融合，增效5.39亿元、控减投资11.72亿元，百万吨产能投资降至44.9亿元，油气单位操作成本控制在14.03美元。实施地面、机采等系统升级改造专项规划，编制完成《新疆油田公司可持续发展规划》《新疆油田公司扩大经营自主权改革方案》。开展低效无效资产及闲置土地处置工作，增收1.31亿元。加强融资及清欠管理，节约费用1.8亿元。组建新疆油田招标中心，完善招标管理办法，严控不招标事项，节约资金3.98亿元。推进降库利库，降库率19%，石油专用管库存减少2.7万吨。开展三项专项治理，特困企业控亏0.9亿元，压减法人实体2家。完成新疆石油管理局等4家单位公司制改制。

【安全环保】 2017年，新疆油田树牢绿色安全发展理念，加强国家新《安全生产法》和《环境保护法》落实，强化“四条红线”风险管控，持续推进HSE体系建设，扎实推进重点领域、关键环节、要害部位隐患排查治理，加强异位监督和承包商管理，提高油田本质安全环保水平。实施环境隐患攻坚治理，投入资金39.5亿元，治理废液池41个、长输管道隐患351处、油区分散固废隐患7165处，完成10项外排水治理工程建设，关停卡拉麦里、百口泉水源地、乌尔禾魔鬼城等生态敏感区油水井1343口、封井785口，通过中央环保督察。实施节能技术改造5项，节能4.8万吨标准煤、节水71万立方米。

【社会责任】 2017年，新疆油田秉承“奉献能源、创造和谐”企业宗旨，依法缴纳税费55.39亿元，其中上缴克拉玛依市财政19.13亿元，同比增加6.61亿元。发展混合所有制经济，推进油气合作开发，生产原油61.6万吨。支持地方企业发展，协助新疆金戈壁油砂矿开发有限责任公司油砂油销售、克拉玛依市富城能源集团有限公司回收边零气。投入资金1500万元，援建周边地方基础设施和公益项目42个。组织消防救援力量，协助新疆博尔塔拉蒙古自治州精河县6.6级地震抢险救灾，搜救转移52户受灾居民。发挥中国石油驻疆企业协调组组长单位职能，协调驻疆企业在南疆9县36村开展“访民情、惠民生、聚民心”工程，投入资金3611万元，带动1.4万名贫困群众增收。健全完善维稳工作体系，强化维稳督导检查和监督执纪问责，升级改造74个油田物业小区和68处科研生产办公基地安防设施，整改问题1578项。

【党群工作】 2017年，新疆油田深入学习贯彻党的十九大精神，推进“两学一做”学习教育常态化制度化，开展“四合格四诠释”岗位实践活动，全面推行“主题党日+”活动，组织学习宣讲1.4万余场。修订完善31项党委相关制度，建立党建工作“责任、问题、整改”清单，开展党组织书记抓基层党建述职评议考核，实现所属党组织全覆盖。星级标准化党支部命名达标率80%。推进“百名优秀年轻干部重点培养计划”，实施“大培训”工程，培训员工2.5万人次。推进“双序列”改革，选聘企业二级技术专家17名、一级工程师63名。推进党风廉政建设，持之以恒纠治“四风”，建立健全21项党委巡察工作制度，巩固反腐败斗争压倒性态势。开展“一家亲”融情系列活动2783场，结成对子8765个，促进各族干部员工交往交流交融。“1+4+1”党员意识提升工程入选全国基层党建百个创新优秀案例。

【新疆石油管理局完成公司制改制】 2017年，新疆油田以建立现代企业制度为重点，完成新疆石油管理局公司制改制，改制后新疆石油管理局由全民所有制企业变为“一人有限公司”，全称为新疆石油管理局有限公司，设执行董事（兼总经理）、监事各1人，经营范围保持不变，承继原新疆石油管理局全部债权债务。新疆石油管理局在1955年转交中国后，主要负责新疆地区的石油业务。自1983年起，历经多次改革与业务调整，陆续分离出乌鲁木齐石化、新疆东部石油勘探公司、塔里木石油勘探开发指挥部、克拉玛依石化厂、西部钻探（业务划转），有生产服务、矿区服务和其他辅助3个方面16项业务。2017年，除新疆石油管理局外，新疆油田完成北京克拉玛依大厦公司、新疆石油管理局对外经济贸易总公司、新疆石油管理局工程咨询中心（新疆克拉玛依生产力促进中心）公司制改制。

【凹陷区砾岩油藏勘探理论技术体系助推玛湖勘探发现】 2017年，新疆油田以“跳出断裂带，走向斜坡区”勘探思路为指引，开展“多学科、产学研用”一体化攻关，创建形成凹陷区砾岩油藏勘探理论技术体系。该理论建立碱湖油气资源评价新方法，突破砾岩沿盆缘断裂带分布的传统认识，开辟玛湖地区有效勘探面积6800平方千米，探井成功率由35%提高到63%，“甜点”钻遇率由53.3%提高到86.7%，发现全球最大砾岩油田——玛湖10亿吨级特大油田。该勘探成果在2016年、2017年连续2年获中国十大地质找矿成果，获股份公司油气勘探重大发现特等奖1次、油气勘探重大发现一等奖3次，发现三级石油地质储量12.4亿吨，探明石油地质储量5.2亿吨。

【培育国内首口双水平井SAGD百吨井】 2017年，新疆油田开展SAGD百吨井攻关试验，优选包括FHW102井在内的7对SAGD井组作为培育对象，加强技术攻关，探索完善氮气辅助等20余项技术，挖掘井组生产潜力。FHW102井日产油量135吨，成为国内首口产量突破百吨的双水平井SAGD井；其余6对井组平均水平段动用程度达95%，原油平均日产45吨。

【呼图壁储气库调峰保供应对下游“气荒”】 2017年，受天然气消费量爆发式增长、配套工程延后等因素影响，中国北方地区出现燃气不足，遭遇“气荒”。为最大限度发挥中国库容最大的储气库——呼图壁储气库调峰保供作用，新疆油田用时89天快速完成该气库采气系统完善工程，投产后瞬时采气量突破1850万米^3/日。采气过程中，新疆油田克服严寒天气、调控难度大等困难，开展单井采气能力评价，及时调整生产压差，发挥单井最大能力，多次安全高效完成增供西气东输二线调度任务，注气14.5亿立方米、采气14.7亿立方米，为缓解用气紧张、保障下游民生用气发挥重要作用。

【“两低”型油气生产物联网建成投用】 2017年，新疆油田在红山油田启动实施集团公司首个常规稠油低成本油气生产物联网系统建设，通过持续探索和创新实践，在LOAR技术应用、架构优化上取得突破，建成低成本、低能耗的新一代油气生产物联网。与常规物联网相比，新一代物联网单井造价由2.5万元降至1.2万元，单井后期运维成本、单井施工周期分别降至100元/月、0.25天，下降60%、48%，有效破解物联网规模应用成本制约，为老油田数字化改造提供良好示范。

【“四供”业务分离移交后续工作有序开展】 2017年，新疆油田“四供”业务（供水、供电、供热、燃气）及资产移交克拉玛依市水务公司、电力公司、热力公司、燃气公司。为保障矿区生活平稳，新疆油田争取维修改造资金35.25亿元，协同克拉玛依市政府推进完成供暖维修改造项目（一期）建设，完成住宅供暖改造及抗震加固30栋、屋面维修170栋，新建文体活动室1座，维修改造离退休职工活动站点5个，义务植树2.4万株，新增、优化公交线路10条，矿区服务综合满意度96%以上。

（王保佳）

中国石油天然气股份有限公司西南油气田分公司（中国石油天然气股份有限公司天然气销售西南分公司、四川石油管理局有限公司）

【概况】 中国石油天然气股份有限公司西南油气田分公司（中国石油天然气股份有限公司天然气销售西南分公司、四川石油管理局有限公司）简称西南油气田（天然气销售西南公司），为中国石油所属地区公司，于1999年原四川石油管理局改制重组后成立；天然气销售西南公司为2017年集团公司销售业务整合时成立，与西南油气田实行一体化管理。西南油气田主要负责四川盆地的油气勘探开发、天然气输配及终端销售业务，具有天然气上中下游一体化完整业务链优势和特色，为西南地区最大的天然气生产供应企业。截至2017年底，有二级单位44个，合同化员工2.9万余人；资产总额941.35亿元，年营业收入450.01亿元。有四川盆地及周缘15.3万平方米的勘探开采矿权，累计探明天然气地质储量2.45万亿立方米，储采比56.3 ∶ 1，天然气SEC证实储量3918.48亿立方米。有川中、重庆、蜀南、川西北、川东北5个油气主力产区，开发气田111个，有生产井1220余口，天然气年产能超过230亿立方米，石油年产能5万吨。累计生产天然气超过4300亿立方米，累计生产石油533万吨。有集输和燃气管道4.2万千米，综合输配能力达300亿米^3/年以上，建有西南首座应急采气能力2800万米^3/日的储气库，区域管网通过中贵线和忠武线与中亚、中缅、西气东输等骨干管道连接，是中国能源战略通道的西南枢纽。天然气用户遍及川、渝、滇、黔、桂五省（自治区、直辖市），有1000余家大中型工业、2500万余户居民家庭以及1.2万户公用事业单位用户，在川渝地区天然气市场占有率76%。

2017年，西南油气田产量、销量、收入、利润等关键业绩指标均创历史新高，天然气产销突破200亿立方米和250亿立方米大关，分别达210.2亿立方米和252.5亿立方米，生产原油7.38万吨。

西南油气田主要生产经营指标

指　标	2017年	2016年
原油产量（万吨）	7.38	10.04
天然气产量（亿立方米）	210.25	191.68
新增天然气产能（亿立方米）	18.63	31.22
新增探明天然气地质储量（亿立方米）	2248.4	1527.84
二维地震（千米）	7163.33	3301.86
三维地地震（平方千米）	831.23	747.98
探井（口）	15	18
开发井（口）	33	40
钻井进尺（万米）	39.24	27.68
勘探投资（亿元）	30.16	26.85
开发投资（亿元）	59.84	48.78
资产总额（亿元）	941.35	948.52
收入（亿元）	450.01	381.35
利润（亿元）	27.19	15.41
税费（亿元）	41.91	35.19

【油气勘探】 2017年，西南油气田突出效益勘探、精细勘探，坚持甩开预探新区新领域，新增探明天然气地质储量2248.4亿立方米（其中页岩气1565亿立方米），天然气SEC储量182.67亿立方米，连续14年保持储量高峰增长。川西南部雷口坡组勘探获重大新发现，兴探1井测试获气，证实该区块孔隙型白云岩储层发育、具有良好的含气性，勘探潜力大，该成果获股份公司油气勘探重大发现一等奖。川西九龙山地区立体勘探取得新进展，龙探1井栖霞组测试获百万立方米高产工业气流，表明该地区具备多层系勘探的有利地质条件。川西北部双鱼石地区深层海相勘探再获新成果，双探8井测试获高产天然气，进一步研究表明，川西北部地区上古生界发育大型构造—岩性复合圈闭，具有多层系、大面积整体含气特征和立体勘探、整体勘探的潜力。高石梯—磨溪地区台缘带扩展评价取得新成果，高石110井等多口探井获高产，为下一步储量动用及规模建产提供支撑。

【油气开发】 2017年，西南油气田生产天然气210.2亿立方米，同比增长11%。高水平实施龙王庙组气藏开发，持续优化生产组织，启动早期整体治水，加强外围储量动用，为长期稳产90亿立方米以上提供保障，年产天然气95亿立方米。高效实施震旦系试采评价，高产井培育见到明显成效，完成的8口井平均测试日产天然气75万立方米，Ⅰ+Ⅱ类井比例达100%，一期建成年产能15亿立方米；编制完成二期开发方案，川西二叠系下统试采评价取得重要进展，栖霞组首口试采井双鱼001-1井投产，稳定日产天然气30万立方米，为扩大试采和下一步建产获取重要资料。精心组织老区开发生产，科学控制开采负荷，综合递减率降至8.5%，下降近7个百分点，生产天然气63.3亿立方米。有序实施对外合作项目，川东北高含硫项目实现安全平稳开采，生产商品气18亿立方米；突破川中致密砂岩气藏开发技术瓶颈，实现效益开发。

【市场营销】 2017年，西南油气田（天然气销售西南公司）在夏季指令性限产、冬季天然气供需形势急剧逆转的情况下，进一步强化产运销联动，科学调配六大气源，优化气田生产组织，充分发挥储气库应急调峰作用，实现区域安全平稳供气。强化市场研判，精细靶向施策，对煤改气、LNG、炼油化工等市场客户实行“一户一策”，采取化肥气价并轨、冬春季非居民用气推价等措施。开启线上交易新模式，375家客户在上海石油天然气交易中心注册，实现竞价销售天然气8800万立方米。利用三大终端平台，开展合资合作，拓展滇、黔、桂新区市场，继续深耕川渝传统区域，新增客户45.9万户，终端销售同比增加11亿立方米，增长27%。推动中缅天然气管道楚雄—攀枝花支线、丹棱—夹江复线等重点工程建设，万州—云阳供气管道具备投运条件，为破除输配瓶颈、拓展终端市场赢得主动。

【安全环保】 2017年，西南油气田（天然气销售西南公司）严守安全生产“四条红线”，狠抓履职监督和责任落实，有效杜绝安全生产事故和环境污染事件。强化“两个现场”风险管控，突出抓好钻完井变更管理，有效防范作业和井控风险。推动基层站队QHSE标准化建设，持续提升一线安全生产风险管控水平，70.4%的基层站队评估达标，超额完成集团公司要求的60%达标任务。狠抓特殊时段和关键领域安全环保升级管理，确保敏感时期不出问题。持续开展安全环保风险评估和隐患治理，编制发布环保标准9项，分级落实管控责任，全面完成集团公司重点隐患项目治理，逐一现场核查、销项备案管道隐患873处。开展能效对标和节能技改，节能0.63万吨标准煤、节水29.8万立方米。

【科技与信息】 2017年，西南油气田（天然气销售西南公司）投入科研及现场试验经费6.2亿元，获省部级奖励10项。“100亿立方米调峰能力储气库重大关键技术及应用”获集团公司科学技术进步奖特等奖、“含硫酸性气处理用系列催化剂及无害化处理技术研发与工业应用”获一等奖。制定发布国际标准1项，获国家授权专利36件。加强地质综合研究和技术攻关，形成并应用震旦系有效气井识别模式和评价技术，为高石梯—磨溪地区台缘带低渗区、台内带灯影组的储量升级和井位部署提供有力支撑。持续深化页岩气地质工程一体化攻关，组织开展勺型井、深层压裂、长水平段水平井、石英砂替代陶粒等现场试验，长宁区块率先实现Ⅰ类储层钻遇率、井筒完整性、Ⅰ+Ⅱ类井三个比例“95%”的目标，井均测试天然气日产量提高到29万立方米。优化井身结构设计、推广应用精细控压钻井技术，双探8井钻井周期较同区深井大幅缩短，钻成井深达7793米的龙岗70井，五探1井钻进超过8000米，刷新西南油气田深井纪录。以两化融合管理体系建标、贯标为契机，加快推进老区信息化改造和新区数字化建设，通过国家认证；在大竹作业区、磨溪龙王庙开展“一老一新”试点示范建设，作业区数字化管理平台和油气生产物联网的建设应用取得重要进展。

【经营管理】 2017年，西南油气田（天然气销售西南公司）制定开源节流降本增效十二个方面73个大项 578 项具体措施，生产经营平稳受控，精细管理见到新成效，总体实现单位操作成本、桶油完全成本、员工总量“三个硬下降”目标。强化资产结构优化、三项专项工作和集中物资采购，投资规模有效控制，成本费用持续压减，开源节流降本增效成效显著，实现增效 20.05 亿元，其中增收 14.26 亿元、降本 5.79 亿元，节约投资 2.69 亿元，全面超额完成年初各项目标。落实市场拓展、集中采购、统一招标、专业化管理、培育新业务、优化机构人员等措施，实现利润总额 3224 万元。优化调整石油房地产开发组织机构，启动混合所有制改造，加快在建房地产项目处置，加大已建房地产项目销售，实现利润总额 2341 万元。强化企业法人压减，加强关键节点管控，完成国有股权压减项目 23 个，完成年度目标的 164%，压减交易成本 6000 万元，妥善安置员工 1391 人，5 家困难企业累计实现利润总额 4077 万元。集团公司及股份公司收回现金 11.76 亿元。开展股权挂牌定价研究，有效防止国有资产流失，增收 4000 万元。拓展终端输配气服务、燃气仪表与燃气灶具销售、燃气保险代理合作等产业链延伸业务，实现创收 800 万元。

【企业改革】 2017 年，西南油气田（天然气销售西南公司）持续深化改革，厘清职责界面、实施管办分离，机关职能处室、直附属机构及部门内设科室合计调减 23%，机关人员编制调减 20%。全面完成机构、编制定员压减“双 20%”的目标。完成矿区服务系统机构改革，减少处级、科级机构 136 个，3 年累计安置干部员工 6117 名；推进“三供一业”移交，127 个石油小区移交新成立的物业管理专业化公司，完成 10.19 万户供气业务向地方移交工作，供水、供电业务量移交分别完成 80% 和 95%；全面完成医疗业务社会化转型，4 家石油医院完成公司制改造。落实集团公司部署要求，推动西昌—喜德、合川—潼南区块的矿权移交。有序推进科研院所“双序列”改革，广大科研人员的创新创效积极性得到充分调动。2017 年 11 月 27 日，四川石油管理局更名为四川石油管理局有限公司。

【党群工作】 2017 年，西南油气田（天然气销售西南公司）成立“党的建设工作领导小组”，制定《关于推进“两学一做”学习教育常态化制度化的实施意见》和《党建工作责任制实施细则》。连续第三年组织所属单位党组织书记述职评议，党组织书记抓党建工作满意度测评“好”项占比 90% 以上。分片区对 33 家所属单位开展落实党建责任督查及创建“四好”领导班子检查考核，召开座谈会 42 场，访谈二级单位领导班子成员、党员干部 280 余人，查阅各类资料 5000 余份。牵头组织开展国有企业基层服务型党组织建设专题调研，形成专题调研报告报四川省国资委。邀请中央党校、中国社会科学院、清华大学等知名专家教授，围绕党的十九大精神学习、党建理论、管理技巧等内容授课。举办处级干部及中青年干部培训班 5 期、青年党务工作者递进培训班 5 期和党支部书记等各类培训班，培训 500 多人次。开展“喜迎十九大、再创新业绩”主题活动，形成“大学习、大宣传、大落实”热潮。健全优化党建工作体系，压实党建责任，加强巡察，建立党群工作例会制度。坚持“一述两评一约谈”，研究制定加强及改进新时期工会、团青、离退休、维稳信访等制度，整体联动、齐抓共管的“大党建”格局基本形成。规范党内政治生活，深入推进“两学一做”学习教育常态化制度化，坚决落实中央八项规定精神，持续狠反“四风”；成立纪检监察中心，严肃监督执纪，风清气正的政治生态更加巩固。强化干部队伍建设，制定《处级领导人员管理办法》和《科级人员管理指导意见》，持续调整优化各级班子配置，加快优秀年轻干部培养选拔，加大分级分类教育培训力度，各级干部引领支撑发展的作用进一步凸显。

（姚宇飞　林　勇　闵　军）

中国石油天然气股份有限公司吉林油田分公司（吉林石油集团有限责任公司）

【概况】 中国石油天然气股份有限公司吉林油田分公司（吉林石油集团有限责任公司）简称吉林油田，为中国石油下属的地区公司，总部位于吉林省松原市。勘探开发和生产区分布在吉林省 37 个市、县（区）。吉林油田于 1959 年 9 月 29 日发现，1961 年 1 月 17 日建矿并正式投入开发建设。2017 年底，有机关职能处室16个、机关附属机构3个、直属机构7个、矿区事业部机关1个，所属二级单位55个。用工总量40316人，其中合同化员工34095人。2017年是吉林油田改革发展迈出坚实步伐的一年，坚决执行集团公司党组部署，坚持稳健发展方针，坚定不移推进“三大攻坚战”，完成年度各项目标。完成原油产量390.01万吨，天然气产量10.21亿立方米。

吉林油田主要生产经营指标

指　标		2017年	2016年
原油产量（万吨）		390.01	404.5
天然气产量（亿立方米）		10.21	11.37
新增原油生产能力（万吨）		36.84	14.58
新增天然气生产能力（亿立方米）		1	0.75
新增探明石油地质储量（万吨）		2010.59	1663.73
新增探明天然气地质储量（亿立方米）		—	141.43
二维地震（千米）		908.98	307.88
三维地震（平方千米）		395	543.17
探井完成井（口）		70	69
开发井完成井（口）		850	270
钻井进尺（万米）		180.15	68.81
勘探投资（亿元）		13.42	12.22
开发投资（亿元）		38.85	20.19
资产总额（亿元）	上市业务	483	639
	未上市业务	62.38	75.99
收入（亿元）	上市业务	98	79
	未上市业务	52.18	44.28
利润（亿元）	上市业务	−175	−58
	未上市业务	−2.94	−7.77
应交税费（亿元）	上市业务	10	8
	未上市业务	2.73	2.78

【油气勘探】 2017年，吉林油田设立松辽盆地南部石油勘探项目、松辽盆地南部天然气勘探项目和东部盆地群油气勘探项目3个预探项目，按照突出效益勘探、加快规模勘探、坚持风险勘探的原则实施各项工程，完成探井40口、评价井30口，进尺11.133万米，完成二维地震908.98千米，完成三维地震395平方千米，超额完成股份公司下达石油控制地质储量任务。

持续推进一体化，攻关乾安致密油新增三级储量1.85亿吨，动用3146万吨，累计建成产能16万吨；攻关余字井地区，初步落实储量3000万吨，致密油实现规模增储建产。

深化富油区带拓展勘探，乾265水平井取得较好钻探效果，开展长水平段水平井提产攻关试验，试油获得突破可能性较大。黑82区块落实储量3600万吨，大情字井外前缘取得新进展。

加强新区预探，梨树断陷勘探取得重大发现。苏家地区苏家1、2、4井分别在火石岭、营二段获得高产油气流，初步落实天然气储量规模100亿立方米、石油3000万吨；怀德地区杨12井、杨17井见良好显示，揭示营城组、沙河子组储量规模3000万吨。

精细评价德惠断陷，德深11井、德深17、德深17-1井试采效果较好，展现良好动用潜力，已提交新增天然气控制储量。

加快孤店致密气预探，岭深1井、岭深2井、岭深12井、岭深201井试采均获工业气流，已提交天然气预测储量。

拓展基岩潜山，新完钻的伊78井试油日产油3.5立方米，伊72井具备获得工业油气流的条件，进一步揭示3000万吨储量规模，伊通盆地勘探取得新进展。

探索页岩油气非常规领域，新北地区新373井常规试油获日产10.2立方米高产油流，展现效益价值，坚定泥页岩油勘探信心。

【油田开发生产】 截至2017年底，吉林油区探明油田26个，探明石油面积2844平方千米，探明石油地质储量15.53亿吨，技术可采储量3.37亿吨，标定采收率22.84%。已开发油田25个（永平油田未投入开发），动用石油地质储量10.47亿吨，探明石油地质储量动用率67.40%，动用石油可采储量2.39亿吨，已开发油田绝大部分属低渗透或特低渗透油藏。已探明的油田中，长春油田和莫里青油田位于伊舒地堑，套保油田位于松辽盆地西部斜坡区，四五家子油田位于松辽盆地东南隆起区，其余油田均位于松辽盆地中央凹陷区。

截至2017年底，累计生产原油16670.5万吨，累计产液81631万吨，累计注水120442万立方米，累计注采比1.22。地质储量采出程度16.31%，剩余可采储量7238万吨，可采储量采出程度70.5%，综合含水率89.72%，储采比18.56。

2017年，吉林油田有采油井26707口、开井18157口，注水井8521口、开井5932口，地质储量年产油速度0.4%。生产原油390.01万吨，产液3689万吨，注水5524万立方米，注采比1.30。平均单井日产油0.6吨。全油田老井措施增产油12.37万吨。2017年油井免修期达660天，同比延长10天；通过精细注水，分注率保持在95%左右；有效注水合格率保持在86.5%；水质达标率保持较高水平，井口水质达标率90.3%，同比提高0.1个百分点。

开发形势分析。在大安、大情字井、扶余、新立和让字井油田外扩新区域，增加可采储量288万吨。主要通过加强油藏研究，优化注水方案，根据油田开发特点制定相应的注水政策，跟踪复查注水方案，及时调整，确保注水效果，2017年自然递减率减缓至11.0%，同比减缓0.5个百分点，老井含水上升率控制在1.0%，同比减缓0.2个百分点。统计新立、木头、红岗、大情字井、大安和扶余等各主力油田的地层压力变化，平均地层压力恢复至原始地层压力的80%。

【天然气开发生产】 2017年，股份公司下达吉林油田年度天然气产量计划9.8亿立方米，商品量6.4亿立方米，完成天然气产量10.21亿立方米，完成商品量6.97亿立方米。股份公司下达吉林油田年度天然气产能建设计划钻井15口，进尺4.47万米，新建产能1.0亿立方米，投资3.416亿元。根据产能建设区块整体部署安排及区块评价需要，实际在王府、德惠、伏龙泉、英台、长岭等地区完成产能建设井位16口，同时实施苏家地区勘探开发一体化评价井3口、区块风险评价井3口，总进尺6.35万米，新建产能1.3亿立方米。

截至2017年底，已投入开发气田7个，已开发气层气可采储量510.6亿立方米，全油区投产气井391口，开井190口，年产烃类气10.2亿立方米，累计生产天然气186.8亿立方米。2017年底配套能力9.5亿立方米，负荷因子0.97。气层气井口年产12.27亿立方米，累计生产166.25亿立方米，已开发气层气可采储量采出程度50.76%，已开发气层气剩余可采储量采气速度7.6，已开发气层气储采比41.62。

【科技创新】 2017年，吉林油田高效推进火山岩和致密气砂岩储层精细预测、扇体精细刻画等技术不断完善，指导苏家、梁家、英台勘探获新突破。致密油砂体精细刻画、“甜点”压裂等技术取得新成效，增加经济可采储量。大平台防碰绕障钻井、整体压裂等技术取得新进展，建成大平台24个，投资和成本分别下降27%和53%。集团压裂形成“调转扰蓄”多元组合技术体系，实施14个区块163口井，经济有效率比常规压裂提高10个百分点。二氧化碳驱技术取得新成果，黑79小井距试验区比水驱提高产量近4倍，预测提高采收率25%。低成本注采工艺取得新突破，双井抽和液压抽规模应用，设备投资分别节约30%和58%，单井能耗分别下降40%和22%；地面智能分注成功应用，同井注采不断完善，滑轨电动捞油进入现场试验，带压作业和大小修作业向自动化迈进。大老爷府油田物联网示范区建成，电子巡井、智能启停、水量调控、工况诊断等功能配套，实现简单实用低成本，一年可收回全部投入。群众性经济技术创新取得成果285项，创效3500万元。

【工程技术管理】 2017年，吉林油田完井969口，钻井进尺189.14万米，平均机械钻速11.26米/时，钻井井身质量合格率99.37%，固井质量合格率97.17%，油藏开发井压裂施工1467口/2793层，压裂一次成功率96.01%。实施集团压裂技术11个区块127口井，与同区块常规压裂相比，单井增油量提高1倍。组织开展二氧化碳无水蓄能加砂压裂试验6口井。机械采油系统效率22.11%，同比提高0.1个百分点；抽油机井泵效42.4%，同比提高0.4个百分点。注水井分注率93.5%，同比提高0.4个百分点；地质需求有效注水合格率76.5%。油水气井各类大小修16586井次，推广带压作业988口。完成隐患井治理163口。油井免修期达到660天。

【安全环保与质量节能】 2017年，吉林油田未发生一般B级及以上工业生产安全事故、环境事件和井喷失控事故，无新增“职业病”病例。发生一般C级工业生产责任事故2起，轻伤2人，事故起数同比减少3起，受伤总人数同比减少3人。安全事故指标控制创造历史较好水平，较好完成各项污染减排指标。HSE管理体系量化审核评级由良好级B2档晋升到良好级B1档。杜绝较大及以上质量事故。技术措施节能1.45万吨标准煤，完成集团公司考核指标的103.6%。节水14.21万立方米，完成集团公司考核指标108.4%。综合能耗100.24万吨标准煤，同比节约10.78万吨标准煤。获集团公司“安全生产先进企业”“环境保护先进企业”和“节能节水先进企业”称号。

【企业管理】 2017年，吉林油田经营管理再上台阶，加大力度推进业务流程再造，建立权责清单40张，精简流程334个、审批环节129个，促进业务由部门管控向流程管控转变。资产经营策略实现大调整，投资和成本压降成效显著，完成历史遗留项目结算19.8亿元，节约投资4.3亿元，降本增效3.5亿元。三项专项治理加快推进，清理法人实体2户，完成困难企业扭亏、“僵尸企业”及特困企业治理考核指标。实际同比减亏3.8亿元，剔除财务费用影响，实现盈亏平衡。物资采购、招投标、合同管理更加规范，依法挽回损失1570万元。清查整治战役全面打响，整改水电暖、土地、房屋、油料、天然气等管理问题4137个，减少损失2800万元。

集技术服务、劳务服务、传统服务于一体的市场开发模式基本建立，形成全员闯市场、积极“走出去”的氛围，巩固劳务服务市场，向长庆油田等单位输出2715人，树立吉林油田特色品牌。拓展传统服务市场，推进LNG销售、物资代采代供、热电转供、土地出租、宽带服务、对外培训、地方诊疗、农产品外销和承揽工程建设项目。

【党建工作】 2017年，吉林油田认真学习宣传贯彻党的十九大精神，采取专家辅导、书记授课、组团宣讲等方式，在学懂弄通做实上下功夫。推动“两学一做”学习教育常态化制度化，促进党员、干部队伍作风持续改进。深入推进党建责任体系建设，在11个国有独资、全资、控股企业落实党组织法定地位。加强基层党组织建设，6名党委书记现场述职述责，812个党支部按期集中换届，232名优秀党员走上党支部书记岗位。强化党建督导检查，对6个B级党委严肃通报和约谈。全面推进“四监控＋阳光操作”，被集团公司评为“不想腐”效果凸显单位。弘扬石油精神，推进员工素质提升和青年建功，深入开展“员工故事会”下基层、进社区，队伍凝聚力战斗力进一步增强。

【和谐企业建设】 2017年，吉林油田“四供一业”分离移交平稳推进，签订水电暖移交正式协议及物业移交框架协议。“暖房子”工程全部完工，供应中区和源江小区危房改造进入征收程序。滨江嘉园不动产证办理2929户，望湖二期、镜湖西区具备办证条件。投入6477万元用于房屋维修等民生实事。药品加成全部取消，省内就医“一卡通”工程启动。矿区服务质量进一步提高，“四供两排”“三保一修”全面加强，居民诉求量同比下降28%。推进精准扶贫，发放慰问金1438万元，救助家庭2.1万户次，资助困难子女237人。狠抓维稳安保，实现特殊敏感时段“零进京访”。

（李冬梅）

中国石油天然气股份有限公司大港油田分公司（大港油田集团有限责任公司）

【概况】 中国石油天然气股份有限公司大港油田分公司（大港油田集团有限责任公司）简称大港油田，是中国石油所属的以油气勘探开发为主营业务的地区分公司，总部位于天津市滨海新区。大港油田勘探开发建设始于1964年1月，矿权面积18717平方千米（滩海2030平方千米），分为陆地、滩海和极浅海三大勘探领域，地跨津、冀、鲁3省（直辖市）的25个区、市、县。截至2017年底，有员工2.5万余人，设16个机关部门、6个直属单位、40个所属单位，资产总额543.66亿元。

2017年，大港油田始终坚持稳中求进工作总基调，深入实施“资源、创新、市场、一体化”战略，全力以赴夯基础、树形象、上水平，科学谋划、统筹推进勘探开发生产与改革发展稳定各项工作，完成上级下达的年度生产经营任务。

大港油田主要生产经营指标

指　标	2017年	2016年
原油产量（万吨）	402.78	407.87
天然气产量（亿立方米）	5.09	4.73
新增原油产能（万吨）	74.6	50.8
新增天然气产能（亿立方米）	1	1
新增探明石油地质储量（万吨）	1874.46	1515.56
三维地震（平方千米）	387.54	390.5
钻井（口）	496	313
钻井进尺（万米）	128.39	80.29
勘探投资（亿元）	14.07	11.59
开发投资（亿元）	40.28	18.07
资产总额（亿元）	543.66	531.09
收入（亿元）	198.25	121.8
利润（亿元）	−6.35	−51.19
税费（亿元）	16.46	7.08

【油气勘探】 2017年，大港油田展开三区勘探，资

源评价获得多项高效发现。落实“勘探战三区”部署，深化增储建产一体化管理，歧口凹陷斜坡区精细勘探取得重要成果，新增规模效益储量5000万吨；天然气勘探实现重要突破，在乌马营潜山带和歧北斜坡区形成2个百亿立方米规模增储区；王官屯潜山甩开预探获得新的发现，首次实现二叠系规模增储，整体形成5000万吨级规模增储战场；沧东凹陷孔二段页岩油综合勘探展现良好前景，形成亿吨级增储潜力区。2017年，钻百吨井9口、创近10年新高，累计新增三级储量8654万吨、SEC储量225万吨；建成3个5万吨以上产能新区，新增储量区贡献产量10万吨。

【油气开发】 2017年，大港油田全面启动“五场”建设，开发生产水平持续改善提升。拓展“新战场”，历时3年完成自营区1.77亿吨未动用储量再评价，新老区建产比0.81，创历史新高；优化重构“渗流场”，优选23个区块实施渗流场重构，自营区自然递减率创近10年最低；规模建设“井丛场”，建成以羊三木1号为代表的井丛场59个，钻井239口、占新钻井总量的67%，缩短建井周期15%、减少永久征地260亩；攻关“试验场”，官东6x1体积压裂渗吸采油试验首次实现压裂工厂化作业、单井增产近3倍，7个三次采油试验扩大区纯增油7.55万吨；持续发展“数字场”，搭建复杂断块油藏多学科协同研究平台，进一步提高研究效率和工作水平。统筹优化生产运行管控，平稳推进对外合作及风险作业，生产原油402.78万吨；生产天然气5.09亿立方米，超产1.89亿立方米，所有采油生产单位均实现既产油又产气，稳油增气成效显著。

【提质增效】 2017年，大港油田深入推进开源节流降本增效，通过适价销售原油、增产增销天然气、规范附加产品定价、逆势拓展外部市场，同比增收7亿元；通过争取地方政府政策支持、盘活低效土地和存量资产，实现创效3亿元；通过加强经济评价、严格投资管控，压减各类投资2.18亿元；通过优化方案设计、加强关联交易谈判，降低勘探开发综合成本2.34亿元；通过推进电力大用户直供、压减非生产性支出，节约成本费用9200万元；通过严格立项审批公示制度，外部协作、委托、承包项目同比减少45%；处置低效无效资产，实现资产轻量化2.9亿元。2017年，上市、未上市、矿区服务、多元投资四大业务板块收入198.25亿元、利润-6.35亿元，预算同口径减亏11亿元，全面超额完成奋斗目标。

【改革创新】 2017年，大港油田推进重点领域改革，南部油区生产生活、国内国际外部市场、消防保卫等10个处级职能机构优化整合，公司机关改革整体“瘦身”达标，法人企业压减任务提前1年完成，精简处级机构12个、科级机构87个。推进科技信息创新，为期3年的集团公司重大科技专项“大港油区大油气田勘探开发关键技术研究”通过验收，“大港油区效益增储稳产关键技术研究与应用”重大科技专项通过立项申请，多类型斜坡优势相富集理论与评价等18项技术持续创新发展，A11、A5、ERP2.0等信息系统建设应用取得新成效。2017年，大港油田获省部级科技奖26项，其中特等奖2项、一等奖4项；获国家知识产权授权184件，其中发明专利28件；均创重组整合10年来最好成绩。信息化工作连续3年在集团公司16家油气田企业中位居前列。

【管理提升】 2017年，大港油田系统梳理并实名通报26类风险问题和47个典型案例，有针对性地改进加强财务、物资、合同、招投标和基建工程管理，提升合规管理水平。全面启动“三年全覆盖”巡察工作，分4轮巡察16家单位，发现合规方面问题260个，移交信访举报和问题线索73个，达到震慑、遏制、治本目的。深入实施“一体化”战略，制订完善“六个一体化”管理实施方案，为公司持续稳健发展指明方法路径，增储建产一体化管理成果获“第二十四届国家级企业管理现代化创新二等奖”。

【安全环保】 2017年，大港油田牢牢抓住风险防控这一核心，深刻吸取京津地区火灾亡人、环境污染及集团公司系列安全环保事故，特别是公司“4·19”事故教训，先后开展“深反思、查隐患、纠违章、保安全”等系统性隐患大排查大整治活动5次，对10家所属单位进行安全环保巡视，累计查改隐患问题2.3万个，投入2.08亿元实施祥和小区南侧违建拆除、油区污染坑塘治理、港狮生活锅炉房“煤改燃”等重点安全环保隐患治理项目75个，全面完成国家燃煤锅炉“清零”任务和集团公司油气管道隐患整治三年工作目标，永久关停孔大站国控源废水排放口，技术节能1.47万吨标准煤、节水10万立方米，各项安全环保指标总体受控。

【和谐稳定】 2017年，港西新城1.44万套职工住宅交房，红旗路东侧亮化、幸福广场周边绿化、钻井新村公园美化、主干道路规范化及体育公园建设等14项重点民生工程见到实效，中心广场长1200米、宽4米的塑胶跑道铺设完成，尤其是抓住国家卫生区创建契机，争取政府支持，拆除违建1088处、治理圈占911处、清运杂物6.2万吨、整修铺装6.7万平方米、清理明渠82.3千米、治理污水50.2万立方米，一大批“脏乱差”顽疾得到治理，职工家属获得感持续提升。健全关爱帮扶长效机制，帮助基层解决实际困难2000余个，帮扶困难职工1.2万人次，推介职工子女就业695人，组织大型文体活动39项，职工收入近3年来首次实现正增长。认真落实维稳信访和安保防恐工作责任制，特别重点阶段“首都政治护城河”工作获集团公司通电嘉勉，涉油气及居民区治安案件发案率36.8%，创历史新低。

【石油工匠培育工程】 2017年，大港油田着力推进“石油工匠培育”工程，开展技能专家大讲堂活动9期、高技能人才培训10期，第二采油厂冯萌萌获“全国五一巾帼标兵岗”称号。充分发挥技能大师工作室作用，深入开展专项培训、生产难题研讨、创新成果交流学习，技能人才专项技术技能及解决生产问题和创新创效的能力显著增强，第三采油厂“宫艳红创新工作室”被评为“全国示范性劳模和工匠人才创新工作室”。坚持以赛促训、以赛助学，依托技能大赛平台，开展岗位练兵、技能比武、技能培训，全员技能素质与能力不断提升，在集团公司油气开发专业竞赛、第二届京津冀职业技能大赛中均获团体第一名，并摘得个人项目金牌4枚、银牌3枚、铜牌4枚。

【尤立红参加党的十九大】 尤立红，为第五采油厂第一采油作业区油水井管理五组组长。2017年5月，在天津市第十一次党员代表大会上，当选为天津市党的十九大代表；2018年10月到北京参加中国共产党第十九次全国代表大会，成为大港油田历史上连续两届以代表身份出席中国共产党全国代表大会（党的第十八、十九次全国代表大会）的第一人。作为天津代表、石油工人，尤立红在党的十九大会议上的代表发言环节中，简要介绍十八大以来天津市改革发展情况、大港油田生产经营情况及其自身工作学习情况，并就健全社会“特殊老年群体”的养老助老体系和创建五位一体“蓝领”培养机制提出建议。

（刘朝晖）

中国石油天然气股份有限公司青海油田分公司

【概况】 中国石油天然气股份有限公司青海油田分公司（简称青海油田）前身为1955年6月1日成立的青海石油勘探局，经营范围包括石油天然气勘探开发、工程技术、工程建设、装备制备、炼油化工、生产保障、矿区服务和多种经营等业务。主力油田有尕斯库勒、英西、昆北、英东等油田；主力气田有涩北一号、涩北二号、台南、东坪等气田。截至2017年底，年原油生产能力235万吨、天然气生产能力77亿立方米，原油加工能力150万吨。建成9条输油气管线，年输油能力300万吨、输气能力107亿立方米，天然气输送到西宁、兰州、银川等地。

青海油田是中国四大天然气区之一，勘探始于1954年，主要勘探开发领域在素有“聚宝盆”之称的柴达木盆地，地理面积约25万平方千米，沉积岩面积12万平方千米。油气总资源量70.3亿吨，其中石油38.17亿吨（包含致密油8.58亿吨）、天然气32126.99亿立方米。工作区域平均海拔3000米以上，是国内自然条件最为艰苦的油田。已建成敦煌教育生活科研基地、格尔木炼油化工基地、花土沟原油生产基地。

2017年底，青海油田有合同化员工13337人（不包括市场化用工），其中男员工8980人、女员工4357人。党员12993人，其中新发展党员215名。

2017年，青海油田生产原油228万吨，生产天然气64.01亿立方米，加工原油150.03万吨，油田综合递减率6.8%，气田综合递减率8.3%。油田年开钻井530口，完钻井479口，完成钻井进尺83.2万米；气田年开钻井126口，完钻井122口，完成钻井进尺16.57万米。

【油气勘探】 2017年，青海油田在英西深层发现新的富油气区，狮210井最高日产原油1242立方米、日产天然气8.5万立方米，刷新国内陆上近年来单井日产纪录。英中探区狮58井日产1000立方米原油、200万立方米天然气，创青海油田单井日产天然气最高纪录。阿尔金山前天然气勘探尖探1井、尖探2井和尖3井（加深）喜获工业气流，气藏分布规律逐步清晰，尖北整装规模储量落实。昆2井加深钻探至7015米，创青海油田最深井纪录，电测发现新油气层。完成国内外双口径储量任务，新增SEC国外口径油气地质储量262万吨，新增油气三级地质储量

1.78 亿吨，其中探明油气地质储量 3286 万吨。

青海油田主要生产经营指标

指　标	2017 年	2016 年
原油产量（万吨）	228	226.3
原油加工量（万吨）	150	147
原油管输量（万吨）	215.44	214.38
天然气管输量（亿立方米）	16.59	12.27
天然气产量（亿立方米）	64.01	60.8
新增原油产能（万吨）	48.45	35.07
新增天然气产能（亿立方米）	6.5	4.87
新增探明石油地质储量（万吨）	2279.92	2801
新增探明天然气地质储量（亿立方米）	100.58	15.97
二维地震（千米）	1955	1053
三维地震（平方千米）	671	599
探井（口）	60	53
开发井（口）	646	503
钻井进尺（万米）	119.6	84.2
收入（亿元）	200.95	167.41
利润（亿元）	25.19	16.01

【油气开发】 2017 年，青海油田坚持强化老油田精细注水、井网重构和综合治理，自然递减率、综合递减率控制在 11.88% 和 6.8% 以内。深化气藏精细管理，推行排水采气工艺及增产措施改造，综合递减率控制在 8.5% 以内。涩北气田连续 8 年保持 50 亿立方米以上稳产。坚持勘探开发一体化，建成原油产能 52.4 万吨、天然气产能 6.5 亿立方米，产能到位率分别达 86.3% 和 100%。生产油气当量 740 万吨，其中原油 228 万吨、同比增加 7 万吨，天然气 64 亿立方米、同比增加 3.2 亿立方米。密切周边重点用户和涩宁兰销量，增供银川方向，销售天然气 57.4 亿立方米，实现削峰填谷、产销均衡。

【炼油化工】 2017 年，青海油田炼油化工装置实现“安稳长满优”运行，加工原油 150 万吨，同比增加 3 万吨，实现盈利 4.56 亿元，同比增加 3300 万元。完成污水处理提标改造项目，挥发性有机物综合治理项目建成投运，“三废”处理稳定达标。推进烷基化、航空煤油等效益类项目，低凝点柴油比例、高效产品收率等指标在炼化板块名列前茅，综合商品率、炼油综合能耗等 7 项指标创历史最好水平。

【油气管输】 2017 年，青海油田油气管输完成输油量 215.44 万吨、输气量 16.59 亿立方米；输油商品率 99.98%，输气商品率 100%；输油综合能耗为 216.2 千克标准煤 /（万吨·千米）；油气管输挖潜增效 242.9 万元；管道巡护监督第三方施工 7 起，制止违法施工 28 次，清理未遂占压 12 起，排除隐患 8 处；识别高后果区 8 处，青海油田管道连续 9 年未发生打孔盗油事件。

【工程技术】 2017 年，青海油田动用钻机 73 部（西部钻探 39 部、长城钻探 8 部、川庆钻探 8 部、渤海钻探 12 部、民营 6 部），开钻井 706 口，完井 685 口，进尺 119.60 万米。其中：开发井开钻 646 口，完井 632 口，进尺 101.87 万米；预探评价井开钻 60 口，完井 53 口，进尺 17.73 万米。集团公司内部钻探公司开钻 679 口，完井 657 口，进尺 115.30 万米，占 96.40%。

采油气工艺方面，完成油井措施 612 井次（主要措施：压裂 82 井次，酸化 119 井次），增油 12.05 万吨。其中，老井措施 492 井次，有效 395 井次，平均措施有效率 80.28%，增产原油 10.46 万吨。气田完成措施作业 108 井次，有效 90 井次，措施有效率 83.33%，增产天然气 1.32 万立方米。

井下作业技术方面，完成试油（气）151 层组，大修 136 井次，投产维护 1850 井次，压裂 353 层段 /228 井次，酸化 541 层段 /364 井次，连续油管作业 274 井次，完成弃置井处置 126 井次，环境治理 17 井次。

【企业管理】 2017 年，青海油田实施“13544”工作措施，有针对性解决各层面各环节的矛盾和问题，强化基础支撑，完善工作机制，做到相互促进、齐头并进，坚定不移建成千万吨规模高原油气田。

“13544”工作措施：弘扬“一种精神”，厚植“三项基础”，构建“五个体系”，全面推动“四转”，努力打造“四地”。弘扬“一种精神”，就是大力弘扬以“爱国、创业、奉献、实干”为核心的柴达木石油精神。厚植“三项基础”，就是加深基础研究、加强基础管理、加快基础建设。构建“五个体系”，就是建立完善坚强有力的党建工作体系，建立完善促进成长的人才培养体系；建立完善支撑发展的经营管理体系；建立完善导向明确的业绩考核体系；建立完善职责明晰的监督约束体系。全面推动“四转”，就是推动观念转变。推动发展转型。推动方式转换，推动成果转化。努力打造“四地”，就是打造创新创效的阵地；打造思想文化的高地；打造安全环保的属地；打造生态文明的园地。

【深化改革】 2017年，青海油田成立改革专门机构，编制完成“1+N”改革方案的实施指导意见，明确20项改革重点任务。优化人力资源配置，合理分流安置富余人员150人。按照市场配置“三个原则”开展战略合作，集团公司工程技术服务内部工作量占90%以上。开展重大科技专项攻关，取得空气钻井、清防盐工艺、储层改造等技术攻关，通过连续管作业，注水井测调成功率达80%以上，新井投产占井周期缩短1.5天。推进矿权内部流转工作，勘探开发迈进市场化。“三供一业”和企业办社会职能分离移交完成阶段目标。

【科技成果】 2017年，青海油田获省部级及以上科技奖励9项，油田科技进步奖59项；向股份公司申报专利45项，获授权专利43项，其中发明专利6项；新技术新产品推广应用6项，创效4100万元。组织申报“青藏高原咸化湖盆油气地质勘探理论技术创新与重大突破”项目，通过9名院士及14位专家鉴定，被集团公司提名推荐参评2018年度国家科学技术奖。

2017年，青海油田获省部级二等奖以上科技奖励6项。“柴达木盆地油气资源评价及油田可持续发展研究”获青海省科学技术进步奖二等奖；参与研究完成“中国石油第四次油气资源评价”获集团公司科学技术进步奖特等奖；“柴达木冲断带油气富集规律、勘探技术和目标优选”获集团公司科学技术进步奖二等奖；“特低渗—致密油储层体积改造技术与应用”获中国石油和化工自动化行业科技进步奖一等奖；“满足国Ⅴ/Ⅵ升级的FCC汽油关键组分定向分离技术”获中国石油和化学工业联合会科学技术奖技术发明一等奖；“柴达木盆地勘探新区钻井关键技术及规模应用”获中国石油和化工自动化行业科学技术进步奖二等奖。

【安全风险防控】 2017年，青海油田安全风险防控工作推进五级风险四级防控机制，建立青海油田环境风险信息库，全员辨识评价出4784项一般、163项重大危害因素，确定64项公司级安全风险管控重点。评估确定3个重大、11个较大、70个一般环境风险。制定《安全隐患治理专项资金管理办法》，完善隐患治理项目库，下达二级单位自主资金4154万元，治理安全隐患93项。统筹下达安全隐患资金2157.57万元对油气场站、集输管网、道路交通等19项安全隐患进行治理。宣贯培训集团公司“四条红线”，发送安全短信、月安全警示短信93次209万余条。

【职工技术创新工作室】 2017年，青海油田组织开展劳动模范、技能大师讲堂活动，史昆等9名劳动模范、技能大师代表分别在花土沟、东坪、南八仙、涩北、格尔木等地举办7场讲堂活动，各生产单位班组长、技术骨干700余人听课。组织开展集团公司“五新五小”群众性经济技术创新成果的推荐工作，推荐上报集团公司4项技术创新成果，采油一厂史昆职工创新工作室推荐的2项技术创新项目分获中国石油2017年度一线创新成果一等奖、二等奖。

【精神文明创建活动】 2017年，青海油田调整精神文明建设指导委员会。组织推荐申报州级文明单位，迎接青海省和海西州的检查考核，采气一厂、采油二厂、井下作业公司、测试公司、采气二厂、勘探处（勘探事业部）、物资装备公司等7个单位被评为州级文明单位。组织开展青海油田“五星最美家庭”创建评选活动，135个家庭申报，评选出爱岗敬业家庭10户、孝老爱亲家庭10户、团结奉献家庭6户、崇德守礼家庭5户、教子有方家庭6户。向海西州、青海省推荐“第六届全国道德模范”候选人赵婷、杨永磊、王龙。举办以“社会主义核心价值观”“油田文化理念”“中华传统美德、家风家训家故事”等为主要内容的书法、绘画、剪纸、摄影作品的征集评选和楼道展示，征集展示作品809幅。向青海省和海西州推荐油田学雷锋志愿服务“四个100”（100个最美志愿者、100个最佳志愿服务组织、100个最佳志愿服务项目、100个最美志愿服务社区）先进典型。“青海油田展览馆（格尔木）”“冷湖地中四井”被青海省命名为“青海省爱国主义教育基地”。

【油田新媒体】 2017年，青海油田加强新媒体与网络管理，印发《关于认真贯彻执行〈关于规范党员干部网络行为的意见〉的通知》《关于进一步规范油田新媒体管理工作的通知》，做好油田各级各类新媒体公众平台备案工作，规范新媒体与网络舆论行为，修订《青海油田新闻媒体突发事件专项应急预案》；编发《青海油田公司网络舆论舆情周报》18期；在集团公司举办的“学习十九大、践行新思路、奋力建千万”读书活动和“重塑形象，从心出发”新媒体创作大赛中，6件作品获奖。

【文联工作】 2017年，青海油田文联摸底调查油田文学、摄影、书法、美术、音乐、舞蹈、民间文艺、收藏等文艺人员及艺术现状，摸排出13个文艺团体、200多人。开通“风从高原来”微信平台，推送专题

62 期，文图 157 篇，点击率达 30 万人次；征集、建档和永久收藏油田作家书写油田故事并公开出版的文学作品。青海油田作家曹建川、李玉真、彭康分获中国石油第四届“铁人文学奖”散文奖、特殊贡献奖、小说提名奖。

【对外宣传】 2017 年，青海油田在《青海日报》《中国石油报》及青海广播电视台、中油影视中心等主流媒体累计报送各类稿件 600 余篇。与石油工业出版社合作拍摄制作反映油田炼油化工及野外一线生产现场的 VR 视频。《经济日报》主题报道特刊“百姓家史”栏目刊登《三代青海石油人：我们的日子越来越有滋味了》，以青海石油人家庭变迁的故事讲述青海油田近 5 年来的发展。中国石油画报刊发《青海油田：沿着千万吨战略目标前进》一文。在青海省委宣传部组织开展“榜样的力量·媒体记者油田行”主题采访活动中，《人民日报》、新华社等 5 家中央驻青海媒体、《青海日报》等 11 家省级媒体、26 名记者，集中采访报道青海油田，刊播各类题材新闻报道 104 篇（条），国内外各大媒体聚焦“中国石油青海油田”，转发、转载多达 2500 条次，油田微信跻身全国中央企业二级官微百强。

【民生工程】 2017 年，青海油田培训轮休基地（敦煌基地）首批 7180 户棚户区改造完成，1628 户居民迁住“东坪一期”新居，“东坪二期”1166 套住宅交房。完成敦煌基地小区改造、矿区照明系统维修、道路建设、安防系统完善、格尔木石化基地道路改造等重点项目。统一更换老式路由器，家庭宽带提速不提价，公共区域实现无线网全覆盖。改造文化活动场所，配备健身运动器材，减免文体娱乐项目费用。提高盆地员工就餐补贴标准，开展慢性病、心脑血管健康关爱工作。超额兑现员工增收承诺，激励干部员工立足岗位增收创效、多劳多得，员工薪酬达到集团公司考核兑现上限。

2017 年，青海油田为 365 户、442 人低保人员发放救助低保金 291 万元；247 人低保人员参加基本医疗保险并交纳个人承担部分资金 3.04 万元；发放低保户冬季取暖费 44.2 万元。重大节日为 2589 名油田困难家庭发放救助、慰问金（慰问品）662 万元。一次性救助困难家庭 150 户 165 人，救助资金 36 万元；救助死亡人员家庭 401 人，救助资金 56 万元；救助特困学生 59 人，救助助学金 15.25 万元。

2017 年，青海油田为 610 名残疾人发放救助慰问金（慰问品）126 万元。从地方残联为 241 名重度残疾人争取生活补助金、燃油补贴、重度残疾人护理补贴等 28.08 万元。

【党建工作】 2017 年，青海油田深入开展“践行四合格四诠释，弘扬石油精神，喜迎‘党的十九大’岗位实践活动，完善《推行党支部主题党日暂行办法》等制度文件，推动党员经常性教育工作精细化、规范化、科学化。开展“党员公开承诺”“党员志愿服务”“党建三联示范点”等活动，建设油田党费收缴“党费云”平台，党费由“被动收”转变为“主动交”。油田基层党组织带动党员结合生产经营实际开展立项攻关，采油一厂尕斯第一采油作业区党支部“节能降耗模式探索”等 10 个攻关项目获油田“优秀攻关项目”奖。

【廉政建设】 2017 年，青海油田党委与各二级单位党组织签订《党风廉政建设责任书》45 份，基层单位逐级签订党风建设责任书 8293 份，党员干部和关键岗位人员签订《廉洁自律承诺书》6788 份。对拟提拔干部廉洁审查、先进单位及个人政治资格审查 469 人次。制定下发《廉洁风险防控工作实施方案》，梳理人、财、物、工程管理等业务领域 183 个，1265 个关键环节，3952 个廉洁风险点，制定 4215 条防控措施。制定《青海油田公司关于规范领导干部亲属经商办企业行为的规定（试行）》，清退亲属经商办企业并与中国石油发生业务往来行为的 12 名处级、科级干部。开展党委巡察，发现问题 737 个，整改 538 个。

【企地关系】 2017 年，青海油田争取地方政府政策支持，落实城建税返还、天然气补助、援企稳岗资金。油田员工基本医疗保险和生育保险纳入青海省海西州统筹管理，实现“一站式”联网结算。履行国企“三大责任”，捐赠玉树 LNG 站，支援藏区经济社会发展，支持美丽乡村建设，选派优秀干部开展帮扶工作、挂职锻炼。协助甘肃省敦煌市做好第二届敦煌文博会服务保障等工作，展示油田形象。

【先进荣誉】 2017 年 2 月 27 日，中华全国总工会在北京人民大会堂举行的全国先进女职工集体和个人表彰大会上，青海油田勘探开发研究院职工王玉珍获“全国五一巾帼标兵”称号。

（曹　芳）

中国石油天然气股份有限公司华北油田分公司（华北石油管理局有限公司）

【概况】 中国石油天然气股份有限公司华北油田分公司（华北石油管理局有限公司）简称华北油田，前身为1976年1月成立的华北石油会战指挥部，总部位于河北省任丘市，主要从事石油天然气和煤层气勘探开发、储气库建设管理运营、燃气市场开发利用、对外技术服务与劳务承包、多种经营以及与之配套的矿区服务、社会服务等业务。油气勘探区域主要集中在冀中、内蒙古自治区中部和山西沁水盆地等三大探区。截至2017年底，有油气资产原值705.96亿元，净值270.94亿元；累计探明石油地质储量14.22亿吨、天然气地质储量313.38亿立方米；累计生产原油2.78亿吨，天然气125.56亿立方米；累计煤层气产量52.99亿立方米；累计工业总产值（现价）3006.82亿元。设机关职能部门14个，直属单位4个，直管单位9个，二级单位40个。有员工3.6万人，其中管理人员7840人、专业技术人员7461人、技能操作人员20074人；研究生以上学历人员711人，大学文化程度人员11610人。

2017年，生产原油403.1万吨、天然气2.4亿立方米、煤层气9亿立方米，收入177.39亿元、利润-18.2亿元，比集团公司下达的利润指标减亏4.66亿元，上缴税费22.39亿元；其中，上市业务收入118.77亿元、利润-18.34亿元；未上市业务收入58.62亿元、利润0.13亿元；集体投资业务收入82.08亿元、利润2.90亿元。

【华北石油管理局改制】 2017年11月3日，中国石油天然气集团公司下发《关于华北石油管理局实施改制有关事宜的批复》（中油企管〔2017〕430号文件），同意《华北石油管理局公司制改制方案》，华北石油管理局由全民所有制法人企业改制为一人有限责任公司，名称变更为华北石油管理局有限公司。11月30日，华北石油管理局有限公司正式注册成立，注册资本864660万元，中国石油天然气集团公司持股100%，执行董事兼总经理袁明生。

华北油田主要生产经营指标

指　标	2017年	2016年
原油产量（万吨）	403.10	410.96
天然气产量（亿立方米）	2.40	2.07
煤层气产量（亿立方米）	9.00	8.77
新增原油产能（万吨）	56.01	47.82
新增天然气产能（亿立方米）	1.0	0.8
新增煤层气产能（亿立方米）	2.3	0.49
新增探明石油地质储量（万吨）	3136.03	2554.06
新增探明天然气地质储量（亿立方米）	—	37.59
新增探明煤层气地质储量（亿立方米）	104.8	116.59
二维地震（千米）	1518	640
三维地震（平方千米）	704	655
探井（口）	132	96
开发井（口）	662	199
钻井进尺（万米）	140.02	73.72
勘探投资（亿元）	20.34	13.72
开发投资（亿元）	40.34	28.48
资产总额（亿元）	531	529.9
收入（亿元）	177.39	145.12
利润（亿元）	-18.2	-37.02
税费（亿元）	22.39	12.92

【油气勘探】 2017年，华北油田始终把效益增储放在首位，瞄准重点领域重点目标，加强井位论证和方案设计，深化勘探开发一体化，全年新增探明、控制、预测石油地质储量3136.03万吨、3795万吨、5191万吨，探井成功率创近年最高水平。突出天然气勘探，安探3井又获高产油气流，廊固凹陷杨税务潜山勘探

实现重大进展。深化富油凹陷勘探评价，乌兰花、饶阳、霸县等凹陷获得规模发现，乌兰花勘探、大王庄整体再评价分获集团公司油气勘探重大发现成果一等奖、二等奖。强化新区新领域勘探，晋古21井、晋古22井等井获高产油流，束鹿西斜坡展示良好前景。对接集团公司矿权区块流转部署，争取到巴彦河套一万多平方千米探矿权区域，资源评价、矿权保护、勘探部署等工作积极展开，吉兰泰区块地质钻孔加快实施。

【开发生产】 2017年，华北油田强化开发经济效益论证，深挖老油田资源潜力，高起点、快节奏组织生产建设，克服产能接替不足、新井产量到位率低等不利影响，全年生产原油403.1万吨。优化建产结构，严格经济评价，整体排队优选，打破新区与老区、新建与恢复"两个界限"，新建原油产能56万吨。优化措施挖潜，以重点油藏和低效区块治理带动油田整体开发，持续深化精细注水工程，自然递减率、综合递减率稳中有降；加大长停井恢复和深部调驱力度，措施增油27.8万吨，超计划3.6万吨。优化生产组织，综合平衡产、运、销、储，协调解决土地工农问题，强化水电路信保障，提高物资供应效率，生产运行更加均衡平稳。

【天然气业务】 2017年，华北油田扎实推进增气战略，天然气业务量效齐升。坚持把发展天然气作为实现战略规划的重要支撑，集中力量快速推进。常规天然气加强气藏动态监测，充分挖掘开发潜力，新建产能1亿立方米，生产天然气2.4亿立方米。煤层气拓展勘探领域，马必东区块新增探明煤层气地质储量104.8亿立方米，吉尔嘎朗图储量规模逐步落实，新获得山西宁武矿权区块；精细老区开发调整，有效盘活低效区块，新建产能2.3亿立方米。全年生产煤层气9亿立方米，实现收入10.98亿元、利润0.87亿元。燃气业务持续优化全国市场布局，不断完善资源保障体系，加快推进气化城乡工程，创新推广"点管联供"模式，城乡居民用户、商业用户突破50万户，全年销售管道气和CNG 10.2亿立方米、LNG 100万吨，华港集团实现收入62.19亿元，同比增加21亿元，实现利润1.78亿元。储气库业务强化动态监测，科学注采运行，年采气量达3亿立方米，同比增长134%，应急调峰作用较好发挥。

【市场开拓】 2017年，华北油田破解发展空间有限和承载能力不足的现实问题，坚持外拓市场、创收增效，全年实现收入12.43亿元，外闯市场人员3520人。巩固完善国内油气田市场，健全区块承包、劳务输出、代管代维等服务模式，海南市场保持稳定，苏75合作区块连续7年稳产天然气8亿立方米以上，新获长庆油田苏43区块和万口长停井恢复技术服务项目，成功开辟吐哈油田煤层气技术服务市场。快速拓展海外市场，进入中国石油海外板块支持体系，中标阿联酋、苏丹、阿尔及利亚等技术服务项目。开拓社会市场，物资供应、水电路信等业务市场创收持续扩大，石油新城及周边县市地热供暖项目启动实施。

【提质增效】 2017年，华北油田持续深化提质增效，坚持以经济效益为中心，深入推进开源节流降本增效，全面完成集团公司下达的提质增效任务目标，经营状况稳步改善。全年收入177.39亿元、利润–15.29亿元，比集团公司下达的利润指标减亏4.66亿元，未上市业务整体扭亏为盈。严格投资源头管控，强化项目前期论证和经济评价，推行钻井、试油总承包及井营分离等集约化用地模式，加快项目实施进度，当年投资完成率达85%以上，跨年投资同比减少20亿元。优化生产运行管理，推进地面系统整体优化简化，着力解决联合站能力过剩、"大马拉小车"问题，将18座联合站降级为转油站，年运行费降低1.5亿元；加强运销协调，天然气提价销售，原油低储高销，实现增效5700万元。创新物资采购模式，扩大"三集中"采购规模，与京东合作推进电商采购，通用物资采购成本降低25%。加强资产管理，推进资产轻量化，报废闲置资产，减轻资产负担6.8亿元；加大设备修复改造、调剂利用力度，盘活闲置土地和公有房屋，实现创效1.3亿元。推进三项专项工作，压减法人2家，6家亏损企业、特困企业实现扭亏。

【改革调整】 2017年，华北油田注重顶层设计，强化整体统筹，扎实抓好八个方面17项重点任务落实，改革在总体平稳中向纵深推进。加快剥离企业办社会职能，"三供"业务移交协议签订率90%，河北美达物业服务公司组建运行，宝石花华北医疗健康管理有限公司正式揭牌，社区、市政职能移交准备就绪。进一步深化科研体制机制改革，优化整合科技资源，推行科研单位去行政化，实施完全项目制管理，畅通科研人员双向发展通道，科研改革取得新突破。持续推进机构优化调整，强化产业支撑，科学配置资源，勘探、开发、煤层气、销售、多元、矿区六大事业部管理架构建立完善；通过撤并、重组，减少处级机构5个、科级机构95个，压减两级机关人员10%。完成管理局及所属企业公司制改制，初步建立起权责明确、有效制衡的公司法人治理结构。做好扩大经营自主权试点运行前期工作，编制完成改革实施方案。

【科技信息】 2017年，华北油田着力推进重大科技专项攻关，以持续增储、高效建产、精细开发及煤层气高效开发四大领域为主攻方向，发展完善3项理论认识，形成11项配套技术，集团公司重大科技专项一期工程通过验收。着力推广先进适用技术，强化科研与生产紧密结合，潜山目标识别评价与井筒工程、富油区带整体再评价等技术不断完善，为潜山勘探突破、原油稳产提供有力支撑。着力深化智慧油田建设，二连油田油气生产物联网A11项目、采油与地面工程运行管理系统A5项目上线运行，冀中首批油气生产数字化示范工程建成投用。

【安全环保与节能】 2017年，华北油田落实全员责任，防治风险隐患，在重要时段和敏感区域实行升级管理，全面完成集团公司下达的安全环保控制指标。突出重点领域监管，深入开展雄安新区及周边区域风险评估，启动建设项目"三同时"，全面推广应用钻井液不落地、井下作业绿色环保工艺技术，确保重点风险可控受控。助力"蓝天保卫战"，对118台加热炉进行燃油替代改造，彻底结束冀中地区长达40多年的加热烧油历史；拆除矿区燃煤锅炉16台；率先实施"气化农村"工程，累计完成40万户"气代煤"改造，为京津冀区域大气污染治理做出贡献。着力夯实基础工作，扎实推进全员履职能力评估，深入开展基层站队HSE标准化创建，达标率超过60%。切实加强应急管理，完善应急预案，组织厂处级以上演练96次，应急处置能力不断增强。

【和谐矿区建设】 2017年，华北油田在生产经营任务非常繁重的情况下，保持民生投入力度不减。稳步推进改善房建设和基础设施维修改造，石油新城一期大部分住宅主体完工，创业家园F区完成土地招拍挂，局机关小区、东风社区、油建社区棚改项目全部交房，创业家园CD区和首批改善房办理不动产登记5000余户，华佳、华苑大社区改造工作量完成70%。持续强化综合服务保障，严格按照标准做好物业、医疗、离退休等服务工作，综合服务满意度达85%以上。加大关爱帮扶力度，为高龄老人、特困家庭等特殊群体争取到政府补贴330万元；走访慰问、帮扶救助困难家庭人员3052人，发放救助金1600多万元。抓好维稳信访安保防恐，强化油地、警企联动，严密防控重点群体，有效化解不稳定因素，在党的十九大、"一带一路"国际合作高峰论坛等敏感时段实现零进京上访，获得集团公司通报嘉勉及河北省充分肯定。

【党建和精神文明建设】 2017年，华北油田牢固树立"四个意识"，认真落实管党治党责任，构建管党治党工作体系，党建系统格局更加完善。扎实推进"两学一做"学习教育常态化制度化，在抓好日常学习教育的基础上，举办十八届六中全会精神培训班9期、实现局级、处级、科级干部全覆盖，组织公司层面党的十九大精神宣讲12场，第一期局级、处级党的十九大精神专题培训班结束。持续深化"四好"班子创建，坚持正确选人用人导向和好干部标准，全年提拔处级干部29人、交流处级干部67人；重点抓好年轻干部培养选拔，一批优秀青年人才走上领导岗位。启动为期3年的"建合格党支部、做合格党员"活动，统筹推进基层党建工作，党支部战斗堡垒作用有效发挥。深入落实"两个责任"，认真践行"四种形态"，狠抓"四风"问题整改，不敢腐不能腐不想腐的有效机制初步建立。弘扬石油精神，广泛开展形势任务教育和改革政策宣传，不断深化主题劳动竞赛、青年成才助推工程，汇聚智慧力量，增强发展信心。

（鲜 勇 杨 英）

中国石油天然气股份有限公司吐哈油田分公司（新疆吐哈石油勘探开发有限公司）

【概况】 中国石油天然气股份有限公司吐哈油田分公司（新疆吐哈石油勘探开发有限公司）简称吐哈油田，是集油气勘探与生产、石油工程技术服务、矿区后勤服务等多种业务于一体，跨国、跨地区经营的大型石油企业。前身为1991年2月成立的吐哈石油勘探开发会战指挥部。总部位于新疆鄯善县火车站镇。主要从事油气勘探开发、科研服务、井下作业、石油化工、油田建设、水电通信保障、机械制造、物资采购等业务。吐哈油田勘探领域包括吐哈、三塘湖、民和、银额、总口子等5个中小盆地，盆地总面积22万平方千米，登记14个探矿权区块，探矿权面积4.13万平方千米。截至2017年底，有机关职能部门 14 个、机关附属机构 4 个、直属机构 8 个、二级单位 31 个。用工总量 13085 人，其中合同化员工 9932 人、市场化员工 3153 人。累计探明石油地质储量 56773.01 万吨（含凝析油），探明天然气地质储量 1224.56 亿立方米（含溶解气）。累计生产原油 5423.7 万吨、天然气 241.46 亿立方米。上市业务资产总计 181.03 亿元，未上市业务资产总计 36.87 亿元。

2017 年，吐哈油田加强党的建设，突出油气主业，推进改革创新，狠抓降本增效，取得好于预期经营成果。探明石油地质储量 1598 万吨、控制石油地质储量 1515 万吨、预测石油地质储量 2089 万吨，新增扩边新发现 SEC PD 储量当量 48 万吨。生产原油 190 万吨，生产天然气 6 亿立方米。上市业务全年平均结算油价 49.76 美元 / 桶，收入 57.7 亿元，税前利润 –18.02 亿元、同比减亏 9.58 亿元；未上市业务税前利润 1918 万元（报表利润总额 –6.31 亿元），完成奋斗目标的 183%。吐哈油田以全方位降本增效为目标的系统性管理变革先后获集团公司管理创新成果一等奖、第二十四届全国企业管理现代化创新成果一等奖。神泉联合站等 6 个集体获全国和自治区“安康杯”先进单位、优胜班组称号，红台采气工区等 3 个集体获自治区“工人先锋号”和集团公司“铁人先锋号”称号，徐志民获“全国五一劳动奖章”和集团公司“铁人奖章”，赵健获“开发建设新疆奖章”。

【油气勘探】 2017 年，吐哈油田着眼区域突破和精细扩边，石油及天然气预探完成三维地震 345 平方千米，完成探井 27 口，进尺 9.91 万米；油藏评价完成钻井 23 口，完成进尺 7.06 万米。石油及天然气预探试油交井 16 口 32 层，新获工业油气井数 9 口，综合探井成功率 34.62%；油藏评价试油交井 24 口，新获工业油气井数 14 口，综合评价井成功率 51.85%。

吐哈盆地台北凹陷精细勘探获新发现。整体评价台北东部水西沟群低饱和度油藏，在温吉桑构造带落实温 13 效益储量区块；精细勘探台北西部葡北、玉果、胜北构造带，发现泉 9、葡北 25、连北 401 等 7 个油气区块，为老区建产提供支撑。探索胜北洼陷侏罗系七克台组自生自储岩性油藏，连北 5 井获工业油流，台北西部展现良好潜力。三塘湖盆地规模增储取得新进展。强化低压砂岩油藏勘探和效益动用，马 216H 井、马 209 井等 3 口井获工业油流，扩展出西峡沟—牛圈湖有利勘探区带；勘探开发一体化推进牛圈湖难采储量效益动用，长水平段水平井 + 体积压裂增产效果显著，新增石油动用地质储量 1609 万吨。银额盆地天草凹陷勘探取得新突破，加快勘探步伐，部署天 601 井、天 602 井获成功，新增预测石油地质储量 2089 万吨，凹陷结构、成藏模式及控藏要素等关键地质认识进一步深化，勘探方向基本明朗。

吐哈油田主要生产经营指标

指　标		2017 年	2016 年
原油产量（万吨）		190	200
天然气产量（亿立方米）		6	7.25
新增原油生产能力（万吨）		48.48	30.48
新增天然气生产能力（亿立方米）		0.5	1
新增探明石油地质储量（万吨）		1598	2121
二维地震（千米）		0	1509.2
三维地震（平方千米）		345	0
完成钻井（口）		266	244
钻井进尺（万米）		76.25	74.91
勘探投资（亿元）		7.53	9.44
开发投资（亿元）		28.33	23.79
资产总额	上市（亿元）	181.03	179.71
	未上市（亿元）	36.87	41.22
营业收入	上市（亿元）	57.7	46.93
	未上市（亿元）	31.01	29.33
利润	上市（亿元）	–18.02	–27.59
	未上市（亿元）	–6.31	–7.99
税费	上市（亿元）	5.17	3.02
	未上市（亿元）	3.35	4.02

【油气开发】 2017 年，吐哈油田着力在控制递减率、提高采收率和建产方案符合率上下功夫，强化方案设计论证，优化部署实施，转变开发方式取得新进展。生产原油 190 万吨，生产天然气 6 亿立方米。

注水油田专项治理和示范区建设扎实推进。持续强化单砂体刻画和剩余油描述，优化调整温米、鄯善等油田井网层系和注采结构，推进温西三和玉果精细注水示范区引领，水驱控制程度提高 2.1 个百分点，水驱油田自然递减率控制在 11%、同比下降 0.4 个百分点。

产能建设达到预期效果。投产油井 176 口，平均单井日产原油 7.3 吨，新建产能 38.5 万吨，2017 年产油 21.2 万吨。三塘湖致密油采取 100 米井网、水平井细分体积压裂技术，实现全油藏改造、储量整体动用，投产油井 27 口，平均单井日产油 21.6 吨，注水吞吐 + 水驱开发，采收率预计达到 10%，非常规油藏经济有效开发模式初步建立；规模应用水平井技术，建产井数占 42%，产能占 65%；持续推进大井丛平台钻井技术，在 10 个平台实施 32 口井，节约费用 1800 万元，减少占地 10 万平方米。

提高采收率重大矿场试验取得显著效果。全年实施 398 井次，实现增油 10 万吨。三塘湖火山岩、致密油注水吞吐有效率 75.4%，平均单井日增油 4.6 吨；鲁克沁稠油减氧空气泡沫驱日增油 74.3 吨，增长 50%，油井见效率 68%；注气吞吐有效率 92%，平均单井日增油 5.5 吨，稠油“二三结合”开发技术路线逐步配套，工业化推广条件基本成熟。

【提质增效】 2017 年，吐哈油田以开源节流降本增效为主线，持续深化改革创新，促进资源优化配置，提升效率效益，累计增效 10 亿元以上。

优化生产方式和管理模式，降低运行成本。强化生产组织运行，关停红连轻烃装置，优化湖 218 区块地面集输系统，实施红台、牛东等区域污水就地处理回注，节约运行费用 2084 万元。加强用电管理，争取大额度直购电量、推行峰谷分时用电、优化鲁克沁电网，节约购电成本 4430 万元。完善采购体系，发布物资标准化采购及代储代销目录，整合物资、工程、服务采购系统，强化打包招标，推进实物超市和网上超市建设，节约采购成本 5.9 亿元，调剂闲置物资 6474 万元，库存规模控制在 1.46 亿元。严格设备运行管理，通过调剂、租赁、修旧利废等措施，节约投资成本 1.43 亿元。修订油材料、水电气等基础定额，发布应用 76 项，节约成本 2500 万元。严格审查地面工程造价，审减金额 9500 万元。优化产能建设用地，节约征地成本 550 万元。推进资产轻量化，报废资产净额和计提资产减值 12.2 亿元，资产结构进步优化。

【管理创新】 2017 年，吐哈油田全面完成制度“四化”建设，涵盖各业务领域 21 类制度流程体系全部上线运行，合规管理水平全面提升。完成吐哈石油勘探开发指挥部和电力工程公司公司制改制，完善法人治理结构。加大内控、法律、审计、合规监察监督力度，发现整改各类问题 435 项，管理短板持续改进。优化机构设置，撤销 4 个处级机构，完成机关机构改革，精简处科级机构 37 个，压缩两级机关人员编制 121 个，整体管理架构和机关队伍更加精干高效。强化“五定”工作，1478 名员工内部退养和离岗歇业，193 名员工转岗，用工效益进一步提高。推进人才队伍建设，聘任 3 名公司首席技术专家和 23 名一级、二级专家，选送 839 人次处（科）级干部、技术专家和骨干参加高层次培训，272 名业务骨干取得中级和副高级任职资格，862 名员工晋升职业技能等级，106 名员工被聘为公司技能专家、首席技师、技术能手等高技能人才，人才梯次化结构持续改善，队伍整体素质不断提升。2 名员工在集团公司采油工、集输工大赛中获铜牌。

【经营管理】 2017 年，吐哈油田有效控制投资，坚持钻井关联交易价格市场化，强化单井概算，严控工程成本，探井、评价井综合成本比计划下降 12.1%，开发井综合成本、地面工程费用控制在计划指标之内，百万吨产能建设投资同比下降 3.96%。强化预算导向作用，全方位全要素全过程加强管控，油气操作成本控制在 15.78 美元 / 桶、比年度预算下降 0.12 美元 / 桶，完全成本控制在 60.60 美元 / 桶、比年度预算下降 0.12 美元 / 桶。其中，购买及服务费同比下降 6%，动力费下降 16%，销售及管理费下降 26%，勘探费用下降 31%，财务费用下降 1%。营销增效和市场创效成绩显著。通过提升稀油销量、以价定销等措施，实现增效 3.6 亿元。开拓外部市场，在西部管道、塔里木油田等国内市场签订合同 176 项，实现收入 1.7 亿元、创效 2700 万元；在哈萨克斯坦、伊朗、苏丹等海外市场签订合同 49 项，实现收入 1.3 亿元、创效 4876 万元。

【科技创新】 2017 年，吐哈油田重点领域攻关取得重要进展，获省部级科学技术进步奖 5 项，授权国家专利 32 件，1 项技术被集团公司认定为自主创新重要产品。油气勘探围绕吐哈盆地下含油气系统、岩性油气藏及三塘湖盆地致密油、火山岩油藏等重点领域，强化成藏条件、成藏机理、主控因素、资源潜力等地质研究，系统总结不同类型油气成藏模式和聚集规律，在精细勘探、区域勘探、新区新领域勘探取得大的突破。油气开发强化稳产上产对策研究，持续攻关提高采收率技术。在扩大鲁克沁中区三叠系氮气泡沫驱 / 氮气吞吐、三塘湖注水 / 注气吞吐矿场试验的同时，统筹推进鲁克沁二叠系氮气泡沫驱 / 氮气吞吐和三塘湖氮气泡沫驱试验，为形成有效驱替技术路线提供技术支撑。工程技术持续攻关钻井提速技术，钻头、提速工具及钻井液体系实现系列化，解决深层火成岩、煤层和破碎带优快钻进及长水平段水平井井壁不稳等复杂问题，平均机械钻速提高 16.5%，钻井周期缩短8.3%。持续攻关致密油、低饱和等非常规油藏效益动用技术，压裂液体系、支撑剂组合及压裂工艺参数进一步优化，初步配套形成水平井缝控体积压裂技术，平均单井产量比常规压裂提高1.4倍、压裂成本下降32%。研制分层注气管柱，解决稠油氮气泡沫驱分层定量注气难题，填补国内技术空白。信息化工作持续推进数字油田建设，A1（2.0）、A5、ERP应用集成等信息系统上线运行。完成三塘湖A11示范区建设，促进自动化、信息化与工业化深度融合。强化信息安全管理，有效应对勒索病毒攻击，确保公司核心数据安全。

【安全环保】 2017年，吐哈油田突出风险管控，杜绝一般以上安全生产、环境污染和重大质量事故，通过中央环境保护督察组检查。深化HSE体系建设，细化完善9个专业设备设施、生产运行主题量化审核标准，整改审核发现问题1264项，体系适应性持续提升。持续推进基层站队HSE标准化建设，86%的站队通过达标验收。深入开展安全形势大讨论、安全检查、井控巡查、交通车辆及危险化学品专项检查，查改各类问题4798项，各单位修订制度816项、完善岗位职责984项。挂牌督办隐患治理，完成6项集团公司督办的安全隐患治理项目，本质安全基础进一步夯实。推进全员HSE履职能力评估，强化应急处置能力培训，严查“三违”行为，员工安全意识和安全技能不断提升。严把承包商资质关，强化施工作业安全准入和作业许可监督管理，确保现场作业安全。加大节能减排力度，实现节能0.7万吨标准煤、节水13.3万立方米，二氧化硫、氮氧化物等污染物排放控制在指标之内。

【民生工程】 2017年，吐哈油田坚持在发展中保障和改善民生，人均收入同比增长15%。有序推进油田住房清退、调售及交易社会化改革，配套出台住房交易管理办法，为220户员工家庭解决住房问题，为1.1万户家庭办理产权证。投入940万元修建鄯善基地健身步行道，以及西林带、部分公寓暖气和窗户改造；投入725万元用于哈密基地绿化改造、路灯维修和屋面防水等项目，员工生活条件进一步改善。持续改善员工就医条件，按照“一部四室”医疗布局，配套完善鄯善基地功能科室和综合护理单元，在红台、鲁克沁、三塘湖加强医务室力量，提升生产一线员工医疗保障能力；投入410万元维修改造哈密基地医院住院病房，邀请新疆维吾尔自治区和河南援疆专家到吐哈油田坐诊，开通全国8000家医疗机构异地住院结算平台，满足员工就医需求。投入工会经费1805.7万元，全面落实中华全国总工会和新疆维吾尔自治区总工会关于逢年过节向全体会员发放节日慰问品和生日祝福的规定，确保会员合法权益落到实处。统一员工生育津贴标准，合同化员工人均增加3700元，市场化用工人均增加1.5万元，生育津贴计发天数由98天调整为158天。关心关爱离退休老同志、内退员工、劳动家属等群体，按时发放各类生活补贴和慰问金、精办八会一团一校、增开“敬老文明号”服务车。加大帮扶力度，投入797万元开展扶贫帮困、大病救助、“金秋助学”等活动，帮助1247户困难群体渡过难关。投入800万元改造投运哈密基地南区餐厅，改善员工就餐环境。

【剥离企业办社会职能】 2017年，吐哈油田“三供一业”分离移交有序推进，哈密基地完成供暖、供气业务移交，签订供电业务移交协议；广汉、兰州、西安生活基地“三供”业务分别与当地专业公司签订分离移交框架协议，苏州生活基地“三供”业务实现社会化管理；物业服务分离移交与新疆西部绿洲生态发展有限责任公司签订《吐哈油田职工家属区物业管理分离移交框架协议》，鄯善基地大院和井下三营居民区“三供一业”纳入油田一体化管理。社区管理社会化配套5个综合服务大厅，业务全部由社区居委会接管；公共卫生业务由伊州区政府全面接管，5个社区卫生服务站全部投运。数字电视业务整体移交新疆联通，油田“三网”业务全面剥离。出台吐哈油田员工采暖及物业收费货币化规定，整体保持平稳运行。

【党建工作】 2017年，吐哈油田党建工作突出“凝心聚力、稳健发展”主题，坚持“从严、问题、服务、目标”四个导向，推动各项工作落实和业务发展。

举办“弘扬石油精神、重塑良好形象”活动周、纪念建党96周年大合唱比赛，开展第二批“吐哈榜样”“石油工匠”评选等活动，发挥正面导向作用。

选派76名副处级以上干部参加北京石油管理干部学院培训，两级领导班子理论水平明显提高。强化干部考核管理，对考核为“一般”的5个处级领导班子、“基本称职”和排名靠后的13名处级干部进行诫勉提醒谈话，干部履职尽责意识明显增强。坚持好干部标准，配齐班子、优化结构、充实力量，加大优秀年轻干部培养使用力度，8名年龄在40岁以下员工被选拔到副处级岗位。

以政治巡察为带动，强化整改提高，成立公司监督委员会，加强监督资源统筹协调，坚决制止和纠正违纪违规问题，给予纪律处分 26 人，维护党纪政纪严肃性。

投入 2900 多万元，加强“三防”体系建设，强化警企联防联动，确保党的十九大等重要时段油田大事、中事、小事三不出。深化“访惠聚”“民族团结一家亲”活动，选派第四批 28 名干部进驻 3 个村，筹措 100 多万元开展帮扶项目；两级班子成员、驻村人员与 86 户少数民族家庭结对认亲，促进民族团结。紧跟公司内部退养、业务移交等改革进程，及时答疑释惑，开展“春风行动”再就业需求培训，维护队伍稳定。

（李　勇　朱晓龙）

中国石油天然气股份有限公司冀东油田分公司

【概况】 中国石油天然气股份有限公司冀东油田分公司（简称冀东油田）成立于 1988 年 4 月，总部位于河北省唐山市。冀东油田有油气矿业权 6 个，总面积 7059.626 平方千米，集中在唐山市东南部（包括渤海湾海域部分）。其中，探矿权 1 个，面积 6429.113 平方千米；采矿权 5 个，面积 630.513 平方千米。截至 2017 年底，冀东油田主营业务包括油气勘探、油气开发、科研、油气集输、油气销售以及油田工程技术、机械制造、物资供应、电力通信、油田化学、矿区服务等为油田配套、保障、支持和服务业务。设 23 个二级单位（分公司）、16 个机关处室、4 个直属部门，有员工 7035 人（合同化员工 4764 人、市场化员工 2210 人、其他用工 61 人）。

2017 年，面对国际油价持续低迷、国企改革持续深化、投资规模持续压减等艰难的发展环境，冀东油田深入学习贯彻习近平新时代中国特色社会主义思想，苦干实干、攻坚克难，着力抓好以勘探开发为重点的各项工作，生产经营、改革发展、合规管理、党的建设等各方面工作取得新成效。2017 年，新增探明石油地质储量 1403 万吨、控制石油地质储量 1084 万吨、预测石油地质储量 1539 万吨；生产原油 136 万吨、天然气 3.64 亿立方米，油气当量产量 165 万吨；冀东油田获“全国企业文化建设优秀单位”“河北省文明单位”等称号。

冀东油田主要生产经营指标

指　标	2017 年	2016 年
原油产量（万吨）	136	135
天然气产量（亿立方米）	3.64	4.62
新增原油生产能力（万吨）	22.47	32.97
新增探明石油地质储量（万吨）	1403	1108
三维地震（平方千米）	—	131
钻井（口）	112	165
钻井进尺（万米）	37.51	62.58
勘探投资（亿元）	2.05	7.02
开发投资（亿元）	13.46	20.62
资产总额（亿元）	228.37	230.28
收入（亿元）	45.66	38.00
利润（亿元）	−16.90	−28.01
税费（亿元）	4.29	3.63

【油气勘探】 2017 年，冀东油田持续加强勘探工作，以油价 50 美元 / 桶评估，增加证实已开发储量（PD）301 万吨。南堡中深层深化勘探取得成果。南堡 1 号构造南堡 1-68 井在东三段试油获得高产，发现千万吨级规模储量区；南堡 4 号构造南堡 4-88 井发现 44 米 /25 层厚油层。南堡中浅层精细勘探取得发现。南堡 2 号构造南堡 203X20 井发现超百米厚油层，并获得工业油流。南堡 4 号构造中浅层南堡 401X13 井、南堡 401X16 井获工业油流。高北沙三段整体勘探取得进展。沙三段Ⅳ、Ⅴ油组高 166X5 井压裂获日产 30.46 立方米高产油流；高 187X5 井沙三^{1}段发现油层，试油获日产 30.47 立方米高产油流。深化以火成岩、致密砂岩储层预测为重点的天然气基础地质研究，精细刻画有利岩性圈闭，优选优势储层发育区。开展老井测试、改造等工程技术评价，精细新井井位论证，进一步明确南堡 5 号构造、南堡 2 号构造天然气成藏规律，初步落实探明天然气地质储量 16.9 亿立方米。持续推进秦皇岛探区辽西南洼及秦南凹陷烃源岩研究，开展辽中凹陷北斜坡构造岩性油藏勘探潜力研究，精细解剖构造成藏关键要素，开展区带经济评价，确定 2 口探井井位。开展南堡凹陷地热资源潜力调查，初步明确地热资源分布及应用前景。

【油气田开发】 2017 年，冀东油田开发水平进一步提升。开展28个区块的精细油藏描述工作，覆盖石油地质储量2.15亿吨。扩展新区，强化老区调整，新建原油生产能力22.47万吨。其中，在南堡2-3、南堡4-1、高191X1等7个区块新增石油地质储量626.6万吨，新建原油生产能力10.5万吨；在南堡4-3、高5、高65等8个区块整体部署调整井32口，新建原油生产能力12万吨，新增石油可采储量106.8万吨。加强老区综合治理，实施水井措施322井次、二氧化碳吞吐231井次，氮气泡沫堵水42井次，开发指标稳定向好。水井分注率68%，分注合格率71.8%，比2016年提高4.1个百分点；水驱储量控制程度、水驱储量动用程度分别达64.1%和45%，分别提高2.7个百分点和2.4个百分点；自然递减率19.8%，下降1.8个百分点；含水上升率-1.9%，2014—2017年连续4年实现负增长；地层压力系数0.81，提高0.6个百分点。持续开展地质大调查，覆盖84个断块、石油地质储量1.53亿吨，占注水开发油藏的98.3%。加强采油精细化管理，推广应用耐磨衬里油管、防污染管柱，优化举升设计。与2016年相比，偏磨检泵井下降6.5个百分点，检泵周期731天，延长19天。实施油水井压裂96口，阶段增油2.5万吨。完成带压作业124井次，减少放压排水量4.9万立方米。推行不洗井检泵作业148井次，增油1128吨。强化动态监测，开展环空产液剖面测试26井次，实施油水井分层压力监测48井次。

【科技创新】 2017年，冀东油田承担国家和集团公司级科研项目10项，开展冀东油田级重大、重点技术攻关项目及子课题219项，获省部级科学技术进步奖6项、授权发明专利5项、计算机软件著作权9项。冀东油田机械公司获河北省高新技术企业资格认定，“新远”真空加热炉入选中国石油天然气集团公司优势产品名录。

油气勘探方面。加强油气成藏模式和富集规律研究，进一步完善中深层岩性油气藏勘探理论；建立火山岩岩性识别技术体系，明确南堡5号构造沙河街组火山岩、南堡潜山和南堡凹陷深层砂岩是南堡深层天然气勘探3个重点目标区；油藏精细评价和油藏动用技术研究取得成果，为生产建设提供优质效益储量；调谐频率储层厚度预测技术实现由定性预测砂岩范围向定量预测厚度的转变，低级序断层优化组合解释技术进一步完善。

油田开发方面。油藏压裂后三维地质建模与二次开发后期剩余油描述技术取得进展，形成三维岩石力学场构建技术、复杂断块地应力场数值模拟技术、扇三角洲储层精细对比技术，使油藏精细描述技术及工程技术攻关应用水平进一步提高。深斜井钻井提速、加密井防碰绕障、分层测试、化学降压增注、油水井精细压裂等采油工程关键技术，均取得进步。

信息化建设方面。完成智慧化冀东油田总体架构和初步工作方案，明确共享数据环境、统一技术平台、助力专业应用的任务目标。稳步推进数据库建设，数据资源治理常态化，管理4081口井的静态动态数据、各类成果文档17.3万份，数据中心主库初现雏形。注重与生产经营管理业务融合，自主开发8个应用软件系统。推广实施A2、A5、A6、A11及ERP应用集成等项目，A5、ERP2.0系统上线运行。推进网络基础设施升级改造，建成806核计算能力、136太字节（TB）存储容量的云计算平台，网络运行质量不断提升。

【安全环保】 2017年，冀东油田严格责任落实、加大监管力度、加强风险管控，安全环保管理由“重视”向“重实”转变，实现安全生产零事故的目标。节能5934吨标准煤，氨氮、二氧化硫、氮氧化物排放量均低于控制指标。重新修订各层级HSE职责，全面强化安全环保工作履责、考责与问责力度。严格HSE履职能力评估，对118人进行待岗培训，4家承包商单位停工整顿或取消市场准入资格。加强隐患治理，治理油气管线、海管海缆等重大隐患56项。强力推进环境治理工程，钻井修井废弃物实现集中处理。研究推广井下作业环境保护新技术，平均单井固体废弃物量下降90%。强化安全风险分级管理和隐患排查治理双重预防机制建设，全面开展安全风险辨识活动。坚持常态监督和特殊时段监督并重，保证重点领域、关键环节可控受控。完善突发事件总体应急预案和19个专项应急预案，开展应急演练104次。深入推进冀东油田基层站队标准化、安全环保免检单位建设，创建标准化站队96个、达标率73.3%。

【企业管理】 2017年，冀东油田实现总收入59.75亿元，其中油气主营业务收入45.66亿元、同比增加7.66亿元，较预算增加2.92亿元；账面亏损16.9亿元，剔除油价、资产报废、折旧折耗等因素，实际亏损13亿元，比集团公司预算控亏指标减亏1.19亿元；非油气业务收入14.09亿元、利润5600万元。

全力控制投资总量，年度总投资规模压减12.6%。强化投资过程控制，推行区域总承包、网电钻井等措施，节约钻井投资。优化工程设计、强化设计概算管理、实施修旧利废，节约钻井投资2.48亿元。优化工程设计、强化概算管理、严控设计变更、实施修旧利废，节约工程投资1500万元。加快推进资产轻量化步伐，加大闲置低效资产盘活利用，内部资产调剂294台（套），节省投资8800万元，减轻资产包袱3.66亿元。

全力控制成本费用支出。扎实开展措施效益评价，叫停低效无效措施65井次，规避无效成本支出2814万元；优化简化措施方案80井次，节约成本1233万元。优化联合站功能，实施场站停运、区域停掺等措施，管理效率不断提高，系统运行能耗进一步降低，节约运行费用800万元。

全力挖潜增收创效。加强原油价格走势预测，坚持高销低储，实现增收5742万元。加大自用气定额管理，优化天然气运行模式，实施适应性工艺改造，提高装置负荷和效率，减少自耗天然气650万立方米。深挖油气处理潜能，增产轻烃2000吨。推行公车集中管理，公开拍卖处置超标车辆，公车用量下降16.5%。推进低效无效土地有偿收储，收回补偿费2050万元。基层单位强化自主维修、小改小革，节约成本支出2000多万元。法人企业进一步拓展外部市场，机械公司、瑞丰公司、东升公司外部市场收入同比增加3091万元、767万元和728万元。

“强化合规管理年”活动深入开展，新建和修订制度46项。招标工作节约投资、成本1.2亿元，审计、造价核减资金7.49亿元。

【队伍建设】 2017年，冀东油田人才队伍建设持续加强，完善技术人才激励政策，加强战略创新人才、学术领军人才、专业化创新团队建设，加大操作技能人才队伍培养力度。

强化干部队伍建设。坚持党管干部原则，注重优化班子结构，坚持德才兼备、干事担当，从严选拔干部。44名功勋员工、劳动模范及35岁以下优秀青年干部走上科级岗位。注重干部履职能力培训，举办23期干部培训班。坚持民主推荐和专项考核相结合，完善后备干部动态管理体系。

强化专业技术人才队伍建设。试行专业技术岗位序列，聘任10名一级、二级技术专家，完善三级工程师选聘方案。注重给青年技术骨干“搭台子”“压担子”，在冀东油田级及以上科研攻关项目中，有180名青年技术骨干担任项目长、课题长，以青年为骨干的创新团队建设取得成效，80%的科研成果和90%的科技论文由青年技术骨干承担。推行机关与基层“双向挂职”锻炼和科研、生产单位横向岗位交流，27名优秀青年人才在实践中得到历练和成长。推荐集团公司石油科学家培育对象2人、青年科技英才培养人选5人。职称评定政策向生产、科研一线技术岗位人员倾斜，提高一线技术岗位人员待遇，205名技术人员走上工程师、助理工程师、技术员等岗位。

强化操作技能人才队伍建设。完善技能晋级体系，增设首席技师、助理技师等级，61名优秀操作人才取得助理技师以上职业资格。加大技能培训力度，扎实开展岗位练兵，带动队伍整体素质提升，涌现23名劳动模范和技术能手。举办井下作业等7项技能竞赛，评选97名优秀技能人才。在中国石油天然气集团公司油气田开发专业技能大赛上，获2枚银牌、6枚铜牌。一线生产岗位员工创新氛围日益浓厚，产生冀东油田技术革新成果30项、发明创造成果5项，中国石油天然气集团公司优秀职工创新成果3项；冀东油田职工创新工作室达44个。

【和谐企业】 2017年，冀东油田完善社区管理，配套服务设施，持续推进“标准化管理、亲情化服务”，企业保持和谐稳定。在保证矿区服务质量的前提下，稳妥组织“三供一业”分离移交，水、电、暖业务移交完成总量的70%，市政设施、医疗业务社会化改革有序推进。

改造生活区安全防范监控、消防、客服系统，维修排污管道、供电、防水等基础设施。劳动保护工作更加贴近岗位和生活需求。食堂实行统一管理，一线员工就餐质量明显提升。调整班车时间，优化运行路线，解决员工家属通勤不便问题。平价维修保养员工私家车，便民、利民、惠民。悉心解决群众困难和合理诉求，深化平安油区创建，重点阶段维护稳定信访工作受到集团公司嘉奖，安定和谐局面持续巩固。

真诚做好离退休服务，全面落实养老、医疗待遇。完善“窗口”服务标准，狠抓作风建设，调整服务大厅工作时间，搭建“微信快讯”服务平台，实施便民伞、便民意见箱和便民车等人性化项目，矿区服务更加“亲情化”。协调解决房产管理历史遗留问题，办理石油家园、石油馨苑等小区不动产权证书。打通公积金贷款政策通道，缓解部分员工购房资金压力。关注员工身心健康，加强全员健康体检管理，落实带薪休假制度。畅通患病员工到大医院就诊的绿色通道，与16家三甲医院建立稳定医疗合作关系，聘请26名专家来冀东油田诊疗4578人次。医疗、工伤、失业保险待遇全面落实。关注弱势群体，动态建档、精准帮扶，筹集资金帮扶困难员工245人次。组织全员参加唐山市职工重大疾病医疗互助活动，66人获补助23万元。

爱心志愿、应急救助、义务互助等个性化关怀活动深入开展，营造崇德向善的良好氛围。老年大学保持7个专业课程，组织健康讲座、文艺汇演等活动7场次。深入开展创建文明城活动，2个社区被唐山市创建文明城市办公室确定为示范点。构建和谐企地关系，援建帮扶1个贫困村。

【党群工作】 2017年，冀东油田党建思想政治工作汇聚发展合力。深入学习宣传贯彻党的十九大精神，各级党组织开展专题学习研讨230次，党委（党总支）书记讲党课200场，队伍“四个意识”不断增强，习近平新时代中国特色社会主义思想深入人心。坚持党的全面领导，研究贯彻落实党的十九大精神的思路和举措，完善冀东油田发展战略，明确中长期任务、目标。坚持“四讲四有”标准，持续开展“两学一做”学习教育，巩固深化党内集中教育成果，增强党员践行“四合格四诠释”的思想和行动自觉。3个优秀“四创”项目（创新、创优、创先、创效）获河北省国资委表彰，评选冀东油田级“四创”项目8个，先进基层党组织27个，功勋集体2个，功勋员工和劳动模范等典型个人13名。严格履行“两个责任”，贯彻党内政治生活准则、监督条例等法规，强化监督执纪问责，巡察9个二级单位和19个机关部门，实现内部巡察3年全覆盖。落实中央八项规定精神，制定“严”字24条纪律要求。驰而不息正风肃纪。扎实开展“守定力·再奋进”主题教育活动，举办6场宣讲报告会，面向基层讲好“冀东故事”，引导全员心往一处想、劲往一处使。思想文化建设取得成果。冀东油田被评为全国企业文化建设优秀单位、河北省文明单位及宣传文化系统先进集体，7个二级单位被评为河北省国资委文明单位，获省部级及以上政研成果奖励27项。微信公众号上线运行，全媒体格局初步构建。发挥工会共青团组织优势，深化凝聚工程，突出降本增效，广泛开展劳动竞赛和青年建功、创新创效活动，营造立足岗位、争做贡献的浓厚氛围。

（刘东宇）

中国石油天然气股份有限公司玉门油田分公司

【概况】 中国石油天然气股份有限公司玉门油田分公司（简称玉门油田）主要开展勘探开发、炼油化工、井下作业、水电供应、机械加工、建筑安装、综合服务、物资供应、通讯信息、保卫消防、物业管理等业务。玉门油田开发于1939年，是新中国第一个天然石油基地。先后投入开发的油田有老君庙、鸭儿峡、石油沟、白杨河、单北、青西、酒东7个油田。在酒泉、潮水、雅布赖、南祁连等盆地内有7个矿权区块，面积16695.64平方千米。2017年底，玉门油田在册员工11362人，其中合同化员工9312人（在岗人员中：管理人员1734人，专业技术人员2104人，技能操作人员3952），市场化用工2050人（在岗人员中管理人员17人、专业技术人员1人、技能操作人员2004人）。机关设14个职能处室、6个直属机构，基层设25个二级单位。2017年提交控制石油地质储量380万吨、预测石油地质储量512万吨，生产原油40.00万吨，加工原油200.93万吨，没有发生工业生产一般A级及以上事故和影响较大的环保事件。勘探开发研究院油藏评价室测井储量项目组被中华全国总工会命名为“全国工人先锋号”，建筑安装工程处安装二队被共青团中央授予2015—2016年度“全国青年文明号”，玉门油田被评为中国石油天然气集团公司2017年安全生产先进企业、企业年金工作先进单位、节能节水先进企业和2016年度国际业务生产安全管理先进集体。

玉门油田主要生产经营指标

指　标	2017年	2016年
原油产量（万吨）	40.00	38.00
天然气产量（万立方米）	430	581
新增原油生产能力（万吨）	12.71	11.0
三维地震（平方千米）	69.9	—
石油钻井（口）	65	50
钻井进尺（万米）	18.60	11.54
原油加工量（万吨）	200.93	175.12
收入（亿元）	120.87	93.65
利润（亿元）	-16.49	-17.66

【油田勘探】 2017年，玉门油田突出资源战略、高效

勘探，以落实规模经济储量和寻求战略发现为目标，精细地质研究，优化勘探部署，取得三项成果。（1）雅布赖盆地油气勘探：转变勘探思路重新预探雅布赖，跳出中央洼槽带，对小湖次凹两个正向构造带进行探索。红茨梁构造带乌1井在侏罗系1514—1525.3米井段试油获10米^3/日工业油流，初步预测油层段砂体展布面积30平方千米，可望发现规模储量；北部斜坡带磨山1井对侏罗系1542.3—1547.4米井段进行压裂，日排液12.8立方米，产油1.3立方米。这2口浅井的钻探发现，打开雅布赖盆地油气勘探新局面。（2）酒泉盆地精细勘探：鸭儿峡白垩系下沟组下部层段油藏精细勘探，鸭西14井、鸭西106井获高产，油藏面积扩大到8.4平方千米，“甜点”面积扩大到5.1平方千米，新增控制石油地质储量380万吨，落实经济可采储量165万吨，准备出了新的建产区块，勘探开发一体化新建产能4.08万吨；酒东下沟组下部层段油藏精细勘探，长20井获工业油流，长19区块新增预测石油地质储量512万吨；柳北构造带勘探，柳北3井有望获得工业油流。（3）风险勘探：甩开预探酒东山前带，部署的观山1井三开钻进，井深5560米，钻入目的层。

【油田开发】 2017年，玉门油田实现40万吨稳产，取得4项成果。（1）产量结构优化：根据效益贡献调整油水井开井数，通过优化生产方式、大修等措施恢复效益井36井次、恢复产量41吨/日，关停低效无效油井38口、水井41口，原油基础产量稳定在36.5万吨水平。（2）产能建设突出效益建产：新建产能12.7万吨，新井产油2.58万吨。（3）优化措施结构，组织实施进攻性措施80井次，增产原油2.12万吨。（4）注采结构改善：注水专项治理集中组织实施酒东复杂断块、鸭儿峡白垩系、老君庙夹片三个重点区域注水工程，油田注水量达5085吨/日，水驱状况逐步改善，自然递减率、综合递减率分别控制在7.15%、1.07%。

【环庆区块】 2017年8月，集团公司党组和股份公司做出部署，将环庆区块流转给玉门油田，区块面积460平方千米，探明石油地质储量1925万吨、预测石油地质储量4155万吨。10月18日，玉门油田成立环江油田木西开发分公司，机构规格为正处级。10月24日，玉门油田与长庆油田环江油田木西区块在西安举行石油勘探开发协议签约仪式。11月22日，玉门油田召开环江油田木西开发分公司成立大会。12月8日，将环江油田木西开发分公司更名为环庆分公司。截至12月31日，收集完成80口单井的钻井、录井、测井、压裂试油、生产动态及800多千米二维地震资料。

【炼油化工】 2017年，玉门油田炼化业务持续盈利，取得3项成果。超额完成4.2亿元的提质增效奋斗目标。通过调整优化产品结构，落实经济技术指标攻关措施，汽油、低凝柴油、航空煤油、液压油、聚丙烯等高效产品同比增产增效，吨油利润达210元/吨、同比2016年增加50元/吨，炼化板块对标排名第16位。上海大联石化公司实现净利润5060万元，成为玉门油田控股合作成功范例。明确转型升级方向。谋划和编制炼化业务结构调整和转型升级方案，10万吨/年高端低凝特种油品生产基地等转型项目得到集团公司认可，项目进入前期准备阶段。实现安全平稳运行。整治安全环保隐患，HSE标准化建设实现全厂全覆盖，开展“HSE体系建设提升年”活动，储罐区隐患治理、环境事故应急系统建设等隐患治理项目投用，历史积存酸渣实现合规处置，污水和烟气达到新排放标准。

【降本增效】 2017年，玉门油田减亏扭亏取得成效，实施资产轻量化措施减少负担9965万元，分流安置员工411人，水电厂、建安处、综合服务处、设计院4家单位实现盈利，其中水电厂从亏损1161万元到盈利1121万元，油田作业公司、机械厂等单位实现减亏。内部市场管理形成长效机制，严格控制外委、外协、外修，内部单位承担工程建设价值工作量2.38亿元，内部EPC工程价值总额达到1.2亿元。连续油管、带压作业技术逐步推开，泵送桥塞分簇射孔核心工艺日渐成熟，数字油田建设战略合作项目开始实施，超长冲程采油装置新产品打入大庆油田市场、年销售40台（套），柔性复合管项目进入设计阶段。外部市场管道巡护、通讯、仓储、设计监理等业务创收2016万元，开辟塔里木油田大修作业市场，创收2100万元，拓展电力技术服务增收1587万元。节能减排工作效果显著，节能1.29万吨标准煤、节水14.19万立方米，炼油综合能耗降低2.8%，单位原油（气）液量生产综合能耗降低3.4%。

【乍得项目】 2017年，玉门油田开展乍得对口支持项目实现综合收益1.39亿元。（1）交流合作更为深入。加强与中国石油天然气勘探开发公司（CNODC）、乍得项目公司的高层交流，双方互访交流4次，巩固对口支持地位。（2）支持力度继续加大。成功承揽并保证上游2.2期平稳开厂，清蜡测试工作量稳中有升，新增配水业务工作量，实现量效同增，勘探开发综合研究项目技术支撑作用得到发挥；向乍得增派员工55名，海外从业人员达520人。（3）管理体制逐步理顺。11月21日，玉门油田成立对外合作部，与玉门油田乍得有限责任公司为一个机构，两块牌子。对外合作部（玉门油田乍得有限责任公司）为公司直属机构，机构规格正处级。3月集团公司批复同意玉门油田在乍得注册公司，5月16日领取玉门石油管理局《企业境外投资证书》，国内审批完成。10月17日抵达乍得首都，开展当地注册公司工作，截至年底完成玉门油田乍得有限责任公司注册手续。

【增效措施】 2017年，玉门油田落实提质增效8项26条措施。（1）精细投资管理，强化项目前期论证及后评价，引入重点项目第三方评估，提升投资效益和项目质量。严格预算执行与考核，加大资金、资产、成本费用监管和精细核算力度，定期开展经济活动分析，清理两金占用，主要经营指标受控运行。（2）油气勘探优化部署和工程设计，探井成功率同比提升，达到50%，钻井总费用压减10%；油田开发突出效益建产和措施效益评价，成本费用比预算下降7%；炼化业务加强成本管控和能耗管理，炼油综合能耗降低2.14%；工程服务单位主动开拓市场、深挖降本潜力，整体控亏1.11亿元、同比减亏2734万元。

【深化改革】 2017年，玉门油田推进五项重点改革举措。（1）公司制改制完成，6家全民所有制公司完成改制更名，其中玉门石油管理局更名为玉门石油管理局有限公司。（2）推进法人压减工作，3家法人单位完成工商登记注销，对相关业务进行合并。（3）“三供一业”分离移交有进展，与政府部门和相关企业沟通，完成酒泉生活基地供电、兰州离退休基地相关业务移交，酒泉生活基地供水、供气业务和玉门市、肃州区移交签订框架协议。（4）宾馆酒店整改工作完成，北京沙滩宾馆实现对外租赁经营，人员得到安置、国有资产实现保值增值。（5）“五定”工作平稳推进，部分单位“五定”方案推进实施，富余人员近300人充实炼化总厂、老君庙、鸭儿峡等单位。（6）计划财务系统改革到位，65名计划财务人员充实到基层单位。

【安全环保】 2017年，玉门油田开展“HSE体系建设提升年”活动，推行全员履职能力评估，完成42个基层标准化站队建设。做好隐患治理挂牌督办，完成老君庙采油厂原油储罐区隐患治理项目，6个历史遗留问题得到整改，炼化总厂取得排污许可证。实施VOCs（挥发性有机物）综合整治工程、成品油装车系统排放达标治理工程，工业废气实现达标排放和总量下降。按照国家生态文明建设要求，涉及祁连山自然保护区的2871平方千米矿权面积全部无条件退出，关停、封堵自然保护区油井42口，酒东采油厂绿色矿山企业创建工作启动。

【合规管理】 2017年，玉门油田开展合规风险辨识220项，制修订规章制度26项、废止21项，加大承包商（供应商）合规审查力度和考核应用，规范物资采购、资金管控、工程建设等业务，ERP系统实现升级上线运行。强化合同变更管理和事后合同追责，合同风险有效防控；自主开发零散物资竞价交易系统，食材实现在线竞价交易；股份公司重大科技专项“玉门油田重上百万吨勘探开发关键技术研究”完成最终验收，总项目及9个子课题均被评为优秀。

【民生工程】 2017年，玉门油田把员工群众对美好生活的向往作为奋斗目标，落实保障性措施，员工收入同比增长6.2%。员工福利有所增加。矿服系统在费用压减17.77%的情况下，物业、医疗、社保、退管等服务质量做到“费用下降、服务不降”；物业“暗补”变“明补”实施，农牧公司向员工免费供应鸡蛋、半价供应乳品，向职工食堂年供应大棚蔬菜1.5万余千克。

【党群工作】 2017年，玉门油田党的十九大精神学习宣贯采取中心组学习、“三会一课”、测试答题、撰写心得体会等方式，组织收看党的十九大开幕会、闭幕会等直播，精读党的十九大报告和新《中国共产党章程》，党员干部参与学习率100%、测试答题5525人、撰写心得260多篇，2篇理论文章分别入选集团公司必读书目《学习明方向》《榜样领风尚》两本丛书。认真组织干部员工收看中央企业、集团公司视频报告会，参加中国石油第八宣讲组、省总工会玉门油田现场报告会，以及玉门油田举办的专题辅导报告会5场次。玉门油田领导讲授专题党课，两级班子成员到分管单位上党课，各党支部利用“三会一课”上党课，宣讲100多场次，参与听讲6000多人次。

修订《领导人员管理办法》和《领导人员选拔任用工作规范》，提拔使用处级干部13人、调整交流23人。选20人参加集团公司领导力基础培训，举办中青年培训班培训38人。选32人分别参加集团公司领导干部拓展轮训、党委书记专题培训和“一岗双责”示范性培训，举办3期培训班分别培训党支部书记50人、组织干部43人和入党积极分子110人，完成43个班子、142名处级干部年度履职测评。

制订《三不腐机制工作方案》，签订责任书2037份，开展任前谈话、诫勉谈话和提醒谈话67人次，组织3万多人次的廉洁教育，整改完成巡视反馈问题，开展专项检查、年度考核和年终报告等工作。

开展“重塑良好形象活动周”，开展“石油摇篮好故事”巡讲活动，巡讲26场次、5000多人接受教育，制作的《回眸·石油摇篮2016》专题片网络点击突破12万次，“源泉”被评为全国企业文化优秀案例。以报纸、电视、《班组生活》和网络、微信为主阵地开展《建设百年油田、建功献礼十九大》系列报道和《四场硬仗拓出盈利空间》等报道。做好和谐稳定工作，玉门油田先后6次获集团公司通电嘉勉。推进扶贫帮困工作，慰问救助各类人员8525人次。

工会组织推进民主管理和厂务公开，办理职工提案6项，开展主题劳动竞赛、“工人先锋号”评选等活动，2个集体分获全国“工人先锋号”和集团公司“铁人先锋号”，新创省级劳模工作室1个、“创新型”班组2个，获省级技术成果3项。共青团组织开展青年讲堂、“导师带徒”和青年突击队等活动，6个集体分获全国、甘肃省和集团公司“青年文明号”“五四红旗团委”和“五四红旗团支部”。女工组织开展“建功‘十三五’、巾帼在行动”劳动竞赛和“巾帼建功当能手”技术比武。

（王得虎　鲁建祥）

中国石油天然气股份有限公司浙江油田分公司

【概况】 中国石油天然气股份有限公司浙江油田分公司（简称浙江油田）于2005年7月由浙江勘探分公司与浙江石油勘探处二次重组成立。2009年11月，行政级别调整为副局级。总部位于浙江省杭州市。主营业务涵盖原油、天然气、非常规天然气的勘探、开发、科研、生产、储运和销售等。2017年底，设12个机关处室、11个二级单位，另设2个临时机构；用工总量486人；离退休人员717人，有偿解除劳动关系464人。有探矿权项目10个，分布在苏、皖、滇、黔、桂、川、鄂等7个省（自治区）的5个中小盆地（坳陷），矿权总面积3.19万平方千米（增列煤层气898.64平方千米），石油资源量0.68亿吨，页岩气资源量4.14万亿立方米，煤层气资源量0.39万亿立方米。

2017年，浙江油田以“三抓一有”“三做一推”为指导，弘扬石油精神，深入推进“八大工程”（预探评价、提质增效、改革攻坚、稳产上产、培训提速、安全环保、从严治党、民生项目），提前2个月踏上2018年上产百万吨运行步伐，生产原油3万吨、页岩气5.21亿立方米、煤层气0.95亿立方米，油气当量产量51.8万吨；销售原油3万吨、天然气5.96亿立方米，全年销售收入7.56亿元、税前利润2436万元，完成集团公司考核指标，连续2年保持盈利，获集团公司对2016年企事业单位业绩考核“A级企业”称号，并首次获煤层气国家补贴，首次获集团公司油气勘探重大发现成果一等奖，首次在国内埋深小于1000米的太阳地区发现并获具备工业开采的浅层页岩气。先后诞生浙江油田2个页岩气百万立方米高产平台，并刷新浙江油田页岩气单井日产新纪录，连续创造国内页岩气水平井水平段最长纪录，其中YS108H19平台实施双机组压裂期间，中央电视台《大国重器》栏目专程前来取景。浙江油田首口地热井顺利试水，标志着新能源开发利用领域又一重大进展。

浙江油田主要生产经营指标

指　标	2017年	2016年
原油产量（万吨）	3.00	3.00
天然气产量（亿立方米）	6.16	5.79
新增原油产能（万吨）	0.75	—
新增天然气产能（亿立方米）	6.73	2.55
新增探明天然气地质储量（亿立方米）	—	93.84（煤层气）
二维地震（千米）	100	—
三维地震（平方千米）	317.63	243.97
探井（口）	12	18
开发井（口）	99	25
钻井进尺（万米）	23.10	12.52
勘探投资（亿元）	3.84	1.44
开发投资（亿元）	17.42	10.05
资产总额（亿元）	59.83	42.42
收入（亿元）	7.62	7.22
利润（亿元）	0.24	0.15
税费（亿元）	0.44	0.51

【油气勘探】 2017年，浙江油田在致密油、浅层页岩气、常规气等领域取得新突破。苏北致密油连续在吉10井、吉204井、丰探15井试油首次获得较

高初产油流，初步落实阜二段、泰二段致密油有利区和规模资源量。太阳浅层页岩气阳102井和阳1井试气，获日产0.4万—1.1万立方米稳定直井测试产量，初步落实2000米以浅的页岩气有利勘探区。滇黔北常规气老井YS117试气，最高瞬时产能8万立方米，新井阳评1井获日产4.72万立方米测试产量，展现常规气良好的勘探前景。荆门页岩气作为浙江油田做大外围战略的重要突破口，宜探1井在志留系龙马溪组发现优质页岩气储层，拓展浙江油田外围勘探有利区。

【油田开发】 2017年，浙江油田开发围绕做小老区递减“减法”，苏北强力推进减氧空气驱、水平井找堵水等工作，自然递减率同比下降0.5%；西南页岩气严格落实控压生产政策，采取泡沫辅助举升返排工艺、二次增压等进攻性措施，页岩气单井可采储量（EUR）总体提高20%；煤层气开展精细排采技术研究与规律总结，创新实施酸化解堵等措施，煤层气日产量由年初25万立方米稳步提高到31万立方米。新区产建到位率持续提高，西南页岩气围绕“六换三稳”工作目标，平面上优化地质甜点区、平台上优化井位部署、单井上优化方案设计，对井位部署、平台高效利用、单井设计方案进行系统性优化，优质储层钻遇率逐年提高，由2015年的92%、2016年的93%，提高到96%，2017年产建一类和二类井占比提高到81%；煤层气1亿立方米产能建设以效益为目标导向，开展多轮优化调整部署，采用水平井、大井组、常规定向井组相结合的部署方式，以及加密完善现有井网等，提高地下优质资源动用程度。组织完成《紫金坝YS112井区4.8亿米^3/年开发方案》和《黄金坝页岩气5亿米^3/年稳产实施方案》编制并通过股份公司审查。

【工程技术】 2017年，浙江油田工程技术攻关取得新突破。钻井攻关连破纪录，4月，YS108H20-3井水平段完钻长度2411米刷新国内水平井水平段最长纪录；6月，YS113H1-7井完钻水平段达到2512米再次刷新纪录。压裂攻关取得新突破，首次在YS108H19平台实施单平台双机组同步压裂，创下单日压裂8段的新纪录；石英砂替代陶粒试验3口井，石英砂比例由原来的12%提升至31%，页岩气单井压裂费用降低约38万元。稳产实用技术应用见到新效果，2口水平井找堵水措施后日增油4.5吨，见到良好控水增油效果；煤层气等离子脉冲解堵技术现场试验增产效果显著，试验井措施后日产煤层气1401立方米，较作业前产气量提高837立方米，为低产煤层气井增产扩宽了思路；引进泡沫排水采气技术，9口井应用累计增加产气量1236万立方米。

【提质增效】 2017年，浙江油田深挖潜力，提质增效步步深入。深挖机制潜力，实施生产经营“双十条”和“积分制”绩效考核办法，调动全员开源节流工作积极性。其中，引进分布式能源，消灭“火把气”增收200万元；机采转捞油产油1万吨，降低成本240万元；整体靠前办公降低车辆运行频次，节省成本60万元；争取到电价优惠政策，节约电费80万元；加强视频会议管理，降低会议成本。深挖精细管理潜力，制定投资成本管控目标，实施管控措施，2017年降低投资6500万元、节约成本880万元，管理费用控制到3000万元；页岩气单井投资降到4200万元，同比降低4.3%；系统优化煤层气产建方案，在保证产建效果的前提下，少建7个平台、少打27口井，少投资近6000万元；调剂利用积压物资，盘活资金390.2万元；利用项目后评价成果，制定钻井市场指导价。深挖科技提效潜力，开展煤层气大井组试验4个平台，单井节约征地、工程建设等费用5万元。深挖合规管理潜力，规范招标管理，2017年节约资金2738万元；开展工程建设项目专项审计，审减资金1640万元。

【首次牵头承担国家重大专项】 2017年，浙江油田首次牵头负责的“十三五”国家级重大科研专项“昭通页岩气勘探开发示范工程”项目通过可行性论证，正式实施，该项目是“十三五”国家油气开发重大专项“大型油气田及煤层气开发”下设的主要页岩气示范工程之一，是页岩气勘探开发理论创新、关键技术和重大装备规模推广的试验基地和产业化基地，旨在实现示范区2020年20亿立方米页岩气产能目标，引领南方海相盆外构造改造残留型海相页岩气产业化进程，为实现国家“十三五”页岩气规划提供技术支持。示范工程联合勘探院、钻研院等10家科研院所进行研究和公关，组成“以企业为主、产学研相结合”的优势团队。

【地热资源开发】 2017年8月底，浙江油田第一口地热井——祝102井顺利试水。这一成果证明，苏北具有良好的地热资源基础，为下一步地热井的效益开发提供良好的数据支撑。该井试水数据显示井底温度在97℃，井口温度64℃以上，日出液280立方米，地热水富含氟、溴、碘和锂，其中氟、溴、碘、铁、锂5项指标达到有医疗价值浓度要求，溴、铁2项指标达到命名矿水浓度要求。鉴于丰富的地热资源，启动与地方政府和企业开展地热资源开发利用合作工作，标志着浙江油田在新能源开发利用领域取得新进展。

【企业管理】 2017年，浙江油田推行“积分制”考核，由“发奖金”向“挣奖金”转变，一些单位同级别人员，月奖最大差距达40%；9名部门和单位负责人因业绩指标考核不达标，被扣罚年终兑现奖16万元；15名领导干部因近5年考核表现优秀，奖金按高一层级标准兑现。工资增量持续向科研和一线艰苦岗位倾斜，一线员工平均综合收入约为其他单位的123.5%。制定实施《中青年干部基层实践锻炼办法》，打通干部成长成才通道。推进机构改革，以做精做专做优核心业务为目标，常规性业务实施外包，减轻“两厂一部”负担，设立市场管理处和对外合作部（临时机构），把主要精力全部投向核心业务；调整成立“一部两院三中心”（外围勘探项目部、勘探开发研究院、钻采工程研究院、科技信息中心、员工培训中心、机关事务中心），核心业务攻关力量全面加强。特色“油公司”管理模式见到雏形。

【战略协作】 2017年4月24日，浙江油田和长城钻探开展风险合作的昭通国家级页岩气示范区YS108H2平台测试页岩气日产突破115万立方米，浙江油田首个百万立方米页岩气平台诞生。2017年4月18日，浙江油田与西部钻探签订战略合作框架协议，双方将在预探评价、产能建设等多领域、多方面进一步深化合作。2017年6月2日，浙江油田与安全环保院签订战略合作框架协议，双方将在安全环保、职业健康、节能减排等领域深化合作。浙江油田探索多家战略协作、多元化合作模式，整合集团公司内部优势资源，形成风险产建、科研联合体等合作模式，苏北业务总包推进顺利，储气库建设稳步推进。

【员工培训】 2017年，浙江油田以培训提素全面推进年工程为主线，开展“找问题补短板”大讨论活动，找准工作突破口，采取多种方式，构建立体培训体系，推动全员练内功、强内力，补短板、提能力。技能培训见到好效果。首次参加集团公司职业技能竞赛，取得采输气大工种团体金奖、个人银奖、优秀组织奖和一线创新成果《提高柱塞泵盘根使用周期》三等奖的成绩。个性化培训体系持续完善。浙江油田领导班子带头坚持从身边人、身边事抓培训，发挥示范引领作用，带动形成师带徒、上帮下、结对子、HSE咨询师、技能兼职培训师等多种个性化培训方式。网络培训新模式见到雏形。根据生产区域跨度大的实际，构建远程视频培训模式，做到“生产建设到哪里、培训网络覆盖到哪里”；新开发上线培训实时录播系统和员工职业发展与培训平台。“一库、两基地”全面建成。采油、采气2个实训基地和培训试题库建成投用，为培训提供有力保障。

【质量安全环保】 2017年，浙江油田从决策、管理、执行3个层面出实策、支实招、求实效，安全环保形势持续稳定，连续2年获集团公司“安全生产先进单位”“环境保护先进单位”，尤其在中央环保督察期间，未发生不良影响事件。2017年1月20日，浙江油田首次安全科技成果表彰会在四川筠连召开，评选出“安全科技成果奖”7项、“HSE重大隐患报告奖”3项、“HSE合理化建议奖”5项。决策层面出实策，实施HSE绩效考核和作业许可“双20条”，推动直线责任和属地责任落实，共有45名干部员工因责任落实不力被问责，其中22名领导干部被扣减HSE业绩奖，有71家承包商被扣减HSE违约金。管理层面支实招，新开发上线隐患排查与风险动态管理平台，在生产一线成立“三心一站”（风险管控中心、应急值班中心、交通管理中心和安全文化站）基础上又新成立4个HSE分委会（市场管理与基建设备HSE分委会、勘探开发与工程技术HSE分委会、财务资产与经营管理HSE分委会、生产运行与应急管理HSE分委会）。形成“培训同步、科技同推、交流同心、标准同建、考核同进、监督同向”的承包商管理新格局，承包商履职能力评估实现全覆盖；加强资质管理，及时处理一批证件和报告作假等问题型队伍；切实加强安全监督工作，实施“点、线、面”工作法；抓驾驶员管理，全年行车36万千米无事故。执行层面求实效，以安全文化固化年活动为主线，以目视化管理、常态化警示教育、知识竞赛等多种载体为抓手，以季度HSE绩效考核为保障，特色安全文化固化见到一定实效。

【党群工作】 2017年，浙江油田从严治党纵深推进。控制思想阵地，发挥党委把方向、管大局、保落实作用，推进“两学一做”学习教育常态化制度化，加强政治理论学习，把牢思想“总开关”。2017年2月17日，在杭州召开党建反腐倡廉审计工作会。占领精神阵地，充分汲取长征精神和石油精神的“养分”，创新形成“十讲”工作法，首次编制完成浙江油田《企业文化手册》和《企业文化理念口袋书》；在昭通页岩气示范区，表彰浙江油田首届“功勋员工”“劳动模范”“十大青年标兵”。巩固基层阵地，开展基层党组织建设达标活动，启动首次党内巡查工作，主要巡查对象为基层党委，从严治党得到全面强化。筑牢作风阵地，各级领导干部常驻一线、靠前指挥，把

“饭桌变会桌、现场变会场，二线变一线、一线变前线”，用行动诠释“四个第一时间”靠前指挥的内涵，营造“五不”的干事氛围。实施领导干部问责 10 条，有 23 名领导干部被问责。基建设备处变“督办”为“帮办”，办公地点搬至曹营最前线，加强施工组织协调，保证“两线一站”等工程施工有序进行。坚守廉政阵地，从严推进党风廉政建设，打造风清气正的干部队伍。

2017 年，浙江油田团委通过举办首届勘探开发青年学术交流会，选拔出具有创新性、代表性和显著实践指导意义的成果参加集团公司第四届勘探开发青年学术交流会，获勘探专业组一等奖，开发专业组、工程专业组 2 个二等奖，实现历史突破。苏北采油厂作业区维修队“提高柱塞泵盘根使用周期”获集团公司 2017 年度 QC 活动成果三等奖。

【民生工程】 浙江油田坚持让油田发展成果更多更公正地惠及全体员工，2017 年员工平均收入同比提高约 10%。开展民生“四个一”工程。帮扶一批困难群体，发放近 700 万元帮扶资金和 26.6 万元助学资金，帮扶 813 名困难人员、资助 54 名困难学生；实施一批惠民举措，《一线员工休假路费报销管理暂行办法》《差旅费管理办法》《补充医疗保险实施办法》以及一线住勤补助提高等举措先后实施；“三供一业”移交工作有序推进。消除一批不稳定因素，矿区服务事业部带着感情、责任和政策开展信访维稳工作，确保党的十九大等重要时段队伍总体稳定。维护一方和谐稳定，履行企业社会责任，参与地方扶贫、抗震救灾等工作，与地方政府和老乡继续保持和谐稳定的关系。

（张　兰）

中石油煤层气有限责任公司

【概况】 中石油煤层气有限责任公司（简称煤层气公司）2008 年 9 月成立于北京，经营范围包括煤层气资源的勘探、开发，对外合作进行煤层气勘探、开发，煤层气田范围内的浅层气勘探、开发，煤层气勘探、开发工程施工，设备租赁，技术服务、技术咨询、信息咨询，勘探开发技术培训，销售机械电器设备等。作业区域遍及山西、陕西、新疆、内蒙古等煤层气资源富集省自治区，主力生产区块位于鄂尔多斯盆地东缘。

截至 2017 年底，机关设 12 个部门、4 个直属机构、2 个附属机构；设 7 个分公司（韩城分公司、山西分公司、吕梁分公司、临汾分公司、忻州分公司、陕西技术服务分公司、勘探开发研究院），1 个控股公司（管输公司）。按照股份公司授权，负责管理中联煤层气国家工程研究中心有限责任公司。用工总量 1148 人。

2017 年，煤层气公司深入贯彻落实集团公司工作会议精神和深化改革工作部署，以质量效益为中心，把握“改革创新、降本增效、依法合规”三个着力点，做好从严治党、增储上产、扩销增效、技术创新、安全环保等重要工作，完成产输销一体化会战和年度生产任务，超额实现年度考核指标。全年新增探明天然气地质储量 1142 亿立方米，新增控制天然气地质储量 357 亿立方米，创年度新增储量历史新高；新增煤层气、天然气证实储量 60 亿立方米。产销量双破 18 亿立方米，同比分别增长 40% 和 52%；最高日产量 650 万立方米，具备 20 亿立方米以上年生产能力。收入 21.34 亿元，同比增长 29%；税前利润 1.67 亿元，实现翻番增长。

【勘探工作】 2017 年，煤层气公司坚持勘探开发一体化，大胆预探，精细评价，新增探明天然气地质储量超千亿立方米，获股份公司 2017 年度勘探重要发现三等奖。新疆煤层气勘探取得实质性进展，阿 1 井完钻，后峡区块“三凹两凸”构造格局和煤层分布特征基本明晰；和什托洛盖区块完钻 2 口探井，地质认识基本明朗。准东五彩湾地区勘探前景广阔，具备万亿立方米煤层气规模，初步优选 5 个煤层气有利含气区。大宁—吉县区块致密气勘探取得重大突破，河西地区郝 5 井、郝 6 井山 2^3 段、高 3 井本溪组均获高产气流，新增控制天然气地质储量 357 亿立方米；河东地区大吉 28 井获无阻流量 22.4 万立方米高产工业气流，新增探明天然气地质储量 335 亿立方米。鄂东缘页岩气勘探见到重要苗头，大吉 2-4 井山西组泥页岩段试气日产 8254 立方米，初步评价鄂东缘山 2 段页岩气资源量 1.37 万亿立方米。

煤层气公司主要生产经营指标

指　标	2017 年	2016 年
天然气（含煤层气）产量（亿立方米）	18.91	12.66
天然气（含煤层气）商品量（亿立方米）	18.29	12.02
新增天然气（含煤层气）生产能力（亿米 ^{3}/ 年）	3.0	1.20
新增探明天然气（含煤层气）地质储量（亿立方米）	1142	322.61
二维地震（千米）	392.10	332
探井（口）	28	16
开发井（口）	113	26
钻井进尺（万米）	28.62	9.14
勘探投资（亿元）	2.23	1.78
开发投资（亿元）	7.18	5.04
资产总额（亿元）	101.80	100.26
收入（亿元）	18.04	13.96
利润（亿元）	1.67	0.73
税费（亿元）	1.58	1.14

【开发工作】 2017 年，煤层气公司大吉 5-6 井区实施气井分类分区管理，日产气量突破 170 万立方米，同比增长 66%；老井措施挖潜效果显著，平均日增气 42.3 万立方米。保德区块煤层气持续高产稳产，日产气量保持 150 万立方米以上。精细管控老井，韩城区块日产气量回稳至 36 万立方米以上。大宁—吉县区块深层煤层气水平井组产气潜力显现，桃—平 01 井等 3 口井日产气合计 1.5 万立方米，套压均稳定在 2.5 兆帕以上，展现出高产稳产态势。

【对外合作】 2017 年，煤层气公司执行陕西省吕梁市三交煤层气对外合作项目、陕西省韩城煤层气对外合作项目等 7 个对外合作项目和山西省石楼西、内蒙古自治区格日勒敖 2 个国内项目。合作项目新增天然气探明地质储量 807 亿立方米。日商品量突破 270 万立方米，日产量同比增长 109%。三交北 SJB2—11 井本溪组砂岩试气日产 8.5 万立方米；紫金山项目首获突破，ZJS8 井盒 7 段砂岩试气日产 1 万立方米。

【市场销售】 2017 年，煤层气公司加强与大客户高层沟通，山西国新能源等优质客户保持稳定用气能力。立足晋陕市场开拓一批新工业用户和项目，新增日用气量约 260 万立方米。培育销售新区，确定陕北区块以 CNG、LNG 等为主的零散气销售模式，实现 3 口探井售气 220 万立方米，初步落实新疆区块下游 100 万米 ^{3}/ 日的用气市场。推动保德区块上载陕京一线、韩渭西管道下载西气东输二线的联络线成功投产通气，晋陕地区多渠道、多元化、多地域的市场格局初步构建。紧盯天然气市场需求变化和价格调整政策，及时完善晋陕供气价格体系，建立“以量配价，增量优惠”的动态价格机制，实施旺季推价增收与淡季促销上量策略。2017 年，山西地区煤层气综合气价上调 7.7%；韩渭西管道沿线地区非居民价格上浮 10%，价格调整到位率 100%。2017 年度应收账款回收率 100%。“一体化煤层气销售管理体系建立与应用”成果获集团公司管理创新成果二等奖。

【科技进步】 2017 年，煤层气公司“鄂尔多斯盆地东缘大型煤层气田富集规律与勘探开发配套技术研究”等 3 项研究成果分别获山西省科学技术进步奖二等奖、集团公司科学技术进步奖二等奖和集团公司第三届优秀标准二等奖。2017 年发布各类标准 21 项，获专利授权 9 项。集成创新小曲率半径定向井等 4 种中高阶煤煤层气钻完井设计理念和方法，有效扩大单井控制面积 37.8%；创新液力驱动无杆泵排水采气技术及设备，有效提高大斜度低液量井举升泵效 15%—20%。煤层气补水洗井工艺等 3 项新技术推广，创造经济效益近亿元，连续 5 年完成集团公司考核目标。制定煤层气公司“十三五”信息化建设总体规划，推广实施 A1、A5、A11、D13、F2、F8 等 6 个统建系统。扎实推进非常规油气专委会工作，成功举办 2017 年非常规油气勘探开发技术国际培训班、中国煤层气开发利用论坛。

【降本增效】 2017 年，煤层气公司严格投资成本管控，实现油气单位操作成本 11.66 美元 / 桶，同比下降 13%，单井钻井成本较计划下降 5%。通过收回部分外包井、关停低效无效井，全年降低排采业务外包费用 1200 多万元，同比下降约 20%，实现外包规模和支出费用双下降。推进修旧利废和资产盘活，节约材料成本和设备采购支出约 2000 万元，物资库存下降 2400 万元。推进设备资产轻量化，与渤海装备合作在石楼北区块开展三抽一体化服务试点，实现修井周期延长 10% 以上。提出“中高压设计、低压校核”动态设计理念，进行地面集输宽范围设计，节省常规集输建设投资约 2000 万元。推进数字化气田建设，首创国内煤层气集气站无人值守运行模式，减少用工量50%。增资10亿元注册资本金项目获股份公司足额批准，公司注册资本实现翻番。

【合规管理】 2017年，煤层气公司加强市场准入管理，对198家承包商进行考核，清退不合格承包商21家。规范招标管理，推进一体化总包，实现招标率77%，高出集团公司平均水平10%。推进物资采购共享模式，物资集中采购率97.2%。严格合同管理，强化监督检查，签订及时率100%，问题合同比率持续下降。强化工程管理，完成保德北部5亿米^3/年产能建设项目竣工验收，建设项目竣工验收工作全面开展。加强控股单位风险管控，审查渭南管输公司和勘探开发研究中心议案16项，股权管理更加规范。坚持重大事项法律审查制度，企业经营管理风险进一步降低。优化管控模式，下放合同、市场等业务领域部分管理及审批权，所属单位生产经营管理自主权进一步扩大。采矿证、试采证等各项证照办理有序推进，永和18井区获得安全生产许可证。保密、维稳、档案管理规范有序，未发生失泄密、负面舆情及维稳信访安保防恐事件。

【安全环保】 2017年，煤层气公司未发生一般B级及以上生产安全事故和环保事件，安全环保总体平稳受控。公司领导班子带队开展HSE审核，领导联系点检查频次明显增加，有感领导氛围更加浓厚。自觉开展安全经验分享和业务安全专项检查，公司直线部门积极履责、安全环保部门统筹监督的良好氛围初步形成。员工安全环保履职能力持续提升，各层级、各岗位责任落实更加到位。推行高危环节作业许可信息化管理，实现全员写风险、辨风险、控风险活动日常化。2017年开展HSE形势分析、审核督导和迎审7次，投入专项资金近600万元对重点隐患进行治理。狠抓HSE“三基”工作，基层站队HSE标准化建设达标率70%。韩城南、保德北、渭北处理厂3个二类项目HSE手续齐全，取得排污许可证。新建项目合理避让环境敏感区，采出水治理取得实效。

【深化改革】 2017年，煤层气公司成立持续深化改革领导小组及薪酬分配改革等6个专项工作组，专题研究改革重点、难点问题，推进改革不断深入。聚焦体制机制改革，深化机关机构设置及职能配置研究。聚焦干部管理和人事制度改革，持续加强两级领导班子建设，在集团公司党组关心下，3人充实到公司领导班子，新老班子实现平稳过渡。2名40岁以下年轻干部进入二级单位班子，50%的分公司实现“231”年龄结构优化目标。持续加大年轻干部培养力度，首次同步组织开展后备干部推荐工作。坚持从严管理干部，选人用人机制更加完善。聚焦人才培养工程，深化专业技术岗位序列改革，完成公司一级、二级技术专家的聘任工作，启动“双百青年英才重点培养工程”，选树公司首届“十大工匠”，建立机关人员下基层锻炼长效机制。聚焦薪酬分配改革，健全完善基本工资制度，设立艰苦地区补贴。加大精准奖励力度，使用总经理奖励基金实施一系列单项奖励。实施工资与绩效考核工效挂钩，实现差异化分配。

【党群工作】 2017年，煤层气公司精心组织，迅速掀起深入学习宣传贯彻党的十九大精神热潮，习近平新时代中国特色社会主义思想深入人心，公司党的建设理论基础更加坚实。把“两学一做”学习教育作为推进全面从严治党的战略性、基础性工程，实现学习教育常态化制度化。将党建工作写入公司章程，进一步突出党委领导作用。突出顶层设计，围绕全面从严治党，提出“一个意见、三项保障”的党建工作设想，印发《关于落实全面从严治党要求加强党的建设的意见》，明确当前和今后一个时期党建工作方向。强化主业意识，推进落实党建责任制，基层党组织、党群工作机构和党务人员逐步健全，党员发展和教育管理更加规范，重视党建、狠抓党建的发展导向更加鲜明。推进党风廉政建设“两个责任”落实，正风肃纪常态化运行，巡视整改成效明显，内部巡察稳步开展，作风建设持续改进。开展“弘扬石油精神、重塑良好形象、推进稳健发展”形势任务主题教育活动、“大干九十天、产销二亿七、喜迎十九大”劳动竞赛，筹备“公司成立十周年”主题活动，参加集团公司在京单位第一届职工运动会喜获佳绩。晁鹏举、古勇、卫帅3名员工在陕西省渭南市路遇严重交通事故，成功救下9名伤员后悄然离开，见义勇为事迹获得地方政府表彰。推进“家文化”建设，员工生产生活条件持续改善，困难群体帮扶举措更加靠实，员工获得感、幸福感进一步提升。

【合作共赢】 2017年，煤层气公司健全企地关系工作责任制。建立高层沟通机制，加强与地方政府、企业沟通，先后拜访陕西省、山西省、新疆维吾尔自治区等相关政府部门，与新疆油田等10个单位开展技术交流，签订战略协议16份，形成互利共赢协同发展良好局面。助力精准扶贫彰显社会担当，支持保德特产“沁州黄”小米销售6000余千克，帮助保德县余铁村和旺塔村创收8万余元。

（纪　烨）

南方石油勘探开发有限责任公司

【概况】 南方石油勘探开发有限责任公司（简称南方公司）前身为中国石油天然气勘探开发公司，于1984年在北京注册成立，1991年迁至广州；1995年以“南方石油勘探开发有限责任公司”名称在广州注册；1997年划入中国石油天然气勘探开发公司管理；2008年9月，调整为中国石油天然气集团公司直属单位，业务上归勘探与生产分公司管理；2011年10月，中国石油天然气股份有限公司正式完成对南方公司的股权收购。总部位于广州，勘探区域覆盖广东、海南、广西、云南四省（自治区）。

2017年底，南方公司设10个机关部门、9个直属机构。在职员工183人（合同化105人，市场化78人），平均年龄42岁。其中党员占51%，本科及以上学历占49%，中级及以上职称占52%，高级职称占28%，教授级高工2人。70%以上在油田现场工作。

截至2017年底，南方公司共有探矿权5个，勘查面积5901平方千米，其中海南省2个、广东省1个、广西壮族自治区1个、云南省1个；另有采矿权1个——海南北部湾盆地花场凝析油气田，开采面积38平方千米；国土资源部油气储量评审办公室登记的南方公司探明石油地质储量3206.48万吨，探明天然气地质储量125.53亿立方米。

2017年，生产原油30.04万吨，天然气1.11亿立方米；钻井38口，进尺13.44万米；投资5.89亿元；收入10.27亿元，税前利润2.03亿元；上缴税费总额1.44亿元。

【油气勘探】 2017年，南方公司在海南福山凹陷预探金凤构造上构造层勘探取得新突破，涠洲组试油获高产气流；扩展朝阳构造，低台阶整体部署6口井均获成功，落实三级储量逾2000万吨；整体评价花场北部流二段、流三段，新增1000万吨油气储量。探井成功率54.5%、评价井成功率87.5%。广东三水项目以宝竹三维区为重点研究目标，完成构造、生油、沉积体系、油气成藏主控因素和勘探潜力评价，发现3个有利勘探目标。广西崇左区块重力、电法综合解释显示三排有利构造带，完成280千米二维地震部署论证及设计工作。云南德宏探矿权获批，新增探矿权面积958平方千米。

南方公司主要生产经营指标

指　标	2017年	2016年
原油产量（万吨）	30.04	29.48
天然气产量（亿立方米）	1.11	1.38
新增原油产能（万吨）	4	3.45
新增天然气产能（亿立方米）	0.04	0.05
新增探明石油地质储量（万吨）	445.60	609.22
新增探明天然气地质储量（亿立方米）	4.3	49.11
探井（口）	16	14
开发井（口）	15	20
评价井（口）	7	9
钻井进尺（万米）	13.44	14.21
勘探投资（亿元）	3.30	1.64
开发投资（亿元）	2.59	2.59
资产总额（亿元）	45.60	43.23
收入（亿元）	10.27	7.93
利润（亿元）	2.03	0.24
税费（亿元）	1.44	0.80

【油气田开发】 2017年，南方公司立足富油区效益建产，在花场、永安、白莲地区新钻产能井19口，平均单井钻遇油层厚度17.1米/7层，差油层17.7米/14.4层，开发井成功率100%，新建产能3.5万吨，长停井恢复新建产能0.5万吨，累计新建产能4万吨。强化措施上产，全年实施压裂27井次，措施有效率81%，累计增油1.57万吨，累计增气693.5万立方米；持续加强油藏注水，花场地区注采井网更加完善，美台区块局部、白莲全部实现注水开发，注水开发断块产量稳定在日产490吨以上，综合含水率30.5%，自然递减率6.4%，综合递减率3.5%。编制油气产量和运行大表，跟踪督办重点工程；综合平衡产、运、销、储，提高物资供应效率，全年

实现物资入库8155.2万元，出库8414.6万元，完成库存周转次数5.3次，全面完成5项考核指标。2017年，南方公司生产油气当量产量38.89万吨，原油年自然递减率12.2%，天然气年自然递减率20.2%，人均油气当量产量2200吨，在勘探板块排名第一。

【工程技术】 2017年，南方公司通过优化井身结构设计、推广丛式井钻探、试验新型PDC钻头等降本增效，全年节约钻井投资约2000万元，连续打破3900米、4200米、4500米钻井周期最短纪录。启动地热资源开发和二氧化碳协同开发先导试验。试验推广水力深穿透射孔解堵、无固相防水锁压井液、水力泵排液、电潜泵采油、内衬油管、柱塞气举、带压作业等新技术和适用技术、材料、工艺。信息化程度和信息安全水平进一步提升，福山油田实现数字化全覆盖，应用进一步深化，地理信息系统整合项目被评为集团公司移动项目经典案例；钻井信息系统全面推广应用；成功应对“永恒之蓝”等病毒入侵，通过各项信息档案保密检查，未发生失泄密事件。

【科研创新】 2017年，南方公司承担上级下达科技项目3项，自立25项，投入经费3130万元，获国家知识产权局颁发专利一项，参与完成的“中国石油第四次油气资源评价”成果获集团公司科学技术进步奖特等奖，“复杂火山岩及海陆过渡区综合地球物理勘探关键技术”成果获集团公司科学技术进步奖三等奖。

【安全环保】 2017年，南方公司按照“党政同责、一岗双责、齐抓共管、失职追责”要求，修订明确各部门（单位）的安全环保工作职责，逐层签订安全环保责任书，开展“大学习、大检查、大反思”活动。推广井下作业清洁生产平台、生活污水罐等应用。简化环境影响评价手续，首家创新实践“十三五”勘探开发项目单井备案环境影响评价审批模式，缩短建设周期。加快生态红线敏感区域退出步伐，完成方案制定和审批，严格落实减排措施。加强承包商管理，组织497人次参加HSE培训和考核评估。完成油气管线隐患治理和钻井废弃物综合利用项目竣工验收。启动绿色矿山创建工作。全年投入安全环保节能资金超过2000万元、治理隐患4614项。获集团公司“环境保护先进单位”称号和安全生产、节能节水、绿色站队等奖项。通过中央环保督查和国务院安全巡查，安全环保形势持续稳定。

【经营管理】 2017年，南方公司强化依法合规管理，全年签订各类合同499份，总金额19.48亿元。合同法规审查率100%，履约率100%，未发生合同纠纷案件。各类招标共66项，金额5.63亿元，招标资金节约率15.2%，比集团公司平均节约率高约10%。共出台新的管理办法23项，修订6项，现行有效的规章制度共130项。开展应收款项管理等4项专项审计，重点抽查3个所属单位，审计覆盖资金4.56亿元，发现整改七类31个问题。严格投资源头管控，加强项目前期论证、立项审查和后评价，全年审减投资5876万元，共完成投资5.89亿元，投资完成率97.78%。基于SEC储量评估，摊销减少折耗878万元。优化资产结构4144万元。根据市场变化，推动液态产品市场定价，全年增收2679万元。2017年度，以人力资源管理系统公司平均人数计算，实现人均产值571万元，人均利润113万元，位列勘探板块第二。

【党建工作】 2017年，南方公司学习宣传贯彻党的十九大精神，制定工作方案，从党委中心组到基层党支部，组织宣讲6场，邀请专家2次。完善“三重一大”实施细则，将党委决策作为重大事项决策的前置程序；构建管党治党工作体系，将党建职责写入公司章程，成立党委组织部和党群工作处。推进“两学一做”学习教育常态化制度化，开展“践行四合格四诠释”岗位实践活动。优化调整党支部设置，推动“双向进入、交叉任职”。加大年轻干部选拔任用力度，分两批选拔任用11名同志担任中层管理岗位工作，改善干部队伍素质结构和年龄结构。狠抓巡视反馈问题整改，调查处理集团移交问题线索2个。出台《关于进一步贯彻落实中央八项规定精神实施细则》《纪委落实全面从严治党监督责任实施细则》《公务餐费报销管理办法（试行）》《现金管理办法》等廉政规章制度。

（叶帅斌）

炼化企业

中国石油天然气股份有限公司大庆石化分公司（中国石油大庆石油化工有限公司）

【概况】 中国石油天然气股份有限公司大庆石化分公司（中国石油大庆石油化工有限公司）简称大庆石化，始建于1962年，历经半个世纪发展，成为东北地区资源条件好、社会环境优、业务门类多的国有炼化企业。2017年底，有二级单位27个，员工2.6万人，有生产装置、公用工程及辅助设施155套，可生产54个品种438个牌号的产品。具有原油一次加工能力1000万吨/年，120万吨/年乙烯，45万吨/年合成氨，80万吨/年尿素，111万吨/年聚乙烯，10万吨/年聚丙烯，8万吨/年丙烯腈，20万吨/年丁辛醇，19万吨/年苯乙烯，10.5万吨/年ABS树脂，16万吨/年顺丁橡胶，6.5万吨/年腈纶丝等产能规模。截至2017年底，完成工业总产值7251亿元，累计实现营业收入7823亿元，累计上缴税费908亿元。

2017年，大庆石化全体干部员工认真贯彻落实中央精神和集团公司部署，团结一心、埋头苦干，勇于担当、共同奋斗，超额完成全年生产经营目标任务，各项事业取得积极进展。全年营业收入476.63亿元、利润39.38亿元（不含固定资产减值）、税费99.29亿元。利润再创历史最好水平，其中未上市盈利1281万元，连续2年实现盈利。公司创效能力稳居炼化板块前列。

【生产运行】 2017年，大庆石化原油加工量超额完成配置计划，油田轻烃、石脑油等资源协调进厂。裂解（二）及配套装置开车成功，三套裂解装置实现同步运行。生产疑难问题能够及时发现、及时解决，防冻防凝、防暑降温等措施全面落实，煤炭供应较好地满足生产需求，产品出厂协调力度进一步加大，主要生产装置操作平稳率99.84%，9套装置创造长周期运行新纪录，生产运行水平不断提升。创新文明生产管理，员工自己动手整改低标准，生产环境明显改善。设备管理不断加强，无泄漏装置、标准化装置创建工作有效推进，一批隐患得以治理，设备运行可靠度持续提高。2017年加工原油595.76万吨，生产合成氨46.36万吨、乙烯115.83万吨。乙烯产量再创新高。11种产品产量、19项能耗物耗指标创历史最好水平。

大庆石化主要生产经营指标

指　标	2017年	2016年
原油加工量（万吨）	595.76	646.19
汽油产量（万吨）	153.81	157.7
柴油产量（万吨）	131.61	175.7
航空煤油产量（万吨）	26.73	28
润滑油产量（万吨）	2.06	1.03
乙烯（万吨）	115.83	110.8
丙烯（万吨）	71.22	53.5
ABS树脂（万吨）	11.09	10.4
丁辛醇（万吨）	21.72	19.80
聚乙烯（万吨）	112.43	108.5
聚丙烯（万吨）	11.31	11.4
顺丁橡胶（万吨）	14.42	14.2
合成氨（万吨）	46.36	44.8
尿素（万吨）	35.78	51.2
资产总额（亿元）	208	222
收入（亿元）	476.63	435.39
利润（亿元）	39.38	31.65
税费（亿元）	99.29	90

【安全环保】 2017年，大庆石化坚持从严管理，逐

级签订安全环保责任书，安全环保责任归位到位。投入安保基金1742万元，对17项风险较大的安全环保隐患进行集中整治。开展综合性隐患排查5次，与分厂和车间各类安全检查相结合，排查出安全环保隐患113项，逐项落实防控和应急措施。推进危害辨识与风险评价，排查出公司级重大风险6项、分厂级重大风险125项、车间级重大风险1262项，并制定风险管控方案和措施。重要敏感时段、重大风险作业实现升级管理，提升安全防范等级。推进基层车间HSE标准化建设，首批14个试点车间通过验收，基层车间HSE标准化建设达标率74%。重点加强承包商管理，严把入口关，强化属地监管，培训承包商5705人。组织公司级安全环保大检查4次，查出问题1575个，日常安全环保监督发现违章1881项，全年安全环保考核91万元，真管、敢管、善管成为常态。加大对排污口监督检查力度，外排污水、COD（化学需氧量）总量、氨氮总量，分别下降0.68%、32.12%和81.55%。加强环保项目建设，腈纶污水项目实现平稳运行，炼油和化工污水提标改造、硫黄尾气治理等项目投用，环保治理能力和管理水平进一步提升。

【挖潜增效】 2017年，大庆石化固化经济效益最大化思想，提质增效工作进一步深化，全年共实施挖潜增效措施209项，累计增效10.12亿元。突出大平稳出大效益、一体化促大效益，生产方案根据装置实际制定实施，产品结构按照市场方向有效调整，稳产高产的重要作用充分发挥，生产现场成为创效主战场。企业成本同比下降，财务费用同比减少7357万元，“两金”压控指标全面完成，节约采购资金1.92亿元，平库利库2551万元，处置积压物资账面原值4016万元，工程结算审减6198万元，节能1.3万吨标准煤、节水51万吨。

【企业管理】 2017年，大庆石化按照集团公司关于改革的部署，扎实推进各项改革措施的有效落实，减少科级机构46个，精简管理、技术岗位定员114人，员工总量同比下降911人，二三线人员向生产一线和创效岗位调剂469人，清理劳务用工113人，优化机构设置，盘活用工存量。制度流程更趋规范，内控体系有效运行。减少经销商、代理商采购，公开选商取得一定成效。电子招标平台推进应用，实现全部招标项目线上操作。扎实开展“僵尸企业”和特困企业专项治理，完成阶段性目标。深化矿区业务改革，“三供一业”分离移交有序推进。

【项目建设与科技创新】 2017年，大庆石化炼油产品结构调整与转型升级项目得到集团公司批复，烷基化、MTBE装置土建基础基本完成，新建20万吨/年低压聚乙烯装置完成可行性研究编制，“油头化尾”产业格局加快构筑。“大型乙烯基地设计技术升级与优化增效技术开发应用”等项目列入集团公司重大科技专项，“辛烯等α-烯烃成套技术开发”项目列入集团公司重大现场试验项目。高腈SAN及板材ABS树脂成套技术工业化试验项目开车一次成功，实现普通、高腈SAN的工业化生产。放大生产新产品40.5万吨，6个牌号产品达到万吨级。鼓励全员创新创造，弘扬工匠精神，广大员工的创新潜能和创造活力持续迸发。

【多种经营】 2017年，大庆石化各经营性企业发挥产品和服务优势，抱团外拓市场的意识更加强烈，战略联盟合作关系不断深化。化建公司在大庆周边、东北三省、四川、云南和陕蒙地区的市场布局基本形成，定力矩紧固、炉衬等业务优势充分发挥，边际贡献日趋稳定。机械厂的高效换热器和加氢反应器，列入集团公司第四批《内部优势产品目录》，承接抚顺石化换热器制造任务，市场开发力度进一步加大。检测公司在大庆地区及周边市场地位持续巩固，成功开发四川石化、辽阳石化等外部市场。信息技术中心完成28家企业炼化应用集成系统上线工作，获得哈萨克斯坦炼油厂仿真培训系统开发项目，实现海外市场开发新突破。实业公司外部市场收益逐步扩大。开发公司外部市场实现规模化开发。

【惠民工程】 2017年，大庆石化会战园项目主体工程和道路铺装、景观等施工完成，实现全部交付入住。扩容改造厂区周边停车场，增加停车位960个，员工停车更加便利。深入开展走访慰问和帮扶救助等活动，发放节日慰问金6160万元、帮扶资金99.63万元，使员工和困难群体切实感受到组织的温暖。举办第二十五届田径运动会等文体活动，员工业余文化生活丰富多彩。投资246万元，维修改造老年大学和兴化八区活动室，购置计算机、足疗椅等设施，离退休职工活动场所的环境和设施进一步完善。矿区服务事业部统筹规划民生项目建设，实施矿建项目5个，矿区环境逐步改善。物业管理中心、客运中心、职工医院以提高员工群众满意度为落脚点，在完善住宅小区功能、方便员工通勤、提高医疗服务质量等方面，做出积极努力。

【党建工作】 2017年，大庆石化落实党建工作责任制，融入中心、服务大局，抓班子、带队伍，抓基层、打基础，抓责任、建机制，党建工作科学化水平不断提升。公司领导班子分别带队组成7个宣讲团，开展网上答题和知识竞赛，强化检查督导，进一步促进党的十九大精神的学习宣传逐步走向深入。累计举办7期青年英才班，组织党委书记、处级干部等4个层次人员外出培训，增强履职能力；探索基层党政干部岗位轮换、交叉任职，提升基层干部的综合素养。开展党内巡察监督，整治“四风”顽疾，下发《落实监督执纪“四种形态”实施细则》等制度规定19个，加强廉洁文化建设，逐步构筑不想腐的堤坝。落实维稳责任，强化风险评估，监控重点人员，企业大局保持稳定。

（钟国强）

中国石油天然气股份有限公司吉林石化分公司（吉化集团有限公司）

【概况】 中国石油天然气股份有限公司吉林石化分公司（吉化集团有限公司）简称吉林石化，办公地点位于吉林省吉林市，前身是吉林化学工业公司，是国家“一五”期间兴建的以“三大化”为标志的第一个大型化学工业基地。1954年开工建设，1957年建成投产，1998年上划中国石油天然气集团公司，1999年重组为中国石油吉林石化公司、吉化集团公司，2000年吉化集团公司与吉林石化公司正式分立运行，2007年吉林石化公司与吉化集团公司整合管理。2010年集团公司授权吉林石化对吉林燃料乙醇有限责任公司实施一体化管理。2017年吉化集团有限公司完成公司制改制。

吉林石化作为新中国化学工业长子，新中国的第一桶染料、第一袋化肥、第一炉电石就诞生在这里。60多年来，吉林石化先后为全国各地输送和培养各类人才6万多人，累计向国家上缴利税超1000亿元，取得科研成果近800项，获国家级荣誉100多项，为中国化学工业和国民经济发展做出突出贡献。

2017年底，吉林石化原油加工能力1000万吨/年、乙烯生产能力85万吨/年、燃料乙醇生产能力60万吨/年。生产装置74套，能够生产汽油、柴油、航空煤油、聚乙烯、ABS树脂、丙烯腈、乙丙橡胶、丁苯橡胶、甲甲酯等115种主要石油化工产品。总资产235.95亿元。设机关职能处室15个，机关附属机构6个、直属机构4个，二级单位41个；在册合同化员工2.36万人。

2017年，面对严峻复杂的经济形势和市场环境，繁重艰巨的安全环保压力和改革发展任务，吉林石化坚持“五抓五不”（抓安全不松劲、抓效益不蛮干、抓发展不动摇、抓队伍不折腾、抓和谐不偏离），瞄准“五要”（管理要提升、效益要增长、发展要稳健、改革要深入、党建要夯实），锁定“实现可持续盈利和稳健发展”目标，苦练内功、精细管理，改革创新、提质增效，取得经营管理、改革发展的突出业绩。加工原油897.23万吨，生产乙烯85.43万吨，完成商品总量948.28万吨，收入600.50亿元、利润49.87亿元。炼化业务盈利50.82亿元、同比增加27.56亿元，未上市业务盈利0.80亿元、同比增加7.09亿元，全面完成集团公司下达的考核指标。

吉林石化主要生产经营指标

指　标	2017年	2016年
原油加工量（万吨）	897.23	910.19
乙烯产量（万吨）	85.43	80.74
汽油产量（万吨）	176.25	170.57
柴油产量（万吨）	281.53	312.38
航空煤油产量（万吨）	29.54	28.22
合成树脂产量（万吨）	118.28	115.01
合成橡胶产量（万吨）	15.65	10.71
资产总额（亿元）	235.95	242.59
收入（亿元）	600.50	507.99
利润（亿元）	49.87	15.17
税费（亿元）	137.08	129.24

【安全生产】 2017年，吉林石化坚持“抓安全不松劲、抓效益不蛮干”，秉承以人为核心的本质安全理念，克服运行风险高、稳控难度大等困难，抓好责任和措施落实，全面实施升级管理，强化“阶梯奖励、专项奖励、分级处罚、逐级追责”，着力提升安全环

保工作水平。2017年38个基层单位创建成“无事故工厂”，其中9个单位连续10年创建成“无事故工厂”，60%的生产车间创建成HSE标准化站队。实施重奖重罚，签发总经理特别嘉奖令5个，对事故事件责任人进行追责、给予纪律处分。坚持“大平稳出大效益”，细化量化“叫停”“退守”措施，改进生产和检维修作业管理，运行平稳率99.81%，机泵平均维修间隔时间达到43个月。坚持像抓生产装置一样抓环保设施运行，严格减排措施，加快实施环保达标和隐患治理项目，总出水COD浓度稳定控制在50毫克/升以下，“三废”实现达标排放，通过中央环保督察的严格检验。

【降本增效】 2017年，吉林石化完善“四会”闭环管理（通过计划平衡会定目标、通过生产经营运行会落责任、通过经济活动分析会找差距、通过业绩考核会硬兑现），突出抓好“两个龙头”（炼油、乙烯）优化运行，提高炼化一体化效益。优化炼油生产组织，炼油高效产品比例达45%，柴汽比降至1.6。做好乙烯装置生产优化，大乙烯装置损失率降至0.23%以下；中部乙烯装置连续稳定运行18个月。ABS树脂、聚乙烯、丙烯腈、甲甲酯等重点创效装置满负荷运行，成为吉林石化化工业务创效的重要支撑。精细成本管控，深化成本效益对标，主要装置技术经济指标持续向好，同比节能降耗增效9000万元。优化采购渠道，加大直采力度，采购成本持续下降。持续改善资产结构，实施资产轻量化，百元固定资产创收由2016年的97元上升至118元，资产创效能力持续增强。

【市场攻关】 2017年，吉林石化牢记“市场是企业的生命线，质量是产品的生命线，服务是营销的生命线”，深耕产品高效市场，提升竞争力、增强话语权。以合成树脂产品质量提升为引领，加大产销研一体化攻关力度，提高主导产品竞争力。坚持“做中国最好的ABS树脂”，加强市场和客户走访，推动与行业龙头企业的战略合作，产品产销量达62万吨，成为集团公司盈利能力最强的化工产品。低密度聚乙烯7042成为集团公司品牌产品，高密度聚乙烯PE100S质量优势明显、产销率100%。乙丙橡胶质量稳定性进一步提升，销量达5万吨、同比增加21%。2017年ABS树脂、聚乙烯、甲甲酯、丁苯橡胶等产品同比增销9万吨，增效7亿元以上。

【发展建设】 2017年，吉林石化坚持“改造存量、做优增量、提高质量”，壮大优势主导产品，推进技术装备升级，提升发展质量效益。按照集团公司炼化业务转型升级要求，形成吉林石化炼化业务结构调整和转型升级方案，推动炼油业务由“燃料型”向“化工型”发展，化工业务高端化发展，燃料乙醇业务战略化发展。扎实推进项目建设及前期研究，动力一厂新建2号炉项目建成投运，汽油国Ⅵ标准升级等项目进入实质性阶段。围绕创效装置和主导产品，持续开展“三十”攻关（“十大”技术改造攻关、“十大”科技瓶颈攻关、“十大”新产品开发），年增效3.2亿元，培育新的效益增长点。

【企业改革】 2017年，吉林石化坚持把改革创新作为解决问题的关键，破难题、补短板、提效率，改革红利持续释放。深化薪酬分配制度改革，坚持“分配凭业绩，收入凭贡献”，强化“三倾斜一接轨”（奖励分配向生产一线班组长、主操等关键岗位倾斜，向机电仪等生产辅助中的骨干岗位倾斜，向管理和专业技术人员中的核心岗位倾斜；控制非稀缺性易替代岗位的奖金发放水平，逐步实现与劳动力市场价位接轨），合理拉开分配差距，促进二、三线人员向一线流动。建立培训考核奖励机制，促进员工学技术、练本领，技能人才质量和结构进一步优化。推进独立核算单位扩大经营自主权试点，9家试点单位同比增效1.1亿元。加快公司制改革，完成吉化集团有限公司及3家企业改制。实施“僵尸企业”处置、法人实体压减等工作，减轻包袱，降低成本。优化矿区改革路径，与接收方签订供热和物业移交及合资合作框架协议，为破解物业移交难题贡献吉林石化方案。与相关医疗平台合作，初步完成总医院社会化改革方案。强化管理创新，15项成果获管理创新奖。在吉林石化承办的集团公司2017年领导干部会议上，介绍改革和管理工作经验。

【党建工作】 2017年，吉林石化深入学习宣传贯彻党的十九大精神，用习近平新时代中国特色社会主义思想指导企业实践。坚持立根铸魂、固本强基，加强党的领导，落实党建责任，确保党和国家方针政策在企业全面贯彻落实。坚持把党建思想文化建设融入经营管理全过程，用好“党建项目化”“党员责任区”“党员好管家”等载体，推进党建和中心工作深度融合。加强干部队伍作风建设，组织开展“提升管理效能、转变队伍作风”大讨论，持续倡导“当头羊不做羊倌”，引导各级干部以身作则、率先垂范，在各项工作中发挥中流砥柱作用。落实全面从严治党要求，正确运用监督执纪“四种形态”，构建“不敢腐、不能腐、不想腐”的长效机制；积极配合集团公司专项巡视，整改巡视反馈问题，促进“两个责任”落实，取得党风廉政建设和反腐败工作新成效。做好生产经营和改革过程中的思想工作，推广“岗前情绪监测、岗上心理疏导、岗下家访谈心”思想政治工作方法，强化形势任务教育，做到思想先行、舆论引导，提高思想政治工作实效性。推进文化建设进车间、到班组，获得中国石油“铁人奖章”“铁人先锋号”及“吉林工匠”等多项称号。分赛季开展劳动竞赛，组织合理化建议、青工主题实践等活动，调动全员积极性。扎实做好维稳信访、安保防恐工作，精准开展扶贫帮困，信访总量持续下降，维护和谐稳定大局。提升矿区和行政后勤服务质量，服务满意度持续提升。吉林石化精神文明建设取得丰硕成果，连续五届获“全国文明单位”。

（林　业）

中国石油天然气股份有限公司抚顺石化分公司（中国石油抚顺石油化工有限公司）

【概况】 中国石油天然气股份有限公司抚顺石化分公司（中国石油抚顺石油化工有限公司）简称抚顺石化，是中国炼油工业的“摇篮”，是集“油、化、塑、洗、蜡、剂”为一体的大型石油化工联合企业，位于辽宁省抚顺市。2017 年底，抚顺石化占地面积 1270 万平方米，有在籍全民员工 2.1 万余人，集体企业在职职工 5778 人。资产总额 311 亿元，年销售收入 500 亿元以上。

抚顺石化主要生产原料为大庆原油和沈北原油，原油一次、二次加工能力均为 1150 万吨 / 年，化工产品生产能力为 360 万吨 / 年。主要生产装置 76 套，辅助及配套装置、设施 100 余套。设备 21.39 万台，固定资产新度系数为 0.61。能够生产汽油、航空煤油、柴油、润滑油基础油、石蜡、烷基苯、聚乙烯、聚丙烯、丁苯橡胶等 300 多个牌号石油化工产品，是世界上独具特色的石蜡、烷基苯、贵金属催化剂生产基地，产品畅销全国并远销到世界 50 多个国家和地区。

2017 年，抚顺石化认真贯彻落实集团公司和辽宁省、抚顺市的总体要求部署，以安全环保稳定为基础，以效益为目标，充分发挥整体优势，应对市场变化，及时调整经营策略，全力优化生产运行，完成各项工作任务，取得良好业绩。2017 年，加工原油 785.04 万吨，汽油、航空煤油、柴油总量 405.5 万吨，化工商品总量 318 万吨。销售收入 430 亿元，同比增加 35 亿元，利润 30.26 亿元。炼油现金单位加工费 172.32 元，比计划增加 19.23 元；化工现金单位加工费 989.57 元，比计划增加 7.57 元。

抚顺石化主要生产经营指标

指　标	2017 年	2016 年
原油加工量（万吨）	785.04	842
化工商品总量（万吨）	320	355.4
化工商品现金加工成本（元 / 吨）	989.57	926.82
全口径炼油单位加工费（元 / 吨）	343.85	311.76
炼油加工损失率（%）	0.24	0.33
乙烯加工损失率（%）	0.2	0.22
双烯收率（%）	48.3	48.21
炼油综合能耗（千克标准油 / 吨）	64.56	64.85
收入（亿元）	430	395.67
利润（亿元）	30.26	39.5
税费（亿元）	97.47	105.3

注：2017 年抚顺石化从 6 月起大检修，历时一个半月

2017 年，抚顺石化扩建 80 万吨 / 年乙烯工程获国家优质工程奖；抚顺石化获集团公司统计、审计、招标、保密、外事、绿化工作先进单位，辽宁省优秀企业、基层平安示范单位、企事业单位安保工作集体二等功，抚顺市“基层组织建设提升年”活动先进单位、党的十九大维稳安保工作三等功等荣誉。涌现出党的十九大代表、全国技术能手、全国石油石化行业技术能手，集团公司工匠、铁人先锋号、感动石油年度十大人物，辽宁省优秀企业家、劳动模范、辽宁工匠、辽宁好人，抚顺市特等劳动模范等一批先进集体和个人。

【生产运行】 2017 年，抚顺石化生产运行进一步优

化。树立“大优化出大效益”理念，抓住两头，优化中间，发挥炼化一体化整体优势。以市场为导向，怎么赚钱怎么排产，对从原油到产品所有加工路线的效益动态排序，形成最佳效益路线，宜油则油、宜化则化、开稳开满、全面优化。生产计划执行率99.91%，列炼化板块第一名。通过进口石脑油，外购液化气、轻烃等措施，确保大乙烯装置高负荷生产，平均负荷97.95%，同比提高0.87个百分点。800万吨/年蒸馏装置负荷105%，重油催化、加氢裂化等主力创效装置负荷100%。生产98号车用乙醇汽油组分油10789吨。柴汽比1.62，同比下降0.31个单位。装置平稳率99.89%，同比提高0.1个百分点；设备完好率98.96%，主要设备完好率100%，大型关键机组故障率为零，联锁投用率99.98%。30套装置流程模拟系统上线运行。炼油综合损失率0.3%，同比下降25%；综合能耗64.56千克标准油/吨，下降0.29个单位；单因耗能7.28千克标准油/（吨·因数），下降0.08个单位。乙烯综合能耗568.44千克标准油/吨，下降2.44个单位；加工损失率0.20%，下降13.6%；双烯收率48.93%，提高0.09个百分点。加热炉平均热效率92.36%，提高0.03个百分点。推进炼油系统能量优化项目实施，完成自验收工作。节能量2.11万吨标准煤；燃料费17.9亿元，同比减少1.1亿元；动力费25.9亿元，减少3.9亿元；“三剂”费用5.84亿元，减少6497万元。开展直购电工作，节约电费3100万元。

2017年，抚顺石化完成装置大检修工作。2013年5月装置大检修至2017年5月底，各生产装置实现长周期、安全、环保、效益运行，在中国石油炼化企业率先实现主体装置“四年一大修”。“三分检修、七分准备”。为确保优质高效完成大检修任务，提前完成物资、队伍、机具、保卫、后勤等各项准备；各施工作业单位提前介入，深入对接，提高预制深度。开停工平稳有序。认真落实生产受控要求，严格执行整体物料平衡方案和开停工网络计划，密切厂与厂、装置上下游之间的衔接；做好停开车、施工作业两个界面交接，对生产交检修和检修交生产等重要节点严格管理，实现生产与施工的无缝交接。检修组织科学高效。开展“我为检修做贡献”劳动竞赛、党员立功竞赛等活动，各级领导干部和参检人员发扬石油人连续作战的优良传统，比计划提前4天完成全部检修任务，全程做到无安全环保事故事件，实现“安全、绿色、优质、高效”检修总体目标，为“五年一大修”奠定基础。装置检修后，抚顺石化8、9、10月连续单月效益列中国石油炼化企业第一名，11月列第二名，充分展示检修成效。

【安全环保】 2017年，抚顺石化安全环保基础进一步加强。始终将安全环保放在一切工作的首位，追求宽严相济的管理方向，要效益更要安全环保，不断强化安全环保基础管理和工作责任落实。将HSE体系与制度体系、内控体系深度融合，有效促进安全环保制度、流程、标准在日常工作中落地生根。层层签订《安全环保责任状》，强化安全环保责任落实情况的考核。安全环保全面升级管理。完成股份公司炼油与化工分公司2次HSE审核和年度监督审核；开展内部量化审核，全年2次审核提出问题1987项，整改率96.07%。开展安全环保督查970次，提出建议245项，检查通报问题2073项，整改率95.4%；开展1.5万次劳动纪律检查，查处各类违纪行为1045起，员工违纪率2.3‰，同比下降0.13个千分点，安全环保督查、劳动纪律检查为确保安全环保形势稳定起到重要作用。建立双重预防机制，识别出各类危害因素1.47万项，实施安保金隐患治理项目103项，累计下达安全环保专项资金6.3亿元。公司469点厂外油气管道占压隐患全面治理完成，国务院挂牌督办的抚鲅线等重大隐患得到根治。24项提标改造和VOCs综合治理项目完成9个。推进“三同时”验收，完成53个建设项目的安全、环保、消防、职业卫生验收，一举完成沉积多年的26套老旧装置环保手续的补办工作，满足合规守法生产要求。组织演练1203次，参演22076人（次）。完成员工HSE履职能力评估。组织开展“安全环保技能大赛”“安全生产知识网络竞赛”等一系列活动，营造“要我安全”向“我要安全”转变的良好安全文化氛围。深入实施“碧水蓝天工程”，建立“三级管理、两级监管”的环保管理网络。坚持污染源头管理、过程控制、末端治理，合规处置危废1.99万吨。COD、氨氮、二氧化硫、氮氧化物等主要污染物分别同比下降20.32%、9.3%、8.78%、12.28%，“三废”控制在排放总量指标内。通过国家专项环保督查。

【挖潜增效】 2017年，抚顺石化持续加强挖潜增效工作，进一步完善“日核算、周测算、月分析，实时优化、快速决策”经营预警机制。日核算持续深化，核算结果准确性和自动化程度极大提高。及时捕捉市场价格信息，跟踪市场变化，先后开展小乙烯开工、液化气外售等效益测算51次。以宏观找方向、微观找问题为主线，2017年召开11次公司层面经济活动分析会，进行石蜡效益等专项分析11次，决策支持力度大幅提升。规范成本费用支出管理制度和流程，全面强化各类费用支出控制，财务费用下降0.9亿元。改善公司负债结构，年节约财务费用4500万元；为工建公司争取9.2亿元注资，减少负债增加净资产，既解决工建公司经营问题，又消除公司税收风险；加大北天集团扶持力度，解决一批历史遗留问题，助力集体企业扭亏解困。采取灵活营销策略，全力协调统销产品，促销自销产品，确保生产后路畅通；石蜡、石油焦等产品创效能力行业领先。出口92号汽油3.56万吨、石蜡2.61万吨；进口石脑油6.11万吨。加强物资采购管理，采购资金节约率8.86%，在中国石油炼化企业中名列前茅。着力提高煤炭质量，稳定煤炭价格，采购国有煤矿煤炭数量占电厂全年用煤量90%以上。

【工程建设与规划项目】 2017年，抚顺石化规划项目实施步伐进一步加快。持续开展“十三五”规划优化工作。研究1500万吨/年原油加工方案。完成结构调整和转型升级发展方案编制。开展国Ⅵ标准汽油质量升级项目前期工作，完成碳四综合利用改造工程可行性研究编制。开展地付油装车系统项目可行性研究编制。60万吨/年酮苯脱油装置扩能改造项目可行性研究获批复，基础设计通过专家审查。通用加氢催化剂技术升级改造项目可行性研究通过专家审查。石油二厂加热炉节能技术改造、石油三厂加热炉提效节能改造、石油二厂管道节能改造等项目建成投用。800万吨/年蒸馏装置电脱盐改造、烯烃厂合成树脂包装改造、洗涤剂化工厂燃煤锅炉节能改造、烯烃厂乙烯装置及丁苯橡胶装置节能改造等结构调整和节能项目正在按计划组织实施。公司安全环保专项治理项目按计划推进，热电厂三台锅炉烟气超低排放改造项目如期完成；污水系统VOC治理项目中交；储运罐区VOC治理项目按计划实施。完成“千万吨炼油、百万吨乙烯”工程项目竣工验收。

【科技创新】 2017年，抚顺石化科技创新引领作用进一步增强。召开公司科技工作会议，聘任10名公司技术专家、30名技术带头人和60名专业技术骨干。开发生产低密聚乙烯DFDC7050、高密聚乙烯FHP5050、聚丙烯FC709M等12个牌号树脂新产品，产量11.78万吨，增利5752万元，新产品总量居中国石油炼化企业前列。FHP5050无气味瓶盖料成功打入娃哈哈、达能等国内外知名企业，实现替代进口。高熔体强度聚丙烯HMS1602达到国际水平。炼油高效产品收率34.96%，同比提高2.94个百分点；石油焦、丁二烯、丙烯腈等高效产品创效20.84亿元。“大型乙烯基地设计技术升级与优化增效技术开发应用”重大专项中抚顺石化建设20万吨/年气体裂解炉示范装置课题有序推进。公司承担的2项国家“863”项目子课题通过国家科技部组织的专家组验收。“新型烷烃脱氢催化剂开发与工业应用试验”项目首次工业化应用成功。“FCC汽油重馏分加氢改质催化剂（M3）改进开发”获辽宁省科学技术进步奖三等奖。“一种复合酸性离子液体的FCC汽油氧化脱硫方法”获国家专利授权。ERP、MES系统成功升级切换上线，实现业务全覆盖。物联网系统完成网络搭建。产品计量出厂一卡通全面上线应用。

【企业管理】 2017年，抚顺石化企业管理基础进一步夯实。开展整章建制，新的《公司规章制度》颁布执行，完成制度体系、内控体系、HSE体系等多体系深度融合工作。完成2017年十大重大风险评估及内控体系自我测试。强化准入商资质审查和考评监督，办理临时准入审批事项。举办2期直管干部培训班和1期中青年骨干培训班。举办公司29个竞赛专业、5022人参赛的第七届专业技术人员和经营管理人员业务素质竞赛。首次开展首席技师评聘工作，在16个工种中评聘公司首席技师23人。完成4家单位公司制改革。成立环保监督中心、劳务专业管理公司。持续推进矿区事业部机构优化调整。出台《公司结构调整中人员分流安置工作实施方案》。召开基层建设推进大会，开展基层建设星级评比竞赛，评选擂主车间2个，副擂主车间8个，红旗车间16个，创新星级30个，营造“比学赶帮超”深厚氛围。招标、审计、内控等专业管理取得长足进步，推进框架招标、电子招标，完成招标333项，节约资金2.61亿元，资金节约率14.45%，招标中心由集团公司招标专业机构的“乙级”晋升到“甲级”；持续强化煤炭、三剂、工程投资、招标采购等业务内部审计，完成公司大项目竣工决算审计；及时开展概算审查、工程结算，资本性支出、修理费等工程项目概结算审减1.7亿元。

【党群工作】 2017年，抚顺石化全面从严治党进一步深化。认真学习领会党的十九大精神，组织开展多种形式学习培训。党的十九大代表、公司党委书记为公司、省市和中国石油驻辽单位的党员干部解读报告10余次，近2000人次受益。推进“两学一做”学习教育常态化制度化。扎实开展“四合格、四诠释”岗位实践活动和党员岗位讲述、共产党员工程、“六个一”党支部创建等工作。制定《公司党建工作责任制实施办法》《进一步贯彻落实中央八项规定实施细则》《党委意识形态工作责任制实施办法》。深入开展“讲形势、促管理、创和谐、争一流”主题教育活动。全方位加强内外宣工作，弘扬正能量、展示好形象。有效落实党委主体责任、纪委监督责任，领导干部和关键岗位2600余人逐级签订责任书。开展落实“两个责任”专项检查，协调解决基层主体责任意识不强、压力传导层层递减等突出问题46项。采取“一托二”模式，对6家直属单位开展专项巡察。制定《建立“三不腐”实施办法》《领导干部常态化约谈制度》等制度，实现副科级以上领导干部约谈全覆盖。开展合规监察项目33项，实现合规管理监察效益1100万元。锲而不舍抓作风建设，“四风”问题有效遏制。受理信访举报127件，同比下降35%；处置问题线索81件，同比下降25%；立结案9件，给予党政纪处分10人。召开公司工会第一次代表大会，完成两级工会组织换届选举。参加抚顺市第七届运动会、“魅力中国城”竞演。共青团组织坚持党建带团建，积极引导广大青年增强政治性，立足岗位建功立业。全面加强维稳信访工作，公司访同比下降20.2%。

【矿区服务】 2017年，抚顺石化民生工程进一步改善。员工人均年收入增长8.56%。员工住房公积金人均增长3%。调整企业年金、社会保险、医疗保险缴存基数。为员工投保意外伤害险、团体定期寿险。发放健康疗养费1704.12万元。关心关爱特殊群体，落实《集团公司帮扶工作管理办法》，慰问帮扶10103人。为1481名困难员工子女提供助学救助。为1.8万名集体企业退休人员和达到法定退休年龄的有偿解除劳动合同人员发放独生子女一次性补助费用。对39339名职工进行健康体检。厂区员工就餐、洗浴、住宿服务水平持续提升。优化通勤线路，新增通勤站点22个。石化总医院康复大厅投用。加快推进“三供一业”分离移交，完成老旧员工住宅小区742栋、255.47万平方米、43363户产权房屋物业管理分离移交工作；与国家电网抚顺供电公司签订“三供一业”供电分离移交实施协议。继续推进“花园式工厂”建设，全年绿化建设总面积34.3万平方米，新建和改建休闲景点花园10处，公司生产区域绿化覆盖率27.2%，同比提高2.7%。完成11个生产厂广播系统建设。真情关心服务离退休老同志。活跃员工文化生活，组织各类比赛380余场。

（孙　丽）

中国石油天然气股份有限公司辽阳石化分公司（中国石油辽阳石油化纤有限公司）

【概况】 中国石油天然气股份有限公司辽阳石化分公司（中国石油辽阳石油化纤有限公司）简称辽阳石化，是特大型石油化工联合生产企业。2017年底，设14个职能处室、4个机关附属中心、7个直属单位、19个二级单位，员工总数1.51万人。2017年，经集团公司批准，中国石油辽阳石油化纤公司改制为一人有限责任公司，并更名为中国石油辽阳石油化纤有限公司。

辽阳石化位于辽宁省辽阳市，于1972年经国家批准筹备建设，1974年正式动工。经过40多年的发展，有炼油、芳烃、烯烃等主要生产线，炼化主体生产装置58套，辅助生产装置38套。其中，炼油部分有加工俄罗斯原油的全加氢炼油厂，原油加工能力达到1000万吨/年，为中国石油第八家千万吨级炼油基地，可年产优质柴油530万吨、汽油80万吨、航空煤油50万吨。芳烃及衍生物生产能力位居全国前列，可年产70万吨对二甲苯、40万吨苯、6万吨邻二甲苯、80万吨PTA、30万吨聚酯、14万吨精己二酸和18万吨硝酸。烯烃部分以20万吨/年乙烯裂解装置为核心，可年产7万吨聚乙烯、20万吨环氧乙烷/乙二醇。

2017年，辽阳石化围绕扭亏脱困这一中心任务，树立“企业不消灭亏损，亏损必然消灭企业”危机意识，落实安全生产为核心、强化价值引领、强化提质增效、强化发展驱动“一个核心、三个强化”工作思路，全年加工原油600.55万吨，销售商品618.68万吨，营业收入309.83亿元（其中上市部分298.17亿元、未上市部分11.66亿元），税费57.43亿元（其中上市部分55.77亿元、未上市部分1.66亿元）；上市部分利润2.5亿元，同比增加52.08亿元；未上市部分利润36万元，同比增加1.48亿元，结束连续12年亏损的局面，摘掉国务院国资委“特困企业”的帽子。

辽阳石化主要生产经营指标

指　标		2017 年	2016 年
原油加工量（万吨）		600.55	441.66
汽油产量（万吨）		70.61	38.30
柴油产量（万吨）		294.15	207.59
航空煤油产量（万吨）		27.34	22.31
对二甲苯产量（万吨）		54.64	32.45
环氧乙烷产量（万吨）		19.12	13.85
聚乙烯产量（万吨）		4.44	4.42
上市业务	资产总额（亿元）	110.91	103.61
	营业收入（亿元）	298.17	143.84
	利润（亿元）	2.50	–49.58
	税费（亿元）	55.77	37.89
未上市业务	资产总额（亿元）	21.57	26.08
	营业收入（亿元）	11.66	10.81
	利润（亿元）	0.0036	–1.48
	税费（亿元）	1.66	1.77

【安全环保】 2017 年，辽阳石化将安全生产放在一切工作的核心位置，以 HSE 体系建设为主线，突出安全生产责任制落实，开展“无事故工厂”创建活动，发动全员履职尽责，确保生产全过程安全受控；突出作业风险管控，充实三级监督力量，引入第三方监督，开展现场作业全天候、不间断巡查，持续改进和完善管理措施，确保安全受控；追求本质安全，加大隐患排查治理力度，解决芳烃 P401 泵等各类隐患 900 余项，全年小事故事件总量同比下降 55%。突出环保源头治理，统筹上下游生产平衡，按期完成超低排放项目 4 台锅炉改造任务，实现达标排放；应用泄漏检测与修复技术排查有机挥发物漏点，修复率 79%，厂区异味得到控制，被集团公司授予“环境保护先进单位”称号。

【生产运行】 2017 年，辽阳石化突出生产计划的“龙头”位置，成立计划经营处、组建调度中心、整合成立生产技术处，加强生产专业化管理。加强生产受控管理，突出员工在平稳生产中的主体地位，加强操作规程培训，从严落实巡检监盘制度，严抓工艺、操作、劳动“三项纪律”，确保安全平稳生产；注重设备设施完好性管理，开展设备短板治理，排查和治理影响平稳运行的 186 项瓶颈问题，装置平稳率 99.59%，非计划停车和生产波动次数同比下降 60%，原油加工量同比增加 158.89 万吨，汽油、柴油、对二甲苯、环氧乙烷等主要产品产量同比分别增加 32.31 万吨、86.56 万吨、22.19 万吨和 5.27 万吨，商品销售总量同比增加 209.50 万吨。

【挖潜增效】 2017 年，辽阳石化以管理创新为着力点，建立计划会、优化会、经济活动分析会、绩效考核会“四会”工作机制，以计划会定目标、以优化会抓过程、以经济活动分析会找差距、以绩效考核会硬兑现，建立生产经营全过程闭环管理机制。盯住效益“出血点”，清除 88 家外部施工承包商队伍，内部队伍承揽率 84%；严抓盗油窃电行为，停止 35 户对外转供；供暖、供水、供电、物业“三供一业”全部签订移交协议，职工医院与宝石花医疗签约正式挂牌运行，辽化宾馆实现社会化经营。

以生产经营全过程优化为突破口，实施原料、产品、运行、公用工程“四大优化”，广开源、调结构、提收率、降消耗，增炼原油 50 万吨，外购石脑油、混合芳烃等原料 58 万吨，大重整装置加工负荷由 51% 提高到 98.2%，汽油产量同比增加 84.3%，苯、对二甲苯、邻二甲苯“三苯”产量同比增加 84%，少销售普通柴油 18.4 万吨，高效产品收率同比提高 13%，20 项优化攻关措施全年共增效 16.4 亿元。

以提升活力效率为工作保障，开展组织机构优化，将机械检修与工程建设业务整合，与中油招标中心合作组建辽阳招标分中心，矿区由“八处一室”压缩到“两处一室”；开展干部队伍结构优化，共调整和提拔厂级助理以上干部 214 名，62 名科级以上干部申请退出现职；实施薪酬分配改革，打破分配“大锅饭”，合理拉开收入差距，让收入向效益好、责任大、风险多、技术含量高的岗位倾斜，调动和激发全员工作积极性；推进智能化工程建设，门禁与考勤、视频会议、工业监控“三大系统”建成投用，ERP2.0、MES2.0 系统上线运行，管理效能得到提升。

【工程建设】 2017 年，辽阳石化加快推动俄罗斯原油加工优化增效改造项目建设，2 月 15 日，项目正式开工，到年底完成建设总量的 81%；对二甲苯、裂解等装置配套改造项目建成投产。改革工程管理模式，调整管理流程，突出属地责任落实，108 个小项目建设顺利实施，全年共完成项目中交 42 个、竣工验收 92 个。推动企业长远规划实施，30 万吨 / 年聚丙烯和芳烃增效改造项目可行性研究报告通过集团公司审查，焦化改造、控制室集中、增产邻苯等项目前期工作快速推进。

【科技创新】 2017年，辽阳石化加大对标达标力度，173项重点技术指标中148项好于同期，炼油综合商品率、轻油收率等多项指标创公司历史最好水平。围绕降本增效开展技术攻关，己二酸生产成本降低248元/吨，“三剂”采购和消耗对标攻关累计增效2600万元；开展“红旗炉”竞赛，公司50台加热炉平均热效率提高1.4%，增效6752万元；组织节约蒸汽攻关，蒸汽用量同比减少37万吨。开发粗白油新产品，全年生产12.7万吨、增效3亿元；自主研发的BG60膜聚酯新产品投放市场9个月，市场占有率60%；PETG共聚酯成功生产并得到客户认可，打破国外技术垄断，辽阳石化成为国内首家、全球第三家生产商。

【党建工作】 2017年，辽阳石化学习党的十九大精神，贯彻全面从严治党要求，强化党建主体责任落实，开展抓机关带基层、抓党员带群众、抓干部带员工“三抓三带”活动，党员干部工作作风明显转变。全体员工立足本职，爱岗敬业、拼搏奉献，涌现出一大批工作先进典型，炼油厂常减压车间张立喆获“全国五一劳动奖章”称号，热电厂汽机车间运行四班获“全国工人先锋号”称号，生产监测部第三化验室烯烃分析西区白班获“全国五一巾帼标兵岗”称号，建修公司烯烃检修车间庞云华获“辽宁省劳动模范”称号，矿区服务事业部公用事务部客服中心林海臣班获“集团公司铁人先锋号”称号，芳烃厂王坤获“中国石油天然气集团公司优秀青年”称号；炼油厂加氢一车间崔启福、延迟焦化车间张海献，建修公司岳景春获辽宁省首批“辽宁大工匠”称号。加强党风廉政建设，发挥巡察、审计作用，严查违纪违规行为，促进合规管理，“不敢腐、不能腐、不想腐”的长效机制逐步形成。打造“家文化”，改善生产生活条件，丰富员工业余文化生活，实施扶贫帮困，增强员工的幸福感、获得感和成就感，公司大局整体和谐稳定。

（张军明）

中国石油天然气股份有限公司兰州石化分公司（中国石油兰州石油化工有限公司）

【概况】 中国石油天然气股份有限公司兰州石化分公司（中国石油兰州石油化工有限公司）简称兰州石化，始建于1958年，地处甘肃省兰州市，是集炼油、化工、装备制造、工程建设、检维修及矿区服务为一体的大型综合炼化企业，是中国西部重要的炼化生产基地，能源战略地位非常突出。占地面积30平方千米，在册合同化员工1.91万人，总资产163亿元。

通过新建、改扩建一批装置，兰州石化原油一次加工能力1050万吨/年，乙烯产能70万吨/年、化肥产能52万吨/年、合成树脂产能122万吨/年、合成橡胶产能22万吨/年、炼油催化剂产能5万吨/年。有各类炼化生产装置90余套，能加工7种原油，生产汽油、航空煤油、柴油、润滑油基础油、化肥、合成树脂、合成橡胶、炼油催化剂、精细化工、有机助剂等多品种、多牌号、多系列石化产品。有汽油加氢、丁二烯抽提、丁苯橡胶、丁腈橡胶、碳五加氢石油树脂成套技术，炼化主要工艺技术和炼油催化裂化催化剂领域达到国内领先水平。有石油化工工程施工总承包一级资质、大型炼油化工施工能力，以及完备的矿区配套系统和综合服务业务。截至2017年底，累计加工原油2.6亿吨、生产乙烯1055万吨，累计上缴税费1259亿元，2009年以来连续成为甘肃省纳税超百亿元企业。

2017年，兰州石化设机关部门13个，直属单位11个，二级单位28个，以及矿区服务事业部机关及所属二级单位12个。设党委1个，下辖二级企业党委44个，党总支10个，党支部442个。加工原油881万吨，同比增加7%；生产汽油、航空煤油、柴油610.8万吨，增长6.7%；生产乙烯64万吨，增长23.7%；生产合成树脂106万吨，增长23.9%；生产合成橡胶14.4万吨，增长20.9%；生产炼油催化剂3.9万吨，增长26.8%；高效厚利产品总量538万吨，航空煤油产量突破80万吨，95号及以上高标号汽油占比列炼化板块前三名。营业收入513亿元，同比增加101亿元；税费153亿元，同比增加20亿元；炼化业务盈利24亿元，同比增加15亿元；总体利润22亿元，创近年来最好水平。炼化生产主要技术经济指标中，37项创历史最好水平，炼化关键性技术经济指标实现突破，小乙烯综合能耗同比下降74千克标准油/吨，大乙烯“双烯”收率等15项关键指标进入集团公司前3名。

【安全环保】 2017年，兰州石化全面落实“党政同责、一岗双责、齐抓共管、失职追责”，全员逐级签订HSE责任书；修订10项安全生产制度、建立9项工作机制，强化事故追责问责，形成公司、分厂、车间、班组各级安全监督责任体系，有效落实安全、环保两个监督中心监督责任；全面推进风险分级防控，建立基础数据库，建成公司、分厂、车间、班组风险防控体系；推进隐患管理，形成统筹协调与分工负责治理体系，按期完成并投运乙烯原料罐区治理、120万吨/年催化烟气脱硝、化工污水升级改造、催化剂尾气治理等25项重点项目；首次实现作业许可证电子化管理，加强现场监督、专项监督、装置监督，全覆盖监督3万余项危险作业；建立危险化学品信息化管理平台，启动为期3年的危险化学品安全综合治理。发布新版HSE体系管理手册，组织开展量化审核，通过HSE体系复证审核，问题整改率96.4%；推进基层炼化生产装置HSE标准化达标建设，68套全面实现达标、达标率85%；对1000余名安全管理人员进行技能培训，强化承包商等外来人员安全教育培训、达1.1万人次，全面抓好安全履职能力评估，对关键岗位领导干部、部分单位操作服务人员、入职转岗人员履职能力进行评估，累计超过5000人次；全面开展职业病危害因素监测，尘毒监测合格率98.5%，对108套在役装置进行职业卫生检测，员工健康体检率100%。落实特殊时期管控要求，开展为期3个月的安全生产大检查，狠抓“大学习、大检查、大反思”活动，定期召开两级HSE委员会会议，研究督促各类问题和系统性重大问题整改；开展夏季安全生产、消防交通、职业健康、应急管理、装卸设施等专项检查；持续整治“低老坏”、根治“常见病”，排查整改各类现场问题近1.3万项、奖励岗位员工8900余人。严格环保网格化管控，发动全员争做“兰州环保好市民”，开展环保设施、危险废物、炼油雨排、异味气体等专项监督检查，投资2.9亿元推进“4·11”场地修复等5个环保项目实施，完成烷基化装置改造等8个项目环境影响评价及180万吨/年汽油加氢装置国Ⅴ标准改造等10个项目环保竣工验收，接受地方政府200多次常态化监督检查，环保主要污染物排放总量COD、氨氮、氮氧化物、烟（粉）尘、固废分别同比下降13.2%、18.2%、7.4%、13%、12.6%。

【生产经营】 2017年，兰州石化推行精准操作、精细管理、精益运行，加强炼化工艺和设备管控，实行装置和设备标准化巡检，深化公用工程保障，严格执行工艺纪律、操作纪律和劳动纪律，推进设备长周期运行攻关，采用先进技术消除装置运行瓶颈，组织完成装置泄漏、防腐蚀、抗晃电等5项重点技术攻关，装置平稳率100%，稳居炼化板块第一；落实资源优化、产品结构优化、加工路线优化、操作优化、产运销优化等“五大优化”举措，协调兰州国家石油储备库出油170万吨，外采乙烯原料超过50万吨；坚持开稳开好炼油、开满开优化工、开足开精高效小产品装置，统筹优化单品种和整体效益，大幅提升高效厚利产品产量，航空煤油、95号及以上高标号汽油、低凝柴油、橡胶、塑料等高效产品总量突破530万吨，催化油浆进焦化装置加工量近12万吨；化工业务立足统筹乙烯、丙烯生产线，乙烯重油进焦化加工，黑色产品实现深加工增效；有效实施节能节水项目和能量优化措施，节能3.8万吨标准煤、节水51万吨；发挥周计划和产销协调会作用，采取渐进式、预见性精准调整生产，强化质检分析对产品质量过程管控的预警，有效统筹炼化生产大平衡，非计划损工时数同比下降47.5%；建立生产、市场、客户快速反应机制，强化月协调、周对接、日跟踪，炼化产品产销率100.8%、自销产品产销率101.9%，直销率55%；持续深化以“十条龙”为主线的重点攻关，实施项目化管理，扎实开展“全员大干一百天、挖潜增效做贡献”活动，落实重点攻关项目220余项，挖潜增效23.6亿元，创历史新高。

【项目建设】 2017年，兰州石化推进炼化结构调整和转型升级，着眼炼化一体化和产业链延伸，形成炼化结构调整和转型升级方案；靠实重点规划项目，对企业发展具有重大影响的长庆油田轻烃综合利用项目建设方案获集团公司同意，40万吨/年润滑油加氢项目可行性研究报告上报集团公司，兰州中川机场航空煤油管道项目可行性研究报告通过集团公司评审，福建长汀催化剂、20万吨/年烷基化装置改造、重芳烃装置扩能改造等重点项目转入工程实施阶段；有序推进油品国Ⅵ标准质量升级项目，90万吨/年催化柴油加氢改质可行性研究获集团公司批复；全力推进技改技措和隐患治理项目建设，总投资15.29亿元，建成中交重点项目23个。

【科技创新】 2017年，兰州石化加强科技人才队伍建设，召开公司科技大会，制定发布科技体制机制改革方案，健全集团公司、公司“两级专家”，以及公司、分厂、车间“三级骨干人才”梯队，新建5个公司级技能专家（劳动模范）工作室，建立“一量化、两挂钩”的人才动态考核体系，举办35个工种技能竞赛；建立新产品开发应用、市场协调服务、产品质量保障、科研开发支撑机制，完成车用料、医用料、电缆料、高膜料等36个产品市场推广、质量攻关和首次试生产，参与的“高汽油收率低碳排放系列催化裂化催化剂工业应用”“大型乙烯装置成套工艺技术、关键装备与工业应用”2个项目成果获国家科学技术进步奖二等奖，“一种碳五加氢石油树脂的制备方法”专利获国家发明专利奖；推进信息化建设，承担集团公司统建项目和重大专项课题，MES2.0、档案系统2.0、第一批APC项目全部建成上线运行，参与智能炼油厂信息技术攻关研究；持续深化公司内部以“管理制度化、制度流程化、流程标准化、标准信息化、考核自动化”为主要内容的制度“五化”建设，完成72项管理“五化”项目，53个流程实现考核自动化。

【企业管理】 2017年，兰州石化深入开展质量风险排查和质量技术攻关，产品出厂及上级抽检合格率100%，完成104项暂行产品标准的升级转化和丁苯橡胶国家标准修订，再次获集团公司和化学联合会“质量标杆”及中国质量检验协会“质量信用评价AAA级信用企业”；推行计量精细化管理，A级计量仪表完好率100%，计量数据自采率提高到64%；修订54项专业管理制度，开展17项制度诊断，围绕“强专业、强基础、强基层”管理重心，注重“定标准、建机制、抓考核”的管理方法与实际工作深度融合，深化对30项工作机制、16套管理标准、3000余套工作标准应用，深化全流程跟踪验证，成为推动工作和精细管理的重要抓手；深化岗位责任制大检查，狠抓重复性问题整改，查改问题1500余项，形成炼化生产、检维修等5大类通用标准问题目录和17类个性标准问题目录，召开管理专题会开展综合分析，有效落实65项重要管理建议。强化依法合规管理，注重法律风险关口前移，开展重大事项法律论证，加强以财务、审计、监察、内控为主的专业合规风险识别排查，公开招标率76%，开展审计项目60项，工程造价结算审减率15.1%，加强物资直采和库存降低，直采率79.4%；加强规范集体和改制企业依法经营管理，经营风险防控能力不断提升。

【改革攻坚】 2017年，兰州石化加强改革顶层设计和统筹组织，成立1个改革领导小组和4个改革工作小组，召开改革例会100余次，制定发布改革总体方案及14个专项方案，明确7大领域44项改革工作计划和205个工作节点，未上市业务扭亏解困、“僵尸特困”企业专项治理、宾馆酒店疗养院专项整治、法人户数压减、公司制改制、“四供一业”移交、物业服务市场化、采暖收费等重大改革取得阶段性成果，完成通信网络业务改革，成立兰州宝石花医疗管理有限公司，幼教业务进行社会化改革有益探索，公务用车实现“两统一五集中”精细管控。按照公司内部模拟市场运行规则，开展市场化利润指标考核分析，实施独立经营单位“一对一”考核，通过降本压费、开源增收等举措增效2.1亿元。推进劳动、人事、分配“三项”制度改革，撤销5个处级、39个科级机构，核减定员3499人，分流安置1100余人，退出1130余人，精简外包业务4项，用工配置和机构定员更加优化。

【民生工程】 2017年，兰州石化稳步提升民生服务保障，正式投用生活区调度指挥中心，完成通勤客运基地搬迁和投运，精细化厂容厂貌、绿化养护、车棚车库管理，不断提升机关办公场所保洁、物业服务等管理和食堂、医院、幼教等服务水平，员工就餐超过98万人次、配送夜餐超100万份、清运垃圾6.22万吨，推进“花园式工厂”建设，公司驻地辖区综合绿化覆盖率35%。稳步推进民生改善工程，加快推进住房改造，完成文化街区二期8栋住宅楼主体工程，清水街棚户区改造工程完成主体桩基施工，3号街区工程项目和幸福小区二期棚户区改造工程有序推进，住房管理水平不断提升，住户信息采集率从73%提高至95%。全力推进企地共建，主动承担和全面履行社会责任，落实地方政府脱贫攻坚帮扶工作安排部署，派工作组驻村实施定点精准扶贫；引入政府服务，着力落实国家惠民政策，为生活区居民提供社会服务、社会保险、劳动就业、医疗教育、计划生育等八项服务，实打实解决职工群众实际困难，新增老年日间照料中心2个、累计达19个，有社区医疗卫生服务站17个、居务服务大厅21个、警务室33个，基本实现警务、医疗、居务、法制维稳和养老服务“五进社区”。

【党建和思想政治工作】 2017年，兰州石化认真学习宣传贯彻党的十九大精神，开展党课宣讲249次，知识答题、岗位讲述等活动3.1万余人次，对1.2万余名党员干部进行培训，为学懂、弄通、做实奠定基础；建立理论研究带党建机制，持续推进企业党建理论创新，贯彻落实全国国有企业党的建设工作会议精神，召开公司党支部建设工作会议、宣传思想文化工作会议，创新构建企业党建工作理论体系。推进“两学一做”学习教育常态化制度化，组织党员进行集体义务劳动2783次，建言献策5452条，解决实际问题4351项，广泛开展“四诠释四合格”岗位实践活动，组织讲座683场次、讲授党课792次、举办学习竞赛446次，党员岗位讲述实现全覆盖；持续加强干部教育管理，深化述学、评学、考学、督学机制，修订完善领导人员管理制度，规范干部选拔程序，实行干部选拔任用全程纪实、全程监督，累计培训处级、科级干部412人次；有效发挥党支部战斗堡垒作用，靠实党建目标管理，抓实党支部分类定级和晋位升级，广泛开展基层党支部联系结对共建，鲜明打造党支部示范阵地，推广创先争优项目化管理，促进党员发挥先锋模范作用，完成各类攻关难题736项，开展为民服务项目249项。持续深化石油精神和企业“高严细实”优良作风再学习再教育，坚持开展“我为祖国献石油、我为石化做贡献”主题教育实践活动，推进企业文化实践创新，建成企业精神教育基地，挖掘提炼形成兰州石化企业精神，深化对内、对外宣传。激发员工参与管理、创新创效的积极性，深化民主管理，加大标准化“五型”班组创建，广泛开展群众性主题劳动竞赛，启动“石化工匠”评选，以员工个人命名创新创效工作法，实施1276项增效措施、2180项合理化建议，创效2.3亿元，涌现出一批“全国青年安全生产示范岗”“陇原工匠”“甘肃五四青年奖章”“甘肃省示范性工作室”等获得者。深化和谐家园和平安石化建设，精准化帮扶救助，慰问救助各类人员3.4万人次，信访总量同比下降27%。认真落实党风廉政建设“两个责任”，逐级签订党风廉政建设责任书，积极整改巡视反馈问题，广泛开展党风廉政教育，切实加强党内监督，从严从紧抓好纪律审查，认真践行“四种形态”，严肃追究违纪人员责任。强化党建和思想政治工作制度建设，形成“1+10”党校（1个公司党校总校和10个分校）运行模式，公司三级党组织和全体党员整体纳入全国党员管理信息系统。认真贯彻落实民主集中制，不断强化保密管理，持续加强党群干部队伍建设，推行二级单位党委、总支书记向公司党委进行述职，实施党支部书记履职资格认证管理和持证上岗，党建基础不断夯实。

（焦丛春）

中国石油天然气股份有限公司独山子石化分公司（新疆独山子石油化工有限公司）

【概况】 中国石油天然气股份有限公司独山子石化分公司（新疆独山子石油化工有限公司）简称独山子石化，位于新疆维吾尔自治区克拉玛依市独山子区，前身是1936年10月成立的独山子炼油厂，历经81年发展，成为西部重要的石化基地，油气引进、储运、加工的战略枢纽。具备1000万吨/年原油加工、122万吨/年乙烯生产、45万千瓦/时发电和500万立方米原油储备能力，可生产燃料油、聚烯烃、橡胶等16大类500多种产品。独山子石化是国家环保总局授予的首批“国家环境友好企业”，2次被国务院国资委评为“中国石油炼油乙烯业务最佳实践标杆企业”，3次获得中华全国总工会授予的“全国五一劳动奖状”，连续4年蝉联石油和化学工业联合会评选“全国乙烯生产能效领跑者”第一名。2017年底，职工1.24万人，大专以上学历占69%。

2017年，独山子石化经受住原油资源不足、市场竞争激烈、安全环保压力巨大、反恐维稳形势严峻等考验，狠抓安全环保、优化生产运行，深化改革创新，推进管理提升，加强党的建设，全面完成年度考核指标。蝉联全国“安康杯”竞赛优胜企业。

独山子石化主要生产经营指标

指　标	2017年	2016年
原油加工量（万吨）	738.69	793.29
汽油产量（万吨）	100.37	86.43
柴油产量（万吨）	250.62	264.28
航空煤油产量（万吨）	30.51	30.31
乙烯产量（万吨）	132.15	130.80
聚乙烯产量（万吨）	114.95	113.73
聚丙烯产量（万吨）	62.94	61.22
橡胶产量（万吨）	18.87	20.31
资产总额（亿元）	255	268
营业收入（亿元）	434.40	375
利润（亿元）	51.60	45.80
税费（亿元）	103.5	102.30

【生产运行】 2017年，独山子石化实施“三增两降两优化”生产经营策略，加强对外协调、运输组织和接卸加工，外购优质乙烯原料85.3万吨、同比增长9.2%。持续开展重点装置、关键机组、主要生产线长周期运行攻关，装置平稳率99.82%、同比提高0.76%，非计划停工同比减少8次。焦化装置除焦系统连续运行12个月，炼化新区8台裂解炉全投料运行151天，均创历史最好水平。炼油厂在71%低负荷运行工况下，优化原油掺炼，实施减压深拔，优化馏分油加工路线，控制重整加工量，提高催化裂化、加氢裂化装置负荷，压减柴油产量，保供乙烯原料，汽油同比增产16%，柴汽比同比降低0.56。乙烯厂保持高负荷运行，坚持以销定产、错峰排产、高效转产，全年转产227次，茂金属膜料、环保橡胶等高端产品比例29.37%、同比提高5.35个百分点，专用料比例86%、同比提高1.9个百分点，过渡料比例下降0.7个百分点。高效市场配置比例69.2%，同比提高3.45%。热电厂科学组织机炉检修，动力站3号机连续运行529天。供电耗标准煤、供热耗标准煤同比分别下降4.1%和2.3%，排名集团公司自备电厂前列。

【企业管理】 2017年，独山子石化分析市场形势，将“高端化”上升为发展战略。实施118项管理提升措施，加强基层车间站队标准化建设，建立19个专业管理模板，84%的车间通过达标验收。评出21个管理优胜车间、72个明星班组，7个管理提升重点联系单位综合绩效排名上升。建成知识管理信息系统，上传知识文档4499个。实施40项生产经营优化措施，增效9.3亿元。炼油、化工单位加工费按可比口径计算分别比预算降低3.2%、1.1%。从企业、专业、装置三个层面开展对标达标，30项重点监控指标，15项进入集团公司炼化板块前三名，5项排名第一，炼油专业和高密度聚乙烯装置达到国际先进，新区乙烯燃动能耗保持全国第一。

【深化改革】 2017年，独山子石化召开深改领导小组会6次，研究实施29项重点改革任务。11月，新疆独山子石油化工总厂更名为新疆独山子石油化工有限公司。推进机构改革，优化机关职能，撤销矿区服务事业部，组建矿区业务管理部，管理层级由4级压减到3级，核减机构8个，两级机关减员284人。消防支队纳入直属单位管理。成立内保支队，强化维稳安保。加大工效挂钩考核力度，薪酬分配进一步向生产一线、主营业务、关键岗位倾斜，骨干薪酬增长超过40%。“三供一业”和文体市政设施正式移交，劳务输出276人。实施公务用车改革，公务车从487辆减少为80辆，清退劳务用工77人，年节约运费3000多万元。

【安全管理】 2017年，独山子石化按照“责任、能量、教训、从严”安全管理要求，坚持开展事故规律分析、每月风险预警、专业分级检查、体系集中审核。构建风险分级管控和隐患排查治理双重预防机制，7套试点装置评价出Ⅲ级以上风险228个，其中三分之一是首次识别。开展轻烃卸车、罐区作业、静电接地等34项“四不两直”检查，组织作业票证、危险化学品等13个专项整治，邀请行业专家开展电力系统、铁路专用线现状诊断，闭环整改问题1508项。深入开展查找身边隐患、行为安全规范化治理等专项活动，培育全员遵章守纪、互帮互助的安全文化。

【节能环保】 2017年，独山子石化以迎接中央环保督察为契机，认真落实国家环保新标准、新疆维吾尔自治区奎屯—独山子—乌苏区域大气污染联防联控工作方案，加强污染治理，加快提标改造。投资5.7亿元，实施锅炉烟气提标、污水提标改造、废碱渣池治理等环保项目28个。加强VOCs综合治理，完成29座储罐蜂窝浮盘、乙烯厂常压罐区等7套除臭系统改造。检测动静密封93万点次，3553个泄漏点全部修复。开展网格化监测，管控异味点源。老区电厂烟气达到国家超低排放标准，外排污水达到国家新标准。Ⅰ催化装置停工检修“气不上天、油不落地、声不扰民、尘不飞扬”，成为绿色检修模板。全年节能3.8万吨标准煤，节水51.8万立方米，超额完成集团公司考核指标。独山子石化连续6年被评为集团公司“节能节水先进企业”“环境保护先进企业”。

【科技创新】 2017年，独山子石化狠抓新技术应用、新技措投用、新产品开发，加快科技成果转化，获省部级科技成果奖8项，获国家专利授权15项。实施技术攻关18项、技改技措40项，炼油系统能量优化年增效2000万元。开发聚乙烯耐热管材料DGDZ3606、茂金属薄膜料HPR1018HA、聚丙烯汽车改性料K9015等6个化工新产品。聚乙烯管材料TUB121N3000B入列国际PE100+协会优质产品名录，茂金属膜料填补国内空白，环保橡胶2564S、2557S替代进口，占国内轮胎应用领域45%市场份额。推进“生产自动化、管理信息化、企业智能化”建设，完成局域网升级改造一期项目，带宽大幅提升。MES2.0系统实现单轨运行，4G无线物联网完成搭建，全密度聚乙烯装置三维数字化模型建成，统建先进控制系统APC项目正式启动实施，桌面安全2.0

系统完成部署，成功遏制全球勒索病毒攻击。

【队伍建设】 2017年，独山子石化继续实施人才开发战略。落实直线培训，开发本土化培训科目，开展炼化仿真网络培训，建成焊接、钳工培训基地。完善39个工种职业标准、鉴定题库及培训教材。举办政策法规、风险管控、操作技能等培训班659期，累计培训4万人次，全员履职能力有效提升，骨干人才快速成长。在集团公司焊接职业技能竞赛中获得3枚铜牌。完善选人用人机制，出台优秀年轻干部培养选拔实施意见，选拔和交流处级干部181人次，一批“80后”优秀员工走上领导岗位。

【工程建设】 2017年，独山子石化坚持开工项目抓进度、续建项目抓投产、储备项目抓前期，形成滚动发展格局。加工轻烃炼油及乙烯优化调整项目获集团公司批准，工程建设全面启动，基础设计基本完成。建成集团公司首套溶聚丁苯橡胶中试装置。新增丁苯、顺丁橡胶包装线，实现好运箱自动包装。改造老区乙烯3号、4号裂解炉，三烯收率提高1.5%，综合能耗降低8.3千克标准油/吨乙烯。完成49座储罐、炼油厂老区航空煤油储运设施、供应处危险化学品库房隐患整改，提高本质安全水平。铁路电气化改造项目铺轨及接触网主体完工。轻烃火车栈桥改造完成管廊基础、铁路道床施工。投用碳四炔烃加氢利用项目，年可回收火炬气约1.2万吨。

【党建群团工作】 2017年，独山子石化认真学习贯彻党的十九大精神，推进“两学一做”学习教育常态化制度化，开展“四合格四诠释”岗位实践活动，抓实基层党组织建设，更加坚定员工队伍理想信念。启动党内巡察，推动全面从严治党向纵深发展。开展“形势、目标、任务、责任”教育，举办石油精神大讲堂、组织群众性劳动竞赛，激励全员继承传统、爱岗敬业、拼搏奉献。聚焦总目标，按照新疆维吾尔自治区党委、克拉玛依市委部署，深入开展“去极端化”讲座、法律宣讲、专题培训，全体员工发声亮剑，共同抵制宗教极端思想。深入开展“民族团结一家亲”活动，结对认亲4023对，在结亲周活动中与结亲对象同吃同住同学习同劳动。选派四个工作组36人到南疆泽普县驻村开展“访惠聚”活动，受到当地政府和群众赞誉。

（郭　楷）

中国石油天然气股份有限公司乌鲁木齐石化分公司（中国石油乌鲁木齐石油化工有限公司）

【概况】 中国石油天然气股份有限公司乌鲁木齐石化分公司（中国石油乌鲁木齐石油化工有限公司）简称乌鲁木齐石化，地处新疆维吾尔自治区乌鲁木齐市，占地18平方千米。前身为乌鲁木齐石油化工厂，筹建于1971年1月，始建于1975年4月，是集炼油、化肥、芳烃、化工生产于一体的综合性石油化工生产基地。2002年正式通过ISO 9001、ISO 14001、OHSAS 18001三项体系认证。

2017年底，乌鲁木齐石化有员工9999人。其中，少数民族员工占19.79%，女员工占33.76%。有13个职能部门，8个机关附属机构，设工程管理部等7个直属部门，炼油厂、化肥厂、化纤厂、热电厂等21个二级单位及矿区服务事业部。固定资产原值232亿元。设备总台数176132台（套），主要设备1906台（套）。炼油生产装置34套，原油一次加工能力为850万吨/年，对二甲苯生产能力为100万吨/年；2套合成氨、2套尿素装置，可年产75万吨合成氨、130万吨尿素；可年产9.6万吨精对苯二甲酸、10万吨聚丙烯和3240万条塑料编织袋；产汽能力1670吨/时，发电能力185兆瓦，工业废水处理能力3258米^3/时。具有石油化工工程设备制造安装维修、科研开发、工程监理、分析测试、计量检定、设备检验、公路运输、铁路运输、物资供应等生产保障业务职能，以及幼教医疗、离退休管理、社区服务等社会职能。可生产30余种石油化工产品。其中，尿素产品曾获“中国名牌产品”称号，车用汽油、车用柴油、尿素、精对苯二甲酸等产品先后获得国优、部优和省优名牌产品称号。2000—2017年，取得163项科研成果，曾多次获国家、新疆维吾尔自治区、中国石油颁发的新产品开发奖、科学技术进步奖，并申请多项专利。先后获“全国五一劳动奖状”“全国文明单位”“全国民族团结进步模范单位”“全国环境优美工厂”等称号。

2017年，乌鲁木齐石化加工原油634.57万吨，生产汽油、柴油、航空煤油472.93万吨，对二甲苯38.58

万吨，石油苯17.4万吨，整体营业收入311.64亿元，盈利11.03亿元，上缴税费107.4亿元。

乌鲁木齐石化主要生产经营指标

指　标	2017年	2016年
原油加工量（万吨）	634.57	556.92
汽油产量（万吨）	143.3	112.86
柴油产量（万吨）	312.72	280.59
航空煤油产量（万吨）	16.91	17.67
沥青产量（万吨）	0	2.89
苯产量（万吨）	17.40	14.02
对二甲苯产量（万吨）	38.58	29.58
聚丙烯产量（万吨）	6.40	4.81
合成氨（万吨）	1.01	14.64
尿素（万吨）	0	24.16
资产总额（亿元）	97.18	117.64
收入（亿元）	311.64	233.75
利润（亿元）	11.03	8.21
税费（亿元）	107.40	89.35

【生产运行】 2017年，乌鲁木齐石化深入推进生产管理，全年非计划停工及装置波动同比有较大幅度下降。系统优化调整装置物料和运行负荷，持续开展消除装置瓶颈和优化攻关工作。提高2套催化裂化装置的汽油干点，优化装置工艺参数，蜡油催化装置汽油收率首次突破50%。10月，甲基叔丁基醚（MTBE）产量6101吨创历史新高。汽油月生产能力达到14万吨以上，月增产航空煤油1万吨。全年聚丙烯产量同比增加1.59万吨。紧贴市场需求，增加高效产品收率，高效产品比例达49.75%，产品结构优化效果凸显，综合商品收率同比增加0.44%。柴汽比2.18，同比下降0.31。制定600万吨/年常减压蒸馏装置交替回炼污油及油浆方案，首次停止油浆销售，提高经济效益3500余万元。乌鲁木齐石化在汽油超深度脱硫、降低辛烷值损失方面取得新突破，被集团公司推广应用。

【安全环保】 2017年，乌鲁木齐石化全面落实“三个定量化”（工作安排定量化、检查确认定量化、责任追究定量化）工作要求，各级领导干部深入风险源集中的现场，加强抽查、验证、点评，严格生产受控管理。通过逐级落实工作安排效果，“三个定量化”工作初见成效，体系思维逐步落地生根，体系文件可操作性有效增强，基层工作台历化、验证点评和责任追究成为常态。削减厂级以上隐患20项，针对国务院安全生产委员会安全生产第二巡察组第四小组和国家安全生产监督管理总局对二甲苯专项检查组所查出的问题，高度重视，问题整改率95.34%，全年发放各类隐患奖励20.34万元，事故事件责任追究179人（次），生产受控管理能力进一步增强。

2017年，乌鲁木齐石化抓住中央环保督察契机，召开100次环保例会，按日进度推进工作落实。按照最新法律法规，制定分级防控指标，逐级落实环保责任，强化生产过程水、气、声、味、渣管控，强化超标参数分析讲评和考核，取得显著效果。化肥厂烟气分钟值迎检期间连续3个月未超标，热电厂环保装置运行达到历年来最好水平，净化水厂除臭装置实现稳定运行。推进VOCs治理，解决炼油厂加热炉在线更换火嘴、固废无害化处置等多项技术难题，实现烟气氮氧化物达标排放。在新装置投运前，实现国控污染源排放口外排数据稳定达标。8月29—31日通过中央第八环境保护督察组对乌鲁木齐石化开展的现场督察。反复论证600万吨/年常减压蒸馏装置单独运行、原油分储分炼等生产方案，通过多方协调沟通，解决600万吨/年常减压蒸馏装置竣工验收等长期困扰乌鲁木齐石化的问题，有效保障生产依法合规。

【节能减排】 2017年，乌鲁木齐石化制定开源节流措施，分解节能节水指标，每月对节能节水指标完成情况进行分析讲评。根据净化水厂深度处理装置的运行情况，充分回用中水。全年能源消费总量216.50万吨标准煤，节能1.82万吨标准煤，完成指标的113.6%。用水总量2429万吨，绝对用水量减少123万吨，单耗计算节水56.75万吨，完成节水指标的113.5%。

【科技创新】 2017年，乌鲁木齐石化自主研发的碳五烯烃异构化催化剂在40万吨/年轻汽油醚化装置上成功进行工业应用试验，各项性能指标达到国外同类催化剂水平，满足多产高辛烷值汽油调和组分的需求，该催化剂的开发改变了对国外高成本催化剂的依赖局面，实现催化剂的国产化目标。乌鲁木齐石化开发的具有自主知识产权的苯与甲醇烷基化催化剂及工艺技术，进入3万吨/年工业试验阶段。这一技术成果填补国内空白，为芳烃原料来源多元化开辟一条新的工艺技术路线，为100万吨/年对二甲苯芳烃原料生产基地建设提供重要的技术支持。

【工程建设】 2017年，乌鲁木齐石化重点项目进展顺利，热电厂3号烟气脱硫系统新增电子除雾器、净化水提标装置、150万吨/年重油催化裂化装置烟气脱硫隐患治理项目、热电厂煤场防尘治理项目、炼油厂焦炭场封闭项目、100万吨/年加氢裂化航空煤油侧抽项目等相继完成。12月28日，乌鲁木齐石化220千伏新增联络变电站一次送电成功，有效缓解汽、电负荷压力，从新疆电网购电能力增加1倍，供电可靠性和环境保护管控能力增强。同时完成20万吨/年烷基化装置土建、设备基础建设，以及通往乌鲁木齐地窝堡国际机场航空煤油管线的设计工作。

【企业管理】 2017年12月7日，中国石油乌鲁木齐石油化工总厂完成公司制改制，企业名称变更为中国石油乌鲁木齐石油化工有限公司。持续开展机构整合，成立检（维）修中心，实现检（维）修专业管理集约化、扁平化、精益化；整合化纤厂和塑料厂；实行西峰集团公司和新峰公司合署办公。优化两级机关组织机构，压缩矿区管理层级，落实表外公司清理、减少法人户数等工作，组织架构进一步优化。盘活存量人力资源，发动员工支援生产一线，调整360人到炼油厂、净化水厂工作，缓解人员紧缺压力。根据各单位业务量，合理调整奖金系数。“双序列”在炼油厂全面推开，基层学技术、强技能的氛围日渐浓厚。有效开展“信得过”评比、专项劳动竞赛等自主管理活动，发放专项奖励91万元，表彰“信得过”集体248个，营造全员创效的氛围。按照国务院国资委及集团公司文件精神，4月27日，乌鲁木齐石化与新疆能源（集团）有限责任公司签订《乌石化“四供一业”业务及资产分离移交协议》，推进社会职能分离，有效推动乌鲁木齐石化瘦身健体、轻装上阵。

【党建工作】 2017年，乌鲁木齐石化党委履行全面从严治党的主体责任，推进“两学一做”学习教育常态化制度化，持续强化党建基础管理，狠抓党风廉政建设，不断强化领导干部作风转变，各级党组织的凝聚力战斗力持续增强。积极履行中央企业社会责任，2017年10月，乌鲁木齐石化长期对口扶贫的新疆维吾尔自治区青河县摘掉“国家级贫困县”的帽子。乌鲁木齐石化获“全国文明单位”“乌鲁木齐市创建全国文明城市先进单位”称号。落实新疆维吾尔自治区党委2017年“访民情，惠民生，聚民心”和“民族团结一家亲”工作总要求，持续加强驻村工作，第四批驻村工作队27名队员在学习借鉴前三批“访惠聚”工作成果的基础上，驻村点扩大到5个。在“民族团结一家亲”活动中，乌鲁木齐石化各级领导干部与各族员工共“结亲”477对，开展走访活动3500余次，为新疆维吾尔自治区实现社会稳定和长治久安总目标做出应有的贡献。

（董　琦）

中国石油天然气股份有限公司宁夏石化分公司

【概况】 中国石油天然气股份有限公司宁夏石化分公司（简称宁夏石化）始建于1985年，是集炼油、化工和化肥生产为一体的大型石化企业，具备500万吨/年原油加工能力，10万吨/年聚丙烯、130万吨/年尿素生产能力。主要产品为汽油、柴油、聚丙烯、航空煤油、尿素及合成氨，截至2017年底，资产总额86亿元。设13个机关处室、9个直属部门、17个二级单位和1个矿区服务事业部。在册员工5047人，其中，在岗员工4727人，大专以上学历员工3048人，具备初级以上职称员工976人。

2017年，宁夏石化加工原油375.2万吨，生产汽油156.5万吨、柴油135.8万吨、合成氨23.7万吨、尿素41.5万吨、聚丙烯9.1万吨、甲醇3.5万吨，收入201.3亿元，利润14.1亿元，税费77.8亿元。纳税总额居宁夏规模以上企业首位。

【生产运行】 2017年，宁夏石化牢固树立“大平稳出大效益”“大优化出大效益”思想，持续深入推进精细管理，强化以调度为中心的生产受控，推动产运销储有效衔接、联动配合，生产运行效率稳步提升。500万吨/年炼油装置高效完成“三年一修”，实现安全平稳运行，生产计划执行率99.3%，超额完成炼化板块下达的98.5%目标，创造利润20亿元，吨油利润指标位列炼化板块第二；催化裂化装置获评炼化板块2016年度达标优胜装置，长周期运行等指标首次达到催化裂化装置国际水平，炼油装置再次获全国重点耗能产品能效“领跑者”标杆殊荣。一化肥装置克服外部晃电、锅炉水冷壁爆管等问题，优化调整运行操作，实现控亏目标。宁夏石化完成哈萨克斯坦奇姆肯特炼油厂（PK）一期项目开车任务完成，三化肥装置试车工作顺利推进。

宁夏石化主要生产经营指标

指　标	2017 年	2016 年
原油加工量（万吨）	375.2	442.8
汽油产量（万吨）	156.5	187.7
柴油产量（万吨）	135.8	164
航空煤油产量（万吨）	18.7	19.6
聚丙烯产量（万吨）	9.1	10
尿素产量（万吨）	41.5	52.6
液化气产量（万吨）	18.9	16.4
资产总额（亿元）	86	92
收入（亿元）	201.3	206
利润（亿元）	14.1	15.2
税费（亿元）	77.8	95

【安全环保】 2017 年，宁夏石化实现跨年度安全生产 6225 天和安全管理“六个杜绝”，各类事故事件总数同比下降 2%，连续 15 年杜绝生产亡人事故，连续 4 年杜绝重伤事故。炼油和化肥装置检修全过程安全受控，实现零事故目标，未发生污染事件。全年迎接各级环保检查 78 次，累计排查隐患 8778 项，整改率 99%。三级安全培训、事故应急演练和岗位练兵共 28000 人次接受培训。职工健康管理体系进一步完善，全年安排健康体检 4576 人次，组织健康讲座、专家现场坐诊 17 场，服务员工 4385 人次。实施炼油污水升级改造、硫黄回收尾气治理等 7 个环保治理项目，新增催化脱硝等 9 个在线检测系统，VOCs 污染源管控项目完成宁夏回族自治区试点任务。2017 年规范处置危险废物 12673 吨，实现废润滑油合法回炼。500 万吨 / 年炼油改扩建工程通过环保验收，实现合规生产。宁夏石化通过安全生产标准化一级企业复评。

【管理提升】 2017 年，宁夏石化持续改进优化综合管理体系，全面梳理、优化整合公司三级业务及对应流程，规章制度同比减少 43%，流程标准更加清晰，过程风险更加可控。测量、质量、能源体系通过年度外部审核，宁夏石化“多管理体系整合工作”获第二十四届全国企业管理现代化创新成果二等奖。坚持开展重大风险评估和制度适用性评审，有效辨识和消减合规管理风险。修订完善“三重一大”决策制度，有效控制经营决策风险。进一步规范投资管理，审计监督和纠纷案件管理持续强化。电子招标投标交易平台上线运行，程序更加规范，效率进一步提高。计划、营销、保密和档案等专业管理充分发挥对生产经营的指导支撑作用。ERP2.0 应用集成项目和 MES2.0 项目上线运行，实现跨领域业务协同和信息共享。手持终端应用进一步扩展，数字化工厂管理平台项目通过科学技术成果评价，三化肥智能装备专项通过国家发改委验收，虚拟数字化工厂平台开发获 2017 年国家计算机行业科技进步“杰出奖”。

【挖潜增效】 2017 年，宁夏石化实施低成本发展战略，持续开展“开源节流降本增效”活动，累计创效 8600 万元。炼油装置优化产品结构，生产高效、厚利产品，实现增效 3254 万元。提高炼油、化肥电网运行功率因数，减免电费 115 万元。争取天然气价格优惠政策，节约成本 632 万元。老炼油装置挂牌交易，实现处置收益 2375 万元，盘活闲置资产，实现收益 955 万元。严控“五项”经费，在两套生产装置检修情况下，检修费用支出较预算减少 1000 多万元。开展“商信通”业务，节约财务费用 178 万元。落实集团公司资金配置政策，企业负债减少 1.2 亿元。安装检修公司、工业公司、宁华宾馆等在有效保障生产和后勤服务的同时，实现对外创收 582 万元。

【改革创新】 2017 年，宁夏石化推进人事劳动分配制度改革和岗位体系建设，稳步实施岗位序列设置和选拔聘任工作，人才成长通道健全完善。实施操作员工技能晋级计划，选拔产生 21 名公司一级、二级技能专家。完成炼油和化肥业务薪酬体系整合工作，工效挂钩试点获得成功，绩效政策试点单位新型建材厂，全年实现销售收入 674 万元，同比减亏 69 万元。“四供一业”分离移交工作取得阶段性进展，研究制定供水、供电、供气及供暖移交方案，并与接收方签订相关协议。开展基础研究和技术攻关，实施炼油蒸汽系统优化和主体装置节能改造项目，开发炼油第二循环水节能水泵，取得显著节能效果。开展催化裂化 CRC 工艺技术优化，为工艺调整和产品优化创造条件。汽加、柴加通过更换催化剂，实现产品质量升级“零投资”。与石化院建立战略合作关系，天然气制烯烃、汽柴油质量升级、聚丙烯新产品开发和炼油转型发展等课题研究深入推进，车用尿素工业化应用顺利完成，项目初步设计获批复。全年获国家专利授权 6 项。

【党建和企业文化】 2017 年，宁夏石化深入学习贯彻党的十九大精神，全面加强企业党的建设。研究制定以制度、责任、保障“三大体系”建设为核心的公司党委《深化党的建设实施意见》，确定38项重点工作，出台《党委工作规定》等10多项党建工作制度，党建工作体系更加完善。启动党委首轮政治巡察，党建工作弱化、淡化、虚化、边缘化问题明显改观。全年查找廉洁风险点438条，制定防控措施507条。组织警示教育4212人次，12名新提任干部接受“六个一”廉洁从业教育，党纪政纪处分干部4人。扎实开展“践行四合格四诠释”岗位实践和岗位讲述活动，“两学一做”学习教育实现常态化制度化。开展“形势、目标、任务、责任”主题教育，加强意识形态阵地建设，通过石油精神主题报告、劳动模范工作室创建、“青年大讲堂”等活动，弘扬石油精神，培育特色企业文化。

（张国荣）

中国石油天然气股份有限公司大连石化分公司（中国石油大连石油化工有限公司）

【概况】 中国石油天然气股份有限公司大连石化分公司（中国石油大连石油化工有限公司）简称大连石化，是中国石油所属的大型骨干炼化企业，前身为1933年成立的“满洲石油株式会社大连制油所”，中华人民共和国成立后先后更名为“大连石油厂”和“石油工业部大连石油七厂”等，1983年划归中国石油化工总公司，1998年划归集团公司。长期以来，大连石化为国家炼油工业培养输送大量的管理和技术人才，被誉为中国炼油工业的“人才摇篮”。

大连石化有炼油化工主体装置37套，占地318万平方米，具备2050万吨/年的原油加工能力和27万吨/年的聚丙烯生产能力，主要生产汽油、航空煤油、柴油、润滑油基础油和石蜡、芳烃、聚丙烯等4大类129种石化产品。有油品装卸码头5座，5000—100000吨级泊位15个，年吞吐能力超过2300万吨，85%的产品通过船运销往华东、华中、华南等市场。

2017年底，大连石化设13个机关处室、5个直属单位、21个二级单位，在册员工6149人（上市公司4551人，未上市公司1598人）。2017年，加工原油1308.5万吨，收入506亿元，利润27亿元，税费135亿元。

大连石化主要生产经营指标

指　标	2017年	2016年
原油加工量（万吨）	1308.5	1678
汽油产量（万吨）	335.04	423.75
柴油产量（万吨）	465.07	624.95
航空煤油产量（万吨）	176.63	199.62
润滑油基础油产量（万吨）	20.35	18.4
乙苯、丙烯、苯等有机原料产量（万吨）	77.29	103.11
化工产品产量（万吨）	25.31	33.08
资产总额（亿元）	152	157
收入（亿元）	506	568
利润（亿元）	27	52
税费（亿元）	135	214

【安全生产】 2017年，大连石化经受了“8·17”火灾事故的严峻考验。深刻吸取事故教训，不断强化风险管控能力。持续开展HSE体系审核和安全生产大检查，先后整改各类问题3246项。开展动静设备、密封和轴承、小接管等一系列专项隐患排查，发现的隐患问题全部整改。深入开展设备完好性和工艺适应性检查，对检查出的问题进行全面风险评估并制定整改计划。逐级压实安全生产责任，修订《员工奖惩管理规定》，开设网上“曝光台”，加大监督检查和“三违”行为考核力度，9名员工因安全责任履职不到位受到行政处分，促进员工履职尽责。加强现场风险管控，规范现场手机管理，强化现场作业许可审批和危害辨识，推进作业过程表单化管理，引入上海博柯石油工程咨询有限公司全时域开展第三方现场作业监督，强化入场前工器具完好性检查和人员资质审查，加强承包商的全面监管。持续治理安全隐患，完成八三罐区三级防控升级、气体液化气球罐注水系

统改造等隐患治理项目26项，利用公司独有的气动驱动技术对147台储罐增上紧急切断设施，进一步消除重大隐患问题。扎实推进标准化建设，理顺调整5个HSE分委会，细化完善各专业和各装置的HSE标准化建设标准及实施方案，有序推进“2232”工程，即“两转”，转观念、转作风；“两查”，查标准、查隐患；“三强化”，强化制度执行、强化培训教育、强化问题整改；“两提升”，通过“两转”“两查”“三强化”等一系列活动的深入开展，最终实现人员素质、本质安全建设水平双提升。

强化安全文化建设，设置安全生产“归零日”和“安全生产警示日”，强化事故的警示作用；开展安全生产“成在全体，败在一人”和“企业安全，我的责任”大讨论及“党员身边无违纪，员工身边无事故”等活动，持续开展安全生产先进集体和先进个人的创建评比，加大宣传力度，增强员工抓好安全生产的责任感和使命感。

【环境保护】 2017年，大连石化持续完善环保管控体系，强化环保装置运行管控，从严执行污染物排放标准，改进环保管理和减排治理讲评通报机制，完善环保在线监测数据平台功能，细化重污染天气防治措施，持续增强环保响应能力。深入开展挥发性有机物治理，加快推进污水处理场、罐区及装卸设施VOCs治理项目，完成两轮LDAR检测，治理工作取得阶段性成效。加大环保项目建设力度，建成投用热电厂烟气脱硫脱硝二期项目，完成重整再生烟气脱氯、硫黄回收烟气达标排放（一期）、低压火炬气脱硫、工艺加热炉脱硝改造等环保项目建设，消除环保隐患，外排烟气全面满足《石油炼制工业污染物排放标准》要求；建设投用制氢装置降噪设施，推进污水回用、催化外排烟气“消白龙”等项目研究，降低炼油厂在城市环境中的“存在感”。

【生产运行】 2017年，大连石化安全、绿色、优质、高效地完成第二轮全厂装置停工大检修，实施检修项目15441项，同步完成二、四催化装置反再系统改造等技改技措隐患整改项目149项，更换催化剂2281吨，为下一周期安全、平稳、优化运行打下坚实基础。全面升级设备管理，加强现场泄漏点治理，扩大机泵预测性维护技术检测范围和频次，提高机泵振动的管理标准，配置便携式红外热成像仪，完善设备“日查周检”及考核机制，设备完好率99.97%、静密封点泄漏率降至0.018‰。加强生产运行管控，全面规范生产巡检和专业巡检管理，投用326部智能巡检仪，升级巡检管理系统，增加巡检问题处理模块，强化巡检数据的分析利用，开展全厂视频监控“补盲”，现场风险科学预判、及时发现和有效处置能力显著提升。加强对生产异常波动的管控，对报警问题进行溯源整改，报警点数大幅下降。全年装置运行平稳率99.81%。

【挖潜增效】 2017年，大连石化深入开展开源节流降本增效工作，制定并实施13大类56项开源节流降本增效项目，涵盖产品优化、装置优化、原油优化、节能降耗及精细化管理等生产经营全规程各方面，全年累计实现增效额9.14亿元，为完成全年生产经营任务打下坚实的基础。通过做好生产系统优化，灵活调整装置运行方案，两套重整首次同步实现满负荷运行，产品结构持续改善，芳烃收率43.8%，汽油、航空煤油日产量达历史新高，柴汽比同比降低0.09个单位。通过优化产品出厂策略，加强与销售企业紧密衔接，加大石蜡等小品种产品推价力度，推进地付油品改造项目，产品出厂效率进一步提高，全年产销率101.1%；开发供澳大利亚柴油和供日本汽油等新产品，成品油出口同比增加52万吨。通过实施渣油加氢锅炉系统完善、热力管网排查整治、低温热综合利用、凝汽机组运行优化等一批节能措施，节能降耗成效不断显现，加热炉热效率提高0.65个百分点，自发电每小时增加1.5万千瓦·时。通过推进清股权、降成本、压库存、轻资产、控资金等成本管控措施，成本费用管控不断深化，各类存货较年初下降4000万元，节约财务费用1500万元。

【技术创新】 2017年，大连石化实施科技开发项目8项，完成科技开发经费39.56万元，取得可观的创新成果，“可调节膜片式联轴器对中检测仪”“一种催化裂化装置中的再生器”“一种可降低烟气中NO_x含量的再生器”“净化水API链条式刮泥机轨道”4项实用新型专利获国家知识产权局授权。开展技术攻关，实施降低原油综合损失、全厂节能降耗等4项公司级技术攻关项目和14项生产设备脱瓶颈攻关项目，取得显著成效，原油综合损失率同比降低0.05%，综合能耗、单因耗能指标达到阶段性攻关目标，蒸馏、加氢系统的腐蚀速率得到有效控制，三蒸馏电脱盐脱后盐含量高等问题成功解决。牵头制定《工业用碳九芳烃》《重整C9芳烃产业研究报告》2项行业标准，获得多个牌号聚丙烯产品的第三方检验机构认证，完成聚丙烯包装物升级，进一步巩固良好的品牌形象。

【信息化建设】 2017年，大连石化完成炼化物联网基础网络、人员安全定位、视频监控集成平台、危险化学品管理、身份认证 2.0（网络安全）5 个统建系统和事故应急指挥决策系统等 8 个配套自建系统建设，在集团公司炼化企业中首批推广单位中率先上线运行 ERP2.0 系统，率先实现 MES2.0 系统的单轨运行，建成物资仓储管理系统率先实现与 ERP 系统的集成应用，在线质量仪表数据自采率提升至 60.5%，安全受控三期项目实现现场作业安全管控水平质的提升。“数字化工厂、信息化企业”规划方案通过专家评审，数字化工厂建设步入快车道。

【企业改革】 2017 年，大连石化针对法律法规、上级要求及管理缺陷问题，制修订制度 59 项次、标准 36 项次，调整优化业务流程 40 个，修订专业管理工作考核细则 142 项次，规范首问负责和督查督办工作机制及运行平台，管理机制持续完善。深入开展三级法人实体清理，旅顺疗养院和驻京办事处完成资产清算和处置，珠海天达完成法人注销，庄河大星完成股权转让。推进“三供一业”分离移交工作，供暖、供水、供电业务完成移交协议签订，物业加入集团公司物业改制平台。2017 年 11 月底，中国石油大连石油化工公司更名为中国石油大连石油化工有限公司。不断深化合规管理，推进招标工作专业化，完成预算管理等 225 个业务流程内控测试，开展大检修费用等 6 项内部专项审计和招标管理等 3 项合规管理监察，有效防控运营风险。

【党建工作】 2017 年，大连石化深入学习宣传贯彻党的十九大精神。制定《学习宣传贯彻党的十九大精神工作方案》，公司党委领导班子带头宣讲，各级党组织通过举办专题研讨、主题征文、知识竞赛、网络答题等多种形式，实现党的十九大精神学习宣传贯彻全覆盖。全面加强党建工作，制定《关于落实全面从严治党要求加强党的建设的意见》和 126 项具体措施，将党建工作纳入公司章程，修订基层党建管理、党费收缴管理等制度，开展党建责任专项督查，组织党组织书记述职评议，党建责任有效落实；开展标准化党支部建设，认真组织“践行四合格四诠释，弘扬石油精神，喜迎党的十九大”岗位实践活动，基层组织建设进一步加强。从严加强干部管理，制定对领导干部进行提醒、函询和诫勉的实施细则，加强和改进领导干部的日常教育和管理监督，规范年轻干部培养选拔机制，实现领导干部常态化培养、合理化配备、制度化运行。狠抓作风建设。召开加强机关工作作风建设座谈会，着力加强党员干部操办婚丧喜庆事宜申报、亲属经商办企业、公车使用等行为监督和责任追究，深入查摆整改机关作风和“四风”突出问题。全面加强党风廉政建设，强化党风廉政建设检查考评，6 名领导干部因“两个责任”落实不到位等问题受到追责；有效运用监督执纪“四种形态”，全年纪委、组织部门谈话函询 81 人次，通报批评 1 人、党纪轻处分 12 人、政纪轻处分 10 人、党纪重处分 4 人、政纪重处分 3 人、解聘 2 人；持续规范党内监督，对 3 个二级单位进行常规巡察。

【企业文化】 2017 年，大连石化成立企业思想政治研究会，加大对基层宣传力量的培养，不断完善新媒体平台建设，以员工“喜闻乐见”为出发点，发挥引领导向作用。深入开展“弘扬石油精神、重塑良好形象”活动，推动企业文化在基层落地落实。发挥群团纽带作用，围绕公司重点，开展装置大检修立功、关键机组特护、红旗炉等评比竞赛活动，征集合理化建议 4123 条，激发员工工作热情。突出青年特点，开展“重塑形象，低碳环保”主题团日、“奉献大停检，争当突击手”等青工活动，发挥青年生力军作用。开展传统节日慰问、检修现场慰问，开设职工大讲堂，举办书画摄影展、职工文艺演出等系列文体活动。加大帮扶慰问工作力度，帮扶困难员工 2500 余人次，办理职工互助基金和走访慰问职工及家属各 2900 余人次。开展石湖村定点扶贫，1000 多名困难群众为此受益。参加各种志愿者活动 2600 余人次，展现良好的企业形象。举办“绿色环保行”“家园行”等活动，邀请周边社区居民、劳动模范家属入厂参观，营造和谐稳定的企地环境和凝心聚力的企业氛围。

（肇　蕾）

大连西太平洋石油化工有限公司

【概况】 大连西太平洋石油化工有限公司（英文简称 WEPEC，简称大连西太平洋石化），是经国务院批准、由中法两国股东共同投资兴建的中国第一家大型中外合资石化企业，也是国务院授权、由中国石油全权经营管理的一家企业，成立于 1990 年 11 月，总投资 10.13 亿美元，占地面积 2.5 平方千米，

1992年动工建设，1996年投料试车，1997年底全面投产，原油一次加工能力1000万吨/年。股东为中国石油天然气股份有限公司、大连市建设投资有限公司、中国中化集团公司、中化（香港）石油国际有限公司、道达尔股份有限公司。建有18套主体生产装置及配套的公用工程系统、辅助生产设施，以加工高含硫原油为主，产品全部加氢精制，其中1000万吨/年常减压、300万吨/年催化裂化、220万吨/年重油加氢脱硫、150万吨/年加氢裂化等均为中国单体加工能力较大的生产装置之一。形成系列无铅汽油、轻质柴油、航空煤油、聚丙烯、硫黄、苯、混合二甲苯、重交通道路沥青等19大类、50多个牌号产品的生产能力。各种产品畅销国内市场，远销东南亚等10个国家和地区。其中聚丙烯、硫黄、航空煤油、重交通道路沥青等产品被评为辽宁省、大连市的名牌产品。

2017年，大连西太平洋石化围绕“管理提升年”“党建工作落实年”活动主题，以平稳运行为基础，以经营优化为手段，着力挖潜提质增效，着力做大做强销售平台，着力提升科学化、精细化、规范化管理水平，公司生产经营、改革发展等各项工作都取得较好成绩，全年加工原油901.88万吨，销售收入277.16亿元，上缴税费56.65亿元，利润26.02亿元。

大连西太平洋石化主要生产经营指标

指　标	2017年	2016年
原油加工量（万吨）	901.88	902.24
汽油产量（万吨）	228.97	221.95
柴油产量（万吨）	231.99	232.17
航空煤油产量（万吨）	173.29	175.48
沥青产量（万吨）	67.38	66.23
聚丙烯产量（万吨）	11.97	12.08
硫黄产量（万吨）	13.21	13.09
苯产量（万吨）	7.14	6.45
混二甲苯产量（万吨）	27.84	23.45
收入（亿元）	277.16	190.29
出口创汇（亿美元）	6.47	5.60
利润（亿元）	26.02	14.75
税费（亿元）	56.65	50.76

【安全环保】 2017年，大连西太平洋石化认真落实集团公司和大连市各项规章制度要求，加强内部管理受控，保证主体装置平稳大负荷生产。加强安全检查和日常岗检，突出专业检查，突出基础工作，聚焦劳动、工艺和操作“三大”纪律，进一步夯实管理基础；加强操作变动管理，严格执行日作业计划制度，实行工艺变更、操作变动提前上报研判审批；推进环保治理工作，满足国家新制定的更加严格的排放标准。

【设备管理】 2017年，大连西太平洋石化全面推进设备管理标准化，以装置HSE标准化建设为主线，以提升检维修质量为中心，建立健全设备管理规章制度和考核机制；推进设备资产管理系统与设备监控系统融合，实现对设备运行状态全面评价和预警；深入开展转动设备全生命周期管理，配备小神探、巡检仪等，加强保养、巡检、配件和检维修质量控制，充分利用智能化、信息化手段提升转动设备管理水平。

【挖潜增效】 2017年，大连西太平洋石化在实施260余项开源节流、挖潜增效措施基础上，又实施24项公司级、36项部门级挖潜增效和运行优化项目。加强对标达标工作，炼油专业指标全部达标，常减压、催化裂化、加氢裂化、连续重整、聚丙烯等实现装置达标，主要经济技术指标创历年最好。完成所罗门全球炼化指标体系分析评价，提高对标标准。强化财务管理工作，各项费用指标均有效受控。

【发展规划】 2017年，大连西太平洋石化完成“十二五”计划实施项目竣工验收的收尾和后评价工作，连续重整装置获“2017年度全国化学工业优质工程奖”。汽柴油产品质量升级再次获得国家贷款贴息补贴资金6088万元。常减压装置轻烃回收单元改造及其配套项目可行性研究报告完成政府备案并开展基础设计工作。蜡油罐区改造项目完成工程监督委员会和政府备案，正实施基础设计工作。

【基础工作】 2017年，大连西太平洋石化坚持依法合规经营和“三重一大”决策程序，规范招标管理，杜绝事后合同，增强过程受控，降低风险成本。加强内部审计和应收账款审计，规范招标管理，保证财务费用有效受控。持续推进班组标准化建设，提高班组自主管理能力。持续优化ERP集群系统，建成新的档案信息系统，推动现代化工厂向智能型企业的转变。

【企业党建】 2017年，大连西太平洋石化深入学习贯彻党的十九大精神和习近平新时代中国特色社会主义思想，全面落实集团公司党风廉政建设和反腐败工作会议精神，严格执行中央八项规定及实施细则。开展“弘扬石油精神，喜迎十九大”岗位实践系列活动，围绕重油加氢换剂消缺重点工作，开展劳动立功竞赛。开展丰富多彩的文体活动，深入推进送温暖工程，改善工作、学习、生活条件，让员工享受企业发展成果，企业凝聚力向心力持续增强。

（杜安群）

中国石油天然气股份有限公司锦州石化分公司（中国石油锦州石油化工有限公司）

【概况】 中国石油天然气股份有限公司锦州石化分公司（中国石油锦州石油化工有限公司）简称锦州石化，始建于1938年，是一家以炼油为主、化工为辅的燃料化工型企业。是中国重要的润滑油添加剂科研生产基地和辽西地区最大的原油、成品油储备基地，也是国内首家生产国Ⅳ标准汽油、京Ⅴ标准汽油的炼油企业。新中国第一滴人造石油、第一块合成顺丁橡胶都在这里诞生。截至2017年底，有59套炼油化工生产装置，原油一次加工能力750万吨/年，固定资产总额134亿元，可生产53个品种81个牌号的石油化工产品。有长输管线、铁路、陆路、海上“四位一体”输出通道，产品畅销国内外。有员工7670人，设12个处室，53个基层单位。

2017年是锦州石化具有里程碑意义的一年。面对国际油价低位运行、国内成品油市场供需矛盾等复杂局面，面对国家深化国企改革、集团公司推进炼化业务转型升级等形势任务，锦州石化全面贯彻落实集团公司党组决策部署，坚持稳中求进工作总基调，迎难而上，生产经营“三个突破”。经营业绩实现新突破。把握机遇，提质增效，经营业绩大幅增长，营业收入270亿元，同比增加89亿元，考核利润20.17亿元，同比增加13.19亿元，经济效益创造历史最好水平。化工业务打破困局实现新突破。通过检修改造，将停产近2年的二套异丙醇装置和停产近4年的橡胶装置全面恢复生产，实现开工创效。成品油出口实现新突破。实施“走出去”战略，主动销售、积极作为，清洁油品远销澳大利亚、日本等高端市场，全年出口汽油、柴油134万吨，比2016年翻一番，创历史新高。在公司广大干部员工的共同努力下，完成各项工作，为实现更高质量发展奠定坚实基础。

锦州石化主要生产经营指标

指　标	2017年	2016年
原油加工量（万吨）	614.87	490
汽油产量（万吨）	231.70	178
柴油产量（万吨）	181.56	148
航空煤油产量（万吨）	54.68	48
化工添加剂产量（万吨）	15	18
资产总额（亿元）	87.89	77.89（主营）
营业收入（亿元）	270	181.2（主营）
利润（亿元）	14	5.60
税费（亿元）	76.97	70

【生产运行】 2017年，锦州石化生产经营紧盯市场变化，灵活优化调整，密切产销衔接，各项计划全面落实。突出抓好平稳生产，操作变动实施月计划、日申报制度，临时操作变动升级审批，全年计划性和非计划性操作变动大幅度减少。在蒸馏、催化等8套主力装置应用控制参数优化及黑屏技术，装置自控率明显提高。开展装置腐蚀与防护、电气系统和动设备预防性检修，设备完好率96.86%。以问题为导向，深入分析查找波动产生原因，举一反三落实整改，全年生产波动同比下降29.7%，主要生产装置平稳率99.85%。持续推进优化运行。利用装置和公用工程模型，进行原油效益和物料平衡测算，对操作调整和产品调和过程进行量化指导，提高整体加工效益。全力确保后路畅通。紧盯市场动态，协调销售公司和铁路、港口、海关、商检等部门，争取高附加值产品调

运计划。全年完成加工量614.87万吨，成品油交货计划完成率100.51%。

【安全环保】 2017年，锦州石化坚持从严管理，狠抓过程监督，企业安全环保形势稳中向好。全面落实安全生产责任，发布企业安全承诺公告，修订岗位安全环保责任制，组织全员签订安全环保责任书。强化风险识别和措施落实，开展各类安全专项检查。深入推进HSE体系运行，按照先试点、后推广模式，发布实施48套装置HSE标准化创建及验收标准，26套装置参加锦州石化达标验收。开展HSE量化审核，各类审核问题整改率90.8%。开展大反思大讨论、事故案例警示教育等活动，全员安全责任意识和能力显著提高；开展环保减排，组织工艺炉优化和炼油污水处理场改造，烟气和外排污水达到国家新标准。实施含硫污水尾气脱臭、碱液超重力脱硫环保项目，有效根治厂区异味顽疾。建立运行污染源在线监测三方监督机制，实现在线监测达标率100%；有效治理安全环保隐患，投入专项资金，治理化学品罐区、煤柴油罐组、兴海消防水等各级各类安全环保隐患。工业废渣场完成封场，通过环保竣工验收，环保督查问题提前整改销项。

【挖潜增效】 2017年，锦州石化把精准优化作为创效重点，抢抓高效资源，增输陆上原油。利用先进软件，结合原油快评技术，优选原油油种、优化掺炼配比。做好原油价格预测，降低原油采购价格。把特色拉动作为增收渠道，抓住化工市场回暖的有利时机，增产多销特色产品。优化工艺路线、优先原料供给，确保创效装置持续开满开足。紧盯国家政策实施，准确研判市场走势，及时调整产品价格，石油针状焦和煅烧针状焦增产创效。高效利用全厂低温热源，实施汽电在线优化和加热炉耗能在线监测，组织新鲜水查漏和落地水回收，节能节水效果明显。推广电子商业承兑汇票、加快票据顺转，财务费用大幅度减少。加强存货管理，处置无动态积压物资和低效无效资产，降低库存。推动良性竞标，优化计价方式，节约采购和修理等费用。

【工程建设】 2017年，锦州石化40万吨/年轻汽油醚化装置开车成功，生产出合格产品，开车后95号汽油产量达到汽油总产量的95%，汽柴油生产能力全面进入国Ⅵ时代；二常电脱盐安全环保隐患治理工程投入运行，投用后提高电脱盐排水质量，确保装置外送污水达标排放，同时解决装置腐蚀问题；固体废物处理装置改造工程投入运行，解决公司固体废物处置瓶颈，降低固体废物处理成本，消除原有固废处理装置的环保隐患；完成生产区消防道路安全隐患治理工程，建立雨水排放网。碱液再生装置环保隐患治理工程开车，消除碱液再生装置尾气异味，碱渣排放量减少80%以上，满足清洁环保生产要求；25万吨/年烷基化项目破土动工，工程进展顺利，完成基础设计和长周期设备采购，土建施工全面展开。

【科技创新】 2017年，锦州石化在研科研项目17项，结题12项，申请专利6项，获得授权专利1项。集团公司科技部重点支撑项目——窄分布稀土顺丁橡胶中试产品开发取得成功，产品综合性能达到国内领先水平。开发出针状焦改质工艺中试技术，提交工业应用方案；完成硼化无灰及掺兑大分子酸合成出低碱值磺酸钙等新产品中试放大，提供吨级产品供市场推广；完成公用工程在线优化模型和三催化模拟模型开发，通过实施5项优化，降低能源成本；信息防泄露及端点准入系统上线运行，物联网完成基础架构设计及建设；“优化氢气资源，实现富氢气体再利用”项目获锦州市科技攻关奖励一等奖。“利用在线模拟工具实现炼油装置在线监测与优化增效”“优化汽油组分生产条件，提高汽油池调和辛烷值”“公用工程系统优化，降低能源费用”等项目获锦州市科技攻关奖。

【企业改革】 2017年，锦州石化坚持问题导向，突出稳准原则，妥善解决问题矛盾，各项改革举措精准落地。完成“僵尸企业”处置和特困企业扭亏。按照时间节点要求，完成锦州石化工程公司营业执照注销和资质上移，对其业务、力量进行整合优化，成立维检修中心和容器制造车间，服务生产、保障运行能力进一步增强。按照集团公司要求，中国石油锦州石油化工公司改制为中国石油锦州石油化工有限公司。亏损企业专项治理取得进展，化工二厂深挖创效空间，实现扭亏目标。工程监理公司、石油宾馆完成经营任务。“三供一业”稳步移交，供电系统分离移交协议正式签订并获集团公司批复。供水、供暖业务移交可行性方案形成初稿，物业分离移交框架协议完成签订。石化医院社会化改革工作和市政、托幼系统的社会化移交工作稳步推进。

【党群工作】 2017年，锦州石化坚持对贯彻落实民主集中制、“三重一大”决策制度、开展批评和自我批评等情况进行监督。开辟“党风廉政建设责任区”专栏，发布相关指导性、参考性资料，初步建立以听取基层汇报、上级精神传达、典型案例分享、廉洁自律提醒等为主要内容的督导模式，并持续强化沟通协调、程序完善与内容充实，不断提高督导工作的规范化水平。全面启动岗位廉洁风险防控体系建设和廉洁教育基地建设，初步建立起风清气正的良好政治生态。

2017 年，锦州石化充分发挥党建政治优势，围绕“强体系、重教育、夯基础、见成效”的工作思路，全面加强和改进企业党的建设，党建科学化水平不断提升。组织学习宣传贯彻党的十九大精神，深入推进“两学一做”学习教育常态化制度化。持续发挥公司党校理论优势，组织各类培训班七期，700 余人次参加培训；加强阵地建设和管理，制定并下发《党委意识形态工作责任制实施办法》。启动企业文化辞典编撰工作，传承“一滴油”“一块胶”精神。开展“口述历史”活动，为追溯和还原企业发展奋斗历程积累第一手资料；在《中国石油报》年发稿量首次突破 200 篇，中国石油网发稿数量连续 3 年稳居炼化板块前 3 名。“两微”平台发布信息量大幅增加，有效提升企业对外形象；以“劳动与技能立功竞赛年”为主线，稳步推进各项劳动竞赛取得成果；开展“学规程、画流程”青工岗位技能竞赛、“青年文明号开放周”等活动，青年员工的生力军作用得到有效发挥；将改革发展成果惠及全体员工，提高补充医疗保险医药费报销标准，取消在岗和离岗人员、内部和外部医院之间的报销比例差异。成立餐饮中心，调整用餐方式，提高配餐质量，员工就餐满意度显著提升。完成新一轮集团大客户谈判，手机通信畅享 4G 体验。建成高清数字电视节目平台，高清频道如期播出。投用新文体活动中心，员工健身有了更好去处。

（曹继辉）

中国石油天然气股份有限公司锦西石化分公司（中国石油锦西石油化工有限公司）

【概况】 中国石油天然气股份有限公司锦西石化分公司（中国石油锦西石油化工有限公司）简称锦西石化，始建于 1939 年，1953 年恢复生产。截至 2017 年底，有员工 8475 人（上市 5663 人、未上市 2812 人），直属单位 62 个，固定资产 116 亿元。主要装置 20 套，原油加工能力 650 万吨 / 年。原油来源以大庆油田、辽河油田为主，直接管输进厂，另有部分进口原油及中国海油原油，由锦州港上岸。主要产品有汽油、柴油、航空煤油、苯乙烯、聚丙烯、煅烧焦等。

2017 年，锦西石化完成全年任务指标，效益贡献创历史新高。全年加工原油 550.83 万吨，同比增加 119.10 万吨。收入 246.31 亿元，同比增加 73.72 亿元。上市部分税费 76.44 亿元，同比增加 5.17 亿元。上市部分利润 6.6 亿元，同比增加 1.67 亿元；未上市部分利润 405 万元，同比增加 1.7 亿元。炼油综合能耗、柴汽比、高效产品比例、综合损失率等 10 项指标好于 2016 年。成功生产 98 号国Ⅴ标准汽油，首批生产并供应北京地区京Ⅵ标准汽油。再次获集团公司“安全生产先进企业”“环境保护先进企业”称号。

锦西石化主要生产经营指标（上市部分）

指　标	2017 年	2016 年
原油加工量（万吨）	550.83	431.73
汽油产量（万吨）	219.29	146.03
柴油产量（万吨）	179.17	149.20
航空煤油产量（万吨）	43.95	16.61
资产总额（亿元）	92.01	91
收入（亿元）	246.31	172.6
利润（亿元）	6.60	4.93
税费（亿元）	76.44	71.27

【生产管控】 2017 年，锦西石化加强工艺、生产变动和现场监督管理，实现生产平稳、高效、受控。平稳率 99.62%，同比增加 0.06 个百分点。工艺卡执行率 100%，馏出口合格率 99.17%。合理调整原油加工方案，统筹两套蒸馏装置，焦化装置实现单炉运行，减少黑色产品。催化油浆实现全回炼，商品重油零出厂。开展操作规程、介质防互窜、“跑冒滴漏”、异味源、

清污分流、冬季防冻防凝等专项检查。强化现场监督考核，保证岗位巡检到位。工艺监督检查由处室单独检查转变为处室和车间共同检查，全年发现整改问题1250项。在设备管理上，完好率和可靠度不断提高。转动设备实施轮修制度，设备管理平台新增故障分析模块，工艺、电气和仪表等故障实现100%原因分析，全年设备完好率99.95%，泄漏率0.042‰，仪表自控率97.29%，联锁投用率100%，均达到或超过集团公司要求。评选出40个标准化装置，标准化管理水平不断提高。深化腐蚀防护管理，蒸馏电脱盐、循环水水质等腐蚀情况得到改善。开展RBI（基于风险评估的设备检验技术）评估，提升特种设备运行可靠性。

【安全环保】 2017年，锦西石化无安全环保事故，事件同比下降45%。新改扩建项目“三同时”完成率100%。2017年HSE体系审核问题整改率为94.85%。职业健康体检率和职业病危害检测率均为100%。环保实现废水、废气达标排放，无环境污染事件，四项污染物总量控制指标全部完成。逐步形成“三防三到位”的安全管理模式。防止施工违章的风险，做到监督到位。继续引入上海博柯石油工程咨询有限公司，发挥四级安全监管力量，现场风险管控由结果追责向过程追责转变，全年制止违章1408起。工程公司启动脚手架和吊装作业专项检查，发现整改问题275项。防止操作失误的风险，做到管控到位。针对风险较大的非常规操作、特殊工艺路线操作、易影响上下游装置平稳运行操作及大机组切换等重大操作，实行作业许可管理。由问题导向思维向体系思维转变，运用体系管理的思路系统性解决生产问题。启动在役装置HAZOP分析，借助外部专家力量，对装置进行设计缺陷辨识、工艺过程危害分析及操作性问题分析。关注员工情绪变化，将情绪异常和思想有波动的员工纳入防范视线。防止设备缺陷的风险，做到完善到位。深入开展罐区、液态烃装卸车栈台、机泵双端面密封等专项检查。吸取兄弟企业事故教训，开展同类装置排查。引入专业厂家进行关键机组检修。成立关键设备机组特级维护小组，对30余套关键设备实现在线状态监测，保持安稳运行。

【项目建设】 2017年，锦西石化持续推进项目建设。全年组织实施新建项目43项，中交20项；续建项目14项，中交12项。废氢回收综合利用项目于2017年4月5日开工，11月开车。投运后，每年回收氢气7600吨，有效降低制氢成本。碧海公司自备锅炉提标改造项目，2016年10月30日开工，2017年6月28日中交，彻底解决原锅炉效率低、腐蚀严重及环保不达标问题。启动车用汽油、柴油国Ⅵ标准质量升级工程项目。

2012—2017年，锦西石化投资16亿元实施一系列环境治理项目，完成污水装置恶臭气体治理项目、催化装置烟气脱硫脱硝、热电公司锅炉烟气脱硫脱硝改造、热电公司锅炉烟气除尘改造等污染减排的“蓝天工程”项目，以及汽油装车油气回收项目、碧海长输管道隐患治理项目等。每年减排二氧化硫5970吨、氮氧化物1020吨、烟尘480吨，守卫辽宁的碧水蓝天。

【优化创效】 2017年，锦西石化实现上市和未上市同步盈利。公司深化对标管理，与历史同期、兄弟单位、炼化板块平均水平全方位对标，查短板、定措施、促管理、提效益。合理调整两套蒸馏装置加工结构，焦化装置实现单炉运行，加大催化油浆带炼比例，优化蒸汽、氢气等系统运行，通过优化生产运行创效近1.5亿元。优化产品结构，柴汽比同比下降0.2，增效1.55亿元。高效产品占61.88%，增效0.61亿元。平衡原油资源，结合实际研究最优加工量。陆上原油严格按计划进度进厂。拼船运输原油及成品油，节约运输成本。抓高效产品出厂，实现销售结构优化增效。优化财务管理。通过加强往来收付款管理、增加商业承兑汇票支付比例、争取出口价差补贴、开立银行保函、争取项目财政贴息等，降低财务费用。压缩各项成本支出，“五项”费用同比下降2.7%。未上市业务全面梳理各单元降本增效工作点，深挖创效潜力，实现扭亏为盈。工程公司承接上市修理及工程建设项目，承担热网公司维修保运业务，同时拓展自营施工范围，实现盈利。维电仪业务立足保运，提升服务质量。机加工业务突出垫片加工主业，做好阀门打压、修理修缮及现场压填料业务。矿区以压缩修理费为切入点，严控各项成本费用支出，实现盈亏持平。海威监理承担工程及检维修项目监理任务，实现盈利。

【企业改革】 2017年，锦西石化建立有效的会议协调机制，稳步推进各项改革。供水移交全部完成，生活区供水正式切换至市自来水公司系统。供暖移交协议获集团公司批复，2018年进行施工改造。供电移交完成协议签订，上报集团公司批复。物业移交签订框架协议，按照集团公司要求稳步推进。市政设施移交分别同葫芦岛市住建委、龙港区城建局、连山区城建局签订移交协议，2018年组织实施。锦西炼油化工总厂完成公司制改制任务，2017年12月正式取得中国石油锦西石油化工有限公司营业执照。莲花宾馆转型为倒班员工服务中心，疗养院实现部分资产对外租赁、部分资产转型自用，完成改革任务。撤销机械厂和维修车间，成立机修车间。撤销信息管理部利普公司、矿区服务事业部汽车队和仓库。

【管理提升】 2017年，锦西石化树立依法合规观念，明确管业务必须管合规。强化招标工作，做到公开公平公正。2017年完善制度流程，修订制度144项。加强合同管理、准入管理和资质审查，签订合同3901份，实现无效合同和因合同产生纠纷案件的“双零”目标。持续开展内部巡察，2016年度巡察42项问题全部整改完毕。2017年制定巡察全覆盖工作方案，完成对工程管理部等4家单位的巡察任务。把握运用“四种形态”，建立廉政谈话机制，对处级干部和重点岗位人员进行约谈和提醒谈话170余人次。根据职能定位，理顺纪委监察处内设机构。

【党群工作】 2017年，锦西石化党委围绕生产经营中心开展党群工作，坚持“规定动作做到位，自选动作重实效”。将每周党群工作例会范围由机关党群部门扩展到基层书记，通过工作督办、分享兄弟企业经验和基层书记讲党建，提升党群部门工作开展的针对性，增强基层单位贯彻落实党委部署的自觉性。修订、梳理党建相关制度，浓缩基层党群组织工作职责清单，以制度为依托推进全面从严治党。通过宣讲报告会、知识竞赛、系列党课等方式，深入学习贯彻党的十九大精神。推进“两学一做”学习教育常态化制度化，开展“践行四合格四诠释”岗位实践、党员岗位讲述等活动。强化年轻干部队伍建设，有4名“80后”走上领导岗位。坚持党管人才原则，推进全员培训，举办党建、管理、技术和操作服务等培训班114期，培训1.6万人次。坚持开展“月评十佳”和“形势、目标、任务、责任”主题教育等活动。宣传报道引导舆论，发出“好声音”，树立“好形象”，在新华网刊登《锦西石化京Ⅵ汽油保质稳供抢占高端》、在新华社客户端发表《锦西石化5年实施16亿元环保项目守卫“辽宁蓝”》文章。新媒体建设扎实推进，舆情管控能力进一步提升。工会助力安全生产，开展避免事故竞赛活动，连续获“全国‘安康杯’竞赛优胜单位”和“全国群众体育先进单位”称号。团青活动丰富多彩，展现出青春活力，阳光文化在青工队伍中得到传承和弘扬。坚持以法治思维处理维稳问题，用好“信访线、法律线、治安线”的工作方法，全面落实维稳信访工作责任制，保持较好的稳定形势。

（葛永江）

中国石油天然气股份有限公司大庆炼化分公司

【概况】 中国石油天然气股份有限公司大庆炼化分公司（简称大庆炼化）于2000年10月由原大庆油田化工总厂和林源石化公司重组成立，2006年2月与林源炼油厂进行二次重组。占地12.1平方千米。2017年底，员工总数10101人，固定资产总额184亿元，生产装置54套，净值56亿元，具有600万吨/年原油加工能力和20万吨/年润滑油基础油、60万吨/年聚丙烯、15万吨/年聚丙烯酰胺、12万吨/年石油磺酸盐生产能力，可生产成品油、润滑油基础油、聚丙烯、聚丙烯酰胺、石油磺酸盐、石蜡、液化气等39个品种236个牌号的石油化工产品。先后获“国家守信用重合同企业”“全国五一劳动奖状”等30多项荣誉。

大庆炼化始终秉承“奉献能源、创造和谐”的企业宗旨，坚持稳健发展方针，以安全环保为前提，以质量效益为中心，以创新驱动为支撑，推进“中国石油精品炼油、中国石油油田化学品、高品质聚丙烯和高档润滑油基础油”四大生产基地建设，打造有质量有效益可持续的优秀炼化企业。

2017年，加工原油503.67万吨，营业收入305.3亿元，税费96.5亿元，考核利润29.02亿元，生产经营绩效创成立以来盈利最好水平。

大庆炼化主要生产经营指标

指　标	2017年	2016年
原油加工量（万吨）	503.67	514.25
汽油产量（万吨）	204.19	188.63
柴油产量（万吨）	140.07	168.51
润滑油基础油产量（万吨）	9.38	9.46
石蜡产量（万吨）	14.81	13.51
聚丙烯酰胺产量（万吨）	16.22	15.8
聚丙烯产量（万吨）	50.79	46.61
收入（亿元）	305.30	263.54
利润（亿元）	29.02	27.89
税费（亿元）	96.50	94.62

【生产运行】 2017年，大庆炼化对《生产运行管理手册》部分内容进行修订，新增污油回收、对讲机巡检仪、专用铁路管理的内容，对公用工程系统管理、操作平稳运行及生产异常报警管理等相关内容进行修订。生产运行优化工作实现制度化，确定并发布《生产运行优化管理规定》，从效益测算、方案制定、总结分析等方面有序开展工作。加大生产指挥协调力度，严格日常管理，应急处理能力不断提高。根据生产计划、生产日报数据及各装置主要操作参数运行值，每天对公司整体运行状态和各装置生产计划完成情况进行比较，及时针对生产实际变化做出调整，各项生产指令下达的准确率100%，实时跟踪、反馈生产调整所取得的效果。同时重点在蒸汽、瓦斯、氢气、风等公用工程平衡协调上下功夫，通过调取MES系统数据、询问专业厂调度室、现场检查等手段，严密监控瓦斯压力、组成和蒸汽压力等各系统运行指标变化，及时调整天然气、甲醇厂氢气、宏伟蒸汽入厂量，确保各系统平稳运行。此外，不断完善蒸汽、氢气、长输管线、电力等系统突发状况的生产应急预案，强化应急演练，提高生产、调度人员应急能力，在“6·18”外电网晃电和甲醇厂氢气中断同时发生的情况下，按照生产应急预案开展相关应急处理工作，受影响的34套主体装置及部分储运、动力装置很快恢复生产，生产应急管理经受住了考验。加强操作平稳运行管理，强化生产异常问题分析总结，提高生产管控能力。按照公司“明责、尽责、考责、问责”的管理要求，通过生产运行管理大数据平台、生产工艺指标异常报警平台，新建异常数据网上提报平台，随时掌握全厂生产动态，及时发现生产异常情况和异常数据，及时组织相关单位查清问题原因，第一时间制定并落实整改措施；严格操作平稳率管理，改变以往将非装置操作原因的影响因素在统计分析中剔除的做法，归纳总结所有影响装置平稳操作的因素，找出症结所在，指导装置制定针对性措施并严肃考核，全年累计操作平稳率99.79%；针对较大的生产波动，及时组织相关专业厂、相关专业人员细致分析波动产生的管理、操作、设备等原因，制定针对性的纠防措施，对生产波动、非计划停工严考核、硬兑现，全年累计通报典型生产波动23起。科学制定整体统筹，及时解决突发问题，较好完成装置检修开停工组织工作。

【安全环保】 2017年，大庆炼化认真贯彻国家、省市和集团公司安全环保工作要求，落实岗位责任和党政同责、一岗双责要求，开展基层自查与专业检查、反复检查与持续提升、重点排查与全面检查、专项整治与普遍治理“四结合”的安全生产大检查，实施安全履职能力评估、HSE体系审核和安全环保隐患治理。加强源头控制，狠抓环保设施运行，建成投产外排污水提标改造、丙烯腈和丙烯酰胺工艺尾气提标改造等减排项目，实现安全环保无事故目标。

HSE体系建设方面，修订完善45个部门的安全生产责任制、2600个岗位的安全环保职责，逐级签订安全环保责任书；对《生产安全事故与环境事件管理规定》等7项制度进行补充完善。强化环保管理方面，严格落实《炼油污水污染减排专项治理考核办法》，专项奖励84.98万元，处罚5.2万元。对标考核2.54万元，日常环保考核2.545万元。2017年排放COD总量284.55吨，氨氮总量20.06吨，二氧化硫总量1359.32吨，氮氧化物总量1365.47吨，均低于集团公司下达的年度控制指标。废水外排达标率、废气排放达标率、固体废物合规处置率均为100%。

【挖潜增效】 2017年，大庆炼化全面落实“大平稳出大效益、大优化出大效益”理念，以抓好安全平稳优化运行为前提，强化平稳操作，狠抓工艺、设备等专业管理，建立以月加工方案整体优化、旬加工流程效益分析测算、周单装置效益对比核算、日跟踪监控运行为重点的快速反应优化运行机制，不断提高经营管理水平，实现挖潜增效4亿元。

做好防腐蚀工作，装置操作平稳率99.8%以上，设备完好率99.5%以上，静密封点泄漏率0.06‰以下，仪表自控率98%以上，实现装置稳定长周期运行。严控生产成本，开展成本对标，针对影响成本的重要问题组织技术攻关，探索节能降耗新途径、新举措，实现节能5000吨标准煤、节水4万吨。

【技术创新】 2017年，大庆炼化加大技术创新力度，创新型企业建设稳步推进。完成中分子量抗盐聚合物中试等10项研发任务，膜式磺化反应器在线清洗装置等2项新型专利通过股份公司审核，建立聚丙烯新产品开发新机制，聚丙烯PA14D-2质量全面提升，开发聚丙烯RP210M和RP210MD，实施柴油加氢低凝柴油真空脱水等技改技措项目44项，开展视频专网监控平台等信息化项目33个，技术创新对解决瓶颈问题、提高效益与管理水平、增强企业竞争力作用明显。

【企业管理】 2017年，大庆炼化探索企业管理新方法，实施“明责、尽责、考责、问责”理念，制度进一步完善，责任进一步明确，执行力进一步增强，管理水平又有新提高。深入开展管理诊断，整改问题187项，理顺工作流程，提升工作效率。调整优化标准化考核办法，持续提升标准化管理质量。优化完善流程85个，落实5类7个重大风险管控措施，制修订制度71项，强化员工法制教育，有效促进企业依法合规管理。大庆炼化获黑龙江省“推进管理创新工作先进单位”称号。

【企业改革】 2017年，大庆炼化稳步推进改革，企业潜力得到挖掘、活力不断释放。调整模拟经营单位范围，针对性、实效性持续增强。优化机构8个，合并岗位30个，机构岗位持续精干。向一线和新装置转移59人，结构调整安置131人，人力资源持续优化。“三供一业”分离移交相关准备工作有序开展。落实集团公司要求，完成林源炼油厂公司制改制工作。推动资产轻量化，为提升资产质量和经济效益提供有力支持。

【结构调整】 2017年，大庆炼化着眼于未来发展，超前谋划实施结构调整项目并取得积极进展。烷基化项目土建施工高效完成，为按时建成投产创造条件。航空煤油、液蜡项目待批建设，推进增产石蜡、二套聚丙烯气相共聚单元和异构脱蜡等前期项目。适应市场变化，大胆探索油品深度加工新路径，低凝柴油产量进一步增加，柴汽比达0.69，创炼化板块最好水平。开展轻质油品不同加工路线深度研究，为未来巩固效益、转型发展奠定坚实基础。

【队伍建设】 2017年，大庆炼化实现作风建设新提升，制定领导干部管理等制度22个，出台员工“四德”与遵纪守法教育方案，干部员工干事创业劲头得到提升，主人翁意识持续提高。持续开展“标准履职·重塑形象·党员先行”活动，广大党员带头解决企业生产优化、安全环保、提质增效等问题189项，先锋模范作用更加突出。开辟年轻干部培养快车道，出台优秀年轻干部培养选拔等制度，初步建立百名英才储备库，“80后”干部比例增加2.1个百分点，年轻干部培养选拔使用向纵深发力。构建员工培训大格局，制定员工教育培训工作实施意见，培训工作顶层设计更加清晰。

【党建工作】 2017年，大庆炼化学习宣传贯彻党的十九大精神，全面落实从严治党要求，推进“两学一做”学习教育常态化制度化，开展“四合格四诠释”等活动，提升“四个意识”，增强“四个自信”，始终在思想上政治上行动上与以习近平同志为核心的党中央保持高度一致。创新党建工作顶层设计，编制党群工作管理手册，建立责任、制度、保障三位一体的党建管理体系，开展基层党支部书记履职达标和经验交流，党建标准化水平显著提升。开展两轮专项巡察，巡察作用初显。践行监督执纪“四种形态”，加强“四风”问题监督，深化纪律审查和合规管理监督监察，反腐败压倒性态势持续巩固。改善员工生产条件，开展好工匠选树、扶贫帮困、文化体育和维稳综治等活动，企业大局和谐稳定。

（贾　楠）

中国石油天然气股份有限公司哈尔滨石化分公司

【概况】 中国石油天然气股份有限公司哈尔滨石化分公司（简称哈尔滨石化）是以石油炼制为主的炼化企业，厂址位于黑龙江省哈尔滨市，是黑龙江省百强企业、哈尔滨市财源骨干企业。前身是哈尔滨炼油厂，1970年筹建，1976年建成投产，1983年划归中国石油化工总公司管理，1998年划归中国石油天然气集团公司管理。1999年重组为中国石油天然气股份有限公司哈尔滨石化分公司和哈尔滨石油化工服务公司（2000年更名为哈尔滨炼油厂），2005年，这两家公司二次整合重组为中国石油天然气股份有限公司哈尔滨石化分公司。

2017年底，哈尔滨石化设11个机关职能部门、5个直属机构、8个二级机构。有员工1894人。有各类生产装置21套，分别是420万吨/年常减压蒸馏装置、120万吨/年重油催化裂化装置、60万吨/年重油催化裂化装置、80万吨/年中压加氢裂化装置、75万吨/年连续重整装置、10万吨/年苯抽提装置、90万吨/年催化汽油精制装置、100万吨/年柴油加氢精制装置、50万吨/年催柴加氢精制—临氢降凝装置、35万吨/年气体分馏装置、5万吨/年MTBE装置、15万吨/年饱和烃脱硫精制装置、4万吨/年甲乙酮装置、8万吨/年聚丙烯装置、10000米^3/时PSA（变压吸附）装置、10000米^3/时氢气膜分离回收装置、10万吨/年干气脱硫装置、35万吨/年液化气脱硫脱硫醇装置、4000吨/年硫黄回收装置（环保备用）、1万吨/年硫黄回收装置、60吨/时酸性水汽提装置（环保备用）、100 吨 / 时酸性水汽提装置。能够生产满足国家标准的汽油、柴油、航空煤油、液化石油气、丙烷、丁烯、甲基—叔丁基醚、苯、甲乙酮、硫黄以及聚丙烯等 14 类 27 种产品。

2017 年，哈尔滨石化按照集团公司工作会议精神，结合实际，全面升级安全环保管理，深入推进开源节流降本增效，持续深化内部改革，推进管理创新，各项工作稳中有进。原油加工量、利润、税费创历史新高，主要经济技术指标持续提升。主要做了七方面的工作：坚持依法治企，提升风险管控能力；坚持强基固本，提升 HSE 管理绩效；持续优化生产运行，提升企业经济效益；坚持创新驱动，推动发展转型升级；推进标准化建设，提升企业管理效能；坚持深化全员培训，提升队伍能力素质；坚持全面从严治党，提升党建科学化水平。

哈尔滨石化主要生产经营指标

指　标	2017 年	2016 年
原油加工量（万吨）	379.01	351.16
汽油产量（万吨）	129.61	118.89
柴油产量（万吨）	120.25	108.48
航空煤油产量（万吨）	30.33	27.09
资产总额（亿元）	47.18	45.22
收入（亿元）	188.45	142.43
利润（亿元）	16.35	12.89
税费（亿元）	67.62	59.21

【生产运行】 2017 年，哈尔滨石化围绕 375 万吨原油加工任务，合理调整原油进厂节奏，统筹管输俄罗斯原油和铁路运输俄罗斯原油加工方案，优化原油罐组及原料泵运行方式，保证原油加工按计划进行。装置运行平稳率 99.97%。针对连续重整板换结盐压降增大和Ⅱ催化汽提段穿孔情况，分析原因、制定防控措施和应急预案。完善膜回收氢气回收流程，将显性氢全部回收利用；优化常减压、催化裂化、连续重整、加氢裂化、汽柴油加氢系列装置产耗氢指标。

根据气温变化及时调整装置循环水冷却器流量，严格控制循环水冷却器流速，排定装置冷却器、空冷器清洗计划，并按计划节点清洗；实现燃煤、液氮定额管理；组织燃煤锅炉混烧粒煤，解决冬季易堵煤和炉室差压低的问题；制定燃料气平衡应急预案，争取天然气进厂量，保证加热炉平稳运行。按计划完成汽油、柴油储罐清罐任务。针对新修订的 12 项生产运行管理制度组织员工培训。整改 HSE 标准化验收评审中发现的问题。加强生产受控管理，坚持装置运行平稳率班统计、日分析、周总结。组织应急预案部分修订，修改问题 40 余项。同时，组织车间进行应急操作卡培训。进行公司级应急演练 4 次，车间级应急演练 26 次，班组级应急演练 360 余次。

【安全环保】 2017 年，哈尔滨石化继续把安全环保作为企业生存发展第一要务，教育员工坚守底线不越红线，牢记安全环保“成在全体、败在一人”的理念，持续转变观念、严肃责任追究，突出风险排查，加强过程监督，安全环保总体平稳受控。建立分级处罚、逐级追责机制，确保安全环保制度“严格得起来、落实得下去”；开展 2 次 HSE 外部审核、2 次内部审核和 1 次管理评审，发现问题 2320 项，全部整改。继续推进 HSE 标准化建设，20 套装置中 19 套装置实现达标；推进隐患治理和合规管理，完成航空煤油管线占压等 13 项隐患治理项目，储运罐区隐患整改等 9 个项目通过安全验收；加强对承包商管理，实现危险作业“四票合一”，针对石化行业排污新标准，组织技术攻关，应用 22 项技术措施，污水、烟气、火炬、污水场恶臭尾气等外排指标全部达标。

【挖潜增效】 2017 年，哈尔滨石化开展降本增效工作，落实 29 个重点项目，通过优化装置运行，优化产品结构，密切产销衔接，拓展区域互供，增效 2.2 亿元，超额完成年度 2 亿元目标：俄罗斯原油实现全部管输进厂，降低原油进厂成本，增输俄罗斯原油 11.21 万吨，降低原油进厂成本 673 万元。综合施策，降低加工损失和综合损失，加工损失率 0.29%、综合损失率 0.33%，同比各降低 0.08 个百分点，增效 131 万元。

为大庆石化、抚顺石化互供乙烯原料 31.8 万吨，占炼化板块企业间乙烯原料互供总量 26.5%，同比增长 26.9%；助力辽阳石化扭亏增盈，与辽阳石化互供油浆 2.6 万吨。依托航空煤油管线直输保供优势销售航空煤油 30 万吨，其中供机场 28.5 万吨、同比增长 14%；高效化工产品全面增产增效，生产丙烯、聚丙烯、甲乙酮、2- 丁烯、丙烷等高效化工品 26.9 万吨，较计划提高 4.5 万吨；开发新产品，充分利用碳四原料资源，开发液态烃（异丁烷）、2- 丁烯等新化工产品，与昆仑燃气产销协作，实现区域产品结构差别化、效益化。销售异丁烷 3.7 万吨，销售 2-丁烯 2.35 万吨。现金加工费 164.94 元 / 吨，较预算降低 8.25 元 / 吨。

【项目建设】 2017 年，哈尔滨石化 15 万吨 / 年烷基化装置立项，并动工建设。为适应国家 2019 年 1 月 1 日汽油全面施行国Ⅵ质量标准的升级要求，满足京津区域“2+26”方案实施后前期燃油市场需求，通过实施该项目，增加优质调和组分，解决汽油调合过程中芳烃、烯烃超标及辛烷值不足问题，使汽油全面达到国Ⅵ质量标准。同时，5 万吨 / 年特种环保溶剂油装置由于工艺落后、设备老化，存在安全隐患，且产品质量不能满足市场要求，经股份公司炼油与化工分公司同意，作资产报废处置。根据哈尔滨石化建设用地的实际需要，拆除该装置。

【企业管理】 2017 年，哈尔滨石化修订发布制度 162 项、流程 206 项、表单 524 项，突出合同、装置大检修等重点领域审计监察，查缺补漏，建档销号，经营风险管控措施更加精细。规范和强化公开招标，招标率 85%，较计划节约资金 2337 万元；完善以“效益、安全”为核心的薪酬分配体系，推动奖金向生产一线、艰苦岗位及关键岗位倾斜。推进管理与信息化融合，完成 MES2.0 升级、工作流程管理平台等 9 个信息化项目，ERP 应用集成项目在第二期推广单位中率先上线应用。

【深化改革】 2017 年，哈尔滨石化按照集团公司关于“哈石化要坚持内涵式发展”的要求，制定转型升级方案。推进医疗服务社会化，完成南直社区卫生服务中心社会化移交。制定哈尔滨炼油厂公司制改制方案和章程，完成哈尔滨炼油厂公司制改制。通过调整运行工程师、值班调度运行方式，增设车间技术组长岗位，进一步畅通人才成长渠道。调整安全监督、劳动纪律管理、计量仪表维护等专业职能，理顺管理流程。

【队伍建设】 2017 年，哈尔滨石化按照“管理人员能上能下、员工能进能出、收入能增能减”的要求，制定完善《领导班子及领导人员管理办法》，建立后备干部队伍，对 8 个岗位干部采取公开竞聘选拔，6 名机关干部交流至二级机构任职，优化各级班子结构。坚持“干什么学什么”“缺什么补什么”的原则，依托专业授课、岗位练兵、师带徒等多种形式开展全员培训，完成培训 1853 项、6169 学时，实现覆盖率 100%。组织常减压、催化裂化、机泵维修 3 项公司级竞赛。推进全员岗位创新创效，评选出 22 项“五小”成果，维修车间和仪电车间的“五小”成果受到集团公司表彰奖励。

【党群工作】 2017 年，哈尔滨石化深入学习宣传贯彻党的十九大精神，通过中心组集中学、班子成员带头讲，运用门户网站、微信公众号等媒体，层层组织宣讲落实，确保党的十九大精神进车间、进班组、进岗位。推进党建工作创新，党建信息化平台在集团公司内部首批上线运行。深入开展“两学一做”学习教育常态化制度化和“四合格四诠释”岗位实践活动，班子成员及普通党员自上而下开展岗位讲述，广大党员履职尽责、担当奉献意识进一步提高。开展“企业兴衰、我的责任”主题教育，通过剖析问题、征求建议、整改提高三个阶段工作，员工的忧患意识和责任意识不断增强。加强专项巡视的反馈整改，聚焦实际开展党内监督，首轮党内巡察实现 7 个联合车间全覆盖。优化调整员工就餐运行方案，员工的就餐质量及就餐环境大幅改善。修订《补充医疗保险实施办法》，扩大员工参保范围。

（杨岸冰）

中国石油天然气股份有限公司广西石化分公司

【概况】 中国石油天然气股份有限公司广西石化分公司（简称广西石化）成立于 2005 年。厂址位于广西壮族自治区钦州市钦州港。主要装置有 1000 万吨 / 年常减压蒸馏、350 万吨 / 年重油催化裂化、400 万吨 / 年渣油加氢脱硫、220 万吨 / 年蜡油加氢裂化、240 万吨 / 年柴油加氢精制、200 万吨 / 年柴油加氢改质、220 万吨 / 年连续重整、60 万吨 / 年气体分馏、20 万吨 / 年聚丙烯、120 万吨 / 年汽油精制、100 万吨 / 年汽油加氢脱硫、40 万吨 / 年轻石脑油异构化、10 万吨 / 年 MTBE、80 万吨 / 年航空煤油加氢精制、26 万吨 / 年硫黄回收、50 万吨 / 年轻汽油醚化、14 万米^3/ 时制氢、氢气回收等 24 套主体生产装置，以及公用工程、罐区、码头及码头库区、铁路专用线、100 万立方米原油商业储备库等配套工程。代管广西中石油储备油有限公司（即 420 油库）、广西东油沥青有限公司。2017 年底设 10 个机关处室，12 个直属部门，员工 941 人。

广西石化主要生产经营指标

指　标	2017 年	2016 年
原油加工量（万吨）	913	815
汽油产量（万吨）	273.7	241.6
柴油产量（万吨）	343.7	276.2
航空煤油产量（万吨）	100.5	87.5
聚丙烯产量（万吨）	18.3	17.52
资产总额（亿元）	176	193
收入（亿元）	338	208
利润（亿元）	24	7.3
税费（亿元）	78	94

【生产经营】 2017 年，广西石化加工原油 913 万吨，销售产品 895 万吨（其中出口 281 万吨），营业收入 338 亿元（来料加工产值 74.5 亿元），税费 78 亿元，账面盈利 24 亿元，国内外账户合计盈利 29.7 亿元，其中炼油业务盈利在炼化板块排名第四，翻倍完成集团公司年初下达的利润指标，实现高效益的跨越式发展。优化产品结构，增产高效产品，抓住多产化工产品、降低柴汽比两条主线，目的产品收率 89.6%，高效产品比例超过 60%。芳烃、聚丙烯、道路沥青、液化气等产品比例 18%。提高劣质原油加工比例，降低原油成本。扩大国内来料加工和外采，累计提高负荷 43 万吨。抓好长周期运行，挖潜增效降能耗，抓好渣油加氢、重整两条线路，从原料入手确保装置长周期平稳运行，炼油专业指标全部达标，常减压、渣油加氢、催化裂化、重整、加氢裂化、聚丙烯等主要装置在炼化板块达标对标中名列前茅。全年能耗、综合损失率、综合商品率 3 项指标均创造历史最好水平，MDEA 等三剂单耗大幅下降。

【安全环保】 2017 年，广西石化安全环保工作稳定向好。17 套装置通过 HSE 标准化验收，达到 60% 的目标。个人安全行动计划全面落实，安全观察与沟通近 3 万次。严格执行作业许可、工作前安全分析。开展码头海上溢油实战演练，专职消防队在广西壮族自治区比武竞赛中夺得团体总分第二名。70% 的班组实现自主管理，公司整体进入自主管理早期阶段。建成投用催化烟气脱硝项目、重整再生烟气脱氯项目、动力锅炉烟气净化项目，实施硫黄回收技术改造，污染源在线监控进一步完善，“三废”全部达标排放、处理。开展 VOCs 治理，完成首轮泄漏检测工作。二氧化硫、颗粒物、氮氧化物、COD 减排效果明显。

【企业管理】 2017 年，广西石化加强设备管理，修订制度，明晰责任与工作内容，落实设备全寿命周期管理。深入推进“三预”管理工作，利用模块化安装、机械化维修等技术手段，提高预制深度。持续开展“5S”管理（对生产现场各生产要素所处的状态不断进行整理、整顿、清扫、清洁及提升人的素养的活动）工作，查找问题、消除短板、规范作业、保持完好。绩效考核围绕平稳优化和提质增效，发挥良好激励导向作用。开展操作技能培训 7000 余人次，组织技能竞赛，员工整体素质不断提高。合规管理深入人心，集体决策公开、透明。招标率 90%，基本实现择优选商。充分发挥内部审计查错纠弊、决策支持和价值增值等方面的作用。

【党建工作】 2017 年，广西石化持续推进全面从严治党，认真学习宣传贯彻习近平新时代中国特色社会主义思想和党的十九大精神。完善党建工作制度和方案，制定党委工作要点、责任清单、党建工作考核细则等，明确“四合格四诠释”岗位实践活动方案，开展党建责任专项督查。党委理论中心组集体学习 14 次。举办 2 期中层管理人员培训班。开展“讲党课评党课”活动，各级党组织书记讲党课 50 余次。全体党员开展岗位讲述。开展党员示范岗创建活动。运用“四种形态”，强化监督执纪问责，中央八项规定和纠“四风”有效落实。积极履行社会责任，扎实做好定点扶贫、捐资助学、献爱心志愿者活动。

（胡　林　王洪娟）

中国石油四川石化有限责任公司

【概况】 中国石油四川石化有限责任公司（简称四川石化）是由集团公司和四川省人民政府合资组建的西南地区首个特大型石油化工企业，于 2007 年成立，总投资 373 亿元，股比 90∶10，建设规模包括 1000 万吨/年炼油和 80 万吨/年乙烯两部分，厂址位于四川省成都市所辖彭州市，总占地面积 400 余万平方米。

四川炼化一体化项目总计 21 套主体装置，同时承担国家 100 万立方米原油商业储备库建设运营任务。设计年产汽油、航空煤油、柴油600余万吨，化工产品300余万吨。

四川石化坚持走现代企业管理道路，有员工2814人，实行“机关处室—联合装置”两级扁平化管理架构，并采取检维修、辅助操作、后勤服务劳务外包一体化模式。

2017年，四川石化加工原油729万吨，超计划19万吨，生产汽油、航空煤油、柴油441万吨，化工产品272万吨；销售收入436亿元，税费106亿元；盈利43.6亿元，同比增加8.8亿元，利润排名位列炼化板块第三位，同比提升一个名次；创造社会贡献值106.5亿元，规模企业工业增加值165亿元。

【企业经营】 2017年，四川石化继续把深入挖潜增效作为利润增长的重要保障，挖潜增效6.8亿元，企业创效潜力持续迸发。外购蜡油68万吨，催化裂化等炼油二次加工装置实现高负荷生产；化工高附加值产品比例超过50%；四川石化至成都双流机场航空煤油管道建成，航空煤油具备全部管输条件；柴汽比降至1.1，出厂汽油、柴油全部达国Ⅴ标准；尤其是经开拓市场，区内市场销售比例持续上升，所有化工产品区内销售比例达80%以上。

【生产运行】 2017年，四川石化对生产受控“四有一卡”要求一以贯之，严肃执行。加强生产变更管理，严格落实作业票现场签发制度，提高各种作业受控水平；加强生产运行分析，及时分析生产异常状况，全年非计划停车和生产波动次数同比下降50.5%。同时，生产智能化管理平台、一体化应急指挥中心建设加快推进。

深化设备管理，本着“设备管理安全可靠，设备状态预知掌控，设备维修科学经济”的理念，加强设备状态监测、腐蚀监测和电气仪表预试工作，并强力推进RBI技术手段应用，全面推行计划性维修和设备状态预知性维修相结合的维修管理模式，设备运行安全可靠性进一步提升。精心组织2018年大检修准备，各项工作按计划有序进行。

组织开展乙烯降能耗攻关、渣油加氢长周期攻关、炼油降低柴汽比攻关、丁辛醇低负荷间断运行攻关、航空煤油质量达标攻关等23项攻关活动，生产难点攻关机制有效运行，装置综合运行效能持续提升。催化裂化、乙烯、PX装置连续有效运转时间均达到国内领先；渣油加氢装置连续运行24个月并保持稳定状态。

加强与国内同行业先进企业对标，进一步提高主体生产装置达标标准，并加大考核力度，各项经济技术指标持续性向好。全年实现综合商品率94.49%，炼油加工损失率0.33%，乙烯加工损失率0.17%，单因耗能7.83千克标准油/吨，继续位列炼化板块第一集团；乙烯能耗达到556千克标准油/吨，同比降低1.5个百分点；尤其是PX装置能耗达到294千克标准油/吨，稳居国内第一。

开展科技进步工作，保证生产运行效能化。全年开发5个新牌号；聚烯烃常规通用牌号全部实现“三剂”国产化；完成新版ISO 9001质量管理体系认证；开展产品质量攻关，有效解决BOPP膜、高密P100N管材等产品质量问题，获得用户认可。

【HSE管理】 2017年，四川石化自觉践行“保碧水蓝天”的企业社会价值观，中央环保督察期间环保指标全部优良，真实反映了四川石化严肃的环保管理原则。确立11个治理项目，完成投资1.1亿元，环保提标治理扎实推进，污染物排放量大幅度降低，全面实现新标准达标排放，2017年二氧化硫和氮氧化物排放量分别同比减少57.8%、25.7%，彭州市空气质量优良天数上升到219天，同比增加26天。按照企业自主验收方式，炼化一体化项目环保验收监测报告通过专家审查。

牢固树立安全发展理念，以系统化的思维和措施强化安全管理，本质安全水平又实现新的提升。坚决贯彻安全生产“党政同责、一岗双责、人人有责”岗位责任制要求，安全生产责任体系进一步强化。持续优化HSE体系文件，完善公司应急预案，深入开展领导干部HSE履职能力评估和全员安全意识培训，全员安全素质进一步增强。集团公司“四条红线”和升级管理要求深入落实，“大学习，大检查，大反思”活动认真开展。建立四川石化骨干人员和年轻后备干部参与内审激励机制，鼓励广大员工踊跃查找隐患，完成年度HSE体系三项专项内审，查出隐患1572项，整改完成1502项。通过集团公司全年两次HSE体系外审，问题按期整改完成率93%。

【企业管理】 把HSE标准化建设作为深化企业管理的有力抓手，全面开展HSE量化审核和HSE累计积分量化考核，全力推进HSE标准化站队建设，基层站队HSE标准化建设完成率97%。持续深化“三基”工作，员工队伍整体素质显著提高。特别是按照“装置精，多岗通”的要求，强化系统操作培训，生产一线岗位夜班优化运行条件逐步成熟。南充PTA项目生产培训经过到对口厂家实习、装置区查流程、编制开工方案及操作规程等工作，广大技术人员和操作人员对PTA装置的生产技术有更加深刻的认识。

加强经济活动合规性管理，成立招投标管理中心，强化自主招标，合规高效的招标体系全面成型。加强物资管理，推进降库存工作，库存水平显著降低。进一步加快炼化一体化项目工程结算，配合集团公司完成PC项目工程结算审计。组织“三剂”消耗、物资采购等7个内部专题审计，业务管理更加规范。持续强化绩效考评，“我的奖金我争先”理念牢固树立，通过层层传递压力，各生产部更加关心指标、关心成本、关心达标，四川石化在2016年集团公司总部业绩考核中首次跨入A级行列，2017年继续进入A级，超额兑现奖励工资，保证员工收入有较大幅度增加。

围绕发展持续，推进彭州厂区结构优化和南充炼油厂“僵尸企业”处置工作。落实中国石油与四川省战略合作协议，加快航空煤油增产及国Ⅵ标准汽油、柴油升级，70万吨/年直馏航空煤油加氢装置可行性研究通过审查，30万吨/年烷基化装置可行性研究编制完成。建成投用自备电站1号、2号炉烧嘴改造，顺丁橡胶碱洗油系统改造等19个年度重点项目。同时，按照集团公司统一安排，经南充炼油厂和相关部门共同努力，完成“僵尸企业”处置。

【党建工作】 2017年，四川石化组织全员深入学习党的十九大精神，深刻领会习近平新时代中国特色社会主义思想，凝聚起以建设炼化一体化样板企业为载体，同心共筑中国梦的磅礴力量。胜利召开四川石化首次党员代表大会，明确今后一个时期强化党建的思路、任务及措施，为企业稳健发展提供坚强的政治保证。成立11个生产部党委，有力促进基层党组织战斗堡垒作用的发挥。深化“三重一大”决策制度执行，不间断开展党风廉政教育，创建党纪党规“每周一学”机制，启动党内巡察试点工作，守法合规发展局面全面形成。

按照集团公司“重塑中国石油良好形象，弘扬中国石油优良传统”统一部署，对“以人为本，崇尚创新，精益求精，追求典范”的企业文化内涵持续丰富。充分利用新媒体加强对外宣传，四川石化微博在由《人民日报》、新浪网主办的优秀微博评比中，获中央企业微博“最佳公众回应奖”。组织“公众开放日”“彭州工业游”等活动，四川石化良好形象得到公众普遍认同。发挥工会桥梁纽带作用，民主管理机制有效运行。举办第二届职工运动会，员工的朝气、活力和风采充分展示。坚持服务生产一线，优化并增加通勤线路，开设生活超市，后勤服务更加周到细致。

（朱　磊）

中国石油天然气股份有限公司广东石化分公司

【概况】 中国石油天然气股份有限公司广东石化分公司（简称广东石化）负责广东石化项目的建设工作。广东石化项目是设计加工能力2000万吨/年的炼油项目。

广东石化是由中国石油天然气股份有限公司和委内瑞拉国家石油公司（PDVSA）共同出资建设，按照股份制企业模式进行管理和生产的企业，股份比例为中国石油占60%，PDVSA占40%。2009年5月20日，广东石化项目筹备组成立，项目选址于广东省揭阳市大南海石化工业区。2017年底，广东石化在册员工442人，其中管理及专业技术人员198人，操作技能人员244人，设10个机关处（部）室、5个直属单位（中心）、11个基层项目管理组（PMT）。固定资产1418.5万元，无形资产10.5亿元。

2017年广东石化项目建设面临错综复杂的内外部环境，坚持“思想不乱，作风不散，干劲不减，目标不变”的“十六字方针”，牢牢把握“乘势而上、合规高效”的八字定位，遵循2017年职代会精神和总体部署，全年各项工作任务有序推进，成效明显。明确项目建设方案目标，为开展后续工作打下坚实基础，为项目全面复建拉开序幕。

2017年，广东省委做出把惠来县打造成为揭阳市副中心和粤东新发展极的决定，省政府批准《揭阳滨海新区总体发展规划》。揭阳市进一步明确将广东石化项目作为推动地方经济跨越式发展的龙头企业，列为全市十大经济任务之首，并加快大南海石化工业区配套投入和建设进度。

【项目建设】 2017年6月7日，中国石油天然气股份有限公司和委内瑞拉国家石油公司关于中委合资广东石化有限责任公司合资合同正式在北京签署。

中委合资广东石化有限责任公司合资谈判自2010年10月开始历经8年时间，谈判双方经过十八轮合资谈判会议，最终签订合资合同，标志着中委双方成立合资公司具备条件，标志着项目建设进入新的历史阶段。

项目建设方案优化为炼化一体化。在集团公司领导、总部机关和炼化板块的正确指导下，在设计单位全力配合支持下，公司深入开展调研，科学优化配置，对比多个方案，充分发挥优势，明确“建成国内加工高硫、含酸、重质原油的绿色智能效益型国际化炼化一体化加工基地”的建设目标，形成“2000万吨/年炼油+260万吨/年芳烃+120万吨/年乙烯”的炼化一体化方案。项目可行性研究通过决策程序，为广东石化炼化一体化项目建设揭开崭新的一页。集团公司明确项目“2021年10月完成炼油部分投料试生产；2021年12月完成化工部分投料试生产”进度目标。项目建设坚持“绿色、智能、效益”这六字方针。

完成年度计划目标任务。2017年集团公司总部下达2批投资计划4.3亿元，用于空分项目裁决结果资金支付，雨水收集池工程、已签订设备采购合同进度款等。原油码头工程总体完成47%，产品码头工程总体完成63%，厂前区工程按计划完成封闭，永临结合地管阴极保护工程投用，雨水收集池工程按计划开工，修通原油码头库区1.36千米道路。

探讨和建议项目建设模式的改进。在项目建设方案优化的前提下，开展项目建设EPC模式研究策划工作。梳理前期2000万吨炼油方案下的EPC承包商招标、合同签订及履行情况，深入调研国内同类项目管理模式，研究与项目优化方案相适应的承包策略、工作方案、相关问题及建议措施。

依法妥善处理空分设备纠纷。在集团公司的大力支持下，广东石化在仲裁庭规定的时间内向普莱克斯支付法律仲裁的资金，同时研究设备接收策略和应对策略，仔细核对订单及技术规格书，多次赴上海与普莱克斯协调设备移交，采取分三步走的策略接收设备。

PMT11项目筹备工作进展顺利。PMT11项目可行性研究报告相继通过集团公司、中咨公司组织的评审，于2017年11月报送国家发改委审批。项目建设用地预审、规划选址、环境影响评价、社会稳定性分析和评价、节能评估等十三项专项评价工作顺利完成，通过国土资源部、环境保护部等行政主管部门或行业组织的评审，取得批复或备案。项目协调工作有序推进，与揭阳大南海石化工业区、惠来县人民政府就外部原油管线路由、征地拆迁补偿标准、供水、供电、渣石处置及运输等方案达成一致，并取得函复。

【安全质量】 2017年，广东石化在安全管理方面，深入贯彻落实集团公司关于安全环保工作的重要指示精神，重点管控现场风险，深化HSE体系建设，扎实开展现场HSE监管工作，推进项目环境影响评价等工作，着力开展现场应急能力建设、HSE体系建设和交通保卫管理工作，现场施工总体安全平稳，全年没有发生安全事故和环境事件，有效应对“玛娃”等台风影响，实现安全工时191.7万小时。

在质量管理方面，通过组织开展质量宣传、质量培训、体系审核、“质量月”、质量排查和专项检查等质量活动，紧盯工程现场，加强日常巡检，组织第三方监督抽验，不断提升质量管控能力，全面完成年度质量工作目标。全年共验收检验1368批次，验收分项工程53个、验收分部工程1个，合格率均为100%。

【企业管理】 2017年，广东石化健全制度，优化流程，加强合规管理，开展内控体系建设。为完善项目管理模式，完善工程建设领域授权、制度、流程，组织开展管理架构、制度流程问卷调查；同时收集整理存在问题42项，根据合资公司设立情况逐步进行完善，保障各项业务合规高效。2017年，结合国家法律法规、集团公司制度变化及广东石化建设实际情况，各专业部门对业务管辖范围内的制度进行评审，对制度的适宜性、充分性、有效性进行评价，编制完成年度规章制度制修订计划和业务流程制修订计划。全年新增制度8项，修订制度33项，新增流程3个，修订流程10个，组织制度讨论会10次。

注重风险防控，加强法律风险识别。梳理项目变更后已签合同纠纷风险。随着项目延期，原来已经招标和签订合同的项目无法正常履行，广东石化将面临合同纠纷法律风险，针对存在的风险，制定专项措施以防范风险。通过开展全面风险管理，2017年公司无风险事项。

合法合规办理合同、招标审查及法律工商事务。全过程审查公司的各项招标、合同事务，全面审查新签合同22项，金额1.22亿元。

【队伍建设】 2017年，广东石化领导班子得到充实，配备专职纪委书记，体现集团公司党组对项目的重视和关怀。

全年从系统内引进管理和技术人员5人；因工作需要内部调动11人次，借调31人次。1人评上环保专业高级职称，配合揭阳市委组织部考察公司推荐的拔尖人才候选人1人。完成培训项目60项，培训2524人次。组织常态化培训18次。完善组织绩效合同与绩效考核流程，签订年度部门组织绩效合同41份，业绩指标涵盖职代会报告内容、项目建设计划手册。开展中层干部年度考核，对考核测评数据进行汇总分析，对症下药；从严中层干部请销假管理，完善行政管理平台干部请销假系统，干部队伍作风建设持续加强。

2017年，生产运行六部被授予“广东省五一劳动奖状”，王义东被推荐为广东省第十三届全国人民代表大会代表候选人。

组织4个生产运行部生产技术副职岗位的竞争上岗工作，充实基层领导班子力量。在选拔任用程序上，严格执行公司制定的《领导干部选拔任用管理办法》和《领导干部选拔任用工作规范》，做到岗位公开、条件公开、程序公开，确保整个选拔任用全过程按程序操作、公开透明。

根据集团公司人事部《关于广东石化分公司技能操作人员优化配置双向选择的通知》要求，6月在三个实习地同时按计划平稳、有序开展工作，共351人选择调往四川石化、广西石化、云南石化、华北石化、呼和浩特石化5家兄弟单位。

根据公司实习工作安排部署，对坚守在四川石化、广西石化片区的154名实习人员调整至云南石化实习。为加强云南实习片区同类装置实习队、实习人员管理，适时成立云南实习管理部。经过云南石化集中培训后，全体云南实习人员取得监护人资格证，安全监护300多人次，累计达1200个小时。

【党建工作】 2017年，广东石化深入学习贯彻党的十九大精神，扎实推进“两学一做”学习教育常态化制度化，开展“四合格四诠释”岗位实践活动，召开庆祝建党96周年暨“两优一先”表彰大会，成立云南实习管理部党支部及工团组织，完成集团公司党建督导检查工作，召开领导班子民主生活会。

在党风廉政建设方面，公司领导与37个分管部门签订责任书，逐级分解责任，全面落实“一岗双责”。开展落实党风廉政建设责任制专项检查，总结好的做法，找出存在的不足，促进各责任主体全面深入履行责任。继续保持对反腐败工作高压态势，纪律审查坚持无禁区、全覆盖、零容忍，遏制腐败发生。

【企业文化】 2017年，广东石化围绕“项目建设攻坚年”中心工作，牢牢把握正确舆论导向，坚持团结、稳定、鼓劲、正面宣传为主的方针，开展“政策宣传，舆论引导，典型塑造，形象传播”工作，全年在门户网站发表各类稿件300余篇，结合公司重点工作部署，开辟工作会议专栏，开展“撸起袖子加油干，打赢项目攻坚战”系列报道和先进优秀模范事迹材料系列报道，营造积极向上的舆论氛围，传递正能量。

在群团工作方面，依托协会和基层工会组织开展各项活动，活跃员工队伍，同时大力帮扶困难员工。2017年开展帮扶救助22人次、计16.30万元。

在民生工程方面，督促完成宝石花苑交房，及时返还全部退房员工的购房订金；完成员工住宿搬迁和后勤保障工作调整；以共建共享的方式在隆江新城筹建员工体育活动室。

（赵　平）

中石油云南石化有限公司

【概况】 中石油云南石化有限公司（简称云南石化）成立于2011年5月25日，位于云南省昆明市安宁市，主要承担云南炼油项目的建设和运营任务，是中国四大油气进口通道之一——中缅油气管道的重要配套项目。设计原油加工能力为1300万吨/年，建有常减压蒸馏、重油催化裂化、渣油加氢脱硫、蜡油加氢裂化、硫黄回收等17套主要工艺装置，有完备的环保、消防、储运、公用工程及辅助设施，是一座燃料型炼油厂。主要生产装置采用UOP、雪弗龙、德希尼布、KTI等公司国际先进技术，可生产符合国Ⅵ标准的汽油、柴油及航空煤油等清洁燃料，产品主要服务于云南省，辐射西南地区。云南石化实行扁平化管理模式，2017年底，设10个机关处室、2个机关附属机构、3个直属部门和10个二级单位。定员822人，实有人数790人，本科及以上学历410人，平均年龄35岁，其中经营管理人员163人、专业技术人员104人、技能操作人员523人，有党员363人。

2017年，云南石化加工原油401.93万吨，生产国Ⅴ标准92号、95号、98号汽油103.76万吨，航空煤油21.84万吨，柴油156.23万吨，液化气、石油苯等其他炼油小产品46.81万吨，全年销售产品314.31万吨，工业总产值184亿元，税费48.88亿元，为保障西南地区油品稳定供应、促进云南地区经济社会快速发展做出突出贡献。

云南石化主要生产经营指标

指　标	2017年
原油加工量（万吨）	401.93
汽油产量（万吨）	103.76
柴油产量（万吨）	156.23
航空煤油产量（万吨）	21.84
沥青产量（万吨）	1.06
燃料油产量（万吨）	7.57
液化气产量（万吨）	14.84
有机原料产量（丙烯、苯、二甲苯、丙烷等）（万吨）	18.03
无机原料产量（硫黄、液氨等）	5.29
资产总额（亿元）	293.26
收入（亿元）	172.82
利润（亿元）	−7.66
税费（亿元）	48.88

【安全环保】 2017年，云南石化安全环保全面受控。牢固树立“安全压倒一切、一切服从安全”的安全思想，明确提出并严格执行“五有、三不，三必须、三不让，叫停、退守”的安全环保管理要求，以及“十条禁令”“员工三十条行为规范”，对违章行为实行“零容忍、严考核、硬兑现”，从严管理高压态势基本形成。结合开工过程及安全环保管理实际，不断完善各项安全环保管理措施，扎实推进HSE体系建设，深入开展“无事故单位”创建活动，安全环保根基不断夯实。引进第三方安全环保监督机构，紧盯现场作业与开工操作，强化监督监护，杜绝习惯性违章、低老坏现象、宽松软作风。加强理念宣贯、开展标准化建设、定期公开环境信息、实施专项检查，全员责任意识不断提升，安全环保文化氛围逐步形成，安全生产、清洁生产、标准化操作在实际工作中得到较好落实。全年未发生一起上报安全环保事故，实现“零事故、零污染、零伤害”的安全环保管理目标。

【工程建设】 2017年，云南石化炼油项目工程建设全部实现高标准中交。建设项目包括常减压蒸馏、重油催化裂化、渣油加氢脱硫、蜡油加氢裂化、硫黄回收等17套主要工艺装置，PSA4和醚化2套系统单元，原油罐区、铁路装卸站等10套油品储运设施，除盐水站、总变电站等38项公用工程及辅助生产装置，厂外铁路等3项厂外工程，共计70个主项工程。项目自2013年6月开工建设，2015年3月总变电站实现受电；2015年12月公用工程和储运设施逐步实现中交；2016年6月常减压等31个主项工程中交；2016年8月催化裂化等15个主项工程中交；2017年7月PSA4单元和延迟焦化实现中交。全厂70个主项工程全部实现高标准中交。项目建设历时四年零一个月，整体工期控制符合集团公司总体部署要求。

【试车开工】 2017年，云南石化完成开工任务。生产准备阶段，按照“设定节点、盯住重点、保证内部、协调外部”的总体工作思路，平稳有序推进工程收尾、方案审查、物资采购、市场开拓、手续办理等各项工作，为顺利开车奠定坚实基础。进入生产试车阶段，严格按照“集中精力、统筹兼顾、统一指挥、协调推进”的总体要求，始终坚持“早起步、稳步走，步步为营、稳扎稳打”的开工思路，严格执行“没有任务单就是违章指挥，不执行操作卡和步步确认就是违章操作”的生产受控管理要求，切实做到“只有规定动作，没有自选动作”。进入投料开车关键阶段，进一步明确以“稳中求进、盯住重点，统筹协调、未雨绸缪，落实责任、快速反应”为原则，优化调整开工方案，有序衔接开工节点，合理安排产品物料，有效保障动力供应，所有装置实现开车一次成功，产品质量全部合格，污染物全部达标排放。

6月28日，常减压装置按计划首次进料开工，7月12日，常减压装置完成全部备料生产任务，各侧线产品均满足下游装置油运、硫化等试车开工需要。轻烃回收、双脱和石脑油加氢等装置的同步开停工，标志着云南石化第一阶段开工任务完成。7月26日，炼化板块召开投料试车条件确认会，审查组一致认为云南炼油项目整体具备投料试车条件，同意转入投料试车阶段。7月31日，5万米^3/时制氢装置开工，产出合格氢气成功并入氢气管网，配合全厂开工。8月2日，常减压联合引原油循环置换，4日，拉开全厂投料开车序幕，5日，质量调整合格，轻烃回收装置、双脱装置同步开工；8月8日，连续重整—芳烃联合装置投料开工；同日，首列云南石化液化气火车槽车发车成功，标志云南石化铁路专用线首次成功投入运行；8月11日重油催化裂化装置提升管喷油。8月12日，云南石化国Ⅴ标准成品油专列正式首发出厂，第一批成品油走向云南市场。8月13日硫黄回收装置投料开工；8月18日，渣油加氢脱硫装置投料开工。8月17日，12万米^3/时制氢装置转化炉点火，20日产出合格氢气，进入稳定运行状态。8月21日，阿曼含硫原油如期进厂，25日，常减压装置平稳切换含硫原油，8月28日零时零分，轻汽油醚化装置投料开工，产出合格产品，标志着所有装置开车成功，所有产品质量合格。

开工过程中，云南石化广大干部员工弘扬石油精神，舍小家顾大家，不分昼夜，坚守事业和责任，有力克服安全风险隐患大、生产受控难点多、人员编制相对少等诸多困难和挑战，建成一套行之有效的工程建设和生产运行管理体系，涌现出以10名特等功获得者为代表的一批先进个人和先进集体，铸造“团结进取，严谨务实，担当奉献，稳健高效”的开工精神。

【基础管理】 2017年，云南石化基础管理扎实推进。全面梳理整合制度流程，完善岗位设置及倒班模式，加强劳动纪律检查，下发员工行为规范，推行人脸识别考勤系统，不断规范员工行为。健全完善管理体系，强化内控监督，提升管控实效，ERP、MES、工艺技术管理平台、设备综合管理平台等系统按期投用，由建设阶段平稳过渡到正常生产经营阶段。建立并严格执行月度考核管理机制、“三重一大”决策程序，加强产品质量、计量管理，全面推行标准化建设，进一步筑牢企业发展根基。面对开工手续办理繁杂情况，制订专项工作计划，明确责任分工，具体落实到人，通过加强沟通协调，开展细致工作，51项开工手续按期办理完成，保证云南石化依法合规运行。

【生产经营】 2017年，云南石化经营业绩稳步提升。突出抓好原油采购、优化运行、产品研发、降本增效等关键环节，全面提高企业经营管理水平。开展国际市场研究，合理安排原油采购节奏，做到数据清晰、平稳可控。加强大机组、关键设备特保特护，强化设备防腐蚀攻关，为长周期运行奠定基础。组织“开源节流降本增效”活动，做好产品结构、库存结构调整，优化装置运行负荷，炼油能耗达到设计水平，加工成本大幅降低。航空煤油产品一次性通过国家航鉴委现场认证，创国内认证时间最短纪录；开发出98号汽油、70号A级道路石油沥青等产品；11月推出符合国Ⅵ标准的汽油、柴油产品，不断丰富产品序列，增加企业创效能力。建立批复预算、实施预算和奋斗目标三级财务预算体系，开展模拟市场效益测算，争取扩大炼油项目增值税、进项税抵扣范围，严控外包费用支出，各项费用指标控制在实施预算分解目标之内，全年公司控亏7.66亿元。

【队伍建设】 2017年，云南石化在素质提升上，加强员工日常思想文化教育，深入开展岗位练兵活动，适时组织“生产受控大讨论”“岗位职责大讨论”活动，深入查找问题根源，消除管理薄弱环节，促进思想作风转变，不断提升员工综合素质。在选拔任用上，开展技师、高级技师考核聘任，按照“民主、公开、竞争、择优”的原则，组织选拔任用18名中层管理人员，使埋头苦干、履职尽责的优秀人才得到重用。在典型选树上，开展评先选优活动，突出典型选树，有效提升先优模范的感染力和号召力。在绩效考核上，本着“向生产一线倾斜，向关键岗位倾斜，向工作负荷大、难度大的岗位倾斜，向贡献大、业绩优的岗位倾斜”的原则，优化岗位奖金系数和单位难度系数，根据绩效考核结果和生产经营状况，动态调整奖金发放节奏和标准，有效发挥奖金激励作用。

【党建工作】 2017年，云南石化深入推进“两学一做”学习教育常态化制度化，采取主题党课、专题培训、专题研讨、建立专栏等多种形式，重点学习习近平总书记系列重要讲话和党的十九大精神，党员干部政治理论水平、党性修养得到进一步提高，规矩纪律意识得到进一步增强。围绕中心任务，深入开展“四合格四诠释，我为炼厂开工做贡献”岗位实践活动，将党员责任区建设、党员干部包机制、“三联工作点”等活动融入生产经营管理环节，充分发挥基层党组织战斗堡垒和党员先锋模范作用。开设《起步在春天》《试车开工进行时》等宣传专栏，组织绿色共建活动，建立警企“联勤联动”机制，搭建舆情监控平台，确保敏感时段维稳舆情事件得到有效管控。

（姚炳强）

中国石油天然气股份有限公司大港石化分公司

【概况】 中国石油天然气股份有限公司大港石化分公司（简称大港石化）是中国石油直属的炼化地区公司之一，地处天津市滨海新区南港工业区，始建于1965年，截至2017年底，有员工2309人，其中管理和技术人员683人。原油加工能力500万吨/年，固定资产原值77亿元，净值39亿元，厂区占地面积193.63万平方米。2017年加工原油385.13万吨，加工成品油308万吨，营业收入192亿元，利润15.6亿元，上缴税费76亿元。

大港石化主要生产经营指标

指　标	2017年	2016年
原油加工量（万吨）	385.13	441.32
汽油产量（万吨）	121.58	126.99
柴油产量（万吨）	186.32	224.46
资产总额（亿元）	61.71	60.31
收入（亿元）	192.00	185.40
利润（亿元）	15.60	22.55
税费（亿元）	76	87.26

【安全生产】 2017年，大港石化开展“无事故车间”创建、安全明星评比等活动。严格执行“四有一卡”等生产受控制度，加强工艺纪律、劳动纪律检查，完善设备管理及故障治理机制，实行设备分级分类维修，装置运行平稳率99.99%，在炼化板块中排名第二。严格执行作业管理，保证全年16800多项作业安全受控。投资6500多万元实施储罐、高低压电机等常规隐患治理项目，装置HSE标准化达标率84%。全年上报事故为零。2017年，大港石化获集团公司“炼油专业达标优胜单位”称号。

【环境保护】 2017年，大港石化落实京津冀大气污染治理部署，投入1.2亿元实施VOCs综合治理、油罐高效密封改造、锅炉加热炉在线监测系统安装等项目，持续开展泄漏检测与修复工作。加快提标升级改造，实施硫黄尾气达标排放改造、污水处理系统达标改造，优化催化烟气脱硫等环保设施运行管理，污染物全部实现稳定达标排放。开展罐底油泥处理、污泥干化等技术研发，破解部分环保项目实施效果不佳等难题。成立环保监督站，实行监管分立。通过政府环保合规审核，成为集团公司首批获得排污许可证的炼化企业之一。

【装置检修】 2017年5月18日至7月15日，大港石化按计划停工检修。此次检修是根据装置“三年一修”安排，围绕“安全、绿色、优质、文明、准时”检修目标，认真落实停开工方案和检修规范化管理100条，完善密闭吹扫、除臭钝化、污染物分类处理等措施，加强“停工交检修”“检修交开工”两个界面管理，实行检修质量终身负责制，实施项目近5000个。未发生人身伤害事件，做到“油不落地、气不上天、声不扰民、尘不飞扬”，主要装置检修质量一次验收合格率100%。为实现新一周期“安稳长优”运行奠定基础。

【产品销售】 2017年，大港石化加强与销售企业协作，全年销售95号汽油31.8万吨、同比增加1.1倍，国Ⅴ标准以上汽油、柴油比例65%、同比提高29个百分点。出厂产品质量合格率100%，在政府及集团公司组织的多次抽检中合格率100%。坚持“大平稳出大效益”，加强产供销衔接，全年生产计划执行率98.6%、产销率100%。

【节能降耗】 2017年，大港石化在均衡、平稳生产的基础上，加强装置操作优化和产品结构优化，高效产品收率53%、同比提高16个百分点，增产汽油13万吨、柴汽比由1.73降低到1.54，增效2亿元。实施油浆、污油进焦化回炼工作，全年回炼油浆3.9万吨、污油0.4万吨，增效6600多万元。建立能源管理体系，实施焦化压缩机改造、水处理系统扩容及自动化改造等节能节水项目，全年节能1.2万吨标准煤、节水7.8万吨。

【党建工作】 2017年，大港石化党委下属基层党组织28个，其中机关党总支1个、所属党支部5个、基层党支部22个，党员787人。组织开展党的十九大精神学习宣贯。从优秀的年轻人才中培养选拔干部，2017年新提拔干部14人，其中“一线”9人、占64%，“80后”7人、占50%。围绕主干专业和关键领域，加强优秀干部配备，全年调整基层领导班子13个、中层干部11人次。开展“党组织建设提升年”活动，狠抓“三会一课”等基本制度落实，围绕装置检修、优化增效等中心工作，开展党员检修质量竞赛、立项攻关等活动。成功举办绿色开放日活动，外发中央电视台等主要媒体稿件60多篇。完成8个单位巡察工作。2017年大港石化被评为天津市文明单位。

【王峰班获集团公司“铁人先锋号”】 2017年，大港石化第三联合车间王峰班获集团公司“铁人先锋号”称号，这是大港石化基层班组取得的最高荣誉。2016年1月28日，大港石化党委正式以班长名字命名第三联合车间生产四班为王峰班。王峰班先后获天津市工人先锋号、全国“安康杯”竞赛优胜班组、天津市班组安全建设成果一等奖等荣誉。班长王峰是集团公司技能专家，天津市劳动模范，2016年被大港石化评为石油精神传承形象大使。王峰班连续9年获大港石化先进班组，蝉联三届大港石化标杆班组。王峰班对经济技术指标抓得严、标准高，巡检率、平稳率和产品质量长期保持100%。他们经过不断总结提炼，形成独具特色的“小数点”精神：找准小数点位置，抓住安全生产核心；小数点后多算一位，提高精细化管理标准；重视小数点后数字，积少成多，降本增效。2015年“班组管理中的‘小数点’精神”入选中国石油开源节流创新创效典型案例。2015年，班长王峰解决催化烟气脱硫装置PTU单元高氨氮污水处理的难题，年创效861万元。“利用闲置溶剂再生系统进行PTU污水脱氨的改造”获中国石油炼化企业一线创新成果一等奖。在生产操作中形成以“内操外操双向确认、操作变动两人执行”为核心内容的“双人双向”确认操作法，有效降低误操作的发生。

【环保开放日活动】 2017年6月2日，大港石化以“打造绿色低碳企业 助力京津冀碧水蓝天”为主题组织环保开放日活动，邀请环境保护部、天津市政府有关部门人员，中央及地方媒体，天津市党代表、人大代表、居民代表共计150余人走进装置检修现场，全面展示公司绿色担当和环保自信，特别是“油不落地、气不上天、声不扰民、尘不飞扬”绿色检修承诺得到各级领导和社会公众的赞赏，受到新华社等24家中央和地方媒体的大力支持和报道，提升大港石化企业形象。

【宫廷补绣（布贴画）】 2017年，大港石化宫廷补绣（布贴画）获批天津市级非物质文化遗产代表性项目，获天津市首届双十非遗项目海外推介“十佳”项目。获批进入天津市级非物质文化遗产项目名录，同时创作室被石油文联授予“宫廷补绣（布贴画）创作示范基地”称号。

宫廷补绣起源于我国南北朝时期，俗称布贴画，又名布堆画、布摞花，是一种形式感强、装饰性强、内容丰富的民间传统手工艺术。大港石化从1992年起，经过20多年的不懈努力和100余期的培训提高，大港石化宫廷补绣（布贴画）创作群体拥有爱好者200余人，核心创作骨干40余人，成熟作品1000余幅。大港石化宫廷补绣（布贴画）成为天津市和石油系统知名的文化艺术品牌。先后在中国美术馆、东方艺术馆、中国文联“艺术家之家展览馆”展出；获主流媒体认可：在海内外极具影响力的大型画刊《中国》，以汉、英、法等11种文字，面向全世界100多个国家和地区专版介绍；中央电视台书画频道专题报道，天津电视台拍摄4集专题片《大工厂里的“布”同凡响》，向全市介绍；2015年“芳草布画工作室”获“全国巾帼文明岗”称号。2016年，大港石化宫廷补绣（布贴画）获批天津市滨海新区非物质文化遗产项目。

（韩建立　蔡宇丽）

中国石油天然气股份有限公司华北石化分公司

【概况】 中国石油天然气股份有限公司华北石化分公司（简称华北石化）位于河北省任丘市。2017年底，机关处室10个，直属部门5个，二级单位11个；有员工2067人，员工平均年龄40.9岁，大专以上学历占70.2%；资产总额137.86亿元；有常减压、重油催化、加氢、重整、催化汽油吸附脱硫等主要生产装置22套。主要产品有汽油、柴油、液化气等30余种。2017年，是华北石化建厂30周年，是围绕“一二三四五”发展战略（即从2014年开始，“一年打基础，两年增效益，三年大变样，四年上台阶，五年创辉煌。”），克服“双线作战”、建设发展任务十分繁重，谋改革促发展、抓党建聚民生、强管理增效益、重检修抢建设，各项事业跨步“上台阶”的一年。在集团公司的正确领导下，在省市各级组织和社会各界的大力支持下，在全体干部员工的共同努力下，“133455”建设发展工程（即一个核心，三个关键，三项活动，400万吨，五项重点工程，加强五个方面的管理）全面实现，在“国际先进、国内一流”千万吨精品炼油厂建设的道路上迈出坚实的步伐！

2017年，华北石化加工原油390.1万吨，营业收入190.28亿元，利润10.09亿元。

华北石化主要生产经营指标

指　标	2017年	2016年
原油加工量（万吨）	390.10	440.01
汽油产量（万吨）	141.30	159.35
柴油产量（万吨）	141.54	161.31
合成树脂产量（聚丙烯）（万吨）	7.56	8.47
资产总额（亿元）	137.86	87.77
收入（亿元）	190.28	183.53
利润（亿元）	10.09	14.57
税费（亿元）	67.03	85.75

【生产经营】 2017年，华北石化管好炼好500万吨原油，多措并举，坚持过“紧日子”，实施“零起步、砍三刀、四清理、压五费”等经营策略，预算统领、有保有压，开源节流降本增效，财务费用首次实现利息收入增利1.99亿元，节约投资9957万元。强化运行管理，突出平稳、精心巡检、强化监盘、严控参数，加强操作变动、应急响应、设备及DCS管理，严格执卡操作、工艺纪律检查，装置平稳率99.64%。实施生产优化，强化对标、优化路线、精准调和、节能降耗，9项指标同比提升，全部油品达到国Ⅵ标准，增利1.7亿元。强化产销衔接，紧盯市场、拓宽渠道、以销定产、以产促销，实现首车航空煤油销售，高效产品产销率60.92%。

【安全环保】 2017年，华北石化严守国家新《安全生产法》和《环境保护法》，筑牢防线、夯实基础，实现安全“零事故”、环境“零污染”。强化HSE体系建设，精准施策、系统推进、强化内审、补齐短板，完成11套装置标准化创建。强化风险防控，创建体系、辨识风险、系统评价、分级防控，形成5164项岗位风险清单和重大风险管理方案。狠抓安全管理，强化安全培训、承包商监管，强化作业管控，严格持卡操作、信息上报、操作变更，强化隐患滚动排查治理，17621项特种作业均实现风险可控。狠抓环保管理，强化点源治理、过程管控、固废合规处置、危险化学品管理，强化在线监测及环保设施运行，完成“VOC减排与环境空气质量检测”等环保项目8项，36项排放指标全部低于特别排放值，污染物排放总量同比下降16%，取得石化行业河北省第一张新排污许可证。

【改革创新】 2017年，华北石化认真落实中央和集团公司决策部署，深化改革、注重创新，企业核心竞争力不断增强。完成倒班方式调整，抽调134名员工补充到新建项目；完善奖金分配办法，业绩奖最大限度向生产一线、“苦脏累险”岗位、贡献突出的员工倾斜；千万吨新区组织架构全部建立，管理界面、职能职责全部明晰，其他改革也取得阶段性进展。推进管理创新，总结经验、挖掘亮点、提炼成果、推广应用，推进“三基”工作常态化长效化，“工效挂钩创新管理”“‘指令终端’到‘管理终端’探索与尝试”等5项创新成果在集团公司推广，形成2031项企业标准体系识别表，解决基层工作冗余问题4项，“五率”（装置平稳率、仪表完好率、装置巡检率、联锁投用率、设备完好率）管理水平不断提升；推进文化创新，围绕生产经营中心，紧扣发展主题，孕育出具有自身特色的企业文化和HSE文化、廉洁文化等八大子文化；推进科技创新，确立催化烟气脱硫浓盐水处理、航空煤油液相加氢、硫黄尾气处理、超重力碱液再生等新技术方案，申请专利2项。

【大检修】 2017年，华北石化秉承“七分准备，三分检修”的工作理念，做足检修准备，超前谋划、精密筹划、明确任务、落实保障，做到检修方案一项不少，消隐内容一项不缺，队伍、工器具提前到位。做优检修过程，落实“二十一字”检修方针和“大检修100条”要求，狠抓质量、加快进度、强化监督，提前5天高质量完成21套主体装置检修任务，同步实施三催化装置改造、S—Zorb装置原料适应性改造、千万吨甩碰头等技改技措项目68个。做实装置开工，颁布“总经理令”，强化开工组织，实行单套装置指挥长负责制，严格执卡操作，严肃界面交接，首次实现“气不上天、油不落地、声不扰民、水达标排放、固废合规处置，安全零事故、质量零缺陷、环境零污染，一次开成功”。

【项目建设】 2017年，华北石化强力推进以炼油质量升级与安全环保技术改造工程为重点的项目建设。“狠抓‘一个核心’，强化‘五大管理’”，健全组织机构、完善创优体系，落实第三方监督，千万吨“春季土建、秋季安装”两个“百日会战”取得成功，总体进度完成83%。克服雄安新区设立影响，及时调整航空煤油管道路由，促成该项目列入河北省2018年重点项目，纳入北京新机场专项配套工程，取得河北省发改委正式核准并开工建设；编制完成离子液烷基化可行性研究，完成火车编组迁建项目核准，签订中国石化实华原油码头及储罐租用合同，有效推进汇鑫油库扩建、任保成品油管道建设。制定500万吨与千万吨新旧管线连接总体方案，编制试车开工方案，开展员工培训及建成装置“三查四定”，为千万吨顺利开工打牢基础。

【和谐企业文化】 2017年，华北石化通过活动引领、凝聚共识，实现发展成果共建共享。以建设发展30周年为契机，组织成果展、主题征文朗诵比赛、文艺演出、宣传片拍摄、编纂企业文化丛书等一系列活动，形成凝心聚力、爱厂奉献的良好氛围；开展“春节、中秋”扶贫帮困送温暖活动，使企业成为员工生存的依靠、温暖的家园、避风的港湾；开展公众开放日、青年志愿服务、捐资助学等系列活动，建立起企业发展与社会公众关切良性互动机制；提高员工收入水平，工资总额大幅提高，改善福利待遇、工作条件，生活质量、幸福指数持续提升；广泛开展“形势、目标、任务、责任”主题教育、“强树争”大讨论及系列劳动竞赛，组织先进典型座谈会、风采展，全员立足岗位建功立业的动力不断增强；参与集团公司第二届新媒体内容创作大赛，6项作品均获嘉奖，华北石化获“优秀组织单位”称号。

【党建工作】 2017年，华北石化以机制促党建，充分发挥党委“两个核心作用”，分“两个层面”构建起“责任到人、上下联动、广泛参与”的“大党建”工作格局，建立党委委员党建责任体系，明确以党委会、党建工作会、党群部门例会统揽党建工作全局，“议党建、管党建、抓党建”机制不断完善；以教育拓党建，推进“两学一做”学习教育常态化制度化，推进“互联网+党员教育”模式；以活动带党建，深入开展“四合格四诠释”岗位实践活动，广大党员“撸起袖子加油干”的热情不断高涨。开展“党员突击队”“建区创岗”“评先选优”等活动，7名贡献突出的同志“火线入党”。开展党支部资料管理“标准化”建设，基层党务工作不断完善规范；以队伍强党建，“过筛子”式选拔9名35岁以下优秀人才走上副科级以上管理岗位。开展360度综合评价，结果在业绩兑现、评先选优等方面综合运用。推进“一岗精、二岗通、三岗懂”复合型技能人才培养，评出“二星级员工”15名。党支部由18个增加到25个，首次实现基层党组织成员全部到位；以监督固党建，全面落实责任清单、签字背书、年度报告、述廉评议等制度，严格履行“一岗双责”，开展廉洁风险点识别及防控，首次开展内部巡察，严格督促问题整改。把握运用“四种形态”，开展廉政谈话、领导干部个人事项报告、收受礼品礼金申报等工作，做好节前“预警”，发布廉洁通知、禁令，对“四风”问题明察暗访，形成强大震慑，风清气正的政治生态稳步建立。

（郑晓云）

中国石油天然气股份有限公司呼和浩特石化分公司

【概况】 中国石油天然气股份有限公司呼和浩特石化分公司（简称呼和浩特石化）位于内蒙古自治区呼和浩特市，始建于1992年，占地面积200万平方米，是内蒙古自治区境内唯一的一家炼油企业。

炼油加工规模500万吨/年，固定资产原值79.82亿元，14套炼油装置、1套化工装置及配套系统。配套建设有长庆—呼和浩特原油管道和呼和浩特—包头—鄂尔多斯成品油管道。主要生产汽油、柴油、航空煤油、燃料油、液化石油气、聚丙烯树脂、石油苯、工业硫黄等6大类13种产品，主要满足内蒙古自治区、山西省及周边地区市场需求，并出口蒙古国。2017年底，在册员工1982人，大专以上学历1192人。设11个机关处室、4个直属单位、12个二级单位、9个基层单位。

2017年，呼和浩特石化克服原油资源紧张、市场需求不旺、产品后路不畅等困难，优化生产组织，加强安全平稳生产。加工原油447万吨，实现轻质油收率79.15%，综合商品率91.1%，炼油综合能耗67.32千克标准油/吨原油，新鲜水单耗0.48吨/吨原油，综合损失率0.56%。收入225.10亿元，上缴税费88.35亿元，利润19.19亿元。2017年，呼和浩特石化获人民网第十二届人民企业社会责任奖——年度环保奖，连续8年获“全国‘安康杯’安全生产劳动竞赛优胜企业”称号。获全国企业文化科研成果一等奖、“全国‘2012—2017年度品牌文化建设’三十标杆企业”称号。

呼和浩特石化主要生产经营指标

指　标	2017年	2016年
原油加工量（万吨）	447	409
汽油产量（万吨）	176.54	176.14
柴油产量（万吨）	161.17	138.52
航空煤油产量（万吨）	16.97	14.22
苯（万吨）	2.49	2.37
聚丙烯（万吨）	13.10	13.78
资产总额（亿元）	75.63	66.76
收入（亿元）	225.10	187.08
利润（亿元）	19.19	20.84
税费（亿元）	88.35	86.37

【生产运行】 生产管控方面。生产系统合理调整常压一次拔出率，优化催化产品分布，适应掺炼西部原油性质变化，提高催化加工量，保证全厂物料平衡。新增4具3万立方米原油储罐、8000吨/年硫黄装置及栈桥扩建改造，进一步拓展呼和浩特石化生产组织空间，为装置“吃粗粮，产精品”及转型升级工作奠定坚实基础。严格执行“生产指挥七项规定”，每周强化检查考核情况通报，每月实施关键绩效指标嘉奖，有效提升生产管控能力。

关键机组运行方面。加强关键机组“五位一体”特护管理、机泵测温测振和备用设备完好管理，全年设备完好率保持在98%以上，设备泄漏率保持在0.20‰以下。尤其针对重整循环氢压缩机K201轴瓦温度偏高问题，呼和浩特石化邀请专家分析诊断，采取针对性措施，保障平稳运行。催化裂化装置气压机转子出现结垢问题后，生产系统从控制产汽量、提高蒸汽品质、改善炉水品质等方面入手，措施得力，缓解结垢问题进一步恶化，避免停工风险。

【安全环保】 2017年，呼和浩特石化落实安全环保责任。认真贯彻落实集团公司总经理章建华视频会议讲话精神，全员签订安全环保责任书，修订完善570个岗位的安全环保工作职责。日常工作中，坚持落实公司领导安全生产联系点、干部夜间值班值守和员工不间断巡检等制度，发现和纠正违章违纪事项1390项，对检查发现的隐患按月兑现奖励，全年奖励9.5万元，曝光处罚典型问题850个，处罚12.11万元，安全环保责任层层得到落实，有力促进安全平稳生产。

HSE体系建设。加强体系审核问题整改闭环管理，炼化板块全年HSE体系审核问题422项，整改率97.39%；公司内审问题1609项，整改率93.04%；组织安全生产隐患大排查活动，查出问题2341个，整改率89.2%，对未按计划完成整改的责任单位、责任人进行严肃考核。同时，有序推进HSE标准化建设，部分生产装置通过标准化验收。

环保生产稳定受控。落实环保排放新标准要求，先后完成航空煤油加氢炉低氮燃烧器改造、硫黄回收烟气达标排放等整改工作，确保“三废”达标排放。加强装置加热炉和动力锅炉运行效率管理，强化催化再生烟气脱硫脱硝装置、硫黄回收装置运行管理和污染源在线监测系统优化运行，呼和浩特石化环保生产稳定受控。

500万吨/年扩能改造项目竣工环保验收取得决定性成果。在集团公司及地方政府的大力支持下，在呼和浩特石化全体干部员工的共同努力下，通过水、气、噪声、固废项目的环保验收，制约500万项目竣工验收的瓶颈问题基本解决。

【节能减排】 2017年，呼和浩特石化加强日常能耗监控，发挥能耗周报、变频周报、水质周报的管理作用，坚持走动式现场检查装置用能用水状况，实行月度考核，从管理环节降低综合能耗；加强热直供料管理，热直供比例同比增加2个百分点。优化全厂蒸汽平衡，冬季原油罐区维温加热改蒸汽为热媒水，原油卸车投用搅拌设施，2017年利用中压蒸汽共发电16179万千瓦·时，同比增加3017万千瓦·时，蒸汽单耗同比减少45千克/吨。发挥变频节电作用，变频电机投用率95%以上。加强加热炉监控管理，17台工艺加热炉基本实现仪表自控，常压炉低氮燃烧改造投用一氧化碳在线仪表，热效率93%。加强凝结水回收管理，降低水耗，凝气发电机组凝结水全部回收，2017年回收凝结水151.62万吨，同比增加10.98万吨。强化中水回用、黄河水预处理及除盐水设施有效运行，提高中水回用量及除盐水产水率。

【挖潜增效】 2017年，呼和浩特石化将生产优化攻关与挖潜增效相结合，设置以催化装置为中心的多装置优化攻关等课题。各攻关小组和车间强化数据分析、研究，优化调整运行，加强过程监控，生产优化取得一定的成效。2017年MES平稳率99.56%，实现挖潜增效2.27亿元。

【产销衔接】 2017年，呼和浩特石化强化与股份公司总部沟通协调，最大限度地争取原油配置计划，多方协调原油进厂计划的落实，原油进厂量449万吨，创历史新高。生产上严格工艺操作，严肃调度指令，按周分解下达生产计划，保证产品及时足额交付。坚持市场导向，推进汽油、柴油质量升级，上半年成功调合出92号国Ⅵ标准车用汽油，保障市场需求。密切产销衔接，加强与销售公司沟通协调，确保销售计划落实。储运计量系统克服困难，提高工作效率，优化原油进厂、产品出厂组织，全年销售汽油176万吨、柴油162万吨，创500万吨/年扩能改造项目开工以来新高，完成生产经营任务。

【基础管理】 2017年，呼和浩特石化梳理评价293项规章制度，修订88项、废止7项，审核发布法律法规清单2183项。坚持每月对重要制度进行宣贯、培训，有力促进规章制度的执行落实。

成立招标委员会，严格招投标管理，加大对合同签订审查力度，发现问题及时纠正。在呼和浩特石化网页开辟公示专栏，加强对招标信息的公开监督，增加透明度，提升规范化管理水平。

每月召开经济活动分析会，对生产经济技术指标、装置运行情况、产运销衔接等情况与先进企业进行深入对标，查找问题和不足，制定整改措施，促进管理能力和水平的提升。坚持市场导向，及时进行信息沟通与分享，做好效益分析测算，为生产经营决策提供有效指导。严格内控指标管理，全厂计量自动化、精细化水准逐步提升，产品出厂合格率100%。加大生产经营风险管控力度，强化重要风险点控制，较好地完成重大风险管控目标。

委托广州培训中心举办4期“中层干部暨党支部书记培训班”，丰富中层干部的理论水平，开阔视野、提升工作能力，各车间利用副班对各岗进行技能培训，严考核、硬兑现，提升员工业务水平。畅通干部晋升渠道，先后提拔任用22名中层领导干部，调整交流30名，进一步增强各级领导的工作能力、担当精神。推进双序列管理，聘任3名公司级技术专家和7名车间级技术专家，充分调动广大知识分子干事创业的工作热情。

【党建思想文化建设】 2017年，呼和浩特石化加强领导干部政治理论学习，组织中心组（扩大）集中学习16次。召开呼和浩特石化第二次党代会，选举产生新一届党委会和纪律检查委员会，强化组织领导，夯实组织基础，激发党建工作活力。

严明政治纪律和政治规矩，落实“两个责任”，从严从紧，持之以恒抓党风廉政建设和反腐败工作。每周进行案例分享，定期召开专（兼）职纪检监察干部季度例会，总结工作、分析问题、专题研讨，提升专（兼）职纪检干部的监督执纪水平。2017年签订《党风廉政建设责任书》223份，《廉洁自律承诺书》639份，签订率100%，对干部诫勉谈话4人，给予党内处分3人。有序推进审计工作的开展，为呼和浩特石化依法合规开展生产经营工作提供保证。坚持将解决思想问题与解决实际问题相结合，开展形势任务教育活动，为基层员工答疑释惑，统一思想，凝聚共识。以内蒙古自治区成立70周年和党的十九大胜利召开为契机，充分利用各媒体平台传递企业好声音，讲好身边的石油故事，聚集正能量。

开展“机关作风建设年”活动，梳理职责流程，推行限时办结制和首问责任制，设立监督举报电话，每月对机关部室履职情况进行满意度测评，机关服务意识得到增强，工作效率明显提高。利用休息日举办“领导干部双休日大讲堂”，增强领导干部干事创业的责任感，带动作风持续好转。开展“机关干部基层体验日”活动，组织党员、干部义务劳动，以实际行动转变机关作风，树立良好机关形象。

【和谐企业】 2017年，呼和浩特石化在超额完成全年生产经营任务的基础上，与集团公司总部沟通协调，争取理解支持，员工收入在2016年稳步增长的基础上，2017年同比平均增长7.58%。做好节日帮扶慰问送温暖活动，全年发放帮扶资金153.7万元，惠及困难员工及家属411人。通过利废为员工修建机动车停车场，提高劳保标准，增强员工获得感、幸福感。

深入贯彻落实国家、集团公司矿区业务改革政策，关注地方政府配套文件，主动沟通对接，部分业务移交取得进展。签订供水业务分离移交框架协议，签订天然气合作协议并进入施工阶段，签订物业业务移交框架协议，供热业务、供电业务正进行前期可行性研究，俱乐部完成转让出售，医院、幼儿园、市政设施和社区管理职能处于接洽商谈阶段。

加强信访流程和制度建设，变坐等上访为主动下访，引导各类群体依法有序表达诉求。加强与公安部门的联动，突出人防、技防、信息防，尤其在全国“两会”、内蒙古自治区70周年庆典、党的十九大期间，对重点区域、重点部位加强全天候监控，做到防患于未然，受到集团公司电报嘉奖。

（何淑华）

中国石油天然气股份有限公司辽河石化分公司

【概况】 中国石油天然气股份有限公司辽河石化分公司（简称辽河石化）位于辽宁省盘锦市，前身为盘锦炼油厂，始建于1970年，1971年建成投产，经过40多年的发展建设，已成为原油加工能力520万吨/年、固定资产58亿元的炼化企业。截至2017年底，有常减压蒸馏、催化裂化、连续重整、汽柴油加氢、润滑油加氢、延迟焦化、润滑油糠醛白土联合精制、气体分馏、聚丙烯、制氢、硫黄回收、酸性水汽提、干气及液化气脱硫等28套主体装置以及完善的公用工程系统和辅助生产设施。主要加工低凝环烷基原油、混合稠油、超稠油、石蜡基原油和进口稠油，主要产品有汽油、柴油、润滑油、沥青、聚丙烯、石油焦、液化气、工业硫黄等30余种。沥青产品产能达200万吨/年，是中国最大的沥青生产基地，环保型橡胶填充油等特种润滑油系列产品打入国际市场，是中国石油以加工稠油为主最具特色的炼化企业之一。2017年底，设机关处室11个、附属机构6个、直属机构5个、二级机构15个，在册员工2700余人。

2017年，辽河石化坚守安全环保红线不动摇，坚守质量效益底线不动摇，持续强化“三严”管理，确定“以效定销、以销定产、以产促销”的生产经营原则，坚定信心，多措并举，全力落实“6+34”提质增效措施，破解稠油加工高成本、高效产品低产销量、优质产品低附加值“三道难题”，全面完成集团公司下达的四类16项年度责任指标，经营成果大幅超出全年预算指标。

2017年加工原料（油）478万吨，其中加工原油457.6万吨；销售产品453万吨，同比增加5万吨；收入182亿元，同比增加43亿元；完全单位加工费286.21元/吨，同比减少2元/吨；现金单位加工费160.93元/吨，比预算节约0.37元/吨；利润2.26亿元，超出股份公司总部下达年度责任指标7亿元；上缴税费49亿元，同比增加8亿元。原油加工损失率、炼油综合损失率、单位能量因数耗能、计划执行率4项技术经济指标位居炼化板块前3位。2017年，辽河石化获沥青行业民族品牌贡献奖，石油和化工企业“绿色工厂”，集团公司“统计工作先进单位”“节能节水先进单位”“环境保护先进企业”，辽宁省“平安建设示范单位”等称号，“劣质超重油改质、加工成套技术研究开发及工业应用”成果获集团公司科学技术进步奖特等奖。

辽河石化主要生产经营指标

指　标	2017年	2016年
原油加工量（万吨）	457.60	470.50
汽油产量（万吨）	64.48	57
柴油产量（万吨）	137.83	132
石油焦产量（万吨）	24.50	24.28
润滑油产量（万吨）	4.07	13
沥青产量（万吨）	154	177
苯类产量（万吨）	8.54	13.15
聚丙烯产量（万吨）	2.45	2.35
资产总额（亿元）	58	56
收入（亿元）	182	139
利润（亿元）	2.26	0.13
税费（亿元）	49	41

【生产运行】 2017年，辽河石化加强产销衔接，严格执行股份公司炼油与化工分公司加工计划，全年计划执行完成率99.74%，排在炼化板块前列。坚持“以效定销、以销定产、以产促销”的生产经营原则，有效发挥“日优化、周评价”体系的作用。优化原油原料，扩大稀油资源，优化使用进口原油，增效1481万元；争取沈北区块原油，增效3649万元。优化生产运行及产品结构，增产高标号汽柴油、橡胶增塑剂、高端沥青产品、二甲苯等高效产品，控制低效沥青产品出产，增加高端沥青产品产量，增效3.74亿元。优化催化装置运行，加工量同比增加1.9万吨，轻质油收率同比提高3.26个百分点，目的产品收率同比提高0.59个百分点。汽煤柴收率、高标号汽油（95号及以上）比例、石油产品高效产品收率、石油产品轻油收率、石油产品可比综合商品收率、单位能量因数耗能、吨油利润、利润总额、计划执行率等9项指标同比得到提升。

【安全环保】 2017年，辽河石化持续深化“三严”管理。坚守安全生产“四条红线”，严格执行风险作业公告制度，细化管理要求，开展全覆盖检查，提高风险作业管控的及时率、准确率和措施落实到位率，全年公告并严控各类风险作业8735项（次）。在党的十九大召开等敏感时段，认真落实集团公司、炼化板块和地方党政一系列要求，严格升级管理，严密组织现场施工作业，实现敏感时段风险受控。加强“五大”纪律管理，日检查、周通报、月考核，严肃岗位责任制执行。持续强化“手机存放站”功能的发挥，严格执行手机集中管理。开展23套装置、场点的HSE标准化建设，形成规范的建设和验收标准。建立HSE分级监督管理模式，完善属地管理考核办法。迎接2次集团公司HSE体系审核，开展QHSE体系内审和外审，梳理审核出的问题，制定整改方案并整改。开展“大学习、大检查、大反思”及“安全生产月”“消防宣传月”等系列活动。举行各级应急预案演练372次，开展各类安全环保检查30次，查出并整改问题1210项。HSE管理体系有效运行，生产运行和施工作业安全风险得到有效管控。

进一步夯实环保管理基础。强化环保达标考核，全员环保履职意识得到提升。严格依照环保新标准，加大环境监测力度，各类污染物持续达标排放。确定二季度为环保项目重点推进季，加速推进环保提标改造。催化烟气脱硝项目、汽油火车装车架台油气回收系统、污水废气生物净化系统相继建成。完成污水处理场降总氮试验研究项目，污水排放总氮达到环保新标准。配合完成迎接中央环保督察组来辽宁工作任务，期间环境问题信访举报为“零投诉”。开展在役项目环保手续清理整顿，延迟14年的焦化装置环保验收获批复，彻底清理“三同时”历史欠账。隐患治理持续推进。环保减排工作扎实有效，污水场VOCs治理等环保提标项目有序实施并投用，各类污染物持续达标排放。装置环保验收全部完成。

【设备管理】 2017年，辽河石化加强大型机组和关键设备管理，设备完好率99.96%，静密封点泄漏率0.05‰，仪表自控率90%。加大现场清洁文明生产管理力度，集中整治“低、老、坏”问题，设备标准化管理实现常态化。持续加强电气管理，抗晃电能力明显提升。开展设备定点测厚工作，消除存在的隐患。完成西蒸馏装置、1号柴油改质加氢装置及相关油品系统检修改造、催化装置消缺抢修。强化工程承包商管理，严控现场施工作业风险。对工程承包商进行全面清理，对作业项目重新评估，建立并推广实施安全交底模板。

【挖潜增效】 2017年，辽河石化实施以开源节流六大方面措施和34个生产、节能“双优化”项目为主要内容的“6+34”提质增效方案，累计创效7亿多元。开展节能降耗专项整顿，完善用能制度。液化气双脱碱渣回注2号酸性水装置，节约新碱140吨，减少600吨碱渣外委处置费540万元。优化市场营销调运，增加国Ⅴ标准柴油销售量增效1.5亿元，增加汽油销售量增效3125万元。增加柴油地付数量增效205万元。发挥区域合作优势，与油区及炼化同行企业合作，优势互补，互利共赢，油区优化燃料油方案创效5947万元。发挥沥青公司市场优势，提升创效能力，优化改性沥青配方，利用丁脱沥青创效，推进新产品开发销售，沥青公司实现利润1700万元。沥青公司河北分厂装置检修改造并开工生产，盘活闲置资产。

【工程建设】 2017年，辽河石化重点项目取得新进展。40万吨/年润滑油高压加氢项目基础设计获批，签订项目建设EPC总承包合同，进入建设施工阶段。推进催化裂化装置改造项目前期工作。推进航空煤油生产技术改造，对技术方案进行调整，编制项目建议书和工业试验方案。2号酸性水汽提装置和东区、西区火炬联网项目建成投用，运行稳定。炼化业务转型升级发展项目有序推进。15万吨/年催化轻汽油醚化装置及配套工程建成投产，一次开车成功。三级防控项目建成投用。

【科技创新】 2017年，辽河石化科研工作取得新成果。有序推进股份公司级科技项目6项、地区公司级项目12项。持续推进重油专项二期“劣质重油加工新技术研究开发与工业应用”项目，成果获集团公司科学技术进步奖特等奖。完成10项科研项目的开题论证及11个项目的验收和中评估工作。加强科研平台建设，研究院分析室通过国家认可委的监督评审。产品研发取得新成效。继续落实新产品开发“研、产、销、服”一体化思路。出产-35号国Ⅴ标准车用柴油、国Ⅴ标准92号车用汽油和国Ⅴ标准95号、98号车用乙醇汽油，取得很好效益。加强新型沥青研发、市场开发和跟踪服务，召开河北地区沥青用户座谈会。组织新型出口沥青的工业化生产，实现公司来料加工沥青出口零的突破。进行汽车阻尼板专用环保沥青的技术攻关，并实现工业化生产。推进橡胶增塑剂新标准实施，增产特色产品，有效促进增效。新型沥青生产技术成功应用，沥青产品出口泰国。

【管理提升】 2017年，辽河石化强化制度管理，持续整改制度"四不"问题，以问题为导向，创新制度设计，推进管理制度化、制度流程化、流程标准化、标准信息化、考核自动化。坚持合规和效率并重，制定《敏感关键部位的特殊设备、配件采购绿色通道制度及备用制度》，采取措施规范提高安全作业票据的办理效率。出台《公司在建工程及修理费财务结算办法》《人员分流安置实施办法》等制度，有效保证管理的科学高效。进一步加强招标管理，严格履行招标程序，完成96个项目的招标及谈判工作，降费2000余万元。严格执行"三重一大"制度，领导班子规范审定重大事项61项。加强合规监察，审计工程合同249份、采购合同1069份，强化审计问题跟踪整改。集中进行库存物资普查鉴定及代保管物资退库工作，解决困扰多年的遗留问题。强化依法治企，有效利用专业法律机构为公司提供规范的法律服务。充分发挥大师工作站作用，加强员工技能培训，员工岗位技能培训成效显著，在第九届全国石油和化工行业职业技能竞赛中，获仪表工团体一等奖、污水处理工团体三等奖，仪电运行部林辉获"辽宁省大工匠"称号。综合管理考评体系进一步完善，激励作用进一步发挥。制定修订制度22项，管理体系进一步完善。突出工作落实和反馈，加强督察督办工作，执行重点工作动态追踪、及时通报、严格考核制度，保证工作落实。下发《关于加强工作落实的督办与考核的通知》，综合部门先后对公司部署的255项重点工作进行跟踪督办，对7项完成效果较好的工作给予嘉奖。每2个月一次，定期向公司领导提供《分管工作督办落实提示表》，涉及工作内容420项，做到公司重要决策部署落实情况全面受控，工作任务件件有着落、事事有回音。有效提高工作落实的效率与质量，促进工作"决策、部署、落实、反馈"各环节管理水平的提升。

【党建与企业文化】 2017年，辽河石化全面学习贯彻党的十九大精神，弘扬石油精神，积极倡导"干"字精神，培育宣传"工匠精神"，推行"干部走动式管理，员工高标准巡检"。弘扬特色精品文化，塑造良好企业形象。充分利用多种媒体广泛宣传先进典型事迹，形成学先进、塑形象、尽职责的良好氛围。认真对待员工关注的热点难点问题，创造条件，做好落实。召开总经理联系人座谈会，对征集的62条建议给予解决和解答，并反馈给建议人。加大帮扶力度，修订扶贫帮困制度。公司各级领导走访慰问困难员工312人次，发放慰问金和慰问品共计89.6万元，为患癌症员工发放特别帮扶金17万元。持续推进健康管理工程，举办健康大讲堂，发放"健康礼包"，为员工进行健康体检。员工健康管理工作站建成投用，1000多名员工进行检查咨询会诊。实施员工生日送祝福、慰问一线员工、员工健康疗养货币化。组织丰富多彩的文化体育活动，活跃员工生活，鼓舞队伍士气。加强行政后勤服务管理，定期检查食堂服务质量，优化通勤路线，实现高标准服务常态化。加大基层单位生活设施投入，改善分析化验工作休息环境。管理过程"严爱相济"，员工爱岗敬业的职业感和忠诚担当的责任心显著增强，对"聚合光热，播撒欢喜"特色精品文化的认同感进一步提升。

（马德君）

中国石油天然气股份有限公司长庆石化分公司

【概况】 中国石油天然气股份有限公司长庆石化分公司（简称长庆石化）位于陕西省咸阳市，始建于1990年，1992年投产，固定资产原值48亿元，主要生产装置16套，原油加工能力500万吨/年。长庆石化为燃料型炼油厂，产品以国Ⅴ标准、国Ⅵ标准车用汽油、柴油，航空煤油，液化石油气为主，有少量的丙烯、工业硫黄、石油苯、道路沥青等化工产品。2017年底，设9个机关职能处室、4个直属机构、9个二级单位，并托管综合服务处，在册员工1170人，平均年龄38岁，大专以上文化程度占76%。

2017年，加工原油470.1万吨，销售收入240亿元，税费92亿元，账面利润21.2亿元。获集团公司"环境保护先进企业""统计工作先进单位""企业年金工作先进单位""炼油专业达标优胜单位"等称号。

【企业经营】 2017年，长庆石化主动应对原油资源配置政策变化，刚性完成原油加工任务，生产计划执行率99.1%。优化产销结构，抓住市场机遇，拓展高标号汽油市场，95号汽油销量同比增加三倍，实现增收创效。准确掌握客户需求，开拓炼油小产品市场。推进石油苯、沥青价格机制改革，增加效益增长点。深入推进全面预算管理，严格落实“预算外无资金”要求，强化两端发动，全要素管控成本费用。

【安全环保】 2017年，长庆石化开展全员安全环保履职能力评估，11种HSE工具全面应用，滚动式量化审核成效显著，基层班组标准化建设全覆盖推进。建立风险分级防控和隐患排查治理双重预防性体系，在4个单位试点，隐患分级管理形成良性机制。严格落实集团公司“四条红线”要求，严管重罚四类低标准典型问题，现场风险防范全面加强。强化安全环保监督，推进承包商合约化管理，制定16项HSE管理要求、19项考核措施。落实“1355”应急处置思路（现场第一时间发现、第一时间报警、第一时间处置；当班班组3分钟初期处置；横班5分钟联动处置，值班干部5分钟到达；专职消防队、应急物资配送5分钟到达现场），提高应急响应能力。常态化检测VOCs泄漏源并集中治理，全部封闭污水系统井盖，治理效果明显。长庆石化通过陕西省安全生产二级标准化达标验收，获得中国石油、西部地区首个石化排污许可证。

【生产运行】 2017年，长庆石化完善生产指挥系统，整合调度资源，打造横班调度管控平台，持续有效推进大横班建设。强化系统性优化，突出生产流程和产品结构优化的精准高效，克服夏季汽油生产难题，柴汽比、高效产品比例均为历史最好。长庆石化具备部分生产国Ⅵ标准车用乙醇汽油调和组分油和全部国Ⅵ标准柴油的能力，成为西部地区率先向市场供应国Ⅵ标准汽油的炼化企业。深化生产装置对标管理，做强月度生产技术分析，实现装置和专业双达标。加强节能绩效管理，持续提高节能节水设施运行效率，开展红旗炉创建活动，投用富氢气体回收项目，停运制氢装置，节能节水目标全面完成，综合能耗同比下降0.51千克标准油/吨。

【设备管理】 2017年，长庆石化稳步推进设备“硬安全”和全员全过程管理，深入排查现场设备隐患，规范备品备件及润滑油管理流程，开展最好最差设备评比，设备完好率进一步提升，系统管理的效果初步显现。与研究院共同组建炼化联合研究中心，以腐蚀管理为突破口，构建设备管理人员快速成长的平台和机制。运用杜邦管理工具，开展大检修量化后评估、标准化检维修及卓越大修准备工作。持续提升仪电保障能力，实行三级包机管理，完善抗晃电措施，实现仪表自控率95%以上。

【科技信息】 2017年，长庆石化加大科研项目推进实施力度，“环境友好型城市炼厂安全环保体系创建及应用研究”等课题按计划推进，“低成本沥青生产方案与应用研究”等3个课题在现场推广，取得重要阶段性成果。“液相柴油加氢和FDS-1催化剂组合工业应用技术”获集团公司科学技术进步奖三等奖。开展“五小”活动，做好做实“劳模创新工作室”，18项成果成功应用于装置现场，取得专利授权7项。召开科技工作大会，表彰科技和管理创新成果43项。开展MES2.0等信息化项目建设；财务共享试点工作上线运行；启动“数字化工厂”建设。

【工程建设】 2017年，长庆石化严格执行“计划外无项目”要求，强化项目全生命周期管理，落实项目经理负责制，全过程管控投资、进度、质量，重点项目踏点推进。国Ⅵ标准质量升级项目进展顺利，航空煤油扩能改造项目取得阶段性成果，安全隐患治理项目、环保减排项目有序推进，进一步巩固安全环保基础。

【企业管理】 2017年，长庆石化持续深化机构改革，全面推行二级单位四个专业组和大横班运行管理模式。扎实开展“基层建设年”活动，明确责任单位和试点单位，精心实施六个方面30项具体工作。全面加强绩效考核，不断优化指标和权重，突出专业处室考核和专项奖励。推进标准化体系建设，统一规范公司业务流程，初步实现科学管理目标。投运招标中心，规范招标管理。深化员工职业化二期项目建设，参加培训3.6万人次、创历史新高。职业技能竞赛常态化开展，技能鉴定首次一年内实现所有工种全覆盖。

【党建与思想政治工作】 2017年，长庆石化深入学习贯彻党的十八届六中全会、党的十九大及全国国有企业党建工作会议精神，推进“两学一做”学习教育常态化制度化。落实“三会一课”和“六个一”标准化党支部创建要求，新增或修订党建工作制度及实施方案19项。1项党建研究成果和4篇党支部书记专题党课获集团公司通报表彰，“党建+标准化”等2个基层支部党建工作案例被集团公司收录。优秀年轻干部李航被评为集团公司“十大杰出青年”。首次开展内部巡察工作，完成领导干部及其亲属利用中国石油平台经商办企业问题等专项整改。打好“公众开放日+互动日”组合拳，组织14批390多名公众代表进厂参观交流，成功举办首季“萌动健步走”活动，履行社会责任，持续加大社会公益、扶贫帮困等资金投入，帮扶地方14个扶贫联系点，受益群众约7800人；青年志愿者坚持慰问环卫工、福利院等活动。

【矿区服务】 2017年，长庆石化持续加大矿区投入，完成6个重点矿建项目，“三供一业”分离移交工作按照长庆油田矿区服务事业部的统一部署，实现工作量过半。两级工会和业余文体协会“三位一体”开展特色活动，困难员工帮扶工作常态化，离退休服务丰富多彩。推动厂区标准化治理和生活区清洁管理，围绕主要道路、重点区域优化绿地规划，提升绿化品质，“花园式”工厂建设取得新进展。主动配合政府打赢治污降霾攻坚战，为收获更多的蓝天做出贡献。加快治安防控体系建设，实现党的十九大等重大敏感节点平稳安定，维稳安保防恐工作得到集团公司嘉勉。

（吴选化）

中石油克拉玛依石化有限责任公司

【概况】 中石油克拉玛依石化有限责任公司（简称克拉玛依石化）始建于1959年，利用新疆油田环烷基原油资源，发展成为中国石油重要的高档润滑油和沥青生产基地，也是西北地区低凝柴油、喷气燃料的主要生产基地，加工能力600万吨/年。按照深化合资合作框架协议，于2015年7月完成中国石油与新疆维吾尔自治区合资合作工作。由中国石油天然气股份有限公司克拉玛依石化分公司正式更名为中石油克拉玛依石化有限责任公司，中国石油占股99%，新投集团占股1%。2017年底，设机关处室12个、机关附属机构6个、直属机构3个，二级机构20个。有员工3549人，其中少数民族员工507人、女员工1509人。有主体装置32套，资产总额109.92亿元，可生产各类石油化工产品160多种，主导产品40余种。自备热电厂产汽能力500吨/时，发电能力2.4万千瓦·时/时。

2017年，克拉玛依石化加工原油551.08万吨，同比减少1.06%，其中稠油355.44万吨。铁路专用线发运沥青、润滑油等各类物资71.89万吨。营业收入229.62亿元，上缴税费79.27亿元。

克拉玛依石化主要生产经营指标

指　标	2017年	2016年
原油加工量（万吨）	551.08	557.01
汽油产量（万吨）	101.02	102.67
柴油产量（万吨）	155.55	186.94
航空煤油产量（万吨）	25.90	22.36
润滑油产量（万吨）	54.81	49.75
沥青产量（万吨）	102.60	84.83
资产总额（亿元）	109.92	83.49
收入（亿元）	229.62	202.27
利润（亿元）	34.41	29.53
税费（亿元）	79.27	88.55

2017年，股份公司及炼化板块下达投资计划项目22项（炼化项目8项，节能减排项目2项，公用工程项目1项，安全环保隐患治理项目11项），下达投资计划2.64亿元；完成3项，完成投资2.53亿元。

2017年，克拉玛依石化被评为新疆维吾尔自治区2017年度安全生产工作先进单位，2017年度集团公司“安全生产先进单位”“环境保护先进企业”。工会连续第四年被中华全国总工会评为全国“安康杯”竞赛优胜单位。

【生产运行】 2017年，克拉玛依石化加强生产波动与非计划停工管控，持续开展月度生产波动分析，坚持生产问题24小时受控管理，严格落实平稳运行各项措施；依靠技术进步新增自动换油控制系统，实现高压加氢换油操作自控切换，达到行业先进水平；深化达标对标管理，强化精细平稳操作，平稳率、自控率分别实现99.81%、99.95%，达到国内炼油行业先进水平。全年上报各类生产问题474项，同比减少29项，处理率98%，确保安全生产平稳受控。

【安全生产】 2017年，克拉玛依石化全面实现新疆维吾尔自治区、集团公司下达的年度HSE指标。完成杜绝一般事故A级及以上生产安全事故、杜绝一般及以上环境污染责任事件、新改扩建项目安全环保健康“三同时”执行率100%、职业健康体检率高于98%、职业病危害检测率高于98%的HSE工作目标。分级签订HSE目标管理责任书，编制印发《公司2017年HSE重点工作计划》，副科级以上人员及安全专业人员编制个人行动计划2807项次，持续开展安全观察与沟通及安全经验分享活动。持续开展炼化装置HSE标准化建设，33套装置通过HSE标准化建设验收；持续开展两级隐患排查，加强隐患治理销案动态管理，全年日常巡检发现各类隐患逾千项，治理率97%；挂牌督办的126项公司级隐患治理项目完成71项，剩余55项全部下达资金计划。严格按照国家和集团公司总部相关要求，在全公司范围内开展重大隐患的自查自评，共排查出7类32项重大隐患，及时上报集团公司总部并作为重大风险进行防控管理。全年完成各类应急演练907次。

【节能减排】 2017年，克拉玛依石化严格实行倒排工期管理，1万吨/年硫黄回收、催化装置烟气脱硫脱硝除尘、热电厂烟气脱硫扩能及技术改造等项目于7月1日前建成投产，确保环保达标排放。高度重视、严密组织，全面排查、销项整改环保隐患和问题，实现“零投诉、零案件、零处罚”，通过中央环保督察“大考”。优化水电气风运行，实现炼油综合能耗62千克标准油/吨，同比减少0.79千克标准油/吨，新水单耗0.47吨/吨原油，同比减少0.02吨/吨原油。全年节水10.1万吨，节能0.65万吨标准煤。COD、氨氮、二氧化硫、氮氧化物等4项主要污染物排放总量控制在进度范围内，外排污水综合合格率、有控废气达标率保持100%。

【工程建设与大检修筹备工作】 2017年，克拉玛依石化组织实施各类工程建设项目43项，其中1万吨/年硫黄回收、热电厂烟气脱硫扩能及技术改造、4000吨/年硫黄回收改造、污水提标治理等重点项目按期建成中交，VOCs项目施工部分基本完成，热电厂烟气脱硫脱硝技术改造（脱硫部分）等项目完成目标进度。

在大检修工作领导小组的领导下，各部门明确职责分工，定期召开工作会议，协调解决存在的问题，大检修项目和计划征集基本完成，项目审定、方案制定、物资采购、施工单位招标、HSE管控等各环节工作有序推进，为2018年大检修工作的顺利开展创造有利条件。

【科技创新】 2017年，克拉玛依石化完成集团公司级及公司级科研项目43个。完成锂电池隔膜白油、CN98汽油、A1426环保橡胶填充油新工艺等7类、12个品种的新工艺、新产品研发应用，公司特色产品系列日益丰富。参与申报的“劣质重油改质、加工成套技术研究开发及工业应用”和“中国石油低碳关键技术研究与应用”分获集团公司科学技术进步奖特等奖和二等奖，公司独立申报的“特种煤油研制与应用”获集团公司科学技术进步奖一等奖。全年获授权专利6件，新申报受理专利7项。

【降本增效】 2017年，克拉玛依石化把降本增效工作与生产计划、经营管理等工作同步布置、同步开展、同步落实，构建全员参与、齐抓共管的工作格局和重奖重罚、严格兑现的考核体系，开源节流降本增效长效机制进一步完善。全年制定挖潜增效项目55项，完成44项，累计增效约合8.5亿元。

【设备管理】 2017年，克拉玛依石化开展设备标准化管理活动，48个装置、125个机泵房、33个罐区、49个机柜室、46个变配电室实现达标。依法合规做好特种设备管理，完成3191条（共计21.23万米）在用压力管道的使用登记工作。强化大型机组的机、电、仪、管、操特护管理，及时消除设备运行隐患。加强检维修承包商管理及检维修作业HSE管理，确保作业过程全面受控，完成检维修作业2229项。开展设备技术攻关，确定攻关课题项目37项。做好2018年大检修前期准备工作，编制下发大检修相关管理文件，组织大检修项目对接会、协调会，完成2018年检修施工力量的招标及大检修计划的编制等。

【物资采购管理】 2017年，克拉玛依石化签订采购合同1171份，总金额6.93亿元；到货入库物资额3.38亿元，出库物资额3.01亿元；物资库存余额1.64亿元；年底库存余额1.84亿元。制定下达《年度物资管理业绩指标》，编制完成《管理提升问题及整改措施一览表》，修订完成《物资采购管理办法》等12项管理制度。代储代销和框架协议采购范围在原有基础上，新增柴油抗磨剂、变频器、中和缓蚀剂、破乳剂等，代储代销金额达到6157.4万元。新建物资仓储条形码系统应用项目实现上线及运行。

【信息化建设】 2017年，克拉玛依石化完成ERP2.0升级上线运行，生产计划、销售管理、项目管理等业务的管控能力有效提升。完成MES2.0升级上线运行，实现54套装置、674万个生产数据24小时不间断采集。成功应对全球勒索病毒入侵，稳步推进物联网项目建设，开展内部信息管理平台的开发及应用，信息建设网络化、智能化、先进性水平进一步提高。

【企业管理】 2017年，克拉玛依石化狠抓公司组织绩效、全员绩效合同的建立、实施，对集团公司下达的12项业绩指标进行梳理、分解并逐项落实管理责任，对公司内部48项绩效指标进行优化整合，加强与兄弟企业的对标管理，强化过程监督与考核，不断提升绩效考核管理水平。全年检查生产运行处、质量安全环保处、工程管理部、人事处、办公室、纪委监察处等机关单位16个专业规章制度管理情况，未发现规章制度在运行中存在问题。新建各类制度48项，修订现行制度104项，废止150项。审查签订各类经济合同1520份，合同总量同比上升11.9%；平均单份签约金额4913.6万元，同比上升26%。坚持机关科级以上领导下基层活动，查摆解决基层单位各类问题 406 个。QHSEM 体系有效运行。编制、上报《内部控制有效性自我评价报告》，完成 2017 年度风险报告编制，完成内控手册修订及培训。

【财务管理】 2017 年，克拉玛依石化充分发挥预算管理在经营决策中的费用控制能力，根据生产计划制定成本费用事前监控措施，按月通报预算完成情况，实现预算执行的实时监控和预警，合理平衡预算外的影响因素，确保公司各项成本费用指标受控运行。坚持以效益为导向，及时根据市场变化等，不断丰富财务效益测算内容，完善 APS 系统架构、修订各项参数，强化效益测算的过程管理，提高测算的准确度，提升决策支持能力。30 余个项目工程结算审减金额 2000 余万元。“Ⅱ套循环水 4 号凉水塔安全隐患整改”等 2 个项目工程竣工决算审减金额 513 万元。

【审计工作】 2017 年，克拉玛依石化完成审计项目 6 项，发现问题 20 个，提出审计处理意见 20 条、审计建议 22 条。专项审计计划完成率和工程项目结算审计覆盖率均为 100%。专项审计取得经济成果 67.78 万元，工程结算审计核减金额 78.33 万元。

【人事管理】 2017 年，克拉玛依石化任免干部 115 人。完成 984 名管理、专业技术人员年度考核的定档及归档工作。完成 2 名集团公司高级技术专家、7 名公司学科技术带头人、19 名公司装置技术带头人年度考核工作。确认通过 2016 年职称评审的工程、政工、经济的初级、中级、高级专业技术人员共 57 人的技术职称任职资格，聘任符合技术职称条件的 43 名专业技术人员。

【教育培训】 2017 年，克拉玛依石化组织内外部培训 1132 项，培训人员 47000 余人次。技能鉴定人员 765 人，其中初级工 58 人、中级工 86 人、高级工 568 人、技师 40 人、高级技师 13 人，合格率 56%。组织常减压蒸馏、丙烷脱沥青装置等 12 个工种员工开展仿真技能竞赛。技能鉴定站通过集团公司技能鉴定年检评估。

【党群工作】 2017 年，克拉玛依石化各党支部召开党员大会，选举产生新一届党组织委员会委员，完成全部党组织换届选举工作。19 名预备党员转正为正式党员。制定印发《基层党组织党建工作管理考核办法》《党员领导干部双重组织生活会制度》《基层党支部“三会一课”管理办法》等制度，组织开展党建责任专项督查，并在公司范围内通报督查结果。选派 21 名党员干部，持续开展“访惠聚”工作。制定实施《学习十八届六中全会精神制定教育培训工作方案》，举办 2 期专题培训班，对公司处级以上领导干部及各基层单位党政正职进行专题教育培训。

2017 年，克拉玛依石化工会征集职工提案 153 条，全部答复。为 900 多人次办理发放扶贫帮困资金 143.35 万元。为 11 户困难职工按月发放困难补助。成功举办“2017 年全国石油职工首届协作区羽毛球赛（第三赛区）”比赛。组织 2799 名员工参加中国石油第二届健步走比赛，参与率 79.3%。公司内部武术、徒步等 12 个文体协会开展文体活动 46 项共 645 次，参与职工 6781 人次。

团委开展“安全生产、青年当先”安全主题活动，组织进行青年安全监督和突击队活动。组织少数民族团青干部，开展“发声亮剑”活动。

【纪检监察】 2017 年，克拉玛依石化纪委受理举报及问题线索 21 件，均了结和结案。强化巡视成果应用，针对集团公司党组第六巡视组反馈的 6 个方面问题，制定 73 项整改措施，完成 72 项，建立长效机制 20 项；开展自查自纠，发现问题四类 16 项，制定整改措施 30 项。深入开展电子监察，在工程建设、工程技术、化工及炼油小产品销售、物资采购等 4 个业务领域，查出疑似问题 16 项，下发监察通知书 5 份。组织召开克拉玛依石化 2017 年党风建设和反腐败工作会议，逐级签订党风廉政建设责任书 432 份、承诺书 790 份，实现党风廉政责任书签订全覆盖。落实党风廉政建设约谈制度，公司党委书记、总经理、纪委书记对副总师以上领导、机关处室长、基层单位党政正职领导等 44 人进行集体廉政约谈，公司机关处室、基层单位党政正职与副职进行约谈 206 人次，实现党风廉政建设约谈全覆盖。加强反腐倡廉制度建设，完善公司纪委落实党风廉政建设监督责任实施细则、监督责任清单等 10 余项制度规定。深入开展“党规党纪”专项学习教育活动、廉洁从业教育、专项清理整治和督查工作。

【企业文化建设】 2017 年，克拉玛依石化制定印发《贯彻党委（党组）意识形态工作责任制实施细则》和《意识形态工作责任制考核办法》。开展“形势、目标、任务、责任”主题教育活动、“重塑中国石油良好形象”大讨论活动、政研课题研究活动，启动“厂庆 60 周年”庆祝活动。开展安全文化建设，拍摄制作 12 个安全文化系列片。有序推进年度目视化项目，修订完善目视化管理制度，完成公司 1 号、2 号展厅布展。落实“五必三关注”制度，持续抓好文明单位创建工作并通过年度复审，开展“最美克拉玛依人”评比、道德讲堂等各类专题活动。建立宣传报道联络员机制，构建媒体传播平台，初步形成大宣传格局。在各类外部媒体发表文章489篇，完成年度对外宣传任务。强化舆情监控管理及网络评论工作，完成《新闻媒体突发事件专项应急预案》修订。

（王金平）

中国石油天然气股份有限公司庆阳石化分公司

【概况】 中国石油天然气股份有限公司庆阳石化分公司（简称庆阳石化）位于甘肃省庆阳市西峰区董志镇工业园区，占地面积1360亩（约91万平方米）。前身为庆阳石油化工厂，随着长庆油田开发于1971年9月成立，隶属原庆阳地区管理。1984年5月划归甘肃省石化厅实行行业管理。2001年8月整体划转中国石油天然气集团公司。2004年12月划转中国石油天然气股份有限公司。2010年10月，原150万吨/年老厂关停，300万吨/年新厂建成开车，全体职工及家属整体搬迁至庆阳市西峰区。2016年5月25日，甘肃省和集团公司认定庆阳石化加工能力370万吨/年。2017年底，设机关管理部门10个，直属部门4个，二级单位10个，在册员工1258人。庆阳石化为炼化一体化企业，主辅装置16套，主要产品有汽油、柴油、航空煤油、聚丙烯等9大类16种。

2017年，庆阳石化认真学习贯彻落实党的十八大和十九大精神，扎实推进“两学一做”学习教育常态化制度化，围绕“效益稳中有升”“大局稳健和谐”两条主线，狠抓素质提升、管理提升、效益提升，切实转变思想观念、转变工作作风、转变方式方法，切实在安全环保、生产运行、提质增效、改革创新和党的建设各方面取得实质性突破，QHSE业绩全面完成，继续保持“零事故，零污染，零伤害，零投诉”。全年加工原油355.02万吨，营业收入182.32亿元，上缴税费73.79亿元，利润22.11亿元。

【生产运行】 2017年，庆阳石化牢固树立“大平稳出大效益”“大协作出大效益”“大优化出更大效益”理念，坚持一体化管控、系统化优化、源头化治理，抓稳抓准平稳运行、优化运行关键环节，强化供、产、储、销、运、检修保障全过程管控，强化对标分析成果应用，强化以调度长为核心的生产指挥体系建设，依靠专业研究及设计单位，全流程、分装置、分系统探索优化运行方案并不断完善、固化。全年完成柴汽比0.99，创历史最好水平，长周期运行取得新突破，生产装置连续安全运行888天，长周期运行846天，装置自控率98%，平稳率99.8%，完成聚丙烯装置检修、复产。

庆阳石化主要生产经营指标

指　标	2017年	2016年
原油加工量（万吨）	355.02	343.36
汽油产量（万吨）	142.66	136.87
航空煤油产量（万吨）	15.61	14.11
柴油产量（万吨）	141.86	142.65
聚丙烯（万吨）	4.34	0
吨油利润（元）	618.29	579.62
资产总额（亿元）	60.18	51.21
收入（亿元）	182.32	155.53
利润（亿元）	22.11	20.00
税费（亿元）	73.79	72.11

【安全环保】 2017年，庆阳石化按照“体系健全、管控有力、设备可靠、人员合格、过程受控、应急完善”原则，把安全绩效作为系统性工作，统筹各项业务，对108名管理人员、48名安全管理人员开展HSE履职能力评估培训，修订发布庆阳石化《事故事件管理办法》《环境保护管理办法》等17项管理制度、20项程序文件和一体化QHSE管理手册，基本建成流程清晰、职责明确、管控有效的HSE管理体系。组织公司级安全生产联动应急演练4次，部门级演练29次、运行部级演练108次、班组级演练286次，完成大气环境在线分析仪升级改造、环境监测仪器的补充，厂界苯系物及硫化氢检测仪的升级改造、标准化达标验收，经甘肃省环保厅考评，标准化绩效等级一级A，环保信用等级良好，环保标准化工作进一步提升。

【节能节水】 2017年，庆阳石化完成VOCs综合治理、工艺加热炉及动力锅炉达标改造，与中国石化石油化工科学研究院合作，对全厂水系统全面诊断优化，改造循环水运行模式，提高中水回用率、回用市政中水、雨水收集利用等多措并举，减少新鲜水用量81990立方米，优化余热发电运行，连续运行335天，发电4251.28万千瓦·时，创历史最好水平。

【设备管理】 2017年，庆阳石化调整设备管理体制机制，优化设备管理三个中心及2+1管理体系运行，加强关键机组“五位一体”特护，提高设备可靠性、降低设备维修成本，为安全生产、平稳运行提供本质保障。与杜邦公司合作实施为期2年的“设备可靠性与大检修管理”咨询项目，全面梳理完善设备管理体系，引入国际化设备管理理念、工具、方法。完成全厂联锁点、自控回路、仪表设备核定工作，建立完善工艺防腐、设备定点测厚、红外热成像、机组及关键机泵在线监测等多方位监测及检测体系。完成常压、苯抽提装置的先进控制系统模型搭建。强化监测数据运用，设备预知性、计划性检修和强制性保养机制逐步完善，检修工单执行率90%以上，特种设备定检率、防雷防静电设施检测率和安全仪表投运率均为100%。

【提质增效】 2017年，庆阳石化可比综合商品率92.51%，比业绩指标高0.21个百分点；可比轻质油收率84.59%，比业绩指标高0.59个百分点；综合能耗62.51千克标准油/吨，比业绩指标低2.49千克标准油/吨，营业收入182.32亿元，比业绩指标高7.32亿元；上缴税费73.79亿元，比业绩指标高7.21亿元；实现利润22.11亿元，比业绩指标高5.11亿元。通过降低原油采购成本、加强对标提高运行效率、压减用工总量和业务外包成本、压缩可控费用支出、优化产品结构营销创效、清仓利库优化采购、低效无效资产清理处置等措施，累计降本增效17238万元，其中增收9712万元、节支7526万元。完成停工3年多的聚丙烯装置检修、复产，增效4403万元。

【改革创新】 2017年，庆阳石化推行“专业化管理、属地化运行、一体化管控、精细化考核”管理体系，加强依法合规管理，严格执行“三重一大”决策制度。撤销机关附属单位1个、直属单位1个、二级单位1个，撤销检维修保障部及矿区服务事业部内设机构10个，实现机构编制和职数持续下降。加强法律风险过程管控，持续推进制度“五化”建设，公司级制度优化完善72项、废止106项，各专业宣贯培训83项，二级单位宣贯培训181项；按制度、标准、流程办事的基础进一步巩固。提升内控流程运行效率，优化完善流程122条，完成两个专业39条流程信息化试点并上线运行。强化招标、合同过程管控，招标方案、合同订立的专业、经济、法律“三项”审查率100%。推行全面预算管理和全流程成本管理，树立全员成本效益意识，把保持吨油利润领先优势作为庆阳石化生存与发展之本努力维护、持续提升。加大业务外包、物资采购、三商治理等方面工作力度，清理贸易商、清理不具备制造能力采取转包外委方式提供设备的制造商。加大工效挂钩力度为重点，进一步完善《庆阳石化公司绩效考核管理办法》，制定生产运行、设备管理等16项专业考核细则。

【重点项目】 2017年，庆阳石化推进矿区“三供一业”移交及酒店租赁、闲置资产处置等工作。“三化一油”等质量升级项目全面开工建设。瞄准“四年一修”目标，分析投产7年来运行数据，结合炼化转型升级，结合市场需求分析，结合新装置建设，形成现役装置改造方案。完成2018年大检修项目梳理、论证和优化，确定关键节点，确保检修与国Ⅵ标准升级同步，完成3号喷气燃料产品开发与技术应用研究、环保型液化气深度脱硫技术（LDS）、炼油厂“三泥”减量化处理技术、装备的研究及工业化应用等。配合石化院完成“PDN-102脱硝催化剂在FCC装置的工业应用”鉴定工作，开展聚丙烯新产品开发与技术合作。开展节能节水新工艺新技术研究及工业化应用。

【人才建设】 2017年，庆阳石化系统规划“3+1”四支队伍建设，健全人才激励机制，完善干部考核评价制度，加快建立完善各类人才上、转、下的机制和通道。考察任用中层管理人员13人，专业技术组长、业务组长26人，调整交流干部11人，补充一般管理及专业技术人员34人，晋升一般管理及专业技术人员61人，选聘公司及装置级技术技能专家28人。

【专业技术培训】 2017年，庆阳石化采用校企合作模式对60名干部集中轮训。公司、二级单位、班组共组织培训18591人次，共享学习课件及心得219篇，队伍素质明显提升。加大培训设施建设，催化裂化等八套装置仿真操作系统、趣味晋级学习系统正式上线运行。进一步优化人力资源配备，盘活存量。全公司抽调20人参与聚丙烯装置检修、开工，抽调63人参与“三化一油”项目建设和培训。

【党建与思想政治工作】 2017年，庆阳石化全体干部员工认真学习贯彻落实党的十八大和十九大精神，发挥党委在生产经营中把方向、管大局、保落实作用，成立深入学习宣传贯彻党的十九大精神组织机构，党委中心组率先学习，做实“九个载体”，制定整体实施督导方案，认真开展“两学一做”学习教育常态化制度化、“四合格四诠释”岗位实践活动。完成党支部换届选举，基层党支部由16个增加为26个，产生党支部委员62名。召开党风廉政建设和反腐败工作会议、《集团公司管理人员违纪违规行为处分规定》宣贯大会，组织中层干部和关键岗位工作人员前往南梁革命纪念馆接受教育。在岗党员戴党徽、亮身份，模范带头作用明显增强。配合集团公司党内巡视，抓好反馈问题整改。针对“四风”问题、合规管理、闲置资产处置等问题，成立3个专项治理工作组按照“认识到位、工作到位、方案到位、表率作用到位、整改到位，全程参加”的“五到一全”工作原则，党委班子成员主动认领问题，全程牵头组织并参加各类方案制定和整改工作的研究、决策和推进工作，完善整改措施，规定整改时限，实行销项管理，举一反三、自查自纠。

利用新媒体宣传石油精神、解读企业愿景、讲述庆阳石化故事，微信公众号运行近1年，关注人数近5000人，单条信息访问量最多2万次以上。活跃员工文化生活，春节等节假日组织喜迎党的十九大书画摄影展、经典诵读、球类比赛等系列文体活动20余场次。2017年，庆阳石化正式加入中国石油体协。选树“庆化工匠”4名，劳动模范10名，选树其他先进集体31个、先进个人120名。动力运行部运行乙班获“全国工人先锋号”；动力运行部运行乙班、质检计量部成品班获甘肃省“创新型班组”；仪电运行部工会获甘肃省石化系统“先进基层工会”称号。

【民生保障】 2017年，庆阳石化着力改善员工工作环境，提高员工餐饮质量，优化劳动保护、职业健康、医疗保障和生产服务条件，及时帮扶解困，关注员工感受，尊重员工意见，提高服务保障水平，提升员工获得感。开通总经理、党委书记信箱，征集合理化建议，多渠道推进党务公开、厂务公开、业务公开。调整工会、共青团、女工委组织机构，建成兼职队伍125人。改造一区部分钢窗，维修二区车库地坪，完善二区消防系统解决13号楼燃气供应问题，整改供电、供气、消防系统安全隐患。

【社会责任】 2017年，庆阳石化坚持“尊重员工、信任员工、关爱员工、激励员工”，切实履行企业“三大责任”。参加甘肃省“精准扶贫”，镇原县5个帮扶工作队长驻村到位，近百名帮扶干部深入农户进行一对一帮扶，夯实四项举措，有效推动贫困户从“要我脱贫”到“我要脱贫”的思想转变；修改完善一户一策方案；向镇原县马渠乡共资助160万元，用于农业种植产业发展；对口帮扶7个村小学，共计35万元；资助772名贫困学生，共计44.75万元。组织“圆梦大学、庆化助力”等助学帮扶行活动，继续保持企地深度融合发展的良好形势。

（邹宝应）

中国石油天然气股份有限公司东北化工销售分公司

【概况】 中国石油天然气股份有限公司东北化工销售分公司（简称东北化工销售）成立于2006年6月，主要负责中国石油东北地区10家炼化企业化工产品销售、东北区域外销售产品调运组织和区协产品互供管理等业务，销售产品广泛应用于塑料、纺织、橡胶、化工、医药、农业等行业。机关驻地在辽宁省沈阳市。2017年底，设机关职能部门17个，基层分公司7个。合同化员工总数456人，固定资产总额8.61亿元。截至2017年底，销售化工产品5074万吨，完成产品调运量9038万吨，营业收入2718亿元，利润14.5亿元，调运计划完成率100%。

【市场营销】 2017年，东北化工销售强化“价格体现价值”理念，围绕效益发力，把精准销售渗透到资源、市场、价格、服务等销售全过程，实现营销工作稳健发展。

抓资源，突出计划龙头作用。坚持整体效益最大化原则，深化产销衔接，与大连石化、大庆石化等生产企业建立定期交流机制，促进生产企业优化排产、调整牌号。通过引导抚顺石化增产丁二烯，生产企业在年初连续单月单品种盈利过亿元；通过引导大庆石化转产液氨，全年增效3600万元。着力均衡销售、顺势销售和低库存运行，坚持即采即销，防范后市跌价风险。充分发挥特有优势，全力支持辽阳石化扭亏脱困。重点做好特殊时段丙烯、丁二烯等产品的应急销售，灵活利用资源互供实现降峰削峰，确保生产企业后路畅通。

抓市场，不断提升高效份额。充分发挥品牌、资源优势，坚持“主动增量尽全力、被动增量主动抓”总体原则，围绕“效益、份额、直销、均衡”四重点持续发力，2017年新开发万华化学集团股份有限公司、盘锦联成化学工业有限公司等工业直供户132家，实现东北地区高效市场销量478.4万吨，同比增长15%。注重激活现有存量，着力巩固提升青岛丽东化工有限公司、吉林化学工业股份有限公司等战略用户供给份额，门口销售、就近销售取得进展，有机类产品东北区域销量增长42.72万吨。推进与大庆、葫芦岛等地方政府的战略合作，组织开展普利司通轮胎公司丁苯橡胶认证评价工作，全力挖掘潜在用户，实现橡塑产品销量104.02万吨，市场占有率提升6%。编制新产品开发与推广计划，制定2017年度新产品牌号22个，实现产品增量9.7万吨，累计创效近2000万元。

抓用户，优化销售渠道。高度重视直销率专项提升工作，按照“存量调结构、增量要直销”的总体原则，科学设置三年提升目标，重点围绕有机类、橡塑类开展专项攻坚，找差距、挤水分，2017年有机类、合成树脂类和橡胶类直销率分别提升至87.39%、45.08%、48.93%，东北化工销售整体直销率达79.55%，创历史最好水平。坚持以工业直供户为重点开展调研走访，着力强化资源保供、技术支持和售后服务，推广实施“交货单两日有效”，2017年共提供技术服务指导330次，用户满意度96.5%。坚持服务与管理并重，加强销售订单退单管理，规范退单行为，销售渠道更加稳定、健康。

抓价格，灵活调整营销策略。提升捕捉价格信息的敏感度，建立橡塑系统价格研讨机制，强化市场快速反应能力，确保产品效益最大化。紧紧抓住“价格、销量、时点”三要素，灵活实施批量优惠、挂翻牌等价格政策，推广月均价结算、公式定价等合作模式，市场控制力不断增强。特别是成功与大连固特异轮胎创造性达成长约均价的合作模式，顺丁橡胶销售稳定性大幅提升，经济效益初显，成为公司推广月均价销售模式的标杆和典范。高度重视神华入侵，以保存量、保份额为原则，切实采取防控措施，服务质量、用户黏性两手抓，有效化解煤化工冲击。

抓电商，推进营销模式创新。紧跟“互联网+”发展步伐，解放思想、协同配合，推进电商平台实质性应用。扎实推进网上竞价商城上线，成功实现协议品、不合格品线上竞拍，成交均价高于竞拍底价809元/吨，累计增效196万元；实现单品种最高竞拍加价60次，溢价率高达340%，电商平台“价格发现与指引”功能得到充分发挥。采取切实措施加大宣传推广力度，电商平台影响力逐步提高，2017年共新增电商用户103家，实现线上交易量3.35万吨。

【调运组织】 2017年，东北化工销售强化“畅通体现整体”理念，坚持效率、效益兼顾，全力推进“正向物流”体系建设，运输服务保障水平有效提高。

精心组织，做好运力优化。持续强化与生产企业的沟通协调，高效利用铁路运输资源，全力开通吉林、辽阳铁路集装箱成都局发运业务，及时根据装置开停车、产品库存等情况灵活调整运输方式，2017年实现统销产品运量399.95万吨，公路、铁路、航海运输比例9∶57∶34。坚持效率、效益兼顾，拓展运输新渠道，打通精己二酸散货陆海联运业务流程，累计实现精己二酸散货运量44560吨，创效144.37万元。

加强监管，做好过程管控。强化装车、装箱、卸车、拆箱等重点环节的监控监管力度，切实提高运输质量，有效控制商务纠纷。2017年，共发生商务案件7178起，涉及商务量666.5吨，分别同比下降7.49%、2.06%，商务案件发生率降低至0.17‰。进一步深化危险化学品运输管理，重点加强车辆运输资质和现场充装作业审查，严格落实人员责任，确保特殊时段万无一失。

科学管理，做好仓储库房和自备车运营。动态优化储运布局，设立大连瓦房店仓储库房，建立库存、罐存监控预警体系，有效提升产品创效能力。以中国储运沈阳铁西分公司沙岭库为试点，推进ERP系统联网库房相关工作，实现外租库房直接提货全覆盖。充分发挥自备车资源优势，提高可控节点运行效率，2017年租金收入7300万元，自备车运用率52%。积极协调，快速推进，完成大庆油田化工有限公司100台冰醋酸自备车资产划转工作并正式上线运行。

【企业管理】 2017年，东北化工销售强化“双赢体现大局”理念，以持续深化改革为牵动，全面落实精细管理，不断增强企业发展生机与活力。

深入推进改革创新。按照“系统管理、专业做精、指标到人、全面提升”原则，对公司销售业务机构进行重新调整，适时出台环氧乙烷销售格局调整、交货单两日有效、库房纳入ERP联网、年轻干部培养选拔、领导干部退出机制等系列改革措施，配套成立东北化工销售咨询管理委员会，增强企业发展生机与活力。进一步点清改革账本，梳理改革打法，切实用程序文件固化系列改革成果。

深入推进合规管理。严守关键风险领域和重要敏感时段安全生产“四条红线”，以办公场所、仓储库房、危险化学品运输等环节为重点，共组织开展安全监督检查和HSE体系审核5次，查改问题341项。着力推进营口分公司“打造放心罐区”工程，6月底通过达标考核验收，放心罐区建设取得阶段性成果。稳步推进营口分公司罐区消防水系统改造项目，强化施工关键环节的风险管控能力，切实将风险防控常态化。

深入推进精细管理。突出重点领域环节的控本降费，加大“两金”占用考核力度，提升资金使用效能，四项可控费用同比下降5.66%。扎实推进炼化板块ERP2.0应用集成系统上线运行，切实提升系统的产销协同能力。着力深化以效益为导向的工效挂钩考核激励机制，出台直销率及直供户开发专项考核奖励办法，发放专项奖励67.7万元。

深入开展开源节流降本增效活动。严格落实集团公司总体部署，实施开源节流降本增效6大类41条措施，发动全员参与，层层分解指标、落实责任，2017年累计创效6365万元。

【党群工作】 2017年，东北化工销售坚持“党建保障”为纲，围绕企业改革发展中心任务持续精准发力，党建各项工作取得进展。

突出抓好党的十九大精神的学习宣传贯彻。持续开展“四好班子”创建活动，坚持理论中心组学习，开展集中学习109次、专题讨论32次、撰写心得笔记179篇。建立干部培养、选拔、任用、交流、管理长效机制，2017年共提拔任用干部13人，交流43人。深入推进年轻干部培养选拔工作，着力开辟年轻干部提拔使用的“快车道”，共提拔年轻干部6人。建立健全领导干部退出机制，配套成立公司两级咨询管理委员会，畅通能上能下新渠道，14名处级、科级干部高风亮节，提前退出现职领导岗位。

推进党支部阵地建设，建立“共产党员之家”2个。扎实开展“四合格、四诠释”岗位实践活动，与党员示范岗创建活动深度融合，引导广大党员发挥先锋模范作用。

创办《东北化工销售报》，打造展示深化改革成果、合规管理业绩和员工良好风貌的全新阵地，2017年共刊发稿件300余篇。完成《企业宣传片》编制工作，充分展示东北化工销售经营管理文化建设成果。

扎实推进“两个责任”体系建设，制定、修订《落实中央八项规定的实施细则》等制度4项，共约谈党员领导干部38人次，实现廉政约谈全覆盖。认真组织开展干部亲属经商办企业、操办婚丧喜庆事宜自查清退相关工作，全部查改完毕。

扎实推进“精准帮扶”制度建设，大力实施送温暖工程，开展帮扶慰问32次，投入帮扶慰问资金6.8万元。严格落实员工疗养、休假、体检制度，2017年发放健康疗养费37.29万元。开展“企业发展我有责”合理化建议活动，共收到优秀合理化建议30条，13条建议用于指导实践工作。以“管理提升青年先行”为载体，开展“青字号”系列活动，打造青年员工成长平台。

（倪　玉）

中国石油天然气股份有限公司西北化工销售分公司

【概况】 中国石油天然气股份有限公司西北化工销售分公司（简称西北化工销售）成立于2006年6月8日，总部设在甘肃省兰州市，整合了中国石油在西北地区的化工营销资源和网络，主要负责兰州石化、独山子石化、乌鲁木齐石化、宁夏石化、庆阳石化等企业生产的合成橡胶、合成树脂、合成纤维产品在甘肃、青海、宁夏、新疆、内蒙古乌海市以西的市场营销业务；负责上述石化企业和塔里木石化公司生产的化肥、丁腈橡胶和其他液体化工产品在国内部分市场的营销业务；负责上述石化企业生产的化工产品向各地区化工销售公司的运输、配送任务。

2017年底，西北化工销售有16个处室、6个分公司，在册员工433人，本科以上学历325人。2017年，产品总销量336.59万吨，其中区内销量229.24万吨。调运产品567.7万吨，其中调运区外化工销售公司产品243.1万吨。区外产品铁路运输比例100%，调运计划完成率100.14%。产品购销率99.86%，直销率68.94%，价格到位率100.16%，互供计划完成率

96.5%，较好完成炼化板块考核指标。单位营销成本257.9元/吨，比预算降低17.79元/吨。收入185.98亿元，创3年来新高。利润2.69亿元，完成预算指标的385.59%。

西北化工销售主要经营指标

指　标	2017年	2016年
销售总量（万吨）	336.59	345
区内销量（万吨）	229.24	252
购销率（%）	99.86	105
直销率（%）	68.94	46.95
价格到位率（%）	100.16	100
运输总量（万吨）	567.70	557
区外运量（万吨）	243.10	235
收入（亿元）	185.98	140
利润（亿元）	2.69	2.73

【主要产品销量实现历史性突破】 2017年，西北化工销售坚持以资源保销售、以资源拓市场，超配置购入资源28.36万吨，争取四川石化资源满足甘肃、宁夏市场需求。与中国石化、中联油、燃料油公司、中铁公司等在市场稳定、资源、商贸、信息交流等方面开展强强联合，提升客户群的档次和实力。实现对克拉玛依石化纯苯统销。对产品流通费用、买断价取值、价格到位率计算方法等向股份公司炼油与化工分公司争取政策，保障西北区域产品销售顺畅。坚持低库存运作，降低经营风险，平均库存商品金额4.19亿元，同比降低0.65亿元，存货周转天数为8.73日，同比减少4.92日。出口产品8099吨，同比增长15.4%。运作贸易、期现结合和电子商务等销售新方式，实现销量17.3万吨，同比增长178%，打开增量增效的新空间。化肥开启“同编统排”销售新模式，总销量101.12万吨，区内销量83.16万吨。合成树脂采取“区位价差、批量优惠、一单一谈”等组合营销策略，落实直销率提升方案，总销量101.64万吨，同比增长24.2%，实现年销量跨过百万吨大关的历史性突破；区内销量91.32万吨，同比增长19.5%。合成橡胶拓展直供销售，全面推进橡胶产品吨包装，总销量15.01万吨，同比增长22.8%；区内销量5.56万吨，同比增长21.4%。合成树脂、合成橡胶总销量、区内销量均创历史最好水平。实现产品销售结构转型，为下一步发展奠定坚实基础。合成纤维把握销售节奏，总销量28.8万吨，同比增长12.3%；区内销量7.63万吨。化工原料应对生产和市场变化，出台苯乙烯产品“超量激励”政策，总销量90.03万吨，同比增长16.5%；区内销量41.57万吨，同比增长4.8%。

【业务发展】 2017年，西北化工销售各分公司主动作为，橡塑和液体产品销量大幅提升。兰州分公司开发橡塑产品直供客户14家，月销量突破1000吨。乌鲁木齐分公司发展新客户22家，销售产品的规格牌号达到32个。独山子分公司销售化工产品5.71万吨，同比增长42.39%，出口产品1246吨。宁夏分公司开发6家树脂客户，完成聚丙烯协议品及硫黄协议品网上竞拍。库尔勒分公司深入南疆摸底调研，开发6家新客户。庆阳分公司打通庆阳石化聚丙烯销售业务和西安至银川橡胶配送流程，实现合成树脂销售突破。

【新产品推广】 2017年，西北化工销售成功推广销售兰州石化L5050管材料。独山子石化茂金属系列化产品打开销售局面。实现兰州石化铬系产品正常销售。高模量热灌装瓶用料、发泡专用料两个聚丙烯新产品进行中试开发生产和用户试验评价。稳定向固特异公司供应SBR1723。SBR1739样品通过卢森堡实验室测试评价和配方适用性评价。推动独山子石化TPE领域SBS新产品、新牌号的开发，拓展SBS在防水卷材领域的应用。协调宁夏石化、塔里木石化生产车用尿素，拓宽尿素多元化发展渠道，为下一步提质增量创造条件。

【运输保障】 2017年，西北化工销售产品铁路发运比例74%，同比提高2个百分点。自备车综合周转率为0.83次，同比提高0.17次。持续开展“提升产品运输质量，减少商务理赔纠纷”全过程服务活动，兰州石化产品铁路运输全面使用电子防盗锁，运输损耗量下降50%，其中率先使用的运往华南的产品，吨级以上商务理赔的笔数和吨数由使用前的10笔、23.9吨锐减到使用后的1笔、2.7吨。全年商务理赔笔数、理赔量分别同比降低14%、25%。2017年通过运输区外销售公司产品和自备车运营实现盈利8061万元，同比提高214.39%。

【开源节流降本增效】 2017年，西北化工销售实施开源节流降本增效项目37项，降本增效7156.29万元。优化产品销售组织增效2888.29万元。开展SBS橡胶行包运输、自备车封存、企业库存优化、兰港公司产品集装箱发运等工作，物流费降低2171万元。严格控制“两金”压控指标，大幅降低财务费用。

【深化改革】 2017年，西北化工销售成立全面深化改革领导小组，加强顶层设计，制定机构调整、岗位优化、干部管理等10个方面改革举措。撤销5个销售部，全面取消7个业务处和财务处的科室建制，统一分公司机构设置，盘活人力资源存量。调整变动薪酬基数，与公司经营效益紧密挂钩，增强员工“奖金随着效益走、薪酬要靠绩效挣”的意识。推进绩效考核管理信息系统建设。实施劳务外包，规范人力资源管理。

【基础管理】 2017年，西北化工销售深入开展“大学习、大检查、大反思”活动，强化安全管理；建立西北化工销售安全365微信群，搭建安全教育和宣传新平台；建立安全管理人员例会制度，强化安全工作落实；制定并落实安全专项检查联络单制度，全年开展安全检查110次，发现并整改问题12项。开展每周制度宣讲，成立制度审核专家小组，制修订制度97项。强力推进管办分离，对产品运输、仓储、自备车维保等关键业务组织招标。建立按季、月、周运行的管理和业务两个看板管理控制体系，建立健全领导牵头、分工负责、闭环对接的督查督办管理工作机制，全年督查督办公司领导重点工作计划286项，督办落实重要工作322项，督办事项完成率100%。完成公司CRM客户管理信息系统的上线使用。在机关处室全面部署云桌面。网络和计算机管理系统经受了全球勒索病毒大爆发的严峻考验。加强员工培训，选派外出培训55人，选派优秀业务骨干到同行企业进行学习培训，组织2期党务工作者培训班，组织内部培训讲座10次，参训431人，实现员工培训全覆盖。

【党群工作】 2017年，西北化工销售推进“两学一做”学习教育常态化制度化，通过“回头看”查摆并整改问题53项。组织“四合格四诠释”岗位实践活动，运用新媒体扩大活动感召力。党的十九大召开后，公司党委制定下发宣讲和学习方案，领导班子成员分片到各处室、分公司进行面对面、互动式宣讲辅导。召开公司宣传思想文化工作会议，加强网络宣传阵地建设，内网发布各类稿件1085篇，在行业主流媒体刊发报道61篇。组织“弘扬石油精神、重塑良好形象”活动周系列活动。建设并运行西北化工销售官方微信公众号。组织开展“增量提效，争当‘四精’能手”主题劳动竞赛。开展扶贫帮困和走访慰问活动，慰问130人次，发放慰问补助12万元。所属单位及个人获集团公司“铁人先锋号”“优秀青年”等先进荣誉9个。组织参加石油体协第一届羽毛球比赛和兰州国际马拉松赛，开展青年志愿者服务、健步走网络公开赛等活动，丰富员工文体生活。落实甘肃省委要求，扎实推进精准扶贫精准脱贫工作。

（杨　成）

中国石油天然气股份有限公司华北化工销售分公司

【概况】 中国石油天然气股份有限公司华北化工销售分公司（简称华北化工销售）成立于2006年2月，总部设在北京市，主要负责中国石油所属企业生产的石油化工产品在华北区域的统一销售业务，销售网络全面覆盖北京、天津、河北、河南、山东、山西、湖北、内蒙古8省（自治区、直辖市），主要经销合成树脂、合成纤维、液体化工和合成橡胶共四大类、数十个品种、上百个牌号的产品，产品销量和销售收入逐年增长。

2017年底，华北化工销售机关设15个处室，下辖湖北、山东、天津、河南、内蒙古和任丘6个分公司（调运部），沧州、太原、临沂3个销售部，秦皇岛代表处和大港调运部。员工总数200人（其中党员129人），本科及以上学历占83%，中级以上职称占64%。资产总额16.23亿元。

2017年，华北化工销售销售各类化工产品256.29万吨，同比增长2.3%，销售收入210.2亿元，账面利润2.23亿元；购销率99.6%，超指标0.6个百分点；直销率61.5%，同比增加5.6个百分点；全面完成关键绩效（KPI）指标。

华北化工销售主要经营指标

指　标	2017年	2016年
化工产品销量（万吨）	256.29	250.57
资产总额（亿元）	16.23	12.95
销售收入（亿元）	210.2	190.19
利润（亿元）	2.23	3.34
税费（亿元）	1.57	1.69

【市场营销】 2017年，华北化工销售强化计划管理，抓好资源优化。严格客户计划执行和考核，健全完善动态调整与退出机制，提高均衡销售水平。持续加强配置计划过程管控和细化优化，根据企业排产和市场需求，做好重点产品、适销产品资源保障，实现购入量257.5万吨，超预算8.2%。强化市场研判，抢抓市场机遇。加强对原油、化工产品、期货等知识学习，开展市场行情分析，关注行业最新动态，分析总结市场规律，有效指导销售策略制定。强化价格管理，深化比价分析。强化价格过程管控，合理运用价格策略，实施均价销售模式，研究差异化定价，持续提高价格到位率。深化比价分析，与中国石化北京公司累计比价184次，高于占55%；持平占11%；低于占34%。强化科技创新，深化产销研用协作机制。加强与客户、生产企业、科研单位和专利商的技术交流，加快产品性能改进和质量提升，加大高效高端产品市场推广力度，实现差异化、定制化销售。共推广42个牌号，实现销量13.7万吨，发挥科技创新在产品结构调整、质量升级中的引领作用。强化渠道建设，注重客户服务管理提升。加强客户渠道建设，加大直供客户开发力度，明确直销率提升任务，推进客户结构优化；协调生产企业、科研院所做好服务工作，加快商务处理效率，不断提高售后服务水平。受理产品质量投诉23起，全部处理或结案。

【改革创新】 2017年，持续加强深化改革力度，加快人事劳动分配“三项”制度改革。有序开展“五定”工作。完成7项部门职责调整优化，以及20个部门和147个岗位的评价分级；开展河南分公司改革试点，为分公司扩大自主经营及公司持续发展奠定坚实基础。深入推进全员绩效考核。强化分层分类考核管理，推进全员绩效考核，优化奖金体系和绩效考核体系，充分发挥绩效考核与奖金兑现、薪酬晋级、职务晋升、评先选优等挂钩机制。开展职称评审工作。制定相关管理规定、评审细则和量化评审标准，完成14人职称评审及推荐工作，其中3人晋升初级、4人晋升中级、6人晋升副高级，1人晋升正高级职称。组织完成岗位序列聘任工作。制定岗位序列聘任相关管理办法，明确岗位序列聘任条件、聘任程序、考核和薪酬待遇情况，共140人聘任到相应岗位，畅通员工上升渠道。

不断发挥创新作为引领发展第一动力的作用，成立信息化、电子商务、期现结合专项小组，开展硫黄扩销，各项工作取得新进步。推进电商销售。实现电商平台注册用户125家，电商销售近4万吨、推价84元/吨。加快推进产融结合。认真落实集团公司金融工作会议精神，加大产融结合推进力度，实现10家客户成功办理促销贷业务，额度超2亿元。主动拓展业务模式。统筹谋划华北石化改造工程新增产品市场开发和渠道准备，主动开展硫黄扩销，为保障企业后路畅通、实现公司化工产品销量突破300万吨奠定基础。

【企业管理】 2017年，华北化工销售着力夯实传统管理基础，切实增强整体管控能力，构建管理提升长效机制。

强基础、保安全，体系建设再上新台阶。严管安全环保狠抓落实。强化对仓储运输、危险化学品调运、办公场所等关键安全风险领域的隐患排查整治，组织开展仓储库“四不两直”专项安全检查和“安全生产大检查”活动，加强党的十九大期间安全管控力度，持续加强危险化学品运营风险管控，全面加强危险化学品各环节的安全管控，将危险化学品客户经营许可证等关键证照纳入ERP资质管理模块管理，同时对15家危险化学品客户的安全生产许可证等关键证照逐一检查；通过西城安监局对危险化学品企业的经营安全检查。不断夯实体系建设。精心组织对公司30名体系管理员及安全员进行集中培训；完成质量和HSE体系内外审工作，对审核发现问题和不符合项做好三个层面整改工作，逐项审核，制订整改措施，所有问题均整改完毕。

严监督、强管控，合规管理不断提升。加强合规管理严格监督。开展全员合规培训和合规考试答题活动；依法规范内部交易、关联交易、外部交易；加强制度管理，抓好制度宣贯、执行和考核，将关键风险防控纳入公司年度绩效考核指标；开展落实中央八项规定精神、反“四风”回头看专项检查和合同管理等合规性工作自查工作；全面完成应招标的24个仓储库招标工作，实现丙类库达标率100%；开展各类专项审计6项，有效防范风险，促进管理水平不断提升。开展内控管理工作。举办内控人员培训班，强化业务操作能力；完成公司整体流程架构调整和财务内控手册修订工作；组织完成内控内外部测试工作，对测试发现的例外事项和问题进行全面整改落实，内控管理工作再上新台阶。强化财务管理高效运行。突出预算引领作用，根据批复预算，制定日测算、周通报落实全面预算管理，规范协调运转，确保资金安全，经三级审核未出现任何差错；坚持依法合规，动态管理涉税业务，有效规避各项业务的涉税风险；完成公司“三证合一”税号变更工作。扎实开展内蒙古分公司总经理任中经济责任审计，以及商业汇票管理、应收款项管理、运输费用控制、仓储管理和北京石油交易所管控情况等专项审计，有效防范票据风险、评价仓储管理情况、规范运输成本支出，提高仓储效率，节减费用开支，提高公司经济效益，促进公司管理水平持续提升。

【提质增效】 2017 年，华北化工销售不断促进物流运输优化、降低运输仓储成本，深入提质增效促发展。持续做好物流优化。推进吨包装和陆海联运、产品断卖业务，开通沙良物流园“门到站”铁路运输，优化运输结构，推进橡胶好运箱业务，全年节约运费 858 万元；合理优化仓储布局。通过仓储库替换、新增和停用，退租 4 家、新增 6 家，由 32 家增加至 34 家，实现降费 350 万元。提升财务管控能力。不断提高资金计划执行准确率，持续清理长期无动态库存产品，加快存货周转，保持年底“应收账款为零”，减少“两金占用”。实现财务费用比预算节约 2556 万元，同比减少 834 万元。精细日常管理，压缩各项开支。通过科学管理合理压缩办公费用，推进信息化应用，实现办公费比预算节约 75 万元。

【党建与思想政治工作】 2017 年，华北化工销售着力加强党的建设。加强政治领导、思想领导和组织领导，充分发挥政治核心作用，扎实开展“两学一做”学习教育，领导班子带头学，党员干部自觉学。领导班子成员和支部书记在各自支部开展讲党课活动，其中 2 篇党课材料分获集团公司党支部书记优秀党课一等奖和优秀奖。组织参观“砥砺奋进的五年”大型展览，收看党的十九大开幕盛况，对“大学习、大宣传、大落实”党的十九大精神做出部署，公司党委成员分别在本部、分公司开展集中宣讲，推动学习活动往实里走、往深处走，营造良好学习氛围。不断加强基层党组织建设，制定《党支部工作考评方案》；持续加强党员干部培训教育力度；健全党内制度，规范党员发展、党费管理工作。扎实推进党风廉政建设。签订《党风廉政建设责任书》103 份，层层传导压力，压实责任。扎实开展党风党纪教育，组织 2 次网上答题活动，及时通报集团公司部分单位和党员干部违规违纪违法案例，强化警示教育；对 6 名新提任干部进行“六个一”教育，巩固提高拒腐防变意识。思想政治、群团工作再上新台阶。开展重塑良好形象活动，新产品开发及推广小组获集团公司“铁人先锋号”称号；持续加强新闻宣传，强化新媒体应用，完成公司宣传片拍摄，官网新闻报道 319 篇，向上级报送 19 篇。为企业形象建设注入正能量，持续开展“形势、目标、任务、责任”主题教育活动。发挥工会优势，创建和谐家园。经过细致筹备和努力拼搏，获集团公司在京单位第一届职工运动会优秀组织奖和最佳风采奖；广泛征集“金点子”合理化建议，4 人获集团公司直属工会奖励；全年帮扶、慰问员工 15 人次，发放慰问金 3.1 万元。加强团组织建设，组织开展“青春建功、岗位成才”“青年文明号”主题活动，以及“节能减排”志愿者活动，展示青年员工积极向上、奋发拼搏的精神风貌。

（迟云峰）

中国石油天然气股份有限公司华东化工销售分公司

【概况】 中国石油天然气股份有限公司华东化工销售分公司（简称华东化工销售）成立于 2005 年 12 月，是在 2000 年成立的化工与销售华东分公司基础上整合升级而来的地区公司。总部位于上海市，党组织关系隶属于上海市经济和信息化工作党委管理，业务归口炼油与化工分公司领导，主要负责中国石油 12 家炼化企业生产的合成树脂、合成橡胶、合成纤维及有机化工等共计 4 大类、16 个品种、120 余个牌号的化工产品在上海、浙江、江苏、江西、安徽的营销工作。

截至 2017 年底，领导班子成员 5 人、总经理助理 3 人。员工总数 329 人，其中党员 225 人，具有中、高级专业技术职称 194 人。设 8 个管理处室、7 个业务处室、3 个直属单位和受股份公司委托管理的全资子公司——上海中油石油交易中心有限公司，在上海、江苏及杭州、宁波、合肥、南昌设 6 个销售分公司，在上海、浙江省余姚市设 2 个总库容 4.8 万平方米、年吞吐量 81 万吨的固体仓储库房。总资产 23.3 亿元，资产负债率 33%。

华东化工销售先后获“全国企业文化建设优秀单位”“上海市陆家嘴金融贸易区经济发展突出贡献企业奖”及集团公司“模范职工之家”“企业精神教育基地”“安全生产先进企业”称号，所属上海仓储分公司党支部被国务院国资委党委授予“先进基层党组织”称号。

2017 年，面对曲折复杂的内外部环境，华东化工销售认真贯彻落实集团公司和炼化板块各项工作部署，以“1225”工作思路引领经营管理全过程，克服资源配置压力大、市场空间受挤压、改革创新任务重等困难和挑战，聚焦稳健发展主题，抓住资源、用户 2 个核心关键，破解人才和战略缺失 2 个难题，精准实施 5 项工程。全面完成生产经营任务。

华东化工销售主要经营指标

指　标	2017 年	2016 年
化工产品销量（万吨）	266	270
购销率（%）	100	100.7
直销率（%）	64.6	61.6
价格到位率（%）	100.3	100.1
直发、断卖比例（%）	33	25
资产总额（亿元）	23.3	24
收入（亿元）	227	200
利润（亿元）	2.5	4
税费（亿元）	2.3	1.9

【经营工作】 2017 年，华东化工销售坚持以效益为中心、以市场为导向。推进深化渠道结构性改革，优化定量资源，争取增量资源，拓展高效资源；通过强化考评、市场攻关、新产品研发推广、提升产品质量等措施，使用户结构、产品结构得到进一步优化。尤其是在市场下行期间，各项经营指标横向、纵向比均表现优异，核心客户无一掉队，资源集中程度进一步提升，阶段性均衡和计划的刚性执行取得预期效果。对市场的判断能力、价格管理能力、自我纠偏纠错能力有明显的提升，基于 2017 年化工市场依然处于行业景气周期这一理性研判，深化营销组合，优化经营方式，坚持通过均衡销售、优化产品流通费用、增加直发断卖比例、强化经济活动分析成果运用等措施，克服远离生产企业的不利因素和比价对标值差上的被动局面。2017 年化工产品销量 266 万吨，营业收入 227 亿元，利润 2.5 亿元，完成预算的 420%，持续保持安全环保事故、应收账款、严重违法违纪案件为零。

【产销研用一体化】 2017 年，华东化工销售在产销研用一体化工作中充分发挥引领作用，担当桥梁纽带，全年与用户、生产企业、同行等交流及信息反馈的频次之高、范围之大均创历史新高。坦诚客观直面问题，真诚对待用户来访，让公司的营销文化走进用户心中，用户综合满意度大幅提升。产销融合日趋加深，价值观有新转变，围绕产品创新形成多方面共识。经多方努力，促成长庆油田聚乙烯复合管、“特种薄膜料基地”项目连续有进展、出成果。个别高压电缆和管材专用料的质量、包装、标识改进以后，用户能够放心使用，用户对产品质量满意度首次超过 90%。联合开发的聚丙烯管材 T4401、高密度聚乙烯 DMDB6200 等产品获集团公司科学技术进步奖二等奖。

【电子商务】 2017 年，华东化工销售认真贯彻炼化板块关于电商工作的部署要求，树立“服务先于销售”理念，协调服务各销售大区参与平台建设和产品交易。不断健全优化管理和交易的制度政策，采取降低成本、完善功能、优化界面、延时交易等措施刺激成交，2017 年实现网上销售 31 万吨，其中华东化工销售自主成交 1.2 万吨，间接推价创效 60 万元。面向公众宣传推广平台，利用平台微信公众号、与国内专业网站交流合作、多媒体演示、散发宣介资料等方式，提升电商平台的知名度，新增注册客户数 630 家，同比增长 170%。

【企业管理】 2017 年，华东化工销售持续深化“管理出效益、科学管理出大效益”理念。有效落实安全生产责任制，组织开展风险排查和过程监督，安全环保总体平稳受控。突发事件应急响应迅速，最大程度减少全球勒索病毒的影响。在开展“基础管理年”活动、着重规范提升基础管理标准的同时，成立 7 个专项工作领导小组，对经营管理中的重点、难点、痛点精准施策。开展规章制度修订、质量手册改版编制、日常风险评价、流程测试、常规审计及专项合规性检查，规范组织仓储库房公开招标，合规管理有效延伸。多措并举开源节流降本增效，争取浦东新区总部政策补贴 1560 万元，推进宁波高新区退税平台建设；优化物流结余流通费 2900 万元；调整仓储面积节约费用 300 余万元；资产处置增收 350 万元；节约车辆保险费 50 万元；吸收中国石化存量会员入驻上海中油石油交易中心，年增加会费收入 120 余万元；直发节约二次费用 2000 万元；销售管理费用、财务费用较预算大幅下降，“五项”费用同比下降 120 万元；化工营销成本同比下降 9800 万元；仓储突出“安全、服务、效益”，推出托盘共享，提高效率、降低支出；开展税收筹划主动增收节支；各单位对工作的总结、分析能力及协调能力有明显改进。

【三项制度改革】 2017年，华东化工销售认真贯彻集团公司关于深化人事、劳动、分配制度改革的一系列重大部署。搞活内部分配，深入完善薪酬分配体系，对与岗位级别和职务有关的薪酬收入进行明确；强化重点专项激励，精确到具体项目、具体人，充分发挥奖励一批、激励一片的作用。制定干部考评细则和员工评价标准，对72名中层干部和245名员工进行考核测评，为干部员工岗位交流和选拔任用提供量化标准；领导干部职务退出机制有序落实，2017年共有35名员工跨部门岗位交流，持续盘活劳动力资源。进一步打破市场化与合同化员工的身份界限，所有员工享有的权利、待遇等基本相同，员工的归属感、获得感有了提升。

【党建工作】 2017年，华东化工销售深入开展“践行四合格四诠释，弘扬石油精神，喜迎党的十九大”岗位实践活动，推进“两学一做”学习教育常态化制度化；召开第二次党员大会，选举产生新一届公司党委、纪委；整合总部机关党支部，选好配强党支部书记，加强党组织作用；落实党的领导与公司治理相统一的工作机制，把党建工作嵌入交易中心章程；制定党建工作考核细则，将党建工作纳入日常绩效考核。落实全面从严治党要求，取得党风廉政建设和反腐败工作新成效；印发《进一步贯彻落实中央八项规定精神实施办法》以及配套的公务用车、业务招待管理办法；开展领导干部亲属经商办企业自查清退工作；对规范党员干部操办婚丧喜庆事宜做出明确规定；启动政治巡察，首轮巡察实现8个分公司全覆盖，发挥出震慑作用；运用“四种形态”，对违纪违法人员不姑息、不迁就，党员领导干部执行中央八项规定精神的自律自觉意识更加清醒坚定。坚持正确政治方向和舆论导向，掌控意识形态工作主动权；持续开展“形势、目标、任务、责任”主题教育；组织党员走进革命精神教育基地，追寻红色基因，不忘初心，砥砺前行；在人民网等主流媒体宣传公司改革发展成果，扩大企业形象传播；加强干部队伍和人才队伍建设，聘任8名分公司经理助理，储备一批优秀后备干部；更加重视干部员工培养教育，中层干部进课堂，青年骨干进工厂，公司内的培训数量、质量、受培人次都有大幅度增长。持续深化“企业为员工、员工为企业”的双赢理念，把增加员工的获得感和幸福感作为党建工作的出发点和落脚点；群团组织用心用情开展工作，持续开展扶贫帮困送温暖，做好员工权益保障；点亮青春梦想、搭建成才载体，青年工作融入企业中心；企业文化生活不断丰富，温暖、友爱、亲和的家文化逐步形成。

（刘元彪）

中国石油天然气股份有限公司华南化工销售分公司

【概况】 中国石油天然气股份有限公司华南化工销售分公司（简称华南化工销售）前身是中国石油天然气股份有限公司化工与销售华南分公司，于2004年5月18日正式成立，负责中国石油统销化工产品在广东、福建、广西、海南四省（自治区）的市场营销业务和广西石化生产的化工产品向各地区化工销售公司的调运任务，主营合成树脂、合成橡胶、有机和无机化工产品。2017年底，设15个处室，下设厦门、汕头、深圳、南宁、海口和钦州6个分公司。2017年，华南化工销售紧扣“推进精品战略、提升精益管理”这一主题，突出“效益稳中向好”“队伍团结稳定”两条主线，坚持“一张蓝图绘到底”，夯实管理基础，强化政治保障，打造“黄金终端”，销量创历史最好水平。

华南化工销售主要经营指标

指　标	2017年	2016年
化工产品销售量（万吨）	249.86	242.18
购销率（%）	99.2	101.1
直销率（%）	70.01	65.56
推价到位率（%）	100.55	100.5
断卖比例（%）	43	38
资产总额（亿元）	18.31	17.33
收入（亿元）	192.62	164.75
利润（亿元）	2.77	3.95
税费（亿元）	1.74	1.48

【主营业务】 2017年，华南化工销售坚持差异化营

销策略，瞄准先进制造业需求，全力增销高端高效产品，品种创效优势明显；以专项推广和常规推广为重点，成立专项工作组，协调排产，加大市场开发力度，全年销售高端产品 11.59 万吨、公司口径高效产品 81.38 万吨；严格客户管理，强化半月考核，综合半年考评结果优胜劣汰，全年升级 59 家、降级 70 家、剔除低效客户 245 家，客户群体整体质量明显提升；严格考核周均衡指标，坚持周通报、月分析，月销售计划执行率 95% 以上。通过靠前协调压缩产品在途时间、增设行包线路、提高产品断卖比例、开通产品直发自提业务、贴近市场灵活定价等措施，加快库存周转，产品断卖率 43%，同比提高 5 个百分点，海运断卖率 52%，同比提高 3 个百分点，年底总库存控制在 10 万吨，前沿库存 2.7 万吨，保持低位运行。

【专项工作】 直销率专项提升。与市场再开发战略相结合，制定为期 3 年的专项提升方案，分品种，定目标，重奖重罚。坚持把直供工厂客户作为市场开发的主攻目标，公司领导亲自带队深入市场开发最前沿，与行业内龙头企业、区域内知名厂商面对面交流，建立合作关系，拓宽合作空间，全年开发新客户 157 家，开发数量创历史新高，其中直销工厂客户 113 家，为直销率提升贡献 4.66 个百分点。

新产品研发。发挥销售企业紧贴市场优势，为新产品研发提供信息支持和应用支持，2017 年共有 3 个科研项目获集团公司科学技术进步奖，其中：与吉林石化共同研发的 ABS0215H 产品获集团公司科学技术进步奖一等奖，与大庆石化共同研发的低压聚乙烯 DGDB6200 产品、与独山子石化共同研发的聚丙烯 T4401 产品获科学技术进步奖二等奖。

新产品发现。华南化工销售发挥身处高效市场最前沿的区位优势，广泛深入市场调研，发掘具有市场前景的新产品，全年向炼化企业反馈高强度高密度聚乙烯膜料、中中空 HDPE 专用料、PE-RT Ⅱ 型管材料、热收缩膜用茂金属线性新品种、中空透明聚丙烯、低析出药用包材聚丙烯共 6 项新产品市场信息，推动产品提质升级。

差异化定价。推行顺丁橡胶产品周均价定价模式，有效应对产品价格快速下滑带来的跌价风险；推行直销工厂用户合同定价模式，提前锁定用户资源需求，提升产运销全过程计划性；推行直销工厂用户送到价模式，提供便捷高效的送到服务，巩固直销渠道、增强客户黏性。

【云南石化芳烃产品运储销】 2017 年，云南石化开车投产。华南化工销售提前谋划安全准备工作，深入前沿仓储现场开展隐患排查与治理、安全检查与安全条件确认，修订应急预案，先后开展 3 次突发事件应急演练，对相关方进行安全专题培训，保障云南石化芳烃产品接卸转运仓储工作安全平稳运行。先后多次召开云南石化芳烃产品运储销工作专题会，逐一破解遇到的问题，分解任务，明确责任，制定措施，并在部门层面建立日例会机制，协调推进各项准备工作。在短短 3 个月时间内，新开发客户 31 家，筛选确定铁路接卸点和备卸点，完成合同签订、工作流程汇编、流通费用测算，召开产品推介会，筹备工作精心高效，截至 2017 年底，共接卸 794 车，销售 4.45 万吨，确保云南石化芳烃产品迅速打入华南市场。

【基础管理】 2017 年，华南化工销售始终把合规管理放在重要位置，持续完善制度体系，重点强化制度执行，确保规章制度行得通、管得住、用得好。开展“全员学制度”和“处长上讲台”活动，做到学习有计划、解读专业化、工作规范化。坚持“合规、公开、竞争、择优”原则，开展直发业务公路配送、固体产品仓储服务、液体产品仓储服务、库发业务公路配送 4 个项目的招标工作，以“互联网 + 采购”思维创新物资采购方式。扎实开展开源节流降本增效工作，层层分解任务，量化考核指标，加强过程管理，狠抓 23 条具体措施的落实，全年累计实现增效突破 1.59 亿元。坚持“环保优先，安全第一，质量至上，以人为本”的管理方针，以集团公司 2017 年安全环保工作要点为指引，牢固树立安全发展理念，强化“四条红线”意识，突出销售企业特点，从严管理，实现“零事故、零伤害、零污染”的安全环保工作目标。

【党建和队伍建设】 2017 年，华南化工销售坚持党委中心组学习与基层调研相结合，集中学习 27 次。完善三重一大决策制度实施细则，细化“三重一大”决策内容，严格落实民主集中制。建立党建工作季度例会制度，完善监督部门联席会议制度，推进党建“三联”示范点工作，全面履行党建工作责任制，抓党建工作机制进一步完善。

按照集团公司党组“践行四合格四诠释，弘扬石油精神，喜迎党的十九大”岗位实践活动部署，突出销售企业特点，设计载体，搭建平台，共设计岗位实践项目 123 项，130 名党员全员参与。确定一级培训项目 15 个、二级培训项目 86 个，举办中层管理人员培训班、党务干部培训班和青年业务骨干培训班，提升干部员工专业素质和履职能力。

弘扬石油精神，开展“弘扬石油精神、重塑良好形象”活动周和“心向党，跟党走，岗位建功献礼十九大”主题活动。评选表彰“五四”优秀青年、举办“我与公司共成长”青年发展论坛。建立困难员工帮扶档案，动态管理，精准帮扶。举办读书分享会等形式多样的文体活动，丰富员工的文化生活，提升队伍的凝聚力、创造力、战斗力。

（叶婉英）

中国石油天然气股份有限公司西南化工销售分公司

【概况】 中国石油天然气股份有限公司西南化工销售分公司（简称西南化工销售）2000年按照中国石油化工统销战略部署整合成立，原名为中国石油天然气股份有限公司化工与销售西南分公司，2009年4月机构规格由处级调整为副局级。主要负责中国石油在四川、重庆、湖南、陕西、云南、贵州、西藏7省（自治区、直辖市）的化工产品统销业务，同时承担四川石化和云南石化的化工产品调运业务，经营中国石油所属炼化企业生产的合成树脂、合成橡胶、工程塑料、有机化工4大类近200个牌号的化工产品。

西南化工销售总部在四川省成都市，设15个职能处室和四川、重庆、湖南、陕西、云南、贵州6个销售分公司及彭州、安宁2个调运部。2017年底，员工总数252人，平均年龄39岁，其中本科以上学历占82%，中高级职称人员占40%。党员157人，占员工总数的62%。

2017年，西南化工销售销量301.8万吨，同比增加45.5万吨、增长17.8%；营业收入207.1亿元；全年完成产品调运量305.4万吨、同比增长15%；账面利润3.42亿元；直销率66%、同比提高4.2个百分点；价格到位率100.32%。

【营销工作】 2017年，西南化工销售培育销量引领新动能。坚持大销量、低库存、快周转销售策略，正确处理量效关系，把资源属地化优势转化为增量优势，抢抓资源、扩量增销。建立重点客户资源保障清单，突出终端客户、大宗品种、高效产品销售。全年固体产品销量150.3万吨，同比增长5.7万吨；液体产品销量151.4万吨，同比增长39.7万吨。保持低库存常态化运作，产品周转天数10天、同比减少3天，存货资金占用同比降低3%。

打造区域销售新优势。按照“专业化管理、区域化销售”模式，进一步下沉营销重心，强化前沿销售，变坐商为行商，一地一策、因厂施策、定制销售，推进分公司做大做强。在川渝地区坚持提高份额、做大做实，四川分公司、重庆分公司销量分别达55万吨、31万吨，效益贡献率68%；在云南和贵州坚持量效并重、做精做优，贵州分公司销售17.5万吨、增长26.5%，云南分公司价格到位率保持领先；在陕西和湖南坚持稳中求进、做专做细，直面市场激烈竞争，经营质量和效益好于预期。

实现就地销售新突破。把四川石化产品就地销售作为实现集团整体效益最大化的战略任务，继续落实就地销售年度目标，缩小销售半径，降低流通费用。2017年橡塑产品区内销售比例从73%增长到81%。重庆蓬威石化等企业如期复产、扩能上产，四川石化有机化工产品区内销售占比从52%跃升到88%。全年推广销售新产品22个、增量2.5万吨，加强技术服务和质量改进，现场解决问题55次，处理产品质量纠纷26起。

【客户开发】 2017年，西南化工销售贯彻集团公司总部“大力开发终端、提升直销率”要求，落实以“四个一批”“两轮驱动”为主要内容的工作方案，细化分解责任，开展专项劳动竞赛，开发终端客户。各分公司采用“地毯式”走访、“过筛子”排查方式，紧盯下游终端大厂、标志性企业，增加终端客户数量和销量，稳步提高直销率。2017年新开发终端30家、增量10.6万吨，原有终端客户增量68.6万吨。全年直销率66%、同比提高5.4个百分点；市场占有率保持在55%左右。

【云南石化调运业务】 2017年，西南化工销售成立云南石化产品调运销售工作领导小组和开工保运组，建立保运协调机制和例会制度。公司领导多次赴云南石化沟通调运保障工作，安宁调运部、开工保运组人员在现场及时处理问题，克服丙烯临时出厂、混合二甲苯互供遇到的诸多困难，一次打通全部流程并完成调运销售任务，2017年共调运云南石化产品21.5万吨，销售云南石化产品16.1万吨。

【精细化管理】 2017年，西南化工销售深入抓好“三个优化”工作。坚持每月2次资源需求对接会制度，加强公司与用户、生产企业、炼化板块“三个对接”，争取适销对路资源。强化产品流向优化，形成大宗资源保川渝、特色资源向高效地区配置的机制，全年实现高效产品销售35.9万吨。调运系统优化调整公路、铁路比例，扩大直发自提业务，产品直发比例提高至42%，其中四川分公司直发四川石化产品高达93%；加强自备车运行管理，周转率提高到3.7次/月。仓储业务强化警戒库存管理，开展库房评级和达标检查，标准化管理水平稳步提升。

持续开展算账导航和对标管理。发挥财务预测作用，在日预测、周通报、月分析的基础上，帮助指导业务部门查问题、找差距，提高获利能力，形成精准管控、动态监督的经营机制。坚持开展与竞争对手、兄弟大区和公司内部三个层面的对标，多维度分析量价存等影响因素，及时调整价格和营销策略，不断提高对标比价管理水平，全年价格到位率100.32%，固体产品获利能力第一的比例高达55%。深化开源节流降本增效，通过票据顺转、低库存运作等一系列措施，财务费用同口径节约1900余万元。

扎实推进全面依法合规管理。把服务采购招标作为推动依法合规管理的切入点，实现服务采购招标全覆盖硬落实。第一轮公开招标项目完成后，费用下降27.4%。加强经营风险防控，制定《财务会计规范操作手册》和《结算操作手册》，对所有离任的分公司经理进行离任审计，还组织大客户激励政策、承兑汇票管理使用专项审计。层层落实安全环保责任，强化目标管理和过程监督，注重HSE体系有效运行、持续改进，突出重点领域、关键环节的安全风险防控，全年实现事故为零目标。

【改革创新】 2017年，西南化工销售全面推进机构改革。年初确立八个方面13项改革课题，全年两次进行机构改革，理顺调整管理职能，对计划、调运业务进行拆分，对公路运输、仓储业务实行优化重组，对固体销售处室进行削减合并，对分散的结算业务推行集中管理。调整后机构运行顺畅，主营业务更加突出，专业管理得到强化，结算效率显著提升。严格“三控制一规范”，重新定岗定编，把富余人员向主业集中，2017年减少各类用工10%以上。

稳妥实施“三项”制度改革。优化一般管理人员职级聘任办法，恢复中断5年的职级聘任，畅通员工职业发展通道，57名员工晋升职级。打破不同用工身份界限，同步对市场化员工实行职级与固定薪酬并轨，总体收入差距大幅缩小；加大年轻干部培养力度，选派优秀青年员工参加中层管理人员培训班，让他们在组织大型活动中得到锻炼，为其施展才华提供舞台。

深入开展创新管理。制定《深化全员绩效考核指导意见》，建立重大项目考核激励机制，强化“四个专项”推进落实，较好发挥激励和约束作用。探索建立以差异化、模拟成本核算为基础，资源配置与业绩指标“双评价”考核体系方案。征集管理创新研究与实践课题，准备组织实施。对部分业务审批流程进行优化，精简下放54项审批，年减少公司领导审批逾千次。重庆期货交割库年底正式运营，电商销售初具规模成效。

【干部管理】 2017年，西南化工销售严格干部选拔标准和程序，把优化人岗匹配与解决实际问题相结合，交流10名中层干部，调动中层干部的积极性。把紧员工入口关，全年只从炼化企业引进一名博士生，招聘3名岗位急需的本科毕业生充实到基层。首次采取公开竞聘方式选拔一般管理岗位人员，5名青年员工进入本部工作岗位。

【党建工作】 2017年，西南化工销售党委认真履行主体责任，健全完善制度体系，制修订制度72项，强化制度执行；持续加强党风廉政建设，层层签订责任书，推行“三个清单”，强化“一岗双责”；严肃党内政治生活，加强党内监督，高质量召开班子民主生活会，开展党内巡察工作，推动全面从严治党向基层延伸；深入学习宣传党的十九大精神，组织开展党委中心组学习、专题研讨、宣讲辅导等活动，推动党的十九大精神贯彻落实。

西南化工销售领导班子自觉增强“四个意识”，坚持把方向管大局保落实，严格执行“三重一大”制度，着力提升民主科学决策水平；各级领导干部勇于担当、真抓实干，完成设立期货交割库、混合二甲苯互供，以及规范住房补贴、实行市场化员工职级薪酬并轨等许多大事难事。

西南化工销售纪委聚焦中心任务，把纪律和规矩挺在前面，从严落实监督责任，引导党员干部看清红线、守住底线、不碰高压线。践行“四种形态”，抓早抓小、防微杜渐，起到有力的教育震慑作用；建立干部廉政档案，持续开展多种形式警示教育，注重用身边人身边事教育干部，促进管党治党从宽松软向严紧硬的转变。

驰而不息纠正“四风”。西南化工销售领导班子带头增强纪律意识、规矩意识，建立健全履职待遇、党内巡察等各项制度，严格执行、不搞变通。强化正风肃纪，认真贯彻集团公司党组《关于进一步贯彻落实中央八项规定精神实施细则》，组织开展节日期间专项监督检查，严防“四风”反弹回潮。严控费用开支，厉行勤俭节约，2017年“五项”费用同比下降12%；年底召开的用户座谈会费用同比下降23%。

【“凝心聚力塑造形象”主题活动】 2017年，西南化工销售针对近年来思想统一、队伍融合和班子建设等方面存在的问题，统筹制定22项具体内容，深入开展“凝心聚力塑造形象”主题活动。

突出四个重点。紧扣活动主题，突出领导干部这个“关键”，从领导班子、领导干部抓起，树正气、重品行、讲团结、比贡献，营造风清气正良好氛围。突出推进发展“主题”，用发展目标、愿景统一思想，用取得变化、业绩凝聚力量。突出化解矛盾这个“根本”，坚持以人为本、触及思想，既做春风化雨的思想工作，又办雪中送炭的好事实事。突出文化引领这个“灵魂”，注重培养员工爱岗敬业、诚实守信、团结协作、包容感恩品格，构建和谐友善人际关系。

坚持正面引导。组织召开“凝心聚力塑造形象”动员会、“形势、目标、任务、责任”宣讲会，“石油魂”大庆精神铁人精神报告会和党员岗位讲述等活动，用身边人身边事感染、引导和教育员工。同时，公司领导深入基层一线，听取员工意见，了解员工思想，答疑释惑、化解矛盾；活动中各单位共开展学习交流130多场次、谈心380余人次，增进员工认同、信任和支持。

塑造阳光心态。从强化员工大局意识、责任意识、团队意识、包容意识入手，引导广大员工树立阳光心态，培养豁达、乐观、健康性格；围绕主题活动，公司开设专栏、推出简报，好文共享、微信互动，还先后开展员工素质拓展、青春“朗读者”比赛、书画摄影展、职工运动会，组织心理减压辅导讲座、筹建企业文化展、“团员青年献爱心”等大型系列活动，630余人次参加活动，增进员工沟通交流，极大地激发正能量、增强凝聚力。

解决矛盾问题。召开合理化建议办理情况通报会，面对面回应员工关切、一对一进行思想工作，一年来化解问题180多个。特别是以高度负责态度，争取集团公司总部支持，协调解决遗留问题和现实矛盾。解决员工收入偏低问题；为异地调动员工规范发放住房补贴，无房员工按月实行房补；解决11名干部员工异地工作、夫妻分居等困难。还解决公司经营办公场所、彭州调运部搬回本部，改善员工生活条件、优化补充医疗保险等，公司承诺的10件好事逐一兑现，干部员工获得感幸福感大大提升。

（梁　东）

销售企业

中国石油天然气股份有限公司东北销售分公司

【概况】 中国石油天然气股份有限公司东北销售分公司（简称东北销售）组建于1998年6月，总部设在辽宁省沈阳市，是中国石油在东部地区的派出机构，主要负责东部地区13家直属炼化企业和52家地方炼化企业成品油资源的统一采购、配置、调运和结算；负责23个省（市）成品油销售企业和83家专项用户资源的全部或部分供应和一次物流组织；负责东北三省和内蒙古自治区东部二次物流的主动配送；负责东部地区成品油形式买断出口业务的组织和实施；负责物流区域内沿海、沿江、沿成品油管线具有集散和储备功能的大型油库的建设和管理。截至2017年底，机关设13个处室，在黑龙江、吉林、辽宁、河北、天津、山东、江苏、浙江、广东9个省（直辖市）设21家分公司，在职员工2214人。管控油库16座，库容338.11万立方米。管理成品油铁路罐车6266辆，其中产权车3997辆、租赁车2269辆。在用港枣、吉长2条长输管线，管输里程772千米，年输油能力657万吨。作为国内最大的成品油物流中心之一，东北销售多年来始终坚持发挥衔接上下游、协调产运销的物流枢纽作用。年成品油销售量约占中国石油成品油年产量的52%，占全国成品油市场表观消费量的18.1%。

2017年，销售成品油5300.90万吨，同比增加535.80万吨，比预算进度减少397.18万吨；利润1.41亿元，同比增加42.39亿元，比预算减少亏损1.49亿元；商流费用总额20.10亿元，同比增加1.08亿元，比预算进度减少0.10亿元；吨油运费139.20元，同比减少7.75元，比预算增加13.96元。

东北销售主要经营指标

指 标	2017年	2016年
成品油销量（万吨）	5300.90	4765.10
汽油销量（万吨）	2601.35	1887.93
柴油销量（万吨）	2416.23	2606.94
煤油销量（万吨）	278.48	264.66
运费成本（亿元）	70.62	69.90
商流费用（亿元）	20.10	190130
吨油费用（元）	37.91	39.90
油库数量（座）	16	17
库容（万立方米）	338.11	330.21
资产总额（亿元）	124.24	149.58
收入（亿元）	3009.26	2354.40
利润（亿元）	1.41	-40.98
税费（亿元）	12.08	1.44

【强化战略引领】 2017年，东北销售把“五大格局”作为“十三五”建设国际水准成品油物流公司的重要战略引领。在大资源上，健全夯实“直炼为主、地炼为辅、串换补充、进出口调剂”的资源保障体系，年成品油销售量占到集团公司成品油年产量的52%。在大物流上，划转接收烟台油库，总库容达到338.11万立方米。在大优化上，打破原有的大区、地区销售公司物流配送分段实施的格局，区内实现主动配送全覆盖，推进东部地区一二次物流的深度优化。在大服务上，牢固树立乙方思维，建立“日周月季”产销服务机制。全年解决炼销企业各类问题143项，炼销企业服务满意度98%。在大效益上，融入东部地区炼销企业发展之中，加大直炼高附加值产品配置，高标号汽油和航空煤油同比分别增加48.2万吨、13.8万吨，增长11%、5.2%，为炼化企业增效2.6亿元。根据地区销售公司对资源市场化需求，向炼化企业发送订单联系函34份，协调生产适销对路产品174.2万吨。落实销售板块营销政策，全年承担销售企业额外量补贴87.6亿元。2017年，炼销一体化利润完成436亿元，比预算增加88.7亿元，为产销价值最大化做出最大努力。

【服务炼销企业】 2017年，东北销售面对供大于求的产销形势，认真落实“直炼资源刚性兑现”的工作要求，讲整体、顾大局、算大账，把确保直属炼化企业生产后路畅通和销售企业资源稳定供应作为首要责任。上半年，在部分炼化企业生产后路危急时刻，不惜以车船代库，加大进港中转和油库收储，有效化解多家炼化企业堵库风险。2017年直炼资源交货计划兑现率99.6%，同比提高5.7个百分点。针对成品油市场激烈的竞争态势，加强与省市销售企业的资源对接，提前组织油品发运，完成“2+26”城市油品升级置换。针对年初西南区域资源持续紧张的情况，强化责任担当，多渠道、远距离发运油品97.6万吨。全年配置计划完成率99.8%，同比提高1.8个百分点。

【推进提质增效】 2017年，东北销售把“地炼集采、主动配送和扩大成品油出口”3项新任务作为提质增效的重要引擎。在地方炼油厂集采上，全年与46家入围供应商签订《成品油年度合作框架协议》，与国际事业公司、燃料油公司推进原油、成品油一体化资源运作。全年完成地方炼油厂集采821.4万吨，比直炼节约采购成本120.64亿元，比2016年省市公司分采降低成本30.07亿元。通过实施地方炼油厂集采，大区公司成为成品油业务盈利的重要渠道。在主动配送上，对区内4344座加油站进行主动配送。通过开展主动配送，区内成品油市场真正实现“资源统一组织，物流统一优化、账面库存统一管理、运费统一承担”。炼油厂地付直发同比提高7.5%，最优配送兑现率由最初的不足60%提高到96%，累计关停区内低效重叠油库20座。2017年区内吨油运费同比下降3.83元，节约运费2.21亿元。在扩大成品油出口上，打通锦西石化航空煤油和抚顺石化汽油出口路径，承担直炼企业成品油出口补贴11.67亿元。2017年完成出口1102.4万吨，同比增加244.2万吨，出口计划完成率98.92%，较考核指标高出8.92个百分点。通过扩大成品油出口，为增加地方炼油厂集采空间创造条件。

【加强安全环保】 2017年，东北销售加大油库安全隐患治理，全年新增投资计划6525万元，完成对济南油库、龙凤油库、新港油库、宁波油库一期的安全隐患集中治理，解决三江口油库无罐根自动紧急切断功能等重大隐患。加大安全环保监督检查，2017年开展油库“四不两直”、节假日安全检查16批次。调整安全奖考核兑现方式，向油库和基层一线倾斜，油库与机关科室安全奖差距超过20%。召开HSE标准化创建推进会，推广龙凤油库HSE标准化创建成功经验，东北销售8座资产型油库进入达标验收阶段。加大HSE审核发现问题整改力度，完成537项问题整改，整改率86%。加强承包商安全监管，建立项目联合HSE委员会，全年承包商未发生安全环保事故事件。严守“四条红线”，确保党的十九大期间安全平稳受控。

【深入挖潜增效】 2017年，东北销售深入开展开源节流降本增效活动，全年运输成本剔除预算外因素较考核指标节约6.98亿元，费用总额较考核指标节约4.62亿元。加强油品计质量管理，全面推广诚信交接，改变集采油品到货验收模式，实现质量关口前移。2017年销售企业铁路运输损耗和水运综合损耗总体较同期减少1.5万吨，其中铁路运输损耗0.038%，同比下降35.6%；水运综合损耗0.099%，同比下降24%，降耗增效1.1亿元。夯实油库管理基础工作，发布实施《油库运行指导手册》，稳步推行“以调度为中心的油库大班组”运行模式建设。加强自备车管理，坚持“四能四不”原则，降低各类费用2080万元。加大与铁路部门协调力度，成品油综合物流服务费降低0.5元/吨，2017年节约运费429万元。争取集团公司注资57.76亿元，节约财务费用3.8亿元。严控“五项”费用支出，比预算减少367万元。加强物采管理，规范招标行为，节约采购成本35.6%。加强审计工作，全年开展审计项目98项，发现问题19个，取得直接经济成果680.51万元。连续5年开展岗位责任制检查，优化提升检查质量和效果，夯实基层管理基础。

【加大改革创新】 2017年，东北销售坚持问题导向，突出稳准原则，推进公司改革工作全面发力、多点突破。制定《东北销售公司持续深化改革、加强管理创新实施方案》，修订完善“十三五”发展规划，明确公司今后一个时期的发展思路和部署。结合多年亏损的严峻局面，年初提出“坚守两个底线，推进扭亏为盈”的总体要求，组织干部员工迎难而上、开拓进取，全年实现盈利，东部地区产销保持平稳。推进“三集中”工作，实现资金预算一体化系统PC端与手机端信息共享。深化人事制度改革，推进市场化员工基本工资与合同化员工并轨，完成“五定”工作。加大与地方政府相关部门的沟通协调，完成中国石油销售东北公司和天元公司的公司制改制。统筹推进“三供一业”和法人压减工作，榭园宾馆如期完成工商注销，大庆分公司600户供电完成分离移交。

【全面从严治党】 2017年，东北销售深入学习贯彻落实习近平新时代中国特色社会主义思想和党的十九大精神，深入推进“两学一做”学习教育常态化制度化。坚持党的领导不动摇，保证党和国家大政方针、集团公司决策部署得到贯彻执行，保证改革发展的正确方向。坚持服务经营不偏离，围绕生产经营管理热点、难点开展工作，推动完成全年目标。坚持党管干部原则，从严选好管好干部，2017年提拔调整副处级以上领导干部23人。推动全面从严治党向基层延伸，2017年完成6家分公司的党内巡察。坚持建强基层党组织不放松，层层压实党建责任，扎实开展“党支部建设提高年”活动，有效提升党建工作质量。

（申　增）

中国石油天然气股份有限公司西北销售分公司

【概况】 中国石油天然气股份有限公司西北销售分公司（简称西北销售）前身是成立于1946年9月的中国石油有限公司兰州营业所，1998年成建制上划中国石油天然气集团公司。主要负责西部地区14家直属炼化企业成品油资源的产销衔接、收购、调运和结算以及地炼资源的集中采购；负责中西部21个省（自治区、直辖市）成品油销售企业，以及铁道、民航、兵团等9家专项用户成品油资源的均衡稳定供应、物流调运组织、质量计量监督和结算；负责西部沿江、沿成品油管道具有集散和储备功能、需跨省调拨油品大型油库的建设和管理，业务范围覆盖国土面积的80%。截至2017年底，西北销售机关设13个职能处室、2个直属单位，在中西部12个省（自治区）设15家直属分公司；管理运营成品油库10座，总库容 247.5 万立方米；有铁路专用线近 20 千米，自备罐车 5846 辆；在职员工 1900 余人，离退休职工 1100 余人。

2017 年，销售油品 4929 万吨，调运油品 8219 万吨，销售收入 2796 亿元，缴纳税费 7.6 亿元。安全环保实现“三个为零”（工业安全生产事故为零、道路交通事故为零、火灾事故为零）。

西北销售主要经营指标

指　标	2017 年	2016 年
油品销售量（万吨）	4929	4249
调运总量（万吨）	8219	7932
油库总数（座）	10	10
油库库容（万立方米）	247.5	247.70
资产总额（亿元）	155	120
收入（亿元）	2796	2130
利润（亿元）	4.1	-9.55
税费（亿元）	7.6	6.3

【业务运行】 2017 年，西北销售坚持“一盘棋、一体化”运行思路，统筹“两种资源”“两个市场”，准确预判西部产销形势，科学平衡直炼、地炼和出口资源，精细开展资源配置、市场保供和运输组织，化解产销阶段性、区域性、结构性矛盾。全年配置中国石油直属炼油厂资源 4484 万吨，同比增长 11.2%；出口 285 万吨，增长 8.8%。重点难点地区资源保障有力，西南地区调入量 227 万吨；西藏自治区配置完成 116 万吨，增长 15%。采取提前收储、错峰发运、紧急调运等措施，全力确保党的十九大和“一带一路”国际合作高峰论坛等重要时期、炼油厂停工检修和抢险救灾等特殊时期油品稳定供应。滚动修订开工保障方案，加强运力组织，协调解决质量纠纷，成功保障云南石化开工和后路畅通。坚持以市场为导向，引导炼销企业增产增销厚利产品，落实销售板块 98 号汽油增销方案，高标号汽油销售完成 397 万吨。制定专项用户营销方案，提升市场份额，航空煤油产量、销量分别增长 22% 和 20%。精细物流成本控制，构建资源配置优化模型，点对点测算运费和效益，运输结构更趋优化。持续推动管道增输上量，彭州支线、庆咸支线注入和呼包鄂成品油管道管输量均创历史新高。持续争取普柴、柴油额外量资源，开展低凝柴油夏储冬用，贡献效益 10.1 亿元。在甘、青、宁、新、蒙等省（自治区）实施“主动补货”，累计完成入库 1006 万吨，出库 972 万吨，节约运费 0.3 亿元。在新疆与中国石化完成资源串换 70 万吨，节约运费 2.5 亿元。全年吨油运费 164.26 元，按可比口径同比降低 18.88 元。炼销企业服务满意度 99%。

【安全环保质计量】 2017 年，西北销售树立“一切事故都源于管理缺陷、一切事故都可以防范和避免”的理念，坚持“严”字当头，切实做到安全环保管理从严、监督从严、追责从严、处罚从严。靠实安全环保责任，完成 101 名处级干部和 64 名生产岗位管理人员履职能力评估，开展“安全生产月”、安全生产知识竞赛、安全总监述职，安全环保履职能力进一步提升。召开深化国际水准油库建设现场会，开展观摩学习交流，复制推广先进经验，加快油库管理升级步伐，国际水准油库创建工作迈上新台阶。推进油库 HSE 标准化建设，实现 100% 达标。充分认清维稳、安保、防恐工作极端重要性，对各类安全设施和 10 座油库实施升级管理，对高危重大作业实行严格风险管控，为党的十九大胜利召开创造良好社会环境。抓好 HSE 体系规范运行，针对重复性问题，对 36 人次进行严肃问责。强化应急管理，开展各类演练 500 多次。强化油品数质量过程管控，有效履行监督职能，签订地方炼油厂油品数质量交接协议 12 份，乌鲁木齐质监中心抽检油品 55 批次。加强流量计动态交接技术应用，云南石化铁路大鹤管、公路地付发油实现在线动态计量。广泛开展群众性质量活动，1 项成果获集团公司二等奖，12 项成果获甘肃省优秀奖，1 项被推荐为国优成果，质监中心兰州站检测班被评为“全国质量信得过班组”，西北销售被中国质量协会授予全国“全面质量普及教育活动先进单位”称号。

【改革创新】 2017 年，西北销售制定《公司持续深化改革、加强管理创新实施方案》《人事劳动薪酬三项制度改革实施方案》，着力推进管理体制改革、运行机制优化、工作模式创新。首创建成统一的“基于业务流程的风险综合防控体系”，推进多体系融合，受到评审专家组和总部的肯定认可，获集团公司管理创新成果二等奖。首次召开 2017 年度创新成果发布暨优秀成果表彰会，表彰奖励 35 项科技、管理及“五新五小”优秀成果，营造浓厚的创新工作氛围。向集团公司和石油企协申报创新成果，4 项成果获集团公司年度管理创新优秀成果奖，位居销售企业首位，1 项成果和 3 篇论文获全国石油石化企业管理现代化创新优秀奖（行业部级）。加强与集团公司、地方工商部门协调，完成中国石油销售西北公司的公司制改制。制定《关于进一步理顺和加强集体企业管理指导意见》，优化完善集体企业管理体制机制。同步开展智慧物流理论课题研究与综合营运指挥平台建设，平台进入试运行阶段。财务“三集中”系统上线运行，所有业务实现线上审批、预算与费用核算的无缝对接。严格落实“五定”方案，机关和二级单位全部达标。推行员工内部有序流动，27 名员工通过公开竞聘走上新岗位，29 名员工外派到青藏分公司、云南分公司等缺编单位。稳步推进“三供一业”分离移交，宝鸡地区进入协议审查报批阶段。

【创效创利】 2017 年，西北销售制定 9 大类、29 项开源节流降本增效奋斗目标，全面发力、提质增效，精准施策、多点挖潜。充分发挥集采规模化优势，研究定价机制，构建效益模型，强化运行组织，完成集采 445 万吨。争取多方政策支持，全年取得税收减免和财政返还 4995 万元；争取到云南管网、银巴成品油管道铺底油资金 4.5 亿元，短负利息资金 7.4 亿元。强化库存资金管理，剔除相关因素后全年库存资金占用较控制目标低 2.8 亿元，下降 2.5%。加大结算资金清收力度，开展“商信通”业务，获得集团公司财务费用补贴奖励 168 万元，有效节约财务费用 9128 万元。统筹签订各类商业保险，争取到各项保险理赔款 656 万元。加强成本费用管控，商流费较预算大幅节约，“五项”费用较预算节约 314 万元。持续强化全面预算管理，加强综合效益分析，开展与中国石化集采绩效对标，业务财务融合不断深入。加强资产管理，完成彭州油库、北滩油库等 6 亿元资产划入划出工作，获取资产处置收入 1219 万元。强化非招标采购管理，规范招标工作，节约资金 832 万元。强化车辆运行管理，自备车周转率 3.021 次 / 月，同比提高 0.053 次 / 月。持续推进资质证照专项治理，青藏分公司、云南分公司取得危险化学品经营许可证。强化监督检查，开展经济责任、工程项目等 74 项审计，审减金额 40 万元。开展资金监督检查、投资专项自查等工作，接受集团公司审计组集采油管理专项审计，问题整改率 100%。

【投资管理】 2017 年，西北销售落实投资计划 2.8 亿元，1500 辆成品油自备罐车购置项目第一批 600 辆正式上线运行。加大安全生产隐患整改投入，武汉油库趸船安全隐患整改、宝鸡油库工艺管线隐患治理、永登油库铁路栈桥下陷抢险治理等 24 个项目完工投运，兰州石化驻勤西南管道消防楼重建项目中交。推进油库自动化、信息化、智能化，10 座油库工业视频传输专网建成投用，甘肃、青海、宁夏 21 座主动补货油库实现信息系统集成，云南地付发油配送“一卡通”顺利实施，安全生产监控平台二期在 4 座油库建成投运，油库质量信息实现在线查询和溯源管理。推进油库工业无线网络试点，建成公司机关和 15 家分公司办公场所无线网络，满足油库移动应用需求。立足“智慧物流”发展方向，与著名高校合作开展深度理论研究，形成基于国际前沿、符合公司现状的成品油“智慧物流”理论体系成果。围绕“综合、营运、指挥”三项职能，抓住大数据应用试点建设契机，成功开发建成“高效、开放、集中、共享”的综合营运指挥平台，实现西部地区产运销数据集成共享、物流信息在线查询展示、业务运行数据实时监控、两级营运协同高效办公。制定油库全流程诊断与优化实施方案，在彭州油库开展试点，完成数据采集和问题诊断，为全面推行积累经验。实施销售应用集成项目，实现协同管理平台上线运行，完成桌面安全管理 2.0 系统建设。

【队伍建设】 2017 年，西北销售以创建“四好”班子、培养“好干部”为目标，强化选人用人管理，严把政治关和廉洁关，认真落实“凡提必核”要求，营造公开、公平、公正、择优的选人用人导向。配齐配强班子队伍，调整交流处级干部 51 人，其中提拔处级干部 7 人，公开选拔优秀年轻干部 3 人。举办处级干部轮训班，开阔视野、拓展思维、提升素质。加大干部年度考核结果应用，组织对近 2 年排名靠后、年度考核末位的 3 个领导班子、11 名处级干部进行提醒谈话。加强员工素质能力建设，建成较为完善的岗位管理体系，初步建成公司人才库，确定首批入库人才 64 人，举办管理和专业技术人员业务技能大赛，全年举办培训班 128 个、培训 4028 人次，完成主体工种鉴定 243 人。完善薪酬分配制度，有效发挥激励作用，市场化员工岗位（技）工资及地区津贴标准与合同化员工并轨，全体员工收入稳中有升。

【宣传思想文化工作】 2017 年，西北销售召开宣传思想文化工作会议，制定贯彻落实意识形态工作责任制实施细则，党员干部对意识形态工作认识更加深刻，方向更加明确。开展“形势、目标、任务、责任”主题教育，两级班子坚持到联系点和一线走访调研、带头宣讲，沟通化解矛盾困惑，征求工作意见建议，秉承“干字当头、业绩领先”工作理念，弘扬“求真务实、真抓实干”的工作作风，引导干部员工以实干表明态度、以业绩体现能力，营造干事创业良好氛围，密切党群干群关系。开通西北销售微信公众号“石油金桥”，发挥外部媒体、网络、报纸、微信宣传平台优势，紧扣中心工作，加强正面宣传，唱响主旋律，凝聚正能量。评选表彰10名劳动模范，开展“弘扬石油精神、重塑良好形象”宣讲进基层，弘扬传播“服务创造价值”核心理念和“五种精神”等优良传统。完善工会会员代表大会制度，落实职工提案，强化民主管理。深化“青字号”工程创建，组织团青工作会、青年论坛，激发青年员工干事创业的积极性。成立扶贫工作领导小组，前期帮扶的4个村庄已脱贫，剩余3个村庄的发展面貌也有较大改观。突出关爱帮助困难群体，帮扶救助困难群众702人次，发放帮扶资金126万元，发放节日慰问金310万元。认真落实维稳信访责任令，保证重点阶段稳定工作，受到集团公司嘉奖。

【党建工作】 2017年，西北销售党委以高度的政治责任感，认真履行管党治党责任，自觉当好落实“两个责任”的领导者、践行者和推动者。完善党委中心组学习制度，深入学习贯彻党的十九大精神，切实让广大干部员工听得懂、能领会、可落实，坚决用习近平新时代中国特色社会主义思想武装头脑、凝心聚魂。发挥公司党委把方向、管大局、保落实政治核心作用，审定“三重一大”决策事项131个，推进全年10项重点业绩指标全面完成。完善党建工作机制，将党建工作与全年经营任务同安排、同部署、同推进、同考核，做到党建工作与行政工作同频共振、齐头并进。坚持强基层打基础，统一编印《基层党建工作规范化指导手册》，制定《落实党建责任制实施细则》，修订《党费收缴使用管理规定》，开展党支部书记和党务人员轮训，完成1142名党员党费清缴，严格落实党支部“三会一课”等制度，设立党员责任区107个、党员示范岗132个，开展落实党建责任专项督查，整改落实率100%，细化完善制度规范，提升基层党建工作规范化水平。推进“两学一做”学习教育常态化制度化，深入开展“四合格四诠释”岗位实践活动，开展岗位讲述，增强党员意识，提升党员形象。成立党风廉政建设和反腐败工作领导小组，制定构建推进“不敢腐、不能腐、不想腐”有效机制实施意见，聚焦从严从实抓监督，使纪律真正成为带电的“高压线”，形成严格监督格局。发挥纪检监察和审计在反腐倡廉建设中的作用，有效防范经营风险，提高领导干部反腐倡廉能力。组织对机关及所属16个党组织开展党内巡察，实现全覆盖；对巡察发现的关于党建缺失、治党不力等问题督促整改，同时对4家党组织和4名党组织书记进行严肃问责，有效落实“书记抓、抓书记”党建工作责任制，推动全面从严治党向基层延展深化。

（陈　斌）

中石油燃料油有限责任公司

【概况】 中石油燃料油有限责任公司（简称燃料油公司）前身是中油燃料油股份有限公司，成立于1997年1月，是中国石油天然气股份有限公司的全资子公司，主要从事重质委内瑞拉原油（简称重质委油）、其他进口原油、少部分中国石油自产原油在国内市场的销售和配套仓储中转，重质委油一次加工及沥青等产品销售，中国石油炼油小产品统一销售，期货套期保值，催化油浆及重质原油加工技术研究，沥青、船用燃料油产品研发等业务，是一家集资源进口、销售、加工、仓储、物流、期货、服务等为一体的专业化能源公司。2017年底，有员工2355人，在秦皇岛、佛山、温州、无锡等地经营4个沥青生产企业，年加工能力490万吨；在湛江、青岛、宁波等地有3个仓储公司，库容总量332万吨；在东北、华北、西北、华东、华中、华南、西南布局7个销售公司，有上海中石油燃料油公司、江苏兴能工程建设公司、研究院等3个子公司，参股山东东明石化等5家企业。

2017年，油品总销量3390万吨，同比增长1.61%。原油进口量2715万吨，同比增长3.5%。原油销量2391万吨，同比增长4.7%。沥青销量853万吨，同比增长19%，国内市场占有率28%，同比提升3个百分点。原油中转量5580万吨，同比增长4.8%。加工业务成功扭亏，盈利1.02亿元。营业收入810亿元，利润同比实现翻番，达到20.18亿元。

燃料油公司主要生产经营指标

指　标	2017 年	2016 年
进口原油采购总量（万吨）	2715	2623
委油采购总量（万吨）	1994	1749
在营油库数量（座）	3	3
库容（万立方米）	332	332
自加工原油（万吨）	399	481
中转原油（万吨）	5580	5324
销售油品（万吨）	3390	3336
统销直属炼厂小产品（万吨）	482	468
沥青销量（万吨）	853	714
燃料油销量（万吨）	249	280
吨油费用（元）	30.28	46.81
收入（亿元）	810	634
利润（亿元）	20.18	10.09
税费（亿元）	22.99	29.21

【原油贸易】 2017 年，燃料油公司紧盯原油配额和重质委油现货采购，原油配额比计划增加 215 万吨，实现对国内重质委油资源的市场控制。多渠道增加重质委油资源，在重质委内瑞拉原油长期协议下采购 1785 万吨基础上，首次通过国际贸易方式进口重质委油 209 万吨，全年原油进口量 2715 万吨，销量 2391 万吨，分别同比增长 3.5%、4.7%。深入推进一体化合作，优选盘锦浩业等 12 家独立炼油厂开展回购业务，合作量 2237 万吨，占原油总销量 94%。推行整船直达、拼船销售的远期销售模式，开展联租联运、原油配送、净油交接等服务，优化资源布局，山东以外销售比例同比提高 13 个百分点，并实现低库存高效率运行。多种手段严控含水，装港提单与卸港岸罐含水差异从 7‰降至 1.8‰。灵活运用套保工具对冲跌价风险，通过期货运作降低进口原油采购成本 2.19 亿元。优化客户服务方式，建立原油客户档案卡，客户忠诚度持续提升。

【沥青营销】 2017 年，燃料油公司围绕终端市场开发创新合作模式，突出加强沥青拌合站、项目施工方等终端市场开发，推行联合投标、授权投标，沥青终端客户突破 500 家，终端销量达 502 万吨，占 59%，同比上升 10%。深入开展委托加工回购，加大资源外采力度，回购资源 122 万吨，外采资源 85 万吨，分别同比增长 353%、1488%。着力开发防水卷材和机场特种沥青市场，与西北民航机场建设集团沥青合作取得重大进展，与全国前 10 名的防水卷材生产商开展合作，销售防水卷材沥青 90 万吨，成为国内最大的防水卷材沥青供应商。开展沥青期转现、期货点价等业务，结合原油采购及沥青期货进行加工业务套利操作，沥青期货盈利 919 万元。

【馏份油营销】 2017 年，燃料油公司遵循“集中管理、统一销售”原则，创新销售模式，强化统一开发直销客户、统一制定合作模式、统一对接直销计划、统一组织资源外采、统一优化产品调运，合作向 26 家战略客户集中，实现资源整体优化和价值提升。全面推行馏份油销售价格公式化销售，创新建立与同期原油正向传导的价格模型，以直供方式优先保障直属炼油厂需求，蜡油全部实现直销。以石脑油免税直供为核心，细化石脑油产品线，开展重质宽馏份石脑油业务、贸易型石脑油销售业务，充分挖掘石脑油效益潜力。

【原油加工】 2017 年，燃料油公司完善生产加工测算模型，形成“日核算、周测算、月分析”的综合预测分析体系，保证重质委油资源流向效益更优的业务链条，波斯坎原油加工量同比增加 25.35 万吨、达 153 万吨。优化生产运行管理，细化操作过程管理，灵活调整加工负荷，采取 52 项节能降耗措施，超额完成集团公司下达的节能 800 吨标准煤，节水 6000 立方米的目标，4 家燃料沥青公司耗能同比节约 3648 吨标准煤，节能效果显著。紧贴市场需求开展科技攻关，推广应用高模量沥青、海绵城市彩色透水沥青等 6 项新特产品及技术，参与的“劣质重油改质、加工成套技术研究开发及工业应用”、主导的“催化裂化油浆综合利用技术研究项目”“国产优质道路石油沥青制备技术研究与应用项目”等分获集团公司科学技术进步奖特等奖、三等奖和技术发明三等奖，全年申请专利 22 项，科技支撑能力显著增强。

【仓储配送】 2017 年，燃料油公司坚持以提高接卸效率为中心，完善与口岸等合作伙伴沟通机制，提升外轮接卸预知管理能力，船次平均滞期 25.2 小时，同比减少 29 小时。创新自有库商储模式，提高自有库中转效率，年周转次数增加 0.05 次，外租库容 115 万立方米，实现商储收入 9480 万元，湛江库外租库容占有率首次突破 50%。3 家仓储公司推进精细管理，降低成本费用，累计综合能耗同比下降 0.25%。创新开展码头作业费阶梯定价模式，全年共节约港口费用 200 余万元。宁波大榭库 50 万立方米液体公用型保税仓库获批。全面推进配送业务，建立统一业务模式和运行流程，原油水路配送实现自加工全覆盖，客户原油水路配送有序展开。

【改革创新】 2017 年，燃料油公司研究制定并实施

《管理精细化活动工作方案》，指导各专业提升精细化管理水平。开展机构调整优化，强化部门管理职能，优化二级单位机构设置和人员配备，推进“五定”工作试点。深入推进收入分配制度改革，推进全员绩效管理，出台科技奖励管理办法并实施奖励，完善专项奖励机制，调整安全风险抵押金奖励方案，探索创新对党务人才的专项激励，全年各类奖励达660万元（各类荣誉奖励达59.6万元），使业绩突出的集体和个人得到激励。项目推进速度全面加快，董家口项目可行性研究上报审查，高富码头扩建项目取得初设批复，温州4个隐患遗留项目得到解决，全年完成16个项目初设、24个项目验收。推进用工模式改革，有序实施业务外包模式和以集团内部单位为主的EPC总承包方式，进一步降低用工成本。完成财务三集中工作，存货周转同比下降4天，净资产收益率实现翻番。信息化建设加快推进，物流2.0系统、ERP系统、CRM实现上线运行。看板管理（计划管理）、督查督办不断加强，团队执行力和工作效率明显提高。

【党建工作】 2017年，燃料油公司党委坚持把方向、管大局、保落实，坚持“党建责任化”发展模式，开展落实党建责任专项自查和督查，全面落实从严治党责任。成功召开燃料油公司第一次党代会，高标准严要求学习贯彻党的十九大精神，成立党的十九大精神宣讲团，切实在学懂弄通做实上下功夫。坚持正确选人用人导向，规范标准流程，提拔使用和调整交流17名处级干部，完成14家二级单位安全总监聘任。加强干部监督和廉洁自律教育，深入开展“机关作风建设年”活动，干部队伍状态、作风和形象明显改善。制订《优秀年轻干部培养选拔工作方案（征求意见稿）》，推进干部队伍梯队建设，着力加强7支人才队伍建设。新增高级职称10人、中级职称55人。通过集团公司操作技能人才培养开发工程实施情况评估，完成技师考评、职业技能竞赛和鉴定，涉及工种15个，鉴定人数451人，其中初级工102人、中级工46人、高级工195人、技师3人。制定文化宣贯方案，通过征文、知识竞赛等主题活动，践行燃料油公司文化。发挥党工团各级组织的强大活力，创新开展“微党课”比赛、工间操、“动动”健步走、金点子征集、摄影比赛等活动，员工获得感、安全感、幸福感进一步增强。

（王雪茹）

中国石油天然气股份有限公司润滑油分公司

【概况】 中国石油天然气股份有限公司润滑油分公司（简称润滑油公司）成立于2000年12月19日，是集生产、研发、销售和服务为一体的专业润滑油公司。以“昆仑”为主品牌，由“昆仑天润”“昆仑天威”“昆仑天工”“昆仑天鸿”“昆仑天蝎”“昆仑之星”等昆仑包装油及昆仑工业油组成较完整齐全的品牌架构。产品包括车用润滑油、工业润滑油、特种润滑油、船用润滑油和车辅产品等，涵盖油、脂、剂、液等。设6个产销一体化公司，8个销售公司，1个研发平台和2个研发中心，设合资公司1家、互联网科技公司1家、生产基地6个。2017年底，资产总额64.8亿元，固定资产净值13.2亿元，员工总数4394人。

2017年，销售142.6万吨，同比增长22%。其中车用油21.2万吨，车辅产品14.7万吨；工业油28.3万吨；船用油2.6万吨；特种油52.8万吨；润滑脂3.2万吨。市场占有率16%。利润5.1亿元，同比增长219%；营业收入110亿元，同比增长19.6%。

润滑油公司主要经营指标

指　标	2017年	2016年
销售总量（万吨）	142.6	116.6
车用油（含车辅）销量（万吨）	35.9	27.2
工业油销量（万吨）	28.3	23.7
特种油销量（万吨）	52.8	42.4
船用油销量（万吨）	2.6	2.1
润滑脂销量（万吨）	3.2	2.6
资产总额（亿元）	64.8	62.8
收入（亿元）	110	91
利润（亿元）	5.1	1.6

【生产运行】 2017年，润滑油公司服务响应速度升级。加强售前、售中、售后服务，开展800余次服务活动，同比增加20%；增加客户拜访频次，加强与潜在客户的技术交流，3126个咨询客户全部跟进；

迅速响应客户投诉，实行每2小时升级管理，24小时之内到现场；全年客户投诉27件，处理满意度100%，并将其全部转化为忠诚客户；全年订单发运及时率99.91%，同比上升0.4%。

资源运作机制初步形成。通过研究基础油市场走势，外采资源紧跟市场节奏，按照“低进高出挣差价，快进快出扩销量，品种替换增效益”的原则，增效2400万元；打好“战略合作、生产商直采、择机零星采购”组合拳，采购成本下降8900万元；探索零库存管理模式，首次实现1年以上老库存为零，总库存下降4万吨；用市场化机制理顺内部资源供给关系，基础油涨价19次，与中国石化对标，全年采购成本1.3亿元，充分发挥集团公司的资源优势；减少长距离资源调拨，减少运费和生产成本1400万元。

推进布局优化，市场应对能力持续提高。按市场半径500千米以内布局产品线，实现“生产、销售、资源属地化”。坚持“资产轻量化”，在不扩大生产规模的前提下，强化代工企业的现场管理，通过推进代工模式，节省运费3620万元，降低生产成本4360万元。整合物流服务商，经过公开招标，由52家缩减到33家，多种运输方式联合发力，节省运费6242万元。

【销售管理】 2017年，润滑油公司理清制约产业链发展的瓶颈问题，确定“3369”发展蓝图（三个定位：做强技术、做优服务、做大品牌；三大目标：3年实现年盈利10亿元、5年建成国内第一品牌、8年初步建成全球知名品牌；六大战略：市场开发战略、科技开发战略、“一带一路”海外战略、+互联网战略、人才战略、品牌战略；九项中心工作：开拓“两个市场”、强化“两个渠道”、优化“两种资源”、实现“三个前移”）。思想统一到以市场为导向、以效益为中心。

实施精准营销，提质增效目标好于预期。与内部企业建立点对点定期服务机制，系统内订单量4.1万吨，销售额6亿元，增长42%。长庆油田昆仑润滑油使用占比达85%。开展“我是中油人，我用昆仑油”活动，以内部市场带动外部市场。与销售板块各省区公司深度合作，建成自有终端1161家，结算车用油4.2万吨，同比增长24%，车辅产品12.1万吨，同比增长205%。

内部市场化运行，催生内生动力。通过市场倒逼机制，倒算成本费用，用市场标准对标分析，降低各环节费用。研发从技术方面着手解决存量和增量问题，现有产品优化性价比，降低成本3300万元，共有17个新产品入市。成立产品设计中心，研究并设计适销对路的产品；成立互联网科技公司，初步建成微信商城营销推广平台；添加剂业务首次实现外销3600吨，同比减亏2239万元。

品牌影响力不断扩大。昆仑润滑油品牌百度指数、微信指数较同期分别提升1700%、5123%。2017年昆仑润滑油品牌在世界品牌实验室公布的《中国500最具价值品牌》排行榜中升至第249名，品牌价值156.65亿元。助力“CCPC中国量产车性能大赛”，全力打造“军工品质、大国重器”的昆仑品牌。

【科技创新】 2017年，润滑油公司推进科技创新，提升核心竞争力。昆仑高铁齿轮油首次完成250千米/时、350千米/时两列车型及中国第一列标准化动车组60万千米装车试验，在中国标准动车组复兴号实现批量装车。

完成机器人RV减速器脂国产化研究，在沈阳新松210千克级SR210D型机器人上完成15个月的测试，作为初装脂量产，并建立战略合作关系。昆仑变压器油在中国特高压交流、特高压直流输电工程市场占有率100%，KI50X直流变压器油销售2.5万吨，创利近7000万元。

国内所有在运和在建的核电站的变压器均使用中国石油昆仑KI25X/45X变压器油，市场占有率100%，长寿命汽轮机油成功应用于大亚湾、岭澳、红沿河等核电站，在核电领域树立昆仑的品牌形象。

全国石油石化企业管理现代化创新优秀成果评审中，“新产品快速优质保供管理”获优秀成果三等奖、《润滑油技术服务价值分析及体系建设探索》获优秀论文二等奖、《润滑油生产如何在工业4.0环境做到智能制造》和《快速换油业务采用特许经营模式初探》获优秀论文三等奖。

【企业管理】 2017年，润滑油公司调整精简机构，激活发展潜力。整合机关职能，成立市场营销部、信息化管理处、质量安全环保处；拆分大区公司，新设南京、武汉、济南、西安销售分公司；将东北、西南和新疆的生产、销售业务重组，成立大庆、大连、西南、新疆等产销一体化公司，产销一体化和销售分公司由7个增至13个。

大幅压缩基层管理机构，二级单位科室由154个减到84个，下降46%；精简两级机关人员，充实一线力量，两级机关由1529人减至825人，下降50%，销售一线人员由433人增至1133人，增长162%。

优化制度流程，提升管控水平。简化经营决策事项，充分下放权限，以适应润滑油业务区域分散、点多面广的特点。强化过程管控，形成依法决策、规范运作、权责对等、务实高效的管理秩序，有效提升运营质量和效率。制修订重要职能和业务制度 25 项，优化物资采购、招投标、工程建设、生产运行、研发激励、投资、渠道建设等方面制度，基本形成符合发展实际的制度体系；优化基本业务流程 348 个，管理机制进一步明晰。

狠抓体系建设，安全环保质量运行有效。深入开展 HSE 体系建设，落实安全环保主体责任，开展安全监督培训，加强过程管控，抓好隐患治理，实现“零事故、零伤害、零污染”的总体目标。严格产品质量管理，产品合格率 100%，符合率 99% 以上，产品质量稳定性和一致性进一步提升。

【党建群团工作】 2017 年，润滑油公司加强党建工作，风清气正的政治生态基本形成。认真学习贯彻党的十九大精神和习近平总书记系列重要讲话精神，按照集团公司党组各项决策部署，坚持全面从严治党，加强党建工作，弘扬正气，传播正能量，干部队伍凝聚力、战斗力显著增强。充分发挥党委政治核心作用、党支部战斗堡垒作用、党员模范带头作用，在业务重组和机构精简过程中，保障各项工作稳步推进。召开第一次党代会，完成公司党委和纪委换届改选。深入开展“践行四合格四诠释，弘扬石油精神，喜迎党的十九大”岗位实践活动。

做好维稳工作，深入开展困难群体帮扶，走访慰问困难员工 355 人次，支出帮扶专项资金 135.6 万元，开展丰富多彩的文体活动

（任建伟）

中国石油天然气股份有限公司四川销售分公司

【概况】 中国石油天然气股份有限公司四川销售分公司（简称四川销售）前身是四川省石油总公司，成立于 1952 年 9 月，1998 年成建制上划中国石油天然气集团公司。从事成品油批发和零售业务，是四川地区成品油市场的主渠道供应服务商。四川销售以成品油销售为依托，发展非油品业务，逐步形成集“便利店、润油化工、汽服广告、电商及新业务”于一体的多元化发展格局。2017 年底，设 16 个机关处室，4 个附属机构，下辖 25 个二级分公司、2 个直属单位，有员工 12333 人，资产总额 128.33 亿元，在用油库 22 座，有加油站 1688 座、运营 1628 座，经营机构和营销网络遍布四川全省。

2017 年，成品油销售总量 954.48 万吨、同比增长 5%，自营纯枪销量 666.17 万吨、同比增长 1.8%；营业收入 626.52 亿元，其中非油品业务收入 14.4 亿元、同比增长 38.9%；利润 11.6 亿元，其中非油品业务利润 1.67 亿元、同比增长 15.8%，自由现金流为正、经济增加值（EVA）4 亿元、平均投资资本回报率 33.8%。

【油气销售业务】 2017 年，四川销售吃透用活销售板块“基础量 + 额外量”政策，购进资源 950.1 万吨，其中额外量 236.5 万吨、占 24.9%。与经研院和规划总院定期会商、研判油价走势，运用 2393 个监测点收集情报、掌握市场动态，贴近市场调整直销与批发策略 104 次、零售竞争策略 3.6 万余站次，销量、纯枪销量实现同比“双增”，增幅分别高于销售板块平均水平 3.3 个、2.6 个百分点。二级分公司中，15 家单位总销量、20 家单位纯枪销量同比增长，其中燕塘加油站销量突破 7 万吨、蝉联中国石油最大单体站。

四川销售主要经营指标

指　标	2017 年	2016 年
成品油销量（万吨）	945.48	908.25
汽油销量（万吨）	495.57	464.69
柴油销量（万吨）	449.88	443.31
润滑油销量（万吨）	0.02	0.11
加油站总数（座）	1688	1634
油库总数量（座）	108	108
在用油库数量（座）	22	22
在用油库库容（万立方米）	79.90	80.99
纯枪销量（万吨）	666.17	654.53
非油品业务收入（亿元）	14.44	10.40
非油品业务利润（亿元）	1.67	1.45
吨油费用（元）	319.82	362.92
资产总额（亿元）	128.33	133.88
收入（亿元）	626.52	538.41
利润（亿元）	11.61	12.01
税费（亿元）	6.58	9.95

【加油站管理】 2017 年，四川销售全面推进“油卡

非润气电”一体化促销，实现自营加油站电子券营销全覆盖，带动油品关联交易量7.9万吨、非油品关联收入7489万元。坚持以卡为媒，新增记名卡139.2万张，活跃卡达203.8万张，沉淀资金超过31亿元。突出高标号汽油销售，新增98号汽油站点211座、累计达309座，实现销量4.3万吨、同比增长304.1%。

【非油品业务】 2017年，四川销售坚定不移实施集采统配，毛利率指标高于地采7.6个百分点，辐射范围由5家二级公司、330座加油站扩展到22家、1436座，基本实现全覆盖。以便利店为核心，动态优化品类结构，店销收入、店销毛利分别达8.8亿元、1.17亿元，分别同比增长48.2%、40.8%，其中燕塘、元华加油站成功跨入千万元便利店行列，便利店坪效、商品品效均跃居销售板块第二。构建与西南润滑油公司合作新模式，推进昆仑系列自有产品销售，实现销售收入1.49亿元、同比增长81.7%。着力培育汽车服务业务，新增网点35座、达56座，汽车服务收入突破2000万元。中油优途成功融入好客e站，成为销售板块商城，优途注册用户达83万、全年实现电商收入1298万元。非油品业务利润贡献率提高3.6个百分点，公司盈利结构明显改善。

【投资建设】 2017年，四川销售争取投资计划7.34亿元，加油站新建及改造项目首破200座、达229座，合计年新增可行性研究零售能力56.9万吨。推动加油站上档升级，打造成品油元华、成都流花、泸州龙马等旗舰站21座，在青羊加油站按照“预制化生产、模块化施工”工程建设新模式，仅停业48天就完成整体重建，较标准节约62天，创下加油站整体改扩建新纪录。深化与传化物流、成都空港等大集团异业合作，与九洲集团、贵州黔通ETC等大企业共享数据。新组建的四川中油九洲北斗公司运营仅半年时间，新开发物流企业客户1800余家，实现销售收入超8亿元。

【质量计量安全环保】 2017年，四川销售围绕党的十九大胜利召开，把保平安作为首要任务。企业总体保持稳定，2次受到集团公司电报嘉勉。落实环保督察“三个一”要求，提前准备、全省布防，完成95座加油站、2座油库油气回收改造，更新24对服务区、13座油库污水处理设备，新建447处环保沟、隔油池，成功处置4次环保投诉，通过“史上最严”环保督察。实施防汛抗洪“三级分类”管理，288座风险管控库站平安度汛，全年自然灾害损失同比下降66%。公司全年无重大数质量纠纷事件，负面舆情同比下降30%。

【改革创新】 2017年，四川销售配套年度工作报告出台3项机制类、9项重点工作类激励政策，下放26项管理权限。落实工效挂钩政策、油非绩效工资制度，人均收入同比增长8.7%。完善非油品业务体制，在省公司搭建“非油品处+运作中心”管理架构，在二级公司成立非油品科、设置非油品客户经理岗，非油品专业化运作更加顺畅；整合内部监督力量，增设联合监督室，搭建“以专业线内部纠错为节点，以执纪监督部门问责追责为重点”的大监督格局，综合监督效率持续提升，企业生态持续向好。推进合资合作、实施混合所有制改革，率先在四川中油九洲北斗公司试点选人用人、薪酬分配新机制。实施创新驱动，12项成果、15篇论文分获行业部级和集团公司表彰，“一种油尽检测装置”获国家专利（专利号：ZL201720604284），首次实现合同管理能力测评无“不合格单位”。

【党群工作】 2017年，四川销售承办集团公司部分驻四川企业学习贯彻党的十九大精神报告会，邀请国务院国资委专家、省委党校教授专题解读，举办4期党委中心组学习、1期专题学习班，党委班子成员和助理级干部利用领导办公例会开展“党的十九大精神每周一学”，各专业线和二级公司班子召开专题学习会、研讨会60多次。陈小玲当选党的十九大代表（图1），她进农村、到社区，宣讲26场、覆盖万余人次；在674座库站悬挂横幅、张贴挂图、制作宣传栏；在《四川加油报》、门户网站、微信公众号开设专题专栏，广泛宣传公司学习贯彻党的十九大精神的生动做法。

图1 陈小玲当选党的十九大代表

（四川销售公司 提供）

2017年，四川销售开展“四合格四诠释”岗位实践活动，推进“两学一做”学习教育常态化制度化。举办3期领导干部读书班，组织党员干部赴大庆“寻根”。

加快年轻干部成长步伐，公开选聘20名二级公司“80后”助理级干部、7名年轻处级干部，“75后”处级干部比例提高到18%；成功举办第二届基层经理人论坛，建成经理人学院泸州分院，全年经理人学院举办培训班19期，轮训站经理587名、前庭主管244名。开展四川省“两会”代表进库站、阳光政务热线值守、重塑良好形象活动周、青年文明号开放周、百日服务质量提升等活动。95504电话来电投诉率全国最低，由四川省监察厅纠风办组织开展的政风行风满意度测评提升2名。承办中国石油2018年新年音乐会。

2017年，四川销售拍摄的《第一书记》在中国石油系统内首获亚洲微电影节组委会大奖。成品油分公司元华加油站获“全国工人先锋号”，攀枝花分公司炳三区加油站获四川省“工人先锋号”，遂宁分公司机关团支部获四川省“五四红旗团支部”，雅安分公司乌斯河油库获集团公司“铁人先锋号”称号。

【九寨沟7.0级地震】 2017年8月8日21时19分，四川阿坝藏族羌族自治州九寨沟县发生7.0级地震。四川销售立即启动自然灾害应急预案，九寨沟片区各加油站无人员伤亡，加油站未发生房屋坍塌，并积极提供救灾油品供应（图2）。捐赠价值60.5万元的柴油用于灾后家园重建。

图2　九寨沟7.0级地震后，四川销售在救援现场为抢险车辆提供油品供应（王小平　摄）

（陈　晶）

中国石油天然气股份有限公司辽宁销售分公司

【概况】 中国石油天然气股份有限公司辽宁销售分公司（简称辽宁销售）成立于1955年2月，前身为中国石油辽宁省公司。1998年成建制上划中国石油天然气集团公司。主要从事成品油批发和零售业务，以及便利店、天然气、广告和化工产品等非油品业务。是辽宁地区成品油市场的主渠道供应商。截至2017年底，机关设14个职能处室，4个附属机构；下辖19个二级单位，其中地市分公司14个，专业分公司5个；3个合资公司。有员工1.27万人，离退休人员4675人。资产总额115.12亿元。运营加油站1337座，占辽宁省运行加油站总数的37.2%，成品油市场份额66.9%。在用油库16座，库容53.33万立方米。经营机构及营销网络遍及辽宁省。

2017年成品油销量708.21万吨，同比减少17.35万吨，下降2.39%，纯枪销量544.39万吨，同比增加5.4万吨（剔除高速站销量因素），增长0.8%，完成预算的100.4%；利润1.04亿元，同比减少10.02亿元，下降90.6%，完成预算的17.3%；非油品销售收入15.95亿元，同比增加4.01亿元，增长33.6%，完成预算的110.8%；非油品业务利润1.08亿元，同比减少2756万元，下降20.3%，完成预算的67.7%。上缴税费6.7亿元。安全环保稳定形势持续向好。

辽宁销售主要经营指标

指　标	2017年	2016年
成品油销量（万吨）	708.21	725.56
汽油销量（万吨）	363.53	379.04
柴油销量（万吨）	299.29	329.56
润滑油销量（万吨）	42.01	39.33
加油站总数（座）	1337	1372
油库数量（座）	16	26
库容（万立方米）	53.33	71.2
纯枪销量（万吨）	544.39	569.62
非油品业务收入（亿元）	15.95	11.94
非油品业务利润（亿元）	1.08	1.36
吨油费用（元）	355.31	373.88
资产总额（亿元）	115.02	122.19
收入（亿元）	450.52	434.73
利润（亿元）	1.04	11.06
税费（亿元）	6.7	10.99

【资源运行】 2017年，辽宁销售优化资源保证油品供应。执行国储油轮换，争取外采资源13.5万吨，从大连西太平洋石化采购7.6万吨，增效2.6亿元。一次购进657.00万吨，二次公路运输550.60万吨。协调辽宁宝来石油化工集团、辽阳石化炼油厂开通地付业务，优化物流，降低运费，完成地付量44.35万吨。

【油气销售业务】 2017年，辽宁销售灵活施策抢抓市场机遇。在柴油资源偏紧时段，稳量推价争取更大效益；在补贴力度较大时段全力扩销，争取更多补贴；在重点竞争区域，与对手保持同价确保份额不丢；在油品调价前完成加油站库存调控，7次调价间接创效1432万元。全年获得额外量、电子券等补贴6.7亿元。

创新机制促进客户开发。将中小微客户开发纳入绩效考核体系，动态管理全省1741家中小微客户。开展零售客户普查，完善档案9347个。落实卡客户开发奖励政策，发放奖金193万元，活跃记名卡240万张，发卡量突破1000万张，沉淀资金34亿元，排销售板块首位。

跨界合作实现一体化共赢。利用“油惠辽宁”微信平台开展18项主题营销，带动油品销量20余万吨，实现非油品收入近6000万元，微信平台关注人数突破260万。与中国人寿、建设银行、中国移动等开展“惠加油”“投保有礼”活动，吸引第三方采购定额卡6.1亿元，沉淀资金8000万元，拉动油品销量近8万吨。核销电子券532.9万张，网上充值1.4亿元。

发挥与润滑油公司战略合作优势，与丹东曙光、中船集团等大企业合作。开展“昆仑好礼大放送”等促销活动。参与昆仑杯CCPC大赛、汽车安全中国行活动，宣传高端产品。做好经销商市场划分，维护市场秩序。2017年销售润滑油及石油小产品42.01万吨，实现利润2113万元。加油站高端汽油机油销量领先各地区公司，车用润滑油产品、车辅产品销量分别位列地区公司第一名和第二名。

【加油站管理】 截至2017年底，辽宁销售有纯枪零售量万吨以上加油站107座、7000吨级加油站115座、4000吨级加油站254座、3000吨级加油站149座。根据市场变化和竞争对手情况，及时调整营销策略，全年开展传统节日类、热点事件类、主题活动类等主题活动18次，活动支出2.09亿元，间接实现油品销量27.49万吨，带动非油品增收7838万元。以二维码为载体，销售“低面值定额电子卡”，全年发行二维卡定额卡831万张，实现销售6.41亿元，核销5.75亿元，沉淀资金0.66亿元，节省制卡费3730万元。微信公众号“油惠辽宁”影响力不断增强，2017年新增关注用户210万人，总关注人数突破260万人。2017年初，CN98汽油在辽宁省上市，全年销售CN98汽油17.3万吨，居销售板块首位。11月7日，辽宁销售在所属鞍山分公司举办“开口营销暨堆头陈列”竞赛。开展加油站“达标创星”活动，一至五星级加油站共计847座，星级站占营运站总数的64.6%，其中五星级加油站135座、四星级加油站119座、三星级加油站165座。开展“双低站”治理工作，有37座加油站实行委托管理。2017年开展全流程诊断与优化线上诊断2656座次。其中：5000吨以上加油站线上诊断2176座次，诊断率77.49%；3000—5000吨加油站线上诊断480座次，诊断率66.58%；优化站点451座，优化率75.29%。加强95504电话运行数据分析与考核，来电量82439通，投诉占0.17%，工单响应及时率100%，客户回访满意率94.74%。

【非油品业务】 2017年，辽宁销售多元化经营拓宽非油品渠道。抢占汽车后服务市场，投运“咔咔—车享家”汽车服务项目12座，整车销售实现零突破。拓展销售新渠道，建设站外店、昆仑好客社区店、厂区店、中华香烟旗舰店。与大连石化、宝来石化、鞍钢、本钢等企业达成后勤商品供应协议，实现收入1050万元。新增快餐、烘焙等业务，20座便利店试点入驻饿了么、美团两大外卖平台，收入6万元。组织内购会10场，实现收入55.2万元。春耕期间开展商品推介，实现化肥销售收入1620万元。

统采统配保障商品供应。统采品种由800余种增加到2100余种，统采率提高到99.6%，商品更迭率20%，商品品效407元。全年统配商品增长183%，单批次最高配送额突破1000万元。强化物流保障，订货和配送周期由9天压缩至7天，平均配送及时率由68%提高到98%，配送效率处于销售板块领先水平。

【安全环保】 2017年，辽宁销售坚守“四条红线”。每周开展安全经验分享，强化安全责任意识，确保“一岗双责”有效落实。加强HSE体系和标准化建设，接受销售板块审核2次，开展内审2次，整改问题1690项，完成16座油库、786座加油站HSE标准化建设。补办15座油库、858座加油站环境影响评价手续，完成329座加油站油气回收改造、415座加油站燃煤锅炉改造。下达安全生产费用计划7190万元，解决安全环保隐患 417 项。制定特殊时期升级管理方案，88 名副处级以上干部到库站挂点，全系统站级应急演练 1400 余次。

【数质量管理】 2017 年，辽宁销售加强油品数质量管理。严把油品质量关口，质检中心检验油样 689 批次，节约检验费用 275 万元。推行“全面”“重点”“直线”三位一体管控模式，将单仓超耗纳入考核，公路运输损耗较 2015 年治理前减少 3038 吨，损耗率下降 0.075 个百分点，位居销售板块前三位。

【财务管理】 2017 年，辽宁销售精细严实抓好财务管理。开展会计核算“三集中”，完成核算管理“五统一”。会计档案电子化试点首家通过国家验收。持续推进提质增效，全年挖潜增效 6.24 亿元。强化预算控制执行，费用支出较预算节约 2.62 亿元，下降 9.4%。优化资金使用，实现自由现金流连续 5 年为“正”，现金流年均贡献 26.2 亿元，财务费用同比下降 1261 万元。完成“两金”压控目标，应收账款余额为“零”，月均存货同比下降 3.1 亿元。闲置资产盘活创效 2104 万元。做好“营改增”政策宣贯，进项税抵扣增效 1058 万元。升级加油站“税控”发票终端 2071 个，压缩税务申报点 1958 个。

【企业管理】 2017 年，辽宁销售持续推进依法合规治企。开展制度体系量化评价，完成 158 项制度文本与业务流程匹配，审核规章制度 24 项。开展内部控制自我测试，发现例外事项 193 项。修订采购、招标管理制度，规范审批流程和权限，全年招标采购 217 项，估算额 2.89 亿元，节约资金 5000 万元，居销售板块前列。

【工程管理】 2017 年，辽宁销售有效组织工程项目建设，完成改扩建项目 171 项、双层罐改造项目 158 项。双层罐改造清单化管理，利旧设备 1177 项，节省投资 1312 万元。探索加油站模块化建设和便利店装配式施工，加油站罩棚现场施工期缩短至 5 天。强化工程建设成本管控，工程造价审减金额 6611 万元。

提升加油站、便利店基础管理水平。持续开展“双低站”治理，311 座加油站实行目标经营责任制，37 座加油站实行员工转制委托管理。做好全流程诊断与优化，完成诊断 420 项，提出优化建议 153 项。持续推进第二批加油站“6S”建设，编制指导手册。

统筹做好规划计划编制。推进“十三五”规划实施，编制三年滚动规划。加强指标顶层设计，每月下达综合计划。

【服务创新】 2017 年，辽宁销售着力改善现场服务。开展开口营销服务竞赛、话术征集活动，选树开口营销能手，营造服务氛围。创新稽查方式，开展分类稽查和重点问题精确稽查，纳入绩效考核。95504 电话有效投诉同比下降 68%。

做强特色产品和服务。优化 CN98 汽油销售布点，提高奖励系数，实现销量 17.37 万吨，连续 2 年居销售板块首位，得到补贴 1.1 亿元。探索电子券、聚合支付业务，为客户提供便捷消费体验。在 148 座加油站开展免费擦车，68 座柴油竞争区域加油站开展加油送餐，62 座加油站提供免工时费换油服务。

开展品牌宣传和商标维权。“3・15”期间，开展 CN98 汽油宣传、“油惠辽宁”系列活动、“车享家”现场汽车服务体验，运用新媒体提高品牌美誉度。联合工商、公安等部门集中整治商标侵权，查处涉嫌侵权加油站 81 座，对 31 座侵权站采取法律诉讼，收回赔偿金 751 万元。

【信息化建设】 2017 年，辽宁销售以业务需求为主导推进系统开发和应用。研发批零一体化测算模型，为制定价格政策提供依据。推进协同办公系统二期建设，新增 44 项功能。完成“中油好客 e 站”APP 自助加油功能测试。建成可视通视频监控平台，实时监控施工现场，集成监控点位近 1.5 万个。

加强数据分析和成果转化。对分公司销量和价格到位率开展象限分析，及时纠正执行营销政策时存在的偏差。集成加油卡数据，为 50 万元以上便利店添加目标客户标签，为差异化营销提供数据支撑。建立“三类六型”便利店管理体系，实现订货系统对不同类型便利店选品、定价的智能推荐和指导。加强物流系统应用，优化配送路径，提升配送效率。

强化信息安全保障。“5・12”全球勒索病毒爆发事件中，有效采取断网、封闭端口等措施避免病毒感染，保障经营有序运行，并协助销售板块对受到病毒感染的兄弟单位提供技术支持。

【深化改革】 2017 年，辽宁销售合资合作推进网络开发。成立高速公路、沈阳地铁、宝来等合资公司，分公司成立合资公司 7 个，开发建设加油站 9 座，与地铁合作模式受到集团公司肯定并在销售板块推广。省市联动监测土地拍卖信息，成功竞拍土地 6 宗。全年跟踪网络开发项目 165 个，评审立项 113 个，其中新开发 98 座、续租 15 座，年新增零售能力 67.2 万吨。全年兑现投资专项奖励 248 万元。

建立省、市、加油站三级对标体系，完善与兄弟单位、竞争对手分析维度，弹性调整企业发展能力指标排名，做到加油站对标数据“上墙”，激发基层活力，助推企业管理效益提升。

【队伍建设】 2017年，辽宁销售持续加强加油站经理人队伍建设，出台加油站经理人积分评级和聘用管理办法，建立全方位量化分级评价体系和选聘机制，着力打通加油站经理人职业发展通道。组织开展各类培训504期，培训3.6万人次，职业技能鉴定2084人次。

树立正确选人用人导向，坚持德才兼备、以德为先原则，坚决反对两面人，反对跑官要官，按照“五好标准”，注重选拔踏实肯干，想干事、会干事的人，不让干活的人吃亏，切实选出一批德才兼备、群众公认度高的好干部。2017年选拔副处级以上干部22人，调整交流17人，对159名处级干部进行轮训，干部队伍年龄、专业、知识结构更加合理。

【薪酬管理】 2017年，辽宁销售始终把员工利益放在首位。坚持薪酬分配向一线岗位、艰苦岗位、贡献大岗位倾斜。发挥绩效考核导向作用，根据市场变化和营销政策及时调整考核指标，实施纯枪增量、直销增量和非油品销售收入超额专项奖励，全年发放4641万元，激发全员提量创效热情。在工资增量有限情况下，盘活工资总额5038万元，实现员工收入普遍增长，加油站一线员工收入平均增长13%。为在岗员工投保非因公意外伤害险，解决员工8小时以外的保障问题。将补充医疗保险报销标准人均提高1000元，开放乙类报销项目，解决员工因重病返贫问题。控减员工1194人，完成控员任务。

【党群工作】 2017年，辽宁销售深入学习贯彻习近平新时代中国特色社会主义思想和党的十九大精神，掀起学习宣传和贯彻落实党的十九大精神的热潮，开展中心组学习202次。

制定《中国石油辽宁销售公司党建工作责任制实施办法》，对所属17个党委开展党建工作责任制考评，其中A类3家，B类4家，C类以下10家。落实党委书记例会、党支部书记例会制度，启动党委书记抓党建述职评议。完成两级公司党委换届，成立仓储分公司党委和润滑油分公司党委。将党建工作写入公司及所属控股公司章程。开展“党支部规范化建设年”活动，40座万吨站成立党支部，配齐配强支部书记，党建触角向基层延伸。

通过专题约谈、落实考核等方式推动“两个责任”逐级落实。整改集团公司巡视反馈问题37项。完成最后4家单位党内专项巡察，实现巡察一年全覆盖，发现问题304项，巡察经验得到中央巡视办和集团公司党组肯定，在集团公司年度专项会议上介绍经验，被集团公司评为纪检监察系统先进集体。聚焦监督执纪问责，信访初核23件，立案6件，给予30人次党政纪处分、56人次组织处理，收缴违纪款项142.13万元。严肃整治“四风”，对16家单位开展专项检查，追回违规资金8万元。

加强宣传思想文化工作。加快推进企业文化展览馆建设，构建“一网一报一微”宣传格局，累计发行《辽宁石油销售》34期，创建“辽宁石油之声”微信公众号。

做好群团工作。落实职代会制度，尊重和维护职工权益。发挥体协、文联作用，丰富员工文化生活。帮扶困难员工970人次，发放帮扶资金272万元，获辽宁省“定点扶贫先进单位”称号。离退休工作落实“两项待遇”，获集团公司“离退休职工思想政治宣传工作先进集体”“‘畅谈十八大以来变化，展望十九大胜利召开’活动优秀组织单位”称号。开展主题教育实践、“十大杰出青年”评选和“青年文明号”创建活动，发挥青年先锋示范作用。

【维稳工作】 2017年，辽宁销售认真做好全国“两会”和党的十九大等重点时段维稳信访安保防恐工作，公司领导多次会见重点维稳地区市委市政府主要领导，加强企地联动，提前化解和排除不稳定因素，妥善处置2起基层单位失泄密问题。维稳工作5次受到集团公司嘉奖。

（张凤春　马　丽）

中国石油天然气股份有限公司广东销售分公司

【概况】 中国石油天然气股份有限公司广东销售分公司（简称广东销售）前身为广州经济技术开发区中油油品销售中心，成立于1998年9月7日，主要负责中国石油在广东地区油气销售、网络开发建设工作。截至2017年底，投运加油站1113座，运行资产型油库10座，总库容99.8万立方米，资产总额143.43亿元。设13个机关处室，4个附属机构，19个二级单位，84家股权企业，有员工11670人。

广东销售主要经营指标

指　标	2017年	2016年
成品油销量（万吨）	774	757
汽油销量（万吨）	454	432.93
柴油销量（万吨）	320	324.07
加油站总数（座）	1113	1083
油库数量（座）	10	11
库容（万立方米）	99.80	90.3
纯枪销量（万吨）	538	533.68
非油品业务收入（亿元）	12.3	8.81
非油品业务利润（亿元）	1.77	1.38
吨油费用（元）	366.03	372.02
资产总额（亿元）	143.43	153.33
收入（亿元）	483.20	427.08
利润（亿元）	1.02	3.54
税费（亿元）	12.86	11.96

【油气销售业务】 2017年，广东销售坚持研判大趋势，把握大节奏，实现直批销量236万吨，同比增加14万吨，增长6%。争取销售板块政策支持，降低月度汽油配置计划，增加钦州地付和普柴资源，串换和争取国储资源，创效4700万元。落实精细营销，紧盯主要竞争对手营销策略变化、战略客户库存和需求变动，主动采取应对措施，抢抓机遇，预降先销，预涨推价，批发价格到位率同比提高2.04个百分点，增效能力明显提高。加强大型客户维护力度，重构服务体系，开发及维护宝钢集团、湛江港、华润水泥、茂名交投、华南空港等集团客户50多家。终端小微客户开发持续发力，各地市公司新增直批客户414家，增加销量8.4万吨，韶关、湛江、广州等公司直批销量同比增长30%以上。在当地其他企业加大资源投放的情况下，市场份额保持稳定。

【非油品业务】 2017年，广东销售升级店内服务体验与消费氛围，优化重点门店运营水平，30万元以上门店数量和收入分别同比增长47%、63%。组建非油品提升小组，对200余座便利店开展店面诊断优化，打造26座润滑油特色店、120个放心厨吧。在非油品“老三宝”和“新三件”及自有品牌商品销售上持续发力，六大重点品类收入同比增长59%，“好客惠”子品牌销量同比增长49%。咔咔汽车服务业务、站内积分站外引流、社区店与店外店、服务区合作经营等异业联盟合作成效显著，汽车服务业务收入同比增加500万元，服务区收入同比增加626万元，阳江公司“私人定制”阳江核电站旗舰便利店日均收入突破万元；中山公司依托店外店拓宽增收渠道，非油品收入实现翻番。开展油非互动，增加非油品收入1.02亿元，同比增长164%。坚持“油卡非润”一体化营销，广泛开展劳动竞赛、设立专项激励政策，2017年连续5个月，累计有7个月实现非油品收入过亿元，单店平均年非油品收入52万元，同比增长35%。

【加油站管理】 2017年，广东销售科学把握量价关系，增销汽油、稳定柴油，纯枪销量同比增加4.32万吨，连续8年保持增长。理性应对主要对手大范围零售降价促销，优化扩销奖励机制，开展“纯枪月销售冲击50万吨”“大干40天全年任务硬过半”等竞赛活动，高峰期月纯枪销量突破50万吨，12家分公司完成挑战目标，河源公司和清远公司纯枪销量分别同比增长14%、20%。推进CN98汽油销售，新增销售站点55座，累计151座，销量增长29%。开展线上线下多元营销，壮大客户群体，线上客户达378万个，充值10亿元。按照“3+1”（针对现有自营加油站的目标责任制、委托管理和出租经营模式，针对社会加油站的品牌输出模式）模式化推进“双低站”治理，减少“双低站”20座，摘帽率7%。完成240座3000吨以上站点全流程诊断，实现“两增一降双提升”目标。加强优质服务激励，狠抓服务提升，神秘客户访问平均得分88.98分，同比提高0.96分。开展标准示范站验收，对12座加油站进行授牌和表彰。

【油库管理】 2017年，广东销售调整南沙油库定位，编制完成《东莞建兴油库和南沙油库功能互补的物流优化方案》，为物流优化提供技术支撑。油库安全、环保、数量、质量责任事故为零，油品数质量抽检合格率100%。承运商运作安全受控。中山民众油库完成CN98汽油、95号汽油自动在线加剂装置建设。制定《物流仓储中心油库员工薪酬管理及绩效考核管理办法》和《物流仓储中心单项奖励分配方案》，完善油库绩效考核和奖金分配制度。

【投资建设】 2017年，广东销售与广东省部分地市政府城建、城投公司开展战略合作，寻求双赢，形成“地方政府合作开发模式”，佛山、湛江、揭阳等公司与政府合作有序推进。与中央企业、政府平台、地方国企等多元合作取得成效，南粤中油合资公司成立运营并投运2对加油站，广东中油通驿能源销售有限公司投运京港澳高速2座加油站，深圳公司利用合资平台开发3座加油站，清远公司与中交清远投资发展有限公司合作开发1座高速公路加油站。坚定不移实施"农村包围城市"开发战略，抓住粤西北等潜力市场产业转移机遇，在20个乡镇新增网点布局，填补网络空白，清远公司和惠州公司分别投运6座加油站。组织召开11次投资建设推进会，建立重点项目协调机制，促进项目当年开发当年投运。创新开发模式，结合揭阳定点扶贫项目，开拓双赢发展思路。清理历史遗留问题取得明显突破，7个项目完成销项，3个项目拟定新方案，4个项目启动法律程序。东莞油库完成验收并进油调试，码头二期扩建项目取得集团公司立项批复。

【资源运行】 2017年，广东销售加强损耗管理，推进下海油诚信交接，加强与运输企业深度融合管控，细化油品储运全过程损耗分析，下海油损耗率、公路配送损耗率、油品储运损耗率同比分别下降26%、32%、35%。优化物流体系，简化计量流程，单次运作效率由3天缩减至2.5天，节省费用860万元。调整油库公路配送量，优化配送路径，公路配送半径同比减少2千米，吨油运费同比降低2.4元，节约公路运费561万元。加强资源串换，优化集采船舶，增加二级油库直入资源量，节省仓储和转运费1564万元。推行维修业务外包，维修费同比下降963万元。

【市场拓展】 2017年，广东销售坚持整体效益最大化原则，实现扩销上量保份额。做好资源衔接，确保资源品种、到货节奏与公司营销需求相匹配；做细市场研究。超前研判市场，掌控销售节奏。关注汽油、柴油消费习惯和趋势变化，科学调整营销策略。坚持"一区一策、一客一策"定价，适当放权，快速应对市场变化；做细客户分类管理。加大对长约客户和招投标客户的开发、维护，稳定直批基础销量。找准细分市场，掌握匹配客户，做好增量客户开发。稳妥推进品牌输出，扩展直批渠道；做细营销服务。全方位梳理客户需求，全方位对标竞争对手服务内涵，以"一户一策"差异化服务提高客户开发维护精准度；实现总销量774万吨，同比增长17万吨，增长2.2%；纯枪销量538万吨，利润1亿元；非油品销售收入12.3亿元、利润1.77亿元，分别同比增长40%和28%；投运加油（气）站344座（含南粤中油4座）。

【质量安全环保】 2017年，广东销售完成中央环保督察组和国务院安委会在广东督查检查迎检工作，及时抓好HSE管理体系审核存在问题整改。有效应对高温、暴雨、台风等极端天气，提前拟定应急预案，全年公司无安全生产、无污染、无数质量事故。推进东莞油品化验室建设，质检能力和标准进一步提高，全年完成各类检验1929批次，节省外委检测费342万元。加强油品数质量管理，开展加油机计量准确度专项检查，强化党的十九大、金砖国家峰会等特殊时期数质量管理，接受国家、地方政府、集团公司产品质量监督抽查421批次，合格率100%，展现中国石油良好企业形象。

【党建工作】 2017年，广东销售推动"两学一做"学习教育常态化制度化，开展"践行四合格四诠释，弘扬石油精神，喜迎党的十九大"岗位实践活动，以支部为单位组织党员进行岗位讲述，党员的责任意识、大局意识、担当意识持续增强。党的十九大召开之后，把学习、宣贯、落实习近平新时代中国特色社会主义思想和党的十九大精神作为头等大事，第一时间进行部署，实现宣讲、宣传、轮训、监督全覆盖。完成"书记项目"18个，构建"项目＋目标＋过程＋结果"党建工作模式，基层党组织自建能力不断提高。完成股权企业党组织状况摸底调查，推进党建入章程工作。开展广东销售第一次党代会筹备工作，完成20个二级党委、纪委及所属基层党组织换届选举。

（徐　彬）

中国石油天然气股份有限公司内蒙古销售分公司

【概况】 中国石油天然气股份有限公司内蒙古销售分公司（简称内蒙古销售）成立于1951年，1998年上划中国石油天然气集团公司，主要负责内蒙古自治区成品油、天然气销售业务和非油品销售业务，是内蒙古自治区的主要成品油供应商。

2017年底，内蒙古销售设12个分公司、3个控股公司、2个参股公司、84个经营部，运营加油站1427座，占内蒙古自治区加油站总数的45%，便利店1341座，运营油库21座，库容95.38万立方米，市场占有率68%，资产总额86.20亿元。秉承集团公司整体利益最大化原则，始终以“客户至上、诚实守信、品牌精良、效益为本”的经营理念和“用心、规范、舒适、便捷、满意”的服务理念，履行“三大责任”，倾心服务于内蒙古自治区经济社会发展和人民生活需求。

2017年，面对复杂严峻的市场形势，内蒙古销售认真贯彻落实集团公司决策部署和销售板块工作要求，坚持稳健发展总方针，以“改革创新发展年”为主线，突出效益中心，深化改革创新，强化风险防控，推进提质增效，加强党建工作，取得好于预期的经营业绩。全年销售成品油492.85万吨，纯枪销量389.72万吨，非油品业务收入6.05亿元，非油品业务利润0.79亿元，费用总额同比下降21%，利润2.53亿元，同比增长25%。内蒙古销售获“全国文明单位”和内蒙古自治区“纳税信用A级企业”称号。

内蒙古销售主要经营指标

指　标	2017年	2016年
成品油销量（万吨）	492.85	540.51
汽油销量（万吨）	263.88	272.28
柴油销量（万吨）	228.97	268.23
润滑油销量（万吨）	1.50	1.20
天然气销量（亿立方米）	0.14	0.003
加油站总数（座）	1427	1459
油库数量（座）	21	23
库容（万立方米）	95.38	89.90
纯枪销量（万吨）	389.72	434.71
非油品业务收入（亿元）	6.05	4.72
非油品业务利润（亿元）	0.79	0.64
吨油费用（元）	416	445
资产总额（亿元）	86.20	91
收入（亿元）	318	307
利润（亿元）	2.53	2.02
税费（亿元）	5.22	5

【油气销售业务】 2017年，内蒙古销售坚持以市场为导向，以提质增效为目标，研判油价走势，优化资源组织，降低运营成本，全年购进直炼资源491万吨，保障炼油厂后路畅通，推动集团公司产业链价值最大化。细化资源运作，通过库存增值、0号柴油不退市、主动补货等举措，实现资源创效。坚持“直销增量保额、总体算账不亏”的原则，及时对内蒙古自治区重点建设项目拉网式排查、网格化管理，阶梯定价，抢抓增量。妥善处理与主要竞争对手的竞合关系，持续开展商标侵权和“三黑”违法行为排查，清理商标侵权加油站76座，查处“三黑”违法行为66起。牢固树立“大零售”的营销思维，打好“加油惠”“充值送”“非油赠”“刷卡返”等促销“组合拳”，开展多种节日主题促销和民族特色营销，586座加油站员工身着民族特色服装销售民族特色商品，119座加油站推出“司机之家”“农牧民之家”“游客之家”，丰富服务功能，推动纯枪销售上量。抢占价值高地，推进CN98汽油上市，销售站点扩大到273座。开辟新营销模式，快速推广电子券业务，增加客户黏性，增强竞争力。投入13座橇装站全力保障G7京新高速站点运行。紧盯市场变化，实行零售支出定额管理，收窄降价幅度。出台成品油销售、非油品销售、网络开发建设、队伍结构优化、成本控制、科技创新6项考核奖励机制，激发员工干事创业热情。推进与昆仑能源、内蒙古西部天然气股份有限公司的加气业务合作，全年销售天然气0.14亿立方米。

【非油品业务】 2017年，内蒙古销售强化非油品主业思维，明确“提升店内、拓展店外、深度开发、扩大空间、提质增效”的发展思路，加快推动非油品业务发展。健全组织机构，成立非油品分公司，为专业化发展提供保障。对493座30万元以上便利店实施店面优化升级，销售收入、毛利同比大幅提升。开展大客户座谈会及进社区、厂矿、施工工地等活动，新开发客户243家，拓展油非市场。推出“印象内蒙古”草原特色礼包，注册“昆享”商标，开发自有商品，带动品牌营销全面升级。推进便民引流，在便利店试点开展水果、鲜花、花肥经营，与新华书店、邮政公司、麦当劳合作拓展业务范围。深挖店外销售，在北方电力家园、蒙联石化开设站外便利店，搭建员工内购平台，多点开花提升非油品销售规模。加快推进昆仑润滑油及车辅产品销量，润滑油实现销售1.58亿元，同比增长25.7%，车辅产品增收2094万元，同比增长103%。设立乌海中央仓，推进西部区统采统配。全年开店率96.7%，同比增长37%，非油品收入、利润分别同比增长

28.3%、21.9%。

【投资建设】 2017年，内蒙古销售完成《十三五”销售业务发展规划》修订工作，编制《十三五”股权投资发展规划》《内蒙古地区油气一体化销售方案》等，为下一步工作奠定基础。建立项目滚动开发机制，采取新建、合资合作、收购等方式，形成“储备一批、成熟一批、评审一批、开发一批”的工作模式，全年新开发加油站10座，投运6座，改扩建加油站9座；油库隐患整改项目开工7个，清理历史遗留项目9个，新建赤峰油库按进度有序推进。持续坚持“以防渗改造为主线，统筹全流程诊断优化、非油品业务提升、安全隐患治理”“一拖三”的改造原则，“小投入，巧改造”加油站122座；加油站防渗改造工程安全、工期得到有效控制，平均单站工期控制在42.5天。深入推进“双低站”治理，264座加油站脱贫，净摘帽率30%。与内蒙古公路交通投资发展有限公司合作成立北疆公司，有效稳固内蒙古自治区新建投运高速公路的中国石油品牌。

【安全环保】 2017年，内蒙古销售牢固树立红线意识和底线思维，紧密结合生产经营实际，加强风险管控。自上而下强化HSE专业分委会建设，开展全员安全环保履职评估，推动安全环保责任有效落实。全面推行风险分级管理，从严落实十项升级管控措施，深入开展“大学习、大检查、大反思”活动，抓重点、抓关键、抓薄弱环节，各类风险平稳受控。深入推进“安全隐患排查，管理隐患整治”专项活动，集中治理13座油库库容优化和安全环保隐患项目。深入开展HSE体系审核、“四不两直”检查和冬季安全生产大检查，全面推行量化审核定级，强化“双闭环”管理，各级审核检查发现问题整改率均达99%以上。周密组织“3·15”和“质量月”活动，质量服务管理能力有效提升。落实加油机关键部位施封管理，普通柴油升级前，购进高标准0号普通柴油47.46万吨，确保如期升级，国家、地方、集团公司油品质量抽检合格率100%。对2座油库和114座加油站的燃煤锅炉进行改造，完成上级下达的节能节水任务。完成“内蒙古自治区70周年大庆”和党的十九大重要时段的防恐维稳、值班值守等工作，受到集团公司嘉奖。

【精细管理】 2017年，内蒙古销售“升级版”盟市公司建设持续升级，全面落实加油站值班经理制和库站大岗位制度，优化油库、运维等部门的岗位编制、人才评价和薪酬激励。建立以工效挂钩考核为基础、专项奖励为补充的考核模式，形成全面提效、专项突破的综合激励导向。在鄂尔多斯分公司、巴彦淖尔分公司试行工资并轨改革工作，向同工同酬迈出重要一步。启动加油站达标创星与三级考核工作，开展“加油站百日合规管理专项整顿”活动和神秘顾客访问，强化加油站运营天数管理，开发系统套现分析功能，创新机关服务基层综合管理督导工作机制，全面打造强大现场，提升加油站管理水平。开展资金安全大督查，加大“两金”压控，加大应收款清理力度，坚持“低库存”运行，存货占用资金控制同比降低7.3亿元，资金费用有效管控。深挖现有信息系统功能，开发推广财务结算与资金对账、成品油损溢管理系统功能。完成内蒙古自治区石油总公司公司制改制工作和集团公司下达的“僵尸企业”清理和压减法人户数任务，“三供一业”工作取得阶段性进展。深化审计全覆盖，审计建议采纳率100%。坚持成本制胜，牢固树立过紧日子的思想。减员优化849人，超额完成集团公司控员任务265人，库站外人员占比下降1个百分点，人工成本控制在计划进度内。强化损耗管理，一次运输损耗率同比下降0.29‰；公路配送地罐交接综合差量同比下降0.38‰。全年非生产性费用同比刚性下降10%。

【党建和队伍建设】 2017年，内蒙古销售认真组织学习宣传贯彻党的十九大精神，抓实“三会一课”制度，全面开展讲党课评党课活动，有序推进“两学一做”学习教育常态化制度化，在全体党员中开展践行“四合格四诠释”岗位实践活动。完善干部进退机制，选用一批年富力强优秀人员充实到各级领导班子，进一步增强干部队伍的活力动力。两级公司培训各类人员9600人次，其中党建培训32期1560人次，加油站经理培训510人次，管理人员授课水平与学员综合素质得到“双提升”。完成鄂尔多斯、巴彦淖尔、乌海、阿拉善西部4个盟市分公司1010人的技能鉴定任务，以优异成绩通过集团公司技能开发和技能鉴定工作检查评估。阿拉善中港加油站获“全国工人先锋号”称号，临河油库获集团公司“铁人奖状”。加强党风廉政建设，启动党内巡察工作，完成第一轮阿拉善、鄂尔多斯、乌海、呼伦贝尔、兴安、包头6家分公司的巡察任务。综合把握运用监督执纪“四种形态”，加大对违规违纪事件的通报和查处力度，充分发挥震慑和教育作用。全年信访举报同比下降63.8%。

（巴音巴特）

中石油新疆销售有限公司

【概况】 中石油新疆销售有限公司（简称新疆销售）前身是1954年成立的新疆石油总公司，经历上划、重组、改制三个重要历史阶段，1998年上划中国石油天然气集团公司，1999年重组至中国石油天然气股份公司，2015年，改制为全资子公司。改制整合后，中石油新疆销售有限公司业务范围覆盖成品油销售、润滑油等石油副产品销售、食品销售、餐饮服务、日用百货及家电销售、办公用品销售、化肥等农用物资销售、汽车服务等多个领域，成为一家经营范围全面的销售服务企业。2017年底，有分公司17家，其中零售公司14家、专业公司3家，在册员工5133人、外包用工4830人，资产总额80.98亿元，运营油库7座、运营加油站850座，其中纯枪销量万吨站68座，百万元便利店317座。

2017年，面对错综复杂和异常严峻的形势，新疆销售领导班子带领全体干部员工围绕稳健发展方针，聚焦和落实新疆维吾尔自治区社会稳定和长治久安的总目标，党政各项工作稳步推进，完成上级组织交给的任务和赋予的责任。全年成品油销量614.53万吨，创历史新高，同比增长10.3%；车用燃气销量0.52亿立方米，同比增长42.8%；非油品业务收入9.12亿元，同比增长23.41%；利润7.71亿元，同比增长119.66%，主要经营指标名列销售板块前列，共获得销售板块劳动竞赛营销、非油品类红旗13面；推进用工制度改革，在销售板块率先编发《业务外包管理手册》，推进用工合法化、市场化，新疆销售人均劳效排名销售板块第一。

【油气销售业务】 2017年，新疆销售坚持以市场为导向，建立常态化的市场监测和分析机制，依据市场变化优化资源运作和销售组织，用足用活调拨价奖励政策，全年获得销售板块额外量补贴4.96亿元。按照“纯枪保效益”的思路，实施积极灵活的营销策略，分月确定营销主题，放宽地市公司价格权限，引导地市公司主动参与市场竞争。按照“汽油创效益、柴油保份额”的销售思路，通过提高加油站运行效率、开展一体化促销，筑牢纯枪销售增量基础。强化数据分析和应用，充分挖掘系统数据价值，找出客户消费规律和需求痛点，分消费环节精准制定营销策略。建立“油卡非润”一体化营销机制，持续打造“四季”和“10惠”两大促销品牌，开展CN98汽油、电子券专题促销活动，与银行、通信、保险等关联企业开展联合促销，利用加油卡差异优惠和HOS系统油非互动功能，切实提升促销效果，有效带动纯枪销量增长，全年纯枪销量同比增长6万吨。

新疆销售主要经营指标

指　标	2017年	2016年
成品油销量（万吨）	614.53	557.13
汽油销量（万吨）	212.11	194.64
柴油销量（万吨）	402.41	362.48
润滑油销量（万吨）	2.02	1.54
加油站总数（座）	850	849
油库数量（座）	7	6
库容（万立方米）	44.94	38.20
纯枪销量（万吨）	400.58	394.58
非油品业务收入（亿元）	9.12	7.39
非油品业务利润（亿元）	1.11	0.97
吨油费用（元）	368.97	397.18
资产总额（亿元）	80.98	75.03
收入（亿元）	383.92	315.65
利润（亿元）	7.71	3.51
税费（亿元）	8.14	6.08

完善燃气业务购销存和价格管理制度，建立新疆天然气销售领域上中下游协调机制，通过翼支付、加油卡等促销手段加大燃气销售力度，全年纯枪销售天然气0.34亿立方米，同比增加0.12亿立方米，超额完成年度计划。

【市场拓展】 2017年，新疆销售坚持“五抢先一分解”机制，对重点工程项目进行梳理，明确责任落实到人，在新疆182项开工项目中取得156个项目的供油权，占重点工程项目总数的85.7%。持续强化总部营销，统一开发紫金矿业、天山股份、新疆电信、中泰化学等客户，主动引入中交、中铁等板块合资企业争取新疆公路PPP项目和铁路施工项目，扩大直批份额，全年社会直批销量同比增加29.08万吨，客户数量同比增加268家，市场份额同比提升0.41个百分点。有序推进成品油质量升级工作，协调政府部门完成普柴国Ⅳ、国Ⅴ标准升级工作，根据普柴销售政策，为确保市场份额不丢，争取普柴资源76.99万吨，有效提升市场竞争力。提请政府部门在新疆开展市场整顿活动，共计捣毁非法倒油窝点98个，查获非法销售油品1599吨，有效净化市场环境，为公司增量创造空间。

【非油品业务】 2017年，新疆销售以“油气卡非润”一体化营销为基础，突出核心品类销售、强化自有商品管理、拓展店外市场，打造新的效益增长点。推进与烟草、中粮、红牛、农夫等核心品类供应商的战略合作，争取各种政策支持，扩大增收渠道。以客户需求为出发点，优化商品结构，营造特色商圈氛围，核心品类增收1.05亿元，单店日均收入、平效、品效等指标大幅提升。制定便利店商品直销业务指导意见，拓展站外市场，实现店外团购直销增量5000万元；着力打造员工内购平台，组织开展持卡消费竞赛和内购会活动，实现增量2000万元。出台自有品牌商品经营指导意见，发挥昆仑优品公司专业化运营职能，实现优斯麦尔品牌商品升级转型，坚果帮系列商品成功上市。自有商品实现收入333.34万元，增长1975.59％。成立农资领导小组和销售团队，制定化肥销售指导意见和集中采购流程，统筹协调化肥资源，利用网点和营销团队优势，开展“油＋肥”联动促销，化肥收入同比增加5654万元，增长144.72%；制定公司农资化肥销售业务合资合作方案，完成合资公司的前期可行性研究和报审工作。开展轮胎代销业务，通过第三方平台增收1563.34万元，同比增长298.21%。争取润滑油优惠政策，合作建立16家终端客户免费换油网点，开展“购昆仑油免费换油”促销活动，销售昆仑车用润滑油16380吨，同比增长30.1%。

【资源运行】 2017年，新疆销售在确保供应前提下，不断升级物流管理水平。配置计划和区外串换兑现率分别达103.7%和183%，与中国石化串换资源70.4万吨，节约运费2.52亿元。全年10次涨价提前结算油品14.2万吨，节省采购成本2100万元。新投用喀什油库辐射南疆三地，全年周转成品油43.1万吨，节约公路运费3070万元。狠抓车载视频三级管理，在途数质量总体受控；设盈亏双向考核指标，实行加油机准确度三级管理，杜绝超差付油；强化库站油品现场盘点，液位仪系统控制率99%，做到账账相符、账实相符；2017年全口径损耗额同比下降27.6%，计量“防风险、讲诚信”管理持续深入。推行流动加油车外包，将自有流动加油车外包给专业运输公司，解决自行管理车辆审验、达标验收、车辆安全运行等一系列难题，有效规避法律和安全管理风险，完成50%的车辆移交工作。

【库站管理】 2017年，新疆销售侧重服务技能指导，强化服务质量监督，优化星级管理制度，统筹资产管理，强化隐患监管，进一步提升服务能力、顾客体验和管理科学性，保障库站安全、顺利运营。组织开展服务示范小分队下基层送服务活动，在14家分公司举办理论培训16场、组织开口营销竞赛12场、检查帮扶加油站42座。新疆销售对1609座加油站开展神秘顾客访问，对被警告的加油站进行跟踪式回访。依据新规范，结合加油站管理实际需求，进一步优化《加油站达标创星考评办法》。推进实物资产（设备）管理信息系统建设，完成29196条资产、594条租赁信息及63条土地处置信息录入工作。组织开展库站隐患排查2期、油库罐区专项隐患排查1期，全年共排查隐患247项，完成销售板块督办隐患4项，全年销号隐患197项，未销号隐患均处于有效防控中，确保库站安全运行。

【网络开发】 2017年，新疆销售完成“十三五”滚动规划编制工作，并对后3年销售网络开发业务进行规划。拓展市场网络，争取加油站建设项目，协调各方关系，跟踪各地网点规划及土地招拍挂情况，主动出击，成功拍得加油站建设用地3宗，取得新疆维吾尔自治区商务厅高速公路加油站批复25座，储备加油站建设项目61座、在建16座、投运16座。完成阿克苏国兴、庭州能源、昌吉市国投等5个合资合作项目审批及备案工作，阿克苏、克州、昌吉市的合资公司完成注册手续。2017年下达投资计划12.31亿元，其中：油库建设投资0.24亿元，加油（气）站建设投资12.02亿元、公用工程建设投资0.05亿元；新开发加油站33座、加气站12座，重启加油站16座，网络份额提升1.64个百分点。

【工程建设】 2017年，新疆销售加强项目前期准备和过程管控，组织防渗改造工作，向新疆维吾尔自治区各级政府汇报改造进度及困难，建立项目全过程协调跟踪机制，与2016年相比，开工数增长181％，完工数增长47%。开展工程建设创新实践，试点开展PMC项目管理，有计划推行型钢网架，召开光伏发电、地源热、空气能热泵、硅晶发热板、油罐内衬等新技术应用研讨会。严控施工现场安全质量管理，全年组织工程及HSE检查40次，出具监理和承包商罚单52份，罚款金额

11万元，打造吐鲁番、喀什样板工地。

【喀什油库投运】 新建喀什油库于2012年9月24日经股份公司批复立项，设计规模为二级铁路成品油库，2014年11月正式开工建设，2017年2月投运，截至2017年底试运行良好。项目批准总投资2.07亿元，库容8万立方米，其中一期建设6万立方米；建地上立式储罐10座，建装车岛5座，设下装鹤管15套，油气回收装置1套，双侧铁路栈桥1座，56车位28鹤位，建管理与控制一体化油库管理控制系统1套；设计有自动化收发油、消防安防等控制系统，数据集成采用DCS系统管控，油品通过铁路入库，公路出库，可满足喀什、克州、和田、阿里及兵团等市场成品油供应。

2017年2月13日，喀什油库投产试运行成功（刘嘉　摄）

（罗丽戈）

中国石油天然气股份有限公司陕西销售分公司

【概况】 中国石油天然气股份有限公司陕西销售分公司（简称陕西销售）是股份公司所属地区公司，2017年底，下辖11个分公司、1个油品质量监督检验中心，5个驻省内炼油厂（管输库）采供站；机关设有13个职能处室，4个机关附属机构。运营加油站998座，油库7座，总库容27.27万立方米，员工总数8400人，资产总额43.98亿元。

陕西销售主要经营指标

指　标	2017年	2016年
成品油销量（万吨）	423.69	443.01
汽油销量（万吨）	200.27	212.6
柴油销量（万吨）	223.42	230.37
加油站总数（座）	998	968
油库数量（座）	7	7
纯枪销量（万吨）	328.9	325.94
非油品业务收入（亿元）	8.44	5.70
非油品业务利润（万元）	6965	5072
资产总额（亿元）	43.98	54.51
收入（亿元）	265.99	248.66
利润（亿元）	–6.72	7.10
税费（亿元）	4.38	6.59

2017年，陕西销售总销量423.69万吨，完成预算的93.12%，其中纯枪销量328.9万吨，完成预算的97.89%，同比增长0.91%；非油品业务收入8.44亿元，非油品业务利润6965万元，分别完成预算的105.5%、87.1%，同比增长48%、37.3%；亏损6.72亿元；发售加油卡72.3万张，累计沉淀资金16.85亿元，同比增长15%、6.5%；未发生数质量安全环保责任等级事故、合规管理工作持续提升，连续5年获陕西省顾客满意度测评同行业第一。

【油品销售】 2017年，陕西销售始终坚持“油卡非润”一体化，采取“提高批发质量、加大纯枪销售、坚持量效兼顾”措施。突出纯枪销售，实现纯枪销量同比增加2.96万吨，其中汽油销售187.84万吨，同比增加2.97万吨，增长1.61%；新增CN98汽油网点115座，达到165座，累计销售1.25万吨，同比增长58.14%，日均销售突破100吨。做强“互联网+营销”，围绕“中油好客e站”平台，加大电子券营销，微信关注量突破64.8万人，全国排名第四，充值金额6.04亿元，核销金额3486万元。做强客户开发，坚持客户圈线建设，建立加油卡会员体系，持续网格式“六进”客户开发，与多家大型中央企业机构联合推卡，渠道联合提升会员服务内涵，实现加油卡充值122.8亿元，卡销比55.2%，同比分别增加15.5%、2.5%。

【库站管理】 2017年，陕西销售不断深化神秘顾客访问、视频扫站、综合检查“三位一体”的现场服务监管机制，组织开展加油站“服务达人龙虎榜”“现场服务挑战赛”活动，极大提升现场服务技能和营销实战水平。细化现场服务，协调同行单位，避免恶性竞争、净化市场环境，推动全省成品油市场整顿工作快速开展，累计排查加油站1003座，取样化检加油站286座，取缔黑窝点46处，整改加油站11座，查扣流动加油车51辆，收缴油品68.5吨；宝鸡分公司主动作为、多方联动、加大打击力度，助力纯枪销量增长2.03%。做活“双低站”治理，在陕西省356座加油站推行“3+1”模式，应用率50.78%，50座“双低站”实现扭亏，扭亏率23.58%。委托经营管理加油站126座，单站日销量实现同比增长的站点达57.14%。汉中分公司创新管理，西镇片区采取连线、连片委托管理“汉中模式”，在全公司复制推广。

【非油品业务】 2017年，陕西销售坚持做精一体化营销，围绕“人·车·生活”生态圈，以便利店为核心，加快提升非油品规模质量，开展便利店微改造项目，推进店面升级，完成改造便利店21座，样板站13座；开展“微笑选择，好客相伴”每月一个主题促销活动，做好油站、店内和现场宣传，营造良好的销售氛围，店销实现收入6.6亿元、同比增长32%，单店日均收入2425元、同比增长49%；西安分公司、安康分公司超额完成年度收入、利润任务。与润滑油公司签订战略合作协议，建成7座柴油尾气净化液加注设施，引进第三方开展昆仑之星复合剂驻站销售，销售车润车辅产品1.69万吨，同比增长82%。突出武夷山矿泉水销售，在陕西新闻网、陕西头条等媒体开展广告宣传，将武夷山矿泉水作为西安“五一车展”唯一指定用水，并进入100座中国石化易捷便利店销售，全年实现销售642万元，同比增长282%。实施店内店外一体化和员工客户一体化策略，在中国石油驻陕西企业中推介非油品，累计收入2200万元；各分公司组织召开21场推介会和4场员工内购会，收入6900万元。加快汽车服务项目建设，公开招标汽车服务项目合作单位6家，开发汽车服务门店31座，实现汽车服务收入422万。开展京东慧采项目，10月在全省便利店铺开，有300余家便利店在平台采购商品，累计成交金额100余万元，成为中央仓配送的有效补充。与西安糖酒集团开发昆仑好客冰峰饮料，实现自有产品零突破，销往重庆、青海、广东等销售公司，收入20万元。

【投资建设】 2017年，陕西销售出台网络开发实施意见，与分公司签订责任状，立项加油站48座、投运加油站42座、改造加油（气）站76座，开发运营加气站12座。全年投资计划完成率87%，累计投资计划完成率45%。加快历史遗留项目解决，投运商洛南大门、安康安岚等7座加油（气）站；提前半年完成集团公司总部挂牌督办的五里油库改扩建、凤城十路新建项目竣工验收销项；西安分公司、榆林分公司分别投运加油（气）站10座、11座，其中西安分公司航天大道等4座加油（气）站、榆林分公司府谷榆煤等9座加油（气）站实现当年立项、当年投运。

【资源运行】 2017年，陕西销售不断深化物流优化和油品保供工作，优化配送路线和运力分配，确定应急配送点，确保供应。协调解决延炼油品公路地付“装油难”问题，加强采供站服务考核，确保配送入站计划兑现，公路一次入站率83%，同比提升3%。严控二次配送规模，二次配送量同比减少33.25万吨，节约运费372.41万元。推进物流信息化建设，地罐交接模块成功上线。完成小油罐车招标、选商，逐步推进小额配送业务社会化。开展损耗专项治理，公路、铁路运输损耗分别同比下降0.32‰、0.23‰。

【风险管控】 2017年，陕西销售严格落实安全环保责任制，开展2次HSE体系内部审核，抽检油库、加油站873座次，检验合格率100%。加大问责力度，对13名分公司领导进行提醒、警示谈话，125名责任人进行责任追究，开展避免事故奖励，对6个单位、26名员工奖励4.2万元。严抓油品损耗管控，与运输公司联合部署，建立举报偷盗油品奖励机制，同时对索赔情况进行全面审核清理，由承运商追加赔付651万元。深入推进合规管理，加强规章制度建设，制定下发各类制度31项，强化合同管理，上线审查审批各类经济合同1694份，标的额28.02亿元。规范招标和采购管理，委托招标代理机构实施项目招标103项、金额1.57亿元。强化内控运行监督，委托会计师事务所完成内控测试，发现例外事项284个，整改完成率92.3%。开展公司制改制，完成陕西省石油总公司改制和14个未上市企业的清理注销工作。

【开源节流】 2017年，陕西销售着力提升运行效率，统建推广应用客户关系管理系统、销售应用集成配套系统、物流客户提油卡功能；自主开发无纸化会议系统、非油商品管理系统、增值税发票管理系统等7个系统和模块；完成233座加油站高清视频监控安装。深化财务信息化应用，成为集团公司财务共享项目第一批上线试点单位，销售板块司库系统2.0优化升级第一家试点单位。制定开源节流降本增效实施意见。从六大方面41项保障措施入手，开展降本增效，清收应收款812万元，核销应收款744万元，超额完成集团公司清欠指标任务；科学安排资金，归还集团公司长期付息资本金，节约利息支出708万元，财务费用较预算节约2485万元；推广“商信通”业务，同比增长100%，集团公司总部返还利息430万元；强化预算管控，“五项”管理费用同比减少128万元，较预算节约251万元；加大闲置资产盘活力度，出租创收1090万元。

【市场拓展】 2017年，陕西销售充分利用社会力量加快网络扩张，与国资平台、民营企业等优质社会资源签订战略合作协议，组建成立公司首个股权企业—中油和众油品销售有限公司，为后续推进合资合作积累经验；以合作的模式获取临潼服务区加油站10年经营权；分别与西安正尚天然气公司及国家电网陕西分公司达成合作意向，探索合作开发加油（气）站和充电业务。

【改革创新】 2017年，陕西销售坚持改革创新不动摇，促进人才素质快速提高。制定领导干部“选用、任期、考评、回避、容错纠错、目标激励”等制度，签订《责任状》《聘任职承诺书》，着力构建干部“能上能下”机制，两级公司17名处级干部、103名科级干部退出实职岗位；严格落实《加快推进干部队伍年轻化实施意见》，持续加大干部交流力度，调整处级干部54人，其中新提拔6人，公司中层管理人员队伍平均年龄从47.8岁下降到47.1岁。提升中层管理“基本功”，2017年举办处级干部轮训班2期，培训88人，实现全覆盖；中青年干部培训班1期，培训38人；加油站经理培训更接“地气”，采取“走出去、请进来”方式，与实际结合、和市场对接，组织开展“百名加油站经理驻站交流”“加油站现场服务挑战赛”和508人参加的“加油站经理业务轮训”活动；选派58名优秀青年加油站经理分别赴云南销售、贵州销售进行为期1月的挂职交流活动；开展“加油站经理讲堂大PK”及巡回演讲活动，73名优秀站经理参与PK，并将10名决赛选手的演讲进行全省直播，为所有站经理传经送宝、交流经验。优化管理程序，创新工作方法。委托第三方进行招聘，引进应届高校毕业生43名，并作为加油站经理补充后备人选；推进职称评审工作常态化、规范化、制度化，全年完成346名技术职称任职资格的评审，实施机构优化，压减处级机构7个、科级机构22个，分别压缩20%和12%。

【党建工作】 2017年，陕西销售坚持从严治党不动摇，强化责任提升执行力。完善党建和经营工作“双百复合”考核机制，层层签订《党建工作目标责任书》，与党支部书记、党员分别挂钩20%、10%的绩效，将从严治党主体责任纳入分公司班子《责任状》，每季度按照复合权重30%的比例严考核硬兑现，全年扣除党建考核绩效兑现奖122万元；建立党建责任警示机制，对党建工作责任区考核得分靠后的公司党委委员发送《党建责任提醒函》，督促“一岗双责”落实。强化作风，开展作风建设年活动，两级公司领导班子带头，机关干部赴加油站蹲点691人次，成立4个组对落实中央八项规定情况进行督查，招待费、车辆用油、办公费、差旅费比“三禁”前节约1094万元，促进企业风气进一步好转。强化问责提升免疫力，在机关部门和11个分公司中开展党内巡察。全年函询6人次，提醒、警示谈话73人次，诫勉谈话17人次，通报批评单位和个人9次；收到信访举报65件，立案查处15件，受到党纪政纪处分16人，其中涉及副处级领导干部3人、科级干部10人；充分发挥审计监督优势，组织开展分公司、加油站、工程建设等6个方面审计项目221个，发现问题2512个，审计成果2.55亿元，移交线索14个。

【服务民生】 2017年，陕西销售坚持一线收入不动摇，全年加油站员工人均收入同比增长14.8%，公司机关人员同比增长2.8%。西安分公司加油站员工收入同比增长26.8%，其中合同化、市场化员工收入分别同比增长20.4%、27.8%。提升补充医疗保险服务水平，与中意人寿陕西分公司沟通协商，启动计提计划，把员工的福利和服务落到实处。落实离退休人员生活待遇和医疗待遇政策，切实将党组织对老同志的关心、关爱落到实处。2017年缴纳离退休人员医疗保障金43.2万元，报销医药费149.33万元。开展走访慰问活动，投入帮困资金109.34万元，帮扶困难人员965名；投入慰问金48.94万元，走访慰问老同志101人、劳动模范14人、加油站525座、油库8座；7月，榆林市连续遭受强暴雨袭击，拨付帮扶资金13万元帮助受灾员工。按照陕西省政府扶贫攻坚有关要求，作为“延安合力团”成员，捐资950万元支持产业扶贫，“对口帮扶”捐赠赞助资金20.34万元；开展“就业扶贫”专场招聘会，录用加油站操作员33人，帮助解决贫困户家庭就业问题，较好履行社会责任。

（周　娟）

中国石油天然气股份有限公司甘肃销售分公司

【概况】 中国石油天然气股份有限公司甘肃销售分公司(简称甘肃销售)前身为甘肃省石油总公司，成立于1953年，1998年划入中国石油天然气集团公司，1999年8月集团公司实施内部重组改制时划入股份公司，本部位于甘肃兰州市。主要从事成品油批发、零售业务，经营范围包括汽油、柴油、航空煤油、润滑油及车用天然气的批发及零售，烟酒、副食、日用百货、土特产、汽车用品、农副产品经营，土地、房屋、广告位租赁，汽车服务、汽车充电，加油（气）站及相关设备设施建设改造等业务。2017年底，甘肃销售设管理处室12个，下辖分公司19家，控参股公司8家，资产总额46.16亿元，在册员工7162人，离退休人员4054人。运营油库13座，总库容45.25万立方米；运营加油（气）站748座（其中纯气站6座，油气混合站13座），有自营站490座、目标责任制管理站45座、出租经营站12座、委托管理站198座、合资合作站3座；加油（气）站网络份额71%、成品油市场份额92.5%，是甘肃省成品油供应服务的主渠道商。

2017年，油气销量454.42万吨，同比增加2.92万吨，增长0.6%。纯枪销量361.04万吨，零售市场份额85.2%。销售收入288.33亿元，同比增加32.08亿元，增长12.52%；利润11.12亿元，同比增加1.1亿元，增长11%，连续四年突破10亿元。非油品业务收入7.69亿元，同比增加1.93亿元，增长33.5%；非油品业务利润0.83亿元，同比增加0.22亿元，增长36%。单站日销量14.89吨、人均年销量547.4吨、人均年创效13.44万元。油库油品周转量258万吨，同比增加1万吨；吞吐量515万吨，同比增加2万吨；油库人均年吞吐量1.15万吨，同比增加0.02万吨。

【市场管理】 2017年，甘肃销售针对低价资源大肆渗透和劣质油品不断冲击，协调配合甘肃省商务厅、发改委、公安厅等10个执法部门联合开展成品油市场专项整治行动，累计出动执法人员1.85万人次，检查车辆6896车次，查处非法油品9100吨，查处土炼油451吨，关闭无证经营网点131个。

甘肃销售主要经营指标

指　标	2017年	2016年
成品油销售（万吨）	448.55	445.77
汽油销量（万吨）	193.53	184.44
柴油销售（万吨）	252.60	259.81
润滑油销量（万吨）	0.73	0.24
运营加油（气）站总数（座）	748	732
纯枪销量（万吨）	361.04	368.11
油库数量（座）	13	13
库容（万立方米）	45.25	46.25
非油品业务收入（亿元）	7.69	5.76
非油品业务利润（亿元）	0.83	0.61
吨油费用（元/吨）	332.32	344
资产总额（亿元）	46.16	42.73
收入（亿元）	288.33	256.25
利润（亿元）	11.12	10.02
税费（亿元）	5.43	8.27

采取三级管理体系，落实《机构客户开发及维护管理办法》，开展不定期普查工作，对重点地区客户进行实地追踪，明确从“服务+客户”向“客户+服务”转变，锁定忠诚、重要客户，“一户一策”实施精准营销。对3168张余额为零且长时间未使用的单位卡进行销户，同时每月将客户清单一对一下发至二级公司及加油站。单位卡客户38965家，购进36.29万吨，同比增加客户10821家，增量7.74万吨。

加强与中国石化合作关系，形成定期会谈机制，在价格方面加强联系，避免恶性竞争，共同稳定市场秩序，全年串换资源34万吨。对中石油铁工油品销售有限公司、特许站开展阶梯式定价，其中向中油铁工配置油品1.5万吨，同比增加0.46万吨，增长49%。

推进特许站“一站一策”“一客一策”的阶梯定价策略。在加大监管力度同时，提供配套服务加强合作，解决IC卡业务，维护稳定关系。全省66家特许站安装 IC 卡设备，刷卡销售 3.79 万吨（2.11 亿元），卡销比 17.92%。

提升高附加值产品销售，以 95 号、92 号汽油销量为基数，确定 98 号汽油销售转化率 22.3%，结合资源依托自有油库优势，分析市场，选点销售，全省 176 座加油站上线 CN98 汽油，销售 2.87 万吨，增利 1568 万元。

【销售服务】 2017 年，甘肃销售通过“宣贯指导、到站诊断、整改提升、监督检查”推进“6S“落地。突出现场精细管理，强化网点布局，全省自助加油站 128 座，单站平均客户卡销比 83%。

以 95504 电话、神秘顾客访问、远程监控、服务稽查“四位一体”的服务监督考核体制为保障，2017 年 95504 电话发生有效投诉 59 起，同比减少 50 起，下降 45%，销售板块神秘顾客暗访得分 81.8，排名第四位。结合送培到站，甘肃销售创新工作室专业力量开展现场诊断、即时纠偏，共诊断问题 806 条，提出优化建议 759 条，总结提炼成汇编推广学习；深化线上、线下诊断工作，督导各单位开展线上全流程诊断业务，线上诊断加油站数达 3769 座（次），线下诊断加油站 130 座。发挥样板站示范带动作用，以样板站为平台开展服务竞赛、实景培训等活动，激励样板站强化开口营销及“6S”管理。

组织召开“双低站“治理及模式应用推进会，宣贯委托管理经营模式，全年治理 5000 吨以下加油站 255 座，其中目标责任制站 45 座；委托管理加油站 198 座；出租经营加油站 12 座；上半年 30 座“双低站”20 座“摘帽”，超额完成销售板块委托管理加油站推进要求。

组建专业团队，实施专业培训，“U 站陇原行”小组对所属 56 个片区开展全覆盖式培训，参培人数 2887 人。

【网络开发】 2017 年，甘肃销售配合政府及规划部门，主动参与规划制定，分析当地网络现状和市场需求，把公司发展意图融入政府行业规划之中。注重抢抓高效市场网络，坚持以城市中心、开发新区、高速公路、主要交通干道及新型城镇空白市场为主要布点区域。坚持“不求所有、但求所用、竞合共赢”合作理念，依托中国石油品牌、资源和管理优势，通过合资合作、合资联建、业务外包、实物资产参股等多种方式与有实力的国有控股公司和民营企业合作。

与甘肃省公路航空旅游投资集团有限公司成立合资公司甘肃公航旅中油能源有限责任公司（简称公航旅中油）、与甘肃省交通建设集团有限公司成立甘肃交建中油能源有限责任公司（简称交建中油），公航旅中油立项 1 个，意向建设项目 59 个，直送工程用油 1 万余吨；交建中油启动项目 4 个，意向建设项目 8 个。新增高速、国（省）道、PPP 项目绝大部分由合资方建设或参与建设，实现资产轻量化发展。

落实投资计划共计 7.1 亿元，较 2016 年增加 2.1 亿元，增长 39.5%。完成“十三五”规划储备项目 97 座，占 310 座关键项目的 31%。完成工程项目 251 座，新建项目 21 座，防渗及一体化改造项目 151 座，加油站便利店改造项目 79 座。

【创新发展】 2017 年，甘肃销售推进营销模式创新。开展“油气卡非润”一体化营销，常态化实施主题营销、专题促销和专项促销，利用“互联网 +”开展 APP、O2O 等跨界组合营销，推广电子券业务，全年发放加油卡 117.88 万张，沉淀资金 11.37 亿元，卡销比 53%，同比提高 9 个百分点；发放电子券 85.25 万张，核销 37.82 万张，核销金额 1917 万元，核销率 72%，持卡客户汽油消费增长 33%。

推进服务创新引领。践行“为快乐加油”的使命，应用大数据、互联网、人工智能、智慧软件，最大限度满足客户一站式消费需求，推进“人·车·生活”生态圈建设。运营自助加油站 435 座、全自助加油站 125 座，自助率 60%，同比提高 16 个百分点；微信线上客户突破 36 万人，同比增长 5 倍；客户综合满意率提升至 92%。

【非油品业务】 2017 年，甘肃销售新增标准形象站 68 座，同比增长 22%；新增百万元店 34 座，同比增长 23%；人均非油品销售收入 10.5 万元，单店日均销售收入 3081 元，同比分别增长 39% 和 32%；油非转换率 6.75%，同比提高 1.25 个百分点。

根据《甘肃销售公司非油商品供应商管理办法》和《甘肃销售公司非油商品采购管理办法》的要求，按照入围评审流程，遵循公开、公正、公平的原则，优选合作伙伴，规避采购风险。2017 年共淘汰不合格供应商 13 家，商品到货率 96.68%，到货及时率 95.87%。优化商品结构，培育核心品类，保障产品适销对路，全年共引入适销对路的新商品 683 种，全省统配商品达 2572 种，根据商品销售数据分析，全年共淘汰便利店滞销商品 1215 种。

与西藏、北京、贵州、青海、云南、山东等 7 家省区公司签订采购合同，向区外公司销售自有商品 54.75 万元，实现自有商品区外销售零的突破。深化与北京爱义行合作，推进全省汽车服务业务稳步发展。全省 12 家分公司共建成运营 31 家汽车服务门店，累计实现销售收入1545.24万元，同比增长4.1%；实现利润89.4万元，同比增长7.5%；与甘肃省新华书店进行合作，在兰州8座加油站开展图书试点销售。

【企业管理】 2017年，甘肃销售按照集团公司《关于印发〈二级物资采购管理标准化流程模板〉的通知》（企管〔2017〕3号）和《关于印发〈合同管理标准化流程模板〉的通知》（企管〔2017〕10号）的要求，结合公司物资采购管理、合同管理工作实际，完成上述2个专业流程优化工作，并在年底公司内控分册修订时，集中在业务流程管理平台中完成优化、修订流程的建模、脚本检查和发布。其中，合同管理修订前6个专业流程，共计10个风险（3个重要风险），10个控制点（3个关键控制点）；修订后，3个专业流程，共计5个风险（1个重要风险），5个控制点（1个关键控制点）。物资采购管理修订前6个专业流程，共计5个风险（3个重要风险），5个控制点（3个关键控制点）；修订后，6个专业流程，共计10个重要风险，17个关键控制点。

2017年底，甘肃销售结合内部控制体系建设、运行、测试，以及机构整合、规章制度新增（修订）或废止等情况，对照《2017版股份公司内控手册修订培训材料》中的修订内容，形成《内部控制管理手册（甘肃销售公司分册）》2018版并发布执行。修订前共有291个基本业务流程，183个重要业务流程，436个风险（重要风险311个），483个控制点（关键控制点358个）；修订后，有288个基本业务流程、192个重要业务流程、445个风险（重要风险325个）、587个控制点（关键控制点467个）。

对甘肃销售2000—2016年共计180项现行规章制度进行清理评审，使规章制度始终保持有效性和先进性，为企业经营管理决策、改革和发展提供制度依据和保障。截至2017年底，公司保留规章制度163项，修订2项，补充3项，新增24项，废止17项；现行规章制度192项。

开展管理创新申报工作，征集管理创新成果15项，通过筛选，向集团公司申报管理创新成果7项、管理创新项目1项。实施公司层面管理创新评选活动，共征集项目23项，9个项目获年度管理创新奖。

【安全质量环保】 2017年，甘肃销售制定《两级机关及库站岗位HSE责任清单》，对各岗位的HSE责任进行全面界定。逐级签订安全环保责任书7442份，签订员工安全生产合同7442份，签订工程建设及重大检维修《安全服务合同》86份，签订率100%。各级领导带头制定《个人安全行动计划》295份，并在公司信息主页上公布，接受广大干部员工监督。

2017年完成597座加油站占80%的HSE标准化创建目标，超额完成集团公司下达的60%的目标。将所属武威、嘉峪关、酒泉、平凉等8个所属分公司定为试点单位，制定《2017年双重预防性工作机制建设实施工作方案》，以作业环节和管理环节风险管控为基础，根据风险评估结果，制定风险防控措施，落实岗位员工属地管理责任。

2017年共开展公司级体系审核及安全检查6次，其中开展内部审核2次，接受销售板块审核2次，外部监督审核1次和外部量化审核1次，累计审核油库、加油（气）站、施工现场1065座（次），查出各类不符合项1277项，不符合项平均数量比2016年同期下降20%，其中油库下降11%，加油站下降28%，机关下降21%。

编制《甘肃省安全生产行政处罚自由裁量权指南分解表》，结合公司经营实际，对各类安全生产处罚条款进行梳理。制定《安委会成员定点联系管理实施细则》《隐患管理实施细则》等4项制度，修订完善《职业卫生管理实施细则》《特种设备安全管理实施细则》。

【审计监督】 2017年，甘肃销售共开展4大类审计项目240个，审计涉及资金5.29亿元，发现问题66个、发现问题金额2626.61万元，提出审计建议92条。按照“离任必审”的原则，组织开展白银、庆阳、嘉峪关3家所属分公司原负责人离任经济责任审计，抽取11家所属分公司，开展甘肃销售往来款项专项审计。按照集团公司审计信息化建设总体要求和具体安排，利用财务管理系统（FMIS）审计模块功能，实施审计流程在线监督控制。同时依托审计管理信息系统，加强审计计划管理、项目运行、统计分析等功能运用，利用系统及时创建和实施项目审计计划，做到所有审计项目100%同步实时上线运行。

【队伍建设】 2017年，甘肃销售公开选拔领导班子成员2名、安全副总监1名、副处级干部6名，交流调整处级干部23名；选树“甘肃销售榜样·好工匠”20名；首批“50计划”引进大学生充实到基层一线；实施加油站经理积分制，通过公开竞聘，365名市场化员工走上站经理岗位。

基层员工伙食补贴由每月200元增加到350元，补充医疗保险人均每年提高1100元，一线员工防暑降温费由每年620元提高到1008元，非一线员工由380元提高到672元，为在岗员工新投保住院和意外伤害保险，按标准发放物业管理费补贴。

【党群工作】 党的十九大胜利闭幕后，甘肃销售把学习贯彻党的十九大精神作为首要政治任务，成立专项领导小组，制定学习宣传方案，配发教育辅导读本，紧密结合“两学一做”学习教育、“四合格四诠释”岗位实践活动，组织和引导全体员工学习领会习近平新时代中国特色社会主义思想。举办党的十九大精神专题培训班4期，中层干部、党群骨干和支部书记300多人参加培训。制定、修订《党委中心组学习制度》《党建工作责任制实施办法》等制度6项，构建党建与经营绩效“双百制”考核机制。2017年召开党政联席会、党委会、总经理办公会45次，研究各类议题192项。领导干部以普通党员身份参加所在支部组织生活，全年组织党委中心组学习13次，交流座谈4次，党委委员讲授专题党课12次。搭建党员和党组织信息化管理、舆情监控及应急协调平台，修订完善“四库一记”（数据库、资料库、英模库、图片库、大事记）档案资料，建立“一微两端”（党建微平台甘肃销售公众号、手机党校客户端、甘肃销售云书院客户端）手机平台，实现党员教育管理全面覆盖。开展扶贫帮困献爱心活动，累计发放关爱资金467万元，为89名困难职工子女发放高考助学金27.3万元，慰问帮扶困难离退休职工385人次，发放资金90万元。开展精准扶贫，投入专项资金96万元，落实帮扶项目5个，走访慰问贫困家庭560户。

（白生虎　罗　霄）

中国石油天然气股份有限公司山东销售分公司

【概况】 中国石油天然气股份有限公司山东销售分公司（简称山东销售）是中国石油天然气股份有限公司在山东省设立的全资分公司，主要从事成品油（气）与非油品销售业务，于2000年成立，总部设在济南。2017年底，山东销售总部机关设职能处室13个，全省设地市分公司17家、专业分公司2家，控股公司14家、参股公司1家；运营油库10座、库容20.8万立方米；运营加油站968座，占山东省加油站总数的9%；在册员工5930人，库站员工占88%；资产总额70.14亿元。

山东销售主要经营指标

指　标	2017年	2016年
成品油销量（万吨）	404.22	407.71
纯枪销量（万吨）	330.28	323.38
加油站总数（座）	968	938
油库数量（座）	10	10
库容（万立方米）	20.80	21.1
非油品业务收入（亿元）	11.37	9.27
非油品业务利润（亿元）	1.1	0.99
单站日销量（吨）	10.17	9.82
吨油费用（元）	416	462.92
资产总额（亿元）	70.14	86.33
收入（亿元）	241.80	222.60
利润（亿元）	-11.80	8.98
税费（亿元）	6.64	6.77

【成品油销售】 2017年，山东销售积极应对资源过剩、低价竞争的市场形势，创新进取、顽强拼搏，力保市场份额不降。树立大局意识，全力支持集采资源运作。克服管输停滞、海运受阻等困难，合理摆布运力，优化库容结构，全年配合接卸集采资源642万吨，公司调运配送油品320.8万吨，一次入站量同比增加65万吨，有力保障资源稳定供应。创新营销机制，优化业务运行。制定“日盯、周测、月分析”的业务运行机制，搭建三级同算同干对标体系，科学把握量价客关系，营销策略精准跟进竞争对手，全年销售成品油404.22万吨，纯枪销量330.28万吨。探索推进站级客户营销体系建设，为站经理赋权，切实“让听得见炮火的人”指挥战斗。优化现场服务，扩销上量。坚持“能效燃油”品牌宣传，突出汽油站打造，深挖高标号汽油增效潜力，全年打造汽油站214座，98号汽油销量1.97万吨，同比增长94.5%。举办现场服务技能挑战赛，推行简易擦车服务、现场呼应工作法，实施收银台、卫生间工程，开展客户等待环节关怀，在销售板块历次神秘顾客调查中均排名第一。深化“油卡非润”一体化营销，推出加油卡梦想护照计划，与银座旅游等大型集团开展跨界合作，全年发售加油卡115.9万张，新增沉淀资金1.58亿元，卡销比66.8%，同比提高4.4个百分点。推进线上营销，探索多种支付方式，推出电子券、加满赠礼活动，推广“中油好客e站”APP、升级微信公众号，线上充值达

14.1 亿元，APP 注册量突破 200 万人次。

【非油品业务】 2017 年，山东销售强化非油品主业意识，着力提高店内量效水平，开拓站外销售能力，推动非油品量效齐增。立足店内，聚焦核心品类，打造特色便利店，建设“放心厨吧”，实现店内收入 8.48 亿元，同比增长 20%。深化油非互动，开展非油品积分、加油换购，平均油非转换率 16%、同比提高 3 个百分点。坚持做大自有品牌，开发 4 类 10 款自有商品，销售覆盖 9 个省（自治区），实现收入 4658 万元、毛利 1914 万元，分别同比增长 77%、48%；探索定制化营销方式，定制香烟、啤酒实现收入 405 万元。开拓站外，加大机构客户开发，昆仑润滑油及车辅产品实现收入 1.4 亿元、同比增长 24%；举办非油品推介会、开设站外便利店，分别实现收入 8311 万元、712 万元。推进新业务，合作运营汽车服务站点 6 座，开展快餐、彩票、水果生鲜、ETC 充值等业务试点，加油站“人·车·生活”驿站功能不断完善。

【网络建设】 2017 年，山东销售坚持攻守并重原则，着力稳存量、拓增量，强化投运激励，严肃丢站问责，全年新开发加油站 62 座、投运 64 座，居销售板块第一。网络开发方面，着力攻坚合资合作，与济宁邹城兰星和威海鲁东化工两家公司达成合作协议，分别完成 9 座、13 座加油站整体租赁；储备中海新能源、富海集团、济宁中油石化等一批项目。着力维护优质存量站，全年保住租赁到期站 16 座，促成租赁转收购 8 座。工程建设方面，强化项目全周期管理，加快施工组织、证照办理、竣工验收，推动项目早投运、早见效；狠抓承包商管理，开展三类“高危作业”人员能力考评，约谈承包商 21 家，组织工程管理培训 14 次、参训 1576 人，保证工程项目“安全、质量、进度、投资”四个受控；集中力量、全面统筹，完成 202 座加油站双层罐改造，有力夯实网络建设基础。

【安全环保】 2017 年，山东销售牢固树立红线意识、兜底思维，坚决杜绝亡人事故发生，持续强化问题导向，确保安全平稳运行。狠抓 QHSE 体系量化审核，打造标准化库站 826 座，公司量化审核得分率 80.2%，排名销售板块第二。严格安全监管，突出杜绝项、安全禁令管控，制定库站负面清单 47 项、风险防控卡 8 项，整改安全隐患 84 项；成立安全监督中心，督导发现问题 1085 项，处罚金额 11.2 万元；调整分公司经理担任安全总监，切实将安全生产“一岗双责”落到实处。狠抓重点时期安全升级管理，党的十九大期间，领导干部带头 24 小时在岗值班，机关管理人员“五到现场”督导帮扶，加油站全面禁售散装汽油，保障企业安全平稳运行。狠抓环保治理和数质量管控，整改环保督察问题 39 项，组织三次油品质量升级置换，跟进完成 370 座加油站环保手续补办；加强外采油品源头把关，检验油品 3278 批次，全年国家和集团公司质量监督抽查合格率 100%，公司检验检定中心通过质量管理体系认证审核，潍坊质检站获“集团公司 2017 年质量管理信得过班组”称号。公司实现质量安全环保责任事故为零，被评为“山东省安全生产工作先进单位”。

【精细管理】 2017 年，山东销售坚持全员创新和“6S”管理双引擎打造，推动公司管理向高效、合规、精细、节约方向迈进。强化双引擎驱动。推广全员创新 APP，累计收集创新建议及成果 1.87 万项，3500 项成果落地转化，为经营发展增添动力；召开“6S”管理现场推进会，完善示范站建设标准，打造“6S”省级示范站 30 座，加油站现场管理水平有效提升。加强信息化建设。推动信息系统集成应用，上线大数据分析应用平台、加油 APP，推行网络税务发票、电子身份验证，升级加油站管理 2.0 系统，完成 100 座站车牌识别系统部署，成功应对全球勒索病毒，有力保障业务运行。夯实合规管理基础。加强资金风险管控，开展资金检查 14 次、发现问题 472 项；规范合同、法律、股权管理，妥善解决纠纷案件 16 项，清理假冒商标加油站 27 座，提前完成法人户数压减任务。加强内控测试、审计监督，开展经济责任、前期费、招投标等 12 个专项审计。狠抓开源节流降本增效。通过预算刚性管控、清理滞销品、争取政府补贴、资产报废创效等措施，商流费用同比减少 2 亿元，非油品库存周转天数降至 56 天；开展损耗攻关，管输、铁路、下海、公路运输损耗分别控制在 0.12%、0.03%、0.09% 和 0.01% 以内，同比继续下降，居销售板块前列。

【形象塑造】 2017 年，山东销售坚决落实集团公司重塑良好形象的决策部署，弘扬石油精神，全面提升公司形象。强化政治建设。提高政治站位，深入学习党的十九大精神，举办专家辅导、专题党课、进支部宣讲，组织党支部书记培训班，推动党的十九大精神落地生根。加强队伍建设。开展团队建设年活动，举办加油站经理人论坛、“我爱商品”竞赛、财务知识竞赛，实施“五个一批”工程，选拔 15 名优秀业务骨干担任经理（处长）助理，培养后备站经理 259 人；争取政策支持，在艰难形势下保障员工收入不降。优化服务形象。持续提升品牌服务，做好重点时期油品保供，举办优质服务季、媒体开放日，开展志愿服务活动，窗口形象持续提升；拓展“爱心驿站”服务内涵，开展“微笑点亮生活”爱心义卖、文明出行等公益活动，设立“油”爱齐鲁基金，讲述山东销售好故事，社会影响力持续提升。

（冯海洋）

中国石油天然气股份有限公司江苏销售分公司

【概况】 中国石油天然气股份有限公司江苏销售分公司（简称江苏销售）成立于2003年9月，前身系中油销售江苏有限公司成品油分公司。2008年12月，由中国石油华东销售公司管理上划集团公司直接管理。2009年9月，中国石油上海销售苏州分公司划入，标志着江苏销售在江苏地区成品油销售业务实现统一管理。2017年底，机关设12个处室，下辖13个地市公司，2个专业分公司(仓储分公司、非油品业务分公司)，32家股权企业。有员工6213人，平均年龄35.4岁。有加油站774座，在用油库13座，库容69.50万立方米。资产总额75.00亿元。

2017年，江苏销售销售成品油423.50万吨，超出预算3.5万吨。其中纯枪销量270.85万吨，同比增加6万吨。非油品业务收入7.50亿元，同比增长32.74%，比预算增加7.14%。商流费用13.48亿元，比预算减少约1.22亿元。开发加油站42座，投运加油站44座。利润3.70亿，效益贡献在区外公司排名第一位，销售板块排名第五位，各项经营指标超额完成年度预算目标。

江苏销售主要经营指标

指　标	2017年	2016年
成品油销量（万吨）	423.50	432.56
汽油销量（万吨）	219.56	205.20
柴油销量（万吨）	202.88	227.13
加油站总数（座）	774	768
油库数量（座）	13	14
库容（万立方米）	69.50	70.54
纯枪销量（万吨）	270.85	264.85
非油品业务收入（亿元）	7.50	5.65
非油品业务利润（亿元）	0.79	0.55
吨油费用（元）	325.88	374.15
资产总额（亿元）	75.00	74.89
收入（亿元）	261.48	236.86
利润（亿元）	3.70	5.00
税费（亿元）	4.39	6.66

【资源调配】 2017年，江苏销售落实销售板块工作部署，通过直炼、集采、与中国石化串换、外采等方式完成资源购进415.45万吨，完成购进配置任务。与东北销售配置处沟通协调，将集采作为苏北地区的主要资源供给方式，通过直配入站节省公路运费962万元。全年水路配送量下降35%，累计节约运费1316.47万元。与中国石化串换资源总量为55.63万吨，其中跨省串换量达28.63万吨，获股份公司总部补贴1431万元，节省大区公司下海运费2000余万元。针对10月之后直炼柴油资源趋紧及销售板块集采政策调整的实际情况，快速反应，外采资源23.96万吨，补充销售缺口，实现降低成本1.16亿元。在苏南地区，联合东北销售着力推进“海进江”公路直配，节省公路运费1500余万元。

【油品销售】 2017年，江苏销售适应新常态，排除困难，创造优势，扩销增效能力得到大幅提升。

营销业务更趋科学。结合市场形势和集团公司总部要求，制定省市两级公司月度预算目标，在行情好、效益高时扩销增量，在行情差、效益差时按量减亏，销售结果与预算目标偏差控制在±5%以内；坚持“分公司报价报量、省公司核定、分公司实施”原则，提升议价能力、摊薄跌价风险，实现资源向高效市场流动。坚持“日监控、周通报、月考核”，时刻关注市场动态，全力履行均衡销售，月直批量保持在13万吨左右。

零售多种措施克难奋进。紧盯汽油创效，汽油销量增长5.12%，高标号汽油布点90%以上，销售比例26.3%，销量同比增长9.9%；坚持品牌促销、“会员日”促销、跨界促销，客户参与46.79万人次，新办卡5.67万张，累计充值7.6亿元，带动油品销售6.89亿元、非油品1.03亿元；加强与竞争对手协调，不搞恶意竞争，价格到位率98.59%；深入开展加油卡发售"六进"活动，增加沉淀资金2100万元；净化经营环境，配合江苏省公安厅开展100天市场整治活动，取缔非法加油站（点）2262个、加油车401辆、加油船75艘。

【非油品业务】 2017年，江苏销售强化核心商品销售，分别实现昆仑车用油及"昆仑之星"车辅产品销售3427.4万元、3248.2万元。通过持续开展非油品"后备厢计划"，拉动自有商品武夷山矿泉水销售17.49万箱，在销售板块组织的后备厢销售竞赛中取得武夷山矿泉水单项第二名。与上汽车享家合作，快速推进咔咔车享家汽车服务店建设，实现加油站地勘300座，项目确认11家，开业运营6家。与中粮集团联合打造加油站放心厨吧项目，全省打造106座中粮放心厨吧样板站，家庭食品销量同比增长56.1%。组织促销活动13次，实现收入3874万元，同比增长53.2%，毛利736万元，同比增长63.7%，毛利率19%，员工获得非油品销售奖励116万元。

【加油站管理】 2017年，江苏销售抓好创新，优化零售网络。开展挖潜增效，优化运行方式，"3+1"治理模式应用比例88.7%，"双低站"平均单站日均销量增长0.67吨，优化用工81人，"双低站"利润同比增加4369.8万元。推进自助加油站300座，小站承包83座，站代库业务41座。强化基础检查，不断提升现场管理水平。全年组织暗访3次累计检查加油站500余座，视频监控抽查900余站次，引导分公司和加油站关注现场、强化现场，基础水平显著提升。强化安全管理，确保整体运行稳定。2017年加强散装汽油和自助加油严管严控，做好值班、排班，暴雪、暴雨、台风时期提前预警，组织应急处置，确保重要节点和自然灾害期间加油站运营安全，未发生事故事件和负面新闻。

【网络开发】 2017年，江苏销售网络建设"四大战役"向纵深推进。"进攻战"初战告捷，在全省加油站土地竞拍中，竞得10块，吸收民营9座，在关键区域市场均成立合资公司。"保卫战"逆势推进，南京积善加油站、淮安蓝天加油站均实现"拆一还二"，4座加油站以"拆一还一"的形式成功迁建，续租加油站3座，1座加油站由租转购。"攻坚战"按照定人、定时、定界面的"三定"原则，成立项目部推动投运目标"落地"，长期未运营加油站投运17座，年增零售能力7万吨以上。"挖潜战"持续开展，坚持老旧站扩能改造，以"3+1"治理模式为指引，开展挖潜增效活动，逐步实现"双低站"扭亏，年"双低站"单站日均销量增加0.67吨，利润同比增加4369.8万元。

【运行风险管控】 2017年，江苏销售以HSE、质量管理两个体系建设为主线，推进安全环保、油品数质量、财务管理和内控体系建设等工作，确保经营管理各类运行风险全面受控。

安全环保基础得到夯实。全年未发生上报等级事故，质量安全环保形势平稳受控，获集团公司"安全生产先进企业"称号。下半年销售板块HSE量化审核，得分率80.3%，排名销售企业第一，达到B2良好级；配合政府实施"蓝天工程"，支持"绿色江苏"建设，先后完成硫含量50毫克/升、10毫克/升的普通柴油品质升级任务，接受国家级抽检7批次、省市区县级抽检219批次，集团公司抽检51批次，合格率100%；加大节能节水减排力度，全年节能15.3吨标准煤，完成年度指标109.3%，节能价值量10.4万元；节水0.077万立方米，完成年度指标128.3%，节水价值量0.22万元，切实履行企业社会责任。

财务风险得到有效化解。为有效地化解财务风险，在增值税普通发票试点上线运行中，开展投资及促销管理专项税收检查与税收筹划，降低涉税环节管控风险，被国税和地税部门联合评为"A级信用纳税人"。明确资金管理责任，严格落实"谁经手、谁负责"管理理念，资金到账勾对率100%。

内控体系建设成效明显。突出流程、风险与合规管理意识，组织落实内控自测、手册修订、风险评估等工作计划。2017年开展各类专项检查7次，充实完善内控测试858个问题数据库，组织培训2000余人次，从严从细从实抓重点、抓关键、抓薄弱环节，堵漏洞，消隐患，保护财产安全、完整。内控体系运行质量和成效被集团公司评为120.2分，在销售板块位居前列。

【基础管理】 2017年，江苏销售适应市场形势，以创新体制机制为目标，以机构优化、制度建设、股权管理、降本增效、管理创新为抓手，不断增强企业内生动力。

优化组织架构，理顺管理职能。认真贯彻落实销售板块非油品业务工作要求，进一步强化非油品业务组织保障，成立非油品业务分公司，调整油库管理职能，实现专业化、集约化、规范化管理。

完善制度体系，确保合规运行。成立由纪委书记任组长的制度管理委员会，按照"管控到位、简洁高效、全面覆盖”的目标，组织开展有效规章制度梳理评价，统一废止与公司管理实际不符或不适用的规章制度13项，通过专题学习、举办培训班、现场讲解等方式培训2000余人次。2017年组织召开5次专题审议会，建立健全内部管理制度22项，为科学治理、规范管理提供有效保障。

坚持开源节流，推动管理增效。全面落实开源节流降本增效各项措施，以集团公司整体价值最大化为目标，精“算大账”接直炼资源，疏通后路多卖油，精“算小账”在开源上深耕细作，在降本上精打细算，在市场竞争上精准发力卖好油，实现“五升两降一突破”。坚持股权管理“四化”原则，为合作股东提供更好的价值回报，受托管理的31家股权企业实现销量52.80万吨，净利润3.92亿元，同比增加1.12亿元，完成投资收益2.23亿元，创历史新高。开展“四项治理”，10座加油站实现扭亏为盈，39座停运站实现投运与处置，完成1个法人压减任务。

严肃干部管理，提升管理能力。严格干部选拔任用程序，2017年提拔干部28人，29名干部在省内异地交流，修订《中层领导人员管理规定》，制定《两级机关一般管理人员选拔聘任管理办法》。2名干部分别被选送到集团公司党校培训班和青年干部培训班学习，组织4期251名加油站经理、46名科级管理人员专业培训。

【党群工作】 2017年，江苏销售持续开展“两学一做”学习教育常态化制度化，完成党委纪委和部分地市公司换届工作。梳理党建6个方面70余项具体工作，开展检查督导活动和党建工作目标考核，将党建工作要求写入股权企业章程。正风肃纪和问责得到深化，制定完善并落实12项转变作风管理制度，组织开展未投运站、公款购置消费高档白酒、管理人员及其亲属经商、集团公司通报问题对照检查、节日用车等专项督查，党内巡察2次，问题性监察4项。亲民惠民理念深入人心，持续开展冬送温暖、夏送清凉、节日慰问和扶贫帮困等活动，发放慰问金80万元，慰问困难员工250人次。深入推进EAP计划，开通心理咨询热线。组织员工足球、羽毛球、篮球、歌唱比赛，丰富员工的业务生活。通过江苏省慈善总会向苏北农村因病因残致贫返贫群体捐赠善款300万元，在淮安、宿迁和盐城等地向贫困村镇捐款25万元。

（薛　涛）

中国石油天然气股份有限公司河北销售分公司

【概况】 中国石油天然气股份有限公司河北销售分公司（简称河北销售）成立于2000年5月，主要负责中国石油在河北省的成品油批发、零售，便利店、润滑油、化工产品和汽车服务等非油品业务以及市场网络开发工作。2017年底，设11个职能处室、13个地市分公司、2个专业分公司、20个股权企业。有员工6126人。投运加油站1011座，市场占有率15%，油库16座，总库容47.27万立方米，“昆仑好客”便利店868座，总资产60亿元。

2017年，河北销售成品油销量382.48万吨，非油品业务收入7.36亿元、非油品业务利润0.66亿元；发生商流费15.43亿元，同比增加6400万元，增长4.32 %；累计发卡446万张，沉淀资金8.1亿元，卡销比45.4%，发卡量位列区外公司第三名。

【营销调运】 2017年，河北销售成品油销售总量382.48万吨（预算完成率100.7%），同比增长12.2%。汽油销量150.63万吨，增长10.4%；柴油销量231.85万吨，增长13.5%。完成直批销量151.96万吨（预算完成率116.9%），同比增长47.9%。其中：汽油销量23.81万吨，增长147%；柴油销量128.15万吨，增长37.6%。销售板块劳动竞赛营销类指标排名中，销售排名第六。直批客户共计2367家，同比增长12.3%，实物直批销量118.04万吨，同比增长29.3%。其中，终端客户1321家，增长16.7%，销量43.81万吨，增长18.7%。购进资源总量377.25万吨，预算完成率101.7%。其中统配资源购进328.72万吨，预算完成率102.8%。实现额外量114.1万吨，其中汽油7.3万吨、柴油106.7万吨；获得额外量补贴5.85亿元，其中汽油1.34亿元、柴油4.51亿元。地付直接配送入站量126.79万吨，占61%；油库配送入站量80.74万吨，占39%；二次配送整体吨油运费106元/吨，同比降低12元/吨，下降10.9%。二次配送损耗率0.05‰，同比下降0.21个千分点，销售板块排名第一；一次铁路运输油品损耗率0.49‰，同比下降0.31个千分点，销售板块排名第21名。

河北销售主要经营指标

指　标	2017	2016
成品油销量（万吨）	382.48	340.75
汽油销量（万吨）	150.63	136.50
柴油销量（万吨）	231.85	204.25
运营加油站总数（座）	1040	1011
油库数量（座）	16	16
库容（万立方米）	47.27	47.20
纯枪销量（万吨）	230.53	238.01
非油品业务收入（亿元）	7.36	6.07
非油品业务利润（亿元）	0.66	0.57
吨油费用（元）	403.30	434.04
资产总额（亿元）	60.80	60.67
收入（亿元）	223.02	182.96
利润（亿元）	–9.54	–3.90
税费（亿元）	3.12	3.06

【加油站管理】 2017年，河北销售实施科学营销。精准“五区一定”价格策略，深化“油卡非润”一体化运作，实施纯枪增量“十项措施”，实现纯枪销售230万吨，220座错峰站点汽油销售同比增长7%；推进CN98汽油销售，累计打造CN98汽油销售站点230座，高品号汽油销量同比增长1.8万吨，创效4212万元。提升现场服务。深化“两服务、两清洁”，实施专项考核，在1003座加油站开展16项增值服务，顾客满意度持续提升，千万次服务投诉数同比下降72%，承德分公司创造全年零投诉的新纪录。坚定“四位一体”及口袋助理APP检查，巡查2.2万站次，发现问题1.8万项，整改率99%，站经理签到率提升8.7%。突出“双低站”治理。持续推进“3+1”治理模式，214座站实施委托转制，102座站实现“摘帽”，43座站负效扭亏，230座站纯枪销量同比增长44.14%；343座站利润增长52.88%。与供销石油签订出租经营合作协议，47座站预计减亏2400万元/年；27座站实施关停，减亏320万元。启动“双低站”百日攻坚大检查和新增“双低站”一站双查，28个小组累计查处问题7883项，“双低站”经营管理水平得到明显提升。提高发卡质量。组织发卡活动42次，走进驻河北内部油田单位、河北北人等17家大型企业，累计发卡4.5万张、储值0.68亿元，活跃卡比例上升25%，卡销比达46.2%。推进“一卡一会三平台”建设，与河北省旅游委联合发行“宝石花·自驾客”乐享联名卡，与河北省交通局开展“零违法、油奖励”文明交通自律挑战赛，实现新增客户30万人。拓展电子券营销渠道，实现“中油好客e站”APP和智慧加油站微信公众号新增粉丝各150万人，实现电子券核销180万张，核销金额4200万元，累计带动汽油销量4600余吨。

【非油品业务】 2017年，河北销售精细店内创效。深入开展“后备厢”计划、主题促销、节日促销活动，强化标准店面打造，新开便利店84座，打造优质店410座，200万元店达73座，非油品业务收入、利润分别同比增长21.3%、15.8%；中油华奥公司收入超1亿元，保定、石家庄、廊坊分公司收入超4000万、利润超500万。保定石油华工站、秦皇岛港城站等17座便利店销售超500万元。建成运营快餐、生鲜水果、洗车等站点124座，防霾专区30个，实现收入517万元。组织团购内购、马戏嘉年华等活动17场次，实现收入760万元。深化与微信、支付宝合作，丰富宝石花商城水果、海鲜等商品42种，融合电子券消费，实现订单6800笔、线上收入82万元。与上汽集团合作整车销售业务，累计销售整车12辆。深化与五洲、固铂轮胎等合作，开发润滑油大客户38家，车辅产品、车用润滑油销售9000万元；打造汽车服务店9座，实现收入227万元。

【油库管理】 2017年，河北销售成品油周转量103万吨，损耗率0.23‰以内，地付业务部配送成品油207.28万吨；保持低库存运行，平均库存14.52万吨；出库计划完成率100%，全年盘点盈余262.98吨；建立提油客户微信群，实时发布信息，制作油库现场服务指南宣传卡，定期开展客户回访，客户满意度始终保持在95%以上；全资油库全面完成中控室改造及高清摄像头更新；杏园油库在线密度计试点应用取得成功，实现油库智能化全自动发油，该项目作为技术创新成果，得到销售板块好评和大力支持，论文《油库油品密度检测现状及管道在线密度计的应用》在中国计量协会“油气计量技术论坛”上获国家级优秀论文奖，并公开发行。

【投资建设】 2017年，河北销售优化网络开发。注重质量效益，强化上下联动，成功收购唐山6座市区站，新立项加油加气站22座，新投运27座，新增可行性研究零售能力9万吨。加强沟通协调，取得河北省交通厅相关部门理解支持，巩固高速优质网络和区域战略网络。清理租赁站、长期停业站5座，节约租金91

万元。推动与河北省交通投资有限公司（石港段）、河北省高速公路管理局（荣乌段）、保定交通局合作，加强与新兴重工、华港燃气等单位合作，立项批复加油加气站14座。精益施工改造，统筹完成95座加油站储罐防渗及“油卡非润”一体化改造项目，承德山门站、石家庄机场路站等一批重点项目陆续投运。严格项目管理。强化施工、监理等环节管控，实施特殊时期升级作业管理，严把现场质量关口，单站施工工期同比缩短5天，项目合格率100%。审核加油站项目331座，审减1403万元，审减率5%。

【安全数质量管理】 2017年，河北销售严格“六个一”安全文化培育，落实安全生产联系、个人行动计划、履职能力评估，对24起避免事故事件进行奖励。强化隐患排查，着力杜绝项与电气隐患治理，查改问题4750项，安全管理不断强化。落实“手指口述、全程视频监控、站经理旁站监卸”三项管控措施，紧盯国Ⅴ、国Ⅵ标准油品检验，国家、集团公司抽检合格率100%。扎实推进大气污染防治措施落地，安装油气回收在线监测设备，425座次库站接受国家、河北省、集团公司环保督导检查，环保违法事件为零。着力诚信体系建设，深入损耗专项治理，数质量管理系统全部上线运行，一次铁路、二次配送、零售损耗率分别同比下降0.31个千分点、0.21个千分点、0.28个千分点，二次配送损耗排名位居销售板块前列。

【基础管理】 2017年，河北销售科学预算管理、强化经营分析、构建对标体系，精细60日销售动态分析，促进管理科学运行。严格“两控、两保、三优先”，落实挖潜增效20项78条措施，商流费总额稳步下降，连续获股份公司降本控费类流动红旗。推进“三基”工作，打造示范站30座；全面理顺制度流程，持续强化内控测试，应对诉讼案件，切实维护公司权益。规范集中招标采购，较预算节约898万元，节约率8%。优化股权企业管理，4家企业分红2800余万元。配合政府开展成品油市场整治，治理侵权站43座，处置油罐、加油机5204个。实施管理创新，“互联网＋销售的智慧加油站建设与运营”获全国企业管理现代化创新成果二等奖，5项成果、论文获行业部级奖励。优化“三集中”运行，推广“商信通”业务，严格资金检查、授信管理，完善资金对账平台，实现万笔对账“零”差错。完善营销调度指挥中心功能，多项业务实现联合集成运行。持续推进ERP应用集成、加油站管理2.0系统建设，深化CRM客户管理、数质量、电子券等系统应用，应对全球勒索病毒入侵，有力支撑销售业务运行。

【队伍建设】 2017年，河北销售科学选拔任用干部，实施青年后备干部选拔培养，交流调整干部99人次，16人走上领导岗位。成立雄安分公司，提前介入新区建设。深化“1+N”改革，整合业务处室，增设安全数质量稽查、两级运营中心，推进瘦身健体、高效运行。严格“五定”管理，规范委托转制、岗位外包，用工总量控制比率在销售企业排名首位。完善联合办学机制，健全“2+1”培训体系，深化移动加油学院应用，打造13座技能鉴定站，组织线上线下各类培训130余次，参培人数3.1万人次。严格“一合同三办法”及“结对子”考核，强化提量创效等17个专项奖励，基层人均收入差距1.5倍，有效激发销售活力。规范薪酬秩序，优化工效挂钩，着力增量保效，人均纯枪销量、人均收入分别增长11%、9%。实施全员营销，发卡储值9280万元、非油品业务收入2170万元，发放奖励207.6万元。依托“宝石花爱心基金”组织“夏送清凉”“冬送温暖”等活动，下拨资金230余万元，慰问困难员工198人次。全年组织2.6万人次健康体检、调整参保基数、转移养老保险、发放疗养补助，将关爱员工落到实处。

【党建工作】 2017年，河北销售学习党的十九大精神。印发学习宣贯方案，邀请党的十九大代表、省委党校专家授课交流，组织中心组学习、专题座谈会、宣讲会、培训班等16期，培训人数3200余人次，撰写心得体会110余篇；开展库站宣讲、网络答题、主题研讨，干部员工参与率100%。严格落实“四合格四诠释”岗位实践和加强“四个意识”专题教育规定动作，党建工作更趋扎实。加强作风建设。配合国务院监事会检查，实现12家分公司内部巡查全覆盖。深化领导干部“八条禁令”、干部作风“十条纪律”、员工职业操守“八条禁令”、《贯彻落实中央八项规定实施细则》等制度实施，坚决查处违规违纪人员，经济处罚18.42万元。严格经济责任审计，直接经济成果480.35万元。完成河北销售机关办公楼搬迁，全面推进“五型机关”建设，转变工作作风。树立良好形象。加强典型培育，邯郸一站、石家庄分公司大地加油站经理刘慧慧分别被集团公司授予“铁人奖章”“十大杰出青年”称号；58个集体、147名个人分别获集团公司、河北省直工委、河北销售党委“两优一先”“优秀共产党员”等称号。在股份公司劳动竞赛非油品类、加油卡类等22个分项评比中位居前列，综合评比9个月进入前5名；获集团公司“办公室系统先进集体”称号；微电影《谁来拯救》等作品获集团公司新媒体大赛一、二等奖，展示广大员工良好的精神风貌。履行“护城河”维稳责任，党的十九大、全国“两会”及节日等特殊重点阶段安保工作，受到集团公司电报嘉奖。

（韩　锐）

中国石油天然气股份有限公司北京销售分公司

【概况】 中国石油天然气股份有限公司北京销售分公司（简称北京销售）前身是1999年4月成立的中国石油华北销售公司。2009年12月，华北销售公司机关与原北京销售公司进行整合，并上划中国石油天然气股份有限公司直接管理，承担着中国石油在北京市的成品油网络建设和经营销售业务。截至2017年底，北京销售资产总额37.92亿元，在用油库3座，库容15.15万立方米，累计投运加油站210座，投运橇装站183座，便利店172座，有员工2479人。2017年销售油品221万吨。其中成品油销量完成199.83万吨，完成指标的114.2%，同比增加10.3%；纯枪销售量103.03万吨，完成指标的99%；LNG销售量6.45万吨，完成指标的99.2%。非油品业务收入4.13亿元，完成指标的137.7%，同比增长32%，其中便利店销售收入1.64亿元，同比增长14.1%，非油品税前利润3203万元，完成指标的120%；全年IC卡发卡28.29万张，其中记名卡21.42万张，完成指标的133.9%。新投运加油站8座，其中新增2座、续租6座；新投橇装供油供气设施2座。

2017年，北京销售首次被集团公司评为A类企业，在集团公司综合考评中位列销售板块第三。

北京销售主要经营指标

指　标	2017年	2016年
油品销量（万吨）	221	195
成品油销量（万吨）	199.83	181.2
LNG销量（万吨）	6.45	6.39
加油站总数（座）	210	210
油库数量（座）	3	4
库容（万立方米）	15.15	13.15
纯枪销量（万吨）	103.03	107.10
营业收入（亿元）	136.99	109.42
非油品业务收入（亿元）	4.13	3.14
非油品业务利润（万元）	3203	3218
资产总额（亿元）	37.92	41.85

【加油站管理】 2017年，北京销售加强异业战略合作，与滴滴出行、神州专车、首汽约车合作，联合滴滴出行促销，57座上线加油站平均日加油28吨、单日最高加油42吨。与微油公司合作聚拢4S店，90天实现兑换油品、非油品573万元。通过积分兑换、“最红星期五”、ETC办卡、直销银行拓展等方式开展银行业跨界营销，增强客户黏性。策划微信公众号关注绑卡、充值赠电子券，采取加满优惠、限时促销，微信平台4个月充值3.7万笔、金额4500万元，环比分别增长118%和395%，派发电子券36万张。开展公益营销、会员日和节假日促销、CN98汽油专题促销，实现增量、增效、增利。加强现场管理、客户体验调查，加大稽查力度、强化神秘顾客访问，推进“双低站”治理等手段，进一步规范管理、提升客户体验。2017年开展12次神秘顾客访问、2次现场综合大检查。中博加油站开创的“开口营销六步法”被销售坂块作为经典营销策略推广。

【油库管理】 2017年，北京销售在安全平稳运行的基础上，采取优化库容、提高周转、流程再造、中国石化合作等措施，开展库容挖潜，缓解库容不足。全年油库周转次数11.2次，比预算增加2.65次。强化管理运行，推广“6S”管理，在石楼油库和北方油库启动全流程诊断工作，完成诊断42项、优化12项，提高油库管理水平；提升服务保障，加强出入库质量监控，推行铁路诚信交接和双复核入库验收，全年发现入库油品质量问题9起、特许加油站质量问题4起，均及时反馈处理，避免质量事故。

【非油品业务】 2017年，北京销售优化非油品类，引入新品186种，淘汰滞销陈旧商品344种，商品动销率93%，同比提升4个百分点。核心商品促销1260万元、同比增长22%；“10惠”自有商品兑换8万个礼包、311万元。百万元级以上便利店64个、平均单站日均收入5315元，同比分别增长23%和10%。9家汽车服务店成功开业、实现收入743万元。在65座加油站开展广告业务，布点1160个广告位、收入50万元。在亦庄、富多鑫加油站试点保险销售，成功投保16份。制定下发《北京销售公司自有商品开发推广工作方案》，盐类等自有商品成功打入兄弟公司。成为同仁堂品牌凉茶等中石油渠道代理商。昆仑车辅系列商品销售 841 吨、同比增长 101%；武夷山矿泉水销售 9 万余箱、546 万元，同比增长 66%。积分商城运行顺畅，全年积分兑换 25 万笔、兑换积分 63 亿分，发展客户 518 万人、收入 1600 万元，毛利 117 万元。

【营销管理】 2017 年，北京销售强化精细算账意识，分品种、分品号测算毛利，累计推价 51 次，京标油品销量完成 31.2 万吨，同比增加 62%。平衡销售节奏、区域流向、滞销保供等关系，完善内部价格机制，锁定目标市场。加强客户管理和维护，在册批发客户 1380 家、尊级客户 40 家。确定“四统一”特许经营管理模式，逐站调查，及时清退不符合标准、没有合作意向特许站 15 座，保留 32 座，签订新合同，明确双方权利和义务，实现特许站统一化、科学化管理，制定《特许经营标准化运营手册》，形成特许站管理长效机制。

【投资建设】 2017 年，北京销售开展交界市场调研和社会站摸底，一站一策实施停业站改造和形象提升，清退长期亏损加油站 2 座，6 座纠纷站达成和解、控制潜在纠纷 11 项。新增立项加油站 5 座、新开 5 座、在建换电站 1 座，2009 年中标的北七家和大狼垡加油站投运，再增 2 座全资优质资产。加大贯标改造施工力度，完成贯标改造评审立项 37 项、开工 59 座、完工 52 座，累计贯标改造 171 座，工作进度居板块前茅。实施施工现场在线视频监控系统和手机 APP 实时监控，实现施工“零伤害、零事故”、单站施工周期同比平均缩短 7 天。天坛东路、南下路、南湖、滨河、建宏发等加油站成为“精品示范站”，南下路加油站吊顶采用膜结构方式，提升客户体验。石楼油库成功划转，增加资产型库容 10.8 万立方米；芍药居办公楼成功划转，增加近 3000 平方米办公场所。

【资源运行】 2017 年，北京销售坚持“优化提升、控本降费、提高效率、实现保供”原则，盯紧市场需求、资源摆布、运力组织和库容情况，密切与上游炼油厂、铁路运输、大区公司的沟通协调，加强与中国石化的合作，在库容同比减少 38% 的情况下，直炼资源调运 167 万吨，同比增加 17.3 万吨，完成率 103%，上车率 75%。把控资源调运节奏，节约购进成本 2595 万元。争取炼油厂支持，满足品号升级、畅销资源、特定客户需求，节约成本 1396 万元。综合油品密度、客户喜好、运输距离成本等因素，精算成本账，加大一次地付入站比例、推进静态优化，减少运输和保管损耗、配送运费和仓储费用，全年节约运费 1135 万元。获销售坂块劳动竞赛物流优化项目第三名。

【质量计量安全环保】 2017 年，北京销售成为销售板块唯一一家连续 13 年获集团公司“安全生产先进单位”称号的企业。下发《员工安全环保履职能力考评管理办法》《隐患管理规定》《职业卫生管理规定》等，扎实推进制度体系建设；推进落实有感领导、安全观察与沟通、领导干部安全行动计划和安全联系点等工作，开展“安全生产月”宣讲 37 次、安全联系点活动 189 次。严格日常监督检查，建立月度视频扫站检查机制，开展季度检查 50 站次、施工现场检查 59 站次、LNG 加气站和特许站等专项监督检查 58 站次，迎接上级安全监督检查 60 余站次。加强数质量管理，开展自检 193 库站次，抽取油样 1650 个，迎接特许站质量计量专项检查 43 站次、上级质量抽检 4 次，合格率 100%。加强节能节水和碳排放管理，年累计能源消耗 2715 吨标准煤，用水 27.4 万立方米，节能 13.13 吨标准煤、节水 1061 立方米。

【人才队伍建设】 2017 年，北京销售深化绩效考核，优化工资总额分配机制，规范业务外包管理，做好用工总量管控，组织各类培训 552 次、1.26 万人次，30 余名站经理首次进行“走出去”培训交流。职业技能鉴定年审获得技能鉴定工作总体得分 99 分、技能开发工作总体得分 95 分的优异成绩。获集团公司组织史编纂工作先进单位、集团公司组织史编纂工作先进著作二等奖、3 人获组织史编纂工作先进个人。在 2017 年北京市“职工技协杯”职业技能竞赛加油站卸油作业人员比赛中，王鹏获“技术标兵”称号，曲宏伟、牛壮壮获“技术能手”称号。

【企业管理】 2017 年，北京销售狠抓合规审查、合规登记报告、合规承诺、合规系统运行，开展制度梳理、评价，修订完善制度 17 项、废止 6 项；深化风险管控，处理纠纷案件 9 起、风险事件 8 件，梳理法律风险岗位 126 个、法律风险点 706 个；确定 8 家商标侵权单位、清理 4 座；加强物资采购和招投标管理，公开招标 2 项、项目总金额 1600 万元。强化股东行权管理，及时召开股权企业“三会”51 次、审议议案 194 项、召开率 100%，股权投资收益完成预算的 349%；2 家公司完成换届、9 家公司完成董监事和管理层变更；北京华油公司完成股权处置，节约清算成本 130 余万元。提出业务开展、风险防范措施30多项，强化财务决策支持，加强经营预测分析、预算控制和对标分析，推进资金审付分离和实时监控；加大清欠力度，应收账款同比减少2970万元，下降19.9%；制定开源节流降本增效措施46项，严控公车、“五项”费用等支出，非生产性支出同比减少719万元、下降14%，其中“五项”费用同比减少142万元、下降8.8%。推进物流配送2.0系统、协同办公系统、移动办公系统、销售电子平台等统建项目，坚持7×24小时运维工作制，及时响应运维需求，全年接听运维热线1.3万个，完成系统运维9752站次、现场运维406站次；完成200台网络设备配置优化和1600台电脑病毒疫苗和防病毒补丁安装，确保比特币勒索病毒爆发事件零损失。

【党建群团工作】 2017年，北京销售迅速掀起学习贯彻党的十九大精神热潮，制订下发宣讲方案，邀请专家专题辅导，组织开展宣讲，5篇稿件刊发在《中国石油报》、集团公司网和销售板块网。59个基层党支部召开专题组织生活会，对729名党员进行民主评议，626名党员评议为优秀、67名党员评议为合格，合格率95%以上。落实党建责任专项督查，形成“七抓、七推进、七实现”工作成果并在集团公司直属党委督查会上交流。完成公司及基层党组织换届选举，推进党建信息平台试点。严格执行干部选拔任用工作流程和规定，完成5个处室、5名处级领导人员的选任和54名科级干部任免工作，制订优秀年轻干部培养选拔工作方案。开展“形势、目标、任务、责任”主题教育活动，构建杂志、网站、APP三位一体内宣格局，外宣累计发稿49篇，网站在集团公司中国石油网综合评估中获评A级。承担的政研课题获中国石油党建思想政治工作研究会政研成果三等奖。编制企业文化手册，开展“弘扬石油精神，重塑良好形象”活动周，拍摄改革发展专题片和刘世敬题材微电影；开展优秀服务案例评选活动，评出优秀服务案例18个，评选出“十大首都的士英雄”和10名“魅力车队长”。慰问困难员工348名、一线库站796座，组织健康体检797人、1500名员工参加“携手青海拉日村脱贫奔小康”献爱心、捐款89662元。在集团公司在京单位第一届运动会上取得7项冠军、团体总分第二名的好成绩，获最佳风采奖、优秀组织奖。京顺路加油站成为首都首家“的士职工之家”，北苑加油站获“全国青年文明号”称号，5座库站获集团公司“青年文明号”称号，王慧获北京市青年岗位能手和集团公司“优秀青年”称号，11个青年集体、14名优秀青年受集团公司直属团委表彰，北京销售获团中央“春运暖冬行动优秀志愿服务团队”和北京团市委“2017年北京市春运志愿服务工作优秀组织”称号，宋素振获“团中央春运暖冬行动优秀个人”，10名优秀志愿者获北京团市委表彰。

【党风廉政建设】 2017年，北京销售制定党风廉政建设约谈办法，320人进行沟通性约谈；699名党员签订《党风廉政建设责任书》，170人签订《领导人员廉洁自律承诺书》，430人签订《关键岗位党员干部廉洁自律承诺书》；狠抓主题教育、警示教育、廉洁提示、廉政风险评估和巡视问题整改，党风廉政建设教育监督和审查工作得到强化。加强节假日廉洁提示和落实中央八项规定精神专项检查，开展违规公款购买消费高档白酒问题集中排查整治和IC卡套利专项督查，完成审计项目12项，其中经济责任审计7项、专项审计5项、工程审计55项，取得审计成果5109万元。

【确保重大政治活动期间安全平稳】 2017年，北京销售强化全国“两会”、党的十九大和“一带一路”国际合作高峰论坛等期间各项工作，实施安保、维稳、防恐全面升级管理，严格执行重要库站巡查巡检56库（站）次，组织两级机关值班值守2994人次，为一线配备保安211人，严控散装油品销售，确保特别重点阶段安全平稳运行，完成党的十九大和全国“两会”等特殊保障任务。

【总部经济合作项目进展顺利】 2017年，北京销售利用辖区企业总部聚集的优势，加大与北京首发集团、环卫集团、中铝集团等的合作力度，中油中铝合作项目成立当年见效，开发终端站点4座、终端客户25个、成品油销售2.42万吨，实现净利润260万元。

【营造和谐发展氛围】 2017年，北京销售加强与政府部委及区县的沟通汇报，联合开展安全环保、消防演练、维稳防恐等合作，进一步密切企地关系；建立与中国石化北京公司高层会晤、执行层面定期沟通、操作层面实时互通的定期会商机制，构建和谐竞合关系，推进合作共赢；与股权合作方领导百余次会面，挖掘双方优势，形成发展合力，合作方沟通进一步融洽；争取集团公司总部政策支持，加强兄弟单位沟通，获得优质资源，系统内部支持作用进一步凸显。

（薛　云）

中国石油天然气股份有限公司上海销售分公司

【概况】 中国石油天然气股份有限公司上海销售分公司（简称上海销售）前身系中国石油华东销售公司，成立于1998年5月，主要负责上海、江苏、浙江、山东、安徽、江西、福建、广东、海南地区的成品油销售、市场开发和终端网络建设等工作，是中国石油在区外成立的第一家销售企业。2008年12月，股份公司销售管理体制调整后，上海销售主要负责中国石油在上海市的油气销售、市场开发和终端网络建设。

2017年底，上海销售组织机构实行二级管理，设13个机关处室，下辖6个全资分公司，直接管理6个股权单位。有员工1884人（合同化员工111人），其中管理人员412人、操作人员1472人，平均年龄37岁。资产总额37亿元，资产型油库3座，总库容43万立方米；有运营加油站148座。有党员378人，占总人数的20%；公司党委下设直属机关党工委（下辖党支部6个）、6个分公司党委（下辖党支部18个）和6个股权企业党支部。上海销售主动适应管理体制深度调整、管理职能深度转型、增长方式深刻转变，坚持“不求最大，但求最好”的发展定位，明方向、定战略、抓经营、强党建，各项事业取得辉煌业绩。

上海销售主要经营指标

指　标	2017年	2016年
成品油销量（万吨）	150.13	149.14
汽油销量（万吨）	74.50	65.72
柴油销量（万吨）	75.63	83.41
加油站总数（座）	148	150
油库数量（座）	3	3
纯枪销量（万吨）	89.57	88.81
非油品业务收入（亿元）	2.84	2.29
非油品业务利润（亿元）	0.30	0.27
资产总额（亿元）	37	37
收入（亿元）	91.75	84.02
利润（亿元）	1.70	1.69
税费（亿元）	2.14	2.39

【油气销售业务】 2017年，上海销售快速应对市场变化，把握趋势拐点，兼顾量效关系，优化竞争策略，减少无效直批，实现稳销量、保份额。销售油品150.13万吨，吨油利润比预算高25.33元/吨，创效能力排名区外公司第二。提前谋划，主动协调，提前完成国Ⅴ标准油品置换升级。全年完成直批60.6万吨，其中与中国石化互供资源15.5万吨，直接创效2616万元。妥善处理竞合关系，与主营单位加强沟通，共同维护市场秩序，抓住白油退市和柴油资源抽紧机会，上推价格2200元/吨，促进公司效益提升。完善客户经理管理，加强客户经理人队伍建设，新开发机构用户104家，机构用户总销量31万吨，增强市场竞争力，有效提升市场话语权。

【非油品业务】 2017年，上海销售坚持非油品与零售同频共振，量效并举。实现非油品业务收入2.84亿元、利润0.30亿元，完成预算的113%、114%，均创历史新高，为销售板块双双完成奋斗目标的七家公司之一。非油品平均单站收入5375元/日，在销售板块排名第二。“油惠生活”“昆仑好客十周年”等多样化营销形成品牌。上海销售与15家单位签订合作协议，深化战略合作。与润滑油公司合署办公，昆仑车辅产品销售同比增长335%，复合剂销售增长586%。开展11次银联钱包促销，促销商品收入和毛利同比增长511%、194%。创新手机销售模式，实现销售750余部。推进咔咔车享家战略合作、ETC设备经销、商品结构优化等。库存周转天数降到68天，下降70%。振兴加油站非油品业务收入超1500万元，成为中国石油第一店，树立起新标杆。加强库存商品盘点，降低库存管理风险。引入新的配送承运商，推进中央仓数据上线，配送效率进一步提高。

【加油站管理】 2017年，上海销售以稳量增效为重心，应对价格战，纯枪销量89.57万吨，发卡14.5万张，价格到位率98.8%，零售相对份额逆势增长到19.9%。上海销售全面推进“油卡非润”一体化营销，四季主题促销、“10惠”等品牌营销活动赢得大量新客户。推动加油卡办卡、充值，沉淀资金5.47亿元，卡销比35.9%。开展交行“最红星期五”、工行“爱购周末”、支付宝“双十二”等联合营销，取得良好效果。电子发票成功试点推广，移动支付实现全覆盖，电子券营销便捷性持续加强，锁定线上客户达175万人。开展百日促销上量、服务质量提升月等活动，纯枪销量逆势上升，表彰20名服务之星和5座优质服务加油站。坚持神秘顾客检查月月考评，与绩效考核挂钩，促进现场服务水平进一步提升。15座振兴式加油站通过验收，高端站集群进一步扩大，常德路、松江第二、方皇等加油站跻身万吨站行列。16个站成功上线CN98汽油，实现销量4000吨。

【投资建设】 2017年，上海销售应对加油站租赁运营协议集中到期、地价大幅上涨等复杂利益格局，主动化解民企“挖墙脚”，坚持市场化运营，10座站续签合作协议，打赢网络保卫战。昕鑫加油站、长鑫加油站等多个重点难点项目取得重大突破。全年推进9个开发项目，创2014年以来最好水平，开发加油站2座、投运2座，新增零售能力5000吨，打赢网络攻坚战。统筹推进达标改造、双层罐改造、信息化改造，打响网络挖潜战。完成加油站达标改造20座、双层罐防渗改造16座，更新卡机连接加油机49台，完成12座加油站项目招标。探索总结出金科站内部扩容新模式，在华迪站、鹤鸣站改造项目中应用取得良好效果。扩大物资采购选商，规范施工选商及考评，项目建设成本进一步降低。通过改造解决加油站经营环境中的堵点、痛点、难点，优化经营布局，提升环保水平，年新增零售量近万吨，新增非油品业务收入400余万元。对照政府规划，梳理上海市政府批复项目，分情况纳入整体开发计划。配合黄浦江岸线贯通，稳步推进云峰油库新址建设工作。进一步推进股权企业市场化运作，与合作股东共享丰富社会资源，不断尝试网络开发、市场开拓、资源互换的新模式。

【资源运行】 2017年，上海销售优化业务运行，各方协同推进资源创效，购销节奏把握准，库存运作水平持续提高。全年节约费用282万元，吨油商流费488元/吨，控费水平排名公司区外第二。准确研判调拨价格变动，优化直炼和集采资源购进节奏，节约成本1560万元。成功应对普柴资源缺口，保障柴油供应，配置计划完成率98%。坚持合理低库存运行，降低成本和资金占用，为财务费用创效奠定有力基础。财务费用–3276万元，创历史最好，在销售板块排名第一。重构资源配送格局，引入第三方承运商，油品及时配送得到保证。物流2.0客户模块上线试运行，配置计划更准确，配送更高效。

【企业管理】 2017年，上海销售坚持依法治企、依法维权，合规管理纵深推进。审查规范合同449份，有效防控法律风险。新设规章制度10项、修订16项，优化业务流程114个、新增7个。编写董监事工作手册，审核三会议案200余份，股权管理更加规范。开展专项审计3项、离任经济责任审计4项、外委项目54项，发现各类管理问题60个，提出整改建议42个。检验中心搬迁不歇业，接卸油194批次，3个质量不合格批次得到有效处理；内外部抽查检查296批次，合格率100%。强化资金管理，加油站保险柜智能化改造139个，上门收款协议签订率93%，油卡资金回笼100%。“三项”制度改革稳步推进，机构更精干，队伍更优化，运行更高效。规范分公司机关设置，完善机关、分公司、加油站三级管理职责。修订工资管理、业绩考核等制度，对业绩指标进行合理分类，差异化设置考核权重，且根据经营适时调整，业绩考核指挥棒作用凸显。以管理人员“瘦身”为重点，优化队伍结构，稳步推进“五定”工作。2017年办理员工内部调动17人次，创造条件鼓励6名机关人员向基层流动。将7座“双低站”进行委托管理，员工整体转制。

【质量计量安全环保】 2017年，上海销售安全环保持续向好，全年实现“零事故、零纠纷、零危机”，党的十九大期间治安维稳工作获集团公司嘉奖令。坚持“发现问题不整改就是安全环保事故”的理念，强化责任落实，主要负责人HSE述职评议全覆盖，对新任职干部实行安全谈话，签订安全环保责任书1900余份，两级管理人员安全环保服务250余站次。组织7次安全监督，督察加油站90座次。修订完善HSE管理体系，启动量化审核，打造肖塘、常德路、丰福路3座HSE标准化样板站。狠抓隐患治理，投入资金1309万元，完成治理22项。组织加油站应急演练1800余次，配备应急物资19类4000余件，“安全生产月”活动有声有色，安全基础有效夯实。

【党建工作】 2017年，上海销售党委坚持全面加强党的领导，层层压实党建责任，深化全面从严治党。深入学习贯彻党的十九大精神，一个半月时间实现机关、分公司、库站一线党的十九大精神学习宣讲全覆盖。切实管大局，两级领导班子严格执行“三重一大”实施细则，带头执行民主集中制，严格议事规则和决策程序。把住选人用人关键，调整干部8批33人次，对提拔调整的中层干部建立承诺背书制度。印发《公司工作规则》，有序高效运转。进一步明确党委分工，落实领导班子成员“一人两职、一岗双责”。出台《党建工作责任制实施细则》《意识形态工作责任制实施细则》等制度，明确责任部门、责任人和工作要求。开展2次专项党建检查，对所属党组织进行全覆盖检查，发现各类问题161条，召开现场通报会并开展组织谈话。层层抓实党组织书记基层党建述职评议，及时将结果进行反馈。启动党内巡察工作，及时处理问题线索。夯实基层组织，机关建立党工委，6个分公司建立党委，新建基层党支部18个，新发展党员13人。20家股权单位将党建工作写入章程。推进“两学一做”学习教育常态化制度化，累计开展专题学习近300次、讲党课近400次、专题讨论100余次。选好配强基层支部书记，8名支部书记由一线优秀加油站经理担任。贯彻执行中央八项规定和实施细则精神，作风建设年活动常态化推进，年初承诺，年底测评，驰而不息反“四风”。完善“三不腐”机制，组织廉洁谈话、任前谈话、网上答题、警示教育，不断完善相关管理制度、流程，对信访举报、问题线索做到件件有跟踪、落实、整改。

【员工队伍建设】 2017年，上海销售持续稳步提升队伍素质。完善三级培训，投入经费112万元，培训6977人次，其中一线培训5372人次。选送3人参加集团公司、市经信委青年干部培训班，4名业务骨干分赴天津销售、中油BP挂职。新晋高级职称6人、中级职称20人，专业化经营管理队伍不断壮大。启动职业经理人培养计划，20名加油站骨干参加经理人管理能力培训班。持续开展技能鉴定，2017年底，上海销售有技师12人、高级工80人、中级工345人，技能人才队伍结构和专业梯次不断优化。组织党支部书记培训班2期37人次，为基层配发党建书籍和刊物1500余份，党务干部队伍能力水平不断提升。“形势、目标、任务、责任”主题教育宣讲到库站。牢牢把握意识形态话语权，《上海销售》出刊45期，发稿990篇；门户网站更新8000余条；微信推送90期，阅读量3万余人次。“嘉定南区优秀党支部建设”“高温服务不打折”“公司第一次党代会”被人民网等主流媒体刊载。舆情氛围正面向好，无群体性事件和新闻危机事件发生。

【企业文化建设】 2017年，上海销售开展“学铁人、忆传统、树形象”五个一活动，组织学习研讨30余次，坚定文化自信。公司发展展厅落成，《企业文化手册》《加油・上海》宣传片改版升级，举办“喜迎十九大”企业文化优秀成果展。持续推进典型选树，刘国超获集团公司“优秀青年”，事迹入选集团公司《榜样领风尚》丛书；袁婷婷、张猛、王喜庆、鲁叶、常德路加油站等获多项上海市级荣誉。重塑形象活动周、文明行业创建、宝石花志愿服务等活动成为文化传播新媒介，石油文化走近公众。广搭事业平台，工团联合开展群众性技术创新，形成创新成果20项、金点子40个，评选劳动模范创新工作室11个。劳动竞赛贯穿全业务、覆盖全员，月通报季表彰年总评，发放劳动竞赛奖励104万元。持续开展“安康杯”竞赛，获2017年度“全国‘安康杯’竞赛安全文化宣传工作”先进单位。“青字号”活动扎实有效，文体协会月月有活动，队伍风貌朝气蓬勃。出台《服务职工保障经费管理办法》，构建常态化关爱员工机制，全年慰问困难员工243人次，发放慰问金78.4万元。库站员工全员享受职业健康体检，新增非职业健康体检，为员工申请“兜礼”集团优惠等，员工更有获得感、归属感。

（李文韬）

中国石油天然气股份有限公司黑龙江销售分公司

【概况】 中国石油天然气股份有限公司黑龙江销售分公司（简称黑龙江销售）前身是成立于1954年的黑龙江省石油总公司，1998年成建制上划中国石油天然气集团公司。主要承担黑龙江省行政区域范围内汽油、柴油、航空煤油、润滑油、化工产品、便利店商品、农用物资等销售业务。截至2017年底，机关设13个处室、5个附属机构；下辖20个二级单位；运营加油站1101座；在用油库20座，库容量48.83万立方米；资产总额65.85亿元；员工总数12763人。2017年，黑龙江销售认真贯彻落实集团公司决策部署，埋头苦干、攻坚克难，实现平稳发展，销售成品油450.83万吨，其中纯枪销量335.8万吨，利润1.2亿元，市场份额70.11%，保持黑龙江省成品油销售市场的主渠道地位。

【成品油与非油品业务】 2017年，黑龙江销售面对异常复杂多变的市场环境，寻求量效平衡发展。灵活调整营销策略，组织开展春耕劳动竞赛、汽油促销月、会员日、点对点竞争等促销活动，以毛利最大化为原则，动态调整销售策略。加快厚利产品布局，98号汽油销售网点增加到191座。运用电子券、“和包券”等措施丰富促销手段，2017年电子券核销70万张，“和包券”上线站点达372座，核销金额1.6亿元。坚持“油卡非润”一体化营销，以卡为媒、以油促非、以非带润，加大便利店销售力度，非油品利润6032万元，同比增长20.76%，非油商品库存同比下降1975万元，车用润滑油利润率同比提高9.1个百分点，加油卡沉淀资金19.7亿元。营造良好外部环境，多次向黑龙江省政府职能部门汇报沟通，寻求对企业发展的支持，协调黑龙江省政府开展为期3个月的市场整顿专项治理工作，黑龙江销售所属各分公司强化区域监控，配合政府部门现场执法。

黑龙江销售主要经营指标

指　标	2017年	2016年
成品油销量（万吨）	450.83	467.77
汽油销量（万吨）	250.06	245.83
柴油销量（万吨）	200.77	221.09
润滑油销量（万吨）	1.16	1.69
加油站总数（座）	1101	1079
油库数量（座）	20	21
库容（万立方米）	48.83	44.92
纯枪销量（万吨）	335.80	366.56
非油品业务收入（亿元）	5.38	5.63
非油品业务利润（万元）	6032	4995
吨油费用（元）	413.49	397.01
资产总额（亿元）	65.85	74.01
收入（亿元）	289.39	266.91
利润（亿元）	1.20	6.31
税费（亿元）	4.74	8.18

【网络建设】 2017年，黑龙江销售有序推进加油站、油库网络建设，终端网络布局不断优化。黑龙江销售认真贯彻集团公司与黑龙江省政府签署的《〈深化战略合作框架协议〉补充协议》，以开发优质高效零售终端网络为核心，加大与地市政府协调力度，衔接“十三五”网点规划，新开发加油站8座，新投运（含前续年度开发在建项目）10座，新增零售能力8万吨/年。实施完成202座加油站防渗罐一体化改造和115座加油站油气回收治理。富拉尔基油库迁建项目和塔河油库改造项目当年建设、当年完工。完成集团公司重点督办的香坊油库输油管线隐患整改，保障管线合规运营。加大合资合作力度，分别与哈尔滨铁路局、哈尔滨新基业能源公司成立合资企业，推进合资加油站开发建设。

【企业管理】 2017年，黑龙江销售强化加油站现场合规监管，运用综合业务管控平台等信息化手段，对加油站重点设备实施在线监控，坚持开展常态化现场稽查，稽查加油站575座次，处理质量计量违规人员26人次。开展内部督查和外部暗访，处理刷卡套现、套票等违规人员6人，处罚服务操作违规33人次，投诉数量同比下降298起。强化法律内控工作，对重要决策进行法律论证，处理历史遗留重大法律诉讼事项。推进法人实体压减工作，完成黑龙江省石油化工销售总公司改制任务。开展内控测试，企业合规管理能力逐步提高。提升财务管理服务能力，全面实施财务集中核算，“算管分离”初步实现。开展资金安全检查，整改问题110项，处理违规人员15人。启动全面预算管理工作，发挥预算管理的绩效引领、价值导向和激励约束功能。

【安全环保质量计量管理】 2017年，黑龙江销售严守安全环保质量计量红线，持续完善QHSE月部署、季议事、年总结机制，开展HSE体系量化审核，坚持实施红线三级常态化检查，层层压实管控责任。严格落实党的十九大等重要时段升级管控要求，保障平稳运行。做好质量管理体系转版并进行监督审核，高度关注国家、地方政府、集团公司油品质量抽检，实现1862批次油品质量全部合格。开展质量计量百日专项整治活动及安全“大学习、大检查、大反思”活动，全面梳理制度流程，查漏补缺，固化成果，推动建立长效机制。

【党群工作】 2017年，黑龙江销售党委深入学习宣传贯彻党的十九大精神，制订并落实学习宣贯方案，配发学习辅导教材，领导班子成员带头到所在支部和基层库站宣讲，所属分公司通过举办党支部书记培训班，开展主题党日、岗位讲述等活动，推动党的十九大精神在黑龙江销售落地生根。认真落实全面从严管党治党要求，成功召开黑龙江销售第二次党员代表大会，两级公司党委完成换届选举工作；推进“两学一做”学习教育常态化制度化，开展“四合格四诠释”岗位实践活动；开展所属分公司党委书记述职评议考核，制定下发《党建责任制实施办法》，将党建责任落实落稳；强化作风建设，启动黑龙江销售机关作风建设工作，以整治“庸、懒、散、浮、拖”为重点，严肃工作纪律，强化督查督办，机关赴加油站锻炼做到全员覆盖，促进机关作风转变，获“省直文明单位”称号；强化执纪问责，立案14件，党政纪处分25人；推进合规监察与专项审计常态化，完成10个所属分公司内部巡察工作；严格落实中央八项规定精神，抓好“四风”问题整治，风清气正的政治生态正在形成。启动后备人才储备库建设，严格履行民主推荐、综合考察与集体研究等程序，遴选出A库15人、B库80人、C库267人、为人才梯队建设创造条件。

2017年，黑龙江销售党委坚持将发展成果惠及广大员工，帮扶困难员工4102人次，按照津贴与岗位相一致原则，对在一线运营库站工作的员工全部发放有毒有害岗位津贴。强化典型示范引领作用，所属仓储分公司中心化验室、齐齐哈尔分公司永青加油站获“全国工人先锋号”，黑河分公司获“省级文明单位标兵”，5人获“黑龙江省劳动模范”“黑龙江省五一劳动奖章”等称号。强化新闻宣传工作，开通企业文化微信公众号，与黑龙江省报业集团签署合作协议，畅通与省内主流媒体合作渠道。防范化解不稳定因素，完成特别重点时段的维稳任务，稳定局面总体平稳受控。

（于　泳）

中国石油天然气股份有限公司吉林销售分公司

【概况】 中国石油天然气股份有限公司吉林销售分公司（简称吉林销售）前身为吉林省石油总公司，始建于1949年，1998年6月上划集团公司，1999年重组改制划入股份公司，主要承担吉林省行政区域内的成品油批发、零售业务，以及“昆仑好客”便利店、汽车服务等非油品业务。2017年底，下辖9个市（州）分公司、3个直属公司、4个合资公司，员工总数8165人，运营加油站982座，在用油库12座。

【油气销售业务】 2017年，吉林销售牢固树立“大营销”理念，强化“只有淡季的市场、没有淡季的思想”，突出量价效关系把握，在拼抢市场、份额、客户和效益上下足功夫，“油卡非润”一体化营销、“中油驿站”建设、0号柴油反季销售、CN98汽油销售、电子券应用等工作收效明显，实现成品油销量375.82万吨。在“中油驿站”建设上，围绕提升柴油零售能力和品牌形象，在吉林省8条主要线路上选取60座“四有”站点，丰富整体功能，推进融合营销与亲情服务，打造“1+N”功能模式的国（省）道“中油驿站”，吸引大批客货运车辆。截至2017年底，运行的首批12座“中油驿站”新增停车场3万平方米、新增功能区1300平方米、单站日均柴油销量提高5.32吨。

吉林销售主要经营指标

指　标	2017年	2016年
成品油销量（万吨）	375.82	374.00
汽油销量（万吨）	197.77	198.69
柴油销量（万吨）	177.48	174.83
纯枪销量（万吨）	297.06	304.46
润滑油销量（万吨）	0.56	0.49
加油站总数（座）	982	989
油库数量（座）	12	12
库容（万立方米）	37.79	39.69
非油品业务收入（亿元）	5.72	3.03
非油品业务利润（亿元）	0.60	0.42
吨油费用（元）	414.27	411.75
资产总额（亿元）	66.12	71.7
收入（亿元）	243.68	215.02
利润（亿元）	0.55	1.63
税费（亿元）	4.60	5.26

吉林销售“中油驿站”之一的扶滨加油站，打造国省道上的“人·车·生活”生态圈（徐洋　摄）

【非油品业务】 2017年，吉林销售从“有特色的零售”入手，突出品牌和规模效应，强化店面建设，拓展增收领域，在持续加强商品优化、库存管控、供应链管理和跨界合作的同时，开展“10惠”、促销季、专题赛、后备厢计划等系列活动，多点及面促进非油品量效增长及品牌认知度、美誉度的提升，非油品业务收入5.72亿元、利润0.60亿元，均创历史最好水平。在化肥销售上，发挥乡镇网点多、品牌影响力强的优势，按照化肥市场调研、合作厂家洽谈、储存设施建设、专项工作部署的路线图，通过出台奖励机制、加大宣传力度、普及专业知识、油非联动组合、开展化肥示范田种植项目等措施，实现化肥销售跨越式增长。化肥销售3.73万吨、销售收入6448.39万元。

【库站管理】 2017年，吉林销售将加油（气）站、油库作为综合服务运营平台，与各类新商品、新服务跨界融合，强化服务标准、服务特色与服务艺术，完善神秘顾客访问、客户满意度调查、全天候视频监控、95504电话服务监督等机制，营造温馨服务氛围，不断改善库站“窗口”形象。强化数质量管理，真诚接受社会各界监督，通过上级公司和政府职能部门各项检查，做到油品质量100%合格、便利店商品质量100%合格、计量100%准确，让客户满意放心消费。实施开源节流降本增效举措，强化物流优化、损耗治理、“6S”管理等重点工作，促进管控水平与工作效率提升，商流费较预算节约7000万元。

【投资建设】 2017年，吉林销售坚持网络建设是企业生存发展的“硬道理”，强化属地责任，加大考核与奖励力度，加大高效网点及储运设施开发建设力度，开发加油（气）站12座，当年投运10座，网络布局进一步优化。特别是大安高速、松原开方2座LNG加气站投运，实现吉林销售历史上LNG站“零”的突破。深入推进存量挖潜，持续在库站布局优化、“双低站”治理、全流程诊断与优化和资产轻量化等方面取得成效，改扩建加油（气）站5座，新增零售能力1.8万吨/年，134座加油站完成防渗漏改造，农安油库主体工程完工，网点质量与效率得到提升。加强工程建设“四大控制”管理，突出中交及竣工阶段关键部位验收，强化承包商终身负责制，严格“三查三审”制度，工程建设平稳受控运行。

【企业建设】 2017年，吉林销售强化党建的政治引领和保障作用，深化“两个责任”落实，开展“三型”（独立型、业务型、功能型）党组织创建，完成基层党组织换届，并深入学习贯彻党的十九大精神，持续推进“两学一做”学习教育常态化制度化，组成十人宣讲、百人辅导队、与千人面对面、实现万人受教育。牢固树立“安全是一、其他都是零”的理念，强力构建全员安全环保责任体系，深入推进HSE体系有效运行，组织吉林省安监局、消防局等单位专家及吉林销售安全环保业务骨干，全面开展安全环保风险隐患大排查，并启动“三年隐患大治理”工作，推进本质安全，保持2582天连续安全运行。深化“三项”制度改革，在保基本的同时，实施全员“大考评”，加大向一线倾斜力度，按照纯枪销售、直销、非油品、润滑油等贡献度，直接兑现到站、奖励到人。把合规管理作为工作的前提，完善制度体系，规范“三重一大”和招投标管理，完成改制压减任务，并充分发挥风险防控、财务稽核、内部审计、效能监察等手段作用，合规管理体系建设不断深入。高度重视信息化建设，有效应对比特币网络病毒事件，964座加油站实现“互联网+”移动支付，933座加油站建立远程视频监控平台，信息系统深入融合与应用步伐加快，信息化对经营管理作用显著增强。

【管理模式创新】 2017年，吉林销售结合企业发展实际与全面深化改革要求，确立建设“受人尊重、令人羡慕、充满活力、创新创效”一流销售企业的总体目标，以及“全面推进属地化管理，全力实施点环源考核”的管理模式，科学规划前进方向与发展路径。在推进过程中，明确“做优省公司、做实市公司、做精经营处、做强加油站”崭新定位，强化“谁的属地谁负责、谁的领域谁负责、谁的区域谁负责、谁的岗位谁负责”和“落实责任、步步确认、考核到人、奖罚到人”等管理举措，在业绩考核、薪酬分配、降本增效、合规管理、审计监督等方面显现成效，营造出齐心协力干事创业的积极向上氛围。

【“家·和”文化】 2017年，吉林销售将以人为本构建“家·和”文化作为企业发展的动力和保障。对内把全员作为荣辱与共、风雨同舟的一家人，着力在薪酬分配、劳务用工等方面解决干部员工关注的重大事项，团结和谐干事，凝心聚力创业，用心建设吉林销售“大家庭”。对外讲求和睦相处、和气生财，争取政府指导与支持，与吉林油田签署战略合作协议，与吉林石化开通冬季0号柴油地付，与一汽集团合资公司落地投运，与多家实力雄厚的国企及民企推进合资合作，赢得各方理解与信任，企业形象焕然一新。同时，公司坚持履行社会责任，全年投入资金及物资316万元，用于扶贫帮困、捐资助学、救助自然灾害等活动，精准帮扶困难人员1244人。在永吉特大洪水、松原连续地震中，积极驰援现场救灾和灾后重建，得到地方政府和社会各界高度评价。

（杨冠宇）

中国石油天然气股份有限公司河南销售分公司

【概况】 中国石油天然气股份有限公司河南销售分公司（简称河南销售）成立于1999年2月，主要承担中国石油进入河南省的成品油资源配置、批发、零售以及销售网络开发、建设、管理等职责。2017年底，设12个职能部门，下辖19家分公司和13家控参股公司，有员工5820人。

河南销售主要经营指标

指　标	2017年	2016年
成品油销量（万吨）	352.40	353.70
汽油销量（万吨）	171.40	148.00
柴油销量（万吨）	181.00	205.7
润滑油销量（万吨）	0.50	0.3
加油站总数（座）	882	826
油库数量（座）	9	9
库容（万立方米）	19.40	19.40
纯枪销量（万吨）	255.55	251.84
非油品业务收入（亿元）	6.4	5.2
非油品业务利润（亿元）	0.8	0.60
吨油费用（元）	377.14	360.21
资产总额（亿元）	60.1	69.23
收入（亿元）	212.33	185.31
利润（亿元）	–6.99	1.25
税费（亿元）	2.59	2.93

【零售业务】 2017年，河南销售坚持创新驱动，围绕新零售发展模式，结合市场走势变化，实施“增汽稳柴”策略，深化“油卡非润”一体化运作，全年纯枪销量255.55吨、同比增加3.71万吨，汽油同比增加5.7万吨、增长4.3%。开展互联网营销，发放电子券880万张，带动油品销售6万吨、非油品销售3500万元。以卡为媒，合作发行三方联名卡，新增ETC联名卡4.8万张，累计消费1.6亿元。全面推广CN98汽油销售，站点超过180座，销量2.9万吨。

【非油品业务】 2017年，河南销售坚持做大做强非油品业务不动摇，持续优化管理机制，推进量效互动发展，实现收入6.4亿元、利润7739万元，分别同比增长23%、33%。实行主动补货，推广店内结算，引导客户进店消费，店内收入达3.4亿元，同比增加1.2亿元，店内收入占53%、同比提高11个百分点。举办首届地方特产展销会，引进商品61种，铺货248万元。中粮米、面、油销售收入2098万元，同比增长162%。参加销售板块“武夷山杯”包装饮料劳动竞赛，获总分第一名。

【网络建设】 2017年，河南销售围绕中原经济区、河南自贸区、郑州国家中心城市建设，突出位置、效益标准，采用“控股、参股、租赁”等形式，拓展销售网络，投运加油站44座。强化增量贡献考核，新开发项目70%在上半年投运，新增零售量5.1万吨。充分发挥品牌、管理优势，推进合资合作项目，完成公司注册4家，投运加油站13座。强化承包商全过程、动态管理，考核评价与日常监督相结合，严格落实文明安全施工100条要求，完成137座加油站安全、形象、防渗漏一体化升级改造，工程施工实现“零伤害、零伤亡、零污染”目标。

【安全管理】 2017年，河南销售认真落实安全生产主体责任和监管责任，首次对处级以上干部进行HSE

履职能力评估，全年安全环保、计质量、环境污染等级责任事故为零。实行安全管控升级管理，完成安保维稳工作，受到集团公司嘉勉。参与大气污染防治行动，配合政府部门打击“黑”加油站和劣质油，全年接受内外部环保检查259次，抽检油品8655批次，合格率100%。坚持“五关联三分开”，全面实施HSE量化审核管理追溯，持续提升体系运行质量。

【资源运行】 2017年，河南销售参与大气污染防治行动，有序推进油品升级工作，克服国Ⅴ、国Ⅵ标准并行和阶段性资源结构矛盾等困难，提前完成“2+26”辖区内油库、加油站国Ⅵ标准置换，获河南省“大气污染治理攻坚战先进单位”称号。以油库大罐为交接界面，实施诚信交接，华北石化铁路运输损耗同比降低41%。在广武油库开展自助付油试点，全面使用油罐液位仪、便携式电子密度计，减少人为干预，付油误差控制在0.5‰以内。加强运输过程管控，配送计划完成率、到站接卸率实现双百目标。

【基础管理】 2017年，河南销售突出合规管理，加强制度建设，制修订36个、废止6个，初步形成种类清晰、覆盖全面的制度体系。强化现场稽查，季综合、月专项、日监控、全覆盖，强化执行，常抓不懈，现场管理和服务水平有效提升，95504电话投诉数量同比减少64.7%。强力推进依法打假维权，拆除侵权加油站商标44座，起诉假冒加油站24座，收到赔偿款24万元，促成3座加油站合作。申请法院强制执行，拆除8座长期侵权假冒站商标，维护中国石油品牌形象。坚持商流费总额和吨油“双下降”目标，给予地市公司2%的弹性变动空间，增费与增站、增量、增效相匹配，剔除刚性增长因素，可控费用同比下降。强化工程结算审计，52个项目审减资金166万元、平均审减率4.9%。

【队伍建设】 2017年，河南销售坚持正确用人导向，落实集团公司年轻干部培养选拔工作座谈会精神，选拔年轻干部25人，其中40岁以下10人。规范两级机关人员岗级序列及聘任管理，明确高校毕业生培养和使用办法，完善岗位管理和人才培养体系建设。搭建全方位培训平台，开发上线河南昆仑学院APP，举办党校、夜校培训13期，培训2900人次，选送管理人员及优秀加油站经理228人次外出培训，送培训下基层10期、培训450人次。推广“N+1”排班模式，坚持收入分配向基层倾斜，一线员工收入同比增长17%。

【党建群团工作】 2017年，河南销售认真贯彻集团公司部署，扎实开展“四合格四诠释”岗位实践活动，党员队伍党性意识、党性修养持续提升。把落实党的十九大精神作为首要政治任务，开展以“四个一”为重点的学习实践活动，组织知识竞赛，开辟学习专栏，推出“献礼十九大”系列报道和“2017销售风采展示”，推动十九大精神落地生根。建立微信宣传平台，制定《党委（党总支）意识形态工作责任制实施方案》，进一步加强意识形态阵地建设和管理。全年开展2次党建三级量化考核，强化责任落实，党员先锋模范作用、支部战斗力指数、基层党委的发展引领能力得到加强。开展庆祝建党96周年系列文体活动，加强驻豫企业沟通交流，“共举一面旗、同唱一首歌”。公司“豫风行者”F4团队参加北京“善行者”百公里徒步越野，比赛成绩和筹款额在参赛队伍中名列前茅，获得集团公司和中国扶贫基金会表彰。

（荀凤龙）

中国石油天然气股份有限公司云南销售分公司

【概况】 中国石油天然气股份有限公司云南销售分公司（简称云南销售）前身是成立于1999年2月的中国石油西南销售公司，2008年底股份公司销售管理体制调整后，改名为中国石油天然气股份有限公司云南销售分公司，主要负责中国石油在云南省的成品油批发和零售业务，以及便利店、润滑油、化工产品和汽车服务等非油品销售业务。2017年底，设13个机关处室、2个专业机构、16个地市分公司、15个控参股公司，员工5695人，资产总额107亿元，有在营油库13座，库容47.51万立方米，运营加油站665座。

2017年，销售成品油407.07万吨，同比增长5%，其中纯枪销量233.97万吨；直批销量173.1万吨，同比增长12%。发售昆仑加油卡54万张，沉淀资金8.1亿元，分别同比增长94.2%、24.2%，卡销比35%。开发加油站66座，投运43座。销售收入264.37亿元，上缴税费2.74亿元，利润1.81亿元。实现非油品业务收入9.09亿元，非油品业务利润

0.94 亿元，分别同比增长 12.7%、20.4%。综合效益指标排名区外销售企业第二位。

云南销售主要经营指标

指　标	2017 年	2016 年
成品油销量（万吨）	407.07	387.59
汽油销量（万吨）	156.11	136.6
柴油销量（万吨）	250.48	250.99
航空煤油销量（万吨）	0.48	0
纯枪销量（万吨）	233.97	244.1
润滑油销量（万吨）	1.59	1.03
非油品业务销售收入（亿元）	9.09	8.07
非油品业务销售利润（亿元）	0.94	0.78
吨油费用（亿元）	403	470.97
资产总额（亿元）	107	109.84
收入（亿元）	264.37	224.15
利润（亿元）	1.81	3.6
税费（亿元）	2.74	4.63

【成品油业务】 2017 年，云南销售紧盯市场变化，综合施策，精准营销，各项指标稳步提升。制订 25 个营销方案，全力增纯枪、稳直销、控批发，争取炼油厂资源最大可能在云南地区销售，实现集团公司整体效益最大化。精确把握量、价、费、效关系，“油卡非润”促销一体化、批零价格一体化、客户开发一体化营销机制初步形成，终端客户销量占 62%。创新“惠购油”APP、中油龙卡联名卡营销、推行无纸化办卡 3 个项目获评股份公司经典营销案例。深化“网格化”市场开发责任制，云南省 129 个县区中 63 个销量同比增加。灵活纯枪分区域、时段、品种、客群营销，有效应对价格战。出台汽油增量 10 项措施，完善扩销奖励机制，纯枪汽油销量同比增加 7.41 万吨，尤其高标号汽油增加 8.35 万吨，增长 37.6%。开展电子券营销，实现卡充值 12.3 亿元，新增客户 8.7 万家，核销 1.2 亿元。实施加油站分类营销，培育高销、高效站，万吨级以上加油站达 31 座，5000 吨级以上站达 118 座。推行团队管理、委托管理，低销、低效站“摘帽”率 10%。出台 18 项加油站减负措施，释放基层员工主观能动性，提升现场服务效率。推动省政府开展“云油利剑”成品油专项治理，设卡点、治走私、查油库，依法净化市场环境。

【非油品业务】 2017 年，云南销售创新运营模式，加快提升非油品规模质量，非油品量效再创新高。强化店面升级改造，打造样板店，实施“小改大”，整改提升高速公路服务区，30 万元以上优质便利店达 499 座，占 76.9%。创新促销方式，策划“昆仑好客十周年”等专题营销，举办客户推介会，“中油好客 e 站”、微商城等线上线下互动，加大高毛利商品销售，实现店销收入 7.1 亿元，同比增长 28.4%。推进汽车服务、整车销售，拓展汽车后服务市场，实现收入 3651 万元。便利店新增 ETC 充值 7 座、彩票业务 160 座、广告业务 70 座。秉持“共创、共享、共赢”的合作理念，整合供应商资源，全面深化专项劳动竞赛，加大非油品考核权重，为优秀员工提供出国学习交流机会，充分激发员工“开口营销”积极性，获可口可乐全国陈列竞赛一等奖。加强非油品全业务链成本、质量控制，推行承运商搬货进库，优化商品配送和库存管理，非油品费率控制在 4.1%，非油品运营能力综合评价位居销售板块第二。

【润滑油销售】 2017 年，云南销售深入落实与润滑油公司签订的战略合作协议，构建“一体化运作、分层面管理、精细化执行”运作机制，实施“油卡非润”一体化联动，强化全渠道拓展，推进润滑油高质量销售，实现销售收入 1.27 亿元，同比增长 16.8%。携手西南润滑油公司、地市分公司，共同管理和维护天润润滑油、天蝎润滑油产品线，统一价格管理和促销政策，扩大渠道销售，新开发经销商 5 家，全年销售天润 574 吨、天蝎润滑油 358 吨。开展摩托车机油现场换油服务，推出“买摩托车机油送汽油”活动，扩大一体化促销，实现天蝎摩托车机油零售收入 292 万元，同比增长 55%。深化润滑油新老客户开发维护，成功开发巨利达钢铁、祥丰化肥、大理力帆、文山交运、快达物流等各类新客户 277 家，新增收入 1404 万元，毛利 103 万元。

【自有商品开发】 2017 年，云南销售瞄准云南独特生态资源，初步建成以“云烟、云药、云咖、云茶”为核心的“好客雲品”自有商品体系。2017 年 3 月 21 日，注册自有商品“好客雲品”商标，3 月 30 日“好客雲品”在销售板块非油品业务工作会上首次亮相，“好客雲品”品牌受到参会单位一致好评。2017 年 5 月，取得“云南白药产品”中国石油渠道内唯一代理权，6月与云南中烟、云南省烟草公司签署战略合作协议，7月首发第一款好客雲品普洱茶——“邂逅·春晖”，9月与后谷咖啡建立合作关系。拓展省外市场，与28个省外单位签订“好客雲品”购销合同，销售普洱茶收入117万元、云南白药300万元、专销烟199.8万元。制定下发《好客雲品普洱茶采购管理操作规范（试行）》，规范普洱茶的采、储、配、销、存质量及验收等。

【网络建设】 2017年，云南销售把加油站建设作为生命工程，加大开发力度，提升发展能力，网络开发、投运指标排名销售板块前三。云南省多次召开专题会议研究配套网络建设问题，省商务厅牵头推进重点区域布局优化，选派6名干部到州市政府部门挂职。深化片区经理责任制，行程11万千米，踏勘129个县926个项目，梳理潜在项目398个。一站一策制订加油站建设施工方案，解决长期受阻项目29座。新建加油站78座，其中建成投运43座，待投运14座、在建21座。消除网络空白县3个、空白县城6个。昆明189集团项目取得突破性进展，建成投运26座、在建5座。打造以大理富海加油站为代表的一批示范站，新投运站单站日均销量9.41吨。加强工程施工过程管控，巡查工地232站次，升级改造高等级公路服务区56座，实施油气回收等一体化改造115座，工程建设全面受控。

【资源运行】 2017年，云南销售统筹优化资源组织，有效应对渠道变化，调入成品油398万吨。加强与兄弟单位沟通协调，全力配合云南炼油厂投产，提前打通安保、安蒙、安曲3条成品油管道，玉溪、蒙自、保山3座配套油库与成品油管道、云南炼油厂同步投运。克服炼油厂投产初期不稳定因素，统筹铁路、公路、管道资源计划，均衡组织资源，配置计划兑现率101%。畅通地付管输业务，管输资源27万吨，减少运费1800万元；充分利用免配政策，地付资源37万吨，减少运费3000万元。坚持低库存策略，月均库存控制在16万吨。优化油库发油流程，6座管道库在云南省内率先实现下装付油，单车装油时间缩短50%，提升油库付油效率，油库万吨用人0.8人，排名销售板块第三位。引入8家社会承运商，优化库发、站发配送业务，配送油品9万吨。深化主动配送，推广提油“一卡通”，自动监控断油风险，实现纠纷在线仲裁。制定下发管道库操作规程、公路配送承运商管理等制度，保障管道地付业务规范运行。

【企业管理】 2017年，云南销售坚持问题导向，推动管理提升，基础工作不断夯实。对所有租赁站开展法律风险评估，梳理潜在风险67个。突出新业务风险防控，完善制度60个。强化维权，处理纠纷案件11起，清理假冒商标站9座。配合集团公司总部，有序推进“红木项目”。启动地市公司综合竞争力及发展进步能力排名，推动均衡发展。开展加油站运营天数管理，在营加油站运营率98.25%。开发加油站WiFi、升级上线互联网支付2.0等系统8个，有效应对全球勒索病毒，把对经营的影响降到最低。强化“三控制一规范”，优化用工275人。优化成本结构，商流费同比下降1.87亿元，吨油营销成本同比下降66元，资产提率提效1.2亿元，节约财务费用832万元，减少行政性支出2911万元，节税6986万元，总体挖潜增效2.35亿元。深入开展创新型企业建设，“FAB4P商品价值矩阵在加油站便利店销售中的创新与应用”获集团公司管理创新成果二等奖，“‘五朵金花’特色文化加油站群体打造”“直销‘惠购油’微信营销平台建设及应用”“应用信息技术提升成品油损耗管控能力”获集团公司管理创新成果三等奖。

【安全环保】 2017年，云南销售把安全生产始终放在首位，狠抓重点领域、特殊时段安全管理，保持安全生产平稳态势。全面推行内部量化审核，突出问题整改，夯实安全基础，通过各类HSE体系审核。按照“管业务管安全”原则，强化安全环保绩效考核，落实党政同责、一岗双责、齐抓共管，促进责任落实。强化日常运行监管，突出隐患排查及专项治理，完善库站风险分级防控体系，尤其党的十九大期间升级安全管理，严控散装汽油销售，全面排查化解不稳定因素，确保大局稳定，获集团公司维稳嘉勉。加密应急培训及演练，有效应对突发事件，联合驻云南企业妥善处置运输公司“4·14”油罐车事故，协调地方政府有效处置2起加油站持刀抢劫事件。结合云南石化、管道投产后油品质量不稳定问题，升级质量管理，杜绝不合格油品入市，各级质量监督抽检合格率100%。开展加油机计量防作弊专项整治，消除计量风险。狠抓分环节损耗管控，油品综合损耗同比降低0.15‰。

【党建工作】 2017年，云南销售坚持融入中心、服务大局，为改革发展提供坚强的思想、政治和组织保证。制订党的十九大精神宣传贯彻方案，两级班子成员宣讲130场次，覆盖5000余名员工。持续开展“重塑中国石油良好形象”大讨论，媒体体验日等7项专题活动效果显著。实施党员岗位讲述等，推进“两学一做”常态化制度化。张本荷劳动模范创新工作室继续开展“百站千万U计划”，推动党建与经营有效融合。持续开展基层党建量化考核，深化“两个责任”落实，集团公司党组巡视问题举一反三，全面整改。参与精准扶贫，结对丽江258户贫困户，投入140万元，脱贫41户。坚持以赛促训，提升员工队伍素质，举办专项培训班5个，优选35名加油站经理挂职交流。全年获股份公司劳动竞赛流动红旗22面、国家级荣誉4项、省部级荣誉6项。

（张艳雪　刘筱航）

中国石油天然气股份有限公司重庆销售分公司

【概况】 中国石油天然气股份有限公司重庆销售分公司（简称重庆销售）前身是1950年成立的中国石油公司西南区公司，历经多次重组改制，于1998年成立重庆石油（集团）有限公司并上划中国石油天然气集团公司，1999年重组成为中国石油天然气股份有限公司下属的省（市）级销售企业。主要从事成品油批发零售业务和非油品销售及服务，是重庆市最大的国有全资石油企业，负责全市主要的成品油供应任务。机关设15个处室，下辖7个地市分公司、2个专业分公司、7个直属股权企业。截至2017年底，在册员工5574人；营运油库9座，总库容47万立方米，库容量占全市总量的33%；营运加油站573座，占全市营运站总数的36%；资产总额67.22亿元，净资产41.93亿元，资产负债率37.63%。2017年成品油销量378.06万吨，其中自营纯枪销量273.19万吨。非油品业务收入6.15亿元，非油品业务利润0.71亿元。整体利润2.53亿元。新开发加油站30座，投运24座。安全环保和数质量事故持续为零。

【资源运行】 2017年，重庆销售统筹配置、集采、互供、外采4种资源模式，克服资源阶段性不均衡、三峡大坝长时间检修、正阳油库迁建、伏牛溪油库码头环保搬迁等困难，实现平稳保障。主动参与销售板块月度分销计划优化工作，争取沿江水路资源调入常态化，调进水路资源93.4万吨，同比增加41万吨，节约二次中转运费1800万元。强化各环节资源调进动态跟踪，协调大区公司抓好计划兑现，调进直炼资源366万吨，计划完成率98%以上。争取外采和国储轮出计划10万吨。争取额外量补贴和市级储备油补贴逾2亿元，争取国储157处轮出柴油，节约采购成本近3000万元。优化公路配送方案，单车日运行趟次2.3次以上，加油站脱销减量控制在700吨以内。

重庆销售主要经营指标

指　标	2017年	2016年
成品油销量（万吨）	378.06	370.48
汽油销量（万吨）	192.56	180.7
柴油销量（万吨）	185.05	188.54
润滑油销量（万吨）	1.52	0.10
加油站总数（座）	573	553
油库数量（座）	9	9
库容（万立方米）	47	49
纯枪销量（万吨）	273.19	286
非油品业务收入（亿元）	6.15	4.57
非油品业务利润（亿元）	0.71	0.53
吨油费用（元）	338	346.94
资产总额（亿元）	67.22	72.55
收入（亿元）	247.88	216.77
利润（亿元）	2.53	6.01
税费（亿元）	3.03	4.56

【油品销售】 2017年，重庆销售先后以“量效并重”“量效并重突出量”“量效并重优先量”为方针，抢抓时机、分类施策、扩销增量。建立重庆辖区加油站网络分布电子地图，畅通内部沟通渠道，实现市场情报、营销政策的快速传递。以零售为核心开展两级促销，构建上下联动的常态化促销机制。出台柴油灌桶专项补贴、批转零专项补贴等政策。推广卡惠方式，开展以推卡为核心的“10惠”及其升级版“逢10有惠”、昆仑卡团购季等活动。2017年卡业务沉淀资金17.4亿元，同比增长1%；活卡量90.6万张，同比增长21.1%。推进加油站全流程诊断，优化神秘顾客访问机制，将现场管理结果纳入站经理月度考核范畴。推广电子券促销，从“满额赠”变为“满额减”

促销，累计派发电子券1.25亿张，核销油品券5311万元、非油品券618万元。实施会员“吸粉”计划，全面开通微信、支付宝支付。截至2017年底，重庆销售“中油好客e”站注册客户数97.8万人，客户关注数在销售板块排名第二，微信公众号线上储值额累计3.1亿元。调整直批定价方案，适度有序下放直批价格优惠审批权。制订直批销售盈亏平衡点和分品种的价格底线，实现盈亏平衡。

【非油品销售】 2017年，重庆销售坚持规模效益并重，推进非油品业务发展，举办首届非油品业务技能大赛暨员工内购节，非油品指标创历史新高。实施仓储配送专业化外包，周转率同比下降12天，进入销售板块前10名。建立品类经理负责制，搭建品类管理构架，2017年销售收入500万元以上的品类达10个。创建“优时买”咖啡品牌并启动20家门店咖啡销售，开发“昆仑珍爱”湿巾。引进热点商品、爆品、行业畅销品、本地特产，推进快餐日配、生鲜类商品销售。非油品开店率100%，店销百万元站173座，同比增加53座。开展差异化促销，全年促销商品收入超过1.5亿元。与重庆福利彩票中心合作，在所有加油站开设彩票销售网点。拓展汽车服务网络，有营运汽车服务一体化站点11座，有经营洗车、汽车美容业务的站点36座，全年实现销售收入1674万元，居销售板块第一。

【投资建设】 2017年，重庆销售牢固树立“渠道为王”“终端致胜”理念，按速度与质量并重、规模与效益统一原则，加强销售网络开发和油库储运能力建设。与区县政府平台企业深化合资合作，新设中油平湖、中油红綦、中油鸿业、大渡口品诚4家合资公司，开发加油站项目4座，储备项目22座；有合资公司新开发合资项目站点20座，占新开发站点总数的70%以上，新增零售能力13万吨。正阳油库迁建项目取得可行性研究批复和EPC招标方案批复，进入招标程序；江津油库改造后投入运营，伏牛溪油库码头环保搬迁工程顺利实施。8座运行库相继完成公路下装发油、油气回收改造和罐区安全专项治理，建设配套油罐液位监控、高清视频监控等系统。2017年新建、续建加油站57座，投运24座，新增可行性研究零售能力17.2万吨；实施扩能改造项目10个，完工投产10个；开工防渗改造项目171个，完工88个。出台《公司投资管理实施细则》《公司工程建设项目实施细则》《公司工程建设承包商管理实施细则》。试点EPC招标，优化入围承包商种类和数量，开展承包商违法违规行为专项检查。

【安全环保】 2017年，重庆销售牢固树立安全发展理念和红线意识，落实责任、夯实基础、加强监管，部署“升级管理期”及“升级严控期”的安全生产工作，强化关键风险领域管控，实现安全环保形势持续稳定好转。开展处级干部、专职安全监督人员HSE履职能力评估和培训，设立QHSE绩效奖在年底硬兑现。推进HSE库站标准化建设，达标率60%。编制发布《HSE监督手册》，完善监督责任清单，明确监督方式和监督标准等。引入第三方暗查暗访，实施安全监督、半年及年终安全环保考核。建立完善风险四级防控责任和管控措施，强化风险动态监控和预警管理。完善库站含油污水和固体废弃物定期集中收集和处理排放工作机制，实现排放达标、合规。开展内部油品质量抽检和接卸油专项治理，强化加油站水杂检测，保证油品计量准确、质量合格。

【企业管理】 2017年，重庆销售坚持以严细实的作风夯基础、强管理、练内功，实现管理效率和管理水平的稳步提升。修订公司规章制度管理办法，集中清理评估重组上划以来128项规章制度，制订基本管理制度目录和制度建设推进计划，制修订制度41项。推进“6S+服务”管理，编印库、站“6S+服务”管理手册，打造伏牛溪油库发油场等特色亮点，完成200座“6S+服务”管理示范站打造。出台挖潜增效配套激励政策并在年底硬兑现。争取多项税收减免政策，全年节税近千万元。制订资金“一体化”运作方案，保障生产经营和投资建设资金需求。清理处置低效无效资产2326项，获得处置收益9808万元。完成加油站智能WiFi建设、库站高清视频升级改造、站级服务器云化等工作。推进大数据应用平台、零售APP、直销APP、油库车辆调度自动付油、瑞信移动应用、协同办公等信息系统建设。集中统一运维体系基本建成，运维考核连续8个月在销售板块排名第一。梳理招标、采购、合同管理等关键业务环节风险点。完善股权企业法人治理结构，成立股权管理办公室，规范股权企业“三会”议题审批。对17家股权企业及5家托管单位开展调研，协调处理重点难点问题。

【改革创新】 2017年，重庆销售坚持问题导向，大胆探索、稳步推进管理体制和激励机制优化，促进商业模式转变，推进管理创新取得新进展。持续推进地市公司升级版打造，明确经营部的职能定位，8家全资公司完成“五定”方案，7家单位完成大部制改革。优化调整工效挂钩办法，在加油站全面推行吨油提成和非油品提成分配机制。制订小站治理实施方案和加油站委托管理实施细则，实施目标责任制管理小站88座、委托管理37座，基础标准“双低站”数量由年初的101座减少至57座，下降43.6%，超额完成2017年“双低站”摘帽任务。征集管理创新项目12个，推荐3个项目参加集团公司管理创新评审，其中1个项目获三等奖。

【党建工作】 2017年，重庆销售认真贯彻中央全面从严治党要求和全国国有企业党的建设工作会议精神，实施党建“六大工程”，从严管党治党取得阶段性成果，风清气正的政治生态初步形成。狠抓党的十九大精神宣贯落实，累计宣讲党的十九大精神332场次，听众累计9564人次。出台《党建工作责任制实施细则》，落实管党治党责任。规范党群机构设置及人员配备，在分公司增设党群工作部（纪委办公室），公司纪委对8个二级单位派驻专职纪检监察员。基本完成股权企业“党建工作要求进章程”。出台《公司党委建立党建“三联”责任点实施办法》，推动全面从严治党向基层延伸。举办2期领导干部学习贯彻党的十八届六中全会精神专题研讨班及第二期中青班，提拔交流处级干部16人，确立“313一队两库”（建立300名左右培养潜力大的处级、科级后备干部队伍，100名左右素质能力高的青年骨干人才库，300左右职业技能佳的加油站经理人后备人才库）战略部署，逐步建立“一队两库”数据库。启动廉洁从业“玻璃房子”建设，构建“三不腐”有效机制基本框架，推进廉洁风险防控“双进双入”工程、权力责任清单编制等工作。开展“我是党员，请向我学习”主题实践活动，推进“两学一做”学习教育常态化制度化。开展作风建设专项检查和领导人员及其亲属经商办企业专项整治。加大纪律审查力度，给予党纪政纪处分7人，组织处理60人，通报批评2个机关部门。实施加油站资金管理、“三重一大”决策制度落实等联合监督检查项目15个，发现问题541个，制定整改措施475条，挽回经济损失10.69万元。对2家分公司开展党内巡察，发现问题38项，提出整改建议10条。确定2017年为“党的建设制度建设年”，明确72项制度制修订计划，印发制度31项。完成门户网站改版升级和新媒体平台搭建，官方微博“渝人车生活”正式上线运行。举办媒体开放日活动。启动朝阳河油库“库史展览馆”和人和加油站“红姐作风展示厅”建设。组织开展劳动竞赛、合理化建议征集。发放帮困救助金100.32万元，救助困难人员210人次，扶贫捐赠126.7万元。落实离退休员工“两项”待遇，建好“两个”阵地。坚持依法维稳，保持员工队伍及相关群体总体稳定。

（刘谦骋）

中国石油天然气股份有限公司湖北销售分公司

【概况】 中国石油天然气股份有限公司湖北销售分公司（简称湖北销售），以省属公司模式运营管理，主要承担中国石油在湖北省的成品油销售、市场开发、网络建设等业务。办公地点位于湖北省武汉市。2000年5月，西北销售公司通过组建控股公司——南顺中油销售有限公司进入湖北成品油市场。2002年10月，湖北市场划归华北销售公司管理，湖北销售公司正式注册成立。2004年4月，集团公司正式组建华中销售公司，主要负责河南、湖北、湖南三省成品油销售及市场开发工作。2008年12月，河南省、湖南省销售业务上划集团公司管理，华中销售公司与湖北销售公司整合，实行“一个机构、两块牌子”运行。2009年12月，注销华中销售公司。2017年底，机关设14个职能处室，下辖13家地市销售分公司和仓储分公司、非油品公司共16家二级单位及武汉中油昌佶、湖北中油丰泰、湖北中油天海、黄石中油交投4家控股公司。累计投运加油（气）站845座，其中全资站664座、租赁站167座、控股站14座。2017年湖北销售在用油库12座（含驻武汉油库业务部、驻潜江油库业务部），总库容56.7万立方米，其中：资产型油库6座，库容44.05万立方米（含西北销售集散库1座，库容29.5万立方米）；租赁油库5座、库容12.65万立方米。资产总额94.70亿元。湖北销售在职员工5998人，其中大学本科及以上学历1050人，占员工总数的17.5%。

2017年，创新委托管理使湖北销售成为员工创业的孵化器，打开公司转型发展的“蓝图”。创新发展战略被集团公司确立为学习的典范予以推广，正向“创新驱动”发展，向“数字湖北”跨越。坚持“效益就是收益”“利润就是利益”原则，实现成品油销售收入179.61亿元，天然气销售收入0.21亿元，纯枪销量221.36万吨，超额完成预算任务，零售价格到位率 97.49%，领跑中部。非油品业务收入 7.87 亿元、非油品业务利润 0.96 亿元，考核利润 6600 万元，超额完成年度任务。新开发加油站 35 座，超额完成 5 座，新增投运 24 座。

湖北销售主要经营指标

指　标	2017 年	2016 年
成品油销量（万吨）	290.28	310.29
汽油销量（万吨）	161.08	151.28
柴油销量（万吨）	129.20	159.01
纯枪销量（万吨）	221.36	220.68
汽油纯枪销量（万吨）	137.76	129.58
柴油纯枪销量（万吨）	83.60	91.10
非油品业务收入（亿元）	7.87	5.53
非油品业务利润（亿元）	0.96	0.75
加油站总数（座）	845	826
吨油费用（元）	481	488.08
收入（亿元）	189.80	175.52
利润（亿元）	0.32	2.72
税费（亿元）	1.51	3.46

【经营创效】 2017 年，湖北销售汽油销量增幅高于同业主要经营者 1.89 个百分点，柴油销量降幅低于同业主要经营者 7.79 个百分点。电子券活动效果位居销售板块第一，发行个人卡 28.98 万张，储值 58 亿元。湖北销售超基础量 72.93 万吨，获“额外量”奖励 2.73 亿元。资源购进成本降低 2.74 亿元，物流、仓储成本较预算结余 6266 万元，物流成本、仓储费用和公路运输损耗分别同比下降 2644 万元、290 万元和 187 万元。

【非油品业务】 2017 年，湖北销售以敢为人先的魄力实现非油品业务快速发展。作为年度改革的新高地和新风口，率先构建起支撑非油品业务快速发展的管理体系，创效能力位居销售板块前列。收入、利润两项核心指标超额完成销售板块年度奋斗目标，收入任务完成率位居销售板块第三，利润完成率位居销售板块第一。吨油非油品业务收入 355 元。库存占比 8.6%，位居销售板块首位，库存周转天数控制在 36 天以内，位居销售板块第二。平均效益每天 60.3 元 / 米 ^{2}，排名销售板块第七，商品统采率 94%，高出平均水平 30 多个百分点，带动利润率提升 12.1%。传统贸易老当益壮，12 名荆楚儿女闯天山、穿戈壁，实现销售收入 2.34 亿元，同比增长 58%。与吐哈油田签订 2018 年度钢管代理合同，提前锁定销售额 8000 万元。

【油库管理】 2017 年，湖北销售成立重点项目办公室，未雨绸缪提前应对沿江油库变局，随孝油库、恩施油库完成选址、可行性研究论证等前期工作，并取得新建油库行业批复。成功取得咸宁油库危险化学品许可证，扩建前期论证工作全面启动。

【投资建设】 2017 年，湖北销售快速抢占高效市场，“一主两副”开发加油站 18 座，占湖北省 51%，新投运加油站 10 座，占湖北省 42%。高速分公司快速找准定位，主动发挥专业化优势成功拿下武汉柏泉等 3 对高速站项目，与湖北交投签订汉十双沟停车区加油站合作经营协议。改造站点 41 座，单站日销量增长达 13%。项目清理工作稳步推进，共清理项目 4 座，恢复投运 3 座，完成主要证照手续办理 10 座。

【改革创新】 2017 年，湖北销售以大数据应用为抓手，初步建成统一接入、统筹利用的数据中心，用数据一体化带动管理一体化的共享中心闪亮登场。参与并完成财政部“关于面向管理会计应用的大数据分析方法”的课题研究工作，XBRL 大数据应用获集团公司优秀奖。开发手机 APP 客户端，2625 家客户全部线上交易，实现库批业务留痕受控、客户安全省心。深化招标运行机制改革，成立招标中心，实现管办分离，招标资金节约率 12%，商务谈判采购资金节约率 6.3%。建立审批权力责任清单和负面清单，2 次合规内控联合检查共整改问题 281 项。全面启动委托管理风险识别，梳理出 8 大类、44 项风险点，开展 7 期现场检查，确保风险受控。

【安全环保】 2017 年，湖北销售精心筑牢安全防线。各级领导干部带头开展履职能力评估，持续践行有感领导，重点抓责任落实、能力建设和方法创新，主体责任和属地责任落地有声。创新安全监管方法，HSE 管理现场实现可视化。对承包方进行 12 次体系审核，全年 458 个库站改造项目无安全责任事故。对库站重点设备设施开展 5 次专项检查，下达整改资金 4152 万元，及时消除安全隐患。加强敏感时期管控，各单位展现出过硬的掌控水平，无一起例外事项发生。实现安全生产事故、环境污染事故为零，库存油品质量抽检合格率、出入库及库存油品检验率 100% 的目标。

【队伍建设】 2017 年，湖北销售激发活力，全面推进队伍建设。依据量效指标核拨薪酬总额，由各分公司自主考核、自行分配，薪酬激励和约束的双重作用初步显现。深化委托管理，探索尝试服务外包，实现人均劳效、人均收入双提升。优化加油站经理积分制成果应用，“能者上、平者让、庸者下”成为常态。强化高技能人才培育，试点建立技师工作室，评选“荆楚石油工匠”5名。着力加强社会主义核心价值观培育，评选“活雷锋”10名、“好媳妇”10名、“老黄牛”154名。制定《领导人员选拔任用工作规范》，全年提拔各级干部11名，交流调整干部44名。推行“一推双考”，确定中层后备干部96名，畅通年轻干部发展通道。

【企地共建】 2017年，湖北销售融洽企地关系，实现和谐共赢。形成“主动交流汇报、有效解决问题、快速化解矛盾”协调机制，两级公司领导亲自带头拜访地方政府、开展企地交流240次，签订县级以上战略合作协议9个。在各级政府的有力支持下，市场整顿工作取得明显成效，查处取缔非法加油点474家，查扣油罐车187辆，排查仿冒加油站27座，有力维护市场秩序和公司权益。

【党建工作和扶贫帮困】 2017年，湖北销售不忘初心，牢记使命，加强党的建设。喜迎党的十九大、学习党的十九大是2017年党建工作的主旋律。成功举办“喜迎十九大，岗位展风采”文艺展演，第一时间组织党委中心组专题学习，第一时间召开党委会专项部署，两级领导班子成员带头宣讲党的十九大，邀请湖北省委宣讲团解读党的十九大、十九大代表才仁吉藏讲述党的十九大，按照“学懂弄通做实”的目标，迅速掀起学习贯彻党的十九大精神热潮。完善党委书记季度例会工作机制，督促主体责任落实的抓手更有力。公司领导下站调研256站次，现场解决问题192项。成立精准扶贫工作领导小组，制订精准扶贫管理办法，派出驻村工作队12个，全年共计支出精准扶贫资金173万元。宝石花艺术团“送欢乐下基层”演出34场。

（罗　婕）

中国石油天然气股份有限公司广西销售分公司

【概况】 中国石油天然气股份有限公司广西销售分公司（简称广西销售）成立于2000年10月，负责中国石油在广西地区的成品油市场开发和销售工作，主要从事成品油批发和零售业务，以及便利店、润滑油、化工产品等非油品业务。2017年底，机关设12个职能处室和5个附属机构，下辖14个地市分公司和2个专业分公司，另有12个控股公司和5个参股公司；员工总数4700人（含外包1073人）；资产规模71.66亿元；在营加油站507座，全资油库7座、库容20.22万立方米，市场份额27%。

【投资建设】 2017年，广西销售把网络开发作为一把手工程，以资源整合为动力，坚持自主开发和合资合作两条腿走路，全力做好网络拓张的“加法”。清理历史项目，对取得土地的项目实行一站一策，制订可行方案、抓住关键环节、实施挂牌督办，已投资未投运项目减少三分之一以上。转变资产经营思维，走轻量化发展道路，百祥玉林南、通祥大隆、宁祥茅桥等14座加油站投运，合资运营加油站总数达74座，实现零售销量16.28万吨，合资合作迈出坚实步伐。紧盯重点项目建设进程，实施项目经理人竞标责任制，全年完成加油站检维修改造27批次61项和6座加油站防渗一体化改造，优化改造百色油库工艺流程，提升运转效率，梧州、河池油库扩建工作有新推进。严格把控工期，单站月均运行天数超过29.2天，名列销售板块首位。开发加油站20座，投运加油站20座，其中自主开发6座，投运6座；新增零售能力12.1万吨，完成销售板块下达计划的112%。

广西销售主要经营指标

指　标	2017年	2016年
成品油销量（万吨）	246.75	245.88
汽油销量（万吨）	130.77	110.20
柴油销量（万吨）	115.98	135.68
润滑油销量（万吨）	0.42	0.47
加油站总数（座）	507	494
油库数量（座）	7	7
库容（万立方米）	20.22	20.15
纯枪销量（万吨）	179.54	186.45
非油品业务收入（亿元）	3.36	3.87
非油品业务利润（亿元）	0.41	0.27
吨油费用（元）	399.64	461.58
资产总额（亿元）	71.66	78.38
收入（亿元）	161.98	142.65
利润（亿元）	0.43	1.09
税费（亿元）	2.17	0.06

【油品销售业务】 2017年，广西销售坚持把提质增效作为一以贯之的发展目标和核心价值，突出抓好扩销、降库、提效，以总毛利最大化为目标，精心组织资源调进、物流运行和市场营销。完成配置计划208.4万吨，通过超前预判、调整结算数等措施降低采购成本2947万元。成品油销售246.75万吨，其中纯枪销量179.54万吨。用足用好销售板块额外量奖励政策，获额外量补贴2.29亿元。突出终端机构客户开发，机构客户数量同比新增7299家，增长28.6%。突出零售创效核心，加强营销与品牌建设，全面实施“10惠”“昆仑好客日”促销品牌，打造“人·车·生活生态圈”，线上与线下相结合推广电子券业务，发放电子券602万张，核销金额7201万元，提振公司纯枪销量3.2个百分点，带动IC卡充值4.25亿元，沉淀资金4.78亿元。

【非油品业务】 2017年，广西销售成立非油品公司，分解非油品业务管理职能，非油品业务收入3.36亿元、利润0.41亿万元。以昆仑好客10周年系列活动为契机，精选昆仑好客“优选+”地方商品，打造“壮乡桂品”特色网上商城，深化“油卡非润”联动营销，拓展非油品团购业务，推动润滑油、车用尿素等昆仑系列产品扩销增效，实现非油品店销收入2.35亿元，同比增长40%，其中家庭食品、车辅产品分别同比增长83%、32%，油非转化率同比增长54.1%。试点生鲜水果销售成效显著，南宁分公司加油站累计销售各类生鲜水果3.5万箱，日均增收1.82万元，相当于新增6个百万元便利店，带动金凤加油站非油品业务月收入突破百万元大关。

【挖潜增效】 2017年，广西销售坚持低成本发展，制定67条挖潜增效具体措施并纳入绩效考核，费用总额同比减少1.49亿元，其中“五项”费用同比减少239万元。办公室协调压减办公经费，防城港分公司主动利旧办公家具，桂林分公司压缩新租面积，非油品公司主动退租办公楼，南宁分公司压减38%办公面积并重新修订租赁合同，崇左分公司坚持原场所办公。在销售板块“保后路、增份额、增纯枪、增效益”劳动竞赛中，广西销售共夺得物流优化、提质增效、运输损耗等项目25面红旗。

【基础管理】 2017年，广西销售牢固树立合规价值导向，深入开展内控风险防控“回头看”，完善重大事项法律论证机制，梳理对外结算、价格管理、股权合作、质计量管控等重点环节法律风险68项。审结案件12起，协商谈判化解纠纷3起，维护公司合法权益。组织印鉴管理问题集中排查，加大质量稽查和抽检力度，以诚信合规经营为客户提供高质量的产品和服务，打造客户信赖和首选的“金质招牌”。完成审计和监察项目12项，提出审计监察建议86条，工程决算综合审减率4.78%。以“五化现场”打造为引领，落实《加油站管理规范》，全面开展加油站形象提升活动，因地施策、因客而异打造具有广西壮乡文化特色的强大现场，219座加油站通过专项验收，为客户营造整洁舒适、温馨高效的消费环境。启动职业经理人体系建设规划，打造钦州海湾站培训中心，建成“广西销售技术学院”，452名职业经理人通过“先锋营”培训，220名员工取得高级以上技术职称。扎实开展HSE体系量化审核，完成352座加油站防渗治理，占运营站总数的65%。优化加油站风险分级防控，全面开展问题和隐患整改，三级标准化建设达标率100%。

【创新经营】 2017年，广西销售下放加油站经理“五项权利”，打造零售业务“一站式”支撑平台，建立加油站对机关“直线式”业务衔接流程，全面统筹加油站的营销运作、资源配送、现场管理、业绩评价。明确地市公司“三项职能”，实行“四部制”改革，推动地市公司从注重行政管理向强化经营监管和提供优质服务保障转变。打通职业经理人成长通道，引导加油员向营销员转变，1人由加油站经理岗位直接进入机关管理岗位，3名万吨站经理通过全区竞聘走上新岗位。推广协同办公平台应用，办公管理步入“无纸化”时代。建成公司财务、人力资源共享中心，推行增值税电子发票，实现资金集中支付、会计集中核算、财务一体化整合和人事招录统一管理、薪酬统一发放、培训统一组织。以“智库+平台”为核心，搭建运维监控中心，实时采集、监控、分析“油卡非润”经营信息，提升监管效率。加大“互联网+营销”创新力度，优化统建系统集成应用，自主成立“优油友yo”创业工作室，专注站级“痛点”，精准助力加油站信息诊断与全流程优化。建立面向全员的“双创”服务体系，在全公司范围内开展师课共建活动，萃取78门岗位实践教学课程。

【党建工作】 2017年，广西销售借助“两微一端”新媒体，开展“互联网+党建”，多层次组织“重塑中国石油良好形象”大讨论活动，深化家风教育，全年组织两级党委中心组学习240次，座谈研讨197次，两级党委班子和支部书记带头宣讲党的十九大精神259场次。严格落实中央八项规定精神和集团公司二十条要求，对机关党委、14家地市公司开展党建量化考核评价，发现问题210项，提出整改建议

24 条；对 9 家股权单位开展联合巡察，发现问题 109 项，提出整改建议 60 条。全面落实集团公司党建责任、八项规定精神“回头看”整改要求，召开党委专题会议研究整改措施 5 项。专题部署批直业务廉洁风险防控工作，问责 24 人。完善基层党建网络，崇左、来宾等 5 个党总支，非油品等 3 个党支部统一升格为党委，明确“两公开两纳入”原则，将党的领导正式写入控（参）股公司章程。严格执行干部选拔任用程序，全年提拔中层干部 11 人，调整交流中层干部 44 人，选拔两级机关管理人员 59 人。关心关爱员工，全年帮扶困难职工 365 人，发放帮扶资金 55.9 万元。开辟《提质增效》《两会落实》《匠心筑梦》等专栏，进一步讲好石油故事，营造恪尽职业操守、崇尚精益求精、厚植工匠文化的舆论氛围，夯实公司稳健发展软实力。

（任妮军　李晓秀）

中国石油天然气股份有限公司浙江销售分公司

【概况】 中国石油天然气股份有限公司浙江销售分公司（简称浙江销售）成立于 1999 年 1 月，2008 年 12 月上划由股份公司直接管理，主要承担中国石油在浙江地区的成品油零售、批发和非油品业务，负责浙江地区销售网络的开发建设和管理工作。

截至 2017 年底，设 12 个机关处室、1 个直属机构、13 家全资分公司、3 家参（控）股公司。共有员工 4413 人（合同化员工 70 人），本科以上学历 863 人，高级职称 36 人，中级职称 118 人。有油库 16 座，总库容 85 万立方米；有运营加油站 478 座，其中全资加油站 211 座、控股加油站 112 座、租赁加油站 155 座。2017 年，浙江销售成品油销量 273.58 万吨，其中纯枪销量 227.32 万吨、批发销量 46 万吨。非油品业务收入 5.89 亿元，非油品业务利润 0.7 亿元。

浙江销售主要经营指标

指　标	2017 年	2016 年
成品油销量（万吨）	273.58	283.15
汽油销量（万吨）	191.10	181.52
柴油销量（万吨）	78.41	97.45
加油站总数（座）	478	473
油库数量（座）	16	17
库容（万立方米）	85	78.68
纯枪销量（万吨）	227.32	218.61
非油品业务收入（亿元）	5.89	4.65
非油品业务利润（亿元）	0.7	0.56
吨油费用（元）	514.86	459.8
资产总额（亿元）	69.63	64.83
收入（亿元）	185.14	170.25
利润（亿元）	0.23	1.51
税费（亿元）	4.77	5.14

【零售业务】 2017 年，浙江销售“增汽稳柴”取得良好效果。执行差异化营销策略，开展“增汽稳柴”劳动竞赛，成品油纯枪销量同比增长 4.39%，增幅排名销售板块第五，其中汽油增幅排名销售板块第四，柴油降幅收窄，四季度实现柴油同比正增长。借势借力，搭建营销新平台，用好自建系统和销售板块统建 APP，以加油卡为载体，电子券营销为手段，形成“天天有活动、周周有营销、月月有好礼”的氛围，丰富“油卡非润”一体化营销，增强价格敏感型非持卡客户的黏性，全年电子券发放、核销和卡充值数据持续增长，“10 惠”日充值金额 8.85 亿元，发放个人记名卡 9.1 万张。开展跨界合作，创新营销新模式，继续携手支付宝，优化“双 11”“双 12”等大型营销，“双 12”当天，支付宝交易额突破 3700 万元，交易笔数 18.37 万笔，电子券核销 18.43 万张，3 项数据排名销售板块首位，其中交易笔数、电子券核销分别占销售板块的 21%、19%；“双 12”当天纯枪销量超 9100 吨，创历史纪录。与工商银行合作开展二维码支付，工商银行积分抵扣加油款。打造强大现场，服务创造价值。抓住现场、员工和客户环节，打造消费环节清爽、加油过程便捷、客户体验良好的加油现场，推广“加油站班前会”微信群视频分享，鼓励员工为客户提供互动式、差异化的优质服务，客户投诉量持续下降。

【批发业务】 2017 年，浙江销售批发计划完成率 113%。通过加强客户经理人队伍建设，优化客户经理人薪酬挂钩机制，124 名专兼职客户经理人销售油品 14.8 万吨，占直批总量的三分之一。重点开发优质机构客户，机构客户销售 15 万吨，占比提高 3.7 个百分点。推广社会站委托加盟管理，严格按照“六统一”模式推进委托加盟管理模式，6 座加盟站销售油品 4.95 万吨，同比增长 22.5%。

【非油品业务】 2017年，浙江销售非油品收入、非油品利润均超奋斗目标。在店内主打主题营销，从客户需求出发，紧贴行业消费趋势，开展系列主题营销活动，实现电子券助力非油品营销，带动非油品消费1.9亿元。在店外拓展销售空间，制定团购管理细则，印制团购手册，运用“互联网+”思维，打通线上订购渠道，运用朋友圈营销，持续做大做强团购业务。实现团购收入5274万元，同比增长48%。在自有品牌销售方面，坚持品牌自信，销售昆仑车用润滑油1.4亿元、同比增长11.2%，销售“昆仑之星”车辅产品4300万元、同比增长72%，销售武夷山矿泉水1700余万元、同比增长6倍。坚持合作双赢，与浙江本地企业合作开发销售会稽山黄酒、万事利丝绸、西湖龙井茶、虹霞海鲜等7种“浙江标签”产品。汽车服务业务得到新发展，自主装修、自建门店系统，首座“咔咔”汽车服务门店落户杭州时代大道加油站，实现客户加油、洗车、保养一站式体验，不断满足消费者多元化需求。库存管理得到加强，建立新品引进和滞销品淘汰制度，商品动销率由67%提高到84%，库存周转天数48天。

【资源运行】 2017年，浙江销售完成268.8万吨配置计划，完成率97.03%。协调省内油气销售主营单位，进行营销会商，稳定市场秩序。为缓解因宁波油库停运带来的保供困难，协调东北公司集中采购中国中化集团有限公司、中国海洋石油集团有限公司资源14.4万吨实行地付，直达量同比增加12万吨；优化物流，挖潜增效，全年龙湾、仁和、诸暨分别中转油品56.5万吨、46.3万吨、25.5万吨，同比均大幅增加，较好地实现台州、金华、绍兴等周边地区油品资源分流保供任务。

【投资建设】 2017年，浙江销售新开发加油站16座，新增零售能力11.7万吨；新投运加油站18座，新增零售量6.5万吨。研究政府规划，台州新桥、台州玉环、金华永康石江等一批长期无动态项目取得新进展。持续发挥浙江股权项目特色，推动大型企业物流港内加油站项目落地。加强工程项目全过程管理，库站检维修、防渗改造及“油卡非润”一体化改造安全有序推进，截至2017年底，有60座加油站符合防渗环保要求。

【精细化管理】 2017年，浙江销售不断加强精细化管理力度。降本增效取得良好效果。与同业经营单位互供资源，降低成本1479万元。优化物流方案，公路配送运距同比减少8千米，吨油费用下降6元，同比节约运费452万元。乍浦油库通过科学施工，减轻收发油作业影响，既保障油品供应，又节约运费273万元。协同创新业务模式，引入多家银行采取满减、银行积分兑换等方式节约营销费近1000万元。开展纳税筹划，节税创效3822万元。落实中央八项规定精神，厉行勤俭节约，“五项”费用同比下降9%。基础管理进一步夯实。实现财务“三集中”管理，提高资金运行效率，统一费用审核标准。全面推行“6S”管理，公司形象得到有效提升。业财融合得到提升。编制《公司深入对标工作管理办法》，实现与中国石化、兄弟单位、地市公司、库站四个维度对标。实行“1+N+专题”经营分析模式，提高经营分析广度和深度。

【安全环保和计质量】 2017年，浙江销售强化质量体系建设，组织质量管理体系内审员培训，开展质量体系内部审核，取得三星九千认证证书。完成过去3年新入岗化验员技能考核，中心化验室班组获“集团公司质量信得过班组”三等奖。关注油品质量，运营站（除水上站外）全部安装水探测型滤芯。通过精准计量降低油品损耗，认真落实浙江省委省政府做好民生实事总体要求，完成全部加油站5563把加油枪付油准确性自检自查，提高加油机付油准确度，确保诚信计量。

【党建工作】 2017年，浙江销售加强政治建设思想建设，强化政治引领，党委领导作用有效发挥。将学习党的十九大精神作为首要政治任务。开展学习21次，专题讲座7次，组织基层党组织学习150余次，撰写心得体会870篇。搭建党员干部网络学院，丰富学习方法。坚持民主集中制，修订“三重一大”决策制度，严格执行决策程序，召开决策会议86次、决策议题200余项。浙江销售坚持强基固本，扎实履行党建工作责任。坚持党委月度、季度例会制度，系统研究党委工作，定期听取纪委、工会、团委工作汇报。党建工作写入股权单位公司章程，86家股权企业完成修订。14个基层党委完成换届，通过选举产生57名党支部书记。各分公司增加2名专职党务人员。浙江销售严明纪律规矩，党风廉政建设得到加强。认真执行中央八项规定，落实集团公司领导要求，初步搭建“玻璃房子”构架，建设起“不能腐”合规体系。抓好集团公司巡视反馈意见整改。对衢州销售分公司、丽水销售分公司、金华销售分公司和杭州中油石油天然气销售有限公司进行巡察，全力支持纪委监督执纪问责，受理信访举报23件，处置问题线索率100%，纪律处分、组织处理28人次。

【群团民生工作】 2017年，浙江销售弘扬石油精神，宣传基层英雄，发挥聂伟、叶时进、周陈理等劳动模范示范作用。编撰完成《创业那些事儿》，形成鲜活的企业文化教材。打造“一网两微一端”宣传格局。浙江销售牢固树立“员工共享企业发展成果”理念，细化优化工资预算机制、加油站分配改革措施、绩效考核制度和劳动竞赛方案，提高吨油工资，收入分配持续向基层一线和艰苦岗位倾斜，加油站员工收入平均增长7.42%。库站工龄和员工技能2项津贴得到提高，全员补充医疗保险全面推进，1600人次受益。

（凌　琳）

中国石油天然气股份有限公司安徽销售分公司

【概况】 中国石油天然气股份有限公司安徽销售分公司（简称安徽销售）负责中国石油在安徽省的成品油销售、市场开发、非油品销售业务。2002年6月成立中国石油天然气股份有限公司安徽销售分公司筹备组，2002年9月正式注册成立中国石油天然气股份有限公司安徽销售分公司。设12个职能处室和4个直（附）属机构，下辖14个全资分公司。资产总额58.73亿元，加油站总数555座，其中全资加油站428座、租赁加油站97座、控股加油站30座。在用油库12座，总库容32.54万立方米。其中：资产型油库8座，库容22.96万立方米；租赁油库2座，库容1.58万立方米；代储库2座，库容8万立方米。截至2017年底，员工总数4009人（合同化员工37人、市场化员工3972人），其中管理人员575人、操作服务人员3434人。2017年，安徽销售着力推进提质增效，稳健发展，主要经营指标逆势突破。

安徽销售主要经营指标

指　标	2017年	2016年
成品油销量（万吨）	254.13	231.07
汽油销量（万吨）	122.68	103.33
柴油销量（万吨）	131.33	127.68
润滑油销量（万吨）	0.24	0.21
油库总数（座）	12	12
加油站总数（座）	555	546
纯枪销量（万吨）	204.87	195.04
非油品业务收入（亿元）	5.19	4.48
非油品业务利润（亿元）	0.76	0.68
吨油费用（元）	415.33	442
资产总额（亿元）	58.73	62.95
收入（亿元）	159.96	129.75
利润（亿元）	0.75	2.61
税费（亿元）	2.03	2.87

【市场营销】 2017年，安徽销售聚焦精细营销，突出一体化运行，销售规模和质量持续提升，在异常激烈的市场竞争形势下，成品油销量增长23.06万吨，零售比例超过80%。科学优化资源物流，水路、铁路、公路三路资源齐头并进，在部分油库相继停运技改的困难下，资源计划完成率100%，保障资源稳定供应。积极主动营销，恰当处理竞合关系，提升价格到位率，减少毛利损失；全力推动非法经营成品油专项整治，维护市场稳定。坚持批零一体化、“油卡非润”一体化营销，精准制定营销策略，精细谋划营销方案，形成一系列会员日营销品牌，提升科学营销能力。加大汽油营销力度，汽油销量同比增加14.13万吨，特别是98号汽油销量增长50.4%。推进全环节提量，万吨站总数达37座，南天站成为安徽销售首座双万吨站，中等销量站单站日销量同比增加0.9吨。持续推进全流程诊断与优化，实施不停枪卸油，科学筹划施工，平均单站营业天数增加2天，增加销量1.1万吨。推进共享工程建设，开展联合营销，以共享理念整合保险、金融、供应商等资源，利用定额卡、电子卡、积分互换等形式，开展“油卡非润”联合营销，增加新客户的进站率，累计销售定额卡3.9亿元。安徽销售纯枪销量增幅排名区外第四，拿到纯枪增量奖励972万元，占销售板块奖励总额的16.79%，黄山、安庆、六安3家单位纯枪销量增幅10%以上。滚动优化直批销量，平衡量效关系，狠抓创效能力强的机构客户和小微客户开发，提升直批销售质量，直批销量同比增长36.7%。加大汽油直批销售，增加销量5.22万吨，新增宣城、马鞍山、铜陵3家单位直批业务，增加销量0.4万吨。

【非油品业务】 2017年，安徽销售着力推进非油品专业化、市场化运行，提升店销能力，加快转型升级，组建非油品销售分公司。开展领导班子巡店活动，巡店960余站次，发现问题1000余项，整改率97%，提升了基础管理水平。发挥一体化优势，开展油非互动营销，油非转换率25%，带动非油品增收约1.5亿元。推进汽车服务业务发展，加大润滑油销售，加强自有商品省内外推广力度，实现收入5172万元。全力推进厂家直采，完成600余种商品直采，直采商品采购成本平均下降超过30%；全面开展店销商品价格分析，紧贴市场作价，下调124种商品价格；优化商品品类，推进未动销商品清理，商品库存额下降1500余万元，缩短周转期20天。

【网络建设】 2017年，安徽销售科学分析网络布局，优化终端网络。加强企地关系协调，与地方政府主要领导工作会谈33次，营造良好的发展环境；与地方政府合作，创新运营模式，推进税收落地，得到地方政府大力支持。加大市场摸排，租赁、收购并举，开发加油站15座。通过舆情监测平台，加大土地竞拍信息关注度，取得13宗土地，部分空白区域网络布局得到优化，自主开发新建加油站显成效。合资合作持续深化，与现有民营企业合资，成功开发安庆明欣4座加油站，并在滁州地区实现品牌输出新突破，储备一批优质站点。狠抓项目投运，灵璧第二、庐江罗河等4个停工时间较长的项目投入运营，六安叶集明轩、合肥全椒路等5个项目当年开发当年投运，投运周期进一步缩短。有序推进工程建设，加快防渗一体化改造，全年完工项目96个。

【安全环保】 2017年，安徽销售始终将安全环保作为企业生命线，塑造安全文化，创新监管模式，本质安全持续巩固。开展安全培训“每月一课”，各单位轮流宣讲，提升培训实效。深化HSE体系建设，内部审核发现问题2510项，有序推进问题整改；开具HSE负面清单40张，处罚58人，有效遏制“三违”行为发生；每月围绕一个主题开展安全检查，发现问题582项，整改完成581项，剩余1项未整改项目按照要求进行防控。针对体系审核和安全大检查发现的普遍性问题进行分析，通过顶层设计方式开展配电柜裸闸、罩棚隐患、人孔井油气积聚等专项治理，取得良好效果。加强信息运维保障，处理故障2.06万起，防范网络安全风险，成功抵御全球勒索病毒攻击。节假日、党的十九大等特殊时期安全环保管理升级，保障平稳运行。

【精细化管理】 2017年，安徽销售实施全面预算管控，全方位对标分析，为精细化管理和精准决策提供有力支撑。狠抓物流优化，兑现集采资源34.81万吨、串换资源29.3万吨、主动配送资源7.4万吨，节约物流和仓储费1126万元，吨油物流费同比减少8.26元。建立损耗管理奖罚机制，将管理责任传递到承运商，损耗管理创效同比增加505万元。推进燃料乙醇市场化采购，节约采购成本460万元；推行“1+1”供应商管理，采购节约率8.22%。开展第三方对标，实现监控设备采购、工程造价等成本进一步下降。挖掘存量资产价值，资产调拨节约成本965万元；资产租赁、转让增加收益646万元。加强税收和长期付息资金筹划，节约财税费用2978万元。提升信息化支撑能力，完成站级系统升级、主动配送系统集成、CRM系统应用等，有序推进库站综合信息展示平台、零售电子地图建设，提高运行效率。

【人事管理】 2017年，安徽销售落实人才战略，将员工能力提升、事业进步、收入增长放在与公司发展同等位置，实施一系列惠及员工的新政策、新措施，更加精准地满足基层所盼、民心所向。实施补充医疗保险、增加员工健康疗养费等，增加员工福利投入645万元。出台18项专项激励方案，兑现专项奖励216万元；加大创新激励，取得创新成果21项，发放创新奖励15.68万元。下放员工选聘、岗级评定、加油服务外包管理等权限，充分调动分公司积极性。优化机关职位等级，理顺中层干部职级、职数，在严格晋升条件的基础上，取消一般管理人员岗级晋升职数限制，打通站经理晋升机关管理岗位通道，提拔干部18名，员工晋升113人。完善站经理积分制分级，正向引导站经理基层创业，星级评定站经理515名。畅通优秀外包员工回流通道，提升外包用工积极性，优选回流96人。组织开展各类培训、挂职，提升服务意识、个人素养，培训1797人次，机关与基层、内外挂职79人。

【党群工作】 2017年，安徽销售牢牢把握正确的政治方向，学习贯彻新思想，厚植企业党建，发展大局和谐稳定。加强思想政治建设，推进“两学一做”学习教育常态化制度化，举办2期领导干部读书班，开展各类理论培训班12次，增强各级党员干部思想理论水平。全面学习贯彻党的十九大精神，专家辅导与自学相结合，领导干部带头讲党课，开展各类学习活动23次。以标准化党组织建设为抓手，修订实施细则88项。狠抓作风建设，持续推进中央“八项规定”精神落实，扭住“四风问题”不放松，形成作风建设从严从紧新常态。开展机关作风建设年活动，出台7项配套制度，机关服务意识、服务能力、服务效率有所提升。把握执纪监督“四种形态”，坚持抓早抓小，受理信访件23件，纪律处分、组织处理25人。健全督查督办体系，完成督办事项55项，督促各项决策部署落地生根。立足“一报一网一微”强化企业宣传；加强与外部媒体联系，积极主动发声，营造良好的舆论环境。响应中央和安徽省委号召，在六安、阜阳等市县开展定点扶贫，派驻扶贫干部11名，投入资金47.9万元，塑造良好的企业形象。举办首届基层经理人论坛，为基层员工提供分享智慧、展现自我的平台。

（王　馨）

中国石油天然气股份有限公司福建销售分公司（中国石油天然气股份有限公司天然气销售福建分公司）

【概况】 中国石油天然气股份有限公司福建销售分公司（简称福建销售）成立于1999年2月，2008年12月上划股份公司直接管理，主要负责中国石油在福建的成品油销售、非油品业务和网络建设工作。中国石油天然气股份有限公司天然气销售福建分公司（简称天然气销售福建分公司）是天然气销售板块下属区域公司，成立于2016年12月27日，与福建销售公司实行“两块牌子、一套人马”，负责中国石油在福建天然气销售、支线管网建设工作。2017年底，设13个职能处室、下辖9个地市分公司和非油品分公司、仓储分公司，加油站495座，在用油库5座（总库容37.8万立方米），有员工2514人。2017年，福建销售和天然气销售福建分公司主要经营指标见表1、表2。签约加油站26座，投运加油站18座。10月综合排名在销售板块首次跻身前三；全年自营纯枪销量完成率103.8%，排名销售板块第五、区外第四；自营纯枪销量下半年同比增长10%、全年增长4.8%，排名销售板块第四、区外第三；柴油纯枪销量下半年同比增长28%、全年增长10%，销售板块排名第一。

【安全环保】 2017年，福建销售树立安全环保首位意识，落实党政同责、一岗双责、全员有责，杜绝一般A级以上责任事故发生。构建安全责任体系，推进库站标准化建设，实现国家、集团公司、量化审核“三标融合”。推广“一案一卡”，完善库站现场处置预案。加大HSE体系审核力度，把隐患当作事故对待，举一反三，逐一销项。完善质量管理体系标准，全方位、全时段严管严控；强化防渗漏检测、数字库站、罐容表自动校正等信息技术管理，综合损耗降低0.3‰。提高全员安全意识，开展“查找身边隐患”、远程培训网作业许可竞赛等特色活动，受到国家安全监管总局微信端推送，向全国各行各业展示。借助金砖国家领导人第九次会晤，强化“网格化”应急演练和检查，提高本质安全意识。

表1　福建销售主要经营指标

指　标	2017年	2016年
成品油销量（万吨）	190.14	195.04
汽油销量（万吨）	122.50	123.39
柴油销量（万吨）	67.23	66.56
加油站总数（座）	495	495
油库数量（座）	5	6
库容（万立方米）	37.80	40.6
纯枪销量（万吨）	136.48	131.14
非油品业务收入（亿元）	3.50	2.70
非油品业务利润（亿元）	0.50	0.36
吨油费用（元）	577.05	575.18
资产总额（亿元）	72.26	78.50
收入（亿元）	125.92	114.81
利润（亿元）	0.24	2.72
税费（亿元）	3.33	3.55

表2　天然气销售福建分公司主要经营指标

指　标	2017年
天然气销量（亿立方米）	3.76
天然气销售收入（亿元）	7.13
资产总额（亿元）	0.18
收入（亿元）	7.13
利润（亿元）	–0.37

【零售管理】 2017年，福建销售建立柴油量效测算模型，结合游击战、阻击战等灵活营销战术，柴油毛利从6月亏损2000万元扭转为12月盈利2000万元。强化精细化管理，优化油站结构，在受政策影响减少9座5000吨以上站情况下，单站日销量由上半年的7.99吨增长到全年8.5吨水平，实现纯枪增量2.6万吨。推进“10惠”促销升级，12期促销充值6.7亿元，同比增长29%。推进常态化营销分析会议机制，搭建“互联网+”延展平台，打通线上线下营销渠道，公众号关注人数突破60万。强化客户开发，零售固定客户净增31%、月均增量1000吨。依托CRM系统精准推送营销短信13.7万条，全年发放电子券350万张，新增优质客户10万人以上，带动汽油销量5万吨，确保零售增销创效目标的超额实现。狠抓运营天数管理，采取正向激励，提升加油站运行效率，在营站单站运营天数同比提高0.9天，长停站恢复运营5座。开展全流程诊断优化，运营效率有效提升，5000吨以上站由年初68座增加到77座，万吨站由年初16座增加到21座。在泉州、漳州开展员工转制委托经营试点，推行带班站长制、双周发薪制、全面积分制，17座转制站销量同比增长10%，一线员工待遇增长超过16%，转制委托经营初见成效。

【非油品业务】 2017年，福建销售借助“金砖会晤”契机，开展现场广告设置、便利店改造升级、进口及特色商品引进，强化员工培训和氛围布置，提升便利店整体形象。分析丰富商品种类，突出店内布局及商品陈列，提升店销能力。引用厂家及供应商资源开展四季和节庆主题促销。11月推出的“泰玉香”大米促销爆款，单品销售额达661万元。

【天然气业务】 2016年12月27日，股份公司成立天然气销售福建分公司，与福建销售合署办公，仅增加2个处室，节约大量的人力物力财力。发挥油气一体化优势，在各地市公司设立天然气市场开发小组，将天然气业务延伸至市场最前沿。泉州、海沧分输站2017年3月底供气，同安分输站同年6月下旬实现供气。取得福建省发改委对德化支线工程的核准批复，完成长汀、角美支线项目可行性研究报告，支线项目取得突破。与竞合伙伴就共同推动福建省出台相关政策、扩大天然气利用规模达成一致并形成联系机制，就管网互联互通形成初步合作方案。坚持以服务促销售，解决用户投产和运行中的问题，赢得用户信任，用户购买比例不断提高。管道天然气日销量最高达300万立方米，泉州燃气日购气量一度超过其需求量的50%。与10家工业用户新签订7.6亿立方米的供气意向书。油气一体化大销售体制改革试点取得阶段性成果。

【网络建设】 2017年，福建销售坚持走低成本发展之路，深入挖掘福州华榕、宁德汽运、三明交建、龙岩龙地、中油路通等合资合作资源，扩大混合所有制合作广度和深度。优化工程建设工期管理，全年共完成237个建设任务，比计划工期节约363天。特别是在保障金砖国家峰会中，提前介入、主动靠前服务，完成厦门“八站一库”改造任务及应急准备。通过解约、迁建、合资等方式解决历史项目，加快推进资产轻量化，确保网络优质高效发展。

【人力资源管理】 2017年，福建销售稳步推进机构职能优化和两级机关全员竞聘，调整管理机构职能，重构两级机关岗位体系，统一岗位职责标准，强化组织动员，分步分层实施，管理人员全部重新定岗、套档套级。创新薪酬绩效考核体系，引入岗位价值理念和宽带薪酬设计理念，畅通收入增长通道。推行“积分制”，强化绩效考核结果应用，实现干部能上能下、薪酬能升能降、岗位能进能出。全年两级机关和加油站经理126人晋档、58人降档。创新干部和人才选拔机制，严格选人用人标准，坚持党管干部，选好配齐两级领导班子，提拔14人、交流34人。面向全公司组织非油品公司总经理公开竞聘，由竞聘成功者组建管理团队，打造“非油品公司+处室”模式，加快提升非油品业务专业化运营水平。引入中层岗位胜任能力素质模型，挖掘培养具有发展潜力的管理和专家两个序列后备人才梯队。组织公开选拔，通过笔试、组织考察、主题演讲三个阶段的遴选，充实平均年龄低于35岁的70人三级后备干部队伍。在后备干部中根据岗位需要和个人综合表现提拔20名同志，促进干部队伍年轻化。创新培养方式，定制培训课程，加大培育忠诚企业、创造价值的“两支经理人”队伍。开展岗位练兵和技能竞赛，24人参加油库综合技能竞赛，465人参加加油站服务技能竞赛，9名演讲选手展示扎根基层、奉献石油的良好风貌。形成以竞赛平台发现人才、赛训并举培养人才的模式。

【综合管理】 2017年，福建销售牢固树立所有工作都可以量化评价的理念，从机关处室抓起，深入基层逐家进行经营分析。各项指标稳步向好，人均纯枪日销量提高7个百分点，全年夺得股份公司劳动竞赛红旗17面，提质增效成效显著。（1）累计投入1.36亿元，完成486座站二次油气回收改造。厦门油库试运行期间油气处理率98%以上，累计回收107吨、回收率1.1‰，可实现双赢，油气回收外包服务初见实效。(2)优化库容结构，减少跨区配送，结合江阴油库投运，重新划分第一采油点，节约运费13万元。重新核定配送半径，制订最优配送路线，第一采油点运距减少4120千米、下降约7%，物流运行质量优化提升。(3)成功将站级系统月结时间定格在自然月24时，与银行结算时间一致，率先打通销售企业月末结账“最后一公里”。(4)在研发加油站保险柜智能密码锁、解决销售企业保险柜密码与钥匙分开保管难题的基础上，开发协同平台监控模块，实现福建省保险柜联网监控，使加油站资金安全受控。(5)完成泉州隆发、德盛、盘兴油品3家公司清算注销，仓储公司实现扭亏，7家困难企业超额完成控亏目标，提前完成上级考核指标。(6)完成51个工程项目集中采购2572万元，降本204万元。全年商流费总额11亿元、同比减少2466万元，实现近3年商流费总额逐年下降。

【党建工作】 2017年，福建销售深入学习宣传贯彻党的十九大精神，扎实开展“两学一做”学习教育常态化制度化。以集团公司巡视为契机，严格落实“一岗双责”，明确省、市公司党委、基层支部三级责任清单，理顺党委各部门职责，规范党建各项基础工作。做好基层党组织换届工作，成功召开公司第一届党代会。坚持收入向一线倾斜，值班经理和营业员收入平均增幅分别达15%和30%。为42座加油站新安装喷雾降温设备，落实员工补充医疗保险、扶贫帮困等制度，全年慰问困难员工521人次、帮扶资金92.1万元，为员工解决后顾之忧。强化媒体宣传，组织3次媒体“走进中石油”活动。新闻宣传工作继续走在集团公司前列，长汀水保、铁骑返乡成为中国石油知名公益品牌，“温暖抗战老兵”被中央文明办、团中央评为全国100个金奖示范项目。

【助力厦门金砖国家峰会】 2017年9月，金砖国家峰会在厦门成功举行。福建销售厦门54座站集结现场服务人员670人，以最强的保障力量形成“厦门金砖服务模式”，促进加油加气站现场管理水平和服务质量整体提升，集中展示中国石油良好的形象，积累服务保障大型国际会议活动的宝贵经验，涌现一批践行、丰富石油精神的先进集体和个人，赢得集团公司、政府及社会各界的充分肯定。

（朱　婧）

中国石油天然气股份有限公司湖南销售分公司

【概况】 中国石油天然气股份有限公司湖南销售分公司（简称湖南销售），于2000年6月进入湖南市场，2002年10月正式注册成立，2008年12月上划股份公司管理，主要负责中国石油在湖南地区成品油市场开发和销售工作。2017年底，湖南销售设14个机关职能部门、4个附属机构，下辖13个分公司、2个控参股公司，资产总额90.06亿元，投运加油站643座，运营油库11座，在册员工3662人。

2017年，主要生产经营指标超预算完成，未发生安全环保等级责任事故，成品油销量达207.22万吨，经营业绩再创新高。在销售板块劳动竞赛评比中，获20面劳动竞赛红旗，一批惠民实事相继落实，基层生产生活环境持续改善，员工收入稳中有升，企业发展成果惠及广大员工。

【油品销售业务】 2017年，湖南销售纯枪销量168.27万吨，同比增加4.61万吨。沉淀资金4.18亿元，同比增长23.7%，增幅在销售板块排名第四。98号汽油销售站点121座，月销量达到2200吨。强化

湖南销售主要经营指标

指　标	2017年	2016年
成品油销量（万吨）	207.22	206.55
汽油销量（万吨）	109.35	97.06
柴油销量（万吨）	97.87	109.48
加油站总数（座）	643	642
油库数量（座）	11	11
库容（万立方米）	21.62	21.62
纯枪销量（万吨）	168.27	163.66
非油品业务收入（亿元）	3.41	3.78
非油品业务利润（亿元）	0.48	0.34
吨油费用（元）	555	572.4
资产总额（亿元）	90.06	86.01
收入（亿元）	133.47	118.44
利润（亿元）	0.21	0.16
税费（亿元）	1.65	2.18

加油站分类培育，加大提质改造力度，实施“培育高销站、提升潜力站、减少低销站、盘活停业站”策略，万吨级、5000吨级站分别增加3座、7座。探索网络营销方式，成为销售板块首批开展电子券业务的企业。结合区域与客户消费特点，线下分地市开展会员日活动、节假日主题促销，线上打造“天天实惠”“超值双休日”“CN98尝鲜”“10惠”等营销品牌，微信关注量突破100万人。拓展线上业务，深化跨界合作，与银联、移动、电信实现扫码支付，与工行等金融企业，移动等电信企业，腾讯等互联网企业密切合作，依托微信平台与多渠道支付系统开展联合促销。推进一、二次物流整体优化和区域联动优化，协调增加地付12.73万吨，节约运费1020万元。争取水运集采送货资源5.09万吨，节约运费814万元。以串换为纽带，无库地区、租赁库地区串换资源比例达60%，累计节省仓储物流费800余万元。坚持开展库站运距优化，及时监控公路配送路网变化，优化调整配送路径，更新配送运距，复测库站运距4217条，累计更新配送运距703条，平均降低1.8千米，实现降费193.4万元。

【非油品业务】 2017年，湖南销售坚持打造非油品业务利润新增长极，实现利润4780万元，同比增长1356万元。店销毛利率11.8%，同比提高3个百分点。新增50万元店22座、百万元店10座，30万元以上便利店达到315座。定期召开专题经营分析会，建立“一对一”精准督导机制，持续非油品稽查管控，推进店面升级和微改造，非油品收入同比提升58%。推进劳动竞赛，中粮竞赛实现收入3500万元，增幅在销售板块排名第一。强化一体化营销，提高非油品业务考核权重。开展后备厢计划、厨房工程、车辅商品销售竞赛、节假日主题促销、油非换购等活动，油非转换率提高1%。加大自有品牌及湖南特色商品销售推广力度，成功地推出夜郎古酒、盛唐黑茶、神农茶油等特色商品。稳步推广汽车服务业务，营业汽车服务站点13座，探索自助洗车业务。

【企业管理】 2017年，湖南销售贯彻落实创新、协调、绿色、开放、共享的新发展理念，坚持精细化管理，提升销售质量。推进“双增双节”工作，落实降费24条措施，实现商流费连续三年下降。推进协同办公系统创新应用，新增7个类别19项基层服务功能，提升信息共享效率与数据传递速度。推进加油站智能密码锁与税控系统升级，强化资金管控，提升客户满意度。开展“证照管理年”活动，提高证照管理水平。实现技术比武常态化，分公司一年一小赛，公司两年一大赛，以赛促训效果显著。持续开展综合大检查、现场稽查和神秘顾客访问，加强95504电话客户投诉考核，全年综合大检查平均得分88.1分，同比提高0.8分，加油站现场管理水平稳步提升。新增高清监控改造站86座，实现在营库站全覆盖。建立专家工作室3个，建成培训基地6座、培训示范站7座，技能鉴定600余人，一线员工持证上岗率81.4%，同比提高6%。举办首届内训师选拔赛，63名员工被聘为内训师。综合运用非主营业务外包、委托管理等劳动用工新模式，员工总量较年初减少189人，库站外人员占比和用工计划完成率分别在销售板块排名第七和第九。

【投资建设】 2017年，湖南销售加油站立项10座，新增及复投加油站13座。全面开展项目清理，建立运行体系，实施目标责任制，清理在建工程6.25亿元，妥善处理历史遗留问题35个。实施网络开发新模式，通过锁定收购、合资合作、自主开发、资产重组等多种投资方式，加快终端网络建设。油库建设取得新突破，长沙油库完成码头交工验收，消防报建通过设计审查，铁路专用线启动征地拆迁。永州油库库区完成联调联试、中间交接和水联运，铁路专用线全面完工并通过验收。强化承包商竞争机制，坚持定期考评，全年清退承包商7家、引入15家。全年完成128座加油站改造，未发生安全和质量事故。

【安全环保质量计量】 2017年，湖南销售未发生等级安全环保事故和质量计量事件，获湖南省“安全生产工作优秀单位”“质量连续五年抽检合格企业”称号和集团公司“环境保护先进企业”称号。开展HSE体系量化审核，完善审核标准，抽样审核库站92座，整改不符合项4150个。开展加油站防渗改造112座，通过国家环保督查。开展安全专项整治，针对性开展12项整治，整改问题隐患7000余项。实施党的十九大期间升级管理，层层压实12类43项升级措施，完成安全保障任务。面对突破历史极值的强降雨天气，有效启动三级防汛应急响应，实现平安度汛。质量方面，严把进出关口，完成入库化验3236批次，组织内部抽检1466批次，迎接各级抽检513批次，合格率100%。计量方面，细化液位仪交接管控，严格执行公路交接定耗标准，常态化开展损耗稽查，加油站综合损耗率同比下降0.16个百分点。

【党建群团工作】 2017年，湖南销售牢固树立做好党建工作是最大政绩的理念，始终将坚持党的领导、加强党的建设作为国有企业的“根”和“魂”。全面学习宣贯党的十九大精神，党委成立5个宣讲组，由领导班子成员带队，分赴各分公司宣讲，两级机关共计宣讲59场次，3000余人参加；举办4期培训班，覆盖全体中层以上干部；各级党员领导干部以高度的政治自觉，带头学习、带头宣讲、带头贯彻、带头落实，撰写学习体会及征文300余篇。加强组织领导，建设高素质专业化年轻化干部队伍。以“两学一做”为抓手，将学习教育内容纳入党建量化考评，注重发挥党组织的战斗堡垒作用和党员的先锋模范作用。严格落实“党的一切工作到支部”要求，组织71个党支部开展专题民主生活会和党员民主评议，实现党员参与全覆盖。发展党员35名，严格按照组织程序进行培养，质量明显提高。全员参与民主管理，严格落实职工的知情权、参与权、监督权，职工代表提案立案落实率100%。健全困难职工救助、带薪休假、健康体检等长效机制，全年扶贫支出80万元，慰问支出76万元，620名员工享受疗养福利。创建先进职工小家13个，模范职工小家4个，为571座库站增配图书7000余册。开展传承五四薪火、青年突击队等各类志愿活动50余次，1000余名员工参加。获销售板块先进集体9个、先进个人36名。

【反腐败及合规管理】 2017年，湖南销售新一届领导班子深刻吸取“4·21”案、李冰系列案等严重违法违纪案件的教训，提出“不让一名干部掉队、不让一项重大决策失误、不新增一笔大额应收预付款项”目标。加强政治领导，发挥政治核心作用，召开党委会30期、总经理办公会52期，对“三重一大”事项进行决策前把关。组织中心组学习18次，集中学习党和国家政策、集团公司各类文件90余份。开展党委巡察，巡察益阳、怀化分公司，归纳总结10个方面267个问题，扎实推进“两个责任”和“一岗双责”落地。开展巡视整改“回头看”活动，对巡视发现的5大类35个问题进行细化和整改。实施审计项目71个，其中：综合类13个，编制底稿424个，发现问题352个，同比下降23.48%；工程类58个，送审额8713.74万元，审减额255.86万元，审减率2.94%。受理信访举报24件，立案6件。组成党风党纪监督检查小组，开展节假日监督检查6次。

（曹爱志）

中国石油天然气股份有限公司宁夏销售分公司

【概况】 中国石油天然气股份有限公司宁夏销售分公司（简称宁夏销售）成立于1958年，前身是宁夏回族自治区石油总公司，1998年上划到集团公司，主要承担中国石油在宁夏回族自治区的成品油销售、非油品销售及业务拓展、市场开发等业务。截至2017年底，设12个机关处室，下辖7个地市分公司、1个仓储分公司、1个非油品经营公司、1个润滑油公司、5个附属部门；员工3031人（合同化员工1205人、市场化用工1826人）；油库4座，总库容18.8万立方米；运营加油站317座；资产总额28.08亿元。

2017年，销售成品油195.80万吨，纯枪销量141.78万吨，同比增长0.2%，油品利润1.19亿元，吨油利润96.4元/吨；非油品业务收入4.47亿元，同比增长14%，利润7058万元，同比增长4%。

【营销管理】 2017年，宁夏销售营销工作从被动跟进向主动出击、有竞有合的营销策略的全面转型，从经验营销向精准营销、智慧营销的营销方式的全面转型。完善贴近基层的激励机制，突出地市分公司市场管控主体、利润创造主体、成本责任中心的作用，进一步下放直批和纯枪销售价格、促销费用、加油卡锁定客户等权利，强化油品增量、非油品增销的绩效激励，有效激活地市分公司的经营活力。实施灵活的营销策略，应对市场变化和低油价竞争，抓好市场形势和营销策略研究、重点区域市场份额争夺、“以小博大、一站一策、一品一策、一月一策”等策略应用及销量与效益、效益与份额的平衡，提升纯枪销量和销售质量；直销业务利用销售板块预算政策和激励政策，紧贴市场定价，扩大终端客户，抢抓小微客户，直销量达50.5万吨，同比增长18.6%；紧抓年底油价上行机遇，大幅收窄纯枪促销站点和优惠幅度，“一日一策”上推直销价格，实现效益最大化；获得销售板块额外量、油品串换、控股站股权管理、电子券营销、跨省物流等奖励2.13亿元。丰富满足客户需求

宁夏销售主要经营指标

指　标	2017 年	2016 年
成品油销量（万吨）	195.80	186.60
汽油销量（万吨）	64.73	61.00
柴油销量（万吨）	127.58	123.10
航空煤油销量（万吨）	3.49	2.5
润滑油销量（万吨）	0.44	0.46
加油站总数（座）	317	310
油库数量（座）	4	4
库容（万立方米）	18.80	19.9
纯枪销量（万吨）	141.78	141.3
非油品业务收入（亿元）	4.47	3.90
非油品业务利润（亿元）	0.71	0.68
吨油费用（元）	339.99	362
资产总额（亿元）	28.08	25.74
收入（亿元）	123.01	105.99
利润（亿元）	1.90	1.01
税费（亿元）	1.14	2.36

的促销模式，强化“油卡非润”一体化运行，发挥“电子券”和加油卡营销的作用，开展油品和加油卡专项促销、“10 惠”品牌促销及网购节主题等促销活动，打好促销“组合拳”，提升促销效果、增强客户黏性；记名卡活跃量 167.5 万张、同比增长 55%，累计沉淀资金 7.9 亿元；抓好柴油物流单位卡和汽油个人记名卡营销，培育跨省物流客户 539 家，累计消费 31.5 亿元，同比增长 121%，持卡汽油销量同比增长 19.8%。着手推进直批零售 APP 系统等六大业务子系统及综合业务支撑平台建设，为构建业务中心、推进技术营销变革奠定基础。

【非油品业务】 2017 年，宁夏销售把非油品业务作为推进企业转型升级的新引擎，打造持续盈利的利润主体。以便利店业务为龙头扩大销售规模，推进便利店“亮化”工程，开展常态化促销活动，店销收入 2.67 亿元，百万元便利店 96 座；多元经营挖掘量效增长点，开展“昆仑”润滑油及车辅产品营销竞赛，实现收入 950 万元；强化化肥和石油焦业务运营，实现收入 1.12 亿元；尾气净化液销售实现收入 40 万元；加大微信商城新品、特色商品引进和促销力度，实现收入 30 万元；拓展旅游门票、彩票销售等增值服务项目，油非转化率 14%；布局汽车服务和店外店业务，进一步挖掘新的收入和效益增长点。

【投资建设】 2017 年，宁夏销售以坚决的态度、积极的行动、有力的举措推动网络开发建设全面出击、多点开花、成效显著，完成投资 2.89 亿元，加油站新建续建站 18 座、收购 12 座、租赁 1 座、改造 2 座、投运 17 座，立项 32 座。紧抓宁夏回族自治区成品油销售网络“十三五”规划机遇，梳理确定三年开发目标站点。加大与各级政府、地方国企和民营企业的合作力度，多种方式提高网络开发效率，合作开发站点 6 座。突破传统建站模式，与银川煤气公司合作开发城市“绿岛”加油站，为提升城区汽油市场控制力提出新的思路。认真落实中央和宁夏回族自治区政府关于推进环境治理和安全环保的要求，完成全部库站油气回收治理，逐步推进加油站地下罐防渗改造和燃煤锅炉改造。逐步形成责、权、利一体的运行机制，完善储备一批、开发一批、建设一批，以及项目程序环环相扣、压茬推进、提效提速的工作方法，网络开发建设工作进入良性循环轨道。

【安全环保质量计量】 2017 年，宁夏销售安全环保风险总体受控。深化 HSE 量化审核和问题整改，推进库站 HSE 标准化建设，累计发现并整改各类问题 489 项、整改率 99%。强化安全风险管控，开展施工现场、库站设施设备、加油站“八小”和杜绝项问题、冬季安全等专项检查，抓好党的十九大期间维稳信访和安保防恐工作。完善计量管理办法，明确体积交接各环节管理职责、细化流程、规范操作，抓好运输监督稽查和超耗追赔，公路运输损耗率降至 0.02%，同比下降 33%。配合集团公司和地方政府质量抽查，做好每季度交叉自检，强化各环节质量风险管控措施，确保质量管理受控运行。

【队伍建设】 2017 年，宁夏销售坚持标准从严、审查从严、程序从严，注重选任党委选人目标和群众推荐结果相一致、经过基层锻炼的年轻干部，完善大龄管理干部有序退出现岗位机制，强化后备干部培养，形成基层领导班子和管理干部多维度考核评价体系，强化考核结果应用，营造风清气正的选人用人管人氛围，干部队伍结构得到优化，员工对“一报告两评议”满意度大幅提升。以强化队伍建设为根本，夯实管理基础，理顺市场化员工薪酬待遇，完善优秀员工留用机制，推行加油站经理积分制，打通优秀人才成长成才通道；以委托和家庭经营两种模式治理“双低站”，节约用工153人，支持更多服务力量转向高效站点。开展多形式的员工培训，推进操作队伍职业技能鉴定和开口营销竞赛，队伍整体素质稳步提升。

【精细化管理】 2017年，宁夏销售完善物资采购、合同管理制度，坚持依法依规招标，严格监管招标代理机构行为，形成评委决策、公开透明、竞争有序的招投标环境。强化资源运作，实现库存管理创效2254万元，购进国Ⅴ标准普柴资源20.8万吨、降低成本5949万元。落实控本降费主体责任，调整完善考核机制，力促地市分公司主动控本降费。细化落实开源节流降本增效60条措施，商流费总额、吨油营销成本同比减少986万元和16元，连续保持“双下降”。以运营天数管理为抓手提升运营效率，重点抓好检维修项目、油气回收治理和“油卡非润”一体化改造项目天数管控，317座运营站运营时率98.1%，单站运营349.6天。以全流程诊断与优化为抓手提升服务效率，完成71座加油站的诊断、55座加油站的优化整改。以“顾客在我心、服务看我行”基础管理建设活动为载体改进服务质量，成功举办首届加油站经理人论坛，抓好规范操作、“四声服务”、开口营销等要求的落实，力促“以客户为中心”的服务理念内化于心、外化于行。

【党工群团工作】 2017年，宁夏销售召开公司第二次党代会，完成两级党组织换届工作，研究部署企业党建工作，解决党建工作“四化”问题。把制度建设贯穿党的各项建设中，制定完善落实主体责任规范等12项制度，党建工作责任制有效落实。严格执行党内政治生活若干准则，落实党建述职评议、“三会一课”、民主生活会等制度，党内政治生活呈现新气象。开展星级基层党组织创建、“四合格四诠释”岗位实践、“重塑形象”主题周及“我是共产党员、请向我学习”主题实践等活动。落实“两个责任”，建立党委巡察工作制度；把握和运用执纪监督“四种形态”，“红脸出汗”成为常态，违纪违规行为得到严肃查处。开展工程招标、物资采购等合规管理专项检查，以及工程建设、直销油品等重点项目审计。构建作风建设长效机制，制定落实中央八项规定精神实施细则，建立督查检查常态化机制，推进作风建设向纵深发展。

（王　倩）

中国石油天然气股份有限公司贵州销售分公司

【概况】 中国石油天然气股份有限公司贵州销售分公司（简称贵州销售）2001年4月成立，负责中国石油在贵州省油气销售、市场开发等工作。2017年底，有12个处室、3个直属单位、3个附属单位，10个分公司；员工2538人；在营油库3座，总库容15.4万立方米；在营加油站270座，加油站服务网点遍及贵州省高速公路、国道、省道和中心城市、重点乡镇。

2017年，销售油品186.51万吨，非油品业务收入3.02亿元，均创历史新高；利润1.51亿元；开发油站21座，投运20座，均保持历史最好水平；全年“零伤害、零污染、零事故”，继续保持稳健发展。

【市场营销】 2017年，贵州销售在市场环境更为复杂、竞争更为激烈、保市场份额与保效益的矛盾更为突出的环境下，围绕“扩销、创效”经营目标，建立进销存一体化运行联动机制，协调资源计划186.14万吨，实际购进185.781万吨。综合平衡量效，精心谋划、精准施策，实施贴近市场的营销战略。销售成品油186.5万吨，完成上级计划的100.8%，超计划1.5万吨，同比增加6.2万吨，增长3.4%。其中直批环节销售67.8万吨，同比增长18.8%，增速高于区外公司16个百分点。应对市场变化，主动引领市场价格，柴油批直销售毛利2600万元。深化与中国石化串换合作，加大串换互供出库量，节约运费1313万元。搭建客户经理移动管理平台，万吨级客户经理增至18人，终端客户达1380家，同比提升3%。针对非标油扰乱市场现状，主动配合政府及执法部门开展省内成品油市场整顿工作，全年打击销售黑窝点20余处，收缴非标油品400余吨。创新策略方法，优化内部管控，理论分析成果显现，编制的《梯级作价直批业务量效最大化》获股份公司“经典营销策略”奖、《成品油批发直销客户经理绩效考核及激励机制研究》《贵州成品油市场营销策略研究分析》等5篇论文获股份公司“优秀论文”奖和“价值创造梦之队”荣誉。

贵州销售主要经营指标

指　标	2017 年	2016 年
成品油销量（万吨）	186.51	180.31
汽油销量（万吨）	84.43	82.73
柴油销量（万吨）	102.08	97.57
润滑油销量（万吨）	2.20	0.85
加油站总数（座）	280	282
油库数量（座）	3	3
库容（万立方米）	15.40	15.40
纯枪销量（万吨）	118.65	123.21
非油品业务收入（亿元）	3.02	2.45
非油品业务利润（亿元）	0.34	0.27
吨油费用（元）	366	372.04
资产总额（亿元）	40.55	38.43
收入（亿元）	120.14	101.27
利润（亿元）	1.51	2.06
税费（亿元）	1.37	2.20

【加油站管理】 2017 年，贵州销售持续优化油品结构，加大高毛利油品销售力度，高标号汽油销售同比增长近 20%，发挥厚利产品创效优势。柴汽比达 0.56，平均单站日销量 12.27 吨。以加油卡为媒介，将四季主题促销和“10 惠”活动相结合，产生叠加促销效应，活动开展效果较好，油非转换率同比提高 1.3 个百分点，记名卡活卡量增长 16.7%。创新互联网营销方式，吸引粉丝凝聚客户，线上客户突破 30 万人，同比净增 21 万人。把握电子券精准营销，在增销上量、扩大沉淀资金规模、增强昆仑加油卡影响力、扩大线上客户规模等方面较活动开展前均有较大提升，与 91 家跨界合作单位、6 家广播电台开展业务合作，为客户提供衣食住行等全方位的增值服务，用较少的资源换取较多的电子券业务广告宣传收益，累计节约宣传成本 240 余万元，切实做到降本增效。做好存量挖潜，持续推广“双低站”“3+1”治理模式，应用合计 94 座，应用比例为 49%，共诊断加油站 146 座，优化 54 座，平均单站日销量增加 0.17 吨。有效降低计量误差，将零售损耗分析精确到储油罐，付油误差掌控精确到加油枪，有效治理 144 站次，纠正虚盈罐表 164 具，虚亏罐表 29 具，全年公司综合零售损耗 1.54‰，同比下降 0.3‰。

【储运与油库】 2017 年，贵州销售调入配置资源 172.98 万吨。不断协调，提高互供计划量，超额完成互供。迎难而上，提高中国石化库出库率，组织互供协调会，多次现场协调出库，解决出库问题。全年累计互供资源配送出库 12.2 万吨，同比增加 2.6 万吨，降费 1316 万元。开展云南安宁地付出库，克服系统、车辆、人员三重困难，出库 0.7 万吨，节省费用 155 万元。2017 年组织运距测量 9 次，行程 5000 千米，覆盖 7 个分公司，其中黔东南分公司八仙桥加油站配送运距缩短 13 千米，每吨油节省 9.4 元。加强调控指挥中心的管理，合署办公，进一步督促运输公司建立和完善计划的执行监督机制，统计每日配送要素，监督计划的执行情况，及时反馈异常，全年需求满足率 102%。

【非油品业务】 2017 年，贵州销售实现非油品业务收入 3.02 亿元，同比增长 5776 万元，增长 24%，完成预算的 101%；实现非油品业务利润 3430 万元，同比增加 687 万元，增长 25%，完成预算的 104%。培育 500 万元店 3 座，双百万元店 14 座，百万元店 42 座。单店日均收入在销售板块排第 11 名，人均收入排第 12 名，库存周转天数排第七名。完成 9 个地市 9 个样板店第一阶段的诊断和优化，培养优化小组成员 90 余人，其中毕节环东站优化后销售收入同比增长 59%。加强团购客户开发，与系统内 20 余家地区公司达成合作意向，与 9 家公司签订销售合同；2017 年习缘酒销售突破 1000 万元。安顺、毕节、六盘水分公司，新增轿子山煤矿、六枝矿务局、水城矿务局、兖矿、京溪环卫、贵航集团黎阳厂等 40 余家企业客户，实现销售收入 1350 万元。在贵州省推广玻璃水“喷壶销售法”和车辅产品“第二瓶半价”“买一送一”等促销手段，车辅产品年销售收入 1022 万元，同比增长 152%，区外公司排名第二。加强与汽车服务供应商合作，推动汽车服务业务项目落地；与光大银行合作，在观山、金阳加油站便利店试点开展 ATM 机存取款业务；与中粮集团、贵阳市粮食局联手，推进“放心厨吧”工程，打造 20 余座“放心粮油示范店”。引进鲜花和水果，在观山、金阳加油站设立特定专区销售，金阳加油站日均销售水果 200 元。

【投资与工程建设】 2017 年，贵州销售拓展零售终端，新开加油站贡献销量 2.1 万吨。重清理、强投运，集中精力解决遗留项目建设，批量项目取得突破，新投运 1 座，确定项目选址 7 个。重合作、求共享，合作发展迈出新步伐，与传化集团合作，合资公司注册成立，实现“零”突破；同地方政府建立良好关系，与贵阳市、贵安新区、铜仁市等政府融资平台和贵州高速公路集团签订合作项目 20 个，发展环境总体有利、持续向好。毕节、铜仁油库项目得到地方政府和集团公司的建设前期批复，铜仁油库与地方政府签署“投资框架协议”。重质量、抓安全，科学安排工程建设工期，加油站停业改造时间持续减少。全年开工新建加油站13座，防渗一体化改造14座，形象提升改造6座；打造毕都高速六盘水服务区旗舰站2座。

【企业管理】 2017年，贵州销售强化安全管控和计量、质量管控，实现“零伤亡、零污染”的工作目标，没有发生数质量安全责任事故。深入开展开源节流降本增效活动，商流费较预算减少2500万元，税前利润超预算2000万元，利润总额位列区外公司前列。加强预算管理，科学配置费用，有效保障生产经营活动支出。搭建“三位一体”“四级稽查”的资金监管体系，有效防范资金风险，公司资产安全完整。持续完善合规管理体系，从“重视”向“重实”转变，以“零缺陷”通过集团公司管理层测试。加强依法维权力度，黔南、遵义、铜仁等分公司配合执法部门打击商标侵权加油站23座。强化审计监督，扎实开展经济责任审计、工程项目建设审计等，规范管理水平进一步提升。

【质量计量安全环保】 2017年，贵州销售生产经营始终保持安全平稳运行。全面启用库站一、二次油气回收系统，严格落实安全环保和职业卫生三同时制度，迎接中央环保督查和国务院安全巡查，确保安全环保依法合规运行。开展加油站油品接卸过程专项治理，强化油品质量管控，严格把好进销存质量关，维护公司良好品牌形象。持续深化油品损耗专项治理，开展接卸油专项稽查，精确分析地罐容积误差，损耗同比减少1300多吨，实现降费1000多万元，取得公路环节和零售环节损耗双下降的良好业绩。全年开展1次“杜绝项”专项审核、1次HSE管理体系量化审核、1次夏季安全生产大检查、3次施工安全专项检查、2次防汛安全检查、2次节前安全检查和其他日常安全检查。加强油品接卸环节视频稽查，全年累计开展1200余站次油品接卸过程视频稽查，并对视频稽查过程中发现的59座加油站共77项违规行为按照《质量安全环保责任书》规定进行严格考核。2017年完成30%库站HSE标准化建设任务。按照集团公司和销售板块相关要求，自9月13日—12月31日全面实行施工作业升级管理和升级审批，并在10月16—27日期间停止一切施工作业活动，确保施工作业安全受控。开展以“全面落实企业安全生产主体责任”为主题的“安全生产月”活动。按照国家《安全生产法》等法律法规规定，联合省安监局技术培训中心开展安全资格证取证培训工作，190人参加并100%考核通过。印发《库站油气回收系统使用推进方案》，分阶段推进加油站一次油气回收启用工作，由贵州销售统一采购并配发油气回收管线，完成所属276座加油站的一次油气回收设备改造工作，并实施启用。全年贵州销售接受国家、地方政府和上级公司质量抽检136批次，抽检全部合格。2017年，贵州销售各环节共计损耗2162吨，同比减少2152吨，下降49.88%。其中：零售环节损耗量为1737吨，同比减少533吨，下降23.48%；公路运输损耗量为804吨，同比减少907吨，下降53.01%；铁路运输损耗量为1871吨，同比减少406吨，下降17.83%；仓储环节自有油库盈余量为2383吨，同比增加264吨，增长12.46%；仓储环节代储油库损耗量为133吨，同比减少43吨，下降24.43%。

【信息化建设】 2017年，贵州销售加油站管理系统实现2.0升级与云化迁移，提前15天完成265座在营加油站的升级工作。物流系统2.0（油库）及客户提油卡系统上线运行。全年新增上线加油站11座，系统上线率100%；加油站WiFi平台、车牌识别系统、电子（自助）发票系统、无线智能POS平台、智慧文件柜系统、经理人管理平台、信息设备二维码检修系统、加油站视频会议系统、效能分析系统在观山、南湖、金阳等3座加油站上线运行，并在2017年股份公司油品销售精细化管理会议中进行展示。全面开展网络安全检查和整改工作，5月12日，全球勒索病毒爆发，贵州销售及时启动网络安全应急预案，关闭病毒传输的网络端口，断开生产网，进行有效处置。两级机关运维团队上下联动，完成1573台电脑补丁安装，621台网络设备配置升级，在病毒爆发的36小时内，两级机关、库站无一台电脑感染病毒，最短时间恢复生产网络。深化互联网支付平台应用，通过平台多次开展各类优惠及主题宣传活动，在营加油站全部开通微信、支付宝、电子券支付功能，互联网支付比例逐步上升；完成与集团公司总部视频监控系统集成平台对接，全年新增23座站高清视频监控部署，完成50余站次视频监控维修，实现视频监控远程接入率90%以上，位居销售板块前列。

【党建群团工作】 2017年，贵州销售深入开展学习党的十九大精神活动，组织各种学习宣讲党的十九大精神报告会和学习会200多场次，受众3000人次。认真落实集团公司党组部署，扎实推进“两学一做”学习教育常态化制度化，认真开展践行“四合格四诠释，弘扬石油精神，喜迎党的十九大”岗位实践活动，取得积极效果。为干部成长搭建平台，安顺、黔南2个分公司机构升格，4名干部得到提拔任用。仓储分公司内部交流干部4名。选送品行端正、业绩突出、员工公认的干部员工到上级单位学习、到兄弟公司挂职锻炼、在公司内部交流，70多名干部员工在学习挂职交流中提高理论知识和业务水平，1800多名员工在参加各级各类培训中素质得到提高，30多名专业干部职称得到晋升，700多名一线员工通过技能鉴定，10多名员工在培养中成为油品销售专家能手、非油品专家。承办“中国石油油品精细化管理会议”，干部的组织协调能力得到提升。加强宣传阵地建设，公司门户网站在集团公司综合评估中晋升为A级，位列销售板块前列。开展劳动竞赛、加油站经理服务技能竞赛、岗位技能比武等活动，实施“青字号”品牌工程建设，促进青年员工岗位成长，激发广大员工创业热情。参加贵州省“安康杯”劳动竞赛，开展廉洁警示教育、气排球比赛、书画摄影大赛等活动，安全文化、廉洁文化、和谐文化等子文化内涵得到丰富和完善，助推有质量有效益发展。开展扶贫帮困送温暖活动，慰问困难员工540人次，发放慰问金80万元。

（张　羽）

中国石油天然气股份有限公司山西销售分公司

【概况】 中国石油天然气股份有限公司山西销售分公司（简称山西销售）2000年9月组建成立，负责中国石油在山西地区成品油批发、零售、储运和网络开发建设，以及便利店、化工产品等非油品销售业务。2017年底，设14个职能处室、11家地市公司、1家山西昆仑好客分公司、1家控股公司、1家参股公司，在册员工3535人，运营油库8座，总库容22.1万立方米，运营加油站468座。

2017年，销售油品144.69万吨，非油品业务收入2.71亿元，利润0.11亿元；开发加油站11座，投运6座；全年“零伤害、零污染、零事故”，继续保持稳健发展。

【市场营销】 2017年，山西销售紧紧抓住稳定盈利这一主要任务，统一思想、振奋精神，以市场为导向，以效益为中心，应对复杂形势，调策略、抢机遇，扩销上量。强化销售计划执行，提升量效把控能力。发挥营销一体化小组整体合力，精细计划编制、精准过程监督、精确运行分析，快速应对市场，严格计划执行。坚持销售和毛利的“日监测、旬预报、月分析”制度，及时调整营销策略，确保销量、效益指标按期兑现，月度销售计划执行率、利润完成偏差值均保持在合理范围。加强批零互动，提升价格到位率。紧盯毛利最大化，根据油价及市场变化，有效掌控销售节奏，合理确定批零销售结构，柴油零售9月起实现正毛利销售，全年价格到位率88.59%，同比增加3.02个百分点，减亏5601万元；直批价格到位率同比提升4.16个百分点，吨油毛利同比增加335元。尤其抓住11月柴油价格走高的有利时机，实施快进快销、推价扩销策略，实现量效齐增，当月销售计划完成率106.6%，毛利计划完成率253%，利润883万元，为全年实现稳定盈利奠定坚实基础。开发优质优效客户，稳价稳量。开展“市场大调查，客户大普查”工作，加大同质、小微等优质客户的开发力度，全年新增直批客户560

山西销售主要经营指标

指　标	2017年	2016年
成品油销量（万吨）	144.69	151.40
汽油销量（万吨）	60.69	59.62
柴油销量（万吨）	84	91.78
润滑油销量（万吨）	0.17	0.23
加油站总数（座）	468	483
油库数量（座）	8	9
库容（万立方米）	22.10	25.10
纯枪销量（万吨）	80.97	93.09
非油品业务收入（亿元）	2.71	1.81
非油品业务利润（亿元）	0.22	0.11
吨油费用（元）	487	476.49
资产总额（亿元）	47.53	40.31
收入（亿元）	86.70	78.04
利润（亿元）	0.11	0.11
税费（亿元）	1.32	2.09

家，实现销量5.62万吨，忻州、吕梁、晋城公司分别成功开发山西禹王煤炭气化有限公司、山西柳林县凌志农业科技开发有限公司和晋城福盛钢铁有限公司等大型机构客户；新增零售机构客户2483个，新增汽油纯枪销量0.47万吨，柴油纯枪销量1.74万吨。优化资源购进组织，实现资源创效。坚持低库存运行，抢抓机会效益，全年配置资源计划完成率106%，确保资源稳定供应和额外量补贴足额兑现。12月通过提升配置计划执行率，为公司扩大效益1300万元。协调推进订单式生产和代储业务，科学掌控库存变化，有效提升抗风险能力和创效能力，间接创效900万元。

【"油卡非"深入融合】 2017年，山西销售加强"油卡非"深度融合，实现多环节增量创效。零售促销结构不断优化。减少价格直降和卡折扣，以电子券为载体，实现线上线下、站内站外、同业异业多维度联动促销，提高"油卡非润"一体化营销支出比例，全年累计发放电子券188万张，金额3838万元，占油非互动比例的90%，卡折扣同比减少76%。公司微信公众号采取多种方式"吸粉""圈粉"，仅用6个月注册人数达62万。精心组织"10惠"、月度主题促销及会员日促销，逐步形成中国石油促销品牌，活动日日均发卡2466张，充值1513万元，分别同比增长434%和387%。太原分公司开展会员日主题促销，汽油销量增长4%。高毛利产品销售不断扩大。实施98号汽油专项推广方案，通过增加网点布局、完善配套设施、提高现场效率、定制专属服务，实现规模上量、服务增量，98号汽油创效1607万元。包装饮料、家庭食品、汽车用品新"三驾马车"创效能力持续提升，开展"武夷山水杯"创意陈列竞赛，包装饮料实现收入550万元，毛利158万元，分别同比增长183%和259%；打造"放心厨吧"14座，中粮商品实现销售收入815.4万元，毛利112.5万元；昆仑之星车辅产品实现销售收入366.2万元，毛利94.5万元。非油品销售能力不断提升。50万元以上便利店同比增长7.6%，百万元以上便利店同比增长6.5%；油非转换率10.3%，提升4.5个百分点；清理无动销商品，库存周转天数同比下降108天。多渠道开拓市场，充分挖掘内部消费潜力，组织开展首届非油品内购会，实现销售54万元，取得较好效果。全年非油品收入2.71亿元，超年度预算0.21亿元；非油品利润0.22亿元，超年度预算241万元，超年度奋斗目标41万元。现场管理水平不断提升。完成325站次的服务培训考核工作，培训考核员工2328名。通过视频巡查、现场检查、神秘顾客访问、95504电话客户反馈全面跟踪服务情况，持续改进管理与服务短板，神秘顾客访问成绩由2017年初的63.5分提升至83.9分，运城十四加油站在考核中获得101分的优异成绩，67座加油站分别在前庭服务与便利店服务考核中获得满分，95504电话客户投诉量同比下降69.2%。

【投资管理】 2017年，山西销售网络开发与优化实现新突破。通过与忻州市政府沟通，以合理价格成功竞得忻州慕山北路土地，首次实现加油站网络自主开发。长治分公司实现加油站立项3座、投运2座，按计划完成全年网络开发任务。忻州四加油站精心组织、统筹协调，仅2个月就完成重建任务。开展"双低"租赁站优化，沟通开展退租降租金工作，完成退租7座、正在办理退租4座，节约租赁费501.8万元，完成7座加油站降租金谈判，年租赁费减少81万元。

【合资合作工作】 2017年，山西销售开展同业合作。与山西省国新能源发展集团有限公司成立合资公司，合建加油加气站进入实质性操作阶段；与山西铭石煤层气利用股份有限公司、山西海能石油有限公司签订战略合作框架协议，推动网络开发、物流优化等方面的合作；在阳泉、忻州地区委托供销石油经营的27座"双低站"正式运营。推进跨界合作。与中国联通、太原铁路局、中国平安、交通银行等签订战略合作协议，实现客户资源共享、促销成本共担、合作成果共赢。为中国联通员工办理加油卡3542张，充值360.6万元；与平安、大地、太平洋等保险企业合作，发放加油卡50.6万张，充值7402万元。

【企业管理】 2017年，山西销售严守三条红线，筑牢发展根基。全面梳理油品、非油品库存差异，修订完善业务运行流程，推进月度和年度盘点工作，实现日清月结。清理油品库存889吨，核对非油品库存差异1038万元。规范投资建设工程项目管理。成立在建工程清理小组，全年梳理在建工程挂账项目1071个，清理在建工程2.04亿元。开展投资项目计划执行情况专项检查，结转历年结余计划2.2亿元，盘活"沉睡"的投资计划。完成长治油库项目结算阶段性审核，获得销售板块概算调整认可。防渗一体化项目改造取得阶段性进展，实施改造项目148个，完成总任务目标50%，保障加油站正常合规经营。强化预算执行，费用支出受控。商流费较预算节约2600万元，其中优化二次物流节约运费1139万元；加强损耗管理节约预算413万元，同比下降56%；非生产性费用管控成效显著，物耗及“五项”费用同比减少296万元。强化财务风险防控，加大应收款项考核力度，应收账款年底实现清零。合规管理基础不断夯实。开展管理制度的立改废工作，完成修订20项，在用制度数量同比下降30%，简洁高效的制度体系逐渐形成；完善“1+6”法律风险防控体系，畅通法律事务咨询处理渠道，案件胜诉率80%，较好地维护企业权益。建立证照管理信息化系统，实现所属库站证照手续电子化管理和实时监控，新增证照手续1515条，有效降低库站运营风险；规范选商、采购程序，组织选商采购项目113个，采购配备物资9600万元；开展股权企业清查，完成7个股权企业的吸收合并工作。有效发挥信息系统功能，运用协同办公系统、液位仪系统、视频监控系统等对各业务环节进行实时监控，确保合规受控运行。

【质量计量安全环保】 2017年，山西销售严格落实安全生产责任制，持续推进HSE对症下药。强化安全环保数质量管理：贯穿责任主线，落实安全环保责任，持续推进HSE体系运行，累计整改审核发现问题2148项；开展HSE履职能力评估和基层标准化建设，3082人接受履职能力考核，全面完成标准化达标建设任务；加强环保管理，落实整改环保督查问题309项；检验油样18395个，接受各级质量抽检944批次，全年未发生质量安全事故。

【人事培训工作】 2017年，山西销售着力抓住“人”这个关键，自上而下全面推行人事改革，蹄疾步稳推进体制机制优化。建立干部“能进能出”机制。坚持德才兼备、以德为先原则，以“实绩”与“公认”作为干部选用主要依据，交流调整中层干部20人，提拔使用干部9人，面向全系统引进专业管理干部4人，构建全方位、多层次的干部交流格局；完善中层干部有序退出机制，退出领导岗位9人，转任非领导职务6人，干部队伍实现良性更新迭代。创新干部“能上能下”机制。开展中层干部“摘牌选秀”，对31名地市公司副职、副总会计师进行综合测评，推进组织“派”与用人单位“选”的双向互动，增强干部选用公信力，建立“能者上、平者让、庸者下”的竞争格局，实现干部队伍“质”的转变，结构更加合理，更加趋于年轻化、知识化。完成机关“五定”工作。全面梳理优化机关处室管理岗位职责、业务流程，首次采用现代人力资源测试方式，完成机关管理岗位竞聘工作，机关减员率38%。严控用工管理。通过压减机关编制、严控库站定员、清理不在岗用工、精减富余人员等措施，2017年减少用工449人，下降11%，完成集团公司下达的全年控员目标任务的119.3%。健全分配机制，突出有效激励。业绩导向考核机制持续深化，提高绩效分配奖励比重，实施多项扩销创效激励政策，发放专项奖励1760万元；人均收入同比增长29%，加油站一线员工收入同比增长33%。“多劳多得多挣钱”的理念深入人心，“撸起袖子加油干”的热情持续高涨。多措并举，优化企业人才配置。引进企业急需的实用型专业高校毕业生11人，为企业发展注入新的动力。

进一步提升库站人员专业技能，完成603名员工的职业技能鉴定；拓宽培训途径，选派40名站经理赴广州培训中心和四川销售经理人学院脱岗培训，逐步打造一支适应现代经营管理需要的加油站经理人队伍。理顺、畅通员工晋升通道，72名员工完成机关各岗级竞聘。

【党建群团工作】 2017年，山西销售党建工作基础全面夯实，作风建设持续强化。认真学习宣传贯彻党的十九大精神。组织集团公司党组宣讲组、省委党校专家宣讲和党委中心组（扩大）专题研讨、党支部“三会一课”学习，开展“庆祝建党96周年”和“七个一”系列活动。成功召开公司第一次党员代表大会，完成公司党委换届选举，升格6个基层党总支为党委，全年发展党员25名。狠抓监督执纪问责。强化“两个责任”和“一岗双责”落实，不断加强制度建设，逐步构建“不敢腐、不能腐、不想腐”机制。发挥巡察“利剑”作用，对2家地市公司开展内部专项巡察，发现各类问题48项，33人受到组织处理、纪律处分和经济处罚，教育警示效果明显；完成9家地市公司主要领导离任经济责任审计，发现问题123个，提出审计建议12条，有效防范经营风险，各级党员干部廉洁自律意识逐步增强，推动全面从严治党向基层延伸。坚持改革发展成果更多惠及员工群众。逐步扩大住房公积金缴纳范围，为1515名库站员工缴纳住房公积金，员工五险参保率100%；发放帮扶资金76万元，帮扶困难员工343人。组织3581名员工职业健康体检，对3594名员工进行节日慰问。选树以房桂萍、曹旭为代表的一大批先进典型，引领企业持续健康发展。进一步梳理山西销售特色企业文化，拍摄《中国石油为山西加油》形象宣传片，重新搭建公司微信订阅号“加油微驿站”，扩大企业的美誉度和知名度。

（张智英）

中国石油天然气股份有限公司青海销售分公司

【概况】 中国石油天然气股份有限公司青海销售分公司(简称青海销售)成立于1954年，是青海省成品油流通领域的主渠道，承担着保障青海省汽油、柴油、煤油、润滑油等稳定供应的责任。2017年底，有员工2531人，平均年龄34.1岁；设12个职能处室、5个附属机构、11个二级单位和30个经营部；设党委12个、党总支5个、党支部72个，有党员1242名。运营加油站258座，主要分布在“两市一湖一国道”，布局较为合理；直属油库4座，总库容21.6万立方米。资产总额27.18亿元。青海销售连续多年获青海省商业百强第一强、连续多年成为青海省上缴税收大户，获“全国抗震救灾英雄集体”“全国中央企业先进基层党组织”，“全国五一劳动奖状”等称号。

2017年，青海销售紧盯国际油价、市场竞争和客户需求变化，加强市场研判分析，灵活制定营销策略，完善扩销奖励机制，深化批零一体化、“油卡非润”一体化营销，稳存量、拓增量，销售总量、纯枪销量、非油品收入等主要经营指标均实现逆势增长。全年销售汽油、柴油174.64万吨，同比增加7.35万吨，增长4.4%。其中：纯枪销量122.29万吨，同比增加3.46万吨，增长2.9%；直销52.35万吨，同比增加4.02万吨，增长8.3%。完成非油品业务收入2.13亿元，同比增加4982万元，增长30.57%；非油品业务利润2021万元，同比增加394万元，增长24%。

【市场营销】 2017年，青海销售全面实施“全覆盖、网格化、责任制”的市场份额问责制，不断丰富“战略合作”“一票结算”“主动配送”“小微众筹”等营销策略，有效遏制竞争对手低价冲击，市场份额由2015年的67%提高到2017年的71%。实施客户“大普查、大调查、大拉拢”活动，深化“油卡非润”一体化营销，探索“互联网+”营销新模式，拓展跨界营销，销售加油卡42万张，沉淀资金5.1亿元。“十位一体”跨界营销被销售板块评为“经典营销策略”。高效站培育再创佳绩，150座站达到培育目标，万吨站由21座增加到24座。“五型站”打造被销售板块评为“优秀营销案例”。“双低站”治理取得实效，“双低站”较2017年初净减少25座，“摘帽”率54%，在销售板块排名第二。西宁公司薛林娜开展的团队委托管理，实现成品油销售同比增长22%，非油品业务收入同比增长98%，减少用工7人。湟源公司宋斌实施的连片承包经营，实现成品油销售同比增长8%，减少用工16人，节约费用11.8万元，均收到“量增、费降、用工减少”的良好效果。

青海销售主要经营指标

指　标	2017年	2016年
成品油销量（万吨）	174.64	167.29
汽油销量（万吨）	67.40	59.78
柴油销量（万吨）	107.24	107.51
润滑油销量（万吨）	0.74	0.35
加油站总数（座）	258	236
油库数量（座）	4	4
库容（万立方米）	21.60	21.60
纯枪销量（万吨）	122.29	118.85
非油品业务收入（亿元）	2.13	1.63
非油品业务利润（亿元）	0.20	0.16
吨油费用（元）	328	350.36
资产总额（亿元）	27.18	28.89
收入（亿元）	110.89	94.73
利润（亿元）	2	0.41
税费（亿元）	1.55	2.04

【整体盈利】 2017年，青海销售围绕高质量、高效益和价格到位率，不搞“普惠制”，不打“价格战”，不做“赔本买卖”，精心谋划、精准施策、精确销售，全年实现账面利润2亿元，同比增加1.59亿元，增长389%，创历史最好水平。所属8家分公司利润指标均实现同比增长，其中湟源、黄南、格尔木、海东4家单位增长200%以上；玉树、果洛2家单位扭亏为盈，彻底改变因履行社会责任而长期亏损经营的不利局面。财务资产状况持续向好，长期付息资金多年来首次清零，企业经济附加值（EVA）超过6000万元，净现金流1965万元，两项指标实现由负转正；自由现金流超过1亿元，资产负债率37.39%，较2016年同期的42.07%降低4.68个百分点。

【风险管控】 2017年，青海销售强化安全环保管控，开展内外HSE体系审核4次，发现隐患314项，投入治理资金5698万元，隐患整改率96%；抽检油品质量1616批次，同比增长36%，质量管控更加高效。组织开展内控测试、资金安全及投资专项检查、第三方财务专项稽查和党内巡察等活动，做到风险防控无死角、全覆盖。获集团公司2017年度“安全生产先进企业”和“质量先进企业”称号，多名干部员工获集团公司“安全生产先进个人”和“质量管理先进个人”称号。规范物资采购、招投标及合同管理，开展招投标及商务谈判164项，节约资金1576万元，审查各类合同2086份，合同签订率100%。审计工程结算项目51个，审减工程投资资金1623万元。持续完善制度体系，形成16类181项规章制度，涵盖企业经营管理的方方面面。信息化建设逐步完善，业务链闭环管理、互联网多种支付、协同化智能办公等数字化管理水平逐步提升。总经理办公会制度、“三重一大”决策制度、安委会制度，以及周例会、月度经营分析会和季度工作安排会有效落实，各项决策部署科学规范，企业管控能力进一步加强。

【企业管理】 2017年，青海销售持续深化内部改革，在企业经营规模不断扩大的情况下，管理机构、干部职数、用工总量实现“三下降”。近年通过优化整合，减少处级机构4个、科级机构9个。实施中层干部提前退出实职机制，中层干部由超编39人下降到超编5人。实施员工提前五年奖励自愿进社保退休机制和“八项分流”政策，用工总量由3020人下降到2540人，连续3年超额完成集团公司总部控员指标。实施低端低效和非核心业务外包政策，累计外包岗位708个，有效控制企业用工规模。亏损企业治理成效显著，新贸公司实现收入7210万元、利润783万元。隆达公司注销、“三供一业”分离移交有序推进。

【网络建设】 2017年，青海销售经过2年来的不懈努力，通过“无限期土地使用权”形式与交通厅一卡通公司的合作取得实效，落实一卡通公司项目27座，开发其他项目11座，彻底扭转公司高效市场网点占比低、网络开发相对滞后的不利局面，同时探索出一条低成本网络开发建设的新途径，服务区和停车区单站投资成本分别控制在600万元和300万元左右。合资合作项目取得进展，先后与中油燃气、贝正公司、欧璐物流等企业合作，成功开发6座加油站。工程建设稳步推进，实施各类工程建设项目100个，其中完成油库项目5个、加油站项目84个，新投运加油站22座，新增可行性研究销售量10万吨。

【员工幸福指数】 2017年，青海销售坚持以员工为中心，陆续出台14项惠民政策，通过实施安居工程、同工同酬、五险两金全覆盖、住房公积金统一标准、取暖费全补贴、高海拔加油站配备富氧设施及增加关键岗位补贴等一系列惠民措施，公司2015年以来实施的“十大惠民工程”顺利完成。涉及员工切身利益的养老、医疗、福利等民生问题得到解决，员工收入在工资总额趋紧和中央企业限薪的严峻形势下实现稳步增长，3年来市场化一线员工收入累计增长18.8%，企业发展成果惠及到每一位员工。

【遗留问题解决】 2017年，青海销售本着为历史负责、为企业负责的原则，群策群力，合规操作，稳步推进，妥善解决中央仓项目、果洛富氧项目、玉树油库、职工集资住宅等一批困扰企业发展的历史遗留问题，合规处理以前年度应处置而没有处置报废资产3000多万元，卸掉企业发展的“包袱”。3个办事处土地及房产处置有序推进，北海办事处房产完成资产评估，新疆办事处房产取得不动产权证书，上海房产确权问题正在补充证据。湟源油库租赁诉讼案双方达成处理意见，签订续租协议，12个迁建项目在土地置换基础上，争取到政府拆迁补偿1102万元。集团公司党组巡视组巡视发现问题全部得到整改。

【党建和干部队伍建设】 2017年，青海销售牢固树立“四个意识”，切实增强“四个自信”，认真落实管党治党责任，党的建设务实有效，管党治党工作格局更加完善。扎实推进“两学一做”学习教育常态化制度化，在抓好日常学习教育的基础上，举办党的十九大精神培训班5期，组织公司层面的集中学习5次，组织宣讲33场，在公司迅速掀起学习宣传和贯彻落实党的十九大精神的热潮，做到用党的先进理论武装头脑、指导实践、推动工作。坚持教育、选拔、培养、使用、管理并重，打造忠诚、干净、担当的干部队伍，近3年先后交流调整助理级以上干部55人，选拔任用41人，由内部选拔产生2名公司班子副职，多名干部交流到兄弟单位任职，一批素质高、能力强、作风好的年轻干部快速成长，成为推动公司发展的中坚力量。一大批先进典型竞相涌现，杜晓琴获“全国五一巾帼标兵”，薛琳娜获集团公司“优秀青年”称号，才仁永措获第二十届“青海青年五四奖章”，公司推选优秀站经理才仁吉藏当选党的十九大代表并参加会议。

（郭宝祥）

中国石油天然气股份有限公司江西销售分公司

【概况】 中国石油天然气股份有限公司江西销售分公司（简称江西销售）于 2002 年 3 月成立，2002 年 10 月正式运营，2008 年 12 月上划股份公司管理。负责中国石油在江西地区成品油市场开发和销售工作。截至 2017 年底，设 12 个机关处室、2 个机关临时机构、2 个机关附属机构，下辖 11 个地市分公司，2 个专业分公司，在册员工 1709 人。累计开发加油站 352 座，投运加油站 277 座；油库 8 座，库容 10.67 万立方米（全资库 3 座、租赁油库 5 座），资产总额 42.40 亿元。

2017 年，江西销售继续保持纯枪和非油品销量齐增，管理提升和基础夯实的良好势头，实现连续 2 年盈利的可喜发展局面。销售油品 126.97 万吨，纯枪销量 72.36 万吨、同比增长 4.3%，非油品业务收入 1.53 亿元、同比增长 30.6%，利润 0.14 亿元。

江西销售主要经营指标

指　标	2017 年	2016 年
成品油销售量（万吨）	126.97	137.7
汽油销量（万吨）	50.06	44.69
柴油销量（万吨）	76.91	93.04
润滑油销售（万吨）	0.58	0.65
加油站总数（座）	277	273
油库数量（座）	8	8
库容（万立方米）	10.67	10.67
纯枪销量（万吨）	72.36	69.6
非油品业务收入（亿元）	1.53	1.17
非油品业务利润（亿元）	0.20	0.14
吨油费用（元）	542.43	455.68
资产总额（亿元）	42.40	36.29
收入（亿元）	73.99	68.31
利润（亿元）	0.14	0.14
税费（亿元）	0.36	0.99

【经营创效】 2017 年，江西销售突出效益导向，稳定柴油、增销汽油、提升非油品，各项业务销售质量不断提升。狠抓机构客户开发，小微客户直销比例提高 8 个百分点，终端销售率提高 3 个百分点。细分抢量站、保量站、挖潜站，因类施策，灵活经营，纯枪销量增幅居销售板块第五。“10 惠”“最惠星期五”等品牌促销活动对客户吸引力不断提升，汽油纯枪销量同比增长 8.7%。柴油纯枪销量在市场行情大幅下滑的情况下保持稳定。坚定不移做强做大非油品业务，开口营销、优质便利店打造、劳动竞赛等提量措施深入推进，收入和利润同比增幅均保持 30% 以上。

【网络建设】 2017 年，江西销售明确“合资合作为主、自建为辅、租赁补充”工作思路，转变网络开发方式。合资合作多点开花，与新余、鹰潭、上饶市政府签订《战略合作协议》，与南昌、赣州、抚州、九江等部分地方企业达成合资合作意向。自主开发取得新进展，在上饶、赣州、抚州等地区开发加油站 8 座，其中城区项目 4 座。存量项目挖潜有力推进，赣州、鹰潭等 10 余个历史遗留问题得到不同程度解决。宜春油库全面开工建设，“四通一平”基本完工，海源油库迁建工作有序推进。

【改革创新】 2017 年，江西销售加强改革创新顶层设计，制定全面深化改革创新实施意见。创新体制机制，南昌、抚州 8 座“双低站”委托经营管理见到明显效果。丰富巡视督导中心职能，成立督导考核办公室，业绩考核管理得到加强。财务管理亮点工程、赣州公司零售管理经验在公司范围内学习推广。合规管理逐步深入，将合规管理嵌入具体业务，合规开展业务的理念逐步树立。强化基础管理，规范流程和标准，全年制修订制度 26 项。工程建设特别是油气回收施工管理界面更加明确。库站及办公楼等维修管理制度得到完善。

【降本增效】 2017 年，江西销售建立日算账微信群，全员效益意识不断提高。优化资源配置，串换资源 17.5 万吨，节约成本 1450 万元。优化物流配送，吨油运费同比下降 11.5 元，平均运距同比减少 16.6 千米，节约费用 916 万元。强化工程、物资集中招标采购，完成招标 82 项、金额 1.8 亿元，节约资金 1500 万元，招标节约率 8.3%。开展劳务派遣和业务外包，用工总量控制、吨油人工成本 2 项指标排名销售板块第一，人均纯枪销量排名销售板块第二。强化资产调剂、提高资金回笼、拓宽商票结算范围、优化非油品结算方式、加强涉案资金追讨，节约成本 573 万元；

推广O2O支付方式，节约财务费用60万元；盘活闲置资产100余万元。

【质量计量安全环保】 2017年，江西销售扎实开展HSE体系量化审核，强化量化审核评估、挂牌督办、隐患整改销号，一批重点问题得到整治落实。加强施工过程监管，完成新建加油站5座、加油站防渗一体化改造71座、安全隐患治理44座、二次油气回收改造154座，实现施工"零事故"。严格遵守诚信服务宗旨，强化油品质量管控，8座加油站被评为江西省"诚信加油站"创建示范点。狠抓油品损耗治理，公路运输损耗率0.32‰，同比下降45.8%。在党的十九大期间，持续实行升级管理，有效处置多起突发事件，为党的十九大胜利召开和集团公司平稳运行做出应有贡献。

【队伍建设】 2017年，江西销售持续加强队伍建设。交流中层干部30名，配齐分公司领导班子，分公司领导班子建设更加完善。评选工匠站经理10名、创优站经理20名、销售状元60名、服务标兵60名，评选"身边最美党员"20名，评定专业技术职称任职资格149人，员工技能鉴定322人，队伍整体素质持续改善。

【党建群团工作】 2017年，江西销售聚焦党建工作基础薄弱问题，开展党建责任专项督查和基础工作大检查，制定党建工作标准23项，规范"三会一课"制度，配齐分公司专职党务干事，健全两级工团组织机构，党群工作踏上规范化轨道。召开第二次党代会，深入开展"践行四合格四诠释，弘扬石油精神，喜迎党的十九大"岗位实践活动，推进"两学一做"学习教育常态化制度化。持之以恒纠"四风"，出台《进一步落实中央八项规定实施细则》《分公司履职待遇规定》《重要工作及重要事项报告制度》《党员领导干部亲属经商办企业行为规定》《党员干部操办婚丧喜庆事宜规定》等制度文件，纪律意识和规矩意识不断增强。畅通员工诉求渠道，有效解决员工关注的热点、难点问题。

（杨　琛）

中国石油天然气股份有限公司天津销售分公司

【概况】 中国石油天然气股份有限公司天津销售分公司（简称天津销售）于1999年10月成立，主要负责中国石油在天津市的成品油仓储与销售、油库和加油站管理、库站网络建设，同时兼营燃料油、天然气、润滑油及其他非油品销售业务。2017年底，设14个职能处室、8个分公司、7个股权企业（不含控、参股加油站）。有员工2196人，总资产23.47亿元，有油库5座，总库容22.94万立方米，投运加油站213座。

2017年，天津销售认真贯彻集团公司党组决策部署，实现利润0.50亿元，超额完成脱困目标。销售成品油111.32万吨，其中汽油43.14万吨、柴油68.18万吨；销售润滑油800吨；非油品业务收入7320万元，非油品业务利润1541万元；全年收入63.76亿元，税费1.22亿元。质量、计量和安全环保事故为零。

【市场营销】 2017年，天津销售围绕脱困目标，狠抓直批控亏、运作创效和成本挖潜。一季度油价低迷，总体控制销售节奏，减少批发亏损。二季度扩销增效，实现上半年时间任务双过半。四季度抓住资源偏紧短暂契机，批发顺势推价，实现量效齐增。设立直批溢价奖励，直批价格到位率同比提升6.23个百分点。

天津销售主要经营指标

指　标	2017年	2016年
成品油销量（万吨）	111.32	114.94
汽油销量（万吨）	43.14	37.57
柴油销量（万吨）	68.18	77.37
纯枪销量（万吨）	54.11	53.90
润滑油销量（万吨）	0.08	0.04
加油站总数（座）	213	212
油库数量（座）	5	5
库容（万立方米）	22.94	22.94
非油品业务收入（亿元）	0.73	0.95
非油品业务利润（亿元）	0.15	0.13
吨油费用（元）	482	481
资产总额（亿元）	23.47	24.47
收入（亿元）	63.76	56.72
利润（亿元）	0.50	0.13
税费（亿元）	1.22	1.30

实行直批业务垂直管理，地市公司营销科人员全部转岗为客户经理，全年拜访客户 270 人次，新增终端客户 235 家，实现终端销量 16.2 万吨。开展直销配送业务，全年直销配送量 3.92 万吨。加强资源运作，合理把控调运节奏，降低购进成本 805 万元。提前制订冬季运行方案，科学组织柴油双品号运行，先于竞争对手抢占市场。利用柴油品号切换和油品升级置换契机，调入高品质柴油 17.15 万吨，升品销售增效 6281 万元。

【加油站管理】 2017 年，天津销售统筹价格策略、以客户为中心、大胆创新，狠抓纯枪增效。年初周边省市柴油大幅降价，天津销售在津岐线、205 国道，选取第十、渔港、金角 3 座加油站实施柴油价格直降，遏制柴油销量下滑势头；下半年，结合市场，同步推价、减少折让，扭转要塞站点亏损局面，全年实现纯枪销售综合价格到位率 95.64%，华北地区排名第二。开展微信"充值送"活动，微信绑卡客户超 5 万人，发放电子券 71 万张，核销率 48%。开展"10 惠"、电子券组合营销，新增持卡客户 6.6 万人，沉淀资金 2 亿元，带动汽油销售 2 万吨、非油品业务收入 211 万元。锁定小微客户，全年新开发客户 2026 个，发卡 6877 张，实现销量 9000 吨。以逸仙园加油站为试点研发集成式加油系统，改造后日均销量同比提升 7%，日均非油品业务收入提高 52%。简阳路西加油站设立快捷支付通道，缓解车辆拥堵，提高加油效率。提供擦车、违章代缴等差异化服务。将现场服务、员工纪律和定置化管理纳入绩效考核。开展服务之星评比活动。对客户投诉实行高压态势，截至 2017 年底，保持 481 天零投诉。

【非油品业务】 2017 年，天津销售以非油品业务为突破口，探索符合公司发展实际的制度体系和业务模式。深化便利店诊断与优化，全年新增百万元便利店 4 座，店内毛利率同比增长 18%。王庆坨服务区便利店投运，日销售额突破 2 万元，是运营高速服务区便利店的重要尝试。开展"油卡非润"一体化促销，全年实现非油品业务毛利 1915 万元，同比增加 285 万元。完成"好客津门"微商城上线运营，实现销售 25 万元。突出中粮商品、武夷山矿泉水、昆仑车辅产品、蓟县特色农产品等自有商品销售，实现收入 1128 万元。开展店内品类分析和优化，组织非油新品品鉴活动，进店试销新品 400 多种，实现店内收入 6727 万元，同比增长 37%。探索京东自营商品采购，平均物流周期降低 80%，商品毛利率同比提高 20%。利用加油站闲置场地进行广告招商，实现收入 8 万元。开发济柴、大港油田、物资公司等多家系统内客户。

【投资建设】 2017 年，天津销售狠抓终端项目投运。滨保高速石各庄对站当年立项、当年签约、当年完成施工改造。宝坻霍各庄、蓟县别山、武清公建、武清万顺和中油银海 5 座加油站增设加气设施项目，通过政府备案核准。滨海中生、武清金驼 2 座加油站闲置场地成功对外出租。大港泰达、宝坻龙腾 2 座加油站当年收回拆迁补偿费，还建工作有序推进。初步与高速公司和大港油田达成合作开发加气业务意向。推进市区汀江东路油气合建站、中油泰宇滨海科技园加油站、滨海中津大道加油站 3 个在建项目实施。处置 16 台闲置橇装设施。统筹安排双层罐施工改造，科学优化改造方案，降低改造成本，减少停业时间，提高运营效率。在城区站试点地罐内衬工艺改造，缩短工期近 40 天。

【党建工作】 2017 年，天津销售坚持党的领导，落实党建工作责任体系，为公司发展提供坚强政治保证。利用主题党日、天津销售主页、《天津加油》杂志、宣传栏、微党课等多种载体集中学习宣传贯彻党的十九大精神。将党建工作纳入业绩合同，逐级签订责任状，坚持"季度督导、讲评、考核，年度兑现"工作机制，实行末位问责，夯实党建工作基础。将党建工作写入 3 家控股公司章程，推进全面从严治党向纵深发展、向基层延伸。制定《深化党的建设制度改革实施方案》《党建工作责任制实施办法》等 12 项制度。推进"两学一做"学习教育常态化制度化，践行"四合格四诠释"岗位实践活动。深化党建"三联"责任示范点。开展新媒体创作大赛，3 件作品获集团公司表彰。全面从严治党，组织签订《党风廉政建设责任书》，开展反"四风"专项清查活动，强化党内巡察工作，狠抓监督执纪问责，保持纪律审查高压态势。

【安全质量计量】 2017 年，天津销售深化体系建设，建立 HSE 管理、库站管理、施工管理等系列标准规范。整合公司质量和 HSE 管理体系，废止规章制度 79 个、修订 43 个、补充 17 个。完成 160 座加油站标准化建设达标工作。以销售板块 HSE 体系量化审核为契机，在大港油库开展管理提升试点，量化评估分数从最初 76.8 分提高到 90.1 分。强化大气和水污染防治，按期完成国Ⅵ标准油品升级，19 座加油站安装油气回收在线监控系统，53 座加油站改造双层罐，委托专业公司对废水进行转移处置，确保环保验收达标。配合国家、天津市和集团公司，完成各级安全质量环保检查 336 站次，问题整改率 100%。编制《施工现场标准化手册》。编制库站设备管理手册，开发设备设施信息系统，实现设备全生命周期管理。落实各类升级管理要求，保证第十三届全运会、党的十九大等重要敏感时期安全平稳运行，得到天津市和平区政府和天津市西青区政府表扬。

【精细化管理】 2017 年，天津销售以精细化手段推动基础管理提档升级，突出合规管理，强化风险防控。分批次对 70 名中层干部进行领导力培训。开展基层各类培训 131 次，120 人通过职业技能鉴定。精干用工，员工总数同比减少 208 人。设立零售、直销、非油品三个专项奖励基金，鼓励多销多得。设立劳动模范创新工作室。实行财务“三集中”管理。制定 30 条开源节流降本增效措施，商流费同比压缩 3%，费用连续 4 年硬下降，平均下降超过 7%。管办分离，物资采购统一由企管法规处管理。档案工作通过天津市企业档案“AAA”级评估复验。健全股权企业规章制度。落实集团公司深化改革要求，成立改革领导小组，编制改革方案。高效完成全民所有制企业改制工作。推进“压减”工作，2 家股权企业完成清算。实施内部审计项目 7 个，发现问题 57 个，整改率 81%。多方协调，恢复武清油库经营主体资格，完成经营证照换证工作。

（齐国良）

中国石油天然气股份有限公司西藏销售分公司

【概况】 中国石油天然气股份有限公司西藏销售分公司（简称西藏销售）总部设在西藏自治区拉萨市，主要从事西藏地区成品油及石油液化气、润滑油的批发、零售、运输、储存等业务。2017 年，西藏销售下辖 7 个地市公司（拉萨、日喀则、山南、昌都、那曲、阿里、林芝）、3 个专业公司（非油品分公司、仓储分公司、液化气分公司），2 个驻外机构（成都采调处、格尔木公司）。有成品油储配库 8 座，液化气储配库 1 座，加油站 126 座（万吨级加油站 11 座），有员工总数 1334 人，其中合同化用工 580 人，市场化用工 754 人；劳务派遣用工 190 人；少数民族 858 人。

2017 年，西藏销售购进成品油 119.6 万吨，同比增加 20.65 万吨，增长 20.9%。成品油销量 117.91 万吨，其中航空煤油 4.87 万吨、沥青 2.25 万吨、液化气 0.42 万吨、汽油和柴油 110.80 万吨 。纯枪销量 70.09 万吨，同比增加 7.47 万吨，增长 11.93%。非油品业务收入 0.49 亿元，同比增加 0.17 亿元，增长 53.13%。

【资源调运】 2017 年，西藏销售与西北销售、青藏铁路公司、西藏军区、运输公司通力合作，克服地缘政治紧张、铁路军演、运力受限等不利因素，购进成品油 119.6 万吨，同比增加 20.65 万吨，增长 20.9%，为扩销上量奠定坚实基础。树立一盘棋意识，坚持“铁路优先、管道排满、公路补充”原则，一方面紧盯细化日、月发送计划，合理安排铁路油库班组人员值班，加快槽车接卸，实现旺季 24 小时有效运转，铁路购进 61.38 万吨，同比增加 10.49 万吨，增长 20.6%；另一方面主动协调青藏兵站部，提前启泵、夏训不停输，延长管输时间、增加管输批次，管输接入 14.32 万吨，同比增加 4.81 万吨，增长 50.6%；同时，在严格控制公路总量的基础上，发挥公路应急保障功能，深挖“三联办公”内涵，科学编排罐车调度，公路入库 5.06 万吨，同比压缩 1.1 万吨。铁路、管输、公路占比由 2016 年的 8.26：1.54：1 调整为 12.3：2.83：1，运输结构进一步优化。

西藏销售主要经营指标

指　标	2017 年	2016 年
成品油销量（万吨）	117.91	101.99
汽油销量（万吨）	33.13	28.96
航空煤油销量（万吨）	4.87	4.15
柴油销量（万吨）	77.67	68.59
润滑油销量（万吨）	0.03	0.01
加油站总数（座）	126	126
油库数量（座）	8	8
库容（万立方米）	17.03	17.03
纯枪销量（万吨）	70.09	62.62
非油品业务收入（亿元）	0.49	0.32
非油品业务利润（亿元）	0.13	0.11
吨油费用（元）	665.01	827.06
资产总额（亿元）	70.48	67.9
收入（亿元）	78.20	62.33
利润（亿元）	4.47	2.49
税费（亿元）	2.03	2.06

【投资建设】 2017年，西藏销售突出网络生命工程，加快重点项目建设，向集团公司总部争取六批次投资计划2.6亿元，完成拉林高速甘丹寺、百巴服务区加油站和日喀则仲巴、昌都下加卡、山南措美、贡嘎机场加油站建设，全年新开发加油站10座，续建项目8座，建成竣工10座，投产运营7座。落实中央企业入藏座谈会议精神，加强党政职能部门汇报协调，主动融入地方“十三五”规划，与西藏自治区签订合作意向39个，涉及投资资金13亿元。深化军民融合，开发全国首座军区拉萨中心加油站。加快合资合作步伐，发挥地方国企品牌优势，与拉萨城投公司、林芝城投公司合作开发物流园、教育城加油站2座。

【精益管理】 2017年，西藏销售坚持“两大主动、三大远程、四个平台”应用培训，巩固信息管理成果，落实信息月度例会制度。试点拉萨加油站与上海振兴站双向可视频、可对讲，公司信息化应用水平进一步提升。持续优化一二次物流，强化资源收储代储管理，实现运费与库存双创效，运输费用节约4582万元。下发全区损耗标准，强化对标考核，开展油罐车专项治理和铁路清槽活动，实现各环节损耗的有效管控，累计控耗1948吨，油品综合损耗同比下降39.6%。严格规范管理，加大投资、工程、采购、服务等事项选商招标工作，组织招投标12次，审减资金767.5万元，进一步落实降本增效要求，严格差旅住宿标准，“五项”可控费用较销售板块预算节约269万元，办公费、业务招待费分别同比下降12.9%、15.4%。全面启动“6S”精益管理，加强标准化建设，实施库站看板作业管理，营造干净、整洁、舒心的工作环境，机关、油库、加油站面貌焕然一新。

【安全维稳】 2017年，西藏销售坚持安全环保底线，开展“安全生产月”活动，加强员工安全教育，确保全员持证上岗。加强各层级安全检查和问题整改，通过安全互查和全区量化审核，实现对所属库站安全检查全覆盖，发现问题3445项；重点对国务院安全生产委员会督导组和HSE体系审核组发现的251项问题进行整改，13项纳入库站一体化改造中实施。落实中央环保督导组要求，加大环保资金投入，制订库站一体化改造方案，倒排时间表，全年投入7846万元，累计完成76座库站油气回收和44座库站双层罐改造。筑牢安全维稳意识，加强重要节点和党的十九大期间升级管理，严格执行实名加油登记和散装油品管理规定，坚持24小时值班值守和领导干部全员在岗，深入矛盾纠纷排查与信访案件处理，落实综合治理和非生产性领域安全管理，确保公司各敏感阶段的安全稳定，得到西藏自治区党委、政府和集团公司的肯定，特别是那曲、昌都、拉萨等维稳前沿阵地实现和谐稳定，受到集团公司维稳办的通报嘉奖。

【队伍建设】 2017年，西藏销售注重队伍结构调整，突出干部关键少数。拓宽选人用人范围视野，引进财务、纪检领域人才2名，提拔调整区内区外、机关基层、高低海拔干部35名，2名老同志因病退出领导岗位；3批次招录内地大专院校和本地优质生源39人，87名优秀劳务派遣用工转入市场化用工，并协调办理完成34人退休审批，干部及员工队伍专业结构、年龄结构和综合素质等进一步优化。突出队伍系统培养，强化学习交流培训，连续3年开展与内地销售企业干部挂职交流，使27名干部得到锻炼提升；修订完善机关高级主管、主管、主办管理办法，完成机关处室部分缺员岗位竞聘，使12名优秀骨干走上机关管理岗位，10名年轻干部聘为机关高级主管，完成营销、加油站管理、仓储、非油品、液化气、沥青业务的改革，机构设置更加专业化、高效化；在广州成功举办处级干部、党支部书记和党的十九大精神专项培训班，全年共计组织各类培训25次，1250人次受到教育提升。强化薪酬激励引导，启动高级工、中级工、初级工鉴定，严格劳动竞赛考核兑现，落实纯枪销售超额奖励，全面推广升油工资、同工同酬，多劳多得制度改革迈出坚实一步，员工积极性、主动性显著增强。

【党群工作】 2017年，西藏销售设两级党委13个，在职党支部33个，退休党支部15个。两级党委130余次理论中心组（扩大）学习定期开展，政治能力不断提升。注重倾向基层抓教育，两批共60名处级干部、支部书记和党建专岗广州培训班进一步提升政治理论素养，宣传贯彻党的十九大精神全面覆盖。9月，格尔木分公司“根文化”教育基地受到格尔木市委市政府“民族团结教育基地”授牌，并被《青海日报》《格尔木日报》《柴达木日报》及格尔木电视台宣传推广。新增12个专职党建工作管理岗，健全完善基层党建干事队伍。以拉萨中和党支部为试点，凝练“五建设一中心”成功经验，总结推广营销、安全、非油品“党员服务小组”创建模式，推进实施“加油站+机关”运行体系，激发库站党支部、基层党小组生机活力。开展党组织和党员排查6次，完成自治区直工委、区组织部、集团公司党员信息系统基础数据采集录入，实现“支部建在网上、党员连在线上”。

2017年，开展精准帮扶工作，扎实做好帮扶救助送温暖工作继续开展系统内“金秋助学”活动，为43名困难职工子女发放助学金11.8万元，公司工会资助困难职工900余人次265.84万元。工会、团委、妇联先后联合举办西藏销售“铁人杯”篮球比赛、“五新五小”创新活动、“庆五一迎五四”群众性运动会等活动。2017年，向自治区体育局争取价值10万元的室内健身器材，为员工提供室内运动器材。公司获销售板块劳动竞赛20个项目先进。2017年结合各地区实际，重点完成高海拔地区富氧、净水、供暖工程，职工生活、工作条件进一步改善。

【企业文化建设】 2017年，西藏销售不断加强企业文化建设，重视正面宣传报道167篇新闻被石油报刊、网站和地方媒体登载，全年涌现出123个不同层面的先进典型。拉萨公司其布被评为西藏自治区“最美格桑花”及西藏自治区“五一劳动奖章”称号，仓储公司陈廷志获“全区优秀共青团干部”称号，仓储公司、日喀则公司获西藏自治区“标杆企业”称号，昌都公司驻村工作队获西藏自治区“强基惠民优秀驻村工作队”称号，格尔木员工教育基地被评为市级民族团结教育基地，进一步展示高原石油员工扎根边疆、为油奉献的精神风貌；通过网页、微信及风采演讲、员工讲堂、心得体会、主题征文等平台与载体，弘扬忠诚事业、艰苦奉献的主旋律，激发不甘落后、多做贡献的正能量，进一步筑牢全体员工共同团结奋斗的思想基础。

【强基惠民驻村工作】 2017年，西藏销售驻村工作队与村“两委”共计培养新党员、预备党员63人。直属4个驻村工作队组织召开维稳宣讲大会30多场次，召开揭批达赖集团图谋分裂祖国的主题会议14次，受教育面100%；成立村级维稳、综合治理、安全生产等各类领导小组，逐级签订反自焚、联保等责任书，覆盖率100%，在安全维稳特别阶段制订维稳实施方案，成立巡逻队、护村队、红袖标等队伍。拉萨公司驻村工作队组织开展烹饪技能培训，部分受训群众开设餐馆，促进村民收入提高；驻玉龙村工作队为村“两委”购置村集体扶贫工程用车。驻村工作队按照西藏自治区系列强基惠民政策要求，依托“3·28”西藏百万农奴解放纪念日、七一建党节、国庆节开展“算富账、感党恩、要稳定、谋发展”活动为解决冬季饮水难问题，工作队及时购置水井泵、发电机等各类硬件设备；投入37.91万元为扎嘎村修建村“两委”活动场所，改善村委会议室的环境。驻村工作队协助县、乡相关部门及时发放惠民资金。以整村推进扶贫为驻村扶贫方针，以建档立卡的贫困户为重点，协助配合当地党委政府和村“两委”推进精准扶贫，班戈县保吉乡热她村、扎嘎村、地如村、隆噶村及波密县倾多镇康达村5个驻村点实现脱贫摘帽。

2017年，强基惠民驻村工作项目10个，项目总投资252.99万元。其中：投入50万元为那曲班戈县保吉乡热她村购买一辆装载机，通过对外租赁帮助牧民群众增收14万元；为改善日喀则3驻村点农业基础条件，投入超过70万元修建农田水利设施，以实际行动践行“爱国、创业、求实、奉献”的企业精神。

（雍　强）

中石油海南销售有限公司

【概况】 中石油海南销售有限公司（简称海南销售）前身为中国石油天然气股份有限公司海南销售分公司，成立于2004年6月，2010年9月上划股份公司管理，2015年12月改制为中国石油全资独立法人企业。2017年完成股份多元化改革，8月正式在海南省注册为有限公司，注册资本6亿元，中国石油、中国海油、海南省发展控股有限公司分别持股51%、39%、10%，成为从事海南省内库站网络开发建设，成品油、润滑油及非油品销售的国有股份制综合性油品销售服务企业。2017年底，设11个机关处室、3个附属机构、5个片区，管理7家参控股公司，有员工846人；运营加油站98座，全资和参股油库各1座，库容6万立方米；资产总额10.43亿元，负债2.77亿元。

2017年，销售成品油50.3万吨、同比增长9.1%；非油品业务收入0.7亿元、同比增长67%；利润总额1.32亿元、同比增长1.54%，上缴税费4.5亿元，创历史最好水平。

海南销售主要经营指标

指　标	2017 年	2016 年
成品油销量（万吨）	50.3	46.1
汽油销量（万吨）	27	23.2
柴油销量（万吨）	23.3	22.9
加油站总数（座）	98	96
纯枪销量（万吨）	36.9	33.2
非油品业务收入（亿元）	0.7	0.42
非油品业务利润（亿元）	0.08	0.06
资产总额（亿元）	10.43	9.84
收入（亿元）	33.06	27.5
利润（亿元）	1.32	1.3
税费（亿元）	4.5	3.71

【油品销售业务】 2017 年，海南销售克服市场增长乏力、行业竞争加剧、资源供过于求、价格政策调整、监管力度加大、改革任务繁重等困难，多措并举，推动销售业绩节节攀升，成品油销售总量同比增长 9.1%、达到 50.3 万吨，实现“换字头”目标。纯枪销售方面，推动管理提升、提高站营效率，分片区逐月分解对接指标任务，油非互动精准实施促销，线上线下同步推广“10 惠”和“最惠”品牌，积分、换购、打折、电子券联动吸引客户消费，与中国电信、中国建设银行、海南航空跨界合作整合客户资源，与中国石化密切沟通稳控市场秩序，全年纯枪销量 36.9 万吨，同比增长 11.1%，其中：汽油 23.4 万吨，增长 16%；柴油 13.5 万吨，增长 3.9%；纯枪单站日销量 10.8 吨，增长 6.5%；日均销售破千吨，增长 11.1%。直批方面，应对消费疲软、国Ⅲ标准油品冲击、岛外资源涌入等挑战，强化客户中心服务职能，狠抓客户经理绩效考核，细分用户市场，细化客户管理，细算成本效益，主动精准营销。拓展与海汽集团、海南农垦、海南港航和海南电网公司合作，开拓物流、船务、工程市场，新增直批客户 36 家达到 117 家，大客户保持率 100%；累计销售 13.4 万吨，同比增长 3.7%。

【资源运行】 2017 年，海南销售克服仓储能力有限、码头受制于人、运力匹配难度大等困难，优化库容配置，控制调运节奏，合理安排运力，累计调入资源 51.2 万吨，计划完成率 100%，同比增长 4.2%，有效保障销售业务快速增长。发挥改制带来的资源优势，优化配置比例，适时岛内串换，适度增加外采，全年落实统配计划 25.3 万吨，占 49.9%，超额完成销售板块计划；串换资源 19.5 万吨，占 38.5%，低于调拨均价 50 元 / 吨，创效 975 万元，节约仓储费 945 万元；11 月起自采资源 6.4 万吨，占 11.6%，低于调拨均价 1260 元 / 吨，增效 8064 万元，大幅降低购进成本。严格落实“逢超必赔”原则，下海油综合差量率 0.8‰，同比下降 0.1 个千分点，销售板块排名第一。落实路径优化、双向铅封、视频监控、数字化盘点等手段，在配送量增加 4.4% 情况下，吨油运费 71.7 元 / 吨，同比下降 2.7 个百分点；公路运输综合损耗率 0.5‰，同比下降 0.2 个千分点。严把出入口质计量关，先化验后入库，增加采样频次，接卸油品检验率、合格率均达 100%，油库综合损耗率 0.97‰，管控水平进一步提升。

【非油品业务】 2017 年，海南销售推动非油品业务合作多元化，拓展大宗销售和增值业务，实现增量增效，全年收入 7032 万元、同比增长 66.2%，利润 834 万元、同比增长 30.3%，超额完成全年奋斗目标，300 万元店首次破零，海口龙桥西加油站成功晋升，双百万元店由 2 座增至 7 座，百万元店由 13 座增至 14 座，50 万元店由 9 座增至 14 座。持续推进店面升级，店面设计和商品陈列突出个性，客户体验环境大大改善。开展“贺岁迎春”“军坡节”“五折换购”等主题活动推动“油卡非润”一体化销售，“五折换购”仅 2 个月非油品业务收入增加 1000 万元。拓展润滑油、车辅产品、厨房工程、员工内购、岛外销售和自助洗车等项目，持续开展品类优化，清理不动销及低销低效商品，引入适销商品，精准营销，重点推介，品效从 2016 年底的 30 元提高到 175 元。统筹海南省烟草销售，成立区域营销小分队，区分定位、差异铺货，以低档销量换高档升级，提高毛利，全年香烟销售收入 1641 万元，同比增加 507 万元，增长 45%，毛利 12%。

【加油站管理】 2017 年，海南销售坚持常态化开展现场管理集中整治，规范加油站营业时间，加速实施双品牌包装，加油站面貌明显改观，客户投诉减少 35%。制定《海南销售公司防范加油卡违规套利实施方案》，开展单位卡清理和异常卡比对核查，有效控制加油站违规套现行为。海口片区克服部分站营业困难，力抓现场管理，缩短停业时间，实行分时段促销，缓解高峰时段车流，促进市内站扩销升级，海口珠龙站从 8000 吨级站晋升为万吨级站，海秀站从

3000吨以下站晋升为7000吨级站，保税区、琼山、文昌文西3座站首次突破3000吨，10座站销售同比增长17%以上。三亚片区立足高效站居多、现场劳动强度大的实际，强管理基础，补现场服务短板，以“6S”管理为主线，加强检查频率和力度，狠抓执行，加油站基础管理工作不断提升。琼海片区细化管理，逐站分析，从解决具体问题切入，站容站貌明显改观。澄迈片区通过以会代培、提升在岗率等措施，实现小站销量整体提升。

【投资建设】 2017年，海南销售按照“哑铃”布局，加大自主开发力度，主动接洽社会现有站项目17个，申报海口、三亚、文昌、儋州、澄迈、琼中、保亭、五指山等市县新建规划布点21个，部分项目完成落实规划用地、改造方案等事宜。加快合作开发步伐，相继与海南农垦、万宁海联及三亚民企成立合资公司，共同推动儋州西庆、儋州新盈南、琼中乘坡、万宁兴梅、三亚海棠湾等多个项目，取得新突破；收购三沙公司32%股权，完成签约和工商变更；完成与中油深南、三沙石油、省供销联社、儋州汇德等公司合作的前期筹备，部分协议项目完成现场调查和方案设计，文昌海上加油项目取得新进展。通过多种开发方式，签约项目13个。加大开发力度的同时，统筹组织、优化方案，加快项目实施进度，2017年开工建设项目21个，完工17个，完成防渗一体化改造11座。陵水椰林、三亚亚龙湾、澄迈金马东（西）、临高市政、定安龙门等6座站交付投运，海口洁力站重建恢复运营，累计增加零售能力5.5万吨/年。投运加油站总数增加到102座，突破“百座”大关。98座运营站中，万吨级站4座，8000吨级3座，5000吨级15座，3000吨级25座；便利店总数增加至98个，其中三百万元店1座、双百万元店7座、百万元店14座、五十万元店14座。“百站支撑、库站协调、城乡结合”的网络布局基本形成，终端销售网络规模不断壮大，零售业务发展后劲更加充足。

【股权合资正式揭牌运作】 2017年9月26日，海南销售举办揭牌仪式，海南销售作为由中国石油、中国海油、海南发展控股有限公司三方股权合作而成立的合资公司正式运行。

三方股权合作于2014年9月启动，是中国石油、中国海油和海南省属企业响应中央关于深化国有企业改革的号召，互补短板、整合资源、凝聚合力、共促发展的一项重要举措。揭牌仪式广受社会关注，人民网等媒体刊发题为《中国石油海南销售有限公司举行揭牌仪式》《中石油全国首家股权多元化石油销售公司落地海南》等新闻，新浪、搜狐、网易、凤凰、环球、中国能源等网络媒体纷纷转发。海南省人民政府网、《海南日报》头版、海南省电视台、南海网等省内多家媒体报道转发。

【企业管理】 2017年，海南销售认真贯彻股东会、董事会决议，完成管理层组建、机构调整和人员配置，及时跟进片区和库站证照变更，加快完善制度流程和监督机制。同时，依照合资公司章程及董事会授权，有序开展经营管理工作，在销售运行、投资建设、成本费用、人员管理、薪酬激励等方面，自觉接受股东会、董事会、监事会监管。调整领导班子分工，统筹业务运行。分设党群工作处、股权法律处，完善机构职能。选拔年轻干部，推动岗位交流，优化人力配置。完善站经理年薪、吨油工资和非油品提成机制，兑现超销奖励，调动积极性。加大开源节流降本增效力度，加强预算管理，落实两个集中，销量增9.1%情况下，商流费节约3.3%，“五项”费用节约25%，吨油费用同比下降11.4%。用工总量846人，人均利润由12.4万元增至15.6万元。强化合规管理意识和风险防控能力，加强内控监管、法律监督、资金稽核和效能监察，严肃查处IC卡和电子券套现问题，震慑作用明显。加快大数据平台建设，完善高清监控、远程监测手段，推动业务系统融合共享，信息化、数字化水平进一步提升。

【质量计量安全环保】 2017年，海南销售认真践行党政同责、一岗双责、失职追责和直线责任、属地管理、有感领导，加强技能培训和能力评估，推进库站包保工作，全员抓安全意识得到强化。持续修订宣贯HSE程序文件和管理手册，完成63座加油站HSE标准化达标验收，实施地罐防渗改造和危化证、安全距离专项清查，彻底解决62座加油站环境影响评价历史遗留问题。加强施工、检维修、接卸油等重点环节，以及濒河、濒江、濒海等敏感部位的安全环保监管，狠反“三违”行为，杜绝事故发生。组织完成环保设施达标检查、油气回收装置检测、职业危害因素备案和全员健康体检，配备危废物收集箱，明确服务商转运与处置时间要求，消减污染风险。常态化开展安全大检查和HSE体系审核8次，查改问题1063项，通过中央环保督察组检查。以外采油品和CN98汽油为重点，加强全过程质量跟踪控制；认真做好库站油罐清理标定、液位仪升级校核、计量平台鉴别、加油机检定及运输损耗系统对接工作，提升计量信息化水平，国家和地方油品质量计量抽检合格率100%。建立专兼职应急队伍，强化风险评估和预案完善，投资120万元强化物资储备，组织大规模安全应急演练，成功应对多次风暴考验，守住“四条红线”，实现“六个零”目标，连续第七年获“海南省安全生产责任考核先进单位”称号。

【党建群团工作】 2017年，海南销售按期召开党代会和党建推进会，将党建要求全面纳入合资合作企业章程，健全责任分工和考核机制，加强机构设置和人员配备，优化基层组织设置，推进支部达标建设，严守组织制度，创新工作载体，与中心工作深度融合，党组织“把方向、管大局、保落实”作用进一步增强。学深悟透党的十九大精神，深入开展“两学一做”和“四合格四诠释”等实践活动，严格落实“党建联系点”制度，多形式、多载体强化全员学习，党员的先锋模范作用更加凸显。认真落实党委主体责任和纪委监督责任，严格执行中央八项规定，常态化整改巡视反馈问题，严厉查处违规违纪行为，抓早抓小、防微杜渐，从严治党、正风肃纪，队伍廉洁从业意识得到增强。增强群团组织活力，加大舆论引导力度，活跃氛围、增进和谐，宣传典型、弘扬正气，营造拼搏进取的良好氛围。坚持以人为本，关心员工疾苦，关注困难群体，办公场所迁至新址，改善环境的同时年节约租金近百万元，劳动保护、健康体检、补充医疗、伙食补贴一一落实，员工归属感、幸福感进一步提升。支持地方经济发展、双创建设和爱心公益事业，出资60多万元帮助屯昌县落根村发展农副业，精准扶贫项目32户85人，彰显企业社会责任。

（周继华）

中国石油天然气股份有限公司大连海运分公司

【概况】 中国石油天然气股份有限公司大连海运分公司（简称大连海运）成立于1999年5月，主要负责中国石油下海成品油的水上运输组织工作，承担“保炼厂后路、保市场供应、降运输成本”（简称“两保一降”）的重要职责。大连海运成立以来，坚持走集约化经营、专业化管理之路，逐步发展成为具备国际航线危险品运输、国际货运代理资质，功能作用突出、质量效益领先、专业优势明显、人员队伍精干的专业化航运物流企业。

2017年底，大连海运机关设六处一室，下辖3个港口业务办事机构，授权管理2个全资子公司和1个参股合资公司，用工总量404人（其中岸基管理人员98人，劳务派遣船员306人），资产总额10.84亿元。自有及合资运力15艘、30万载重吨，准入租用运力158艘、112万载重吨。年运量2000万吨左右，运输网络覆盖中国沿海及长江中下游区域，常用接卸港口近50个，与销售业务相配套的水上运输网络日趋完善，成功架起一条连接中国石油资源与市场的水上桥梁，确保东北、华北、西南地区14个直属炼化企业生产后路畅通，以及华东、华南、华中、西南地区16个省级销售公司资源的稳定供应，为推动中国石油资源、市场、国际化和创新战略的全面实施，以及成品油销售业务的持续快速健康发展提供重要保障。

2017年底，大连海运保持成立18年来安全环保责任事故零纪录。完成下海成品油运量3.3亿吨，实现运输收入327亿元，为中国石油节约运输成本70多亿元。同时，通过持续推进企业管理系统化升级工程，系统建立提升国内油轮安全技术等级、规范成熟的船舶准入与检验机制，构建引导沿海油运市场良性竞争、科学灵活的运输定价机制和运价指数体系，大连海运由行业参与者逐步向行业新规则制订者角色延伸。

2017年，大连海运完成运量1411万吨，完成运输周转量140.17亿吨·海里，运输计划兑现率100.70%，收入15.12亿元，利润7011万元，在运量同比减少184万吨情况下利润同比增加155万元，吨油运输成本99.34元，下海油综合损耗率0.098%，实现全年安全环保“零事故、零伤害、零污染、零滞留”目标。

【运行组织】 2017年，大连海运生产运行环境经历“过山车”式的反复波动，年初直属炼油厂满负荷运行，堵库压力大、下游库存高，船舶滞期、“以船当罐”现象严重；年中部分炼油厂长时间、大面积检修，阶段性下海资源紧张，大船运输计划难以下达；年底受到集中出口等政策因素影响，传统运输旺季运量却不升反降，船舶运行组织受到较大冲击。大连海运认真贯彻落实集团公司、销售板块工作部署，全力落实好公司2017年工作会议确定的“筑牢基础强服务，深化改革促发展”工作总基调，围绕集团公司整体利益最大化目标抓好精准调运，用好用活自有及期租运力，筹措中小运力，加强运输计划的统筹与优化，实现有限资源的最优运输配置，在运量同比减少13%的情况下，取得经济效益的稳步提升。

【安全生产】 2017年，大连海运深入贯彻国家新《安全生产法》和《环境保护法》各项管控要求，有效落实安全生产责任制和“一岗双责”要求，深化推进HSE和SMS体系建设，扎实开展危险化学品运输专项治理，持续打造自有船舶等级考核升级版，切实加强租用船舶准入安全管理，突出抓好特殊时段、重点领域、关键环节风险管控，运输生产继续保持安全平稳态势。全资子公司及合资公司均获评“交通运输部安全生产标准化一级达标企业”，台州公司获交通运输部海事局“安全诚信公司”称号，5艘2.8万吨船舶获批“安全诚信船舶”，在行业敏感、地区敏感、企业敏感的“三敏感”环境下，实现海上运输安全形势稳定受控。

【合资合作】 2017年，大连海运落实集团公司、销售板块工作部署，稳步推进海运业务合资合作项目，扎实做好股权单位审计、评估和尽职调查，以及内部股权整合、改革方案制订、改革风险评估、进场挂牌交易等相关配套工作，就合资公司名称、发展定位、经营范围、管理架构、远景规划等关键和核心内容进行反复研讨和沟通协调，取得良好成效和可喜进展。新的合资公司，将依托中国石油、中远海运两大集团在资源配置、技术管理等方面优势，吸纳股东双方先进管理经验和优秀文化理念，拓展业务领域，打造服务品牌，建设专业团队，实现市场化、专业化、国际化发展，成为资质完备、专业能力较强的中国石油海上物流平台，以卓越的经营业绩树立石油航运企业合作典范。

【行业影响】 2017年，由大连海运作为主席单位发起、上海航运交易所牵头组织的中国沿海成品油运价指数正式对外公开发布，对于促进沿海油运市场运价的理性回归、引导国内油运市场良性竞争和健康发展，发挥十分重要的指导作用。履行国有企业社会责任，“昆仑油201”轮参与招商局集团长航油运公司搁浅船舶“长航探索”轮过驳救援工作，为难船顺利脱险、避免次生事故发挥关键作用，收到招商轮船赠送“鼎力协作、志诚腾飞”锦旗，创造互助合作、共赢发展的良好外部环境。全力推进船舶管理软硬件升级，实现国有资产保值增值，大连公司3艘ZC船舶成功转级CCS，至此大连海运自有运力全部成为CCS入级船舶，高标准的船舶管理为推进公司科学稳健发展提供坚实保障。

【经营管理】 2017年，大连海运完善外联机制，进一步巩固与交通、海事、港航部门有效的沟通机制，与系统内企业高效的衔接机制，与油运公司诚信的合作机制，为业务运行营造良好的外部环境。加强全面预算管理，强化管理对标和经营活动分析，突出财务管理与业务生产协同配合，为生产经营决策提供有力支持。推进制度、流程、标准化建设，系统化、标准化、流程化、规范化的工作习惯逐步形成。强化内控风险和法律合同管理，开展效能监察和审计工作，内部监督服务作用得到有效发挥。抓好专项工作，档案管理保持A级良好成绩；保密管理通过地区协作组专项检查并获得较高评价；“6S”管理全面推广实施，逐步成为员工日常工作的行为准则；“航运综合信息平台”发布运行，为经营动态管理、科学决策提供信息支持。接受并通过集团公司经济责任审计等检查，促进企业管理不断升级。

【党建工作】 2017年，大连海运坚持将党的十九大精神学习宣传贯彻、“两学一做”学习教育常态化制度化、“四合格四诠释”岗位实践、“重塑中国石油良好形象”、弘扬石油精神等工作作为首要政治任务，紧密结合公司中心工作谋篇布局、务实推进。公司党政主要领导宣讲党的十九大精神，外请市委党校资深专家做专题讲座，党的十九大精神深入人心。先后制发28份党委文件、修订党建制度9项，党建规范化水平持续提升。推进“党建三联”、领导干部联系点与访船制度落实，全年岸基管理人员访船581人次，实现自有船舶廉洁提示全覆盖。强化“两个责任”和“一岗双责”责任落实，运用好“四种形态”，群发廉洁提示短信700余条，全年未发生违规违纪事件。充分发挥文化引领和群团组织桥梁纽带作用，引导干部员工围绕公司中心工作贡献才智与力量。

（杨星明）

天然气销售企业

昆仑能源有限公司

【概况】 昆仑能源有限公司（简称昆仑能源）是在（英属）百慕大注册、中国香港联合交易所主板上市、由中国石油天然气股份有限公司控股的国际性能源公司，股票代码 00135.HK。2008 年以前，昆仑能源主要从事境内外油气勘探开发业务。2009 年开始实施战略转型，将国内天然气终端销售与综合利用作为新的业务发展方向，重点发展液化天然气（LNG）业务，实施“以气代油”战略（昆仑燃气于 2016 年 6 月正式变更为昆仑能源的全资子公司）。是股份公司天然气业务的融资平台和投资主体、天然气终端利用业务的管理平台，主要从事城市燃气、天然气管道、LNG 接收站、LNG 和压缩天然气（CNG）终端、天然气发电、分布式能源、LNG 工厂和液化石油气（LPG）销售等业务，分布在全国 31 个省（自治区、直辖市），天然气年销售规模 200 亿立方米以上，LPG 年销售规模 600 万吨以上，是国内销售规模最大的天然气终端利用企业和 LPG 销售企业之一。

2017 年，昆仑能源勘探与生产业务销售原油 1306 万桶，同比下降 14%；天然气总销售量 187.7 亿立方米，同比增长 23.6%；LPG 总销售量 658 万吨，同比增长 3.1%；LNG 加工及储运销售量 159.95 亿立方米，同比增长 101.75%；销售收入 887.06 亿元，同比增长 26.00%；股东应占溢利 47.60 亿元，同比增长 614.71%。

【资本运营】 2017 年，昆仑能源发布首份企业可持续发展报告，与集团公司持续关联交易协议获得股东特别大会批准，投资者关系管理持续强化。及时合规披露信息，与股东、投资者和评级机构等建立有效沟通渠道，维持主流分析师机构对公司的正面评价和良好估值，市场评级总体保持稳定，股东结构进一步优化。

完成收购京唐 LNG 公司股权工作，提升昆仑能源资本市场业绩和综合实力，成为昆仑能源在资本市场释放盈利增长空间的催化剂。持续研究推动昆仑能源上游业务剥离工作，完成对阿塞拜疆 K&K 项目股权转让协议的签署及资本市场披露等事项。

【规划计划与营销管理】 2017 年，昆仑能源深入研究各项业务发展定位，编制完成 2018—2022 年业务发展滚动规划。推进城镇燃气、城镇煤改气，工业燃料气代煤、气代油等项目；开发各类项目 110 个，其中城市燃气项目 34 个、天然气支线项目 25 个、天然气发电及分布式能源项目 25 个、LNG 项目 7 个、CNG 项目 3 个、LPG 等项目 16 个，50% 以上项目集中在经济发达地区、重点地区的高效市场。城市天然气销量保持强劲增长，开发新用户 106.5 万户，同比增长 37.9%。

参与雄安新区能源规划，配合地方政府开展煤改气业务，新增农村煤改气用户 42.9 万户，完成配套安装改造 33 万户。支线管道建设稳步推进，坚持终端市场开发先行，输气量稳步增长。深入推进天然气发电与分布式能源项目，与五大发电集团及其他企业开展合作，投产参股电厂项目 3 个、电厂代输天然气项目 3 个，在建电厂项目 4 个，签署合作框架协议项目 26 个，跟踪推进项目 36 个。

LPG 业务优化销售结构，提高终端销售占比，巩固核心优势，终端销售占 23.5%，增长 2.2%。推进市场网络开发，延伸 LPG 产业链，全年开发项目 68 个，落地运营 29 个，新增终端销售能力 21.68 万吨。向多家炼化企业供应炼化原料液化气和其他石化产品，由单一销售向采供一体化模式转变。销售规模创 2012 年以来新高，经营效益创历史最好水平。

非气业务亮点纷呈，注重顶层设计与基层创新相结合，以户内增值、便利店和冷能利用为重点，非气业务收入平稳增长。

【生产运行】 2017 年，昆仑能源修订完善生产管理系统建设规划，加快推进系统建设，运行保障水平不断提升。强化调控人员能力建设，加强设备设施维护，及时排查汛期管道运行风险，处理漏点和风险，有效应对处置突发事件，确保重点时段平稳运行。强化上下游协调联动，优化船舶靠泊方案，细化LNG接卸和气化装车计划，充分发挥接收站应急调峰主力军作用，出色完成冬季高强度应急调峰保供任务。针对LPG储配库、危险化学品运输、LNG接收站、LPG灌装站、浅层气开发、LNG加注站及支线管道等不同生产业务类型，组织应急演练856次，应急处置能力不断增强。制订节能节水计划，组织各单位开展“节电、节气、节油”节能降耗技改项目，有效降低单位能耗，节能3810.36吨标准煤、节水0.26万立方米，提前完成年度节能1000吨标准煤、节水2500立方米的任务指标，获集团公司“节能节水先进企业”称号。

【安全环保】 2017年，昆仑能源建立安全环保业绩考核机制，细化考核指标，层层落实责任，建成实施新的QHSE管理体系并通过审核认证，安全责任和风险防控不断强化。通过法律文本、签订协议等形式，明确托管企业、租赁企业、服务外包项目的安全管理责任。强化安全监督检查，开展解剖式检查9次，开展公司级安全大检查2次，强化问题根本原因分析和整改落实，促进安全生产责任归位。深入推进基层站队HSE标准化建设，实现运行基层场站HSE标准化建设达标率80%的目标。各项安全环保工作深入推进，员工安全责任落实到岗位的目标初步实现，基层站队安全风险管控能力得到较大提升。

【企业管理】 2017年，昆仑能源推进落实集团公司扩大经营自主权改革试点，以人事、劳动、分配“三项”制度改革为主线，明确“一个核心、两个突破、四个路径”总体改革策略，制定7项配套制度，在机关率先全面推行岗位管理，取消内设科室，待遇与岗位挂钩、与行政级别脱钩，初步建立市场化的岗位、绩效和薪酬三位一体的管理体系。

【信息管理】 2017年，昆仑能源认真落实集团公司“关于开展2017年集团公司网络安全检查工作的通知”要求，组织开展网络安全自查，7579台办公计算机全部完成桌面安全管理系统2.0部署，提高网络安全防护与网络风险预防能力。

管道生产管理系统（A3）在贵州、河北、四川等18家二级单位完成扩展实施，共有42个所属二级单位应用A3系统，覆盖309个三级单位、986个场站，提高燃气管道生产、调度、销售能力。

完成“数字昆仑”顶层设计框架方案，办公综合管理系统上线运行，“数字昆仑”建设和科技创新步伐加快。新建视频会议系统22套，44家二级单位全部开通视频会议系统，视频会议系统总数量达189套。2017年，召开公司级视频会议117次，参会人员44617人次，节约会议成本2600余万元。数据异地备份系统上线运行，实现FMIS等6个公司系统数据的异地自动备份，备份数据量2.11太字节（TB）。

【党建和企业文化建设】 2017年，昆仑能源以学习、宣传、贯彻党的十九大精神为主线，举办所属单位主要领导专题学习班，对409名党支部书记进行轮训。坚持“四同步、四对接”，建立健全各级党组织，公司党委及33个基层党委按规定程序完成换届；落实将党建要求写入合资公司章程工作，248家单位党建工作写入公司章程，推进党的领导与法人治理有机结合。坚持正确的用人导向和好干部标准，强化年度测评结果应用，交流调整干部175人次。重视人才培养，举办第一期优秀青年干部和中青年干部培训班。

建立监督部门联席会议制度，启动廉洁风险防控试点，举办2期党风廉政建设专题辅导讲座，开展各类教育活动417场次，组织开展落实中央八项规定精神、纠正“四风”工作情况调研，收集调查问卷443份。

推出新的公司宣传片、宣传册，在各类媒体发布宣传稿件1300余篇，官方微信公众号全年阅读量突破27万人次，外宣稿件同比增长333%。开展“多彩昆仑2017”书画大赛，举办首届员工羽毛球赛，组队参加中国石油在京单位第一届职工运动会。进一步优化扶贫工作机制，坚持精准帮扶，持续开展扶贫帮困送温暖活动，慰问特困员工858人次，慰问金额94.7万元。公司团委全年开展志愿活动112项，参与人数3861人次，志愿服务时间超过1.3万小时。

（王佳怡）

中国石油天然气股份有限公司天然气销售北方分公司

【概况】 按照中国石油天然气集团公司天然气销售业务管理体制改革部署，中国石油天然气股份有限公司天然气销售北方分公司（简称天然气销售北方公司）是以原中国石油天然气股份有限公司华北天然气销售分公司为基础，划入中国石油天然气股份有限公司管道（销售）分公司东北地区及河北省廊坊市天然气销售业务，整合中国石油天然气股份有限公司天然气销售大庆分公司、吉林分公司、辽河分公司组建而成，于2017年1月在北京正式成立。主要负责中国石油在役天然气长输管道和各油田输气管线进入黑龙江、吉林、辽宁、北京、天津、河北、山西、内蒙古（东部）等8省（自治区、直辖市）的天然气市场开发、营销管理、资源平衡、管道运行协调，终端销售业务协同、合资合作，股份公司天然气销售分公司授权下的管网规划建设等工作。主要气源来自中国石油长庆、塔里木、大港、冀东、华北、大庆、吉林、辽河等油气田的国产天然气，以及中亚长输管道进口天然气，大连、唐山LNG接收站进口LNG和大唐煤制气。区域内供气用户464个。

天然气销售北方公司位于北京市朝阳区，2017年底，设9个机关处室和黑龙江、吉林、辽宁、北京、天津、河北、山西和内蒙古（东部）等8个省级分公司。在职员工484人，平均年龄38.6岁，其中党员占67.9%，本科及以上学历占82.8%，中级及以上职称占56.1%，高级职称占19.5%，教授级高工2人。

2017年，天然气销售北方公司以建设"国内领先的专业化区域天然气销售公司"为目标，牢固树立"销售引领、合作共享、服务创新"三种理念，全面实施"市场、资源、能力"三大战略，科学组织"管道气、油田气、LNG"三种资源，着力加强市场开发、用户培育、控本降费、创收增效、基础管理和营销能力建设，全年天然气销量403.3亿立方米、收入769亿元、利润7.42亿元，各项约束类指标全部达到目标要求。

天然气销售北方公司主要经营指标

指　标	2017年
天然气销量（亿立方米）	403.3
收入（亿元）	769
利润（亿元）	7.42

【营销调运】 2017年，天然气销售北方公司针对冬夏季节供需差异，实施"一企一策"精准促销，2017年5—6月实现促销气量10亿立方米。严格执行旺季天然气价格上浮政策，全部用户按时推价到位，实现增收29亿元。设立北方公司LNG营销项目部、唐山和大连LNG销售部，按照"直供、点供、代输、合作"等方式，发展新增LNG装车用户61个，LNG销量11.5亿立方米、创效3.7亿元。签订年度购销合同418份、冬季价格上浮补充协议411份，有效实现公司销售工作依法依规。

【市场开发】 2017年，天然气销售北方公司探索实施由规划部门牵头、省公司参与、相关部门辅助的规划编写新模式，自主完成2018—2022年天然气销售北方公司天然气和管道业务发展总体规划和2018—2022年八省（自治区、直辖市）天然气和管道业务发展滚动规划编制工作，按期完成28条天然气储备支线建设项目和急需建设的12条支线重点项目论证。主动对接京津冀、黑吉辽、晋蒙8省（自治区、直辖市）"煤改气"需求，初步落实2018—2022年北方地区分省"煤改气"总需求183亿立方米。重点对接15个新增发电项目、11个分布式能源项目，增加天然气潜在需求110亿立方米、未来需求190亿立方米。协调修订完善中俄东线和陕京四线天然气长输管道分输方案，新增6座配套分输站场。唐山LNG复线新增分输站场工程纳入可行性研究论证。2017年出具支持函、意向书35份，签订长短期合同38份，签订补充协议、分输口使用协议24份。投产新用户25家，累计用气1.75亿立方米。

【冬季保供】 2017年，天然气销售北方公司加强突发事件总体应急预案和9个专项应急预案的编制、宣贯、演练，与河北省发改委、重点燃气企业联合组建应急调控指挥中心。主动对接各省（自治区、直辖市）政府和主管部门，通报冬季供需形势，建立冬季调度运行联动机制，共担保供责任。与中国海油签订1.8亿立方米的冬季保供购销合同，有效落实每日供气300万立方米、单日峰值500万立方米的串供资源。深入"煤改气"重点地区，现场调研用户真实需求，安排专人蹲点监控重点用户的供气动态和工业压减情况。在先后压减120家用户、压减气量每日达2643万立方米的情况下，实现保供平衡，确保高峰时段、应急预警期间的居民用气和采暖用气。

【开源节流降本增效】 2017年，天然气销售北方公司持续天然气资源优先向高效市场的工业用户和燃气电厂倾斜，河北省、天津市的天然气销售增长率分别达24%和23%，实现增收27.33亿元。加强用户清欠工作，应收账款余额由2017年初10.38亿元降到0.76亿元，年底实现预收款11.94亿元，新增加自由现金流21.56亿元。严格核查核算用户居民用气量，全年有效增收2370万元。按照国家发改委《关于推进化肥用气价格市场化改革的通知》(发改价格〔2016〕2350号)要求，按期完成化肥气售价并轨为非居民气价，实现增收3200万元。

【基础工作】 2017年，天然气销售北方公司制定出台重组整合方案，调整完善机关处室和省级分公司职能定位，稳妥推进实施12项改革举措，按时完成人员和销售业务、资产的划转接收。按照做实省公司的总体思路，对分公司职能定位和机构设置等进行重新规划，配齐8个省公司党政领导班子，成立分公司基层营销部，建设客户经理队伍，充实一线营销力量。实施天津分公司和吉林分公司财务结算下移试点。8家分公司在省会城市注册，4家分公司入驻新址办公。修订完善市场开发合同等5个合同文本，推行市场开发、销售业绩、经营效益、货款回收等6项工作月度评比和绩效考核。制定出台2017版《北方公司综合管理体系管理手册》《程序文件和作业文件》，形成重点经营管理业务全覆盖的一体化管理体系。对8个分公司和9个机关处室开展岗位责任大检查，对165项问题和72条整改建议，分级明确责任，全部完成整改落实。

【党建、思想政治工作】 2017年，天然气销售北方公司通过召开12次学习会、研讨会，开展16次专题宣讲、基层调研，举办2期管理人员暨基层党支部书记党的十九大精神专题培训班等多种形式，推动党的十九大精神走进基层、走进员工、入脑入心。健全党建工作责任体系，完善制度规定14个。认真组织19次党委中心组学习，深入推进“两学一做”学习教育常态化制度化。严格遵守议事规则和“三重一大”决策程序，召开28次总经理办公会、党委会议，审定议题126个。强化基层44个党组织建设，选优配强各级党组织干部队伍84人。严格按照党管干部原则选准用好干部，选拔任命、交流调整处级干部34人次，54名领导干部和8个分公司领导班子达到考核目标要求。深入开展廉洁从业教育，强化党风廉政建设主体责任和监督责任落实，管党治党责任体系初步形成。充分利用主动拜访、接待来访、基层走访等方式，宣传公司战略理念、优势特点和品牌形象，赢得地方政府和相关单位的理解支持。

(魏毓一)

中国石油天然气股份有限公司天然气销售东部分公司

【概况】 中国石油天然气股份有限公司天然气销售东部分公司(简称天然气销售东部公司)是按照集团公司天然气销售管理体制改革部署成立的区域天然气销售分公司，以原西气东输一线东段销售机构为基础组建，由原西气东输销售分公司更名而来，在上海自贸区注册，自2017年1月1日正式运营。2017年底，机关设7个职能处室，市场区域内设7个省公司，有员工约210人。

天然气销售东部公司市场区域覆盖鲁、豫、皖、苏、浙、沪等六省(直辖市)，主要负责区域内天然气市场开发与营销管理、资源平衡、产销衔接、输销衔接、终端销售业务合作协同及管网规划运行具体衔接协调等工作。

2017年，天然气销售东部公司认真学习宣传贯彻党的十九大精神，团结带领全体干部员工扎实践行“一二三四五”工作思路，克服市场竞争激烈、队伍专业基础薄弱、阶段性资源配置不足等困难，抓住国内天然气消费重回两位数增速有利契机，全力夯基础、扩销量、提效益、抓党建，超额完成年度生产经营任务。销售天然气401.56亿立方米，提前3年完成“十三五”规划目标，同比增加62.42亿立方米，增长18.41%，创近年来最高增速。营业收入742.59亿元，利润5.10亿元。

天然气销售东部公司主要经营指标

指　标	2017年
天然气销量(亿立方米)	401.56
收入(亿元)	742.59
利润(亿元)	5.10

【发展思路】 2017年是天然气销售东部公司正式运营的开局之年。天然气销售东部公司深刻领会集团公司天然气销售管理体制改革精神，准确把握公司角色定位，深入分析面临形势，充分结合市场特点，形成“以市场为导向、以效益为中心，围绕‘一个目标’，

抓紧‘两条主线’，做好‘三个服务’，落实‘四个协同’，突出‘五个着力’，做大、做优、做强东部区域天然气销售业务”的“一二三四五”工作思路。

【市场开发】 2017年，天然气销售东部公司加大开发力度，多措并举抢占市场。高度关注地方天然气利用政策，开发管道沿线用气项目，跟踪中俄东线山东段、江苏段进度，开展市场调研与复核，及时出具承诺函108份，提前锁定潜在用户，新增用气潜力163亿米^3/年。推进站场改扩建项目，4个项目具备投产条件，22个项目取得阶段性进展。根据资源形势把握供气节奏，全年投产用户16家，新增用气量12.08亿立方米，计划完成率188.46%，其中6家发电用户和2家工业用户，用气占95.75%。利用国家放开大用户“直供直销”政策红利，发展直供用户，实现平湖中油昆仑燃气有限公司、河南安彩高科股份有限公司等4家用户直供，用户数量增至313家。深入研究竞争态势，开展管网适应性分析，推进完善管网布局，定远—合肥支线管道复线完成审批，南芜复线提出优化方案。争取支线管道投资建设权限，明确建设模式，启动金坛—江宁支线项目。推进合资合作，成功推荐昆仑能源介入周口—漯河管道项目。率先探索一体化市场开发机制，以安徽省为试点，编制完成工作方案。

【天然气销售】 2017年，天然气销售东部公司精心组织天然气销售，实现销量快速增长。以客户价值为核心，探索建立客户经理制，在山东和河南开展试点。精细市场营销日常管理，实施用户用气量监测预警，有效避免扬子巴斯夫等用户流失。加大淡季销售力度，2—5月销量同比增加27.23亿立方米，单月最高增长33.12%。营造气电增发机会，与电厂共同向省级能源部门申请增加发电时数、优化发电节奏，在冬季大幅压减的情况下，发电用气84.86亿立方米，同比增长43.17%，突破公司销量的20%。支持地方“煤改气”项目，城市燃气用户用气291.62亿立方米，同比增长13.21%。加大资源组织力度，抓住LNG旺销有利时机，全年销量9.59亿立方米，同比增长64.10%。

【提质增效】 2017年，天然气销售东部公司坚持效益中心，促进发展提质增效。优化资源流向，向高端地区高端用户倾斜，江苏市场销量占45.02%，同比提高2.66个百分点，增加收入1.64亿元。总体居民用气比例为21.58%，低于预算1.46个百分点。实现销售均价2.059元/米^3，在9月1日起非居民用气门站价格下调0.1元/米^{3}的情况下，同比提高0.049元/米^3。根据“淡季不淡”“旺季更旺”的市场形势，没有实施降价促销，增加收入4.60亿元；冬季全部推价到位，增加收入19.93亿元。参与交易中心线上交易，完成交易量62.92亿立方米，促进国内天然气价格市场化。发挥市场在资源配置中的决定性作用，开展两轮线上竞价交易，成交气量2.18亿立方米，增加收入1.70亿元。跟踪市场形势，动态调整LNG价格，实现毛利1.62亿元。加强销售结算及应收账款管理，按周跟踪分析货款回收情况，由销售、财务部门及省公司联动催缴，用户欠款稳步减少。逐步推行预付款制度，预收账款保持在10亿元以上。做细做实资金计划，提高资金使用效率，获得利息收入4275万元。

【冬季保供】 2017年，天然气销售东部公司提前半年筹备，组织冬季保供。制订专项应急预案，实行24小时升级管理，及时响应用户需求，周密实施舆情监测，冬季保供形势总体平稳受控。利用“时间差”“空间差”“温度差”统筹平衡资源，较好满足河南省和山东省14个“2+26”通道城市“煤改气”新增需求。与地方政府、下游用户和同行业者联合管控，冬季销量同比增长9.15%，显著低于全年平均增速，12月销量甚至零增长，在区域内日资源缺口达3000万立方米的形势下，主动压减非居民用气，有力支持华北地区冬季用气，分担集团公司社会压力。

【营造环境】 2017年，天然气销售东部公司深化多方协作，营造良好发展环境。找准“绿色发展参谋”角色定位，主动与地方政府联系，走访省级政府及能源部门30次，接待来访17次，深化共享规划、互通信息、联合管控的企地协作机制。切实转变观念，增强服务意识，根据用户气量、气价、综合实力等，建立分级定期走访制度，走访用户1036次，解决问题427项；分区域、分行业召开营销工作协调会，征求意见建议，协调解决困难；一对一、个性化服务集团用户和重点用户，用户满意度和忠诚度进一步提升。坚持“竞争＋合作”策略，与中国石化、中国海油及广汇能源定期沟通协调，冬季组织资源串换，走出“共商、共建、共赢”之路。建立市场开发月度例会制度，与昆仑能源及管输单位对接，共同推进重点用气项目、管道建设及场站改造项目。联合编制2018—2022年区域和分省一体化滚动规划，统筹推动管输单位、成品油销售单位及昆仑能源业务协同发展。

【基础管理】 2017年，天然气销售东部公司加强队伍建设，提供有力人才支撑，稳步夯实基础，推动业务良性运转。坚持以销售代表处为基础做实省公司，在集团公司形成共识，进行注册登记。推行简政放权、放管结合，分解经营业绩指标，建立绩效考核体系，激发省公司主观能动性。省公司发挥贴近市场、贴近客户优势，承担市场开发与营销主体责任，形成“比学赶超”态势。针对性开展新员工入职培训及营销专业培训，加快提升员工队伍专业素质。坚守依法合规底线，印发施行各类管理制度33项，规范和优化业务流程。建立QHSE管理体系，发布应急预案，开展体系文件宣贯和安全检查。妥善解决潍坊—东营支线管道、青岛埃维等计量问题，实现精准计量，维护双方合法权益。严格执行投资计划，完成办公设备、网络建设及车辆配备等投资950万元，计划完成率100%。注重风险防控，加强重点项目事前事中审计，紧盯关键环节。进行信息化顶层设计，开展信息系统建设，OA系统、即时通信系统和公司门户网站上线使用。组织“应对天然气市场化发展的策略研究项目”，完成中期报告审查。开展基础管理工作检查，查找存在的问题，促进管理提升。

【党群工作】 2017年，天然气销售东部公司，有序开展党群工作。学习宣传贯彻党的十九大精神。坚持民主集中制，建立完善“三重一大”决策制度，依法、集体、民主、科学决策106项重大事项。落实“四同步”要求，设立9个基层党支部，严肃党内政治生活，发挥战斗堡垒作用。推进“两学一做”学习教育常态化制度化，组织建党96周年主题党日、支部书记讲党课、“四合格四诠释”主题实践等活动，2篇党课材料在集团公司获奖，党员干部“四个意识”进一步增强。组织支部书记和党员骨干培训，邀请专家解读基层党建实务，分享先进经验，提升党建素养和能力。开展典型选树，评选4家先进集体和5名标兵个人，打造标杆、树立旗帜，发挥模范引领作用。

加强党风廉政建设，落实签字背书制度，开展反腐倡廉警示教育。建立工团临时组织，严格按照有关标准落实职工疗养、慰问等福利，体现组织关怀。建设“职工之家”，组织文体活动，丰富职工业余生活。正面进行新闻宣传，在门户网站刊发报道513条，累计访问12.83万人次。开展对外宣传活动，在集团公司主页及《中国石油报》头版头条刊发消息，新华社、人民网等28家中央及中字头媒体，以及各类纸媒、网媒、广电媒体、微信公众号等上百家媒体，刊载采用相关报道，正面宣传集团公司天然气体制改革成效。

（蔺军伟）

中国石油天然气股份有限公司天然气销售西部分公司

【概况】 中国石油天然气股份有限公司天然气销售西部分公司（简称天然气销售西部公司），是集团公司改革天然气销售管理体制机制，专门成立的地区天然气销售公司。2016年12月在乌鲁木齐市注册成立，2017年1月1日正式运行；由集团公司3家长输管道（西部管道、西气东输、西南管道）、5家油气田（长庆、塔里木、新疆、青海、吐哈）企业在西部7省自治区的天然气销售业务整合而成；主要负责新疆、甘肃、青海、宁夏、陕西、内蒙古西部（乌兰察布以西）、西藏等7省（自治区）天然气销售（批发），以及区内天然气资源平衡、管道运行协调、管网规划建设、终端销售业务协同、合资合作等业务。

截至2017年底，天然气销售西部公司机关设7个处室，基层设6个省级代表处。公司党委下设4个党总支、9个党支部。用工总量259人，平均年龄41岁。其中，党员183名、占员工总数的71%，大专以上学历244人、占94%，中级以上职称129人、占50%。服务范围覆盖西部7省（自治区）485万平方千米国土，每年向300多家用户销售天然气300多亿立方米，惠及1.2亿人口。

2017年销售天然气304.7亿立方米，利润8.89亿元，保持量效齐增，取得成立元年“开门红”。

天然气销售西部公司主要经营指标

指　标	2017年
天然气销量（亿立方米）	304.70
收入（亿元）	338.60
利润（亿元）	8.89

【天然气销售】 2017年，天然气销售西部公司准确研判供需状况，加强需求侧管理，实行灵活有效的营销策略。抓住年初全国大面积暖冬后资源供应充足、

化工产品价格走强的商机，促成桂鲁化工等6家化工企业复产上产，日均增销540万立方米。针对陕西冬季供气紧张状况，发挥资源统一调配优势，增加西气东输二线向陕西省管网、渭南煤层气管道供气指标，每日增供200余万立方米。抓住四季度LNG市场上涨行情，协调长庆油田增加供应，促成时达绿能、哈纳斯液化等6家LNG企业复产，日均增销480万立方米。尽管入冬后大幅控制销售，全年销量仍达到304.7亿立方米，超年度目标6.7亿立方米，同比增长11%。

【业绩指标超额完成】 2017年，天然气销售西部公司克服外部阻力，推广线上交易，9月初，推动陕蒙地区LNG用气全部线上交易，累计完成交易量10.85亿立方米，增收4.37亿元。11月，推动城市燃气用户协议外气量全面线上交易，有效推动西部地区天然气价格市场化进程。优化双气源用户资源配置，呼图壁储气库来气均实现注入高压干线或通过西部管道分输站低压气外输，全年增加直供量11亿立方米，减少管输成本1.38亿元。

【整顿秩序初见成效】 2017年，西部天然气销售业务整合后，天然气销售西部公司面对巨额债权、拒签合同、抵制推价等诸多失序且制约企业可持续发展的问题，整顿西部天然气销售秩序，截至2017年底，当年新增欠款基本清零。有效遏制新增欠款上涨势头，非价格争议欠款由2017年一季度末峰值10.32亿元降至年底的0.16亿元。2017年收回非争议历史欠款5.8亿元、占非争议历史欠款的97%。收回历史陈欠减少资金成本2300万元。先款后货制度得到有效执行。外部预付款用户由2017年初的144家增加至年底的241家，预收款执行率由60%提高到98%以上，预收款金额由2017年初日均2亿元提高到年底日均近5亿元，减少利息支出2000万元。定价机制逐步理顺。成功打破新疆、陕西、内蒙古地区政府定价模式，以冬季供需形势紧张为契机，2016年促成乌鲁木齐集中供热用气从9月起全面恢复执行基准门站价格，陕西、内蒙古西部地区全面恢复执行基准门站价格并冬季上浮8%，冬季推价基本到位，冬季供气补充协议签订率100%。

【冬季保供】 2017—2018年采暖季，西部区域供气缺口达12亿立方米，高峰日缺口达1000余万立方米。面对困难和挑战，主动拜访西部省（自治区）主管领导和能源部门，建成常态化沟通联络机制，定期互通供需信息，帮助政府做好资源配置。建立公司、代表处两级应急管理机制，分省（自治区）建立应急预案并向地方政府备案，理清各方职责，共同保障市场稳定供应。分省（自治区）召开供需形势通报暨供气安排衔接会，建立两级营销调运人员24小时值班工作制，动态跟踪气温与用气量变化规律，依据气温预测做好周平衡计划，按照周平衡控制日指定。先后实施集团公司天然气销售一级突发事件专项应急预案、天然气销售三级和二级应急压减预案，每日压减化肥、化工及LNG工厂用气3100万立方米用于保障民生。政企相互联动，西宁、兰州等城市多次到量关阀，乌鲁木齐等城市首次降低集中供热温度，有效保障民生用气基本需求，完成西部地区2017年冬季和2018年春季天然气保供任务。

【市场开发】 2017年，天然气销售西部公司坚持开发高效市场，规范开口和投产供气流程，全面开展市场普查，深入227家县级政府、54家重点企业调研，推进西气东输二线、中贵线在关中、陕南、陇南的项目开口，全年确定用气意向企业45家，促成17家新增客户投产，增销1.79亿立方米。促成长庆油田陇东试采气就地销售，实现陇东市场开发与油田后路畅通的双赢。支持昆仑能源拓展终端市场，促成3个项目开口。

【财务管理】 2017年，天然气销售西部公司注重财务基础管理。健全完善会计核算、资金管理等制度11项，科学编制预算，有序开展价格维护、销售结算，会计信息质量不断提高。注重成本费用控制。从严控制“五项”费用，做到不超标、不违规、不超预算。注重财务风险防范。加强预收款考核，按日监控货款到位情况，每周通报，按月考核，有效激发早收、多收货款的积极性，极大降低新增欠款风险。注重资金管理创效。2017年初承接承兑汇票21亿元，6月底前全部到期解付。采取缩短结算周期、专人提前催收等措施及时回笼资金，打通票据内部顺转通道，坚持买方贴息收取承兑汇票，减少财务费用5800万元。

【管控体系】 2017年，天然气销售西部公司构建公司、代表处两级组织管理架构，明晰7个机关处室、6个省级代表处职责界面；制定党建、营销、财务等93项规章制度，开展重大风险评估，发布第一版内部控制、QHSE一体化管理手册。建立具有天然气销售特点的考核体系，建成以九类行政会议、五类党群会议为主要形式的内部议事机制，以及以“月计划、周平衡、日指定”为主要内容的内部工作机制；初步建成一整套满足业务发展需要的制度体系，逐步完善计划、执行、考核、反馈循环工作模式，保障公司经营活动有序运行。

【党建工作】 2017年，天然气销售西部公司坚持党政领导同时配备、党建责任同时明确、活动内容紧跟形势，组建4个党总支和16个党支部，发布《党委工作规则》《党建工作考核实施细则》等制度；提拔使用25人到处级岗位，聘任42人到科级岗位。全面开展“四合格四诠释”岗位实践活动，推进“两学一做”学习教育常态化制度化，深入开展“弘扬石油精神、重塑良好形象”系列活动。全年组织中心组（扩大）学习14次。组织30余名基层党组织书记集中培训8天。以“六个一”党支部建设标准和“六个一”专题活动促进基层党建工作，严格“三会一课”制度，严格组织生活；配发党建系列丛书，引导全员认真学习，党内教育实现从“关键少数”向全体党员拓展、从集中性教育活动向经常性教育延伸。召开年度审计纪检监察工作会议、作风建设专题会议，发布实施“五型”机关建设指导意见，完善各类纪检监察工作制度，组织警示教育8次，干部任前谈话2批次，专项监督检查“八项规定精神、五项费用、车辆管理”落实情况2次，常态化运用执纪监督“四种形态”，保持对违规违纪行为的高压态势，员工队伍始终保持风清气正、奋发有为。

（李金超）

中国石油天然气股份有限公司天然气销售南方分公司

【概况】 中国石油天然气股份有限公司天然气销售南方分公司（简称天然气销售南方公司）2016年12月15日在广州市海珠区注册成立，2017年1月1日正式上线运行以适应天然气销售与管道业务体制调整需要。公司以西气东输销售公司负责的西气东输二线东段、忠武线销售机构为基础组建，负责湖北、湖南、江西、广东、海南5省及香港特别行政区的天然气销售业务。区域内中国石油天然气主要由西气东输二线、西气东输三线、忠武线供应，截至2017年底，共有下游用户151家，其中投产用户122家。机关设7个职能处室，下设5个省级分公司，用工总数131人。

天然气销售南方公司以推进一流天然气销售公司建设为目标，着力开创新时代高质量发展新局面，2017年天然气销售量122.39亿立方米，完成全年目标的101.9%，增长率为14.2%。市场份额稳中有升，在竞争较激烈的广东省销售天然气37.84亿立方米，同比增长24.5%，市场份额由17.9%增加至19.2%。天然气销售收入227.57亿元，税前利润3379万元，剔除天然气价格下调、淡季促销等因素，完成利润考核指标。

天然气销售南方公司主要经营指标

指　标	2017年
天然气销量（亿立方米）	122.39
天然气销售收入（亿元）	227.57
资产总额（亿元）	22.05
收入（亿元）	227.60
利润（万元）	3379
税费（亿元）	0.07

【市场开发】 2017年，天然气销售南方公司准确把握国家天然气市场化改革方向，围绕地方关切和市场重点，以“争”“抢”意识，创新手段精准开发。2017年实现新增用户投产9家，新增天然气销售量1.85亿立方米；实现直供直销用户3家，实现天然气销售量4.18亿立方米。坚持与用户合作共赢，按照“有需求即核实速开发”原则，及时落实用气项目。严守合规底线，所有客户实现“先签约后供气”。不断探索合同管理新模式，形成两方与多方合同主体并存、长期与短期结合合同体系，以业务标准化、公开化、透明化，打造市场开发工作阳光平台。落实国家有关减少供气中间环节要求，以广东省为突破口，反复论证编制100亿立方米销售目标市场开发和直供直连工作方案，启动佛山直供试点工程，降低用户购气成本0.26元/米^3。协同昆仑能源重点开发电厂、煤改气等优质项目，加快推进闽粤支干线市场开发，坚持个别谈判与集中衔接同步，完成闽粤支干线19个客户2022年合同量报批，锁定合同量近58亿立方米。

【营销管理】 2017年，天然气销售南方公司坚持市场导向和创新驱动，围绕天然气销售业务持续创新营销管理。全面启动客户关系建设，率先推行客户经理制，提供“一对一、个性化、差异化”服务，客户满意度98%以上。科学细分客户用气需求，定期召开客户衔接会议，上下联动逐步提高用气计划准确性。推行“直供代结算”气款结算模式，鼓励下游企业先行先试，着力推动阶梯代输价格，挖潜增效、激发活力。建立完善信息研究中心，深入开展课题研究，打造信息共享平台，助力营销业务发展。利用线上平台首次实现竞价交易，持续完善竞价模式，2017 年在上海石油天然气交易中心完成线上交易量 15 亿立方米。全力推进 LNG 销售工作，打通“制度流、实物流、资金流”，丰富经营手段和供给方式，规范有序运作。推动互联互通，在广东地区与中海油实行冬夏资源串换，初步形成常态化互供互保机制。强化大局意识，全力保障香港供气，充分发挥客户用气特性，提高冬夏调峰水平。在台风袭击、冬季保供等特殊时期靠前服务，及时衔接用气需求，展现公司责任担当。严格落实国家“压南保北、压非保民”要求，应对迎峰度冬，协调上游资源，切实保障民生用气。

【规划计划】 2017 年，天然气销售南方公司树立企地融合共赢、协同发展理念，编制《广东省中长期天然气发展规划》，促进地方政府天然气利用全面融合，助力地方经济发展。完善发展规划，加强规划引导，组织开展南方市场区域 2018—2022 年总体、分省天然气业务发展滚动规划编制工作，分省天然气业务发展滚动规划通过评估。紧跟市场需求，与西气东输公司衔接改扩建项目，推动立项 25 项、开工 9 项。落实股份公司关于天然气销售与管道业务体制调整部署，海南天然气销售业务划转、江西天然气股权管理权划转获股份公司批准。强化投资计划管理，实现投资“一本账”，2017 年完成投资 10.81 亿元，计划完成率 99.2%。规范综合统计工作，充分发挥统计分析作用，天然气销售南方公司被评为集团公司 2017 年度统计工作先进单位。

【基础管理】 2017 年，天然气销售南方公司以防控风险、提升效益和持续发展为导向，逐步健全体制机制。发布 94 项规章制度，初步完成综合管理体系建设，逐步夯实管理基础。严格规范合同管理，合同系统实现上线运行，签订各类合同 226 份。实行分层次科研投入机制，按照项目制管理稳步推进 6 个科技项目，助力主营业务开展。建立健全 5 个专业管理委员会，加强企业管理，充分发挥各专业协同管理作用。参股重组广东省管网公司，全面加强股权行权管理，准确定位并促进广东省管网公司角色向“管道运输”转变，持续增强中国石油话语权，全年实现股权收益 1493 万元。规范经营管理行为，开展内控测试和内部项目审计，提升管理水平。注重预算管理与资金计划衔接，实现预算、资金、核算一体化管控。完善财务管理体系，强化风险管理，注重过程控制，实行“先款后气”预收款制度，防范气款回收风险。加强清欠力度，清理内部长期欠款 3.88 亿元，有效控制外部欠款。

【党建工作】 2017 年，天然气销售南方公司以政治建设为统领，切实把党建融入经营管理全过程，打造坚强政治堡垒，促进公司稳健发展。加强组织建设，按照“三同时”原则与机构设置同步建立基层党组织，集中组织党支部书记培训，实现基层党组织对全体党员全覆盖。强化思想引领，认真组织学习贯彻党的十九大精神，编制学习方案，坚持学以致用、用以促学。通过“请进来”“走出去”等方式扎实开展党委中心组学习，引领学习型党组织建设。推进“两学一做”学习教育常态化制度化，深入开展“践行四合格四诠释、弘扬石油精神、喜迎十九大”主题实践活动，增强党员“四个意识”“四个自信”。不断推进党风廉政建设，按照“横向到边、纵向到底”原则，层层签订责任书。联合专业研究机构，开展廉洁风险防控体系研究，打造阳光工程。坚持廉洁教育常态化，面向中层干部开展“六个一”廉洁教育，全方位强化党纪党规硬约束。

【企业文化】 2017 年，天然气销售南方公司全面落实意识形态工作，建立以公司主页为载体的内宣阵地，开办公司官方微信“南方正气”，讲好“南方故事”，为企业形象建设注入正能量。创新企业文化载体，组织文化故事、格言征集，汇聚全员智慧，丰富特色文化，制作企业文化手册、公司宣传片。坚持党建带工建、带团建，组建工会筹备组、团委筹备组，开展“开心工作、快乐生活”“金秋助学送温暖”等主题活动，有序推进员工健康疗养，提升团队凝聚力。成功开启“南方讲坛”，面向全员开展专题讲座，提升员工素质。加强对外宣传，以参加思亚石油论坛、地方管网模式研讨等行业会议为契机，主动发出天然气销售南方公司声音，增加行业影响力。

【队伍建设】 2017 年，天然气销售南方公司注重员工专业素质能力培养，打造优秀团队。按“划片、划区、划线”原则在省级分公司设置 21 个销售分部，全面延伸市场触角。按照“三步走”方案，标准从严、审查从严、程序从严，选拔任用副处级以上干部 23 人。在集团公司内部组织公开招聘，将“按需、竞争、择优、公开”原则贯穿初选、面试全过程，在 800 多名应聘者中精选录用 91 人，促进集团公司内部人员有效流动。强化员工岗位培训，举办 3 期新员工培训班，促进新员工快速实现角色转变。“三项制度”改革迈出实质性步伐，设立五个专项奖，薪酬分配向基层倾斜，充分发挥薪酬激励作用。做好员工落户工作，申办广州地区人才绿卡、白卡，争取优惠政策，让员工安心工作。

（杨　静　韩　鹏）

中国石油天然气股份有限公司天然气销售储备气分公司

【概况】 中国石油天然气股份有限公司天然气销售储备气分公司（简称储备气分公司），按照集团公司建立储气库市场化经营机制、提升安全保供能力和整体效益要求，于2016年11月25日由股份公司批准成立，受托管理集团公司、中油管道、昆仑能源所属储气库资产及业务，总部设在北京。储备气分公司主要负责制定储气库业务管理标准和运行规则，储气库经营管理、安全运行，储气库规划、前期和建设组织等工作，为集团公司天然气业务提供有偿储气服务，承担季节性调峰、事故应急调节、商业储备和国家战略储备等任务。储备气分公司设6个职能处室；下设储备气黑龙江有限公司。截至2017年底，员工总数29人。博士1人，硕士8人，本科以上学历占总人数100%；教授级高级工程师1人，高级职称人员13人，中级职称人员7人。

【工程建设】 2017年，储备气分公司克服新建项目施工进场、征地外协等难题，实现大庆升平储气库升深2-1和升深2两口老井修井工作顺利开工，完成新井地质设计、钻井设计、完井设计及概算工作。推进项目前期工作，有序开展辽河雷61、大港驴驹河、楚州、平顶山、淮安和浙江白驹6座新建储气库项目的初步设计工作。

【企业管理】 2017年，储备气分公司完成6个处室的组建工作，并根据升平储气库项目建设需要成立储备气黑龙江有限公司。坚持正确的用人导向，严把选人用人关，组织多次公开招聘，从总部机关、专业公司及各相关单位聘用各专业管理人员。启动技术标准编制工作，梳理出78项技术标准清单，在较短时间内完成盐穴和气藏两类储气库技术规定61项，为形成国内储气库一套系统完整的可执行标准奠定基础。制定和发布《招标管理办法》《服务商准入管理办法》等15项管理制度，为规范公司管理奠定基础。

【市场开发】 2017年，储备气分公司稳步拓展合资合作渠道，与上海、重庆石油天然气交易中心开展深化合作对接，在储气库交易产品的设计、定价和交易方式、实物交割、信息系统衔接、储气费市场化等方面进行深入沟通，在公司未来市场化运作、引入社会资本、投资方收益等方面进行探讨和交流，并与重庆石油天然气交易中心签订战略合作协议。同时，公司与勘探院开展中俄原油管道东线配套的升平、楚州和白驹3座储气库的技术合作，先后多次到大庆油田、大港油田、辽河油田、新疆油田及西气东输公司等对现有和拟建气藏型储气库、盐穴型储气库进行调研，为进一步拓展合资合作工作奠定基础。

【安全环保】 2017年，储备气分公司牢固树立“以人为本、质量至上、安全第一、环保优先”的理念，推进QHSE管理体系建设。确定以质量、HSE标准为主线，融合内控、法律风险防控和规章制度体系等方面要求的体系建设工作思路。结合公司实际，搭建1个管理手册、31个程序文件和76个支持性文件的QHSE管理体系。层层签订安全环保责任书，推动安全环保工作操作执行和责任落实到位，夯实安全环保基础工作。

【党建工作】 2017年，储备气分公司坚持从严治党，全面加强党建工作。坚持强化思想引领，组织全体党员和干部员工深入学习贯彻习近平新时代中国特色社会主义思想和党的十九大精神，用科学理论武装头脑、指导实践、推动工作。认真落实党委主体责任，严格执行民主集中制，把党委研究讨论“三重一大”问题作为公司领导班子决策重大问题的前置程序；推进“四同步、四对接”，在筹备设立储备气黑龙江有限公司过程中将党建工作要求明确写进公司章程。加强组织建设，坚持机构设在哪里、党支部就建在哪里，在储备气分公司组建过程中，根据人员调入情况，要求及时调转组织关系，并同步成立3个机关党支部，把所有党员纳入正常的支部生活中。加强作风建设，及时制定中央八项规定实施细则，对公务接待、公务用车、会议、差旅等方面，做出内容更加量化、要求更加严格的规定。加强党风廉政建设，组织党员干部自上而下签订《党风廉政建设责任书》，在责任书上重点列出每个部门、每名党员干部的责任清单，签订范围纵向到底、横向到边，不留死角。

（苏雨嘉）

管道企业

中国石油天然气股份有限公司北京油气调控中心

【概况】 中国石油天然气股份有限公司北京油气调控中心（简称油气调控中心）于2006年5月8日正式成立，行政上是中国石油天然气股份有限公司的直属单位，业务上是中石油管道有限责任公司的直属机构，主要职能是对中国石油所属长输油气管道实施集中调度指挥、远程监控操作、维修作业协调和管网运行优化。2017年底，集中调控运行的油气管道共计79条，管道总里程约5.7万千米。其中，天然气管网3.7万千米，年输气能力1800亿立方米；原油管网近1.2万千米，年输油能力1.5亿吨；成品油管网9921千米，年输油能力6500万吨。

油气调控中心主要运营指标

项　目	2017年	2016年
原油管网输油量（万吨）	5964.53	5639
天然气管网输气量（亿立方米）	1066.98	945
成品油管网输油量（万吨）	1694.44	1791
节能（万吨标准煤）	4.01	4.68

【油气业务】 2017年，油气调控中心统筹国内外两种资源，综合利用管网管存、储气库和LNG调峰作用，有效应对严峻的保供形势，保证向下游用户稳定供应，全年天然气管输量1066.98亿立方米、销售量1044亿立方米，双双突破千亿立方米关口，成为天然气业务发展新的里程碑。原油和成品油管道克服批次多、批量小等运行难点，在市场低迷、后路不畅的情况下，实现资源高效输转，全年管输原油5964.53万吨、成品油1694.44万吨。紧盯新管道建设进度，扎实做好技术准备，认真组织岗前培训，逐项确认投产条件，强化投产组织协调，保证新管道投产。克服大落差管道投产中水推气、油推水技术难题，实现中缅原油管道一次投产成功；陕京四线、西气东输三线中靖联络线投产运行在华北地区冬季保供中发挥关键作用；中缅原油管道、漠大二线的成功投产拓宽西南、东北战略通道。新管道如期投产进一步增强管网输送能力，天然气管输能力超过1800亿立方米，原油管输能力达1.5亿吨，成品油管输能力达6500万吨。严控管道内检测、焊缝排查、流程改造等大量现场作业带来的安全风险，妥善应对中缅天然气管道“7·2”事故、西气东输二线东段“7·28”事故等造成的影响，及时发现并成功处置3起打孔盗油事件，油气管网实现安全平稳运行，全年未发生因运行调度不当和远程监控失误引发的运行安全环保事件。落实设备运行管理“五项机制”，加强压缩机组、泵机组等关键设备运行监测，有效处置压缩机组失效200余次、输油管道甩泵120余次、ESD系统误触发14次，全年压缩机、输油泵故障率分别同比下降14%和29%。

【远程监控】 2017年，油气调控中心持续推进输气场站远控改造联调，新增远控操作输气场站15座，总数上升至360座，占输气场站总数85%。全年实现105个天然气分输用户自动分输控制，超计划完成目标任务。输油管道实施远控操作的场站154座、阀室243座，实现一级管道远控操作全面覆盖。扎实推进智能调控建设，配合完成智慧管网信息化顶层设计，健全完善油气管道远程操作与运行调度控制逻辑体系，研究确立智能调控发展方向和实现路径。

【自控通信】 2017年，油气调控中心深度参与新建及改扩建工程设计审查，全过程抓好配套工程建设，保证现场软硬件系统满足调控业务需求。完成中缅原油管道等6条新管道SCADA系统、中间数据库及通信系统建设，以及27条在役管道的132座站场阀室系统扩容建设任务。完成卫星主站和端站的升级改造，及时退租15条公网电路，降低运营成本。推动中缅、中贵、长呼等管道光缆和华北油田光缆指标过低问题整改，大幅提高进京光缆通信路由质量。加强网络安全防护，成功应对勒索病毒袭击，保证工控系统和信息系统安全。扎实开展自控通信系统春秋检，定期组织廊坊备控中心功能测试，系统可靠性得到充分检验。2017年，在光缆长度增加5000多千米、远控场站和阀室增加249座、数据点数增长10%的情况下，SCADA系统与通信系统全年综合可用率继续保持99.9%以上。

【优化运行】 2017年，油气调控中心精心编制管道运行方案，精准实施日常优化调整，合理调节管输负荷分配，科学优化资源流向，降低管网运行成本。受"煤改气"和年底个别时段中亚气量严重不足的叠加影响，天然气管道较长时间处于低管存、高输量的供需失衡状态，造成管网能耗大幅上升。通过实施全管网全时段优化，天然气管网生产单耗同比下降。针对原油、成品油管道上游资源不均衡、炼油厂检修、市场波动和输量不足等问题，优化批次计划，实施间歇输送，控制作业周期，保持管道平稳运行。庆铁三、四线实施介质对调，兰成线超额完成91.7万吨长庆原油掺输任务，西部原油管道连续4年实现冬季常温输送，原油管道运行经济性逐年提高。兰郑长管道实现国Ⅴ标准与国Ⅵ标准油品顺序输送、庆咸支线增输车用汽油4.9万吨，西部成品油管道增输9万吨-35号小品种柴油，成品油增输上量见到一定成效。推动现场计量系统完善，对西气东输系统12座站场计量设施进行现场核查，实现全年盈亏平衡。全年油气管网节能4.01万吨标准煤，一级管道天然气、原油、成品油管网生产单耗分别同比下降1.81%、3.45%、0.53%。推动中贵线反输流程改造，相国寺储气库向中卫站反输天然气，实现南气北上。成功打通中贵线输气通道，分流西气东输一线、西气东输二线资源进入华南及中南地区，解决西气东输一线、西气东输二线东段高负荷下输送能耗过大的突出问题。

【科技创新】 2017年，油气调控中心加大科研投入，不断增强核心竞争力。完成国产PCS软件在港枣线、冀宁线苏北段现场工业试验并通过股份公司验收，实践证明PCS软件具备替代国外SCADA软件实力。"PCS管道控制系统V1.1"和"石兰原油管道运行参数预测软件"取得国家软件著作权。开展"压缩机组动态效率监测系统研究及开发"科研项目，实现西气东输13台燃驱机组的实时效率监测，填补一项技术空白。"基于油气管道SCADA系统的事故分析方法与装置"和"设备模型的构建方法及装置"两项发明专利申请通过初审。全年编制技术标准15项，形成集团公司技术秘密12项。

【企业管理】 2017年，油气调控中心着力加强安全管理，落实安全生产责任，建立健全风险分级管控和隐患排查治理双层预防机制，识别风险隐患129项，逐项落实防控措施，增强抗风险能力。组织QHSE管理体系升级，管理架构更加简化优化，可操作性进一步增强。推动HSE标准化调度台建设，主控室13个调度台全部达标。修订完善应急预案，强化实战演练与桌面推演，险情化解和应急处置能力得到提高。"天然气管网集中调控运行优化管理体系构建与实施"获全国石油石化企业管理现代化创新优秀成果奖。制定"三重一大"决策制度实施细则，调整理顺重点领域业务管理职能，强化责权监督制约，保证合规管理。加强投资和预算管理，有效保障生产建设需求，全年投资完成率98.6%，节约经费预算9%。开展全流程全要素内控体系测试，全年无例外事项发生。强化审计监督，完成20个工程项目审计，促进规范管理。出台异地调京住房补贴政策，解决调京人员实际困难。

【队伍建设】 2017年，油气调控中心滚动完善人力资源专项规划，明确未来5年人力资源工作的努力方向和具体举措。修订绩效考核实施办法，细化量化考核内容，建立起以绩效为导向的薪酬分配制度。制订优秀年轻干部培养选拔工作方案，完善一般管理岗位聘任管理制度，搭建青年员工成长基础平台。开展长输油气管道调度职业发展规划研究，推动建立职业调度岗位序列。坚持典型引路，加大典型宣传力度，形成看齐氛围，张丙辰成功入选集团公司2016—2017年度十大感动人物，发挥先进典型在队伍建设中的带动和示范作用。

【党建工作】 2017年，油气调控中心深入推进"两学一做"学习教育常态化制度化，深入学习贯彻党的十九大精神，扎实开展"践行四合格四诠释，弘扬石油精神，喜迎党的十九大"岗位实践活动，举办党的知识竞赛和党员岗位讲述。认真落实"两个责任"，健全完善全面从严治党制度体系，研究制定《落实全面从严治党要求加强党的建设的实施细则》等一批重要制度文件，规范党费收缴、使用和管理，首次在预算中专项列支党建费用，保障党建工作需要。群团组织紧密结合实际，为职工群众办实事、解难事，广泛开展群众性文体活动，增强队伍凝聚力和向心力。

【反腐倡廉】 2017年，油气调控中心首次召开党风廉政建设和反腐败工作会议，组织签订党风廉政建设责任书，层层压实责任。扎实推进巡视反馈问题整改，6个方面33项问题基本整改完成。研究制订惩治和预防腐败体系建设推进计划，建立完善党风廉政建设制度10余项，夯实纪检监察工作基础。常态化开展反腐倡廉教育，及时传达集团公司党组有关通报精神，形成高压震慑，筑牢各级干部思想防线。对近两年新提任18名副处级以上干部进行“六个一”教育，强化廉洁从业意识，各级干部全年未发生违纪违规事项。

（周　涵）

中国石油天然气股份有限公司管道建设项目经理部

【概况】 中国石油天然气股份有限公司管道建设项目经理部（简称管道项目经理部），2007年2月15日由股份公司批准成立，总部设在北京。按照中国石油“建管分离”和统一组织领导、统一工作方法、统一工作标准、统一工作程序要求，管道项目经理部代表中国石油新建长输管道项目实施专业化集中统一运作与组织管理，承担中国陆上能源战略通道和国家油气骨干管网建设任务。

管道项目经理部承担西气东输二线（简称西二线）和西气东输三线（简称西三线）、中缅油气管道（国内段）和中俄原油管道漠河—大庆线（简称漠大线）等49个管道建设项目。截至2017年底，管道项目经理部完成工程建设投资2708.24亿元，组织完成管道建设里程3.1万千米，覆盖全国30省（自治区、直辖市）和特别行政区，打通四大能源战略通道，连通海外、覆盖全国、横跨东西、纵贯南北油气骨干管网格局基本形成，中国油气管道总里程超过13万千米，近10亿人受益，体现少人、高效、专业化管理优势，中国石油利益实现最大化。

在基本完成管道大规模集中建设后，2016年6月8日，中国石油调整管道建设体制，由“建管分离”向“谁使用、谁建设”建设体制转变，管道项目经理部重组转型，企业进入存续和员工转岗分流阶段。

2017年初，管道项目经理部有12个处室、10个项目部，员工286名，其中合同化员工93名、借聘员工118名、市场化员工16名。本科及以上学历208人，其中博士生4人，硕士研究生28人，本科学历176人。教授级高级工程师7名，高级工程师76名，工程师61名。年底分流263人。

2017年，管道项目经理部严格按照中国石油企业改革重组要求，加快推进企业重组转型，承担锦州—郑州成品油管道（简称锦郑线）等3个在建项目和西二线等34个项目验收及企业改革收尾工作。

【重点项目建设】 2017年，管道项目经理部协调各方，通力应对项目施工进场、征地外协等难题，全力加快项目建设。全年完成焊接里程169千米，回填141千米；组织建设站场21座、阀室68座。中缅原油管道、云南成品油管道干线建成投产，标志中缅油气管道一期工程建成投运；西二线西段、长呼原油管道、山东管网淄博支线和范镇分输站、秦沈锦州石化供气支线相继竣工投产，成为建设美丽中国和带动管道沿线地方经济社会发展能源主干道。锦郑成品油管道建设面对“减少雾霾影响确保国家重大会议期间环保要求”而停工及地方诉求等各种困难，管道项目经理部领导靠前指挥，反复深入工程建设施工一线，携手各方先后攻克武清、蒿城路由规划及山海关补偿等重难点区域和一系列难题，锦郑线建设有序推进，并移交地区公司；云南成品油管道攻克滇中改线重大难题，实现全线贯通和建成投产建设目标。

【企业重组转型】 2017年，管道项目经理部在管道建设体制由集中建设向“谁运行，谁建设”转变过程中，面对员工思想活跃、人心浮动，同时工程建设举步维艰、大量收尾工作接踵而至，队伍稳定面临风险挑战等难题，按照集团公司党组要求认真履行工作职责，全面加快改革步伐和项目群建设收尾工作。组织广大党员干部认真学习贯彻党的十九大精神，结合“两学一做”及“四合格四诠释”岗位实践活动，持续开展“站好最后一班岗，我为企业做贡献”主题教育活动，持续开展针对性宣传教育工作，撰写重组转型系列报道，通过正面典型和正能量宣传，鼓舞队伍士气。加强监督检查，确保特殊时期工作连续性和纪律严肃性。全力丰富员工业余文化生活，确保特殊敏感时期员工身心健康，鼓舞士气。

针对员工转岗位分流难题，管道项目经理部坚持以人为本，依靠集团公司，主动协调各方，深入与5家管道企业及借聘员工所在32家局级单位沟通对接，充分凝聚各方力量和智慧，迎难而上，做好员工转岗分流工作，切实维护员工合法权益，确保万无一失。2017年，管道项目经理部先后分流人员263人，通过平等协商依法合规解除53名市场化员工劳动关系，全过程没有发生信访、上访和不稳定事件，基本保持队伍平稳过渡。

【企业管理】 2017年，管道项目经理部创新管理手段，推进技术创新，全面风险防控，项目管控能力持续提升。

推进科技攻关。由管道项目经理部承担“第三代大输量天然气管道工程关键技术研究”重大科技专项通过验收，中国天然气管道应用技术保持国际领先地位。持续推进工程建设过程技术文件编订工作，组织完成11项质量管理类CDP文件编制并发布，可有效指导未来管道工程建设；完成《天然气管道工程施工图统一规定》等13个“三化”（标准化、模块化、信息化）文件发布、存档和关闭合同，“三化”工作至此全部关闭，奠定制定今后工程项目建设标准基础。牵头组织“油气管道隧道喷锚衬砌支护结构及结构安全性研究”和“建设期油气管道内腐蚀原因分析及防控技术研究”项目并通过集团公司验收，相关研究成果用于指导隧道喷锚及建设油气管道内腐蚀防护工作，经济社会效益显著。

履行审计职能。2017年，管道项目经理部配合完成集团公司西二线东段等迎审项目12个，涉及审计资金1275亿元；邀请30多家中介，组织开展西二线东段、兰成、大沈、中缅管道等结算审计项目12个，审计资金1505亿元。审计过程中，通过数据对比、现场勘查等方式对项目建设过程中工程管理、现场工程量确认、工程结算、合同管理、乙供物资等风险较高区域进行审查，审减资金6557.86万元。通过决算审计，及时发现和改进项目管理中薄弱环节，内部审计“规范管理、防范风险”作用得到发挥。围绕审计问题整改举一反三，完成18个结（决）算项目审计整改工作，现场屡查屡犯问题得到控制。

【项目收尾移交】 2017年，管道项目经理部加快竣工和专项验收。管道项目经理部完成竣工验收28项；完成专项验收并取得关闭164项，完成率97%；组织完成170项专线验收工作，项目群安全、环保、水土保持和职业卫生四项专项验收工作基本完成。组织完成西二线东段、兰郑长等18个项目档案验收工作，向运行单位移交西三线东段、中缅油气管道等20多个项目竣工资料19.47万卷件、光盘1.34万张，累计完成39个项目竣工档案专项验收，得到集团公司和专家一致好评。加快结算工作。依据定额及合同单价加快结算工作，截至2017年底，45个项目结算工作全部关闭，支付工程费用2650亿元；审核结算金额440.45亿元，审减73.72亿元，审减率14.3%；探索完善索赔管理方法和机制，妥善应对纠纷案件。狠抓投资管理。认真做好投资计划管控、合同审批等基础工作，2017年上报6批投资计划申请，下达投资计划6.57亿元；全年完成投资27.49亿元；及时梳理各项目投资完成情况和概算完成情况分析，建立移交台账和清单，科学加快工程移交。

【安全环保】 2017年，管道项目经理部持续开展焊口抽查工作，结合锦郑线等在建项目持续开展焊口机械性能抽查，并通过焊口定期抽查确保建设单位真正树立“保质量就是保效益”意识。梳理10年来管道建设典型质量HSE事故事件案例，通过汇编成册组织开展质量HSE经验分享。细化质量飞检内容，从高频次全覆盖向深层次、向过程环节转变。2017年，管道项目经理部在建项目没有出现重大及以上质量事故，焊接一次合格率97.43%，防腐补口一次合格率99.9%，工程单位工程合格率100%，没有发生一起安全及环保事故事件。严肃查处西二线（东段）“7·28”管道泄漏事故，责任单位和个人承担全部经济损失，并处罚款130万元。

【中国第三代天然气管道关键技术】 随着国民经济发展和能源战略调整，国内天然气需求与日俱增，中国石油在大规模管道建设进程中，2012年7月设立“第三代大输量天然气管道工程关键技术研究”重大科技专项，针对X90/X100超高强度钢管应用技术、0.8设计系数应用技术和管径1422毫米X80管线钢管应用技术展开系统研究，为西三线、中俄原油管道东线等重大管道工程提供技术保障，成为超大输量天然气管道工程建设的技术支撑和储备，中国在国际油气管道建设领先地位得到巩固。

该重大科技专项在中国石油统一组织下，由管道项目经理部任项目长单位，联合石油管工程技术研究院、西部管道、管道局、宝鸡钢管、渤海装备、海洋工程公司、工程设计公司和规划总院开展攻关。

经过数百名中国石油科技工作者和管道建设者近5年联手艰苦攻关，全面完成该重大科技专项研究任务，取得7项理论成果、12项技术成果、7大标准体系、9大系列产品，特别是X90钢管相关研究成果填补行业空白。建成261千米0.8设计系数示范工程和7千米管径1422毫米X80示范段，X90试验段具备施工条件，培养出国家级设计大师1人、集团公司级专家13人。

成果表明仅西三线261千米0.8设计系数示范工程成功建设，节约钢材1.26万吨；管径1422毫米X80管道示范建设工程作为中俄原油管道东线大规模实施技术保障，对中国大规模管网建设中资金节约、土地占用和环境扰动具有重要作用。

2017年8月31日，“第三代大输量天然气管道工程关键技术研究”重大科技专项通过中国石油专项验收，标志着中国第三代大输量天然气管道关键技术获得成功，并以成套技术进一步推动中国天然气管道技术进步，中国在天然气管道应用技术方面国际领先地位得到巩固。

【西气东输二线（西段）工程】 西气东输二线工程是党中央、国务院决策建设具有战略意义重大工程，国家“十一五”规划重大项目，是中国首条引进境外天然气资源、压力最高、输量最大天然气管道。西二线管道西起新疆霍尔果斯，东至香港，全长8704千米，其线路长度、供应覆盖面积、受益人口居全球天然气管道首位。1422亿元投资成为中国单体投资最多油气管道工程。2008年2月22日，西二线工程开工，按照“先西段后东段、先干线后支线”思路，分东西两段组织建设。

西二线是世界上首条全部采用X80高钢级天然气管道（图1），434万吨X80钢用钢量是全球已用总量2.5倍，比全球过去20年X80钢管道长度总和还要多，X80用钢量和X80工程量全球最大。西二线全部采用100%中国制造X80钢管新产品，比进口价格低30%，节约投资约84亿元；与X70钢相比，节约钢材42万吨，节约投资42亿元；比建两条X70管道节省130亿元投资，输送效率提高15%，节省工程用地1.44亿平方米，减少大量环境扰动。

西二线土石方开挖8000万立方米，按1平方米断面堆放可绕地球赤道两周；线路焊接约76万道口，仅焊条用量6686吨；采购设备26万多台（套）；中国石油内外超过200个单位参与工程建设，打破天山冬季施工禁区，配套服务单位上千个，投入269个机组，动用机械设备近1.78万台（套），先后有近5万人、55万人次投入工程建设中。

图1 西气东输二线西段建设现场

西二线工程开创国际国内管道建设众多纪录，成为世界管道建设史上一座丰碑，载入《中国共产党十七大以来大事记》。

2012年12月30日，西二线全面建成投运，中国在建和已建天然气管道连成一张近4万千米管网，把中亚天然气送达全国23个省（自治区、直辖市、特别行政区）300多座城市，民生工程效能渐显，成为建设“美丽中国”重要清洁能源保证。

西二线西段由1条干线和两条支干线组成。西二线西段干线起自新疆霍尔果斯，止于宁夏中卫站，途经新疆、甘肃、宁夏3省（自治区）22市（县）；线路总长2441千米，设计压力12兆帕，管径1219毫米，设计输量300亿米^3/年。工程于2008年2月22日启动建设，2009年12月16日建成并投入试运行（图2）。

图2 西气东输二线霍尔果斯首站员工在现场巡检（蒋万全 摄）

管道项目经理部在西二线西段工程建设以“业主+监理+EPC”建设管理模式，成功探索“建管分离”模式下有效管理和工作方法，取得新体制新机制条件下丰富管理经验。新的设计方法提升管道本质安全，新的施工技术节约大量建设成本。重大科技专项支撑项目建设，取得16项产品、59项标准、76项专利和发表论文121篇技术成果。

西二线西段穿越西北天山林场和赛里木湖国家风景名胜区，中国石油自主提出开展专项生态修复工作，邀请环境保护部、水利部、中国农业大学专家组成专家组，制定全线生态修复规划，聘请专业部门做好恢复植被工作。经过3年努力，管道经过地带生态全部得到恢复，西二线西段被国家授予“全国水土保持示范工程”。

2017年9月29日，西二线西段工程通过股份公司竣工验收，正式投产，西二线西段累计输送天然气2426亿立方米，成为建设美丽中国能源主干道。中国天然气消费比例从3%提高到5%，每年替代7680万吨煤炭，减少二氧化硫排放量166万吨、二氧化碳排放量1.5亿吨，沿线4亿人受益。

【长呼原油管道】 长庆—呼和浩特石化原油管道工程（简称长呼原油管道）起自陕西省定边县油房庄首站，止于内蒙古自治区呼和浩特末站。管道全长563.23千米，设计压力6.3—8兆帕，年设计输量500万吨。工程2011年6月26日开工建设（图3），2012年10月15日建成投入试运行。

图3　长呼原油管道建设施工现场

长呼原油管道建成投产，结束呼和浩特石化20年仅靠铁路运输原油历史。来自鄂尔多斯盆地原油通过管道直接输送到内蒙古，促进陕西和内蒙古地区经济发展，并对少数民族地区经济社会发展发挥重要促进带动作用。

2017年9月26日，长呼原油管道工程通过股份公司竣工验收，正式投产。

【石兰原油管道】 石空—兰州原油管道工程（简称石兰原油管道）是中国石油落实西部大开发战略一项重要工程，在加速宁夏回族自治区和甘肃省经济发展、改善能源结构和提升民生质量、进一步做大做强宁夏和甘肃石化产业，发挥甘肃能源大通道作用方面产生重要影响。

石兰原油管道起自宁夏中卫市中宁县石空首站，途经宁夏、甘肃3市7县（区），止于甘肃省兰州市西固区西部管道兰州末站。管道全长326.56千米，设计压力8兆帕，设计输油量500万吨/年。工程于2009年8月启动项目建设。

管道项目经理部全力破解施工中的各种难题（图4），确保施工进度，取得管道焊接一次合格率高出合同要求7个百分点业绩。2010年10月26日，石兰原油管道建成投入试运。

图4　石兰原油管道建设施工现场

石兰原油管道建成投产，在长庆油田内部南北区构成环形管网，使各油区间调运更加灵活，长庆油田北部外销能力增强，南部出口外销压力缓解；在长庆油田内部外部形成兰州石化、呼和浩特石化等多外部出口，油区内部管网负担减轻，确保长庆油田外输畅通。

2017年7月3—6日，石兰原油管道通过竣工验收，正式投产。截至2017年6月底，累计输送原油2780万吨。

【山东管网泰青威管道】 山东天然气管网泰安—青岛、青岛—威海天然气管道工程（简称山东管网泰青威管道）是山东省与中国石油合作建设重大项目，是构筑山东省一横一纵天然气干线重要工程。该工程可满足山东省中东部地区天然气清洁能源用气、优化能源结构、改善大气环境、推动地方经济社会发展需求。

山东管网泰安—青岛天然气管道工程起于冀宁管道泰安压气站，止于青岛分输清管站。途经泰安市、莱芜市、淄博市、潍坊市、青岛市，计11市、县、区。管道长度 342.38 千米，设计压力 10 兆帕，设计输量 86 亿米³/年。2009 年 10 月 20 日项目启动，2011 年 4 月 25 日建成试运行，截至 2017 年 10 月，累计输送天然气 90.98 亿立方米。

山东管网青岛—威海天然气管道工程起于青岛市青岛分输清管站，止于威海分输清管站，途经青岛市、烟台市、威海市等 3 市。管道长度 220.82 千米，设计压力 10 兆帕，设计输量 86 亿米³/年。2010 年 5 月 12 日项目启动，2015 年 9 月 14 日建成试运行，截至 2017 年 10 月底。累计输送天然气 1.68 亿立方米。

管道项目经理部作为建设单位组织工程全过程建设实施（图 5）。2017 年 11 月 21—24 日，山东管网泰青威管道工程通过竣工验收，正式投产。

图 5　山东管网泰青威段施工现场

【山东管网淄博支线】　淄博支线是山东天然气管网重要组成部分，是山东天然气管网与沧淄线连接线，线路全长 100.72 千米，沿线设置 3 座工艺场站和 4 座阀室，设计压力 6.3 兆帕，设计输量 24 亿米³/年。工程 2011 年 4 月 20 日开工，2013 年 12 月 9 日，淄博支线建成投入试运行。淄博支线新增天然气迅速破解淄博能源之渴，工业城市环境污染得到相应治理。

2017 年 7 月 7 日，山东天然气管网淄博支线通过竣工验收，正式投产。截至 2017 年 6 月底，淄博支线累计输送天然气 23.4 亿立方米，并始终保持连续安全平稳运行。

【甘南供气管道工程】　甘南藏族自治州是中国 10 个藏族自治州之一，位于中国甘肃省西南部，地处青藏高原东北边缘与黄土高原西部过渡地段，属于黄河、长江水源涵养区和补给区，被费孝通称之为“青藏高原的窗口”和“藏族现代化的跳板”，被国家确定为生态主体功能区和生态文明先行示范区。

甘南供气管道工程由 1 条干线 1 条支线组成，干线起于临夏回族自治州，途经临夏市、临夏县、夏河县，止于合作市；支线起于王格尔塘镇，止于夏河县城。管道全长 138 千米，设计压力 4 兆帕，干线管径 219.1 毫米、支线管径 114.3 毫米，设计输量 2400 万米³/年，工程于 2010 年 12 月 25 日启动。

该工程沿线平均海拔 2450 米以上，途径地区是多民族、多宗教共存地区，因宗教、语言文化差异，工程建设协调难度极大。中国石油和甘肃省及各级地方政府全力支持，沿线各族群众紧密配合，2011 年 10 月完成建设任务。2015 年 4 月 23 日，甘南供气管道工程全线投产试运行。

2017 年 6 月 26 日，甘南供气管道工程通过竣工验收，正式投产（图 6）。从此，甘南藏族自治州进入天然气时代，告别千百年来柴禾、燃煤历史，长江、黄河水源补给区生态环境得到保护。

图 6　甘南供气管道工程竣工验收现场

【秦沈天然气管道锦州支线】　秦皇岛—沈阳天然气管道锦州石化供气支线工程（简称秦沈天然气管道锦州支线）起自秦沈天然气管道锦州分输站，止于锦州石化公司，管道线路全长 30.86 千米，设计输气能力 4500 万米³/年，管径 273—457 毫米，设计压力 6.3 兆帕。2011 年 6 月 10 日工程开工建设，2014 年 11 月 13 日建成试运行。

该工程建设采用“业主 + 监理 +EPC”管理模式，工程建设组织得力、管理科学，遵循国家基本建设程序，全面实现质量、进度、投资及 HSE 控制目标。尤其在征地补偿等各项建设费用越来越高挑战面前，经集团公司审计认定，工程投资控制在批准概算投资之内，并实现投资结余。

2017 年 10 月 24 日，秦沈天然气管道锦州支线工程通过竣工验收，正式投产，来自中亚和中国长庆、塔里木气区天然气成为东北老工业基地振兴绿色发展助推器。

（蒋万全）

中国石油天然气股份有限公司管道分公司（中石油管道有限责任公司北方分公司、中国石油天然气股份有限公司管道销售分公司）

【概况】 中国石油天然气股份有限公司管道分公司（中石油管道有限责任公司北方分公司、中国石油天然气股份有限公司管道销售分公司）简称管道公司，位于河北省廊坊市。主营业务涉及原油、天然气、成品油管道运输，管道运输的原油和天然气销售，油气管道运营服务、科研服务等。2017年底，用工总量9350人，设16个职能部门，下辖输油输气、管道项目建设管理、管道科技研究中心、压缩机组维检修、油气储运技术服务、矿区后勤服务等27个处级生产经营单位，管辖业务单位分布在全国14个省（自治区、直辖市）。

截至2017年底，管道公司在役油气管道14155千米。年输送原油能力10750万吨，年输送成品油能力1921万吨，年输送天然气能力412亿立方米。有林源、铁岭等多处大型储油库区，储油能力585万立方米。原油管道6108千米，主要管道包括漠大线、庆铁三线、庆铁四线、长吉线、中朝线、鞍大线、铁抚线、铁锦线、津华线、惠宁线、惠银线、石兰线、长呼线、日东线；成品油管道4130千米，主要管道包括：兰郑长线（宝鸡—长沙）、港枣线、呼包鄂线、宁石化外输线、吉长线；天然气管道3917千米，主要管道包括：沧淄线、泰青威线、冀宁线（枣庄—衡水）、平泰线（菏泽—泰安）、秦沈线、长长吉线、哈沈线（沈阳—长春）、大沈线、平山线。

2017年，管道公司被授予集团公司“安全生产先进单位”“环境保护先进单位”；获集团公司技术发明三等奖2项；获集团公司第二届新媒体内容创作大赛一等奖4项、三等奖2项；获集团公司第三届优秀标准奖一等奖、二等奖各1项，三等奖2项；1名员工获河北省“五一劳动奖章”，所属秦皇岛输油气分公司获河北省“工人先锋号”；所属中石油山东输油有限公司财务科获河北省“五一巾帼标兵岗”称号。

2017年，输送原油6222万吨、成品油516万吨、天然气158亿立方米，超额完成管输任务。输差损耗控制在股份公司下达的指标范围内，在能耗指标大幅压减14%的情况下，实现节能0.46万吨标准煤。

管道公司主要生产经营指标

指　标	2017年
输送原油（万吨）	6222
输送成品油（万吨）	516
输送天然气（亿立方米）	158
节能（万吨标准煤）	0.46
利润（亿元）	19.78

【生产运行】 2017年，管道公司调整优化11条管道的运行方式，做好5家炼油厂检修期间资源平衡，保障5家油田生产后路畅通和8家炼油厂资源稳定供应。组织完成中俄原油二线、庆铁三线、庆铁四线站场改造和铁大线安全改造工程投产，按照“保民生、保公用、保重点”的原则，全面完成天然气保供任务。历经多轮谈判，正式签订中俄原油增输计量协议，俄罗斯天然气计量协议谈判取得积极进展。

【管道管理】 2017年，管道公司新投运管道1300千米。强化完整性管理和精细化管理，在管道总里程增长8%的情况下，实现“两个零、两个下降、八个100%”的目标，即：新发生管道占压和第三方施工损伤为零；光缆中断率、管道失效率同比下降；高后果区识别率、风险评价治理率、完整性评价覆盖率、管道阴极保护率、一级动火安全完成率、站外管道更改大修完成率、应急演练完成率和管道隐患整改完成率100%。实施管道内检测906千米、外检测1876千米、管道工程适应性评价588千米、识别高后果区2214千米、评价出风险管段680处、开挖修复缺陷161处，未发生因管体缺陷引发的油气泄漏事故。综合运用人防、物防、技防、信息防和警企联防，有效监护第三方施工1736处。强化汛前治理、汛中检查、汛后抢险，实施大型水工保护工程42项。

【安全环保】 2017年，管道公司制定10类安全环保风险防控措施，完成长沙应急池建设等10项重大安全环保隐患整改。完成33项新建管道安全、环保和职业卫生专项验收，“三废”合规排放，安全实施一级动火66次。管道公司连续3年未发生一般及以上环保事件，连续4年未发生交通安全事故，连续5年未发生承包商安全事故，连续6年未发生工业生产亡人事故，连续7年重大安全环保隐患数量呈下降趋势。闭环整改体系审核发现问题1191项，以石油天然气管道业务第一名的成绩通过国际安全管理评级7级审核。

【工程建设】 2017年，管道公司新建站场20座，工程质量、安全、进度、投资实现全面受控。铁大线安全改造工程8月30日建成、9月25日投产，历时7年的东部管网升级改造全面收官，实现重建“八三”管道的目标。庆铁二、四线站场改造工程9月30日建成、10月27日投产，俄罗斯原油引进新民站工程12月18日投产，中俄原油管道二线11月30日建成、2018年1月1日投入商业运营。在中俄原油二线建设中，全体建设者穿越500千米的原始森林无人区，历经零下50℃的极寒天气考验，高标准、高质量、高水平完成工程建设任务，创造高纬度极寒地区管道建设180天焊接500千米的“中国速度”。中俄东线天然气管道工程过境段控制性工程备用隧道贯通，试验段完成预期实验内容，黑河—长岭段12月13日全面加快建设。在76千米的试验段建设中，全面推广应用全自动化焊接、机械化补口和无损检测新技术，推行数字化管理新模式，成功组织新管材、新技术、新工艺的现场验证，取得开创性成果48项，制定技术标准和管理规范22项，为中国首条智能化管道建设和管理提供基本遵循。全面启动环焊缝排查治理，完成底片资料排查12.3万道、焊口对齐6.7万道、修复不合格焊口5道。接收锦郑管道等23个工程项目，完成22项工程的竣工验收。

【科技创新】 2017年，中俄东线天然气管道运行保障技术攻关取得阶段性成果，管道环焊缝缺陷检测等技术持续深化应用，国家重点研发项目“油气长输管道及储运设施检验评价与安全保障技术”进展顺利。标准化工作卓有成效，牵头制修订国际标准2项、国家标准1项、行业标准5项、企业标准21项。信息化建设ERP应用集成项目按期建成投用，有效应对勒索病毒等重大威胁。

【队伍建设】 2017年，管道公司举办培训班1903期，培训员工2.7万人次，内部分流安置198人，新增储运技术服务136人。组织开展2017年技能竞赛，18家单位763名选手同场竞技，新选聘94名技术技能带头人。在2017年国际职业技能竞赛上，管道公司代表中国石油首次参赛，取得1银2铜的优异成绩。

【企业管理】 2017年，中俄油气管道建设等宣传作品被新闻联播、《人民日报》、新华网等国家主流媒体刊发转载，管道公司门户网站、官方微信点击量位列中国石油前列。探望慰问患病离退休职工625人次，走访离退休职工912人次，慰问离退休职工遗属306户，组织健康体检4672人次。全面完成党的十九大、全国“两会”、“一带一路”国际合作高峰论坛期间的维稳安保防恐任务，个体访数量大幅下降，未发生群体访进京访，公司维稳工作4次获集团公司嘉勉奖励。“三供一业”分离移交有序推进，2832户居民水电暖供应实现社会化。

【党建工作】 2017年，管道公司组织专题学习研讨35场次、讲授党课225场次，两级党委理论学习中心组集体学习567次。深入开展践行“四合格四诠释”岗位实践和党员岗位讲述活动，近6000名党员以忠诚担当诠释“四合格”党员标准。成立公司党委加强党的建设工作领导小组，健全党务机构设置。制定《党建工作责任制实施办法》等18项制度。深入开展党委书记抓党建述职评议，抽选12家单位党委书记现场述职。开展落实党建责任专项督查，组成4个督查组，对15个所属单位进行督查，及时发现和整改45个问题。组织开展基层党组织换届，督导311个党组织按期换届。加大“互联网＋党建”探索力度，以“一网两微”为载体，党员教育覆盖率100%。干部队伍坚强有力。建立健全优秀年轻干部培养选拔机制，召开专题工作推进会，举办首期优秀年轻干部培训班。

（滕　飞）

中国石油天然气股份有限公司西气东输管道分公司

【概况】 中国石油天然气股份有限公司西气东输管道分公司（简称西气东输公司）成立于2000年3

月，注册地在上海市浦东新区，负责所辖范围内管道运行管理、项目建设。2014年5月，股份公司以西气东输一线、二线资产成立中石油东部管道有限公司。2017年底，设14个机关职能部门和1个附属机构，下设14个地区管理处、1个计量测试中心、1个科技信息中心、3个项目部，管理4个股权单位；管理2个国家石油天然气大流量计量站天然气流量分站（南京、广州），有员工2800余人，资产总额976.4亿元。

西气东输公司运营管道总长12280千米，途经16个省(自治区、直辖市)和香港特别行政区，站场173座，阀室486座。供气范围覆盖中国西北东部、中原、华东、华中、华南地区，并向华北、西南地区转供天然气，形成塔里木、柴达木、长庆、川渝四大气区以及中亚、中缅、进口LNG联网供气格局，管网一次管输能力超1200亿米^3/年。

西气东输公司主要经营指标

指　标	2017年	2016年
天然气管网输量（亿立方米）	637.2	532.65
天然气管输商品量（亿立方米）	567.2	461.2
资产总额（亿元）	976.4	976
管输收入（亿元）	219	220
利润（亿元）	140.5	148.3
税费（亿元）	63.3	56.6

【生产运行】 2017年，西气东输公司加大产运销储统筹力度，科学优化管网运行及压缩机组匹配方案，管输量再创历史新高，综合单位能耗实现硬下降。管道光纤预警系统试点应用继续开展，春秋检质量验证机制全面建立并实施，设备总体完好率保持在98%以上。压缩机组运行时数同比增长32%，千小时故障率降至0.24。加强计量基础工作，损耗支出减少近1亿元。天然气回收技术首次应用，余热利用日趋成熟，直供电模式节约开支近2500万元。

【安全环保】 2017年，西气东输公司紧扣生产现场，聚焦短板难题，全面构建“风险辨识、风险管控、应急处置”三种能力提升路径，安全生产基石更加坚实。以安全履职能力评估为抓手，HSE体系量化审核标准不断完善，推进安全环保责任制全面落实。坚持重心下移、关口前移，领导干部深入一线践行有感领导，“头脑风暴”式安全经验分享成为常态。管道巡护“痕迹化”管理持续深入，郑州、山西等管理处领导班子带头徒步踏线，银川管理处“7·28”管道渗漏发现及时、处置得力。第三方风险专项督察全面开展，光缆损伤率保持在较低水平。全线“两高三口”环焊缝质量彻底排查，38处地质灾害风险区域异常点处置修复全部完成。管道内检测2068千米，管道本体缺陷修复1813处。以高后果区、环境敏感点、地形复杂段为重点，“不打招呼”式三级实战性应急演练常态化开展。坚持“以干代练”“真演真练”，企地联合、内外联动进一步加强，应急保驾能力持续提升。江西水网地区管道抢险企地联合演练取得宝贵经验。

【工程建设】 2017年，西气东输公司主动适应体制调整，实现从监管主体到管理主体、建设主体的角色转变，探索试行PMT+EPC+属地化模式。中靖联络线投运，为推动京津冀大气污染防治计划提供重要保障。西气东输二线与广东管网互联互通，忠县压气站等改造工程投产。新增分输用户28家，新增分输能力超过60亿米^3/年。广西三条支线、抚州压气站等62项竣工验收提前完成，工程收尾状况根本性好转，合规风险有效降低。开展中俄东线江苏段等重点项目前期工作，闽粤支干线、长沙支线、西气东输二线广州压气站工程加快开工准备。金坛储气库造腔107万立方米，新增库容1.5亿立方米。储气库年累计采气7.9亿立方米，对缓解突发事件影响、平衡冬季缺口发挥较大作用。

【经营管理】 2017年，西气东输公司坚持在投资优化、预算控制、增收节支、财务管理等方面综合施策，经营管理精细化水平进一步提升。对标7家国际领先管道企业，从战略核心、基础支撑、运营管理三个方面确定35个提升目标，世界先进水平对标取得阶段性进展。高效配合管输价格改革成本监审，做好国家实地监审配合工作。开源节流成效明显。落实“营改增”退税政策，收到返还资金15亿元。层层靠实“两金”压控责任，探索代储代销、回购利用模式，压减库存9000万元，开展平衡代用，利用剩余物资超1.5亿元。合规风险有效管控。严把项目立项关，严控计划执行和造价管理，严格结算审查，审减费用1.28亿元。加强事前风险防控，合同、招投标管理进一步规范。审计问题通报和对账销号制度建立，2016年审计问题整改完成率超过97%。

【科技创新】 2017年，西气东输公司智能管道建设顶层设计初步完成，闽粤支干线、中靖联络线试点按计划推进。油气长输管道高压天然气流量计等国产化项目通过验收。南昌管理处“化学法区分管道渗漏天然气和沼气”等56项群众性创新项目亮点突出。“高压天然气流量量值传递”“油气站场完整性管理体系及关键技术研究与应用”获集团公司科学技术进步奖二等奖，“金坛储气库腔体几何设计参数优化研究”获三等奖。西气东输公司获“第五届中国能源装备杰出贡献企业”称号。

【党建和精神文明建设】 2017年，西气东输公司坚持在“发挥作用、融入中心、强化保障”上下功夫、求实效，各级领导班子的群众满意度稳步上升，党员干部信访件数量明显下降，企业大局和谐稳定基础进一步巩固。成立公司宣讲团，推动党的十九大精神进机关、进基层、进站队。全面梳理“三重一大”实施细则，决策权力清单和责任清单设置更加科学。党组织书记抓党建述职评议、党群工作联系会等制度建立。有效利用集团公司党建信息化平台，党建规范化、信息化水平稳步提升。选拔优秀青年干部，处级干部民主推荐方式更加完善，更加注重基层经验、业绩能力和综合素质，提任45名处级干部，包括14名“80后”。处级、科级两级干部“阶梯式”退出政策出台，“下”的渠道进一步畅通。在7个所属单位党委设立纪委，补充16名专兼职纪检干部，“两级监督、一级核查”工作体制有效落实。巡察“利剑”作用充分发挥，4轮巡察覆盖8家单位，共发现问题168个。坚持信访举报快查快结，信访件同比降低26%，举报件数量连年大幅下降。坚持“四风”问题预警长效化、检查制度化，中央八项规定精神和新修订的实施细则严格落实。倡导“基层导向、务实导向、问题导向”，“驻站跟班”和“四联点”活动持续开展，处级干部测评优秀率95%。劳动模范宣讲深入基层，11个文体协会活动有声有色，“青字号”活动蓬勃开展。公司工会完成换届改选，民主管理制度有效落实。西气东输公司首次获“全国文明单位”称号。

（赵新好）

中石油北京天然气管道有限公司

【概况】 中石油北京天然气管道有限公司（简称北京管道公司）成立于1991年7月，是集团公司和北京市政府合资建立的股份制公司，主要负责陕京管道输配气系统的运营管理。1999年11月，股份公司成立后，北京管道公司出资代表改为股份公司；2011年12月，出资代表改为昆仑能源。北京市出资代表为北京控股集团。公司法人治理结构包括股东会、董事会、监事会、总经理工作班子。2017年底，机关设16个职能处室，所属10个单位，有员工2502人。陕京管道输配气系统主要包括陕京一线、陕京二线、陕京三线、陕京四线、永唐秦管线、唐山LNG外输管线、大唐煤制气北京段管线、大港和华北储气库群及其配套管道，总长5307千米。主力管线陕京一线、陕京二线、陕京三线、陕京四线，设计管输能力500亿米^3/年，最大日输气能力2亿立方米。主力气源为长庆油田天然气、中亚管道天然气、塔里木油田天然气，辅助气源为大唐煤制气、唐山LNG。在天津大港、河北永清分别建有大港储气库、华北储气库2个储气库群，有9座季节性调峰地下天然气储气库。2017年，北京管道公司输送商品天然气386亿立方米，同比增长14.8%（其中向北京市供气163亿立方米）；管输利润、单位现金成本、投资资本回报率、EVA等指标均超额完成；实现安全运行无事故；员工队伍总体和谐稳定。

北京管道公司主要运营指标

指　标	2017年	2016年
天然气管网输量（亿立方米）	397.33	355.53
天然气管输商品量（亿立方米）	386	336.28

【输气生产】 2017年，北京管道公司精心落实油气调控运行计划，精准组织站场线路施工作业，密切上下游协调配合，保障输气运行平稳安全，输送商品天然气量同比增加50亿立方米，增幅由3%提升到14.88%；管输利润、单位现金成本、投资资本回报率、EVA等指标均超额完成；实现安全运行无事故；员工队伍总体和谐稳定。北京管道公司3次启动重大活动期间工作方案，向各生产单位下达特别重点阶段责任令，保障党的十九大、全国“两会”及“一带一路”国际合作高峰论坛等特别重点阶段安全供气和安保防恐，受到集团公司嘉勉。优化储气库注采气生产，2017年注气20.92亿立方米，冬季供暖季采气20.64亿立方米。

【陕京四线输气管道工程】 2017年，北京管道公司建成投产陕京四线输气管道工程。工程于2016年6月由管道建设项目经理部移交北京管道公司，7月底进场施工，历时15个月零10天，于2017年11月10日全线贯通。工程西起陕西省靖边首站，东至北京市高丽营末站，途经内蒙古自治区、河北省等地，管线全长1098千米，管径1219毫米，设计压力12兆帕，设计年输气量250亿立方米。施工参建员工最多超过9000人、各类施工机组上千台（套），实现各类事故及百万工时死亡率为零，污染物100%达标排放，实现2500多万安全工时。工程累计连头1368处，焊接98203道口，焊接一次合格率96.8%。陕京四线是保障首都及沿线地区日益增长天然气需求的又一条重要通道。

【开源节流降本增效】 2017年9月开始实施新的管输价格机制，北京管道公司明确9个方面21项开源节流降本增效具体措施，全年实际完成1.4亿元，超计划指标2倍。配合天然气市场开发，推进分输改造工程，分输改造项目共计35项，投产12项。优化系统运行，落实节能减排措施，节约能耗费用800万元。加强物资采购、仓储管理，物资两级集中采购度、采购招标率均超额完成考核指标，采购资金节约率5%，新增积压物资为零。在天然气管输价格改革，公司经营收入和利润受到较大影响情况下，剔除考核因素，公司年度业绩指标均超额完成。

【安全环保】 2017年，北京管道公司以QHSE管理体系建设为主线，以风险管理为核心，推进低老坏问题整改，开展员工安全环保履职能力建设。以站场泄漏为主要风险隐患，全年实施功能完善、设备升级、隐患治理项目116项。以地质灾害、交叉施工、高后果区为重点，加强管道安全。完成春季水保工程241处，治理汛期水毁379处；交叉及周边施工305处，管道巡检、交叉工程看护共计投入41420人次（日）；管道检测698千米；识别高后果区、地质灾害风险合计997处。全年发布黄色预警6次，处置突发事件12起；组织应急培训832次，参加培训6263人次；组织应急演练656项，参加5231人次。全年安全实施各类作业1532项。HSE标准化站队总体达标率90.6%。强化维抢修队伍建设，发挥陕京管道119保障作用。公司量化审核为优秀级，连续4年获集团公司“安全环保先进单位”称号。

【合规管理】 2017年，北京管道公司依法依规缴纳税费22.69亿元，并按照返还政策，及时申请超税负返还2.16亿元。落实员工个人所得税申报，依法准确缴纳个人所得税。加快推进工程项目竣工验收，夯实建设项目合法依规基础。制定完善公司基础管理体系、经济合同、重要决策法律审核制度办法，对公司“三重一大”、经济合同、劳动用工、招标，以及历史遗留资产处置、陕京四线土地税等事项进行法律审查，对经营、管理活动开展合规评价和适用法律法规条款辨识，实现法律审核全面覆盖。严格执行公司章程，落实董事会决议，强化合规管理。基础管理体系平台于2017年7月正式上线运行。招标项目外委率、公开招标率均达100%。实施审计项目10项，提出审计建议16条、风险提示14个。

【党建和企业文化建设】 2017年，北京管道公司党委中心组组织党的十九大专题学习研讨5次，管理层成员带头作宣讲报告10场次。各党总支、党支部通过知识答题、支委会、党员大会、专题学习会等多种形式，认真学习贯彻党的十九大精神。贯彻全国国企党建工作会议精神，以党建统领推动公司全面发展。认真落实党风廉政建设责任制，强化监督执纪问责，开展内部巡察工作。推进“两学一做”学习教育常态化制度化，开展“四合格四诠释”岗位实践活动，结合实际开展“决战陕四”劳动竞赛，对突出单位和个人进行表彰。举办“讲好陕京故事，树立良好形象”演讲比赛。落实职代会制度，保障员工民主参与管理权益；倡导“科学工作、快乐生活”理念，参与集团公司在京单位职工首届运动会，开展广播操比赛、健步走等多种形式文体活动；开展扶贫帮困，为8名重大疾病员工发放专项慰问金7万元。发挥共青团作用，吸引青年员工参与青年文明号、技能竞赛等活动。

（郭　川）

中国石油天然气股份有限公司西部管道分公司

【概况】 中国石油天然气股份有限公司西部管道分公司（简称西部管道）成立于2004年8月，本部位于新疆维吾尔自治区乌鲁木齐市，负责建设和运营中国西部油气战略通道。西部管道有“六块牌子”，实行

"一个机构、分账核算"，分别为中石油管道有限责任公司西部分公司，中石油管道联合有限公司西部分公司，中石油西北联合管道有限责任公司，中国石油天然气股份有限公司西部管道公司销售分公司，中国石油天然气股份有限公司西部管道分公司，中国石油集团西部管道有限责任公司。地处"丝绸之路经济带"核心区域，主要负责甘肃省和宁夏回族自治区交界以西的天然气管道和甘肃省兰州市以西的原油、成品油管道运营管理；负责区域内的油气储运项目建设；负责所辖管道输送原油的购销工作；受托管理鄯善和兰州原油商业储备库。已发展成为集管道运营、项目建设、原油销售和战略储备于一体的专业化管道企业。2017 年底，西部管道公司设 13 个职能部门、11 个二级单位（其中有 7 家分公司）、5 个机关附属单位，用工总数 3200 人，管理资产规模 1464 亿元，运营管理西气东输一线、二线、三线西段和西部原油成品油等油气管道干（支）线 67 条，管道总里程 1.68 万千米，总库容 711 万立方米，天然气、原油、成品油出新疆维吾尔自治区干线年输送能力分别达 770 亿立方米、2000 万吨、1000 万吨。2017 年，缴纳税费 24.18 亿元，实现经营利润 128.88 亿元，超额完成上级下达的年度挖潜增效奋斗目标，经营利润连续 4 年超过百亿大关。

西部管道主要运营指标

指　标	2017 年	2016 年
原油管网输量（万吨）	2208	1930
天然气管网输量（亿立方米）	671	585
成品油管网输油量（万吨）	1280	1255
资产总额（亿元）	1399	1474
管输收入（亿元）	223.69	204.45
利润（亿元）	128.88	128.08
税费（亿元）	24.18	24.06

【油气业务】 2017 年，西部管道把确保本质安全作为首要任务，保障西部能源战略通道安全畅通。西气东输一线、二线、三线西段等天然气管道满负荷安全运行，轮吐线转供增至 103 亿立方米，全年输气 671 亿立方米。原油管道输送 2208 万吨，阿拉山口—独山子—乌鲁木齐原油管道实现托托站越站改造及常态化运行，鄯兰线输量刷新历史纪录。成品油管道输送 1280 万吨，克拉玛依（独山子）—703 成品油站—王家沟末站成品油管道实现常态专输航空煤油，乌兰线小品种油品输送取得突破。优化成品油管道混油切割方式，独乌线实现混油"一刀切"。西气东输一线、西气东输二线西段和双兰线等管道完成大排量测试，探明输量边界。

【降本增效】 2017 年，西部管道天然气同比增输 66 亿立方米。引入新的煤制气资源，增收 7920 万元。代输系统外原油，增收 1620 万元。在优化管网运行的同时，科学安排电驱与燃驱压缩机开机组合，研究减少放空频次，实施站场 LED 照明灯具改造等技术改造措施，累计节能 2.26 万吨标准煤，超额完成年度计划。争取新疆电力用户与发电企业直接交易试点的优惠政策，节约电费 730 万元。逐步加强预算管控，资金计划执行率 96%。项目投资有效管控，全年节约投资 3.1 亿元。物资采购节约资金 2600 万元，平库利库 1108 万元。

【工程建设】 2017 年，西部管道组建成立西气东输四线项目建设经理部，完成路由实地踏勘和建设方案报审。西气东输二线、三线果子沟地区风险治理工程开工建设。7 月 19 日，兰州—定西输气管道成功投产。完成四类投资项目 76 项，投资额 2.3 亿元。完成西气东输二线西段等 19 项工程竣工验收。建立多渠道沟通协调机制，召开专题协调会 10 余次，组织厂家和承包商到现场梳理问题 4 次，2711 项遗留问题得到整改，完成率 88%。参加专业公司 CDP 文件审查会 11 次，组织公司内审 CDP 文件 4 个，按计划完成 CDP 文件编制任务。完成 202 宗土地变更。

【科技创新】 2017 年，西部管道在输送工艺、本质安全、节能减排、设备维修等技术领域，持续加大科研攻关力度，"在役高钢级输气管道应力腐蚀开裂研究"等 13 个项目开题，"1219 毫米 X80 管道隧道内爆破对并行管道影响"完成现场实验。"管道全尺寸爆破试验关键技术"被评为集团公司科学技术进步奖一等奖。"1422 毫米 X80 管线钢管应用技术研究"等 9 个项目通过验收，"输气管道工艺系统优化"等 5 项成果推广应用，输气管道次声泄漏检测系统、1016 毫米超高清漏磁内检测装置被集团公司认定为自主创新重要产品。国家大流量计量站乌鲁木齐分站完成建标取证、正式运行，五大科技平台建设持续推进，在科技创新、人才培养和提高技术门槛等方面作用凸显。装备国产化步伐加快，56 英寸 900 磅级全焊接球阀工业试验顺利完成，18 兆瓦集成式压缩机组研制全面推进。管控一体化规划方案编制完成，ERP系统、设备管理等平台集成应用。群众性小改小革成果突出，获6项国家专利。

【安全环保】 2017年，西部管道安全管理总体受控，国际安全评级保持7级，8级提升方案发布实施，HSE体系量化审核巩固A2级。“同寿命”管理成功试点，压缩机组平均无故障运行时间从2016年3635小时增至3805小时，可靠性升至99.84%，治理62台内漏阀门。扎实开展“三查四定”活动，发现问题2942项，整改完成2116项。13项公司级隐患得到根治，西气东输二线、三线果子沟风险治理正式开工。严格执行承包商管理“十二条准则”，9家承包商受到责任追究。及时发现处理西气东输二线了墩站压缩机出口阀门袖管裂纹隐患，把事故消灭在萌芽状态。管道检测、判读、验证、评价、维修、防腐有序推进，全方位超高清漏磁内检测新技术在西气东输三线西段成功应用，内检测完成1853千米，修复本体缺陷273处，管道数据恢复完成2400千米。评价治理108处地质灾害风险。全面开展环焊缝质量排查，完成西气东输三线西段“两高”“三口”、内检测异常环焊缝和0.8系数管段焊缝风险排查，共计排查23323道，完成内检测和竣工资料数据对齐90330道，开挖验证485处，完成修复17处，取得阶段性成果。固化推广应急处置卡模板，成功开展王家沟油库消防、轮库复线盖帽点泄漏等实战演练，有效处置西气东输三线果子沟露管等86处水毁险情。针对管道“扣帽”风险，以干代练实施“光管行动”39次，消除隐患49处。在轮库复线“光管行动”中，38小时成功换管11处，抢修实战能力得到检验提升。

【人才建设】 2017年，西部管道开展转变观念大讨论活动，建立“安全、管理、廉洁”案例分享机制，竞争观念、安全观念、效益观念、合规观念得到增强。交流互换处级干部22人次、科级干部123人次，处级干部、基层党支部书记100%集中轮训。完善实施管理与技术序列“双通道”机制，选聘公司技术专家、技术带头人19名，集团公司、公司级技术技能专家人才队伍增至21人。启动创建13个劳动模范（专家）工作室，挂牌成立集团公司技能专家黄伟工作室，师带徒培养人数增至50人。公司生产技术服务中心独立完成GE、RR、索拉三种压缩机组大修，打破国外技术垄断。持续完善激励约束机制，调整优化工资总额核定、奖金发放方式，奖金与绩效考核实现硬挂钩真兑现，全员“奖励凭绩效、收入靠贡献”的意识明显提高。

【企业管理】 2017年，西部管道基础管理体系标准化升级加快推进，收集意见建议1508项，采纳意见建议425项，制订文件18个，修订文件135个，废止文件16个，补充完善122个程序文件的3303条评审标准，体系执行率98.32%。51座站场集中监视进入试运行，天然气、成品油管道成功试点远程在线交接，集中监视、集中巡检、集中维护质量不断提高。西部管道“两化一法”（区域化、标准化、基本法）经验在集团公司领导干部会议上进行管理创新专题交流。全力配合销售体制改革，完成天然气销售业务划转，建立完善运销沟通协调机制。开创性试点作业核算，探索站队作业工单化和标准化，初步搭建作业核算系统，全面推行作业工单试填报，为深化推广奠定基础。

【党建工作】 2017年，西部管道将党建工作要求依法写入公司章程，明确党组织在公司法人治理结构中的法定地位。召开公司第一次党代会，按程序选举产生新一届党的委员会和纪律检查委员会。召开党委（扩大）会议，专题研究“全面加强党的建设”和“全面提升基础管理”两个推进意见。组织收看党的十九大盛况直播，以上率下、层层深入宣讲大会精神，压茬推进集中轮训，掀起学习宣传贯彻落实党的十九大精神的热潮。开展党建责任专项督查、践行“四合格四诠释”岗位实践和“学转促”专项活动。成立党委宣传部，强化意识形态工作的领导权。廉洁风险防控数据库建立完善，纪委书记述职、监督联席会议等制度建立实施，“三不腐”长效机制持续完善。开展压缩机组投产、“光管行动”等劳动竞赛，提高伙食标准、建设无线网络等5个提案有效落实。落实“访惠聚”“民族团结一家亲”“结亲周”等活动，企地关系更加密切和谐。

（汪永远　王洪虎）

中国石油天然气股份有限公司西南管道分公司（中国石油天然气股份有限公司西南管道销售分公司、中国石油集团西南管道有限公司）

【概况】 中国石油天然气股份有限公司西南管道分公司（中国石油天然气股份有限公司西南管道销售分公司、中国石油集团西南管道有限公司）简称西南管道，是股份公司直属管道地区公司，成立于2011年11月25日。2017年底，设12个机关处室、3个直附属单位和10个基层单位，用工总量2700人。西南管道按照“三块牌子、一个机构”的管理模式运营中缅线（国内段）、中贵线、西气东输二线广南支干线天然气管道和兰成渝、兰郑长（甘肃段）、云南成品油管道及中缅、兰成原油管道等油气管道9589千米，其中原油管道1544千米，成品油管道2783千米，天然气管道5262千米，管线覆盖川、渝、滇、黔、桂、陕、甘、宁八省（自治区、直辖市），形成纵贯西南、联通全国的西南油气骨干管网。

2017年，输送原油1163万吨、成品油812万吨、天然气112.1亿标准立方米，实现收入270.15亿元、利润24.03亿元、税费10.4亿元，完成利润考核指标的137%。

西南管道主要经营（运营）指标

指　标	2017年	2016年
原油管网输量（万吨）	1163	678.32
天然气管网输量（亿立方米）	112.10	76.47
成品油管网输量（万吨）	812	785.38
资产总额（亿元）	673.58	667.38
收入（亿元）	270.15	241.41
其中，管输收入	57.75	55.67
利润（亿元）	24.03	27.68
税费（亿元）	10.40	9.18

西南管道成立6年来，始终坚持安全第一要务，坚持科学管理、创业创新，坚持集约、规范、务实、高效发展，管道里程快速增加，综合实力迅速壮大，生产经营业绩优良，安全环保总体受控，实现快速稳健发展，成功跨入集团公司A级企业行列。

【油气业务】 2017年，西南管道优化生产运行调度系统，成功组建成都分控中心，实现对二级管道的集中调控。科学优化运行，克服重大事故事件多发、改造动火频繁等不利影响，生产运行保持平稳受控，全面完成输油气生产、天然气保供任务。优化完善天然气管道新增分输项目、贸易交接计量系统建设等管理规定，完成32个用户接气项目前期对接，签订12个计量交接协议，7个分输项目实现开口供气。系统推进计量工作，建立输差预警机制，全面实现计量交接电子化，完成输差控制目标，完成梧州站2台流量计升级改造和中贵线5座站场的标准表计量系统改造。扎实做好冬供前设备设施维护保养，从11月中旬起，对接相国寺储气库采气注入中贵线北上，日均进气1200万立方米，中缅线日均进气1500万立方米，缓解冬季保供压力。深入开展降本增效，制定精细管控措施，强化单位管输成本控制，节约管输现金成本2.1亿元，超额完成开源节流降本增效目标。全力配合国家发改委首次成本监审，强化对关键事项协调，完成迎审工作，中贵、中缅天然气管道管输价格保持稳定、好于预期。

【管道管理】 2017年，西南管道狠抓管道保护工作，全面推行“三色预警”“区域防控”“流域治理”“管廊文化”等有效经验，制定徒步踏线、“三联点”等制度，新增设35个管道保护站，有效杜绝第三方破坏事件。全年完成管道内外检测2224千米、缺陷修复381处，管道阴极保护系统平稳运行、投运率100%。全年共完成654项“治早治小”工作，管道小型水毁问题在第一时间得到处置。

【工程建设】 2017年，西南管道全面强化工程建设项目管理，主动构建与管道建设项目经理部的沟通协调机制，全面对接、梳理项目遗留问题，对3000余项遗留问题逐一分解落实责任、整改销项，加快解决未完工程、专项评价、证照办理、工程纠纷、矿压等突出问题，深入推进合同、资产、长期挂账清理，全面承接中贵、兰成、中缅油气、云南成品油管道五大项目管理工作。全力推进项目竣工验收工作，明确工作流程，制定考核办法，中贵、兰成、中缅天然气管道（国内段）及34个三类、四类项目通过竣工验收，按期完成集团公司下达的目标任务。推进重大工程建设，滇中改线项目主体工程基本完工，云南成品油地付项目、兰成原油管道伴行路工程全面建成投运，梧州、河池压气站工程项目可行性研究取得批复，楚雄原油国储库项目可行性研究方案正式上报国家发改委，天水、贵港压气站外电工程有序推进。

【科技创新】 2017年，西南管道推进数字管道建设，编制完成中缅油气管道数字化逆向恢复方案和通信、信息系统规划。围绕全生命周期设备设施管理，启动中缅原油管道智能化运行、生产智能管理和山地管道在线监测、预报预警等前期研究工作，实施管道沿线地质灾害图形库和在线监测预警、管道泄漏在线监测预警、管道第三方破坏光缆震动监测预警等系统的研究完善工作，全部油气计量交接站点全部实现网上电子交接，并计划开展计量远程诊断、压缩机在线监测、输油泵在线监测等系统的研究。搭建移动办公平台，实现16项功能应用，推行桌面云办公系统，智慧办公迈出重要步伐。

【安全环保】 2017年，西南管道坚持安全第一要务，按照“分级管控、直线责任、过程控制”的原则，编制完善风险分级防控体系建设方案，“公司、分公司、站队、岗位”四级风险防控体系初步构建。持续推进体系建设，实现QHSE体系内审全覆盖，完成全部859个问题整改，成功通过集团公司审核，保持集团公司体系审核A2级，首次DNV国际评级达到4级。狠抓隐患排查治理，突出地质灾害、环焊缝质量、“两高”区段重大隐患治理，完成什邡人民渠水源地穿越等5项重大隐患整治，有序推进兰州出站3000米等13项重大安全隐患治理，全面启动穿越公路无保护管道的专项治理，完成8192千米管道地质灾害排查，编制管道环焊缝质量排查整治五年计划，完成全部78.4万道环焊缝55%的普查任务，快速高效完成中缅天然气管道、云南成品油管道环焊缝质量排查、开挖验证、隐患整治任务，完成109道焊口隐患整治，管道本质安全水平进一步提高。狠抓高风险作业现场监管，坚持三级监督工作机制，完成一级动火45次、二级动火79次。推进HSE标准化站队建设，完善标准化站队实施方案，在4家单位开展试点工作。全面推行安全经验分享工作机制，广泛收集、整理安全事故事件案例，召开瑞丽站漏油事件现场会，营造直面问题、科学求实的安全文化氛围。

【管理创新】 2017年，西南管道深入研判面临的形势任务、研讨公司中长期发展战略，形成全面建设“一流山地管道企业”的发展愿景，明确“创新驱动、联通发展、人才强企、精细管控”四大战略，推动区域化、双集中等创新举措，明确划分31个作业区，推动公司稳健发展。

【重点项目投产】 2017年，西南管道落实集团公司安排部署，聚焦中缅原油管道（国内段）投产，苦干实干、聚力攻坚，连续奋战40余天，克服怒江跨越等重大困难，6月7日实现投产一次成功的重大胜利，全面贯通中国能源进口西南战略大通道，为云南石化按期投产提供油源保证，为国家“一带一路”建设做出贡献。精心组织云南成品油管道投产工作。9月24日、9月29日和12月22日，先后实现云南成品油管道安宁至保山、安宁至蒙自、安宁至曲靖段三条干线一次投产成功，为西北销售、云南销售市场拓展和西南地区成品油稳定供应提供强有力的支撑。中缅原油管道、云南成品油管道、中缅天然气管道丽江支线等三条管道投产，全年新增管道1800千米，所辖管道累计达9589千米，新增原油年管输能力1300万吨、成品油721万吨。

【应急抢险】 2017年，西南管道持续加强应急抢险能力建设，成功应对“7·2”事故、贵州习水滑坡、贵州独山滑坡、长江隧道管卡失效整治、兰成渝管道管体砸伤等重大突发事故事件，迅速有效抢险处置、控制风险、消除隐患，将事故事件影响和损失降到最低，同时深入总结事故事件经验教训，有力提升公司应急指挥、抢险处置能力。制订防汛工作方案，深入开展汛前排查，有效应对广西、贵州特大暴雨袭击，全年投入资金1.05亿元，实施158个汛期应急项目。加强应急抢险队伍建设，以昆明维抢修分公司为主体的保驾队伍，坚持“以干代练”，主动参与重大工程施工、突发事件抢险，提升维抢修队伍实战能力。强化企地联动应急演练，开展漾濞江原油泄漏应急处置等二级、三级演练33次，有力检验应急处置能力。

【党建工作】 2017年，西南管道深入学习宣传贯彻党的十九大精神，开展分层次、全覆盖的学习宣传教育活动。坚持民主集中制，全面规范“三重一大”决策制度。党委会、民主生活会、党委中心组理论学习、党支部“三会一课”等党组织生活常态化制度化。突出党建基层基础，建立健全党建相关制度22项，全面实施党员示范岗、责任区和党建“三联点”

建设，党员责任意识、先锋意识不断强化，在“两油”投产、“7·2”事故抢险等攻坚战中，有效发挥党组织战斗堡垒作用和党员先锋模范作用。全面加强人才队伍培养培训，举办中青班、处级干部班和全体党支部书记（站队长）轮训，开展多层次、全覆盖全员培训。坚持党建带群团建设，关心员工诉求，落实员工福利待遇。推行“家文化”建设，干部员工队伍和谐稳定、充满活力。兰成渝分公司获集团公司铁人奖状。深入推进党风廉政建设和反腐败工作，监督执纪问责更严更实，配齐配强专兼职纪检干部，推进纪委书记述职、巡察问题整改，完成4家单位巡察，纪律审查立案5起，“四风”问题得到有效控制，形成反腐败压倒性态势。

（张 欣）

海外企业

中油国际中东公司

【概况】 中油国际中东公司（简称中东公司）设伊拉克艾哈代布项目、伊拉克哈法亚项目、伊拉克鲁迈拉项目、伊拉克西古尔纳项目、伊朗北阿扎德甘项目、伊朗MIS项目、伊朗南帕斯11区项目、阿联酋陆海项目、阿布扎比陆上项目、阿曼项目、叙利亚幼发拉底项目和叙利亚格贝贝项目。2017年底，累计原始石油地质储量约369亿吨，剩余可采地质储量约100亿吨。有员工12197人，其中中方员工431人、外籍雇员11766人，员工当地化率96.5%。

2017年是中东公司各项工作有序开展并取得重大成果的一年。面对中东地缘政治风云变幻、国际油价持续低迷、安全形势复杂严峻等困难挑战，中东公司自觉加压，攻坚克难，逆势而上，全面超额完成年度生产经营指标，在国际低油价窗口期为海外油气业务完成生产经营指标做出重大贡献。全年原油作业产量8698万吨、权益产量4233万吨。新项目开发取得重大突破，签署阿布扎比陆上项目和伊朗南帕斯11区块项目。除新项目外，中东公司原有项目权责制下实现整体静态回收，渡过投资风险期，步入快速稳步发展阶段。

【油气项目运行】 伊拉克艾哈代布项目。2017年，艾哈代布项目本着“合理开发、稳中求进”的原则，精心组织各项方案论证，优化油藏管理，确保生产稳步推进。根据油田开发现状和项目面临的主要困难，转变思路，采取“降产保压”策略，确保可持续发展。全年完钻29口井，中方权益投资7228万美元，提油2032万桶，应收账款较2017年初下降37%，单位操作费同比下降33%，提质增效和降本增效的效果显著，油田平均日产原油12.3万桶，生产原油652万吨。

伊拉克哈法亚项目。2017年4月，哈法亚项目经过充分论证和精心准备，正式启动油田三期新增20万桶/日产能建设，现场13台钻机、4台修井机全部动迁到位并开展作业，长线设备采购与服务授标工作有序推进，地面工程CPF3（中心处理站三期）建设施工进展顺利；坚持精细化管理，提升油藏开发水平，对产能不足情况及时预警并优化安排新井投产工作，通过加强低效井治理充分挖掘老井潜力，油田产量递减进一步减缓；新增23口生产井投产，产量提升至25万桶/日，生产原油1226万吨。

伊拉克鲁迈拉项目。2017年，鲁迈拉项目推行精细化管理，深入挖掘产量增长潜力，推行投资低、建产周期短的增产措施；通过完善流程、优化程序、加强衔接，提升作业效率和投资效率，力争实现有限投资的最大效率，进一步夯实鲁迈拉油田稳产增产基础。在年度支出大幅减少的情况下，增油上产工作成效显著：全年完成新井27口，进尺71.8千米，投产12口井，新井日增油2.0万桶；完成修井作业127井次，平均作业周期23.9天；无钻机作业完成6627井次，其中关停井氮举诱喷复产作业247井次。各类措施投产231井次，平均日增油14.7万桶。做好Mishrif老井复产工作，成功复产61口，日增油10万桶。通过油井优化、放喷及流程优化，全年平均日增油1.1万桶。通过上述措施，油田产量实现跨越式大发展，屡创新高，迈上145万桶/日的稳定水平，新增和恢复产能近500万吨，最高达153.7万桶/日，创项目新高。2017年，中方作业产量4338万吨，中方权益产量2012万吨。

伊拉克西古尔纳-1项目。2017年，西古尔纳项目合理控制投资，通过优化作业措施，提升工作效率。在中方人员的全力推动下，项目稳步推进开发生产各项工作，开钻15口井，完钻16口井，完井16口井，完成进尺5.225万米。地面工程建设稳步推进，各项重点地面工程及影响产量的“湿油”处理设施的地面工程进度取得重大进展，“湿油”处理能力稳步提升。在伊拉克政府加强含盐含水管控、油田设施陈旧、故障不断的情况下，保证油田产量，实现原油权益产量1389万吨。

伊朗北阿扎德甘项目。2017年是北阿扎德甘油田平稳生产运行的第二年。根据年度生产目标任务，北阿扎德甘项目认真做好月度生产计划安排和执行工作，确保日产和外输原油达75000桶；严格执行和落实各项生产管理制度，精心组织油田日常生产活动，加强对生产井和处理设施的巡查和管理，对生产井进行动态监测和分析，及时对生产井和原油处理设施进行精细调整和优化操作；持续做好原油产品质量跟踪分析，及时对生产参数进行调整，确保各项生产指标合格；组织完成气举系统的实验和测试工作；扎实开展好专业性预防性定期维护工作，认真组织好临时检修和紧急抢修工作，实现油田有效生产时率99.72%；以确保原油生产安全平稳为基石，狠抓提油回收工作，推进项目报酬费计算、操作服务协议等重大商务谈判，全面完成生产经营任务，超额实现全年效益指标。2017年生产原油246万吨。

伊朗MIS项目。2017年，MIS项目全力组织、严密协调，按计划完成油田维修工作。自2016年10月24日地面维修工作启动到2017年12月9日，维修复产总体计划进度100%，实际进度96.53%。经过维修之后，MIS油田按计划成功复产。MIS项目加强单井检查，组织完成5口井修井作业，保障油田正常投产；开井9口，进行试运和外输；优化施工作业方案，筹划采办策略，投资得到有效控制。

伊朗南帕斯11区项目。伊朗南帕斯气田是世界闻名的巨型气田，位于伊朗西南浅海（波斯湾），水深约70米，离岸约100千米，与延伸到卡塔尔境内的北方气田构成世界最大规模气田，天然气地质储量42万亿立方米，2/3位于卡塔尔，1/3位于伊朗。南帕斯气田面积约3700平方千米，天然气地质储量约12.3万亿立方米，由于气田规模巨大，划分为24个区块开发，其中南帕斯11区项目面积98.1平方千米。

2017年7月3日，中国石油、法国道达尔及当地伙伴组成的联合体，与伊朗国家石油公司签署南帕斯11区天然气开发合同，合同期20年，投资可全部回收，报酬与产量、时间和油价挂钩，回收池上限50%。中国石油股份比例为30%。项目分两期建设，一期建设两个平台（设计处理量5663万米^3/日），两个平台各15口井；二期新建增压平台和生活发电平台。

阿布扎比陆海项目。2017年，阿布扎比陆海项目坚持“小股东技术引领，实现大作为”策略，展示勘探、开发方面的成熟技术；坚持中国石油一体化协同优势，带动乙方队伍；坚持创新工作、创新管理，稳步推进Bu Haseer油田的首油工作；2017年3月获得Bu Hasser油田开发方案批准，按计划高质量完成海工设计研究工作；实施陆上区块勘探工作量，中国石油技术团队开展地质综合研究取得丰硕成果，摸清区块勘探潜力，建立滩礁体成藏模式，形成一套低幅度构造解释方法，集成非常规甜点预测适用技术，提出5口井位建议；一期地震采集获得关键突破，井位部署顺利开钻，水域地震重新处理进展良好。

阿布扎比陆上项目。阿布扎比陆上项目合同区面积19387平方千米，包括9个已开发油田、6个未开发油田，全部15个油田分为4个资产组，剩余可采储量37亿吨。2017年2月19日，经过5年不懈努力和推动，集团公司董事长王宜林和阿布扎比国家石油公司（ADNOC）首席执行官苏尔坦博士在阿布扎比签署协议，中国石油凭借自身综合实力及良好的国际信誉，获取该项目8%的权益。合同类型为租让制（矿税制），合同期40年（2015年1月1日—2054年12月31日）。2017年原油产量158.2万桶/日(7538万吨/年)，中方权益产量603.1万吨。

阿曼项目。2017年，阿曼项目围绕集团公司“有质量、有效益、可持续发展”主题，牢牢把握油气生产主动权，抓好油气勘探开发和油田生产作业，充分利用新三维地震，加强地质研究，对五区块继续进行滚动勘探并获得成功，通过对该油田储量复算，新增可采储量176.6万吨。提高钻井作业效率，节约钻井成本，与调整计划对比，完钻率100%，进尺完成率95%；2017年平均钻井成本552美元/米，比2016年627美元/米大幅降低。做好精细油藏描述工作，保证新井产能，为阿曼项目控水稳油，完成年初产量指标提供有力技术保障。加强水平井注水开发精细管理，提高注水开发效果，全年优化老井措施作业121余井次，加强高含水井的治理工作，完成化学堵水7口井。通过上述举措，油田产量稳定，水平井注水开发效果进一步提高。转变观念，应对政府限产，通过努力，四季度油价企稳回升，各月产量有所增加，确保全年经营指标完成。2017年原油作业产量243万吨，权益产量122万吨。

叙利亚项目。受战争影响，叙利亚项目处于休眠停产状态，中方开展维权工作。

【安全与环境保护】 2017年，中东公司面对复杂严峻的社会安全形势和工业生产安全及环境保护的巨大压力，围绕“把中东地区打造成集团公司国际化经营和‘一带一路’油气合作的‘旗舰’”的战略目标，紧密服务于集团公司生产经营重点工作，全面完成年度各项工作目标与考核指标，实现生产安全事故“零死亡、零污染、零社会安全事件、零职业病”的良好HSSE业绩，HSSE整体保障能力显著提升。2017年2月，伊朗北阿扎德甘项目获集团公司“安全环保特别奖”。哈法亚项目、阿曼项目开展环保合规评价，邀请第三方开展ISO 14001环境管理体系审核和评估，推动污水处理站、危险品存放站建设工作；艾哈代布项目对环境敏感区实行升级管理，在油区采取“防渗放喷坑”和“集中放喷”，加强环境风险防控，实现环保合规与环境和谐。2017年2月，伊朗MIS项目获MIS市政府颁发的“2016年度Masjed Sulaimana市荣誉奖”，成为当地数十家外国公司中唯一获此殊荣的公司。

【社会公益】 2017年，中东公司各项目注重能源和谐和改善当地民生。艾哈代布项目及时建立垃圾焚烧处理站、提前投产天然气处理装置、引入高标准废泥浆处理系统，每天为油区所在地库特市供应民用燃气约480万立方米，为祖拜迪电厂供应天然气约17.56万立方米。艾哈代布项目确定13个大型公益项目，涉及当地医疗、交通、教育、体育、电力设施等民生领域，总计费用超500万美元。哈法亚油田生产的伴生天然气，输送到当地阿马拉市卡哈拉电厂，使这家电厂成为伊拉克第一个利用伴生天然气发电的电厂。鲁迈拉项目稳步建设生活用水供水站和供水管线，解决7000名当地居民饮用健康洁净水问题。中国石油与伙伴公司携手，注重加强当地员工培训，在哈法亚、鲁迈拉和西古尔纳项目为当地提供1500万美元的员工培训费，赢得当地政府赞誉和油区百姓欢迎。

【党建与企业文化建设】 2017年，中东公司党工委高度重视发挥党组织的政治核心作用，持续加强党风廉政建设，营造干事创业良好政治生态，为中东地区有效应对低油价挑战，确保完成年度生产经营任务提供强有力的思想、政治保证。制定《中东地区党工委落实党风廉政建设主体责任实施细则》及党工委7个方面20项年度重点工作计划，推动党建主体责任落实。发展新党员2名，预备党员转正4名。成立中东公司工会和团委。巡视组提出的党建问题的全部得到整改落实。围绕“一带一路”国际合作高峰论坛，上报民心相通、惠及当地百姓等10多篇典型材料。2017年在《中国石油报》刊登宣传稿件30多篇。配合中央新闻媒体赴中东进行“一带一路”采访工作，围绕“危险、艰苦、合作、责任、风险”等关键词，树立中国石油海外良好形象。

（尚松峰）

中油国际中亚公司

【概况】 2017年6月，集团公司下发《中国石油天然气集团公司海外油气业务体制机制改革框架方案》（改革〔2017〕6号），将中国石油天然气集团公司哈萨克斯坦公司更名为中油国际中亚公司（简称中亚公司）。中亚公司作为中油国际公司本部的派出机构，在中油国际公司授权范围内，充分发挥靠前优势，承担本地区的协调、管理、监督、服务、党建等职能。

2017年底，中亚公司在哈萨克斯坦、土库曼斯坦、乌兹别克斯坦、阿塞拜疆、塔吉克斯坦和阿富汗6个国家管理和运作着18个油气合作项目；在哈萨克斯坦有原油与凝析油剩余可采储量4.1亿吨（不含卡沙干），天然气剩余可采储量1800亿立方米，在土库曼斯坦有天然气剩余可采储量3099亿立方米；油气生产能力4000万吨油气当量/年，原油加工能力600万吨/年，中外方员工总数2.1万人，其中中方员工449人。

2017年，中亚公司根据集团公司提出将中亚地区打造成为集“资源、供应、效益、品牌”四位一体的“一带一路”核心油气合作区的战略目标，全面完善和诠释公司发展战略：贯彻落实党的十九大精神，以建设“资源、供应、效益、品牌”四位一体核心油气合作区为目标，继续坚持稳中求进总基调，坚持稳健发展方针，推进中亚油气合作高质量发展，到“十三五”末，把中亚地区建设成为集团公司海外业务效益与规模前列、上中下游全面协同发展的核心油气合作区。

2017 年，中亚公司多措并举夯实资源基础。勘探开发全面完成年度任务。全年新增原油探明可采储量 357 万吨、天然气探明可采储量 EV 值 272 亿立方米，原油作业产量 1948.2 万吨、天然气作业产量 233.6 亿立方米。

【合同延期】 2017 年，中亚公司石油合同延期取得突破性进展。全力推进 PK 项目、阿克纠宾项目和北布扎奇项目 6 个石油合同延期工作，从维护中方最大利益出发，就当地含量、国内市场供油等 16 条关键条款与哈萨克斯坦政府展开长达 8 个多月的艰苦博弈，于 2017 年 11 月 30 日成功签署 PK 项目 Maybulak 油田延期合同，直接增加 PK 项目原油 SEC 储量 440 万桶，避免资产减值风险 2.1 亿美元，为后续其他合同延期谈判提供基础与经验。PK 项目 Karabulak 油田经过两年半的反复谈判，于 2017 年 11 月成功签署为期 25 年的勘探转开发合同，根据哈萨克斯坦政府批复数据，石油地质储量约 770 万吨、石油可采储量约 280 万吨。

【新项目开发】 2017 年，中亚公司新项目开发取得新进展。在哈萨克斯坦政府油气勘探区块招标中，阿克纠宾项目成功中标杰列斯肯Ⅰ和Ⅱ两个勘探区块，总面积超过 4500 平方千米，是项目原有勘探总面积的 1.3 倍。PK 项目成功签署哈萨克斯坦 5 号区块勘探合同，合同区面积 250 平方千米。阿塞拜疆项目配合中油国际公司全力推进海上新项目谈判取得初步进展。

【油气供应】 2017 年，中亚公司服务大局为国增油争气。全力以赴保障中亚天然气供应。2017 年冬季，中亚公司按照集团公司中亚天然气保供紧急会议要求，协同中油国际管道公司、国际事业（哈萨克斯坦）公司，即时成立保供应急小组，统筹协调天然气生产、运输和商务三个关键环节，多方同步展开行动。在生产方面，采取超常规措施加快新井投产，土库曼斯坦萨曼杰佩气田增压工程提前投产，日增天然气供应 500 万立方米以上。在管道运输方面，强化管道运行维护和安全保障，确保中亚天然气管道 ABC 线和哈南线满负荷平稳运行。在商务方面，紧急协调哈萨克斯坦原油管控减少自用气量，日供气量达 1200 万立方米以上；督促乌兹别克斯坦石油公司严格执行供气合同，紧急动用加兹里储气库气源，日供气量达 1000 万立方米以上；配合集团公司与土库曼斯坦康采恩的谈判。通过多方不懈努力，2017 年 12 月底中亚天然气管道霍尔果斯日进气量由 12 月初的 8800 万立方米增加到 1.3 亿立方米。在中亚遭遇冬季极寒天气后，多方协调保障中国方向平稳供气，为数千万户家庭送去温暖。

哈萨克斯坦地区从集团公司整体利益出发，增加哈萨克斯坦油源供应。以产运销一体化经济分析为基础，创造性提出中哈原油管道降费增输增收多方共赢方案，成功推动管输费下调 8 美元 / 吨，吸引阿克纠宾地区更多原油出口中国。2017 年超哈萨克斯坦年度计划 50 万吨完成原油保供任务。阿克纠宾项目牺牲自身利益保障大局，为完成原油保供任务起到关键作用。中亚公司协调各类资源，推动哈萨克斯坦《来料加工税收优惠法案》延期获得议会批准；推进启动西油东送工程，为彻底打通里海至中国阿拉山口输油瓶颈创造条件。

【效益指标】 2017 年，中亚公司创效能力再居海外榜首。全面升级提质增效工作，效益指标再创佳绩。全年实现利润 14.91 亿美元，完成计划指标的 3.1 倍；向中油国际公司分红及还贷共 16 亿美元。

哈萨克斯坦地区历经 3 年艰苦“二次创业”，效益在 2017 年得到集中体现，实现利润 10.9 亿美元，是 2015 年 2 亿美元的 5.45 倍；单位油气完全成本 21.9 美元，较高峰期 60.1 美元下降 63.6%；实现中方分红 7.04 亿美元，归还中方股东贷款 6 亿美元，净资产收益率 12.3%，发展质量得到大幅提升。

土库曼斯坦阿姆河项目坚持以经济效益为中心，注重经营策略研究和滚动经济评价，适时提高 B 区产量，加快 B 区投资回收力度，实现投资、产能、效益的最优化配置，全年实现利润 4.07 亿美元、现金贡献 5.56 亿美元，分别是下达指标的 2.5 倍和 3.6 倍。

【品牌建设】 2017 年，中亚公司品牌建设取得显著成效。中亚油气合作始终坚持诚信合规、互利共赢的合作理念，始终与资源国经济社会发展战略相契合，在打造“一带一路”沿线国家命运共同体和利益共同体的伟大实践中，充分发挥中国石油的中坚作用，获得资源国政府与当地社会的广泛赞誉。

以中哈油气合作 20 周年、中土天然气合作 10 周年为契机成功举办系列宣传活动，充分展示中国石油对资源国经济社会发展做出的巨大贡献以及在项目运营、勘探开发、工程技术与工程建设、装备与融资等方面的综合实力。资源国 10 余家主流媒体集中报道，哈萨克斯坦总理萨金塔耶夫发来贺信，能源部领导接受专访，高度肯定中哈油气合作对中哈两国合作的促进与深化作用。

配合中央电视台完成一系列“一带一路”宣传工作，组织拍摄的《中国有我》在新闻联播节目播出，参加团中央《我的青春在丝路》专题片、央视《远方的家》、凤凰卫视《龙行天下》拍摄，展示中国石油在推进“丝绸之路经济带”伟大实践中肩负的中坚力量，向国内传递来自中国石油中亚地区的声音。

参与资源国工业现代化建设。哈萨克斯坦奇姆肯特炼油厂现代化改造一期工程于 6 月一次投运成功，生产出欧Ⅳ、欧Ⅴ标准的成品油，并有效提高 92 号汽油收率；在其他两个炼油厂检修延误造成成品油荒期间，坚持安全生产与紧急增产，9—12 月累计多生产各型号汽油、柴油近 15 万吨，有效保障哈萨克斯坦成品油应急供应。亚洲钢管厂于 2017 年 4 月奠基开工，成为中哈产能合作的重要成果。

支持资源国社会文化事业发展。合理照章纳税，为当地创造 4 万多个直接就业岗位，捐助当地学生留学中国，以阿斯塔纳舞蹈学院为代表的一批公益项目相继投入使用，让企业发展更多惠及当地民生。哈萨克斯坦总统在习近平主席到访时当面称赞说，“中国石油在哈萨克斯坦做得非常好！”

【风险防控】 2017 年，中亚公司继续加强制度建设，不断优化业务流程，切实提高合规管理能力，风险防控能力进一步加强。

通过 HSE 和社会安全管理体系建设推进安全管理制度化、规范化，通过落实社会安全和 HSE 管理体系审核推进隐患治理，通过持续推行安全管理制度加强承包商管理。全年未发生较大及以上安全生产事故、较大及以上环境污染事故、较大及以上交通事故，杜绝井喷失控事故，未发生因社会安全原因造成中方人员被绑架或致死事件。

持续完善内控管理体系与规章制度，根据实际情况对哈萨克斯坦地区《“三重一大”决策事项管理实施细则》再次修订，切实提高中亚公司、项目公司两个层面的科学决策和集体决策水平。编制年度风险管理报告，坚持跟踪分析十大重点风险管理目标落实情况，研究风险防范策略，不断总结完善公司风险管理。

强化公司合规经营，实现重大诉讼持续下降。相比 2010—2015 年的年均 6 起诉讼，2017 年发生 1 起重大诉讼，且没有发生因公司过错而导致的诉讼纠纷，有力维护中亚公司合法权益和品牌形象。

【党建工作】 2017 年，中亚公司围绕生产经营中心任务开展党建工作，深入学习宣传贯彻党的十九大精神，以政治建设为统领，增强党员干部“四个意识”，以思想建设为灵魂，坚定党员干部“四个自信”，以基层组织建设为基础，提升各级党组织的组织力，以作风建设为保障，营造风清气正的政治生态，为推进核心油气合作区建设提供坚强保证。

（耿长波）

中油国际尼罗河公司

【概况】 中油国际尼罗河公司（简称尼罗河公司）代表中油国际公司管理中国石油在苏丹、南苏丹的石油合作项目。

尼罗河公司在苏丹和南苏丹管理运营 8 个项目，包括 4 个上游项目，分别是苏丹 124 区项目（中方权益比例 40%）、苏丹 6 区项目（中方权益比例 95%）、南苏丹 124 区项目（中方权益比例 40%）和南苏丹 37 区项目（中方权益比例 41%），合同区总面积 10.26 万平方千米，原油生产能力 2100 万吨；4 个中下游项目，分别是苏丹 37 区管道项目（中方权益比例 16.4%）、苏丹炼油项目（中方权益比例 10%）、苏丹化工项目（中方权益比例 95%）、石化贸易公司（中方权益比例 100%），年炼油能力 500 万吨，聚丙烯年生产能力 1.8 万吨，编织袋年产 2000 万条；参与运营输油管道 2193 千米，长距离管输能力 1500 万吨 / 年。

2017 年底，尼罗河公司机关设 15 个部室，有中方员工 337 人，其中党员 183 名，占员工总数的 54.3%。

2017 年，尼罗河公司深入学习党的十九大精神，围绕“一个目标”，全面落实“两个坚守”，持续推进“三大创新”，弘扬石油精神，苏丹和南苏丹、上下游、甲乙方紧密配合，克服国际油价低位震荡，资源国安全形势严峻、经济状况恶化，苏丹和南苏丹关系错综复杂，部分区块合同进入中后期，勘探开发难度大等严峻挑战，完成各项生产经营任务指标，实现“保双正（利润、现金流为正），破瓶颈，坚决打赢增储上产保卫战”的年度目标。

2017 年，尼罗河公司生产原油 938 万吨，加工原油 395 万吨，生产聚丙烯 1.97 万吨、编织袋 330 万条，销售成品油 7.3 万立方米。所有在产项目均实现利润、现金流“双正”目标。HSSE 保持良好业绩，未发生较大及以上安全环保事故。依法治企、合规管理、党风廉政建设方面，未发生违规违纪行为。

【开源节流降本增效】 2017 年，尼罗河公司坚持低成本发展，持续开展开源节流降本增效工作，实现提质增效和“双正”目标。强化原油扩销推价，销售工作创佳绩。加大市场开拓力度，在影响贴水的关键因素上狠下功夫，南苏丹 37 区项目达尔油平均贴水 3.3 美元 / 桶，最小贴水仅 1.42 美元 / 桶，创历史最好水平。苏丹 6 区将减黏装置拔头所得柴油掺入稀油下海销售，增加中方收入数万美元。严控投资规模，投资效率得到保障。全年中方份额投资调减控幅度 23.4%，资金向效益贡献大和增储上产项目倾斜；进一步丰富和完善尼罗河公司的中长期发展战略，明确各项目定位及底线经营策略。注重内部挖潜，成本控减效果明显。加强作业管理，钻井方面通过降低非生产时间和提高机械钻速降低成本；修井方面采取各种有效措施降低费用，苏丹 124 区项目引入修井机工序定时管理，作业效率同比提高 5%；南苏丹 37 区项目通过优化修井作业系列及单井工序组合，大幅度节约修井成本。加强后勤服务管理，通过价格折扣和共享现有库存物资等方式，压减全年合同额；通过暂停海外培训，实施通信费、燃料费等费用上限管理和维修费用单车统计等，有效控减成本。注重合规管理，风险应对工作卓有成效。妥善处理 PDOC 的一系列法律纠纷，规避数亿美元的法律风险；全面完成集团公司巡视和审计提出的问题整改；有效防控苏丹、南苏丹当地币汇率波动以及南苏丹税法调整带来的风险。加强提质增效工作力度，管理效率进一步提升。炼油项目探索并逐步完善“技术服务协议（TSA）”模式下的管理方式，发挥中方在重大决策中的引导作用；完成非洲数据中心建设、虚拟化数据存储扩容；同时 OA 协同办公平台投用，办公效率大幅提升。

【安全环保】 2017 年，尼罗河公司严守安全底线，筑牢安全防控根基。安保突发事件处置有效，协调各方资源，成功解救“3·8”和“3·19”南苏丹 37 区项目油田现场被绑架承包商人质。完善应急预案体系，通过中油国际备案评审，有效应对 6 区达尔富尔地区武装冲突、南苏丹马龙解职风波等事件。践行有感领导，尼罗河公司主要领导 16 次带队到上下游现场开展社会安全和 HSE 隐患排查工作，大力推进分级管理职责落实，有效落实“党政同责、一岗双责、齐抓共管、失职追责”的工作要求。强化专项检查和隐患治理，开展风险辨识与分级工作，结合雨季作业、体系审核和绩效考核，组织 2 次覆盖全部项目的安全生产大检查，确保安全生产。开展环保现状调查，转运处理钻井液、化学药剂 376 集装箱，有效降低环保隐患。加强员工健康管理，严格推行“整合式疟疾防控计划”，建立员工健康档案，加强心脑血管疾病预防，开展心理健康咨询，保障员工身心健康。扎实推进安全文化建设，建立公司内部事故事件通报分享制度，创新 HSE 培训方式，推行“五维”考核模式，各项目在中油国际管理评价指标体系运行考核中名列前茅。

【油气勘探】 2017 年，尼罗河公司二维地震和三维地震采集分别为 329 千米和 349 平方千米，钻探井 3 口。苏丹 6 区项目 Higra-1 井获高产油流，进一步证实该构造带勘探潜力；在雨季之前完成三维地震施工，使用低频震源采集技术，资料品质明显改善。南苏丹 37 区项目推进新区带、新层系、新类型“三新”勘探，完成 8 个重点目标的论证和评价。南苏丹 124 区项目深入开展综合地质研究，为复产后开展勘探工作打好基础。

【开发生产】 2017 年，苏丹 124 区项目生产原油 117.7 万吨，苏丹 6 区项目生产原油 200 万吨，南苏丹 37 区项目生产原油 620.2 万吨，均超额完成年初计划。完钻开发井 52 口，投产新井 51 口，累计生产原油 159.4 万桶，其中南苏丹 37 区项目投产新井平均日产油 664 桶，PV-25 井日产原油达 2391 桶，新井效果好于预期。实施增油措施 189 井次，措施有效率 76%，累计增油 526.7 万桶。深入推进“三大”工程：苏丹 124 区项目在 Azraq 区块推广应用注气与气举采油技术增产 40 万桶；苏丹 6 区项目 FNE 油田全年热采井产量达到油田总产量的 72%；南苏丹 37 区项目加大产出水治理，缓解上产瓶颈。

【管道炼化】 2017 年，尼罗河公司中下游项目为“保双正，破瓶颈”目标的实现做出贡献。苏丹 37 区项目推进管道二期腐蚀点维修，完成港口大罐维修，按计划实施海事终端海底软管更换项目，彻底清除海事终端海底管汇设备隐患。苏丹炼油项目加大南油北炼工作力度，达尔油掺炼比从28%提高至37%，配合苏丹6区项目减少稀油供应量14万吨。苏丹化工项目全面收回2016年及以前年度中方分红款，为转股谈判扫清障碍。石化贸易公司更新加油站和油库的消防设施，加强联合应急演练，提升应对突发事件的能力。

【商务工作】 2017年，尼罗河公司紧抓低油价机遇，破除发展瓶颈，商务工作扎实有效推进。多项重点商务工作取得进展，成功获得南苏丹37区和南苏丹124区两个项目停产延期、勘探延期补偿和5年合同延期，夯实与南苏丹开展长期合作的合同基础；实现苏丹124区项目2B区块作业权的平稳移交，转移运营风险；推动苏丹、南苏丹两国政府签署《作业互助协议》，为南苏丹124区项目的复产创造有利条件；完成苏丹炼油厂管理主体交接，成功签署技术服务协议；有序推进苏丹化工项目政府购股事宜。

2017年，清欠工作稳步推进，创历史最好水平，成功将马油和中国石化"四费"的50%、Tri-Ocean"四费"的全部和苏丹6区项目办公楼租赁费等用于抵扣政府欠款。采用控制稠油外输、敦促政府支付当地币筹款等措施努力遏制欠款增长；与苏丹政府签署《苏丹124区内陆购油协议延期协议》；通过落实柴油供给配额，完成清欠工作；应对南苏丹政府超提油问题，成功将南苏丹政府超提油量由2017年初的585万桶降低到182万桶。

【科技创新】 2017年，尼罗河公司响应集团公司关于新技术新产品推广应用工作部署，结合实际情况，在苏丹6区项目Kaikang北地区应用低频可控震源采集技术，低频震源资料成像较炸药震源和老资料成像取得一定改善，探井成功率与储层预测准确度得到提升，为2018—2019年探井部署和新增勘探储量提供可靠的基础资料。

选拔推荐青年员工参加第四届中国石油勘探开发青年学术交流会，推动自主创新、推进科技成果转化，形成"安保风险动态量化评估及预警软件V1.0"计算机软件著作权一项。

2017年12月，尼罗河公司组织年度科学技术进步奖评审，评出一等奖4项、二等奖3项、三等奖2项，推荐其中7项科技成果申报中油国际公司科学技术进步奖，其中5项成果获中油国际科学技术进步奖，其中一等奖1项、二等奖1项、三等奖3项。

【党建、思想政治工作】 2017年，尼罗河公司持续加强和创新党建工作，弘扬石油精神，凝聚二次创业新动能。精心组织、突出特色，学习宣传党的十九大精神成效显著。召开第一次党代会，党建工作"7条基本经验""5大特色"等工作思路受到集团公司党建督导组高度评价；组建地区党工委，建立议事规则，完善运行机制；领导班子深入基层听取基层党组织的工作述职，主体责任充分落实。正面引导、坚定信念，二次创业整体合力进一步铸牢。以"四合格四诠释"岗位实践活动为载体推进"两学一做"学习教育常态化制度化，引导干部员工弘扬石油精神、践行二次创业；持续开展"形势、目标、任务、责任"主题教育；全国优秀共产党员王杰获"央企楷模"称号，在南苏丹37区项目管线抢修、苏丹2B区块作业权移交、苏丹37区海事终端等急难险重工作中涌现出一批先进典型。大力宣传，加强交流，"中苏合作典范"的良好形象进一步彰显。在《中国石油报》等媒体发稿70余篇；借助"一带一路"国际合作高峰论坛、油气合作圆桌会议宣传合作典型和良好业绩；参加孔子学院文化传播表彰等社会活动。

【企业文化建设】 2017年，尼罗河公司持续丰富发展特色文化，营造互利共赢和谐发展氛围，维护中国石油负责任国际能源公司良好形象。用好"每日悦读十分钟"微信群、《尼罗通讯》微刊物、"内部电视"微频道和"尼罗大讲堂"等"三微一课堂"传播主流声音。在进一步发展完善"爱国奉献、温暖关爱、和谐融合、合作共赢、人本安全"五种特色文化的基础上，加强创新、廉洁等专项文化建设。扎实落实组织关爱，举办"三八"妇女节、"五四"青年座谈会、职工运动会和各类文体竞赛活动。每月举办一期员工集体生日会，适时组织召开结束苏丹工作的员工送行座谈会。

【社会责任】 2017年，尼罗河公司继续秉持中国石油"奉献能源、创造和谐"企业宗旨，坚持"互利共赢、合作发展"的理念，严格按照国际规则开展石油合作的同时，履行社会责任，开展多种多样的公益与社区贡献活动，促进苏丹、南苏丹合作项目实现和谐发展。全年在苏丹、南苏丹独立开展多项社会公益活动，开展孔子学院汉语学习与文化传播先进个人评选、表彰活动；设立中国石油图书馆、捐赠图书、推动中国文化传播；以"关注生命、关心健康"为主题，为苏方员工免费安排健康讲座；以"履行社会责任，树立良好形象"为主题，通过南苏丹人道主义事务部向南苏丹贫困民众提供力所能及的人道主义援助捐赠200万南苏丹镑等。

（白　鸥）

中油国际拉美公司

【概况】 中油国际拉美公司（简称拉美公司）在委内瑞拉、秘鲁、厄瓜多尔、哥斯达黎加和巴西等5个国家经营管理10个项目，形成以超重油、凝析油等非常规油气为主，常规油气次之的多元化产品格局，生产地域涵盖热带雨林、深海及陆上等多种类型，是中油国际公司海外重要的上中下游一体化发展的区域性跨国公司。2017年底，拉美公司有中方员工209人、外籍员工2629人。

2017年，面对资源国政治形势严峻、安全形势恶化、通胀加剧、秘鲁厄尔尼诺引发洪灾等极端困难和挑战，拉美公司落实集团公司和中油国际公司决策部署，坚持质量效益导向和“现金为王、技术为先”理念，实现油气生产安全平稳受控，重点工程有效推进，全面超额完成经营指标，为集团公司海外业务优质高效发展做出贡献。

【勘探开发】 2017年，拉美公司坚持规模效益勘探，全年新增原油可采储量完成计划140.1%，占海外业务年度新增原油可采储量81.5%；新增天然气可采储量完成计划164.0%，占海外业务年度新增天然气可采储量18.6%。巴西里贝拉项目新增探明原油可采储量完成计划136.5%。评价井试油测试均获特高产，打出两口万吨井。厄瓜多尔安第斯项目滚动勘探新增原油可采储量完成计划185.1%。秘鲁57/58/10区项目新增天然气可采储量完成计划164.0%。实施精细管理和科技创新，油气生产安全平稳运行，全年实现油气当量产量1309.7万吨，其中原油1149.7万吨、天然气18.64亿立方米。委内瑞拉MPE3项目克服社会经济安全形势持续恶化的影响，以及委内瑞拉国家石油公司（PDVSA）稀释剂供应短缺、临时停产井增多、油田堵路和设备被盗事件频发等问题，加强国民卫队和安保力量，强化油井优化措施，提升油井举升系统维护管理，生产原油756.2万吨。秘鲁项目克服厄尔尼诺对油气生产的影响，实施赶工计划，强化油田精细管理和稳产增产措施，在产的6/7区、8区、57/10区均超额完成产量任务，实现油气当量300.3万吨，其中原油145.5万吨、天然气17.99亿立方米。厄瓜多尔安第斯项目克服油田高含水高递减、环保要求苛刻等不利因素，优化新井和措施井方案，强化稳油控水措施，生产原油232.4万吨，发电自用天然气折合油气当量5.1万吨，合计油气当量产量237.5万吨。巴西里贝拉深海项目于11月26日成功首油投产，保持高产稳产，标志该项目进入投资回收滚动发展的新阶段，填补中国石油在深海油气开发生产领域的空白，实现历史性重大突破。

【新项目开发】 2017年，拉美公司新项目开发获重大突破。10月27日，中国石油与巴西国家石油公司、BP组成的联合体（巴西国家石油公司占股40%为作业者、BP占股40%、中国石油占股20%）中标巴西深海盐下佩罗巴（Peroba）勘探区块。该区块风险前圈闭资源量约187亿桶，可采资源量37.5亿桶，具备建成3500万—5000万吨/年产油能力。此次中标是继里贝拉项目后的又一重大突破，为集团公司在巴西建成1500万吨/年权益产量规模、打造亿吨级深海油气合作示范区夯实资源基础。

【工程建设】 2017年，拉美公司重点工程建设有保有压，建设进度稳步推进。MPE3项目16万桶/日一期扩建地面工程总进度完成85.04%，其中设计进度99.99%；采办进度97.66%；施工进度70.42%。推动终止委内瑞拉国家石油工程技术公司和中石油寰球公司（ICHQ）联合体EPC总承包扩建合同，剩余工作量及新增工程量授予中国石油寰球公司承担。一期商业计划调整方案编制完成并递交中国国家开发银行，完成23万桶/日二期上产方案可行性研究报告编制。胡宁4项目完成蒸汽吞吐和中方多元热流体的热采先导试验工作范围和招标文件，编制完成向委内瑞拉石油部报批的常规蒸汽吞吐方案，12月中方技术代表团在委内瑞拉交流热采试验方案并签署4个纪要，为下一步先导试验打下基础。苏马诺项目1.5万桶/日快速上产方案可行性研究报告报备国家发改委。2月中委高委会上签署融资上产谅解备忘录，概念设计获中油国际公司批准。3月巴西里贝拉项目第一艘浮式生产储油卸油装置（FPSO）“里贝拉先锋号”在新加坡Jurong船厂完成建造，于6月抵达里贝拉项目EWT海域，11月里贝拉项目第一口试采井及先锋号浮式生产储油卸油装置（FPSO）正式投产。11月秘鲁57区项目SAGARI气田投产，首日开井2口，日产天然气283万立方米。

【经营管理】 2017年，拉美公司深化金融加能源合作，通过加强股东管理实现利润及时分红，超额完成经营业绩。开展开源节流举措，实施降本增效策略，低成本战略取得显著成果。委内瑞拉项目探索建立以“知情权、话语权、监督权、收益权”为核心的“三三二一”小股东管控体系作用，即使用三个关系（委内瑞拉政府和石油部等高层关系、委内瑞拉国家石油公司层面及合资公司层面关系）、三个平台（中委政府高委会、合资公司股东专业委员会和中方在合资公司员工）、二会（股东会和董事会）和一个小股东审计平台，实施有效管控推动，实现资金回收，降低投资风险。委内瑞拉项目深化“金融加能源一体化”战略，通过创新实施资本运作，降低货币大幅贬值和多汇率体系风险，实现项目正向收益。厄瓜多尔安第斯项目抓住新政府执政契机，多渠道加强与厄瓜多尔联系与沟通，前公司照付不议、关联公司贷款和参考油价等三大税收争议解决取得进展。秘鲁6/7区、10区项目联合其他石油公司，利用能矿协会平台推动石油法修订。巴西里贝拉项目基于项目产品分成合同，构建“联合体 + 委员会 + 联合项目组”三位一体的多方合作机制，有效保障小股东利益。实施科技创新，提高油田开发生产效果。“安第斯Tarapoa西100万吨新油田高效建产配套技术研究与实施成果”和“巴西深海盐下湖相碳酸盐岩勘探技术与12亿吨地质储量探明”获2016年度中油国际公司科学技术进步奖一等奖；“MPE3项目上、下游地面集输及处理系统大修策略研究和实施成效”和“委内瑞拉MPE3区块特大型稠油油藏水平井螺杆泵冷采配套技术研究与应用”分获二等奖和三等奖；完成“委内瑞拉奥里诺科超重油提高采收率配套技术研究”科研项目。

【安全环保】 2017年，拉美公司强化底线思维，深化体系建设。加强与驻委内瑞拉使馆及中资企业、委内瑞拉政府部门、PDVSA、专业机构和在委内瑞拉国际油公司沟通联系，多方面多渠道获取信息，准确研判局势走向，完善中国石油驻委内瑞拉各单位整体应急预案和联动机制；实施控减人员计划，平稳度过委内瑞拉制宪大会、州长大选、市长大选和游行示威等多次敏感时期考验，确保在委内瑞拉业务持续稳定和员工人身安全。针对厄瓜多尔总统大选后极端民族主义和国有化势力再次兴起、针对巴西总统腐败问题持续不断的示威活动、以及秘鲁反政府游击队组织“光辉道路”骨干被陆续释放引发恐慌等社会安全问题，拉美公司跟踪安全局势，开展各下属公司社会安全检查和专题调研6次，加强管理经验交流并不断改进安保措施，严格中方人员出行纪律；开展送教上门防恐培训，覆盖拉美地区6国的中国石油各单位329名员工，开展风险识别、危机处置、应急演习等课程，结合当地快速绑架、摩托车抢劫多发的实际，针对性地进行安全技能学习。持续做好工业生产安全，推进HSE体系建设，完成集团公司对秘鲁公司HSE体系的审核，强化安全环保与安保责任落实。开展“安全生产月”活动，学习贯彻集团公司安全生产紧急视频会议精神，严守安全生产红线，加强风险管控和隐患治理，做好生产安全及员工人身安全防控工作。拉美公司连续25年保持无重大生产事故、无重大环境污染和无重大伤亡的“三零”纪录。公司连续6年获集团公司“安全生产先进企业”称号，在拉美地区的工程技术、工程建设等单位连续20年未发生严重HSE事故或重大社会安全事件。

【党建及企业文化建设】 2017年，拉美公司全面加强党的建设，落实从严治党要求，政治引领和保障作用彰显，学习宣传贯彻党的十九大精神。完成3期文字读本、2套视频讲座及中央党校专题讲座的统一学习。公司主要领导参加集团公司专题研讨班，党工委书记深入委内瑞拉、秘鲁项目一线宣讲6场次，开展交流研讨。通过多种方式研读党的十九大报告和新党章，组织召开拉美公司集中宣讲报告会，133名在岗党员、群众通过视频方式参与学习。在集团公司直属党委答题竞赛中，拉美公司平均得分96.2，参与率91.2%。推进“两学一做”学习教育常态化制度化，组织学习研讨党的十八届六中全会、中纪委七次全会精神和《关于新形势下党内政治生活的若干准则》《中国共产党党内监督条例》并开展答题测试。开展“四合格四诠释”岗位实践活动，组织支部重温入党誓词、党员认责签名、岗位讲述、主题征文等活动。组织召开年度民主生活会，查找问题、剖析原因，提出整改措施和方向。组织开展支部书记述职评议和党员民主评议，开展支部书记培训工作，推动基层党建工作。弘扬石油精神、劳模精神，开展评先创优活动，厄瓜多尔安第斯项目赵新军获集团公司特等劳动模范和“铁人奖章”称号。发挥工会桥梁纽带作用，完成公司先进职工之家和模范职工之家现场验收。开展合理化建议征集，在集团公司“金点子”合理化建议活动中获特等奖2项、一等奖1项，同时获最佳组织奖。组织签订党风廉政建设责任书和廉洁从业承诺书，签约率100%。

（施建中）

中油国际西非公司

【概况】 2017年7月，中油国际西非公司（简称西非公司）成立。作为中油国际公司的派出机构，西非公司运作管理乍得项目、尼日尔项目、阿尔及利亚项目和突尼斯项目，承担协调、管理、监督、服务、党建等职能。西非公司设综合管理部、经营管理部、股东事务部、党群工作部（企业文化部）4个职能部门。

2017年，西非公司各项目稳健发展，成为集团公司“做强非洲”战略布局的重要基础，为中非政治关系友好及国家“一带一路”倡议做出贡献。2017年，西非公司原油作业产量401万吨，利润3.06亿美元，现金贡献2.29亿美元。

【油气项目运行】 乍得上游项目。乍得上游项目包括H区块矿税制合同项目和PSA合同项目。2007年1月，中国石油成为乍得H区块的独立作业者。2017年，乍得上游项目新增原油可采储量201.4万吨，原油作业产量306.41万吨，一期管道和二期管道分别输送原油71.4万吨、240.4万吨，完成权益投资5.15亿美元，实现油气销售收入9.66亿美元，利润总额2.24亿美元，现金贡献1.85亿美元。

乍得炼油项目。2017年，乍得炼油项目加工原油70.04万吨、外来污油0.083万吨，综合商品收率91.62%；生产各类产品55.30万吨，销售51.44万吨，实现销售收入4.5亿美元，利润5227万美元，现金贡献1.17亿美元。

尼日尔上游项目。2017年，尼日尔上游项目采取夯实老井基础、加快新井投产、优化措施作业及实施油井转注等手段，通过调整产液结构、加强油井管理和降低老井自然递减率等措施，实现原油作业产量91.1万吨，销售原油91.7万吨，销售收入2.77亿美元，利润4045万美元，现金贡献6092万美元。单桶原油操作费由2016年的7.7美元下降至2017年的6.73美元，低于预算的10美元/桶。

尼日尔炼油项目。2017年，尼日尔炼油项目优化生产操作方案和装置生产负荷，减低生产波动，加工原油92万吨，生产汽油27万吨、柴油48.82万吨、液化石油气5.45万吨；建立高效畅通的原油进厂协调机制，以销定产、以产促销，销售汽油、柴油、液化气81.06万吨，实现销售收入4.54亿美元，利润-1137万美元，现金贡献5218万美元。

阿尔及利亚项目。2017年，阿尔及利亚项目推进438B项目开发工作，完成438B项目的开发方案和试采方案研究；推进生产作业准备工作；开展对外交流，促进新项目开发工作。

突尼斯项目。2017年，突尼斯项目SLK油田开发生产工作运行良好，生产原油24.1万桶，实现中方原油权益产量5.42万桶，销售收入276万美元，利润53万美元。

【勘探开发】 2017年，西非公司坚持质量效益可持续发展，油气勘探开发工作扎实推进。乍得上游项目Bongor盆地潜山和下组合勘探评价与滚动开发获得新进展；开发生产工作顺利开展，PSA首批开发许可获政府批复，Convention区块依靠技术创新实现高效开发。尼日尔上游项目完钻Agadem区块4口探井，3口井获成功；完成6口井17层试油，新增原油探明可采储量242万吨；油田生产现场管理进一步加强，油井时率提高，Agadem油田5口新井滚动扩边、3口井转注水开发。

【管道运行】 2017年，西非公司加强管道运维管理，管道运行得以优化，产输平衡得到保障。乍得上游项目开展常态化清管工作，整合资源建立管道维抢修中心；通过加强降凝剂筛选、建立地温监测系统和推动加热改造等措施，多手段全方位解决外输瓶颈，全年输送原油311.8万吨。尼日尔上游项目克服原油凝点高、输送距离长、沿线热力状况和水力条件差等困难，强化管道运行参数监控、开展清管检测作业，实现安全、平稳、低耗输运，全年输送原油91.1万吨。

【科技创新】 2017年，西非公司坚持技术创新管理，依靠技术创新实现高效勘探开发，开展经营策略和科技课题研究工作。通过实践总结出“乍得H区块300万吨高效上产关键技术研究与应用”和“乍得裂缝性基岩潜山油藏高效勘探开发钻完井技术研究”成果，分别获集团公司科学技术进步奖一等奖和二等奖；“乍得炼厂保障自备电站安全稳定运行的研究与实践”获中油国际公司科学技术进步奖三等奖。

【安全环保】 2017年，西非公司发挥协调组织职能，各项目共享公共安全资源，按照直线管理原则健全各级HSSE责任制，不断加强对资源国社会安全信息的收集与研究判断，健全各项目应急管理体系及项目之间应急联动和互助机制，保障各项目人员安全、设施安全、环保达标、生产平稳运行和合规经营。

【企业经营】 2017 年，西非公司分析宏观经济环境、油气行业发展态势、国际油价走势及资源国投资环境变化，突出投资回收和风险防控，开展项目经营策略研究，聚焦重点项目关键节点重大决策，加强顶层设计和宏观把控。各项目以效益为中心，多措并举实现降本增效，取得显著效果。乍得上游项目落实扩销推价、合同复议、优化设计、精细管理等方面 69 项举措，累计增效约 8000 万美元。尼日尔上游项目引进合格服务商参与合同投标及持续深入开展合同复议，降低合同金额和物资采购成本 425 万美元。突尼斯项目开展低油价下项目管理与经营策略研究，严控支出压减投资 55%，实现超产，净现金流和净利润保持正值。

【党建工作和企业文化建设】 2017 年，西非公司深入学习贯彻习近平新时代中国特色社会主义思想和党的十九大精神，创新思维、因地制宜，全面从严治党要求落实到位。发挥党工委引领与监督作用，筑牢政治堡垒，集团公司党组和中油国际公司党委安排的各项工作任务落实到位；党的十九大精神和石油精神作为党建工作的出发点和落脚点，领导班子自身建设不断加强，“三重一大”制度决策得到强化；开展“两学一做”和推进“四合格四诠释”岗位实践制度常态化，切实保障“三会一课”、组织生活会和民主评议等制度取得成效；加强党风廉政建设，落实中央八项规定和“一岗双责”，保障合规经营、队伍廉洁和稳健发展。

西非公司统筹公共关系运维，协调应对海关、税务和劳工等纠纷，适时适度推进作业区公益事业发展，协同推进本土化，强化与资源国“互利双赢”理念，塑造中国石油海外良好形象。

（于开财）

中油国际管道公司

【概况】 2017 年 7 月，原中亚管道公司与原东南亚管道公司合并组建中油国际管道公司，总部机关设在北京。2017 年底，中油国际管道公司下辖 13 个合资及独资公司，有中方员工 771 人，建设和运行 6 条天然气管道和 3 条原油管道，分布在乌兹别克斯坦、哈萨克斯坦、塔吉克斯坦、吉尔吉斯斯坦、缅甸、中国 6 国，总里程达 1.1 万千米，年油气输送能力近 9000 万吨油当量，管输规模占中国陆上进口能力的 75%。截至 2017 年底，西北和西南两大能源通道累计向国内输油 1.14 亿吨，累计向国内供气 2196 亿立方米，拉动天然气消费在一次能源结构中的比例增长近 2 个百分点，为优化能源消费结构、推动国内天然气市场发展做出贡献。中油国际管道公司所辖的中亚、中缅油气管道处于落实国家“一带一路”倡议的核心区，是中国陆上进口能源大动脉和集团公司海外油气产量保供国内的重要通道，在拓展海外油气合作、落实国家战略规划、保障国家能源安全供应中具有不可替代的战略地位和重要作用。

2017 年，中油国际管道公司认真贯彻落实集团公司各项决策，推进重组改革，推动管理转变，实现平稳过渡，取得显著成绩。中缅原油管道实现一次投产成功，哈南线管输能力达 100 亿米^3/年，中亚 AB/C 线达 550 亿米^3/年设计输气能力，西北、西南两大能源战略通道阶段性规划能力全面建成。管道输量全部超额完成计划，天然气管道累计输气 479.2 亿立方米，平均超计划 6.7%；原油管道累计输油 2073 万吨，平均超计划 20.8%（不含中缅原油管道）。经营效益创历史新高，超计划 105.2%。“三控制一规范”指标顺利完成，QHSE 业绩突出，获集团公司“安全生产先进单位”称号。各项绩效考核指标全面超额完成。

【降本增效】 2017 年，中油国际管道公司坚持效益优先，降本增效工作取得重大突破。充分发挥合资公司成本效益单元作用，深入挖掘降本潜力，开拓开源空间，强化绩效考核指标推动作用，开源节流降本增效工作取得阶段性成果。公司机关出台《降本增效成果评估与奖励管理办法》，中哈天然气管道公司（AGP）、中乌天然气管道公司（ATG）和哈南天然气管道公司（BSGP）分别建立降本增效奖励制度，降本增效管理迈入制度化管理阶段。全过程优化投资管理，严格变更索赔，累计控减投资 14.9 亿美元；强化造价管理，源头把控中亚 D 线工程概算，实现中亚 D 线塔吉克斯坦段线路 EPC 合同包价格下降 25%，有效降低投资总额。优化融资渠道，实现中亚AB/C线担保延期，节约利息支出；ATG首次安排提前还贷，BSGP协调哈萨克斯坦股东提前归还美元贷款，实现完工担保延期，避免违约风险。ATG和AGP实现乌兹别克斯坦天然气和哈萨克斯坦天然气成功替代土库曼斯坦天然气，中亚AB/C线全线自用气价格下降27.5%。完成五年运维合同价格复议，有效遏制中哈原油管道公司（KCP）和西北原油管道公司（MT）运维费用逐年高增长趋势；哈南线天然气管道公司实现ICA运维合同费用总额控减25%。KCP降低KK段哈萨克斯坦原油出口管输费率，成功吸引阿克纠宾原油增输出口中国，提升新增过境俄罗斯原油管输费率，有效缓解资金紧张局面。SEAGP通过优化投资、全面预算管理等措施，实现管输费降低8%，为管道长期可持续发展奠定基础。中塔天然气管道公司（TTGP）实现合资公司薪酬市场化和去美元化的“两化”目标，为长期节约人工成本奠定坚实基础。管输费清欠工作取得重大突破。ATG加大清欠力度，年内合计回收乌兹别克斯坦天然气运输公司（UTG）欠款6621万美元；BSGP以融资协议为抓手，回收哈萨克斯坦天然气运输公司（KTG）拖欠管输费上亿美元。

【重组改革】 2017年，中油国际管道公司重组改革工作稳步推进。公司领导班子坚持从大局出发，统一思想、加强领导、精心组织，确保整合工作平稳实施，确保党建工作同步加强，确保生产经营安全运行。公司领导班子认真学习、深入领会《中国石油天然气集团公司海外油气业务体制机制改革框架方案》精神，准确把握公司定位，争取集团公司领导、集团公司机关职能部门和中油国际公司的理解与支持，在组织机构设置、干部人事管理、业务有限授权等方面取得有利于公司长远发展的成果，奠定打造集团公司海外油气管道运营专业化公司的坚实基础。以打造“层级扁平、股权清晰、行权高效、风险可控的海外油气管道专业化投资和运营平台”为目标，实施“总部—项目公司”两级管理体制。在重组改革中，本着“管理集中统一、管控流程优化、控减共性保留个性”的原则完成总部部门优化设置、干部聘任和员工调整。为加强在缅甸油气管道管理，成立中缅油气管道项目和地区党委，明确中缅油气管道项目组织机构设置，完成项目班子和中层干部聘任。公司班子牢牢把握“只有队伍稳，管道才能稳”的指导思想，针对企业重组改革中的机构设置、干部安排、员工安置和管控调整四大难题，加强领导班子成员沟通，公司主要领导多次赴海外项目，深入基层调研，与近百名处级干部谈心谈话，与青年员工座谈沟通，不断凝聚共识，消除思想顾虑，确保员工队伍和谐稳定。

【管道运行】 2017年，中油国际管道公司推动理念转变，深入优化运行管理。围绕“安全、可靠、高效”三原则，坚持理念先行，推动管理方式转变，持续提升人员素质，持续优化生产运行。紧盯管道运行高风险环节，精心组织、周密部署、措施到位，确保生产安全平稳，完成冬季保供任务。中乌天然气管道公司高效完成ABC三线乌铁换管及BC线互联，利用互联增输2.1亿立方米，实现换管不降量，确保生产不受影响；中哈天然气管道公司、东南亚原油管道公司（SEAOP）和东南亚天然气管道公司（SEAGP）全力组织水工保护、地质灾害整治工作，确保管道平稳度汛；SEAOP加强关键设备维护，确保原油管道高质量投运，协调缅甸港务局等政府部门，提高马德岛航道吃水许可深度，确保VLCC油轮正常通航。完善跨国协调体系，推动签署《中亚天然气管道运行协调委员会章程》，建立乌兹别克斯坦和哈萨克斯坦地区协调机制，增强跨国协调的规范性和约束性，中方话语权和影响力有效提升；建立乌兹别克斯坦和哈萨克斯坦供气与下载预测机制，完善中方运行协调程序，资源与市场的统筹协调有效加强。总部以股东身份加强与外方股东沟通协调，公司运行管理逐步由管中方项目向管合资公司转变。实现中方调度令在合资公司合法化，调控能力进一步增强；实现运行技术指标体系在合资公司落地实施，指标引领作用充分发挥；实现中外双方股东共同推动管道运行原则编制、EAM系统上线使用、PIS系统进一步完善。推动优化运行向优化运营转变，由控制自耗气量向控制自耗成本转变，实现ATG输量增加但耗气占比降低；建立空压机大修维护模式标准，减少外委工作量，降低外委服务费用。按照抢修能力“五落实”原则，实现维抢修人员培训量化考核，推进ATG和AGP抢修专业设备购置，制定专项明管跨越抢修处置方案，开展应急演练，实现16小时完成乌兹别克斯坦C线41千米管道环焊缝缺陷换管维修，自主维抢修能力有效加强。组织专家赴现场指导，落实内外部抢险资源，实施河道治理，租用光缆恢复通信，伊江穿越管道悬空险情有效受控。组织中方员工参加国际、国内专业认证，组织外方站长参加站长培训班，连续2年举办技能竞赛，促进中外方技术交流，提高运行人员专业素质，提升合资公司自主运行能力。

【工程建设】 2017年，中油国际管道公司突出稳健原则，工程建设有序开展。结合公司业务发展，科学制定工程建设“十三五”专项规划。主动适应公司改扩建项目增多的新态势，强化制度体系建设，推动工程建设管理方式转变。成立公结合公司业务发展，科学制定工程建设“十三五”专项规划。主动适应公司改扩建项目增多的新态势，强化制度体系建设，推动工程建设管理方式转变。成立公司级D线项目协调小组，强化策略研究和组织协调，完成建设计划和实施策略制定，确定2022年“一站一线”投产总体目标；优化技术方案，精细造价测算，强化沟通协调，完成初步设计国内批复，项目建设投资得到有力保障；塔吉克斯坦段1号隧道实现8月底复工，线路及隧道EPC工程按计划完成发标。完成中缅原油管道运输协议和港口监管协议签署；统一指挥、科学调度，完成油水置换，5月19日完成境外段投产。高效协调系统推进，哈南线全线输气能力达100亿米^3/年。总部升级管理，项目领导靠前指挥，高效推动工程建设，实现巴佐伊压气站投产；统筹组织卡站调试投运，确立商务模式，为哈萨克斯坦天然气进中国提供设施保障。哈南线全面达产为2017年冬季保障国内供应做出巨大贡献。总部强化股东协调、项目克服诸多困难，推动召开三次乌兹别克斯坦加兹里储气库协调会议，确定工程实施方案，完成一阶段预可行性研究报告；超预期完成西北原油管道反输改造工程可行性研究文件编制，初步设计和招标采办准备工作同步有序开展。

【质量安全环保】 2017年，中油国际管道公司紧抓关键环节，持续深化QHSE风险管控水平。强化股权管理，不断夯实基础，规范体系运行，确保QHSE风险持续受控，管理绩效持续优良。完善体制机制，夯实管理基础。确立公司安委会治理架构，推动QHSE管理责任逐级落实；持续强化体系管理，识别关键业务流程，增修8项HSE管理标准，固化审核机制，体系文件更加完整，运行更加规范，海外公司体系认证率100%；完善HSE培训体系，建立能力矩阵和培训矩阵，推进员工履职能力建设；深化中哈天然气业务股东HSE交流，推动建立联合工作机制。紧盯关键风险，持续保证风险受控。强化执行风险辨识和隐患治理双重预防机制，严格管控关键风险，确保中缅原油管道、哈南线巴佐伊压气站投产运行，ATG换管作业和塔吉克斯坦1号隧道复工安全平稳；严密监控、措施到位，伊江露管安全环保风险有效控减；完成中亚四国、新疆宏观和项目微观社会安全风险评估，完善安保体系建设。强化应急管理，持续提升应急保障能力。立足实战需要，统筹推进“一案一卡”建设；强化应急演练，年度实战型演练占比提升至70%；应对缅北“12·21”交火事件，员工生命安全和生产设施安全得到有效保障；针对涉水原油污染风险，及时启动《原油管道泄漏水体污染应急处置技术研究》。

【管理提升】 2017年，中油国际管道公司坚持追求卓越，全面推动公司管理方式转变。深入落实“以合资公司为平台，以股权管理为主线”的管理要求，推动管理方式由管中方项目向管合资公司转变，管理效率实现大幅提升。完成泛欧亚管道公司注销和中亚管道公司工商变更，压减法人户数，实现“瘦身健体”；编制完成《股权管理和中方审批事项暂行规定》《项目公司各级机构权限清单》《中方审批事项清单》，明晰股权管理界面，厘清管理审批流程。完成中亚地区7个合资公司《绩效考核管理办法》股东批复，有效规范合资公司绩效考核流程与标准；强化与外方股东沟通协调，高效完成年度预算审批与调整、油管道运维合同价格复议等重点难点工作。完成五年滚动规划编制，有效发挥公司中长期发展规划战略引领作用；开展管输费研究，为下一步优化中亚AB/C线和中缅天然气管道管输费、调整中哈原油管道管输费机制提供决策依据；开展在缅甸天然气销售和利用业务的政策及商务模式研究，为下游市场拓展奠定基础。加速推进企业大学建设，以AGP为试点推动站长能力素质模型在合资公司落地与实施；中塔校企合作培养项目“百人计划”启动开班，首批30名塔吉克斯坦优秀高中毕业生赴西安石油大学开展学习，为D线储备属地化高素质运维人才；深化外语培训，2017年英俄双语达标员工94人，同比增加18人。中吉项目成功推动中国管道建设标准《输气管道工程设计规范》(GB50251)采标成为吉尔吉斯斯坦国家标准，填补中国在中亚地区输出中国标准的空白；参与并承担国家重点研发计划项目“中国标准走出去适用性技术研究（二期）”和集团公司“油气管道合资企业标准化合作对策研究”，公司标准化研究迈入新阶段。启动数据梳理和大数据平台研究，规范系统内外部数据；完成协同办公优化平台一期建设，实现公司信息系统由集中建设向集成应用的跨越；启动D线管道干线工程建设数据采集标准制定并纳入ITB文件，为数字化管道建设奠定基础。实现中国石油首次在项目所在国发布《中缅油气管道企业社会责任专题报告》，宣传互利共赢价值理念，为中缅能源合作积聚正能量。紧扣公司重大建设和运行节点，在中央电视台、新华社等媒体宣传报道公司践行“一带一路”倡议新成果，为重塑中国石油良好形象做出贡献。

【党建及干部队伍建设】 2017年，中油国际管道公司坚持融入中心服务大局，全面从严加强党的建设。全面开展学习宣传贯彻党的十九大精神，凝聚深化重组改革、推动公司稳健发展的强大共识。组织局级、处级干部轮训班，全面学习贯彻习近平总书记系列重要讲话精神、十八届六中全会精神，采取多种形式，聚焦岗位实践，推进“两学一做”学习教育常态化制度化，党员领导干部的理想信念进一步坚定，政治素养理论水平得到有效提升，牢固树立保障国家油气安全平稳供应的使命意识、责任意识、担当意识，以提高质量效益为中心，狠抓生产经营和管理提升各项工作，确保全年各项任务指标超额完成。全面加强基层党组织建设，切实发挥党员先锋模范作用。聚焦“四种形态”，突出监督执纪问责，推进党风廉政建设，形成风清气正的良好政治生态，助力企业健康发展。

（杨　帆）

中油国际俄罗斯公司

【概况】 2017年7月，海外油气业务体制机制改革，中国石油天然气集团公司俄罗斯公司更名为中油国际俄罗斯公司（简称俄罗斯公司），归中国石油国际勘探开发有限公司管理。截至2017年底，俄罗斯公司有员工41人，设6个职能部门，下属中油国际（俄罗斯）投资公司和中油国际（亚马尔）公司，资产总额6094.74万元。

2017年，俄罗斯公司紧抓亚马尔项目工程进度各个节点，履行中方股东职责，强化投资控制，完成项目进度91%，完钻30口井，成功实现第一条液化气生产线按期投产和首船液化天然气产品外运。

俄罗斯公司主要生产经营指标

指　标	2017年	2016年
天然气作业产量（亿立方米）	15.88	4.21
天然气权益产量（亿立方米）	3.18	0.84
凝析油作业产量（万吨）	6	1.2
凝析油权益产量（万吨）	1.2	0.24
新增探明天然气C1+C2级储量（亿立方米）	0	163.49
新增探明凝析油C1+C2级储量（万吨）	0	258.70
开发井（口）	30	32

【重点工程】 2017年，亚马尔项目工程建设进入高峰，现场施工人数超过3万人，完成总进度91%。二期、三期模块建造工作进展顺利，8月16日最后一个模块发运，模块建造工作比原计划提前8个月完成，9月6日所有模块全部运抵现场。二期所有模块均安装就位，三期除了五个模块待安装外，其他均安装就位，液化天然气3号和4号储罐完成施工和试车。

为保证实现年内一期投产目标，亚马尔项目克服诸多困难，于年初按系统逐步安排试车，试车与施工同步交叉进行，以试车顺序、开车流程和关键路径来驱动现场施工工作，并通过现场管理月会总体协调，提前创造条件促进关键工作开展，使得整个现场施工和试车工作充分融合，较好地控制现场的整体建设周期，发电机组、氮气单元系统、高低压火炬、冷剂压缩机、工艺装置脱酸单元、脱水除汞单元、LPG单元等关键设施按期投运，11月6日，第一条生产线产出液化天然气产品，12月8日首船液化天然气实现外运。

为进一步提高亚马尔液化天然气项目的生产效益，年内启动第四条线的相关工作。第四条线采用诺瓦泰克公司自有专利技术，设计能力100万吨/年。诺瓦泰克公司完成可行性研究和部分初步设计。

【勘探开发】 2017年，亚马尔项目上游工作超计划完成。制定侏罗系勘探开发工作规划，完成172号井钻井与压裂设计并按计划建立V3地质模型。制订一期58口井及9口备用井投产准备技术方案。完钻生产井103口，其中长水平段水平井96口、双分支长水平段水平井5口、大斜度井1口、探井侧钻水平井

1 口，开发井累计钻井进尺 36.68 万米，一期计划全部完成，完成总计划 50%。全年计划完钻 28 口井，实际完钻 30 口井，平均建井周期 41.4 天。钻井、井场、道路建设和集输管线安装等气田一期建设全部完成。

2017 年，为合理控制勘探节奏，节约勘探投资，推迟部署海域 132 平方千米和南区陆上 500 平方千米三维地震采集。

【海运销售】 2017 年，海运销售成果喜人。15 艘具有核动力破冰能力适应极地环境的 ARC7 冰级液化天然气运输船全部签署租船和造船协议；首艘 ARC7 冰级液化天然气运输船 3 月完成冰区试验，在萨别塔港正式交船，其余 2 艘分别于 11 月、12 月交船。

推动中方关联公司参与 2017—2018 年液化天然气现货销售。7 月 19 日，亚马尔贸易公司与赛宁公司签署现货购销协议，为海外油气业务新增一条投资回收途径。2017 年，通过赛宁公司销售一船 LNG 现货，实现销售利润约 650 万美元。

【项目融资】 2017 年，俄罗斯公司完成第二轮国际 ECA 融资 4.25 亿欧元，并以新增国际 ECA 融资额度替代部分较高成本的融资额度。全年向银行发出提款计划、提款通知及提款支持文件 60 份，签署股东担保函 18 份，配合金融机构做好贷后管理。截至 2017 年底，亚马尔液化天然气公司提款 149 亿美元。

【新项目开发】 2017 年，俄罗斯公司多渠道全方位推进新项目研究，北极合作有望进一步深化。与诺瓦泰克公司探讨北极 2 液化天然气项目合作的可能性，8 月 24 日签订北极 2 项目保密协议，11 月完成项目信息采集和部分研究报告，11 月 29 日完成北极 2 项目的技术经济评价。

俄罗斯公司完成塔佐夫半岛帕如索沃耶、北帕如索沃耶和塞马科夫斯科耶气田合作开发的初步评价和投资俄罗斯纳霍德卡甲醇项目的初步评价。

【股东事务】 2017 年，亚马尔项目召开董事会会议 48 次、年度股东会和临时股东会 8 次，议题涉及项目建设的方方面面。俄罗斯公司严格按照授权，履行董事会和股东会议题的审批程序，完成每项议题的表决，维护项目和中方股东的利益。加强预算调整审查力度，控制项目投资。在投资控制的前提下，不断优化投资。通过双重控制（预算控制和每个合同变更控制），强化股东审核。加强股东审计，推动合资公司改进公司治理。

【降本增效】 2017 年，通过合理谋划，俄罗斯公司提前实现从第一轮国际 ECA 融资机构提款 9.5 亿欧元，完成第二轮国际 ECA 融资 4.25 亿欧元。2017 年综合节约利息支出 4717 万欧元，全周期预计节约利息支出 5.7 亿欧元。通过开具备用信用证保函方式，实现亚马尔项目提前返还增值税 4.6 亿美元，降低资金占用，增加现金流入和利息收入，减少亚马尔项目财务费用约 1500 万美元。

【HSSE 管理】 2017 年，俄罗斯公司切实做好交叉作业管理。合资公司开发标准和规范文件，以作业许可系统为核心，陆续开展交叉作业理念与作业许可执行方法培训，逐步实现作业票电子化。主导完成亚马尔项目试车阶段环境与社会管理计划更新，编制运行阶段的环境与社会管理计划。全年向中油国际公司提交 HSE Alert 素材 1 篇，《赤道原则下海外油气项目融资环境与社会风险管理探索》论文获全国石油石化企业管理现代化创新优秀论文一等奖，获集团公司“环境保护先进集体”“国际业务 HSE 管理先进基层单位”“两个绿色基层站队”称号。

【合规管理】 2017 年，俄罗斯公司继续实施全面推进依法治企实施方案，启动《管理制度手册》修订，通过全面梳理、修订、完善管理制度和流程，推动提升管理水平；开展法律风险和法律纠纷案件专项梳理并向中油国际公司和集团公司报送有关情况报告；加强风险管理，按期向中油国际公司报送风险事件季报和全面风险管理报告，派员参加风险管理培训，利用集团公司海外风险预警平台加强社会安全、HSE 与应急管理；加强招标管理，按照集团公司专项治理要求，严格开展自查，上报自查报告；加强项目档案管理，做好亚马尔项目中方档案管理工作，与中油国际公司有关部门协调沟通，完成中方签署的项目协议文件的交接、归档等工作。

【党建工作】 2017 年，俄罗斯公司党委制定党建、纪检、宣传和工会工作要点和党委中心组学习计划，组织支部学习 11 次，党委书记到公司机关和海外项目讲党课。亚马尔项目投产时，协助中宣部、国务院国资委、集团公司思想政治工作部等单位以及央视新闻、中国石油报社等组织宣传，策划制作微文 7 篇、电子展板 1 套、视频宣传片 2 部、纪录片 1 部、宣传画册 1 套，为宣传“一带一路”建设成果、重塑中国石油良好形象做出贡献。

（唐春梅　吴　淼）

工程技术服务企业

中国石油集团西部钻探工程有限公司

【概况】 中国石油集团西部钻探工程有限公司(简称西部钻探)成立于2007年，以钻井、录井、井下作业、压裂、试油、特殊井钻井工艺、钻井液、固井等石油工程技术服务以及装备研发、制造与销售为主要业务，在国内，主要为新疆、吐哈、塔里木、青海、玉门、长庆、西南、浙江等10余个油气田提供钻探一体化服务；在海外，形成以中亚为主体、中东为接替区，覆盖哈萨克斯坦、乌兹别克斯坦、吉尔吉斯斯坦、埃及、沙特阿拉伯、阿联酋、伊朗、俄罗斯等8个国家的市场布局，合作伙伴30余个。2017年底，设机关处室15个，直附属单位10个和二级单位15个，下设钻井公司5个，录井公司2个，井下作业公司、试油公司、固井公司（2015年4月由原固井压裂公司更名）、钻井工程技术研究院、定向井技术服务公司、巴州分公司（2017年12月由原塔里木勘探公司重新注册）、苏里格气田项目经理部、物资采购中心。员工总量17649人，少数民族员工2972人，占16.84%。资产总额195亿元。

西部钻探有各类工程技术服务设备和仪器1.5万台（套），工程技术服务队伍600余支，其中钻机232台，钻井队200余支，年钻井能力600万米；压裂设备150余台（套），年压裂酸化能力3000井次；录井设备200余台（套），年录井能力2600井次；固井车组125台（套），年固井能力2000井次；年试油测试能力400层；年定向井服务能力1200井次。

2017年，西部钻探钻井开钻2252口井，完井2162口，总进尺503.87万米，同比增长58.5%，其中国内452.23万米，增长52.6%，国外51.64万米，增长141.2%；固井完成1839口，同比增加506口，增长38%；综合测井9617井次，同比增加3844井次，增长66.6%；录井2577口，同比增加1169口，增长83%；井下大修111井次，同比减少4井次，下降3.6%；井下压裂酸化完成3127井次，同比增加1193井次，增长61.7%；试油完成306层，同比增加54层，增长21.4%；苏里格外输商品天然气6.39亿立方米，同比减少0.94亿立方米；凝析油产量11402吨，同比增加3810吨。

【传统市场】 2017年，西部钻探在关联交易市场抓住油田增储上产的有利时机，发挥主场优势，深化合作模式，统筹优化资源，直面市场竞争，全年完成进尺300万米，创历年最高水平，市场份额保持稳定，核心地位更加牢固。其中：新疆市场创收占公司营业收入的“半壁江山”；吐哈市场工作量同比翻番；青海市场年进尺再上80万米，实现高原钻井的再跨越。

【外部市场】 2017年，西部钻探在海外市场强化资源共享，以技术和品牌带动多点突破，合同额、工作量分别同比增长141%和150%，取得近年最好成效。乌兹别克斯坦项目创效能力凸显，利润贡献位居海外之首；通过沙特阿拉伯国家石油公司、俄罗斯天然气工业石油公司资质审核，为深化发展打下基础。在国内重点市场，突出效益与合规，集聚优势全面竞争，进尺增长3.6倍，实现快速扩张。塔里木市场总包规模持续扩大；玉门市场继续保持85%以上份额；煤层气、页岩气等非常规油气市场不断扩大；长庆市场成为新创收单元。

【降本增效】 2017年，西部钻探深入推进开源节流降本增效，全面发力、多点突破，内涵式发展模式有效开启。低成本长效机制固化形成。推进招标上线运行，开展全要素审查，发挥集中采购规模优势，工程与服务、物资类合同平均单价分别下降7%、6.7%。开展全成本写实，丰富成本控制思路，明确经营管理方向。全过程管控水平不断提升。建立业绩提升联席会议制度，紧盯经营管理关键环节，强化管理效益审计，管控成果突出。完善内控体系，制定法律禁止性规定清单，扎紧制度的笼子。推进井场轻量化、简约化、标准化配置，设备管理增效能力持续增强。推进环玛湖物资共享中心建设，库存降低15%。重点项目成功减亏。聚焦南疆、海外两个重点，分析收支配比问题，细化落实减亏措施。海外项目持续减亏，走上良性发展轨道；在南疆市场坚守边际贡献底线，堵住效益“出血点”，超额完成减亏指标。

【结构调整】 2017 年，西部钻探推进转型升级，内涵式发展迈出坚实步伐。坚持稳增长、转方式、调结构，开创质量效益明显提高、稳定性和可持续性明显增强的发展新局面。做精做优钻井业务。突出队伍总量控制和钻机结构优化，推进井场“瘦身”，作业能力显著提升。创新合作共享模式，着力扩大项目总包，实现钻井产能的有效调节。在低价格的逆境中，钻井业务超额完成控亏指标，经营业绩持续向好。做大做强创效单元。紧跟油田井筒投资构成调整，酸化压裂、油藏评价、地质导向、连续油管等特色业务实现规模发展，高端业务经营利润同比翻番。落实集团公司工程技术业务改革重组要求，完成测井业务移交给中油测井，保证平稳有序运行。关停并转生活服务、物业绿化、服装加工等低效业务 10 余项。

【业务增效】 2017 年，西部钻探着力扩总包、强技服、拓高端、调结构，质量效益明显提高，发展后劲不断增强。总包业务持续扩大。坚持钻井筑基、全产业链跟进，通过管理输出等运行模式，优质完成 150 万米进尺总包和 10 余个单项总包，利用有限资源，创造更多价值。高端高效业务深化发展。培育差异化竞争优势，抢占技术服务业务链高端，压裂、试油、录井等业务收入、利润均创历史新高，外部市场工作量同比增长 62%；油藏评价、地质导向、连续油管等特色业务实现规模发展。夯实风险合作稳产基础，推进苏里格大井丛开发、工厂化作业、个性化压裂，稳定外输天然气商品量 6.4 亿立方米，创效能力进一步发挥。各层次结构更加优化。围绕专业化方向，完成 5 支浅钻井队向压裂转岗；加快辅业外包及市场化运作，减少用工 1289 人，促进业务结构不断优化。创新人员配置模式，强化内部流动激励与分流安置，累计盘活 885 人，岗位退出 1268 人；与海洋工程公司开展整建制外包合作，用工调配机制更加适应市场。

【优质服务】 2017 年，西部钻探推进工程提速，综合竞争实力持续增强。发挥一体化优势，各业务链运行高效，助力油田效益开发。服务保障更加到位。把握勘探开发需求，加强与油气田对接，升级服务模式，协同破解难题，打造更加紧密的利益共同体。推进资源“一体化”，在新疆环玛湖等重点区域，调配钻机 50 余部、压裂车组 23 台（套），助力 10 亿吨级砾岩油田发现；聚焦提高单井产量，打出狮 210 井等多口高产高效井，有力保障油田关键时期的生产建设。生产组织运行高效。持续创新生产组织模式，源头介入工程设计，完善“工厂化”标准操作程序，促进生产全面提挡加速。全面开展“大干 100 天”生产会战，配套劳动竞赛激励，以最高月进尺 48.46 万米、日进尺 2.15 万米，创公司成立以来最高纪录。重点项目精益求精，明 15 井获集团公司领导批示肯定，阿克纠宾一体化项目创出品牌效应，完钻柴达木盆地最深井——昆 2 井。质量效率全面提升。全面深化“三条曲线”对标，开展强化钻井参数试点，钻井整体提速 1.49%，五个重点区块整体钻机月速同比提高 10% 以上。实施专项治理，事故复杂时率严控在 2% 以内。优化苏里格整体动用气藏方案，施工周期节约 50%。储层改造成效显著，吉木萨尔致密油压裂技术达到国内领先水平，环玛湖射孔桥塞联作创多项纪录。

【经营管理】 2017 年，西部钻探不断完善考核激励机制。坚持超额兑现、分配向一线和科技骨干倾斜不动摇，提高奖金弹性，完善劳动竞赛、市场开发奖励办法，调动全员积极性。创新驱动不断显现。旋转导向等新工具研发进展顺利，扭力冲击器达到国际先进水平，利器研制实现三维一体化智能设计，全年获省部级以上奖励 8 项；加快信息化进程，完善建设规划，生产指挥系统基本建成，A12、D17 系统深化应用。人力资源结构不断优化。围绕可持续发展方向，推进浅钻向压裂业务调整，完成 5 支井队 120 人转岗；完善市场化运作机制，开展钻井辅助业务、车辆维修、后勤生活服务等业务外包；实施物资仓储等辅助业务优化调整，超额完成分流目标；创新技能鉴定与培训，拓宽竞赛范围，为打造“石油名匠”搭建平台。

【安全环保】 2017 年，西部钻探推进基础工程，安全环保呈现良好态势。牢固树立安全发展、绿色发展理念，全面强化责任落实，实现“六个杜绝”和“一个严控”目标。安全生产绝无一失。严守安全生产“四条红线”，推进井控、放射源等重点环节升级管理，持续完善“双重”预防机制，狠抓承包商监管，杜绝各类事故发生。狮 58 井成功处置高压溢流并获重大勘探突破，受到集团公司党组领导表扬。体系运行持续深化。突出抓好 HSE 体系审核发现问题整改，探索开展驻点审核、问题三追，融合国家新《安全生产法》和《环境保护法》的 HSE 制度办法全面确立，90% 的队伍通过安全标准化达标验收。

收。对20项作业进行“红橙黄蓝”分级，强化钻井队“三卡”管理，开展员工“写风险”活动，重大风险得到有效管控。绿色发展步伐稳健。推进资源全面节约和循环利用，电代油、油改电、工业大电应用井次分别增加69%、24%和38%，替代柴油3.3万吨。强化土壤污染管控和修复，规范钻井废弃物不落地管理，污染物排放综合指标同比下降1.2%。形成持续稳定的发展大局。杜绝各类重特大责任事故，获集团公司、新疆维吾尔自治区“安全环保先进企业”，连续获“全国‘安康杯’竞赛优胜单位”称号。

【党建工作】 2017年，西部钻探准确把握党的十九大在党的建设方面的新部署，全面落实新时代党的建设总要求，开创党建新局面。深入学习贯彻党的十九大精神，准确把握新目标、新要求，为公司改革发展提供根本保证。推进“两学一做”学习教育常态化制度化，践行“四合格四诠释”，党员作为价值进一步彰显。着力抓基层打基础，打造一批充满活力、战斗力强的基层党组织。组织史编纂获集团公司先进单位和优秀著作一等奖。持续健全党风廉政建设制度，编制廉洁风险防控手册，细化“三不腐”实施方案，党员干部廉洁从业思想和行动更加自觉。突出政治定位，全面开展“四风”纠治，基层巡察实现全覆盖，大监督格局初步形成，巩固风清气正的良好氛围。

【和谐企业】 2017年，西部钻探始终把增进民生福祉作为发展的根本目的，尽最大努力提升全员幸福指数，发展成果普惠共享。员工收入实现稳定增长，一批惠民、利民工程全面落地，维修、安全、维稳类项目按期完成，自动化设备广泛推广，现场营房、餐饮、劳保等标准持续提升，集资建房达标入住，员工生产生活条件持续改善。大局持续稳定向好。广大党员干部担当奉献，坚定落实新疆维稳要求，全面实施一级响应常态化值班值守，有力维护党的十九大等特别重点阶段大局稳定，确保一方平安。持续开展大病帮扶、金秋助学、节日慰问等暖心活动，发放慰问金2500万元，员工归属感、幸福感进一步增强。企地关系和谐融洽。落实专项资金开展精准扶贫，体现中央企业的责任担当；26名驻村干部，勇担压力、克服困难，真心真情实施“访惠聚”，让宝石花在叶尔羌流域璀璨绽放；2342名党员干部投身“民族团结一家亲”活动，拉近民族感情，构筑和谐大局。

（许　均）

中国石油集团长城钻探工程有限公司

【概况】 中国石油集团长城钻探工程有限公司（英文缩写GWDC，简称长城钻探）成立于2008年，是集团公司直属专业化石油工程技术服务公司，是国际钻井承包商协会会员。定位：建设国际一流石油工程技术总承包商。发展目标：打造“六个典范”，即打造中国石油海外工程技术业务的典范、打造中国石油国内油气风险作业的典范、打造油田勘探开发服务保障的典范、打造工程技术行业技术创新的典范、打造质量发展安全发展绿色发展的典范、打造心系基层群众信任的典范。

截至2017年底，用工总量22000余人，主要工程技术服务队伍1700余支。建立了机关统一管理，辽河、长庆两个分部靠前指挥国内市场，国际事业部统筹协调海外美洲、非洲、中东、中亚四个大区的管理结构。主营业务包括钻修井、技术服务、风险总承包三大板块，业务领域涵盖地质勘探、钻井、测井、录井、井下作业等石油工程技术全产业链，并向油气田前期地质研究、勘探开发方案设计、天然气（煤层气、页岩气）开发、地热开发、油田生产管理等领域延伸，具备石油工程技术一体化总承包服务能力。GWDC和CNLC两大品牌在国内外石油工程技术服务市场得到广泛的市场认同，国内市场范围涉及国内18省（自治区、直辖市），主要服务辽河、四川、长庆、新疆等油区；海外拥有26个项目部、作业区，业务遍及31个国家，累计服务全球130多个客户。

2017年，有效应对各种困难和挑战，统筹发展国内外两个市场两种资源，深入推进管理提升、安全环保、技术创新、党建思想政治工作，企业发展实现稳中有进、稳中向好。2017年实现收入183亿元，同比增长5.78%，超额完成集团公司年度考核指标。

【国际业务】 2017年，长城钻探签订合同额11.95亿美元，传统市场有效恢复和巩固，向高附加值技术服务及总包服务转型成效明显。（1）非洲大区创收创效突出。乍得、苏丹CNPC传统市场高效推进；在尼日尔首次开拓两个非CNPC总包一体化项目；在阿尔及利亚作业表现全面优于竞争对手。（2）中东大区实施积极市场策略，创出一系列精品工程。在伊拉克再次中标格拉芙24口井总包项目，树立国际高端市场开发的典范；新开辟科威特市场，首次中标KOC录井服务项目；成功中标阿曼DALEEL公司3台钻机的新一轮合同，保证后续4年工作量；伊朗国家石油公司勘探部合同延期价格不变，海上业务积极拓展。（3）中亚大区全面扭转亏损局面。在哈萨克斯坦AMG一体化市场取得新突破，合同额同比增长64%；在印度尼西亚依靠管理输出，首次冲出了CNPC钻井市场；在乌兹别克斯坦实现修完井一体化服务，中标鲁克石油完井项目，实现当年运行、当年完成、当年全额回收工程款。（4）美洲大区在市场不利的形势下，各项工作稳步推进。委内瑞拉、古巴市场新签续签合同保证后续市场工作量；厄瓜多尔和秘鲁市场扩容增效成果显著。

【国内业务】 2017年，长城钻探抓住辽河油田重上千万吨产能有利机遇，主动对接，优化生产组织，各专业无缝衔接，钻机动用率稳定在90%以上，以88部钻机高效运作满足了甲方100部钻机需求，年度新井运行计划符合率100%，井下故障率同比降低33.5%。特别是成功实施奈曼、双229区块等总包一体化项目，实现低产低效井开发双赢。国内其他工程技术市场维护与开拓并举，争份额、提总量，有效巩固市场基础。长庆市场提前超额完成总包任务，工作量和产值双翻番，特别是在双110井区与甲方开展气田联合开发创新试点，完成3年建产10亿立方米产能计划编制。浙江市场以页岩气开发技术为龙头，实现多专业快速发展。吉林市场依靠建井风险总包模式带动压裂、导向、随钻等业务独立进入，产值增长61%。塔木察格市场围绕油田需求，发展注水采油等业务，有力保障油田增储上产。青海、吐哈、冀东等市场紧跟甲方需求，市场份额稳中有升。油气风险作业抓住集团公司推动天然气业务快速发展的战略契机，加大技术支持和科研攻关力度，集中优势资源，强化各方保障，实现高水平运作，2017年生产天然气34.8亿立方米。在苏里格自营区块深化气藏精细描述，稳产能力进一步提高；通过优化压裂改造、推广老井侧钻水平井、实施排水采气等工艺提高开发效果，有效减缓产量递减。在四川页岩气项目加大地质与气藏工程研究力度，通过强化钻井参数、增加水平段长度、采用密切割压裂等工艺技术措施，有效提高生产作业效率和开发效果，进一步降低开发成本，发挥示范引领作用。

【管理提升】 2017年，长城钻探以质量效益为中心的理念和措施得到强化，降本增效19项工作目标、75条措施充分落实，有力促进全年经营目标实现。严格投资源头管控，规模和结构不断优化，资产运营效益逐步提升。深化资金平衡管理，工程款回收额度同比增加14%，“两金”指标余额同比下降10.09%；贷款规模和利息支出同比减少32.37亿元和1亿元，年末实现上存资金38.6亿元。严控用工总量，盘活存量，多渠道进行人员分流安置，压缩各类用工523人，节约人工成本1600万元。强化生产协调，整体钻机动用率同比提高11%，资源向优势项目集中；2017年平均机械钻速同比提高3.25%；平均钻井周期、建井周期均同比缩短4%以上。物资保供综合成本持续降低，两级物资集中采购度97.06%，节约采购资金2.26亿元。设备全生命周期管理持续推进，完好率96.3%，重大设备驻厂监造率、设备出厂合格率、设备配套验收合格率均达100%。信息化建设有力推进，远程技术支持系统基本实现重点区域和项目全覆盖；ERP2.0系统、集中FMIS和资产平台全面融合；PMS系统功能进一步完善。发挥内控、法律、审计、监察等监督作用，强化风险管控，促进合规经营。

【质量健康安全环保】 2017年，长城钻探强化目标引领和问题导向，突出过程管控，实现形势总体稳定。深化HSE体系建设，细化目标责任书过程性、结果性指标，强化各级责任归位，体系审核全覆盖，管理短板和薄弱环节得到改进；日常工作、监督检查、各类审核等过程考核占80%，激励约束作用凸显；标准化示范队建设有效促进基层队伍管理水平提升。加强风险防控，明确监督分级管理职责，现场管控水平进一步提高；修订整合重点风险防控方案，加大治理隐患投入，双重预防性工作见到实效；开展安全生产大检查，促进基层风险防控能力提高。提升专项管理水平，严格甲乙方“三联”井控管理，做实“双盯”工作，妥善处置多起井控险情；组织突发事件应急演练，社会安全管理措施不断完善；强化放射源、火工品管理，杜绝危险品失控和职业病危害事故；承包商管理走在集团公司前列；污染物排放考核达标；特种设备、职业健康、交通消防等管理工作稳步推进。质量管理体系换版升级全面启动，技术标准体系建设取得进展，计量基础进一步夯实。运用合同能源管理模式推广电代油、气代油钻机，实现措施节能4838吨标准煤、节水1.2万立方米。

【技术创新】 2017年，长城钻探承担国家科技课题3项、集团公司级科技项目14项，实施公司级科技项目25项。申请专利65件，其中发明专利27件。获集团公司科技成果奖励5项，其中“随钻方位电磁波电阻率测井仪”获技术发明奖一等奖。径向水平井技术等4项科技成果通过集团公司鉴定，均达到国际先进水平。科技攻关取得重要进展。指向式旋转导向系统地面模拟钻井试验，证实电磁偏置导向控制的可靠性。随钻中子密度仪器现场测试取得合格测井资料。井下随钻工程参数测量仪实现8个参数的实时测量。红外光谱录井实时流体检测算法取得突破性进展。可溶式压裂桥塞满足分段压裂要求。国内首台同步永磁电动顶驱完成工业化钻井试验。现场试验取得重大突破。连续管老井侧钻裸眼段进尺707米，威202H9-7井完成水平段2555米，创造国内施工纪录。在苏53-66-31H井实现水平段“一趟钻”。苏里格小井眼侧钻水平井技术累计增产气量突破1亿立方米，成为井间挖潜的有效手段。科技成果转化取得显著经济效益。PDC钻头、随钻测井系统、环保型滑溜水压裂液体系等特色技术在国内外市场创收6.1亿元。

【党建思想政治工作】 2017年，长城钻探将学习贯彻党的十九大精神作为首要政治任务，组织观看开幕盛况590场次，宣讲607场次，营造浓厚的学习贯彻氛围。弘扬石油精神，开展形势任务主题教育，建立意识形态责任制，推送文化产品进基层，进一步凝聚企业改革发展的坚强合力。将党的要求写入公司章程，建立7项规范，推动星级标准化党支部建设，二级党建考核评价达标率100%，全面从严治党向基层延伸。年度领导班子和处级干部测评信任率分别为96.8%和98.1%，领导班子和干部队伍建设进一步强化。全面落实党委主体责任，推进“平安工程”，坚决纠正“四风”，深化巡视问题整改，着力构建“三不腐”机制，党风廉政建设和反腐败工作向纵深发展。“三基”工作加强考核验收和管理评审，开展“三基”工作大讨论和知识竞赛，标准化建设水平持续提升。发挥群团组织作用，统筹推进“三大工程”和“三项机制”，召开“全员素质提升工程”推进会，选树“长城工匠”10个。员工大病援助渠道进一步扩展。维稳责任逐级落实，信访积案清仓见底，2017年6个重点时段大局稳定。

（杨　金）

中国石油集团渤海钻探工程有限公司

【概况】 中国石油集团渤海钻探工程有限公司（简称渤海钻探）于2008年2月27日由原大港油田集团公司和华北石油管理局钻探业务重组成立。2017年底，机关设14个处室，6个附属单位，6个直属单位，23个二级单位，用工总量24059人，其中：合同化员工19882人，管理和专业技术人员11172人；研究生以上学历422人，大学学历7704人，大专学历7143人。

2017年，渤海钻探深入学习宣贯党的十九大精神，认真落实集团公司工作部署，以新发展理念为指引，坚持市场轴心、突出质量效益，充分发挥钻井龙头作用，推进一体化总包服务，打造“石油特种兵”。按原口径计算，实现营业收入198.22亿元，同比增长28.3%；按集团公司调整汇率后计算，实现营业收入160.41亿元，同比增长3.8%，扭转连续三年下跌的局面；超额完成集团公司下达的经营考核指标；员工收入也得到相应的增长。

渤海钻探主要生产经营指标

指　标	2017年	2016年
钻井进尺（万米）	440.36	304.90
原油产量（万吨）	0.13	0.058
天然气商品量（亿立方米）	13.48	13.16
资产总额（亿元）	301.41	294.12
收入（亿元）	160.41	154.55
利润（亿元）	-7.54	0.15
税费（亿元）	3.06	8.53

【市场开发】 2017年，渤海钻探国内市场创收133.2亿元、同比增长27.5%。其中，关联交易市场保障到位，创收65.1亿元；长庆总包工作量大幅增长，创收17.3亿元；塔里木市场提质控亏，创收13.3亿元；新青玉市场份额稳步提高，创收6.3亿元；冀东市场在调出5部钻机的情况下，创收5.7亿元；国内其他市场稳步拓展，创收25.5亿元。国际市场新签合同额56.4亿元（同口径新签合同额118.7亿元），创收27.2亿元（同口径创收63.7亿元）。其中，委内瑞拉市场实现经营自平衡、资金自造血，新签合同额27.1亿元（同口径新签合同额89.4亿元），创收12.6亿元（同口径创收49.1亿元）；伊拉克市场设备大面积重启，新签合同额25.2亿元，创收11.1亿元；伊朗市场技术服务范围得到拓展，新签合同额2.5亿元，创收1.8亿元；印度尼西亚市场持续扭亏，新签合同额1亿元，创收1.1亿元；秘鲁市场实现当年投标、当年发运、当年开工、当年回款。

【生产运行】 2017年，渤海钻探高效资源利用，优化资源部署，共调整钻机18部，钻机利用率81%、同比提高15个百分点。精细生产组织，坚持区域统筹协调，强化各工序间紧密衔接，建立周生产例会制度，生产时效97.43%，同比提高0.18个百分点。做好装备保障，依据市场需求，科学调配资源，加强设备维护保养，拓展设备获取渠道；推进单位间调剂共享、外部租赁、柴油机动力服务外包，保障生产需要。抓好物资保障，持续扩大物资招标采购范围，合理降低库存，严格现场使用，降低物资成本；超前组织采购，科学组织配送，有效解决自营区块油套管紧缺，以及部分市场重晶石粉储备不足等问题，保障现场生产。

【安全环保】 2017年，渤海钻探推进体系运行，建立健全制度14项、作业规程15项；开展体系审核，对所属单位实施定级、排名和奖惩。开展“大学习、大检查、大反思”和“四讲两查”活动，查改问题4400多个。识别公司级风险3项，单位级风险128项；投入1.5亿元对77项隐患项目进行治理。妥善处理危险废弃物，加强大气污染物治理，推进黄标车停运和淘汰改造，渤海钻探再获集团公司“环境保护先进企业”称号。开展量化体系审核，加大井控检查力度，及时正确处置溢流44井次，杜绝井喷事故，连续三年被评为集团公司“井控管理先进单位”。强化项目风险评估，控减中方人员，针对性升级安防措施，保障海外人员的人身安全，渤海钻探获2017年度集团公司“国际业务社会安全管理先进单位”称号。修订D版应急预案，培训应急管理人员120余人次，组织各类应急演练35次，加强应急物资储备和应急队伍建设，提升应急处置和救援能力。

【科技进步】 2017年，渤海钻探深化科技研发，6项国家级、14项集团公司级、23项工程技术统筹项目和119项渤海钻探公司级项目取得实质性进展，认定集团公司自主创新重要产品3项，通过集团公司鉴定成果2项，获得省部级奖励8项。推进技术应用，优质高效完成国内陆上最大丛式井项目——大港羊三木丛式井组和苏南道达尔市场小井眼施工，打出青海狮38–2、大港庄17101井等一批高产井，有效支撑保障了增储上产，得到甲方高度赞誉。强化科技创业，5项集团公司项目和17项公司项目深度推广，累计创收14.52亿元。实施工程提速，应用提速新工艺、新技术，持续优化提速模板，机械钻速同比提高12.1%，钻机月速同比提高9.8%。严控事故复杂，优化技术措施，加强现场监控，启用数字化生产运行与应急指挥中心，修订责任追究制度，加大责任追究力度，事故复杂损失时率得到有效控制，仅为1.01%，创历史新低。

【改革创新】 2017年，渤海钻探调整钻井、井下、固井、录井等相关业务区域市场布局，压缩项目部，减少内部竞争，提高效率降低成本。按照集团公司统一部署，平稳有序完成测井业务移交；调整整合井下作业、测试业务的职责界面，强化泥浆公司的高端引领、业务指导和技术研究等职能，进一步提高专业化管理水平。规范机关机构设置，优化部门职能，精简机构数量，提高运行效能。出台内部人力资源调剂支持政策，实施人机松绑、人岗松绑生产组织模式，鼓励员工向一线流动、单位间相互流动，加大开展对外监督服务业务，累计盘活用工3273人次。推进总包分包，进行“技术 + 服务”“产品 + 服务”合作模式试点，管理创新取得实效。

【经营管控】 2017年，渤海钻探持续开展节支降耗、控本增效活动，严格控制各类成本支出，取得明显成效，2017年节支2.99亿元。定期深化开展经济活动分析，强化审计监察，有效防范经营风险。狠抓“两金”压控，2017年回收账款156亿元，现金存量达到历史最好水平，超额完成集团公司下达的自由现金流指标。强化财务价值创造，利用国家和地方政府优惠政策，实现增效3.25亿元。2017年完成固定资产投资8.76亿元，有力保障了长庆、页岩气、伊拉克等市场需求。完善“三重一大”决策制度，强化内控与风险管理，严格合同检查审查，规范招标管理，实现依法合规经营。完善经营责任制实施办法和领导人员绩效考核办法，精准考核，及时考核，严格考核，有效传递压力；规范专项奖励，取消一般性奖励项目，突出重点、短板激励，有效发挥专项奖“少而精”的作用。

（刘荣军　马　强）

中国石油集团川庆钻探工程有限公司

【概况】 中国石油集团川庆钻探工程有限公司（简称川庆钻探）成立于2008年2月25日，是集团公司全资工程技术服务企业，享有独立对外经济贸易和经济技术合作业务权。主营地震勘探、钻井工程、井下作业、测井射孔、录井、油气田地面建设、油气合作开发等业务，具有油气工程技术服务完整的业务链。在国内主要服务于西南油气田、长庆油田、塔里木油田，分布于四川、重庆、陕西、甘肃、宁夏、内蒙古、新疆、青海8个省（自治区、直辖市）。海外市场主要集中在土库曼斯坦、巴基斯坦、厄瓜多尔等国家，同时服务于壳牌、道达尔等国内反承包项目以及地方企业。截至2017年底，川庆钻探有二级单位25家，机关处室17个；从业人员37964人，主要施工作业队伍741支（其中钻井队273支），主要设备1.65万台（套），资产总额423.97亿元。2017年实现营业收入288.21亿元，实现利润-6.72亿元，考核利润1.28亿元；缴纳税费11.11亿元。

川庆钻探主要生产经营指标

指　标	2017年	2016年
二维地震采集（千米）	11524	5160
三维地震采集（平方千米）	2046	2059
测井（口）	955	914
录井（口）	937	622
钻井（口）	2210	2079
钻井进尺（万米）	777	603.2
固井（口）	4075	3010
试油（层）	2339	2134
射孔（井次）	1024	938
压裂（层）	5781	4665
酸化（井次）	384	405
新签合同金额（亿元）	217.9	145
收入（亿元）	288.21	238.2
利润（亿元）	-6.72	0.92
税费（亿元）	11.11	13.73

【工程技术服务】 2017年，川庆钻探紧跟油田需求，针对生产任务繁重、工作量不均衡、装备紧张等难题，精心组织、密切配合，油田技术服务业务围绕提速提效，狠抓技术支撑、工序衔接、精益作业，支持保障业务紧贴生产优质服务，推动生产任务高效完成，完成钻井进尺777万米。川渝地区常非并进，全力保障西南油气田增储上产五大工程，统筹装备队伍，优化工序衔接，创新钻机运行模式，在高石梯—磨溪区块打成一批高产井，支撑双鱼石勘探加快推进、川东盐下深层勘探顺利启动，有力保障长宁—威远、昭通页岩气规模上产。龙岗70井、泸202井分别创集团公司川渝地区最深井、国内页岩气最深井纪录。2017年川渝地区完成钻井进尺突破50万米，创近4年来新高。长庆地区量质双增，推进全方位对接、一体化服务、大项目组织、市场化运作，实施全要素“联邦提速”，高效完成南梁—吴堡产建一体化、低渗区块总包等重点项目。集中优势资源抢抓高价值工作量，完成水平井进尺占油田总量74%。2017年长庆地区完成钻井进尺首次迈上600万米台阶，有力支撑长庆油田5000万吨稳产增效。新疆地区稳中向好，加强单井项目管理，优化生产运行、技术服务和后勤保障，支撑塔中、塔北、北疆等重点区块加快上产，钻井进尺再上30万米。高难度超深井楚探1井完钻。安全优质服务青海油田产能建设，完成进尺8.2万米。海外地区企稳回升，发挥优势、集中力量，如期完成阿姆河第五轮钻井项目9口探井攻坚任务，保障阿姆河十年勘探收官，优异业绩得到各方好评；厄瓜多尔、巴基斯坦等项目优质平稳运行，完成钻井进尺增长10%。重点工程高效建成，塔里木轮南轻烃回收项目和陕京四线、中靖联络线、中俄东线等重点工程标段竣工，承建的中缅天然气管道工程（缅甸段）获“中国建设工程鲁班奖”。

【科技发展】 2017年，川庆钻探强化技术创新应用，紧跟油气市场需求，立足支撑业务发展，开展192项公司级以上项目攻关研究，二氧化碳干法加砂压裂、高压气井试油测试装备等8项技术实现重大突破，超深井转向酸化、页岩气水平段改造技术等10项技术取得新成果。2017年形成新技术77项、新产品113项；获省部级以上科技奖11项、授权专利234件。强化技术集成，推进精细控压钻井、丛式井组快速钻井、工厂化三维水平井钻井技术规模化应用，推行钻井液层位专打、体系专打，应用“拉链式”压裂及连续油管作业工艺，推动提速取得新突破。2017年水平井、4000米以上深井钻机月速分别提高16%和21%。页岩气领域强化“两大两高”钻井参数，优化技术模板，开展专项劳动竞赛，推动提速取得新突破，长宁、威远区块最快完钻周期分别突破40天和60天。推广应用157项技术。推进工程技术“四化”建设，A7、A12等系统应用不断深化，ERP2.0上线运行，物资管理信息化不断深入。应用钻井大数据建立三维模型和学习曲线、实时优化钻井措施。开展装备科技攻关和升级改造，组织研发自动化处理系统、立柱自动化排放等技术，轨道式铁钻工、液压悬扣器、井口自动化工具等投入现场应用。

【经营管理】 2017年，川庆钻探制订11个方面30项工作措施，稳步推进开源节流降本增效工作。优化预算和绩效管理。实施“超额利润换取奖金增量”“以丰补歉、递延抵扣”考核政策，突出市场提升、“两金”压控、员工总量控制等关键要素，优化考核指标设置，建立机关基层一体化联动绩效考核指标体系，有效发挥业绩考核导向与驱动作用。加强用工统筹管理。协调内部人力资源跨区域、跨专业流动，内部劳务输出515人。全面清理生产性、结构性、岗位性富余人员，有序推进分流安置，办理岗位退出172人。深入实施降本增效。全面加强项目管理，探索实施“一井一策、一井一项目”“四步一法”等新型项目管理模式，促进生产效率效益提升。抓好现场设备精简共享，完成43部钻机减配工作，平均每部钻机减配7台（套）。深入实施物资采购“三集中”管理，强化招标管控，采购资金节约率9.85%。加强资金紧平衡控制，推广应用电子商业汇票，守住“自由现金流为正”底线。狠抓“两金”压控，采取联合清欠、加快完工结算等多种措施，加强清欠督导，回收以前年度欠款13.4亿元；严格实施采购前综合平库，加强降库、利库及积压物资调剂，3年以上积压物资下降23%。深入推进依法治企。实施重大项目专职法律服务，完善违法违规行为追责机制，合规管理水平进一步提升。修订《内控与风险管理手册（2017版）》，制订控制措施420条。持续加强质量管控，建立两级产品质量监督抽查体系，抓好重点环节专项审核，公司质量形势总体受控，井身质量和固井质量合格率保持100%。

【改革管理】 2017年，川庆钻探稳步推进深化改革，落实工程技术板块改革重组实施方案，成立专业化改革工作实施小组，完成物探公司、测井公司、油建公司、科宏公司和佳诚检测公司等5家单位移交工作。推进公司制改制工作，巴州川石油气田技术开发公司、北京四川石油宾馆和塔里木石油勘探开发指挥部第二勘探公司等3家单位完成改制。有序推进公司法人注销工作，四川石油管理局宾馆、重庆博达勘察设计所和诚丰贸易公司等3家法人实体按期关闭注销。加快实施机关职能优化，编制形成工作方案，完成第一阶段调整，机关职能优化稳步推进。平稳有序推进“双序列”改革工作。印发《技术专家管理办法（试行）》，加强专家服务管理工作。编制公司生产工程技术岗位建立专业技术岗位序列改革试点方案，完成集团公司科研单位开展“双序列”改革工作检查调研。

【安全环保与节能管理】 2017年，川庆钻探牢固树立红线意识，以HSE体系建设为主线，严格责任落实，全面加强安全环保监管，安全环保形势总体平稳。全面落实国家新《安全生产法》和《环境保护法》，制定两级机关责任和权力清单481项，开展履职能力评估9308人次，严格事故事件问责。推动质量与HSE管理体系升级融合，通过整体认证。推行全覆盖审核审计，整改问题隐患8208个。深化“三标一规范”建设，基层队站达标率67%。认真落实“四条红线”要求，全面开展“大学习、大检查、大反思”，加强重点领域风险分级防控和重要敏感时段“三个全面升级”管理，发布新版应急预案。毫不松懈抓好井控安全，溢流井次减少37%。制订《承包商准入评估细则》，开展承包商专项整治。扎实开展隐患排查治理，投入资金1.6亿元治理隐患162个。全面强化环保管理，完成中央、四川省委环保督察问题整改，推进钻完井清洁生产，资源化处理含油岩屑6000余吨，节约清水2.4万立方米，钻机“电代油”用电1.6亿千瓦·时，全面完成集团公司下达节能减排指标。建立三级职业卫生档案，组织接害人员职业健康体检4414人。严控质量风险，工程质量、物资采购质量总体受控。

【油气合作开发】 2017年，川庆钻探突出快建多产，油气合作产量效益双增长。稳步推进苏里格天然气合作开发，立足稳产增效，深化主力产区精耕细作，持续提速提效，产能建设稳步推进。开展新区成藏研究和试采评价，推动产建重心逐步转移。精细开发管理，建立数字化生产管理控制系统，多措并举开源节流，操作成本、净值回报率在苏里格合作开发单位中位居前列。2017 年生产天然气 18.3 亿立方米。加快推进威远页岩气风险合作开发。突出快建多产、降本增效，高效推进威远页岩气效益上产。坚持新井快投与老井挖潜并重，创新钻井压裂流水线作业模式，威 204 井区开发取得实质性突破。强化地质工程一体化，集成三维地质建模 + 特殊录井 + 旋转地质导向技术，龙一 $^{1}_{1}$ 钻遇率 91.2%；实施“一井一段一工艺”体积压裂模式，平均单井测试产量 15.6 万米 ^{3}/ 日。推进设备配置精简化、专业服务市场化、地面建设标准化、开发管理精细化，平均单井投资下降 5%，平台站综合投资下降 5%、建设周期缩短 30%，内部投资收益率提高到 9.6%。2017 年生产天然气 6.2 亿立方米。

【党建工作】 2017 年，川庆钻探召开第一次党代会，全面总结、部署党的建设各项工作，选举产生新一届党委领导机构；指导所属 13 家单位党委进行换届，完成公司出席四川省第十一次党代会代表的推荐提名、考察、资料报送等工作。举办党组织书记示范培训班 2 期、组织员培训班 1 期，带动引领所属单位开展党组织书记培训。首次开展所属单位党委书记抓党建工作述职评议，6 家单位党委书记进行现场述职。编制印发《党建工作知识手册》，不断提高党建工作规范化水平，党建工作连续多年获四川省国资委党委通报表彰。持续推进基层建设标准化、规范化，涌现出四川省“十佳”基层管理者 1 人、优秀基层管理者 9 人。完成所属单位领导班子及领导干部 2016 年度述职述廉述安全、民主测评工作。注重领导班子结构合理搭配和干部多岗锻炼，调整交流处级干部 39 人次。举办处级领导干部、中青年干部能力提升培训班，开设远程培训平台，选送 32 名处级干部参加集团公司培训。加强后备干部队伍建设，制定《加强和改进优秀年轻干部培养选拔工作实施方案》。

2017 年，川庆钻探贯彻落实中央纪委、集团公司反腐倡廉工作部署，制定印发《公司所属单位党委纪委向公司纪委报告工作暂行办法》和落实党委主体责任、纪委监督责任、业务部门监管责任实施细则，进一步明确责任内容和履责措施，开展反腐倡廉教育 38 次。梳理分析 2016 年巡察成果，督促被巡察单位全面整改，职工问卷调查满意率 97.5%。对 4 家所属单位开展巡察，发现各类问题 84 个，移交问题线索 9 个，督促立行立改问题 21 个，对 2 名领导干部进行提醒谈话。

【精神文明建设】 2017 年，川庆钻探深入开展“破难闯关、行稳致远”形势任务教育和主题新闻大赛，组织集中宣讲 3 场。召开公司 2017 年宣传思想文化工作会议，表彰一批先进单位、先进个人和优秀政研论文（成果）。组织开展“重塑良好形象活动周”和“弘扬石油精神，重塑良好形象”青春大讲堂、“微推介・石油工匠”微视频创作等活动；参加集团公司“重塑形象从心出发新媒体内容创新大赛”，8 部作品获奖。加强安全文化建设，宣贯安全理念、传播安全故事、制作安全文化产品，1 部作品获中国企业文化研究会二等奖。召开廉洁文化推进会，持续创建“廉洁文化示范点”。成立公司文化艺术工作联合会，参加全国和省企业联合会举办的企业文化研讨会。参加四川省国有企业职工书画摄影大赛，18 件作品获奖，公司获“优秀组织奖”；1 部作品获“中国石油品牌故事大赛”二等奖，2 部微推介作品分获全国总工会一等奖、二等奖。抓好推优选先工作，涌现出全国“工人先锋号”1 个、全国“五一巾帼标兵”1 人、四川省“五一劳动奖状”2 个、集团公司“铁人奖状”1 个、重庆市劳动模范 1 人、四川省“五一劳动奖章”3 人。认真落实四川省委脱贫攻坚决策部署，全力推进石渠县对口扶贫，深入呷依乡八若二村与 14 户贫困户开展结对帮扶，捐资 300 万元援建尼呷镇农贸市场，捐赠 38.5 万元援助贫困学生 40 人，为该村牦牛养殖及蕨麻种植项目捐资 10 万元，为贫困户发放生活帮扶物资 4.8 万元，捐资援建石渠县脱贫攻坚可视化信息数据大平台、城关小学计算机网络教室。向达州、威远等贫困乡村捐资 10.5 万元。

（汪亚军）

中国石油集团东方地球物理勘探有限责任公司

【概况】 中国石油集团东方地球物理勘探有限责任公司（英文缩写 BGP，简称东方物探）成立于 2002

年 12 月 6 日，前身是石油地球物理勘探局，是集团公司独资的地球物理专业化技术服务公司，主要从事国内外陆地、海上地震勘探及综合物化探采集、处理、解释，以及与地球物理（化学）勘探有关的技术及装备研发、产品研制、技术引进与产品销售等业务。

2017 年底，东方物探机关职能部门 14 个，机关附属机构 5 个，直属机构 3 个，二级单位 23 个，全资子公司 2 个，合资控股公司 1 个。在册员工 24211 人，在岗共产党员 11129 名，具有中专及以上学历人员 18914 人，具有中级及以上职称人员 6751 人，其中中国工程院院士 1 人、国家“千人计划”专家 5 名、集团公司高级技术专家 25 名、公司专家 90 名、科技带头人 213 名、博士和硕士 1634 名，员工平均年龄 41.7 岁。拥有物探队 158 支，其中地震队 122 支，深海作业船队 6 支，非地震队 21 支，VSP 队 9 支。设备资产原值 182.68 亿元（包括国内、国际子公司的设备资产，不包括无形和摊销资产），净值 66.24 亿元，新度系数 0.36。2017 年组织培训项目 708 个，培训 3.59 万人次。

2017 年，东方物探在物探市场大幅下滑、行业整体亏损的形势下，累计落实市场 233.3 亿元，新签合同 156.22 亿元，实现收入 151.7 亿元，考核利润 1.65 亿元，上交税费 3.1 亿元，超额完成集团公司下达考核指标。

东方物探主要生产经营指标

指　标	2017 年	2016 年
落实市场金额（亿元）	233.30	226
新签合同金额（亿元）	156.22	162
二维地震采集（万千米）	14	15.30
三维地震采集（万平方千米）	5.3	5.30
营业收入（亿元）	151.70	143.92
其中，国内勘探	52.21	48.73
海外勘探	68.59	60.90
利润（亿元）	1.65	1.61
税费（亿元）	3.10	4.30

【油气勘探成果】 2017 年，东方物探围绕集团公司国内外重点盆地、重点领域和区带，持续加大技术攻关力度，取得油气勘探重要成果和发现。东方物探配合各油田在南梁、中拐地区勘探取得重要突破，在塔里木和川西地区勘探中取得重要发现，在松辽和二连盆地石油勘探取得重要成果，在股份公司取得的 22 项油气勘探重要发现中参与 21 项，国内重大油气发现参与率超过 95%。配合海外合作区在阿姆河东部山前带喜获日产百万立方米高产气流，在中部莫拉珠构造发现新气藏。在哈萨克斯坦取得勘探新突破，在苏丹、尼日尔等项目勘探中取得一批重要油气发现，海外油气重要发现参与率保持 100%。2017 年东方物探运作勘探项目 220 个，完成二维工作量 14 万千米、三维工作量 5.3 万平方千米，发现圈闭 3613 个，复查落实圈闭 5554 个，提交建议井位 6744 口，为集团公司新增探明油气地质储量当量连续 11 年超 10 亿吨做出贡献。

【科技创新】 2017 年，东方物探投入科研经费 3.96 亿元，实施国家级科研项目 8 项、集团公司级项目 31 项、东方物探项目（课题）48 项。申请国家专利 137 项，获授权专利 247 项，取得软件著作权 81 项，发表国际论文 52 篇，获省部级以上科技奖励 12 项，3 项成果通过集团公司鉴定。其中“GeoEast-Diva 速度建模软件”被评为“中国石油十大科技进展”，“高密度宽方位地震勘探技术”被评为“2015—2016 年度中国石油石化科技创新十大进展”。

GeoEast 软件性能更加完善，处理功能在 Q 偏移全波形反演等关键技术研发取得新的突破，处理、解释应用率 85%，在股份公司全覆盖推广应用。KLSeis Ⅱ 更新到 V3.0 版本，新增节点采集质控、三维声波正演、模型静校正等功能，在国内、国外项目应用率分别达 100% 和 92%。EV56 高精度可控震源在国内外 20 多个项目成功应用，DAS 光纤仪器完成成品制造，eSeis 节点仪器二维生产性试验成功。“两宽一高”技术持续完善，为破解勘探难题、拉动市场开发发挥重要作用。可控震源超高效混采及数据处理技术攻关取得突破，在阿曼项目创造 2.8 万炮最高日效；动态扫描技术在国内规模化应用，采集效率提升 30% 以上；有线、节点仪器无缝联合采集技术解决复杂环境下单类型仪器施工极难提速的瓶颈问题；海洋地震勘探取得节点采集、数据质控和立体震源拖缆宽频采集等关键技术突破；深水可控源电磁勘探系统完成样机试制，首次在中国南海北部实施深海电磁勘探工作。

【生产运营】 2017 年，东方物探各业务板块外拓市场、内强管理，各项业务保持稳健发展。陆上采集业务强化市场开发，狠抓项目管理，加快“两宽一高”等技术应用，有效推动市场，收入连续 15 年保持行业首位，二维、三维项目平均日效同比分别提高7.8%和8.3%，超额完成集团公司下达的“国内陆上井炮三维地震采集提速3%”的指标，整体创效同比提高2.5%，新开工项目首次全面消灭亏损。地震资料采集现场剖面合格率100%，地震资料处理最终剖面合格率100%，队伍动用合格率100%，国内外一批项目受到甲方高度认可。深海勘探完善合作多用户模式，成为全球最强OBN勘探作业能力。过渡带业务巩固技术发挥协同作用，推进项目优质高效运作。处理解释和油藏业务在中东高端市场取得重大突破，收入、利润同比分别提高11%和18%；业务整合推动油藏业务收入同比增长67.6%。井中地震、非常规勘探、综合物化探业务强化特色技术研究，突出市场开发，完成年度经营指标。信息服务业务全力保障集团公司信息化建设，开拓社会市场和海外市场，新签合同额同比增长8.5%。装备服务以“利益共享、风险共担”新型服务模式，推进整体效益最大化。

【深化改革降本增效】 2017年，东方物探强化公司改革领导组织体系和职能，实施一体化运行机制和工作规则，制定全面深化改革实施意见，明确未来三年改革基本架构和“线路图”，推动生产经营、党的建设等方面24项年度改革任务目标实现。按照集团公司部署，完成川庆钻探公司物探业务重组，成立西南物探分公司。优化公司组织机构，将油藏中心整体并入研究院，撤销海外6个地区经理部，将6个基地管理处降为科级单位，2017年减少合同化员工和市场化用工582人。5家单位施行经营承包试点改革，同比减亏0.85亿元。“三供一业”移交有序实施，与宝石花医疗集团共同出资设立宝石花东方医疗健康管理有限公司，完成医疗机构社会化改革。

通过降本增效2017年实现增利5.63亿元。东方物探实施资产轻量化，集团公司提取减值等政策支持45.8亿元，处置闲置资产实现净收益1.6亿元。通过“三项专项治理”工作，特困企业和困难企业完成年度治理目标。设备管理强化全寿命周期理念，精细设备使用、保养、维修等关键环节管理，加大国内、国外、跨探区设备调剂力度，2017年国内、国外调剂地震仪器11.4万道次，国内跨探区调剂地震仪器68.3万道次、可控震源437台次；物资管理通过修旧利废、盘活闲置物资、降低采购价格，节约采购资金0.91亿元，物资库存下降12%。抓好资金运行管控，有息债务平均规模下降超过6亿元，减少利息支出0.33亿元。利用国家税收政策，依法减免、返还税费2.3亿元。

【企业内部管控】 2017年，东方物探强化战略滚动研究，开展对标管理，突出风险管理，强化内控体系建设和财务监督、生产经营运行监测，做好股权投资、管理和处置工作，发挥审计监督和服务职能，两级审计部门完成审计项目54个，提出审计建议319条。推进合规管理，发挥法律专业支持服务作用，防范重大法律风险，维护公司合法权益。强化保密管理，加大敏感事件违规情况治理，发挥集团公司保密管理协调组长单位作用，开展保密课题研究，提升全员保密意识。不断加强质量、标准、定额、计量、外事、档案等基础性管理工作，督查督办强化工作进展情况通报，推进公司决策部署落实。

【安全环保】 2017年，东方物探完成集团公司下达的安全环保指标和企业年度HSE目标，全年完成125个百万工时，可记录事件率0.49，阿曼项目部连续13年2400万人工时未出现损工事件，创全球行业新纪录。落实“党政同责、一岗双责、齐抓共管、失职追责”责任体系，层层签订安全环保责任书。开展安全生产大家谈、优秀队站长选树、安全领导力研讨会等活动，实施安全环保履职能力评估工作，发挥安全文化引领作用；开展HSE体系量化审核，推进HSE管理信息化、基层站队HSE标准化建设，提升体系运行质量；建立风险分级管控和隐患排查治理双重预防性工作机制，严抓承包商监管，强化山地、海上等重点领域，民爆物品、交通等关键环节和党的十九大、全国“两会”等重要时段安全管理，做好新疆地区清线工作。2017年开展演练活动489次，17801人次参加。集中投入1170万元治理61项隐患。开展职业危害场所监测，落实京津冀地区燃煤锅炉“清零”计划，推行绿色勘探技术，开展节能减排措施，节能1379吨标准煤，节水0.87万立方米。2017年东方物探获集团公司“环境保护先进企业”，连续8年获集团公司“安全生产先进企业”，第16次获“全国‘安康杯’竞赛优胜企业”称号。

【党建工作】 2017年，东方物探贯彻落实全国国有企业党的建设工作会议精神，发挥党组织把方向、管大局、保落实作用。学习贯彻党的十九大精神，开展“两学一做”学习教育和“四合格四诠释”岗位实践活动，严格党内政治生活，实施“13356”党建提升工程，完善党建工作责任体系和标准化党支部建设工作，制定《标准化党支部建设实施办法》48项量化考核评分标准，承担集团公司党建信息化平台建设和试点工作，“石油党建”APP在集团公司得到推广应用，完成集团公司党建信息化和国家级境外党建课题研究任务。认真落实“两个责任”，深化党内巡察和“回头看”工作，推进巡察发现问题有效整改。东方物探两级党组织开展反腐倡廉专题教育350场次，党员干部受教育率100%。严格落实中央八项规定精神，加大监督执纪问责力度，2017年处置问题线索28件次，纪律处分和组织处理41人次。深入推进“四好”领导班子创建，东方物探下属各二级单位及所属单位达标率分别为100%和93.2%。为提升领导干部政治素养，举办12次党委中心组理论学习会议和2期中层以上领导干部政治理论培训班。2017年交流调整处级干部66人次，选拔任用处级干部34人，其中一次集体提拔35岁以下年轻干部10人。3个集体受到河北省国资委党委表彰，3人受到集团公司党委表彰。

【和谐企业建设】 2017年，东方物探以职工代表大会为主要形式的民主管理制度得到有效落实。各级工会组织开展“五项工程”建设，抓好服务生产、创新创效活动，举办各类劳动竞赛116次，取得群众性经济技术创新成果373项，东方物探获河北省“职工道德建设先进单位”称号，新疆物探处237队获“全国工人先锋号”，3个集体获河北省“五一劳动奖”，2人获河北省“工人先锋号”。各级团委开展“青”字号工程系列活动，20个先进集体和个人获得省级团组织奖励。实施扶贫帮困和救助慰问2.07万人次，发放帮扶资金0.11亿元。与地方党委政府沟通协调，实施网络舆情监测和引导，推进信访积案化解，做好群众工作，确保党的十九大期间及敏感时期、重点时段和谐稳定。东方物探为支持地方经济社会发展，派出两个工作组到河北顺平县台鱼乡葛庄子村和燕子水村开展扶贫帮困工作。

（黄利红）

中国石油集团测井有限公司

【概况】 中国石油集团测井有限公司（简称中油测井）于2002年12月成立，是集测井技术研发、测井仪器制造、测井资料处理解释和技术服务、新技术推广应用为主的专业化技术服务公司，业务范围涵盖成像测井、随钻测井、生产测井，以及钻井测控、压裂测控和注采测控。按照集团公司部署要求和工程技术业务改革重组框架方案，2017年12月26日中油测井与大庆钻探、西部钻探、渤海钻探、川庆钻探以及长城钻探签订了业务交接和资产划转协议，正式移交管理权。专业化重组以后，中油测井有员工13215人，其中博士硕士779人、占5.89%，大学本科学历5426人、占41.06%；有18个二级单位，分别是长庆、西南、新疆、大庆、辽河、天津、华北、青海、吐哈、塔里木10个分公司和国际事业部等11个技术服务单位，技术中心、测井技术研究院、生产测井中心、随钻测井中心和油气评价中心等5个技术研发与支持中心，培训中心和基地服务部两个保障单位。国内服务市场覆盖中国石油大庆、辽河、长庆、塔里木、新疆、西南、吉林、大港、青海、华北、吐哈、冀东、玉门、浙江、煤层气、南方等16个油气田和国内其他市场，海外市场覆盖乌兹别克斯坦、土库曼斯坦、哈萨克斯坦、俄罗斯、伊拉克、伊朗、孟加拉国、阿富汗、乍得、印度尼西亚、蒙古国、加拿大等12个国家。有测井队伍758支，包括综合测井队309支、裸眼测井队182支、生产测井队52支、射孔队101支、随钻测井队34支、录井队46支、测试队34支；有主要专业设备779套，包括裸眼井测井装备447套、生产井测井装备91套、射孔装备124套、随钻测井装备32套、录井装备46套、其他装备39套。资产总额116亿元。

2017年，中油测井完成总工作量95771井次、同比增长28.29%，其中：裸眼井测井26090井次、增长36.83%，生产测井17593井次、增长9.74%，工程测井25148井次、增长37.22%，射孔26421井次、增长26.91%，随钻测井139井次、增长56.18%，录井519口、增长11.85%。完成产值78.22亿元、同比增长25.49%，主营业务实现收入66.03亿元、同比增长22.45%，利润3.17亿元。

【生产经营】 2017年，中油测井创新生产组织管理模式，打造先进管用技术利器，形成特色鲜明的服务优势。

长庆分公司形成网格化区域测井保障机制，探索出“三提一降”“六化管理”“大生产管理”“一队双机”等生产保障措施，积累了丰富的大规模、高强度、广区域作业经验，培养了一支过硬队伍。2017年队均工作量218井次，年度工作量2.7万井次，为长庆油田5000万吨上产稳产提供有力支撑。

西南分公司在行业内率先开展射孔弹制造“自动化工厂”建设，研发以“先锋”系列射孔弹为代表的具有国际一流水平的射孔产品，把射孔穿深能力提升到1.986米，射孔技术达到国际领先水平，并在页岩气测井作业方面形成成熟特色技术。

新疆分公司研发的过套管电阻率测井仪使水淹层测井解释符合率达到87.6%，微波持水率测井仪解决了高含水条件下测不准的难题，两项技术特色优势明显。推进测井方案、工序、衔接“三优化”工程，测井成功率稳步提高，测井时效逐年提升。

大庆分公司继承和发扬大庆精神铁人精神，持续加强技术创新，自主研发八大测井系统、两大技术利器，尤其是0.2米测井技术较好地解决水淹层识别难题，为油田增储稳产提供保障。坚持走出去战略，伊拉克、印度尼西亚等海外市场开拓成效显著。

辽河分公司以国际化建设为目标不断加强管理创新，在生产管理、班组核算、精细管理、员工晋级等方面探索出很多有益的经验和做法，构建了国内外市场一体化发展、国内外技术一体化支持、国内外资源一体化保障体系，国际市场竞争力优势明显。

天津分公司围绕现场实际问题自主研发远探测声波测井、存储式测井仪器、多级脉冲深穿透聚能射孔等特色技术，深化“一对一”精细服务内涵，积累海上、滩涂、可燃冰等领域的测井经验，安全环保工作基础扎实，技术创新、管理创新亮点突出。

华北分公司市场范围遍布17个省（自治区、直辖市），覆盖9个区块、34个作业场点，在煤层气、超高温高压等测井作业上积累了丰富经验，近年来为渤海湾盆地潜山勘探、夯实潜山天然气储量和凝析油整装规模储量发挥重要作用。

青海分公司探索推广随钻测录导技术，用录井和测井资料联合解释，提高油层钻遇率，为随钻测井发展探索出新的发展方向。坚持低成本发展，采取射孔夹层枪回收利用、仪器维修由整板更换改为板级维修等措施，降本增效成果明显。

吐哈分公司加大成像测井、旋转地质导向、射孔桥塞联作等新技术应用，开拓页岩气市场，弥补吐哈市场工作量不足的问题。通过测井测试与油藏工程结合，形成温西三区块综合治理模式，为吐哈油田增油1.88万吨，积累了油藏开发综合治理经验。

塔里木分公司攻克高温高压电成像测井仪器、中高含水期岩石物理实验方法、复杂井筒测井采集工艺难题，形成适合塔里木盆地油气藏特点的测井技术系列，具有超深、超压、高温、复杂井筒油气勘探开发测井作业优势。

国际事业部建设海外测井技术支持中心，积极推进海外测井技术支持与研究，逐步探索出一条技术服务、装备推广、解释评价三项业务并举的发展方式，积累了丰富的海外测井技术支持服务经验。

技术中心以发展完善成套装备为中心，逐步建成从岩石物理、数值仿真、机电设计、机电加工、组装调试、刻度试验到产品推广完整的成套装备生产线，2017年在核磁共振探头、测井芯片研发上取得重要成果，攻克测井技术难题的能力不断增强。

测井技术研究院队伍精干，博士硕士占46%，本科以上学历占81%，60%的员工实现市场化管理，具备吸引高端人才的优势和开展高水平油田工程技术研究的创新能力。推行项目长负责制，自主研发LEAP800测井系列，满足海外测井技术发展的需要。

生产测井中心以生产测井研究制造与服务应用相结合，在生产实践中逐步探索出油田动态监测“四统一”发展模式，为油田综合治理、堵水调剖、剩余油监测提供有力支持。发展生产测井综合系统，保障生产测井技术服务需求。

随钻测井中心根据市场变化，开展技术攻关，推出随钻常规测井系列和成像测井系列共12种产品，组建随钻测井队伍30支，具备年产10套随钻测井系统、30套随钻测量系统和50支中子管的生产能力。

油气评价中心不断完善评价技术体系，形成测井油气评价业务链，在国内13家油气田开展测井评价服务，与油田联合建立测井评价中心，取得良好效果。

2017年，中油测井瞄准“深、低、海、非”勘探开发和老区挖潜技术难题，推广应用快速测井、成像测井、随钻测井、生产测井新技术、新工艺，开展单井产能预测、区块油气评价，取得良好的勘探开发成果。

在大庆油田，针对油田高含水后期薄差储层开发需要，形成一系列水淹层解释技术，薄层划准率由86%提高到92%，水淹层解释符合率由73%提高到80%，评价储量近7亿吨。形成碳酸盐岩、火山岩储层等复杂岩性解释方法，松辽盆地深层火成岩测井解释符合率保持较高水平。

在辽河油田，通过阵列感应、核磁共振等成像测井评价发现新的含油层系，为东部火成岩发育区储量升级增添新砝码。创新测井评价技术研究，建立一套完整的岩性识别、储层定性识别与定量评价方法，提高辽河外围盆地后河地区的解释精度，计算预测储量4464万吨，助其成为2018年新增石油预测储量重点接替领域。

在长庆油田，采用核磁共振+阵列感应、阵列侧向+电成像等测井系列，发展形成适合长庆地质特点致密砂岩储层“三品质”评价、低阻油层解释评价技术系列，解决了低阻、低对比度油藏流体识别等难题，先后发现十多个侏罗系油藏富集区及合水长2、姬塬长9等新层系，助力国内第一个亿吨级大型致密油田新安边油田和环江整装大油田的发现。

在塔里木油田，应用钻完即测完的钻测导一体化作业，在哈得地区部分储层不足1米情况下钻遇率95%以上，钻井周期比设计缩短17天。应用远探测声波技术，解决致密砂岩储层中的井旁裂缝识别难题，在玉科201H井、克深8-5井等一批重点井中均获得高产油气。

在新疆油田，根据准噶尔盆地地质条件，提供测井一体化解决方案，为玛湖凹陷砾岩油藏、昌吉致密油两个10亿吨级大油区发现提供了有力技术保障。克服西北缘目标区内油藏类型多、断裂系统复杂、储层变化快等困难，发现车2井区邻区白垩系等10余个区块成规模有利潜力层，为油田寻找新发现夯实资源基础。

在西南油气田，深层碳酸盐岩储层评价技术日趋完善，助力双探3井泥盆系观雾山组油气新发现。掌握页岩气产能主控因素评价方法，解释符合率95%，为国内最大单相整装气田安岳气田的发现以及长宁—威远国家级页岩气示范区建设提供重要技术支撑。规模化应用分簇射孔技术，有力支撑页岩气快速上产。

在吉林油田，充分利用核磁共振、阵列声波、微电阻率成像在预探部署中的先导性作用，成功解释吉林苏家2井，确定古水流方向、物源方向及砂体展布方向，为区域下一步井网部署提供有利的技术支持。利用储层工程甜点评价标准，优化射孔簇、射孔段，水平井平均产量从6—7吨提高到15—20吨。

在大港油田，开展“一对一”精细解释评价服务，解决油田增储上产难题，开展歧口凹陷复杂储层解释攻关，形成一套针对低阻、复杂岩性、页岩油等油气藏的优势特色评价技术，探井、开发井解释符合率分别保持在85%、92%以上，先后发现庄17101等5个油气富集高产区，为油田增储上产做出贡献。

在青海油田，建立健全柴达木盆地主要油气田的解释方法和标准，形成油气定量区分、复杂岩性综合评价等一批适用于油田复杂地质特征的特色技术，相继发现昆北、英东、东坪、扎哈泉等4个大型油气田，2017年在狮49等井准确发现油气层，助推英西阶段勘探亿吨级储量落实。

在华北油田，应用裂缝型成像测井系列和远探测声波井旁缝洞刻画技术，成功解释评价安探系列井，助力渤海湾盆地潜山勘探取得重大发现，夯实潜山天然气储量360亿立方米、凝析油900万吨的整装规模储量。深化奥陶系潜山晋古21井等3口井研究，束鹿西斜坡浅潜山获新发现，实现40年来的新突破。

在吐哈油田，形成火成岩、致密砂岩及低孔低渗低阻、稠油测井解释技术，助力吐哈盆地台北凹陷优质稀油获得稳产，鲁克沁深层稠油、三塘湖盆地非常规油藏有效开发，银额盆地勘探获得突破。开展温西三区块综合研究，助力老区挖潜增效。

在冀东油田，应用核磁共振+成像测井在南堡2-82井中成功评价油气层，实现南堡奥陶系碳酸盐岩储层流体性质评价突破，在南堡203X16井中，在常规测井识别流体性质困难的情况下，利用核磁共振测井有效发现低阻油气层。

在玉门油田，深化低渗透复杂岩性裂缝型储层评价技术研究，形成适合玉门油田地质条件的复杂岩性裂缝型储层、致密油、水淹层3项测井评价配套专有技术，鸭儿峡油田新增含油面积17.6平方千米。

在浙江油田，针对南方海相过成熟、强改造、高杂应力山地页岩储层特点，开展储层含气量、有机碳含量、岩石力学参数等“三品质”属性精细评价，寻找页岩储层“甜点”中的“蜜点”，解决相同储层品质产气量差异大的问题，指导水平井靶体优选，有效服务页岩气产能建设。

在煤层气公司，开展煤层及顶底板岩石力学基础实验及压裂优化研究，为煤层气区块产能建设提供保障。

在南方公司，对281口井开展二次综合评价复查，新增天然气地质储量58.95亿立方米、可采储量32.42亿立方米。

在土库曼斯坦、苏丹、孟加拉国、埃塞俄比亚、乌兹别克斯坦、印度尼西亚等国家的油气田，推广先进成熟技术，形成低阻识别、裂缝识别等特色技术，为取得重大勘探发现助力。

【科技创新】 2017年，中油测井以成套装备为重点推进技术创新。以研究、制造、服务一体化发展方式，推动测井业务发展进步。自主研发EILog、LEAP800、慧眼2000等测井成套装备，以及随钻测录导、生产测井综合系统、猎鹰套管井成像测井系统、系列射孔工艺技术和配套的射孔弹射孔枪产品、远探测声波等先进技术，累计推广地面系统261套、下井仪器20700余支，EILog被评为中国石油"十二五"十大工程技术利器，从根本上改变了国内测井先进装备长期依赖进口的局面。落实集团公司装备制造精益生产管理现场会精神，推动精益管理在公司制造模块的试点工作，持续改进优化管理模式，提高质量降低成本；做好顶层设计，推动数字化工厂建设；加大服务力度，改进服务方式，做实装备制造服务转型工作。

【市场开发】 2017年，中油测井以储量产量为目标推进服务创新。坚持创新测井、服务油气，贯彻以油气藏为工作对象、油气含量为中心环节、单井产量和效益为目标"三位一体"服务理念，推广应用成像测井、随钻测井、生产测井先进技术，解决油田地质、工程、降本增效等问题。履行测井责任，通过确定油气层位、油气含量、油气分布和油气通道，解决低渗透与致密岩性、碳酸盐岩、古潜山、火山岩、煤层气、页岩气、水淹层以及柴达木复杂岩性和水性中的测井难题，为油田增储上产稳产提供技术支撑。运用"测井＋工程"的方式搞好测井技术应用，服务于钻井、压裂、注水、采油各环节的油气生产全过程。

以经济效益为中心推进管理创新。转变发展方式，延伸测井业务链，围绕成像测井、随钻测井、生产测井发展业务。健全完善管理制度，推进制度与管理体系融合，形成规范管用的内部管理体系。建立生产作业、项目管理、解释评价技术支持等管理流程，为规范测井作业、提高质量效率发挥重要作用，测井作业时效、油气识别准确率、测井一次成功率、用户满意度等持续提高。建立ERP、A7、测井网、GPS等信息化管理平台，有力支撑测井业务高效发展。

【质量安全环保】 2017年，中油测井坚持安全发展理念，以每人每日做到不伤害不失控不违章为抓手，进一步加强体系要素与业务工作融合，安全环保工作保持良好局面。认真贯彻落实国家新《安全生产法》和《环境保护法》，强化关键风险领域"四条红线"管控，制定《测井注意事项》《防御驾驶指南》《驾驶员行为安全规范》，修订安全生产应急管理办法，提高突发事件处置能力。严格落实"管业务必须管安全，管工作必须管安全"要求，明确"一岗双责、党政同责"管理责任，建立放射源、火工品、交通安全、现场作业四项重点风险防控体系，明确十个方面安全生产红线，实行"双保险、四落实、六确认"管控模式，确保要害部位关键环节的安全。强化安全培训，严格持证上岗，注重安全技术攻关，全员安全意识、安全技能进一步提高。

（罗连涛）

中国石油集团海洋工程有限公司

【概况】 中国石油集团海洋工程有限公司（英文缩写CPOE，简称海洋工程公司）是根据集团公司加快海洋油气资源勘探开发步伐，持续推进专业化重组的战略部署，整合大港油田、辽河油田滩海作业队伍，于2004年11月组建的海上石油工程技术服务公司，注册地设在北京。2007年12月，与原中国石油天然气第七建设公司和原中国石油集团工程技术研究院实施重组整合。2009年11月实施持续重组，将原中国石油天然气第七建设公司划转中国石油集团工程建设公司。

海洋工程公司业务范围涉及海洋石油钻完井、井下作业、试油试采工程；海上运输、基地码头保障服务；海洋工程设计、建造、安装、调试、维护；深水油气与可燃冰工程技术研究；海洋石油相关业务研究、设计及科技研发成果产业化；油井水泥外加剂和防腐保温产品与技术服务、质量检验、石油工程建设标准化管理等领域。有海洋石油工程设计甲级，钻井工程设计甲级，海洋石油工程总承包一级，防腐保温工程承包一级，石油天然气、建筑专业工程咨询甲级，港口经营许可证，压力管道和压力容器设计等专业资质，完全具备120米水深海洋油气勘探开发综合服务保障能力，1500米深水钻井能力，是中国第二大海洋油气工程技术服务公司。

2017年底，海洋工程公司用工总量2739人，其中：合同化员工2238人；硕士研究生以上学历272

人，大学本科1155人；副高级以上职称334人，中级职称768人；集团公司级技术专家3人，公司级技术专家12人。有7家所属单位，1家直属单位，12个职能处室，2个直属项目部。有移动式钻井平台10座，模块钻机1套，作业试采平台5座，各类船舶21艘。基本建成青岛海工建造和唐山生产支持两大基地。总资产约61.14亿元。形成海上钻完井、深水可燃冰试采综合配套10大特色技术，打造LNG模块建造焊接技术等26项技术利器，初步形成海域天然气水合物试开采配套技术，累计获专利210余项。建有海洋工程、固井技术、涂层材料与保温结构等3个集团公司重点实验室和研究室，其中固井技术研究室升级为国家级科技平台。

海洋工程公司主要生产经营指标

指　标	2017年	2016年
钻井（口）	11	7
钻井进尺（万米）	2.12	4.4
完井（口）	16	12
井下作业（井次）	16	10
酸压防砂（层次）	82	47
连续油管（井次）	7	24
试油（层）	10	8
钢材加工量（万吨）	0.28	1.59
铺设海管（千米）	25	6.21
船舶出海（航天）	3513	3353
拖航作业（次）	18	12
销售固井、防腐产品（万吨）	0.82	0.74
新签合同（份）	430	1821
新签合同额（亿元）	22.43	49.10
收入（亿元）	23.48	23.67
利润（亿元）	–4.40	–2.40
税费（亿元）	0.83	0.88

【市场开发】 2017年，海洋工程公司在市场开发领域实现新突破。中标IOOC钻井项目，首次与伊朗国家石油公司合作；中标江苏海上风电项目，首次进入该服务领域；中标中曼原油增产项目，首次进入伊拉克油田服务市场；首次承担冀东人工岛运输项目；防腐保温为集团公司多项重点工程提供服务；固井服务在塔里木油田碳酸盐岩市场占有率突破50%；海工设计获得舟山引水、南堡平台弃置总包项目。公司行业知名度和影响力不断提升。

海洋工程公司面对新领域、新技术、新装备等多种挑战，有效整合全球资源，探索“借船出海”模式，全力开展技术攻关，成功实施全球首次粉砂质泥岩可燃冰试采重大试验工程，取得连续产气时间最长、产气总量最大、环境安全环保等世界级重大突破性成果。有效促成三方协议签订，为集团公司进军可燃冰领域赢得主动权。在舟山引水工程项目，坚持效益导向，通过优化绩效考核，采用新工艺和新工法，不断提升施工工效，创造日铺管649米纪录，赢得业主高度评价。防腐保温业务，成功承揽技术服务项目92个，销售产品2730吨，为4项国家重点工程、10项集团公司重点工程提供服务保障。伊朗钻井项目，创造南帕斯气田取心最长、周期最短等多项纪录，凭借安全高效优质服务，赢得伊朗IOOC浅水项目，助力市场开发新突破。

【质量安全环保】 2017年，海洋工程公司始终坚持有效落实安全责任，完善体系建设，安全风险全面受控，基础工作不断夯实。全年安全生产9.58百万工时，污染物排放达标率100%，连续11年被集团公司评为“安全环保先进单位”。组织B版《HSE四级风险防控手册》学习，明确岗位风险管控责任，落实具体风险控制措施。修订下发井控管理制度及中英文版井控实施细则，完善井控管理体系。对承包商施工作业前能力准入评估分两级进行管理，明确部门、单位、项目部的管理责任。组织7个所属单位根据专业特点编制22类《承包商施工作业前能力准入评估检查表》，细化专业检查要求。安全环保监督中心现场监督检查达511人天，对舟山大陆引水工程、液压修井机作业、NP1–5平台弃置等重点项目实现全过程现场监督，重点作业现场全覆盖。参加各专项和现场检查25次，发布检查通报16期，查出问题560项，提出建议80项，全部督促整改。核实岗位职业危害因素，与接害岗位员工签订《职业危害告知书》，制定职业健康体检计划，完成职业健康查体520人次，查体率100%。按计划完成50处职业危害场所检测，检测率100%。全年排放二氧化硫65.18吨、氮氧化物217.26吨，指标控制在集团公司下达的总量范围内。加强海上气象信息管理，及时处置海上大风、风暴潮等预警信息89份，其中台风警报25份，提前采取避台措施，确保海上安全生产。

【科技创新】 2017年，海洋工程公司注重培育核心技术，科技成果转化、科技平台建设围绕市场需求和重点项目开展课题攻关，共开展课题72项，其中国家级4项、集团公司级16项，公司级52项；新开28项，续研44项。多项技术和产品在塔里木深井固井、舟山引水三期管道等项目中应用，有力支撑重点项目实施，完善提升公司一体化技术服务能力和深水技术能力，科技创效2.2亿元。获集团公司科学技术进步奖二等奖1项、三等奖1项；中国石油与化工自动化行业协会二等奖1项、三等奖2项。获专利19项，其中发明专利17项。海域天然气水合物试采项目成功实施，海洋工程公司作为总承包单位，精心组织技术团队、开展精细技术攻关、建立全新测试方法、研发核心材料产品、严格执行技术方案，整合全球优势资源，水合物试采周期达60天，创造国际深水水合物试采时间最长纪录，形成20项深水水合物钻井、试采工程技术，其中多项技术为世界首创，解决深水环境低温、储层稳定性差、储层出砂严重等一系列难题；全部自主完成水合物钻井和试采设计，包括概念设计5份、基本设计6份、详细设计和施工设计10份。通过该项目实施，海洋工程公司初步具备深水钻完井和水合物试采能力。

【企业管理】 2017年，海洋工程公司强化战略研究，针对内外部环境变化，调整公司“十三五”后三年发展目标任务。主动与上级规划衔接，为集团公司编制海洋油气工程技术服务发展规划提供支持。强化技术管理，完善技术管理规章制度，加强重点项目技术指导，确保技术方案可行，有效防范事故发生。强化投资管理，优化调整项目投资概算，有效推进海工基地建设，全年投资计划完成率88.7%。强化物资管理，物资采购招标率86.2%，节约采购资金5.7%，仓储库存下降15%。强化装备管理，落实“四化”要求，完成钻修井机设备自动化推广方案设计。设备完好率98%。强化成本管理，实现降本增效5000万元。强化资金管理，节约资金成本1300万元。强化审计监察，组织开展市场开发、物资风险管理等5个专项审计监察，发现并整改问题53项。强化信息化建设，完成生产运行管理系统升级方案，编制物联系统配套方案。强化合规管理，修订完善制度18项，优化流程383个。评估重大风险39项，落实法律意见210条。亚马尔项目获“2017年PMI杰出项目奖”。

【党建工作】 2017年，海洋工程公司完善干部选拔机制，加大干部交流力度，调优配强所属领导班子，全年选拔任用干部31人次，所属领导班子整体功能明显提高。推动示范党支部创建工作，开展“四合格四诠释”岗位实践活动，在南海可燃冰试采等重点项目中，党支部战斗堡垒作用和党员先锋模范作用有效发挥。发挥“一报一网一微”宣传平台作用，深入开展形势任务教育，不断强化舆论引导。在《中国青年报》《中国能源报》《中国纪检监察报》等媒体先后报道南海可燃冰项目试采成功消息，为集团公司重塑形象做出贡献。3部新媒体作品获集团公司一等奖。层层签订《党风廉政建设责任书》《一岗双责承诺书》，加强警示教育，增强党员领导干部廉洁自律意识。开展专项巡察，及时发现问题，有效督促整改，营造风清气正良好氛围。开展劳动竞赛、合理化建议活动，有效调动员工积极性，35个合理化建议在集团公司金点子评选活动中获奖。持续开展“温馨工程”，走访慰问困难员工、离退休家庭218户次，发放慰问金、助学金76万元。打造青年品牌工程，促进青年岗位成才，发挥青年生力军作用，海洋工程公司团委获“中央企业五四红旗团委”称号。

（王　博）

工程建设企业

中国石油管道局工程有限公司

【概况】 中国石油管道局工程有限公司（简称管道局），成立于1973年，主要从事陆上和海洋管道建设，油气储库/罐建设、燃气利用、管道技术服务、通信电力安装、LNG处理与接收站建设等业务。具有科研、咨询、融资、勘察、设计、采办、施工、机械制造、检测、投产运行等一整套完整产业链。45年来，建设东北输油管道系统、西气东输管道系统、陕京管道系统、中亚天然气管道、中俄原油管道、中缅油气管道、苏丹管道、伊拉克油田外输管道，累计建设管道总里程超过10万千米。2017年底，有13个机关部室、5个直属机构、34个二级单位，员工27299人。

2017年，中国石油集团工程股份有限公司重组上市，管道局成为其核心企业之一。

2017年，管道局面对内外部环境的复杂变化，克服各种困难，内抓管理，外闯市场，推进改革调整，市场开发取得新业绩，工程建设平稳推进。全年建设管道2575千米，储罐安装308万立方米，定向钻工程55.8千米。上市业务实现收入179.8亿元、未上市业务实现收入12亿元。坦桑尼亚天然气管道工程等7个项目获国家优质工程奖。

管道局主要经营指标

指　标	2017年	2016年
签订合同额（亿元）	246.3	377
收入（亿元）	179.8	170
利润（亿元）	3	6.6

【工程建设】 中俄原油管道二线、陕京四线、中靖联络线、安哥拉渔港成品油库、加纳特马罐区等32个项目投产。中俄原油管道东线、国家成品油储备能力建设653处工程、沙特阿拉伯拉斯坦努拉管道、泰国拉差布里管道等113个项目有序推进。

【市场开发】 2017年，管道局签订合同额246.3亿元，国际业务占50%、系统外占68.5%。市场信息管理平台可实现市场开发跟踪、投标及中标数据的实时监控。开展PPP、BOT/BOOT、F+EPC商业模式研究，形成16项成果进行转化与应用。签订孟加拉国单点系泊及双管道项目融资协议，中标尼日利亚AKK天然气管道项目。抢险中心、东北管道公司成为国家油气管道应急救援基地。与西藏销售、宝山钢铁、沈鼓集团等11家单位签署战略合作协议。

【改革调整】 2017年，管道局所属7家单位完成改制，3家单位完成注销。公司制改制全部完成。“三供一业”分离移交完成70%目标。总医院混合所有制改革和托幼社会化改革全部完成。郎威公司划转移交中油工程项目管理公司。压减法人户数4家，完成2016—2017年度压减法人户数考核指标。廊坊国际饭店扭亏为盈，沈阳国际饭店制订具体举措实现增收。机关职能优化和机构改革方案形成。管道学院与相关方面进行接洽，形成具体发展举措，步入转型发展新阶段。

【科技创新】 2017年，管道局开展科研课题152项，获专利135项，软件著作权21项。“第三代大输量天然气管道工程关键技术研究”获集团公司十大科技进展。管道工程技术试验基地被评为集团公司优秀试验基地。三轴检测器、海洋开孔封堵、大型设备远程监控系统等168项成果推广应用。CPP900自动焊、机械化补口、AUT检测、机组通新技术新装备在中俄原油管道东线全面应用。工程建设项目“五化”（标准化设计、工厂化预制、模块化施工、机械化作业、信息化管理）工作形成核心技术16项、特色技术11项，科研成果20项。以自动焊为核心的机械化连续作业技术应用于工程建设中。项目管理信息化解决方案的实施，开启数字化、智能化管道建设序幕。

【坦桑尼亚天然气管道工程获国家优质工程奖】 2017年11月10日，管道局自主设计、承建的坦桑尼亚天然气管道工程，获“2016—2017年度国家优质工程奖（境外工程）”。该工程是海底与陆上管道同时建设的“海陆一体化”项目，位于坦桑尼亚东海岸，管道全长535.23千米，包括5座站场、16座阀室。海洋管道部分使用自主拥有的中国石油最大海洋管道铺管船CPP601进行独立施工。工程自2013年6月正式启动，2015年10月项目竣工。

【管道局总医院改制】 管道局总医院成立于1974年，是伴随管道局的发展成长起来的全民所有制三级甲等医疗机构。按照集团公司部署要求，管道局总医院推进混合所有制改造。2017年8月7日，由管道局和宝石花医疗健康投资控股有限公司合作组建的宝石花医疗资产投资有限公司正式挂牌成立，负责医院的日常管理。管道局总医院改制后，将继续保持非营利、公益性医疗性质不变，同时引入社会资本、优质医疗资源和现代医院管理制度，努力建设成为国家一流的医疗集团并有两三个学科在国内领先，为社会提供更加专业化的优质服务。

【管道局承办上合组织国家职工技能大赛】 2017年11月10—13日，管道局承办的中国工会“一带一路”人文交流——首次上合组织国家职工技能大赛在管道学院举行。来自阿富汗、白俄罗斯、哈萨克斯坦、吉尔吉斯斯坦、蒙古国等11个上海合作组织成员国、观察员国和对话伙伴国的代表39人参赛。管道局派出的4名选手获佳绩。此次大赛是中国担任2017—2018年上合组织轮值主席国工作计划的一项重要内容。

【国内首台管道激光电弧复合焊接装备研制成功】 管道激光电弧复合焊将电弧焊工艺和激光焊工艺有机结合起来，具有焊接熔深大、焊缝力学性能好、一次焊层厚等优点，可实现单面焊双面成型根焊。管道局于2009年开展管道全位置激光电弧复合焊技术前期研究课题，2017年7月6日，管道局研制的国内首台管道激光电弧复合焊接装备通过专家现场测试，与自动焊相比，不仅减少焊接层数，还可节约50%的焊材，并将焊接速度提高两倍。管道局完成X70、X80钢级，管径1016毫米、1219毫米，钝边4毫米、6毫米、8毫米的焊接工艺研究，焊接装备技术达国际先进水平。

【张文伟走进中央电视台"开讲啦"栏目】 2017年5月12日，国家级勘察设计大师张文伟（女，1969年生，中共党员，教授级高级工程师，时任中国石油管道局工程有限公司管道设计院副院长兼总工程师。主持和参与西气东输一线、西气东输二线、西气东输三线，中亚天然气管道AB线、中亚天然气管道C线、中俄原油管道东线等百余项国家重点工程设计，其中，西气东输管道工程设计获全国优秀工程设计金奖）走进由中央电视台举办的"一带一路"国际合作高峰论坛特别节目《开讲啦》栏目，结合自身工作经历讲述管道局发展历程、管道故事，成为第一个走进该节目的管道局员工。通过该节目，为观众普及油气管道对国计民生的重大影响和意义、发展现状及水平等知识，展现中国石油管道人实干拼搏、攻坚克难、勇于创新、无私奉献的精神风貌。

（杨　勇）

中国石油工程建设有限公司

【概况】 中国石油工程建设有限公司（英文缩写CPECC，简称工程建设公司）成立于1981年1月，位于北京市西城区，是以原中国石油工程建设公司和中国石油集团工程设计有限责任公司为基础，整合油气田地面工程设计和施工业务，组建的以陆上石油天然气上游工程前期设计咨询、工程承包、装备制造和运营维护为主营业务，积极发展海洋石油天然气工程、液化天然气工程、非常规油气工程和非油能源工程业务的专业化公司。

2017年底，员工总数27768人，其中中方员工22399人、外籍雇员5369人。本科及以上学历人员8331人，占员工总数52.4%；中级及以上职称人员6584人，占员工总数41.4%。享受政府津贴专家21人，集团公司技术和技能专家19人，各类执业资格证书持证人员2135人，操作人员持证率100%。

工程建设公司有国家专利312项、集团公司技术秘密101项、集团公司技术利器8项、集团公司自主创新产品20项；研发了5大系列62种科技产业化产品，形成了大型油田集输处理、超稠油油田开发、天然气集输处理、天然气净化、LNG等油气田地面工程领域十大核心技术。有主要工程机械12000台（套），一次吊装能力可达5000吨，有国内最强的炼化施工技术力量和装备，年加工制造能力可达18万吨。共获省部级以上奖励592项，其中国家级科技进步奖6项、中国建设工程鲁班奖6项、国家"百项工程暨精品工程"3项，并多次获"全国工人先锋号"、"全国五一劳动奖章"等称号。

2017年新签合同额503亿元，同比增长79%；实现营业收入232.61亿元。ENR国际承包商250强排名第73位。

【工程项目】 2017年，工程建设公司海外执行项目93项。哈萨克斯坦PK炼油厂一期、伊拉克鲁迈拉早期电站和西古尔纳-I油田含水原油处理项目、阿布扎比曼德油田开发一期项目、乍得2.2期Pheonix和Daniela工作包、巴基斯坦LNG接收站投产；乌兹别克斯坦卡拉库利一期、土库曼斯坦萨曼杰佩增压站一期和B区集输等冬季保供项目按期建成；俄罗斯AGPP、阿布扎比巴布油田改造等项目全面启动；伊拉克哈法亚三期、阿尔及利亚油泵站和阿尔及尔炼油厂、哈萨克斯坦PK炼油厂二期和科威特瓦拉等项目稳步推进。

国内执行项目2987项。陕京四线一、三标段，中靖线一标段，山西大同液化调峰和克拉玛依油田530井区等项目投产；呼图壁储气库采气系统完善保供项目按时完工；塔里木凝析气轻烃回收、中海油惠州二期催化裂化装置、云南石化重整芳烃联合装置和华北石化、大连石化、大港石化、宁夏石化等检维修项目安全投产；华北石化渣油加氢、湖南国家成品油储备工程、大连恒力石化和赤峰油库等一批重点项目有序推进。

【市场开发】 2017 年，工程建设公司海外新签合同额 381 亿元，占 75.7%。签约俄罗斯 AGPP 项目，成功挺进俄罗斯市场；获科威特瓦拉项目，重返科威特市场；获得卡塔尔分离器更换、秘鲁 10 区等新市场项目。传统市场进一步巩固。中东地区，拿下伊拉克哈法亚三期、马季奴河水管线和西古尔纳 -1 油田多个订单，成功签约阿布扎比巴布油田改造项目。中亚地区，签约建设乌兹别克斯坦卡拉库利、土库曼斯坦萨曼杰佩增压站和 B 区集输等保供项目，中亚管道 D 线开发稳步跟进。亚太地区，中标澳大利亚箭牌综合设计项目。拉美地区，获得委内瑞拉苏马诺项目预授标，MPE3 二期等项目有序推进。国际高端合作持续深化。成为中国首家与壳牌签署企业框架协议的油气田地面工程承包商，入围埃克森·美孚全球承包商资格审查，与福陆公司共同开发、执行俄罗斯和乌干达项目。融资业务取得新进展。利用国家开发银行融资，为成功获得俄罗斯 AGPP 项目奠定基础；与中信建设共同开发伊拉克战略外输管线 BOOT 项目；利用融资方式，推进土库曼斯坦碘溴厂项目开发。

国内新签合同额 122 亿元，占 24.3%。集团公司上游设计龙头和油气田地面工程建设主力军地位不断强化，炼化施工等传统优势持续巩固。相继获得内蒙古兴洁天然气液化储配等 104 个单体 EPC 项目，1100 个大中型设计、咨询、可行性研究项目及 5 个 PC 项目。加工制造业务继续向外拓展，获得大连恒力石化塔器等 81 个合同。签约 209 项岩土工程、安评环评项目，不断拓展业务新领域。

【管理提升】 2017 年，工程建设公司深化改革取得重大进展，成立深化改革工作领导小组和专项工作组，统筹推进深化改革工作。全面加强机构改革，平稳实施公司总部机构整合和职能优化。按照管理、品牌、机构“三统一”原则，整合海外机构，组建中东地区公司、海湾地区公司和中东地区协调组，整合中东地区设计资源，充实中东设计中心。优化整合设计业务，整合北京分公司与北京工程咨询分公司的同质业务，集中优势资源，避免重复建设。以市场和效益为导向，完善绩效考核体系，修订海外经营单位绩效考核办法等 4 项规章制度。在分配上，向风险大、责任重、能力强、业绩优的岗位倾斜。强力推进扭亏脱困，成立“三项专项治理”工作领导小组，制定新疆 2 家单位扭亏脱困专项方案，明确 7 个方面 22 项措施，取得阶段性成效。加快“三供一业”移交，申请批复资金 1138 万元，完成 5400 余户“三供”改造和 6 所幼儿园社会化，医疗社会化方案基本成熟，物业分离移交全面启动。

主营业务能力稳步提升。产业链持续向前期咨询和后期运维延伸，EPMCC（设计、采购、施工、制造、投产、运营）全业务链的“五化”水平持续提升，产业格局不断优化。设计国际化、标准化能力进一步提高。统一规范项目和工作分解结构，为项目执行提供标准化数据支持；材料编码系统升级为中油工程有限公司统筹建设系统，工艺集成设计平台逐步完善，三维协同设计水平持续提升。两级采购体系更加完善。实现采购额 61.9 亿元，合同按时交货率 84%，有效保障哈萨克斯坦、伊拉克、阿布扎比、乍得和中亚保供项目建设任务；做细做实 80 多个项目的市场开发和投标报价价格支持，采购价格数据库初步建成。施工进一步向管理作业型转变。以辽阳石化、华北石化和哈萨克斯坦 PK 炼油厂项目为依托，加大施工管理深度，施工精细化水平进一步提高。装备制造稳健发展。5000 吨门式起重机在广东虎门二桥吊装工程成功应用；大连恒力石化 1360 吨二甲苯塔整体发运，超限设备制造实现新突破。岩土工程、安评环评多元化趋势更加明显，拓展三维激光扫描测量、地下水评价、土壤治理、环保技术咨询等新业务。

【科技创新】 2017 年，工程建设公司完善科技工作体制，强化顶层设计，制定“十三五”科技规划，规范科研立项和经费管理等基础工作。投入科研经费 1.2 亿元，开展科研项目 100 余项，其中国家级重大专项 3 项、集团公司级 4 项。获授权专利 62 项、发明专利 26 项，技术秘密认定 28 项，软件著作权登记 8 项，认定省部级工法 12 项。主（参）编国家标准 5 项、行业标准 11 项。申报认定集团公司自主创新产品 7 项，推广应用科技成果 30 余项，产生经济效益 1.77 亿元。加快技术有形化，集团公司技术利器“海外油田集输及处理成套技术”完成“两册一片”制作。获省部级科学技术进步奖 27 项，其中集团公司科学技术进步奖二等奖 1 项。获省部级以上优秀勘察、设计、咨询和软件成果奖 77 项，其中国家级 10 项，伊拉克哈法亚、伊朗北阿扎德甘等 2 个项目获国家级优秀设计成果一等奖。成立公司“五化”及数字化油气田建设领导小组，编制“五化”发展规划和“数字化移交与智能化工厂”建设方案，开展

"五化"工作74项，"五化"成果广泛应用于土库曼斯坦、哈萨克斯坦、阿布扎比、伊拉克及国内长宁、威远等项目。

【人才培养】 2017年，工程建设公司编制海外高端人才培养方案，组织各类培训120期，培训1492人次；选聘调整中层以上干部67人次，选拔推荐9名青年科技英才和3名"石油名匠"重点培养对象；所属新疆油建公司5名选手在"嘉克杯"国际焊接技能大赛上获得佳绩，获集团公司焊接专业创新创效成果奖6项，所属第一建设公司段延军班获"集团公司铁人先锋号"，吴文峰入选首届"感动石油"十大人物。

【安全环保】 2017年，工程建设公司HSE管理持续加强。落实安全环保主体责任，层层签订责任书，实现全员安全承诺。切实强化安全教育，举办专题培训62期，培训1854人次。深化HSE体系推进，加强风险管控，组织辨识危害因素12720项、环境因素2306项。加强监督检查，推广视频安全监督，配备105部便携式摄像设备，实行高危作业过程移动式摄像监督；开展监督检查109项目次，提出2274个不符合项，完成整改2235项。深刻汲取事故教训，全面升级安全管理，开展为期4个月的安全生产大检查，彻查各类安全隐患4254项。完成履职能力评估16627人次，占全员的97%。75%基层站队（班组）通过达标验收，超额完成集团公司指标。妥善应对海外员工突发疾病等社会安全事件，广泛开展"安全生产月"、事故案例教育和基层班组经验交流活动，全员安全意识进一步提高。

【党群工作】 全面从严治党深入推进。深入学习宣传贯彻党的十九大精神。组织3100多名党员收看党的十九大开幕式，工程建设公司领导带头宣讲，基层单位组织宣讲50余次，编发《党建》月度学习材料3期，组织800多名党员撰写学习心得，8867人参与知识答题。深入开展"四合格四诠释"岗位实践活动。推动"两学一做"学习教育常态化制度化，制修订24项党建制度，组织党委中心组（扩大）学习31次，党支部书记视频公开课首次开讲。深入推进党风廉政建设。签订责任书3379份，举办廉政讲座14场，组织9000多人参加廉政答题；强化节日期间"四风"监督检查，对2个基层单位开展党内巡察；开展合规管理联合监督检查，提出建议49条，下达监察建议书3份。加大宣传工作力度。外宣发稿200余篇，多篇稿件被《人民日报》等40余家媒体刊载，央视《华人世界》栏目播出18名海外员工故事。和谐企业建设走向深入。扎实做好新疆地区和敏感时期维稳工作；开展人文关怀活动，2017年拨付帮扶资金242万元，发放慰问金43万元；群团、离退休、民族团结、平安矿区和"职工之家"建设持续推进。

（严 峰 高 华）

中国寰球工程有限公司

【概况】 中国寰球工程有限公司（简称寰球公司）成立于1953年，2005年6月整体并入集团公司，2016年整体上市进入中国石油集团工程股份有限公司。2017年，是寰球公司重组整合上市元年，是以新风貌、新定位，踏上建设国际一流炼化工程综合服务商新征程的启程之年。面对国内外炼化工程行业的深刻变革，寰球公司深入学习贯彻落实党的十九大精神，以习近平新时代中国特色社会主义思想为指引，认真落实集团公司党组的决策部署，一手抓生产经营运行，一手抓内部重组改革，形成机构高效整合、业务有效集合、文化逐步融合的新局面。全年，寰球公司新签合同额321亿元，实现营业收入164.5亿元，利润总额4.15亿元，全面超额完成集团公司业绩考核指标。2017年底，寰球公司有近2万名员工，总部机关设18个部门，有11家二级单位。获国家级奖项14项、省部级奖项52项、专利授权54项。

【深化改革】 2017年，寰球公司坚决贯彻集团公司党组决策部署，面对艰巨的内部整合、生产经营和处僵治困任务，坚持统筹全局、直面挑战，紧紧把握"效益稳中向好、大局稳定和谐"两条主线，牢牢守住"整体不亏损和现金流为正"两条底线，实现由物理"组合"到化学"聚合"。"机关+实体运营"模式平稳推进，打造总部机关、北京公司、东北工程、吉林公司、新疆公司五大新实体，实现内部重组整合目标。北京公司超额完成合同额和利润指标；东北工程完成两级机关的行政整合、内部5家单位的业务整合及总部搬迁，一举实现扭亏为盈，改革红利充分体现；华东公司面对资质承继等挑战，开展"智慧设计，效率倍增"活动，人均创收、创效等指标稳步攀升；吉林公司克服重重困难，高效完成环境业务划出、江南院人员划入、与胜寰公司合并、北方公司注销等多项重大改革任务；大庆公司依托技术优势、品牌优势，市场地位不断提升；新疆公司应对区域特殊的维稳要求，实现重组过程的稳定和谐；上海公司、兰州公司、广东公司发挥各自优势，持续焕发新活力；六建公司、吉林化建眼睛向内，强管理、提效益、重安全，服务保障和项目执行能力大幅提升；总部机关立足新定位，发挥承上启下的决策、指导、协调和服务职能。

【市场开发】 2017 年，寰球公司坚持“系统内市场是服务保障的第一要务，系统外市场是巩固品牌的必争之地，海外市场是争创国际一流的必由之路”的经营方针，开拓市场，深耕细作赢项目。凭借自主核心技术赢得一片市场，成功签订唐山、玉环等 15 项 LNG 项目及山东鲁清、玉皇等 19 项乙烯项目咨询、设计和总包合同；北京分公司、东北工程公司、吉林公司、大庆公司、广东公司，分别签订陕西未来能源首个煤基合成油炼化一体化项目的总体设计和国内单套最大规模的盛虹炼化 1600 万吨 / 年常减压装置设计合同，集团公司首个润滑油加氢，以及万华 HDPE、中化泉州 EVA、赛宝龙聚苯乙烯项目；东北公司、华东公司、兰州公司包揽集团公司 13 项烷基化项目，离子液自主技术在项目上首次应用；大庆公司联合吉林公司、上海公司签订高新区丙烯综合利用项目；上海公司、新疆公司、六建公司、吉林化建承揽高纯电子气、碳五树脂、恒力石化常减压装置安装、焦化升级改造项目。依托集团公司海外投资平台，寻找和推动项目机会。强化与 Tecnimont、Technip、Fluor、KBR 等国际一流工程公司以及国内 CMEC、中土、中工国际等公司的国际战略合作。重点跟踪和推进中东二号、美国甲醇、马来西亚甲醇、孟加拉国 M 岛 LNG 等一批海外重大项目。成功签订委内瑞拉 16 万桶 / 日扩建、阿尔及尔炼油厂施工、马尔代夫国际机场供油系统改扩建，以及苏格兰炼油厂改造、埃克森美孚大乙烯前期方案研究、阿塞拜疆 GPC FEED 等合同。

【工程建设】 2017 年，寰球公司坚持弘扬石油精神，加强全方位服务，统筹调配资源，强化重点领域和关键环节管控。迄今国内单线最大规模的云南炼油项目全面成功投产，树立中国大型炼油工程建设水平的新标杆；采用寰球公司乙烯裂解等 4 项技术的神华宁煤煤制油综合利用项目按时中交并开车；唐山 LNG 项目一期工程和增建 4 号罐工程如期竣工；中化弘润催化重整项目芳烃联合装置、哈萨克斯坦 PK 炼油厂一期工程异构化联合装置、中国海油惠炼二期常减压装置开车成功；沙特阿拉伯磷矿项目一次投产成功，获得业主高度评价。以辽阳石化、华北石化、委内瑞拉 16 万桶扩建、马来西亚 RAPID、乌兹别克斯坦 PVC、浙江石化、烷基化项目群、LNG 项目群、乙烯项目群等为代表的一批重点项目踏点推进；独山子石化综合轻烃利用、大庆石化结构优化升级、兰州石化乙烯改造、塔里木乙烯项目和长庆乙烯项目前期工作正在统筹推进；高质量完成广东石化炼化一体化方案优化工作，迎来复工建设。充分发挥炼化工程综合服务商作用，参与集团公司“十三五”炼化业务转型升级发展规划研讨，为炼化业务结构调整、原料优化、产品升级、安全环保、挖潜增效保驾护航。

【质量安全环保】 2017 年，寰球公司坚持安全升级管理，实现“零事故、零污染、零伤亡”目标，累计实现 9617 万安全工时，完成重组整合和各项安全稳定要求。梳理修订 40 项 QHSE 管理制度，组织签订安全环保责任书、承诺书 22325 份，明确 349 名局、处两级领导干部安全生产联系点，完成 HSE 体系量化审核。深入开展“大学习、大检查、大反思”活动，严抓基层现场 HSE 标准化建设，编制配套文件，分层级考评验收，实现基层站队达标率 67.4%，严格承包商管理，完善“1+11”应急预案体系文件，推进“一案一卡”，累计开展应急演练 324 次。组织修订《安全监督工作条例》，完善两级监督机构设置，北京公司、六建公司、上海公司、华东公司、吉林化建相继组建专职安全监督机构。建立寰球公司 HSE 委员会会议、安全环保工作会议、HSE 工作例会等制度，公司领导带头安全述职，修订发布“1+12”国际业务社会安全体系。

【科技创新】 2017 年，寰球公司实施创新驱动战略，技术领先的核心支撑作用进一步发挥。胜利召开重组后首届科技创新大会，总结近 3 年科技创新成果，明确“十三五”及长远科技规划和信息规划，细化 67 个重点科研攻关项目，技术转让收入 1.65 亿元，专利设备销售收入 1738 万元。修订发布《科技研发成果推广及转让奖励指导意见》等规定，技术研究院经过充分酝酿和论证，将组建落地。大乙烯、大炼油重大科技专项二期获集团公司批准并签署合同，“甲烷无氧制烯烃芳烃”单管试验进展顺利。北京公司、六建公司联合执行“基于数字化设计的施工应用研究”等 8 个项目开题；东北工程离子液烷基化技术有形化等 3 个项目、华东公司“数字化设计集成系统的开发与应用”完成验收。与石化院、中科院大连化物所、中国石化大连石化研究院、中国石油大学（北京）、化工大学、华为、沈鼓、浙江中控等单位签订一批战略合作协议。

【五化建设】 2017年，寰球公司加大“五化”推动力度，在辽阳石化项目落地实施。组织学习九江石化智能炼油厂建设经验，加快编制广东石化和长庆石化智能工厂、大连北站智慧加油站试点与建设方案，建立智能化“生态圈”“服务圈”，培育炼化业务智能化发展新能力，抢占炼化升级发展新空间。

【降本增效】 2017年，寰球公司全面推进降本增效、深化改革。“增活力、提效益、松手脚、减负担”四个方面成效显著，通过内部整合、剥离、注销等多种途径，让各单位轻装上阵，保持特色和优势。通过充分授权，激发自主发展的活力，多数单位实现效益效率双提升、员工企业双丰收。开源节流降本增效取得新实效，落实12个方面95项措施，增收1.15亿元，降本1.39亿元，可控销售管理费用下降8%。六建公司“三供一业”移交合同顺利签订，移交工作稳步推进。全面修订“十三五”发展规划，明确未来一段时间的发展目标和工作部署。对总部机关218项制度进行梳理，制修订183项、废止35项，让深化改革中的“破”更有分量，“立”更加稳固。

（刘　佳）

中国昆仑工程有限公司

【概况】 中国昆仑工程有限公司（简称昆仑工程公司）前身是中国纺织工业设计院，成立于1952年9月，是中国纺织行业唯一的部属大型勘察设计单位，2007年7月重组并入集团公司，2009年更名为中国昆仑工程公司，2016年，按照中国石油工程建设业务深化改革的统一部署，重组改制为中国昆仑工程有限公司，并成为中国工程建设业务上市公司的全资子公司。昆仑工程公司是集咨询、研发、设计、采购、施工管理、开车指导和工程监理、工程总承包、项目管理承包、技术服务等多功能于一体的国际工程公司和国有科技型骨干企业，有4家二级单位，2家控股公司。

昆仑工程公司持有国家颁发的众多甲级资质证书；通过ISO 9001质量体系、ISO 14001环境管理体系、OHSAS 18001职业健康安全管理体系和中国石油HSE管理体系认证；拥有国际先进的工程设计、项目管理及办公自动化等应用软件和数据库，建有先进的计算机网络平台和应用体系；享有国家授予的对外经营权。

昆仑工程公司长期致力于石油化工、纺织化纤、煤基化工、环境工程、建筑工程等领域的建设、创新与发展。先后承担设计和建设完成各类大中型石油化工、化纤及其原料和民用建筑等工程数千项，国外经援、经贸工程百多项，遍布全国及29个国家和地区。先后获国家科学技术进步奖一等奖、二等奖，全国、省部级优秀勘察设计特等奖、金质奖、优秀奖、管理奖数百项。昆仑工程公司有雄厚的科研和技术实力，承担多项国家重大科技攻关任务，在大型连续缩聚聚酯（PET）、精对苯二甲酸（PTA）、顺丁橡胶、ABS树脂、己烯－1、工业废水处理等领域拥有专有技术，获国家授权专利154项，其中PCT专利20项。主编、参编国家和行业标准66项，其中国家标准35项。转制后，昆仑工程公司重点发展环境工程、纺织化纤工程业务，打造国际一流的环境工程综合服务商。

截至2017年底，昆仑工程公司在职职工961人，其中工程技术人员550人，教授级高级工程师27人、高级工程师263人。具有各种国家执业注册资格人员419人次。

2017年，昆仑工程公司实现营业收入27.95亿元，实现利润总额0.32亿元。

昆仑工程公司主要经营指标

指　标	2017年	2016年
签订合同额（亿元）	30.10	20.70
收入（亿元）	27.95	25.04
利润（亿元）	0.32	0.18

【深化改革】 2017年，昆仑工程公司持续完善公司上市治理和依法合规运行。改革调整组织机构和优化部门职能，总部机构数量由22个压减至18个，打造工作界面清晰、市场反应迅捷、运转合规高效、适应市场需要的组织架构。完成中国纺织工业设计院改

制，及原东北炼化吉林院环境分院、工程建设大连分公司环境业务及人员的划转工作，注册成立吉林分公司。吉林分公司当年成立当年盈利，实现收入2047万元、利润107万元。参加集团公司2017年工资总额预算管理试点，薪酬分配突出贡献因素，强化工资总额的事前筹划、主动安排。推进“三供一业”社会化改革，完成供暖移交，供电、供水及物业移交工作有序进行中。落实“国有企业瘦身健体，增强核心竞争力”要求，推进四项专项工作压减法人机构，注销北京德赛和纺织部设计院劳动服务中心。创新开源节流降本增效举措，2017年落实15项举措、21个专题和38项具体工作，超额完成2000万元增效目标。

【工程建设】 2017年，昆仑工程公司开展各类工程项目149个，当年新开工项目99个。

集团公司内部项目：承接辽阳石化、抚顺石化超低排放改造项目和宁夏石化污水处理项目；大港油田、独山子石化、广西石化、兰州石化、抚顺石化VOCs项目；完成大庆石化、四川石化、呼和浩特石化等项目工程设计；广东石化雨水收集池项目开工。集团公司外部项目：承接海宁恒逸、嘉兴石化、江苏港虹等18套总承包项目和6套设计项目，其中万凯三期、恒逸三期等3个项目实现一次投料开车成功；完成新疆中泰PTA项目基础设计，蓬威石化PTA项目施工图设计；印度聚丙烯总承包项目进入钢结构、工艺管线和设备安装施工高峰期，总体进度稳步加快。

【市场开发】 2017年，昆仑工程公司签订合同额30.1亿元。

环境工程业务市场。签订宁夏石化污水处理升级改造项目，辽阳石化、抚顺石化、大庆石化、广西石化等超低排放项目及VOCs项目，青海油田运营服务项目。环境工程业务签约合同额超过7亿元，占全年签订合同额的23.3%，同比增长319%。

化纤工程业务市场。国内市场，签订嘉兴石化、福建百宏、浙江恒腾、浙江海利得、江苏港虹、逸盛大化、浙江三维、海宁恒逸等总承包及设计项目合同。国外市场，加大“一带一路”沿线国家和地区市场开发力度，签订越南百宏、印度尼西亚宝莱聚酯项目。

芳烃工程业务市场。通过掌握的甲醇制稳定轻烃、甲醇制芳烃和柴油制芳烃等核心技术，签订乌鲁木齐石化PTA装置改造、四川石化OX和MX，以及宁波中金IPA装置等项目。参与广东石化260万吨PX项目方案优化工作。

【科技创新】 2017年，昆仑工程公司继续推进创新战略，提高科技攻关、技术装备国产化转化和创效能力，厚植竞争优势。全年开展各类科研项目16项（新开题5项、结题验收1项），其中国家级1项，集团公司级和省部级4项，公司级3项，中油工程统筹项目8项。完成芳烃重大科技专项立项开题工作。承担的低碳二期重大专项课题示范工程即将建成投运，并完成现场工程化验证准备工作。国家级科研项目“用于二氧化碳捕集的高性能吸收剂/吸附材料及技术”正式开题。“烟气脱硫工艺技术研究及设计”工作全面展开。“炼油/炼化污水高效处理技术及三泥深度脱水及干化减量”技术成果在宁夏石化成功应用。2017年申报专利5件，授权专利17件。制修订国家标准和规范8项，图集3项。

【质量安全环保】 2017年，昆仑工程公司围绕服务公司生产经营实际，强化QHSE体系运行，严格过程管控，落实“一岗双责”，全年无质量安全环保责任事故。

质量管理方面，昆仑工程公司工程设计项目成品文件Ⅰ类错误为零，合格率100%，项目投料试车成功率100%，获省部级优秀工程类奖3项。通过北京三星九千认证中心质量管理体系审核，保持认证资格。机械设备设计部设计三组获集团公司“质量信得过班组”称号。开展“昆仑大讲堂”和设计质量抽查活动，提升设计人员专业技术水平，增强全员质量意识。

安全管理方面，落实“党政同责、一岗双责、失职追责”，明确年度安全生产工作目标，逐级签订安全责任书，制定并实施安全管理工作方案。梳理和评价危害因素，开展隐患排查，严格监督检查，落实防控措施。敏感时期合理安排生产，主管安全领导驻场指挥。加强企业安全文化建设，宣贯“生命至上、安全第一思想”，提高全员安全意识。修订完善各项安全管理制度，确保安全管理工作持续改进。突出实战，组织各类应急演练。

环境保护管理方面，确定年度环境保护工作目标，逐级签订环保责任书，制定并实施环境保护管理工作方案。按要求做好温室气体排放数据汇总及管控工作。完成采暖锅炉移交市政工作，无涉及京津冀“大气十条”业务。办公场所及项目现场的固体废物和废水处置、排放满足所在地行政要求。托管的江苏德赛公司生产污泥交有资质单位合规处理。

【党建工作】 2017年，昆仑工程公司持续深入学习党的十八大以来历次全会、习近平总书记系列重要讲话精神。以中心组学习、组织生活会、讲座研讨等方式，以及开展“喜迎十九大”“说说心里话”“岗位讲述”和知识竞赛等活动，扎实开展“大学习、大宣传、大落实”党的十九大精神工作，确保党的十九大精神在全员落地生根。严格按程序选举产生新一届党委和纪委。全面落实“两学一做”学习教育常态化制度化。结合机构调整实际，加强党支部组织建设，落实“三会一课”，持续推进党建“三联”示范点建设工作。扎实开展“践行四合格四诠释”岗位实践，以及“亮身份、作承诺、当先锋、树形象”等系列活动。完成党建信息化平台推广和深化应用试点工作。全面落实党风和廉政建设责任，组织签订党风廉政建设责任书80份。颁布实施《党风廉政建设责任制考核办法》，强化执纪监督问责。组织副处级及以上领导干部和关键岗位人员63人到反腐倡廉教育基地参观学习，强化拒腐意识。继续从严落实“三重一大”决策制度。开展印度聚丙烯、逸盛大化污水处理总承包项目合规管理监察工作，对发现问题的相关责任人进行诫勉谈话。

（鲍世庆　肖春宏）

中国石油集团工程有限公司北京项目管理分公司

【概况】 中国石油集团工程有限公司北京项目管理分公司（简称项目管理公司）是根据集团公司发展战略要求和深化改革总体部署，在2016年9月，整合中国石油工程建设板块所属企业范围内的工程监理与项目管理业务而注册成立的专业化项目管理公司。项目管理公司的组建是集团公司开拓国内外工程建设业务市场，发展全过程、全产业链、高附加值项目管理业务的战略部署，是集团公司实现精细化、专业化、科学化、信息化工程管理的重要组成力量。

项目管理公司主要开展油气田地面工程、海上石油平台工程、陆上及海洋管道工程、炼油化工工程、LNG液化及接收存储工程、化工石油储库工程、市政工程、房屋建筑工程、电力工程、机电安装工程等领域的工程咨询、项目管理、设备监造、设计及施工监理、安全及环境监理、项目竣工验收等业务。

2017年底，项目管理公司设6个机关职能部门和5个子公司，下属二级单位5家，负责管理原中国石油天然气管道局所属廊坊中油朗威工程项目管理有限公司、原中国石油集团东北炼化工程有限公司所属吉林梦溪工程项目管理有限公司、原中国寰球工程公司所属寰球工程项目管理（北京）有限公司、原中国石油集团工程设计有限责任公司所属北京兴油工程项目管理有限公司和原中国石油工程建设公司所属北京斯派克工程项目管理有限公司。2017年底，项目管理公司员工总量为2539人。其中，大专以上学历100%，中高级职称人员50%。有各类国家执业资格共2238人次，其中注册监理工程师334人、一级注册建造师116人、注册造价工程师34人、注册设备监理工程师62人、注册咨询工程师12人、注册安全工程师182人、IPMP、PMP持证人员103人。2017年，项目管理公司正式独立运行，新签合同505项，新签合同额4.86亿元。

项目管理公司主要经营指标

指　标	2017年
签订合同额（亿元）	4.86
收入（亿元）	5.06
利润（亿元）	0.03
税费（亿元）	0.25

【市场开发】 2017年，项目管理公司的组建得到集团公司关注和支持。实现与中油管道的合作，承担项目管理共享服务中心建设工作；成为中油工程QHSE监督管理的依托力量，协助开展QHSE监督中心工作；获得参与销售板块项目管理的优先权；成功探索并参与炼化企业检维修、质量安全监督等业务；与CNODC达成共同参与项目管理的共享共赢合作意向；与Mott Macdonald、ILF等国际知名项目管理公司开展合作洽谈，加速国际化进程；拜访中船油、浙江恒逸等大型能源企业，走访昆仑工程、中信建设等合作单位，加深彼此间的了解，促进交流与合作。项目管理公司层位优势得到发挥，提升行业影响力。同时，在一体化前提下，加强对各单位的宏观协调与指导，实现内部资源统一调配和市场开发精准高效，取得较好的市场开发成果。2017年，成功中标中俄天然气管道东线工程北段、潜

江—韶关输气管道工程、辽阳石化改造项目、庆阳石化轻汽油醚化 IPMT、北京新机场供油工程等单个合同额超 1000 万元的大型项目 13 个，占全年新签合同额的 38%，提高市场开发质量。

【工程建设】 2017 年，项目管理公司运行项目共 399 项，共承担集团公司重点工程项目建设服务保障（合同）5 项，其中长输管道工程 2 项、炼化工程 2 项、大型储罐及 LNG 工程 1 项。

建立适合公司业务特点的项目管理体系，完成管理手册和程序文件的编制、发布和宣贯工作，明确各级岗位的管理职责，全面落实项目管理责任；搭建适合公司业务特点的项目管理信息系统，完成不符合项管理、质量报验、无损检测、资源管理等 11 个管理模块的开发应用，配套开发移动应用 APP，初步实现监理项目现场的信息化管理，实现对项目运行的远程监管和远程技术服务，实现包括不符合项在内的项目运行数据统计、分析和应用；突出“两个抓手”，提升监理服务质量。以“不符合项管理”为抓手，以陕京四线、中俄原油管道二线及华北石化、辽阳石化等重点项目为切入点，推进不符合项隐患辨识管理工作，累计发布不符合项近 5 万项，发布监督报告和点评材料各 51 期，现场“监理不作为”问题得到有效解决；以“例会管理”为抓手，对各重点项目例会材料进行收集、统计、分析和点评，全年共收集例会纪要 398 份，发布分析对比报告 50 期，会议议决事项可跟踪考核率和落实率得到持续提高，监理服务深度得到明显加强；加强科技创新，提升核心竞争能力。

参与国家标准编制 1 项，主编或参编集团公司标准 4 项，参与集团公司重大专项课题 1 项，编制集团公司 CDP 文件 16 项、培训教材 2 套；组建项目管理共享服务中心为中油管道开展项目管理共享服务，开展大量富有成效的服务支持工作；持续做好中国建设监理协会石油天然气分会工作，开展行业监理工程师考试发证，以及考前培训、继续教育培训、长输管道等专项培训等工作。

【基础管理】 2017 年，项目管理公司稳妥推进重组，强化管理创新，以平稳有序为前提，扎实推进各项工作起步。精心策划组织，在 2 个月内完成办公地点维修改造、办公用品招标采购等工作，保证正常办公条件；组织新开发 12 个模块、54 个子项、134 个表单，实现 OA 系统上线运行，确保上传下达精准有效；完善制度建设，实现各单位共同参与、共享资源、提升效率，加速内部管理融合；探索两级机关资源共享管理新模式，实施在京单位两级机关部分业务一体化运作；以财务管理为基础，促进企业规范有效益发展。

【队伍建设】 2017 年，项目管理公司坚持以人为本，加快队伍建设，打造过硬员工队伍。研究编制《“十三五”人力资源规划》，明确提出“在保持员工总量稳定的前提下，面向高端和国际化，加大员工队伍结构调整，大力发展专业技术队伍、切实压缩管理人员队伍、逐步消除操作服务人员队伍”目标。全年共精简三级机构 7 个，压缩两级机关人员 26 人，队伍结构得到优化；完善选拔机制，提升干部队伍素质。组织制定项目管理公司《企业领导人员管理规定》《领导人员选拔任用工作规范》，初步构建干部管理工作体系；强化绩效考评，发挥薪酬激励约束作用。建立以人均利润为主导的领导人员薪酬和员工薪酬总量分配机制，制定《赴境外工作人员薪酬福利管理办法补充规定》，建立海外业务发展与员工收入增长互动、互进机制。统一员工薪酬列支项，坚持员工收入向重要、艰苦岗位和一线倾斜，适当扩大与工作绩效挂钩的浮动部分，有效发挥薪酬的激励作用；强化引培并举，建设高素质人才队伍。将国家注册和国际通用执业资格与技术职称晋升、项目经理评聘等直接挂钩，提高执业资格与实际工作的关联度。

【党建工作】 2017 年，项目管理公司以生产经营为中心，把学习宣传贯彻党的十九大精神作为首要政治任务，组织开展“我与十九大”学习实践活动，通过微信、展板等方式，全面解读党的十九大报告，并将学习成果应用于实际，助推公司生产经营各项工作。

结合集团公司党组相关要求，制定下发项目管理公司《贯彻落实中央八项规定精神实施细则》，确保各项廉政制度落到实处。严格执纪监督，深入落实“两个责任”实施细则，层层签订党风廉政建设责任书，实现处、科两级“两个责任”清单和重要领域、关键岗位廉洁风险防控全覆盖；在各监理部指定专人负责纪检监察工作，重点落实第三方履职情况和规范设备、车辆租赁及临时劳务费使用工作。严格规范生产经营行为，集中统一规范招投标工作；坚持抓早抓小，把廉政建设延伸到项目一线，倡导勤俭节约、坚决遏制奢侈浪费，突出加强节日期间车辆及公务消费管理，为改革发展营造稳定良好的氛围。

（张孝鹏）

装备制造企业

中国石油技术开发有限公司

【概况】 中国石油技术开发有限公司（英文缩写CPTDC，简称中油技开）成立于1987年7月，是集团公司从事国际能源装备业务的综合服务商，是中国最大的石油石化物资装备国际贸易公司。截至2017年底，设12个机关职能处室和11个直属经营机构，有员工1458人，其中中方员工588人、外籍员工870人。已在52个国家和地区建立65个境外机构，覆盖1000万吨以上产油国的90%多，累计出口产品到82个国家和地区。在中亚—俄罗斯、非洲、美洲、中东、亚太等地区形成稳定的规模市场，国际客户规模发展到1493个。成立30年多来，签约额356亿美元，营业收入2036亿元，人均累计创收超2亿元，人均年创效百万元以上，获"全国五一劳动奖状"等多项荣誉，被集团公司评为A级企业。

2017年，中油技开签约额16.1亿美元，完成指标的107%，同比增长60%，为近3年最高；收入93.2亿元，完成指标的116%，同比增长1%；完成考核利润指标的126%，剔除不可抗拒的汇兑损失，同比增长21%；自由现金流和EVA值完成集团公司考核指标；全年HSSE平稳运行。

2017年，中油技开认真学习党的十九大精神，全面贯彻集团公司各项部署，实施"四大系统工程"、做实"五个基础保障"，应对大项目启动滞后、贸易保护加剧、出口汇兑损失加大、历史问题处置等严峻挑战，外拓市场、内强管理、深化改革、强化党建、砥砺前行，完成各项工作任务。

【市场开发】 2017年，中油技开拓市场、抓订单、强管理，市场询价4093份，同比增长5%；市场报价3091份，增长20%；询价报出比75%，增长9个百分点；弃标率下降7个百分点；在50个国家和地区与149个客户实现838个项目签约额16.1亿美元，增长60%，其中与26个国家和地区的34家新客户签约8484万美元；完成年度签约指标，并为2018年储备20.4亿美元的跟踪项目。

坚持月度签约计划管理制度、月度市场营销专题分析制度、重点营销项目集中推动制度，所属单位强化信息捕捉、跟踪投标、项目执行、动态管理，强力开拓市场增签约，解决大项目变化带来的问题，及时挖掘潜力、弥补缺口，每月签约额均超1亿美元，8个所属单位超额完成年度签约指标，其中石化分公司、独联体分公司和非洲分公司做出突出贡献。地区分公司履行区域市场开发主体责任，充分发挥市场信息采集的龙头作用，专业分公司（重大项目部）充分发挥专业市场开发主要责任，与地区分公司协同配合、形成合力，共同获取项目1.8亿美元，所有境外机构消灭零签约，17家境外机构超额完成全年签约指标，古巴、厄瓜多尔、阿克纠宾石油机械、乌兹别克、阿曼、新加坡、南苏丹等驻外机构和齐姆肯特、印度南亚项目部发挥突出作用。

召开首次技术质量大会，出台技术支持和质量保证的有关规定，聘任首批23名技术支持顾问，为9个所属单位和境外机构配备主任工程师，打造60多人的技术骨干队伍，形成公司和所属单位两个层面技术支持和质量保证流程，2017年完成技术支持评审737项、咨询1082项，没有发生技术和质量纠纷事件。定期搜集新技术、新产品信息，编发季刊《海外物资装备新市场新技术信息简报》。持续完善和维护"两库一平台"，发挥其在市场开发中的基础作用。出台《大客户经理管理办法》，选聘首批大客户经理，做好客户关系维护。

2017年，中油技开高层拜访哈萨克斯坦、苏丹等27个国家的96个中外资大客户；对供应商进行复评，修订《供应商管理办法》，对系统内制造企业深化战略合作，与大港油田、管道局、东方物探和燃料油公司等企业签订深化战略合作协议。与系统外703所、南阳二机、协鑫集团等40多家供应商密切战略合作。

【财务管理】 2017年，中油技开实行全面预算管理、现金流计划管理、压库清欠重点项目推进等制度。压库清欠完成计划。明确11个公司级重点压库和清欠项目，专门成立办公室，明确职责、抽调专人集中办公。公司和相关所属单位领导带队，上下共同推动工作，中东钻机设备库存压降70%，化工品压降存货效果显著，钻井平台两套库存明显下降，历史存货较2017年初下降21.4%；加紧清欠不放松，通过合理利用支付币种、拓展回款渠道等方式加大催收力度，实现苏丹、土库曼斯坦和印度等国家项目的清欠。历史逾期应收账款较2017年初下降23%。开源节流降本增效，强化预算刚性约束，“五项”费用同比下降29%，节省经费支出94万美元，严控驻外机构经费拨付，实际支出比预算下降4%；注销多年未能注销的哈萨克东方皇冠等4个公司，超额完成集团公司下达的法人压减任务；加拿大PEMSCO和尼日尔子公司实现扭亏，澳大利亚ERA和美国CP公司实现减亏。现金流管控达到预期。进一步树立“现金为王”的理念，实行月度资金计划管理，修订执行现金流管理流程，强化业务源头管控、财务节点管控，促进资金紧平衡，推行商信通业务，2017年开立187笔、7.73亿元，节约资金成本900万元，使现金流在年底增加4亿元，大幅收窄现金流持续为负的缺口，剔除相关因素完成考核目标。

【转型升级】 2017年，中油技开规范服务标准。总结提炼2.0版电泵租赁+一体化服务、钢管销售+保供服务、钻机销售+一体化服务等十大标准化服务模式，以及2.0版的融资支持、关务服务、商务沟通等十大标准化贸易优势，为实现从产品供应商向综合服务商转变奠定坚实基础，也为各单位明确市场开发转型的工作方向。

拓展服务模式。开展的嵌入式储采供修共享服务模式得到集团公司的认可，并在CNODC总部的支持下，确定在集团公司海外项目中开展共享服务的工作方案，明确尼日尔、乍得、南苏丹等首批试点国家。中东区域采购中心挂牌运营，为保障集团公司海外项目生产运营奠定基础。“中油易开”（E-Cat）跨境电商平台上线试运行，在PC端和手机APP实现线上展示、查询、报价、生成订单，线下支付、交易、配送，跨境电商业务迈出重要一步。

提升服务效益。实施“产品+服务”项目，精心做好秘鲁发电机组和压缩机组项目运营维护，服务项目利润占该地区总利润的2/3。在做好备品备件供应的基础上，获得尼日尔炼油厂设备检维修服务合同。苏丹、南苏丹、乍得、哈萨克斯坦、厄瓜多尔等国家电泵租赁+一体化服务签约1.5亿美元，签约额连续13年超过5000万美元。哈萨克机械联合公司持续提升四大业务板块服务质量，签约4200万美元。中油技开2017年服务项目签约2.2亿美元，同比增长91%。

【体制机制改革】 2017年，中油技开的改革涵盖循序渐进、环环紧扣的8个方面，先后出台25个改革方案意见。各专业分公司（重大项目部）按照全面放活、全面提升搞活、重点规范搞活的改革总要求，制定实施方案，推动改革落地。物流分公司体制全面放活、机制全盘激活，使全员闯市场、拿订单积极性高涨，实现外部市场收入7500万元，完成目标的3倍多；石化分公司全面规范风险防控，有针对性地加强内部管理，为中油技开完成全年签约创效目标做出贡献；管道分公司创新业务模式，签约4670万美元，逆势超额完成年度指标。

各地区分公司选择8个境外机构开展搞活经营机制改革试点，制定激活机制的相关政策，调整内部组织机构，推进实施改革创新举措，公司领导深入海外一线加强督导，各试点机构主动作为、大胆实践，签约额均实现不同规模的增长，其中在乌兹别克斯坦实现签约额1800万美元，超过近4年签约总和，在新加坡超额完成年度指标，在阿根廷签约额是2016年的5.3倍。

加强考核奖励和实现改制增强动力。一方面，坚持效益和业绩在薪酬分配中的主导地位，打破干多干少、干好干坏一个样的老习惯，2017年兑现奖金分配最高差距由16%增加到1倍。按照尊重历史、注重业绩、强调贡献的原则，设置10类奖励项目，对20个单位项目开展专项奖励，增强工作主动性；另一方面，按照集团统一部署，完成公司制改制，正式更名为“中国石油技术开发有限公司”。修订公司《章程》，明确党组织在把方向、管大局、保落实上发挥领导政治核心作用，改制为公司长远发展提供保障、增添源动力。

出台《境外机构及人员管理办法》，坚持以“科学设置、分类考评、按绩定级、动态管控、中外统筹规范”原则，对境外机构和人员实施分级管理，做到机构设立、评级、变更与业绩紧密挂钩，境外机构与其负责人配备紧密联动，境外中方与外籍员工统筹规范管理；加大对境外机构的业务指导和检查力度，及时发现管理漏洞和薄弱环节，开展17个境外机构的离任经济责任审计。针对审计披露问题，境外机构制定整改措施，不断完善制度流程，“立规矩”得到加强。

【经营管理】 2017年，中油技开按照建设国际一流能源装备综合服务商的需要，总结建立MARKTING管理、HSSE管理、T&Q管理、RC管理4大管理体系，为持续健康发展奠定坚实的现代管理基础。

狠抓风险管控不放松。出台《风险管理办法》，召开首次风险管理大会，明确“管理、监督、实施”三位一体的责任体系，明晰风险防控三道防线，建立风险分级制度，实施风险月报和季度分析，完善风险评估和预警机制，打造各负其责、齐抓共管、协作防控的全方位风险控制体系。2017年发布风险预警19项，审理合同542项，通过诉讼挽回损失3462万元。

狠抓流程持续优化。以问题和风险为导向，加强对制度流程的梳理、优化和再造，针对管理中存在的制度缺失、不规范、有漏洞等问题，完善修订37项管理制度，公司层面重点梳理和优化积压存货折价销售、资金支付等十大流程，所属单位层面重点梳理和优化102个流程，提高管理效率，规范管理程序。

狠抓HSSE管理持续强化。修订完善《HSSE管理手册》及5项制度，层层推进岗位安全环保责任落实；关注南苏丹、委内瑞拉、印度等国家安全形势，及时发布安全预警11次，快速应对突发社会安全事件；开展大检查、安全月、事故反思等专项活动，整治各类事故隐患，不断强化承包商过程监管，持续推动安全环保制度落地；组织社会安全、危险化学品、交通等专项培训，进一步增强员工安全意识和技能，全面实现安全环保责任目标。

【党建工作和企业文化建设】 2017年，中油技开两级党组织深入基层、走向海外开展专题学习研讨68次、宣讲会37场，掀起“大学习、大宣传、大落实”党的十九大精神热潮，在学懂弄通做实上下功夫，通过学习宣贯，鼓舞新干劲、体现新担当、创出新佳绩。坚持“三重一大”决策制度，组织完成13项巡视问题整改。签订廉洁从业承诺书102份、党风廉政建设责任书336份，强化党风廉政建设责任体系。强化基层党组织建设，坚持“三同时”原则，新建党总支1个、党支部6个，其中海外党支部5个，调整完善党支部14个，党组织健全率100%。共发展新党员9名，8名预备党员按期转正。各基层党支部按期召开专题组织生活会，31个党支部、329名党员参加民主评议。强化思想工作和对工会共青团的领导，深入开展石油精神和重塑良好形象教育，开展中油技开成立30周年系列活动，总结30年的发展历程和经验启示，成为指导公司未来发展的宝贵经验和财富。强化企业文化建设，开展企业文化全员大讨论和理念征集活动，建立以集团公司统一企业文化为顶层，以公司核心理念和专项理念为主层，以公司岗位信条和员工格言为基层，具有国有企业特色和国际化企业特征的“金字塔”式企业文化体系，出台新版企业文化手册，成为推动改革发展的内在动力。完成展厅改造，使其具有市场客户营销中心、形象文化展示中心、内部员工培训中心等功能。

（马　骁）

中国石油集团渤海石油装备制造有限公司

【概况】 中国石油集团渤海石油装备制造有限公司（简称渤海装备）是集团公司所属全资子公司，2008年4月重组成立，注册在天津市滨海新区。2017年底，所属17家企业，厂区主要分布于天津市滨海新区，河北沧州、承德，辽宁盘锦，江苏南京、扬州，甘肃兰州，新疆乌鲁木齐，福建福州等地。厂区占地总面积932.8万平方米，用工总量9892人，其中合同化员工7716人、市场化用工2176人。

渤海装备有渤海华宇、渤海巨龙、渤海能克、渤海中成、渤海卡瑞特、渤海司达、渤海飞雁、渤海华重八大知名品牌。有36种产品取得API认证，20种产品获“中国石油装备”背书品牌授权，19种产品获国家和行业名牌。

2017年，新增订货100亿元，同比增长59%，完成指标的125%；收入77亿元，增长34%，完成指标的110%；回款95亿元，增长67%，完成指标的119%；年度经营利润−3.73亿元，剔除相关因素，比集团公司下达的−4亿元控亏指标少亏损0.27亿元，同比减亏2.75亿元。

【市场开发】 2017年，渤海装备实施“一把手”工程，两级领导带头开拓市场，拜访客户，走访钢厂，抓订单，促合作，解难题；以提升市场占有率为根本，加强市场分析与对标，补短板、攻难点，市场开拓取得新成效。订单总量大幅增长。发挥整体优势，市场影响力增强，签约、收入、回款3项指标全面超额完成，新签约超百亿元，同比增加37亿元，比计划超出20余亿元，扭转连续3年下滑的局面，为来年发展和企业发展重回百亿规模奠定坚实基础。中国石油市场进一步拓展。获66.2亿元订单，输送钢管、油套管分获37万吨和33万吨订单，同比大幅提升。优势产品扩容，新增电泵电缆、管道阀门、隔热油管、热采锅炉、采油采气井口等5项优势产品。在长庆、西北、西南等市场通过加强高层走访，达成广泛共识，形成一批支撑市场长远发展的战略成果和项目。输送钢管社会市场同比翻番。签约36万吨，同比增长翻一番，开辟中航油等10余家新市场。6家钢管厂全部完成社会市场开发指标。国际市场取得一定进展。培育一批忠诚可靠的代理商，获取批量信息，首次中标哈萨克斯坦锅炉项目，PK炼油厂烟机—发电机机组成功交付。

【生产保供】 2017年，渤海装备以满足市场需求、提升用户满意、促进提质增效为目标，抓好生产协调与服务转型，保障能力持续提升。精益生产试点效果良好。在螺杆钻具和抽油杆成功试点基础上，在公司范围内拓展试点15家，精益生产水平上一个台阶，助推生产保供。成功承办集团公司精益生产管理现场会，精益生产受到与会代表的肯定，树立良好形象。完成保供任务。完成工业产值77.4亿元，同比增长40%。全面完成集团公司陕京四线、中靖联络线、中俄原油管道东线等重点管道项目供管任务，为重点项目供应钢管30万吨、球阀233台，发运油套管27万吨。“制造+服务”巩固提升。在长庆油田开创“制造+服务+再制造”合作新模式，烟机、电泵、注水泵、锅炉、钻具等产品服务业务升级成效明显。服务收入5.24亿元，同比增长61.2%，全面完成年度指标。人员输出、项目运行、业务升级等方面工作在集团公司服务型制造座谈会上受到充分肯定。

【科技质量】 2017年，渤海装备以保障主业、服务市场、满足客户需求为宗旨，依托重点研发项目，深化交流合作，稳步推进科技质量工作。一批新产品通过鉴定和推广使用。实施科研项目50项，整体完成率96.54%，研发20项高新产品，7项科研成果通过省部级鉴定，达到国际先进水平。12项产品通过集团公司自主创新重要产品认定，加大新产品的应用推广，实现收入6.5亿元。标准化和知识产权取得新成果。充分发挥标准对产品开发和制造的服务管理作用，完成13项国家行业标准、8项集团公司标准和12项内控标准的制修订工作。新形成专利、技术秘密等知识产权76项。质量管理持续提升。以体系运行为主线，坚持问题导向，加强过程督查与问题整改。完成质量体系文件的换版工作，修订程序文件19个、作业文件9个。渤海装备质量管理6项管理指标、20项产品质量指标全面完成。全面开展群众性质量管理活动，被评为天津市质量管理小组活动优秀企业，获全国QC成果优秀奖2项、集团公司QC成果一等奖1项。

【改革创新】 2017年，渤海装备上下齐努力，制方案、寻突破，用改革的办法解决企业发展难题和重点工作。“僵尸企业”处置取得重大进展。充分用好政策，寻求多种方式处置。完成分流人员2550人，超额完成人员分流1760人的任务；争取到注册资金注入和免息资金的支持政策，为企业经营良性运转创造条件。5家“僵尸企业”有2家提前实现扭亏增盈。尤其是辽河重工公司处置方案得到集团公司的批复，按批复方案有序推进，为渤海装备重回健康发展轨道奠定坚实基础，解决过去一直想解决而没有解决的重大难题。“三供一业”分离移交工作取得阶段性成果。青县矿区完成医疗、托幼、社区管理业务资产移交，签订供水、供电、供暖、市政公益、物业移交协议。“五自”经营试点改革取得实效。推行10个项目开展搞好经营机制试点，8个实现盈利，实现利润1757万元，同比增长50%。其中：中成机械公司钻头实现利润1400万元，同比增长268%；兰州石油化工机械厂检维修服务实现利润85万元，同比增长400%。

【基础管理】 2017年，渤海装备坚持问题导向，实施对标管理，不断夯实管理基础，规范经营运行，实现管理增效。全面开展合规管理风险防控大检查。分11个专业路，开展为期两个多月的合规管理、风险防控专题大检查，检查367方面项目，检查发现313项问题，其中较大、重大风险141项，形成整改专题报告，为下一步抓好规章制度体系的修改完善和建立长效机制奠定基础。“两金”压降取得进展。通过分解目标、落实责任、离岗清欠、法律清欠等措施，推进减值存货处置和应收账款清收，共收回高风险账款49项5404万元，法律起诉24项6.1亿元，提交审计3项2484万元；处置减值存货31亿元，完成年度处置目标的117%。精益成本对标管理试点推进。制定产品成本对标管理指导意见，选取试点单位，推进主要产品与标杆企业开展成本对标工作。以班组为成本核算单元，开展全方位、全流程、全要素的目标成本管控，降本增效6.7亿元。开展大讨论活动进一步统一队伍思想。在全体职工中组织开展“明责任、促改革、谋生存、求发展”大讨论活动，召开公司层面座谈会 8 场、基层座谈会 39 场，收集各层面高质量建议和成果 200 余条，进一步统一思想、凝聚力量，明确发展方向，为保证全年目标任务的完成和下一步发展打下较好的基础。

【安全环保】 2017 年，渤海装备深刻吸取内外事故教训，牢固树立红线意识，落实责任，全面强化安全环保管理，保持下半年以来安全环保形势的总体稳定，节能节水指标超额完成。狠抓事故教训的吸取和防范措施的落实。在公司范围内全面开展事故全员大讨论活动，深刻吸取和反思事故惨痛教训。组织体系审核与体系文件换版，深入开展安全生产大检查和事故隐患大排查，全面推进“大学习、大检查、大反思”活动，持续改进完善风险防控措施。狠抓环保排放检查与治理。全面开展污染防治排查，强化污染物达标排放管理，制定控制措施和整改方案；实施结构和技术减排措施，推动环保隐患项目治理，28 个“尘毒噪”隐患治理项目全面完成。狠抓风险排查与管控。开展全员危害再辨识活动，识别健康安全危害因素 9775 项、环境因素 1762 项。加强重点时段风险管控，开展危险化学品和电器火灾综合治理，强化赴外作业安全管理，全员安全环保意识和风险防控能力持续提升。

【党建工作】 2017 年，渤海装备党委对贯彻学习党的十九大精神进行周密地安排部署，以两级中心组学习为带动，组织公司两级党委中心组、党支部专题学习辅导 40 余次，公司党委班子以上率下，开展党的十九大精神进企业、进基层、进班组宣讲，通过两级学习辅导宣传、知识竞赛等形式，掀起党员全覆盖、职工群众积极参与的学习热潮。全年各级党组织抓好党员干部的政治思想理论和业务学习，公司班子开展中心组集体学习 19 次。扎实抓好党建基础工作和思想教育工作。扎实推动“两学一做”学习教育常态化制度化，从严规范党建基础性工作，立项实施完成 188 个党建项目。广泛开展“维护核心、铸就忠诚、担当作为、抓实支部”“党员亮身份”等岗位实践活动，完善宣传考核激励机制，将弘扬主旋律与经常性员工思想政治工作紧密结合，突出重点阶段维稳政治责任落实，确保队伍总体稳定。严格落实党风廉政建设“两个责任”，抓好集团公司专项巡视反馈问题整改，成立公司内部巡察机构，启动巡察工作，完成对 4 个单位的巡察，对查出的 1321 个风险点源实行分级管理，对 18 个屡查屡犯问题进行立项整改，确保风清气正。

（王迪娜）

宝鸡石油机械有限责任公司

【概况】 宝鸡石油机械有限责任公司（简称宝石机械）始建于 1937 年，2002 年进行公司制改革，2008 年成为集团公司独资设立的一人有限责任公司。经过 81 年的发展，已成为集研发、制造、集成、销售、服务为一体的综合性油气装备企业。

宝石机械属于混合式的管理模式，截至 2017 年底，设 11 个职能处室、8 个直属机构和 19 个二级单位，总部位于陕西省宝鸡市，分（子）公司分布在北京、西安、咸阳、成都、遂宁等地以及巴西。有员工 6582 人，主要生产设备 2400 余台（套），总占地面积 250 万平方米，总资产 110.54 亿元，年营业收入 60 亿元左右。

宝石机械主导产品包括 1000—12000 米全系列陆地钻机、车装钻修机；海洋钻井系统、修井机、甲板设备、水下装备；重要场合用钢丝绳、吊索具；系列钻头、井口井控设备、压裂设备；油田工程车辆；电气电控设备等。产品覆盖 50 多个类别、1000 多个品种规格，其中 14 大类 59 项产品获得美国石油学会（API）会标使用权，产品远销中东、美洲、非洲、欧洲、大洋洲、中亚、东南亚等 60 多个国家和地区。

宝石机械是国家油气钻井装备工程技术研究中心的依托单位，承担国家钻机标准化工作部、国家海洋钻采设备标准化工作部秘书处工作，推进博士后科研工作站建设任务。截至 2017 年底，承担国家级科研项目 70 多项，其中国家 863 计划项目 7 项；获国家级和省部级科技奖项 210 项；有授权专利 1160 件，其中发明专利 184 件，美国发明专利 2 件；主持或参与制修订重点标准 132 项，其中国际标准 1 项、国家标准 52 项、行业标准 137 项。

2017 年，宝石机械实现集团公司考核利润 –2.45 亿元，完成集团公司考核目标；营业收入 34.38 亿元，同比下降 31.24%。主要污染物稳定达标排放，企业总体保持和谐稳定。

宝石机械主要生产经营指标

指　标	2017 年	2016 年
钻机（套）	23	31
钻井泵及泵组（台 / 套）	212	70
钻头（只）	9731	4972
钢丝绳（吨）	67284	52976
井口井控设备（套）	164	143
压裂设备（套）	11	12
油田特种车辆（辆）	49	61
电气控制设备（套）	50	51
签订合同额（亿元）	41.05	71.85
收入（亿元）	34.38	49.97
利润（亿元）	–2.45	0.34
税费（亿元）	1.35	1.21

【产品生产】 2017 年，宝石机械突出生产制造柔性化，全面实施项目负责制，经受住生产任务前松后紧、批量小、规格杂等市场考验；促进产能资源共享，本部与分（子）公司实现协作产值 1.42 亿元。推行“大修改造项目管理”，30 多个重点项目按期推进，产品项目、配件项目整体提速提效。

【技术创新】 2017 年，宝石机械扎实推进“科技领先”战略落地。52 项新技术、新产品集中亮相，受到国内外客户和专家学者充分肯定。双轨迹振动筛、2300 型压裂车等产品以“双优”成绩通过集团公司评估。举升式海洋钻井系统随“地质十号”调查船下水调试。行星绞车、堆场管柱多功能处理系统等成功试制，钻机网电改造系统完成工业性试验，无损开挖车、抢险排涝车成功推向市场。开展工艺攻关，铸件返修率明显降低，锻件余量有效减少，压裂管汇批量化生产等 21 项工艺难题得到攻克。参与修订并发布中国石油装备领域首部 ISO 标准——ISO 18647《海上平台模块钻机规范》，2017 年发布国家和行业标准 25 项。

【市场开发】 2017 年，宝石机械围绕“服务型装备制造企业建设”目标，坚持产品和服务“两手抓、两促进”。12 项产品进入集团公司内部优势产品目录，7 类共 128 项产品进入集团公司一级物资采购目录。集团公司内部市场持续巩固，获钻机、泥浆泵订单 8.34 亿元；社会市场稳步开拓，煤田勘探、结构件加工、热工产品等获订单 5800 万元；海洋市场不断突破，隔水管及相关产品创收 643 万元。钢丝绳、大直径螺纹量规、钻头、防喷器等产品在北美、中亚、中东等国际主产油区形成批量销售，创收超过 5000 万元。完善维保服务体系，建成西北、惠州、塘沽钻井设备维修中心和配件储备库。2017 年实现服务类收入同比增长 10.1%。

【企业管理】 2017 年，宝石机械在深化改革方面，制定发布《“五自”经营改革实施方案》，改革框架基本搭建。加快“三供一业”分离移交，完成供水、供电、供暖分离移交框架协议签订，并得到集团公司批复。改制成立一个分公司，下放经营权限至所有生产分厂和部分直属机构，赋予二级单位财务管理权。试点开展自主承包经营，减员增效成果显著；开展“主要负责人带指标竞聘”，进一步调动干部员工投身公司发展的积极性。2017 年下放自主经营权限单位累计创收近 7500 万元。在处僵治困方面，咸阳宝石、成都宝石通过闯市场、降成本，2 家企业分别实现利润 119 万元和 575 万元，双双扭亏为盈。在精简结构方面，通过压减法人实体、整合下设机构、优化人员构成，两级机关人员精简超过 20%，推进结构调整中人员分流安置，累计分流安置 807 人。探索混合所有制管理，与斯伦贝谢组建合资公司稳步推进。在精益管理方面，主动走入标杆企业学习借鉴与邀请业内资深专家来公司授课相结合，内外部交流 29 批 1416 人次。制定《精益管理工作总体方案》，明确 6 个阶段任务、8 项量化目标和 104 个改善项目；发挥试点单位典型作用，建成自动焊接中心、集中下料中心、扣压胶管中心；狠抓“四条主线”，启动精益管理咨询，优化流程 116 项。完成 ERP 与 FMIS 融合，定额价格系统、丝扣规生产进度查询系统、库房监控预警系统试点建成。精益设计减少材料及工艺浪费 1100 多万元，集中下料材料利用率由原来的 72% 提升至 90%，带动降本增效 5.83 亿元。

（杨亚青）

宝鸡石油钢管有限责任公司

【概况】 宝鸡石油钢管有限责任公司（简称宝鸡钢管）是中国石油天然气集团有限公司直属装备制造企业，

始建于1958年，是中国“一五”期间156个重点建设项目之一，也是中国第一个大口径螺旋埋弧焊管生产厂家。建厂60年来，发展为中国规模较大、品种较全、市场占有率较高的专业化焊管企业。

宝鸡钢管总部位于陕西省宝鸡市，2017年底，资产总额71.38亿元，员工总数6084人；设机关处室11个、直属机构3个，所属二级单位12个（7个全资企业、2个控股企业和销售总公司、钢管研究院、生产保障服务中心）。分布在中国东北、华北、华东、西北、西南和新疆“六大发展区域”，形成“九个生产基地、四个出海通道”。

宝鸡钢管主要为国内外油气长输管道建设和油气勘探开发提供钢管装备的研发、制造、服务与保障，产品覆盖油气输送管、油套管、连续管、管材防腐、焊接材料和钢管辅料等多个领域，形成输送管、油套管、连续管和技术服务“四大业务”。24种产品取得API认证，10种产品获“中国石油装备”背书品牌。钢管综合产能180万吨，敷设重点管线200余条，产品出口至美国、加拿大、俄罗斯、印度、沙特阿拉伯、荷兰、土库曼斯坦、哥伦比亚等40多个国家和地区。

宝鸡钢管技术实力雄厚，是中国焊接钢管生产工艺研究、试验检测和科技情报中心，是国家和行业标准起草单位，也是国家级创新型企业和国家火炬计划重点高新技术企业。2014年建成行业唯一的国家油气管材工程技术研究中心。

2017年，宝鸡钢管围绕“市场开拓年”总体部署，拓展外部，持续深化改革，保持稳健发展。全年钢管订货量138.89万吨，同比增长4.2%；钢管产量127.89万吨，同比增长6.1%；钢管销量133.62万吨，同比增长11.1%；营业收入66.60亿元，同比增长51.5%；上缴税费2.86亿元，同比增长127%。

宝鸡钢管主要生产经营指标

指　标	2017年	2016年
钢管订货量（万吨）	138.89	133.32
钢管产量（万吨）	127.89	120.54
钢管销量（万吨）	133.62	120.30
收入（亿元）	66.60	43.97
税费（亿元）	2.86	1.26

【产品生产】 2017年，宝鸡钢管保障主业、服务市场，坚持“集中生产、集中培休”和“人随订单走、人随机组转”，跨企业调剂员工200余人次；以“消除浪费、提高效率”为目标，推进精益生产试点，走出“产销结合、以销拉动、按需保供”的精益生产管理路子，保证中俄原油管道东线、盐龙湖水线等重点项目运行；统筹协调订货、生产、发运、结算、回款、售后各环节，做实“制造+服务”，与长庆油田共同建设“西安油套管储备配送中心”。

【技术创新】 2017年，宝鸡钢管科研立项14项，通过科技成果鉴定5项，获省部级奖励8项，授权专利23件。X80钢级直径1422毫米系列埋弧焊管、X90/X100钢级高强度大口径厚壁钢管、双金属复合管和特殊扣套管、M65小油管、CT120连续管等新产品开发取得新进展。推广X80钢级直径1422毫米埋弧焊管及配套弯管3万余吨，SEW高抗挤套管1000吨，特殊螺纹接头套管5600吨。为客户提供定制化服务，成功开发34米超长、42吨超重桩管和直径2420毫米超大管径、50米超长钢管，投用连续管服务车，加快橇装化机组研究。

【市场开发】 2017年，宝鸡钢管推进市场结构优化调整，钢管订货创近年来最好水平，外部市场占45%。内部市场完成陕京天然气管道四线、中靖线、中俄原油管道二线和中俄原油管道东线试验段等重点项目保供，同时保障长庆、新疆、青海等各大油田油管、套管需求；社会市场中标216个，先后承揽盐龙湖水线、天水引洮、洛阳热力等民生工程订单，其中盐龙湖水线订单11.5万吨，是近年来社会市场最大订单；国际市场深化合作，先后中标尼日利亚、巴基斯坦、埃及、牙买加、巴拿马和俄罗斯的订单。

【安全环保】 2017年，宝鸡钢管加强安全环保风险动态管控，开展层级化、拉网式安全大检查，整改问题和隐患465个；着力改善员工作业环境，实施粉尘、噪声治理项目19个；严格落实安全环保责任，制定《HSE奖惩管理办法》《生产安全事故和环境事件责任人员行政处分实施办法》，安全运行2182天，连续6年无重大安全事故。

【质量管理】 2017年，宝鸡钢管有效运行质量体系，发布新版《质量手册》和程序文件；落实“用户满意工程”，深入开展质量监督检查，强化各级质量理念；以产品质量、工艺控制、生产装备为着力点，实施质量提升项目30项；开展技术支持服务基层，确保交付产品100%合格。

【降本增效】 2017年，宝鸡钢管推行市场价格倒逼，着力科学降本，实现降本增效5871万元。出台《目标成本管理指导意见》，试点探索生产环节目标成本确定、分析和考核；着力“两金”压控，以前年度货款回收率81%；争取政策支持，通过低息贷款和财税优惠，实现利息返还1352万元；突出特困企业治理，申请注资减债扶持资金1.65亿元；所属10家企业中6家盈利，公司整体实现盈利。

【深化改革】 2017年，宝鸡钢管全面推进“五自”经营改革，着力开展“两优化一理顺”专项改革。组建整合公司机关和直属机构14个、二级单位12个，调整划转各类人员1066人；加强市场营销顶层设计，创建管、销分离管理体制；修订《公司章程》，完成公司制改制；改进绩效考核办法，将利润指标权重提高至70%；推进“四供一业”分离移交，完成全部协议签订。

宝鸡钢管建成多个劳模（技师）创新工作室，选聘首席营销专家5名、营销专家12名；开展“两保两争”劳动竞赛，选树“十大劳模”，弘扬劳模精神，进一步凝聚力量，助推公司扭亏解困、稳健发展。

（唐荣华）

中国石油集团济柴动力有限公司

【概况】 中国石油集团济柴动力有限公司（简称济柴）始建于1920年，是集团公司下属唯一动力装备研发制造企业，是中国内燃机行业中唯一涉足石油钻采领域企业、唯一获得大功率内燃机金牌产品企业，拥有中国气体发动机行业中最具影响力品牌。

历经近百年发展，济柴形成以内燃机、压缩机为主导，延伸燃气动力集成、动力电气控制等多板块动力装备家族。其中内燃机开发出涵盖140毫米、175毫米、190毫米、260毫米、320毫米等5大缸径系列，适用于柴油、重油、天然气、煤层气等多种燃料介质的产品集群，产品功率范围覆盖200—9000千瓦，可广泛应用于油气产业上中下游、社会、船舶、军用等多个领域；压缩机已形成整体式、分体式两个种类，适用于天然气、煤层气、页岩气、LNG等多种工作介质的产品集群，产品功率范围涵盖10—6000千瓦，可广泛应用于油田集气、加气、气举、钻井、储气库等多个领域。

2017年底，济柴参股公司2个（中国石油集团资本股份有限公司，参股1.91%；聊城新泺机械有限公司，参股49%）。有山东济南、四川成都、河北青县、湖北武汉4个生产基地。有各类主要生产检测设备5987台（套），其中“精、大、稀”设备92台（套），总资产53.40亿元，用工总量2958人。

2017年，济柴全体干部职工在新一届领导班子带领下，紧盯扭亏解困任务目标，全力抓好抓实深化改革、市场开拓、科技研发、生产组织、质量管控、安全生产、党的建设等重点工作，公司经营绩效、运行效率、发展质量各方面均呈现出稳中有进、稳中向好的发展态势。

济柴主要生产经营指标

指　标	2017年	2016年
签订合同额（亿元）	16.69	12.81
内燃机（台）	1309	1058
天然气压缩机（台）	49	30
收入（亿元）	13.10	9.05
利润（亿元）	−1.99	−5.12

【深化改革】 2017年，济柴坚持以正确战略为引领，秉承实事求是原则，充分调研、上下结合，组织召开可持续发展研讨会，梳理出生产经营、制度管理、文化与体制机制3个层面、17个制约发展的重点问题。按照全面推进和重点突破相结合的原则，突出可行性和可操作性，讨论编制“2017—2019”三年滚动规划方案，以此作为企业发展的新航标。坚持以改革解难题、促发展。实施体制改革，认真贯彻深化国有企业改革要求，按时间节点完成公司制改革。推进机构改革，整合原有组织机构，撤销1个职能处室、3个二级单位。启动人事改革，对公司领导班子进行分工调整，对24名中层正职干部开展轮岗交流，对中层副职领导岗位启动全员竞聘，对薪酬分配制度进行修订完善。加快矿区改革。编制完成物业移交与改造方案，确定矿区物业接收单位；加强与市、区卫生管理机构及外部医疗集团沟通，推进职工医院整体移交。

【产品生产】 2017年，济柴坚持订单导向，统筹协调各种资源条件，优化生产组织，突出生产效率，进一步提升产品制造交付能力。克服环保监管严、客户要货急、人员压力大等困难，全年生产内燃机1309台，同比增长23.72%。扎实开展设备巡检排查与基础资料整理修订，进一步巩固装备润滑精细管理工作基础。依托公司、分厂、班组三级精益生产推进体系，启动实施精益生产，初步实现改善目标。

【技术创新】 2017年，济柴加快推进重点项目。电动钻机用175柴油发动机，全年累计完成14口井试验任务，单机运行时间最长接近5000小时；国内最大功率高速往复式压缩机DTY4500型机组，成功应用于华北油田苏桥储气库，填补国内空白。重点攻关技术难题。针对瓦斯发电用190毫米缸径16缸V型燃气发动机实施性能提升，实现动力性与热效率双升、排温与排放双降；改进L8190船用机电控喷油系统，整机排放优于国家船舶排放监测标准。持续提升自主创新能力。全年制修订国家标准2项、行业标准4项、企业标准5项；利用行业标准委员会秘书处的平台，组织开展发动机技术交流研讨。收获一批科技成果。H215行程190毫米缸径16缸增压中冷1000转燃气发动机获集团公司科学技术进步奖三等奖，2项产品通过集团公司自主创新产品认定，组织28件专利申报，获受理19件，获授权4件。

【市场开发】 2017年，济柴实施"一把手"工程，公司领导带头访客户、抓订单、解难题。着眼瓦斯发电市场，加大关键用户攻关力度，扎实推进沼气发电示范项目，全年气体发动机产品收入达2.2亿元。以L系列船用机为依托，针对渔船市场、内河工程船市场持续加大开拓力度，收入同比增长38%。液力传动产品成功进入工程船舶与油田特种车辆市场，新市场收入占据"半壁江山"。应急发电机组产品（HSEE）成功获得湖南销售193台供货合同，创单笔订单历史新高。再制造业务结构持续优化调整，收入同比增长45%。压缩机业务密切跟进页岩气开采、注气采油、储气库建设等重点项目，全年产品收入2.55亿元。以承办集团公司装备制造业务服务型制造座谈会为契机，全面推进向服务型制造转变。以深圳晟世产品租赁项目为试点，与昆仑金融租赁共同探索厂商租赁合作新模式，推进产融结合。以保障重点项目为抓手，持续加强海外市场服务能力，全年收入1.6亿元，同比增长61%。依托140气体发动机，将气机钻井与服务总包有机结合，与西部钻探、玛雅电力、新疆油联等多家企业达成战略合作协议。压缩机业务有序推进储气库配件集中储备，持续扩大配件代储代销服务范围，开展配件国产化改造，服务收入1.55亿元。

【质量管理】 2017年，济柴明确工作职责，细化管控措施，强化效果考核，全年完成各项质量管控指标。强化生产过程质量管控，坚持100%首件检验和完工检验，紧盯生产关键环节，监督工艺执行过程，确保生产过程达标受控。强化质量复查工作，建章立制，针对入库零部件加大复检力度，年内复查合格率100%。强化供应商质量管控，严格执行"三不放过"原则，加大质量问题问责处罚，对供方开具不合格品通知单500余份，执行质量罚款40余万元。围绕产品与服务质量，开展大讨论和建言献策活动，收集质量提升"金点子"132条。开展群众性质量管理活动，动力装备研究院"轴类加工QC小组"被评为全国优秀QC小组。

【安全生产】 2017年，济柴全面升级安全管理，严格执行"三铁"原则，全面推进"大学习、大检查、大反思"活动，开展各项安全检查14次，查摆问题576个。完成基层车间HSE标准化建设工作，通过国家安全生产标准化达标复评。加大安全培训力度，深入开展领导人员HSE履职能力评估，组织实施各类安全教育培训15期，参加培训1269人次。狠抓环保排放检查与治理。全面开展污染防治排查，强化污染物达标排放管理，完成废水污染源自动监控系统更新；推动环保隐患项目治理，喷漆废气和发动机尾气治理装置陆续安装到位。狠抓风险排查与管控。开展全员危害因素再辨识活动，加强重点时段风险管控，强化外出作业安全管理，全员安全环保意识和风险防控能力持续提升。

【党建工作】 2017年，济柴认真学习宣传贯彻党的十九大精神，组织党支部专题学习辅导40余次，领导班子以上率下，开展党的十九大精神进基层、进班组宣讲，通过学习辅导宣传、知识竞赛等形式，掀起党员全面覆盖、群众积极参与的学习热潮。扎实抓好党建基础工作和思想教育工作，推动"两学一做"学习教育常态化制度化，从严规范党建基础性工作。推进机关联系服务基层工作，全年开展宣讲136场次，收集意见建议50余条。落实重点阶段维稳政治责任，做好经常性职工思想政治工作，确保队伍总体稳定。从严抓好监督执纪问责。严格落实党风廉政建设"两个责任"，实践监督执纪"四种形态"，抓好集团公司专项巡视反馈问题整改，完善巡察工作机制，完成对3个单位的巡察，对23个问题进行整改，确保风清气正。

（李文博）

金融企业

中油财务有限责任公司

【概况】 中油财务有限责任公司（简称中油财务）是为满足集团公司财务发展战略，加强资金管理，由集团公司发起设立，经中国人民银行批准于1995年12月成立的一家非银行金融机构，是全国银行间债券市场、中国外汇交易中心会员，中国证监会认可的首批IPO询价对象。

中油财务始终坚持“依托集团，服务集团，奉献集团”的宗旨，充分发挥集团公司资金归集平台、资金结算平台、资金监控平台和金融服务平台功能，促进集团公司资源优化配置，节约财务成本，提高资金运作效率和效益，为集团公司油气主业发展提供有利的金融服务与支持。在集团公司和成员企业的大力支持下，持续保持健康平稳的发展态势，资产、收入和利润连续多年位居国内同行业前列，成为全国资产规模最大、业务品种最多、效益最好的财务公司之一。

2017年底，共有股东单位3家，分别是集团公司、股份公司和中国石油集团资本有限责任公司，注册资本金83.3125亿元人民币。最高权力机构是股东会，实行董事会领导下的总经理负责制。公司总部设有财务部、营业部、信贷部、证券部、国际业务部、风险管理部、审计稽核部、信息发展部、人事劳资部、金融与会计研究所、总经理办公室（党群工作部）11个部门。员工总数166人，平均年龄39.5岁，其中大专以上学历占100%、中高级职称人员占73.5%。党员108人，占员工总数的65.1%。公司在集团公司成员单位所在地分别设立大庆、沈阳、吉林、西安4家境内分公司和33家业务受理处，为400多家成员客户提供广泛的金融产品和服务。为配合集团公司“走出去”战略，中油财务于2008年3月在香港设立中国石油财务（香港）有限公司，并先后于2009年和2011年设立迪拜子公司和新加坡子公司，为集团公司实施国际化战略提供金融服务。

截至2017年12月底，公司总资产余额6152亿元，平均规模5958亿元。2017年实现收入152.4亿元，实现利润87.6亿元。公司资产、收入、利润等主要指标继续保持行业领先，资产质量进一步提升，年末贷款损失准备充足率和不良贷款率等指标均优于监管标准，继续获得监管评级、行业评级和集团业绩考核A类，获2017年度上海证券交易所“债券回购优秀参与机构奖”，连续4年获中央国债登记结算公司颁发的中国债券市场优秀自营机构奖。

【经营成果】 2017年，中油财务应对各种不利局面，稳中求进、开拓创新、强化管理、提升服务，挖潜增效，取得好于预期的经营成果。

坚持以融促产，产融结合，助力集团实体产业发展。全年为成员企业降息、减免交易手续费、节约汇兑成本等共计34.9亿元。充分利用境外税收优惠，为集团公司节省各类税费达7.2亿元。强化封闭结算、加速资金周转，为集团公司节约流动资金125亿元。发挥专业优势，强化资金运作，全年实现挖潜增效15.7亿元，有效缓解减利因素影响。

【资金归集和结算业务】 2017年，中油财务协助集团公司强化资金归集和账户管理，推进司库营运资金平台升级，实现司库二期上线。利用跨境外汇资金池成功归集和调剂境内外资金，进一步提升资金池管控能力。截至12月底，公司共管理本外币结算账户2548个，协助集团公司总部监管境外银行账户2800多个。通过提升结算信息化水平，加速内部资金周转，提高结算效率和资金运行效益，全年办理本外币结算400.5万笔，累计结算金额33.6万亿元，为成员企业节约结算手续费约2亿元。

【信贷业务】 2017年，中油财务围绕国家战略和集团公司重点投资项目，加大信贷投放力度，争取政策支持，强化资金保供，稳定信贷规模。推进电票业务，参与集团公司票据池建设，成为上海票交所会员，实现公司电票系统与司库平台、票交所系统无缝连接，电票业务试运行获得成功。在加强业务创新上，获批产业链金融业务资质，成功办理首笔延伸产业链票据贴现。全年为成员企业发放各类贷款 3938 亿元，贷款降息优惠达 12.9 亿元。

【国际业务】 2017 年，中油财务应对集团公司海外投资持续收紧、外汇贷款下降等不利局面，围绕“一带一路”建设和集团公司境外项目及重组并购计划，加大外汇贷款力度，启用境内存款质押境外贷款的担保结构，稳定贷款规模；开拓外部市场，加大证券投研力度，拓宽投资品种，首次建立投资专户基金，开展银行理财和货币市场基金等长短期资金运作；发挥平台和专业优势，通过银行借款置换到期美元债券、加大商票发行、捕捉市场机会开展交叉货币掉期等手段优化负债结构，降低资金成本。发挥外汇交易中心会员优势，为成员企业提供优惠结售汇和风险对冲等综合金融服务，全年累计外汇交易 556.7 亿美元，为企业节约汇兑成本 3.8 亿元。

【投融资和资金管理业务】 2017 年，中油财务发挥境内外两大市场平台优势，强化融资平台功能，多渠道筹措外部市场资金，全年累计外部融资 6694 亿元。抓机遇、调结构，不断丰富投资品种，参与债券一级市场投资，新增同业存单投资，参与分级基金交易、可转债投资；加强资金紧平衡和流动性管理，灵活运用银行间和交易所市场融通资金，完成正逆回购 1.5 万亿元，确保流动性安全。依靠二级市场基金交易和申购新股挖潜增效获得较好回报。

【分支机构管理】 2017 年，中油财务强化分（子）公司服务窗口作用，4 家分公司全力配合司库一期、二期安排部署，成功实现司库二期平稳上线运行，全年结算业务增长 1.3 倍，实现利润同比增长 52%。香港公司充分发挥金融服务平台功能，应对低油价和投资收紧等不利影响，多管齐下、提质增效、开拓市场，服务及创效能力持续提升，在贷款同比下降 14% 的情况下，实现经营利润同比增长 2.2%。

【公司治理和风险管理】 2017 年，中油财务严格执行监管机构相关规定及公司三会各项决议，认真落实监管评级意见，推进公司治理、三会一层建设及合规管理工作。实现风控和审计分离，贷审会、投审会高效运行，风险管理架构进一步完善；稳步推进业务准入、授信管理和制度修订，完善风险管理工具，使管控有效前移；加强风险限额管理，不断优化风险管理机制。加强制度建设，全年制修订各类制度 149 项，形成以管理办法为核心，以业务规定为支撑，以实施细则为执行标准的制度体系。

【信息化建设】 2017 年，中油财务做好司库二期软硬件升级、安全测评和第二批试点工作，完成电子商务系统三次版本升级和电子商业汇票系统（ECDS 系统）的无缝切换。加快推进数据仓库系统建设，做好内控管理等工作，公司信息化水平有效提升。

【综合管理】 2017 年，中油财务强化干部员工队伍建设，充实调整队伍，加大新员工招聘引进力度，队伍的综合素质和储备力量明显增强。加强金融研究，政策及市场研究的及时性、针对性进一步增强。推进政治保障、管理创新、业务升级、队伍提素四方面重点工作，工作督办、规范管理有效加强，内外门户网站、企业微信号升级改版，综合服务保障功能进一步提高。

【党建和企业文化建设】 2017 年，中油财务通过多种形式，深入学习宣传贯彻党的十九大精神，强化理论武装和思想政治建设，以学促用，指导实践，推动发展；深入贯彻落实全国国有企业党的建设工作会议精神，推进党建要求入公司章程工作，有效发挥党组织在公司治理中的重要作用；贯彻全面从严治党新要求，发挥党委作用，抓好基层党支部建设，严格落实中央八项规定和“反四风”各项要求，持之以恒正风肃纪，党建质效进一步提升；加强企业文化和群团组织建设，突出思想引导和文化引领作用，推进“一流财务公司”理念入脑入心，提升队伍凝聚力和向心力。

（王锐杰）

昆仑银行股份有限公司

【概况】 昆仑银行股份有限公司（简称昆仑银行）前身为克拉玛依市商业银行。克拉玛依市商业银行成立于 2006 年 6 月 6 日，2009 年 4 月中国石油天然气集团公司增资控股克拉玛依市商业银行，2010 年 4 月克拉玛依市商业银行更名为昆仑银行。

昆仑银行按“总—分—支”三级稳步推进机构建设，总行设立 16 个职能部门，下设克拉玛依分行、乌鲁木齐分行、大庆分行、吐哈分行、库尔勒分行、西安分行、伊犁分行、喀什分行、国际业务结算中心 9 个分行级机构，以及一家总行营业部、一家总行直属运营服务中心。同时发起设立并控股乐山昆仑村镇银行和塔城昆仑村镇银行。

截至 2017 年底，昆仑银行共有机构 85 个，同比增加 2 个。有员工 2954 人，其中：具有硕士及以上学历的员工 298 人，占 10%；本科学历的员工 2235 人，占 76%，员工队伍结构持续优化。资产总额 3175 亿元，存款余额 1510 亿元，贷款余额 1111 亿元，利润总额 35.09 亿元，资产利润率 0.97%，资本利润率 10.98%，综合实力稳步提升。资本充足率 16.48%，不良贷款率 1.57%，拨备覆盖率 245.95%，资产质量持续向好。

昆仑银行主要经营指标

项　目	2017 年度	2016 年度
资产总额 (亿元)	3175.25	2932.08
税前利润 (亿元)	35.09	30.28
平均总资产回报率 (%)	0.97	0.87
资本充足率 (%)	16.48	16.63
不良贷款率 (%)	1.57	1.71
拨备覆盖率 (%)	245.95	256.62

【股份变动】 2017 年，昆仑银行未进行增资扩股，注册资本 102.88 亿元，未发生变动。

【股东数量和持股情况】 截至 2017 年 12 月 31 日，昆仑银行共有股东 80 个，股份 102.88 亿股。其中法人股东持股比例 99.9908%，自然人股东持股比例 0.0092%。

【公司金融业务】 2017 年，昆仑银行开展拓户工程，通过电子招投标平台、化销平台和电子商票业务进一步扩大客户群体；践行“产融结合”发展战略，深度服务石油石化产业链上小微客户，拓展特色小微金融发展道路；紧抓对公负债重点工程，2017 年完成全国住房公积金系统一期建设并上线，公积金类日均存款较上线前增长近 6 亿元；拓宽负债渠道，营销非银存款，年末时点存款余额 82 亿元，日均余额 21 亿元；充分发挥高层营销优势，重点储备客户数量逐年增加；进一步优化集团客户授信流程，对总行管理的集团客户建立台账，加大用信管理力度；响应国家绿色清洁能源发展战略，修订相关燃气类产品制度，进一步保障支持产融下游客户天然气业务发展，2017 年新增投放 29.54 亿元，累计投放近 100 亿元，有效支持了绿色清洁能源发展。践行银监会“六项机制”“四单原则”等监管理念，在克拉玛依、库尔勒、西安等分行的小微金融事业部试点深化发展，全行小微企业获客能力、业务处理效率、风险管控水平等均衡提升。截至 2017 年底，公司银行客户达 2.96 万户，同比增长 18.41%；公司银行存款余额 1093 亿元，较 2016 年底增加 12 亿元；公司银行本外币贷款（不含贴现）余额 709 亿元，较 2016 年底增加 139 亿元，增长 24.39%；期末“五通三贷”（油企通、商信通、物采通、租融通、投融通、燃气贷、促销贷、商保贷）产品余额 216 亿元，较年初增加 60 亿元，在公司银行贷款中的占 30%；小微贷款余额 142.60 亿元，同比增长 36.51%，小微贷款增速较同期各项贷款增速高 29.40 个百分点；小微有贷户 4718 户，同比增加 1579 户；小微企业申贷获得率 100%，完成阶段性任务。

【个人金融业务】 2017 年，昆仑银行围绕客户金融服务需求，推动产品创新，逐步完善产品体系，依托互联网金融平台加强零售产品与服务的应用推广，零售业务的市场竞争力和综合服务水平持续提升。个人存款业务抓住代发工资客户和中高端客户两大重点客户群，开展精准储蓄营销，推出“惠薪一号”储蓄新产品，有效激活核心客户群的储蓄意愿，带动个人存款增长；理财业务不断丰富产品种类，2017 年新增基金产品 15 支、保险产品 26 款、贵金属产品 58 款。银行卡业务进一步强化受理终端管理，完成批量信息注册，关闭境内线下渠道金融 IC 卡降级交易，开展整治防范非法买卖银行卡信息及银行卡支付敏感信息安全管理专项工作，持续打造“社区特惠服务圈”，提供社区专属特惠服务，同时有序推进第三代社保卡发放工作。立项并启动信用卡项目建设，11 月底昆仑银行信用卡业务正式上线投产，“昆仑复兴卡”具备发行条件，填补了昆仑银行零售业务产品的历史空白。借助微信银行和直销银行新渠道开展零售业务宣传和销售，持续优化手机银行、网上银行的业务功能，不断提升客户体验，电子渠道的服务和获客能力显著提高，成为零售业务发展的有力支撑，实现互联网金融发展新突破。

截至 2017 年底，个人存款余额 380.68 亿元，同比增长 13.52%。个人贷款余额 110.35 亿元，同比增长 50.50%，累计销售个人理财产品 515.18 亿元，同比增长 4.74%；代理销售基金产品 61.92 亿元、保险产品 1.07 亿元、贵金属产品 860.85 万元，实现中间业务收入 4224.10 万元。新增银行卡 27.40 万张，累计发卡 246.50 万张，银行卡手续费收入 1389 万元。

【金融市场业务】 2017 年，昆仑银行金融市场业务主动适应环境变化，调整资产负债结构，全力开拓新的利润增长点。债券业务以防范市场风险为主线，银行账户债券配置结构保持平稳，在监管从严、资金面趋紧的大背景下降低交易频率、缩短债券久期、规避利率风险。综合运用债券借贷等手段，有效把握市场利率变化，拓展增收及套利手段。资金业务充分调动各类融资工具，综合运用线上回购、拆借、同业存单等手段保障全行流动性安全，紧跟市场变化，提升市场活跃度和参与度，增强盈利能力。调整同业业务结构，压缩非标业务占比，推动同业借款、公募资产证券化产品等标准化业务开展，业务结构不断优化。增设投资银行部，健全投资银行业务的准入、审查、决策以及存续期管理，2017 年 12 月 22 日首次在全国银行间债券市场发行 2017 年第一期绿色金融债券支持新疆区域绿色产业发展，期限 3 年，金额为人民币 1 亿元。票据业务不断提高市场拓展能力和规模运用效率，实现业务安全稳健合规发展。理财业务发展稳健，理财资金投向以固定收益、货币市场工具等低风险资产标的为主，占比接近 90%，理财投资组合整体风险可控。

截至 2017 年底，昆仑银行金融市场业务表内资产规模 1600.44 亿元，表外资产规模 175.57 亿元，负债规模 751.09 亿元。

【国际业务】 2017 年，昆仑银行国际业务发挥渠道优势，走产融结合特色发展道路，以大型中央企业、石油石化企业客户为重点，以服务和助力中资企业走出去为己任，顺应形势变化、主动出击，加强境外同业客户营销，进一步密切双边交往，巩固已有业务合作关系；及时了解掌握市场形势变化，抢抓机遇成功开拓新市场。推广国际贸易融资业务产品，深入开发挖掘客户业务需求，推动国际贸易融资规模、利润及客户数量增长，资产质量继续保持零不良记录。持续优化完善国际业务后台集中复核流程机制，继续开展国际结算入账提速劳动竞赛，有效引导员工专注服务、提升效率；参加各类展会，及时处理答复各类客户投诉咨询。

【渠道建设】 2017 年，昆仑银行物理网点服务网络日趋完善，网点智能化水平稳步提升。新增传统支行 1 家、社区支行 1 家，迁址改造支行 6 家，投放自助发卡发盾机等各类自助设备共计 99 台。截至 2017 年底，昆仑银行共有分支机构 85 家，同比增加 2 家。

网络分销渠道拓客能力显著增强，产品销量大幅增长，服务能力实现跨越式提升。（1）直销银行。推出基金超市、信用卡等新功能，协同中国石油销售公司推出加油卡线上充值服务，取得良好的市场反响。年内直销银行累计获客 29 万余户，理财销售近 40 亿元，发放融信贷近 3 亿元，获由中国金融认证中心颁发的“2017 年最具特色直销银行”奖。（2）微信银行。重点加强微信银行互联网获客和营销宣传，2017 年公众号累计粉丝量及图文曝光量双双突破百万大关，荣获由中国金融认证中心颁发的“2017 年区域性商业银行最具社群互动性商业银行”称号。（3）手机银行。新增手机银行Ⅲ类账户开户及管理功能，完成银联二维码投产和试运行，推广银联无卡支付业务；进一步加固业务和系统安全，新增手机指纹识别登录和手机 e 盾身份认证介质，提升支付便利性。截至 2017 年底，手机银行注册客户达 35 万户。（4）个人网银。开展个人网银 3.0 升级改版，强化渠道系统安全，新增网银交易锁服务。截至 2017 年底，个人网银注册客户达 52 万户。（5）企业网银。持续完善企业网银银企直连、电子商业汇票等功能，增加电子商业汇票管理功能。截至 2017 年底，企业网银注册客户 2 万余户。

截至 2017 年底，昆仑银行电子渠道业务替代率 94.73%。

【服务提升与消费者权益保护】 2017 年，昆仑银行继续践行“以客户为中心”的服务理念，持续加大宣传教育力度，开展形式多样的客户服务和消费者权益保护普及活动。通过多种形式和手段强化服务管理，开展“宝石花开创星争优”服务年系列活动，营造比学赶超的良好氛围，构建多元化的金融知识传播途径，扩大宣传普及工作覆盖面，增强消费者安全意识。在中国人民银行克拉玛依市中心支行对 2017 年“金融知识普及月”一系列评比活动中，获金融知识普及电子原创短片二等奖、金融消费权益保护征文二等奖、金融消费纠纷突发事件处置案例展演二等奖；昆仑银行克拉玛依友谊路支行和中兴路支行 2 家网点获评中国银行业协会“五星级网点”称号，克拉玛依南新路支行、库尔勒塔里木石油支行、乌鲁木齐五一路支行、大庆创业城支行和石化支行 5 家网点获评中国银行业协会“四星级网点”称号。

【信息科技管理】 2017 年，昆仑银行组织开展信息系统风险评估，提出差异化的信息系统优化完善策略和后续工作建议，重构应用系统整体架构；明确实施路线，进一步建立健全信息技术规范体系；对重点项目开展架构统筹，提高顶层设计能力。组织完成 13 次信息系统大版本投产，新增信用卡、全行数据应用平台等 7 套新系统，完成产业链、互联网金融、网络隔离与安全整改等行内重点项目建设，稳步推进“两地三中心”项目二期建设，完成四批次近300台（套）设备的搬迁，形成北京昌平、北京八角和克拉玛依“两地三中心”基础架构格局。启用新客服电话95379，不断强化系统处理性能，提升对外服务能力。加强系统运维管理，建立信息科技定点联系人制度，开展应用系统使用情况调查，建立信息系统健康档案。搭建综合批处理管理平台，升级优化IT服务管理平台，保障生产系统安全稳定运行。狠抓信息安全、网络安全管理，完成信息安全体系建设咨询项目，稳步推进规划任务的落地实施。开展信息系统等级保护，加强重要时期网络安全保障，开展信息科技风险大排查，提升网络和信息系统抵御风险能力。研发投产信息科技电子化管理工具，严格落实各项监管要求，开展信息科技成果研究，“线上产业链金融平台”获中国人民银行颁发的银行科技发展奖三等奖，“区块链技术在票据业务上的应用研究”获银监会颁发的2017年度银行业信息科技风险管理研究四类成果奖，“高效适用的信息安全体系”在中国金融科技年会上获2017年度金融科技最佳实践中小金融机构——风险管理创新中小银行奖。

【资本管理】 2017年，昆仑银行对资本管理进行梳理和完善，进一步明确资本管理机制，有效传导监管要求；持续研究资本使用效率和回报水平的提升；注重内源性资本补充，夯实全行资本基础，增强支持实体经济发展的能力；统筹分配和使用资本，推动各项业务持续健康发展。截至2017年底，昆仑银行核心一级资本充足率15.33%，资本充足率16.48%，各项资本管理指标良好，均满足监管要求。

【风险与合规管理】 2017年，昆仑银行进一步完善全面风险管理体制、机制，修订全面风险管理规定，夯实筑牢制度基础；开展风险管理架构研究，形成可操作方案，优化管理体制。扎实开展贯穿2017年的“信贷资产提质增效攻坚战”活动，通过制定目标、明确要求、落实责任、完善机制、配套资源，有效遏制不良贷款增长势头，推进信用风险管理工作，维护资产质量，成功实现“双降”；系统开展“合规文化建设年”活动，颁布实施“二十条禁令”，通过讲座、巡讲、培训、辩论、竞赛等多种活动载体，综合利用多种排查手段，营造“不敢、不能、不想”的浓厚合规氛围；扎实开展“三违反、三套利、四不当、十乱象”专项治理，切实落实监管要求，严肃监督问责、强化合规运行；落实案件防控主体责任，加强源头防治和重点管控。通过合规述职机制建设、屡查屡犯问题专项治理、案防金点子征集等多项举措，提升员工合规案防意识。全面开展印章管理、上门对账流程、办公场所管理、员工异常行为排查、舆情监测管理等专项排查活动，加大问题查处和追责力度。加大员工异常资金交易等监测系统应用，提高案防工作有效性和及时性，强化合规执行，初步营造人人讲合规、事事想合规、全员谋合规的良好文化氛围。

【社会责任】 昆仑银行坚持服务实体经济，服务国家供给侧改革，落实“三去一降一补”政策，加大对基础设施、战略性新兴产业和环保等领域信贷投放力度，扶持小微企业和“三农”，推动普惠金融发展，小微贷款实现“三个不低于”目标。加大对新疆基础设施、民生工程和能源产业等重点项目信贷投放，首次发行绿色金融债券，融入“一带一路”建设和新疆发展。扎实做好“访惠聚”工作，派出的驻村工作队得到驻地政府和村民高度认可，在当地164个驻村工作队考核评比中排名第一，忠诚履行社会责任。

（张建斌）

昆仑信托有限责任公司
（中油资产管理有限公司）

【概况】 昆仑信托有限责任公司（简称昆仑信托）原名金港信托有限责任公司，成立于1986年11月。2009年2月，中国石油天然气集团公司对原金港信托有限责任公司进行重组，2009年5月正式获得银监会批复，名称变更为“昆仑信托有限责任公司”，公司注册资本增至30亿元，控股股东中油资产管理有限公司（简称中油资产）持股82.18%。中油资产是集团公司下属金融业务管理专业化公司中国石油集团资本股份有限公司的直属全资子公司，专业从事投资和资产管理，是集团公司重要资本运营平台。根据集团公司人事〔2012〕543号文件，昆仑信托与中油资产合署办公，实行一套人马，两块牌子，分账核算，业务统管，名称确定为“昆仑信托（中油资产）”，是中国石油控股的金融企业。2016年9月，正式获得银监批复，昆仑信托注册资本增至102亿元，各方股东持股比例保持不变。

昆仑信托是中国信托业协会理事单位、中国银行间市场交易商协会会员，入股中国信托业保障基金有限责任公司、中国信托登记有限责任公司，拥有全国债券市场准入、同业拆借市场成员、以固有资产从事股权投资、资产证券化和私募投资基金管理人资格，行业评级为A级。公司依法开展债权、股权、标品、同业、财产、资产证券化、公益/慈善和事务等八大类信托业务，广泛筹集和融通资金，为社会各行各业提供金融服务，为受益人的最大利益处理信托事务。

昆仑信托视信誉为生命，建立了以“信”为核心的企业文化，公司“以诚树人，以实立业，以信兴企”，倡导员工做“金融街上的石油人”，努力打造国内一流的资产管理平台、财富管理平台和战略共赢平台，树立“信誉无价，托付有道”的品牌形象。

截至2017年底，昆仑信托（中油资产）设办公室、党群工作部、财务托管部、发展研究部等16个部门；共有员工290人，其中硕士以上学历130人，本科学历150人，其他学历10人。中油资产合并口径的资产总额311.45亿元，较年初增加106.25亿元；负债总额132.07亿元，较年初增加26.71亿元；所有者权益179.38亿元，较年初增加79.54亿元。

2017年，昆仑信托营业收入25.63亿元，同比增长37.99%；利润总额16.92亿元，完成集团公司预算指标14亿元的120.86%，完成集团公司奋斗指标16.92亿元的100%；信托规模达3486亿元。

【业务发展】 2017年，昆仑信托实施规模提升战略，资金端开拓同业合作领域，全面加强与保险、银行、券商等金融机构的深度合作，有效引入外部合规资金，不断拓宽公司资金来源和渠道；资产端持续扩大与大型中央企业国企、实力较强民企合作，深挖行业发展机会，采取多元化投资方式，在资产证券化、专业地产资产管理等领域深耕细作，不断提高公司所投项目质量；前中后台齐抓共管，密切配合，提高事务类项目审批效率，多个百亿数量级项目落地，信托规模取得历史性突破，实现信托规模3486亿元。2017年净增信托项目116个，净增信托规模2061亿元，增长145%。

【产融结合】 2017年，昆仑信托在扎实做好中国石油企业年金保值增值基础上，不断深化产融结合，通过设立广西石化合同能源管理信托，运用专业金融服务和手段，引进社会化资金，促进项目发展，满足集团公司节能减排增效需求，成功探索绿色金融。持续与天玺保理公司合作，开展集团公司内部企业应付账款保理业务，项目收益稳健、风险可控，既深化产融结合，又服务实体经济。协调各方对未动用储量项目进行经济评价、纳税筹划和效益测算，项目回购得到集团公司党组批准。按照集团公司扭亏解困要求，稳步推进排放权交易所市场化改革，经过不懈努力，引入战略投资者工作取得实质性进展。加强与中意人寿融融协同，携手为客户提供全面财富管理，取得阶段性成果。

【创新转型】 2017年，昆仑信托各业务部门自我加压、主动作为，围绕股权投资、资产证券化、消费金融等方向锐意进取、大胆创新，取得一批具有行业标志意义的业务创新成果。（1）股权投资方面，完成宁波市资产管理股份有限公司、山东省金融资产管理股份有限公司等项目投资，投资战略布局更加完善；公司投资的山东信托成为在H股上市的首家内地信托公司，未来双方业务协同将更加紧密；昆仑信元基金完成北京无二之旅B轮投资，参与北京喂车科技B轮投资，股权投资领域不断推陈出新。（2）资产证券化方面，在CMBS商业房地产抵押贷款支持证券和类REITS（房地产信托投资基金）方面不断尝试与突破，华贸SKP商场CMBS、红星美凯龙家居卖场财产权CMBS等项目在行业内产生较好反响；亿利生态广场类REITS项目首创信托型过户类业务行业第一单；中国铁建物业收费权项目成为公司首个在交易商协会发行的ABN（资产支持票据）产品。（3）互联网金融方面，互联网消费金融首批试点项目成功，交易模式和风险管控模型得到验证，编制完成《互联网消费金融信托业务管理办法》，为消费金融业务有序开展奠定基础。（4）慈善信托方面，利用信托制度优势，发起设立“昆仑爱心一号”助学慈善信托、“昆仑爱心二号”助困慈善信托、“昆仑爱心三号”助医慈善信托，较好地履行国有企业社会责任。

【区域布局】 2017年，昆仑信托区域布局战略是以区域布局带动区域发展，以区域发展助推公司全面进步，按照“两地六中心”、覆盖全国的网络格局构想，稳步推进区域布局战略，初步布局华北、华东、华南、西北、西南、东北6个区域中心。按照有序布局、分阶段设立的总体原则，陆续在华东、华南、西北、西南四地组建8支业务团队，其中华东1个、华南3个、西北2个、西南2个。各业务团队设立后，组建队伍，快速熟悉业务流程，全力开拓区域市场，区域布局已初见成效，积累了经验，储备了项目，为2018年持续拓展市场打下坚实基础。

【营销工作】 2017年，昆仑信托适应市场、规范服务，营销工作再上台阶。（1）内部挖潜，开拓市场，销售团队克服人员减少、自主销售项目急增等困难，采取内部挖潜、调研走访、办会推介等方式，不断开拓市场，完成销售任务。（2）继续完善销售定价机制，寻求销售价格与成本之间平衡点，维护老客户、开发新客户、培育忠诚度。2017年发行“昆仑财富”系列产品35个，自主销售规模达61亿元，人均销售2.2亿元。（3）完善机制手段，提升服务质量，依托短信、微信、网站等平台，及时向客户进行信息披露，实现客户实时查询功能。（4）设立销售专区，规范服务行为，提升客户体验和满意度，同时不断改进投诉机制，畅通投诉渠道，实现全年“零投诉”目标。截至2017年底，公司累计发行“昆仑财富”系列产品135个，规模512.88亿元，合格投资者达到11790人。

【品牌形象】 2017年，昆仑信托获宁波市“纳税50强企业”、鄞州区“突出贡献企业”和“五星级骨干企业”称号，第十届“诚信托·最佳资产证券化信托产品奖”，金融理财第八届金貔貅“年度金牌信托公司”称号。

【内控合规管理】 2017年，昆仑信托始终坚定贯彻“低风险偏好”风控理念，坚持依法合规经营，全方位、多层次、立体化严控风险。（1）整合部分中台部门职能，将中后期管理职能并入风险管理部，风险管理实现管办分离，内控机制建设更加科学有效；（2）强化专业化审核，持续完善房地产等分析模型和业务指导原则，有效提高整体评审效率；（3）坚守合规底线，加强合规审查和合规考核，进一步深化合规文化建设；（4）建立和完善各类风险压力测试模型，不断创新存续项目监督管理措施，风险预警和化解能力持续提高；（5）持续推进案防、消保和反洗钱管理体系建设，多角度增强案防把控能力，多举措强化消保理念和制度建设，多手段提升反洗钱履职工作水平；（6）切实落实“三违反”“三套利”“四不当”“市场乱象”检查的各项整改，有效发挥内审保驾护航作用，2017年共实施4项专项审计、6项离任审计和43个信托项目审计；（7）协调各方力量，加大存量资产处置力度，雨润项目风险顺利解除。

【基础管理】 公司治理方面，2017年昆仑信托召开4次股东会、5次董事会、2次监事会和9次专门委员会会议，审议通过50余项议案，公司治理合规有序运转；加强行业调研，完善对标分析，知差距、促发展；提升研究能力，参与行业协会《信托基础》教程编写工作，完成行业重点课题“我国金融机构资管业务监管问题研究”及《中国信托业发展报告（2016—2017）》等多项行业研究报告。

财务托管方面，建立资金统管机制，成立资金管理小组，丰富公司资金来源渠道，通过统筹配置管理，提高运营效率和盈利能力；快速适应创新业务，完善核算方案，提高审批效率；注重数据质量，加强统计分析，提高服务水平；完善核算功能，加强规范运作，杜绝操作风险。

队伍建设方面，开展全员岗位练兵，组织岗位技能竞赛，全面提升员工素质和能力；坚持正确的选人用人导向，2017年任命业务总监（高级主管）以上人员52人次；重视专业技术人才培养，评审通过初、中、高级职称共36人；优化分层培训体系，2017年完成各种培训项目58个，累计培训1100余人次；全面推进落实主体明确、内容具象和层级清晰的岗位职责体系，并完成公司岗位说明书编制工作。

信息保障方面，启动核心业务系统更新建设，突破制约管理和业务效率的技术瓶颈，开发小额资产管理及交易系统、互联网信托资金端系统，成功获批接入人民银行个人征信系统，为公司开拓业务提供技术支持；提升信息安全保障体系的完整性、科学性和规范性，有效应对突发性病毒事件，保障生产环境安全可靠。

综合管理方面，加强印章、证照及重要项目权证管理，严格登记制度，杜绝操作风险；加强保密管理，提升意识，组织培训，开展检查，要害部门和关键岗位保密工作水平不断提高；加强固定资产和办公用品管理，规范管理流程，建立管理台账，定期检查盘点；加强档案管理，档案管理系统全面上线运行，通过信息化手段大幅提高管理效率。

【党群工会工作】 以学习党的十九大为主线，党组织凝聚力进一步增强。推进“两学一做”学习教育常态化制度化，建立“每月一学”“每季一讲”学习制度；广泛开展“践行四合格四诠释，弘扬石油精神，喜迎党的十九大”岗位实践活动；创新采用交叉讲党课方式，组织开展“讲党课评党课”活动，交流基层党建经验，得到集团公司肯定；以支部为单位开展的“党员岗位讲述”活动、“专题党日”活动，形式活泼多样，内容丰富多彩，主旋律得到弘扬，正能量更加彰显。

以凝心聚力为工作目标，群团组织作用进一步发挥。坚持“快乐工作、健康生活”团队理念，在中国石油首届在京单位职工运动会上展现出良好的精神风貌，获“最佳风采奖”；以“喜迎党的十九大，展现新形象”为主题的书画摄影大赛，员工反响良好；青年座谈会、员工座谈会进一步增强员工的主人翁责任感和使命感；帮扶慰问工作机制不断完善，2017年慰问员工家属120多人次，让员工充分感受到昆仑信托大家庭的温暖。

以重塑良好形象为抓手，企业文化建设进一步深化。持续推进“金融街上的石油人”品牌建设，开展“形势、目标、任务、责任”主题教育；完成企业文化展厅建设，拍摄形象宣传片，制作宣传画册；坚持正面宣传引导舆论，先后在公司内网、中国石油主页、《中国石油报》和《石油商报》进行新闻报道120余篇，较好地发挥宣传、教育和凝聚作用，员工自豪感更加强烈，和谐发展氛围更加浓厚。

（刘　爽）

昆仑金融租赁有限责任公司

【概况】 昆仑金融租赁有限责任公司（简称昆仑金融租赁）是经中国银监会批准，由中国石油天然气集团公司和重庆机电控股（集团）公司（简称重庆机电）共同发起设立的第一家具有大型企业集团背景的金融租赁公司。2010年7月，在重庆市正式挂牌开业，注册资本为人民币60亿元，集团公司控股90%，重庆机电持股10%，2016年8月，注册资本金增加到79.61亿元，其中中国石油全资子公司——中国石油资本有限责任公司持股60%，集团公司持股30%，重庆机电持股10%。股权结构调整后，公司的实际控制人仍是中国石油天然气集团公司。

昆仑金融租赁自2010年7月经中国银监会批准开业以来，认真落实集团公司党组赋予公司产融结合助力主业发展的责任定位，以“能源、市场、特色化”发展战略引领企业发展，在创收创效、统筹规模质量效益、控制不良率等方面取得了较好业绩。资产规模、营业收入、利润总额、计提拨备总额、人均创收创效能力等关键指标均保持同业先进水平；企业类别上升为集团公司一类企业，业绩考核为A类；在全国63家金融租赁公司中，公司总资产排名第11位，人均净利润第二位；先后获得中国融资租赁协会颁发的融资租赁年度公司奖、新生力量奖、开拓创新奖，重庆市人民政府金融贡献一等奖、支持重庆经济发展金融贡献突出单位，中华全国总工会“全国模范职工之家”等多项国家及省部级荣誉称号。截至2017年底，公司累计投放资金1070亿元、实现利润总额49.5亿元，资产规模达526亿元。

自成立以来，公司先后为集团公司内部成员单位的石油天然气钻采设备、炼油化工设备、油品运输车船、工程机械、天然气管道等79个项目提供租赁服务，投放资金138亿元，充分利用金融租赁工具支持集团公司油气主业发展。公司持续在设备租赁资产池、资产处置和产业链租赁等领域进行产品创新，加强资产转让及资产证券化研究，力争通过合理的交易结构实现集团公司资产轻量化的目标。围绕集团公司油气产业链上下游，公司主动布局，紧盯产业链优质客户，为炼化装置升级、节能减排、城市燃气供应、油品运输等油气产业链客户提供58亿元租赁服务，开拓产融结合的新模式，推动产业链客户与集团公司共同发展。公司还为中国石油成员企业所在地的国有重点企业和重大项目提供租赁资金84亿元，金融租赁在促进地方经济发展的同时，也成为中国石油与地方联系的重要纽带，树立了中国石油的良好形象，赋予产融结合新的内涵。

2017年，昆仑金融租赁经营总收入29.22亿元，同比增长1.9亿元；利润总额10.53亿元，同比增加1.4亿元，人均创效超1200万元；资产规模达526亿元，同比增加69亿元，租赁资产规模516亿元，同比增加57亿元。缴纳税费4.07亿元，年化净资产收益率10.32%。主要监管指标中不良资产率0.77%，同比下降0.12%，持续低于行业平均水平；租金回收率99.36%，保持同业前列。

【市场开发】 2017年，昆仑金融租赁签署合同42份，合同额184.83亿元，投放185.37亿元，同比增长62.5亿元。其中在能源行业投放43.36亿元，飞机租赁业务78亿元，同业合作租赁资产交易业务14.87亿元。搭建设备租赁平台，与集团公司各成员企业加强沟通，发挥金融租赁优势，开展深度战略合作，创新合作形式、拓宽合作领域，共同研究开发租赁产品；与济柴签订《战略合作协议》，确定厂商租赁模式，实现双方在更广范围、更高层面的互利共赢。

【飞机租赁】 2017 年，昆仑金融租赁中标 4 家航空公司 17 架飞机的租赁项目，合计金额 78 亿元。2017 年交付飞机 16 架，合计金额 57.2 亿元。新增厦航、山航两家大中型国有航空公司客户；完成深航首架宽体客机和南航首架 737MAX 新机型交付，提高了业内知名度；首次为注册地航空公司——重庆航空提供租赁服务，为支持地方经济建设拓展新的领域。

【行业研究和战略规划】 2017 年，昆仑金融租赁通过行业细分研究，编写完成《中国石油天然气产业链下游客户调研报告》和《海上风电调研报告》，推动天然气产业链下游客户租赁产品及绿色能源项目的开发。组织珠三角地区经济结构和产业类型市场调研，完成《业务四部区域市场分析报告》，确立基本适应本土环境的营销策略，有效指导业务开发。适时对公司租赁业务行业指引修订完善，编制完成《2018 年租赁业务指引》，实现对细分行业及客户的精细化指引。开展租赁业务专项规划，编写完成《飞机租赁业务中长期规划》，涵盖发展模式、发展路径、能力建设及保障措施等内容，明确机队规模、占比、利润率、业务结构、重要节点等关键指标，为公司业务拓展提供指导，并得到董事会高度认可。

【风险管理】 2017 年，昆仑金融租赁全面落实风险防控责任制，严守风险底线，以《风险评估指引》初判风险，起到缓释风险的重要作用。加大项目评审力度，严格项目信用评级管理，深入开展项目尽职调查，全面进行风险评估，把好项目审查关。2017 年审查项目 43 个，金额 249 亿元，同比增加 22.6%。无新增不良资产，资产不良率 0.77%，同比降低 0.12 个百分点。组织制定《无追索租赁资产受让业务管理办法》《租赁项目尽职调查暂行办法》《燃气行业风险评估指引》，修订《可疑交易报告管理办法》和《征信业务管理办法》，进一步完善公司全面风险管理体系，夯实风险管理基础。

【筹融资管理】 2017 年，昆仑金融租赁成功首发 30 亿元金融债券，固定票面利率 4.50%，大幅低于同期金融债发行成本。开展 9.89 亿元的资产保理业务，盘活资产，增加资金来源。首次完成跨境直贷业务，筹措资金 3.6 亿美元，降低融资成本，打开跨境美元借款渠道。2017 年累计筹融资人民币 819.57 亿元，单笔融资资金成本低于行业同期水平，有效保障利润目标完成。

【财务管理】 2017 年，昆仑金融租赁修订完善《增值税发票管理规定》和《差旅费管理办法》等基础管理制度。与重庆市相关部门协调，落实相关税收返还；与各自贸区协调，落实 SPV 项目公司税收返还；与主管税务机关沟通，开展税收自查以及创新业务财税研究，保证业务顺利开展。建立以 SHIBOR 值（上海银行间同业拆放利率）为基础的租赁业务价格自动调整机制，确保租赁业务价格与资金市场形势紧密挂钩，提高价格机制的灵敏度，助力和支持市场开发。完善预算管理模型，建立月度预算和年度预算滚动预测机制，保证整体预算可控。建立公司重大信息及披露管理制度，满足中油资本上市信息披露管理要求。

【资产管理】 2017 年，昆仑金融租赁编制《项目租后管理办法》，以制度促进管理，提升风险预警与风险处置能力。开展多种形式的项目租后跟踪管理，对运行状况和风险状态进行排查，揭示项目的运行风险，提出整改措施，并持续跟踪整改效果，做到租赁项目和租赁物在全租期内管理受控。借助银监局租赁物现场审计，全面梳理租赁物管理制度、流程和执行等方面的问题，明确改进方向，为继续提升租赁物管理工作质量提供有益的参考。在银监局组织的租赁物管理专项审计检查中获得好评。从资产质量、承租人运行状况、租金回收、租赁物运维、风险项目处置等全方位分析，进行风险提示，提前制订应急措施，化解项目风险。2017 年开展 4 次资产质量分类，组织 12 次重点项目风险排查，编制 12 期承租人动态监控报告，逐步建立起“按季实施、部门联动、多维监控、风险披露”的风险排查机制。

【合规运营】 2017 年，昆仑金融租赁完成《内部控制管理手册（2018 版）》修订工作，设计业务流程 189 个、识别风险 364 个、完善控制 215 个、调整权限 107 个，保证内控设计的有效性。组织开展内控测试，共发现问题 42 个，全部整改完毕。开展专项检查，查找存在问题和短板，提升公司合规经营能力。审查各类法律文本、合同 280 余份，发现和消除各类潜在法律风险和重大隐患，维护公司交易安全。运用法律手段处置逾期项目和风险项目，取得有效进展。开展业务连续性管理、绩效考核及薪酬机制和执行情况、集团公司并表管理等内部审计工作，提出管理建议 11 项，有效发挥内部审计监督职责。

（尹江虹）

中石油专属财产保险股份有限公司

【概况】 中石油专属财产保险股份有限公司（简称专属保险公司）是经中国保险监督管理委员会（简称中国保监会）批准，由中国石油天然气集团公司和中国石油天然气股份有限公司在中国境内发起设立的首家自保公司。2013年12月25日，专属保险公司获中国保监会颁发的《保险公司法人许可证》；2013年12月26日，办理工商登记，注册地为新疆维吾尔自治区克拉玛依市，注册资本50亿元人民币，其中集团公司持股51%、股份公司持股49%。2016年9月5日，中国保监会批复同意集团公司通过无偿划转的方式将所持的部分专属保险公司股份转让给中国石油集团资本有限责任公司。转让后，集团公司持股11%、股份公司持股49%、中油资本持股40%。

专属保险公司的经营范围是集团公司内的财产损失保险、责任保险、信用保险和保证保险，短期健康保险和意外伤害保险，以及上述业务的再保险业务，国家法律、法规允许的保险资金运用业务，经中国保监会批准的其他业务。

集团公司对专属保险公司的定位是“作为集团公司的专业风险管理平台和保险安排工具，全面参与集团风险管理和保险业务，构建覆盖集团上下游、国内外业务、全球一体化的保险保障体系。”

专属保险公司成立以来，按照集团公司商业保险集中管理政策和总体安排，全面参与集团公司的国内及海外保险项目。通过探索和着力创新开拓，国内业务担任钻井设备险等7个主要险种的独家承保人和首席承保人、基本覆盖全部险种的主要共保人，有覆盖石油天然气上下游全产业链、国内外全球一体化的全险种服务能力。

专属保险公司自2014年正式运营，在实现首年盈利的基础上连续4年实现利润增长；截至2017年，累计实现保险业务收入18.2亿元、利润总额12.52亿元。2014年以来，专属保险公司持续获得穆迪投资者服务公司授予的保险财务实力A2以上评级水平。2017年专属保险公司入选“2017中国保险市场竞争力十佳保险公司”，位列纳入参评范围全部财险机构的第8位，其中盈利能力位居首位。在2017年保险法人机构公司治理评估中专属保险公司被评为优质类公司，在参与评估的国内全部财险机构中排名第六位。在财政部金融企业绩效评价中，专属保险2017年度金融企业绩效得分为84.21分，评价结果为优秀（A），在全国保险类中处于优秀水平。在由中华保险研究所推出的《中国保险公司市场价值排行榜（2017年12月）》中，专属保险公司在全部上榜的64家财险公司里，以市值85亿元排名第13位；在包含175家各类保险公司的总榜单里，排名第59位。

2017年底，专属保险公司内设承保运作部、理赔客服部、财务信息部、合规法律部、基金管理部、人力资源部和发展企划部7个部门；有员工46人，其中硕士以上学历27人、本科学历19人。

2017年，专属保险公司实现保险业务收入6.05亿元、利润总额3.52亿元，年底资产总额为121.35亿元。

【国内业务】 2017年，专属保险公司继续首席承保钻井设备险、井控险、长输管道财产险、LNG财产险、储备油库财产险5个集团公司总部统保险种，延续按20%—40%份额承接共保险种；区域审批业务中，共保承接企财机损险、船舶险50%份额，按40%—45%份额承接钻井船及平台保险、货物运输保险、中联油及国际事业货运险。全年国内业务实现保费收入4.94亿元，较2016年显著增长。

【海外业务】 2017年，专属保险公司海外业务范围拓展至18个国家28个海外项目，海外业务实现保费收入1.11亿元；其中在“一带一路”沿线伊拉克、伊朗、俄罗斯、哈萨克斯坦、乌兹别克斯坦、土库曼斯坦、新加坡、缅甸等8个国家承接18个项目的保险业务；新增莫桑比克4区、加拿大步锐、土库曼斯坦和苏丹37区等重点项目，成为首家成功进入土库曼斯坦的中国保险公司；集团公司首个海外大保单——哈萨克斯坦地区统括保单自2017年续保季起实施。

【再保险业务】 在2016年发生“辽河1号”海上工程作业船船体破裂赔案、多起长输管道重大赔案及原油货运险赔付率较大幅度提升的情况下，2017年非水险、能源险及原油货运险三个再保险合约进一步实现续转优化，在科学分散风险的同时，合理控制再保险成本，回收无风险利益。2017年再保险业务共分出保费 1.88 亿元，摊回手续费 0.54 亿元，综合分保手续费率 28.53%。

【投资业务】 2017 年，专属保险公司突出战略资产配置指引，细化风险控制下的投资策略，全面实施资金滚动计划管理，宏观把控资金头寸，强化资金流动性管控，跟踪市场动态，适时调整投资策略，落实配套风险控制措施，实现投资收益稳健提升。资金运用资产规模和投资收益再创历史新高，截至年底，资产配置总量达到 64.67 亿元，全年实现投资收益 3.52 亿元，综合投资收益率 5.68%。

【理赔服务】 2017 年，专属保险公司主承险种赔案处置能力进一步增强，重大案件理赔应急机制启动实施，气象证明服务覆盖面与数据精度进一步提升。主承险种 2017 年保单接报案 99 笔、结案率 57.58%。从共保案件结案周期进一步缩短，海外案件管理流程持续优化。从共保业务接报案 1213 笔、结案 1264 笔，总赔付金额 7446 万元，剔除历史年度报案影响，平均结案周期 12 天，比 2016 年进一步压缩 3 天；预赔付力度持续加大。“7・2”天然气管道燃爆案出险次日到达现场，第 3 日付出首笔 500 万元预赔款，支持受损企业救灾重建。

【安保基金受托管理】 2017 年，专属保险公司规范有序开展安保基金理赔工作，开设小额案件绿色理赔通道，简化赔案处理的配套措施持续发力，结案周期进一步缩短。2017 年度已结案件平均赔款确认周期为 69 天，比 2016 年度缩短 19 天，符合条件的 42 笔案件平均预赔付周期 8 天。推动安保基金的损失补偿功能向商业保险转化，集团公司炼化企业财产保险统括保单自 2017 年起保，集团公司销售企业保险方案获批于 2018 年起实施，集团公司所属炼化企业和销售企业全部纳入保障范围。

【风险防控与合规管理】 2017 年，专属保险公司持续夯实管理基础，强化风险防范，规范内控评估、审计监督及合规管理。全面推进偿付能力二代风险管理体系建设，扎实开展和配合行业监管机构组织的各类评估及检查，持续强化风险防控，夯实合规内控基础。在保监会按季度进行的风险综合评级中均获 A 类企业评级。

【党群工作】 2017 年，专属保险公司深入学习贯彻党的十九大精神和习近平新时代中国特色社会主义思想。落实全面从严治党要求，认真履行党建工作责任制和党风廉政建设主体责任，把党建工作写入公司章程，明确党委在公司治理中的法定地位。贯彻落实集团公司党组决策部署，持续推进“两学一做”学习教育常态化制度化。加强基层党组织建设，调整党委直属支部设置，成立 3 个党支部并夯实各项支部工作。开展捐资助学活动，在新疆阿图什市格达良乡曲干小学设立“美疆・中石油专属保险班”，资助 50 名少数民族贫困学生。

（王占东）

科研及其他单位

中国石油天然气股份有限公司勘探开发研究院

【概况】 中国石油天然气股份有限公司勘探开发研究院（英文缩写 RIPED，简称勘探院），是面向中国石油全球油气勘探开发业务的综合性研究机构，是中国石油国内外油气业务发展的战略决策参谋部、重大理论与高新技术研发中心、技术支持与服务中心和高层次科技人才培养中心（简称“一部三中心”）。

勘探院成立于 1958 年。建院 60 年来，勘探院直接参与中国陆上大多数大、中型油气田以及中国石油海外油气勘探的研究与发现，为石油工业发展发挥重要作用；推动建立中国陆相油气地质与油气田开发理论技术体系，为油气科技进步做出重大贡献；培养造就以 18 名院士、400 余名教授为代表的一大批国内外知名专家，为中国石油人才事业发展做出突出贡献；传承石油工业优良传统，形成以“儒雅、厚重、勤勉、求实、创新、包容”为内核的特色文化，增强了支撑持续发展的软实力。

勘探院包括北京院区和廊坊院区、西北分院、杭州地质研究院，业务领域涉及油气勘探、油气田开发、油气井工程、信息化与标准化、新能源勘探开发、技术培训与研究生教育等方面。截至2017年底，有员工2782人，其中两院院士8人、集团公司高级技术专家63人、教授级高级工程师137人、高级工程师1191人，具有硕士研究生以上学历1982人；建有提高石油采收率国家重点实验室、国家能源页岩气研发（实验）中心、国家能源二氧化碳驱油与埋存技术研发（实验）中心、国家能源致密油气研发中心和国家油气战略研究中心，以及17个集团公司级重点实验室，拥有众多国内外高精尖仪器设备，科研条件优越；作为中国石油数据中心和勘探开发资料中心，勘探院信息化环境良好；与国内外知名油公司、研究机构和高等院校建立广泛的交流与合作关系，与中国石油多家油气田企业和海外地区公司开展战略合作，出版《石油勘探与开发》等一批优秀刊物，在国内外石油界和科技界具有良好影响力。

2017年，勘探院围绕“一部三中心”定位职责，进一步凝聚共识和目标，全面深化改革创新，全力推动业务全球化发展，全速推进世界一流勘探开发研究院建设，为集团公司上游业务稳健发展提供强有力的科技支撑。

【科研生产】 2017年，勘探院围绕研发服务重点狠抓部署落地，持续深化过程管理和目标管理，强化抓需求导向、抓实物工作量投入、抓成果含金量、抓重大成果培育和抓领导下现场的“五抓”举措，研发目的性和成效性都显著提高，形成一批有地位、有实效的成果。

围绕软科学研究制高点，推进高端智库建设，大幅提升话语权和影响力。牵头组建国家油气战略研究中心，汇聚国内7家油公司研究力量，瞄准油气行业的总体形势、面临挑战与发展对策等重大问题，提出科学性、前瞻性和建设性都上乘的决策建议，打造油气上游高端战略智库；围绕集团公司重大发展需求，扎实做好中长期规划和年度部署建议，精心组织编写39期高水平《决策参考》，有力支撑集团公司国内油气稳产上产和效益走向良性发展。

聚焦重大接替领域准备，勘探一路狠抓目标优选、基础理论创新和技术有形化，为集团公司勘探部署、新领域突破和储量增长提供有力支撑。（1）加大风险目标评价推举，深化四川盆地震旦系—下古生界及二叠系，塔里木盆地塔北奥陶系及寒武系盐下、库车东秋构造带，准噶尔盆地石炭系—白垩系多层系与渤海湾盆地内幕潜山等区带综合研究评价，提出15个风险目标，并推动5口井上钻。（2）强化基础研究，深化深层与超深层有机/无机复合成烃机理研究，重建中新元古界—寒武系中国古大陆构造格局，明确低等生物超量发育主控因素与优质烃源岩发育特征，初步提出元古宇古老含气系统成藏主控因素与宏观分布特征。（3）加强勘探评价技术与特色软件研发，初步评价我国页岩油技术可采资源潜力与主分布区，开展页岩油原位转化技术可行性研究；自主研发并推广CIFLog2.0、iPreSeis1.0等软件。（4）强化重点探区靠前技术支持，组建四川盆地研究中心，支撑300亿立方米大气区建设。

围绕提高采收率技术攻关，开发一路扎实抓好老油田二次开发、低渗透油田精细水驱和复杂储量有效动用，为国内油田效益开发和稳产上产提供最优方案。（1）持续深化老油田“二三结合”技术攻关，建立立体开发新模式，在新疆等油田十余个区块形成超100万吨产能规模的部署方案。（2）有力支撑长庆、新疆、大港等低渗透油田转换注水开发方式重大试验，发展特低渗透油藏复杂缝网条件下驱渗结合开发模式。（3）攻关以“转变注入介质、降低开采能耗、提高采收率”为主线的稠油开发换代技术，多介质复合蒸气驱和SAGD提质增效等研究与试验取得新进展；推进红浅火驱矿场试验及工业推广，水平井火驱辅助重力泄油机理进一步明确，矿场调控效果明显。

强化破解工程难题，工程一路抓好油藏开采机理研究、新产品新技术推广和生产管理优化，为低品位资源有效动用和低成本开发提供最佳工艺。（1）创新理论方法，提出人造油藏新理念；研发第一代纳米驱油剂产品；建立页岩储层地应力与力学测评技术，为开发井网部署和改造提供有力支持。（2）丰富完善工程技术与产品，在大庆、吉林和长庆等油田进行第四代分层注水技术示范区建设；推进可溶解桥塞完善与系列化；石英砂替代、低成本压裂液研制和现场应用取得明显进展；PetroPE软件从网络版扩展到移动版。（3）加强海外技术支持，完成伊拉克哈法亚开发生产执行方案并首次试压；开展乍得油田高效钻井技术研究与服务。（4）强化总部决策支持，开展复杂超深风险探井钻井方案研究；推进“一带一路”沿线国家油气合作标准互认，参与《海上平台模块钻机》国际标准制定和发布。

参与主力气区发现与上产建设，天然气一路扎实做好常规—非常规天然气勘探开发、气藏基础理论和新能源等重点研究，为集团公司天然气年产超1000

亿立方米做出贡献。（1）自主评价的库车北部侏罗系吐东2风险井获得高产油气流；研究提出的松辽盆地深层隆探2风险井在基岩中获得油气流。（2）强化大型构造气藏“控水开发”理论和低渗透—致密气藏稳产与提高采收率技术研究。（3）编制威远页岩气田年产50亿立方米开发方案，开展鄂东、阜新陆相页岩气评价，优化二连盆地煤层气勘探开发部署。（4）创新发展6项储气库扩容达产、4项低成本建产技术。（5）跟踪研究水合物、铀矿、地热等新进展，为集团公司采取适当对策提出建设性意见。

瞄准全球重点盆地和产油气区，海外一路分析各大油公司形势动态，扎实做好超前选区、开发方案编制和新项目评价等，为集团公司海外业务优质高效发展提供全方位支撑。（1）首次发布《全球油气勘探形势及油公司动态》报告。（2）聚焦全球重点海域有利勘探选区评价，支撑集团公司成功中标巴西佩罗巴区块。（3）为成熟探区滚动勘探提供技术支持；支撑风险勘探在土库曼斯坦阿姆河东部山前、乍得低位潜山和哈萨克斯坦南图尔盖深层岩性等方面取得6项重要新发现。（4）加强重大开发方案编制组织力度，完成22个项目合同延期可行性评价和17个开发调整方案。（5）完善上游资产全周期经济评价技术，新项目中标2个、签约2个；完成海外SEC储量评估及2018年勘探开发生产计划部署，助推海外资产结构优化。

【西北分院风险勘探研究和物探技术攻关】 有力支撑西部地区油气田勘探取得新突破。（1）围绕柴达木、四川、准噶尔、鄂尔多斯等10个勘探领域，评价提出11个风险目标，其中7个井位通过论证，盆东1井见到良好油气显示；深化柴达木盆地阿尔金山前带基岩勘探目标评价研究，提出的尖探2井、尖探3井获发现突破；推动英西勘探北扩东延，提出6口探井均获高产。（2）建立准噶尔盆地源外油气藏差异运聚模式，优选玛南上乌尔禾组作为扩展勘探新区带。（3）加强物探技术研究，各向异性介质建模与成像、深层—超深层地震弱信号成像等特色技术研究取得新进展；综合裂缝预测、地震沉积学和地震采集质量监控等软件的升级与推广应用取得新成效。

【杭州地质研究院海相、海洋和深层等领域研究】 在地质认识、特色技术与服务生产三方面取得明显成效。（1）研究提出微生物繁盛条件及对碳酸盐岩层系有效成储方面的控制作用。（2）加强四川、塔里木、鄂尔多斯等盆地海相碳酸盐岩有利储集相带预测与成藏条件研究，持续深化塔里木和准噶尔盆地碎屑岩储层预测及目标评价认识深度与技术水平。（3）集成创新盐下湖相碳酸盐岩储层预测技术，在巴西里贝拉项目西北区勘探目标评价中成功应用；支撑缅甸AD－1/6/8区块勘探项目研究，实现合资合作。（4）完成“深层油气勘探开发关键技术”重大专项，基本构建了深层油气勘探开发理论技术体系框架。

【业务全球化发展】 2017年，勘探院扎实做好业务全球化起步，理顺海外业务管理体制，做实中东支持中心，构建加快走向海外发展新布局。（1）与中油国际加快共享共建海外研究中心，按照统一管理、统一薪酬、统一考核、统一评聘的原则，明确中心的职责定位、任务界面、工作重点、管理模式和经费来源，落实机构与人员编制，打造支撑海外业务优质高效发展的“国家队”。（2）做实迪拜技术支持分中心，2017年3月6日，正式成立迪拜中心，选派英语较好的老中青专家直接参与联合公司技术工作，深化开发现状、存在问题与技术对策研究，有力支撑项目生产运行，得到集团公司、中油国际、中东公司和联合公司各级领导的高度评价，创造了勘探院技术服务在中东地区的良好影响，助推中国石油获得NEB资产群领导者，打造了优质服务地区和项目公司的“地方队”。

【成果专利】 2017年，勘探院获国家科学技术进步奖二等奖1项，国家技术发明奖二等奖1项，中国专利优秀奖1项，集团公司科学技术进步奖、技术发明奖、基础研究奖19项，其他省部级奖19项；获授权发明专利210件；软件著作权登记78项；制修订国家、行业和企业标准34项；出版专著41部；发表论文1120篇，其中SCI收录182篇，EI收录289篇。

【综合改革】 2017年，勘探院综合改革取得重要实质性进展，北京和廊坊院区按“一院两区”管理模式全部调整到位，“双序列”实现动态高效运行。

抓好五大板块职责调整，聚焦需求、资源共享的业务布局更加集中高效。瞄准集团公司上游业务重大需求，扎实推进“一院两区”调整，对部分重复交叉设置的专业和机构进行重组、合并或撤销，重新构建勘探、开发、工程、天然气和海外五大板块，推动优势力量向重点方向、核心业务和关键环节聚拢，业务布局更趋合理，发展方向更加明确，研发组织更有抓手和针对性。在此基础上，整合机关职能部门和公益后勤单位19个，有效解决重复设置、资源分散等问题，管理层级得到大幅优化和精简。

抓好“双序列”专家选聘和考核管理，权责对等、技管分开的运行机制更具吸引力。进一步健全规章制度，明确专家待遇、管理职责、岗位要求与经费支持等，尽全力让专家责权利落实到位。增补选聘8名院一级专家和21名院二级专家，两级专家分别达到17名和63名。逐一签订有压力、可检验的业绩合同，年末进行统一院级考核。明确技术、行政层级收入对等关系并保持专业技术岗位收入高于行政管理岗位的原则，在奖金系数上适当拉开差距。初步探索技术和管理序列双向进出机制，一年来处级行政岗位自愿申请转任技术岗位的有29名，技术岗位转任处级行政岗位的有6名，科研单位去行政化之路越走越有信心。通过完善“双序列”，两级专家履职尽责正在走向规范化，在重点学科建设、重大项目推进、重要成果培育和青年人才培养方面发挥了重要引领和推动作用。同时，落实成果创效激励政策，制定并实施《横向项目管理办法》和《勘探院科技成果奖励办法》，鼓励多做贡献多拿收入，科研人员创新热情正在复苏高涨。

【管理提升】 2017年，勘探院围绕科研生产中心工作，着力推进人才队伍建设、党建与文化传承、科研环境和园区建设，获得一系列重要进展。

切实抓好人才队伍建设，做实青年才俊培养之路，开创基业常青的人才成长新局面。加强干部队伍建设，新增2名院领导成员和多名院级副总师，提拔9名40岁以下优秀年轻干部，为改革发展注入新鲜血液；建立处级干部退出机制，为青年干部成长创造更多上升空间；加大中青年科技创新领军人才培养，当年新增2名院士，选拔36名青年骨干担任所级副总师，选择41名35岁以下青年专家担任项目负责人，破格评选2名45岁以下教授和26名35岁以下高工，派出21名青年到国外进修，人才成长实现扩容、提素。

持续推进党建工作上水平，抓实全面从严治党，永葆基业长青的红色基因。不折不扣做实规定动作，深入学习宣传贯彻党的十九大精神，召开勘探院第二次党代会、党建与反腐倡廉工作会议，持续推进“两学一做”学习教育常态化制度化，扎实抓好“四合格四诠释”岗位实践活动，为发展强“根”固“魂”；结合实际创新自选动作，以庆祝建院60周年文化活动为载体传承优秀文化，加大身边榜样选树和宣传力度，组织全国劳模、集团公司优秀党员、勘探院“十大党员榜样”巡回宣讲，加强党建工作信息化管理和季度考核，首次开展覆盖京内外内部巡察，营造了奋发有为的精神风貌和风清气正的干事氛围。

全力推进石油大院、科技园区建设，创造更舒适的工作条件和更优美的生活环境。强化科研条件建设，12个集团公司重点实验室通过评估，制定勘探院信息化发展规划，完善科研管理公共信息平台、ERP2.0等办公系统，完成《石油勘探与开发》英文版创刊，通过ISO 9000质量管理体系认证；推进科技园区环境建设，完成实验区改造二期工程，启动廊坊院区环境改造项目，推进南厂区租户清退、工字楼住户搬迁和北实验区修缮改造等工作取得实质进展，提升矿区服务水平，推进“三供一业”改革和分离移交，加强北京和廊坊院区离退休职工统一管理和服务，做实做好老同志关心关怀等工作。

（吴 海 张红超）

中国石油天然气股份有限公司规划总院

【概况】 中国石油天然气股份有限公司规划总院（英文缩写CPPEI，简称规划总院）成立于1978年，是集团公司直属的重要决策支持机构，是石油石化工程总体规划及建设项目前期研究中心、油气田开发地面建设技术支持服务中心和石油技术经济发展研究中心。在战略研究、规划可行性研究、咨询评估、技术经济研究、科技开发与设计论证等领域中，具有较强的技术实力。

2017年底，根据决策支持需要，规划总院有油气集输、油气储运、炼油、石油化工、技术经济、市场研究、环境工程、信息工程等20多个主体专业和辅助专业，员工600余人。大学本科以上学历人员占95%以上，硕士占85%以上，已形成一支层次高、结构合理、专业齐全配套的员工队伍。此外，为开展工作需要，与很多研究机构建立了较为稳固的合作关系。

2017年，运行项目1030项，完成一批高水平工作成果，为集团公司决策提供高质量服务，多项成果获得国家及省部级奖励。

【战略规划研究提供高层次决策支持】 2017年，规划总院始终站在国家能源总体发展的战略高度，配合国家发改委、能源局、中国工程院和国家自然基金委等国家机构，围绕能源生产与消费革命及“一带一路”油气合作等重大热点、焦点问题开展一系列研究，大批研究成果被采纳，为国家能源战略和政策制定提供重要依据。其中《加快推进天然气利用的意见》于2017年6月23日由13部委联合发布，这是国家天然气领域的重要政策之一，意义深远、影响重大；“雄安新区清洁能源供应方案研究”获得中国工程院和雄安新区党工委的一致好评；作为主要支持单位，完成《中国天然气发展报告2017》(白皮书)；牵头完成“‘一带一路’能源合作与西部能源大通道建设战略研究”，通过中国工程院验收。“国内外成品油行业监管经验与启示”课题引起商务部、工商总局、质检总局、税务总局等相关部委，以及中国石油和化学工业联合会、中国国际工程咨询公司等研究机构的高度关注。“北方地区冬季清洁取暖规划”等项目对大气污染防治提供了天然气供应与利用支撑；“国家天然气战略储备研究”得到国家能源局、国家石油储备中心认可。配合国家天然气保供工作，完成“冬季天然气用户保供管理办法”等项目。配合中国工程院组织的“中国炼油产业可持续发展与区域协调发展重大问题战略研究”课题，在国家大政方针上建言献策，提出了中国石油的想法和建议。经国家能源局批准，规划总院成为中国参与APEC能源合作伙伴网络成员，同时，列入专家支持单位名单。

始终站在加快建设世界一流综合性国际能源公司的高度，思考和研究集团公司发展面临的重大战略问题。从集团公司党组关心的重点问题入手，完成“驻疆企业可持续发展研究”“炼化业务转型升级研究”“海外油气业务优质高效发展”“集团公司2018—2030年天然气规划方案研究”等项目为代表的一批有水平有分量的研究成果，并多次向集团公司董事长、总经理等党组成员和专题研究领导小组汇报，有效推动集团公司重大决策部署落地实施。“驻疆企业可持续发展研究”为集团公司区域发展进行精准谋划和顶层设计，完成研究总报告、关于新疆油气业务加快发展的意见(建议稿)，向集团公司党组扩大会议汇报。“炼化业务转型升级发展专题研究”是2017年集团公司党组重点安排研究的3大战略课题之一，课题深入研判国内竞争态势，结合集团公司炼化业务特点，提出资源优化配置利用，高效、特色炼化产品生产，控制人员总量、降本增效，科技创新，深化改革，安全环保等九方面的转型升级关键措施，研究成果得到实质性推进。完成“海外油气业务优质高效发展”中的“中国石油‘一带一路’油气发展”专题多版研究报告，协助完成总报告。“集团公司2018—2030年天然气规划方案研究”构建9套方案，首次完整提出集团公司2030年前的产运销储贸业务部署。从集团公司提质增效入手，持续深化原油和天然气两条价值链的优化研究，建立所有原油单油种全产业链价值测算模型，构建“一总四分”的天然气价值链模型体系。

【重大工程前期研究】 国内管道方面，2017年完成现场踏勘8万千米，80次赴现场踏勘调研、办理地方关系。中俄管道东线整体可行性研究已通过集团公司咨询中心评估，北段和两个支线可行性研究获国家发改委核准批复。西气东输三线闽粤支干线可行性研究通过集团公司投资决策。西气东输五线预可行性研究、唐山LNG外输管线复线可行性研究项目顺利推进。为开辟西气东输五线青海能源第二通道及中东远期战略规划能源通道，在塔克拉玛干沙漠、青藏高原山区、黄土高原及秦岭和大巴山，组织实施多次大规模的现场实地踏勘。海外油气外输方面，尼日尔原油外输管道三个方向预可行性研究项目组两次派遣线路、经济专业人员进行现场踏勘，按时提交报告。通过与哈萨克斯坦方面研究院密切合作，完成哈萨克斯坦西北原油管道600万吨/年反输改造工程中方、哈方两版可行性研究报告。炼化方面，完成“广东石化炼化一体化项目可行性研究报告第二卷原料和产品市场研究”，开展“长庆油田上古天然气轻烃回收二期工程预可行性研究”，对项目的决策和方案优化起到决策支持作用。

【科技研发发展支撑引领作用】 2017年，规划总院科技业务领域不断拓展。新参加5项国家级项目，包括国家科技重大专项“大型油气田及煤层气开发”、国家重点研发计划“深海关键技术与装备”、中国工程院咨询研究项目“工程科技支撑‘一带一路’建设战略研究”及国家能源局“华北天然气市场发展路径及储气调峰机制研究”“北方清洁取暖‘煤改气’经济性、环境性比较研究”。新立4项集团公司基础研究与超前储备技术研究基金项目。新参加“西南油气田天然气上产300亿立方米关键技术研究与应用”专项。

重点科技项目运行良好并取得显著成果。“炼化能量系统优化技术升级与推广应用”专项累计开发模型212套，形成优化方案295项，实施162项，预计实现节能20万吨标准煤、增效约5亿元。“油气田加热炉及热力系统提效研究与应用”专项完成大庆油田和大港油田2项加热炉提效示范工程，加热炉炉效由78.7%提高到85%，削减井口加热炉和站场加热炉67台。“油田地面工程能量系统优化关键技术研究与应用”专项完成地面工程能量系统优化整体提效方案，预计实现年节气122万立方米、节电299万千瓦·时。“智能化炼厂关键技术研究开发与示范应用”专项研究智能炼厂攻关技术路线，初步提出拟建立的炼化一体化计划优化等模型。“油气田地面工程关键技术研究与应用项目”研发具有自主知识产权、低成本高效率、多功能合一的高效除油设备和新型采出水处理工艺，构建15套油气田地面技术经济指标体系，初步形成中国石油油气田集输管道完整性管理数据模型。“节能节水关键技术研究与推广项目”实施注汽锅炉余热回收和保温管线等现场试验，完成国际标准送审稿2项、企业标准报批稿2项、专利申请1项。“集团公司科技成果转化创效激励研究项目”研究制定的《集团公司科技成果转化创效奖励办法（试行）》，被集团公司采纳和发布实施。“天然气需求预测技术与模型开发项目”建立由人工神经网络、支持向量机等10多个模型组成的短期需求预测模型体系，达到国际先进水平，2017年向股份公司提报预测数据2万余条，在中亚气事故应急、极端天气下的销售应急预案编制等工作中发挥重要作用。

获奖成果和知识产权再创新高。2017年共有13项成果获得国家及省部级奖励，规划总院参加的“100亿立方米调峰能力储气库重大关键技术及应用”获集团公司科学技术进步奖特等奖，完成的“天然气全业务链系统优化关键技术研发及应用”、参加的“管道全尺寸爆破试验场建设及试验关键技术”获集团公司科学技术进步奖一等奖，牵头的“中国石油炼化物料优化与排产系统（2.0版）建设项目”“油气田地面工程‘十二五’重大科技攻关关键技术研究及应用”和参加的“一带一路油气合作战略研究”获集团公司科学技术进步奖二等奖；“中国石油应对气候变化对策研究”等2项成果被评为集团公司软科学研究优秀课题。2017年规划总院申报知识产权53项，获知识产权35项（其中专利申请号10项）；首次组织完成2017年度科技成果转化创效奖励申报工作，组织申报成果6项。

【信息化建设稳步推进与运维】 2017年，规划总院销售应用集成系统、加油站管理系统2.0、物流管理系统2.0、客户关系管理系统、集团公司总部ERP系统的投资项目一体化管理、生产经营计划管理等8个系统完成全面上线应用；天然气与管道应用集成系统完成13家推广单位上线应用；炼化物联网项目完成试点单位上线；电子销售平台系统完成系统设计，财务共享服务中心建设项目完成方案设计并开展三家试点单位共享业务迁移，推进了集团公司共享管理、共享业务流程和共享信息技术从理论到实践的初步验证。加油站管理系统、销售物流管理系统、人力资源管理系统、APS等运维的大型生产系统持续加强生产监控，不断深化支持地区公司应用，实现统一外采控制，完成790余座新建加油站投运，支撑集团公司电子化职称评审，为辽阳石化扭亏解困提供专项技术分析支撑等工作，全面提升了集团公司生产运行效率；各生产系统全年运行平稳，共处理事件24万个，事件解决率100%，所有系统平均服务可用率99.9%，用户满意率99.8%，未发生重大事件，有力支持了集团公司生产的稳定有序开展。全年制卡2385万张，保障加油卡的发卡供应。重视新技术研发应用，开展区块链技术应用研究、油气行业增值税发票管理系统研发、加油站支付和发展模式研究、会计软件数据接口国家标准研究、基于数据驱动下的加油站新零售经营模式研究、大数据平台研究与建设等项目，部分技术已获得自主知识产权并开展推广应用。

【基础研究和实验室建设】 基础研究和超前研究持续加强。开展以省为单位的柴油批零量价关系模型以及后评价等方法论研究，丰富规划总院方法论体系；继续开展石化产品市场等滚动研究，开展环保税法实施对天然气消费的影响研究、2030年前全球能源供应格局研究、中国石油车用尿素发展机会等超前研究，有力支撑规划总院战略规划、前期研究等工作；完成2017年度《规划研究动态》《成品油市场动态及热点问题研究》等简报编制工作，及时展示规划总院重大研究成果及研究能力。

自主创新取得新成果。“山东大数据分析应用平台项目”自主研发和形成车牌识别与交易匹配算法、客户标签体系、加油站标签体系等模型算法，“城市燃气销售云服务平台研究与开发项目”自主研发城市燃气销售云服务平台，“炼化生产现场智能巡检软件开发项目”自主研发炼油厂智能巡检软件，部分成果已实现推广应用。

实验室建设扎实推进。开展规划总院实验室整体环境统一设计工作，为实验室体系化、规模化发展奠定了基础。油气业务链优化重点实验室作为集团公司首个软科学实验室，完成总体业务流程设计、功能架构设计等工作。物联网重点实验室（下游）完成详细设计。信息系统检测实验室全年完成测试项目14项、外部产品检测15件，执行测试用例27872个。非金属管材检测实验室继续开展柔性复合高压输送管的长期静水压检测试验，全年测试时间合计26880小时。炼化能量优化实验室全年培训企业骨干技术人员204人次，得到科技管理部、炼化板块及炼化企业的一致好评。

【强化服务提供技术支持】 2017年，规划总院为集团公司总部、地区公司和地方政府提供满意的技术支持。跟踪形势发展需要，在经济评价、后评价、节能标准、造价、咨询评估、设计审查等方面为集团公司总部提供服务。经济评价进一步巩固和加强规划总院在业内外的核心地位和影响力。完成集团公司经济评价提升管理意见的起草和2018年经济评价参数、国家油气管网公司组建、集团公司加权平均资本成本、市场化改革等方面的研究咨询。后评价强化专业与人员配置，业务范围和能力有效提升，承担七类业务18项典型项目独立后评价和五类12项专题研究及基础工作。节能研究与标准管理进一步细化。完成节能节水统计、能源管控系列标准的编制和培训、节能实践编制、专项投资项目跟踪等工作，开展节能技术筛选研究。充分发挥石油工程建设等标准化机构和学会协会的作用，管理运行国家、行业及集团公司工程建设标准制修订项目45项。组织完成国家行业标准24项、企业标准14项。造价管理、咨询评估、设计审查继续发挥投资把关作用。造价继续加大定额、指标等计价依据的动态管理力度，深入开展工程量清单相关规则的编制和造价专题研究。咨询评估运行项目160项，审查投资136.8亿元，核增投资1.6亿元，核减投资22.4亿元。环境工程评估中心开展“中国石油低碳发展路线图研究”“碳捕集和封存作为集团公司战略性替代业务研究”等工作，均取得阶段性研究成果。协助勘探板块审批重点工程27个，核减12.62亿元，减少占地1351亩，减少临时用地1634亩，生产运行总能耗指标降低8329吨标准煤/年。

强化油品市场和天然气市场研究。油品市场营销研究方面，强化创新，贴近服务。油品需求预测精度97%以上；国际油价预测方向正确率75%以上；油气一体化模式、油气电氢综合发展、营销效果评估等研究取得阶段成果；加油站全流程诊断优化系统日趋完善，集中培训500多名站经理，7000余座站点上线运行。省区规划、专项优化等在领先中加强；地炼发展趋势、站点能力评价等在探索中深入；规划总院内外资源合作、信息与研究融合等在磨合中完善。规划总院在油品市场营销研究方面的领先性和话语权稳步提升。天然气市场研究方面，推动趋势、引领行业。派驻国家发改委、能源局10多人次，参加“煤改气”、天然气冬季保供等工作。构建预测基础数据库，建立中长期和短期需求预测模型体系。

开拓外部市场，业务范围继续延伸。适应天然气业务体制改革需要，主动开展业务对接。及时针对新成立的天然气销售分公司、中油管道公司及各区域天然气销售公司关心、关注的问题，主动对接开展咨询服务。先后为西气东输、西南管道、中亚管道编制发展规划并提供技术支持。以塔里木油田、西部管道公司现场服务为抓手，探索新的服务领域。发挥海外规划研究中心作用，完成130项技术支持工作。管道方面，为西非原油外输走向、海外管道生产运行等方面提供技术支持；油气田地面建设方面，促进地面建设规模、布局的优化。炼油业务方面，对标范围由以往的四大类11个指标扩大到五大类51个指标。经济评价方面，完成审查36项，提出修改意见400余条。造价方面，审查海外项目40项，核减投资48亿美元。

【改革管理】 2017年，规划总院强化质量管理，保障成果水平持续提高。组织开展2015版ISO 9000标准换版工作，完成质量管理体系的内外审、质量月等活动，规范项目过程管理，保证项目质量，规划总院技术成果优秀率保持90%以上的高水平。完成信息技术服务管理体系与信息安全管理体系升级换版等工作，通过换版审核及年度监督审核。完成信息化建设与软件开发体系（CMMI）修订等工作，通过CMMI三级换证复审。

坚持计划合规管理，对外经营成效显著。发挥生产业务管理归口职能，生产运行管理井然有序。加强合同管理，规范招标流程，有效控制采购风险。经营管理稳步推进，超额完成年初确定的经营收入目标。2017年11月，与中油管道公司签署长期技术咨询、技术服务战略合作协议。深化全面预算管理，发挥预算导向作用，实现年初确定的各项预算目标。

完善组织机构设置，加大人才开发工作力度。申请增设一个正处级信息业务处所和党群工作处，理顺信息业务和党建工作；根据内外部环境的变化，及时调整节能业务组织模式。对原综合信息部的业务和人员进行调整。加大人才开发力度。（1）扩大专家队伍群体，向集团公司推荐石油科学家培育对象2人，青年科技英才10人；研究并组织实施符合IT人才队伍特点的信息三部专家建设方案，选聘10名信息部门技术总监。（2）开展有针对性培训，首次组织一级工程师及以上专业技术人员开展脱产培训，落实技术骨干赴微软学习锻炼计划，持续推进英孚外语培训方案等。（3）申请指标与总额，用好激励资源，为下一步加快优秀年轻干部的选拔任用创造条件。（4）探索建设京外分部，通过分部补充一批人才，突出解决在北京人才招聘难的问题。

加强综合事务管理，服务水平稳步提升。完成二里庄办公楼的安全节能改造，美化工作区办公环境。配合审计中心进行离任经济责任审计。完成HSE体系换版以及规划总院风险管理年度报告编制，保密、文秘、餐饮、物业、审计、绿化、医保报销、计划生育、公务用车、单身公寓、日常值班、房产和土地等管理与服务工作进一步细化。关注员工健康，组织员工健康体检。规范采购流程，及时购置和调配所需装备资产。精心策划协调，重大活动组织及接待工作规范有序。狠抓安全制度落实，全年未发生安全事故，车队安全行车25.6万千米，被评为海淀区交通、消防安全先进单位。

加强规章制度建设，管理体系进一步完善。制订规划总院《信息技术供应商管理办法（试行）》《信息部门技术总监管理办法》等规章制度，健全信息化业务管理体系，强化风险防范意识。修订《科技项目过程控制程序》《信息门户管理办法》《预算管理细则》，贯彻集团公司新要求，适应规划总院发展的新形势。

落实两个待遇，贴心关爱老同志。组织老同志收听收看党的十九大开幕式等活动。落实各项生活福利待遇，及时足额发放节日慰问金、慰问品。开展文体活动，丰富活跃退休生活。始终坚持提供亲情化、人性化的服务，真心实意为老同志解决生活中的问题，让老同志感受到组织的温暖。

（吴小卫）

中国石油天然气股份有限公司石油化工研究院

【概况】 中国石油天然气股份有限公司石油化工研究院（简称石化院）是2006年6月在原股份公司炼油化工技术研究中心基础上组建的直属炼化科研机构，总部位于北京。截至2017年底，下设兰州、大庆2个研究中心，北京院部设13个研究室、7个机关处室、1个炼化信息技术研发中心和1个实验室运行服务中心。全院共1138名员工，其中国家“千人计划”人才1名，集团公司高级技术专家16名，教授级高级工程师42名，博士140人。

石化院固定资产17亿元。关键重要试验装置设备1000多台（套），拥有包括DCR、ACE、TREF、NMR、透射电子显微镜在内的数千台（套）仪器设备，投资亿元引进4套国际先进水平的高通量催化剂制备及评价装置，设备新度系数达到70%以上。石化院设有催化裂化催化剂及制备工艺等3个石化行业重点实验室，清洁燃料等6个集团公司重点实验室，聚烯烃催化剂与工艺工程等5个集团公司试验基地，国家合成橡胶质量监督检验中心等4个国家级技术机构，炼化清洁生产中心等4个集团公司级技术机构。合作建设石油石化污染物控制与处理国家重点实验室。

石化院主要从事炼油、石油化工工艺和催化剂研发，合成树脂和合成橡胶等新产品开发，炼化节能环保技术开发、炼化产品标准化和质量检测、炼化知识产权研究、炼化科技信息研究、炼化科技人才培养等。石化院自主创新成果覆盖80%以上炼油和50%以上化工过程。

2017年，石化院主动承担中央企业引领行业发展的使命和任务，牵头申报成功润滑油与合成橡胶领域2项国家重点研发计划项目，成功参与申报国Ⅵ标准柴油项目，取得了历史性突破。牵头组织实施炼油催化剂（二期）、聚烯烃新产品、航空生物燃料等4项集团公司重大科技专项，完成年度任务。参与完成大乙烯（二期）等3项专项立项论证。

【发展规划】 2017年，石化院发展目标：一流石化院、和谐石化院；发展定位：一部三中心，即炼化业务决策参谋部，炼化高新技术研发中心、炼化业务决策支持与生产技术服务中心、炼化高层次科技人才培养中心；发展方向：五个紧密结合，即紧密结合集团公司炼化业务发展需要开展科研工作、紧密结合炼化企业生产经营实际开发新产品、紧密结合炼化企业生产经营需要做好技术服务、紧密结合集团公司和部门需求做好决策支持工作、紧密结合炼化技术发展趋势做好基础前瞻性技术研究；安全环保理念：安全环保是研发首要条件、安全环保是石化院核心利益、安全环保工作具有最高优先权。

【**技术研发**】 2017 年，石化院重大工业试验等重点科研工作稳步推进，技术支撑作用日益增强。

汽油、柴油质量升级成套技术研发及应用成果突出。在主体设备基本不变的情况下，通过优化调整以及催化剂改进升级，实现国Ⅲ标准到国Ⅴ标准汽油、柴油质量升级两连跳。通过联合攻关，形成国Ⅵ标准汽油生产组合技术以及脱砷配套技术，在宁夏、抚顺石化完成工业试验，为新一轮汽油质量升级打下坚实基础。

催化裂化新材料和催化剂研发及应用成效显著。开发以 APM-7 为代表的大孔基质材料等 3 个催化新材料和 LMC-500 等 6 个催化剂，解决多产汽油、低焦炭产率、多产丙烯等生产难题；新开拓云南石化等 3 家国内用户，第三次获得加拿大本那比炼油厂订单。内部市场占有率稳定在 70%，自主技术产品占兰州石化催化剂产品的比例达 90%，技术优势进一步巩固。该领域获 2017 年度国家科学技术进步奖二等奖和集团公司基础研究一等奖。

润滑油基础油生产技术开发取得新成绩。润滑油加氢异构催化剂在大庆炼化第三次成功应用，实现稳定运行，成功解决重质基础油降浊点的技术难题。

裂解馏分加氢系列催化剂研发及应用开创新局面。碳二前脱丙烷前加氢催化剂在大庆石化一段加氢反应器工业试验成功，性能优于进口催化剂。裂解汽油加氢催化剂中标国内最大的中海油惠州石化乙烯配套装置，实现国内乙烯企业全覆盖；二段加氢催化剂在神华宁煤应用一次开车成功，实现在煤化工领域首次应用。

聚烯烃催化剂工业应用再创佳绩。气相法聚丙烯催化剂（PC-1）在广西石化成功试用，达到进口催化剂水平。茂金属间规聚丙烯催化剂（PMP-01）在哈尔滨石化完成工业试验，填补国内技术空白。球形聚丙烯催化剂（PSP-01）在抚顺、大连石化持续应用，产品得到市场高度认可。

环保新技术研发及应用取得重要突破。液化气深度脱硫（LDS）技术在华北、辽阳、锦州石化等 3 家企业推广，助力企业绿色生产；催化裂化烟气脱硝（SCR）催化剂在独山子、乌鲁木齐石化成功应用，替代进口催化剂；炼化污水废气处理（DMA）技术在长庆石化工业试验成功。

乳聚丁苯橡胶无磷聚合技术研发取得阶段性成果。在抚顺石化完成工业试验并成功开发出乳聚丁苯橡胶 1500E、1502E 产品，得到下游轮胎客户的认可。

加氢裂化催化剂研发迈出新步伐。化工原料型加氢裂化催化剂（PHC-05）完成工业放大和评价，具备了工业试验条件。

重油加工技术研发及应用取得新成果。完成加拿大油砂沥青热裂化、焦化中试研究，形成改质降黏多种技术方案；完成玉门炼化等多家焦化原料中试评价，为进一步推广应用奠定基础。

新一代渣油加氢催化剂研发取得新进展。通过配方优化，完成新一代高效 PHR 系列催化剂工业放大及长周期模拟评价，技术方案获得大连石化认可。

关键技术研发取得实质性进展。超重力低温液体酸烷基化技术、固体超强酸 C_5、C_6 异构化催化剂研发取得重要进展。甲烷无氧直接转化制烯烃和芳烃小试项目通过中评估。

项目布局打开新局面。提高顶层设计能力，加大国内外交流与合作，通过科技管理部专项支持和自筹资金等多种渠道，启动“炼油向化工转型新技术”等 4 个集团公司超前研究项目顶层设计，设立 10 个集团公司级基础和超前储备研究项目、5 个中国石油—大连化物所联合基金项目和 76 个院级探索项目，立项方向和数量创历史新高，发展后劲进一步增强。

【**新产品开发**】 2017 年，石化院新产品开发成效显著，为炼化企业提质增效做出贡献。紧密结合炼化企业生产经营实际，组织开发技术含量高、销量规模大、经济效益好的化工新产品。通过中试开发可发泡聚丙烯 HMS1602 等 7 个全新牌号，实现薄壁注塑聚丙烯专用料 HPP1860 等 4 个新产品首次生产，配合企业生产 IBC 桶聚乙烯吹塑专用料 DGDB-4506、固特异专用乳聚丁苯橡胶 1723 等 42 个新产品，总产量 50 万吨，为炼化企业提质增效做出贡献。（1）开发出低气味平台化生产技术，累计生产产品 3 万吨，在金发科技等企业应用良好。（2）开发出油田用管材料耐温助剂体系，在吉林石化完成生产，满足油气行业标准要求。（3）PE-ET 管材专用料 DQDN3711 在大庆石化累计产量突破 1.6 万吨，通过国家检测中心测试。（4）配合四川石化完成三次聚合工艺大调整，显著提高产品质量和稳定性。（5）完成 2 个定制化丁苯橡胶、4 个环保丁腈橡胶生产及推广，总产量 6.6 万吨，获得四川石化、西南化工销售及华北化工销售等高度认可。

【**技术服务**】 2017 年，石化院全面布局构建技术服务网络。持续完善西南、华北、西北技术服务站，新建华南技术服务站，筹建催化裂化、加氢、原油评价等3个技术协作组，技术服务更加贴近生产、贴近市场，技术支持能力大幅提升。

建设完善技术服务信息资源平台。完善原油评价、合成树脂、合成橡胶数据库，初步建立乙烯原料数据库，夯实大数据基础。

全力打造炼化装置技术服务平台。实现MES生产数据系统接入，着手建设模拟计算、远程诊断平台，进一步完善分析检测平台，不断提升服务能力。

构建对外合作关系。建立“技术服务协议＋合同”新模式，与云南石化等签订技术服务协议，与寰球公司形成一体化战略联盟，建设开放共享的技术服务体系。

切实加强技术服务机制建设。以市场需求为导向，创建内部技术服务市场化、外部技术服务标准化体系，完善激励机制，实现技术服务工作有形化、规范化、市场化。

重点技术服务工作取得重要成果。配合云南石化采用自主技术的3套装置一次开车成功，为长庆、呼和浩特、华北石化加工流程优化、柴汽比优化提供技术支持，乙烯裂解原料优化服务覆盖集团公司全部乙烯生产企业，促进企业转型升级、挖潜增效。

【成果专利】 2017年，石化院获集团公司及省部级以上科技奖励19项，其中“高汽油收率低碳排放系列催化裂化催化剂工业应用”获国家科学技术进步奖二等奖，石化院连续三年荣获国家奖；“劣质重油改质、加工成套技术研究开发及工业应用”获集团公司科学技术进步奖特等奖，为石化院首次获奖；获得集团公司首次设立的杰出成就奖1人、基础研究奖3项。牵头成功申报“高性能润滑油生产关键技术攻关及应用”“高性能合成橡胶产业化关键技术”2项国家重点研发计划项目。申报专利355件，授权126件，分别占集团公司炼化领域的64%和51%，创历史新高。发布国际标准1项，首次获得国际标准召集人职位1个，标准化工作取得突破性进展。

【管理提升】 2017年，石化院协同办公系统上线运行，管理效率提高30%以上。完成石化院QHSE体系换版并通过外审，实验室QHSE标准化体系建设有序推进，技术服务满意率和产品质量合格率达到100%，安全环保实现“四个零”。加强内控、合同、保密、投资与预算管理，强化科研全过程管理、物资采购管理，加强科研经费管理和税收筹划，资金安全保障率100%。坚持合规运行，未发生违规违纪事件，整体管理水平大幅提升。

【科研基建】 2017年，石化院在规划计划部大力支持下，首个科研类投资项目“燃气管管材分级评价中心”得到批复，同时获得更新科研设备及完善科研配套设施的专用经费。科技管理部支持的75千克/小时聚丙烯气相反应中试装置建成投用，加氢、聚烯烃、催化裂化等4套高通量系统投入运行。碳一化工重点实验室、乙烯低聚及α－烯烃聚合试验平台等5个新建项目顺利开展。高效完成625台（套）仪器设备采购及安装调试。4个重点实验室、5个试验基地按计划召开学术、技术委员会会议，3个重点实验室通过集团公司运行评估。荣获3项集团公司“优秀重点实验室”“优秀试验基地”称号。

【党建工作】 2017年，石化院全面加强党的建设，取得显著成效，形成具有科研特色的党建工作体系。党建工作实现了6个首次：首次召开了石化院党代会，明确今后一个时期的工作思路和总体目标，提出指导工作的“八个坚持”，选举产生新一届院党委班子，党建引领科技创新的作用得以充分发挥；首次召开石化院党建和反腐败工作会议，部署党建和党风廉政建设任务，下发党委2017年工作要点，由党政主要领导与相关单位签订党风廉政建设责任书；首次迎接集团公司党组巡视，逐一整改6个方面20项问题，完成率100%；首次开展基层党组织书记述职评议，强化书记抓党建工作第一责任人意识，进一步促进基层党组织建设；首次发布倡议书，加强诚信文化建设，把诚实守信打造成石化院人的“金字招牌”；首次获得“首都文明单位”称号，“一流石化院、和谐石化院”建设成果显著。

（韦栋宝）

中国石油集团经济技术研究院

【概况】 中国石油集团经济技术研究院（简称经研院）前身是成立于1964年的石油工业部科技情报研究所。2017年底，下设19个二级单位（不含驻经研院纪检组），合同化员工209人。其中，在岗局级领导6人，处级干部43人；合同化员工中硕博士122人，占合同化在岗人数58%；教授级高级职称13人，副高级职称 83 人，共占在岗人数 45%；中级职称 65 人，占 31%。

2017 年是经研院推进智库建设上水平的关键之年，也是深化改革创新、增强发展活力的奋进之年。全年承担科研项目 177 项，科研总量 2.4 亿元，完成各项任务。

【国家能源战略智库地位有效彰显】 2017 年，经研院在国家高端智库阵营中的特色优势进一步展现。不断完善智库建设领导小组、智库学术委员会、科委会定向把关和副首席专家牵头负责的智库运行体系，组织能源发展战略、天然气定价机制等 8 项智库课题研究，开展的“一带一路”油气合作、中央企业创新驱动重点调研为党的十九大报告编写提供素材，围绕党的十九大专题开展具有全球竞争力的世界一流企业、绿色清洁能源体系建设等 7 项课题研究，报送特朗普能源新政、金砖国家能源合作等智库报告 15 份，有关我国油气体制机制改革的智库报告被社科基金《成果要报》刊发，与中国工程院联合撰写的《院士建议》得到国家领导同志批示，智库动态被刊用 9 篇。

对国家部委的决策服务支撑及时有力。经研院连任中央企业智库联盟副秘书长单位，有关国内石油石化产业发展、粤桂琼三省 LNG 市场展望、统筹泛亚油气管网建设、中沙能源合作等多份研究报告上报中办、国办和中央外办，报送的 4 项管理会计指引应用于财政部文件，承担中财办、国土资源部、国务院国资委等部委研究任务，定期参加国家发改委、能源局形势会商和季度分析会，深度参与行业改革部署与政策制定，参与的中国能源展望等课题分别获得国家能源局软科学研究优秀成果、中央企业智库联盟优秀课题、石油企协优秀论文与著作等奖励 17 项。

【集团公司发展决策支持能力不断增强】 2017 年，经研院围绕集团公司关注的热点难点问题咨政建言。报送的对外合作区块弃置费、中俄油气合作、委内瑞拉形势、上游降本增效、油服公司新模式、科技体制机制改革等 14 份研究报告获集团公司董事长王宜林、总经理章建华等领导批示，在集团公司各类高层和专业会议上提出的大量观点建议得到认可采纳。

深度融入生产经营工作开展研究。开展的成品油销售、非油业务、工程技术、工程建设、大物流、区域协调机制等课题研究为集团公司改革发展提供有力支撑，承担的“一带一路”、新能源新技术系列课题以及“油气市场与价格研究组”工作为集团公司科学组织国际合作、科技创新、提质增效提供重要决策参考。

科研成果质量持续提升。能源展望、油气行业发展等品牌报告的行业关注度、知名度和影响力进一步提升，2017 年完成研究报告 100 余份、呈阅件 52 篇、石油情报 90 期，超额完成任务指标。“集团公司技术发展战略及‘十三五’科技发展规划编制研究”和“‘一带一路’油气合作战略研究”获集团公司科学技术进步奖二等奖，2 项成果分获金蜜蜂社会责任报告和北京科技声像作品奖项。

【科研发展基础更加牢固】 2017 年，经研院科研业务结构持续优化完善。新建“技术和资源接替战略研究中心”“炼化产业市场分析和战略研究中心”两个跨部门项目制试点机构以及“非油业务研究中心”“物资采购管理研究中心”“人力资源研究中心”，改建“财税和金融研究中心”，继续加强“成品油市场信息中心”“天然气市场信息中心”“海外发展战略研究中心”建设。炼化研究中心首次编印化工产品研究报告和数据统计，各研究中心与集团公司经营业务板块对接，进一步填补经研院直接服务集团公司生产经营的短板，提升在集团公司决策支撑体系中的重要地位。

“智慧经研院”建设持续推进。大数据共享平台于 2017 年 1 月 1 日如期上线，初步搭建起经研院成果、数据和信息等资源统一的共享、检索和发布平台，首次实现院内共享。集团公司重点实验室“油气市场模拟与价格预测”建设有序推进，成品油市场情报系统持续升级，零售终端定价系统启动建设，海外油气投资环境平台不断完善，发展战略、石油科技等实验室和移动办公等信息系统建设持续推进，升级能源远景预测、资源国产量和消费量预测等工具模型，开发应用技术预测、资源接替、页岩气开发等工具方法，信息资源和数据库集群不断丰富完善，进一步促进科研手段和管理方式的转型升级。

【人才队伍建设】 2017 年，经研院绩效考核优化研究全面推进。创新性地开展经研院绩效考核管理研究，建立一套以业绩为导向的绩效评价指标体系，各部门各单位分类评估、全员考核，考核结果与薪酬全面挂钩。“双序列”改革扎实推进。建立专业技术岗位序列管理和考核测评制度，全面落实专业技术人员薪酬等待遇政策，两级专家牵头负责智库课题和集团公司级课题。人才培养方式更加丰富。开辟了与能源局的人才“旋转门”，互派干部挂职交流，与中国石油大学（北京）共建博士后工作站，新增享受政府特殊津贴 1 名和正高级职称 4 名，推荐 12 名副高级职称人选。培育青年成才力度持续加大。选拔5名青年科技英才培养人选，派出3名青年骨干分赴IEA、沙特国王研究院和伊朗油气项目公司工作，推动青年人才在重大项目中担当重任、国际会议发表演讲、国际期刊发表论文、接受电视台专访。培训工作取得新进展。开设专家论坛，组织各类培训90余项、千余人次，经研院内专业培训和学术交流更加丰富，外语口语培训更具实效，人才队伍素质进一步提高。

【开门办院提升声誉】 国际平台进一步搭建，中国声音对外传播。2017年，经研院全面参与国家“一带一路”国际合作高峰论坛，主办的第五届国际能源发展高峰论坛吸引OPEC秘书长巴尔金多到来，规模层次和对外影响力再上新台阶。创办文明古国能源合作智库论坛，发布行业报告和能源展望，举办十大科技进展，十大石油经济事件评选会以及中日、中韩成果交流会，技术创新管理国际研习会，承办全国石油经济学术年会、中加能源“二轨”对话和IEA中国能源展望研讨会等大型会议。交流形式进一步丰富，合作网络进一步拓展。深化亚洲天然气市场联合研究，与中国科学院等机构共建“能源与环境政策研究中心”，与俄罗斯、伊朗能源机构开展深入合作，与行业组织、高等院校、兄弟单位建立机制性合作。派员出国（境）交流49个团组、105人次，在世界石油大会、亚洲油气大会、东盟“10+3”能源合作论坛等大型国际会议上发表演讲，接待国内外机构50余个团组、200余人次来访交流。舆论引导作用进一步发挥，助力行业发展。与上海石油天然气中心、新华社中国经济信息社联合发布中国汽油、柴油批发价格指数，通过新华社发布中国成品油市场供需月度预测报告。在党的十九大、全国“两会”、金砖国家能源部长会议期间发表多篇有影响力的专访文章，推动《国际石油经济》入选中国科技核心期刊（社会科学卷）并试办智库专栏，对外交流合作传播体系日益丰富完善。

【合规管理保障有力】 2017年，经研院严格执行“三重一大”决策制度。认真贯彻民主集中制原则，全年召开院长办公会23次、党委会16次，审批83项议案，对重要工作督查督办213人次，下发督办单62件，决策事项均得到落实。基础管理进一步加强。制修订支持智库重点课题、劳动管理、招标管理等制度流程，开展内审、内控工作，实现经研院财务集中管理，全面完成公务用车改革、超标办公用房整改，进一步规范合同、档案管理，专利、期刊等管理服务工作获得上级高度认可，争取政策支持减免进口税额近百万元。安全保密管理持续深化。以安全保密文化建设为主线，强化全员安全保密教育，强化责任落实和督促检查，全年安全、保密零事故。经营工作取得新进展。经营公司克服外部不利条件，融入智库发展，提高服务质量，完成党建工作进章程、公司制改革、股权变更、法人层级压减和地下室回收，推进“三供一业”移交分离，经营业绩稳中有升。

【党建工作发挥优势】 2017年，经研院认真迎接和学习宣传贯彻党的十九大精神。开展“四合格四诠释，喜迎党的十九大”岗位实践活动，全院党员亮身份、做表率，党委中心组集中学习15次，配发学习书籍4000余册，党支部开展各类学习活动160余次，经研院党委委员和支部书记带头宣讲党的十九大精神、带头撰写论文。党建工作责任有效落实。经研院成为集团公司党建工作研究平台的研究机构之一。制定党建工作责任制2项制度，扎实推进“两学一做”学习教育常态化制度化，领导班子建设进一步加强。修订中级管理人员选拔任用办法，选拔交流处级干部27名，用人满意度创近年新高。党风廉政建设深入推进。成为集团公司党组纪检组首批派驻驻在单位之一，全力支持配合纪检组各项工作，率先开展大监督体系研究和建设，签订党风廉政建设责任书，持续推进专项巡视整改，制修订贯彻落实中央八项规定等3项制度，探索建立“权力清单化清单流程化”的风险防控体系，有序开展经研院内自主审计工作。和谐建设持续深化。开展“弘扬石油精神，重塑良好形象”活动，加强意识形态、新闻宣传和网评队伍建设，新修订中英文宣传画册，通过自媒体宣传报道280余篇，获新媒体大赛微电影三等奖。靠前做好统战工作，承办九三学社北京市委主题议政会。充分发挥群团桥梁纽带作用，持续开展“三关心”活动，彻底解决职工群众反映多年的体检机构过远、夏季加班无空调等问题，组织开展新春联欢、植树健步走、在京科研单位羽毛球比赛等活动，组织参加在京单位运动会、善行者公益徒步活动和乒乓球等比赛，篮足球、歌舞等8个协会活动丰富。召开全院青年大会，选树青年典型，下发加强青年工作指导意见，组织爱国主义教育和英语演讲比赛。全年帮扶困难党员群众81人次，真情关心离退休老同志。全院上下勇于担当、争创一流的文化氛围更加浓厚。

（刘　佳）

中国石油集团工程技术研究院有限公司

【概况】 中国石油集团工程技术研究院有限公司（简称工程院）于2017年11月由原中国石油集团钻井工程技术研究院（简称钻井院）和休斯敦技术研究中心整合成立，同时挂中国石油天然气股份有限公司工程技术研究院、中油油服工程技术研究院牌子。是集团公司直属科研机构，被集团公司确定为“中国石油海外钻井完井技术中心”，是人力资源和社会保障部批准的“博士后科研工作站”、国家发改委评定的“油气钻井技术国家工程实验室”。发展定位为集团公司油气工程技术参谋部、油气工程基础前沿及高新技术研发中心、油气工程高端技术支持与服务中心、油气工程高端科技人才引进培养平台，油气工程高新技术产业化平台。主要从事井筒工程的基础和前沿技术、尖端工具和仪器、入井流体的研发和推广。

工程院下设6个职能部门、1个海外研发中心，9个专业研究所、1个装备制造基地（北京石油机械有限公司，简称北石公司）、3个公司。拥有油气钻井国家工程实验室、中国石油集团公司钻井工程重点实验室和试验基地，美国休斯敦非常规工程技术实验室。截至2017年底，员工总数760人。其中：直接从事科研工作人员377人，集团公司技术专家13人，中国工程院院士2人；博士、硕士研究生281人，大学本科347人，本科以上学历占83%；教授级高级工程师39人，高级职称人员299人，高级职称以上人员占44%；中级职称人员198人，占26%。

工程院拥有井下控制工程技术、欠平衡（气体）钻井技术、套管钻井技术、分支井（大位移水平井）钻井技术、膨胀管（波纹管）技术、连续管作业/钻井技术与装备、钻机配套的机电液一体化装备、钻井液与储层保护技术、完井固井技术、煤层气（新能源）钻完井技术、储气（油）库工程技术等特色技术。已具备承担国家和集团公司重大科研攻关项目的能力，重大工程现场技术支持能力，硕士研究生以上高学历和高层次专业技术人才培养能力，钻井最前沿专项技术、装备的研发能力以及技术服务能力。

2017年，获集团公司及省部级科技奖励19项，国家优秀专利奖1项，申请专利212件(含发明专利124件)，获得授权专利114件(含发明专利58件)；发表各类论文169篇(含国际26篇)，出版专著7部（含2部论文集）；完成41项标准制修订（含国家标准2项、行业标准2项、集团企业标准5项、院级企业标准32项）。

【科研成果】 2017年，工程院承担科研课题80项，其中国家课题24项，集团/股份公司课题56项。重点工作任务完成率100%，科技创新成果应用率100%，新增科技创新成果57项。在原有技术积累的基础上，有14项科研工作取得重要进展。

（1）“新型精细控压钻井技术与装备”依托国家重大专项项目和集团公司“海洋动态压井与安全监测技术装备”课题，完成井筒压力闭环控制装备设计方案，进入装备加工阶段。（2）“连续管侧钻井技术与装备现有模式下的连续管钻井现场试验”与长城钻探合作，连续奋战4个月，成功完成3井次的连续管有缆侧钻现场试验，累计起下连续管10万余米，最高单井进尺达707米，在国内首次完成“增稳降直”四段式连续管开窗侧钻定向施工。钻井装备全年运输、转场、试验零故障运行。（3）“连续管侧钻复合钻机”完成钻机设计、侧钻工艺、减阻工具研究及水力振荡器样机加工。（4）“深层连续管作业装备”完成2英寸7000米深井连续管作业机结构方案和关键部件设计；页岩气连续管作业机试制及现场试验5口井，满足施工要求。相比连续管常规作业，深层作业具有高温高压高磨阻的特殊性。深层作业工具：紧凑型高效作业设计旋流和多孔解堵工具、长水平段减阻与清洁设计水力振荡器、钻磨循环阀、多级压裂设计紧凑型底封封隔器压裂工具串等。（5）“新型超深井钻井装备9000米四单根立柱钻机”研制形成国际首台4单根立柱超深井钻机和配套施工工艺。在塔里木油田投入现场应用4口井，完成7602米钻井任务，完成跃满802井四单根立柱自动化移运施工和安全测试评估，显著减少起下钻时间。（6）“钻井工程设计与分析一体化软件”研发钻井工程一体化软件SDK（Software Development Kit标准化、受约束的软件开发环境），建立钻井工程分析和计算模块的规范化、插件式开发体系，共开发完成代码42400余行、功能模块5个。形成钻井工程软件各模块的一体化功能设计方案、自动化钻井设计软件架构和实施方案，升级完善各计算模块。完成钻井工程一体化软件 V3.0α 版的开发，进行 α 版的集成测试。（7）“固井设计仿真与远程监控系统”开发出集固井优化设计、计算机分析模拟、现场施工自动化、远程监测与控制为一体的软硬件综合系统，总体达到国际先进水平。系统样机在现场成功试验 15 井次，软件应用 100 余井次，达到设计要求。有利于提升固井作业的科学化、智能化水平，可减少 60% 以上施工人员数量，使固井施工过程可知、可控。（8）“高温高密度高抗盐水侵油基钻井液形成乳化剂多点吸附理论”发明多个亲水基团的新型乳化剂等处理剂，突破油基钻井液盐水侵和固相容量限。首次形成同时满足抗 45% 盐水污染、抗温 200℃、密度 2.60 克 / 厘米^{3}的油基钻井液，突破国外技术盐水侵容量限 20%—30% 的极限，单井钻井液材料成本降低 30% 以上。实现国产油基钻井液在库车山前超深井“零”的突破，解决高温高压条件下盐水污染引起的钻井液失效重大技术难题。克深 1101 井在四开溢漏同层中采用排水降压技术，油基钻井液遭受 64 次共 1129.98 立方米高压盐水侵，油水比最低达到 12:88（创库车山前最低油水比纪录），钻井液仍保持良好的流变性。钻井液处理剂成本降低 30%—50%。（9）“高性能环保水基钻井液”针对油基钻井液应用成本高、环保压力大等缺陷，研制出最高密度 2.25 克 / 厘米^{3}的新型高性能水基钻井液体系和配套化学处理剂，具备“水替油”技术能力，达到国内外领先水平，有望解决油基钻井液的钻屑环保难题。研发出环保型润滑剂、抑制剂、降滤失剂、泥饼改善剂、封堵剂和防塌剂。（10）“PCDS 精细控压钻井技术与装备”研制的 PCDS-I、PCDS-II、PCDS-S 精细控压钻井系列装置，集恒定井底压力控制与微流量控制于一体，井底压力控制精度 0.2 兆帕，达到国际同类技术产品先进水平。（11）“连续管作业技术专项推广”形成三大类 8 种结构型式的系列连续管作业机，开发 7 类 35 种作业工艺，对中国连续管作业工艺技术发展起到积极作用。推广专项一期推广 51 台（套）。（12）“钻井工程设计集成系统 V2.0”具有井眼轨迹、井身结构 、套管柱设计与分析等功能，可满足中国石油最新钻井设计标准格式要求，能够完成直井、定向井、水平井等井型钻井工程设计；在常规钻井设计方面，具有与国际先进软件相同的功能。在长城钻探、大庆钻探、新疆油田、辽河油田、大港油田安装 120 多套，培训相关设计人员 132 人次，推广应用 1632 井次。（13）“大温差固井技术”针对复杂结构井长封固段固井水泥浆超缓凝难题，开发出 5 种抗高温大温差降失水及缓凝核心外加剂，首次研制出抗温 200℃、温差大于 100℃的大温差水泥浆体系，形成高温大温差固井配套技术，在西南、塔里木、华北、大庆等油田成功应用 80 余井次，固井合格率 100%，创造一次封固 6657 米的世界纪录。2017 年复杂井固井市场占有率 80% 以上，为提高复杂井固井质量，简化井身结构提供技术保障。该技术填补了国内空白，总体水平达到国际先进水平，提升集团公司核心竞争力。（14）“大压差固井技术”针对深层、非常规油气井井筒温度、压力大幅变化等恶劣工况，通过计算机辅助设计、浆体、工艺及工具技术的集成配套，形成恶劣工况条件固井密封完整性控制技术，应对深层天然气井等预防环空带压的世界性技术难题。

【技术支持】 发挥技术优势，面向集团公司总部和勘探开发现场，针对关键技术瓶颈和重大项目，加强现场攻关，做好决策参谋和技术支持。

做好对集团公司总部的参谋支持。根据国内外勘探开发形势和中油油服组建新情况，及时跟踪国内外油气勘探开发需求变化及工程技术现状，分析、研判和预测工程技术发展趋势，着重分析、梳理国外油气工程技术现状及发展趋势，定期形成专题技术报告、资讯或期刊，协助科技管理部、勘探与生产分公司、中油油服等提出工程技术对策、技术路线与发展建议，为集团公司总部决策提供重要、有价值的参考。

做好川渝地区等页岩气开发技术支持。以西南油气田项目组为依托，整合优势技术力量，针对深井、超深井及长水平段井的安全快速钻井与非常规油气提速提效难题，开展钻井方案优化、井身结构拓展、难钻地层提速、事故复杂防治、关键层段固井等技术支持与服务，新工具新技术现场试验应用不少于 3 井次，工作目标区重点井钻成并见到良好的提速效果。

做好海外钻完井技术支持。海外所要树立大局和整体利益观念，发挥好“中国石油海外钻井完井中心”的作用，在做好 CNODC 总部和海外项目公司技术支持的同时，从井筒技术支持逐步向井筒技术支持 + 增储稳产和地质工程一体化解决方案转变。对集团公司海外项目进行系统分析，理清项目公司技术支持需求，找出技术支持与研究的切入点和契合点，提出地质工程一体化解决方案，确保对 CNODC 提供全方位全产业链油气工程技术支持。对非集团公司海外项目，加强与钻探企业合作，依托钻探企业的海外平台“借船出海”，推广工程院的技术和产品。

做好塔里木油田钻完井技术支持。针对塔里木油田生产需求和钻井工程难题，结合塔里木专项Ⅲ期开展控压钻井、油基钻井液、超深井固井、膨胀管、PDC 钻头和工程地质力学一体化等技术支持与研究，推进工程院成熟特色技术推广应用。

围绕其他“低、深、非、老”领域，以及长庆 5000 万吨稳产、新疆地区 5000 万吨和大庆油气可持续发展等重点工程和重大现场试验项目，瞄准工程难题，发挥一体化研发与攻关优势，加强远程技术支持与决策系统建设及功能作用的有效发挥，靠前支持服务，为集团公司总部出谋献策，为现场提供解决方案，全面提升工程院的应有地位、话语权和影响力。

【科技创新体系】 2017 年，工程院坚持把科技创新体系建设作为支撑发展的重点，在实验室、人才队伍、体系平台和信息化数字化建设等方面取得了重要进展。

全面提升实验条件保障，推进科技研发能力建设。发挥作为“油气钻井技术国家工程实验室”和集团公司“钻井重点实验室、试验基地”牵头单位的作用，及时更新完善组织管理体系和学术委员会，研究建立高效运行和开放共享机制。组织好油气钻井技术国家工程实验室、集团公司钻井工程重点实验室和试验基地的学术委员会年度会议，完善相关管理制度，加强规范化管理。

不断优化人才成长环境，推进人才保障能力建设。以专业技术序列改革为抓手，以完全项目制为依托，着力推进“专家引领、科研主体、项目依托、平台支撑、自主运作”五位一体的创新团队建设，培养造就在石油工程方面具有国际影响力和话语权的高层次科技领军人才及其后备力量。建立工程院总院和“分院”人才共享机制，吸收“分院”高端人才参与总院基础前沿和尖端装备研发，畅通“分院”对总院现场服务人员支撑。

打造国际研发与交流平台，推进国际化能力建设。搭建国际经济技术研发与交流平台，及时掌握国际最新科研方向动态；充分发挥休斯敦中心高端技术研发平台作用，攻克非常规、超深、低渗透等关键核心技术，在测量技术、钻完井及储层改造技术、钻井液等领域缩小与国外先进技术差距。建设和利用好休斯敦非常规油气工程技术实验室，促进海外研发能力的大幅提升。

加强内外合作交流，推进协同创新能力建设。对外加强同油田公司、钻探企业的战略合作，实现优势互补、资源共享、责任共担，不断拓展技术研发和服务领域；对内加强融合，实现各专业领域、各所及公司之间的协调发展，打破条块限制，推进资源共享与优势互补，形成全院一体化优势。

【产业转化】 2017 年，工程院立足“产学研”一体化综合优势，加强市场开发；推广应用成熟技术和产品；谋划做好顶层设计，着力打造中国石油工程技术高端设备、仪器、工具研发制造和服务基地。

在新技术成果转化方面，持续深化“技术服务带产品销售”模式，建立起科技成果快速推广应用灵活机制。（1）推进一体化技术服务，围绕川渝页岩气、新疆玛湖等重点地区，集成工程院优势成熟技术，提供一体化解决方案。（2）以市场需求为导向，以解决重大技术难题为目标，优选成熟项目，配套优惠政策，抓好与沙特阿美公司合作项目的研发，加速产业转化，打造工程技术利器。（3）重点推进精细控压钻井、近钻头地质导向、连续管作业机、套损井修复、顶驱下套管装置、非平面齿 PDC 钻头、高温高压抗硫永久式生产封隔器、油基钻井液、复杂井固井等产业化项目，增强科技创效能力。北石公司推动管理优化，减亏扭困。不断加大清欠力度，下半年回款 2.7 亿元；着手以精益生产带动全面精益管理，从采购成本、管理费用、生产成本等全方位推行降本增效；加快推进制造 + 服务转型，取得明显成效。江汉所拓展新业务，扩大经营成果。在山西和长庆完成 10 口井压裂施工；承揽山西煤层气水处理项目，研制出洗井车和移动式水质监测车；推广连续管压裂服务，完成国内首口煤层气水平井定向喷砂射孔压裂施工。

在传统产品生产销售方面，持续加强传统产品技术研发和升级换代，不断提升产品和服务质量，拓展市场空间。（1）持续推进“精益生产”和“制造 + 服务”专项工作，通过精益管理和技术服务，不断优化产品性能，提升服务质量，形成产品和技术品牌，提高企业知名度，提升市场话语权。（2）着力加强“科研与产业”的有效融合，集工程院智慧，探索研究北石公司转型升级，把传统制造企业打造成科研成果转化基地、研发柔性基地和试验加工基地，谋求生存与发展的本质性突破。

【改革重组】 2017 年，工程院深入贯彻集团公司领导干部会议精神，加强改革组织领导，严格落实各项改革工作要求。8 月 11 日成立全面深化改革领导小组，8 月 15 日成立公司制改制领导小组，11 月 23 日成立重组改革领导小组。起草完成钻井院全面深化改革方案并在党政联席会议上审核通过。在重点推进剥离企业办社会职能和“三项”专项工作治理工作方面，江汉所完成水电气市场化运行；北石厂通过只持股不控股的方式，推动北京东方石油设备有限公司股份转移事项。在公司制改制方面，按期完成钻井院、北石厂及江汉所的公司制改革方案、公司章程的起草和发布，组织完成工商局名称核准、营业执照更换等改革任务。在重组改革方面，实现钻井院和休斯敦技术研究中心的重组整合，正式组建成立工程院。

【党建工作】 2017年，工程院深入贯彻落实党的十九大精神，准确把握党建和科研生产中心工作契合点，充分发挥党委政治领导核心作用、党支部战斗堡垒作用和党员先锋模范作用，为全院改革发展提供思想和组织保证。

教育活动为基础，思想引领作用进一步增强。深入学习贯彻党的十九大精神，工程院领导带头，层层宣讲；组织开展“四合格四诠释”岗位实践活动；开展“五一劳动奖状”等典型选树，精细控压钻井团队荣获集团公司“铁人先锋号”称号；持续推进“两学一做”学习教育常态化制度化；加强意识形态工作，开展思想政治工作研究，4篇论文在石油政研会上交流并获奖。

以推动巡视整改为依托，党建工作进一步规范。针对巡视反馈问题，工程院党委认真组织研究，制定《巡视反馈问题整改方案》，分阶段按期推进整改工作。强化落实“两个责任”，调整完善党风廉政分工，组织各级领导干部签约党风廉政建设责任书216份；坚持运用“四种形态”有效处置问题线索，受理信访件5件。

服务科研生产中心工作，群团组织活力进一步彰显。落实职工民主权利，召开职工代表大会和团组长会议，审议通过《钻井院改制方案》《职工安置方案》；完善工会工作制度，关心职工生活，发放困难帮扶资金49.4万元；开展青年员工素质拓展、“青年志愿者服务”和“青年文明号开放周”等活动。

【企业管理】（1）抓好科研项目管理，组织重点课题阶段检查和方案论证，推进项目进展，提高科研质量，培育科研成果；推进完全项目制改革。（2）抓好产业管理，加强与各油田企业和钻探公司签订战略合作协议，提高技术服务附加值，完善内部激励机制，促进科研成果转化。（3）加强财务管理，严格落实“严考核，硬兑现”的奖惩机制；科学合理统筹安排资金，2017年提供内部周转资金8000万元；合理进行税收筹划，减少税费支出500万元，实现管理增效。（4）加强人才队伍建设，孙金声成功当选中国工程院院士，引进1名外籍专家，派遣2人赴美国做访问学者；建立专业技术岗位人员考核评价和动态管理机制，完成一般管理岗位首次聘任工作。（5）抓好安全环保工作，组织开展“安全生产月”和节能宣传周主题宣传活动，开展安全生产大检查；细化安全环保责任书，加强绩效考核力度。（6）抓好培训交流，参加集团各类培训59项，开展院级培训26项；成功举办页岩气工程地质力学国际学术研讨会，国家工程实验室、集团公司钻井工程重点实验室和试验基地学术委员会年会。

（王盼盼）

中国石油集团安全环保技术研究院有限公司

【概况】 中国石油集团安全环保技术研究院有限公司（简称安全环保院）成立于2007年11月，为集团公司直属科研机构。2008年7月，中国石油天然气股份有限公司安全环保技术研究院获批设立，与安全环保院合署办公，“一个机构，两块牌子”。安全环保院是中国石油安全环保战略决策的参谋部，是集团公司、股份公司安全环保技术研究中心、HSE信息中心、安全环保技术服务中心。2017年11月，中国石油集团安全环保技术研究院由全民所有制企业改制登记为有限责任公司，更名为“中国石油集团安全环保技术研究院有限公司”。

安全环保院主要承担安全环保政策法规、战略规划和标准规范研究，HSE管理体系研究，专项治理工程技术论证和重大项目安全环保技术评估，重大新建和并购项目HSE体系技术支持，应急技术研究，为应急管理和事故调查分析提供技术支持，基础、超前、共性和重大安全环保技术攻关、应用技术研究和新技术推广、HSE信息管理、对外交流与服务，HSE评价、审核、认证、咨询等技术服务。

2017年底，安全环保院有5个机关职能部门，设11个业务单位。有员工368人。其中：集团公司高级技术专家11人；博士、硕士研究生学历137人，大学本科学历208人，本科以上学历占94%；教授级高级工程师10人，高级职称人员159人，高级职称以上人员占46%，中级职称人员125人，占34%。

2017年，安全环保院总收入突破4亿元，科研经费、支持业务收入和服务业务收入均超过1亿元，三大主营业务实现均衡发展。承担国家课题4项，国家科技立项实现再突破；成立管道板块工作站，HSE技术支持体系总体布局基本形成；HSE管理咨询业务实现由集团公司委派任务到炼化企业主动提出需求的转变，评价业务与油田企业签订框架协议实现项目整装化。完成A类成果22项，发布国家标准1项、行业标准2项、企业标准10项。全年实现“零事故、零伤害、零污染”的HSE工作目标，被集团公司评为2016年度“安全生产先进单位”和“环境保护先进单位”。

【决策参谋】 2017年，安全环保院贯彻“把握第一时间、把握领导关切、把握参考价值”的工作要求，全年发布《HSE专题报告》15篇。完成10余项国家法律法规、标准规范解读，形成集团公司《环境保护税法施行影响分析及建议》等报告，参加中央环保督查反馈问题调查，持续发布《HSE信息参考》12期、《石油安全》12期、《安全信息》24期、《健康安全环境标准化通讯》12期、《海外社会安全形势周报》47期。联手中国科学院战略咨询研究院、中国石油经济技术研究院和北京航空航天大学，共同发起成立“能源与环境政策研究中心”。

【技术研究】 2017年，安全环保院承担的国家重大环保专项“页岩气等非常规油气开发环境检测与保护关键技术”按照“奋战两年，迎接验收”的计划部署，在处理装置设计和加工制造等方面取得阶段性成果，为非常规油气开发污染物防治系列工艺技术及装备等重要成果的实现奠定良好基础；国家重大安全专项“典型危险化学品储存设施安全预警与防护一体化关键技术研究与应用示范”形成储罐法拉第静电在线监测技术等2项标志性成果，完成国内唯一具备储罐地基沉降实时模拟的中型试验平台主体建设，中期预检查获中国21世纪议程管理中心A类项目评价。

集团公司重大科技专项“低碳与清洁发展关键技术研究与应用”二期各项研究工作按计划稳步推进，在减排与资源化等3个研究领域，形成油田能量系统优化技术体系等9项标志性成果。“安全环保关键技术研究与推广”和“十二五”下游结转课题完成验收，“油田环境敏感区钢制集输管道泄漏在线监测预警技术研究与应用”等上下游课题完成立项。成功申请4项集团公司基础科学和战略储备基金项目，实现基础研究、战略储备和生产应用的全面立项。

组建院士为主的学术委员会，主持及承担在研课题35项。固废残渣制压裂砂等15项关键技术实现突破，作业废物无害化处理等6项技术实现成果转化。32台（套）标准装置投入使用，10台（套）试制装置完成方案设计和论证，基本完成兰州现场实验基地建设，国家重点实验室建设取得阶段性成果。

含油污泥处理技术、污染土壤与地下水修复技术、作业废液处理技术和钻井固体废物处理技术成为产业化四大技术支柱，分别在企业落地应用。审核助手、作业许可管理、放射源管控等信息化技术稳步推进。产业化工作从“无技可施”，转变为“择技优施”。

【技术服务】 2017年，安全环保院完成评价业务128项，实现新签合同额9100万元。在维护现有市场的基础上深入挖掘评价业务新领域，从解决企业实际问题的角度出发，开展西部原油成品油管道工程环境影响后评价（甘肃段）等特色业务46项，评价业务市场实现多元化发展。

完成认证审核407家次，连续8年获国家认可委“A类认证机构”称号。拓展管理咨询市场，新增咨询合同20项。开展冀东油田、庆阳石化等HSE管理咨询项目，为打造咨询品牌、推进认证业务转型发展奠定基础。

获批设立“含油废物处理及资源化工程中心”；信息工作取得CMMI和ISO 20000国际化专业资质；环境监测完成国家级计量认证和实验室认可资质复评审及扩项工作；静电监测实验室完成认证扩项；海洋安全评价资质和职业卫生资质完成换证，获国家陆上、海上一级安全标准化评审的资格再认定。

【技术支持】 2017年，安全环保院以诊断评估、污染源在线监控等工作为代表，完成各类支持任务92项。承担的HSE体系审核实现集团公司全覆盖，完成8家企业安全环保技术诊断与管理评估。带队到管道公司、渤海钻探等8家单位开展安全生产大检查。开展“四不两直”安全专项监督13次，参与事故调查20起。

完成集团公司危险化学品普查工作，摸清危险化学品种类数量、重大危险源。跟踪落实国家危险化学品监管政策，完成集团公司《危险化学品安全监督管理办法》修订。开展重点企业的危险化学品管理专项督查和安全专项诊断评估，建设安全监管信息平台，上线运行普查平台和共享平台。

完成集团公司国内及海外业务2013—2015年温室气体核算与报告编制并开展数据分析，完成2016年勘探板块与海外板块温室气体核查核算、排放统计与报告编制，完成集团公司《天然气生产温室气体排放核算与报告及控制对策》编制。

对341个重点污染源排放口进行全天候监控，有效提高污染物排放达标率，监测系统被列入集团公司2018年技术利器推广宣传。党的十九大、金砖国家领导人第九次会晤期间，开展中国石油企业排污情况24小时监控、现场巡检和大气污染防治专项检查。

HSE信息系统为6万余名用户提供支持服务，完成3000余名用户培训，开发环保检查督办等9个模块。应急信息系统完成桌面推演440次，模拟实战重点联调12次，无差错完成党组成员与现场连线慰问，完成3起突发事件处置支持。

完成阿克纠宾、哈萨克斯坦PK、伊朗北阿扎德甘等项目的HSE审核、环境风险调查和环境合规性评价工作，完成12家涉外单位的社会安全飞行审核和中亚4条国际油气管道社会安全评估，海外防恐安全培训近2万人，与中东公司签署战略合作协议。

完成勘探板块、炼化板块所属26家企业、31套生产装置、1517座油罐、68座泵房、93座装卸油栈台的防雷防静电检测评估和隐患排查，延伸开展中缅原油管道系统防雷防静电检测评估，发现重大风险问题616个并提出整改建议，帮助企业预防控制安全风险。

【管理提升】 2017年，安全环保院以业务流程和规章制度梳理为重点，制修订规章制度47项，制度体系基本成形。突出项目策划与执行，以科研生产管理平台为抓手，做好填报、分析、协调、督办、检查和考核等工作，使之成为管理利器。精心组织科技成果和知识产权策划，有效保障年度A类考核指标实现和B类成果储备。围绕流程设计与合规管理，系统规范科研资金、财务资产的全过程管控。推出科财助理和管理会计支持服务，提升业财融合和财务专业化服务能力，实现管理增效。开展风险辨识，实现重点实验室自制设备、示范工程现场等重点部位远程视频监控，完成大罐油品清理等隐患治理。加大执纪问责，结合季节特点强化安全检查，认真落实“大学习、大检查、大反思”系列活动，保证科研生产安全平稳运行。加强招标和合同管理，规范审批流程，实现OA系统与档案系统并轨，加大重点工作督办力度。完成公司制改制和股份院的工商登记。通过改制，使研究院成为独立市场主体，为更好更快发展奠定基础。

【人才队伍建设】 2017年，安全环保院选派员工参加集团公司岗位能力提升和专业技术培训，举办系列专家讲座、院士讲学12期，选派2名优秀技术骨干出国交流、深造，选派2名处级干部参加清华大学研修班学习。引进专家级人才、技术骨干15人。围绕国家重点实验室建设，聘请3名知名专家担任学术带头人，4名资深专家担任工艺装备技术指导，遴选41名大学教授组建专家库；与大庆油田水务公司开展合作，选聘13名专业技术人员来安全环保院开展科研工作；从中国石油大学（北京）选招30名研究生进站联合培养。推行以人才为核心，以项目为纽带的“人才、平台、项目”一体化管理模式，探索建立以学科带头人为技术领军、以专业化团队为依托、以精细化考核为保障的团队运行机制，发布《科技创新团队建设与管理暂行办法》，建立固废处理等4个创新团队。发挥内部战略合作优势，实现互惠双赢、共同发展，与辽阳石化、吉林油田等签订战略合作协议。开展国内技术交流53次，派专业技术人员赴美国、澳大利亚、丹麦等国开展国际交流29次，举办3期院士讲座。

【党群工作】 2017年，安全环保院开展党委中心组集中学习12次，组织处级干部专题培训班2期，结合“四合格四诠释”岗位实践活动开展支部书记讲党课和党员岗位讲述，为党员配发学习辅导材料1000余册；组织党员赴延安、井冈山接受党性教育；开展党员示范岗创建活动，12名示范岗党员脱颖而出，实现“两学一做”学习教育常态化制度化。严格落实党委议事规则和决策程序，调整使用干部20人次，有效发挥党委政治核心作用。层层签订《党风廉政建设责任书》，推进责任落实；高度重视专项巡视工作，落实整改方案，完成问题整改；坚决贯彻落实中央“八项规定”精神，驰而不息纠正“四风”，做到常抓常严；配合纪检监察工作，对信访举报及时核查取证。开展青年演讲比赛、科技讲座等活动，参加集团公司在京单位第一届运动会，推进民主管理、院务公开，落实合理化建议和职代会提案，解决好广大员工关心的热点、重点问题，全年慰问生病和困难职工69人次。

【企业文化建设】 2017年，安全环保院以宣传研发平台建设和技术水平为重点，在《中国石油报》和集团公司门户网站发布深度报道13篇。在安全环保院网站刊载信息500余篇，员工风采70余篇，挖掘科研生产中的先进经验和典型事迹，传播“正能量”。

组织开展安全环保院建院10周年历程展，总结展示10年成果。举办企业文化书法比赛、主题演讲等系列活动，加速企业文化落地生根。涌现出以实干标兵、创新标兵、服务标兵和一大批先进个人与集体，干部员工精神面貌焕然一新，形成干事创业的良好文化环境。

（郑良杰　张译之）

中国石油集团石油管工程技术研究院

【概况】 中国石油集团石油管工程技术研究院（英文缩写TGRI，简称管研院）组建于1981年，办公地点位于西安，是中国石油直属科研机构，是国内石油行业在石油管工程技术领域唯一集"科学研究、质量监督、技术服务"为一体的综合性技术中心，也是"石油管材及装备材料服役行为与结构安全国家重点实验室"和"国家石油管材质量监督检验中心"的依托单位，拥有国内外先进的试验仪器设备500多台(套)，获国际、国家、石油行业授予的质量、计量、安全、标准等方面的权威资质和授权28项。2017年底，企业员工379人。

管研院主营业务涉及石油管工程的科学研究、质量监督和技术服务三大板块，承担着国家及中国石油重大专项、应用基础研究和技术开发项目等科研任务。研究方向包括油井管与管柱、输送管与管道、完整性评价与风险评估、腐蚀与防护、非金属及新材料等。同时，管研院还承担着标准化、质量检验和评价、石油管及装备的失效分析、石油管材的研究开发及驻厂监造、技术咨询等技术支持和技术服务工作。

2017年，管研院38项在研课题进展顺利，5项课题完成结题验收，9项成果申报集团公司科技成果转化奖励。申报发明专利85件，授权专利48件（其中发明专利33件）；出版专著和研究文集5部，发表论文170余篇（其中SCI/EI收录论文34篇）获得集团公司和省部级以上科技奖励12项，其中集团公司特等奖1项、省部级一等奖4项；制修订国家、行业和企业标准40项，技术创新成果丰硕。

【科技成果】 输送管与管线领域。输送管与管线研究成果不断涌现，引领了输送管领域的技术进步，支撑了重大管道的建设和安全运行。集团公司重大专项"第三代大输量天然气管道工程关键技术研究"完成验收，形成X90管线钢、大口径X80管线钢、0.8设计系数管道应用技术。完成高强度输送管道并管爆破试验，研究制定钢管低温爆破、管道泄漏等试验方案，进一步发展高强度管道断裂控制技术、全尺寸气体爆破试验技术。完成《X90/X100管线钢与钢管显微组织鉴定图谱》，在此基础上申请获批2018国家出版基金资助项目。深入研究低温服役环境高强度管线钢韧脆转化机理，开发零下45℃环境用X80厚壁弯管和三通，为中俄东线管道建设工程提供了重要技术支撑。项目成果被评为中国石油十大科技进展之一。

油井管与管柱领域。油井管与管柱研究不断深入，保障了重点油气田高效安全开发。针对塔里木油田高温高压气井完整性、长庆油田5000万吨稳产、新疆稠油热采开发、西南油气田300亿立方米上产、页岩气规模开发、老油田套损等特殊油气田工况和重大难题，研究建立油套管安全可靠性设计评价方法，页岩气开发用套管选用及评价方法；研发页岩气井套管柱复合载荷试验评价装备，进入制造阶段；经济型特殊螺纹套管在宝鸡钢管公司和长庆油田持续推广应用，解决长庆油田经济性和安全性兼顾技术难题，助力宝鸡钢管公司扭亏为盈；新型钛合金钻杆和油管研制取得重要进展，支撑了油气田安全、高效开发。

石油管材及装备腐蚀与防护研究领域。腐蚀防护研究范围不断扩大，为减少油气田开发、管道管网和炼化装置的腐蚀损失、降低事故率提供了有力支持。系统研究形成基于高温高压气井全寿命周期的油管选材评价技术，揭示超级^{13}Cr油管断裂的机理和原因，持续推动超级^{13}Cr酸化缓蚀剂在塔里木油田的应用，为塔里木油田油管选材和腐蚀控制提供支撑，持续完善高含二氧化碳、硫化氢环境油田集输系统缓蚀剂成套技术，在塔里木哈拉哈塘油田批量应用，成功解决塔里木油田含硫外输管线的局部腐蚀穿孔问题；针对长庆油田和大庆油田二氧化碳驱油管柱失效问题，提出管柱选材及失效控制方案；建立新疆注多元热流体井腐蚀监测技术；开展长庆油田连续油管防腐技术研究，确立三种连续油管的技术指标和应用工况范围。

先进材料及应用技术研究领域。新型材料研究抢占行业制高点，引领新兴业务发展。在成功开发复合材料增强管线钢管（直径1219毫米）的基础上，形成复合管的连接及补口技术；突破不同工况环境内穿插修复用非金属管的设计及选材技术，编制《油气集输管道内衬用聚烯烃管》行业标准；深化柔性复合管在塔里木油田适应性研究，开发快速施工和重复利用工艺，显著降低投资成本，为后续推广应用奠定基础。

【质量监督】 2017年，管研院质量监督科研项目立项取得突破，试验检验方法进一步拓展，质量和标准工作水平进一步提升。

发挥国家石油管材质量监督检验中心作用，质量监督成为发现问题、保障石油管材质量的利剑。实施质量监督计划158项，能力验证17项，其中65%为国际比对，能力验证结果全部为满意，维氏硬度能力验证结果更是达到零误差，质量控制能力持续提升。进一步规范报告审核流程，加强报告质量管理，对报告审批和抽查中发现的典型问题深入分析，严格把控试验和报告编制过程中的技术要点，促进检验中心数据可信、工作可证、试验严谨、报告严密。2017年累计完成集团公司产品抽检50批次，发现不合格产品4个批次，上报产品质量监督抽查报告7期，为塔里木、长庆、西南等重要油气田和中俄东线等重大管道工程提供质量把关。同时进一步规范抽检工作流程，针对不合格产品，制定规范的处理程序，预防了事故，减少了损失。2017年组织完成质量委托检验520项，院内委托试验511项，型式试验和鉴定评审共计80家，充分发挥行业质量监督支持作用。此外，检验中心参与科研项目研究，首次承担集团公司超前储备项目。

【标准化工作】 2017年，管研院加强国际标准交流，组织参加API冬季标准年会、SC2年会、SC2/WG16工作组会议和API夏季标准年会等，持续跟踪并推进国际标准提案项目进展。充分发挥石油管材专业标准化委员会和ISO/TC67/SC2并行秘书处的作用，从维护国家和集团公司利益出发，2017年组织制修订40项国家、行业、企业标准，完善石油管材技术标准体系，为石油工业用管材质量的持续提高和国产化提供支持和保障。按照2017年8月启动建设的中国材料与试验团体标准化委员会（CSTM）的要求，牵头筹备成立石油石化工程及装备材料领域分委会，标准化领域的资质有望进一步提升。

【技术服务】 2017年，管研院深入油田和管道企业，面向用户，瞄准油气田生产经营及重大管道运营中的关键技术问题，着力开展技术支持与服务，取得一系列成果，进一步提升管研院的行业影响力，巩固和扩大了技术服务市场。

针对塔里木油田双金属复合管线多次刺漏而严重影响油田安全生产的技术难题，开展缺陷检测、风险评价、维抢修、新建管线用管标准工艺等实用技术研究，形成一揽子技术解决方案，大幅度降低损失，保障安全生产。开展加拿大尼克森输油砂项目的双层管断裂问题研究，针对研究难题，创新实验研究方法，用翔实可信的成果为中国海油与合作方谈判及决策提供依据。总结分析数十起油气管道环焊缝失效分析案例，提出提高管道运行安全的措施，为保障管道安全提供强有力的技术支撑。

围绕中俄东线、新气管线、陕京四线、中俄原油二线、中靖联络线、东方13–2等重大管道工程，和长庆油田、塔里木油田、新疆油田等重点油气田勘探开发项目，开展技术支持与服务，确保重大工程用管质量，发挥重要支撑保障作用。设备监造市场进一步拓展，阀门、橇装设备、压力容器等设备的监造份额较上年增长118%。拓展西气东输、西部管道、煤层气等检测评价市场，检测评价业务量稳步上升。

【合作交流】 2017年，管研院与大庆、长庆、塔里木等油气田开展深入合作，与中油煤层气公司、宝钢集团、攀钢集团等单位进行业务对接和合作交流，与部分单位签订战略合作协议；2017年组织行业和院内大型学术技术交流13次，组织技术人员赴国外参加学术会议、技术交流及合作研究近40人次；中国管线研究组织（CPRO）平稳推进，筹备和成立国际焊接研究中心、中国腐蚀与防护学会油气田腐蚀与安全专业委员会和中国油气井管材及管柱技术创新战略联盟（COSTA），与长庆石化联合建炼化装备服役安全联合研究中心，申请通过了陕西省国际科技合作基地的认定，行业品牌和技术交流的重要平台不断完善。以国家重点实验室、新成立的油井管技术创新战略联盟等为平台，分别组织召开石油管材及装备材料服役行为与结构安全学术研讨会、全国套损防治技术研讨会，促进行业技术交流与合作。举办中国管线组织CPRO春季会议和冬季会议，进一步扩大该组织的行业影响力，提升管研院在管线研究领域的引领地位。成功举办“石油管及装备材料国际会议”，来自10余个国家的420余名专家代表与会，75名专家和学者做了学术报告，收录学术论文150篇，会议就当前我国和国际石油管及装备材料领域热点问题进行了深入的研讨和交流，对推动我国石油管工程技术进步具有重要意义。

【管理提升】 2017年，管研院全面深化改革，推动各项改革举措落地见效。2017年制修订各类管理制度29项。组织制定《完全项目制实施细则》，项目管理系统正式上线运行。重新修订《科技奖励办法》《科技成果转化创效奖励办法》，拟定科技成果产业化实施方案，为推动科技产业化提供制度保障。修订《动态考核办法》，并在动态考核中增加质询环节，督策各部门高质量、高效率完成工作。修订《专业技术人员管理办法》，进一步简化考核实施方案，优化考核标准；全年组织开展员工培训57项，涉及各部门近160人次。完成集团公司合同管理系统流程的搭建、填充，并实现与管研院协同系统的转换。推进ERP系统与司库2.0平台、交易平台的集成提升，促进了财务管理向生产经营过程的延伸；有效压缩应收账款和存货等，“两金”占用较上年压降1.08%。落实HSE体系建设，启动不定期重大风险点安全检查，提高督导检查的效果。启动调度信息系统建设和无线网络建设，完成CPRO网站建设，出版发行6期期刊。

【人才队伍建设】 “双序列”职级体系和完全项目制等改革措施的推行，使一大批中青年科技人才脱颖而出。2017年，选聘集团高级技术专家5人，陕西省杰出青年基金获得者1人、中青年科技创新领军人才2人、青年科技新星3人、孙越崎科技青年奖1人。9人进入石油科学家和青年科技英才培育计划。形成一支院士领衔、石油科学家带头、集团公司和省部级专家为核心、青年科技人员为骨干，年龄、专业和梯次结构更趋合理的创新人才队伍。

【精神文明建设】 2017年，管研院以陕西省精神文明单位创建为契机，围绕社会公益、传统节日、体育比赛等主题，组织开展了一系列精神文明建设活动。举办了“三八妇女节”倡议活动、“五四”青年大讲堂、英语演讲比赛、道德大讲堂、院庆系列活动及文艺汇演等，营造了员工间和谐、团结、协作的氛围；组建管研院青年志愿者队伍，开展“厚德陕西”关爱老人儿童、“美丽乡村”建设、扶贫帮困等社会公益活动，提升了管研院的社会美誉度；进一步加强离退休管理工作，改进了工作方式方法，关心离退休职工的生活和身体健康，促进了离退休队伍的团结与和谐。

【党建工作】 2017年，召开12次党委中心组学习会，3次全体党员专题教育党课，领导班子和支部书记讲党课24人次，支部“两学一做”学习教育专题讨论会50余次；认真落实巡视问题整改，对巡视提出的5个方面14个问题，按照职责细化为31项具体内容逐项落实，形成了20项工作制度，风清气正的良好政治生态进一步巩固。加强领导班子和干部队伍建设，在集团公司的指导下完成了领导班子、助理、副总师的调整和补充，严格按照程序选人用人，干部队伍结构持续优化。管研院党建工作成效及典型经验，得到集团公司和省科技工委党建督导组的充分肯定。认真落实党风廉政建设责任制，组织党员干部签订党风廉政责任书174份，年度述职述廉、重大事项报告制度得到有效落实，与各级管理人员签订备案承诺书136份，领导干部覆盖率达到100%；基层党建工作方面，国家重点实验室党支部获“陕西省科技工委先进基层党组织”称号，团支部获集团公司“青年文明号”称号。

（郭　琛）

中国石油天然气集团有限公司咨询中心
（中国石油集团工程咨询有限责任公司）

【概况】 中国石油天然气集团有限公司咨询中心（简称咨询中心）成立于1993年12月，办公地点设在北京，是中国第一批取得甲级工程咨询证书单位，国际咨询工程师联合会（FIDIC）会员、承担国家发展和改革委员会委托投资咨询评估机构任务的咨询单位和中国工程咨询协会（CNAEC）常务理事单位。为适应国家工程咨询业发展改革需要，依据国家发展和改革委员会2005第29号令《工程咨询单位资格认定办法》要求，经集团公司同意，咨询中心于2006年10月完成“独立法人”注册，成立中国石油集团工程咨询有限责任公司（简称工程咨询公司）。咨询中心为“一家单位、两块牌子”，对内称咨询中心，对外称工程咨询公司。

咨询中心是集团公司发展规划、重大投资项目的智库参谋和决策服务机构，业务涵盖项目评估评价、专题与战略研究、油气储量评估、科技经费预算与使用核查、重大问题专项调研五大类。咨询中心对集团公司油气勘探开发发展规划、重大勘探部署和油气田开发方案进行调研、论证，提出咨询意见；对油气田地面工程和炼油化工工程的大中型项目进行评估论证；对石油天然气上、下游重大发展战略、技术经济、工程技术等问题进行专题研究；受国家发展和改革委员会及国内外其他石油石化企业委托，开展有关咨询工作。

2017年底，咨询中心有院士和老中青专家120余名，内设“两会”“五部”“一中心”，即中国工程咨询协会石油天然气专业委员会、咨询中心专家委员会、综合技术部、勘探部、开发部、炼化部、工程经济部和储量评估中心。此外，咨询中心还负责集团公司井控巡视组、第一纪检监察中心和第六纪检监察中心的后勤保障工作。

2017 年，咨询中心迎来成立 24 年来第一次巡视工作，对落实好集团公司的决策部署、加强和改进今后的工作具有十分重要的现实意义和指导意义。与大港油田和海峡能源基金两家单位签订战略合作协议、平稳完成公务用车改革、制定咨询中心历史上第一个发展规划。2017 年，开展各类咨询项目 195 项，完成 163 项。其中，新承接项目 161 项、完成 137 项。全年累计动用专家 3200 余人次。

【专题研究】 2017 年开展研究课题 32 项，完成 17 项。承担能源局“天然气革命战略研究”课题，适逢天然气链式改革启动之时，通过课题汇报，发展定位问题、政策支持问题、管道收益率问题均引起能源局领导的高度重视，并在改革文件形成过程中予以参考；组织完成“中国石油提高采收率技术对策研究”课题，针对集团公司中高渗透、低渗透、稠油、复杂断块、特殊岩性等五类油藏，提出动态三代技术滚动接替的技术发展方向体系，建议集团公司将油田提高采收率和勘探增储放至同等地位高度重视。

【项目评估评价】 2017 年开展评估项目 135 项，完成 117 项，其中前评估项目 124 项，完成 106 项。开发部通过优化方案部署和工艺措施，为长宁、威远页岩气开发提供了参考意见。炼化部严格把关独山子石化炼油乙烯调整项目，提出原油和轻烃资源尚未最终落实，影响确定改造规模，尚不具备可行性研究评估条件，将原定的科研评估改成方案论证，得到委托方赞许。工程经济部注重评估过程中共性问题的总结研究，在大庆油田、辽河油田、独山子石化等燃煤锅炉烟气改造项目可行性研究评估过程中，与矿区服务工作部协同配合，共同研究合理合规交接条件、优化工艺技术和有效控制投资规模，项目投资由 17476 万元核减为 9477 万元，核减率 46%。

【重大科技项目费用审查】 2017 年，科技项目核查业务得到进一步拓展，同比工作项目数增长 66.7%，工作范围几乎涵盖集团公司科技管理部全部科技项目经费预算、项目验收的经费核查工作，成为咨询中心一项重要业务。在工作过程中，核查组严格按照“十项纪律”开展工作，并主动接受被核查单位的监督，不影响被核查单位的正常工作。本着帮助、协作解决问题的态度，对核查中发现的疑点，主动与被核查单位进行充分沟通，帮助指导问题整改，整个核查工作规范、严谨、有序，业务水平和工作作风得到核查单位的认可。

【储量评估】 储量评估中心自成立以来，牢固树立“储量是油公司的核心资产，是油公司一切效益之源头”和“管理储量就是管理资产，经营油公司就是经营储量”理念，对外加强与国土资源部油气战略研究中心、油气储量评审办公室，集团公司有关部门和专业板块沟通交流，对内加大储量评估业务自主知识产权软件开发力度，储量资产评估平台在 2016 年建设基础上，2017 年进一步梳理行业标准，并与动态法储量计算专家研讨，在大港油田开展试点，完成三轮测试和修订工作，评估结果与 DM 公司评估结果吻合率达 98% 以上。该平台能够满足开展“项目的储量资产评估工作”的基本要求，具备上线运行条件。

【重大问题调研】 2017 年，咨询中心紧密结合集团公司战略发展、工作会议精神和咨询工作实际，深入开展调研工作。完成的矿权、难动用、非常规资源有效开发等体制机制调研，主要建议被集团公司采纳。通过页岩气现场调研，形成加快页岩气发展的咨询要情专报，得到管理层响应。开展地炼企业调研，总结出装置现代化、加工多样化、产品多元化、产业联合化等特点，改变了许多传统认识，具有较高参考价值。按照“四强化四统一”原则，开展地下水封洞库调研，规范可行性研究报告内容、标准、格式等，促进集团公司地下水封洞库可行性研究整体水平的提高，得到规划计划部等部门的高度评价。

【专家论坛】 2017 年 12 月 12—13 日，咨询中心 2017 年专家论坛在北京举行。集团公司董事长、党组书记王宜林，总经理、党组副书记章建华高度重视专家论坛，分别做出批示。集团公司副总经理、党组成员、咨询中心主任刘宏斌出席论坛并讲话。论坛上，20 位两院院士和专家就勘探战略与重点领域、油气田效益开发、炼化业务优化布局、工程技术与装备业务发展等议题进行专题交流。集团公司部分两院院士、专家和总部机关有关职能部门、专业公司、部分单位负责人 110 余人参加了本次论坛。会后整理并上报《关于咨询中心 2017 年专家论坛专家建议的报告》，集团公司党组领导分别做了批示。

【学习型咨询中心建设】 2017 年学习型咨询中心建设全面开展，走出去学、请进来学、员工自学、向专家学等多种方式相结合，有效推动学习型咨询中心建设向纵深发展。组织赴埃森哲公司学习交流，召开苏里格气田提高单井产量钻井新技术研讨会，先后邀请北京大学石油与天然气研究中心师永民教授、测井老专家欧阳健教授、BP英国石油公司中国政策及监管事务首席闫建涛、伍德麦肯兹咨询公司王任飞、《解读壳牌》主编杨旭东、美国德州油气研究院生产部主任熊宏杰博士等知名专家学者来咨询中心讲学交流。组织勘探业务、战略研究和油气开发等领域学术讲座10余场，开阔员工视野。

【基础管理】 2017年2月，咨询中心印发《咨询中心管理制度汇编》。根据巡视反馈情况，制定《咨询中心专家管理办法实施细则》《咨询中心会议管理办法》《合同管理办法》等制度，并对《财务管理办法》等制度进行修订，有效提高咨询中心的管理规范化程度和工作运行效率。按照集团公司要求，相继完成保密自查、密码设备安全保密专项检查。6月，咨询中心领导和员工签订《保密责任书》《保密承诺书》，加强保密管理，强化员工的保密意识，确保保密工作落到实处。

【信息化建设】 在专家库建设方面，咨询中心各部门均对专家数据进行更新，在不断充实在职专家的同时，物色合适的专家组长人选。在业务平台建设方面，建立的炼化业务“标准规范”模块，在现场调研和评估会上发挥重要作用，并能根据专家需求对部分标准规范进行更新。“炼油流程”模块结合部分工艺专家提出的需求，不断整理完善。在基础管理信息化方面，配合集团公司完成司库系统2.0升级工作，上线日资金计划管理模式，成为集团公司首批成功上线单位。完成网上报销系统的配置工作，具备上线运行条件。门户网页全新改版，大幅提升了时效性和实用性。

（丛　强）

中国石油运输有限公司

【概况】 中国石油运输有限公司（简称运输公司）成立于1953年，是集团公司直属的大型专业化运输物流企业。主要为集团公司所属油田、炼化、销售、管道、燃气等企业提供专业化运输、石油石化产品配送及其他综合配套服务。有国家一级道路货物运输企业、涉外运输、危险品运输、国际国内海陆空货运代理、进出口贸易、建筑安装、路桥施工和对外承包工程等经营资质，通过国家质量管理与质量保证体系认证，是行业内实力最强、规模最大的5A级公路运输物流企业。总部设在新疆维吾尔自治区乌鲁木齐市，在全国31个省（自治区、直辖市）设有分公司，在全国地（市、县）级城市设立574个运输大队、配送中心（车队）、修理厂和后勤服务等生产生活场点，在哈萨克斯坦、土库曼斯坦、尼日尔3个国家设分公司和项目部。

运输公司主营业务包括油田运输（沙漠运输）、成品油配送（非油品配送）、化工与燃气运输、特种大件运输、国外与涉外运输、修理、物资贸易（国际货代、国际物流、进出口贸易），兼营业务包括油田环保作业、路桥施工、钢结构和压力管道制作安装、机械加工制造、复合型材生产、节水灌溉、驾驶培训等基建工程、多种经营和油田服务业务。

2017年底，运输公司机关设16个职能处室，下属52个生产经营和后勤服务单位。有员工29840人，有各种车辆20513台。2017年，运输主业完成货运量1.18亿吨、货物周转量160亿吨·千米。完成经营收入160亿元；实现利润同比提高41.9%。

【经营成果】 2017年，运输公司开拓吉林油田、燃料油公司等市场，总包塔里木油田井迁运输市场，与长庆油田签订运输业务全面托管协议，巩固扩大青海油田运输市场。统一吉林成品油配送及江苏、安徽、山东、河北等省（自治区）的集采自提市场，开发山东、河北等8省（自治区）的沥青、渣油等运输市场。完成云南石化开工试车及投产保运任务，拓展东北、西北、西南各炼油厂化工产品配送及昆仑能源运输市场。保障中俄原油管道二线等5个国家能源战略工程运输任务，承揽阿克纠宾油田钻前钻后工程及筑路等项目。全年配送成品油8195万吨，占销售板块总销量的98.2%。拉运原油、器材物资及化工燃气等2922万吨，同比提高6.2%。与燃料油公司、山东5家地炼企业及科元集团公司签订原油公路运输三方协议，推进中油中铝10个省（自治区）的成品油配送市场，介入天津、河南等7省（自治区）的中国石化配送市场，新增货运量67.5万吨。新增136个机构用户的成品油配送和11个机场的航空煤油配送业务，全年配送航空煤油336万吨，同比提高16%，盘活180多台闲置燃气车辆参与新奥（中国）燃气投资有限公司等企业的LNG运输业务。巩固扩大塔里木、青海等油田放空天然气回收和环保作业项目，累计回收放空天然气 1.7 亿立方米。承揽内外部工程项目 810 个，制作压力容器和车载罐 704 个，生产销售各类管材 1.2 万吨。

【管理提升】 2017 年，运输公司开展“制度宣贯年”活动，制修订规章制度 83 项、废止 65 项，组织各层级学习宣贯 3480 场次、6 万余人次。对薪酬分配、财务结算等 11 项审批事项进行流程简化和管理权限下放。修订完善标准化合同文本 61 种，对劳动用工、财务资产、合规管理、基建施工、物资采购等业务进行抽查检查，发现并整改问题 706 项。归并两级机关科室和三级单位 92 个，减少直接用工 1125 人。完善北斗系统功能，完成运输管理系统升级重构并上线运行。开展各类审计 139 项，资金审减率 5.4%。修订《道路交通安全管理办法》等制度 19 项，整改集团公司和公司体系内审问题 6949 项。启动危险化学品道路运输环境风险评估项目，发布 33 类危险化学品道路运输“一案一卡”及危险化学品装卸操作规程。开展安全生产大检查和“大学习、大检查、大反思”等活动，整治“低、老、坏”问题 2487 项。组织春秋两季“整车爱车”活动，整修车辆 19057 台次。新增基层达标站队 162 个，达标率 61%。投入 3232 万元，治理安全环保隐患 53 项，增配应急物资 1725 套，开展各层面应急演练 852 场次，追究问责 29 人。开展节能节水考核，节能 3243 吨标准煤。落实节奖超罚、损耗排名、“三个一”、三级质量回访等管控措施，成品油配送综合损耗率低于 0.7‰的单位增加到 30 家，平均综合损耗率降低到 0.32‰，同比下降达 44.8%。

【开源节流降本增效】 2017 年，运输公司坚持“低成本”发展战略，开展开源节流降本增效劳动竞赛，增效 1.84 亿元。推进成品油配送车辆大型化，新增大吨位车辆 734 台，平均车吨同比提高 1.46 吨。研究人车比、外协车配比和运力配置标准，调配淡旺季运力，成品油日均配送趟次达 1.33 次 / 日、月均车吨产量达 3651 吨・千米，分别同比提高 2.3% 和 2.5%。开展运输配送测时写实活动，协调解决车辆装运卸各环节的问题，配送计划完成率 99.9%、及时率 99.8% 以上。加大“长停车”治理力度，盘活闲置车辆 127 台。将小车、客车、吊车、机具消耗全部纳入定额管理，实现主营业务车辆定额管理全覆盖，节约费用 5400 万元。推进单车全成本核算，车辆百公里综合油耗、材料费、修理费和吨・千米轮胎消耗分别同比下降 1.8%、5.4%、3.9% 和 12.6%。加大清欠力度，收回历年应收款 15.6 亿元。推进资产轻量化，处置报废车辆设备 4427 台（套）、闲置资产 8.1 亿元，对外出租增收 1500 万元。开展修旧利废和新技术推广应用，增效 3429 万元。争取税收优惠政策，减负增效 4880 万元。优化设备、配件、轮胎、劳保等物资集中采购和网上采购，节约采购资金 1.24 亿元。开展低效配送中心（车队）和单车“双低”整治，通过签订减亏扭亏责任状、现场帮扶等措施，42 个配送中心实现减亏扭亏，增效 5793 万元。通过关、停、调等方式，消减亏损单车 1057 台。推进“三项治理”工作，采取业务划转、产业结构调整、降本增效等措施，上海分公司和华北运输公司实现减亏，管业公司、北京物装公司和北京综合服务公司实现扭亏。

【转型发展】 2017 年，运输公司提出推进转型发展“四个转变”的工作思路，启动“运输物流管理平台”建设，在山东、四川、青海、西藏、塔运司青海项目部等试点推进外协车增值服务业务。按照集团公司总体部署，完成公司制改制方案、企业章程编制及改制后工商信息变更等工作。依据公司章程，健全法人治理结构，指导所属 3 家企业完成公司制改制。推进“三供一业”分离移交，乌鲁木齐、昌吉、库车 3 个基地的供暖和托幼业务完成移交，供水供电和矿区物业分别签订分离移交协议。职工医院与新疆维吾尔自治区胸科医院达成合并意向，待新疆维吾尔自治区党委常委会批准后移交。

【党建工作】 2017 年，运输公司组织各级领导干部学习宣传贯彻党的十九大精神，强化对习近平新时代中国特色社会主义思想的理解。成立党建工作领导小组，制修订规章制度 17 项。认真落实两级党委中心组学习制度，提升领导干部政治理论素质。强化“三会一课”等制度落实，深化党建“三联”工作，提升基层党支部的战斗力。充分发挥四大宣传阵地和微信平台作用，弘扬“铁人”精神和石油运输野战军的“铁军”精神。围绕公司党委提出的“两降一升一好转”目标，制定“两个责任”考核办法，编制廉洁从业教育和纪律审查工作手册，建立党风廉政教育体系，签订党风廉政建设责任书 5939 份。全年巡察 26 个单位，移交问题线索 25 个，挽回经济损失 88.2 万元。组织开展信访举报专项治理活动，集中梳理信访举报 169 件，处置问题线索 17 件。加大执纪审查力度，处置问题线索 131 件，立案审查 16 件，给予党政纪处分 22 人。公开选聘处级、科级干部 280 人。开展“学讲话、转作风、促落实”活动，整改“四风四气四差”问题 3055 项。出台领导干部下基层联系群众制度，两级领导班子成员深入一线解决问题 1298 项。加强干部日常监督，提醒、函询和诫勉278人次。

【民生工程和社会责任】 2017年，运输公司投资1.44亿元，新建和维修改造基层配送中心（车队）154个；投入1.33亿元，实施矿区“民生工程”586项，改善员工的生产生活环境。修订补充医疗保险管理办法，增设门诊报销项目，扩大受益人员覆盖面。推进4个基地7098户居民房屋不动产证的办理工作。列支2534万元，做好离退休、家属工、有偿解除劳动合同人员、困难党员和群众、子女就学等慰问帮扶和补贴救助工作。严格落实重点时期维稳信访“五级责任”，持续推进疆内单位安保防恐设施标准化建设，强化“三防”措施落地和处突演练，实现党的十九大等特殊时期“三不出”。化解信访积案，信访总量同比下降36.9%。开展“访民情、惠民生、聚民心”驻村工作和“民族团结一家亲”活动，安置南疆地区城乡富余劳动力70名，2支驻村工作队获新疆维吾尔自治区“先进驻村工作单位”称号。

（高　佳）

中国华油集团有限公司

【概况】 中国华油集团有限公司（简称华油集团）是中国石油全资子公司。2017年4月25日，集团公司党组宣布实施原中国华油集团公司与北京华油服务总公司整合决定，这是集团公司党组贯彻落实党中央、国务院以及国资委关于深化国企改革、推进瘦身健体提质增效有关要求，推动中石油后勤服务保障业务有效可持续发展的一项重大改革决策。整合后的中国华油集团公司按照集约化、市场化、专业化发展方向，本着“资源信息共享、效率效益优先、整体利益最大化”的原则，实施业务重组。发展定位为“坚持世界眼光、一流标准、石油特色、高点定位，重点发展物业服务和机关运行服务保障业务，做精做优酒店旅游业务，逐步萎缩、剥离非主营业务，着力提高运行质量和效益，打造规模适度、质量过硬、效益良好、服务上乘、具有较强市场竞争力的服务保障专业化公司。”

截至2017年底，资产总额233.8亿元，其中货币资金91.3亿元。用工总数13573人，其中员工总数7623人（合同化员工1541人，市场化员工6082人），劳务及非全日制用工3251人，外籍用工2699人。整合后，总部机关归并为11个，机关人员编制精简为100人。设立4个直属机构和10个二级单位、98个三级单位，业务分布在中国27个省（自治区、直辖市），海外39个国家，302个项目。华油集团党委下设9个党委、16个党总支、125个党支部，党员人数1717人。2017年，华油集团实现收入49亿元，利润2.9亿元。

【业务工作】 2017年，集团公司党组宣布重组整合决定后，华油集团立即成立整合工作领导小组，及时召开工作协调会、领导干部视频会、重组整合推进会，将集团公司有关决策传达到各个层级，统一思想，凝聚共识。在深入学习调研和开展管控模式研究的基础上，按照“先班子、机关，再二级机构”的整合顺序，5月9日实现领导班子合署办公；8月25日，机关部室及直属机构正职岗位人员通过公开竞聘全部到位。9月18日，物业、酒店、华油实业公司与科隆公司的业务整合先后就绪；10月17日，机关服务中心与集团公司办公厅行政服务、档案业务完成整合；11月15日，阳光餐饮公司在原华服总生活公司基础上组建成立，标志着重组整合工作全面完成。在整合工作中，强化党委对重大事项的决策权、监督权，保证整合工作的合规守纪和整合决策的有效落实。同步调整党组织、纪检、工会等机构，实现整合与党建工作的同步实施、同步推进。注重发挥党的政治优势，深入基层、倾听心声，细致做好解疑释惑与疏导工作，整合过程实现人心不散、队伍不乱、工作不断，保持企业和谐稳定。

酒店专项整改和三项专项工作取得阶段成果。持续推进酒店专项整改，完成5家酒店对外租赁，完成国务院国资委挂牌督办的常州阳光酒店特困企业治理工作，进一步提高资产利用效率。设立国内酒店、海外业务、其他法人压减3个专项工作组，明确任务、厘清职责、强化督导，2017年压减企业11个，超额完成7个，获得集团公司考核奖励加分。

“三支队伍”建设初见成效。贯彻落实集团公司人才工作会议精神，在阳光酒店、阳光物业、阳光国际3家单位先行试点，按业务领域、管理层级、专业类别，推选管理、技术技能专家骨干，为华油集团发展筑牢人才基础。经过基层推选、考核测评、专家评审等程序，完成第一批137名专家骨干评聘，华油集团三支队伍建设取得初步成果。

【经营成果】 2017年，华油集团机关服务中心完成重构，服务工作优质运行。文控服务部、通信网络部高质量完成集团公司工作会等重要会议文印和通信网络保障任务。车辆服务部连续8年获“北京市交通安全先进单位”，房地产管理部连续19年获“中央国家机关人防工作目标管理和责任制评议考核先进单位”称号。档案技术服务部配合中国石油档案馆完成办公场所后期改造、档案搬迁等工作，保证档案馆如期投运。幼儿教育部油娃艺术团获央视少儿春晚和星星火炬全国舞蹈比赛金奖和特别金奖。离退休职工管理部获集团公司“离退休系统思想政治宣传工作先进单位”称号。

阳光酒店集团聚焦扭亏解困，经营效益大幅提升。实施开源节流、提质增效、转型调整和市场营销等各项措施，取得明显成效。在平均房价和餐饮人均消费同比保持稳定的情况下，所属酒店客房平均出租率、餐饮平均上座率同比提高。着手提升内部管理，单体酒店组织机构由8部1室压减为6部1室，取消领班岗级，2017年累计减少用工498人。完成华油集团官网、微信公众号上线运行，整合发展基础会员49万名。2017年，整合后的阳光酒店集团控亏1.27亿元，同口径同比减亏3277万元。

阳光物业公司稳步开拓市场，企业规模不断壮大。相继开发西南管道、石油报社、天津销售、天然气销售南方公司、广州培训中心等内部项目；与一汽锦程物业签订战略合作协议，共同开发一汽集团物业；承接朝阳门街道办事处物业，拓展政府物业服务领域。2017年新增服务面积12万平方米，年收入增加3000余万元。提出以大庆矿区物业为试点的“三供一业”承接方案，确定与北京京诚集团有限责任公司合资合作，成立京旭阳光物业管理有限公司拓展新业务。与北京联合倍全电子商务有限公司合作，推进“互联网+物业+新零售”一站式、综合型智慧社区O2O平台建设，助推企业转型。2017年，整合后的阳光物业公司实现收入11.53亿元，利润4131万元。

阳光国际公司开拓外部市场，经营效益显著增长。进一步巩固现有内部市场，签订莫桑比克项目战略合作协议，苏丹、哈萨克斯坦分公司完成所有项目合同续签，并保持部分合同额稳健增长。新签配餐项目9个，初始标的金额约0.5亿元。拓展外部市场，乍得分公司与华为公司签订办公、住宿租赁和后勤服务协议；迪拜分公司与迪拜哈翔燃煤电厂临建区物业管理业务签订管理服务合同；加拿大分公司与中海油能源发展股份有限公司合作，营地服务业务实现零突破。2017年，阳光国际公司完成收入11.9亿元、利润1.17亿元，均实现同比增长。

阳光餐饮公司着力加强能力建设，业务规模稳步扩大。加大市场开拓力度，承接河北销售、寰球公司等餐厅，全年新增就餐人数近千人，日均就餐人数1.3万人次。在勘探院试点开设便民超市、自制食品展柜、零点餐厅等，受到职工好评。推进食品加工配送中心建设，初加工配送工作顺利运行。2017年，阳光餐饮公司实现收入1.25亿元。

华油实业公司应对经营困境，谋求转型发展。多措并举开展清收清欠，收回欠款6160万元，8个清欠项目全面进入法律诉讼程序。研究转型，全年发展石油套管业务量6000多吨。面对油田服务市场萎缩的不利局面，科隆公司对接新需求，开拓新市场，新增大庆、长庆、玉门、青海等油田调驱调剖等服务项目。

上海浦东公司加强行业对标，竞争能力持续增强。坚持与周边同水平酒店对标，明确自身定位，调整客源结构，做好收益管理，平均房价和出租率实现双提升。拓展浦东新区环境监察支队服务项目，实现物业管理“走出去”的新突破。2017年，上海浦东公司实现收入1.74亿元、利润2222万元，同比均有增长。

油田合作开发业务多措并举，挖潜增效成绩突出。油气资源事业部周密部署产建工作，全年钻井63口，新建产能4万吨。狠抓油藏精细管理，降低综合递减率，对老井制定补孔、酸化、压裂等措施共计31口，累计措施增油1.51万吨。坚持低成本发展，持续推进挖潜增效，吨油操作费、吨油成本分别控制在543元/吨、1483元/吨，均低于同地区油田水平。2017年，油田合作开发业务实现利润2亿元，全年安全生产无事故。

华铭公司推进莫斯科中国贸易中心建设卓有成效。按照项目建设计划，在攻坚阶段完成关键节点，工程进度和质量控制有力。项目设计、招标顺利推进，落实首期融资，9月26日提前实现主体工程结构封顶，获“2017年度莫斯科市优秀建筑项目评比第一名”，后续精装修和招商等工作有序推进。

科开公司加快职能转变，科技园区管理服务扎实细致。加强资产运营管理，推进预留土地开发利用和闲置房屋资产梳理。发挥管理协调职能，协助入园单位办理工商注册和税务登记，配合5家企业完成科技园落户，建立园区工作例会和专题会议制度，组织慰问演出等活动，创建和谐园区工作取得较好成效。

【管理提升】 2017年，华油集团开展公司管控模式研究，调整完善总部管理架构，理顺管理界面和职能。结合实际对原有 313 项规章制度进行梳理，归拢合并 279 项，废止 34 项，制修订 133 项。制发总经理办公会议事规则、党委工作规则、“三重一大”实施细则等规章制度，以制度管人、流程管事的管理体系初步形成。设立采购、工程、市场、信息 4 个中心，探索建立企业人、财、物等资源的统一管理、集中配置、协同共享机制。

进一步增强合规运营能力。下达投资计划 2.7 亿元，实施油田开发、安全隐患治理及相关酒店改造提升。实现两级机关费用全面预算管理。强化资金集中管控，人民币资金集中率 98%。开展资产梳理，理顺产权关系。实施审计 69 项，及时督促整改；规范招标采购，节约资金 2500 余万元；审查合同 2400 余份，应对处理各类法律纠纷，保障华油集团依法规范运行。

持续推进信息化建设。酒店中央预定系统、会员管理系统、慧云大数据平台初步搭建，实现客户订房直通直联。ERP 系统优化升级，完成 ERP2.0 系统切换上线，上线单位达 31 家，ERP 决策支持模块、协同办公平台建设有序推进。完成六铺炕总部视频会场建设，建成覆盖全国 20 个分会场的视频会议网络。将集中采购管理信息系统迁至集团公司企业云，简化运维管理，节省运维支出，提升系统安全水平。

安全生产形势平稳受控。抓好 HSE 体系建设，梳理管理制度，推进量化审核，HSE 管理绩效持续提升。强化现场监督检查，查改各类作业现场问题 544 项。投入 833 万元治理安全环保隐患，做到重大隐患风险受控可控。在集团公司 HSE 体系量化审核中，被评定为良好（B2）级。

【服务石油】 2017 年，华油集团阳光物业公司、阳光餐饮公司、阳光国际公司三家联动，策划开展主题美食节活动，着力提升餐饮出品质量。阳光餐饮公司举办“第六届‘三基’技能比赛”“小炒技能大赛”，不断提高服务能力。阳光物业天津分公司完成健身房、理发室、商务中心配套建设，引入健身、理发、洗衣等服务，取得良好效果。工程管理中心完成 30 余项改造维修工程，实施康鸿家园老旧居民楼加装电梯工程。在为石油主业提供专业、优质服务的同时，华油集团还承担国家、集团公司交办的各类外事外访、会议接待等重要任务：完成高访团组访问哈萨克斯坦、俄罗斯、乍得、尼日尔等住宿、会议、配餐及专机接待等服务。承办驻外使馆、联合国组织、非洲联盟等活动和会议 370 场次，成功组织中俄大型文化交流活动。应人民大会堂邀请，参加“一带一路”国际合作高峰论坛国宴服务。完成中央（在京）企业党代会、中央企业共青团会议等多项重要会议的服务工作，展现过硬的服务素质和阳光品牌形象。

【企业文化建设】 2017 年，华油集团党委围绕生产经营中心工作，不断夯实党建工作基础。召开党的十九大精神学习贯彻专题辅导会，推进“两学一做”学习教育常态化制度化，抓好“四合格四诠释”岗位实践活动，筹备组织“不忘初心、牢记使命”主题教育，举办党组织书记讲授党课活动，深入学习国有企业党的建设新要求，形成以党的十九大精神促进工作的生动局面。制定《党委工作规则（试行）》《党建工作责任制实施细则》等制度文件，进一步提高党委工作的制度化、规范化、科学化水平。

加强党风廉政建设，认真履行党委主体责任和纪委监督责任。实施责任签单、签字背书等工作制度，压实两个责任，切实将党风廉政建设与生产经营工作同安排、同部署、同检查。对落实中央八项规定精神纠正“四风”工作进行专项检查，运用监督执纪“四种形态”，严肃查处各类违纪违规行为。针对集团公司党组第七巡视组对华油集团开展专项巡视提出的问题，细化分解任务，制定整改措施，全面完成整改任务。组建 5 个巡察组，采取“一托二”方式，对 9 个基层单位开展内部巡察，有效发挥巡视巡察的利剑作用。

切实关心关爱员工，营造和谐企业氛围。举办“展示华油形象，共铸华油梦想”职工运动会，协助组织集团公司在京单位职工运动会，召开离退休职工座谈会，组织员工秋游活动，举办青年演讲比赛和“十佳青年”评选，展现员工队伍良好的精神风貌。做好离退休职工节日慰问和困难职工扶贫帮困，发放慰问金和帮扶资金 803.78 万元。

（刘　苗）

北京石油管理干部学院

【概况】 北京石油管理干部学院（简称管干院）是集团公司高级培训中心，同时也是集团公司党校和中国石油远程培训学院，以培训为主营业务，以中高层管理干部为主要培训对象，充分发挥干部培训主渠道作用、党性锻炼大熔炉作用和远程培训主平台作用。管干院成立于1984年，占地92亩，建筑面积8.5万平方米。学员宿舍1083间，床位1623个，教室50个，座位2743个，具有1200人/日培训能力。

2017年底，学院下设14个处室及石油教育与人才研究所、集团公司考试中心、集团公司党建工作研究所3个二级机构。资产总额8.30亿元，其中固定资产4.96亿元。员工138人，具有高级专业技术职称63人，其中教授级11人。

2017年，管干院深入贯彻落实集团公司党组决策部署，围绕培训主营业务发展，实施“活力激发、行动学习、创新驱动、三位一体”四大战略；持续推进“学习型班子、服务型团队、创新型组织”建设；重点抓好培训能力提升、培训效果改进、培训体系融合；各项事业不断取得新突破、新进展、新成就，继续保持良好态势，“十三五”发展再迈关键一步。举办党建系列培训班100多个，培训1万余人，领导力进阶系列培训完成18期，共740人。

【培训工作】 2017年，管干院举办346个培训班，培训学员22.45万人天，培训规模创历史新高。项目设计和课程质量满意度分别达9.64分和9.50分，比2016年又有所提高。计划内项目全部落实，特别是党的十九大精神宣贯班，提早落实课程方案，提早开发课程专题，推进会议精神进课堂，主渠道主阵地作用发挥明显。以党校班和中青班学习研讨成果为基础的首份智库报告，集团公司党组多名领导做出批示，智囊团思想库作用开始显现。自主办班继续取得重要突破，领导力进阶项目高阶的领导力提升和战略领导力模块相继开办，历时2年四个模块全面开启。特别是面向局级领导班子成员的战略领导力培训班，成为集团公司加强企事业单位领导班子建设新的抓手。党委书记班滚动开办5期，党建系列培训进一步充实。与清华大学、中国人民大学工商管理首期合作班相继启动，良性竞争促进共同提高，教学效果渐入佳境。首期创新方法应用培训取得丰硕成果，为系列创新培训成为热门项目开启良好局面。为吉林石化送教上门，推出青年教师团队，突出行动学习主题，获得较高评价，为推动行动学习进企业开个好头。与此同时，注重通过网站报道、院刊宣传、微信推送、“管院在线”推介、举办继续教育年会、《中国石油报》整版广告等，多种形式加大宣传力度，“价值中心”发展理念和3+n课程体系得到管干院上下普遍认同，集团公司总部基层、系统内外逐步接受。

管干院培训项目数据汇总表

项目类别	培训班次	培训人数	培训总量（万人天）	比例（%）
集团公司计划内A类项目	6	610	3.09	14
集团公司计划内B类项目	16	1596	1.87	8
集团公司计划外项目	20	2005	0.97	4
学院自主项目	31	1000	1.29	6
集团公司企业委托项目	186	8532	7.12	32
国资委项目	13	2005	2.60	12
其他项目	56	3380	5.10	23
会　议	18	1297	0.39	2
总　计	346	20089	22.45	100

【主题活动】 绩效管理行动学习是管干院2017年最为重要的年度主题活动，中层及以上干部统分结合，通过三个阶段9次集中学习和分组研讨，使管干院“十三五”规划提出的核心文化理念得到进一步完善：再次确认“不断夯实中国石油人才强企战略基础”的组织使命；高度凝练“倾力打造价值中心”为组织发展愿景；明确倡导“追求培训服务高品质”为组织的核心价值观。在“行动学习”取代“能力提升”基础上，增加“三位一体”，形成四大发展战略。通过学习活动，围绕“价值中心”的战略地图初步绘就；关键成功要素梳理清晰；主要绩效指标也将层层分解；团队行动计划将逐步落实；通过系列举措持续推进战略落地，不断提振大家对发展前景的信心。这次持续大半年的学习活动全程采用行动学习工具开展，参与人平等地提出想法、贡献智慧，真正体现组织需求而非个人意愿，成果产生的过程同时成为凝聚共识的过程，是管干院在推进绩效管理、推广行动学习、落实民主办院方面一次有益的尝试。

【办学实力】 2017年，管干院围绕培训业务流程，加大资源投入力度，内部开发和外部合作共同发力，使设计能力、课程资源、师资力量、教学方式等关键要素得到进一步优化。领导力进阶培训打造升级版，培训对象和培训目标更加清晰，课程内容更加优化。根据反馈情况动态调整工商管理和党委书记班课程设计，获得学员好评。开发兼职师资185人，引进营销实战模拟、心性领导力、PPP模式等课程60余门，开发现场教学基地7家。整理形成35门“油”味特色课程清单。选派更多教师参加高端培训，引导学习收获分享制度化，让更多人共享价值收获。开办教师训练营，围绕行动学习开展工具方法学习和应用实践分享，8名青年走上引导行动学习—开展课程催化讲台。在推出FLASH微课基础上，真人版视频短片完成拍摄，行动学习推广再添利器。举办专家催化师培训班，得到集团公司总部机关和在京单位积极响应，一批专（兼）职催化师加入行动学习阵营。2017年安排课程催化、结构化研讨、管理汇商营、问题工作坊等行动学习课程331次，达总量的8%，行动学习的推广力度、应用广度和接受程度逐步提升。自主开发的“管院在线”移动学习平台正式上线运行；多渠道多形式引进开发资源，优质在线课程初具规模；在线直播、混合培训、网络专题班、季度主题活动等系列举措，促进用户数量迅速增长，紧跟培训方式发生的深刻时代变革，确保管干院始终保持强大办学实力。

【教研创新】 2017年度管干院教研工作取得突出成就。管干院获中国企业高管培训发展联盟最佳贡献奖；谢文虎院长及刘孝成副教授、杨潞副教授获中国企业高管培训发展联盟2017年度央企名师名课奖；周文祥副院长获中国企业高管培训发展联盟2017优秀培训管理者奖；管干院党校获中国企业高管培训发展联盟2017优秀党建类培训项目奖。2017年，管干院批准“行动学习视频短片拍摄”“中国石油国际化案例研究”“企业创新七步法课堂实践研究”等13项重点课题立项，“管院在线”的成功创办及其有效应用推广，以“行动学习”为主题的教师论坛，有力支持“以研促教”方针落地生根。

【管理优化】 2017年，管干院加大体制机制创新力度，持续打造运行机制顺畅、激励作用明显、教研结合紧密、合规基础牢固的科学管理模式。增强机关与核心业务关联度，改科研处为教研处；推进机构业务融合，整合教研处与人才所，两块牌子，一个团队，合署办公，交叉任职等方式促进业务融合，有限资源高效利用。优化9个处级、科级机构，机构职能与业务发展更加协调。加大员工交流力度，提供多岗锻炼机会，培养多岗位素质能力，人岗匹配度进一步提升。研究出台相关政策，通过工作适度弹性和象征性课酬，鼓励非教学部门员工，特别是青年员工兼职教学工作。教研结合更加紧密，“行动学习视频短片拍摄”等13项课题及时立项。创新办刊方式，加大对3+n课程体系、“管院在线”学习平台、教学培训最新成果宣传力度，扩大知名度和影响力。修订管理办法，理顺审批流程，物资采购归口集中管理优势逐步显现；制订招标工作细则，上线合同管理系统，合规管理基础更加牢固。

【服务外包】 2017年，管干院经过甲乙方合作的探索实践，更好地适应由直接管理向通过合同管理的转变，更准确地把握加强管理保证服务质量与适度授权激发乙方活力之间的结合点，业务外包多方共赢局面得到进一步巩固。扩大外包范围，经过调研，相继将车辆服务、网络通信与终端运维服务等业务外包。掌控采购业务，把好采购源头，按照绿色化、品牌化、透明化标准，续签食材采购合同。加强监督检查，完善工作制度，明确监督检查内容、标准和流程，及时跟进乙方整改落实情况。健全沟通机制，定期召开合作双方例会，采用“行动学习”方式解决问题。开展对标学习，组织业务骨干赴成都阳光酒店学习先进管理经验，引导推动服务方建立更高水平的流程标准。满意度测评数据表明，外包业务各项服务均较以往又有提升。

【基础建设】 2017年，管干院在专项规划基础上，明确校园建设年度工作重点，严格按照民主决策程序科学决策，在资金预算范围内有序推进，校园环境魅力指数又有攀升。完成园林景观三期工程，四期工程也打好基础，通过做减法实现增魅力。先后对东、西教学楼进行改造，电教设备同步升级，改造后的教室利用率明显增加，有效满足培训需求。有效利用存量资产，文体活动中心经过修缮改造焕然一新，健身房、多功能厅、迷你影院、模拟高尔夫、班级活动室等使文体馆功能更加完善；适度引进拓展训练；合理延伸健身步道；让学员锻炼身体、放松心情、增进交流、促进合作有更多选择。培训管理信息系统功能持续优化扩展，微信公众号完成开发投入使用，智能化便利化服务让学员感受高效便捷。力所能及，陆续更新办公家具，营造舒适研讨环境，配备空气净化设备，充分体现人文意识。建立微型消防站，布控高清摄像头，加强基础设施设备日常维护和定期检修，及时消除隐患，切实保证校园安全。

【党群工作】 2017年，管干院认真学习宣传贯彻党的十九大精神，观看开幕盛况，举办文艺演出，参观成就展览，组织专题辅导，开设宣传专栏，开展全员答题，多种形式营造氛围，习近平新时代中国特色社会主义思想深入人心。落实党建工作责任制，履行“一岗双责”要求，以工作要点推进工作落实，突出抓好党建制度体系建设，制修订党建类制度新规定20余项。推进“两学一做”学习教育常态化制度化，开展“四合格四诠释”岗位讲述，党员先锋模范作用进一步发挥。贯彻中央八项规定精神，认真落实“两个责任”，盯紧重要岗位重要时点，完善监督执纪问责，严防“四风”问题死灰复燃。坚持党管干部原则，修订完善实施办法，规范选人用人程序，选拔交流调整处科级干部多人，“80后”逐步成为核心业务骨干成员。落实“三会一课”，加强基层党建；充足经费支持支部主题党日活动，形式呈现多样化；认真落实“民主办院”方针，职代会提案全部落实到位。坚持重要节日慰问活动，扶贫帮困送温暖体现组织关怀。组队参加首届在京单位职工运动会，员工参与率超过80%，获最佳风采奖和优秀组织奖。团总支职能定位从服务青年转向引导青年，相关活动助力成长成才作用明显。

（崔艳梅）

中国石油报社

【概况】《中国石油报》是集团公司主管、中国石油报社（简称报社）承办的集团公司党组机关报，国内外公开发行，报道石油天然气勘探开发、炼油化工、管道运输、油气销售，并涵盖相关产业。《中国石油报》现为对开八版、周六刊彩色印刷。报社同时承办《石油商报》《汽车生活报》《石油画报》《石油政工研究》《地火》《新闻之友》等报刊，负责中国石油新闻中心网站、《中国石油报》“两微一端”、石油党建网讯平台等建设，形成报社“四报四网十五刊”的全媒体发展格局。报社负责中国石油新闻工作者协会和中国石油作家协会的日常性工作。

截至2017年底，报社设机关部门4个，所属二级单位10个，在册员工304人。专业技术人员256人，大专以上学历247人，高级职称54人，中级职称88人。报社党委下属党支部10个，党员224人。

2017年，出版各类新闻产品1300期，四报期发行量近90万份，发稿7万余篇6000余万字；中国石油新闻中心网站（集团官网新闻子站）页面访问量日均60万次，全年2.16亿次；“两微一端”2017年累计访问量2130万次，中国石油新闻中心网站和新媒体全年访问量2.37亿次。

2017年第三次获全国“百强报刊”荣誉，连续第五年获中国传媒大会评选的“金长城传媒奖”。

【报纸工作】 2017年，报社围绕迎接和宣传报道党的十九大主题主线，准确传递中共中央和集团公司党组声音，全年完成50余次重大时政新闻、系列重大战役、系列重大会议和重点主题宣传报道。重点做好全国“两会”、集团公司工作会和领导干部会等重要时政报道，相关系列解读成为干部员工学习贯彻会议精神的参考资料。

深入调研企业发展倾向性、苗头性、趋势性等问题，重点开展工程技术改革、炼化人才流失、基层党建大调查、“两柴”发展等调查报道。深入各企事业单位基层站队，开展“提质增效大调查”“深化改革纵深行”等重点报道。组织“一带一路·油气合作”全媒体主题宣传报道，推出中英双语《一带一路高峰论坛·油气合作特刊》。

抓住集团公司油气体制改革、社会责任报告发布、公众开放日等重要时机进行相关报道，展示中国石油良好形象。“一张图读懂中国石油的履责之路”等图文专题，展示中国石油履行社会责任、合作共赢的良好形象。

子报子刊品牌效应进一步凸显。《石油商报》形成“石油财经”和“企业观察”等品牌栏目。《汽车生活报》搭建销售系统全媒体综合报道平台。《中国石油画报》《石油政工研究》《新闻之友》《地火》等期刊发挥特色优势，打造期刊品牌。《北方周末》重点打造《讲述》品牌栏目。《金秋周刊》凸显“传递党组关怀”“连心传情桥”“老年精神加油站”作用，期发行量突破55万份。

【党的十九大宣传报道】 2017年7月中旬，《中国石油报》开设“展示新成就 喜迎十九大”专栏，以每周4期、共计60余篇的稿件集中报道取得的好成绩，营造石油工业与党心连心、百万员工喜迎党的十九大的氛围。会中成立大会采访报道组，报社2名记者上会，统筹全社力量精采精编。会议期间采编工作升级管理，加强正确舆论引导，强化舆论风险管控。制作特色栏目、采写编发重点稿件30余篇，与纸媒、官方微博、微信公众号、油立方客户端等不同载体相结合，形成多维度立体报道集群，24小时不间断传播，集中展示百万石油员工砥砺前行的精神面貌。会后在《中国石油报》一版开设专栏，制作《深入学习宣传贯彻十九大精神学习特刊》8期32块版面，在网站、微信和油立方开设专题，全方位报道集团公司学习贯彻党的十九大精神的热烈氛围。

【打造品牌新闻活动】 2017年，《中国石油报》“天南地北石油人”专栏升级报道，全年出版162期，涉及所属企事业单位78家、岗位117个；开展“感动石油”人物评选活动，65万人参与网上投票，70家企业的主要领导发来推荐票；颁奖现场网上直播超过48万人次观看，21家主流媒体出席活动并报道，有效增强和激发石油队伍的凝聚力和战斗力。创新开展“空中看石油、喜迎十九大”融媒体新闻行动，通过无人机和飞机航拍等手段推出11期系列报道，在全国纸媒首创AR技术，开启纸媒及融媒体变革先河，数字化阅读量累计超过100万人次。

【全媒体建设】 2017年，报社新媒体发稿15000多篇，网络专题41个。“两微一端”平台用户量增长超过18万人。新闻中心网站履行好网上石油新闻信息平台窗口职能；手机报面向集团公司3800多位高端用户提供最新信息服务。五大数字传播平台实现立体传播多层次覆盖，提升影响力。反映中国石油创新科技成就的“上天入地新石油”全媒体长卷图画专题，获“中国石油品牌故事大赛”一等奖；“寻找索菲娅”全媒体行动获国企好新闻微博传播三等奖；深化改革系列新媒体报道受到集团公司内外关注，单篇阅读量突破5万人次。

【企业管理】 2017年，报社“三抓一树”不换频道，打造全员量化规范管理升级版。探索重大选题项目制，在新闻中心、编辑中心建立青年创新工作室，调动采编人员积极性。尝试在重大新闻行动中采用“中央厨房”模式开展全媒体报道。注重加强新闻基础管理，健全质量提升长效机制，完善“新闻基础建设十二项·PDCA循环”体系管理，优化“人防+技防”信息数据监控体系。强化选题管理和精准业务指导，打通本部和记者站的信息藩篱，加大轮岗力度，全年35人次参与报社轮岗和跨域采访，提升一体化协同作战能力。

【经营工作】 2017年，报社实现“稳中有进、收支平衡、略有盈余”的经营目标。加强与企业的日常沟通联系、精准发行、提前布局报刊发行等措施，稳定内部发行市场，《中国石油报》《金秋周刊》《石油商报》《中国石油画报》等发行量稳中有升。新媒体经营全年增长34.4%，培育一批品牌项目、高附加值精品项目和创新技术应用项目。中油网舆情监测项目品牌效应初步显现，《石油商报》逐步向打造附加值高的精品项目转变，陆海油公司引进AR/VR技术，创新拓展企业形象文化宣传的多维模式。服务创效比重由2016年的30%增长到42%。与青海油田开展战略合作，探索新闻宣传咨询、舆情监测及信息等服务一体化的合作新模式。

【网络平台建设】 2017年，报社调派业务骨干组建党建信息化项目组，高质量高效率完成石油党建信息化平台和石油清风纪律教育平台“两个平台”的内容建设，为集团公司构建“大党建”格局提供支持和服务。石油清风纪律教育平台于2017年1月上线试运行，通过在线答题系统、360度全景警示教育展馆等方式，探索出利用新媒体加强纪律教育的新路子，推动集团公司在“互联网+纪律教育”方面走在中央企业前列。

【党建与企业文化建设】 2017年，报社通过改进中心组学习制度、落实审稿责任、遵守报社员工道德行为准则等方式，把政治建设和思想建设贯穿落实在采编业务全过程。2017年5月成立党群工作处（纪检监察处），调整基层党组织机构设置。规范党内政治生活，开展“践行四合格四诠释”岗位实践活动和党员岗位讲述活动，把党内政治生活和业务紧密结合起来，制定《党支部达标晋级管理实施细则》等6项制度。

2017年，报社组建乒乓球、羽毛球等11个兴趣小组，组织朗诵会、秋游、青年联谊会等工团活动。参加集团公司在京单位第一届职工运动会，获团体总分第七名、最佳风采奖、优秀组织奖3项集体奖，单项奖获得4金1铜。

（梁晓蓉）

石油工业出版社有限公司

【概况】 石油工业出版社有限公司（简称出版社）是集团公司主管的中央级专业出版社，前身是1951年成立的燃料工业出版社，1956年正式成立石油工业出版社，2011年转企改制，为集团公司全资子公司。主要从事石油科技图书、石油教材、石油标准、大众类图书等出版物的编辑出版营销业务，同时承担《中国石油天然气集团有限公司年鉴》及《中国油气》《中国石油勘探》《石油科技论坛》《石油人力资源》等期刊的编辑出版任务，还开展彩色图文设计制作、展览广告等业务。出版社下设4个职能管理部门、14个业务部门和2个服务部门，人员编制354人（其中合同化员工编制224人）。

2017年，出版品种1613种，出版码洋2.44亿元，实现总收入2.61亿元（其中营业收入1.93亿元），完成利润778万元。出版质量保持稳定，重点图书策划精彩纷呈，《中国天然气形成与分布》获得2017年国家出版基金，《地质之美》入选“2017国土资源优秀科普图书”，34种图书和教材获中国石油和化学工业优秀出版物奖，《潜山之歌》获第三届中央企业精神文明建设“五个一工程”优秀作品奖，《石油上的人》等6本图书获第四届“中华铁人文学奖”。在2017年度全国石油石化企业管理现代化创新优秀论文和优秀著作评选中，获优秀著作一等奖1个、二等奖5个、三等奖5个。数字出版工作得到国家新闻出版广电总局和集团公司领导高度认可，“石油安全事故应急解决方案知识服务平台”入选新闻出版改革发展项目库并获得文化产业专项资金300万元，获得“数字出版创新企业奖”“十佳出版新技术应用企业奖”“2017年度全国书业最受欢迎公众号”“2017年度专业知识服务品牌”等8项荣誉和奖项，提升了出版社品牌知名度。

【出版工作】 2017年是出版社的“创新发展年”，出版社深入学习贯彻党的十九大精神，落实国家新闻出版广电总局和集团公司部署要求，坚持稳健发展，坚持深化改革，坚持规划引领，坚持市场导向，围绕“八个方面创新”，实施“四大战略”，突出主营业务发展和提质增效，加强党建和思想政治工作，出版社总体呈现稳中有进、稳中向好的发展态势。坚持“五走”（走出去、走上去、走下去、走进去、走到位），落实战略合作协议，挖掘出版资源，策划优质选题，加强质量管控，各项出版工程持续取得进展。

科技图书出版工程，以重大项目、重点丛书作为主攻方向，加强选题策划，打造精品图书，推出《“一带一路”油气系列丛书》《油库技术与管理丛书》等一批重点图书；高等教育图书出版工程，开发选题资源，拓展图书市场空间，推进转型融合，出版《地震勘探概论（富媒体）》等8种富媒体教材；职业培训出版工程，做好鉴定教材、统编培训教材及重点教材编辑出版工作，推进融合出版，多部图书实现富媒体；大众图书出版工程，把握出版趋势，推进市场开拓，优化选题结构，出版《国学大师任继愈》系列等一批重点图书，《中国石油喜迎党的十九大丛书》《中国石油党建系列图书》受到集团公司好评；标准安全图书出版工程，深入基层调研，加强选题策划，开拓市场，《恪守红线》获2017年全国石油石化企业管理现代化创新优秀著作一等奖；鉴志辞书出版工程，举办首次《集团公司年鉴》编纂创新研讨会、集团公司年鉴编撰培训班，深入企事业单位开拓年鉴志书选题，《集团公司年鉴》2015卷获版协2015—2016年度年鉴编校质量评比特等奖、2016卷获2016年度中国石油和化学工业优秀出版物奖图书奖一等奖，编辑出版《中国石油组织史资料》受到集团公司各方好评；能源经济图书出版工程，举办8期能源大讲坛，成功举办能源热点问题高层论坛，引进图书《世界能源展望中国特别报告》，出版原创图书《中国能源政策解读》等取得良好反响；石油期刊出版工程，《中国石油勘探》再次入选“中国科技核心期刊”，在石油天然气工程类期刊中“核心影响因子”指标排名第二。《中国油气》期刊配合集团公司主办“一带一路”油气合作圆桌会议，推出“一带一路”专刊。《石油人力资源》整合创刊，起步良好；版权贸易图书出版工程，2017年引进国外版权图书125种，1本图书获第16届输出版、引进版优秀图书奖，科技类图书输出版权3种，4种版权输出图书首次入选国家新闻出版广电总局“图书版权输出奖励计划”。

数字出版围绕“一网二系统三平台”总体框架，从队伍建设、产品研发、资源建设、产品运营、市场营销等多方面入手，全力推进数字出版融合转型发展。数字出版总收入 478 万元，同比增长 66%。总用户数 93147 人，同比增长 41%，点击量 113 万次，同比增长 180%；开发新产品 10 个，迭代升级产品 10 项，同比增长 25%；通用资源数字加工 4373 种，产品资源数字加工 5565 种，同比增长 31%。拓宽对外合作领域，走访调研 70 余家单位，推进数字出版混合所有制改革，促进数字产品推广和销售。推进产品研发，提高用户体验，增强用户黏性，提高产品变现能力；完成油气田开发知识库、石油安全知识库、中国石油年鉴网、富媒体图书阅读平台等新产品上线，以及石油大搜网、石油知识库、石油百科、钻井知识服务平台等 10 个产品维护升级。加强数字产品运营推广及销售，通过线上线下相结合方式建设数字营销渠道，开发会员单位，全年实现产品销售收入 54.95 万元。参与集团公司党建信息化平台项目，完成自建系统改造，提供党建微课、党建百科、党建图书、党建题库四项知识服务。

【经营工作】 2017 年，出版社生产经营平稳运行，中油书店品牌影响力持续提升，图书营销止跌回升，彩印、展览公司创意服务进展良好，主要经营指标好于预期。

中油书店在北京地区开办石油大厦店、石油科技园区店等 3 家门店，京外第一家门店——大庆油田门店挂牌成立。作为唯一受邀专业出版社参加中央党校举办“跟着总书记读好书——世界读书日阅读推广周”系列书展活动，在石油大厦店开展“悦读人生、品味书香”活动，取得良好反响。

图书营销工作面对图书销售市场严峻形势，针对回款不足和不到位问题，狠抓石油市场，放开线上销售和团购，实现跨区域跨平台销售，着力开拓市场空白点。针对市场变化，对内分析查找短板，合理调整机构设置和业务渠道；促进编发互动制度化、常态化，提升工作合力。对外巩固加强与新华书店主渠道合作；完善发行站网点布局，提升管理和服务；拓展线上营销渠道，全力开辟自营电商；加强团购、直销业务开发，以服务促销售；探索数字产品销售渠道建设，打通销售“最后一公里”，不断向石油企业全覆盖目标迈进。全年销售回款突破 5000 万元，同比增长 26%。

彩色印刷业务不断深化公司化治理，强化目标管理，逐级签订目标责任书。突出项目管理，明确岗位责任，强化市场开拓和生产一体化服务流程，实现事业部管理模式。细分细化核算单元，为强化内部管理提供支撑。结合行业发展和彩印公司实际，围绕市场、资源探索多种合作模式。加强市场营销，由单一印制产品服务，提升为系列产品服务；增加文创产品设计，引领客户需求，社外销售收入同比增长 29.7%。完成《习近平的七年知青岁月》25 万册印制任务，取得良好社会效益和经济效益。彩印公司入选“北京市印刷十佳企业”，POD 印刷产品首次获得“中华印制大奖优秀奖”。

展览公司持续推进子公司治理，下放经营自主权，加大工效挂钩考核力度。强化设计创意，运用高科技展示手段，设计制作系列微电影及高清视频，成功应用于参展及展馆建设项目中。强化重点项目实施，高质量完成中亚管道模型、渝洽会、中央企业创新成就展等重点项目。2017 年完成各类大小项目 35 项，获国务院国资委“央企创新成就展表现突出集体奖”称号，获渝洽会组委会“优秀组织单位”奖、中国石油和化学工业联合会“组织工作先进集体”奖、台州塑交会及余姚塑博会“最佳设计奖”。展览公司取得国家建筑装饰工程专业承包二级资质及安全生产许可证。

【组织建设】 2017 年 1 月，后勤服务中心更名为行政事务中心。2 月，经北京市工商行政管理局行政许可，北京中油知源图书有限责任公司更名为北京中油书店有限公司。3 月，为进一步加强和改进党的工作，健全党务部门机构设置，办公室加挂党委办公室、纪委办公室牌子，人事处加挂党委组织部牌子。6 月，为进一步适应图书出版业改革发展新趋势，设立西南图书编辑加工中心，试点培育打造图书策划、编辑加工、三审三校、对口定点排版、就地印刷、就地进入图书储运与营销体系等一条龙业务链。9 月，为进一步理顺扩大经营自主权试点单位管理关系，推进出版社新业务领域发展，鼓励和促进员工创新、创业，设立创意发展部，其主要职能是作为出版社培育新业务领域发展的孵化器，是出版社寻找新的业务增长点、增强创新能力、推动转型升级的重要平台。同月，根据出版社《关于扩大经营自主权试点的指导意见》，以原大众图书出版公司童书业务为基础，组建爱丽丝童书项目部，负责儿童图书策划出版、营销推广；以北京中油展览有限公司广告部为基础，组建广告项目部，以广告业务为核心，充分发挥集团公司和出版社品牌资源优势，统揽出版社广告资源，拓展开发广告业务市场；这两个部门隶属创意发展部管理。

【企业管理】 2017年，出版社党建工作全面加强，重点改革探索前进，人才队伍建设迈出新步伐，管理服务工作全面推进，关爱员工温暖人心。

推进多点突破，深化改革蹄疾步稳。强化改革顶层设计，调整出版社全面深化改革领导小组，召开相关会议，深化政策研究，广泛开展调研，聚焦关键和瓶颈问题，明确工作重点，有序推进数字出版混合所有制改革。推动扩大经营自主权试点改革，探索建立以市场为导向的自主经营模式，发挥生产经营主体作用，童书业务板块和广告业务扩大经营自主权试点工作稳步推进。试行子公司财务委派制，进一步发挥财务管理与财务监督作用，推进彩印公司、展览公司的公司化治理。适应图书出版业改革发展新趋势，在成都组建出版社西南图书编辑加工中心，探索图书文案编辑培养模式，打造出版社人才孵化基地。推进岗位薪酬绩效考核体系优化项目，根据《出版社岗位任职资格管理办法》，完成各类人员岗位任职资格等级调整工作，推进岗位任职动态管理；首次实现各类用工同步纳入考核，严格按照部门和员工绩效考核结果兑现薪酬。

优化运行合规经营，基础管理不断夯实。优化图书出版运行管理，强化质量体系宣贯和执行，制定年度图书质量检查计划，组织召开图书质量分析会，邀请业内专家举办专题讲座，组织专项质检确保图书质量。强化财务运行管理，加强预算管理，建立财务预算与业务预算、营销预算、投融资预算一体化运行机制，实现出版社整体目标与各部门有效对接，通过绩效考核确保预算目标实现。科学合理统筹安排资金，确保现金流安全平稳高效运行。加强财政税收政策研究，管控财税风险。加强投资、招标和资产管理，提升资产质量和效益。推进开源节流降本增效，坚持提质增效与开源节流并重，坚持以预算为引领，完善管理机制、协调生产运行、严控成本支出、推进资产轻量化和规范经营，管理费用和“五项”费用管控实现双下降。做好纸张采购、物资采购、招标管理及商务谈判等工作，节约采购成本，保障采购质量。加强安全管理，按照“党政同责、一岗双责、失职追责”要求，强化安全环保责任追究和考核，实现全年无重大责任事故。连续3年被评为朝阳区交通安全先进单位。

围绕中心服务大局，从严治党全面深入。认真落实党委中心组学习制度，2017年完成学习13次，做到学习有制度、实施有计划、学习有记录、出席有考勤。组织党的十九大精神学习宣讲辅导6次，社领导带头讲党课，基层党支部联系实际学理论，落实“三会一课”，“四个意识”进一步增强。召开出版社重组改制后第二次党员大会，总结五年来经验，部署安排今后一个时期党建工作。认真做好巡视问题整改工作，党建和反腐倡廉工作进一步加强，“两学一做”学习教育常态化制度化建设、践行“四合格四诠释”岗位实践活动稳步推进。落实党建责任体系，把党建工作要求写入公司章程，完善党委会工作机制，健全议事决策机制。认真落实党建责任体系，明确党委主体责任、书记第一责任，班子成员分工负责。坚持党建工作与中心工作同部署、同落实、同检查、同考核，党建工作融入中心工作，形成党建工作与中心工作同频共振、相得益彰的良好态势。加强班子队伍建设，深入开展“四好”领导班子创建活动，严格落实民主生活会制度。坚持开展党支部“六个一”创建活动，制定基层党支部工作考核办法，开展“党员先锋岗”创建活动，命名表彰5个“先进基层党组织”、1个“五好党支部”、22名“优秀共产党员”、10名“优秀党务工作者”、10名“共产党员先锋岗”。加强党风廉政建设，强化主体责任落实，把党风廉政建设和反腐败工作融入企业改革发展各项工作，把履职情况和评议结果作为评价使用干部重要依据。落实监督责任，逐级签订《党风廉政建设责任书》《承诺书》，制定监督执纪“四种形态”实施细则，体现在党员干部日常监督管理全过程。加强企业文化建设，发挥职工代表参政议政积极性，做好困难员工帮扶工作，建设和谐出版社。强化企业形象塑造，做好新闻宣传工作。开展“形势目标任务责任”主题教育，认真做好深化改革中的思想政治工作。组织策划党建系列图书，开发运营“铁人先锋”公众号，出版社成为集团公司党建信息化平台试点单位和知识模块提供单位。

【送书工程】 2017年，出版社认真落实集团公司送书长效机制，全面完成送书工作任务，为集团公司43133个基层队和111个机关部门配送图书43474套；完成数字阅读平台升级开发以及外版数字阅读资源引入项目选商招标工作，新版数字阅读平台实现直播互动、阅读分享、阅读大数据分析等功能。

（李银涛）

中国石油审计服务中心

【概况】 中国石油审计服务中心（简称审计中心）组建于1990年，是集团公司从事企业内部审计工作的一级审计机构，直接对集团公司董事会负责。审计中心在业务上接受集团公司审计部指导，依照法律法规及集团公司有关制度规定，通过监督检查、调研分析、综合评价等审计工作，发现经营管理中存在的问题和不足，客观公正、有针对性地提出管理意见和建议，为集团公司党组和管理层决策提供参考。办公地点在北京市朝阳区。

审计中心设审计处室9个、职能及后勤处室6个。另有海外审计中心依托审计中心运作。

截至2017年底，在册人员157人，平均年龄43.7岁，其中审计业务人员121人，占77.07%。具有高级技术职称51人，占32.48%；中级技术职称66人，占42.04%；具有国际注册内部审计师、注册会计师、注册税务师、注册造价师等执业资格的61人；博士研究生3人，硕士研究生29人，本科学历107人，本科学历以上人员占员工总数88.54%。形成专业结构基本合理，具有一定规模的内部审计专业队伍。

2017年，实施审计项目75项、审计任务1个。取得直接经济成果46.67亿元。

【审计工作】 2017年，审计中心牢固树立科学审计理念，自觉融入集团公司发展大局，强化重点业务、重要事项、重大经营风险的审计监督，继续在完善公司治理、强化内部控制、防范经营风险、增加企业价值等方面发挥重要作用。全年实施重大专项审计3项，经济责任审计39项，管理效益和专项审计15项，建设工程审计18项。报出审计要情9份，向有关部门移交7个重要问题线索。在集团公司优秀审计项目评审中，审计中心获一等奖5个，二等奖3个。承担集团公司《中国石油审计》和电子版微信公众号的编辑和发行工作，出版《中国石油审计》4期、微信版52期。

审计项目运行平稳有序。强化项目运行管理，根据集团公司审计部项目计划、审计处室专业特点和项目需求等情况，综合考虑安排项目，实行滚动计划管理，年初进行项目预安排，每月编制审计项目计划运行大表，分批次下达审计项目计划，保证实施一个项目、审前准备一个项目、储备一个项目。加强审计项目各阶段工日利用情况分析，及时发现并纠正影响审计效率问题，提高审计项目运行效率。2017年投入工日24806个，财务类审计人员人均现场工日173个，工程类审计人员人均现场工日231个。完善工作例会机制，创新工作例会的形式和内容，采取视频会议形式，增加审计业务汇报内容，审计处室负责人定期汇报项目进展情况，审计中心领导班子成员及时了解项目运行进度，掌握运行中存在的问题并协调解决，提高审计工作效率。

审计质量管理持续加强。审计中心全面落实集团公司一级审计项目流程管理要求，加强审前准备工作，提升审计实施方案质量，强化三级复核制度、审计业务分析会议制度等，实施审计项目全过程管控。采用一级审理模式开展审理工作，审计现场发现问题及时与集团公司审计部进行沟通，接受工作指导。落实审计报告、审计底稿退回机制，倒逼审计底稿、报告质量，促进审计质量整体提高。注重提炼实战经验，撰写典型审计案例，通过审计业务分析会进行交流和学习等系列举措，审计查证深度不断加深，审计报告、审计底稿的质量明显提高。

【管理与改革】 2017年，审计中心以巡视整改为契机，夯实基础，全面规划，精细管理，创建管理提升的长效机制。

各项管理工作水平全面提升。内控管理更加规范。先后制修订合同管理、差旅费管理、车辆管理等制度13项，使管理体系更加简洁简约、规范合理。绩效考核更加科学。进一步细化量化各项考核指标，实现目标责任与业绩合同考核的成果共享，指标同步，增强考核的导向性，有效推动重点工作和基础工作的落实。财务管理更加有效。加强预算管理，实现收支平衡。严格落实财务制度，按照“简化流程、搞好服务”的要求，进行财务核算，通过预算控制简化流程，为审计中心各项工作开展提供资金保障和快捷服务。加强人事管理，落实集团公司深化改革有关要求，结合审计中心实际，做好“瘦身健体”工作。后勤保障更加有力。车辆服务、会务组织等工作水平明显提升，保证审计中心各项工作顺利开展。退休管理工作不断加强，抓好退休支部建设，发挥支部正向激励作用，落实退休员工政策待遇，坚持文体活动常态化，做好节日走访慰问，进一步营造健康向上的和谐环境。

队伍建设成效显著。加大培训力度，整合培训资源，创新培训方法，2017年举办冬训、党务干部培训班等培训课程11项，培训员工242人次。争取集团公司政策支持，按照新人新办法、老人老办法的原则，做好职称评审工作，推荐6人参加集团公司高级职称评审，在审计中心近年尚属首次。注重以人为本，与集团公司沟通协调，创造条件，规范调整员工福利待遇，争取工资总额，坚持年终奖金分配继续向一线倾斜，激励一线审计人员创造佳绩，为广大员工带来真正实惠。

【党建与思想政治工作】 2017年，审计中心认真学习宣传贯彻党的十九大精神，扎实开展党建基础工作，不断提高思想政治与文化建设水平。

党建工作稳步推进。认真学习宣传贯彻党的十九大精神，切实将其作为首要的政治任务来抓，制定工作方案，坚持领导带头，讲好专题党课，配发学习材料，着力在学懂、弄通、做实上下功夫。做好集团公司巡视问题整改，认真抓好巡视组反馈的7个方面52项整改任务的落实，以巡视整改成效促进审计中心党建工作发展。持续推进“两学一做”学习教育常态化制度化，抓好民主生活会、“三会一课”、民主评议党员等基本制度的落实，切实把全面从严治党落实到每个支部、每名党员。签订《党风廉政建设责任书》，制定《审计中心党风廉政建设指标考核细则》，推进“两个责任”有效落实。加强党内巡察监督，抓好审计回访，督促党员干部守纪律讲规矩，确保风清气正。修订《“三重一大”决策制度实施细则》，明确决策事项，规范决策程序，保证重大事项科学民主决策，权力运行公开透明。坚持把纪律规矩挺在前面，运用好监督执纪“四种形态”，推动干部员工队伍作风持续好转。

企业文化建设深入人心。丰富员工业余文化生活，举办趣味运动会、绚丽金秋游、初冬健步走等文体活动10余场次，组队参加集团公司在京单位第一届运动会及职工乒乓球比赛，取得了好成绩，展示了队伍形象，营造了团结和谐的浓厚氛围。贯彻落实员工带薪休假、健康体检、送温暖等制度，全年慰问退休员工、生病员工、亲人病故员工、困难员工36人次，使用慰问金4.05万元。健康体检207人次，体检费用42.88万元。安排员工疗养77人，发放健康疗养费25.41万元，保障员工的正当权益，提高干部员工的获得感和凝聚力。

【“54321”工作思路确立】 2017年，审计中心新一届领导班子综合分析当前形势，客观看待发展实际，听取职工意见，凝全中心之智、聚全中心之力，经过反复研究，确立审计中心今后一段时期“54321”的工作思路。

加强“五个建设”：加强党的建设。落实从严治党要求，强化融入中心、坚持全面从严、注重改革创新，有效发挥党委把方向、管大局、保落实的领导核心作用，党支部推动落实、服务群众、凝聚人心的战斗堡垒作用，广大党员牢记宗旨、联系群众、创业奉献的先锋模范作用，为中心发展提供可靠的思想、政治和组织保证。加强企业文化建设。认真研究，建设好富有审计中心特色、符合审计中心实际的企业文化，通过教育引导和制度规范，建立并遵循先进的、正能量的共同价值观，共同营造风清气正、宽松舒适的工作环境，发挥文化无形的约束力和正确的导向性，潜移默化地影响和促进队伍建设，不断提升干部员工素质、提升队伍士气、提升整体战斗力。加强班子凝聚力建设。坚决执行民主集中制，坚持“三重一大”民主决策，班子成员之间要多沟通交流，做到相互尊重、相互理解、相互支持、相互包容，形成内部合力；主要领导要起到模范带头作用，分管领导要切实负起责任，一级对一级负责，团结一致，齐抓共管，在干部员工中形成向心力、影响力和号召力。加强处级干部执行力建设。处级干部执行力建设直接关系到中心改革发展大局，要不断加强处级干部执行力建设，打造一支“履职尽责、敢于担当”的处级干部队伍。加强员工队伍能力素质建设。培养一支德才兼备的员工队伍，是新时期审计中心的重要任务。要围绕业务能力、人品与修养，综合运用思想教育、业务培训、政策激励、领导表率、制度约束等多方面手段，不断提高员工队伍素质能力。

构建“四个关系”：审计中心与审计部的关系。集团公司审计部是审计中心的上级业务主管部门，审计中心要服从审计部业务领导，完成审计部下达的工作任务，提交合格的审计产品；审计中心和审计部之间要深入配合，简化流程，理顺关系。审计中心与集团公司总部机关各部门的关系。集团公司总部机关各部门是审计中心各职能部门的上级业务指导单位，各职能部门要加强与集团公司总部机关部门的沟通与协调，多请示、多汇报、多联系，反映困难，争取支持，为审计中心发展创造良好条件。审计中心与被审单位的关系。审计中心受集团公司委派行使审计职能，与被审计单位地位平等、目标一致。工作中要找准审计定位，恪守审计的权力边界，要注意方式方法，注重与被审计单位交流沟通，建立寓监督于服务中的新型关系，既要谦虚谨慎、平等待人，严谨细致、以理服人，又要善于发现问题、敢于揭示问题、深入分析问题、如实反映问题。审计中心内部各处室之间的关系。审计业务是审计中心的根本所在，职能处室要为一线处室做好服务，支持和配合好审计工作。各职能处室要做到团结协作，分工明确，各司其职。

实施“三项制度改革”：干部能上能下。实施人事制度改革，继续完善干部选拔任用机制，推行竞争上岗与公开选拔，让优秀人才脱颖而出。健全完善退出领导岗位机制，推动干部对外交流，畅通审计干部流动渠道。员工能进能出。实施劳动用工制度改革，严格控制员工总量。把好新进员工入口关，适当引进热爱审计、有文化、有专业、素质强的优秀专业人才充实审计队伍。收入能升能降。实施工资制度改革，坚持收入待遇向一线倾斜，优化工资体系，完善绩效工资制，以业绩效率定薪，体现工效挂钩原则。

实现“两个提高”：审计人员能力与素质的提高。逐渐适应在审计体制机制改革的形势下，在人员精简、工作量不变的情况下，更好完成审计任务的需要。审计工作质量的提高。实现由以监督为主向监督与服务协调发展的转变，不断提高审计威信和影响力，成为企业管理的一支重要力量。

打造“业内一流审计队伍”：正确认识、实事求是地做好审计中心发展的目标定位，力争三到五年时间，把审计中心建设成为中央企业内部一流的审计队伍。

（吴　涛）

中国石油物资采购中心
（中国石油招标中心、中国石油物资有限公司）

【概况】 中国石油物资采购中心（中国石油招标中心、中国石油物资有限公司）简称采购中心，于2007年以中国石油物资装备（集团）总公司（装备制造业务除外）为基础组建而成，是集团公司直属的专业化物资采购企业和在国家工商总局登记注册的独立法人经济实体。2012年6月，中国石油招标中心成立，与采购中心一套人马、两块牌子。采购中心作为集团公司直属的专业化公司，主要承担集团公司、股份公司物资集中采购任务，包括大宗物资、重要物资、长周期物资、安全物资、成套设备、大型工程项目所需物资的采购业务，急需物资的供应保障和战略储备物资的仓储管理；集团公司、股份公司一类、二类物资的采购和工程、服务采购招标的组织实施工作。采购中心有国内外贸易、国际国内招标、电子商务、运输保障、商品检验、仓储物流等一体化物资采购服务功能，具有工程项目招标甲级资质、海关高级认证企业、危险化学品经营许可、辐射产品经营许可、石油专用管材检测实验室等专业资质和经营许可证书。设6家子公司。

2017年，采购中心实现物资采购额465亿元、同比增长27%，降采率5.5%；实现招标额555亿元、同比增长15%，节资率8.77%，有效质疑为零。

【授权集中采购业务】 采购中心加强精细化管理，推进集中采购，实现境内组织采购额272亿元，境外组织采购额65亿元；不断加强供应商源头管理，历时3个月完成对采购中心负责的一级物资2016年度交货供应商的量化考评和分级，历时半年完成对一级供应商的现场考察全覆盖；有序推进标准化采购与战略采购，全面梳理所负责物资品种的采购要求及技术标准，与内部制造企业签署产品框架采购协议，持续增加内部优势产品采购和战略采购比重；开展境外项目运营及物资采购调研，参与筹建中东区域采购中心并正式挂牌；稳步推进框架协议采购试点，由制度构建阶段迈向实施阶段。

【招标业务】 2017年，采购中心完成53项、1175个标包集中采购招标任务。进一步强化招标评标现场管理和电子评标，采取物理隔离措施，实现全过程封闭式管理；运用远程异地评标成功实施元器件和环网柜项目；招标日常项目业务规模大幅增长，节资效益突出，推进电子招标，新旧电子平台实现无缝转换和对接，国内物资招标全部实现全流程电子招标。服务招标业务领域进一步拓展，完成中心首个“PPP”（公私合作）模式招标项目。招标辅助业务集中管理进一步加强，实现标书集中售卖，开标大厅集中开标，专家评标集中管理，制作评标专家培训视频和投标人培训视频，实现批量规模实时培训。完善招标软硬件设施，推广桌面云系统平台，完成本部招标场所改造并投入使用。

【保供综合服务】 2017年，采购中心以保障重点工程建设和重点物资供应为抓手，强化优质服务意识，发挥一体化服务优势，为集团公司重点项目和南海天然气水合物试采等国家重点项目提供优质服务，有力保障工程进度，大幅节约采购成本。

【直接采购业务】 2017年，采购中心发挥一体化服务优势，全年签订采购合同5335份，签约额127亿元。开展压缩机（组）、瓜尔豆片、国家应急救援基地建设项目消防设备等品种直采，压缩机（组）直采签约率继续保持在95%以上；探索推进重点工程项目物资统签统付，为陕京四线等项目采购管线钢管。

【进口代理业务】 2017年，采购中心全年签订进口合同981份，金额4.1亿美元。完成中国石油与美国卡特彼勒公司等多项框架采购协议续期及战略合作协议维护，完成中国石油与通用电气贝克休斯公司和ABB公司物资与服务供应框架协议的谈判。优化中国石油与斯伦贝谢公司测井服务的支付与结算流程，结算效率大幅提高。

【集中储备与仓储物流业务】 2017年，采购中心大幅增加集储目录，在降低集团公司总体库存、提升供应效率、保障生产建设方面发挥积极作用。推进条形码及电子标签应用，推出“中油一单达”服务模式，承揽系统内外仓储业务。新增石油专用管无损探伤和理化性能检测功能。通过海关重新认证，继续保持最高级别企业信用，响应国家“一带一路”倡议，开拓中欧班列运输新方式，确保紧急物资低成本按时保供。

【推动集团公司二级物资区域集中采购】 2017年，采购中心组织实施东北区域管件协同采购，8家用户单位参与，降采率21%，降本成效突出。开展东北区域企业劳保用品等二级物资区域集采调研，受到区域内企业普遍支持。

【集团公司首个区域招标中心建成】 2017年，采购中心坚持“共建、共用、共享”原则，整合长庆油田、大庆油田等在陕招标资源，用半年时间高水平建成投运招标中心西北分中心，实现远程评标、远程培训、一键归档、桌面云和知识库等系统功能，其建设理念、运营模式、服务标准和实践经验，为其他区域招标中心建设提供了示范和借鉴。

【集团公司采购共享服务方案编制】 2017年，采购中心按照集团公司物资装备部总体部署，成立方案编制工作小组，初步形成《集团公司采购共享服务中心建设总体设计前期研究报告》。配合开展专项研究，完成《集团公司集团化仓储物流整体布局规划方案》的编制。

【有力支持集团公司采购招标信息化应用】 2017年，采购中心物采系统实现网上交易额1402亿元、增长34%，维护更新价格目录1395万条、增长102%，办理一级供应商准入、冻结和增项等业务4243家次。承接电子招标平台运营，完成平台技术检测和与国家公共服务平台的信息对接。注重招标平台技术支持，创立官方微信号，创建400电话服务台，极大提升用户体验。通过云平台开展培训，实现全程无纸化，全年培训49期、4000余人次。

【企业管理】 2017年，采购中心体制机制不断优化，完成公司制改制，11月，中国石油物资公司正式更名为中国石油物资有限公司。优化组织机构设置，成立市场研究室与企管法规处，撤销法律事务处；优化绩效考核指标，在刚性指标中引入基层党建与合规经营管理指标项；立足采购招标行业前沿，针对多个当前热点难点课题开展研究；完善规章制度框架体系，发布《制度建设三年规划实施方案》，2017年制修订制度14项，采购中心层面现行有效规章制度109项，所属单位有效规章制度207项；优化采购中心标准体系，改进标准架构，补充更新标准200余项，基本实现对业务和管理领域的全覆盖。加强网络与信息安全管理，优化移动办公平台应用，ERP2.0系统整体上线，桌面安全2.0系统实现全覆盖。

【党群工作】 2017年，采购中心严格落实党委中心组学习制度，举办学习贯彻党的十八届六中全会精神处级干部培训班；加强意识形态工作，召开宣传思想文化工作会议；制定基层党建工作考核细则，纳入绩效考核体系；落实“一岗双责”，完善党建三联示范点制度，组织开展基层党建工作督查，推动责任落实；加快年轻干部培养使用，加强后备干部队伍建设，组织民主推荐，建立了正副处级后备干部队伍；扎实推进人才培训工作，选送90余人次参加集团公司及系统内各类专业培训班52期；采购中心层面举办培训班18期，集中培训600余人次；持续落实中央八项规定精神，建立联合监督机制，抓住节日节点，强化监督检查，巩固整治“四风”工作成果；围绕招标采购等业务开展合规监督，规范招投标业务人员行为。开展“弘扬石油精神、重塑良好形象”活动周，推进新媒体建设，开通微信公众号，组织各类文体活动，开展青年演讲比赛、青年志愿者服务，激发队伍士气；工团自身建设加强，召开团代会，举办工会干部培训班；落实维护稳定工作责任制，改进扶贫帮困机制。

（郑兴远）

中国石油天然气集团有限公司广州培训中心

【概况】 中国石油天然气集团有限公司广州培训中心（简称广州培训中心）前身是成立于1981年的石油工业部外语培训中心，是中国石油工业国际化人才培养的摇篮。2013年，经国家安全生产总局批准为中央企业在广东省唯一的安全生产应急救援培训演练基地。

广州培训中心建成集教育培训、科学研究、国际交流三大功能于一体、设施相对完善、年可培训超万人的培训基地，累计培养管理干部、专业人员10多万人。主要开展国际化人才、领导力发展、安全工程、人力资源、财务管理、党务工作、信息化等专业骨干管理人员培训，培训质量、效果深得集团公司总部及成员企业的认同和业内赞誉。

广州培训中心占地4.5万平方米，建筑面积4.53万平方米，总资产3.12亿元。其中，学术报告厅2间，多媒体教室25间，语言实验室3间，网络实验室2间，演播室1间，配套有学员餐厅3000平方米，学员公寓客房446间、635个床位以及体育馆、室外运动场、篮球场、网球场等，是广州市花园式单位。2017年底，广州培训中心设10个部门及单位，员工163人，其中合同化员工111人、市场化用工52人、正高级职称7人、副高级职称37人、中级职称50人。

2017年，党建工作全面加强，改革创新逐步深入，合规管理再上台阶，队伍作风持续转变，员工面貌焕然一新，教研科研有序推进，培训价值有效彰显，培训质量稳步提升，全面超额完成集团公司下达的各项绩效考核指标，经营业绩再创历史新高。2017年培训项目、培训人天、培训收入分别比2016年增长19.2%、16.7%、36.6%。

广州培训中心培训数据

时　间	类　别	班　数	人　数	人天数
2017年	A类项目	1	67	8049
	B类项目	49	5227	54265
	C类项目	74	5145	17348
	D类项目	149	6084	66176
	合　计	273	16523	145838
2016年	合　计	229	13777	125457
同比增长		19%	20%	16%

【培训工作】 推进改革创新。广州培训中心召开转型升级研讨会，进一步明确培训发展理念、核心能力打造、品牌项目创建、培训师队伍建设、企业管理提升等方面的发展思路和转型升级举措。

聚焦培训价值。以重点项目为抓手，在西南油气田、西南管道、呼和浩特石化等企业的培训中融入优才选拔、专业赋能、问题解决，成为企业忠实合作伙伴；以成品油销售企业选训英语培训学员为契机，实现全国60多个站点101人的远程同步英语笔试+“1对1”口语测试，首次取得实践英语交际技能远程测试突破。

突破安全培训。紧贴企业需求，以国家应急救援培训演练基地为依托，以2017年3月举办新疆销售安全管理人员培训班为开端，2017年共设计、开发安全类培训项目11个，举办安全类培训班20期，成为中心培训业务新的增长极。

【教研科研】 2017年，广州培训中心健全完善教科研管理制度，增加经费投入。研究引领教科研方向，加强过程管理，促进成果转化应用。投入110多万元，争取集团公司经费120多万元，教科研成果再创新纪录，其中有1项获集团公司软科学优秀课题奖，15项通过广州培训中心结题验收，设计开发培训项目170余项。

优化课程体系。2017年新增课程50余门，新增外聘教师80余人，有效弥补广州培训中心课程体系在战略管理、创新思维、跨部门沟通、管理心理学等方向的空白。同时，强化企业内训师、培训管理者、党建培训等课程体系。新增中国电信“互联网+”基地等现场教学地基地。初步完成外部师资库建设。

加强专业建设。完成工程建设、工程技术等PMP课程体系建设；完成管道、油气库、基层站队长等课程体系建设；完成个体防护8个体验课程等课程开发；完成“项目管理沙盘模拟”“行动学习结构化研讨”等课程开发；完成“中国石油销售企业管理干部能力提升整体解决方案”“集团公司科技骨干人员项目管理能力提升培训体系”“中国石油管理干部领导力模型设计”“中国石油销售企业管理干部能力提升整体解决方案”等专业项目设计。

强强联合初见成效。与香港文汇管理学院签订战略合作协议，在多个重点项目中聘请香港文汇管理学院优秀师资，授课效果得到学员与主办方的广泛认可。与中山大学等高校、中大咨询等公司在师资、项目设计等方面进行深入合作，取得良好效果。

【市场开发】 2017年，广州培训中心市场开发力度空前、成效显著。高度关注培训市场需求，精细客户分类管理。主动适应合规管理要求，深入研究并注重商务谈判，力争效益最大化。两次召开市场开发创新研讨会，全员开拓市场、推介项目。组建专业团队，实行市场开发、研发和教学三位一体的开发模式，强化市场需求与项目对接。精心谋划产品组合，策划特色样板项目，实现自办项目新突破，积累了经验。

【队伍建设】 2017年，广州培训中心实施人才成长环境优良、人才结构优化、人力资本投资优先的“三优”战略，抓好“培养人才、吸引人才、用好人才”三个环节，采取培养与引进并举、重在内部培养的举措，新进员工10人，组织内训13场次、参训1100人次，安排随堂听课超过300人次，选送集团公司社会机构培训65人次。员工培训力度、培训人次、投入经费均创历史新高。加快新进员工成长，首次采用“3+3”、师带徒方式培训新员工，新员工成长迅速。

师资培养。组织教师骨干26人次外出培训，获国际注册行动学习促动师、注册安全工程师等十余项认证；组织教师参加成员企业调查，前往西南油气田、四川销售等成员企业进行领导力素质模型项目的调研，前往集团公司科技管理部及规划总院、勘探开发院等单位进行项目管理方面的调研和考察；通过请进来走出去，与德鲁克学院、仁脉顾问、中智等培训机构洽谈课程合作、师资共享、技术引进等，交流批次达10次以上。

加强干部队伍建设，出台《中层领导干部任期考核管理办法》，严格干部管理监督、任期监督及竞争上岗选拔，员工对选人用人满意度提升，中层干部尤其是正职形成了“讲政治、抓作风、带队伍、谋发展、创业绩”的目标导向。2017年，选拔调整12名领导干部。

调整体制机制。根据集团公司全面推进企事业单位机关改革意见、广州培训中心发展战略目标和转型升级要求，对部分职能和机构分别进行持续优化和调整。人事处加挂广州培训中心党委组织部牌子，党群处承担的党建职能纳入广州培训中心党委组织部管理；成立在线培训项目部，挂靠研发处；成立安全工程实训中心，隶属安全工程教学部；成立后勤处食宿管理科，撤销后勤处饮食中心和公寓中心建制。

【管理提升】 合规管理。广州培训中心修订HSE管理体系作业文件，加强日常安全管理及承包商安全监管，推动HSE管理体系有效运行，2017年没有发生任何安全责任事故。完成质量体系宣贯、实施和审核，完成内控手册修订及年度内控自我测试。制修订教科研项目、财务、人事、基建项目等管理办法制度18项，风险管控更加有效。食宿业务按“一升一降两平稳”的原则完成外包。

和谐企业建设。加强管理创新，实施食堂及公寓客房业务外包，有效保障员工权益，用工模式有了新突破。完成餐厅、办公楼、员工宿舍、学员公寓等维修及电力扩容等34项工程，大幅改善培训和办公条件，美化园区环境。改善员工餐饮条件、提高员工餐饮水平，关爱困难员工，加大帮扶力度，发放帮困资金12万元，员工收入等待遇也随广州培训中心发展得以改善或较大幅度提高，员工有了更多获得感。

【党建工作】 2017年，广州培训中心深入学习贯彻党的十九大精神，深化“两学一做”学习教育成果，广泛开展“践行四合格四诠释，弘扬石油精神，喜迎党的十九大”岗位实践活动。立足中心，服务大局，各支部结合本单位和部门实际，优选主题、创新形式、丰富内涵、务求实效开展组织活动，党支部的战斗堡垒作用和共产党员的先锋模范作用较好发挥。全面从严治党，履行“两个责任”，以问题为导向，在扎紧制度笼子上有新作为、廉政教育常态化有新气象、推动监督执纪问责有新突破。全面完成了专项巡视问题整改。坚持党管干部，正确选人用人，按“讲政治、抓作风、带队伍、谋发展、创业绩”要求，按规范的组织和民主程序，选拔调整12名处科级干部。选树典型，弘扬正气，顾大局、守纪律，讲原则、明是非，负能量的言行逐步被广大员工所唾弃，作风转变有口皆碑，营造出了绝大多数员工精诚团结、敬业奉献、愉悦工作的良好环境。

【社会责任】 2017年，广州培训中心开展精准扶贫工作，因户施策，落实贫困户产业增收项目，发放了33.57万元发展生产的帮扶物资。开展科技教育帮扶，捐赠校服、书包、文具等用品，提供助学金给优秀大学生和贫困户家庭学生，受助人数达43人次；开展英语启蒙支教活动。落实民生保障，为贫困户购买医疗保险，100%落实医疗保障政策；开展家庭医生签约项目，动员全部贫困户与家庭医生签约；资助部分贫困户购买养老保险，确保60周岁以上贫困人口100%享受城乡养老保险待遇制度；落实贫困户危房改造。

（袁　敏）

中国石油学会

【概况】 中国石油学会（英文简称CPS，简称石油学会）创立于1978年，是学术性法人社团组织。业务范围包括学术交流、科学普及、编辑出版、成果转化、科技服务、咨询培训、人才举荐等。2016年3月18日第九次全国会员代表大会后，石油学会第九届理事会理事117名，其中常务理事39名。办事机构秘书处5个部门仍设在中国石油天然气集团公司，人员编制21人，在册职工19人。石油学会下设分支机构（分会、专业委员会、工作委员会）21个，全国有28个省（自治区、直辖市）建立了地方学会。有个人会员约6.4万人。主办期刊有《石油学报》《石油学报（石油加工）》《Petroleum Research》《石油知识》。2017年，石油学会坚持为科技工作者服务、为创新驱动发展服务、为提高公民科学素质服务、为党和政府科学决策服务的职责定位，以打造开放型、枢纽型、平台型组织建设为目标，以促进石油石化科技进步和创新发展为方向，以增强学术影响力、会员凝聚力、社会公信力、自主发展能力为着力点，按照“4321”（做好四个争先，完善三个平台，实现两个全覆盖，争创一流社团）的工作要求，工作再上新台阶。

【服务创新型国家和社会建设】 2017年，石油学会落实与教育部全国工程专业学位研究生教育指导委员会签订的《石油工程硕士研究生教育认证合作框架协议》，举办石油工程硕士研究生教育认证专家培训班，接受2个高校教育认证申请，确定中国石油大学（北京）为第一批认证学校，组织院士专家完成入校考查评审。

制定《中国石油学会关于加强科技咨询工作的意见》，组织院士赵文智、周守为、曾恒一等专家完成中国科学技术协会“全球科技领军人才流动趋势跟踪研究”项目中5个清洁能源重点领域全球科技领军人才推荐和引进建议。受国家科学技术奖励工作办公室委托，组织9位院士专家对2017年国家科技奖初评通过项目（国家科技进步奖“涪陵大型海相页岩气田高效勘探开发”“南海高温高压钻完井关键技术及工业化应用”“三元复合驱大幅度提高原油采收率技术及工业化应用”3个项目和国家技术发明奖“深层油气藏靶向暂堵高导流多缝改造增产技术与应用”“海相碳酸盐岩缝洞型油藏精细描述、数值模拟及高效注水开发技术”2个项目）提出行业咨询意见。石油储运专业委员会组织企业参与无人机团体标准制定，已形成管道无人机标准初稿及石油石化行业无人机标准编制草案。

按时完成中国科学技术协会九大代表研究课题“开展创新争先活动的主要做法与效果研究”报告。承担塔里木油田公司“塔中地区奥陶系碳酸盐岩层序划分及控储作用研究”项目通过结题验收。与大港油田公司签订战略合作框架协议，在科技咨询、技术服务与推广、成果转化等多个领域开展深度合作。尝试开展科技成果转化活动，征集135项新技术项目，筹备召开新技术新成果转化与推介会。

组织举办第二届全国油气地质大赛、第七届中国石油工程设计大赛、第三届全国大学生测井技能大赛和第二届全国大学生油气储运工程设计大赛，开展全国石油管材螺纹检测人员资格鉴定与认证、NACE阴极保护技术CP2/CP3国际资格认证、油气管道线路完整性技术人员、通信信息技术应用、油气储运领域青年教师工程能力等专业培训27场，培训人数2382人次。

【学会建设】 2017年，石油学会发展个人会员1563人。变更学会法定代表人获民政部批准，被民政部评为3A级全国性社会组织。新成立青年工作委员会，石油学会下属分支机构增至21个。组织分支机构及地方学会自查自评、数据统计、年度考核和评先选优，评选表彰年度优秀秘书长15人、优秀学会领导22人、科普工作先进个人21人和先进集体22个。石油学会再次获中国科学技术协会“全国学会财务决算先进单位”，获集团公司“办公室系统先进个人”和“人事部企业年金工作先进个人”各1人。

【学术期刊】《石油学报》和《石油学报（石油加工）》完成期刊出版许可证法定代表人变更。《石油学报》完成中国科学技术协会精品期刊工程第4期TOP50项目任务，连续第六次被评为“中国最具国际影响力学术期刊”，刊发的“非常规油气地质学重要理论问题”入选“中国科技期刊2017年度全国百篇优秀论文”；影响因子2.625，排名第11位；总被引频次5396，继续名列能源类科技期刊第一名。

《石油学报（石油加工）》影响因子0.841，比2016年升高0.077；总被引频次1552，比2016年增加98。参与完成《中国大百科全书》炼油相关词条80余条10万余字编校。

《Petroleum Research》期刊网站上线运行，与科爱公司签订合作协议，利用国际知名出版集团爱思唯尔（Elsevier）公司Science Direct网站实现全文开放获取，扩大期刊国内外读者群及影响力。截至2017年底，上网论文下载5188篇次，有10余篇国外作者来稿。

【学科发展研究】 2017年，石油学会组织中国工程院院士黄维和等约40名专家编写提交20余万字研究报告，完成中国科学技术协会“2016—2017年油气储运工程学科发展研究”项目。

【国际学术会议及国际交往】 2017年，石油学会组织以副理事长、中国科学院院士金之钧为团长的12名中方代表赴日本东京参加第十届中日韩炼油技术研讨会，从石油加工、油品质量升级与管理、环境保护三方面宣讲技术报告6篇，并参观JPEC先进技术研究所（ATRI）和丰田未来汽车展示厅。石油测井专业委员会与俄罗斯欧亚地球物理学会在陕西省西安市联合召开第十届中俄测井国际学术交流会。石油储运专业委员会在河北省廊坊市举办主题为“智慧管道”的第六届国际管道会议。

【国内主要学术会议】 2017年，石油学会及分支机构组织召开第三届中国石油石化健康、安全与环保（HSE）技术交流大会，第七届中国石油地质年会，中国石油石化企业网络安全技术交流大会暨展示会，第三届中国油气田地面工程技术交流大会，全国天然气学术年会，第十届青年学术年会等各类学术会议70次，参加人数16300人次，交流论文9300篇，出版论文集18部。

【科普活动】 石油学会各级组织2017年举办院士专家科普报告会5次，专题讲座26次，科普展览15次，科普活动受众人数13483人次。为西北大学博物馆、青海油田科技馆、华北油田科技展览馆等第二批科普教育基地进行授牌，在青海省敦煌市召开科普教育基地创新发展研讨会，成立中国石油学会科普教育基地发展联盟。收集整理已命名的13个科普教育基地材料，编辑制作《中国石油学会科普教育基地宣传册》。安排石油地质、工程、物探、经济、通信、储运6个分支机构和9个地方学会及1个科普教育基地在“全国科技活动周”期间开展科普活动23项，有8个科普教育基地及科研院所、大专院校的重点实验室对公众开放受到表彰。组织西北大学专家科普报告会暨赠书仪式、深层油气地质与勘探科普报道橱窗、硫化氢风险及防护知识宣传等“科普日”活动21项，17项被评为“全国科普日优秀活动”。石油学会被评为中国科学技术协会“2017年度全国科普工作优秀单位”“全国科普日活动优秀组织单位”。

【表彰举荐优秀科技工作者】 修改完善《中国石油学会推选院士候选人工作实施细则（试行）》，制定推选工作方案，遴选推荐中国科学院院士候选人1人、中国工程院院士候选人8人（有6人获中国工程院院士候选人提名）。组织开展第十四届中国青年女科学家奖、第十二届光华工程科技奖等人选提名工作，遴选推荐中国科学技术协会人才托举工程“高端科技创新智库青年项目”2人，推荐人力资源社会保障部、中国科学技术协会、科技部、国务院国资委评选全国创新争先奖奖牌候选团队1个、奖章候选人1人、奖状候选人2人。围绕首个“全国科技工作者日”，推荐刘合等3名同志获中国科学技术协会“全国学会优秀党员科技工作者”称号。

【党建强会】 2017年，石油学会党组织把迎接和学习宣传贯彻党的十九大作为全年工作主线，制定学习计划，全文学习党的十九大报告和领导讲话精神，参加宣贯辅导讲座和“学习十九大、奋进石油人”知识答题竞赛。全年组织召开党委、支委会议8次，党员干部民主生活会1次，党员组织生活会1次，党员及职工学习讨论会11次，支委讲专题辅导党课3次。选举产生中国石油直属第十一次代表大会代表1名，组织举办弘扬石油精神岗位实践活动1次。

3月21日，石油学会功能型党委获中国科协科技社团党委批复（科协社团党发〔2017〕42号）成立，任期与石油学会理事会任职同步。召开第一次党委会议，明确党委职责为：保障政治方向，注重引导监督，参与学会重大问题决策，团结带领广大科技工作者听党话、跟党走，维护广大会员正当权益。

7月12日至9月12日，接受集团公司党组第五巡视组专项巡视。12月7日，反馈巡视意见，提出五个方面9个问题。石油学会党支部立即成立整改工作领导小组，在一周内研究形成30条措施整改方案，落实责任部门、责任人。石油学会专项巡视做到“三个没有”，即巡视前后没有信访和举报的情况，巡视期间没有党员干部因违规违纪受到党纪政纪处分，巡视之后没有需要移交的案件线索。11月27日，与集团公司党组纪检组驻经济技术研究院纪检组对接，接受其综合监督。

【会员服务】 2017年，石油学会利用“石油院士走基层，科技传播进厂矿”院士专家报告会、科普教育基地授牌、赠送图书等活动，与山东、陕西、青海等地会员及科技工作者座谈，答疑解惑和征询意见。选拔在京会员组团参加中国科学技术协会全国学会第八届乒乓球比赛，继续获团体组织奖、团体赛亚军和全国学会领导人员组单打季军。

【2015—2016年度中国石油石化科技创新十大进展评选发布】 2017年5月12日，石油学会在北京举行“2015—2016年度中国石油石化科技创新十大进展”发布会，中国石油、中国石化、中国海油及延长石油的10项科技成果入选。

2015—2016年度中国石油石化科技创新十大进展

序　号	技术或项目	完成单位
1	5000万吨级特低渗透—致密油气田勘探开发与重大理论技术创新	中国石油
2	古老碳酸盐岩勘探理论技术创新与安岳特大型气田重大发现	中国石油
3	海上稠油油田高效开发技术	中国海油
4	涪陵海相页岩气高效开发关键技术	中国石化
5	中缅天然气管道设计施工及重大安全关键技术	中国石油
6	LCO选择性加氢—催化裂化生产高辛烷值汽油或芳烃料（LTAG）技术应用	中国石化
7	超深水平井钻完井技术	中国石化
8	延安气田勘探开发关键技术与创新	延长石油
9	大型海洋油气平台组块浮托安装创新技术	中国海油
10	高密度宽方位地震勘探技术创新及重大成效	中国石油

（邹　刚）

中国石油企业协会

【概况】 中国石油企业协会（简称石油企协）成立于1984年，原名中国石油企业管理协会，成立初期分别挂靠在石油工业部、中国石油天然气总公司和中国石油天然气集团公司企业管理司、发展研究部、政策研究室等部门开展工作。2004年9月，更名为中国石油企业协会，是国家民政部批准的社会团体法人。2006年1月，集团公司决定，石油企协从集团公司发展研究部划出，挂靠集团公司管理，人事劳资关系由人事劳资部管理，财务资产由财务资产部管理，党、团、工会组织关系由直属机关党委管理。业务范围包括专业交流、书刊编辑、国际合作、业务培训、咨询服务等。办公地址在北京市西城区六铺炕街6号。

截至2017年底，石油企协设6个部室和3个分支机构。在册人员13人，其中专职副会长1人、处级职数4人，副高级职称3人、中级职称8人。

2017年，石油企协认真贯彻落实集团公司工作部署及第七次全国会员代表大会和七届三次理事（常务理事）会议精神，持续在合规管理、品牌服务、自身建设等方面精准发力，取得良好业绩。

【召开年度理事会议】 2017年7月21日，石油企协在北京召开七届三次理事（常务理事）会议，来自中国石油、中国石化、中国海油、中国化工、延长石油、陕西燃气集团以及有关企业和院校的石油石化行业理事、常务理事和代表共计120余人参加会议。专职副会长高潮洪代表第七届理事会作题为《持续加强合规管理、品牌服务、自身建设，倾力打造石油企协高端优质服务品牌》的工作报告，集团公司党组成员、副总经理、石油企协第七届理事会会长沈殿成作重要讲话。会议表决通过石油企协第七届理事会工作报告，调整七届理事会负责人，新增和调整七届理事会理事、常务理事，成立石油品牌建设专业委员会等议案。大会还邀请专家作题为《我国宏观经济形势》的专题讲座。

【政府服务与行业服务】 2017年，石油企协拓展新的服务品种，提升新的服务品质，打造高端优质服务品牌，扩大石油企协整体影响力。先后接受国家能源局等国家部委委托课题研究任务3项。相关课题研究工作的开展，增强石油企协在国家有关行业政策制定上的“发言权”，提升石油企协服务档次和服务品牌。

先后接受集团公司有关部门和相关行业企业委托课题研究3个。通过精心组织、深入调研、认真研究、严格评审，结题的课题研究项目全部通过专家评审和企业验收，为课题研究项目在企业进一步实施提供有力“智力”支持。

专业培训研讨活动通过实践摸索、完善提高，更加贴近实际、贴近基层、贴近工作需要，不断培育出新的服务品牌。2017年共进行6次专业培训研讨活动。

咨询服务工作着眼企业实际需求，有针对性地开展。先后以现场或通信方式为企业提供管理创新咨询指导20多次，辅导修改管理创新成果20多个，促进企业管理创新成果再提升。

【“三评”工作】 石油企协行业部级2017年度全国石油石化企业管理现代化创新优秀成果、优秀论文、优秀著作评审（简称“三评”）成果发布会，于10月31日至11月1日在陕西西安召开。来自中国石油、中国石化、中国海油、延长石油、陕西燃气集团等会员企业的领导、专家和代表共200多人参加会议。

在2017年“三评”过程中，共收到优秀成果申报242项，评出获奖优秀成果143项；收到优秀论文623篇，获奖379篇，收到优秀著作48部，获奖30部，“三评”项目申报单位比2016年增加16家，申报数量总体增加10%。在中国企业联合会第二十四届国家级企业管理创新成果评审中，石油企协组织推荐的14项成果有9项获奖，其中一等奖1项、二等奖8项。并就优秀成果的后效应发挥进行相应的媒体宣传和发布交流活动，收到良好的效果。

石油企协在2017年度“三评”工作中，先后组织力量编辑出版2016年度《石油石化企业管理现代化创新优秀成果选编（第24集）》《石油石化企业管理现代化创新优秀论文选编（第12集）》，并及时送到会员单位。

【期刊编辑】 《中国石油企业》杂志、《决策信息报告》和《中国油气产业发展分析与展望报告蓝皮书》坚持为会员企业改革发展服务的宗旨，立足行业，放眼世界，聚焦国内外能源产业变革发展大势，瞄准行业企业改革发展中的焦点、热点、难点问题，深入解剖分析、预测趋势，寻求对策、提出建议，为会员企业改革发展提供重要的决策参考。品牌价值越来越大，影响力越来越强。其中，《中国油气产业发展分析与展望报告蓝皮书》在国家新闻出版广电总局“十三五”国家重点出版物遴选中，被列入首批“十三五”国家重点出版物出版规划项目。

【基础管理和党建工作】 2017年，石油企协坚持合规管理、规范运作，坚守底线、不踩红线，恪守“规范、秩序、优质”原则，严格按照国家有关协会商会建设的政策规定及业务主管部门、行政管理单位的制度规定开展工作，巩固石油企协立身之本。严格执行领导班子工作规则、“三重一大”集体决策制度和党建工作一系列制度规定，定期召开领导班子会议、办公例会、党支部会议，规则执行到位，决策程序完备，风险防控有力；严格执行专项工作全程跟踪评价制度，做到事前有计划、事中有督察、事后有总结、财务有监督、领导有评价；严格财务制度管理，加强业务流程关键环节控制，大额财务收支严格按照上会研究、签订合同、填写表单、审批签字的流程进行；会费收支严格按照国家要求执行，坚持取之于会、用之于会的使用原则，并主动接受审计监督；加强对分支机构管理和工作指导。海洋石油分会、公路运输分会、法律工作分会严格按照协会章程和工作指导运作，尽心竭力服务会员企业，赢得会员企业信任和支持，呈现出规范有序的发展局面。

石油企协加强自身建设，不断提升制度体系管理效果，不断提升干部员工队伍作风素质能力，不断提升党建工作制度化科学化水平，夯实石油企协可持续发展的基础。

加强执行力建设，提升制度体系管理效果；加强队伍作风素质建设，提升干部员工队伍作风素质能力；加强党的建设，提升党建工作制度化科学化水平。取得较好的工作成果。

（张慧芳）

中国石油天然气集团有限公司大事纪要

中国石油天然气集团有限公司大事纪要

一　　月

1日　中国石油天然气销售与管道业务按新体制组织生产经营，天然气销售分公司、中石油管道有限责任公司正式独立运行，各天然气销售区域分公司及储备气分公司正式运行。

同日　中国石油向社会全面供应符合国Ⅴ标准车用汽油、柴油。

3日　集团公司董事长、HSE委员会主任王宜林主持召开集团公司HSE委员会会议，强调要切实增强责任意识和担当意识，紧密结合生产经营实际，不断完善风险管控机制，创新监管方式方法，保持安全环保形势持续稳定好转。

4日　集团公司董事长、科技委员会主任王宜林主持召开集团公司科技委员会会议，强调要深入贯彻创新驱动发展战略，努力提升集团公司自主创新能力和核心竞争力，为建设世界一流综合性国际能源公司做出新的更大贡献。

6日　集团公司总经理章建华到内蒙古销售分公司、呼和浩特石化分公司调研，强调要抓住内蒙古经济社会发展新机遇，加快改革步伐，优化生产运行，狠抓安全环保，发挥整体优势，力争效益最大化，为集团公司稳健发展做出新贡献。

9日　中国石油3项成果获2016年度国家科学技术奖。依托国家和中国石油重大科技专项的“古老碳酸盐岩勘探理论技术创新与安岳特大型气田重大发现”和“大型乙烯装置成套工艺技术、关键装备与工业应用”2项成果获国家科学技术进步奖二等奖；中国石油参与完成的“复杂结构井特种钻井液及工业化应用”获国家技术发明奖二等奖。

15—17日　集团公司2017年工作会议在河北廊坊召开（详见专稿）。

17—18日　集团公司2017年党风廉政建设和反腐败工作会议在河北廊坊召开。会议强调要深入学习贯彻中央纪委七次全会及中央企业党风廉政建设和反腐败工作会议精神，坚定不移加强党的建设、从严管党治党，保持惩治腐败高压态势，培育良好政治生态，为重塑形象、稳健发展提供强有力保障。集团公司党组书记、董事长王宜林出席会议并讲话，集团公司党组成员、党组纪检组组长徐吉明作《强化责任担当，突出标本兼治，推动集团公司全面从严治党向纵深发展》主题工作报告。

18日　中国石油反腐倡廉教育平台上线试运行。该平台以全力构筑不想腐的堤坝为宗旨，由一微（石油清风微信公众号）、一端（石油清风客户端）和一报（石油手机报短信平台）组成，主要发布中央党风廉政建设和反腐败工作形势任务、党纪法规，以及集团公司纪检监察工作动态等。

19日　中国石油微电影《阿敦础鲁》获中国金鸡百花电影节第二届国际微电影展映优秀作品奖。《阿敦础鲁》讲述呼伦贝尔大草原上的石油人坚持安全绿色施工，与当地牧民和谐相处，共建美好家园的感人故事。

19—20日　集团公司董事长王宜林到华北油区调研，强调要认真贯彻落实集团公司2017年工作会议精神，坚定发展信心，加强党的建设，弘扬石油精神，抓好基层建设，筑牢发展根基，为促进油田稳产增产、稳健发展做出新贡献。

同日　集团公司总经理章建华到宁夏地区石油石化企业调研，强调要认真贯彻落实集团公司2017年工作会议精神，牢固树立全局观念，狠抓安全环保，优化生产运行，加快改革步伐，努力提升创效水平，为集团公司稳健发展做出新贡献。

20—21日　集团公司海外油气业务2017年工作会议在北京召开。会议强调要坚持稳中求进，深化改革创新，全力推进海外油气业务优质高效发展。

25日　中国石油天然气股份有限公司董事会2017年第1次会议决议，聘任柴守平为股份公司财务总监。

二　月

7日　集团公司召开维护稳定工作和社会治安综合治理领导小组会议，强调要增强责任感紧迫感，持续发扬优良工作作风，做好2017年维护稳定和社会治安综合治理工作，营造和谐稳定环境，服务改革发展大局。集团公司副总经理、维稳领导小组副组长、综治领导小组组长沈殿成主持会议并讲话。

7—8日　集团公司总经理章建华到冀东油田分公司调研，强调坚持增储上产，推动管理创新，深入挖潜增效，激发发展活力，为集团公司稳健发展做出应有贡献。

8—9日　集团公司工程技术业务2017年工作会议在北京召开。会议强调要牢固树立市场化发展理念，充分发挥集团公司一体化优势，千方百计开拓市场，加快建设国际一流的油田技术服务公司。集团公司副总经理赵政璋出席会议并讲话。

9—10日　集团公司总经理章建华到湖北销售分公司调研，强调要发挥集团公司整体优势，坚持低成本发展网络，实施精细管理，提高经营创效水平，为集团公司稳健发展做出新贡献。

10日　中国石油集团资本股份有限公司（简称中油资本）正式挂牌登陆深圳证券交易所A股市场，标志着中油资本重大资产重组上市完成，是A股市场交易规模最大的重组案例，创下同类型和相似规模重组用时最短纪录。重组后，中油资本业务范围涵盖财务公司、银行、金融租赁、信托、保险、保险经纪和证券等多项金融业务，拥有较为齐全的金融牌照，成为A股市场持有金融牌照数量最多的上市公司。集团公司总会计师刘跃珍出席中油资本重组更名仪式并讲话。

13日　集团公司修订印发《中国石油天然气集团公司管理人员违纪违规行为处分规定》，采用“管理制度+负面清单”模式设置条文，全面覆盖集团公司管理制度体系，分类设置思想政治作风、廉洁从业、组织人事、经营管理、财务资产、质量安全环保等六个方面纪律条文110条，为各级管理人员用权行为设定底线、标明红线，成为集团公司加快构建“不能腐”体制机制的重要举措，有利于进一步加强制度对权力运行的规范和约束，为营造风清气正的发展环境提供有力保障。

17日　中国石油集团工程股份有限公司（简称中油工程）重组更名暨上市仪式在上海证券交易所举行。通过资产重组，中国石油将其旗下主要石油工程建设业务注入上市公司平台，上市公司主营业务也将从原石化产品研发、生产和销售业务，转变成油气田地面工程服务、储运工程服务、炼化工程服务、环境工程服务、项目管理服务为核心的石油工程设计、施工及总承包等业务。集团公司总会计师刘跃珍，集团公司副总经理刘宏斌出席重组更名仪式。

19日　集团公司董事长王宜林与阿布扎比国家石油公司（ADNOC）首席执行官、阿布扎比最高石油委员会成员贾贝尔在阿布扎比签署阿布扎比ADCO陆上油田开发项目相关购股协议。根据协议，阿布扎比政府、阿布扎比国家石油公司将授予中国石油阿布扎比ADCO陆上油田开发项目8%的权益，合同期40年。中国石油同时获得项目联合作业公司阿布扎比陆上作业公司（ADCO）8%的股份。协议的签署标志着中国石油与阿布扎比国家石油公司互利共赢的全面战略合作迈入新阶段。

19—22日　集团公司董事长王宜林到中东地区企业调研，强调要坚持“做大中东”战略不动摇，努力把中东地区打造成中国石油国际化经营和“一带一路”油气合作的“旗舰”，为建设世界一流综合性国际能源公司做出新贡献。

20日　集团公司总经理、“三项”专项工作领导小组组长章建华主持召开“三项”专项工作（即亏损企业治理、“僵尸企业”处置及特困企业治理、压缩管理层级减少法人户数三项）领导小组会议，强调要坚持问题导向，落实责任分工，强化督导考核，扎实稳准推进各项工作，助力集团公司提质增效、稳健发展。

20—23日　集团公司总经理章建华到广东、海南地区石油石化企业调研，强调牢固树立全局观念，持续加强党的建设，创新管理体制机制，加大市场开拓力度，为集团公司稳健发展做出新贡献。

23—24日　集团公司2017年质量安全环保节能工作会议在北京召开。会议强调要强化大局意识和责任意识，抓要害、重预防、治根本，严守质量安全环保节能“四条红线”。集团公司副总经理沈殿成出席会议并讲话。

24日　集团公司董事长、全面深化改革领导小组组长王宜林主持召开全面深化改革领导小组第十六次会议。会议审议并原则通过《集团公司2017年全面深化改革工作要点》，以及《大庆油田电力集团深化改革升级发展框架方案》《昆仑能源有限公司扩大经营自主权改革实施方案》《中心医院社会化改革试点方案》。会议强调要突出问题导向和稳准原则，切实抓好责任落实，持续深入推进改革，把改革工作与生产经营和提质增效紧密结合，确保改革在重要领域和关键环节取得实质性成果。

28 日　集团公司党组书记王宜林主持召开党组会议，审议并原则通过《集团公司 2017 年开源节流降本增效工作措施意见》等 3 项议题。会议强调要落实好“外拓市场、内强管理、狠抓压减、减亏扭亏、防控风险、提高质量、落实责任”等要求，抓好集团公司 2017 年开源节流降本增效措施任务落实，全力以赴实现业绩稳定增长。要认真总结三年巡视工作，固化经验成果，加强监督检查，抓好问题整改，推进集团公司巡视监督向纵深发展。

同日　中国石油天然气集团公司与中国航天科工集团公司在北京签署深化战略合作协议。双方将本着优势互补、互利共赢的原则，充分发挥各自优势，在“互联网 +”、智能制造、石油装备和服务、石油石化产品供应等领域开展全面深入合作。集团公司党组书记、董事长王宜林与中国航天科工集团公司党组书记、董事长高红卫举行会谈并出席签约仪式。

同日　集团公司党组决定在全体党员中深入开展“践行四合格四诠释，弘扬石油精神，喜迎党的十九大”岗位实践活动。自 2017 年 3 月开始到年底结束，不设阶段，不设环节，由各单位党委根据实际情况组织开展，体现创造性、丰富性、时效性。

三　月

1 日　集团公司在北京召开党委书记抓党建述职评议会。会议强调要以担当诠释忠诚、用实干诠释尽责、用有为诠释履职、用友善诠释正气，把党建工作责任扛稳扛好，以优异成绩喜迎党的十九大胜利召开。集团公司党组书记、党的建设工作领导小组组长王宜林出席会议并讲话。

同日　集团公司 2017 年信息化工作会议在北京召开。会议强调要持续提升信息化水平，为建设“共享中国石油”、推进集团公司稳健发展做出新贡献。集团公司副总经理、信息化工作领导小组组长喻宝才出席会议并讲话。

2—3 日　集团公司首次召开原油、成品油进出口工作座谈会，强调要牢固树立大局意识、效益意识、市场意识，发挥炼销贸一体化优势，优化原油成品油进出口，为集团公司实现提质增效、稳健发展做出更大贡献。集团公司总经理章建华出席会议并讲话。

3 日　集团公司矿区服务系统 2017 年工作会议在北京召开。会议强调要切实增强深化矿区改革重要性和紧迫性的认识，突出抓好深化矿区改革的重点工作，持续提升经营矿区水平。集团公司副总经理刘宏斌出席会议并讲话。

同日　四川销售公司泸州分公司龙马连片加油站党支部书记陈小玲被全国妇女联合会授予“全国三八红旗手”称号。

6 日　集团公司决定，调整完善集团公司党组巡视工作机构，明确集团公司党组巡视工作领导小组办公室内设机构，其综合管理工作依托党组纪检组。

7 日　集团公司 2017 年定点扶贫与对口支援工作领导小组会议在北京召开。会议强调要精准发力，严格落实好中央扶贫任务和工作要求，助力各帮扶地打赢脱贫攻坚战，为全面建成小康社会、实现经济社会全面发展做出新的更大贡献。集团公司副总经理、定点扶贫与对口支援工作领导小组组长徐文荣出席会议并讲话。

15 日　中国石油天然气集团公司与四川省政府在北京签署战略合作框架协议。根据协议，中国石油和四川省将共同推进在四川油气业务发展，提升炼油和化工水平，加强油气销售网络建设以及天然气供应和管网建设，为四川石化产业发展，保障天然气供应创造有利条件，为支持四川加快绿色发展、建设美丽四川做出贡献。集团公司董事长王宜林出席四川省与世界 500 强央企投资合作协议签署仪式。

同日　集团公司保密委员会（密码工作领导小组）扩大会议在北京召开。会议强调要深入贯彻落实党中央、国务院及集团公司党组的部署要求，求真务实、超前防范，整体推进、开拓创新，扎实做好新形势下的保密工作，为集团公司建设世界一流综合性国际能源公司做出新贡献。集团公司副总经理、保密委员会主任喻宝才出席会议并讲话。

16 日　国务院国资委同意侯启军、段良伟、覃伟中为中国石油天然气集团公司副总经理人选，试用期一年（2017 年 3 月至 2018 年 2 月）；沈殿成不再担任中国石油天然气集团公司副总经理职务；赵政璋不再担任中国石油天然气集团公司副总经理职务，退休。

同日　国务院国资委党委决定，免去沈殿成、赵政璋同志的中国石油天然气集团公司党组成员职务。

17日　集团公司2017年法律工作会议在北京召开。会议强调要进一步弘扬法治精神，深入开展法律工作，努力推动集团公司依法合规管理再上新台阶。集团公司总经理章建华出席会议并讲话。

同日　集团公司2017年审计工作视频会议在北京召开。会议强调要持续强化审计监督，努力开创审计工作新局面，为建设世界一流综合性国际能源公司提供坚强保障。集团公司副总经理徐文荣出席会议并讲话。

21日　集团公司品牌管理委员会工作会议在北京召开。会议强调要充分认识品牌建设战略意义，内外兼修精心培育，持续提升品牌价值。集团公司副总经理、品牌管理委员会主任喻宝才主持会议并讲话。

25日　集团公司优秀年轻干部培养选拔工作座谈会在北京召开。会议强调要坚决贯彻落实中央要求，坚持党管干部原则，努力建设一支政治素质高、职业素养好、数量充足、结构合理的优秀年轻干部队伍，为建设世界一流综合性国际能源公司提供坚强的组织保障和人才保障。集团公司董事长王宜林出席会议并讲话。

同日　2017年全国企业管理创新大会在北京举行，中国石油及其下属企业多项成果获奖。其中，中亚天然气管道有限公司"'一带一路'区域跨多国大型天然气管道运营管理"获一等奖，勘探与生产分公司"富油气区带开发中后期整体再评价的创新体系构建与实施"等15项成果获二等奖。全国企业管理现代化创新成果由中国企业联合会、国务院国资委、工信部共同主办，是国内企业管理创新领域唯一国家级奖项。

28—29日　集团公司宣传思想文化工作会议在北京召开。会议强调宣传思想文化战线要融入中心，服务大局，为稳健发展提供坚强保障。集团公司党组副书记、副总经理徐文荣出席会议并讲话。

30—31日　集团公司董事长王宜林在香港参加中国石油天然气股份有限公司2016年业绩发布会。其间，王宜林到中国石油驻香港企业调研，强调要充分利用好香港地区的区位优势和金融中心的平台优势，加强风险防范，持续提升管理水平，发挥好窗口示范和创新引领作用，为国内油气外销提供有力的通道，为中国石油稳健发展做出新贡献。

30日—4月1日，集团公司总经理章建华到浙江、上海地区石油石化企业调研，强调要牢固树立全局观念，加强市场研判，狠抓提质增效，努力创造更大效益，为集团公司稳健发展做出新贡献。

本月　集团公司2017年巡视工作启动会议在北京召开。集团公司党组将派出8个巡视组，分两轮巡视30家企事业单位、24个机关部门及6个专业公司，同时将有针对性地开展巡视"回头看"。会议强调要牢记责任使命，敢于动真碰硬，再接再厉，持续推进巡视全覆盖。集团公司党组纪检组组长、巡视工作领导小组副组长徐吉明出席会议并讲话。

四　月

2—5日　美国石油地质学家协会（AAPG）百年纪念暨2017年会在美国休斯敦召开，授予中国工程院院士邱中建 Harrison Schmitt 奖，表彰其在中国重大油气勘探发现的开创性工作、在石油勘探领域60余年的杰出领导工作以及对AAPG的重要贡献。邱中建是中国地质家获此殊荣第一人。

3日　NEWCONSTANT号油轮装载100万桶中国石油在阿联酋首船权益油起运中国，开启"一带一路"中阿能源合作新里程。

6—7日　中国共产党中国石油天然气集团公司直属第十一次代表大会在北京召开。会议主题是，高举中国特色社会主义伟大旗帜，紧密团结在以习近平同志为核心的党中央周围，坚持全面从严治党，大力弘扬石油精神，动员全体党员和干部职工锐意进取、苦干实干，为建设世界一流综合性国际能源公司而努力奋斗。会议强调要切实增强做好直属党建工作的责任感和紧迫感，融入中心、服务大局，进一步开创直属党的建设工作新局面，以实际行动迎接党的十九大胜利召开。集团公司党组书记、董事长王宜林出席会议并讲话。

同日　中国石油天然气股份有限公司在深圳首次举办"公司日"活动，旨在进一步提升中国石油在资本市场的透明度，拉近企业与资本市场的距离。

7日　集团公司2017年国际业务社会安全和HSE工作会议在北京召开。会议强调要持续提升国际业务社会安全和HSE工作水平，全力以赴确保海外项目和人员安全稳定。集团公司副总经理、股份公司总裁汪东进出席会议并讲话。

10日　在中国国家主席习近平和缅甸总统廷觉见证下，中国石油天然气集团公司董事长王宜林与缅甸驻华大使帝林翁代表双方在北京签署《中缅原油管道运输协议》，中缅原油管道工程在缅甸马德岛正式投运，起点为缅甸西海岸马德岛，经中国云南进入国内，缅甸境内段全长771千米，中国境内全长1600余千米，设计输量为每年2200万吨，由中国石油和缅甸国家油气公司合资建设，中缅双方分别持股50.9%和49.1%。

同日　集团公司决定段良伟兼任集团公司安全总监，免去沈殿成的集团公司安全总监职务。

同日　集团公司决定任命陈新发为集团公司总经理助理；周永强为集团公司总法律顾问；免去郭进平的集团公司总经理助理、总法律顾问职务，退休。

同日　集团公司决定，中国华油集团公司与北京华油服务总公司合并重组，统一使用“中国华油集团公司”名称，暂保留北京华油服务总公司和集团公司机关事务中心牌子。

同日　股份公司决定，组建中国石油昆仑好客有限公司，列股份公司直属企业序列，由销售分公司归口管理。

11—18日　集团公司总经理章建华到哈萨克斯坦、乌兹别克斯坦中国石油企业调研，强调要狠抓安全环保防恐工作，大力提质增效，深度参与“一带一路”建设，努力把中亚地区建设成为“资源、供应、效益、品牌”四位一体的核心油气合作区。

11—12日　2017年天然气销售工作会议在北京召开。会议强调要改革创新，全力提升天然气销售水平，努力将天然气业务链打造成为战略性、成长性和价值性工程，为企业稳健发展做出新贡献。集团公司副总经理喻宝才出席会议并讲话。

12日　由中国石油参与投资建设的哈萨克斯坦第一家大口径钢管制造企业——亚洲钢管有限责任公司在阿拉木图举行奠基仪式。该项目设计年产能10万吨，是中哈非资源领域合作的重要成果。集团公司总经理章建华、哈萨克斯坦国家石油天然气公司董事长门巴耶夫共同出席开工仪式。

14日　哈萨克斯坦阿克纠宾州巴佐依压气站投产，标志着由中亚管道公司与哈萨克斯坦输气公司按对等股权建设运营的哈萨克斯坦南线天然气管道输气能力达60亿米^3/年。该管道全长1454.2千米，自西向东将哈萨克斯坦西部阿克纠宾等油气区的天然气输往该国南部地区和中国，是哈萨克斯坦重要民生工程和“一带一路”倡仪示范性工程。

25日　中国石油天然气集团公司与中国华电集团公司在北京签署《中国石油天然气集团公司与中国华电集团公司战略合作框架协议》。根据协议，双方将本着优势互补、合作共赢原则，进一步加强清洁能源领域合作，推动天然气发电及分布式能源发展。集团公司党组书记、董事长王宜林与中国华电集团党组书记、董事长赵建国会谈并出席签字仪式。

同日　集团公司在北京召开铁人奖章表彰暨“五新五小”群众性经济技术创新成果展示大会。会议授予大庆油田有限责任公司第一采油厂第三油矿中四采油队队长侯涛等10名同志中国石油天然气集团公司“铁人奖章”称号、长庆油田分公司勘探开发研究院区域地质勘探室等10个集体中国石油天然气集团公司“铁人奖状”称号、辽河油田分公司建设工程公司金属结构分公司施工四队一班等82个班组中国石油天然气集团公司“铁人先锋号”称号，表彰10名“十大杰出青年”和97名“优秀青年”，向百万石油职工发出《关于积极投身“五新五小”群众性经济技术创新实践活动倡议书》。会议强调要进一步弘扬劳模精神、劳动精神和石油精神，动员百万石油职工学习楷模、鼓舞士气、凝聚力量，推动企业稳健发展。集团公司董事长王宜林出席会议并讲话。

26日　国务院国资委宣布集团公司外部董事调整的决定，路耀华、李庆言、金克宁不再担任集团公司外部董事，聘任王久玲、刘国胜为集团公司外部董事。

27日　辽河油田分公司曙光采油厂采油作业一区新9号站站长柳转阳等10人获“全国五一劳动奖章”，大庆油田钻探工程公司获“全国五一劳动奖状”，大庆油田海拉尔石油勘探开发指挥部塔21作业区等17个单位获“全国工人先锋号”称号。

本月　中国石油总部机关改革顺利落地，部门职能优化、内设机构和人员编制压减20%、“五定”、岗位竞聘及人员交流等各项工作全面完成。

五　月

2日　辽河油田分公司锦州采油厂采油作业一区54号站站长于水乐被共青团中央授予“全国优秀共青团员”称号，大港油田分公司团委书记王平被共青团中央授予“全国优秀共青团干部”称号，渤海钻探工程有限公司团委等4个基层团组织被共青团中央授予“全国五四红旗团委（团支部）”称号，中国石油天然气第六建设有限公司电焊技师农华科被共青团中央授予“全国向上向善好青年”称号。

3—5 日　集团公司总经理章建华到山东、江苏地区石油石化企业调研，强调要精准发力扩大市场，千方百计降低成本，不断提升创效水平，为集团公司稳健发展做出新贡献。

3—8 日　集团公司董事长王宜林到英国、荷兰皇家壳牌公司考察并出席中国石油与 BP 集团战略合作指导委员会第二次会议。

13 日　集团公司董事长王宜林在北京钓鱼台国宾馆拜会正在中国进行国事访问并将出席“一带一路”国际合作高峰论坛的乌兹别克斯坦共和国总统米尔济约耶夫。双方就推动和扩大中乌油气合作深入交换意见。

13—15 日　在“一带一路”国际合作高峰论坛举办之际，中国石油天然气集团公司与乌兹别克斯坦国家石油天然气控股公司签署《中国石油和乌兹别克国家石油公司购销合同的补充协议》《中国石油、乌兹别克国家石油公司关于加兹里储气库合作的谅解备忘录》《中国石油、中国银行、乌兹别克国家石油公司关于新丝绸之路项目融资贷款的协议》，与阿塞拜疆国家石油公司签署《阿塞拜疆天然气化工项目 FEED/OBCE 合同》《中国石油、国家开发银行、阿塞拜疆国家石油公司关于阿塞拜疆天然气化工项目的投融资合作谅解备忘录》，与俄罗斯天然气工业股份公司签署《中国石油、中国交建、俄气公司、俄公路公司关于使用液化天然气作为干线公路运输车辆燃料的战略合作谅解备忘录》《中国石油、俄气公司与华能公司在天然气发电领域三方合作谅解备忘录》以及有关地下储气库建设等技术服务合同，与俄罗斯国家石油公司签署《中国石油与俄石油成立联合协调委员会协议》。协议的签署对于深化和扩大双方在项目融资、管道运输、储气库建设、油气供应及天然气发电等多领域的合作，进一步巩固中国与“一带一路”沿线国家的友好合作关系、促进经济社会发展具有重要意义。

14 日　集团公司董事长王宜林出席“一带一路”国际合作高峰论坛，就“加快推进能源与金融一体化”发言，向与会代表提出三点建议：构建大型能源合作项目不同国别投资主体共同参与的投资体系；建立服务于“一带一路”能源合作项目的多边金融支持平台；推动“一带一路”各国在防范重大风险、货币价格稳定、投融资平台和信用评级等方面开展务实有效合作。

16 日　集团公司董事长王宜林在北京会见肯尼亚能源与石油部部长查尔斯·凯泰尔一行。双方就进一步推动能源等领域合作进行深入交流。会后，王宜林与查尔斯·凯泰尔、中非产能合作基金董事长韩红梅共同签署《肯尼亚地热开发一体化项目框架协议》。

同日　由中国石油主办的“一带一路”油气合作圆桌会议在石油大厦举行（详见专稿）。

18 日　由中国石油总承包实施的中国南海神狐海域天然水合物试采成功（详见专稿）。

21 日　中共中央、国务院印发《关于深化石油天然气体制改革的若干意见》，明确深化石油天然气体制改革的总体思路：针对石油天然气体制存在的深层次矛盾和问题，深化油气勘查开采、进出口管理、管网运营、生产加工、产品定价体制改革和国有油气企业改革，释放竞争性环节市场活力和骨干油气企业活力，提升资源接续保障能力、国际国内资源利用能力和市场风险防范能力、集约输送和公平服务能力、优质油气产品生产供应能力、油气战略安全保障供应能力、全产业链安全清洁运营能力。通过改革促进油气行业持续健康发展，大幅增加探明资源储量，不断提高资源配置效率，实现安全、高效、创新、绿色，保障安全、保证供应、保护资源、保持市场稳定。部署八个方面的重点改革任务：完善并有序放开油气勘查开采体制；完善油气进出口管理体制；改革油气管网运营机制；深化下游竞争性环节改革；改革油气产品定价机制；深化国有油气企业改革；完善油气储备体系；建立健全油气安全环保体系。

22—24 日　集团公司总经理章建华到河北、河南地区石油石化企业调研，强调要着眼市场需求做强业务、创新服务，精细管理、提质增效，激发体制机制活力，不断提高企业竞争力。

23 日　中国石油天然气集团公司与中国铝业公司在北京签署《中国石油天然气股份有限公司与中国铝业股份有限公司战略合作框架协议》。集团公司党组书记、董事长王宜林与中国铝业公司党组书记、董事长葛红林出席签字仪式，并为新组建的中油中铝（北京）石油化工有限公司揭牌。

25 日　中国石油在缅甸仰光发布《中缅油气管道（缅甸）企业社会责任专题报告》，同期发布《中国石油 2016 年度社会责任报告》。这是中国石油发布的第 5 份国别社会责任报告，也是中国石油首次在项目所在国举办发布活动。

31 日—6 月 1 日　集团公司董事长王宜林到莫桑比克进行工作调研，强调要充分认识中莫油气合作的重要战略意义，统一思想、整体规划、统筹协调，持续加大市场开拓力度，推动中莫油气全方位合作。

31日—6月3日　集团公司总经理章建华到新疆部分地区石油石化企业调研，强调要强化安全环保，全力抓好生产经营和深化改革，努力提升发展质量效益，为新疆经济发展、社会稳定和长治久安做出新的更大贡献。

六　月

1日　由中国石油参股20%的鲁伍马盆地4区块科洛尔气田开工仪式在莫桑比克首都马普托举行。鲁伍马盆地是全球已发现的第五大气田，4区项目是一个巨型超深水天然气勘探开发及LNG一体化项目。集团公司董事长王宜林出席开工仪式并致辞。

3—4日　集团公司董事长王宜林在乍得总统府拜会乍得总统代比，并对中国石油驻乍得企业进行工作调研，强调要清醒认识乍得油气业务发展面临的挑战和机遇，加大科技和管理创新力度，充分发挥一体化综合优势，促进乍得项目稳健高效可持续发展。

4日　中国石油发布《中国石油2016年环境保护公报》，同期发布《低碳发展路线图》《污染物排放达标升级计划》《生态保护行动纲要》。

6日　集团公司董事长王宜林在阿斯塔纳拜会哈萨克斯坦总理萨金塔耶夫，双方签署《关于共同推进奇姆肯特炼油厂现代化改造的协议》《关于向中国出口哈萨克斯坦天然气的谅解备忘录》《哈萨克斯坦能源部与中国石油关于石油合同延期的谅解备忘录》等深化油气合作系列协议。

7日　集团公司总部举行“弘扬石油精神、重塑良好形象”报告会。尼罗河公司副总工程师兼苏丹6区项目副总经理王杰等5名报告团成员从不同侧面讲述自己立足岗位做贡献的事迹。集团公司总经理章建华出席会议并讲话。“弘扬石油精神、重塑良好形象”专题报告会自2016年开讲以来，先后为国家部委、石油高校、集团公司党校和105家所属企事业单位报告40多场，覆盖近90万人次。

同日　中缅原油管道国内段一次投产成功，开辟中国第四条原油进口通道。

8日　中国国家主席习近平和哈萨克斯坦总统纳扎尔巴耶夫视察阿斯塔纳世博园中国石油展台，集团公司董事长王宜林通过全息投影展示模型介绍二氧化碳捕集埋存与提高石油采收率技术（CCS-EOR）及其绿色功能，受到赞赏。在哈萨克斯坦访问期间，王宜林出席中国石油驻哈萨克斯坦企业工作汇报座谈会，强调要不断创新合作模式，推动中哈油气合作向更深层次、更高水平、更宽领域发展。

同日　中国石油天然气股份有限公司2016年度股东大会在北京召开。会议听取并审议通过公司2016年度董事会报告、公司2016年度监事会报告、公司2016年度财务报告、公司2016年度利润分配方案等多项议案。会议选举产生公司董事和监事：公司董事为王宜林、章建华、汪东进、喻宝才、刘跃珍、刘宏斌、侯启军、段良伟、覃伟中、林伯强、张必贻、梁爱诗、德地立人和西蒙·亨利，其中林伯强、张必贻、梁爱诗、德地立人和西蒙·亨利为独立董事；公司监事为徐文荣、张凤山、姜力孚、卢耀忠。

同日　中国石油天然气股份有限公司董事会2017年第4次会议决议，选举王宜林为董事长、汪东进为副董事长，聘任侯启军为副总裁，赵政璋、王立华不再担任副总裁职务。

10—11日　由国务院国资委和《求是》杂志社联合主办、中国石油协办的“学党刊、用党刊”国企党建与国企改革创新研讨会在大庆油田有限责任公司召开。大庆油田有限责任公司党委介绍学党刊用党刊、加强党的建设经验，大庆油田1205钻井队、大庆石化化工一厂等做交流发言。集团公司党组副书记、副总经理徐文荣出席会议并致辞。

11—13日　集团公司总经理章建华先后到青海、西藏出席中央企业助力青海持续健康发展座谈会暨战略合作签约仪式和“央企助力富民兴藏”活动，并到青海销售公司、西藏销售公司调研，强调要突出地域特色，深度融合发挥优势，加强互利共赢合作，助力地方经济发展。

15—16日　集团公司重点企业维稳信访工作会议在吉林石化公司召开。会议强调要发挥好国有企业在维护国家安全和社会稳定中的“压舱石”作用，突出问题导向、强化底线思维、落实维稳责任，坚决完成维稳信访工作各项任务目标，以更高要求更严措施开创维稳信访工作新局面。

16日　集团公司董事长、全面深化改革领导小组组长王宜林主持召开全面深化改革领导小组第十八次会议，审议通过《集团公司海外油气业务体制机制改革框架方案》《集团公司多种经营业务深化改革指导意见》。会议强调要正确认识海外油气业务发展和多种经营业务现状，坚持集团公司国际化方向不动摇，坚持市场化方向开展多种经营业务改革工作，深入抓好各项改革的部署，积极推动海外业务和多种经营改革稳健发展。

18—19 日　中国石油油品销售精细化管理会议在贵阳召开。会议强调要进一步狠抓改革创新、数质量管理和提质增效，全力稳价扩销增效，加快缩小与竞争对手差距，提升销售企业效益贡献水平。集团公司总经理章建华，副总经理喻宝才出席会议并讲话。

27 日　集团公司党组书记、董事长王宜林以视频会议形式为中国石油全体党员干部讲授专题党课，强调要坚决在思想上政治上行动上同以习近平同志为核心的党中央保持高度一致，用新理念新思想新战略指导新实践，勇敢地肩负起历史使命，撸起袖子加油干，坚定不移推进稳健发展，坚决做党和国家最可信赖的骨干力量，以优异成绩迎接党的十九大胜利召开。

30 日　由国家工商总局与世界知识产权组织联合组织的 2017 年“中国商标金奖”颁奖仪式在江苏扬州举行，中国石油获国内商标管理最高荣誉——“中国商标金奖·商标创新奖”，成为唯一获奖的石油石化企业。集团公司副总经理喻宝才出席颁奖仪式。

七　月

1 日　由长城钻探工程有限公司 70181 队承钻的浙江油田昭通页岩气示范区 YS113H1-7 井完钻井深 5112 米，水平段长 2512 米，优质页岩储层钻遇率 100%，刷新中国陆上页岩气水平井水平段最长纪录。

2 日　位于贵州省黔西南州晴隆县的中缅天然气管道发生泄漏引发燃烧爆炸，事故造成 8 人死亡、35 人受伤，其中危重 4 人、重伤 8 人、轻伤 23 人，疏散群众 2000 余人。

3 日　由中国石油、法国道达尔及当地伙伴组成的联合体在伊朗石油部与伊朗国家石油公司签署南帕斯 11 期天然气开发合同。该合同是伊朗新的石油合同条件下签署的第一个合同，合同面积 98 平方千米，合同期 20 年，中国石油持股 30%。合同签署对深化“一带一路”倡议实施、扩大与伊朗油气领域合作具有深远影响。

4 日　在中国国家主席习近平和俄罗斯总统普京见证下，中国石油天然气集团公司董事长王宜林与俄罗斯天然气工业股份公司总裁米勒在克里姆林宫交换《中俄东线购销合同的补充协议》合作文件。在俄罗斯期间，王宜林分别与俄罗斯国家石油公司总裁谢钦、俄罗斯天然气工业股份公司总裁米勒举行会晤，并签订有关项目合作协议；到“莫斯科中国贸易中心”项目施工现场调研，并出席中国石油在俄罗斯企业工作汇报座谈会，强调要抓住当前有利时机，借助“一带一路”建设，坚定落实国家能源战略，寻找新机遇、挖掘新潜力、拓展新市场，大力推进对俄务实合作，在中俄油气合作进程中发挥更大作为。

5 日　集团公司董事长王宜林前往俄罗斯亚马尔半岛，对亚马尔液化天然气项目进行工作调研，强调要全力配合第一条生产线按期投产，扩大合作，共同开发北极油气资源。

5—7 日　集团公司总经理章建华到山西、安徽地区石油石化企业调研，强调要严抓严管安全环保，加大网络开发力度，强化精细管理，提升质量效益，为集团公司稳健发展做出应有贡献。

7—8 日　集团公司董事长王宜林到阿塞拜疆进行工作访问，拜会阿塞拜疆总理拉西扎德，双方就推动和扩大中阿油气合作深入交换意见。其间，王宜林在巴库出席中国石油驻阿塞拜疆企业工作汇报座谈会，强调要从战略高度思考，全面谋划，深化拓展油气合作。发挥好支点作用，促进与阿塞拜疆的务实合作。在推进合作进程中，坚定信心，发挥优势，突出效益，实现互利共赢。

9—13 日　以“架起通向能源未来的桥梁”为主题的第 22 届世界石油大会在土耳其伊斯坦布尔会议中心举行。来自 50 多个国家的能源部长、500 多家企业领导者以及 5000 多名行业代表参会。集团公司董事长王宜林代表中国国家委员会出席理事会全体会议，率中国石油代表团参加大会，作题为《致力“一带一路”互联互通，构筑全球能源美好未来》主旨演讲，强调应共同携手重点推动欧亚大通道、大市场和大产业建设，打造油气合作利益共同体，并提出四点倡议：不断拓展合作领域层次；积极创新油气合作模式；有效构筑风险防范机制；共同营造良好政策环境。集团公司原董事长周吉平连任世界石油理事会副主席，刘玉章当选世界石油理事会规划委员会委员。

11 日　由中国石油牵头的国家重点研发计划专项课题——“重大装备标准走出去适用性技术研究”立项。该项课题是中国石油首次承担国家标准走出去的重点研发课题，将依托管道公司，联合中国标准化研究院、北京空间科技信息研究所、中国航空综合技术研究所及上海市质量和标准化研究院 4 家单位，通过配合中国装备、工程和服务出口，推广卫星、直升机、海洋工程装备以及油气管道领域的中国标准，服务“一带一路”建设，提升我国重大装备领域国际话语权和核心竞争力。

12日 集团公司直属工会第三次会员代表大会在北京召开。会议强调要切实提高服务职工群众工作水平，凝聚起推动改革发展的强大力量，为全面建设世界一流综合性国际能源公司多做贡献。集团公司副总经理喻宝才出席会议并讲话。

同日 集团公司安全生产大检查暨安全环保事故事件案例警示教育视频会议在北京召开。会议强调要强化责任意识和忧患意识，扎实抓好安全环保措施落实，全面组织安全生产大检查，以新作为新业绩迎接党的十九大胜利召开。集团公司副总经理、安全总监段良伟出席会议并讲话。

13日 集团公司决定，中亚管道有限公司与中国石油集团东南亚管道有限公司合并，设立中油国际管道公司，列海外勘探开发分公司项下管理，暂保留中亚管道有限公司、中国石油集团东南亚管道有限公司法人、工商及税务登记资格，原股权关系不变。

18—19日 集团公司炼化业务转型升级研讨会在北京召开。会议强调要坚持稳健发展方针，主动作为、统筹谋划，立足当前、着眼长远，按照整体协调发展、打造完整产业链的原则，坚持炼油化工一体化方向，巩固扩大市场份额，持续提升炼化业务竞争力。集团公司董事长王宜林出席会议并讲话。

19日 大庆油田有限责任公司工程建设有限公司管道公司第二工程部刘新海机组等7个青年集体被中央企业团工委命名为“2015—2016年度中央企业青年文明号”，西南油气田公司重庆天然气净化总厂引进分厂副班长汪年斌等6人被中央企业团工委授予“2015—2016年度中央企业青年岗位能手”称号，长城钻探工程有限公司团委等5个团委被中央企业团工委授予“中央企业五四红旗团委”称号，中国华油集团公司中油阳光物业管理有限公司北京分公司第三团支部等6个团（总）支部被中央企业团工委授予“中央企业五四红旗团支部”称号，安全环保技术研究院HSE海外中心助理工程师闫可等7人被中央企业团工委授予“中央企业优秀共青团员”称号，兰州石化公司团委书记王笑世等7人被中央企业团工委授予“中央企业优秀共青团干部”称号。

20日 由中国石油和中国青年报社共同举办的“走近铁人·2017年度全国大学生记者新闻实践营”活动在北京启动，来自全国高校的30余名大学生记者参团。大学生记者走进中国石油新闻实践活动于2014年首次举办，已成为中国石油与青年人的对话交流平台、社会责任沟通平台以及未来媒体人成长平台。集团公司副总经理徐文荣，中国青年报社社长、总编辑张坤和共青团中央青年发展部副部长赵宝东出席启动仪式并为采访团授旗。

20日 四川长宁H10—3井自投产以来累计生产页岩气1.0005亿立方米，成为中国石油第一口产气量过亿立方米的页岩气井。

25日 集团公司装备润滑精细管理工作视频会议在北京召开。会议强调要提高认识、抓住关键、突出重点，持续加强装备润滑精细管理，推进装备管理迈上新台阶，确保装备平稳、可靠、高效运行，为集团公司开源节流提质增效做出新的更大贡献。集团公司副总经理刘宏斌出席会议并讲话。

27—29日 集团公司2017年领导干部会议在吉林市召开（详见专稿）。

本月 中国石油首单100亿元可交换公司债券成功发行，创造中国证券市场上发行规模最大的一支可交换债，网下发行规模达到70亿元，网上发行规模30亿元，票面利率为询价区间下限1.00%，均创市场之最。

八 月

7日 宝石花医疗资产投资有限公司成立暨揭牌仪式在河北廊坊举行，标志着中国石油中心医院改制、集团公司医院社会化改革工作取得重要突破。

8—9日 集团公司工程技术业务2017年技术工作会议在北京召开。会议强调要紧密结合油气田勘探开发需求，充分认识工程技术创新的战略意义，坚持科技引领，强化创新驱动，提升工程技术核心竞争能力和综合服务水平，全面推进国际一流油服公司建设。集团公司副总经理刘宏斌出席会议并讲话。

11日 集团公司公司制改制工作视频会议在北京召开。会议强调要深刻领会中央精神，确保按时、全面、规范、高质量完成任务。集团公司副总经理徐文荣出席会议并讲话。

23日 国家档案局、财政部、国家发改委组织的专家组对中国石油电子会计档案管理试点工作进行验收。中国石油作为企业电子文件归档和电子档案管理第一批试点单位，首家通过国家验收。

24—27日 在中共中央政治局常委、国务院副总理张高丽率领中国政府代表团对苏丹进行访问期间，集团公司总经理章建华参加政府高层会晤等活动，并到中国石油驻苏丹企业调研，强调要坚定信心，迎接挑战，充分发挥一体化优势，开创苏丹项目二次创业新辉煌。

28日　集团公司董事长王宜林出席由国务院国资委与上海市人民政府在上海市共同举办的“央企协力上海、共赢科创未来”——国务院国资委、上海市人民政府加快建设具有全球影响力科技创新中心推进会。其间，到上海石油石化企业进行调研，强调要深入贯彻集团公司领导干部会议精神，始终保持清醒认识，毫不松懈抓好安全环保工作，进一步强化市场意识，持续深化企业改革，积极推进稳健发展，提升企业效益。

28—29日　集团公司总经理章建华到中国石油驻中东地区企业调研，强调中东地区发展前景广阔，未来大有可为，要攻坚克难，充分发挥一体化综合优势，持续提升国际化经营水平。

29—30日　集团公司物资、装备与招标管理工作现场会在陕西西安召开。会议强调以集团公司整体利益最大化为目标，坚持发展创新化、资源战略化、决策科学化、管理精准化、服务优质化的原则，全面提升专业管理质量和工作水平。集团公司副总经理刘宏斌出席会议并讲话。

九　　月

3—4日　集团公司董事长王宜林出席在厦门举办的2017年金砖国家工商论坛开幕式及金砖国家领导人与工商理事对话会等活动，分享中国石油参与全球“蓝色经济”发展实践并提出三点建议：（1）注重科技创新。把握能源与信息技术、互联网技术深度融合的大趋势，升级海洋技术装备，降低生产成本。（2）注重开放合作。致力于推动《2030年可持续发展议程》在海洋领域落实，共同打造开放、包容合作平台，铸造可持续发展的“蓝色引擎”。（3）注重互利共享。通过实现政策沟通、设施联通、贸易畅通、资金融通、民心相通，促进油气合作的本地化和可持续发展。同时，还要加强在海上油气安保防恐等方面的信息共享，构筑有效的海上区域风险管控体系，保障海上油气合作项目的安全平稳运营。

5—6日　集团公司召开首次金融工作会议。会议强调要强力推进市场化改革，严控系统性风险，将集团公司金融业务打造成富有活力和竞争力的产业金融。集团公司总经理章建华出席会议并讲话。集团公司总会计师、中油资本董事长刘跃珍作《强力推进改革，严加防控风险，为打造富有活力和竞争力的产业金融而奋斗》主题报告。

5—7日　集团公司董事长王宜林到福建、江西等地石油销售企业调研，强调要牢固树立市场和效益意识，凝心聚力扩销增效，以升级管理为措施，毫不松懈抓好安全环保工作，为闽赣地区经济社会的可持续发展做出更大贡献。

8日　集团公司工程建设项目“五化”经验交流会在河北廊坊召开。会议强调要持续做好“五化”各项具体工作，提升工程建设企业的油气主业服务保障能力和国内外市场竞争能力。集团公司副总经理覃伟中出席会议并讲话。

9日　中国石油30支队伍120名“善行者”和来自全国各地的800支队伍一道，参加中国扶贫基金会“2017北京善行者”大型徒步公益活动，为贫困少年儿童募集善款。截至9月10日12时，中国石油30支爱心队伍筹款数额超过39万元，相当于200名特困高中生一年学习生活的助学资金。集团公司副总经理徐文荣参加活动。

11—14日　集团公司总经理章建华到长庆油田公司进行安全生产大检查，并到驻庆阳、宝鸡地区石油石化企业调研，强调要严守质量安全环保红线，强化主体责任落实，严控安全环保风险，努力创造良好安全环保业绩。

12日　集团公司召开新闻宣传工作领导小组第二次会议。会议强调要增强政治意识，落实工作责任，构建具有中国石油特色的“大宣传”格局，不断开创新闻宣传工作新局面。集团公司副总经理徐文荣出席会议并讲话。

同日　中国石油在上海石油天然气交易中心首次开展管道气网上竞价交易试点。本次竞价交易的卖方为中国石油天然气销售东部分公司，买方为天然气销售东部分公司的管道天然气合同用户，交易气量为400万立方米，竞价买入，自主交收。这是国内举行的首次管道天然气网上竞价交易，也是中国石油推进天然气价格市场化迈出的重要一步。

12—14日　集团公司董事长王宜林到意大利工作访问，代表中国石油与意大利埃尼集团首席执行官德斯卡兹签署《中国石油天然气集团公司与埃尼集团合作协议》。根据协议，双方将在勘探开发、天然气及液化天然气、贸易与物流、炼油与化工、科技领域等方面进一步加强合作，以及探索其他领域的潜在合作。其间，王宜林在罗马拜会意大利总理真蒂洛尼，双方就落实两国领导人会见时达成的共识，推动和扩大中意油气等领域的合作交换意见。

13 日　云南成品油管道安宁首站成功开启输油泵，标志着云南成品油管道试运投产。该管线包括“三干一支”4 条线路，全长 950.8 千米，年输送能力 722 万吨。管道投运对优化资源配置和产品流向、保障西南地区能源供应具有重要意义。

15 日　集团公司维稳信访安保防恐工作视频会议在北京召开。会议强调要深入贯彻落实习近平总书记系列重要讲话和重要批示指示精神及中央总体部署，全力以赴维护企业稳定形势和社会大局稳定，坚决打赢维稳信访安保防恐攻坚战。集团公司副总经理徐文荣出席会议并讲话。

15—20 日　集团公司董事长王宜林到瑞士 ABB 集团、挪威国家石油公司进行工作访问。其间，王宜林与瑞士 ABB 集团、挪威国家石油公司等交流研讨，到两家公司的工厂、研发中心和实验室参观，考察科技创新成果，加强各领域紧密合作，推动双方实现互利共赢、和谐发展。

20 日　第四届“中华铁人文学奖”在大庆油田铁人王进喜纪念馆揭晓。本届评出 56 部（篇）作品奖和 18 个个人奖，中国石油获个人奖 6 个，“中华铁人文学奖”17 个，提名奖 22 个。“中华铁人文学奖”每 5 年颁发一次，是石油石化行业最高级别的文学大奖。集团公司副总经理、中国石油文联主席徐文荣出席颁奖典礼并讲话。

25 日　中国石油天然气集团公司与黑龙江省人民政府在哈尔滨签署《〈深化战略合作框架协议〉补充协议》，双方将在大庆石化结构调整升级改造、石化产业基地建设、成品油销售网络建设等方面进一步加强合作。集团公司党组书记、董事长王宜林，党组副书记、总经理章建华与黑龙江省委书记、省人大常委会主任张庆伟，省委副书记、省长陆昊举行会谈并出席签约仪式。

同日　共青团中国石油天然气集团公司直属第一次代表大会在北京召开。会议强调要充分激发蕴藏在广大青年中的巨大创造力，凝聚起实现公司战略目标的青春力量，使广大青年在推进公司稳健发展的进程中建功立业。集团公司副总经理徐文荣出席开幕式并讲话。

26 日　中石油海南销售有限公司在海口正式挂牌运营，标志着中国石油首家、也是全国唯一完成股权多元化的销售公司在海南成立。该股权合作项目由中国石油、中国海油、海南省属企业共同参与。

27—28 日　集团公司装备制造精益生产管理现场会在天津滨海新区举行。会议强调要全面推进精益生产管理工作，力求精益求精，持续提升装备制造企业质量效益和可持续发展能力。集团公司副总经理刘宏斌出席现场会并讲话。

28 日　尼罗河公司副总工程师王杰在由国务院国资委党委举办的第二届“央企楷模”发布仪式上获选“央企楷模”称号，成为中国石油首位获得“央企楷模”称号的个人。

29 日　集团公司董事长、全面深化改革领导小组组长王宜林主持召开集团公司全面深化改革领导小组第十九次会议，审议并原则通过《集团公司科技成果转化创效奖励办法》《集团公司矿区医院改革建议方案》。会议强调要坚持正确改革方向，立足实际探索创新，协同配合抓好落实，稳准推进集团公司各项改革重点工作。

同日　西气东输二线（西段）工程通过中国石油天然气股份有限公司竣工验收，正式投产。管线起自新疆霍尔果斯，止于宁夏中卫站，全长 2441 千米，设计输量 300 亿米^3/ 年。工程于 2008 年 2 月 22 日启动建设，2009 年 12 月 16 日建成并投入试运行。

十　月

9 日　集团公司党建信息化平台在海外勘探开发分公司、大庆油田有限责任公司等 13 家试点单位上线运行，标志着集团公司党建工作朝着信息化、规范化、科学化迈出重要一步。集团公司党组副书记、副总经理徐文荣出席启动仪式并为中国石油“互联网 + 国企党建”研究中心揭牌。

11 日　集团公司环京“护城河”企业视频会在北京召开。会议强调要针对环京“护城河”防线的特殊重要性和敏感性，抬高标准、升级措施、严格要求、突出重点，切实筑牢集团公司环京“护城河”防线。集团公司副总经理徐文荣出席会议并讲话。

13 日　位于哈萨克斯坦南部的哈萨克斯坦南线天然气管道阿克布拉克计量站开启向中亚天然气管道 C 线方向的外输阀门，标志着哈萨克斯坦正式向中国供应天然气，第一年供气量 50 亿立方米。

16日　集团公司天然气保供工作视频会议在北京召开。会议强调要统筹资源、优化运行，齐心协力打赢迎峰度冬攻坚战，为集团公司全面完成生产经营目标、保障国家能源安全做出更大贡献。集团公司副总经理喻宝才出席会议并讲话。

18日　中国石油微门户移动客户端(APP)正式上线，主要提供“微资讯”“微服务”“微应用”“企业号”服务，作为集团公司在移动互联网上的官方入口，面向百万石油员工、员工家属和全球互联网公众提供服务。

19日　党的十九大代表，集团公司总经理、党组副书记章建华在中央企业系统（在京）代表团举行分组会议讨论十九大报告时发言，表示要坚定承担起国有重要骨干企业责任使命，努力将中国石油建设成为党和国家最可信赖的骨干力量。

20日　党的十九大代表，集团公司总经理、党组副书记章建华在十九大新闻中心梅地亚接受路透社等境外媒体集体采访时表示，中国石油将紧抓国家建设“一带一路”倡议带来的重大历史机遇，积极开展对外合作，实现稳健高效发展。

23日　中国石油天然气集团公司与莫桑比克国家石油公司在北京签署多项合作协议，涵盖油气勘探开发、工程技术、工程建设、炼化及后勤支持等多方面，标志着中国石油与莫桑比克国家石油公司进入全面合作阶段，将为莫桑比克建立石油工业体系发挥积极推动作用。集团公司董事长王宜林与莫桑比克矿产资源与能源部部长莱蒂西亚·克莱门斯见证双方合作协议签署，并共同为中莫石油工程公司成立揭牌。

24日　集团公司总经理、党组副书记章建华当选第十九届中央纪律检查委员会委员。

25日　国家发改委批准中国石油天然气集团公司渤海湾盆地埕海6区块开展对外合作。

26日　中国石油天然气股份有限公司2017年第一次临时股东大会在北京召开。本次股东大会采用现场书面投票和网络投票相结合的表决方式，审议并通过《关于订立持续性关联交易协议及申请更新公司与中国石油集团及共同持股公司持续性关联交易上限相关事项的议案》《关于修订〈公司章程〉及相关议事规则的议案》，大会新选举王亮为股份公司监事。集团公司董事长、股份公司董事长、大会主席王宜林主持会议。

27日　集团公司党组中心组召开扩大学习会议，深入学习贯彻党的十九大精神，并就进一步做好党的十九大精神学习宣传贯彻工作进行部署。集团公司党组书记、董事长王宜林主持并讲话，强调要深入学习贯彻党的十九大精神，动员全体干部员工把思想统一到大会精神上来，统一到以习近平同志为核心的党中央决策部署上来，用党的十九大精神指导中国石油工作实践，以坚定的信念、昂扬的斗志，做党和国家最可信赖的骨干力量，在新时代中国特色社会主义伟大实践中建功立业。

30日　陕京四线延庆分输站—高丽营末站进气投产，标志着该管道正式进入投产阶段，对扩大华北地区天然气供应量、提高冬季调峰供气能力、治理大气污染具有重要作用。

31日　集团公司决定，推进集团公司共享服务体系建设，成立集团公司共享服务中心筹备组和共享服务西安区域中心。

同日　西气东输三线中卫—靖边联络线进气投产，标志着该管道正式进入投产阶段，对进一步缓解京津冀及周边地区冬季调峰供气压力、治理大气污染具有重要作用。

同日　深圳液化天然气应急调峰站项目开工建设，建设规模为一期300万吨/年，是国家重点工程——西气东输二线的重要配套项目，将统筹解决西气东输二线东段应急和调峰问题，满足广东省及香港特区的用气要求。

本月　中国石油首套2万吨/年己烯-1成套技术工业化试验项目通过集团公司验收。这是集团公司“十二五”期间重大专项炼化科研项目，由独山子石化、石油化工研究院等单位承担，整体达到国际先进水平，成为世界上掌握该技术的3家企业之一。

十　一　月

1日　在中国国务院总理李克强和俄罗斯联邦政府总理梅德韦杰夫见证下，中国石油天然气集团公司董事长王宜林与俄罗斯诺瓦泰克公司总裁米赫尔松在北京签署《中国石油天然气集团公司与诺瓦泰克公司战略合作协议》。协议的签署，将进一步推动亚马尔液化天然气项目建设步伐，深化和拓展双方合作领域。

3日　集团公司董事长、全面深化改革领导小组组长王宜林主持召开全面深化改革领导小组第二十次会议，专题审议《集团公司矿区物业分离移交方案》。会议强调要以矿区物业分离移交为契机，进一步调整完善矿区服务的运行机制和业务结构，有效解决历史遗留问题，积极稳妥推进方案实施，为集团公司实现稳健发展提供有力保障。

5—6 日　集团公司董事长王宜林到中国石油驻缅甸企业调研，强调要坚持“战略自信”，充分认识中缅油气合作项目的重要意义，立足“一带一路”，将缅甸项目打造成周边地区的样板工程，注重风险防控，确保在缅甸油气业务稳健可持续发展。

6 日　第五届亚洲微电影节在云南省临沧市开幕。中国石油获金海棠评委会组织奖，选送作品《第一书记》获评委会大奖和大国工匠单元优秀微电影奖，《谁来拯救》获优秀作品奖和大国工匠单元优秀微电影奖。中国石油是唯一获集体奖项的中央企业。

8 日　中国石油天然气股份有限公司与印度尼西亚国家石油公司在雅加达签署谅解备忘录。双方将在现有合作基础上深化中国和印度尼西亚两国以外地区的油气合作，扩大现有油气勘探开发业务的合作范围，分享各自的国际油气资源信息和勘探开发经验。

8—10 日　2017 年亚太经合组织（APEC）工商领导人峰会在越南中部城市岘港举行。集团公司董事长王宜林应邀出席峰会及相关活动，并与中外企业家共同探讨油气未来发展方向，表示中国石油非常期待与国内外同行、合作伙伴紧密携手，谋求创新增长，挖掘发展新动能，转变发展方式，积极构建开放共赢、互利互惠的合作利益共同体，为“一带一路”提供有力支撑和广阔平台，为世界提供更多优质清洁能源，为促进人类社会持续健康发展做出更大贡献。

9 日　在中国国家主席习近平与美国总统特朗普见证下，中国石油天然气集团公司总经理章建华与美国切尼尔能源公司总裁杰克·福斯科在北京签署《LNG 长约购销合作谅解备忘录》。双方将加强位于墨西哥湾的天然气液化项目方面的合作，并为推动中美两国 LNG 采购业务长期合作发挥重大作用。

同日　集团公司召开党的十九大精神学习宣贯工作研讨暨党建工作研究平台建设推进会。集团公司政研会党建研究分会正式成立，党建工作研究所挂牌运行，标志着集团公司党建工作研究平台建设取得实质性进展。集团公司党组副书记、副总经理徐文荣出席会议并为党建工作研究所揭牌。

10 日　党的十九大代表，集团公司党组副书记、总经理章建华以一名普通党员身份参加生产经营管理部党支部活动，强调要更加牢固树立“四个意识”，发挥好“四个作用”，更加自觉地用党的十九大精神武装头脑、指导实践，推动党的十九大做出的重大决策部署在中国石油落地生根。

12 日　中国石油天然气集团公司董事长王宜林与阿联酋国务部长兼阿布扎比国家石油公司首席执行官贾贝尔代表双方在阿布扎比国家石油公司签署《中国石油天然气集团公司与阿布扎比国家石油公司合作谅解备忘录》，出席在阿布扎比国家石油公司举行的 2017 年 ADNOC 首席执行官（CEO）圆桌会议，同与会的 CEO 就油气行业当前及未来发展面对的重大问题进行深入探讨，表示要优化投资结构，加强技术创新和管理提升，不断降低成本，增强抵御市场风险的能力，加大投资者的回报，推进世界油气行业持续健康有序发展。

15 日　集团公司董事长、全面深化改革领导小组组长王宜林主持召开全面深化改革领导小组第二十一次会议，审议并原则通过《中国石油工程技术业务改革重组框架方案》。会议强调要以改革重组为契机和动力，通过完善体制、健全机制、优化规模、调整结构、持续创新，努力提供更多有竞争力的高端产品和服务，不断提升市场开拓能力和增收创效能力，加快建设国际一流油田技术服务公司。

同日　集团公司董事长王宜林主持召开董事长办公会议，专题审议并原则同意中国石油炼化业务转型升级规划、有关炼化一体化项目可行性研究报告等四项议案。会议强调要认真做好规划涉及项目的建设，合力推进炼化业务转型升级。

16—17 日　集团公司 2017 年办公室主任会议在北京召开。会议期间，集团公司党组书记、董事长王宜林向会议代表宣讲党的十九大精神，强调坚持学以致用、用以促学，用习近平新时代中国特色社会主义思想武装头脑，使党的十九大精神成为持续推进世界一流综合性国际能源公司建设，充分发挥国有重要骨干企业控制力、带动力、影响力和保障能力的强大思想武器，中国石油在新征程中要有新作为、做出新贡献，在培育具有全球竞争力的世界一流企业进程中走在前列。

16—23 日　集团公司总经理章建华到中国石油驻拉美地区企业调研，强调要将党的十九大精神贯彻落实到实际工作中，在新时期、新环境下，以新的理论思想统揽全局，推动拉美地区油气业务优质高效稳健发展。其间，章建华在秘鲁首都利马拜会秘鲁总统库琴斯基，双方就进一步深化中秘油气领域合作坦诚交换意见。

17 日　全国精神文明建设表彰大会在北京举行。

大庆钻探工程公司钻井二公司1205钻井队等7个单位获第五届“全国文明单位”称号。

20日　集团公司召开总部机关领导干部会议，传达学习《中共中央政治局关于加强和维护党中央集中统一领导的若干规定》《中共中央政治局贯彻落实中央八项规定实施细则》，部署集团公司总部及所属各企事业单位贯彻落实工作。集团公司党组书记、董事长王宜林主持会议并讲话，强调全体党员要始终在思想上绷紧这根弦，清醒认识作风建设只有进行时，以永远在路上的决心韧劲，以贯彻《实施细则》为抓手，以钉钉子精神把作风建设引向深入，真正将中央八项规定精神化为每个党员干部的自觉行动和日常习惯，使中国石油的作风和形象进一步好起来。

21—24日　集团公司董事长王宜林到甘肃地区石油石化企业调研，强调要认真学习宣传贯彻党的十九大精神，坚定信心、改革创新、提质增效，积极推动驻甘肃省企业各项事业稳健发展。

27日　中国石油勘探开发研究院刘合教授和中国石油集团钻井工程技术研究院孙金声教授当选中国工程院院士，分属工程管理学部、能源与矿业工程学部。

28日　中国石油勘探开发研究院副院长邹才能当选中国科学院院士，分属地学部。

同日　集团公司决定任命刘志华为集团公司总经理助理；免去王铁军的集团公司总经理助理职务，退休。

同日　集团公司决定，中国石油集团钻井工程技术研究院与中国石油天然气集团公司休斯敦技术研究中心整合为“中国石油集团工程技术研究院有限公司”，加挂股份公司工程技术研究院、中油油服工程技术研究院牌子。

30日　新疆油田公司在准噶尔盆地玛湖凹陷中心区发现10亿吨级玛湖砾岩大油区，成为世界上发现的最大砾岩油田（详见专稿）。

30日—12月1日　集团公司党组扩大会议在北京召开，专题研究新疆油气业务加快发展问题。集团公司党组书记、董事长王宜林主持会议并讲话，强调要突出发展油气主业，突出改革创新，牢牢把握新疆在中国石油稳健发展中的主战场地位，大力推进新疆地区5000万吨油气当量上产工程并保持持续稳定增长，将新疆建设成为企地和谐发展的示范区，为集团公司建设世界一流综合性国际能源公司、新疆社会稳定和长治久安做出新贡献。

本月　美国《石油情报周刊》公布2017年世界最大50家石油公司综合排名。中国石油蝉联世界第三大石油公司，连续17年跻身世界十大石油公司行列。

十　二　月

1日　国家“十三五”重点研发计划项目“油气长输管道及储运设施检验评价与安全保障技术”取得重大进展。该项目2016年9月启动，依托中国石油，由管道分公司牵头，经过一年多攻关，揭示油品在有限空间泄漏扩散与致灾机理，国际上首次发明电磁控阵管道内检测技术，发现主动激励式泄漏监测信号衰减规律与定位方法，提出管道长距离光纤高性能信号预处理技术与威胁事件识别技术，对保障国家油气管道公共安全意义重大。

2日　集团公司安全生产紧急视频会议在北京召开，通报大连西太平洋石油化工有限公司“11・18”和乌鲁木齐石化公司“11・30”两起较大安全生产责任事故。会议要求坚决贯彻落实国务院及有关部委领导指示要求，深入分析事故原因，深刻吸取教训，加强风险管控，完善责任落实，确保集团公司安全生产形势总体稳定。集团公司总经理章建华出席会议并讲话。

4日　中国石油4.34万吨卡沙干原油经环里海输油管道CPC（Caspian Pipeline Consortium）输送，在黑海俄罗斯新罗西斯克港顺利装船出口。这标志着中国石油在哈萨克斯坦运销业务实现重要突破。

7日　集团公司召开巡视总部机关和专业公司发现问题情况通报暨整改动员推进会。会议强调要以严的标准、实的作风、强的担当把巡视发现的问题整改到位，全面提升总部机关建设水平，为集团公司改革发展稳定提供有力保证。集团公司副总经理、巡视工作领导小组副组长徐文荣出席会议并讲话。

同日　2017年度中国石油天然气集团公司科学技术奖评选结果公布。大庆油田有限责任公司的程杰和石油化工研究院的高雄厚获集团公司首届杰出成就奖；驱油用甜菜碱表面活性剂分子设计与合成、基于提高介孔分子筛稳定性和酸量结构构造与新合成体系创建两项成果获基础研究奖一等奖；特低渗—致密砂岩气藏开发动态物理模拟系统、制备高纯度聚合级乙烯系列加氢催化剂的开发及工业应用、随钻方位电磁波电阻率测井仪三项成果获技术发明奖一等奖；中国石油第四次油气资源评价、100亿立方米调峰能力储气库重大关键技术及应用、劣质重油改质、加工成套技术研究开发及工业应用获科学技术进步奖特等奖。

8日　中俄能源合作重大项目——亚马尔液化天然气项目第一条LNG生产线正式投产（详见专稿）。

11日　任一村、钟显明、于广纯当选为集团公司监事会职工代表监事，徐新福、姜凯因岗位调整，不再担任集团公司职工代表监事职务。

同日　中国石油天然气长输管道年度一次管输量达到1002.18亿立方米，首次突破千亿立方米。

12日　集团公司董事长王宜林到部分驻新疆石油企业进行工作调研，强调要全力抓好冬季安全生产，切实保障油气供应和油气管网安全平稳运行，为新疆经济社会发展和谐稳定、长治久安做出新贡献。

13日　中国石油召开2018年生产经营计划会议。会议强调要发挥一体化优势、突出业务链优化，超前谋划、狠抓落实，全面做好生产经营各项工作，为集团公司实现稳健发展、建设世界一流综合性国际能源公司做出新贡献。集团公司总经理章建华出席会议并讲话。

14日　集团公司董事长、全面深化改革领导小组组长王宜林主持召开全面深化改革领导小组第二十二次会议，审议通过《六家油气田扩大经营自主权改革试点建议方案》《集团公司授权管理办法及授权清单》《工程技术服务价格市场化改革建议方案》。会议强调要进一步激活内生动力，努力提高管理效率，继续推动已部署改革任务如期完成，全力谋划好今后一段时期的改革发展任务，坚定不移将全面深化改革推向前进。

15日　中国石油天然气集团公司总经理章建华与韩国天然气公司代理总裁安完基在北京签署《中国石油天然气集团公司与韩国天然气公司关于天然气领域合作谅解备忘录》，双方将加强在全球液化天然气及天然气业务等领域合作。

同日　宝石花（辽宁）医疗健康管理有限公司成立暨揭牌仪式在辽宁盘锦举行，标志着集团公司第二批医院社会化改革顺利完成。第二批医院社会化改革企业包括西南油气田、东方物探、辽阳石化、兰州石化、华北油田和辽河油田6家。

同日　国内首条管径最大、线路最长的西南油气田页岩气田集输干线投运。管线始于宜宾市兴文县九丝镇宁209井中心站，止于泸州市纳溪区纳溪西站，全长110.41千米，设计年输气能力40亿立方米。

19日　中国石油天然气股份有限公司公告称，“中国石油天然气集团公司”完成改制并更名。公告披露，经国务院国有资产监督管理委员会批准，集团公司由全民所有制企业整体改制为有限责任公司（国有独资），改制后名称变更为“中国石油天然气集团有限公司”。集团公司原有业务、资产、资质、债权、债务等均由改制后的公司承继，股东、公司住所、法定代表人、经营范围等均保持不变。

21日　“中国品牌·世界共享”2017大国品牌年度峰会在北京召开。中国石油获“2017大国品牌”奖。

26日　集团公司工程技术业务改革重组交接签字仪式在北京举行。10家企业签署《业务重组交接协议》《国内测井业务服务保障框架协议》《海外钻井总包项目中测井业务合作框架协议》《海外测井业务支持与保障框架协议》等交接协议，物探、测井、油建业务交接任务圆满完成，集团公司工程技术业务改革重组迈出重大步伐。集团公司副总经理、工程技术业务改革重组领导小组组长刘宏斌出席签字仪式并讲话。

28日　中国石油天然气股份有限公司董事会2017年第8次会议聘任凌霄、杨继钢、王仲才为股份公司副总裁；因年龄原因，黄维和、徐福贵、吕功训不再担任股份公司副总裁职务。

29日　集团公司决定，实施工程技术业务重组，组建中国石油集团油田技术服务有限公司，列集团公司专业公司序列，暂保留工程技术分公司牌子。

30日　中国石油天然气集团有限公司与埃克森美孚公司合作的首个EPC产能建设项目西古尔纳-1油田M1正式建成投产。油田面积约600平方千米，探明原油地质储量509亿桶，当前产量50万桶/日。

本年　中国石油推行首批矿权内部流转。青海油田所在的柴达木盆地4个探矿权和2个采矿权区块流转给辽河油田，长庆油田所在的鄂尔多斯及北部外围盆地5个探矿权和2个采矿权流转给华北油田和玉门油田，西南油气田所在的四川盆地及西昌盆地2个探矿权和1个采矿权流转给大庆油田。本次矿权内部流转采取勘探区块和未动用储量区块“1+1捆绑”模式，实行新体制新机制，投资计划单列、单独考核，实现市场化运作、社会化服务。旨在盘活矿权区块和未动用储量资产，激活勘探开发市场，打破“画地为牢”格局，促进高效勘探和低成本开发，实现上游板块的质量效益可持续发展，对于油气体制改革具有试验性的先导意义。

（中国石油档案馆）

统计数据

表 1　中国石油天然气集团有限公司主要指标完成情况

指标名称	单位	2017年	2016年	2015年	2014年	2013年
主营业务收入						
工业总产值（现价）	亿元	12411	10152	11779	16612	16956
工业销售产值	亿元	12388	10158	11728	16516	16727
企业增加值	亿元	8371	7043	7975	8394	8141
油气产量						
原油	万吨	17134	16298	16657	16417	15981
其中，海外权益产量	万吨	6880	5753	5515	5050	4721
天然气	亿立方米	1287.3	1213.0	1166.7	1139.1	1038.9
其中，海外权益产量	亿立方米	254.5	231.9	211.9	184.5	150.5
主要炼油化工产品产量						
汽油、煤油、柴油、润滑油合计	万吨	10515	10049	10490	10342	9979
其中，汽油	万吨	4098	3797	3647	3410	3297
煤油	万吨	1018	932	834	714	606
柴油	万吨	5235	5203	5888	6060	5887
润滑油	万吨	164	116	121	158	189
乙烯	万吨	576.4	558.9	503.2	497.6	398.2
合成树脂及共聚物	万吨	940.4	919.9	831.8	806.7	666.1
合成橡胶	万吨	80.9	76.0	71.3	74.5	66.5
合成纤维	万吨	5.8	6.1	6.5	6.6	7.0
尿素	万吨	143.9	190.0	256.6	266.3	377.1
主要冶金产品产量						
石油焊接钢管	万吨	161.5	145.3	69.9	63.4	204.4
石油套管	万吨	70.1	48.1	50.9	44.0	70.1
钻井钢丝绳	万吨	5.2	3.8	4.1	5.1	6.5
主要机械产品产量						
钻机	套	23	31	53	59	108
抽油机	台	4267	3642	5747	8648	11527
抽油杆	万米	494.0	579.6	692.6	727.2	764.2
抽油泵	台	46852	45544	50217	46406	42038

表 2　中国石油天然气集团有限公司合并资产负债表

万元人民币

项　目	2017年	2016年	2015年
流动资产			
货币资金	40282597	38437093	34277293
拆出资金	2062550	253500	346390
以公允价值计量且其变动计入当期损益的金融资产	1799507	924911	838601
衍生金融资产	45301	84309	70888
应收票据	2083400	1294035	1018147

续表

项　目	2017年	2016年	2015年
应收账款	11577381	11813855	12246489
预付款项	22061345	26237258	25218467
应收保费	10164	9375	8315
应收分保账款	33273	27407	20818
应收分保准备金	87731	69762	59167
应收利息	481162	351285	309063
应收股利	31465	30137	55949
其他应收款	2107230	1677397	2133155
买入返售金融资产	3071784	584425	2730675
存货	23157007	22875802	22831010
一年内到期的非流动资产	20715229	14230286	68126
其他流动资产	6171783	6387224	6991052
流动资产合计	135778909	125288061	109223603
非流动资产			
发放贷款及垫款	7088760	6875877	11383313
可供出售金融资产	6046786	4729002	10572380
持有至到期投资	5054117	8260247	10934769
长期应收款	9148628	9244777	7642541
长期股权投资	10866390	10761258	9305599
投资性房地产	232500	225824	152227
固定资产原价	182163280	172518401	165634550
减：累计折旧	82679382	76742070	70044133
固定资产净值	99483898	95776331	95590417
减：固定资产减值准备	10043413	8169651	6489227
固定资产净额	89440485	87606680	89101190
在建工程	24145652	28390413	34076692
工程物资	645321	814170	786515
固定资产清理	71008	67427	63344
生产性生物资产	23	67	72
油气资产	93550824	95846658	95729920
无形资产	8921853	8847458	8605409
开发支出	165467	129982	148082
商誉	4202989	4669993	4625807
长期待摊费用	3464665	3587499	3782248
递延所得税资产	3507020	2907809	2461822
其他非流动资产	7540714	8722722	4814244
非流动资产合计	274093202	281687863	294186174
资产总计	409872111	406975924	403409779

续表

项　目	2017年	2016年	2015年
流动负债			
短期借款	11406205	8691737	5536149
向中央银行借款	41845	66142	60312
吸收存款及同业存放	18802986	19518334	20573715
拆入资金	7876286	7301602	6087857
衍生金融负债	75000	56118	79364
应付票据	2593399	2306758	1854414
应付账款	33796005	29093291	30205778
预收款项	9864524	8912737	8030650
卖出回购金融资产款	2155998	718054	1314737
应付手续费及佣金	1322	2536	1821
应付职工薪酬	2539184	2404774	2131156
应交税费	6925286	5697606	4813439
应付利息	1338001	1392136	1241615
应付股利	197521	667827	156313
其他应付款	6636530	6437487	8843151
应付分保账款	43086	28898	17730
保险合同准备金	248354	192884	153218
代理买卖证券款	1	1	1
一年内到期的非流动负债	11866449	8486942	14814436
其他流动负债	1605316	693295	511085
流动负债合计	118013298	102669159	106426941
非流动负债			
长期借款	1854225	2058312	1726661
应付债券	30554458	39385321	37876586
长期应付款	412543	684900	816361
长期应付职工薪酬	171280	148951	12336
专项应付款	121880	127146	131439
预计负债	13950572	13228172	12424392
递延收益	1559793	1367589	1279039
递延所得税负债	2573580	2599821	2362125
其他非流动负债	296274	216949	525034
非流动负债合计	51494605	59817161	57153973
负债合计	169507903	162486320	163580914
所有者权益（或股东权益）			
实收资本（或股本）	48685500	48685500	48685500
其他权益工具	18607598	20951178	20951178
资本公积	29506303	28974745	27521289

续表

项　目	2017年	2016年	2015年
其他综合收益	-3309257	-1719083	-4411741
专项储备	3266547	3236552	3096172
盈余公积	108577717	108577717	110519851
一般风险准备	1053412	870633	775271
未分配利润	-2129949	223319	802088
归属于母公司所有者权益合计	204257871	209800561	207939608
少数股东权益	36106337	34689043	31889257
所有者权益（或股东权益）合计	240364208	244489604	239828865
负债和所有者权益（或股东权益）总计	409872111	406975924	403409779

表 3　中国石油天然气集团有限公司合并利润表

万元人民币

项　目	2017年	2016年	2015年
营业总收入	234031613	187190290	201675666
其中，营业收入	231934996	185528373	199858126
利息收入	1880422	1427262	1626399
已赚保费	27740	33304	9559
手续费及佣金收入	188455	201351	181582
营业总成本	229497086	185154217	196730967
其中，营业成本	179741433	141891778	150543721
利息支出	760412	678972	757647
手续费及佣金支出	15374	11452	18735
赔付支出净额	26824	19399	11904
提取保险合同准备金净额	34792	24071	20051
分保费用	-8261	-5709	-8904
税金及附加	21027111	19724156	20778505
销售费用	7576403	7440767	7358119
管理费用	10278847	10253888	10764679
财务费用	2930516	-1047922	416632
资产减值损失	4596900	4251247	4087523
其他	2516735	1912118	1982355
加：公允价值变动收益（损失以“-”号填列）	-1816	147	-1594
投资收益（损失以“-”号填列）	1291402	3407287	3303459
汇兑收益（损失以“-”号填列）	32360	36406	54330
其他收益	929152	—	—
营业利润（亏损以“-”号填列）	6785625	5479913	8300894
加：营业外收入	821931	1543755	1544045
减：营业外支出	273193	1950539	1598055

续表

项　目	2017年	2016年	2015年
利润总额（亏损总额以“－”号填列）	5334363	5073129	8246884
减：所得税费用	3577715	2393741	2622696
净利润（净亏损以“－”号填列）	1756648	2679388	5624188
归属于母公司所有者的净利润	−466702	1240662	4456043
少数股东损益	2223350	1438726	1168145
持续经营损益	1756648	2679388	—
其他综合收益的税后净额	−2136966	2787633	−929546
综合收益总额	−380318	5467021	4694642
归属于母公司所有者的综合收益总额	−2056876	3924716	3408068
归属于少数股东的综合收益总额	1676558	1542305	1286574

表 4　中国石油天然气股份有限公司及其附属公司勘探与生产运营情况

项　目	单　位	2017年	2016年	同比增减（%）
原油产量	百万桶	887.0	920.7	（3.7）
其中，国内	百万桶	743.1	763.8	（2.7）
海外	百万桶	143.9	156.9	（8.3）
可销售天然气产量	十亿立方英尺	3423.4	3274.5	4.5
其中，国内	十亿立方英尺	3153.0	3008.3	4.8
海外	十亿立方英尺	270.4	266.2	1.6
油气当量产量	百万桶	1457.8	1466.6	（0.6）
其中，国内	百万桶	1268.8	1265.3	0.3
海外	百万桶	189.0	201.3	（6.1）
原油证实储量	百万桶	7481	7438	0.6
天然气证实储量	十亿立方英尺	76888	78712	（2.3）
证实已开发原油储量	百万桶	5593	5176	8.1
证实已开发天然气储量	十亿立方英尺	39243	40664	（3.5）

注：原油按 1 吨 =7.389 桶，天然气按 1 立方米 =35.315 立方英尺换算。

表 5　中国石油天然气股份有限公司炼油与化工生产情况

项　目	单　位	2017年	2016年	同比增减（%）
原油加工量	百万桶	1016.9	953.3	6.7
汽油、煤油、柴油产量	千吨	92715	86022	7.8
其中，汽油	千吨	37363	33275	12.3
煤油	千吨	7111	6058	17.4
柴油	千吨	48241	46689	3.3
原油加工负荷率	%	80.3	80.3	—
轻油收率	%	78.4	78.9	（0.5 个百分点）
石油产品综合商品收率	%	93.3	93.5	（0.2 个百分点）

续表

项　目	单　位	2017年	2016年	同比增减（%）
乙烯	千吨	5764	5589	3.1
合成树脂	千吨	9284	9078	2.3
合成纤维原料及聚合物	千吨	1390	1410	（1.4）
合成橡胶	千吨	809	760	6.4
尿素	千吨	1439	1900	（24.3）

注：原油按 1 吨 =7.389 桶换算。

表 6　中国石油天然气股份有限公司及其附属公司销售业务情况

项　目	单　位	2017 年	2016 年	同比增减（%）
汽油、煤油、柴油销量	千吨	169466	159107	6.5
其中，汽油	千吨	65293	62406	4.6
煤油	千吨	16849	16533	1.9
柴油	千吨	87324	80168	8.9
零售市场份额	%	37	38	（1 个百分点）
加油站数量	座	21399	20895	2.4
其中，资产型加油站	座	20350	20101	1.2
单站加油量	吨 / 日	10.49	10.46	0.3

表 7　中国石油天然气股份有限公司主要子公司、参股公司情况

公司名称	注册资本 百万元 人民币	持股 比例 （%）	资产总额 百万元 人民币	负债总额 百万元 人民币	净资产 （负债）总额 百万元 人民币	净利润 （亏损） 百万元 人民币
大庆油田有限责任公司[(1)]	47500	100.00	281231	68835	212396	4009
中油勘探开发有限公司	16100	50.00	158683	26479	132204	3695
中石油香港有限公司	75.92 亿港币	100.00	136799	68813	67986	6499
中石油国际投资有限公司	31314	100.00	104880	119633	（14753）	（10968）
中国石油国际事业有限公司	18096	100.00	164819	111574	53245	5490
中石油管道有限责任公司	80000	72.26	235724	14467	221257	17891
大连西太平洋石油化工有限公司	2.58 亿美元	28.44	9467	12441	（2974）	2602
中国船舶燃料有限责任公司	1000	50.00	8391	5541	2850	116
中油财务有限责任公司	8331	32.00	478870	419041	59829	7286
Arrow Energy Holdings Pty Ltd.	2 澳元	50.00	25969	22152	3817	（5518）
中石油专属财产保险股份有限公司	5000	49.00	12150	6098	6052	364
中石油中亚天然气管道有限公司	5000	50.00	35484	2443	33041	5846

注：（1）大庆油田有限责任公司 2017 年营业收入人民币 989.59 亿元，营业利润人民币 61.19 亿元。

表 8 中国石油天然气股份有限公司已评估探明储量和探明开发储量

项 目	原 油 （百万桶）	天然气 （十亿立方英尺）	合 计 （油当量百万桶）
证实开发和未开发储量			
基准日2015年12月31日的储量	8521.1	77524.7	21441.9
对以前估计值的修正	（810.9）	（863.2）	（954.7）
扩边和新发现	491.7	4770.3	1286.8
提高采收率	93.0	—	93.0
购入	63.6	554.5	156.0
当年产量	（920.7）	（3274.5）	（1466.6）
基准日2016年12月31日的储量	7437.8	78711.8	20556.4
对以前估计值的修正	486.2	（1750.8）	194.6
扩边和新发现	346.3	3350.0	904.6
提高采收率	98.0	—	98.0
购入	—	—	—
当年产量	（887.0）	（3423.4）	（1457.7）
基准日2017年12月31日的储量	7481.3	76887.6	20295.9
证实开发储量			
基准日为2015年12月31日	6195.8	40406.1	12930.2
其中，国内	5629.3	38980.7	12126.2
海外	566.5	1425.4	804.0
基准日为2016年12月31日	5176.3	40663.8	11953.5
其中，国内	4607.7	38827.3	11078.9
海外	568.6	1836.5	874.6
基准日为2017年12月31日	5592.9	39242.6	12133.2
其中，国内	5037.0	37325.4	11257.9
海外	555.9	1917.2	875.3
证实未开发储量			
基准日为2015年12月31日	2325.3	37118.6	8511.7
其中，国内	2020.5	36878.0	8166.8
海外	304.8	240.6	344.9
基准日为2016年12月31日	2261.5	38048.0	8602.9
其中，国内	1733.4	37417.1	7969.6
海外	528.1	630.9	633.3
基准日为2017年12月31日	1888.4	37645.0	8162.7
其中，国内	1584.9	37376.7	7814.3
海外	303.5	268.3	348.4

表 9　中国石油天然气股份有限公司 2017 年 12 月 31 日合并及公司资产负债表（一）

（除特别注明外，金额单位为百万元人民币）

资　产	2017年12月31日	2016年12月31日	2017年12月31日	2016年12月31日
	合　并	合　并	公　司	公　司
流动资产				
货币资金	136121	98617	44432	15201
应收票据	19215	11285	9794	8356
应收账款	53143	47315	9293	7637
预付款项	10191	16479	4065	3495
其他应收款	13904	10846	23355	60077
存货	144669	146865	94439	96982
其他流动资产	47919	50258	35909	39397
流动资产合计	425162	381665	221287	231145
非流动资产				
可供出售金融资产	1937	2031	1339	1318
长期股权投资	81216	79003	382450	377498
固定资产	694359	670801	331221	344905
油气资产	811604	845729	547073	571701
在建工程	190540	215209	135257	111600
工程物资	5652	7284	2609	3333
无形资产	72913	71490	54813	53423
商誉	41934	46097	—	—
长期待摊费用	26711	26013	21768	21076
递延所得税资产	26724	20360	23354	17248
其他非流动资产	26158	31268	8288	11387
非流动资产合计	1979748	2015285	1508172	1513489
资产总计	2404910	2396950	1729459	1744634

表 10　中国石油天然气股份有限公司 2017 年 12 月 31 日合并及公司资产负债表（二）

（除特别注明外，金额单位为百万元人民币）

负债及股东权益	2017年12月31日	2016年12月31日	2017年12月31日	2016年12月31日
	合　并	合　并	公　司	公　司
流动负债				
短期借款	93881	71969	84770	50790
应付票据	10697	9933	10048	9024
应付账款	224514	198617	109381	108654
预收款项	67176	60590	44435	39653
应付职工薪酬	6955	5396	5051	3566
应交税费	57431	45199	41312	30908
其他应付款	28755	28195	21093	23438

续表

负债及股东权益	2017年12月31日	2016年12月31日	2017年12月31日	2016年12月31日
	合　并	合　并	公　司	公　司
一年内到期的非流动负债	81536	71415	63822	45020
其他流动负债	5722	7949	3157	3853
流动负债合计	576667	499263	383069	314906
非流动负债				
长期借款	195192	243675	94299	146625
应付债券	94666	129212	85000	119000
预计负债	131546	125392	92137	88006
递延所得税负债	12667	13646	—	—
其他非流动负债	12562	12734	6268	6335
非流动负债合计	446633	524659	277704	359966
负债合计	1023300	1023922	660773	674872
股东权益				
股本	183021	183021	183021	183021
资本公积	128639	128377	127881	127882
专项储备	13366	13188	7503	7792
其他综合收益	（27433）	（28320）	352	783
盈余公积	188769	186840	177677	175748
未分配利润	707448	706213	572252	574536
归属于母公司股东权益合计	1193810	1189319	1068686	1069762
少数股东权益	187800	183709	—	—
股东权益合计	1381610	1373028	1068686	1069762
负债及股东权益总计	2404910	2396950	1729459	1744634

表 11　中国石油天然气股份有限公司 2017 年度合并及公司利润表

（除特别注明外，金额单位为百万元人民币）

项　目	2017 年度	2016 年度	2017 年度	2016 年度
	合　并	合　并	公　司	公　司
营业收入	2015890	1616903	1165213	996876
减：营业成本	（1584245）	（1235707）	（878505）	（738834）
税金及附加	（196095）	（187846）	（163906）	（161257）
销售费用	（66067）	（63976）	（46234）	（44733）
管理费用	（77565）	（75958）	（51893）	（52056）
财务费用	（21648）	（20652）	（17345）	（18856）
资产减值损失	（26054）	（12858）	（14745）	（8052）
加：投资收益	6734	28968	25215	14215
减：资产处置损失	（1184）	（1935）	（1138）	（1401）
加：其他收益	8003	—	4558	—

续表

项　目	2017 年度	2016 年度	2017 年度	2016 年度
	合　并	合　并	公　司	公　司
营业利润（亏损）	57769	46939	21220	（14098）
加：营业外收入	3612	10220	2933	6944
减：营业外支出	（8298）	（11967）	（6842）	（11272）
利润（亏损）总额	53083	45192	17311	（18426）
减：所得税费用	（16295）	（15778）	1978	2875
净利润（亏损）	36788	29414	19289	（15551）
按经营持续性分类：				
持续经营净利润（亏损）	36788	29414	19289	（15551）
终止经营净利润（亏损）	—	—	—	—
按所有权归属分类：				
母公司股东	22793	7900	19289	（15551）
少数股东	13995	21514	—	—
每股收益（亏损）				
基本每股收益（亏损）（人民币元）	0.12	0.04	0.11	（0.08）
稀释每股收益（亏损）（人民币元）	0.12	0.04	0.11	（0.08）
其他综合（损失）收益	（1365）	9589	（431）	255
归属于母公司股东的其他综合收益（损失）的税后净额	887	7957	（431）	255
以后将重分类进损益的其他综合收益（损失）				
其中：权益法下在被投资单位以后将重分类进损益的其他综合（损失）收益中享有的份额	（326）	313	（447）	300
可供出售金融资产公允价值变动损益	（36）	（128）	16	（45）
外币财务报表折算差额	1249	7772	—	—
归属于少数股东的其他综合（损失）收益的税后净额	（2252）	1632	—	—
综合收益（损失）总额	35423	39003	18858	（15296）
归属于：母公司股东	23680	15857	18858	（15296）
少数股东	11743	23146	—	—

表 12　中国石油天然气股份有限公司 2017 年度合并及公司现金流量表

（除特别注明外，金额单位为百万元人民币）

项　目	2017 年度	2016 年度	2017 年度	2016 年度
	合　并	合　并	公　司	公　司
经营活动产生的现金流量				
销售商品、提供劳务收到的现金	2335730	1885956	1352969	1150520
收到的税费返还	7019	3100	1991	1144
收到其他与经营活动有关的现金	5581	4806	32344	38522
经营活动现金流入小计	2348330	1893862	1387304	1190186
购买商品、接受劳务支付的现金	（1499728）	（1165458）	（809784）	（653181）

续表

项　目	2017 年度	2016 年度	2017 年度	2016 年度
	合　并	合　并	公　司	公　司
支付给职工以及为职工支付的现金	（123825）	（118124）	（90324）	（85602）
支付的各项税费	（292931）	（272632）	（223764）	（213377）
支付其他与经营活动有关的现金	（65191）	（72469）	（42272）	（50776）
经营活动现金流出小计	（1981675）	（1628683）	（1166144）	（1002936）
经营活动产生的现金流量净额	366655	265179	221160	187250
投资活动产生的现金流量				
收回投资收到的现金	3173	1315	21390	65731
取得投资收益所收到的现金	9408	12584	22829	12368
处置固定资产、油气资产、无形资产和其他长期资产收回的现金净额	1305	2197	909	2060
投资活动现金流入小计	13886	16096	45128	80159
购建固定资产、油气资产、无形资产和其他长期资产支付的现金	（237004）	（189421）	（154252）	（128944）
投资支付的现金	（20428）	（2562）	（13351）	（26921）
投资活动现金流出小计	（257432）	（191983）	（167603）	（155865）
投资活动产生的现金流量净额	（243546）	（175887）	（122475）	（75706）
筹资活动产生的现金流量				
吸收投资收到的现金	1470	940	—	—
其中，子公司吸收少数股东投资收到的现金	1470	940	—	—
取得借款收到的现金	730252	707907	285725	310252
收到其他与筹资活动有关的现金	85	84	81	71
筹资活动现金流入小计	731807	708931	285806	310323
偿还债务支付的现金	（774113）	（744299）	（319255）	（393763）
分配股利、利润或偿付利息支付的现金	（51837）	（30127）	（35889）	（25807）
其中，子公司支付给少数股东的股利、利润	（12621）	（2401）	—	—
支付其他与筹资活动有关的现金	（582）	（1512）	（116）	（66）
筹资活动现金流出小计	（826532）	（775938）	（355260）	（419636）
筹资活动产生的现金流量净额	（94725）	（67007）	（69454）	（109313）
汇率变动对现金及现金等价物的影响	（3538）	2873	—	—
现金及现金等价物净增加额	24846	25158	29231	2231
加：期初现金及现金等价物余额	97931	72773	15201	12970
期末现金及现金等价物余额	122777	97931	44432	15201

表 13 中国石油天然气股份有限公司 2017 年度合并股东权益变动表

（除特别注明外，金额单位为百万元人民币）

项目	归属于母公司股东权益							少数股东权益	股东权益合计
	股本	资本公积	专项储备	其他综合收益	盈余公积	未分配利润	小计		
2016 年 1 月 1 日余额	183021	128008	11648	（36277）	186840	706728	1179968	164320	1344288
2016 年度增减变动额									
综合收益总额	—	—	—	7957	—	7900	15857	23146	39003
专项储备—安全生产费									
本期提取	—	—	6228	—	—	—	6228	285	6513
本期使用	—	—	（4688）	—	—	—	（4688）	（211）	（4899）
利润分配									
提取盈余公积	—	—	—	—	—	—	—	—	—
对股东的分配	—	—	—	—	—	（8450）	（8450）	（4282）	（12732）
其他权益变动									
与少数股东的权益性交易	—	224	—	—	—	—	224	（2061）	（1837）
少数股东资本投入	—	—	—	—	—	—	—	1087	1087
其他	—	145	—	—	—	35	180	1425	1605
2016 年 12 月 31 日余额	183021	128377	13188	（28320）	186840	706213	1189319	183709	1373028
2017 年 1 月 1 日余额	183021	128377	13188	（28320）	186840	706213	1189319	183709	1373028
2017 年度增减变动额									
综合收益总额	—	—	—	887	—	22793	23680	11743	35423
专项储备—安全生产费									
本期提取	—	—	5174	—	—	—	5174	282	5456
本期使用	—	—	（4996）	—	—	—	（4996）	（133）	（5129）
利润分配									
提取盈余公积	—	—	—	—	1929	（1929）	—	—	—
对股东的分配	—	—	—	—	—	（19626）	（19626）	（10404）	（30030）
其他权益变动									
与少数股东的权益性交易	—	289	—	—	—	—	289	649	938
少数股东资本投入	—	—	—	—	—	—	—	2584	2584
其他	—	（27）	—	—	—	（3）	（30）	（630）	（660）
2017 年 12 月 31 日余额	183021	128639	13366	（27433）	188769	707448	1193810	187800	1381610

表 14 中国石油天然气股份有限公司 2017 年度公司股东权益变动表

（除特别注明外，金额单位为人民币百万元）

项　目	股　本	资本公积	专项储备	其他综合收益	盈余公积	未分配利润	股东权益合计
2016 年 1 月 1 日余额	183021	127834	7350	528	175748	598337	1092818
2016 年度增减变动额							
综合收益总额	—	—	—	255	—	（15551）	（15296）
专项储备—安全生产费							
本期提取	—	—	4298	—	—	—	4298
本期使用	—	—	（3856）	—	—	—	（3856）
利润分配							
提取盈余公积	—	—	—	—	—	—	—
对股东的分配	—	—	—	—	—	（8450）	（8450）
其他	—	48	—	—	—	200	248
2016 年 12 月 31 日余额	183021	127882	7792	783	175748	574536	1069762
2017 年 1 月 1 日余额	183021	127882	7792	783	175748	574536	1069762
2017 年度增减变动额							
综合收益总额	—	—	—	（431）	—	19289	18858
专项储备—安全生产费							
本期提取	—	—	3311	—	—	—	3311
本期使用	—	—	（3600）	—	—	—	（3600）
利润分配							
提取盈余公积	—	—	—	—	1929	（1929）	—
对股东的分配	—	—	—	—	—	（19626）	（19626）
其他	—	（1）	—	—	—	（18）	（19）
2017 年 12 月 31 日余额	183021	127881	7503	352	177677	572252	1068686

表 15 1998—2017 年中国石油国内新增探明石油、天然气地质储量

时　间	国内新增探明石油地质储量（万吨）	国内新增探明天然气地质储量（亿立方米）
1998年	48538	2229
1999年	37318	918
2000年	42389	4118
2001年	45683	4071
2002年	42760	3000
2003年	43903	3838
2004年	52107	2008
2005年	56151	3583
2006年	61510	3654
2007年	82940	4453

续表

时　间	国内新增探明石油地质储量（万吨）	国内新增探明天然气地质储量（亿立方米）
2008年	62385	4168
2009年	57356	4616
2010年	57538	4678
2011年	69650	4092
2012年	71100	4503
2013年	67013	4923
2014年	69947	4827
2015年	72816	5702
2016年	64928	5419
2017年	64211	4027

表 16　1998—2017 年中国石油二维地震、三维地震工作量

时　间	二维地震（千米）			三维地震（平方千米）		
	总　计	国　内	海　外	总　计	国　内	海　外
1998年	—	58095	—	—	7778	—
1999年	—	58759	—	—	6987	—
2000年	—	45353	—	—	7999	—
2001年	35630	28261	7369	11218	9244	1974
2002年	45022	34550	10472	15337	11024	96980
2003年	52693	39703	13805	20245	11576	8669
2004年	61968	36668	25300	33210	12752	20458
2005年	89113	50949	38164	25650	12426	13224
2006年	90152	45399	44753	40079	14590	25489
2007年	101401	45740	55661	51792	23940	27852
2008年	114548	45535	69013	58648	15834	42814
2009年	74392	31897	42495	53525	15838	38142
2010年	81130	32953	48171	54338	15671	38667
2011年	93306	36400	56100	37618	15618	22000
2012年	96700	41400	55300	57700	17900	39700
2013年	114364	40274	74090	64491	17542	46949
2014年	103645	42798	60847	63990	14485	49505
2015年	132714	22521	110193	47219	10722	36497

续表

时　间	二维地震（千米）			三维地震（平方千米）		
	总　计	国　内	海　外	总　计	国　内	海　外
2016年	162684	35919	126765	58120	10844	47276
2017年	154904	30644	124260	57182	10313	46869

表 17　1998—2017 年中国石油国内完成探井及进尺情况

时　间	完成探井（口）	进尺（万米）	时　间	完成探井（口）	进尺（万米）
1998年	650	160.7	2008年	1719	452
1999年	625	149.3	2009年	1901	487.5
2000年	706	161.8	2010年	1640	463.2
2001年	663	167.2	2011年	1795	484
2002年	685	157.7	2012年	1918	497
2003年	548	145.8	2013年	1746	485.8
2004年	642	181.0	2014年	1584	441.8
2005年	799	218.4	2015年	1588	441.8
2006年	774	216.7	2016年	1651	467.2
2007年	1693	435.4	2017年	1773	502.5

表 18　1998—2017 年中国石油钻（完）井数量及进尺

时　间	钻（完）井数量（口）			进尺（万米）		
	总　计	国　内	海　外	总　计	国　内	海　外
1998年	—	8334	—	—	1261.6	—
1999年	—	7304	—	—	1113.7	—
2000年	6322	6374	48	1052.9	1037.4	15.5
2001年	6666	6492	174	1167.5	1132.0	35.5
2002年	6677	6531	146	1194.5	1155.2	39.3
2003年	8510	8182	328	1509.6	1437.2	72.3
2004年	9328	8873	455	1664.8	1571.9	92.9
2005年	11202	10577	625	1972.2	1844.7	127.5
2006年	11401	10577	824	2331.9	2161.7	170.1
2007年	12790	11609	1181	2613.7	2422.7	191.0
2008年	15161	14125	1036	2828.4	2060.0	226.4
2009年	12900	11570	1330	2479.0	2206.6	272.4
2010年	13043	11919	1124	2519.8	2297.1	222.7

续表

时间	钻（完）井数量（口）			进尺（万米）		
	总计	国内	海外	总计	国内	海外
2011年	13706	—	—	2598.3	2338.9	259.4
2012年	13753	—	—	2719.5	2429.6	289.9
2013年	13378	12035	1343	2750.0	2432.0	318.0
2014年	12286	10970	1316	2492.0	2198.0	294.0
2015年	9387	8389	998	2089.0	1838.0	251.0
2016年	9328	8686	642	1950.0	1796.0	154.0
2017年	11687	10807	880	2579.0	2355.0	224.0

注：2011 年和 2012 年国内、海外钻（完）井数据缺失。

表 19　1998—2017 年中国石油原油、天然气产量

时间	国内		海外			
	原油（万吨）	天然气（亿立方米）	原油（万吨）		天然气（亿立方米）	
			作业产量	权益产量（份额）	作业产量	权益产量（份额）
1998年	10738.0	149.7	—	—	—	—
1999年	10706.7	162.6	592.0	327.0	6.4	4.0
2000年	10605.4	183.1	1352.9	686.7	7.4	4.8
2001年	10655.6	205.8	1623.0	828.7	9.3	5.8
2002年	10746.4	225.3	2118.1	1012.8	12.6	7.7
2003年	10954.4	248.8	2520.4	1293.1	19.2	13.9
2004年	11176.1	286.6	3011.7	1642.3	35.5	25.9
2005年	10595.4	366.7	3583.5	2003.3	40.2	29.1
2006年	10663.6	442.1	5460.4	2807.6	57.6	38.0
2007年	10772.2	542.5	6018.7	2997.8	53.6	35.1
2008年	10825.2	617.5	6220.7	3050.3	67.4	46.6
2009年	10313.0	683.0	6962.4	3432.2	82.0	55.1
2010年	10541.0	825.3	7581.6	3602.9	137.0	103.8
2011年	10754.0	756.2	8938.2	4173.2	170.6	125.7
2012年	11033.0	798.6	8978.0	4154.6	182.0	136.6
2013年	11260.0	888.4	10586.4	4721.1	217.0	150.5

续表

时 间	国 内		海 外			
	原油（万吨）	天然气（亿立方米）	原油（万吨）		天然气（亿立方米）	
			作业产量	权益产量（份额）	作业产量	权益产量（份额）
2014年	11367.0	954.6	10762.4	5050.0	249.1	184.5
2015年	11142.0	954.8	11550.4	5514.7	285.6	211.9
2016年	10545.0	981.1	12151.4	5752.8	311.3	231.9
2017年	10254.0	1032.7	13618.3	6880.1	333.3	254.5

表 20 1998—2017 年中国石油原油加工量

万吨

时 间	总 计	国 内	海 外	时 间	总 计	国 内	海 外
1998年	—	6895.2	—	2008年	13447.3	12592.5	917.9
1999年	—	7648.6	—	2009年	14082.0	12512.2	1569.8
2000年	8265.4	8112.2	153.2	2010年	16008.2	13528.6	2479.6
2001年	8616.4	8386.0	230.4	2011年	17961.9	14483.5	3487.4
2002年	8733.7	8482.8	250.9	2012年	19145.4	14716.1	4429.3
2003年	9505.6	9254.6	251.0	2013年	18854.6	14602.0	4252.6
2004年	10664.9	10369.8	295.1	2014年	19697.9	15016.0	4681.9
2005年	10540.8	11060.6	480.2	2015年	19524.4	15132.3	4392.1
2006年	12406.7	11586.9	819.8	2016年	19166.6	14709.2	4457.4
2007年	13187.8	12272.0	915.8	2017年	19822.1	15244.6	4577.5

表 21 1998—2017 年中国石油汽油、煤油、柴油、润滑油产量

万吨

时 间	总 计	汽 油	煤 油	柴 油	润滑油
1998年	3954.6	1479.2	204.9	2148.2	122.2
1999年	4670.1	1607.2	254.2	2666.4	142.3
2000年	4848.5	1660.2	356.1	2737.9	118.3
2001年	5240.0	1799.7	310.8	3009.8	119.7
2002年	5381.8	1820.9	293.7	3131.3	135.9
2003年	5903.5	1985.4	295.7	3503.2	119.2
2004年	6708.0	2183.9	306.1	4071.2	146.8
2005年	7269.3	2297.7	327.2	4491.5	152.9

续表

时　间	总　计	汽　油	煤　油	柴　油	润滑油
2006年	7487.7	2400.3	333.5	4605.2	148.8
2007年	7902.1	2484.0	321.6	4920.4	176.0
2008年	8098.3	2545.6	360.1	5015.9	176.8
2009年	8185.0	2581.5	364.3	5099.1	140.1
2010年	8793.3	2676.3	365.8	5590.5	160.7
2011年	9456.9	2888.9	367.9	6042.8	157.3
2012年	9821.8	3099.5	477.8	6060.7	183.8
2013年	9978.1	3296.4	606.1	5887.0	188.6
2014年	10342.2	3410.0	714.3	6059.8	158.1
2015年	10490.5	3647.3	833.8	5888.4	121.0
2016年	10048.8	3797.4	931.8	5203.2	116.4
2017年	10514.6	4098.1	1017.7	5235.2	163.6

表 22　1998—2017 年中国石油国内石油化工产品产量

万吨

时　间	乙　烯	合成树脂	合成纤维	合成橡胶	尿　素	合成氨
1998年	127.3	138.5	28.2	19.0	257.9	192.1
1999年	135.1	160.9	25.8	20.1	306.1	217.0
2000年	149.5	193.1	30.1	22.2	311.3	215.6
2001年	157.1	217.0	32.9	24.3	306.8	204.6
2002年	158.2	219.3	31.4	25.9	341.1	216.6
2003年	181.8	262.5	28.6	29.8	358.0	232.1
2004年	184.6	276.3	29.7	33.4	365.2	255.9
2005年	188.8	297.7	24.5	33.8	357.8	249.7
2006年	206.8	331.3	19.3	37.3	357.6	215.2
2007年	258.1	425.4	17.0	38.1	363.4	249.1
2008年	267.6	439.6	14.1	40.7	382.4	259.7
2009年	298.9	475.7	14.2	48.0	397.3	270.9
2010年	361.5	565.2	12.0	61.9	376.4	261.2
2011年	364.7	581.2	8.6	60.6	448.4	303.1
2012年	369.0	621.7	8.5	63.3	451.2	297.2
2013年	398.2	666.1	7.0	66.5	377.1	257.7
2014年	497.6	806.7	6.6	74.5	266.3	189.2

续表

时 间	乙 烯	合成树脂	合成纤维	合成橡胶	尿 素	合成氨
2015年	503.2	831.8	6.5	71.3	256.6	184.5
2016年	558.9	919.9	6.1	76.0	190.0	152.9
2017年	576.4	940.4	5.8	80.9	143.9	136.3

表 23　1998—2017 年中国石油国内成品油、天然气销售量

时 间	成品油（万吨）	天然气（亿立方米）	时 间	成品油（万吨）	天然气（亿立方米）
1998年	—	95.6	2008年	8293.1	525.3
1999年	—	102.5	2009年	8874.5	593.8
2000年	4431.1	136.1	2010年	10247.2	668.6
2001年	5118.0	150.6	2011年	11497.6	827.2
2002年	5305.2	166.2	2012年	11662.3	973.0
2003年	5629.0	186.9	2013年	11832.8	1105.6
2004年	6430.0	222.2	2014年	11701.7	1194.8
2005年	7185.5	289.2	2015年	11625.0	1226.6
2006年	7522.4	373.7	2016年	11303.5	1314.5
2007年	8279.5	453.3	2017年	11416.3	1518.4

表 24　1999—2017 年中国石油运营油气管道总里程

千米

时 间	国 内				海 外		
	总里程	原 油	天然气	成品油	总里程	原 油	天然气
1999年	21498	8765	11516	1025	—	—	—
2000年	21542	8765	11617	1025	—	—	—
2001年	22682	8879	12644	1025	—	—	—
2002年	24321	8879	13036	2272	—	—	—
2003年	25821	8879	14536	2276	—	—	—
2004年	30153	8982	18766	2460	—	—	—
2005年	31615	9228	20115	2462	—	—	—
2006年	34993	9928	21500	4311	—	—	—
2007年	39316	12463	22231	4622	5157	5002	155
2008年	41766	12931	24225	4610	5157	5002	155
2009年	50652	13189	28595	8868	7782	5002	2780
2010年	56865	14807	32801	9257	9720	5898	3822
2011年	60257	14807	36116	9334	10494	6672	3822

续表

时间	国内				海外		
	总里程	原油	天然气	成品油	总里程	原油	天然气
2012年	66801	16369	40995	9437	10494	6672	3822
2013年	72878	17640	45704	9534	13257	6671	6586
2014年	79054	18132	50836	10086	15218	7653	7565
2015年	79936	18917	50928	10091	14507	6604	7903
2016年	81191	18897	51734	10560	14507	6604	7903
2017年	85582	20359	53834	11389	16500	8597	7903

表 25　1998—2017 年中国石油国内原油、天然气、成品油管输量

时间	原油（万吨）	天然气（亿立方米）	成品油（万吨）	时间	原油（万吨）	天然气（亿立方米）	成品油（万吨）
1998年	10979.7	107.6	—	2008年	9796.5	346.3	573.0
1999年	11321.0	118.9	—	2009年	9299.6	337.4	1124.2
2000年	11476.3	130.5	—	2010年	9290.0	494.3	1323.4
2001年	8960.4	150.6	—	2011年	9787.0	580.0	1421.5
2002年	8983.0	—	—	2012年	10329.8	743.6	1491.0
2003年	8847.5	—	—	2013年	12777.9	920.1	1592.7
2004年	8992.5	65.7	406.1	2014年	10017.8	921.3	3086.0
2005年	9409.0	120.0	495.0	2015年	8574.0	913.8	2844.0
2006年	10687.8	317.9	516.6	2016年	8330.0	949.0	2651.0
2007年	9297.1	256.2	586.8	2017年	8893.4	1070.2	2586.0

表 26　1998—2017 年中国石油加油站数量

座

时间	加油站数量	时间	加油站数量
1998年	5877	2008年	17456
1999年	6810	2009年	17262
2000年	11350	2010年	17996
2001年	12102	2011年	19362
2002年	13160	2012年	19840
2003年	15231	2013年	20272
2004年	17403	2014年	20422
2005年	18164	2015年	20714
2006年	18207	2016年	20895
2007年	18648	2017年	21399

表 27　2007—2017 年中国石油非油品收入及利润

亿元

时　间	收　入	利　润	时　间	收　入	利　润
2007年	6.6	1.1	2013年	104.8	9.1
2008年	16.5	2.0	2014年	98.8	10.2
2009年	27.9	2.9	2015年	124.2	14.5
2010年	46.8	3.5	2016年	143.6	17.0
2011年	64.1	5.0	2017年	186.0	20.6
2012年	80.8	6.8			

表 28　2002—2017 年中国石油国际贸易量及贸易额

时　间	贸易量（万吨）	贸易额（亿美元）	时　间	贸易量（万吨）	贸易额（亿美元）
2002年	2517.7	47.3	2010年	19472.0	1105.1
2003年	3971.3	88.4	2011年	25138.9	1920.7
2004年	6116.6	144.7	2012年	30550.9	2398.1
2005年	7760.6	204.9	2013年	35304.0	2659.9
2006年	9449.2	294.1	2014年	38553.2	2653.2
2007年	12707.0	411.6	2015年	42854.8	1687.3
2008年	12749.3	782.4	2016年	44933.3	1412.3
2009年	15263.6	659.4	2017年	46927.9	1844.1

表 29　1998—2017 年中国石油员工数量

人

时　间	员工总数	时　间	员工总数
1998年	1543093	2008年	1072611
1999年	1541560	2009年	1067056
2000年	1292558	2010年	1062967
2001年	1167129	2011年	1050935
2002年	1146194	2012年	1037745
2003年	1130947	2013年	1019878
2004年	1115928	2014年	1420000
2005年	1078389	2015年	1460000
2006年	1077017	2016年	1403000
2007年	1074150	2017年	1355000

附　　录

说　明

一、地理区域

北美：除特别说明以外，指美国、加拿大、墨西哥。

中南美：除北美洲以外的美洲其他国家和地区。

欧洲：经合组织中的欧洲成员国，以及阿尔巴尼亚、波黑、保加利亚、克罗地亚、塞浦路斯、前南斯拉夫、马其顿共和国、格鲁吉亚、直布罗陀、拉脱维亚、立陶宛、马耳他、黑山、罗马尼亚和塞尔维亚。

独联体：亚美尼亚、阿塞拜疆、白俄罗斯、哈萨克斯坦、吉尔吉斯斯坦、摩尔多瓦、俄罗斯、塔吉克斯坦、土库曼斯坦、乌克兰、乌兹别克斯坦。

欧洲和欧亚：欧洲范围内的国家以及独联体国家。

中东：阿拉伯半岛国家、伊朗、伊拉克、以色列、约旦、黎巴嫩和叙利亚。

非洲：所有非洲国家。

亚太地区：文莱、柬埔寨、中国、中国香港特区、印度尼西亚、日本、老挝、中国澳门特区、马来西亚、蒙古、朝鲜、菲律宾、新加坡、阿富汗、孟加拉国、印度、缅甸、尼泊尔、巴基斯坦、斯里兰卡、韩国、中国台湾地区、泰国、越南、澳大利亚、新西兰、巴比亚新几内亚和大洋洲。

澳大拉西亚：澳大利亚和新西兰。

二、组织

经合组织（OECD）：美洲的加拿大、智利、墨西哥、美国；欧洲的奥地利、比利时、捷克、丹麦、爱沙尼亚、芬兰、法国、德国、希腊、匈牙利、冰岛、爱尔兰、意大利、卢森堡、荷兰、挪威、波兰、葡萄牙、斯洛伐克、斯洛文尼亚、西班牙、瑞典、瑞士、土耳其、英国；亚洲和大洋洲的澳大利亚、以色列、日本、韩国、新西兰。

欧盟：法国、德国、意大利、荷兰、比利时、卢森堡、英国、丹麦、爱尔兰、希腊、葡萄牙、西班牙、奥地利、瑞典、芬兰、马耳他、塞浦路斯、波兰、匈牙利、捷克、斯洛伐克、斯洛文尼亚、爱沙尼亚、拉脱维亚、立陶宛、罗马尼亚、保加尼亚、克罗地亚。

欧佩克（OPEC）：中东的伊朗、伊拉克、科威特、卡塔尔、沙特阿拉伯、阿联酋；非洲的阿尔及利亚、安哥拉、利比亚、尼日利亚；中南美的厄瓜多尔、委内瑞拉。

附　表

附表 1　2017 年世界各地区一次能源消费构成

%

地区和组织	石　油	天然气	煤　炭	核　能	水　电	可再生能源
北美	40.0	29.2	13.1	7.8	5.9	4.0
中南美	45.5	21.3	4.7	0.7	23.2	4.7
欧洲	37.1	23.2	15.1	9.8	6.6	8.2
独联体	20.8	50.5	16.1	6.7	5.8	0.1
中东	46.8	51.4	0.9	0.2	0.5	0.2
非洲	43.7	27.1	20.7	0.8	6.5	1.2
亚太地区	28.6	11.5	48.4	1.9	6.5	3.0
世界	34.2	23.4	27.6	4.4	6.8	3.6
经合组织	39.4	25.7	15.9	7.9	5.6	5.4

资料来源：《BP 世界能源统计年鉴 2018》。

附表 2　2017 年世界主要国家、地区和组织一次能源分类消费量

亿吨油当量

国家、地区和组织	石　油	天然气	煤　炭	核　能	水　电	可再生能源	总　计
中国	6.08	2.07	18.93	0.56	2.62	1.07	31.32
美国	9.13	6.36	3.32	1.92	0.67	0.95	22.35
印度	2.22	0.47	4.24	0.08	0.31	0.22	7.54
俄罗斯	1.53	3.65	0.92	0.46	0.41	0.00	6.98
日本	1.88	1.01	1.21	0.07	0.18	0.22	4.56
加拿大	1.09	1.00	0.19	0.22	0.90	0.10	3.49
德国	1.20	0.78	0.71	0.17	0.04	0.45	3.35
韩国	1.29	0.42	0.86	0.34	0.01	0.04	2.96
巴西	1.36	0.33	0.17	0.04	0.84	0.22	2.94
伊朗	0.85	1.84	0.01	0.02	0.04	0.00	2.75
1—10位合计	26.63	17.92	30.55	3.87	6.01	3.27	88.25
沙特阿拉伯	1.72	0.96	0.00	—	—	0.00	2.68
法国	0.80	0.38	0.09	0.90	0.11	0.09	2.38
英国	0.76	0.68	0.09	0.16	0.01	0.21	1.91
墨西哥	0.87	0.75	0.13	0.02	0.07	0.04	1.89
印度尼西亚	0.77	0.34	0.57	—	0.04	0.03	1.75
土耳其	0.49	0.44	0.45	—	0.13	0.07	1.58
意大利	0.61	0.62	0.10	—	0.08	0.15	1.56
澳大利亚	0.52	0.36	0.42	—	0.03	0.06	1.39

续表

国家、地区和组织	石　油	天然气	煤　炭	核　能	水　电	可再生能源	总　计
西班牙	0.65	0.28	0.13	0.13	0.04	0.16	1.39
泰国	0.64	0.43	0.18	0.00	0.01	0.03	1.30
11—20位合计	7.83	5.24	2.17	1.22	0.54	0.85	17.84
南非	0.29	0.04	0.82	0.04	0.00	0.02	1.21
中国台湾	0.49	0.19	0.39	0.05	0.01	0.01	1.15
阿联酋	0.45	0.62	0.02	—	—	0.00	1.09
波兰	0.32	0.16	0.49	—	0.01	0.05	1.02
马来西亚	0.37	0.37	0.20	—	0.06	0.00	1.00
埃及	0.40	0.48	0.00	—	0.03	0.01	0.92
新加坡	0.75	0.11	0.00	—	—	0.00	0.86
荷兰	0.41	0.31	0.09	0.01	0.00	0.04	0.86
阿根廷	0.32	0.42	0.01	0.01	0.09	0.01	0.86
乌克兰	0.10	0.26	0.25	0.19	0.02	0.00	0.82
21—30位合计	3.89	2.95	2.27	0.31	0.22	0.14	9.78
北美	11.09	8.11	3.64	2.16	1.64	1.10	27.73
中南美	3.19	1.49	0.33	0.05	1.62	0.33	7.01
欧洲	7.31	4.57	2.96	1.92	1.30	1.62	19.69
独联体	2.03	4.94	1.57	0.66	0.57	0.01	9.78
中东	4.20	4.61	0.08	0.02	0.05	0.01	8.97
非洲	1.96	1.22	0.93	0.04	0.29	0.06	4.49
亚太地区	16.43	6.62	27.80	1.12	3.72	1.75	57.44
世界	46.22	31.56	37.31	5.96	9.19	4.87	135.11
经合组织	22.07	14.42	8.93	4.43	3.15	3.05	56.05

资料来源：《BP 世界能源统计年鉴 2018》。

附表 3　2017 年世界主要国家、地区和组织一次能源消费量

亿吨油当量

国家、地区和组织	2017年	2016年	2017年/2016年变化（%）	2017年占世界百分比（%）
中国	31.32	30.47	3.1	23.2
美国	22.35	22.28	0.6	16.5
印度	7.54	7.22	4.6	5.6
俄罗斯	6.98	6.90	1.5	5.2
日本	4.56	4.51	1.4	3.4
加拿大	3.49	3.39	3.2	2.6
德国	3.35	3.28	2.4	2.5
韩国	2.96	2.92	1.6	2.2
巴西	2.94	2.93	0.8	2.2
伊朗	2.75	2.60	6.3	2.0

续表

国家、地区和组织	2017年	2016年	2017年/2016年变化（%）	2017年占世界百分比（%）
1—10位合计	88.25	86.50	2.0	65.3
沙特阿拉伯	2.68	2.64	1.7	2.0
法国	2.38	2.39	-0.1	1.8
英国	1.91	1.92	-0.1	1.4
墨西哥	1.89	1.95	-2.6	1.4
印度尼西亚	1.75	1.67	5.0	1.3
土耳其	1.58	1.44	9.5	1.2
意大利	1.56	1.54	1.8	1.2
澳大利亚	1.39	1.39	0.2	1.0
西班牙	1.39	1.37	1.8	1.0
泰国	1.30	1.27	2.5	1.0
11—20位合计	17.84	17.59	1.4	13.2
南非	1.21	1.23	-1.6	0.9
中国台湾	1.15	1.14	1.3	0.9
阿联酋	1.09	1.10	-0.5	0.8
波兰	1.02	1.00	2.9	0.8
马来西亚	1.00	0.98	2.4	0.7
埃及	0.92	0.88	4.2	0.7
新加坡	0.86	0.84	3.7	0.6
荷兰	0.86	0.85	1.3	0.6
阿根廷	0.86	0.87	-0.5	0.6
乌克兰	0.82	0.86	-4.6	0.6
21—30位合计	9.78	9.73	0.5	7.2
北美	27.73	27.62	0.7	20.5
中南美	7.01	6.97	0.8	5.2
欧洲	19.69	19.35	2.1	14.6
独联体	9.78	9.72	0.9	7.2
中东	8.97	8.70	3.4	6.6
非洲	4.49	4.38	2.9	3.3
亚太地区	57.44	55.85	3.1	42.5
世界	135.11	132.59	2.2	100.0
经合组织	56.05	55.50	1.3	41.5

资料来源：《BP 世界能源统计年鉴 2018》。

附表 4　2017 年世界主要国家、地区和组织石油剩余探明可采储量

亿吨

国家、地区和组织	2017年	2016年	2017年/2016年变化（%）	2017年占世界百分比（%）	储采比
委内瑞拉	473.3	471.2	0.5	17.9	>100
沙特阿拉伯	365.7	365.7	—	15.7	61.0
加拿大	272.3	274.9	-1.0	10.0	95.8
伊朗	215.9	215.9	—	9.3	86.5

续表

国家、地区和组织	2017年	2016年	2017年/2016年变化（%）	2017年占世界百分比（%）	储采比
伊拉克	200.8	200.8	—	8.8	90.2
俄罗斯	145.5	145.4	—	6.3	25.8
科威特	139.8	139.8	—	6.0	91.9
阿联酋	129.8	129.8	—	5.8	68.1
利比亚	63.0	63.0	—	2.9	>100
美国	59.9	59.9	—	2.9	10.5
1—10位合计	2065.9	2066.4	—	86.3	—
尼日利亚	50.5	50.5	—	2.2	51.6
哈萨克斯坦	39.3	39.3	—	1.8	44.8
中国	35.0	35.0	—	1.5	18.3
卡塔尔	26.5	26.5	—	1.5	36.1
巴西	18.6	18.4	1.3	0.8	12.8
阿尔及利亚	15.4	15.4	—	0.7	21.7
安哥拉	12.9	12.9	—	0.6	15.6
厄瓜多尔	12.1	12.1	—	0.5	42.7
挪威	9.9	9.5	4.2	0.5	11.0
墨西哥	10.0	10.0	—	0.4	8.9
11—20位合计	230.2	229.6	0.3	9.6	—
阿塞拜疆	9.6	9.6	—	0.4	24.1
阿曼	7.3	7.3	—	0.3	15.2
印度	6.0	6.2	–2.8	0.3	14.4
越南	5.9	5.9	—	0.3	36.0
澳大利亚	4.4	4.4	0.3	0.2	31.6
马来西亚	4.7	4.7	—	0.2	14.1
南苏丹	4.7	4.7	—	0.2	88.3
埃及	4.4	4.4	–1.7	0.2	13.8
印度尼西亚	4.4	4.6	–4.1	0.2	9.2
也门	3.9	3.9	—	0.2	>100
21—30位合计	55.4	55.8	–0.8	2.3	—
北美	342.2	344.7	–0.7	13.3	30.8
中南美	511.9	510.0	0.4	19.5	125.9
欧洲	17.2	16.9	2.1	0.8	10.4
独联体	196.7	196.7	—	8.5	27.8
中东	1093.2	1093.2	—	47.6	70.0
非洲	167.4	167.5	—	7.5	42.9
亚太地区	64.0	64.4	–0.5	2.8	16.7
世界	2392.7	2393.4	—	100.0	50.2
欧佩克	1709.8	1707.9	0.1	71.8	84.7

续表

国家、地区和组织	2017年	2016年	2017年/2016年变化（%）	2017年占世界百分比（%）	储采比
加拿大油砂	265.6	267.2	−0.6	9.6	—
委内瑞拉重油	359.3	357.6	0.5	13.2	—

注：储量数据包括天然气凝析油、天然气液（NGL）以及原油。

资料来源：《BP 世界能源统计年鉴 2018》。

附表 5　2017 年世界主要国家、地区和组织石油产量

万吨

国家、地区和组织	2017年	2016年	2017年/2016年变化（%）	2017年占世界百分比（%）
美国	57103.5	54306.8	5.4	13.0
沙特阿拉伯	56171.6	58659.8	−4.0	12.8
俄罗斯	55435.3	55589.3	—	12.6
加拿大	23633.0	21856.3	8.4	5.4
伊朗	23419.2	21680.2	8.3	5.3
伊拉克	22149.7	21760.6	2.1	5.0
中国	19151.0	19968.5	−3.8	4.4
阿联酋	17631.9	18160.8	−2.6	4.0
科威特	14595.1	15258.6	−4.1	3.3
巴西	14274.8	13672.2	4.7	3.3
1—10位合计	303565.1	300913.1	0.9	69.2
墨西哥	10947.2	12135.1	−9.5	2.5
委内瑞拉	10829.7	12311.9	−11.8	2.5
尼日利亚	9525.1	9137.4	4.5	2.2
挪威	8883.9	9042.4	−1.5	2.0
哈萨克斯坦	8687.1	7859.0	10.8	2.0
安哥拉	8183.3	8627.0	−4.9	1.9
卡塔尔	7985.3	8245.6	−2.9	1.8
阿尔及利亚	6664.6	6841.7	−2.3	1.5
阿曼	4756.4	4931.6	−3.3	1.1
英国	4657.0	4754.1	−1.8	1.1
11—20位合计	81119.7	83885.8	−3.3	18.5
印度尼西亚	4636.5	4302.4	8.1	1.1
哥伦比亚	4484.6	4678.7	−3.9	1.0
利比亚	4075.6	2006.2	103.7	0.9
印度	4043.7	4022.3	0.8	0.9
阿塞拜疆	3917.8	4142.8	−5.2	0.9
埃及	3217.8	3383.5	−4.6	0.7
马来西亚	3216.5	3261.4	−1.1	0.7
厄瓜多尔	2847.7	2947.3	−3.1	0.6
阿根廷	2735.9	2904.9	−5.6	0.6

续表

国家、地区和组织	2017年	2016年	2017年/2016年变化（%）	2017年占世界百分比（%）
泰国	1677.5	1749.5	−3.9	0.4
21—30位合计	34853.6	33398.9	4.4	7.9
北美	91683.7	88298.2	4.1	20.9
中南美	36827.4	38185.4	−3.3	8.4
欧洲	16257.4	16561.7	−1.6	3.7
独联体	69957.7	69511.0	0.9	15.9
中东	148108.8	150028.5	−1.0	33.8
非洲	38330.6	36621.3	5.0	8.7
亚太地区	37548.0	38500.4	−2.2	8.6
世界	438713.6	437706.6	0.5	100.0
经合组织	109030.8	106008.9	3.1	24.9

注：石油产量包括原油、页岩油、油砂与天然气液（从天然气中单独分离出来的液体产品），不包括其他来源的液体产品，例如生物质油和其他煤制或天然气制油。

资料来源：《BP 世界能源统计年鉴 2018》。

附表 6　2017 年世界主要国家、地区和组织石油消费量

万吨

国家、地区和组织	2017年	2016年	2017年/2016年变化（%）	2017年占世界百分比（%）
美国	87012.3	86506.5	0.9	19.5
中国	59545.2	57401.7	4.0	13.3
印度	22176.5	21659.5	2.7	5.0
日本	18126.9	18440.9	−1.4	4.1
沙特阿拉伯	16575.8	16721.8	−0.6	3.7
俄罗斯	14777.8	14748.9	0.5	3.3
巴西	13960.0	13992.5	—	3.1
韩国	12259.6	12251.3	0.3	2.7
德国	11474.0	11234.6	2.4	2.6
加拿大	10362.3	10215.4	1.7	2.3
1—10位合计	266270.4	263173.1	1.2	59.6
墨西哥	8266.7	8611.8	−3.7	1.8
伊朗	8096.2	7727.7	5.1	1.8
法国	7686.4	7629.2	1.0	1.7
新加坡	7483.8	7217.4	4.0	1.7
印度尼西亚	7367.8	7077.3	4.4	1.6
英国	7324.0	7318.3	0.4	1.6
西班牙	6360.2	6319.8	0.9	1.4
泰国	6055.0	5882.5	3.2	1.4
意大利	5856.2	5788.5	1.4	1.3
澳大利亚	5015.2	4833.7	4.0	1.1

续表

国家、地区和组织	2017年	2016年	2017年/2016年变化（%）	2017年占世界百分比（%）
11—20位合计	69511.5	68406.1	1.6	15.6
土耳其	4828.3	4667.7	3.7	1.1
中国台湾	4723.1	4647.5	1.9	1.1
阿联酋	4306.3	4386.9	-1.6	1.0
荷兰	3960.3	3994.0	-0.6	0.9
伊拉克	3840.2	3691.2	4.3	0.9
埃及	3837.9	4069.1	-5.4	0.9
马来西亚	3506.1	3494.9	0.6	0.8
比利时	3118.2	3143.2	-0.5	0.7
阿根廷	3088.1	3191.2	-3.0	0.7
波兰	3040.6	2807.0	8.6	0.7
21—30位合计	38249.0	38092.6	0.4	8.6
北美	105641.3	105333.7	0.6	23.6
中南美	31703.5	31919.9	-0.4	7.1
欧洲	70825.9	69715.4	1.9	15.8
独联体	19628.8	19589.8	0.5	4.4
中东	40442.9	40096.6	1.1	9.0
非洲	18928.1	18591.5	2.1	4.2
亚太地区	159797.2	155611.7	3.0	35.8
世界	446967.7	440858.6	1.7	100.0
经合组织	211487.0	210090.7	0.9	47.3

注：石油消费量包括陆地燃油需求加上国际航空用油，船用油以及炼油厂自用燃料及损耗，还包括生物汽油（如燃料乙醇）、生物柴油和其他煤制或天然气制油的消费量。

资料来源：《BP 世界能源统计年鉴 2018》。

附表 7　2017 年世界各地区主要油品消费量

千桶/日

地　区	油　品	2017年	2016年	2017年/2016年变化（%）	占总量百分比（%）
北美	轻质馏分油	11260	11287	-0.2	46.5
	中间馏分油	6933	6759	2.6	28.6
	燃料油	529	474	11.4	2.2
	其他	5497	5544	-0.9	22.7
	合计	24219	24065	0.6	100.0
中南美	轻质馏分油	2174	2166	0.3	32.0
	中间馏分油	2671	2650	0.8	39.3
	燃料油	614	654	-6.1	9.0
	其他	1335	1341	-0.4	19.7
	合计	6794	6811	-0.2	100.0

续表

地　区	油　品	2017年	2016年	2017年/2016年变化（%）	占总量百分比（%）
欧洲	轻质馏分油	2867	2835	1.1	19.1
	中间馏分油	8221	7976	3.1	54.9
	燃料油	963	938	2.7	6.4
	其他	2929	2946	–0.6	19.6
	合计	14980	14696	1.9	100.0
独联体	轻质馏分油	1344	1313	2.3	31.4
	中间馏分油	1351	1301	3.8	31.6
	燃料油	319	377	–15.3	7.5
	其他	1267	1251	1.2	29.6
	合计	4282	4243	0.9	100.0
中东	轻质馏分油	2145	2055	4.4	23.1
	中间馏分油	2295	2302	–0.3	24.7
	燃料油	2108	2137	–1.4	22.7
	其他	2742	2666	2.8	29.5
	合计	9290	9161	1.4	100.0
非洲	轻质馏分油	1103	1046	5.5	27.3
	中间馏分油	1929	1864	3.5	47.7
	燃料油	387	419	–7.8	9.6
	其他	628	621	1.0	15.5
	合计	4047	3950	2.5	100.0
亚太地区	轻质馏分油	11304	10952	3.2	32.7
	中间馏分油	11907	11498	3.6	34.4
	燃料油	2770	2844	–2.6	8.0
	其他	8593	8269	3.9	24.9
	合计	34574	33562	3.0	100.0
世界	轻质馏分油	32198	31655	1.7	32.8
	中间馏分油	35307	34350	2.8	36.0
	燃料油	7690	7843	–2.0	7.8
	其他	22990	22640	1.5	23.4
	合计	98186	96488	1.8	100.0

注：“轻质馏分油”包括航空与汽车用汽油及轻质馏分油料（LDF）；“中间馏分油”包括航空煤油、取暖煤油以及粗柴油与柴油（其中包括船舶燃油）；“燃料油”包括船舶燃油以及直接作为燃料的原油；“其他”包括炼厂干气、液化石油气（LPG）、溶剂油、石油焦、润滑油、沥青、石蜡、其他炼油产品和炼厂燃料及其损耗。

资料来源：《BP 世界能源统计年鉴 2018》。

附表 8　2017 年世界主要国家、地区和组织炼油能力

千桶/日

国家、地区和组织	2017年	2016年	2017年/2016年变化（%）	2017年占世界百分比（%）
美国	18567	18621	–0.3	18.9
中国	14513	14177	2.4	14.8
俄罗斯	6584	6583	—	6.7
印度	4972	4620	7.6	5.1
日本	3343	3600	–7.1	3.4
韩国	3246	3246	—	3.3
沙特阿拉伯	2821	2899	–2.7	2.9
巴西	2285	2289	–0.2	2.3
伊朗	2105	1985	6.0	2.1
德国	2069	2051	0.8	2.1
1—10位合计	60504	60072	0.7	61.7
加拿大	1968	1934	1.8	2.0
意大利	1900	1900	—	1.9
西班牙	1562	1562	—	1.6
墨西哥	1546	1522	1.6	1.6
新加坡	1514	1514	—	1.5
委内瑞拉	1303	1303	—	1.3
荷兰	1294	1293	0.1	1.3
法国	1245	1245	—	1.3
泰国	1235	1235	—	1.3
英国	1227	1227	—	1.3
11—20位合计	14794	14734	0.4	15.1
阿联酋	1147	1147	—	1.2
印度尼西亚	1111	1111	—	1.1
中国台湾	1083	988	9.6	1.1
伊拉克	919	919	—	0.9
埃及	810	810	—	0.8
比利时	776	776	—	0.8
科威特	736	936	–21.4	0.7
阿根廷	657	657	—	0.7
阿尔及利亚	651	651	—	0.7
马来西亚	625	618	1.1	0.6
21—30位合计	8515	8613	–1.1	8.7
北美	22081	22077	—	22.5
中南美	6221	6225	–0.1	6.3
欧洲	15180	15193	–0.1	15.5
独联体	8399	8378	0.3	8.6

续表

国家、地区和组织	2017年	2016年	2017年/2016年变化（%）	2017年占世界百分比（%）
中东	9518	9480	0.4	9.7
非洲	3437	3457	-0.6	3.5
亚太地区	33303	32753	1.7	33.9
世界	98139	97562	0.6	100.0
经合组织	43940	44194	-0.6	44.8

资料来源：《BP 世界能源统计年鉴 2018》。

附表 9　2017 年世界各地区炼油加工量

千桶/日

地　区	2017年	2016年	2017年/2016年变化（%）	2017年占世界百分比（%）	炼油能力利用率（%）
北美	19114	18714	2.1	23.3	86.6
中南美	4113	4395	-6.4	5.0	66.1
欧洲	12968	12600	2.9	15.8	85.4
独联体	6795	6787	0.1	8.3	80.9
中东	8228	7886	4.3	10.0	86.5
非洲	2049	2074	-1.2	2.5	59.6
亚太地区	28647	27843	2.9	35.0	86.0
世界	81914	80299	2.0	100.0	83.5

资料来源：《BP 世界能源统计年鉴 2018》。

附表 10　2017 年世界主要国家和地区天然气剩余探明可采储量

万亿立方米

国家和地区	2017年	2016年	2017年/2016年变化（%）	2017年占世界百分比（%）	储采比
俄罗斯	34.97	34.83	0.4	18.1	55.0
伊朗	33.22	33.22	—	17.2	>100.0
卡塔尔	24.92	24.92	—	12.9	>100.0
土库曼斯坦	19.49	19.49	—	10.1	>100.0
美国	8.74	8.74	—	4.5	11.9
沙特阿拉伯	8.04	8.04	—	4.2	72.1
委内瑞拉	6.37	6.37	—	3.3	>100.0
阿联酋	5.94	5.94	—	3.1	98.2
中国	5.48	5.48	—	2.8	36.7
尼日利亚	5.20	5.20	—	2.7	>100.0
1—10位合计	152.35	152.21	0.1	78.8	—
阿尔及利亚	4.34	4.34	—	2.2	47.5
澳大利亚	3.63	3.63	—	1.9	32.0
伊拉克	3.51	3.51	—	1.8	>100.0
印度尼西亚	2.91	2.91	0.2	1.5	42.9

续表

国家和地区	2017年	2016年	2017年/2016年变化（%）	2017年占世界百分比（%）	储采比
马来西亚	2.74	2.74	—	1.4	34.9
加拿大	1.88	2.00	-5.7	1.0	10.7
埃及	1.78	1.78	—	0.9	36.3
挪威	1.72	1.75	-1.9	0.9	13.9
科威特	1.69	1.69	—	0.9	97.6
利比亚	1.43	1.43	—	0.7	>100.0
11—20位合计	25.63	25.77	-0.5	13.2	—
阿塞拜疆	1.32	1.32	—	0.7	74.4
印度	1.24	1.18	5.1	0.6	43.6
乌兹别克斯坦	1.21	1.21	—	0.6	22.7
缅甸	1.17	1.17	—	0.6	65.0
哈萨克斯坦	1.14	1.09	4.6	0.6	42.2
乌克兰	1.05	1.05	—	0.5	54.0
阿曼	0.66	0.66	—	0.3	20.6
荷兰	0.65	0.65	—	0.3	17.9
越南	0.65	0.65	—	0.3	68.3
以色列	0.46	0.17	174.6	0.2	48.3
21—30位合计	9.55	9.15	4.4	4.9	—
北美	10.82	10.93	-1.0	5.6	11.37
中南美	8.22	8.26	-0.5	4.2	45.92
欧洲	2.96	2.99	-1.0	1.5	12.23
独联体	59.21	59.03	0.3	30.6	72.61
中东	79.12	78.83	0.4	40.9	>100.0
非洲	13.81	13.82	—	7.1	61.38
亚太地区	19.31	19.24	0.4	10.0	31.78
世界	193.45	193.09	0.2	100.0	52.56

资料来源：《BP 世界能源统计年鉴 2018》。

附表 11　2017 年世界主要国家和地区天然气产量

亿立方米

国家和地区	2017年	2016年	2017年/2016年变化（%）	2017年占世界百分比（%）
美国	7345.2	7292.9	1.0	20.0
俄罗斯	6355.6	5892.8	8.2	17.3
伊朗	2238.9	2031.6	10.5	6.1
加拿大	1763.1	1716.4	3.0	4.8
卡塔尔	1757.1	1770.1	-0.5	4.8
中国	1491.9	1379.4	8.5	4.1

续表

国家和地区	2017年	2016年	2017年/2016年变化（%）	2017年占世界百分比（%）
挪威	1232.3	1157.8	6.7	3.3
澳大利亚	1134.6	964.2	18.0	3.1
沙特阿拉伯	1114.3	1053.2	6.1	3.0
阿尔及利亚	912.5	913.9	0.1	2.5
1—10位合计	25345.5	24172.2	4.9	68.9
马来西亚	784.4	755.6	4.1	2.1
印度尼西亚	679.8	707.4	–3.6	1.8
土库曼斯坦	620.3	669.4	–7.1	1.7
阿联酋	604.5	595.6	1.8	1.6
乌兹别克斯坦	533.9	531.2	0.8	1.5
埃及	490.2	402.5	22.1	1.3
尼日利亚	472.1	426.4	11.0	1.3
英国	418.9	417.5	0.6	1.1
墨西哥	406.9	436.5	–6.5	1.1
泰国	386.9	404.1	–4.0	1.1
11—20位合计	5397.9	5346.2	1.0	14.7
委内瑞拉	374.4	380.4	–1.3	1.0
阿根廷	371.5	372.8	–0.1	1.0
荷兰	365.9	419.7	–12.6	1.0
巴基斯坦	346.5	346.8	0.2	0.9
特立尼达和多巴哥	338.3	335.3	1.2	0.9
阿曼	322.6	314.5	2.9	0.9
印度	285.0	273.5	4.5	0.8
巴西	275.1	245.3	12.4	0.7
哈萨克斯坦	271.3	229.5	18.6	0.7
孟加拉	265.9	264.5	0.8	0.7
21—30位合计	3216.6	3182.3	1.1	8.7
北美	9515.2	9445.8	1.0	25.9
中南美	1790.1	1787.9	0.4	4.9
欧洲	2419.1	2385.6	1.7	6.6
独联体	8155.1	7698.3	6.2	22.2
中东	6598.7	6308.3	4.9	17.9
非洲	2250.3	2069.7	9.0	6.1
亚太地区	6075.3	5802.7	5.0	16.5
世界	36803.8	35498.2	4.0	100.0

资料来源：《BP 世界能源统计年鉴 2018》。

附表12　2017年世界主要国家、地区和组织天然气消费量

亿立方米

国家、地区和组织	2017年	2016年	2017年/2016年变化（%）	2017年占世界百分比（%）
美国	7394.5	7502.8	−1.2	20.1
俄罗斯	4247.6	4202.0	1.4	11.6
中国	2404.4	2094.4	15.1	6.6
伊朗	2144.4	2013.5	6.8	5.8
日本	1170.8	1164.2	0.8	3.2
加拿大	1157.5	1094.6	6.0	3.2
沙特阿拉伯	1114.3	1053.2	6.1	3.0
德国	901.6	848.8	6.5	2.5
墨西哥	876.0	918.4	−4.4	2.4
英国	787.8	809.7	−2.4	2.1
1—10位合计	22198.8	21701.5	2.3	60.5
阿联酋	721.7	724.9	−0.2	2.0
意大利	721.1	680.4	6.3	2.0
埃及	559.8	493.5	13.7	1.5
印度	542.0	508.3	6.9	1.5
土耳其	516.6	444.2	16.6	1.4
泰国	500.8	505.6	−0.7	1.4
韩国	493.7	476.4	3.9	1.3
阿根廷	484.8	483.5	0.5	1.3
卡塔尔	473.9	430.9	10.3	1.3
法国	447.4	445.6	0.7	1.2
11—20位合计	5461.7	5193.4	5.2	14.9
马来西亚	428.2	419.4	2.4	1.2
澳大利亚	418.6	417.3	0.6	1.1
乌兹别克斯坦	416.4	416.3	0.3	1.1
巴基斯坦	407.4	382.8	6.7	1.1
印度尼西亚	391.7	382.7	2.6	1.1
阿尔及利亚	388.9	386.0	1.0	1.1
巴西	383.4	377.2	1.9	1.0
委内瑞拉	376.5	383.4	−1.5	1.0
荷兰	360.6	345.3	4.7	1.0
西班牙	320.0	291.2	10.2	0.9
21—30位合计	3891.6	3801.5	2.4	10.6
北美	9428.0	9515.8	−0.7	25.7
中南美	1734.3	1751.5	−0.7	4.7
欧洲	5316.7	5055.5	5.5	14.5
独联体	5746.0	5728.8	0.6	15.7

续表

国家、地区和组织	2017年	2016年	2017年/2016年变化（%）	2017年占世界百分比（%）
中东	5364.8	5089.0	5.7	14.6
非洲	1417.7	1331.7	6.8	3.9
亚太地区	7696.4	7269.6	6.2	21.0
世界	36704.0	35741.8	3.0	100.0
经合组织	16776.2	16599.6	1.3	45.7

资料来源：《BP 世界能源统计年鉴 2018》。

附表 13　2017 年世界主要国家和地区石油进出口量

万吨

国家和地区	进口量		总进口量	出口量		总出口量
	原　油	油　品		原　油	油　品	
美国	39410	10348	49757	4579	22104	26682
加拿大	2967	3122	6089	17333	3445	20778
墨西哥	—	4386	4386	5726	616	6342
北美	42376	17855	60231	27637	26165	53802
中南美	2315	10292	12607	16884	2883	19767
欧洲	51601	17687	69288	2363	13425	15788
俄罗斯	63	120	182	27720	14563	42283
独联体其他	1831	1365	3197	8998	799	9797
独联体	1894	1485	3379	36719	15362	52080
伊朗	—	133	133	18903	511	19414
科威特	—	73	73	10159	2352	12511
沙特阿拉伯	1	595	596	35745	5071	40816
阿联酋	133	2183	2316	12566	6575	19141
中东其他	2724	1866	4590	21537	4889	26426
中东	2858	4851	7709	98911	19398	118309
北非	515	3428	3943	8120	2508	10628
西非	34	3155	3189	21421	806	22226
东非和南非	1717	3099	4816	739	223	962
非洲	2266	9682	11948	30280	3537	33817
澳大拉西亚	2152	3123	5275	989	263	1252
中国	42210	8439	50650	467	4799	5266
印度	21111	3387	24497	4	5616	5620
日本	16247	4206	20453	10	1585	1595
新加坡	5369	12846	18215	170	9587	9757
亚太地区其他	28025	19658	47682	3991	10890	14881
亚太地区	115113	51659	166772	5631	32740	38371
世界合计	218424	113510	331934	218424	113510	331934

资料来源：《BP 世界能源统计年鉴 2018》。

附表 14　2017 年世界主要国家和地区天然气进出口量

亿立方米

国家和地区	进口量		总进口量	出口量		总出口量
	管道气	液化气		管道气	液化气	
美国	807.3	21.6	828.9	660.5	173.7	834.3
加拿大	240.0	4.0	244.0	806.9	0.4	807.3
墨西哥	420.6	66.0	486.5	0.4	—	0.4
北美	1467.8	91.6	1559.4	1467.8	174.2	1642.0
特立尼达和多巴哥	—	—	—	—	134.2	134.2
中南美其他	154.4	137.8	292.2	154.4	57.7	212.1
中南美	154.4	137.8	292.2	154.4	191.9	346.3
法国	335.3	107.9	443.3	—	10.0	10.0
德国	948.4	0.0	948.4	71.4	—	71.4
意大利	538.1	84.0	622.1	—	—	—
荷兰	409.3	16.4	425.7	432.5	8.1	440.7
挪威	—	—	—	1091.8	57.6	1149.4
西班牙	144.0	165.7	309.7	0.8	1.4	2.2
土耳其	427.7	108.5	536.2	6.1	—	6.1
英国	394.2	71.6	465.7	108.2	3.2	111.4
欧洲其他	1037.3	102.3	1139.6	216.3	2.5	218.8
欧洲	4234.2	656.6	4890.7	1927.1	82.7	2009.9
俄罗斯	188.6	—	188.6	2154.4	155.4	2309.8
乌克兰	133.0	—	133.0	—	—	—
独联体其他	301.4	—	301.4	675.5	—	675.5
独联体	623.0	—	623.0	2829.9	155.4	2985.3
卡塔尔	—	—	—	184.2	1033.7	1217.8
中东其他	222.2	130.4	352.6	125.0	191.0	316.0
中东	222.2	130.4	352.6	309.1	1224.7	1533.9
阿尔及利亚	—	—	—	364.0	166.3	530.3
非洲其他	76.3	82.2	158.5	86.7	389.1	475.8
非洲	76.3	82.2	158.5	450.7	555.5	1006.1
澳大利亚	58.1	—	58.1	—	759.3	759.3
中国	394.1	526.3	920.4	—	—	—
日本	—	1139.5	1139.5	—	—	—
印度尼西亚	—		—	80.0	217.1	297.1
韩国	—	513.0	513.0		0.8	0.8
亚太地区其他	176.9	399.7	576.6	187.9	572.5	760.4
亚太地区	629.1	2578.5	3207.7	267.9	1549.6	1817.5
世界合计	7406.9	3934.0	11340.9	7406.9	3934.0	11340.9

资料来源：《BP 世界能源统计年鉴 2018》。

附表 15　2017 年世界管道天然气贸易流向

亿立方米

进口方	出口方							总进口量
	北　美	中南美	欧　洲	独联体	中　东	非　洲	亚　太	
北美	1468	—	—	—	—	—	—	1468
中南美	—	154	—	—	—	—	—	154
欧洲	—	—	1794	1977	89	374	—	4234
独联体	—	—	133	470	20	—	—	623
中东	—	—	—	22	200	—	—	222
非洲	—	—	—	—	—	76	—	76
亚太地区	—	—	—	361	—	—	268	629
总出口量	1468	154	1927	2830	309	451	268	7407

资料来源：《BP 世界能源统计年鉴 2018》。

附表 16　2017 年世界液化天然气贸易流向

亿立方米

进口方	出口方							总进口量
	北美	中南美	欧洲	俄罗斯	中东	非洲	亚太	
北美	38	32	1	—	—	18	3	92
中南美	18	69	1	—	22	25	2	138
欧洲	26	58	55	1	241	274	—	657
中东	19	10	6	—	31	62	3	130
非洲	2	—	4	—	55	21	—	82
亚太地区	71	22	16	154	875	154	1542	2835
总出口量	174	191	83	155	1225	554	1550	3934

资料来源：《BP 世界能源统计年鉴 2018》。

附表 17　2017 年世界主要国家和地区煤炭剩余探明可采储量

万吨

国家和地区	无烟煤和烟煤	亚烟煤和褐煤	合　计	2017年占世界百分比（%）	储采比
美国	2208.0	301.2	2509.2	24.2	357
俄罗斯	696.3	907.3	1603.6	15.5	391
中国	1308.5	79.7	1388.2	13.4	39
澳大利亚	683.1	765.1	1448.2	14.0	301
印度	927.9	49.4	977.3	9.4	136
德国	0.1	361.0	361.1	3.5	206
乌克兰	320.4	23.4	343.8	3.3	>500
哈萨克斯坦	256.1	—	256.1	2.5	230
南非	98.9	—	98.9	1.0	39
印度尼西亚	150.7	75.3	226.0	2.2	49

续表

国家和地区	无烟煤和烟煤	亚烟煤和褐煤	合　计	2017年占世界百分比（%）	储采比
合　计	6649.9	2562.3	9212.2	89.0	—
北美	2269.1	324.7	2593.8	22.8	356
中南美	89.4	50.7	140.2	1.4	141
欧洲	242.2	761.9	1004.1	9.7	159
独联体	1301.6	930.7	2232.3	21.6	397
中东	12.0	—	12.0	0.1	>500
非洲	131.5	0.7	132.2	1.3	—
亚太地区	3143.3	1099.1	4242.3	41.0	79
世界	7183.1	3167.0	10350.1	100.0	134

资料来源：《BP 世界能源统计年鉴 2018》。

附表 18　2017 年世界主要国家和地区煤炭产量

万吨油当量

国家和地区	2017年	2016年	2017年/2016年变化（%）	2017年占世界百分比（%）
中国	174723.8	169142.1	3.6	46.4
美国	37125.3	34833.4	6.9	9.9
澳大利亚	29736.2	30774.0	–3.1	7.9
印度	29424.1	28493.3	3.5	7.8
印度尼西亚	27164.9	26881.9	1.3	7.2
俄罗斯	20633.3	19395.2	6.7	5.5
南非	14299.5	14239.3	0.7	3.8
哥伦比亚	6143.8	6217.5	–0.9	1.6
波兰	4964.7	5207.8	–4.4	1.3
哈萨克斯坦	4791.1	4429.0	8.5	1.3
1—10位合计	349006.7	339613.4	2.8	92.6
德国	3955.3	3979.7	–0.3	1.0
加拿大	3107.3	3179.8	–2.0	0.8
蒙古	3030.4	2149.4	41.4	0.8
越南	2132.5	2157.5	–0.9	0.6
土耳其	2078.0	1546.0	34.8	0.6
捷克	1543.2	1608.2	–3.8	0.4
乌克兰	1441.3	1713.4	–15.6	0.4
塞尔维亚	752.6	726.0	3.9	0.2
保加利亚	562.6	511.4	10.3	0.1
墨西哥	554.2	607.1	–8.5	0.1
11—20位合计	19157.4	18178.6	5.4	5.1
罗马尼亚	473.3	423.6	12.1	0.1

续表

国家和地区	2017年	2016年	2017年/2016年变化（%）	2017年占世界百分比（%）
希腊	460.4	397.3	16.2	0.1
泰国	410.1	430.7	−4.5	0.1
巴西	301.6	302.4	—	0.1
英国	191.7	263.3	−27.0	0.1
津巴布韦	188.8	174.2	8.7	0.1
巴基斯坦	182.2	184.2	−0.8	<0.05
新西兰	175.3	171.9	2.2	<0.05
匈牙利	126.2	146.3	−13.5	<0.05
乌兹别克斯坦	113.8	109.5	4.2	<0.05
21—30位合计	2623.5	2603.3	0.8	0.7
北美	40786.8	38620.3	5.9	10.8
中南美	6675.6	6784.8	−1.3	1.8
欧洲	16456.1	16130.7	2.3	4.4
独联体	27177.5	25812.8	5.6	7.2
中东	78.1	78.4	—	<0.05
非洲	15450.9	14958.0	3.6	4.1
亚太地区	270230.6	263963.2	2.7	71.7
世界	376855.7	366348.1	3.2	100.0

资料来源：《BP 世界能源统计年鉴 2018》。

附表 19　2017 年世界主要国家、地区和组织煤炭消费量

万吨油当量

国家、地区和组织	2017年	2016年	2017年/2016年变化（%）	2017年占世界百分比（%）
中国	189260.3	188909.3	0.5	50.7
印度	42396.7	40564.4	4.8	11.4
美国	33211.9	34056.2	−2.2	8.9
日本	12052.9	11880.8	1.7	3.2
俄罗斯	9232.6	8923.2	3.8	2.5
韩国	8630.7	8187.2	5.7	2.3
南非	8219.9	8472.6	−2.7	2.2
德国	7127.2	7584.4	−5.8	1.9
印度尼西亚	5715.8	5335.7	7.4	1.5
波兰	4866.2	4949.9	−1.4	1.3
1—10位合计	320714.1	318863.8	0.6	85.9
土耳其	4459.1	3845.7	16.3	1.2
澳大利亚	4228.1	4363.5	−2.8	1.1
中国台湾	3942.9	3856.7	2.5	1.1

续表

国家、地区和组织	2017年	2016年	2017年/2016年变化（%）	2017年占世界百分比（%）
哈萨克斯坦	3617.3	3389.3	7.0	1.0
越南	2819.6	2827.0	—	0.8
乌克兰	2458.5	2972.7	-17.1	0.7
马来西亚	2000.4	1956.2	2.5	0.5
加拿大	1858.6	1890.0	-1.4	0.5
泰国	1832.7	1772.7	3.7	0.5
巴西	1653.4	1592.0	4.1	0.4
11—20位合计	28870.7	28465.9	1.4	7.7
捷克	1603.7	1658.0	-3.0	0.4
西班牙	1344.9	1049.6	28.5	0.4
墨西哥	1309.8	1243.6	5.6	0.4
菲律宾	1306.3	1169.0	12.0	0.4
意大利	980.0	1098.5	-10.5	0.3
荷兰	911.9	1020.6	-10.4	0.2
法国	906.3	815.8	11.4	0.2
英国	898.9	1118.1	-19.4	0.2
巴基斯坦	710.2	564.5	26.2	0.2
智利	672.2	741.7	-9.1	0.2
21—30位合计	10644.3	10479.4	1.6	2.9
北美	36380.3	37189.8	-1.9	9.7
中南美	3272.1	3488.0	-5.9	0.9
欧洲	29641.3	29509.4	0.7	7.9
独联体	15702.0	15621.2	0.8	4.2
中东	849.5	905.6	-5.9	0.2
非洲	9305.1	9491.5	-1.7	2.5
亚太地区	277998.0	274398.4	1.6	74.5
世界	373148.2	370603.9	1.0	100.0
经合组织	89343.8	89761.0	-0.2	23.9

资料来源：《BP 世界能源统计年鉴 2018》。

附表 20　2013—2017 年世界主要国家地热发电装机容量

兆瓦

国　家	2017年	2016年	2015年	2014年	2013年	2017年占世界百分比（%）
世界合计	14305	13751	13258	12725	12134	100
美国	3719	3805	3812	3757	3765	26.0
菲律宾	1928	1916	1917	1918	1868	13.5

续表

国　家	2017年	2016年	2015年	2014年	2013年	2017年占世界百分比（%）
印度尼西亚	1860	1640	1435	1405	1345	13.0
意大利	916	916	916	916	876	6.4
墨西哥	919	894	874	813	823	6.4
新西兰	978	978	978	971	805	6.8
冰岛	708	663	663	663	663	4.9
日本	549	544	544	539	537	3.8
哥斯达黎加	208	208	208	208	208	1.5
萨尔瓦多	204	204	204	204	204	1.4
肯尼亚	676	676	605	450	253	4.7
尼加拉瓜	160	160	160	160	160	1.1

资料来源：《BP 世界能源统计年鉴 2018》。

附表 21　2013—2017 年世界主要国家太阳能发电装机容量

兆瓦

国　家	2017年	2016年	2015年	2014年	2013年	2017年占世界百分比（%）
世界合计	399613	302782	226907	178090	137260	100.0
德国	42394	40716	39224	37900	36710	10.6
意大利	19700	19291	18915	18606	18198	4.9
中国	131000	78000	43530	28380	17740	32.8
美国	51000	40400	25674	18317	12079	12.8
日本	49000	42000	34150	23339	13599	12.3
西班牙	5600	5453	5425	5376	5354	1.4
法国	8000	7125	6605	5702	4748	2.0
比利时	3800	3516	3250	3153	3058	1.0
澳大利亚	7200	5950	5109	4088	3226	1.8
捷克	2061	2068	2075	2068	2064	0.5
英国	12760	11899	9535	5528	2937	3.2
希腊	2604	2604	2604	2596	2579	0.7

资料来源：《BP 世界能源统计年鉴 2018》。

附表 22　2013—2017 年世界主要国家风能发电装机容量

兆瓦

国　家	2017年	2016年	2015年	2014年	2013年	2017年占世界百分比（%）
世界合计	514798	467698	417144	351618	303113	100.0
中国	164061	148983	131598	96819	76731	31.9
美国	87544	81287	72573	66146	61292	17.0
德国	55876	49586	44580	38614	33477	10.9
西班牙	23120	23025	22938	22975	22958	4.5

续表

国　家	2017年	2016年	2015年	2014年	2013年	2017年占世界百分比（%）
印度	32878	28700	25088	22465	20150	6.4
英国	19836	16217	14315	13074	11282	3.9
意大利	9662	9410	9162	8703	8561	1.9
法国	13559	11761	10324	9337	8164	2.6
加拿大	12313	11972	11214	9684	7813	2.4
葡萄牙	5049	5049	4770	4683	4557	1.0
丹麦	5412	5137	4966	4778	4747	1.1
瑞典	6820	6594	6128	5524	4474	1.3

资料来源：《BP 世界能源统计年鉴 2018》。

附表 23　2013—2017 年世界主要国家生物燃料产量

万吨油当量

国　家	2017年	2016年	2015年	2014年	2013年	2017年占世界百分比（%）
世界合计	8412	8148	7987	8001	7241	100.0
美国	3694	3599	3385	3289	3106	43.9
巴西	1847	1817	1933	1800	1711	22.0
德国	329	323	319	346	277	3.9
阿根廷	313	283	204	264	201	3.7
法国	222	241	256	257	231	2.6
中国	215	181	265	261	235	2.6
印度尼西亚	233	224	131	311	175	2.8
泰国	185	161	160	149	133	2.2
加拿大	124	120	114	119	106	1.5
波兰	92	93	94	75	70	1.1
西班牙	154	120	112	103	75	1.8
比利时	47	48	48	67	53	0.6

资料来源：《BP 世界能源统计年鉴 2018》。

附表 24　2017 年世界主要国家、地区和组织二氧化碳排放量

亿吨

国家和地区	2017年	2016年	2017年/2016年变化（%）	2017年占世界百分比（%）
中国	92.3	91.1	1.6	27.6
美国	50.9	51.3	–0.5	15.2
印度	23.4	22.5	4.4	7.0
俄罗斯	15.3	15.1	1.3	4.6
日本	11.8	11.8	–0.1	3.5
德国	7.6	7.7	0.1	2.3
韩国	6.8	6.7	2.5	2.0

续表

国家和地区	2017年	2016年	2017年/2016年变化（%）	2017年占世界百分比（%）
伊朗	6.3	6.0	6.1	1.9
沙特阿拉伯	5.9	5.9	0.9	1.8
加拿大	5.6	5.4	3.4	1.7
1—10位合计	226.0	223.5	1.1	67.6
印度尼西亚	5.1	4.9	5.5	1.5
墨西哥	4.7	4.9	–2.9	1.4
巴西	4.7	4.6	1.3	1.4
南非	4.2	4.3	–2.0	1.2
土耳其	4.1	3.7	12.7	1.2
澳大利亚	4.1	4.1	—	1.2
英国	4.0	4.1	–2.7	1.2
意大利	3.4	3.4	1.5	1.0
法国	3.2	3.1	2.0	1.0
波兰	3.1	3.0	1.7	0.9
11—20位合计	40.6	40.0	1.3	12.1
西班牙	3.0	2.8	6.9	0.9
泰国	3.0	2.9	1.9	0.9
西班牙	2.8	2.9	–2.7	0.8
中国台湾	2.8	2.7	3.9	0.9
阿联酋	2.7	2.7	–1.6	0.8
马来西亚	2.6	2.5	1.7	0.8
新加坡	2.3	2.2	4.0	0.7
哈萨克斯坦	2.2	2.1	5.4	0.7
埃及	2.2	2.1	2.7	0.6
荷兰	2.1	2.1	–0.6	0.6
21—30位合计	25.6	25.2	1.9	7.7
北美	61.2	61.6	–0.4	18.3
中南美	13.1	13.3	–1.0	3.9
欧洲	41.5	40.6	2.5	12.4
独联体	22.1	22.1	0.3	6.6
中东	21.1	20.6	2.9	6.3
非洲	12.0	11.9	1.9	3.6
亚太地区	163.3	160.1	2.3	48.8
世界	334.4	330.2	1.6	100.0
经合组织	124.5	124.0	0.7	37.2

资料来源：《BP 世界能源统计年鉴 2018》。

附表 25　2018 年《财富》世界 500 强排名前 30 位的石油石化公司

百万美元

序　号	排　名		公司名称	营业收入	利　润	所属国家
	2018年	2017年				
1	3	3	中国石油化工集团公司（SINOPEC GROUP）	326953	1538	中国
2	4	4	中国石油天然气集团公司（CHINA NATIONAL PETROLEUM）	326008	−691	中国
3	5	7	荷兰皇家壳牌石油公司（ROYAL DUTCH SHELL）	311870	12977	荷兰
4	8	12	英国石油公司（BP）	244582	3389	英国
5	9	10	埃克森美孚（EXXON MOBIL）	244363	19710	美国
6	28	30	道达尔公司（TOTAL）	149099	8631	法国
7	33	45	雪佛龙（CHEVRON）	134533	9195	美国
8	49	63	俄罗斯天然气工业股份公司（GAZPROM）	111983	12250	俄罗斯
9	63	102	卢克石油公司（LUKOIL）	93897	7182	俄罗斯
10	67	96	Phillips 66公司（Phillips 66）	91568	5106	美国
11	73	75	巴西国家石油公司（PETROBRAS）	88827	−91	巴西
12	74	106	瓦莱罗能源公司（VALERO ENERGY）	88407	4065	美国
13	84	95	SK集团（SK HOLDINGS）	83544	1484	韩国
14	87	115	中国海洋石油总公司（CHINA NATIONAL OFFSHORE OIL）	81482	3019	中国
15	88	91	Uniper公司（UNIPER）	81428	−740	德国
16	89	132	埃尼石油公司（ENI）	80006	3803	意大利
17	98	143	中国中化集团公司（SINOCHEM）	76765	753	中国
18	104	93	Engie集团（ENGIE）	75279	1604	法国
19	107	152	墨西哥石油公司（PEMEX）	73850	−14846	墨西哥
20	115	158	俄罗斯石油公司（ROSNEFT OIL）	72028	3807	俄罗斯
21	131	160	马拉松原油公司（MARATHON PETROLEUM）	67610	3432	美国
22	137	168	印度石油公司（INDIAN OIL）	65916	3442	印度
23	148	203	信实工业公司（RELIANCE INDUSTRIES）	62304	5596	印度
24	150	207	Equinor公司（EQUINOR）	61187	4590	挪威
25	163	192	泰国国家石油有限公司（PTT）	58819	3984	泰国
26	191	184	马来西亚国家石油公司（PETRONAS）	52028	8762	马来西亚
27	197	—	印度石油天然气公司（OIL&NATURAL GAS）	51219	3429	印度
28	253	289	印尼国家石油公司（Pertamina）	42959	2540	印度尼西亚
29	254	231	意昂集团（E.ON）	42795	4424	德国
30	262	306	雷普索尔公司（REPSOL）	41863	2391	西班牙

注：本排行榜按截止日期不晚于 2018 年 3 月 31 日财务年度的营业收入对公司进行排名。

资料来源：《财富》杂志 2018 年 7 月 19 日。

附表 26　2018 年《福布斯》全球企业 2000 强综合排名前 30 位的石油天然气公司

亿美元

序　号	2018年	2017年	公司名称	所在国	销售额	利　润	资　产	市　值
1	11	20	荷兰皇家壳牌集团/RoyalDutchShell	荷兰	3218	152	4107	3065
2	13	13	埃克森美孚/ExxonMobil	美国	2301	204	3488	3441
3	21	359	雪佛龙/Chevron	美国	1394	102	2564	2481
4	26	26	道达尔/Total	法国	1558	84	2570	1680
5	27	25	中国石化/Sinopec	中国	3266	80	2499	1386
6	30	102	中国石油/PetroChina	中国	2824	41	3811	2202
7	36	359	英国石油公司/BP	英国	2519	43	2753	1526
8	43	40	俄罗斯天然气公司/Gazprom	俄罗斯	1122	122	3168	578
9	73	82	俄罗斯石油公司/Rosneft	俄罗斯	948	39	2142	690
10	83	106	信实工业/Reliance Industries	印度	608	56	1252	931
11	91	461	挪威国家石油公司/已更名为Equinor	挪威	651	49	1154	902
12	95	431	埃尼集团/Eni	意大利	755	39	1431	707
13	98	129	鲁克石油/LukOil	俄罗斯	999	72	920	604
14	150	210	菲力普斯66/Phillips66	美国	927	51	521	549
15	156	190	泰国国家石油/PTT PCL	泰国	588	39	685	509
16	158	529	中国海油/CNOOC	中国	276	36	948	788
17	173	211	瓦莱罗能源公司/Valero Energy	美国	986	42	494	494
18	202	487	森科能源/Suncor Energy	加拿大	257	30	708	651
19	216	287	马拉松石油/Marathon Petroleum	美国	716	34	504	357
20	223	127	JXTG控股	日本	929	33	795	220
21	233	240	西班牙雷普索尔公司/Repsol	西班牙	497	23	716	302
22	243	399	巴西国家石油公司/Petrobras	巴西	900	6	2480	926
23	266	246	印度油气/Oil&Natural Gas	印度	187	31	655	357
24	270	264	印度石油/Indian Oil	印度	529	30	466	244
25	281	363	韩国SK集团/SK Holdings	韩国	825	15	1025	200
26	300	559	哥伦比亚国家石油公司/Ecopetrol	哥伦比亚	194	28	425	457
27	321	—	加拿大自然资源/Canadian Natural Resources	加拿大	144	21	568	441
28	335	305	苏尔古特石油天然气公司/Surgutneftegas	俄罗斯	198	33	745	172
29	353	—	西方石油/Occidental Petroleum	美国	133	19	428	651
30	368	—	EOG资源	美国	125	32	307	680

资料来源:《福布斯》杂志 2018 年 6 月。

附表 27　2017 年世界最大 50 家石油公司综合排名（6 项指标）

综合排名	公司名称	石油储量		天然气储量		石油产量		天然气产量		炼油能力		油品销量	
		位次	亿吨	位次	亿立方米	位次	万吨	位次	亿立方米	位次	万吨	位次	万吨
1	沙特阿拉伯国家石油公司	2	365.1	5	84271	1	61745	6	1094	5	15475	6	17046
2	伊朗国家石油公司	3	217.0	1	335002	3	23000	2	2024	12	9505	9	12045
3	中国石油天然气集团公司	8	44.9	9	35533	5	16320	4	1210	3	23725	12	10567
4	委内瑞拉国家石油公司	1	414.0	6	57398	7	12855	12	586	7	12410	15	8381
5	美国埃克森美孚	15	14.5	14	16000	9	11825	7	1047	2	24535	3	25012
6	皇家荷兰壳牌公司	22	8.6	18	11480	14	9190	5	1097	6	15430	1	29579
7	俄罗斯石油公司	9	35.9	13	18241	4	16920	15	538	11	9510	18	7400
7	英国石油公司	17	14.2	17	12281	12	10240	9	731	13	9400	2	25550
9	俄罗斯天然气公司	12	15.6	2	185968	18	6755	1	4218	20	6205	23	4754
10	法国道达尔公司	25	7.4	20	9340	19	6355	11	666	10	10055	4	19085
11	美国雪佛龙公司	21	8.7	23	8144	15	8595	14	543	15	8965	8	12205
12	科威特国家石油公司	5	139.2	12	18486	6	15825	33	207	22	5280	22	4823
13	阿尔及利亚国家石油公司	13	15.5	7	45040	17	6860	8	838	33	2575	25	4289
14	阿布扎比国家石油公司	6	125.9	10	34337	11	10770	22	322	25	4510	30	3413
15	卡塔尔石油总公司	14	14.5	3	177381	16	8520	3	1256	41	1670	28	3627
15	巴西国家石油公司	18	11.3	37	2440	10	10995	21	351	8	11865	11	10708
17	鲁克石油公司	11	17.1	24	6653	13	9375	35	203	17	8245	10	11151
18	墨西哥石油公司	20	9.9	44	1978	8	12170	23	320	16	8860	17	7446
19	马来西亚国家石油公司	30	5.0	16	12490	28	3340	10	698	30	2850	31	3353
20	中国石化股份公司	45	1.6	42	2033	26	4145	31	216	1	29360	5	18218
21	伊拉克国家石油公司	4	209.6	8	36940	2	23240	90	11	26	4500	29	3623
22	尼日利亚国家石油公司	10	24.9	11	31177	23	5030	26	264	36	2225	57	484
23	意大利埃尼集团	31	4.7	26	6324	25	4390	18	497	31	2740	38	1903
24	印度石油天然气总公司	29	5.3	25	6591	27	3675	20	371	51	1075	42	1606
25	俄罗斯苏尔古特油气公司	16	14.2	28	4771	20	6210	56	98	39	2020	40	1679
25	印度尼西亚国家石油公司	44	2.0	36	2449	43	1560	34	203	23	5155	19	6803

续表

综合排名	公司名称	石油储量		天然气储量		石油产量		天然气产量		炼油能力		油品销量	
		位次	亿吨	位次	亿立方米	位次	万吨	位次	亿立方米	位次	万吨	位次	万吨
27	埃及石油公司	41	2.4	22	9231	57	815	29	225	29	3630	26	4211
28	挪威国家石油公司	37	3.3	31	4145	22	5120	17	498	42	1605	—	—
29	西班牙雷普索尔公司	60	0.8	33	2858	49	1215	27	259	24	5065	24	4745
30	美国康菲公司	28	5.3	30	4311	24	4630	19	399	—	—	—	—
31	中国海洋石油总公司	35	3.4	40	2282	21	5415	48	132	48	1200	43	1446
32	哈萨克斯坦国家石油公司	24	7.9	27	4801	36	2275	62	74	44	1540	46	1177
33	俄罗斯诺瓦泰克公司	47	1.5	15	15107	50	1215	13	567	—	—	—	—
34	利比亚国家石油公司	7	45.0	19	11031	43	1560	83	31	46	1350	47	1104
35	阿曼石油开发公司	33	4.0	29	4732	38	2045	28	227	—	—	—	—
36	加拿大自然资源公司	27	6.2	52	1315	34	2410	41	168	—	—	—	—
37	哥伦比亚国家石油公司	49	1.4	62	911	30	2960	61	78	38	2025	36	1985
38	乌兹别克斯坦国家石油公司	62	0.8	21	9267	82	265	16	518	56	425	49	1022
39	美国安纳达克石油公司	53	1.3	54	1253	37	2220	31	216	—	—	—	—
40	美国戴文能源公司	46	1.5	49	1595	39	1880	43	146	—	—	—	—
41	阿根廷国家石油公司	59	0.8	65	828	45	1485	42	163	43	1600	44	1414
42	日本国际石油开发株式会社	38	3.0	46	1668	41	1740	57	95	—	—	—	—
43	美国切萨皮克公司	58	0.9	45	1839	59	780	25	296	—	—	—	—
43	美国西方石油公司	40	2.4	58	1069	35	2355	54	99	—	—	—	—
45	美国EOG资源公司	43	2.2	61	940	40	1820	49	121	—	—	—	—
46	澳大利亚必和必拓公司	61	0.8	48	1623	48	1330	39	189	—	—	—	—
47	加拿大森科能源公司	26	6.8	96	9	29	3100	97	2	35	2305	33	2336
48	美国安特罗资源公司	51	1.4	35	2666	73	390	46	143	—	—	—	—
49	德国Wintershall公司	67	0.6	43	2008	64	630	36	201	—	—	—	—
50	美国诺布尔能源公司	63	0.8	50	1503	54	930	44	144	—	—	—	—
50	俄罗斯Tatneft石油公司	23	8.5	81	460	31	2790	92	10	52	875	51	835

资料来源：美国《石油情报周刊》2017 年 11 月 20 日。

附表 28　2013—2017 年世界主要石油公司经营指标

油：千桶/日；天然气：百万英尺^3/日

公司名称及经营指标	2017年	2016年	2015年	2014年	2013年
埃克森美孚					
原油产量	2283	2365	2345	2111	2202
天然气产量	10211	10127	10515	11145	11836
一次加工能力	4914	4971	5111	5144	5341
成品油销售量	5530	5482	5754	5875	5887
加油站数量（座）	20962	20783	20251	20217	19554
BP					
原油产量	2260	2048	2045	1927	2013
天然气产量	7744	7075	7146	7100	7060
一次加工能力	1892	1880	1853	1957	1955
成品油销售量	5948	5600	5605	5320	5569
加油站数量（座）	18300	18000	17200	17200	17800
壳牌					
原油产量	1730	1679	1358	1339	1396
天然气产量	10668	10613	8380	9259	9616
一次加工能力	2932	3086	3154	3217	3255
成品油销售量	6599	6483	6432	6365	6164
加油站数量（座）	44303	43346	42712	42861	43306
雪佛龙					
原油产量	1723	1719	1744	1709	1731
天然气产量	6032	5252	5269	5167	5192
一次加工能力	1738	1793	1835	1900	1960
成品油销售量	2690	2675	2735	2711	2711
加油站数量（座）	13524	13809	13980	16377	16634
道达尔					
原油产量	1346	1271	1237	1034	1167
天然气产量	6662	6447	6054	6063	6184
一次加工能力	2021	2011	2247	2187	2042
成品油销售量	4019	4183	4005	3769	3521
加油站数量（座）	16630	16461	16023	15569	15551
中国石油股份					
原油产量	2430	2522	2663	2590	2556
天然气产量	9379	8971	8578	8298	7676
一次加工能力	3691	3445	3431	3419	3217
成品油销售量	3714	3487	3509	3526	3488
加油站数量（座）	21399	20895	20714	20422	20272

资料来源：各公司年报和财务经营报告。

附表 29　2013—2017 年世界主要石油公司财务指标

百万美元

公司名称及财务指标	2017年	2016年	2015年	2014年	2013年
埃克森美孚					
销售收入	237162	200628	239854	367647	393039
净利润	19710	7840	16150	32520	32580
总资产	348691	330314	336758	349493	346808
员工人数（人）	69600	71100	73500	75300	75000
BP					
销售收入	240208	183008	222894	353568	379136
净利润	3468	172	-6400	4003	23758
总资产	276515	263316	261832	284305	305690
员工人数（人）	74000	74500	79800	84500	83900
壳牌					
销售收入	305179	233591	264960	421105	451235
净利润	13435	4777	2200	14730	16526
总资产	407097	411275	340157	353116	357512
员工人数（人）	86000	92000	93000	94000	92000
雪佛龙					
销售收入	134674	110215	129925	200494	220156
净利润	9195	-497	4587	19241	21423
总资产	253806	260078	266103	266026	253753
员工人数（人）	51894	55201	61494	64715	64550
道达尔					
销售收入	171493	149743	165357	236122	251731
净利润	8299	6206	4786	4250	11503
总资产	242631	230978	224484	229798	230413
员工人数（人）	98277	102168	96019	100307	98799
中国石油股份					
销售收入	299316	242964	274448	370004	367701
净利润	5463	4414	6695	19291	23167
总资产	357032	360133	380767	389860	381377
员工人数（人）	494297	508757	521566	534652	544083

资料来源：各公司年报和财务经营报告。

附表 30　2016—2017 年世界主要石油公司分板块资本支出及比例

百万美元

公司名称及资本支出	2017年		2016年	
	数　值	比例（%）	数　值	比例（%）
埃克森美孚				
资本和勘探支出	23080	100.00	19304	100.00

续表

公司名称及资本支出	2017年		2016年	
	数 值	比例（%）	数 值	比例（%）
勘探和开发	16695	72.34	14542	75.33
炼油和销售	2524	10.94	2462	12.75
石油化工	3771	16.33	2207	11.43
其他	90	0.39	93	0.48
BP				
资本支出和并购	17452	100.00	17452	100.00
上游	14344	82.19	14344	82.19
下游	2102	12.04	2102	12.04
其他	229	1.31	229	1.31
无机	777	4.45	777	4.45
壳牌				
资本支出	22116	100.00	22116	100.00
上游	16704	75.53	16704	75.53
下游	5309	24.00	5309	24.00
其他	103	0.47	103	0.47
雪佛龙				
资本和勘探支出	22428	100.00	22428	100.00
勘探与开发	20116	89.69	20116	89.69
炼油与销售	679	3.03	679	3.03
石油化工	1143	5.10	1143	5.10
其他	490	2.18	490	2.18
道达尔				
资本支出	20530	100.00	20530	100.00
上游	17306	84.30	17306	84.30
炼油与化工	1861	9.06	1861	9.06
营销与服务	1245	6.06	1245	6.06
其他	118	0.57	118	0.57
中国石油股份				
资本支出	25904	100.00	25904	100.00
勘探和开发	19572	75.56	19572	75.56
炼油和化工	1930	7.45	1930	7.45
天然气和管道	3056	11.80	3056	11.80
销售	1200	4.63	1200	4.63
其他	146	0.56	146	0.56

资料来源：各公司年报和财务经营报告。

附表 31　2016—2017 年世界主要石油公司油气储量及海外比例

油气储量及海外比例	石油（百万桶）		天然气（十亿立方英尺）	
	2017年	2016年	2017年	2016年
埃克森美孚	12029	10557	55151	56503
美国以外比例	67.5%	69.8%	65.1%	68.1%
BP	10205	9879	45060	43368
欧洲以外比例	94.6%	94.5%	97.7%	97.8%
壳牌	5262	6258	40432	40541
欧洲以外比例	93.0%	92.9%	79.7%	74.7%
雪佛龙	6542	6328	30736	28760
美国以外比例	70.7%	77.7%	83.1%	87.2%
道达尔	5450	5414	32506	32984
欧洲以外比例	83.4%	82.7%	87.3%	87.2%
中国石油股份	7481	7438	76888	78712
中国以外比例	11.5%	14.7%	2.8%	3.1%
中国石化股份	1599	1552	6997	7178
中国以外比例	21.1%	21.6%	0.2%	0.3%
中国海油	3199	2316	7543	7486
中国以外比例	49.1%	37.6%	21.6%	21.9%

资料来源：各公司年报和财务经营报告。

附表 32　2016—2017 年世界主要石油公司油气产量及海外比例

油气产量及海外比例	石油（千桶/日）		天然气（百万英尺^3/日）	
	2017年	2016年	2017年	2016年
埃克森美孚	2283	2365	10211	10127
美国以外比例	77.5%	79.1%	71.2%	69.6%
BP	2260	2048	7744	7075
欧洲以外比例	94.7%	94.7%	97.0%	96.4%
壳牌	1730	1679	10668	10613
欧洲以外比例	85.6%	85.8%	76.2%	74.5%
雪佛龙	1723	1719	6032	5252
美国以外比例	69.9%	70.7%	83.9%	78.7%
道达尔	1346	1271	6662	6447
欧洲以外比例	87.9%	86.4%	80.4%	78.9%
中国石油股份	2430	2522	9379	8971
中国以外比例	16.2%	17.0%	7.9%	8.1%
中国石化股份	805	832	2500	2099
中国以外比例	15.2%	16.6%	—	—
中国海油	1043	1061	1154	1121
中国以外比例	32.2%	30.3%	37.5%	42.1%

资料来源：各公司年报和财务经营报告。

附　图

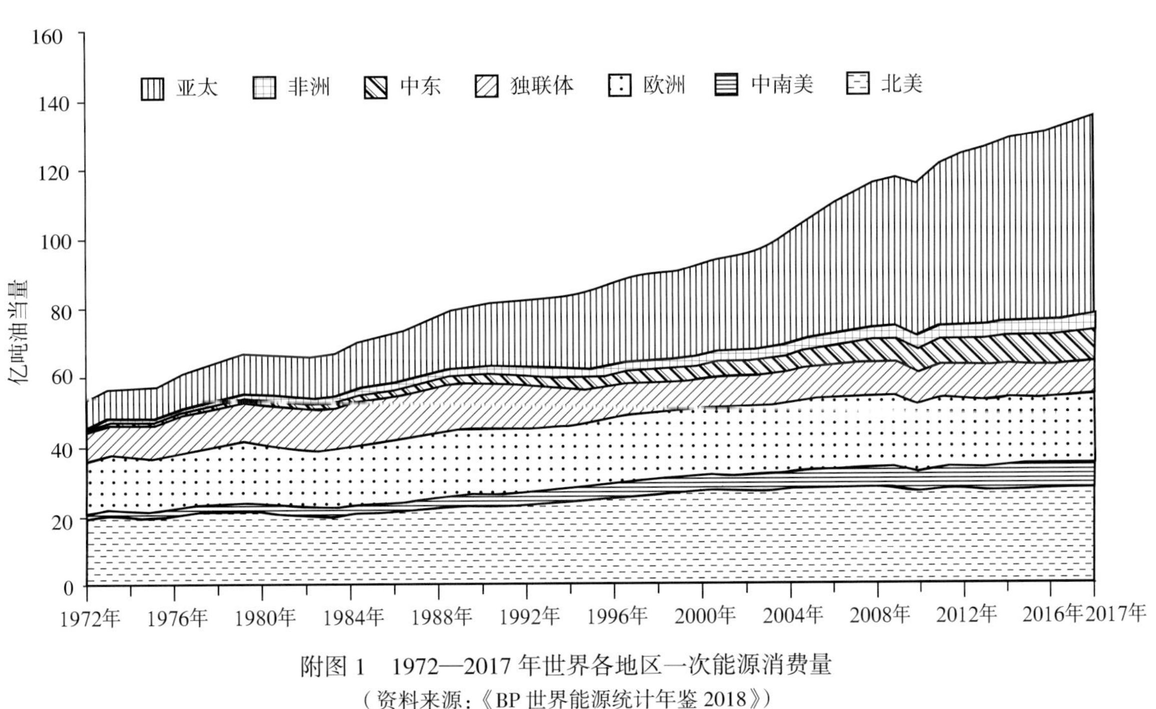

附图 1　1972—2017 年世界各地区一次能源消费量

（资料来源：《BP 世界能源统计年鉴 2018》）

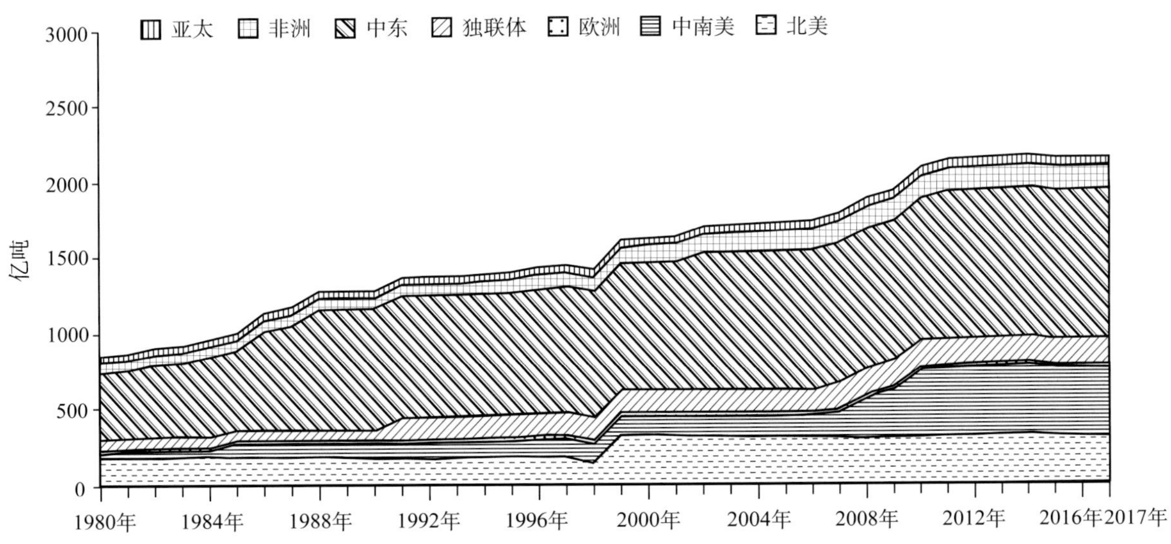

附图 2　1980—2017 年世界各地区石油剩余探明可采储量

（注：储量数据包括天然气凝析油、天然气液（NGL）以及原油。

资料来源：《BP 世界能源统计年鉴 2018》。）

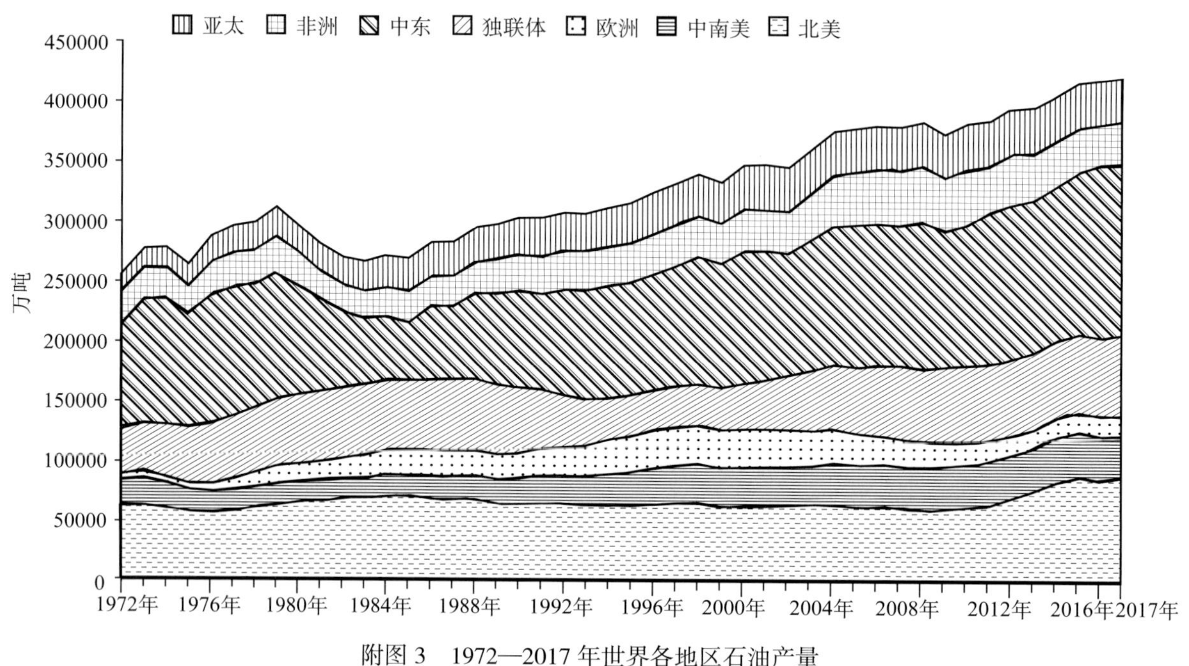

附图 3 1972—2017 年世界各地区石油产量

（资料来源：《BP 世界能源统计年鉴 2018》）

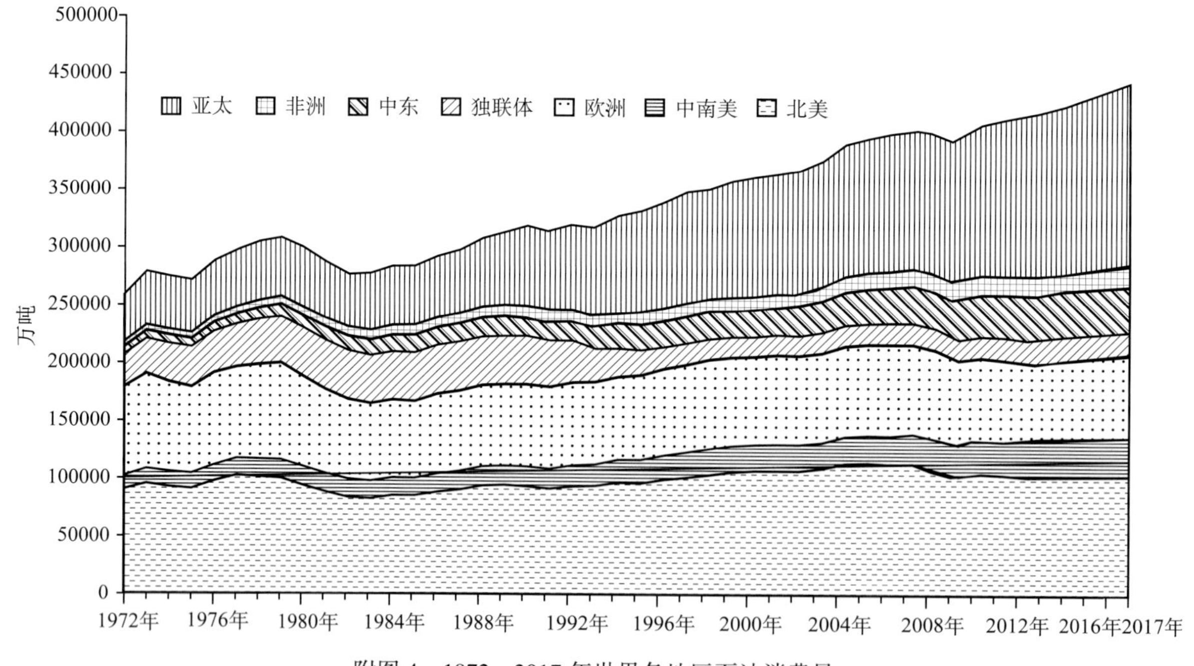

附图 4 1972—2017 年世界各地区石油消费量

（资料来源：《BP 世界能源统计年鉴 2018》）

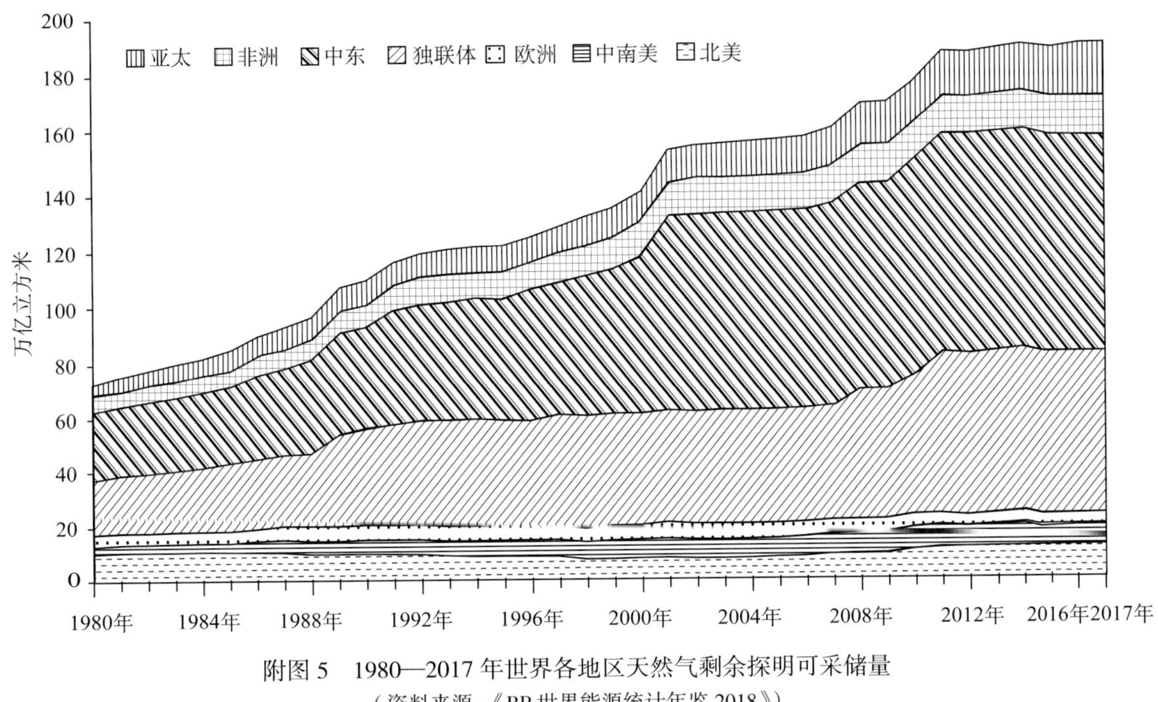

附图 5　1980—2017 年世界各地区天然气剩余探明可采储量

（资料来源：《BP 世界能源统计年鉴 2018》）

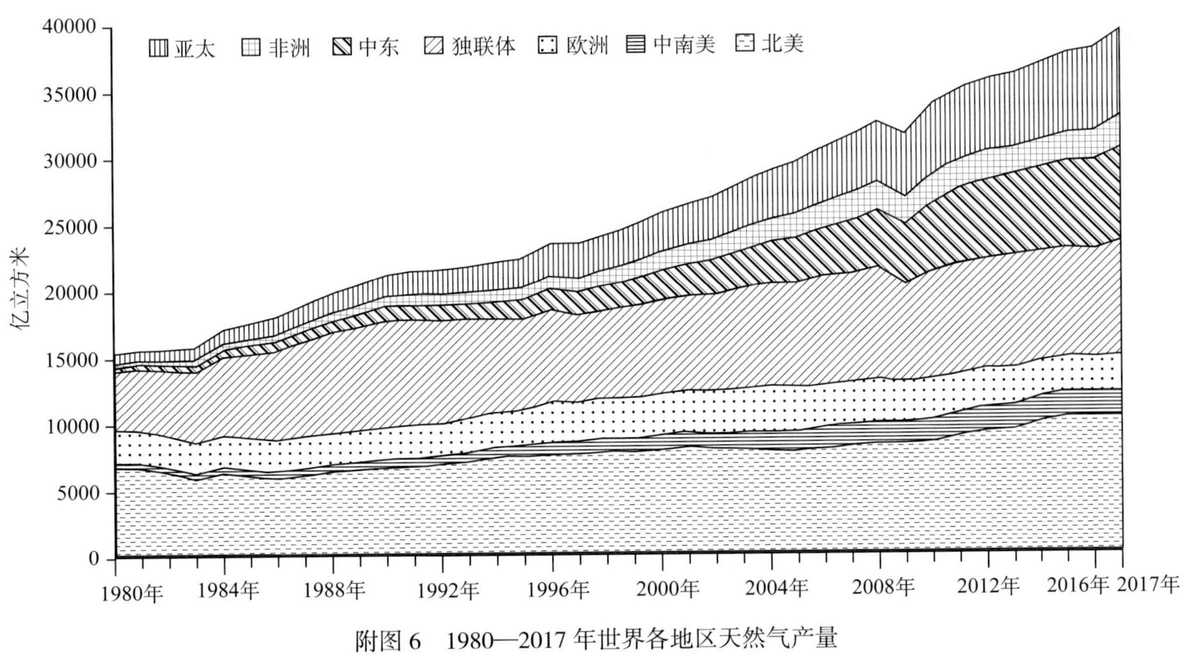

附图 6　1980—2017 年世界各地区天然气产量

（资料来源：《BP 世界能源统计年鉴 2018》）

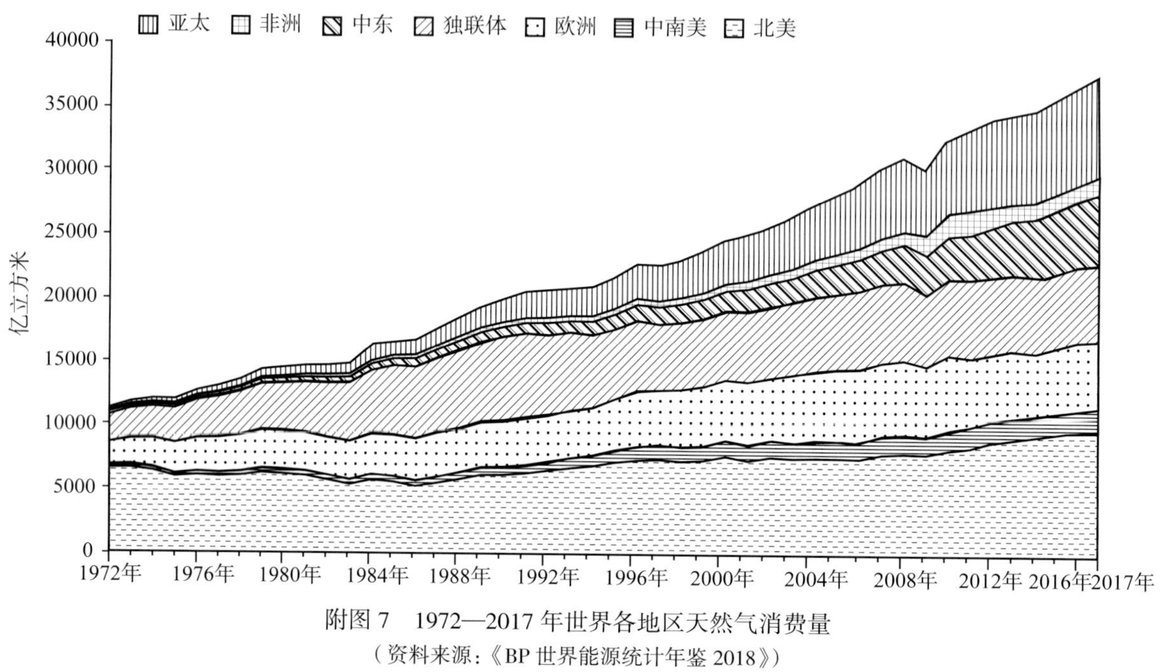

附图 7　1972—2017 年世界各地区天然气消费量

（资料来源:《BP 世界能源统计年鉴 2018》）

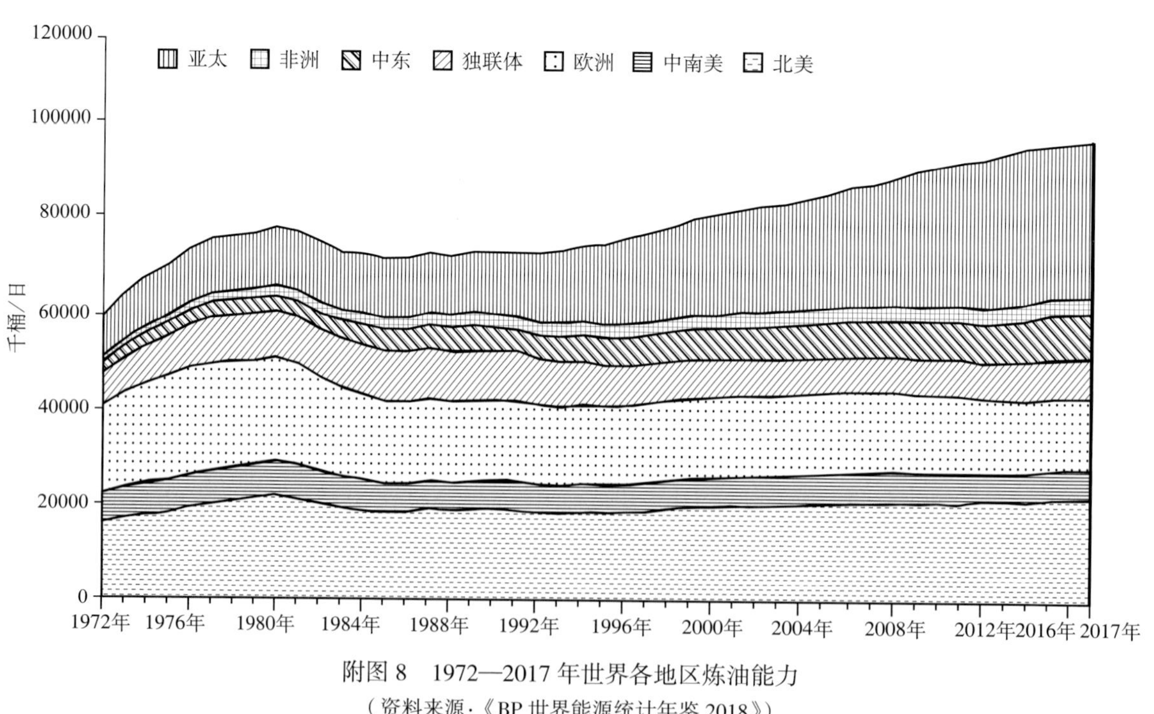

附图 8　1972—2017 年世界各地区炼油能力

（资料来源:《BP 世界能源统计年鉴 2018》）

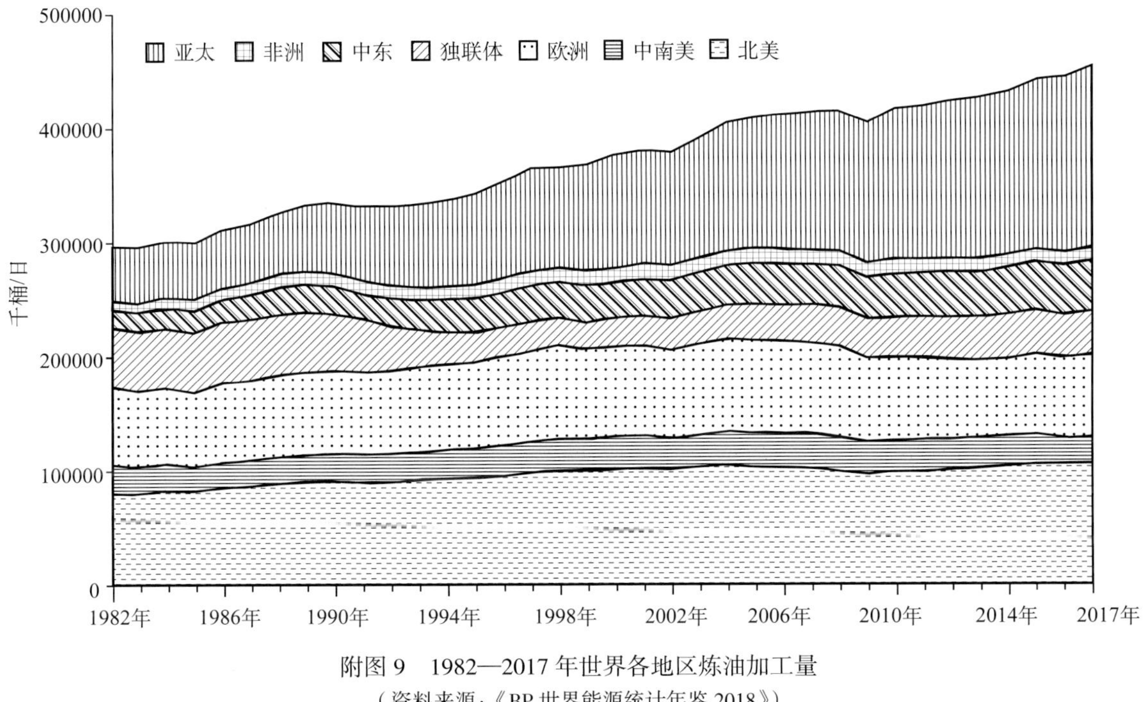

附图 9　1982—2017 年世界各地区炼油加工量

（资料来源:《BP 世界能源统计年鉴 2018》）

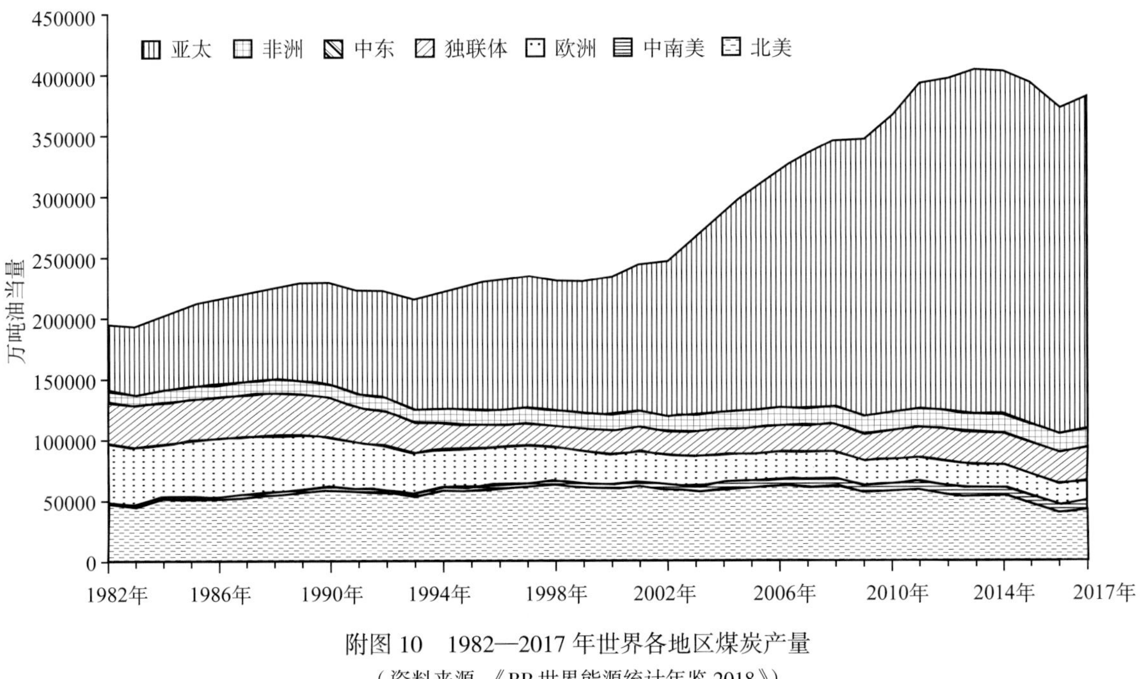

附图 10　1982—2017 年世界各地区煤炭产量

（资料来源:《BP 世界能源统计年鉴 2018》）

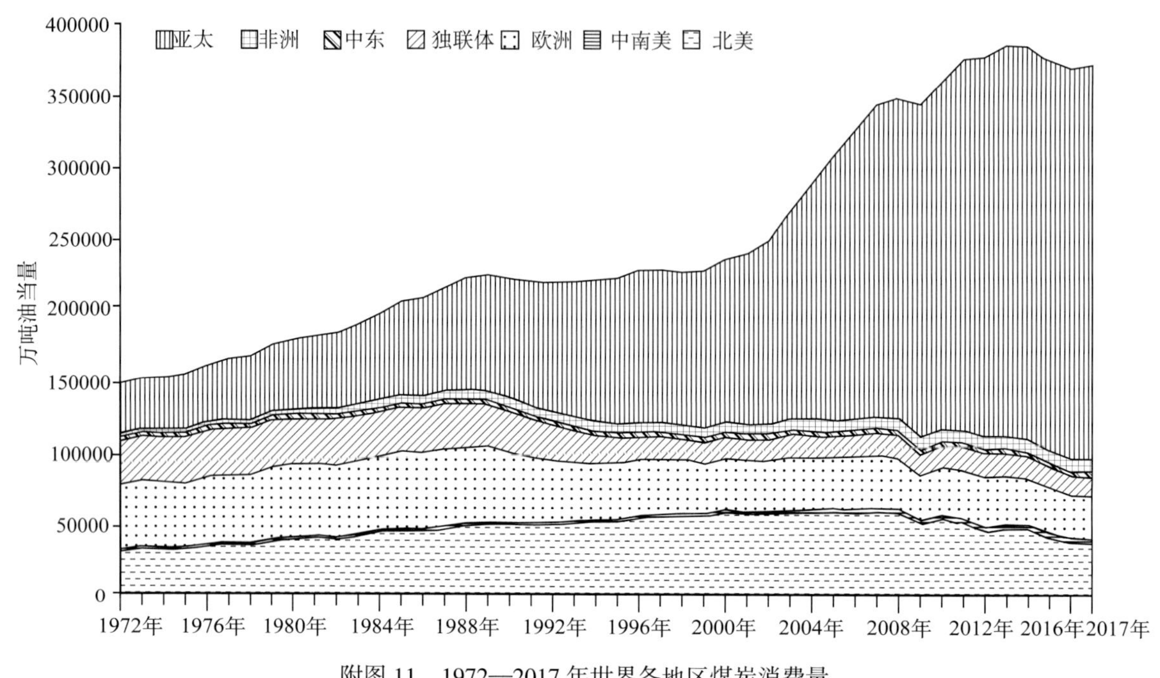

附图 11 1972—2017 年世界各地区煤炭消费量

（资料来源：《BP 世界能源统计年鉴 2018》）

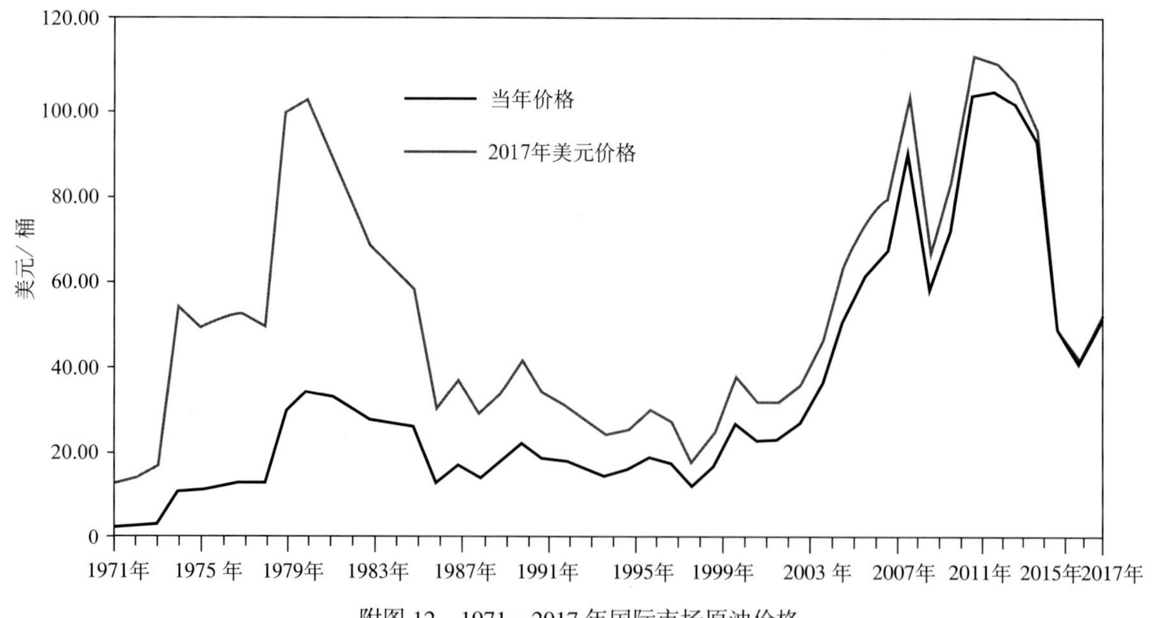

附图 12 1971—2017 年国际市场原油价格

（资料来源：《BP 世界能源统计年鉴 2018》）

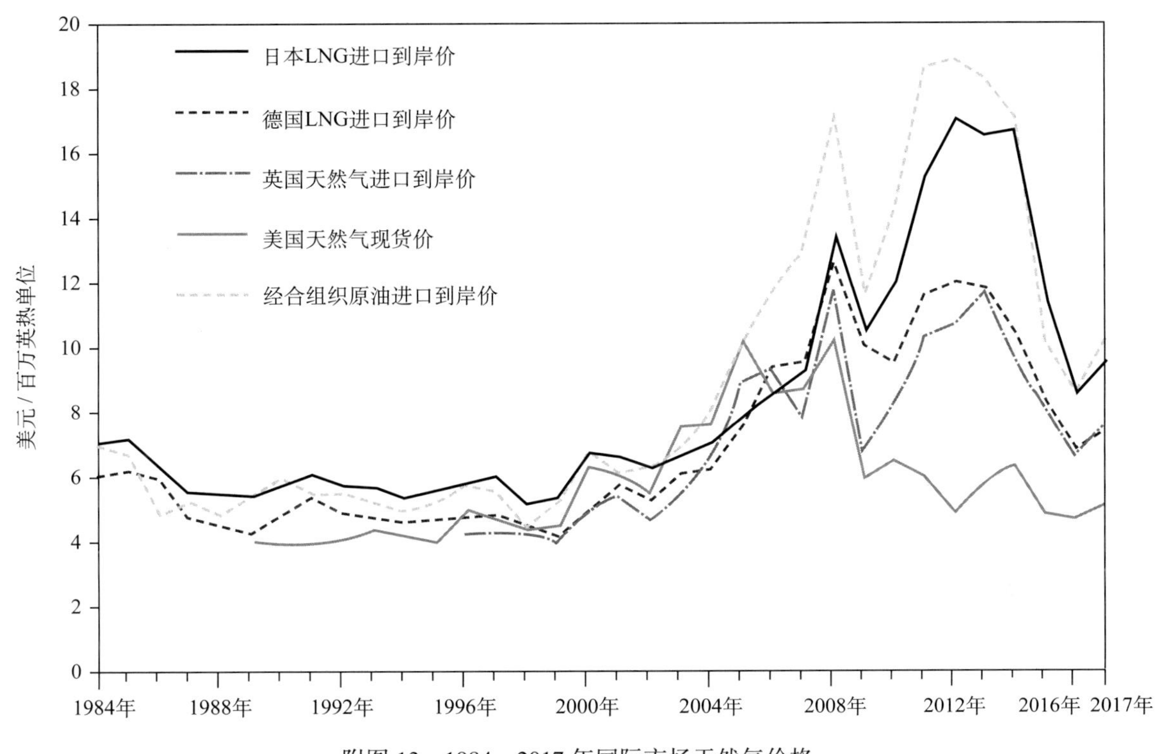

附图 13　1984—2017 年国际市场天然气价格

（资料来源：《BP 世界能源统计年鉴 2018》）

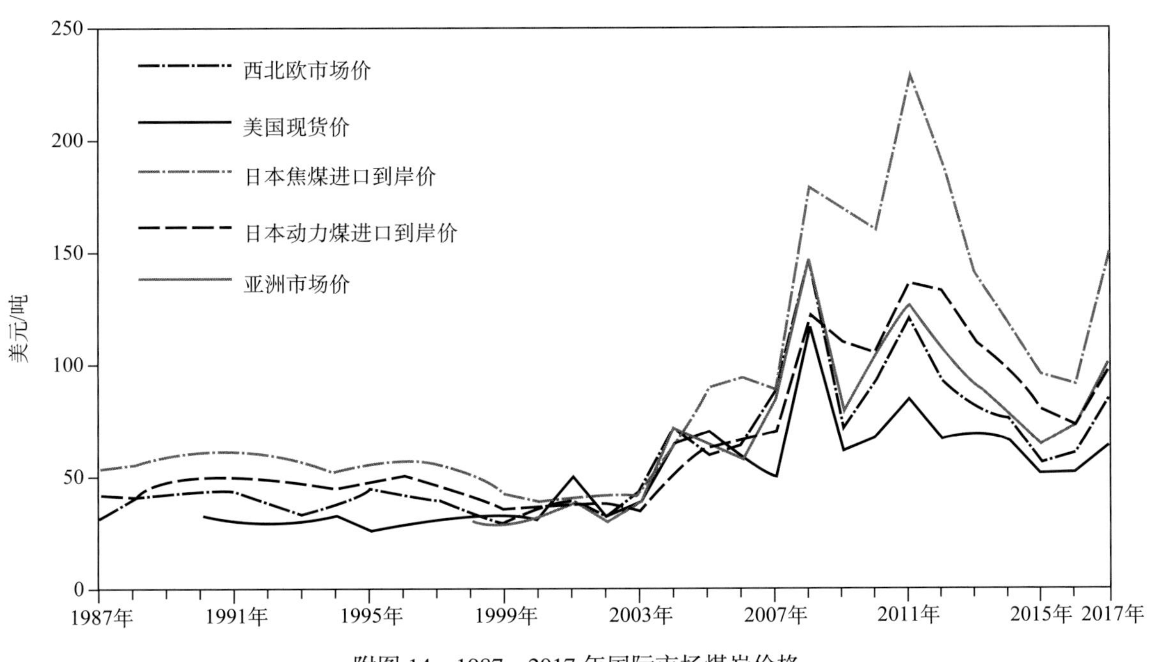

附图 14　1987—2017 年国际市场煤炭价格

（资料来源：《BP 世界能源统计年鉴 2018》）

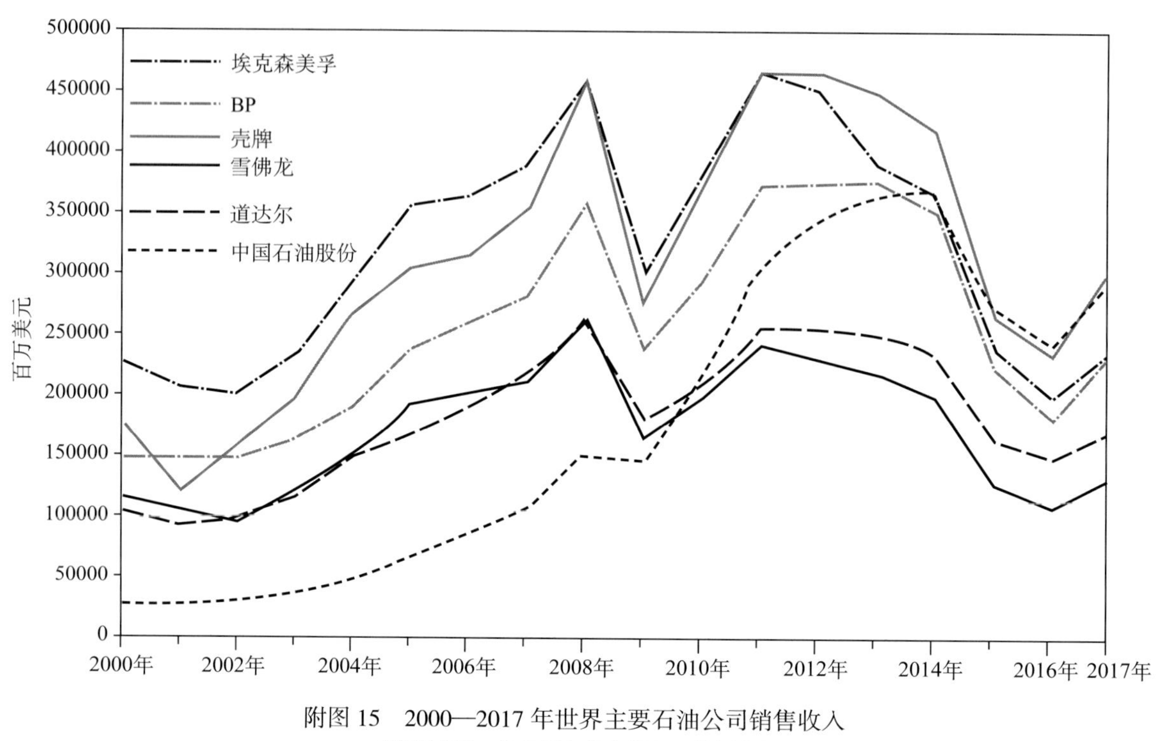

附图 15　2000—2017 年世界主要石油公司销售收入

（资料来源：各公司年报和财务经营报告）

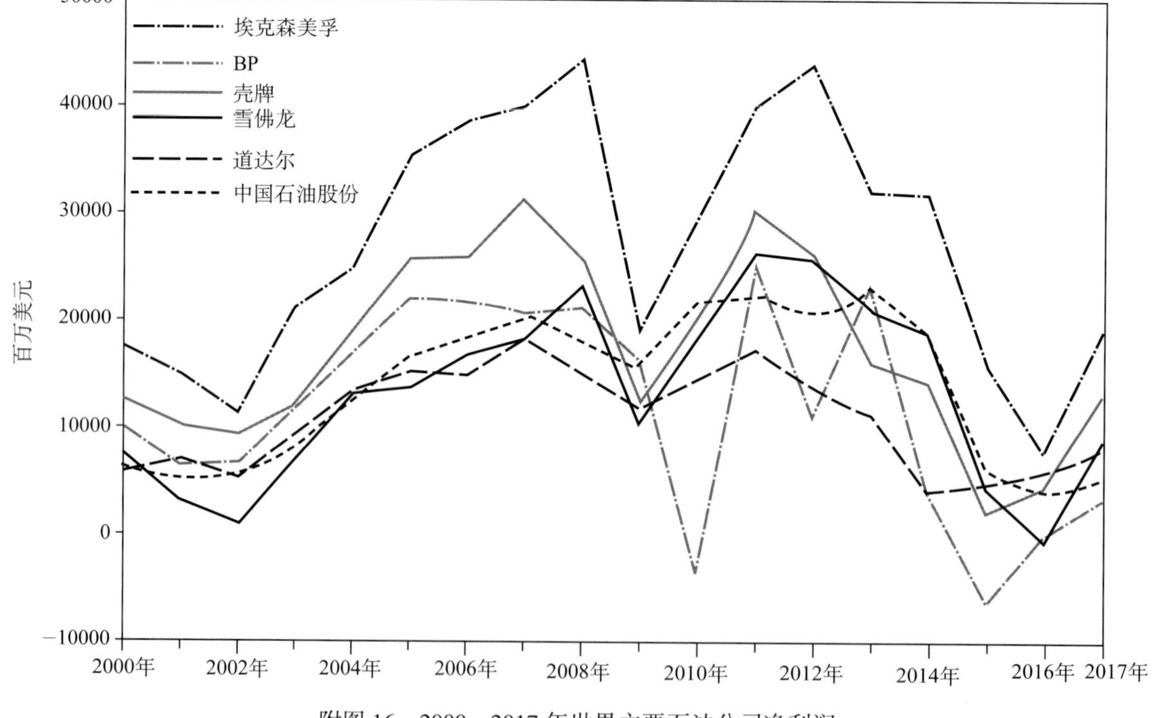

附图 16　2000—2017 年世界主要石油公司净利润

（资料来源：各公司年报和财务经营报告）

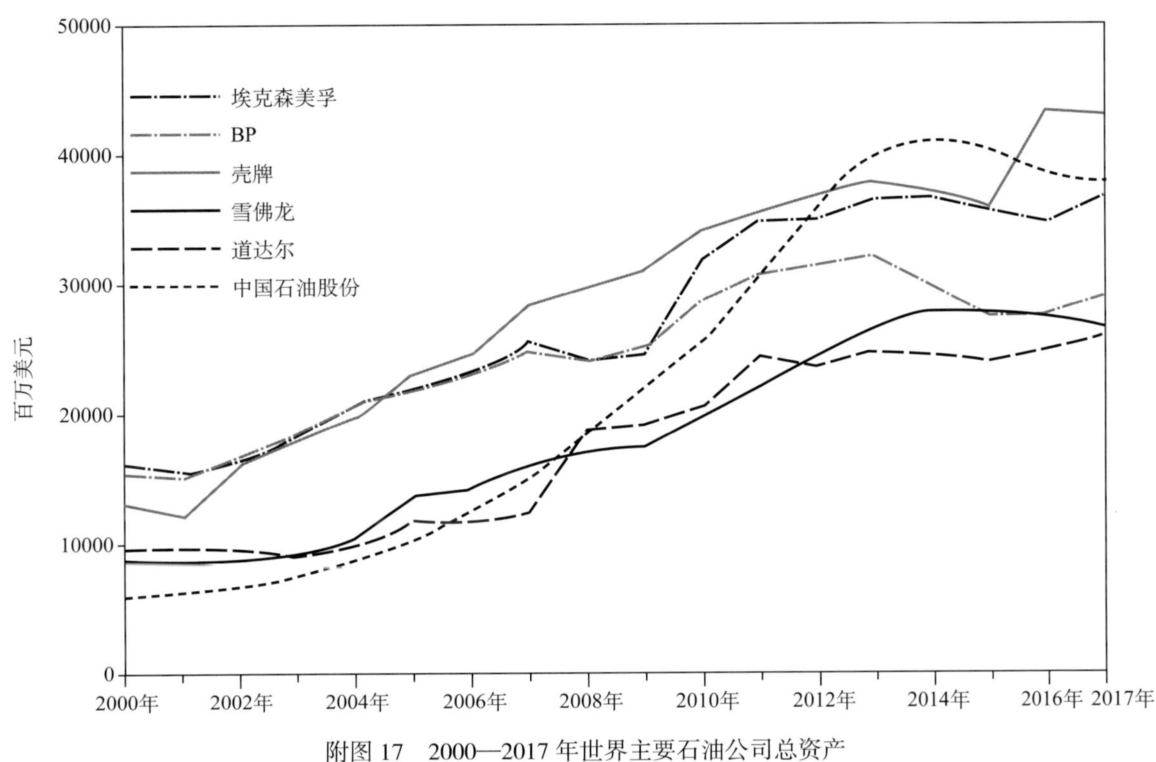

附图 17　2000—2017 年世界主要石油公司总资产
（资料来源：各公司年报和财务经营报告）

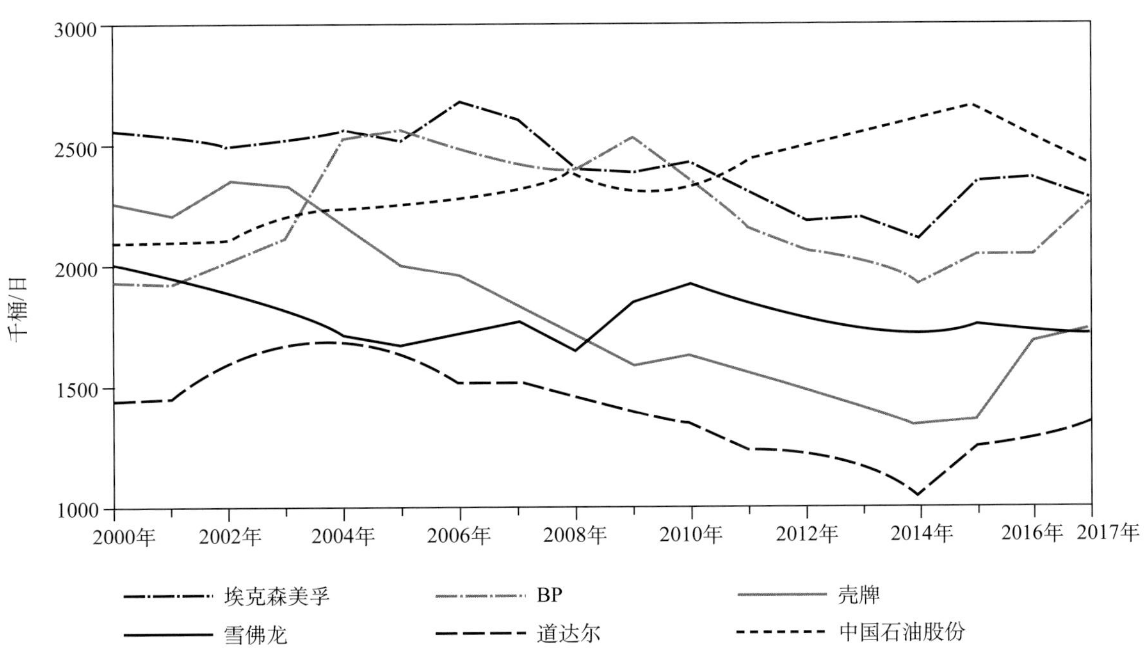

附图 18　2000—2017 年世界主要石油公司原油产量
（资料来源：各公司年报和财务经营报告）

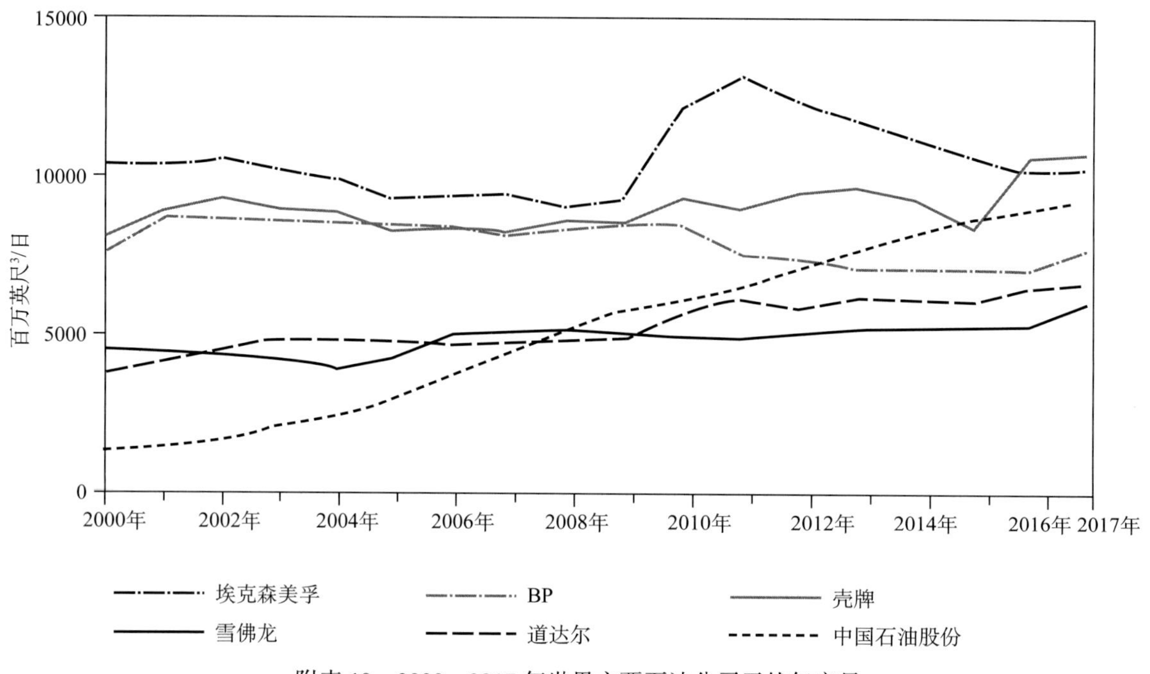

附表 19　2000—2017 年世界主要石油公司天然气产量

（资料来源：各公司年报和财务经营报告）

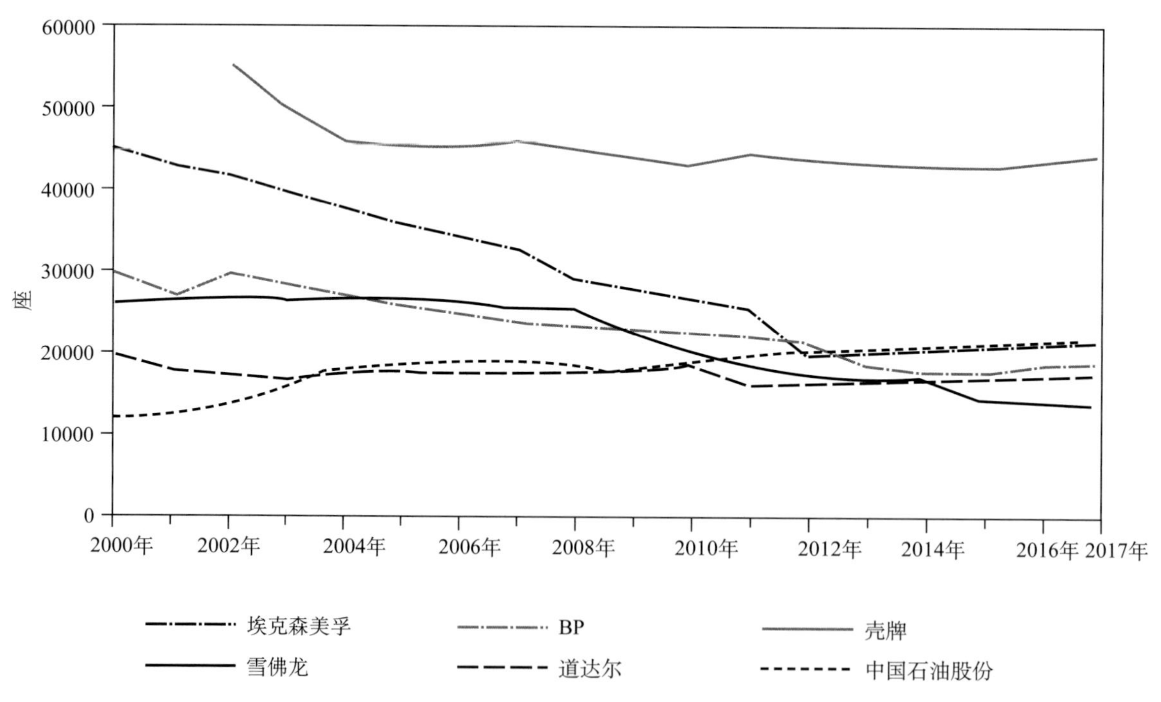

附图 20　2000—2017 年世界主要石油公司加油站数量

（资料来源：各公司年报和财务经营报告）

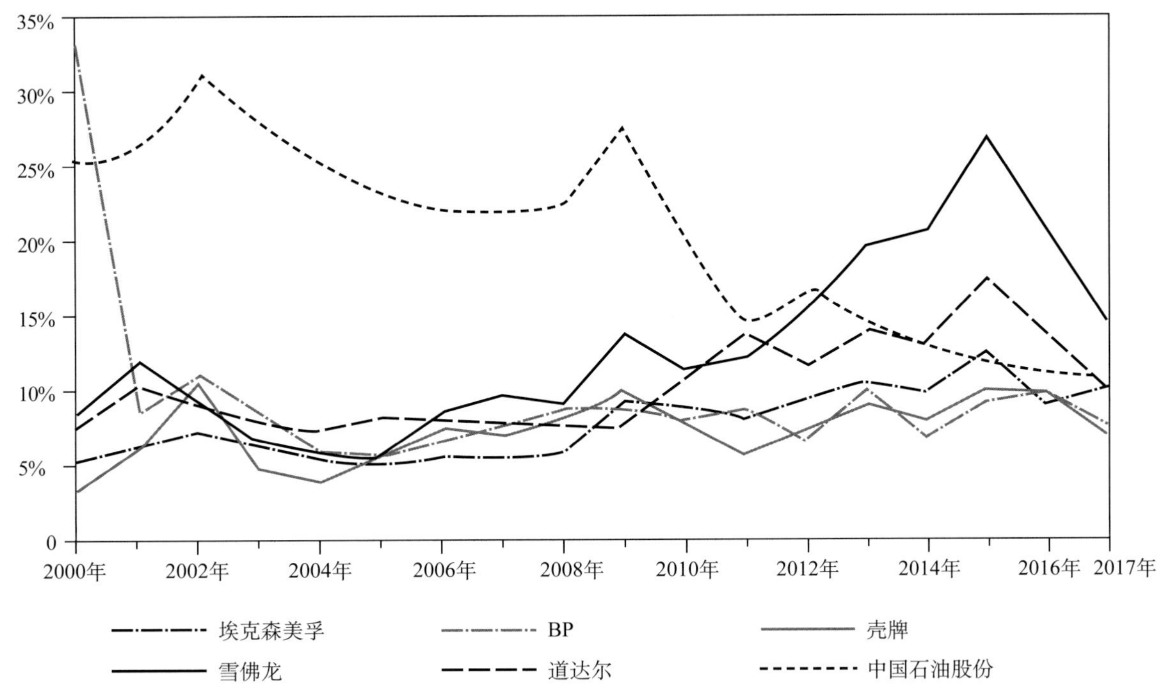

附图 21　2000—2017 年世界主要石油公司资本支出占销售收入比例

（资料来源：各公司年报和财务经营报告）

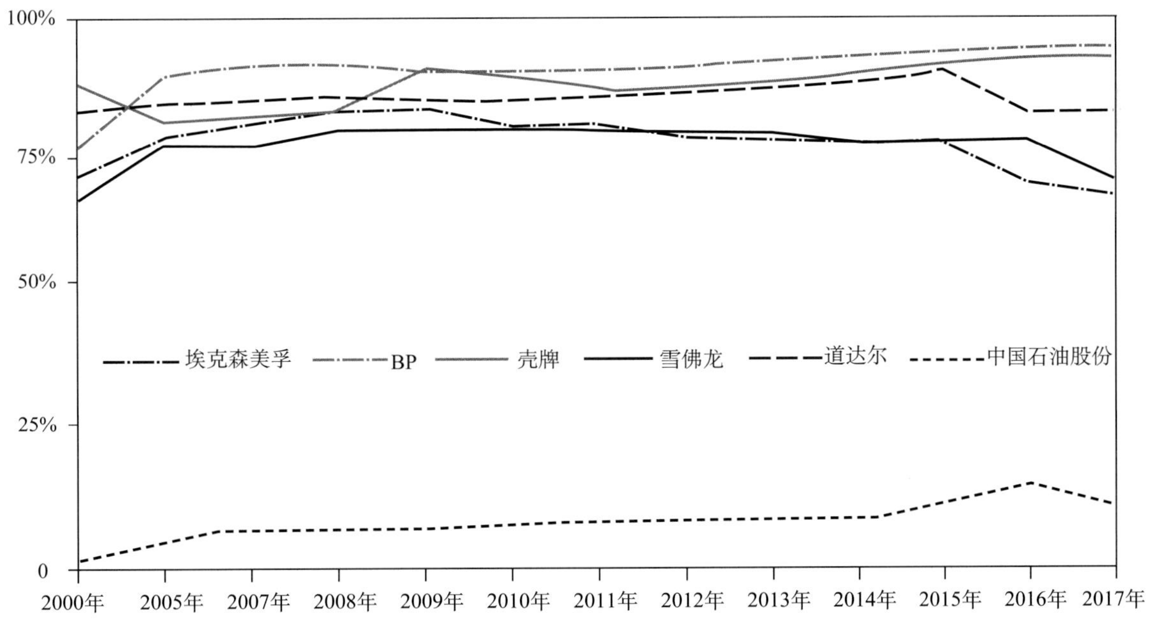

附图 22　2000—2017 年世界主要石油公司海外石油储量所占比例

（资料来源：各公司年报和财务经营报告）

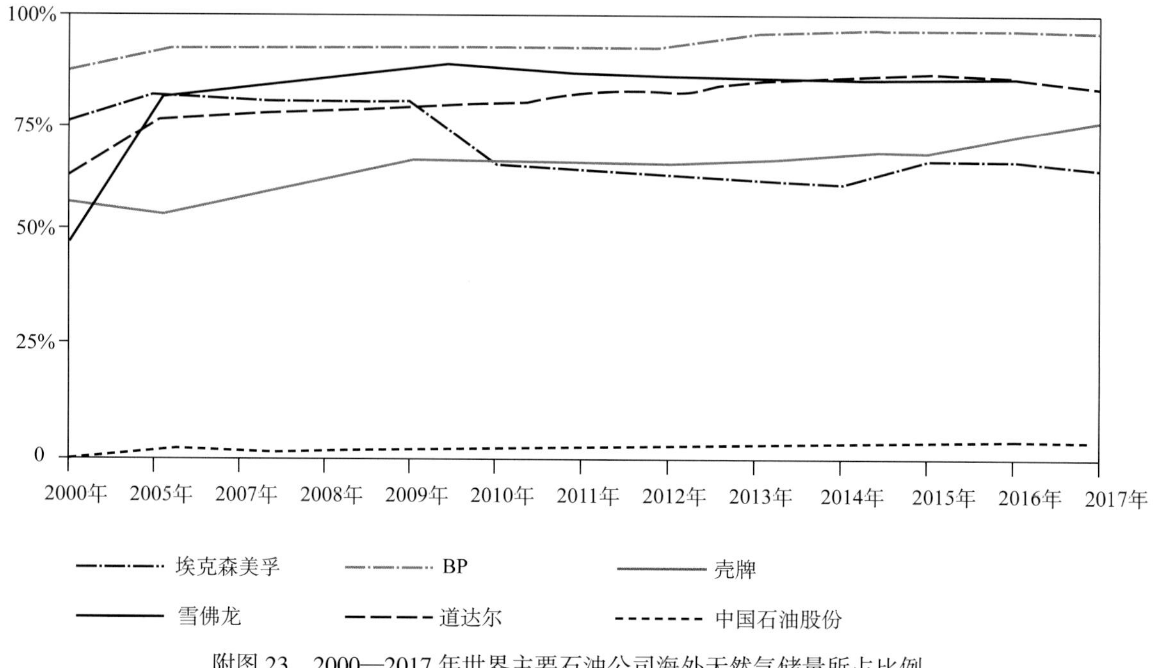

附图 23　2000—2017 年世界主要石油公司海外天然气储量所占比例
（资料来源：各公司年报和财务经营报告）

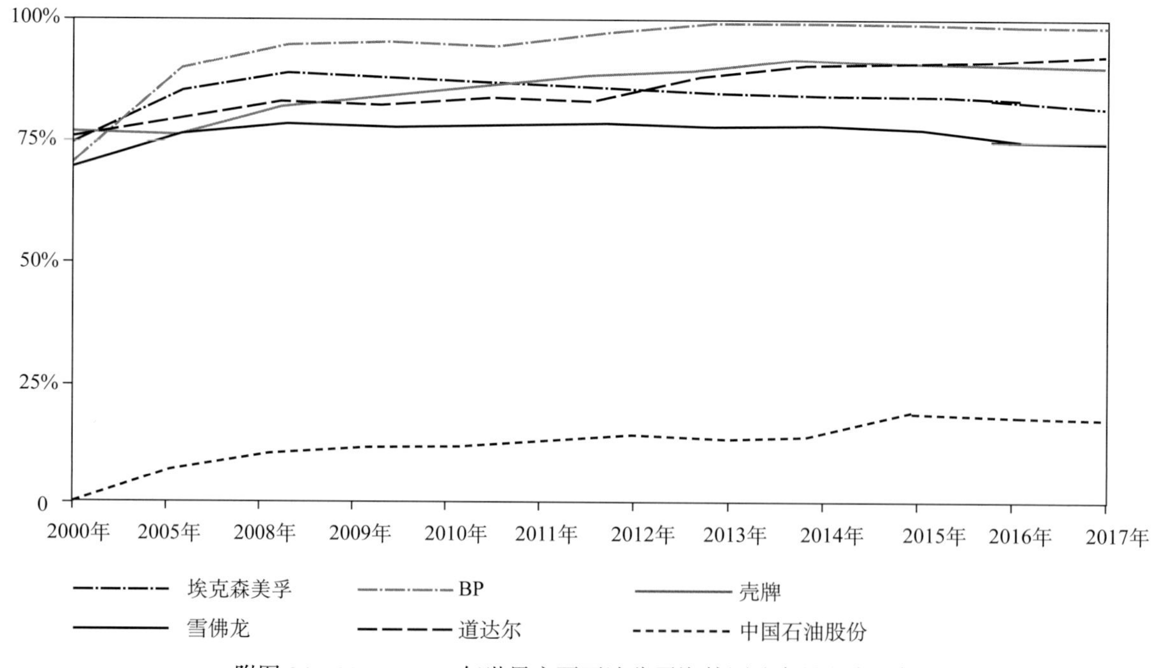

附图 24　2000—2017 年世界主要石油公司海外原油产量所占比例
（资料来源：各公司年报和财务经营报告）

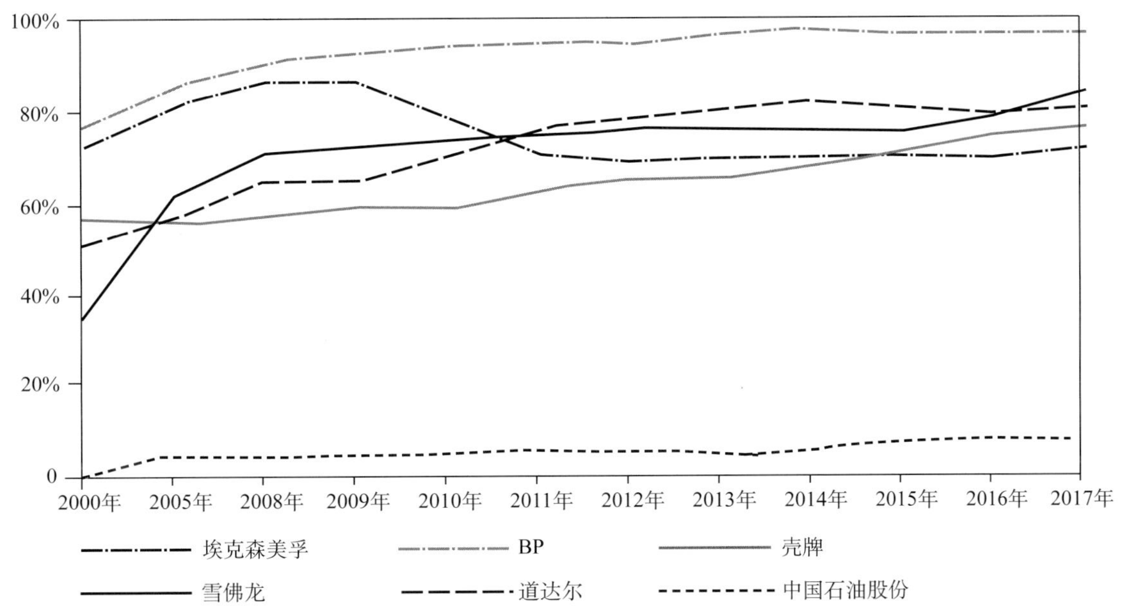

附图 25　2000—2017 年世界主要石油公司海外天然气产量所占比例

（资料来源：各公司年报和财务经营报告）

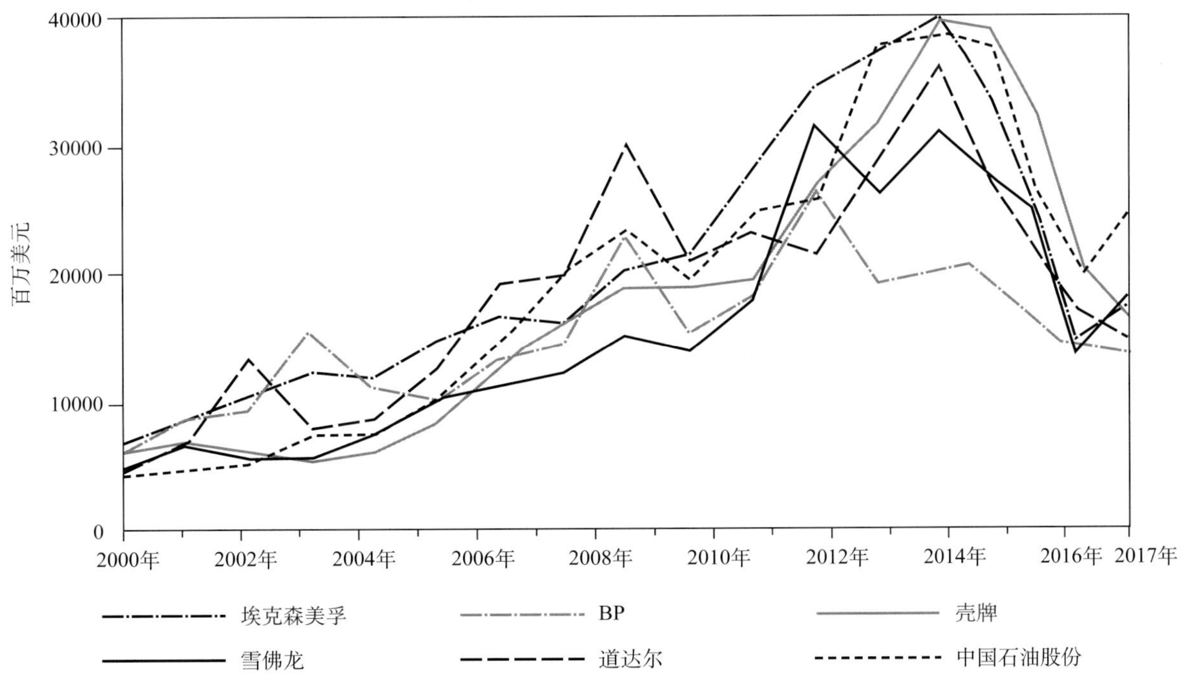

附图 26　2000—2017 年世界主要石油公司勘探开发支出

（资料来源：各公司年报和财务经营报告）

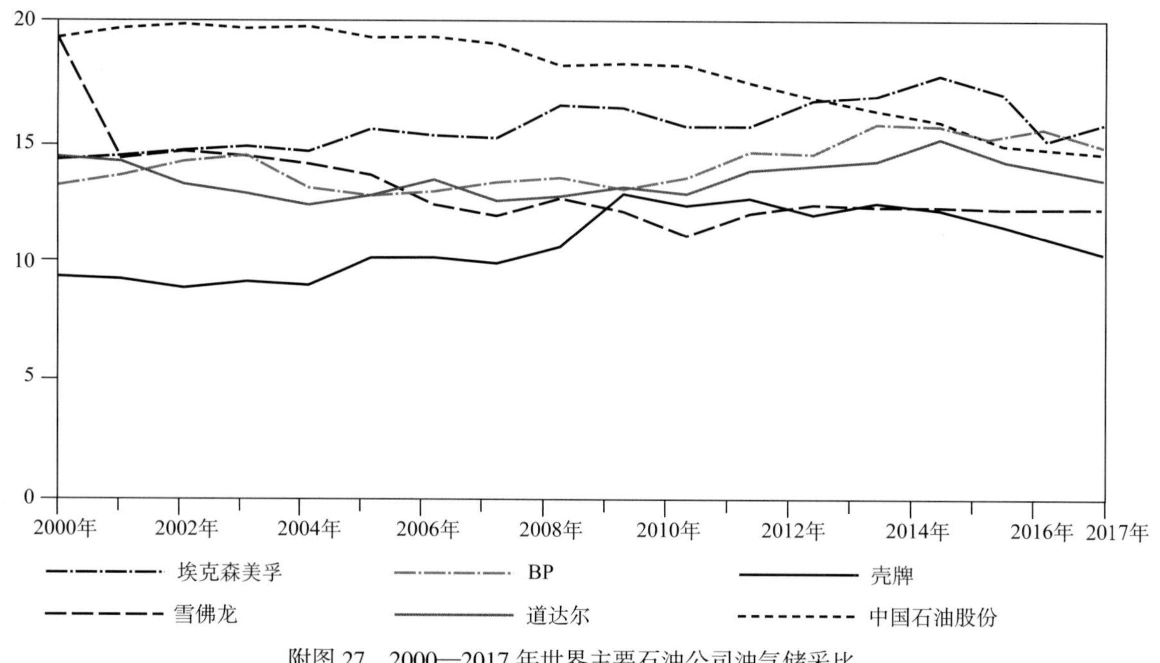

附图 27　2000—2017 年世界主要石油公司油气储采比

（资料来源：各公司年报和财务经营报告）

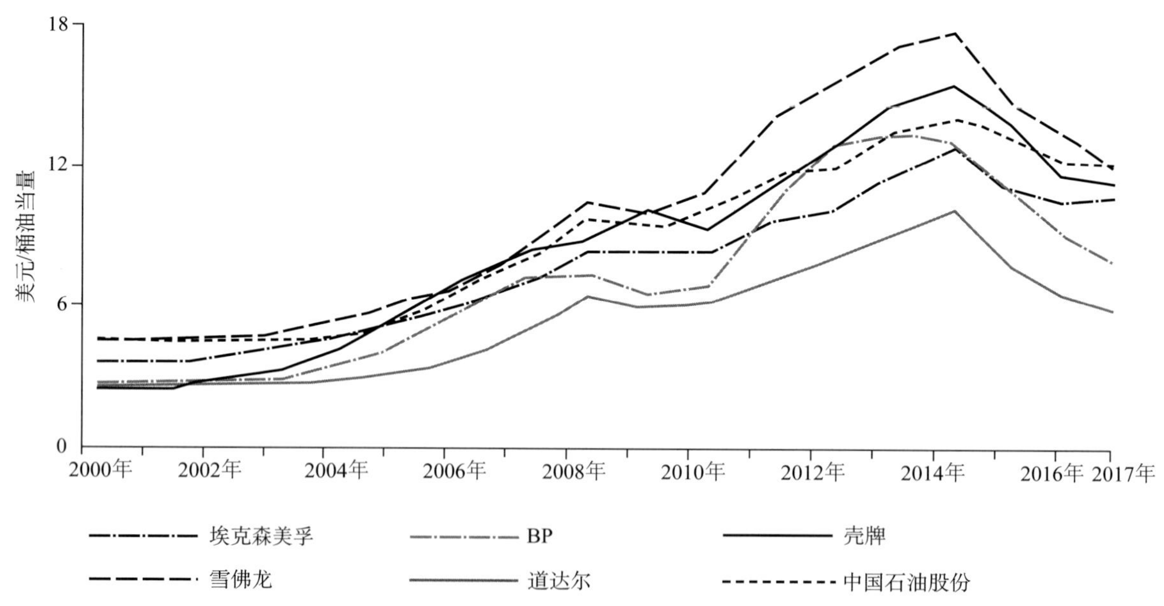

附图 28　2000—2017 年世界主要石油公司油气操作成本

（资料来源：各公司年报和财务经营报告）

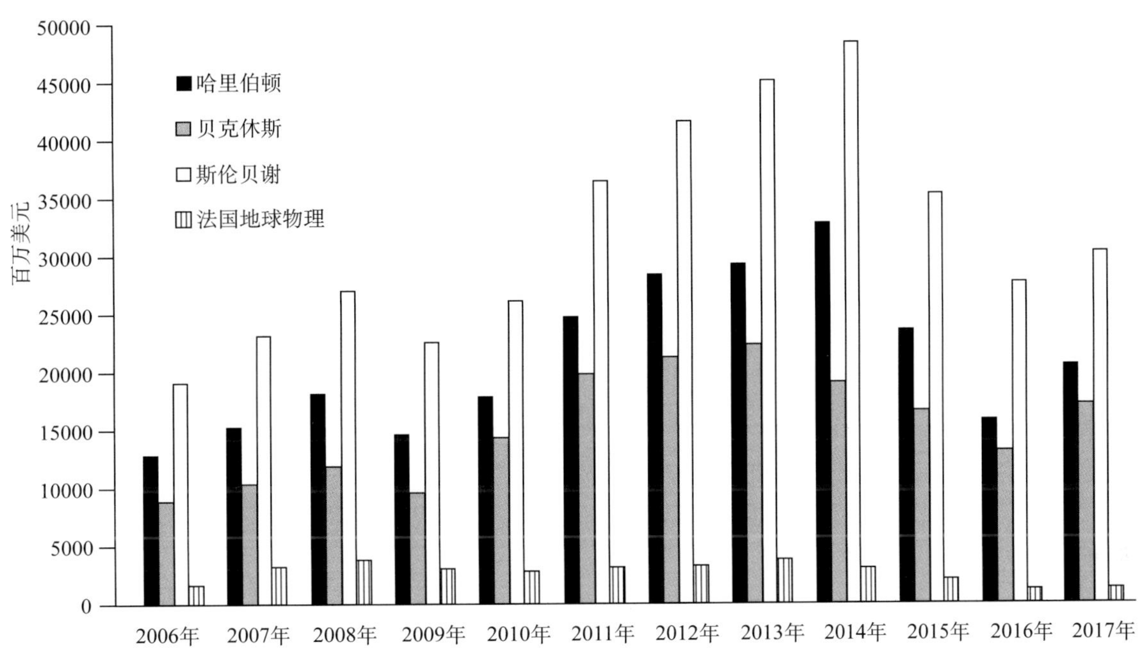

附图 29　2006—2017 年世界主要石油技术服务公司总收入

（资料来源：各公司年报和财务经营报告）

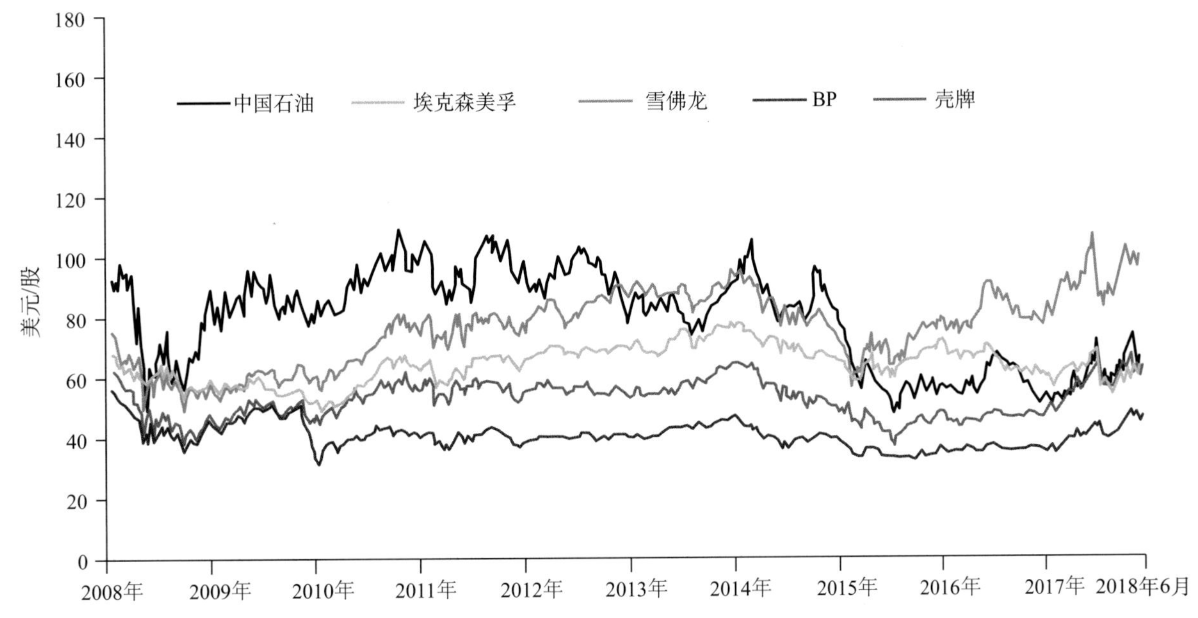

附图 30　2008—2018 年纽约证券交易所世界主要石油公司股价走势

注：2018 年为上半年数据，日期截止到 2018 年 6 月 29 日。

（资料来源：纽约证券交易所）

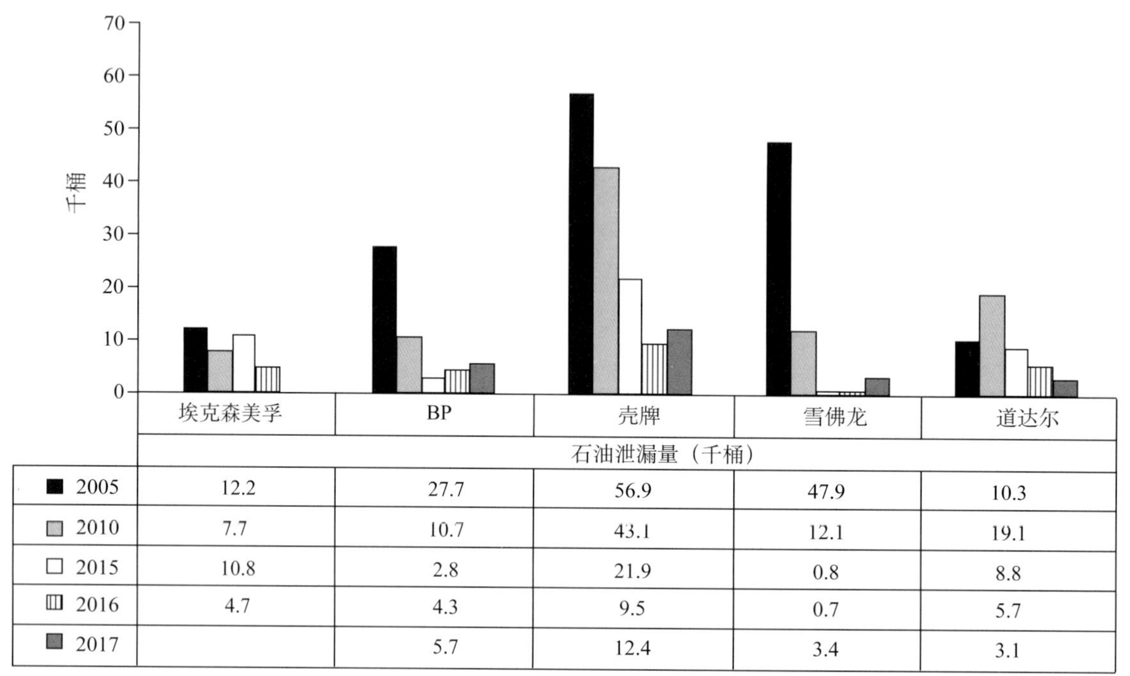

	埃克森美孚	BP	壳牌	雪佛龙	道达尔
	石油泄漏量（千桶）				
2005	12.2	27.7	56.9	47.9	10.3
2010	7.7	10.7	43.1	12.1	19.1
2015	10.8	2.8	21.9	0.8	8.8
2016	4.7	4.3	9.5	0.7	5.7
2017		5.7	12.4	3.4	3.1

附图 31　2005—2017 年世界主要石油公司石油泄漏量
（资料来源：各公司企业社会责任报告）

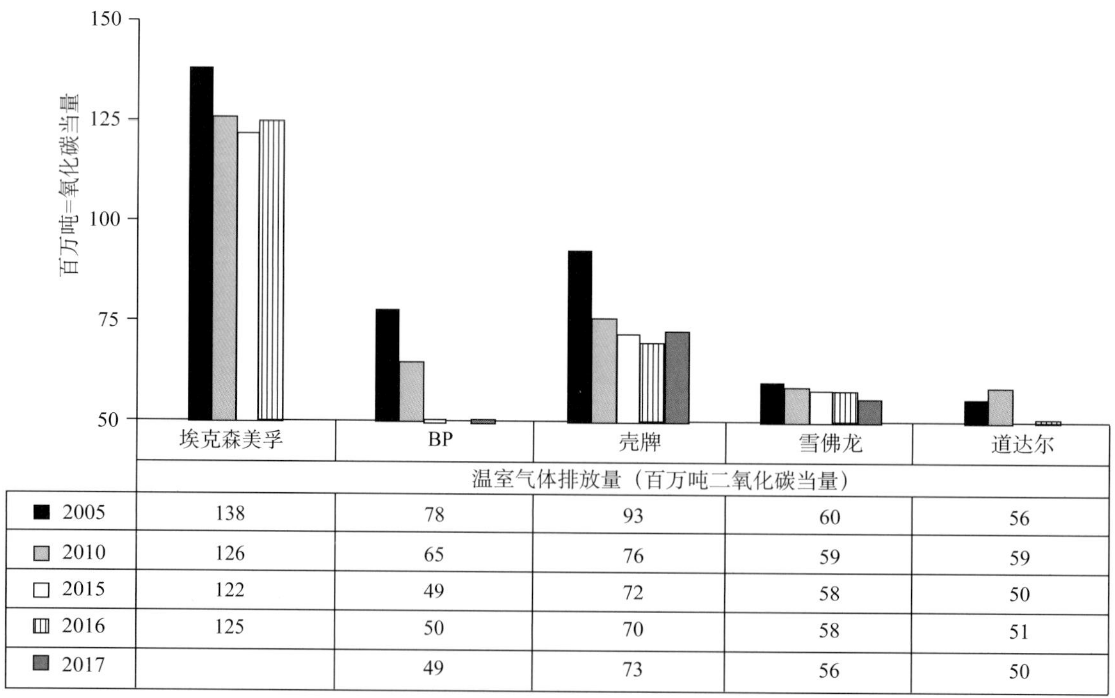

	埃克森美孚	BP	壳牌	雪佛龙	道达尔
	温室气体排放量（百万吨二氧化碳当量）				
2005	138	78	93	60	56
2010	126	65	76	59	59
2015	122	49	72	58	50
2016	125	50	70	58	51
2017		49	73	56	50

附图 32　2005—2017 年世界主要石油公司温室气体排放量
（资料来源：各公司企业社会责任报告）

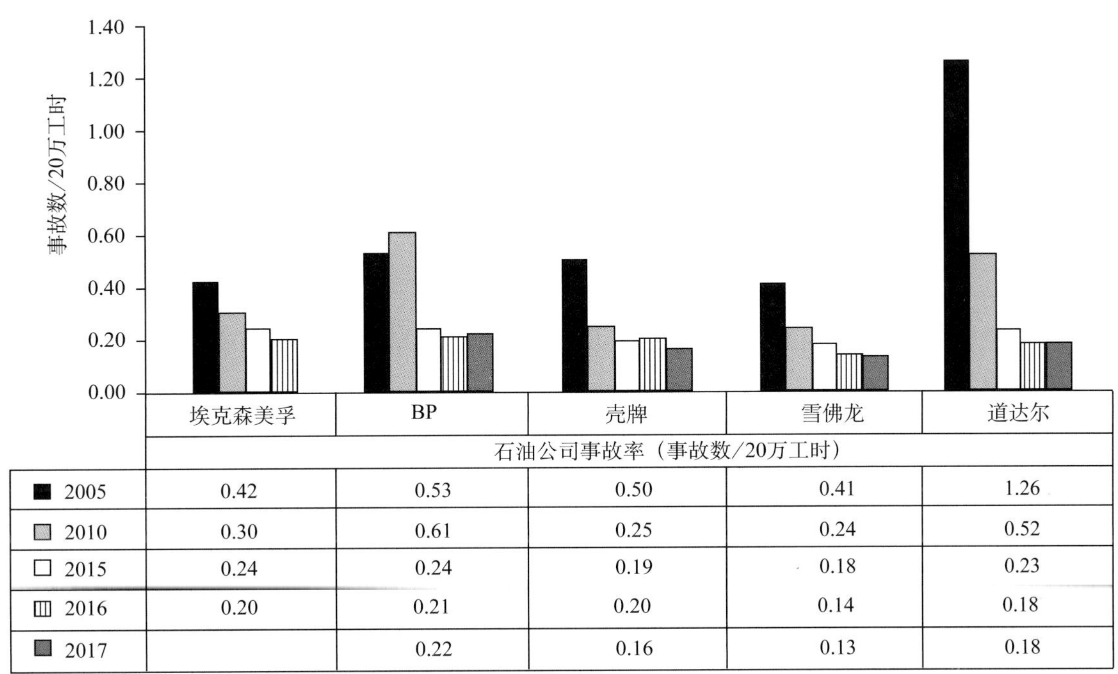

	埃克森美孚	BP	壳牌	雪佛龙	道达尔
	石油公司事故率（事故数/20万工时）				
2005	0.42	0.53	0.50	0.41	1.26
2010	0.30	0.61	0.25	0.24	0.52
2015	0.24	0.24	0.19	0.18	0.23
2016	0.20	0.21	0.20	0.14	0.18
2017		0.22	0.16	0.13	0.18

附图 33　2005—2017 年世界主要石油公司事故率

（资料来源：各公司企业社会责任报告）

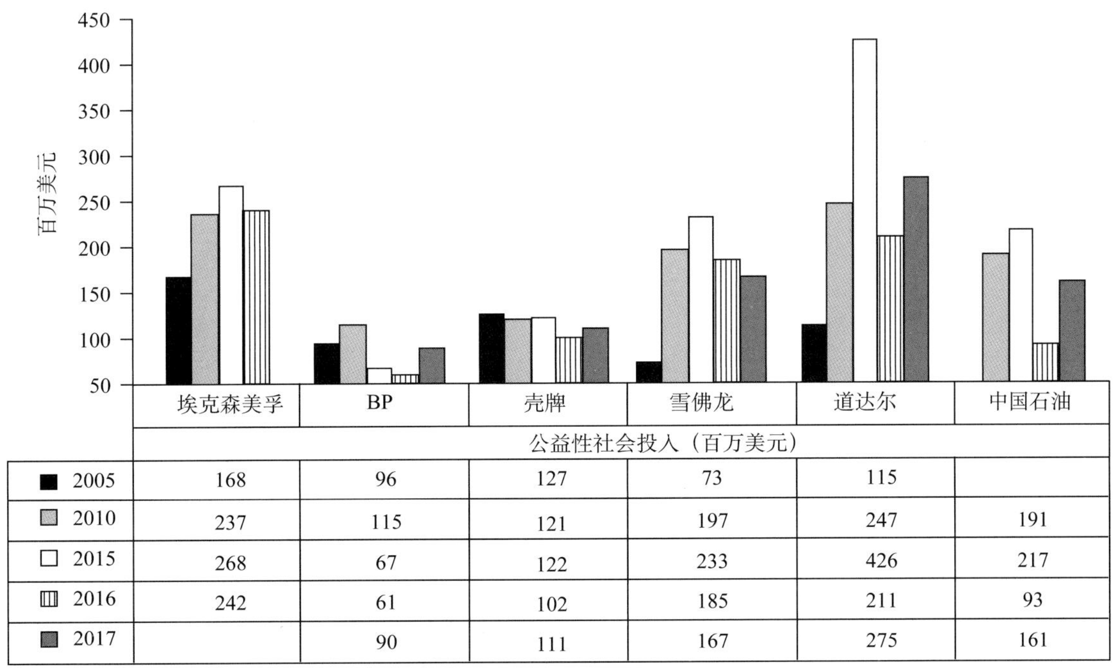

	埃克森美孚	BP	壳牌	雪佛龙	道达尔	中国石油
	公益性社会投入（百万美元）					
2005	168	96	127	73	115	
2010	237	115	121	197	247	191
2015	268	67	122	233	426	217
2016	242	61	102	185	211	93
2017		90	111	167	275	161

附图 34　2005—2017 年世界主要石油公司公益性社会投入

注：公益性社会投入主要指慈善捐助，对非盈利性教育、健康和环境项目的资助，以及对作业社区发展的援助；道达尔数据指对非经合组织国家的投入；中石油数据中含扶贫帮困、捐资助学、赈灾捐赠和环保支出。

（资料来源：各公司企业社会责任报告）

索 引

使用说明

一、本索引采用内容分析索引法编制。除大事记外，年鉴中有实质检索意义的内容均予以标引，以便检索使用。

二、索引基本上按汉语拼音音序排列，具体排列方法如下：以数字开头的，排在最前面；以英文字母打头的，列于其次；汉字标目则按首字的音序、音调依次排列，首字相同时，则以第二个字排序，并依此类推。

三、索引标目后的数字，表示检索内容所在的年鉴正文页码；数字后面的英文字母 a、b，表示年鉴正文中的栏别，合在一起即指该页码及左右两个版面区域。年鉴中用表格、图片反映的内容，则在索引标目后面用括号注明（表）、（图）字，以区别于文字标目。

四、为反映索引款目间的隶属关系，对于二级标目，采取在上一级标目下缩二格的形式编排，之下再按汉语拼音音序、音调排列。

0—9

A—Z

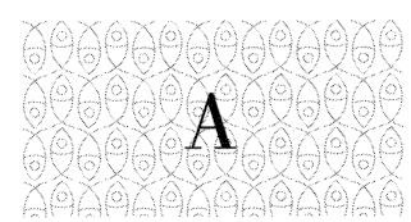
A

B

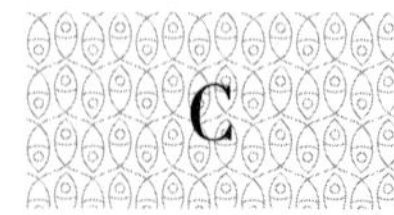

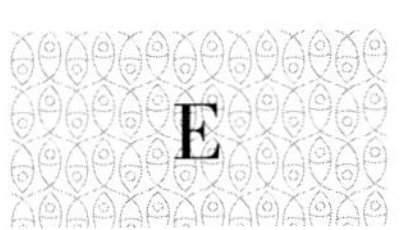
E

F

G

H

J

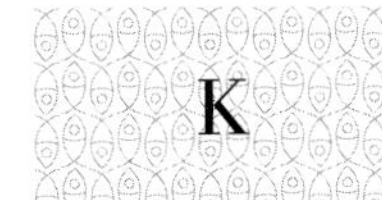

L

M

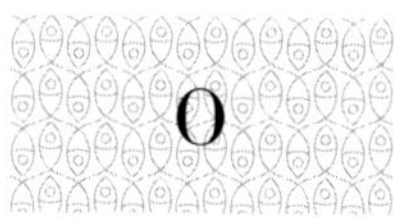

P

W

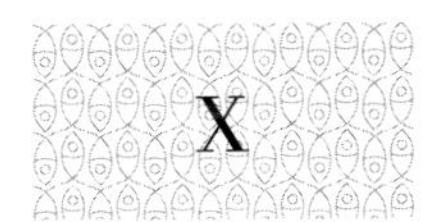

Y

编后记

本卷《年鉴》是《中国石油天然气工业年鉴》自1996年正式出版以来连续出版的第23卷，是更名为《中国石油天然气集团有限公司年鉴》后的第1卷。

本卷《年鉴》沿用历年来形成的框架结构，作适当微调，装帧由护封精装改为纸面精装。在编纂过程中，重点记载集团公司2017年所发生的重要事项，体现年度历史进展特色；坚持规范与创新相结合，充分反映集团公司年度工作特点。在保持整体内容基本不变的情况下，为增强《年鉴》资料性及便于横纵向对比，在“企事业单位概览”单位“概况”条目下继续增加“主要生产经营指标”等表格。继续收录世界主要国家和地区及各大石油公司有关石油石化相关数据图表，增加了中国石油近20年主要生产经营指标数据表，对《年鉴》内容的信息含量进行了扩充。注重《年鉴》的工具性和实用性，版式设计力求规范严整，文字叙述力求简洁流畅。

本卷《年鉴》的编纂出版工作始终得到集团公司党组和各级领导的高度重视，集团公司党组书记、董事长王宜林作序；集团公司和股份公司总部各部门、各专业公司及各企事业单位的领导提供各种形式的支持和帮助；各单位负责《年鉴》工作的联系人和撰稿人付出了艰辛的劳动；集团公司办公厅（股份公司总裁办公室）领导直接参与《年鉴》内容的审订，做了大量的组织协调工作。此外，中国石油报社等单位提供辅助资料和照片；中国石油集团经济技术研究院提供《中国石油天然气集团公司2017年度报告》和《中国石油天然气集团公司2017年企业社会责任报告》资料以及世界主要国家和地区、各大石油公司相关数据图表；还有企业和个人提供了照片、参与了审稿工作。中国年鉴研究会会长王守亚及年鉴业界专家对本卷《年鉴》编纂提出宝贵的意见和建议。在此，对所有支持《年鉴》工作和为《年鉴》出版提供帮助的单位和个人致以诚挚的谢意。

由于年鉴编辑出版时限性强，疏漏和不足在所难免，恳请读者批评指正。

《中国石油天然气集团有限公司年鉴》编辑部
2018年12月

幸福分期

工银信用卡

幸福分期是工银信用卡分期付款业务的统一品牌。

让幸福来得早一点！

e分期

汽车分期

家装分期

车位分期

租房分期

定制分期信用卡

账单分期

消费转分期

短信分期

旅游分期

教育分期

ICBC 中国工商银行

工银信用卡微讯

官方微信公众号

工银e生活

信用卡专属APP

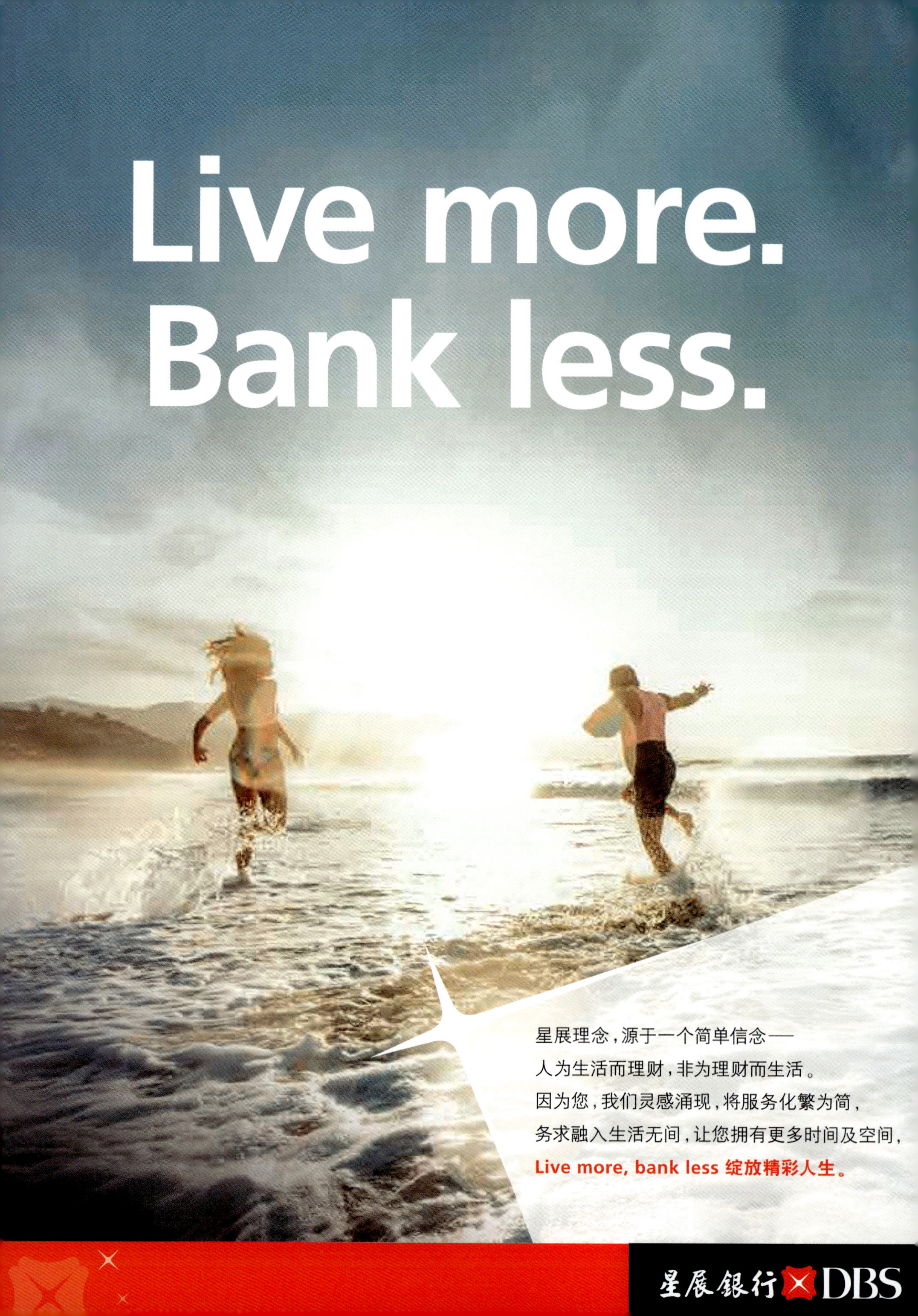
Live more.
Bank less.
星展理念，源于一个简单信念——
人为生活而理财，非为理财而生活。
因为您，我们灵感涌现，将服务化繁为简，
务求融入生活无间，让您拥有更多时间及空间，
Live more, bank less 绽放精彩人生。
星展银行 DBS

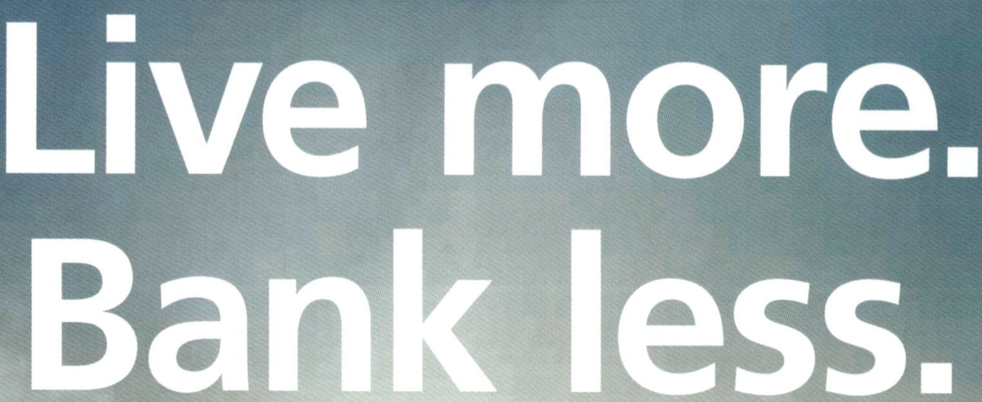

航天晨光股份有限公司

公司办公大楼

航天晨光股份有限公司成立于1999年9月30日，于2001年6月15日在上海证券交易所上市，是中国航天科工集团有限公司控股的大型综合装备制造企业。公司业务涵盖军工与核类非标设备和服务、智能化改造工程与服务、环保设备与服务、能源装备与工业基础件、文化产业与服务五大板块，拥有6家经营分公司、10家合资控股子公司，以及3家参股公司，在南京、香港特别行政区拥有2家全资子公司。

航天晨光化工机械分公司作为一家容器公司，是6家分公司之一，具有A1、A2、C2压力容器设计和制造资格以及ASME“U”和“U2”授权证书，欧洲标准压力容器部件制造的HPO授权证书，具备LH2、LO2、LCO2、LNH3、LNG、LAr等各种低温液体罐车和贮罐的设计、制造、安装和调试能力，并具备低温加注管路系统的技术设计、制造、安装和调试能力。

南京晨光东螺波纹管有限公司是有影响力的亚洲波纹膨胀节研究生产基地，是由航天晨光股份有限公司控股的中日合资公司，拥有国家核安全局颁发的民用核安全设备设计、制造许可证，是美国膨胀节制造商协会（EJMA）会员单位，拥有美国ASME规范产品“U”类授权证书及钢印。全面考虑用户需求，南京晨光东螺波纹管有限公司一直努力提供优秀的补偿器产品和柔性管道解决方案。

100立方米液氨贮罐

复式比例连杆自由型膨胀节

膨胀节核心件——波纹管

南京晨光东螺波纹管有限公司

AEROSUN-TOLA Expansion Joint Co. Ltd.

电话（TEL）：025-52826578

传真（FAX）：025-52826599

地址：南京市江宁区将军大道199号

199 Jiangjun Avenue, Jiangning District,

Nanjing 211153 China

YOKOGAWA
Co-innovating tomorrow™

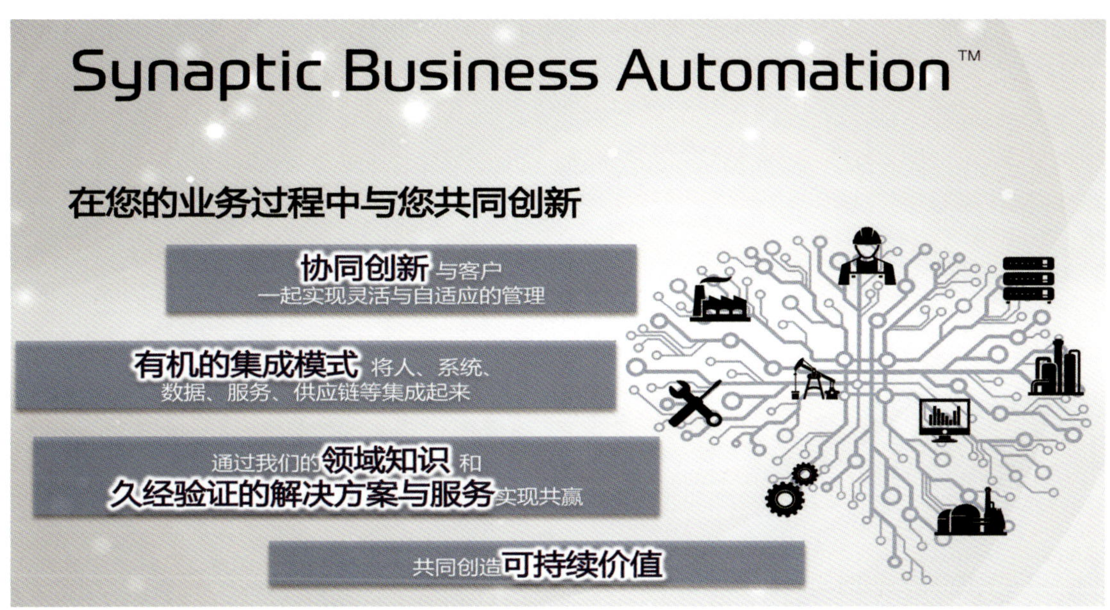

横河电机解决方案的核心平台
CENTUM VP

安全仪表系统 ProSafe-RS

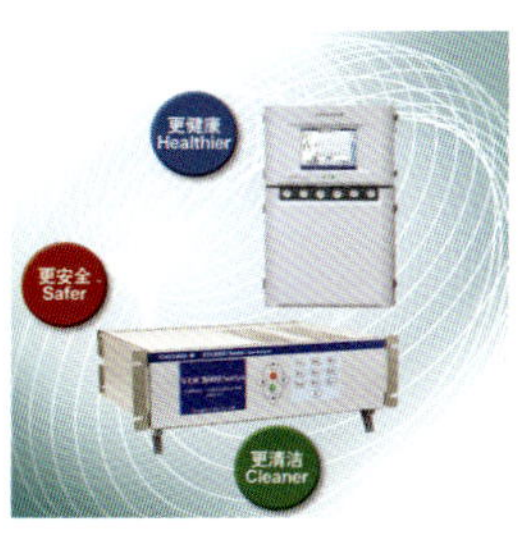

挥发性有机物 VOCs 监测解决方案

先进控制及预估平台

陕汽重卡
陕西重型汽车有限公司成立于2002年，隶属于陕西汽车控股集团有限公司（总部位于陕西省西安市，是我国西北地区大型制造企业，前身是始建于1968年的陕西汽车制造厂，现有员工2.8万人，资产总额533亿元）。公司产品范围覆盖重型军用越野车、重型卡车、重型车桥及汽车零部件等领域，拥有现代化的国家企业技术中心、国内一流的重卡新能源研究开发与应用实验室，以及博士后科研工作站和院士专家工作站，技术水平始终保持国内领先。2018年陕西重型汽车在国内民品市场份额持续提升，稳居行业前列。自卸车、牵引车销量增幅突出。天然气汽车、黄金之星牵引车、新型环保渣土车实现行业领先；搅拌车、轿运车、快递用车、环卫用车等细分市场持续突破；新能源市场有所突破；市场影响力、客户满意度等各项指标均提升显著。
陕汽重卡
WP13
陕汽重卡
地址：西安市经济技术开发区泾渭新城陕汽大道
邮编：710200
销售电话：029-86956777
配件销售电话：029-86955817/18
贴心服务热线：400-880-9818
传真：029-86956774
陕汽官网：http://www.sxqc.com

旺泰金控企业管理（北京）集团有限公司

旺泰金控集团自2007年成立鼎成典当行起，正式进军金融领域，先后涉足典当、小额贷款、投资基金、保理、资产管理、融资租赁、担保、拍卖、互联网金融等业务，实现传统金融与新金融服务并驾齐驱，打造旺泰自己的金融生态链，为经营主体在各个发展阶段提供全方位的金融服务。

旺泰金控集团立志成为金融领域全业务线产品的综合型金融企业，依据多年金融市场管理经验，整合各方优势资源，因势利导，持续加强与相关行业、单位的合作，开展全方位的业务对接及战略合作关系，以传统业务为依托，探索新业务方向，形成“类金融”的金控集团。

旺泰金控集团在未来的发展中将一如既往秉承“诚信务实、稳健经营”的理念，运用集团高效的管理机制、灵活的投资机制及雄厚的资金实力同社会各界强强联手，创造更大的经济效益和社会效益。

旺泰金控义拍现场　　鼎成典当行十周年

业态布局

发展历程

- **2007** 鼎成典当行成立，标志旺泰正式进军金融领域。
- **2012** 北京市旺泰小额贷款有限责任公司成立。同年成立北京旺泰中博担保有限公司。
- **2014** 成立北京市浩洋顺仁拍卖行有限公司。引入北京和君咨询有限公司做战略咨询规划。
- **2015** 创立投资基金、金融信息服务、资产管理、商业保理、融资租赁等金融服务企业。金控雏形初步形成，向多元化金融控股集团迈进。
- **2016** 成立运营管理中心、风险管理中心、财务管理中心、综合事务管理中心、人力资源管理中心五大管理中心。旺泰金融正式进入集团化管理阶段。
- **2017** 经过十年不断经营磨砺，旺泰金控已经成为一个拥有较为完善业务品种的金融控股集团。顾往昔任重而道远，旺泰人必将不忘初心，继往开来，砥砺前行……

旺泰金控企业管理（北京）集团有限公司
电话：010-65996688
地址:北京市朝阳区小营北路11号和泰大厦A座
邮编：100101

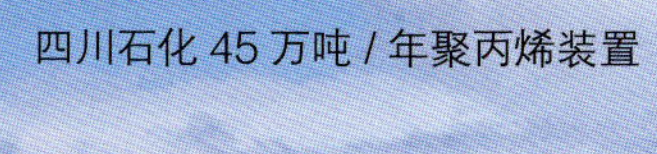
四川石化 45 万吨 / 年聚丙烯装置

中国石油天然气
第六建设有限公司

中国石油天然气第六建设有限公司是国家大型骨干施工企业，是中国石油炼油化工建设的主力军，总部位于山水甲天下的广西桂林市。公司获得全国文明单位、全国五一劳动奖状、全国优秀施工企业、全国用户满意施工企业、全国科技创新先进企业等荣誉称号。拥有国家石油化工工程施工总承包壹级和房屋建筑、电力工程等总承包资质，建筑机电安装、市政工程、消防设施、海洋石油和无损检测等专业承包资质，承装、承修类电力设施三级资质和承试类电力设施四级资质；拥有压力容器制造、安装、改造、维修，锅炉安装、改造、维修，起重机械安装、维修，GA1 乙级、GB1 级、GC1 级压力管道安装等多个特种设备许可证及安全生产许可证，具有中华人民共和国对外承包工程资格、劳务派遣资格、测绘资质，通过 ASME“U”钢印授权、ISO 9000 质量管理体系认证、HSE 管理体系认证、ISO 14001 环境管理体系认证和 GB/T 28001 职业健康安全体系认证。

拥有专利和专有技术、国家和省部级工法 50 多项，科技成果 200 多项。是中国石油安装乙烯裂解炉数量较多、规模较大的施工企业，是国内承建 LNG 储罐数量较多、单台库容较大、具有成套施工技术的施工企业，具备同时承接多个大型化工、炼油一体化项目、LNG 接收站、特大型设备吊装、整体海工模块制作安装的能力。可采用设计—采购—施工总承包（EPC）、设计管理—采购—施工总承包（EM+PC）、采购—施工总承包（PC）、项目管理承包（PMC）、施工总承包（C）等多种项目管理模式，承接大型石油、石油化工装置、油气储运设施、海洋石油、油田地面建设等工程建设，并提供相应的技术服务。

作为专业从事石油化工、炼油装置、油气储运设施、海洋石油平台工程建设和技术服务的企业，公司具备为客户提供工程项目的采购、设备制造、物流仓储、项目管理、技术服务和工程总承包、开车、吊装、运行维护、检维护等全过程服务的综合能力，通过对建设项目的系统理解与国际先进项目管理方法的结合，为客户提供量身定做的专业化解决方案。

伴随石油工业的发展，公司将以一流服务和孜孜不倦的卓越追求，诚信打造精品工程，为国家和石油化工等能源工业发展做出更大的贡献！

渤中 28-2S CEP 中心处理平台离岸制造项目

江苏 LNG 接收站项目

中国海油珠海高栏深水天然气终端处理项目

独山子石化 80 万吨 / 年乙烯项目乙烯裂解炉装置

独山子石化 1000 万吨 / 年常减压装置

HUAWEI

华为云计算

联接企业现在与未来

HUAWEI CLOUD COMPUTING

YOUR BRIDGE TO TOMORROW

POWERED BY

FusionCloud

LEADING

ICT

引领新ICT 迈向数字化转型之路

北京天然气利用工程荣获行业奖“詹天佑”奖

北京市燃气集团有限责任公司

北京市燃气集团有限责任公司组建于 1999 年，是中国较大的城镇燃气企业。2016 年，天然气供应量 152 亿立方米，用户约 580 万户、管线近 2 万千米，是国内天然气累计供气量破千亿立方米、年供气量破百亿立方米、日供气量破亿立方米的企业。北京市天然气在能源消费结构占比 31%，超过世界平均水平，天然气供暖占全市供暖面积的 80% 以上，发电装机占全市的 30%。从世界范围来看，北京的年用气量仅次于莫斯科，天然气的应用范围也从民用炊事发展到工业、采暖、制冷、发电、燃气汽车、分布式能源等诸多领域。北京燃气始终秉承“气融万物，惠泽万家”的企业理念，能提供稳定可靠的资源保障、先进成熟的技术管理、安全优质的运营服务。

北京燃气董事长李雅兰当选国际燃气联盟（IGU）2021—2024 年任期主席

北京燃气承办 G20 天然气日活动

北京燃气承办北京市安全生产宣传咨询日活动

金杜律师事务所（简称金杜）是一家总部位于亚洲的全球性律师事务所。作为在中国、澳大利亚、英国、美国和欧洲重要法域拥有执业能力的国际化律师事务所，金杜在全球具活力的经济区域都拥有相当的规模和法律资源优势。金杜面向全球，为客户锁定机遇，助力其在亚洲和世界其他区域释放全部发展潜能。凭借卓越的法律执业能力和对中国文化的透彻理解，金杜为中外客户就各类境内及跨境交易提供全方位的法律服务。

在中国，金杜拥有 320 多名合伙人和 1300 多名专业法律人员，办公室分布于北京、上海、深圳、广州、三亚、杭州、苏州、南京、青岛、济南、成都、香港特别行政区 12 个重要商业中心城市。金杜拥有广阔的全球法律服务网络，在新加坡、日本、美国、澳大利亚、英国、德国、西班牙、意大利等国家主要城市和中东地区均设有办公室，共有 27 个办公室和 2000 多名律师，是一家能同时提供中国法、英国法、美国法、澳大利亚法、德国法、意大利法服务的全球性律师事务所。拥有的巨大法律人才库使金杜能充分了解本土情况和法律实践并能提供多种语言服务。

大华会计师事务所
（特殊普通合伙）

中国会计审计
税务评估
造价咨询
大型专业服务机构

大华会计师事务所创立于 1985 年，是国内首批获准从事 H 股上市审计资质的大型会计师事务所，连续多年排名稳居中国行业前列。

大华总部设在北京，在上海、深圳等 27 个城市设立了分支机构。现有从业人员 5500 余名，中国注册会计师超过 1200 人，行业领军后备人才 16 人，中注协资深会员 50 多人。大华经 PCAOB 认可具有美国上市公司审计业务执业资格。大华服务对象主要为上市公司、大型国有企业、金融保险企业、外商投资企业等，常年审计客户万余家，其中上市公司 220 余家、中央企业 20 余家、外资企业 500 余家，挂牌新三板客户近 900 家，涉及航空航天、金融保险等多个行业领域。

大华秉持“谦逊、认真、诚恳、守信”的大华作风，致力于沿着专业化、多元化、国际化之路发展，为把大华建设成为国内一流、国际知名、能够积极参与国际竞争的大型专业服务机构而不懈努力。

华润燃气控股有限公司

华润燃气控股有限公司是华润集团战略业务单元之一，主要在中国内地投资经营与大众生活息息相关的城市燃气业务，包括管道燃气、车用燃气及燃气器具销售等。

2007 年 1 月华润燃气正式成立。十余年来，华润燃气始终坚持以发展作为第一要务，坚持外延式扩张和内涵式增长并举，在保持规模与效益同步增长的同时，注重增长的质量和效益，不断加强内部管理和组织能力建设，努力塑造优秀的企业文化，打造企业核心竞争力。在短短十年时间里，华润燃气从小到大，从弱到强，实现了跨越式发展。

2008 年 10 月底华润燃气在香港特别行政区成功上市，成为华润集团旗下燃气板块的上市平台。上市以来，华润燃气也逐步得到资本市场的高度青睐，现已位列香港恒生综合指数成分股。股价从 2008 年 11 月上市之初的 3.42 港元涨至 2017 年 12 月 31 日的 28.35 港元，市值也从上市之初的 30.8 亿港元增至 2017 年 12 月底的 631 亿港元，实现了国有资产大幅增值。

2012 年以来，华润燃气相继被摩根士丹利、中国香港的恒生指数以及英国富时指数纳入中国指数成分股。华润燃气稳健快速的发展也深受信贷界的支持。从 2013 年起至 2017 年，华润燃气每年都获国际著名评级机构穆迪授予 Baa1 评级及惠誉公司授予 BBB+ 评级，两项投资级评级均为稳定展望，为行业较高评级。

作为与大众生活息息相关的公用事业单位，华润燃气秉承专业、高效、亲切的服务宗旨，供应安全清洁燃气，努力改善环境质量，提升人们生活品质，坚持海纳百川、包容开放的用人理念，致力于成为综合实力“中国第一、世界一流”的燃气企业。

聚能重工集团有限公司

Ganergy Heavy Industry Group Co., Ltd.

集团简介

聚能重工集团有限公司（原海城市石油机械制造集团有限公司）始建于 1956 年，2017 年正式更名为聚能重工集团有限公司，是中国大型石油钻采装备的制造龙头企业，是中国石油、中国石化、中国海油、延长石油长期战略合作伙伴，国家石油装备特色产业火炬基地。公司集油气装备制造、能源开发、油田作业、金融服务于一身。集团旗下设有装备制造类、工程技术服务类、金融贸易类、科研类、国际业务类等多家子公司，拥有专用铁路支线及仓储货场。公司总注册资金 38 亿元，总占地面积 1200 万平方米，建筑面积 480 万平方米，员工 18000 人。

科　研

公司设有国家技术研发中心，拥有高级专家 50 人、博士 65 人、研究员级高工 150 人、工程师 850 人、高层管理人员 36 人。设有机加工中心、液压试验中心、理化实验中心、无损检测中心等科研机构，生产设备先进，检测手段齐全。公司现为东北石油大学、辽宁工程技术大学、大连理工大学研究生培训基地，并与厄瓜多尔 UPSE 州立大学及国内外多家科研机构建立长期战略合作关系。公司拥有国家专利 1500 余项，是中国国家石油装备特色产业火炬基地。

质　量

公司全部产品均通过 ISO 9001：2000 质量体系认证，并获得美国石油学会 API、7K、8C、4F、Q1 会标使用证书。公司本着质量第一、用户至上的原则，不断研发适销对路的新产品，用高质量的工作保证高质量的产品，以热忱的服务让用户满意。满足用户的高质量要求，是公司长期追求的奋斗目标，也是增强公司产品竞争力、保持公司旺盛生命力的需要。公司瞄准国际国内石油钻采设备发展方向，不断加大技术投入，使公司在新产品研发上处于同行业前茅。

产 品

公司为国内外客户提供整套石油钻采设备的一站式服务，主要产品包括海洋钻井平台及各类海工模块、数字橇装模块钻机、车装钻机、拖挂钻机、自走式修井机、成套压裂机组、系列汽车起重机、LNG 运输车、带压作业装置、顶驱、钻井泥浆泵、成套钻具、全系列液压动力钳、井口工具等。

服 务

公司在全国各大油田均设有业务公司，在国外设立多家分公司并常驻技术服务人员，为客户提供全面的售前、售中和售后服务。

理 念

公司一贯坚持“以科技为先导，以质量为核心”的管理理念，致力于“永远比客户要求的更好，永远给客户以惊喜”。

环通认证中心有限公司
环境管理体系认证证书

海城市石油机械制造有限公司

ISO14001:2015

“液压动力钳系列、吊卡系列、吊环系列、石油钻机和修井机系列、无游梁式抽油机及其配套件的设计、制造及相关管理活动”

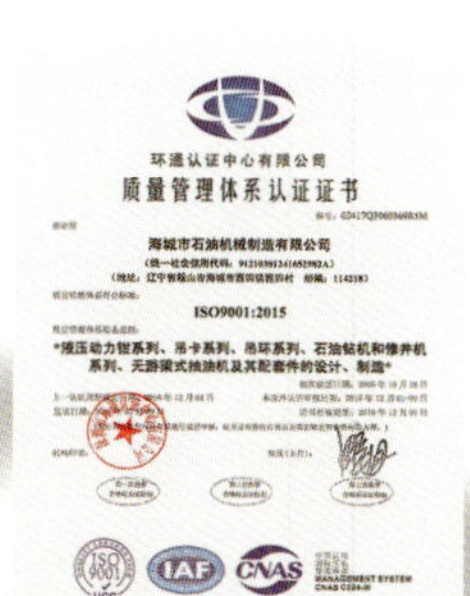

环通认证中心有限公司
质量管理体系认证证书

海城市石油机械制造有限公司

ISO9001:2015

“液压动力钳系列、吊卡系列、吊环系列、石油钻机和修井机系列、无游梁式抽油机及其配套件的设计、制造”

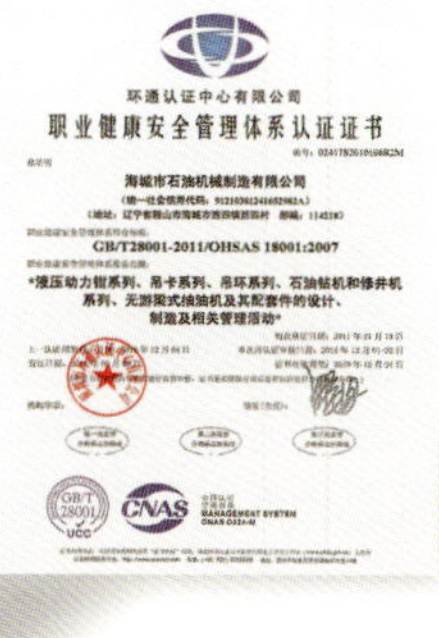

环通认证中心有限公司
职业健康安全管理体系认证证书

海城市石油机械制造有限公司

GB/T28001-2011/OHSAS 18001:2007

“液压动力钳系列、吊卡系列、吊环系列、石油钻机和修井机系列、无游梁式抽油机及其配套件的设计、制造及相关管理活动”

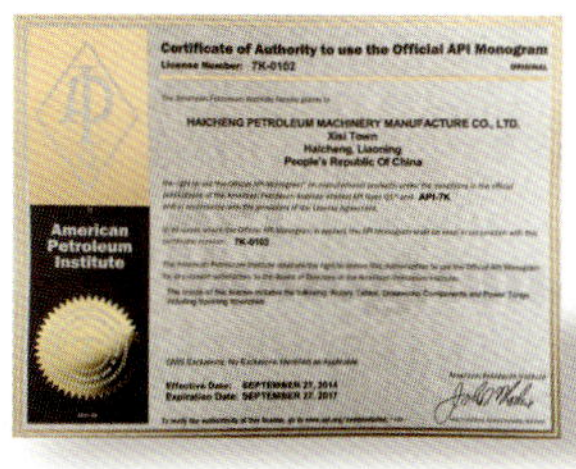

Certificate of Authority to use the Official API Monogram
License Number: 7K-0102

HAICHENG PETROLEUM MACHINERY MANUFACTURE CO., LTD.
Xiai Town
Haicheng, Liaoning
People's Republic Of China

American Petroleum Institute

Effective Date: SEPTEMBER 27, 2014
Expiration Date: SEPTEMBER 27, 2017

Certificate of Authority to use the Official API Monogram
License Number: 8C-0101

HAICHENG PETROLEUM MACHINERY MANUFACTURE CO., LTD.
Xiai Town
Haicheng, Liaoning
People's Republic Of China

American Petroleum Institute

Certificate of Authority to use the Official API Monogram
License Number: 4F-0146

HAICHENG PETROLEUM MACHINERY MANUFACTURE CO., LTD.
Xiai Town
Haicheng, Liaoning
People's Republic Of China

American Petroleum Institute

Effective Date: SEPTEMBER 27, 2014
Expiration Date: SEPTEMBER 27, 2017

港华燃气是中国香港中华煤气在内地投资的城市燃气品牌。1994 年在广东番禺成立首家城市管道燃气企业，迄今已遍及中国内地 23 个省、直辖市及自治区，发展逾 130 个城市燃气项目，住宅及工商业客户数目超过 2600 万户，供气管网长度逾 10 万千米，天然气年售气量达 192 亿立方米。

进入内地 20 余年，港华燃气在公用事业建设和服务领域，延续了母公司先进的企业管理理念、安全运营的国际标准和以客户为中心的服务模式，并推动社会可持续发展。

安全至上

常州金坛盐穴储气库

以客为尊

港华紫荆干衣宝

使命 Mission

改善环境，为客户提供专业、高效、安全、清洁的能源。

While improving the environment, we are also providing our customers with reliable, efficient, safe and clean energy.

愿景 Vision

以创新和环保为本，致力发展成为亚洲地区清洁能源供应及优质服务之领先企业。

To be Asia's leading clean energy supplier and quality service provider, with a focus on innovation and environmental-friendliness.

专业的供应链整体解决方案提供商

PROFESSIONAL SUPPLY CHAIN INTEGRATED SOLUTION PROVIDER

新疆中泰化学股份有限公司（简称中泰化学，股票代码：002092）在2003年成立全资子公司即新疆蓝天石油化学物流有限责任公司（简称蓝天物流）。蓝天物流作为中泰化学第三方物流管理公司，现合作物流企业达127家，汇聚自营车辆、4000辆联合物流车队及第三方物流车辆，年物流运输量达3000万吨。蓝天物流以服务中泰化学为基础，不断拓展运输、仓储、供应链贸易以及汽车后市场等业务，已完成从传统运输企业向供应链管理服务公司成功转型，尤其在汽车后市场板块，蓝天物流通过17i56平台拓展了整车销售、油品及天然气销售、轮胎及配件销售等新型业务模式。

17i56平台是一个集物流管理服务与汽车后市场服务为一体的新型物流供应链服务整合平台，是蓝天物流在构建生态物流体系之路上具有时代性的一步。17i56平台的建设成为蓝天物流重塑企业竞争优势、提升社会价值、寻求创新转型的重要契机。

蓝天物流始终秉承“诚信合作、互利共赢”的原则，肩负着物流管理专业化建设的重任。中国石油也成为蓝天物流在快速发展之路上重要的合作伙伴。在双方长达5年的合作中，蓝天物流17i56平台凭借雄厚的资金实力、稳定且优质的大客户群、诚信互利的合作宗旨成为中国石油可靠的第三方合作平台，实现贸易收入50亿元。通过“蓝券”的流通和串联的物性，17i56平台实现了对合作物流企业在汽车后服务领域的全面整合，而与中国石油的联合也成为蓝天物流与合作物流企业更长远更深度合作的催化剂。中国石油与17i56平台的合作是时代驱动下的新型油品运营方式，具有扩大渠道效率、提升营销效率、深入终端群体的特性，与中国石油共赢共生、日益深入的合作模式也充分体现了17i56平台的经济和社会价值。

中海油天津液化天然气有限责任公司

中海油天津液化天然气有限责任公司（简称天津LNG）2013年3月28日成立；2013年12月正式供气，标志着天津LNG正式加入天津天然气保供的主力军；2014年11月正式启动液态分销，标志着天津LNG一期工程全面竣工投产；2016年12月替代项目开始供气，实现由浮式向常规接收站的转变；2017年12月天津LNG与中国石油实现串换气，通过两大油企互联互通，让天津LNG从“保供天津”正式走向“保供京津冀”和“保供华北”。

天津LNG已完成项目一期的2座3万立方米LNG储罐，8个LNG槽车装车位以及替代工程的1座16万立方米储罐、SCV气化器、高压泵、低温压缩机、再冷凝器和12个槽车装车位的建设，通过气态天然气管线和液态LNG槽车两种方式为下游用户输送天然气。

天津LNG二期项目将建成6座22万立方米储罐，预计2021年投产；远期还将再新增4座22万立方米储罐，建成中国海洋石油集团有限公司在华北较大的清洁能源战略储备和供应中心。

天津LNG槽车装车区夜间加注繁忙

天津LNG接收站上的FSU（附属储存装置）、1个16万立方米LNG储罐和2个3万立方米LNG储罐

FSRU（浮式储存气化装置）停靠在天津LNG接收站码头

LNG船正在向天津LNG接收站卸载液化天然气

山东银吉股权投资管理有限公司

山东银吉股权投资管理有限公司成立于2014年2月24日，是依照《中华人民共和国公司法》设立的投资类有限责任公司，是在中国证券投资基金业协会备案、具有基金管理人资格的专业基金管理公司。

山东银吉股权投资管理有限公司为山东东银投资有限公司旗下子公司。山东东银投资有限公司是由山东省国有资产投资控股有限公司（持股55%，资产规模400亿元）与香港中银集团投资有限公司（持股45%，资产规模1000亿元）强强联合设立的大型国有外商投资性公司，成立于2008年12月，注册资本3000万美元。

参加展会

签订仪式

"一带一路"投资峰会

中国证券投资基金业协会
Asset Management Association of China

登记编号：P1005711

私募投资基金管理人登记证明
Private Investment Fund Manager Registration

管理人名称 Manager Name	济南银吉股权投资管理有限公司
组织机构代码 National Organization Code	09267071-3
法定代表人 Legal Representative	王祥
注册地 Registration Domicile	山东 济南市 高新区新宇路750号5号楼2-201-9
登记日期 Registration Date	2014年12月24日

该机构已根据《证券投资基金法》和《私募投资基金监督管理暂行办法》等法律法规的要求在我协会登记。

重要提示：

中国证券投资基金业协会
Asset Management Association of China

备案编码：SH4222

私募投资基金备案证明
Private Investment Fund Filing Information

基金名称 Fund Name	山东银吉创业投资基金（有限合伙）
管理人名称 Manager Name	济南银吉股权投资管理有限公司
托管人名称 Trustee Name	兴业银行股份有限公司
备案日期 Filing Date	2016年04月27日
证书打印时间 Printing Time	2016年04月27日 21:15

该基金已根据《证券投资基金法》和《私募投资基金监督管理暂行办法》等法律法规的要求在我协会备案。

重要提示：

1.本备案证明仅作为对私募投资基金备案情况的确认，该基金备案信息请到中国证券投资基金业协会网站查阅，网址为www.amac.org.cn。

2.私募投资基金的备案不构成对其投资能力、持续合规情况的认可，不作为对基金财产安全的保证。

山东银吉股权投资管理有限公司股东背景优越，投资管理经验丰富，资金实力雄厚，主要业务范围涵盖股权投资、基金管理、债权投资等，以股权投资和基金管理业务为主导，重点关注并扶持具有良好成长前景的非上市公司。公司投资区域立足山东，辐射全国。

山东银吉股权投资管理有限公司目前已成立国家创业投资基金（规模 2.5 亿元）、轮胎产业整合基金（规模 100 亿元，首期 9 亿元）、文化产业基金（规模 1 亿元）等众多基金，管理规模近 20 亿元，是山东省内优秀的股权投资类基金管理公司。